陈桥驿先生（1923—2015）

国家出版基金项目
NATIONAL PUBLICATION FOUNDATION

中国国家历史地理

【第一卷】

陈桥驿全集

陈桥驿 著

人民出版社

序言一 吴越骄子 治郦巨擘 华夏逸才 捭阖古今

罗卫东[*]

2015年2月11日上午11时16分,陈桥驿先生安详地辞别了人世。

当天上午,我接到陈先生亲属关于陈先生病危、且已经处于弥留之际的报告后,立即赶去医院。当我走入病房,眼前的一幕让我难以忘怀,只见陈先生安详地躺在病床上,两颊依然泛着浅浅的红润,身体还有余温,仿佛刚刚入睡。我总觉得过一会儿他仍会醒来,用那标志式的绍兴口音普通话与我谈天说地。然而,这当然是不可能的了。他离开了自己心爱的书房,离开了一辈子浸淫其间的学问,驾鹤仙去。陈先生长女陈可吟告诉我,几天前,老人身体出现状况,住进医院,临行前还手不释卷,书桌上还铺着正在写作的稿子。我朝着这位既可敬又可爱的老人的遗体,深深地三鞠躬。几天以后,陈先生追思会在杭州殡仪馆举行,应亲属的请求,我不揣浅陋,撰写了一副挽联,并亲笔写好,悬挂在先生的遗像两旁;上联是:"吴越骄子,山水契阔,治郦以精,终为巨擘",下联是:"华夏逸才,古今捭阖,从性而游,安归道山。"这基本上表达了我对先生的认识,也说出了不少人的心声。

1978年10月,我进入杭州大学经济系读书,不久就知道了陈先生的大名。从同学们那里听说当时的地理系有一位传奇式的先生,学问精湛,能用英语和日语授课。

---

* 作者为浙江大学副校长。

由于刚经历过"十年浩劫",恢复高考以后的大学,师资奇缺、百废待兴。像我们这样的系科,师资队伍残缺不全,很多重要的课程只能外请其他学校的老师来顶一阵子,好老师更是稀罕得很。传说中有陈先生这样的名师,令我们十分仰慕,也因此十分羡慕地理系的学生,期盼着将来也有这样的运气能够求教于陈先生。我学的是政治经济学,自然无缘成为陈先生的弟子。1982 年我本科毕业留在本系当老师,陈先生的长婿周复来先生恰好是我的同事,后来成为很好的朋友;由于周老师的引介,我得以与陈先生相识相交。

由于学科的差异,我对陈先生的学问只能通过历史地理学同行对他的评价来了解和判断,但是对他的处世之道,却有些深切的也是与日俱深的感受。三十多年时间里,他给我留下的印象,影响最大的,有这么几点:

一是正直不阿。这原本是我国自古以来士人的本色,但因历次政治运动,让很多学者噤若寒蝉,风声鹤唳,不仅涉及政治的事务如此,而且在学术方面,为明哲保身,亦多取模棱之态。相比之下,陈先生虽历经磨难,仍不改学者的本性,臧否人物、针砭时弊,实事求是,毫不姑息。对学术方面的草率和马虎,他更是深恶痛绝,必欲尽除此风而后快。

二是以学为乐。在他的生命里,学术与生活是浑然一体、不能须臾分离的。学问已然融入了他的整个生活,除了吃饭休息,他的一切时间和注意力都是围绕学问这个中心活动来分配的。看书写作自不必说,接待访客和出席各种会议仪式,话题也都是学术上的事情。"一箪食,一瓢饮",以学术为生,以问学为乐,学而不厌,乐以忘忧。

三是奖掖后学。陈先生奖掖学术后进的风范和胸怀,相信很多中青年学者都印象深刻。无论多忙,后学晚辈向他请教学术、作序题跋之类的事情,不论是否自己的门生,有求必应,对于求学之人,有教无类,诲人不倦。对待学术界刻苦勤奋、好学上进的年轻人,陈先生宽容、可爱、慈祥、通达的性格可谓表露无遗。

四是宠辱不惊。一生历经的坎坷无数,他没有气馁和消沉,也不怨天尤人,不坠学问之志。后来获得各种荣誉,即使是获得那些学术界视若至宝的巨大学术荣誉,他也是云淡风轻,不为所羁。可以说,他的生命已经进入了随心所欲、物我两忘的自由境界,不仅令人敬佩,而且让人羡慕。

由于陈先生既不积极申报项目,也不主动报奖,体制内的所谓的"资源",他没有享受多少,甚至,这么一个大学问家,在学科分割的体制下,都不是博士研究生导师,不能指导博士生。很多同行及兄弟单位的学者都为陈先生惋惜,为历史地理学学科惋惜。但话说回来,也许正是由于陈先生对所谓的现行学术体系一概不理,心无旁骛,只管按照自己的兴趣和理想专心治学,才得以避免在那些非学术的事务中无谓耗费时间精力,也才有精品力作的不断问世。"塞翁失马,安知非福"。当今的中国大学有众多冠以博士导师头衔的学者,可是其中又有几人可以比肩陈先生的学问,可以有那么多的学术成果、那么大的学术成就呢?!

陈先生过完80大寿不久,人民出版社就筹备出版他的《全集》,对此学校是十分重视的,我本人更是愿意积极地促成这件事情。历史上的国立浙江大学史地学系曾经名师云集,张其昀、张荫麟、谭其骧等一代名家都曾经任教于此,该系因学科设置中坚持将历史学科与地理学科打通,创设了极具特色的课程体系而产生了重大的影响,培养了大批杰出的人才。长期长校浙江大学的竺可桢先生不仅在气象学、地理学、物候学等领域贡献卓著,在历史地理学领域也造诣很深。由于1952年我国进行高等教育结构大调整,浙江大学的相关学科被分解并入到国内其他的学术机构,谭其骧先生也被迫调离。陈桥驿先生作为后来浙江大学历史地理学科的掌门人,事实上延续着史地学系的血脉。由于各种原因,与历史地理学界的其他几位大学者相比,陈先生的受业弟子偏少,尤其是因为他未曾指导博士生,很多学术界的青年学者想得其真传而不能如愿,因此,出版他的《全集》就显得更加有必要、有意义。

感谢人民出版社的张秀平女士,感谢陈先生的亲属周复来先生、陈可吟女士以及范今朝等陈门弟子,他们为《全集》的编辑出版投入了很大的时间和精力,倾注了很多心血。

学术之道在于日积月累、薪火相传,相信陈先生《全集》的出版定能嘉惠学林。

是为序。

2017年12月8日于浙江大学

序言二　史地巨子　郦学大家
——陈桥驿先生对中国历史地理学的重大学术贡献

　　在《中国国家历史地理·陈桥驿全集》出版前夕,人民出版社资深编审张秀平女士希望我写篇文章,谈谈陈桥驿先生的学术贡献。陈先生是我们历史地理学界重要的学术人物,他为这个学科的发展做出了多方面的贡献。其著作之丰,涉及面之广,在历史地理学界都相当有名。对他的贡献进行评价,殊为不易,何况在 2011 年当他 90 华诞时和 2015 年 2 月仙逝之际,历史地理学界的著名学者都已发表过不少总结和怀念文章,都提到了他对历史地理学界的多方面贡献。我作为后辈学人,不时会回忆自己成长经历和先辈学者的恩德,何况是对我关爱颇多的陈桥驿先生!我自 1982 年以来就与陈先生有较密切的接触,受恩颇多,我也一直将自己看作先生不在籍的研究生。因此,尽管著文不容易,我却找不到任何推脱的理由,只好边学边写,并期待着学界的批评指正。

一、世纪老人的历史地理一生

　　1948 年,时年 26 岁的陈先生在浙江新昌县立中学任教导主任,兼教地理,当年他

* 作者为复旦大学中国历史地理研究所教授、中国地理学会历史地理专业委员会主任。

发现上海一家出版社出版的地图有不少错误,于是连续在《大公报》副刊《读书与出版》上发表批评文章。1952年第一部著作《淮河流域》由上海的春明出版社出版。如果将这两件事当作陈先生从教、研究、发表论著的开始,那么陈先生2013年以91岁高龄最后一次参加学生的论文答辩和2014年11月在家中接受香港凤凰卫视中文台栏目组的专访,可算是他毕生教书育人、研究著述活动的终结。3个月之后的2015年2月11日上午,93岁高龄的陈先生与世长辞。陈先生从事历史地理的研究长达68年,一生都奉献给了历史地理的学术研究。要评价这位从事历史地理研究长达近70年的世纪老人的学术贡献,自然不能离开他生活的大时代。

陈先生生活的近100年,是中国历史地理学发展史上十分重要的时期。大致经历了4个发展阶段:第一个阶段,20世纪初至1936年,处于沿革地理学阶段;第二个阶段,1936年至20世纪60年代前,沿革地理学向中国历史地理学过渡的阶段;第三阶段,20世纪60年代至七八十年代之交,中国历史地理学获得初步发展的阶段;第四个阶段,20世纪七八十年代以后,历史地理学进入全面发展的时期。以上的4个阶段中,陈先生除了第一阶段未能参与外,其他的3个阶段他都是一步步走过来的亲历者,见证了历史地理学的发展,为历史地理学的发展和转型作出了自己的贡献。

(一)从沿革地理学到历史地理学

在我国传统的四部分类中,地理学被纳入史部地理类。我国有着悠久的记载各地地理现象的丰富史料和重视舆地之学的深厚的传统,20世纪初年经过丁文江、顾颉刚、竺可桢、张其昀等学者的努力及与西方传入的地理学相结合,催生出了现代地理学意义上的中国历史地理学。1934年2月,由顾颉刚先生和谭其骧先生发起,以燕京、北大、辅仁等大学的师生为基本力量,成立了禹贡学会筹备处,同年3月开始出版《禹贡》半月刊,由顾、谭二先生担任主编,1936年5月正式成立禹贡学会,标志着中国历史地理学开始从传统的沿革地理学向科学意义的历史地理学转型。[①]

当禹贡学会成立的时候,1923年出生的陈桥驿先生还只有13岁,此时对他来说最主要的任务是刻苦学习。陈桥驿原名庆均,富有家学传统。其祖父陈质夫是前清举人,由于中举不久便发生辛亥革命,只好选择博览群书、教习子孙。祖父非常喜爱这位好学善记的孙子,五六岁时即教其熟背《唐诗三百首》,7岁教其学习并背诵《大学》《中庸》《论语》《诗经》,14岁吩咐通读《史记》《汉书》。陈先生幼年时听祖父讲故事,发现不少故事出自巾箱本《合校水经注》,遂将祖父20册巾箱本归为己有,经常翻看。1937年抗战爆发,举家逃难。他发现《中国地图集》有全国各地的地名,于是开始熟背各县地名。这一切,为陈先生接受传统文化和未来研究历史地理,打下了扎实的基础。

1944 年时年 22 岁的陈先生,刚刚考入大学。因战事吃紧,弃学从军,参加"青年远征军",准备到缅甸或印度的中国军队中服务,终被分配到"青年远征军"208 师 623 团担任英语教官。两年复员后,先在嘉兴青年职业训练班任教,1948 年又到新昌县立中学任教导主任,兼教地理。至 1954 年年初,时年 32 岁的陈先生进入浙江师范学院地理系担任讲师。

翻阅陈先生的简历,不难发现他在乱离奔波当中于江西上饶读完高三,第二年于赣州考取国立中正大学社会教育学系,但到年底便投笔从戎,就学的经历到大学一年级便戛然而止。其英语、地理、历史、梵语,主要靠自学,没有刻苦意志支持下的自学,就不可能奠定这些未来教学和研究的基础。其英语学习是中学读书时采用英译汉和背诵的方法,一本《标准英汉字典》和《辞海》也是每日必读之书,每读一个词汇便用小竹棍蘸红印泥点上一个小红点。

由于从小听祖父讲授《水经注》中的故事,尤其是关于绍兴的故事,陈桥驿对《水经注》产生了很大的兴趣。在中学任教时期,立志要继郦道元之后,写出一部《水经新注》之类的书,因此在课堂执教之余把一切可利用的时间都用来搜集我国江河的资料,编著出版了《淮河流域》《黄河》等地理著作。随着年龄和阅历的增长,明白按照郦道元当年的规模,根据现代的科学水平,写出一部《水经新注》之类的书,靠一人单干是不大可能的。1954 年调入浙江师范学院(杭州大学前身)地理系任教后,他利用收集的资料写了一本十多万字的小册子——《祖国的河流》,1954 年在上海出版,在以后的 3 年中连续重印了 9 次。此后又连续出版了多本地理著作,逐渐在中国地理学界展露才华。这些地理著作,基本属于科普地理和地理教学方面,反映陈先生那时的地理学研究刚处于起步阶段。这一点其实也是 1950 年代很多学科的共同点,即着重对本学科基础知识和基础教育学内容进行梳理。

新中国成立以后,历史地理学学科建设的速度大大加快。1950 年夏,侯仁之先生发表《"中国沿革地理"课程商榷》一文,建议把教育部规定的大学课程"中国沿革地理",根据新内容的要求改为"中国历史地理"。1953 年,即陈先生进入浙江师范学院地理系任教的前一年,一些大学的课程中"历史地理"已取代了"沿革地理"。不久,北京大学率先在地理系中招收了历史地理专业的研究生。

1957 年陈先生开始担任浙江师范学院地理系经济地理教研室主任。他意识到地理学立足于地,必须建立一块教学和科研的基地,经过半年的仔细研究和实地查勘,决定把基地放在离杭州不远的宁绍地区。从此,他带领学生到这一地区实习,并开展对这个地区的研究工作,为自己以后的研究和学生的实践打下良好的基础。

陈先生学识渊博,但他最早发表的论文和著作,并非历史而是历史地理的内容来看,他的知识体系应以地理为主,自学当然也主要集中在地理学。由于多年研读《水经注》这部古代历史地理的经典著作,自然形成了历史地理的一些基本概念。尽管当时还只是个青年教师,但他已经认识到历史地理从沿革阶段向科学阶段的演进,并接受历史地理科学阶段的学术思想。否则,他便不可能有"历史地理立足于地"、需要建立一块教学和科研的基地的设想。正是这一设想,使此后杭州大学的历史地理学科成为了我国历史区域地理研究的重镇。

(二)1950年代初至"文革"前的学术奋进

1950年代至1966年"文革"运动全面展开之前的十余年,是中国历史地理获得初步发展的阶段。对于陈先生而言也同样如此,如果说50年代陈先生发表的一系列地理著作,基本属于科普地理和地理教学方面,那么1961年至1966年"文革"爆发前的六七年,则体现出全然不同的面貌,属于取得科学水平较高的历史地理研究成果时期,他向学术界展示出自己以后的研究方向和特色,开始对历史地理学界产生了较好的学术影响。

1962年,年方40岁的陈先生,在《地理学报》发表了《古代鉴湖兴废与山会平原农田水利》一文,将东汉兴修的著名水利工程鉴湖的兴废和绍兴平原防旱排涝的农田水利工程结合起来进行探讨。

1965年,陈先生在《地理学报》发表《古代绍兴地区天然森林的破坏及其对农业的影响》。历史自然地理是历史地理研究的重要部分,但其中的植被部分却向来研究不足,陈先生的这篇论文不仅对此做了弥补,而且将关注点放在南方山区,与当时谭其骧先生、史念海先生为探讨治理黄河展开的对北方植被变迁的研究南北呼应,人们因此注意到南方山区的森林破坏及其对农业的影响。

陈桥驿先生是国内外《水经注》研究的集大成者,作为这一研究的学术开端,1964年,陈先生在《杭州大学学报》(哲学社会科学版)发表《水经注的地理学资料与地理学方法》。他将《水经注》这部从小爱读并一度想仿效此书撰写《水经新注》的经典著作,放在历史地理学的解剖台上,进行仔细的探讨。1966年"文革"爆发,在这场灾难开始以前,陈先生在《水经注》研究方面已经积累了几千张卡片和十几本笔记。

(三)三雄之后的高山耸秀

1966年开始的"文化革命",无论对历史地理学界,还是对作为学界一分子的陈桥驿先生,都是一场灾难。个人的精神磨难、家庭的痛苦、还是大好青春的虚度,对于任何一位学者说来都是人生的不幸。

我至今还记得 1980 年第一次登门向陈桥驿先生请教的情形。在客厅里,他不仅向我讲述"文革"初期无知而又疯狂的红卫兵将剪刀、浆糊挂在他的脖子上游街的痛苦一幕,更向我介绍如何在极其危险的情况下,全家动手,将多年的《水经注》研究笔记重抄一遍,以免因旧稿被焚毁而导致多年的学术努力被无理付之东流。

他的全部学术活动被迫停止,然而对于一个真正的学者而言,任何迫害都不能使其停止科学探索。"文革"中的陈桥驿就像喀斯特地貌下的潜流,虽然在万般无奈的环境下停止发表论文,然而头脑深处对学问的思考、对国家命运的担忧,却不会停止。

我在写《从传统的沿革地理学到现代的历史地理学——中国历史地理学发展的百年回顾》时,基于大批历史地理学者在"文革"中的境遇,不由地在文中加入这样的一段话:

> 我国在 1949 年到 1978 年这 30 年中,相当长的一段时期处于极左思想的统治下,尤其是在长达十年的"文化大革命"期间,政治长期动荡不安,文化屡遭践踏,知识分子遭到残酷摧残。在这种背景下,知识分子无不经历了极其艰难的处境,从事历史地理研究和教学的知识分子同样如此。他们的相当一部分研究成果,都是在忠于学术、视学术为生命的信念支持下,在艰难的条件下苦心创造出来的。

值得庆幸的是,这段历史,随着拨乱反正而结束了。改革开放的历史进程开启后,陈先生和广大的学术界同仁一起,迎来了盼望已久的学术春天。10 年"文革"一结束,当绝大多数学者在学术研究的起跑线上开始整装待发时,陈先生已经迈开大步飞奔。此后,他不仅对宁绍地区的研究成果累累,对《水经注》研究的成果更似井喷状连连问世,学术影响开始波及海外。

1973 年起,著名学者竺可桢主持《中国自然地理》的编撰;其中的《历史自然地理》分册,虽然署名为"中国科学院《中国自然地理》编辑委员会",但实际上是由谭其骧、史念海、陈桥驿 3 位名家主编,由谭其骧、侯仁之、史念海、陈桥驿、邹逸麟、王守春、张丕远、文焕然、张修桂等 20 多位各分支学科专家分别撰写。其中,陈桥驿先生执笔撰写了总论部分和植被、水系的部分章节。1982 年科学出版社出版《中国自然地理·历史自然地理》,标志着历史自然地理学作为历史地理学分支学科的确立和成熟。该书 1986 年荣获"上海市 1979—1985 年哲学社会科学著作奖",连同整个丛书"中国自然地理"系列于 1986 年 11 月荣获中国科学院科学技术进步奖一等奖。

陈先生"文革"前在《地理学报》已发表过两篇关于绍兴历史地理的重要论文。历史地理学界老前辈谭其骧先生对这两篇论文给予中肯的评价,他说:

> 陈桥驿同志在 60 年代发表的几篇研究宁绍地区历史地理的论文,有关学术

界一致认为其成就不逊于侯仁之同志对北京地区的研究。近20年来研究区域历史地理的同志很不少，却一直没有发现超过这个水平的。

自1979年至1989年，陈先生已发表论文100余篇，专著近20种。谭其骧先生对他非常器重，推崇说：

> 陈桥驿以惊人的勤奋与敏捷，近年来写了大量的专著和高质量的论文，在我国历史地理学界，他的水平与成就已不仅比肩，并且是超越了他的几个著名的前辈。

正因为如此，谭其骧与侯仁之、史念海等几位历史地理学界前辈巨子，一致推举陈桥驿为中国地理学会历史地理专业委员会主任，成为该学科的学术带头人。[②]

1985年陈先生开始担任全国性学术职位中国地理学会历史地理专业委员会主任，此后连续3届共12年任此职位，直到1996年。他为中国历史地理学学科期刊《历史地理》与《中国历史地理论丛》的创刊建设也做出重要贡献。他是《历史地理》第5—11辑副主编、第12—15辑主编（与邹逸麟先生共任）、第16—30辑顾问（与侯仁之、史念海共任），《中国历史地理论丛》第3辑主编。

对于陈桥驿先生在中国历史地理学发展中所起的重要作用，葛剑雄先生曾这样评价：

> 1980年代初百废待兴，也青黄不接，历史地理学界还靠谭师（1911年出生）、侯仁之先生（1911年）、史念海先生（1912年）三位元老掌舵，而出生于1935年前后的一代都还是讲师，副教授也是凤毛麟角，介于其间且年富力强的陈先生（1923年出生）经常起着独特的作用。无论是历史地理专业委员会恢复活动、《历史自然地理》的编撰、《历史地理》的创刊，还是第一次国际会议的召开，陈先生不仅大多参与，还起着协调、应急的作用。[③]

2013年10月，中国地理学会授予时年91岁的陈桥驿先生中国地理学界的最高荣誉"中国地理科学成就奖"。

二、历史地理区域研究的丰碑

绍兴是陈先生的故乡，也是他长期学术研究的对象，此后他的研究从绍兴走向宁绍平原，并以宁绍平原为基地走向全国。著名学者杨向奎先生评价陈先生的研究：

> 陈桥驿先生是从研究宁绍平原起家的，他六十年代在《地理学报》上发表的两篇关于宁绍平原鉴湖森林变迁的论文，立即引起（学术界）注意，以后对宁绍平原的城市、聚落、水系变迁的研究都被认为是宁绍平原研究的权威，其论文的特点

之一是能从全面看一斑,并能从一斑以窥全面者,因此在国内外都很著名。④杨先生所说的"从全面看一斑,并能从一斑以窥全面者",指历史地理学者研究区域必须有全国的眼光,而通过区域研究得出的结论常常又可用于探讨全局性的问题。

绍兴是我国东南文化的主要发源地之一,作为早期越人重要部分的于越部族在这一带的历史已达7000余年。陈先生关于早期越族的研究,通过先后发表的论文,如《古代于越研究》《于越历史概论》《"越为禹后说"溯源》《越族的发展与流散》《吴越文化和中日两国的史前交流》《论句践与夫差》,⑤对越族的历史作了比较全面的探讨。

根据他的研究,余姚河姆渡的原始居民很可能是于越部族的祖先,此后在卷转虫海侵时期,在距今7000年—6000年前整个宁绍平原沦为浅海,于越人由平原退到南部山区,春秋末期才再一次从山区迁移到平原上。还有一部分于越人向今浙西和苏南丘陵迁移,以后称为句吴;还有一部分人甚至用简单的独木舟或木筏漂洋过海,到达台湾、琉球等沿海岛屿甚至南部日本。

于越在西周初期与中原汉族有了友好往来,春秋中叶与相邻部族尤其北面的句吴来往频繁,风俗、语言也相近。后来越灭吴,越在灭亡吴以后迁都琅琊。秦统一之后将浙东的于越居民迁到浙西和皖南一带,又将北方的汉民迁到浙东,从此于越逐渐和各族特别是汉族居民融为一体。于越民众勇敢善战,强悍好斗,熟谙水性,好使船只,冶铜,铜剑、造船等手工业发达。

陈桥驿先生发表过一篇题为《多学科研究吴越文化》的文章,认为历史地理学研究全新世的人地关系,即使中日两国的史前文化交流也不能只依靠历史学和考古学,而需要组织更多的学科,如地质学、地史学、古地理学、古气候学、古生物学、人类学、地名学、语言学等学科,共同来从事这个课题的研究。⑥应该说,陈先生在研究于越早期历史时就是运用多学科结合的方法,才得以大致搞清复杂的历史状况,而这些研究成果对我国东南沿海乃至日本南部沿海的历史研究都具有重要意义。

广泛搜寻、考证、利用地方历史文献是区域研究的关键所在。绍兴有着编纂地方文献的悠久历史,方志大家朱士嘉认为记载绍兴历史的《越绝书》为"现存最早的方志",陈先生则多次著文,对《越绝书》以及《吴越春秋》、王充《论衡》中的早期绍兴史料予以挖掘和介绍。⑦

绍兴地方文献数量众多,陈先生重视绍兴地方文献的搜集、整理和研究工作。他整理出版《绍兴地方文献考录》,该书共有"书篇目录1200余种,分作18类","这本书已成为绍兴地区方志编纂和历史地理研究的必备参考书"。⑧陈先生在编辑《绍兴地方文献考录》时发现大量地方文献已经亡佚,例如方志类文献原有146种,尚存的只有72种。地方文献中一些尚存的抄本和稿本,都是孤本,特别可贵,陈先生逐一列举《霞

西过眼录》《山阴道上集》《绍兴杂录》《绍兴掌故琐记》《山阴旧志续考》《会稽志略》
《越中杂识》等 7 本书,以便妥善保藏和复制流传。⑨在施坚雅教授的帮助下,陈先生从
美国引回并点校乾隆抄本《越中杂识》,该书"在国内排印出版时,我国负责古籍整理
领导工作的李一氓先生,曾以十分喜悦的心情说,这'对古籍整理是很大的贡献'"。⑩
2005 年,陈先生又指导翻译了国外汉学家研究宁绍地区的专著《湘湖——九个世纪的
中国世事》。

　　陈先生对绍兴的研究,深入到各个方面。以上各点,基本围绕着地方历史,其实他
影响最大的研究,大多属于历史自然地理的水系演变、植被更替、土地利用,以及城市
地理的聚落分布、城市兴衰等的研究。由于这些研究旨在借助地理学的规律,深入揭
示人地关系,一经发表,便在学术界产生了重要影响,被视为研究的典范。

　　绍兴地区南部是一片高度不超过 1000 米的会稽山地,山地北缘分布着一系列山
麓冲积扇,冲积扇以北是开阔的山会平原。公元前 6 世纪,越部族主要经营迁徙农业
和狩猎业,部族中心常常在会稽山中迁徙。随着生产力的提高和人口的增加,公元前
6 世纪后期越部族生产活动的范围,从会稽山地进入北面的山麓冲积扇地段,越王句
践也迁都会稽山之北。山麓冲积扇出现了会稽山以北的第一批聚落,并成为部族居民
向水土资源丰富的北部平原推进的基地,陆续形成若干个孤丘聚落。其中种山南麓名
为小城的聚落,和附近 7 处孤丘聚落连成一片,成为今绍兴城的基础。孤丘聚落的形
成有利于广大平原沼泽地的开发,后汉初期鉴湖工程完成,出现面积达 200 余平方公
里的巨型水库鉴湖,沿湖 127 里的湖堤上设置 76 处闸堰等水工建筑,并出现许多聚
落。沿湖聚落形成以后,北部杭州湾(后海)沿岸的沿海聚落也逐渐形成。晋代北人
大规模南迁,垦殖加速进行,随着堤塘的修建,湖堤与海塘之间的广大地区聚落得以形
成和发展,鉴湖积蓄的淡水开始向北部迁移,鉴湖演变为北部平原广大的河湖网,最终
在 12 世纪初全部湮废。

　　陈先生的《历史时期绍兴地区聚落的形成与发展》这篇重要论文,揭示了绍兴地
区,在南部会稽山地、山地北缘山麓冲积扇、冲积扇以北的山会平原三种状况有别的地
貌区,聚落的建立过程以及聚落和人口分布带如何一步步向北发展的曲折状况,很好
地揭示了地理环境、生产力水平、人口数量对聚落形成和发展的关系。我国东南沿海
有许多类似绍兴那样的靠山滨海夹湖的地区,陈先生的研究,不仅对绍兴地区,对其他
地理状况类似地区的经济发展与城镇聚落变迁的研究,均具有重要的意义。因此,这
篇论文一发表,便产生了重要的学术影响。

　　陈先生对绍兴的研究在当时就引起了国内外学术界的广泛关注。他早期的研究
不仅受到谭其骧、侯仁之、史念海的赏赐与鼓励,也备受国外学术界的关注。20 世纪

80 年代,美国科学院院士、斯坦福大学教授施坚雅,日本广岛大学名誉教授米仓二郎,日本大阪大学教授、后来出任东京大学东洋文化研究所所长的斯波义信等著名教授,先后来杭州大学访问陈桥驿先生,建立学术联系。[⑪]

除了以上 3 篇重要论文,陈先生还发表《论历史时期宁绍平原的湖泊演变》(1984年)、《论历史时期浦阳江下游的河道变迁》(1981 年)、《浙东运河的变迁》(1986 年)、《绍兴水利史概论》(1991 年)、《历史时期绍兴城市的形成与发展》(1990 年)、《论绍兴古都》(1990 年)等一系列学术论文,对绍兴地区的河流、湖泊、水利、城市进行多方面的深入研究,展示了绍兴历史自然地理和历史人文地理的种种状况,成为这一区域历史、地理和现实研究的必读书。

在对绍兴平原以及宁波平原全面研究的基础上,陈桥驿先生进一步扩展研究领域,对浙江省不同地区乃至国内其他地区,进行若干宏观性研究,并形成了其对历史地理学诸如学科属性、研究方法等若干理论问题的观点。

在历史人文地理学诸多分支学科中,陈先生对历史城市地理学用力最多。他不仅较早对宁绍地区乃至浙江省的聚落、城市等的发展、演变进行了系统的研究,对中国的城市、古都等也进行了宏观的论述,并先后主编《中国六大古都》《中国历史名城》《中国七大古都》《中国都城辞典》等著作和工具书,主持翻译《中华帝国晚期的城市》等。尤其他对"古都"、"大古都"的标准所进行的论述以及对中国"大古都"的认定,得到学术界和社会各界的接受和认可。

陈先生还较早系统地展开对方志学、地名学的研究。1950 年代末期就在大学地理系开设方志学方面的课程;1980 年代以来他长期参与指导地方志、地名志的编纂工作,引进了多部流失海外的地方志。他发表了大量关于地方志、地名学研究的论述,他主编的《浙江古今地名词典》(1991 年)尤为著名,并且提出了很多具有建设性的意见;如方志编纂中卷目设置上的"自然地理卷"应为"自然环境卷"的观点,动植物名称应统一用"二名法"和志书应编制"索引"等主张,以后都为地方志修撰实践所接受。他还直接参与修撰实践,主编了多部志书与地名词典等。[⑫]

三、陈桥驿先生《水经注》研究的学术贡献

在陈先生多方面的研究中,他花时间最多的无疑是《水经注》的研究了。

在陈先生 70 多部公开印行的各类著作中,仅郦学著作就有将近 30 部,还有大量的郦学研究的论文和相关文字。按照他本人 1999 年在台湾"中研院"所作《水经注》研究讲座时的概括,其《水经注》研究共有 9 个方面:

①《水经注》版本学的研究；

②《水经注》地名学的研究；

③郦学史的研究；

④《水经注疏》版本及校勘的研究；

⑤赵（一清）、戴（震）《水经注》案的研究；

⑥对历代郦学家的研究；

⑦《水经注》校勘、考据与辑佚研究；

⑧《水经注》地理学的研究；

⑨《水经注》地图学的研究。

尽管以上的9个方面为陈先生自己总结，笔者仍感到陈先生晚年所做的一项重要工作，即可以代表国内外校刊、疏证《水经注》最高水平的是对《水经注》的综合性研究并完成整理出版的《水经注校证》。

1985年以来，陈先生出版了多本《水经注》研究论文集，这些论文集凝聚了先生平生研究心血，极富学术含量。陈先生整理出版了《水经注校释》等十余种版本。特别是《水经注校释》1999年由杭州大学出版社出版，2003年获第三届中国高校人文社会科学成果一等奖，而2007年出版的《水经注校证》，以商务印书馆的《四部丛刊》为底本。此本系上海涵芬楼从武英殿原本影印而来，为各种流行的殿本中的最好本子。此后陈先生参考35种版本，利用大量地方志和其他文献资料，融汇本人60余年研治体会，吸收王国维、胡适、岑仲勉、森鹿三等中外学术成果，对原书进行标点，撰作校证。各卷末的校证包括校异文、辨正误、补异文、考原委等。这是陈先生毕生研究《水经注》的代表作。学术界对此书很重视，先后发表了不少评论文章，获得许多好评。2012年本书荣获第六届吴玉章人文社会科学奖优秀奖。

《水经注》作为我国古代记载河流最多，并详述河流所经地区的自然地理、人文地理最为全面、系统的综合性的地理著作，既有科学价值又有文学价值，被誉为"宇宙未有之奇书"。对这本书的注释、校订、研究的学者历代不乏其人，形成了专门的学问"郦学"，且已延续800余年。就郦学研究的三大派而言，词章派仅属于文学欣赏，考据学派已经取得很大成就，地理学派虽然兴起较晚，但拥有广阔的发展空间。陈桥驿先生对《水经注》的持续半个世纪的研究，在以上的几个方面都取得令人瞩目的成就，无疑是至今为止《水经注》研究的代表人物，把《水经注》的研究在新时期推向了新的高潮。诚如地理学者王守春教授所总结：

在中国古代的诸多著作中，没有任何一部著作像北魏郦道元所撰注的《水经注》那样，在中国历史上受到那么多学者所研究。而在众多的研究《水经注》的学者之中,没有谁像杭州大学陈桥驿教授那样取得成果之丰。这些都是中国史学研究上的罕见奇观。[13]

我国现代历史地理学的三大奠基人谭其骧、侯仁之、史念海先生对陈桥驿先生的《水经注》研究,无不给予极高的评价。在陈先生的第一部《水经注》研究集《水经注研究》出版之际,他们便褒奖有加。谭先生认为:

> 大著《水经注研究》的出版,势必将大大推进国内的郦学研究,深为郦学将进入一新时代庆幸,当然也为吾兄为我国学术界建此功勋庆幸,这当然是一部必传之作。

侯先生则称:

> 这一著作为《水经注》的研究开拓了一个新途径,甚是可喜,且为专攻历史地理学的青年,提供了一个研习经典著作的范本,为此又不能不为后来者称庆!

史先生评价:

> 数百年来,论《水经注》者,率皆以补正文字,注疏郦意,前后相因,率未能离此一窠臼。虽其间亦颇多精意,迭有名家,然长此下去,殊不易再著硕果。

日本著名汉学家、先后任大阪大学教授、东京大学东洋文化研究所所长,日本东洋文库文库长的斯波义信先生称赞陈先生相关著作为:

> 《水经注》研究史上最值得纪念的里程碑。[14]

陈先生治学70年,50年用来治《水经注》,几乎可以说他是一辈子专门研究一部书。正是数十年的持之以恒、深钻精研,陈先生才成为中国当代最负盛名的《水经注》研究者,并将郦学研究推向新的高峰。

1500年前,郦道元引《玄中记》认为:"天下之多者水也,浮天载地,高下无所不至,万物无所不润。"他发现《水经》虽然"布广",但"大川相间,小川相属,东归于海",因此必须要"脉其支流之吐纳,诊其沿路之所躔"。古人早已知道要探索人和天下之多者水的关系,故"水德含和,变通在我",陈先生毕生对《水经注》的研究,通过历史地理学者的继续努力,正在造福中国甚至全人类。

注释:

① 参见吴松弟《从传统的沿革地理学到现代的历史地理学——中国历史地理学发展的百年回顾》,载姜义华、武克全主编《二十世纪中国社会科学·历史卷》,上海人民出版社2005年版,第294—319页。

② 吕以春《剑锋磨砺出,梅香苦寒来——记陈桥驿教授的学术业绩》,载《科技通报》,第5卷,

1989 年,第 2 期。

③　葛剑雄《稽山仰止,越水长流——怀念陈桥驿先生》,载《中国历史地理论丛》2015 年第
　　2 辑。

④　颜越虎《陈桥驿教授访谈录》,《史学史研究》2006 年第 4 期。

⑤⑥⑦　均载陈桥驿《吴越文化论丛》,中华书局 1999 年版。

⑧　颜越虎《陈桥驿方志学说与修志实践研究》,载《广西地方志》2004 年第 4 期,第 3—9 页。

⑨　陈桥驿《吴越文化论丛》,中华书局 1999 年版,《绍兴地方文献之稀见钞本》《乾隆钞本〈越
　　中杂识〉》《会稽二志》《绍兴修志刍议》。

⑩　诸葛计《稀见著录地方志书概说——关于合力编纂〈中国稀见著录方志提要〉的建议》,载
　　《中国地方志》1999 年第 3 期,第 68—76 页。

⑪　参见陈桥驿"序",载《吴越文化论丛》,中华书局 1999 年版,第 3 页。

⑫　以上关于历史城市地理学、方志学等方面的论述,据范今朝《历史地理学家陈桥驿先生的
　　学术生平》,《地理学报》2015 年第 5 期。

⑬　王守春《陈桥驿与郦学研究》,《史学月刊》1993 年第 5 期。

⑭　陈桥驿《序》,载《水经注研究二集》,山西人民出版社 1987 年版。

总 目 录

第三卷

郦道元与《水经注》　　郦道元评传　　郦道元　　水经注图

第四卷

水经注校证　　《水经注》撷英解读

第五卷

新译水经注

第六卷

《水经注》地名汇编(上编)

第七卷

《水经注》地名汇编(下编)

第八卷

绍兴史话　　越中杂识　　绍兴地方文献考录
绍兴历史地理　　绍兴简史

第九卷

吴越文化论丛　　浙江灾异简志　　主编书摘(主编　合编　参编等)

编辑说明

1、为了保存和反映陈桥驿先生的学术成果及其对中国历史地理学的巨大贡献,也为了反映一代学人的治学和心路历程,兹编辑陈桥驿先生著述合集,作为《中国国家历史地理》之《陈桥驿全集》(以下简称《全集》)出版。

2、《全集》所收先生著述,以公开出版或正式印行者为主。公开出版或正式印行的著述及文章,均经先生生前定稿;个别未正式刊出者,文稿内容也已经由先生生前编就或拟定,如收入《全集》的著作《〈水经注〉记载的名胜古迹》等。先生早期发表的文章及部分回忆、书信、诗文、日记等文字,或限于收集整理未逮,或囿以目前时间未宜,容待日后收集整理,另行编订印行。

3、《全集》按先正式出版的著作和编定的论文集,后散篇文章的次序编排,并大致以研究主题和文稿性质归类。

著作、文集大致归为4类,即郦学研究成果、宁绍地区和浙江史地研究著述、科普类的区域地理和译作以及回忆性的著作(如回忆录、自传等)。散篇文稿分为4类:主编书摘(先生主编、合编、参编及主持编校、译注著作中由先生执笔的前言、后记或正文中的章节),论文序言,书评回忆散记,其他(包括讲话、发言、书信、诗词等)。

所收文章大致按照写作或出版时间的先后编排。考虑到各卷篇幅的平衡,编排时对各卷之间适当调整。

4、先生著述颇多,而同类著述内容也可能有重复之处,因此,为全面、准确地反映

先生的学术贡献和成就,也为避免同类著作内容过多重复,《全集》收录原则如下:

(1)先生撰写、翻译和点校整理的著作均全书收录。其中,先生整理的古籍《水经注》有多种版本,《全集》以 2007 年中华书局所出繁体字本《水经注校证》为点校《水经注》成果的代表收入。《水经注》今译著作则依先生函示,收入与叶光庭先生合撰的、2011 年台湾三民书局出版的《新译〈水经注〉》,不再收贵州人民出版社出版的《〈水经注〉全译》。先生在上个世纪 50 年代撰写的关于中国地理和世界经济地理的几本科普小册子,是先生毕生从事历史地理教学和学术研究的开端,此次收入第十三卷,以见先生的治学历程。

(2)凡先生与他人合著及主编、主译、复校、译校等类的著作,收录先生完成和执笔的部分。个别合作著作,无法区分出执笔人的,为了书籍内容的完整性则全书收录。特别需要说明的是,江苏古籍出版社 1989 年出版的《水经注疏》,署名"郦道元注,杨守敬、熊会贞疏,段熙仲点校,陈桥驿复校",先生为全书的出版付出了巨大的心血,但又无法细致区分出先生的执笔部分,为免重复,未加以收录。

(3)有的文字或文章先后收录于不同时期的论文集中,先出者收录全文,后出者仅存篇目(有明确更改者则另行全文收录或编者加注说明)。

5、《全集》内各文写作、发表于不同年代,用词表述具有不同时期的时代烙印,同时引用、注释等方式也有差别。此次编集,凡公元、年代、数量等依现代行文规范改用阿拉伯数字(引用的史料仍用汉文数字),有些标点符号的使用也按照现代规范加以调整,注释统一在文章末或章节末。除了明显的作者笔误或原著排印过程中的错讹由编者径改或酌加编者注予以说明外均保持原貌。外国人名地名等的译名之不同用字均不作改动。但如"像"和"象"、"做"和"作"等则依今之惯例适当改动。

6、《全集》除古籍整理部分沿用繁体字包括异体字外,均以通行简化字排印。惟涉及到历史之人名、地名及可能因同音简化容易引起歧义的简化字,酌情依名从主人的原则,不再排成通常的简化字,如"魏徵"不排成"魏征","穀水"不排成"谷水";个别异体字也予以保留,如"深淘潬浅作隁"中"潬""隁"不改排成"滩"和"堰"等。

7、收入《全集》的古籍整理点校本则均按照原书出版时的繁体字排印,以完整体现原书的学术、文献等价值及先生点校、注释的学术价值,亦便于后人研究、利用相关成果,特别是便于今后再整理、再校对工作的进行。

8、《全集》所收著作文章之原发表出处,均于新排著作或文章末尾列出,再版再刊信息不再罗列。凡合作者则于文章题目页下注明,以示对合作者的尊重和感谢。

9、先生 80 岁以后所撰《我的为学经历》、《我校勘水经注的经历》两文,对自己求学、治学的历程,校勘《水经注》的过程及主要研究领域和学术观点等作了精要的总结,兹特将两文编在《全集》第一卷之首以飨读者。

为便于读者深入了解陈桥驿先生的生平和治学历程及著述情况和学术贡献,另附《鉴山越水根,史地郦学人——纪念恩师陈桥驿先生》《历史地理学家陈桥驿先生的学术与人生》《陈桥驿先生生平著作年表简编》和《陈桥驿先生正式出版著作及〈全集〉收录情况一览表》于《全集》卷末,以供参考。

编　者
2017 年 12 月 8 日

目　录

水经注研究

水经注研究二集

《水经注》记载的名胜古迹

我的为学经历

　　我是一位年近 8 旬的老人，毕生的大部分时间都在教学和科研中度过，而至今仍然是一位没有退休的在职教授，还带着几位研究生，讲课、写文章、出书。老牛破车，力不从心。回忆我这六七十年的为学经历，实在谈不出多少成就。

　　在我毕生的为学经历中，有好几件事，至今连我自己也说不清，是成功，还是失误；是正确的，还是走了弯路？

　　第一件是译书，由于我的英语底子较好，我从初中三年级起就开始翻译一本当时流行的英语文法《纳氏文法》。这本书按程度分成 4 册，每册都是一个循环，我当然翻译程度最高的第四册，全书有五六百页，到高中一年级时已经译成了一半多。但就在这年寒假，在绍兴的一家旧书店中，看到了出版已经 10 年的作为旧书出卖的此书译本。我当然非常懊丧。不过，在翻译过程中并非没有收获，例如，此书例句多来自《旧约圣经》，我因而读熟了英文《圣经》中的许多名句，至今仍然背诵得出来。但这两年的时间假使移作别用，或许可以获得其他更多的知识。

　　另一件事是读字典，也是从初三开始的。读的是平海澜编的《标准英汉字典》和《辞海》（现在常称老《辞海》），当时都算大型辞书。用一个万金油盒装了印泥，拿一根小竹棒蘸了印泥在每个词汇上点，读过一个，点上一个小红点，经过多少日子要回生，再复习一遍，点上第二个小红点。读了两年，每个词汇上多半已有两个小红点。这两年中，因为同时又译书，什么功课都丢在一边（好在日常功课容易对付），读字典成了正课。我在几年前所写的《我的中学生活》①和《为学的教训》②中，都奉劝后学，要认真对待有些刊物中称赞我这种"刻苦"学习的文章。在我看来，这些方法是不足为训的。以读英文字典为例，尽管我确因此而拥有很大的词汇量，但其中不少词汇，毕生都不曾用过。有的词汇而且早已过时，我为美国学生上课，有时使用一个词汇，连美国大学生都不懂，不得已换一个词汇加以说明。尽管有时还自我解嘲："你们去翻翻《牛津字典》!"但事实毕竟是我在年轻时浪费了时间。

以上回忆的是一些个人的为学经历，显然是教训居多而经验很少。50年代之初进大学执教，当时已属"而立"之年，人比较成熟了一点，这期间，除了知识分子大家都遭遇的年华虚度以外，我个人的为学历程中，弯路或许就少走了一些。有两件事可以作为说明。

当时我在大学地理系当讲师并兼经济地理教研室主任。我立刻意识到，地理学立足于"地"，我必须建立一块教学和科研的基地。经过半年的仔细研究和实地查勘，我断然决定把基地放在离杭州不远的宁绍地区，从此，我带领学生到这些地区实习，开展对这个地区的研究工作。二三十年中毕竟做出了一点成绩，在《地理学报》和其他高级刊物发表了一系列论文并出版了好几种专著，和外国同行建立了交流和合作关系。对此，史学界老前辈杨向奎教授曾有一段评论：

> 陈桥驿先生是从研究宁绍平原起家的，他六十年代在《地理学报》上发表的两篇关于宁绍平原鉴湖、森林变迁的论文，立即引起注意，以后对宁绍平原的城市、聚落、水系变迁的研究都被认为是宁绍平原研究的权威，其论文的特点之一是能从全面看一斑，并能从一斑以窥全面者，因此在国内外都很著名。③

杨先生的话当然是前辈对后辈的奖掖，但是我自己认为，作为一个地理工作者，当年选择这个地区作为基地，还是比较正确的。至今我仍在这个地区从事各种研究工作，与当地的政府部门和文化部门都合作得很好。这些年中所写的有关这个地区的论文，已经汇编成一本题为《吴越文化论丛》的书，全书100多万字，正由中华书局发排，不久可以出版，请学术界批评指教。

另一件事是我对于历史城市的研究。我的专业是地理学中的一个分支——历史地理学。80年代之初，我国历史地理学界的老一辈学者谭其骧、侯仁之、史念海3位教授，都希望我在这方面为他们接班。1985年初，担任中国地理学会历史地理专业委员会主任的谭其骧先生把这个位置交给了我，我成了这门学科的学术带头人，当时确实感到诚惶诚恐。但在既成事实面前，我不得不勇敢地承担起来。为此，我立刻意识到，除了在全国范围领导这门学科以外，我必须建立我自己在这门学科中的特色。于是，我就把我涉猎较多的历史城市研究纳入其中。当时正值中国古都学会建立，史念海先生任会长，我任副会长。从此我就在这个领域中投入了较多的力量。由于台湾出版了《中国五大古都》④的专著，侯仁之先生派人南下嘱我主编一部质量更好的同类专著。我查索了大量数据，已编了《中国六大古都》⑤一书，把杭州也列入大古都之中，此后又连续主编了《中国历史名城》⑥、《中国七大古都》⑦等五六种历史城市研究著作，并且应邀到日本广岛大学讲了《比较城市研究》课程。在这方面作出了些许贡献。此外，我还利用在日本讲学之机，特别注意了日本历史地理学界对中国城市的研究概况。我先后访问了东京大学、京都大学、国立大阪大学、关西大学、奈良女子大学、广岛大学等高等学府，与许多学者进行畅谈，发现日本学者在这方面的研究成果是非常可观的。我几次在日本了解的有关这个领域的研究概况，后来发表在《日本学者的中国历史地理研究》（《历史地理》1988 年第 6 辑）一文中，我在该文中说：

> 历史城市地理研究或许是日本学者在中国历史地理研究中成果最多和最富于创造性的部门，从五十年代以来，在这方面已经出版了许多专著，发表了大量论文。

日本学者的中国城市研究，其实是包括古都研究在内的。例如山根幸夫的《中国中世纪城市》（东京学生社 1982 年版），研究对象主要是唐末、五代和两宋的城市。他根据《东京梦华录》和《清明上河图》等资料研究了北宋首都开封，又根据《梦粱录》和《都城纪胜》等资料研究了南宋首都杭州。由此可见，中国历史城市研究和古都研究，实际上已经国际化。

同时，我还对古都的标准问题作过深入的研究。关于这种标准，我在《中国六大古都·前言》中已经有所表达，此后，我为台湾锦绣出版企业 1989 年出版的《雄都耀光华——中国六大古都》、日本东京大明堂 1990 年出版的《中国の诸都市——ゑの生い立ちと现状》及河北美术出版社 1991 年以两种版本（中文和英文）出版的巨型画册《中国七大古都》等书所写的序言中，也都有所表达，包括我多次在国外讲学中涉及这个课题（例如广岛修道大学在其《学报》1990 年 31 卷 1 期刊载的《中国の古都研究》即是我在该校讲学的记录稿），都同样作过这类表达。不过我把这种多次表达过的观点，归纳成两条文字，却始于《论绍兴古都》（《历史地理》1990 年第 9 辑）一文，后来又录入《中国七大古都·后记》之中，我提出的两条标准是：

> 第一方面，在历史上，朝代有大小之分，建都时间有长短之别。汉、唐、明、清都是版图广阔的大朝廷，而五胡十六国，五代十国，都是地方性的小朝廷。西安历周、秦、汉、唐诸盛世，洛阳为九朝名都，而五代闽建都长乐府（今福州），只有 37 年，五代南汉建都兴王府（今广州），不过 55 年。但不管长乐府和兴王府只是一个地方政权的都城，也不管它们建都的时间都很短促，而事实是，它们都曾一度作为一个独立政权的都城，因此，称它们为古都，这是符合历史事实的。

第二方面,一个现代城市要获得古都称号,还必须符合另一种历史事实,那就是当年的古都所在,是不是落于现在这个城市的境域之中。例如公元前3000年的巴比伦国都巴比伦城常常被误作建立于公元762年的今伊拉克首都巴格达的前身。其实,前者位于幼发拉底河沿岸,后者位于底格里斯河沿岸,两城相去甚远,不能混淆。正如建于公元7世纪的福斯塔特和建于公元10世纪的开罗不能混淆一样(前者的废墟在后者南郊)。现在,我们把西安定为古都,因为现代西安在地理位置上虽然与周丰镐、秦咸阳、汉长安无涉,但它毕竟建立在隋唐长安的故址上。同样,我们把洛阳定为古都,因为现代洛阳虽然与东周王城及汉魏故城无涉,但它毕竟建立在隋唐故城的基础上。六大古都均是一样,都是从这两方面符合历史事实的。

在提出了这两条作为古都的标准以后,由于出现了六大古都和七大古都的问题,我又补充了一个现代城市可以称为大古都的概念,发表于《中国的古都研究》(《杭州师范学院学报》1994年第1期),后来又在当年发表的《聚落·集镇·城市·古都》(《河洛史志》1994年第3期)一文中重述一次。我所提出的大古都条件是:

> 首先要符合一般古都的条件,另外还要符合作为大古都的特殊条件。什么是大古都的特殊条件,具体地说,大古都必须曾经是中国传统王朝的都城。上起夏、商、周、秦、汉、晋,下至隋、唐、宋、元、明、清,都是中国历史上公认的传统王朝。这中间,晋室曾经东渡,但西晋、东晋,原是一晋;宋朝虽然南迁,但北宋、南宋,都属一宋。除了上述中国历史上众所公认的传统王朝以外,历史上出现过的其他割据政权,如春秋各霸、战国列雄;此外如五胡十六国、五代十国等等,都只能算是地方政权,有别于传统王朝。

最后把我对历史地理原始文献的研究工作附带说几句。在这个课题中,我的研究重点是《水经注》,这是我从童年时代就开始喜爱的一种古典地理书,对于此书的研究,有时的确达到废寝忘食的程度,事详拙作《我读〈水经注〉的经历》[8]一文中,这里不作赘述。80年代以后,我几次应聘到日本各大学讲课,主要也是讲的《水经注》研究。对于此书,至今已经出版了10种成果(包括点校),约有700余万字,并且还有两种成果正由出版社整理发排,明年也可出版。由于此书内容浩瀚,牵涉甚广,今后仍打算尽我的年迈余力,继续进行研究。

以上是我为学经历中的一些平凡事迹,前面已经说过,教训多而经验少。但从另一种角度说,教训其实也是经验。写出来可以让后来人免蹈覆辙。所以写出来,既望批评,又供参考。

注释：

① 《中学集》，科普出版社 1987 年版。

② 《高教学刊》1990 年第 2 期。

③ 史念海《河山集》三集卷首杨向奎序，人民出版社 1988 年版。

④ 台北"学生书局"1978 年版。

⑤ 中国青年出版社 1983 年版。

⑥ 中国青年出版社 1986 年版。

⑦ 中国青年出版社 1991 年版。

⑧ 原载于《书林》1980 年第 3 期，收入于拙著《水经注研究》，天津古籍出版社 1985 年版；又转载于《治学集》，上海人民出版社 1983 年版；又转载于《开卷有益》，上海教育出版社 1990 年版。

原载《浙江学刊》2000 年第 1 期，第 150—153 页。

我校勘水经注的经历

我撰写《我读水经注的经历》[①]一文,迄今已达 25 年。中国的古籍浩如瀚海,据韩长耕教授的统计:"中国古代文献包括现存的和有目无书即散佚的,大概不下十五万种,而其中尚存世流传可供披览检证的,也仍在十二万种以上。"[②]一部《水经注》在中国古籍中无非是沧海一粟。而且像我这辈年纪的读书人,哪有不读古书的,如我在拙著《郦学札记》卷首《自序》中所说:"我是从童年时代就开始诵读《水经注》的,其事属于一种偶然的机遇,后来逐渐成为一种爱好,对于历代以来的许多知识分子,这是一种极为普通的事。"为什么当年竟要对此区区一书小题大作,撰写一篇《经历》,而发表以后又为不少书刊所转载,所以必须说明几句。

那是 1977 年岁尾,由于政治气氛的稍有松动,竺可桢先生主编的《中国自然地理》中的《历史自然地理》分册,经过多年的搁置而又开始启动,如我在上述《札记·自序》所写:

> 十几位学者在上海华东师范大学集中了近两个月,我与我尊敬的谭其骧先生隔室而居,朝夕过从,所以对他在灾难年头所受的折磨,当时已经洞悉。而在这项工作的后一阶段,我所尊敬的另一位前辈侯仁之先生为了商讨发展历史地理学的问题从北京来到上海,这是我们经过这场生死大难以后的第一次见面,在"乍见反疑梦,相悲各问灾(原诗作'年')"的心情下,不免要互说这些年代的遭遇。我向他诉说了我因读郦而遭受的坎坷以及在"牛棚"中继续冒险读此书的事,他不

仅敦促我把此事经过写出来,而且还透露了我的这番经历,以致《书林》主编金永华先生不久专程到杭州求索此稿。我才痛定思痛,写了这篇短文。好在此文如上所述已在多处转载,并且流传到了国外,所以不必赘述。

原来从上世纪50年代以来,我们曾经经历过一个"读书有罪","读书人有罪"的时代,我在拙撰《记一本好书的出版》③文中提及:"像我这一辈年纪的知识分子,绝大多数都是无端被剥夺了20多年工作时间的。"这不仅是像我这类的普通读书人,高层次的读书人也是一样。《中华读书报》记者曾经访问过著名生物学家邹承鲁院士:"您当年回国是否后悔?"邹先生回答:"我回国已经有半个世纪了,其中最初的26年时间中只做了10年的工作,而如果不回来可以连续做26年,我只是对这一点后悔。"记者随即插入了重要的一句:"而且当年正是壮年的时候。"④

以上就是我当年撰写《我读水经注的经历》一文的缘由。

其实,从上世纪70年代末期起,读书人读书开始有了相对的自由。而《水经注》其书,如我在《札记·自序》中所说:"假使此书出于先秦,恐怕也不会列入秦始皇这个大暴君的焚坑之列。"所以虽然心有余悸,却已有较多时间重温此书了。由于此书版本极多,而不同版本之间甚有差异甚至抵牾,我一直留意于此。谭其骧先生素悉我对此书的爱好,曾几次嘱咐我重视版本的问题。所以在撰写《经历》以前,我实已草就了《论水经注的版本》初稿,承他于1978年初夏大病以后在上海龙华医院针灸疗养之时为我审阅了此文,得到他的指导和鼓励。⑤

说起来颇感惭愧,在我撰写此文之时,我所披览过的此书版本只不过十余种,在郦学领域中还属于孤陋寡闻。不过有一点我已经明白,郦学史中的最佳版本,即全、赵、戴和杨熊共4种,我必须反复细读;并且也已经确认,戴本(指殿本⑥)是几种佳本中可以作为圭臬的本子。我当然有校勘郦《注》的计划,我的校勘工作必须以殿本作为底本,在《版本》一文中,我实际上已经透露了这种意向,只是因为《经历》一文的发表和报刊的几次转载,使我的校勘计划受到一些干扰。因为学术界获悉我在灾难年代冒险抢救出数十年中积累的读郦笔记,于是,承各方垂询索稿,几个出版社都提出要我将这批从"焚坑"危境中抢救出来的笔记整理出版。我不忍拂逆他们的美意,这样就不得已分头工作,而这批劫后余烬,就成为我从1985年起陆续出版的约200万字的4部论文集和《郦学札记》,拖延了我的校勘计划。

不过在上述多书的整理出版过程中,我自问并没有放松校勘郦书的准备工作,而且进一步加强了以殿本作底的决心。自从1980年起,我不仅走遍国内收藏此书佳本、名本的图书馆,而且由于连年出国讲学,也饱览了国外图书馆所藏的不少版本。我当然也发现殿本的不少缺陷,并且写过《殿本尚可再校》⑦的笔记,但这并不影响殿本在

总体上高出各本的地位。在现在流通的各种郦《注》版本中,《水经注疏》是一种公认
的佳本,但它的重要缺陷之一是,此书采用了明朱谋㙔的《水经注笺》作为底本。熊会
贞在乃师杨守敬故世后对此书底本的决定,其难言之隐是为了"戴、赵相袭案"的干
扰⑧。由于杨守敬生前认定戴书袭赵而鄙视戴震其人其书,熊氏为了避免是非而舍戴
求朱,他在其死前的《十三页》⑨中说:"通体朱是者作正文,非者依赵、戴等改作正文,
不能如《合校》本之尽以戴作正文也。此点最关紧要,必如此,全文方有主义。"由于认
定"戴书袭赵"而排斥殿本,这实在是郦学校勘史中一件不幸的事。我在拙撰《戴震校
武英殿本水经注的功过》⑩一文中,曾经对此事作过一个玩世不恭的比喻:"打个比方
说,人类的旅行已经从坐轿子的时代发展到了坐汽车的时代,但是由于对于汽车的发
明人有了争论,竟因此立誓不坐汽车而坐轿子,这是多么荒唐可笑。"

感谢上海古籍出版社,由于获悉我有校勘殿本的意愿而主动约请我承担这种任
务。特别承情的是,他们虑及我物色版本的难处(因殿本存在各地翻刻的大量版本),
特为复制了商务印书馆的《四部丛刊》本,此本原是上海涵芬楼从武英殿原本影印而
来,是各种流行的殿本中的最好本子。我在这个校勘本卷首《前言》中对此曾作过一
点说明:

> 此本问世以后,从同治到光绪之间,各省书局纷纷翻刻,我曾经过目的本子,
> 如湖北局刊本、江西局刊本、浙江局巾箱本、苏州刊本、福州刊本等,在翻刻前估计
> 都不曾作过校对,因而原本有讹者,各本均同其讹;原本未讹者,各本因校对不精
> 而出错的亦在不少。因此,这些本子,都无对勘的价值。翻刻本中校对较精的有
> 光绪三年的湖北崇文书局刊本、光绪二十三年的湖南新化三味书室刊本、光绪二
> 十五年的上海广雅书局刊本。此外,殿本系统的刊本(按指正文依殿本),如光绪
> 十八年的王先谦《合校》本,光绪二十三年的杨希闵《汇校》本等,在付刊前也都作
> 过较好的校对,所有这些,我都据以对勘。殿本系统中还有一部清沈钦韩的《水
> 经注疏证》,这是北京图书馆所藏的一部稿本,我曾借旅京之便,部分地作过
> 对勘。

我大概花了两年多时间才完成此书的校勘工作,而上海古籍出版社的江建中先生
也在编审工作中花了大量精力。此书于1990年出版,出版社对此十分重视,特请顾廷
龙先生题写了书名。由于殿本在上世纪30年代以后就没有重印,所以学术界对此书
很予重视,先后发表了不少评论文章,获得许多好评。特别是我所尊敬的前辈杨向奎
先生,他的《读水经注》一文,开头就提出:"我这次读《水经注》是用陈桥驿教授点校的
本子。陈先生说:'我所采用的底本是商务印书馆的《四部丛刊》本……在所有不同版
本的殿本中,无疑是最好的本子。'最好的本子加上陈先生的点校,当然是现在通行最

好的一种版本。"⑪

遗憾的是,在我以后对此书的检索利用中,仍然发现由于我校勘和校对的不慎,书内还遗留了若干错误。因为正是那几年,我频频出国讲学,特别是在最后一次校样的校阅时,恰逢我身在国外,是由我的几位研究生操作的,他们缺乏校对经验,也是让此书留下缺陷的原因,但主要的责任当然应由我承担。尽管此书比上世纪二三十年代商务、世界各书局的排印本,包括《四部丛刊》和《四部备要》⑫诸本都有了进步,但缺陷仍然不少,我对此深表歉疚。

我所校勘的另一部郦《注》版本是《水经注疏》。此书是历来注疏量最大的版本,是杨守敬与其门人熊会贞毕生心血凝成的巨构。但科学出版社于1957年影印出版的此书,却是错误百出,许多文字至于不堪卒读,令人失望。⑬我虽然早有校勘此书的意愿,但至少在上世纪80年代,自忖绝无从事的时间,所以并未列入我的校勘计划。此书校勘在我的计划中提前进行,而且事出仓促,我在后来校勘的简化字本《水经注》的《后记》中有一段话的说明:

　　一九八〇年,日本的著名郦学家森鹿三教授去世。他的高足藤善真澄教授把森氏主译的郦《注》日本译本《水经注(钞)》寄给了我。我撰成《评森鹿三主译水经注(钞)》一文,发表于《杭州大学学报》哲学社会科学版一九八一年第四期(译载于日本关西大学《史泉》第五十七号,又收入于《水经注研究》)。由于森鹿三在其译本卷末提及他曾参校台北中华书局一九七一年出版的《水经注疏》,我的书评引及此语。书评发表以后,我随即收到段熙仲教授一九八二年初的来信。信中说:"我从大作中得知杨、熊两先生《水经注疏》的传抄本之一在台湾已经出版了十一年。"又说:"当初不匆匆接受任务,是可以注意到质量更多些。"说明段老的点校工作,到一九八二年初已经完成。当初,由于他没有见过台北本,所以信上只说"可以注意到质量更多些"的话。其实,一九八一年中,藤善教授已把台北本十八巨册寄赠给我,而我评论此本的上述书评,到一九八二年四月才正式发表。段老骤见我以《渐江水》一篇的两本对勘以后,立刻发现他辛勤数年的点校工作,由于没有与台北本对勘,显然很有不足。于是他立刻寄来一封言辞恳切的长信,提出即从《渐江水》一篇来看,他的点校与台北本还有不少差距。因此希望能与我合作,由我在他的基础上,按照台北本和我历年来的校勘成果复校一次,然后以两人名义出版。由于我手头的工作实在太多,无法接受段老的请求,只是由于他当时已届八十五高龄,我对这位前辈的复信,不能用我平时惯说惯写的断然语气,而是措辞委婉地加以推辞。并且建议,要他请出版社通过香港或日本的关系,从台北购入此书(因台湾与大陆当时尚无来往),而此项工作仍以他赓续为宜。以后几个月中,他曾多次来信,而我都礼貌地婉谢。这年秋季,我出访南、北美洲,在巴西和美国待了颇久。回国以后,已有好几封他的来信积压着,语气诚恳而坚定,要求我务必同意复校,并为此本撰写序言。当时由于积压的信件太多,一时还来不及给他复信,但段老却请他亲戚用一辆小轿车把全部他的点校稿件从南京送到我家中。我实在为他的诚挚所感动,只好收下这批稿件,堆满了我的这个小小书房。从此我原来的工作计划顿时大乱,整整两年中,除了出国讲学几个月外,全部花在这部书稿上,最后终于在一九八四年底完成了工作,并且按段老的嘱咐写了一篇一万多字的序言。由于北京本贺昌群的序言题目是《影印水经注疏的说明》,我的序言就循贺氏作《排印水经注疏的说明》(收入《水经注研究二集》)。为此书忙到这年年底,而一九八五年初,因为聘约关系,我又到日本讲学半年。从此连续几年,我成了学术界的一个大负债户,许多书稿都因此拖欠下来,弄得手忙脚乱。但段老为此感到满意,不仅夸奖我的复校,对我的那篇作为序言的《说明》也备加赞赏。既然我的工作能让一位耄耋老人多年辛勤的成果得以问世,我虽遭遇一时的困难,但也感到心安了。可惜段老竟不及看到此书的出版,于一九八七年因脑溢血逝世。逝世前不久还给我写信,说起出版社重视此书,正由四位责任编辑分头整理,[14]他正盼望着此书的早日出版。言念及此,能不黯然。

江苏古籍出版社对此书确实予以极大重视。责任编辑张惠荣先生曾多次奔波于宁、杭之间,与我面商此书从校勘内容到体例形式的种种问题。由于我的复校是在段老的工作基础上进行的,我们之间,或许是由于年龄和时代的差异,见解确实有些不同。但段老毕竟是我的前辈,所以凡是我可以苟同的问题,都尽可能尊重他的校勘成果。举个简单例子:在卷首郦氏《原序》中有一句话:"十二经通,尚或难言。"段老在其校勘中凡遇书名都加书名号,但这一句中的"十二经"未加书名号。显然是把此"经"字理解为大河或主流,则郦氏之意为:"在十条大河中能否叙清两条,还很难说。"但我理解这"十二经"是书名,案《庄子·天道》:"于是繙《十二经》以说。"说明在郦氏时代,《十二经》之名早已流行。尽管《十二经》的名称,到唐人才有解释,而宋晁公武《郡斋读书志》中列举的《十二经》,即《易》、《书》、《诗》、《周礼》、《仪礼》、《礼记》、《春秋左传》、《公羊》、《谷梁》、《论语》、《孝经》、《尔雅》,在郦《注》中全有引及,则郦氏之意很可能是:"读通了《十二经》,也或许说不清河川的脉络。"这样的例子不少,其实也是古籍校勘中常有的事,我无非在此说明一下。对于此书的校勘,动手实比上海古籍出版社委校的要晚,由于已经有了段老的基础,而出版社又全力以赴,所以出书竟后来居前,比上海早了近一年。

我校勘的第三部郦《注》是 1999 年在杭州大学出版社出版的《水经注校释》。此

书是我多年来校读各种版本所积累的作品。前面提及,在上世纪 70 年代后期撰写
《版本》一文时,我见到的不同版本还不过十多种,但我当时就已洞悉不同版本对于校
勘此书的重要性。胡适以其毕生的最后 20 年时间从事此书研究,他曾于民国三十七
年(1948)12 月北京大学 50 周年校庆举行过一次《水经注》版本展览,展出了各种版本
共 9 类 41 种。⑮他曾经说过"所见的本子越多,解答的问题越多"的话,⑯虽然此话对他
从事的课题(重审"赵、戴相袭案")来说并非一定如此,但对于一个从事郦学研究特别
是校勘郦《注》的人,版本的广泛披览,显然是非常重要的手段。所以从上世纪 80 年
代起,我除了跑遍国内收藏郦《注》稀见版本的所有图书馆以外,还借历次出国讲学的
机会,在国外图书馆披阅、抄录、复制有价值的版本,让我获悉了一大批不同版本的渊
源来历及其相互间的差异情况。所有这些,我都陆续写成笔记。由于其他事务的纷
繁,我既缺乏时间,也不曾计划让这部本子早日问世。为此一书,我在上述简化字本
《水经注》的《后记》中也提及几句:

> 我点校的第三部郦《注》是不久以前出版的《水经注校释》。这或许是我在郦
> 学研究中花费力量最多和拖延时间最长的一项成果。其实,此书在此时交付出
> 版,并非我自己的心愿,而是在某种不可推辞的客观形势下促成的。

这里需要说明几句的是,我之所以在当时尚不愿让此书出版,因为我认为它还有
继续加工的必要。从参校的版本来说,经过我这十几年在国内外的奔波,数量已经到
了 33 种。与上述胡适的版本展览相比,虽然他所展出的达 41 种,但这 41 种分成 9
类,在同一类中,如全祖望、赵一清等,他们的版本都有几种,无非是不同的翻刻或传
抄,内容的差异其实不大。但我的 33 种多是名家的刊本或抄本,各本均有其优异和差
别,所以我所参校的版本实际上超过胡适的展览。

此外,对于我在上述《后记》中所说:"此书在此时交付出版,并非我自己的心愿,
而是在某种不可推辞的客观形势下促成的。""心愿"之言,前面已经说明,因为此稿还
待继续加工,而且工作量不小。当时,我已经写好笔记但尚未录入原稿的资料,主要还
有 3 种。第一种是《胡适手稿》,我收藏此书甚早,记得当年杨向奎先生写信与我讨论
《光明日报》连载《胡适传》时,⑰他才读到中国社会科学院所藏的《胡适手稿》复制本,
而我当时早已有了此书的台北原版本,而且已经相当仔细地阅读了这部 30 册的巨构。
胡适毕竟是一位名实相副的杰出学者,尽管他的重审赵、戴案这个课题未获成功,但他
的全部郦学研究成果,从方法到资料,都有许多可以作为后辈读郦的参考。我曾经撰
写过《评胡适手稿》长文,⑱并且作了不少笔记,但是还没有录入我的书稿中。

第二种是拙著《郦学札记》,这是我从青年时代就开始写作的读郦笔记,是"文革"
中冒险抢救下来的劫后余烬。上世纪 80 年代以后,陆续在香港《明报月刊》和西安

《中国历史地理论丛》发表。90 年代后期,上海书店出版社为了组织一套《当代学人笔记丛书》,派专人到杭州向我面约。于是我就稍加梳理,把稍有价值的 140 余篇文章汇集成书,于 2000 年出版。此书卷首,我写了一篇注定要为许多正统人物所挞伐的《自序》。由于《札记》一直在《中国历史地理论丛》连载,所以《自序》写成后,也寄给了我所尊敬的《论丛》主编史念海先生过目,目的是为了向他致歉,因为《札记》既将裒集出版,以后就不再向《论丛》寄稿。同时在信上告诉他这篇《自序》的"离经叛道",请他不必在《论丛》发表,以免对他的刊物造成损害。但史先生竟以他的威望和胆识,随即将这篇《自序》一字不易地在《论丛》1998 年第 4 辑发表。他的这一举措,除了表达对《自序》观点的赞同外,也是对后辈的爱护,令人感动。

　　第三种是《水经注疏》。上面述及此书虽然在底本选择上存在不足,但杨、熊的深厚功力和长期耕耘,确实在郦书校勘史上立下了丰功伟绩。我在两年时间中,对此书作了逐字逐句的详读细校,深知其中的许多精妙之处。虽然也作了笔记,但尚来不及录入我的稿本之中。这些都是我不急于出版此书的原因。

　　至于《后记》提及的"某种不可推辞的客观形势",指的是当年杭州大学校长沈善洪教授的一再敦促。他与我比邻而居,平时常相过从。他熟知我出版的郦学著作已逾 10 种,而且获奖,也知我手头尚有书稿。所以特地上门求稿,希望杭州大学出版社能出版此书,有裨于出版社的声望。我只好和盘托出,告诉他书稿的情况和尚待续校的计划。他的意见是,从自己学校出版社的愿望出发,这部书稿在历来各家校勘中已属出众,不妨先行出版,其余的资料当然珍贵,但尚可留待日后续版。我是在这种不可推辞的形势下交出这部书稿的。出版社对这部书稿也确实逾格重视,先后曾进行过 8 次校对,包括两位特邀的有丰富校对经验的专家,事详拙撰《关于水经注校释》文中,[19] 这里不作赘述。此书于 1999 年出版,随即受到各方的关注和评论。台北"中央研究院"院刊之一《古今论衡》也发表了长篇书评,称道此书的成就。[20] 后来浙江 4 校(浙大、杭大、农大、医大)合并,成立新的浙江大学。新浙大于 2002 年以此书上报教育部评奖,教育部于 2003 年评定此书为"第三届中国高校人文社会科学研究优秀成果奖"的一等奖。不过对于我来说,此书从出版到获奖,我都感到有一种内疚,因为我的校勘工作,充其量只完成了一半。

　　上述 3 种以外,我于 2000 年又校勘了第四种版本,[21] 这或许称得上是郦《注》版本中的一种普及本子。这是浙江古籍出版社的约稿,他们为了组编一套《百部中国古典名著》,《水经注》当然列入其内。编组这套古典名著的意愿是值得表彰的,因为其目的是为了让这些古典名著能够为更多的读者所欣赏和接受。正因为此,所以各书都用简化字排印。在约稿过程中,他们提了很有说服力的两条:第一,《水经注》一书,除了郦学家的专门研究以外,现在已经成为不少自然科学家和人文科学家的通用参考书,所以不同的点校方式可以服务于不同的使用对象,具有不同的使用价值。第二,既然此书的使用范围已经变得更为广泛,而眼下的中青年学者,除了古典文学和古代史等专业以外,对于繁体字,显然已经感到困难。再下去,许多人就不再认得繁体字了。所以点校一种简化字本,实在是大势所趋。

这两条确实使我很有感触,不过我绝无能力把一部1400多年前的古典著作点校成为一部科普读物,我所尽力而为的,只能是对古典文献有兴趣和有一定阅读能力的读者,也能进行在学术研究以外的一般性阅读,使此书的丰富知识、趣味掌故、优美语言、生动文字,也能让专家以外的广大知识界所接受和欣赏。

这个本子的点校是在《水经注校释》的基础上进行的,除了大量地删节《校释》中用于学术研究的校注以外,我特别重视了书中主要河流的古今对比。凡是列为篇目的河流,不论大小,我都以其古今变迁和现状出注。例如卷六《汾水》等各水:

汾水即今汾河,是黄河在今山西省的最大支流,也是黄河的第二大支流,全长六九〇余公里,流域面积近四〇〇〇〇平方公里。卷六共记载今山西省境内的八条河流,分属黄河、海河两个水系。《水经注》记载的今山西省境内的河流达一八〇余条,其中卷六记及也达六〇条。可参阅陈桥驿《水经注记载的三晋河流》(《中国历史地理论丛》一九八八年第一期,又收入于《郦学新论——水经注研究之三》,山西人民出版社一九九二年出版)。

又如卷十三《㶟水》:

㶟水在《水经注》的不同版本中也有作湿水的。它发源于今山西省宁武县以南的管涔山,即注文所称的累头山,发源处今名阴方口,从山西流入河北,上游今名桑干河,经官厅水库,下游称为永定河,是海河的五大支流之一。不过《水经注》时代的㶟水与今永定河的河道并不完全一致,郦道元记载的河道在今永定河河道以北,东南流至渔阳郡雍奴县西(今武清县附近)注入潞河(经文称笥沟,是潞河的别名),也就是今北运河。永定河干流全长五六〇余公里,流域面积在官厅以上为四五〇〇〇余平方公里。

此外如卷七、卷八《济水》,校注中除了说明此河早已湮废以外,并指出黄河以北的济水,与黄河以南的济水,其实是两条不同的河流,由于《禹贡》说:"导沇水,东流为济,入于河,溢为荥。"《禹贡》是经书,古人都遵循这种其实是错误的说法,所以把两条不同的河流都称为济水。又如卷三十九《庐江水》,校注说明这是一条当时并不存在的河流,由于《山海经》等书的附会,才出现这样一条无中生有的河流。郦道元在注文中只说庐山的风景瀑布,全未提及此水的流程脉络,说明他对此水也一无所知。我在简化字本《水经注》所作的校注大悉如此，由于每条注文都较长，就不列举了。

以上是我校勘《水经注》的简要经历。现在，我年逾8旬，精力日衰，但又应一家著名出版社的多次面约，正在从事我毕生校勘经历中工作量最大、校注内容最繁的版本，其实就是上述《水经注校释》的延续。由于《校释》如前所述是在某种不可推辞的客观形势下提前出版的，尽管在出版后得到好评并且获奖，但是从我自己积累的郦学研究成果来说，此书充其量只不过录入了一半，所以出版以后，一直引为遗憾。现在既已决定在《校释》基础上继续攀登，自当振作精神，不辞老朽，在有生之年完成我的最后一次《水经注》校勘。

2004 年 4 月于浙江大学

注释：

①　原载《书林》1980 年第 3 期；收入于《水经注研究》，天津古籍出版社 1985 年出版；又收入于《郦学札记》，上海书店出版社 2000 年出版。

②　《中国编纂文集之始和现存最早的诗文总集昭明文选的研究与流传》，《韩长耕文集》，岳麓书社 1995 年出版。

③　《中华读书报》2001 年 7 月 4 日。

④　《学术腐败——中国科学的恶性肿瘤》，《中华读书报》2001 年 11 月 14 日。

⑤　此文原载《中华文史论丛》1979 年第 3 辑，收入于《水经注研究》，我在文题下作注："本文承谭其骧教授抱病审阅指正，谨致谢忱。"

⑥　陈桥驿《水经注戴赵相袭案概述》(《水经注研究二集》，山西人民出版社 1985 年出版)："戴震是从乾隆三十年(1765)开始校勘郦书的，到了乾隆三十七年，已经有他的定本，曾在浙东付刻，但刻不及四分之一，由于奉诏入《四库》馆而中辍。这个本子后经孔继涵整理刊行，即微波榭本《水经注》。戴在《四库》馆也校勘《水经注》，到乾隆三十九年校毕，由武英殿聚珍版刊行，即所谓殿本。"所以戴本实有两种，此两种从体例到内容都有很大不同。

⑦　收入于《郦学札记》。

⑧　参阅拙撰《水经注戴赵相袭案概述》。

⑨　这是熊会贞晚年亲笔陆续写出的关于修改《水经注疏》的意见，原件共 13 页，无标题，影印于台北中华书局影印本《杨熊合撰水经注疏》卷首。参阅拙撰《熊会贞郦学思想的发展》，《中华文史论丛》1985 年第 2 辑，又收入于《水经注研究二集》。

⑩　原载《中华文史论丛》1987 年第 2、3 辑合刊，又收入于《郦学新论——水经注研究之三》，山西人民出版社 1992 年版。

⑪　《中国历史地理论丛》1993 年第 1 辑。

⑫ 《四部备要》本以清王先谦《合校水经注》作底本,但《合校》本的正文均从殿本。

⑬ 科学出版社影印此书的底本,购自武汉书商徐行可,此本在抄成后未经熊会贞校阅,所以错误满篇,郦学家钟凤年在此本中校出错误2400余处,撰成长达7万字的《水经注疏勘误》一文,发表于福建人民出版社1982年出版的《古籍论丛》。参阅拙撰《关于水经注疏不同版本和来历的探讨》,载《中华文史论丛》1984年第3辑,又收入于《水经注研究二集》。

⑭ 此书署名的责任编辑为3人。

⑮ 陈桥驿《论胡适研究水经注的贡献》,原载《胡适研究丛刊》第二辑,又收入于《水经注研究四集》,杭州出版社2003年版。

⑯ 《孟森先生审判水经注案的错误》,《胡适手稿》第五集下册。

⑰ 杨先生此信因不同意《光明日报》当时连载的《胡适传》中的某些论点而写。信上嘱咐:"希望你出头说一下以澄清是非。"我遵嘱写了《关于胡适传中涉及水经注问题的商榷》一文,发表于1987年1月14日《光明日报·史学》,又收入于《郦学新论——水经注研究之三》。

⑱ 原载《中华文史论丛》1991年第47辑,又收入于《水经注研究四集》。

⑲ 原载《杭州师范学院学报》1998年第5期,又收入于《水经注研究四集》。

⑳ 周筱云《评介陈桥驿水经注校释——兼谈今后郦学发展之趋向》,《古今论衡》第3期,台北"中央研究院"历史语言研究所1999年版。

㉑ 浙江古籍出版社2001年版。

原载《杭州师范学院学报》(社会科学版)2004年第5期

水经注研究

序　言

　　我原来打算写一篇较长的序言,用来说明一下我研究《水经注》和写作本书的经过。但是后来这个计划却不得不加以改变。事情是这样的,1979年12月,《历史地理》这一刊物假复旦大学举行编委会,我忝与其会。来会采访的《书林》编辑金永华同志,从侯仁之教授处获悉我研究《水经注》过程中的某些坎坷经历,一定要我为《书林》写一篇稿子。编委会结束后,我径去广州参加中国地理学会第四届代表大会,直到1980年1月上旬后才返回杭州,回杭后又忙于地理学会中的一些未了事务,几乎忘记了《书林》的约稿。正当此时,金永华同志又来到杭州,敦促我完成这篇稿子。这样,我才回顾了几十年来我和《水经注》的关系,而把我原来准备在序言中要说的一些话,写成了后来在《书林》发表而现在又作为本书第一篇的《我读水经注的经历》。为此,我在这里要说的话就不多了。

　　必须说明的是,收入本书的40多篇东西,是在几十年时间中陆续写成的,写作的时候,原来并无出版此书的打算,其中有一些又先后在若干刊物上发表过。因此,文字的体例未必一致,而内容也容有重复。为了统一体例和减少重复,在收入本书时,我曾逐篇(包括已经发表过的)作了一些修改,有的在文后加了附记。不过尽管如此,上述缺陷恐怕仍属难免,深以为歉。

　　我曾于1979年把本书目录进行打印,并抄录部分原稿,分别寄请历史地理学界和治郦同仁指正,先后收到不少同志所提供的宝贵意见,使我感激不尽。根据同志们的意见,我又对本书的目录和篇幅作了一次调整,并增加了若干内容。特别应该感谢的是谭其骧教授、侯仁之教授、史念海教授和中国科学院地理研究所郭敬辉副所长,他们既为本书审读原稿,又对全书提出了许多建设性的意见,为本书增加了光彩。此外,杭州大学吕以春同志协助我做了不少野外工作,吴贤祚等同志为本书清绘地图,谨此表示谢忱。

　　学郦数十年,由于资质鲁钝,心得殊少。收入本书的一些东西,多半是村夫野语,也可能是雕虫篆刻,谨请海内外治郦同仁指教。

陈桥驿

1981 年 2 月于杭州大学

一、我读《水经注》的经历

在我还是孩提的时候,每当夏夜纳凉,最饶趣味的事,就是听祖父讲故事,讲了一个,再要一个,每晚都纠缠不休。我祖父是个老学究,酷爱孙子,真是有求必应。我不知道他哪里来这么多故事。有许多故事,是我长期不会忘记的。例如他讲到我家北面的一座小山,他说:越王句践杀死了有功劳的大夫文种,把他葬在这座山上,过了一年,那个同样很有功劳而被吴王夫差杀死的伍子胥就来把他带走,一同当了潮神。又如他讲到我家南面的一座小山,他说:这座山原来在山东东武县海中,忽然飞到这里,还有好几百家压在山底下呢。祖父的书房里堆满了线装书,但是每当我纠缠他讲故事之时,我看他总是拿出一叠小本子的书来翻阅一回,在我幼稚的脑袋里,至少已经懂得,他所讲的那些娓娓动听的故事,必然与这些小本子有关。因此,在他书房里的许多书本之中,对于这一叠小本子,我从小就怀着一种既尊敬又神秘的感觉。

由于家庭的影响,我在小学三四年级的时候,就能读一点文言文了,到这时才知道这一叠使我肃然起敬的小本子,原来是一部巾箱本的《水经注》。原来使我十分神秘的,这些书上竟然写了我家附近的故事,到这时才知道,葬着文种的"重山"和从东武县飞来的"怪山",都不过是其中一篇《浙江水注》中的记载。年齿稍长以后,看到了任松如编的《水经注异闻录》,从《水经注》抄出的诸如"重山"、"怪山"一类的异闻超过400处,难怪我祖父只要翻动几页,就可以讲出许多引人入胜的故事。不过当时我对这类异闻已经不感兴趣,而开始十分喜爱此书中的丰富语言和生动文字。的确,自古以来,记载山川风景的文章车载斗量,但以语言的丰富和文字的生动而论,实在没有超过《水经注》的。卷三十四《江水注》描写长江三峡的一段,就是长期来脍炙人口的。这段注文说:

> 自三峡七百里中,两岸连山,略无阙处,重岩叠嶂,隐天蔽日,自非停午夜分,不见曦月。至于夏水襄陵,沿溯阻绝,或王命急宣,有时朝发白帝,暮到江陵,其间千二百里,虽乘奔御风,不以疾也。春冬之时,则素湍绿潭,回清倒影,绝𪩘多生怪柏,悬泉瀑布,飞漱其间,清荣峻茂,良多趣味。每至晴初霜旦,林寒涧肃,常有高猿长啸,属引凄异,空谷传响,哀转久绝。故渔者歌曰:巴东三峡巫峡长,猿鸣三声泪沾裳。

这只是一个例子,在《水经注》描写山水风景的文字中,惟妙惟肖,出神入化,使人百读不厌的语句和段落是很多的。我在一个时期中,简直被此书的语言文字迷住了,曾经把它们大段大段地抄下来,也曾经大段大段地加以背诵,花费了许多时间和精力,这当然不是什么有害的事。但是当开始和地理科学接触以后,我才恍然大悟,对于《水经注》这样一部古代名著,我童年时代曾经憧憬它所记载的异闻趣事,以后又倾心于它的语言文字,实际上都没有抓住《水经注》的要害。

《水经注》,顾名思义是《水经》的注释。《水经》是完成于三国时代的一部记载了100多条河流的地理书,每条河流只简单地记载它的发源、流程和归宿。郦道元于6世纪初作注,注文大于《水经》20多倍,不仅涉及的河流多达1000余条,而河流所经地区的自然地理和人文地理情况,也都不厌其详地加以记载。即以《渐江水注》这一篇为例,《水经》只有“渐江水出三天子都,北过余杭,东入于海”寥寥16字。但注文却长达约6000字,不仅记载了大小支流和沿河的滩濑、瀑布、湖泊、井泉、山岳、丘阜、生物等自然地理,并且也记载了沿河的城镇、聚落、农田水利、交通物产等人文地理。所以《水经注》实际上完全撇开了《水经》的框子,而是一部独立的、以水道为纲的古代地理巨著,《水经注》记载的各种资料,不仅在历史地理的研究中极为可贵,而且对于现代地理的研究也大有裨益。

当我逐渐明白《水经注》是如上所述的一部地理名著以后,我对它的感情弥笃,兴趣倍增,而且因此也增加了我对祖国河川的无比热爱。新中国成立前夕,我还不过是个20多岁的青年人,刚刚走上工作岗位,课堂执教之余,把一切可以利用的时间都用来搜集我国河流的资料,真是“初生牛犊不怕虎”,居然立下了这样的宏愿,要继郦道元之后,写出一部《水经新注》之类的书。新中国成立以后,年龄长了几岁,阅历多了一些,知道“事非经过不知难”,开始懂得,要按照郦道元当年的规模,根据现代的科学水平,写出一部《水经新注》之类的书,靠一人单干,看来是不大可能的。但是好多年来搜集的河流资料,却也觉得弃之可惜,于是,受出版社之约,把这些资料凑集起来,写了一本10多万字的小册子——《祖国的河流》,于1954年在上海出版。此书只不过是约略介绍了祖国主要河流的概况,实在是很肤浅的东西,但想不到从1954年—1957年的3年之中,竟先后重印了9次。说明对于祖国河川的热爱,并不是我一个人的事,这就更鼓励了我对于《水经注》的研究。

此后,我对《水经注》的研究就集中在三个方面。首先是《水经注》的地理学研究,把《水经注》记载中有关自然地理学与人文地理学的资料,一一加以整理和推究,使之古为今用,这是我研究《水经注》的重点。其次是《水经注》的地名学研究,因为《水经注》记载的各类地名,为数多达两万左右,从今天来看,它实在就是一部北魏以前的历史地名辞典。特别是在这两万左右的地名中,有地名渊源解释的约有2400处,这是我国自《汉书·地理志》解释地名渊源(不过40余处)以来,在这方面集其大成的著作,因此,《水经注》在我国地名学研究中具有重要价值。我对《水经注》研究的最后一个方面是版本的研究,由于此书版本(包括抄本)甚多,不同版本间有时有很大的差别。另外,由于《水经注》实际上是一部残籍,还有许多佚文散见于其他古籍,因此,我还必须遍查古籍,搜索佚文,使此书能成完璧。当然,版本的研究并非我研究《水经注》的目的,而只是为了引起治郦同仁的注意,有机会集众人之力,搞出一种比现行所有版本更完整的新版本,提供后人使用《水经注》的方便。

在1966年的这场灾难开始以前,我在上述三个方面的研究中,已经累积了几千张卡片和十几本笔记。但在这场几乎断送我们党和国家的浩劫中,我的《水经注》研究也同样不能幸免。我是这场灾难一开始的所谓"横扫一切"中的第一批受害人之一,在那张作为灾难讯号的北京大学大字报披露后不到3天,大量大字报就像毒箭一样地射满了我的全身,这中间当然少不了对我研究《水经注》的攻击。我在1964年发表的《水经注的地理学资料与地理学方法》一文中,曾经引用过清刘继庄称誉此书的"宇宙未有之奇书"一语,这话就成为我反对毛主席著作的极大罪证。接着就是挂牌、示众、抄家……我的几千张卡片,就在第一次抄家中被全部取走。

这样闹了两个月,接着来了"大串联",以后,打击的矛头又转向"走资派"。我除了白天劳动或在牛棚里写"检查"外,晚上可以回家。一股不可抗拒的力量,使我再度振作精神,利用劫后幸存的《水经注》和其他书籍,特别是那十几本多年心血的笔记,每天晚上仍然孜孜不倦地搞我的《水经注》研究。而且我又发现,我有一部未被抄走的巾箱本《合校水经注》,其大小刚刚可以套入当时人人必带的那本"红宝书"的塑料封面。一次套入2册,其厚薄也大致相当。我本来是个胆小的人,也不知是在什么力量的驱使下,居然"胆大包天",天天随带这种伪装的"红宝书",在牛棚里阅读起来。

尽管当时牛棚中只有系主任和我两个"牛鬼",监视也不很严,但这毕竟是十分冒险的行动,一旦被查觉,后果是不堪设想的。

1968 年 4 月"清队"开始以后,形势又陡然紧张起来,我的妻子有鉴于几千张卡片的损失,就设法把十几本笔记转移到萧山,但萧山也同样有林彪和"四人帮"爪牙,同样有那些对学术、文化疾恶如仇的人。尽管为我们保藏笔记的萧山朋友行动迅速,一发现事情暴露,立刻把它们送回杭州。但萧山的"造反派"随即赶到,于 1968 年 6 月 30 日对我进行了联合"提审",勒令我交出罪证——《水经注》笔记。由我妻子出面推说放到乡下为由,总算展限 5 天。

这 5 天之中,我们全家进行了一场冒险的奋斗。白天,我必须出去劳动改造。晚上,全家动手抄录,在用黑布罩住的昏暗灯光下,尽最大努力,通宵达旦地要把几十万字的笔记留下一个底本。我的妻子和两个女儿,对此当然能够胜任。我的现在正在哥伦比亚大学研究数学的大儿子,当时还只有 14 岁,对于我写的行书,认起来实在相当困难,但是也坚持着边问边抄;我的现在正在亚利桑那大学研究天文学的小儿子,当时还只有 11 岁,不能担任抄写工作,但也自告奋勇地熬着夜在屋前屋后放哨,以防突然袭击。这样,在我于 5 天后拿着这十几本本子忍痛上交时,总算已经录出了一个潦草不堪的底本。我随即于 1968 年 8 月被关进晚上也不得回家的牛棚,我的妻子立即把这个底本送到永康县友人处保藏,直到我于 1969 年年底从牛棚出来以后,这个底本也从永康回到了杭州。虽然条件仍然艰苦,形势也仍然险恶,但我毕竟又可悄悄地读我爱读的《水经注》了。

政治气氛随着"四人帮"的败亡转向宽松,知识分子的研究工作有了相对的自由和改善。使我得以那些劫后余生的资料作基础,继续我的《水经注》研究,逐渐弥补了这场浩劫中的损失。现在,我在上面所说的三个方面的研究,已经有了初步成果,不久就可以交稿和读者见面。如今旧事重提,溯昔抚今,真是百感交集。今天,我能把学习《水经注》的这段崎岖经历写出来,除了感谢在艰难岁月中帮助过我的亲朋好友们以外,也为了纪念从事学术研究而横遭迫害的许多学术界同仁。

原载《书林》1980 年第 3 期;又收入《治学集》,上海人民出版社 1983 年版

二、《水经注》的地理学资料与地理学方法

引　言

《水经注》是北魏延昌、正光间（515——524）郦道元撰述的一部地理著作。[①]从书名来看，它仅仅是《水经》的一种注释，但这部完成于三国时代的《水经》，内容非常简短，全文只提到 137 条河流，每条河流无非寥寥数语。而《水经注》记载的河流多至1252 条，[②]注文大于《水经》达 20 余倍。和一般注释性的文字不同，《水经注》在内容上并不受《水经》的限制，是一部由作者独创的地理著作。为此，历来学者多予以极高评价，如清刘继庄称之为"宇宙未有之奇书"，[③]丁谦称之为"圣经贤传"[④]等，盛誉可见一斑。

历来学者对《水经注》的研究，主要偏重在版本、校勘和注疏等方面。此书原有四十卷，辗转传抄，到宋代已缺佚五卷。[⑤]明代以来，更无善本。经注混淆，讹误特甚。明清两代，有不少学者，其中特别是清初的全祖望、赵一清、戴震等，在这方面付出了大量的劳动，根据《永乐大典》与其他版本，进行了仔细的校勘，大体上恢复了这部名著的旧观。当然，清初学者并没有完全结束了这方面的工作，不仅自宋代以来缺佚的五卷未曾补足，[⑥]以致像《元和郡县志》、《太平寰宇记》等古籍中所载引的如滹沱水、泾水、洛水等，都不见于今本，而今本中，内容词句显系因传抄而脱漏讹误者，为数仍属不少。

但是与明代相比,现在毕竟已经有了比较完善的版本,应该承认与郦氏原著已经相去不远了。

必须指出,版本、校勘与注疏方面的工作,主要目的还只是为了恢复这部历史名著的本来面目,提供后人利用这部著作的方便。《水经注》作为一部地理著作,其实际价值主要当然在于地理学方面。尽管许多学科,都可以从《水经注》吸取养分,但是从地理学角度,对这部名著作全面的和系统的研究,毕竟应该放在首要地位。遗憾的是,历代以来,在这方面的工作显得凤毛麟角。这就是刘继庄所说的:"《水经注》千年以来无人能读,纵有能读而叹其佳者,亦只赏其词句,为游记诗赋中用耳"。[⑦]对于这样一部内容丰富的地理著作,研究工作局限于考据注疏,而成果利用主要限于摘取片言只语作为诗文材料,这不能不说是对这部名著的莫大误解。虽然,清末以来,已经开始有些学者如杨守敬等辈,从地理学角度对《水经注》做了若干工作,但为数到底不多。由于《水经注》在地理学上的丰富成果长期来没有得到应有的重视,这就不可避免地削弱了它的实际价值。《水经注》在地理学上的价值是非常巨大的,其中,它所拥有的地理学资料和采用的地理学方法是非常重要的方面。笔者拟就这些方面,略抒己见。

《水经注》的地理学资料

《水经注》是一部内容浩繁的地理著作,对于地理学领域内的许多有关学科,它都能提供有用的资料。

首先,《水经注》拥有丰富的有关地质,地貌、矿物等方面的资料,这些资料,有不少至今仍然具有实际意义。

《水经注》记载了大量关于石灰岩与喀斯特地貌的资料,其中描述比较细致明确的有卷十一《易水注》、卷十二《圣水注》、卷十三《瀍水注》等10余处。卷三十一《淯水》经"淯水出蔡阳县"注云:

> 山下有石门,夹郭层峻岩,高皆数百许仞。入石门,又得钟乳穴,穴上素崖壁立,非人迹所及。穴中多锺乳,凝膏下垂,望齐冰雪,微津细液,滴沥不断,幽穴潜远,行者不极穷深。

这一段记载石灰岩洞穴的文字,的确写得细致生动,使读者宛如身入其境,至今仍有参考价值。

《水经注》非常注意伏流(地下河流)的分布,全书提到的伏流多至30余处。当然,郦道元所记载的伏流之中,也有一些如"河出昆仑,重源潜发,沦于蒲昌,出于海水"之类的错误传说,但其中不少是有价值的,对于今天我们探索喀斯特地貌方面具有较大意义。

《水经注》拥有我国泉水、地下水等方面的大量资料。仅仅温泉一项，全书记载的即达 30 余处。一般泉水的记载就更不计其数。这些泉水今日虽然并不一定存在，但对于我们探索各地历史上地下水位的变化以及为今日找寻水源等方面，都提供了有用的线索。对于各地地下水位的差异，著者也很注意，诸如卷二《河水注》"城中穿井，深一十五丈，不得水"。卷十九《渭水注》"长城北有平原，广数百里，民井汲巢居，井深五十尺"。卷二十二《颍水注》"其地丘墟，井深数丈"等，均是其例。

《水经注》也为地史及古生物方面累积了不少资料。卷三十《淮水注》关于"吴伐楚，堕会稽，获骨焉，节专车"的记载，所指即是地质年代中巨大爬虫类的骨骼化石。根据嘉庆《山阴县志》卷二十一所载："宋时建里社，掘土得骨长七尺。"说明这种巨大的动物化石，在这个地区曾经一再发现，也说明《水经注》所提供的资料的可靠性。因此，这类资料对古生物地区分布的研究，具有颇大价值。此外，卷三十八《涟水注》记载衡阳湘乡县石鱼山的鱼类化石说："山高八十余丈，广十里，石色黑而理若云母，开发一重，辄有鱼形，鳞鳍首尾，宛若刻画，长数寸，鱼形备足。"对这个地区的鱼类化石的这样清楚的描述，不消说是一项地史和古生物方面的有用资料。

此外，《水经注》还提供了许多历史上的地震资料，特别是对于那些强度很大的地震。例如卷二《河水注》所载陇西鸟鼠山地区的一次地震是"其山岸崩落者，声闻数百里。"这个地区至今仍是我国主要的地震区，也说明了《水经注》的资料至今仍然具有意义。

有关各种有用矿物的地理分布，《水经注》的贡献是尤为卓著的。尽管在那个时代，人们所认识和能应用的矿物为数不多，但著者却能运用他的丰富见识，把燃料矿物中的煤炭、石油、天然气，金属矿物中的金、银、铜、铁、锡、汞，非金属矿物中的雄黄、雌黄、硫磺、盐、石墨、云母、石英、琥珀、玉、建筑石材等近 20 种矿物的性状、用途及其地理分布作了详实的记载。下面是卷三《河水注》记载石油的例子：

　　故言高奴县有洧水，肥可爇，⑧水上有肥，可接取用之，《博物志》称酒泉延寿县南山出泉水，大如筥，注地为沟，水有肥如肉汁，取著器中，始黄后黑，如凝膏，然极明⑨，与膏无异，膏车及水碓缸甚佳，彼方人谓之石漆。水肥亦所在有之，非止高奴县洧水也。

这里，不仅清楚地描述了石油的性状和用途，而且指出了这种矿物在我国西北地区分布的广泛性。一千四百多年前的地理学家，能对石油作出这样的描述，确是难能可贵的。

由于食盐对人民生活的重要性，《水经注》十分重视盐产地的记载，种类包括池盐、井盐、岩盐和海盐,地区西达国外天竺,东至于海,北到黄河,南及长江。甚至还记载了某些井盐能使人"瘿疾"的事实,都是非常有用的资料。

如上所述,说明《水经注》的矿物资料,对于今日我们在有用矿物的勘探、开采和利用等方面,仍然不无价值。

除了上述有关地质、地貌、矿物等资料外,《水经注》并且还拥有大量自然地理学的资料,对中国区域自然地理与中国部门自然地理的研究很有裨益。

由于《水经注》的内容以水道分布为核心,因此,它在自然地理学上提供的资料,首先是在河流学与水文地理方面。《水经注》考正记载了1252条大小河流的发源、流程、水文特征与流域的自然地理概况等资料。除了干支流本身外,在整个流域中,有关湖泊、陂池、瀑布、急流、井泉、伏流、季节河等等,无不广泛搜罗,详细记载。以瀑布为例,全书记载的大小瀑布(包括部分急流),为数即达60余处。从今日来说,这些瀑布的记载不仅在水力资源的开发利用上仍然可资参考,而且从古代瀑布位置的变动和消失等现象中,对于河床发育变迁的研究,也提供了极为有用的资料。

关于河流水位的季节变化、洪水期和枯水期、河流的含沙量、河流的冰期等资料,《水经注》都有比较完备的记载。例如卷五《河水注》记载的白鹿渊水:"深三丈余,……若夏水洪泛,水深五丈。"这里就把一般水位与高水位作了区别。《水经注》关于河流含沙量的记载是不少的,其中"河水浊,清澄一石水,六斗泥"的数量分析,成为古来对黄河含沙量的著名记载。此外,卷一《河水注》所记"寒则冰厚数丈"和卷五《河水注》所记"常以十二月采冰于河津之隘"等记载,对了解古代黄河的冰期及冰层厚度,都有较大的价值。

在自然地理学领域中,《水经注》可以为土壤地理学提供的资料,为数亦颇不少。尽管当时还没有什么科学的土壤分类,但这些资料即使到今日,也仍然具有一定意义。例如著者在卷二十七《沔水注》及卷二十八《沔水注》中描述今汉水山地区河谷地带的土壤分布是"黄壤沃衍"和"土色鲜黄"。对于这个地区土壤的这种描述,至今仍然部分符合实际。《水经注》也有不少关于盐碱土分布的记载,例如卷十《浊漳水注》"其国斥卤,故曰斥漳"。卷十二《巨马水注》"沆泽之无水,斥卤之谓也"。这些记载对今日华北的农业生产,仍然具有参考价值。

《水经注》拥有大量植物地理学与动物地理学的资料,对于研究古代自然植物与野生动物的种类与分布,提供了很大方便。著者很注意各地自然植物的分布,干支流所迳,他总是用较大篇幅进行这方面的描述,所以资料极多,不胜枚举。甚至在自然植物缺乏或遭到破坏的地方,注文也常常加以提及。像卷六《汾水注》中的管涔山:"其山重阜修岩,有草无木。"卷三十《淮水注》中的金山:"山无树木。"均是其例。除了一般植物外,著者同时也很注意各地的特殊植物。例如卷三十三《江水注》所载巴州的荔枝树,卷三十六《温水注》的槟榔树,卷三十七《叶榆河注》的邛竹和桃榔树。此外,著者还留意了各地植物分布的垂直差异现象,例如卷四《河水注》中的申山:"其上多穀柞,其下多杻檀"。卷四十《浙江水注》中的秦望山:"扳萝扪葛,然后能升,山上无甚高木,当由地迥多风所致。"诸如此类的资料,在现代植物地理的研究中,也仍然都可以加以利用。

有关动物地理学的资料也同样丰富多彩,不胜列举。和植物一样,著者也很重视各地的特殊野生动物,像卷十五《伊水注》的鲵鱼,卷三十六《若水注》的象、犀、钩蛇,卷三十七《叶榆河注》的猩猩、髯蛇等。注文中还记载了候鸟的动向,例如《叶榆河注》关于吊鸟山的记载:"众鸟千百为群,其会鸣呼啁哳,每岁七、八月至,十六、七日则止。"写得非常明白。著者甚至还探索了淡水鱼类的洄游规律,卷五《河水注》所载:"鳣鲤王鲔,春暮来游。"这是世界上记载淡水鱼类洄游的最早文献之一。

必须注意,《水经注》对于自然环境的描述,并不是纯自然主义的,而是采取了评价自然环境的态度。一泉一湖和一草一水,在著者心目中,都看作是有用的自然资源,这就增加了《水经注》自然地理资料的实际意义。以温泉为例,全书提到的30多处温泉中,同时记载了它的治疗价值的就达13处。在自然植物的记载中,著者特别着意于有用植物资源,例如卷十三《瀑水注》所记到刺山的大黄,卷十四《鲍丘水》所记香陉山的藁本香,卷二十二《渠注》所记圃田泽的麻黄草,卷三十八《湘水注》所记泉陵县的香茅草等等。在野生动物中,特别重视了经济意义较大的野生水产资源的记载,例如卷十《浊漳水注》所记广博池的"名蟹佳虾",卷二十七《沔水注》的"佳鳢好鲋",卷十二《圣水注》的白鱼,卷三十五《江水注》的鲫鱼,卷四十《浙江水注》的乌贼鱼等等。此外如矿物、土壤等方面的记载,也都没有离开对自然资源进行评价的角度,大大充实了《水经注》自然地理学资料的内容。

《水经注》对于自然条件与资源的评价,实际上已经牵涉到人文地理学的领域。在全部注文中,人文地理学的资料拥有很大的数量。

特别突出的是关于农业地理学的资料,这中间包括种植业、畜牧业、林业、渔业、狩猎业等,范围是很广阔的。其中以农田水利为中心的种植业占了很大的比重,举凡渠道、陂池、堤堰、涵闸以及包括大量设备的整套灌溉工程等,注文中有很大篇幅加以描述。例如秦的郑国渠,据卷十六《沮水注》所记,其灌溉效益使"泽卤之地四万余顷皆亩一钟,关中沃野,无复凶年"。卷三十三《江水注》记载蜀中都江堰的灌溉效益达到"水旱从人,不知饥馑,沃野千里,世号陆海"。此外像卷三十一《潕水注》所记溉田万顷的潕阴县马仁陂,卷四十《浙江水注》所记溉田万顷,包括水门69所的山阴县长湖等,注文也都作了详细的描述。即使是较小的农田水利工程,著者也不轻易放过。例如卷二十一《汝水注》自平舆至褒信一段干支流上,就有小型陂池 16 处;卷三十一《淯水注》所记,在穰县境内六门陂以下,结成小型的所谓"二十九陂"。诸如此类,注文也都一一加以介绍。

《水经注》不仅记载了我国内地的农业地理资料,同时也记载了当时我国边疆地区的农业地理资料。例如卷二《河水注》记载了轮台以东"广饶水草"地区的绿洲灌溉农业,卷三十六《温水注》则记载了今中南半岛地区的"火耨耕艺"的原始农业。这说明了著者在区域人文地理方面的渊博,也增加了《水经注》人文地理学资料在地区上的广泛性。

由于《水经注》是一部以河湖为纲的地理著作,为此,著者特别重视河湖在农业生产中的综合利用。例如卷十五《伊水注》所载陆浑县慎望陂"陂方十里,佳饶鱼苇",这就指出了河湖在鱼类养殖和水生植物种植上的多种经营潜力。卷二十一《汝水注》所载"水至清深,常不耗竭,佳饶鱼筍",卷二十四《瓠子河注》所载"泉不耗竭,至丰鱼筍"等,也都说明了河湖在灌溉、渔业和水生植物种植三方面的综合利用。特别引人入胜的是卷十一《滱水注》所描述的阳城淀的综合利用:

> 又东迳阳城县,散为泽渚,渚水潴涨,方广数里。匪直蒲筍是丰,实亦偏饶菱藕。至若娈婉幼童,及弱年崽子,或单舟采菱,或叠舸折芰。长歌阳春,爱深绿水,掇拾者不言疲,谣咏者自流响。于时行旅过瞩,亦有慰于羁望矣。世谓之为阳城淀也。

在这里,作者不仅描述了河湖的经济资源和生产活动,甚至也把河湖在风景旅游上的作用包括在综合利用的价值之中,把这个小小的阳城淀,在综合利用上的意义写得有声有色。

《水经注》也记载了不少工业地理的资料。其中包括采矿、冶金、机器、纺织、造纸、食品等许多部门。在前面指出的《水经注》所载的许多矿物资料中,注文大部分有开采利用的记载。诸如卷三十三《江水注》所记的蜀中的天然气,卷三十八《湘水注》所记萌渚岭的锡矿,卷四《河水注》所记高奴县的石油等,则时至今日,情况也未大变。《水经注》记载了许多地区的冶金工业,例如卷二《河水注》所载:"屈茨北二百里有山,夜则火光,昼日但烟,人取此山石炭,冶此山铁、恒充三十六国用。"这里不仅记载了冶铁工业的原料地和燃料地,而且还记载了产品的运销范围,是一项完整的工业地理资料。《水经注》并且也有机器制造和应用的记载,卷十六《穀水注》所描述的"魏晋之日,引穀水为水冶,[⑩]以经国用"即是其例。食品工业的许多部门及其分布,在注文的工业地理资料中占了很大的篇幅,其中又以制盐工业最为详尽,全书记载的大小盐场近20处。此外如纺织，造纸等工业部门，也都提供了不少资料。

河流是古代漕运的主要通道，为此，《水经注》有关运输地理的资料，为数非常可观。全书所描述的河渠水道，大部分都涉及航运问题，而河道中的滩、堆、峡、濑等，常被作为航道条件加以评价。例如卷三十九《耒水注》所记从汝城以下30里中有14濑，卷四十《渐江水注》所记自寿昌至建德80里中有12濑，都是航行的障碍。水位的季节变化往往也结合航行问题提出，例如卷二十五《泗水注》所述："泗水冬春浅涩，常排沙通道。"在同一河流中，著者很重视每一段落在航行上的不同价值，例如卷三十八《湘水注》所载："西至关下，关下，地名也，是商舟改装之始。"此外，运输工具和被运输的货物也同样为著者所重视。当时长江中已经出现了巨大的船舶，据卷三十五《江水注》所载，可以"载坐直之士三千人"。卷二十《漾水注》关于"虞诩为郡漕谷布"的记载，就是著者从货运种类考察内河运输业的例子。

《水经注》的运输地理资料，并不完全局限在水上运输方面。著者也同样注意了陆上运输的情况。当然，在许多场合中，陆上运输是和水上运输结合进行描述的。这中间特别重要的是著者对桥梁和津渡的广泛搜罗与详尽记载。全书提出的各种桥梁超过90座，所涉及的津渡也有90余处。在桥梁的描述中，著者甚至还注意到桥梁的净空问题。卷六十《穀水注》写到旅人桥说："桥去洛阳宫六七里，悉用大石，下圆以通水，可受大舫过也。"清楚地描绘了一座净空较大的石拱桥的形象。

最后，在人文地理学领域中，《水经注》还提供了大量有关人口地理学与聚落地理学的资料。在郦道元的时代，正是北方变化较多，人口移动频繁的时代，《水经注》反映了不少当时人口迁移的情况。卷三十五《江水注》所载："咸和中，寇难南逼，户口南渡，因置斯郡（按指东晋所置的汝南侨郡）于涂口。"诸如此类的记载是不胜枚举的。《水经注》也提供了许多少数民族分布和活动的资料，像卷三十六《温水注》所记的文狼人和木耳夷及卷三十七《夷水注》所记的巴蛮等均是。尽管著者是站在中原大国的身份描述了少数民族，但只要这些资料实际上具有价值，我们是不应该在这些问题上去苛求古人的。聚落地理的资料在全部注文中拥有巨大分量。《水经注》在叙述水道流程时，水道的位置与方向，大都以流域中的城邑或其他聚落来定的。全注提到的县城、镇、乡、聚、村、戍、坞、堡等聚落接近4000处，为后世累积了大量聚落地理资料。

《水经注》拥有大量自然地理学与人文地理学的资料已如上述。这些资料按时间都是北魏及其以前的，因此都属于历史地理学的资料。在全部注文中，除了上述丰富的历史地理学资料外，对历史地理学的其他一些分支及相关学科，《水经注》能够提供的资料也很不少，其中特别是关于沿革地理和地名学方面。

在《水经注》中，县一级以上的行政区和聚落，大部分都记载了沿革地理的变化。

著者叙述各地沿革,清楚明确,简单扼要。以卷十九《渭水注》的华阴为例:"渭水迳故城北,春秋之阴晋也;秦惠文王五年,改曰宁秦;汉高帝八年,更名华阴;王莽之华坛也。"寥寥数语,刻画了华阴500多年的沿革变化。

《水经注》关于地名学的资料也很丰富,这方面的资料,不仅有助于历史地理学的研究,而且也为语言学、历史学等许多学科所需要。《水经注》所记载的城邑、河流及其他地名,除了叙述其沿革外,往往也进行有关地名学的考证。例如卷二十七《沔水注》中提到:"沔水一名沮水,阚骃曰:以其初出沮洳然,故曰沮水,县亦受名焉。"这里就考证了沮水和沮县的地名来源。又如卷二十九《均水注》中提到的熊耳山:"双峰齐秀,望若熊耳,因以为名。"这些例子是举不胜举的。著者一方面正面提出许多有关地名考证的资料,另一方面也对以往讹传的那些地名来源进行纠谬。以上虞县名为例,卷四《河水注》说:"周处《风土记》曰:旧说舜葬上虞。……余按周处此志为不近情,传疑则可,证实非矣。"作者的这个论断是正确的,后世学者也有类似的意见。⑪

正因为《水经注》是一部地理巨著,因此,它所拥有的地理学资料是为数巨大的。如上所述,仅仅是少数几个例子而已。当然,在这样大量的古代地理资料中,难免也夹杂着不少错误的东西,我们自然不能按现代的要求对它进行非议。而怎样取其精华,舍其糟粕,其责任恰恰正在我们自己。

《水经注》的地理学方法

郦道元从事《水经注》的著述,在方法上是科学而踏实的,是一整套地理工作的方法。甚至直到今日,他的工作方法仍然值得我们地理工作者学习。

《水经注》的著述工作,是一种区域地理的研究工作。对于区域地理的研究工作,搜集各区域的大量资料乃是十分重要的任务,而郦道元的工作方法恰恰就是如此。在他的研究和著述工作中,首先做到了大量资料的占有。关于这一点,《北史本传》的评价是:"道元好学,历览奇书。"后世治《水经注》的学者,也都一致公认。有的推崇他"读万卷书",⑫有的赞扬他"博极群书,识周天壤"⑬等,不胜列举。著者占有资料的方面确实是很广阔的。从内容说,地理、历史、政治、哲学、文学等融为一炉;从体裁说,正史、方志、杂记、小说、诗词歌赋、碑碣等无不俱全。在他占有的资料中,直接引用到注文内的,为数就在430种以上。明代治《水经注》名家朱谋㙔说:"奇编奥记,往往散见《水经注》中"。⑭这话是确实的。在著者引用的书目中,特别丰富的是地理书目。⑮从内容分,既有全国地理资料,如《禹贡》、《汉书·地理志》等;也有分区地理资料,如《华阳国志》、《钱唐记》等。从时间分,既有当时流传已久的旧籍,如《山海经》、《尚书地

说》等;也有当时问世不久的新著,如《扶南传》、《佛国记》等。必须指出,在那个时代,
书籍的流行主要依靠传抄,则著者占有资料的艰巨性可以想见。《水经注》所引用的
地理书籍至今大部分已经缺佚,也正是由于著者的工作,使后世学者在进行古代地理
书籍的辑佚工作时,得以利用《水经注》所提供的许多方便。清王谟曾根据朱谋㙔校
本进行了他的《汉唐地理书钞》的辑佚工作,⑯取得了卓著的成果。由此足以说明,由
于著者大量占有资料特别是地理资料的工作方法,不仅使《水经注》这部地理巨著的
本身增加了无限光彩,而且还替后世的地理工作者带来了许多便利。

《水经注》不仅描述北魏时代的地理概况,同时也描述北魏以前的地理概况。因
此,著者除了进行一般区域地理的研究外,也进行大量区域历史地理的研究。对于区
域历史地理来说,则在大量资料中的细致分析工作就特别显得重要。郦道元的工作方
法正是如此,《水经注》所采用的资料,都是经过著者慎重处理的。注文中常常可以读
到"余按群书"之类的字样,这就反映了著者在大量资料中进行整理分析的复杂劳动
过程。著者整理分析资料的重要方法之一是进行资料的比较,通过比较以判定许多资
料的真伪。卷十一《滱水注》关于唐县及其附近山川形势的资料比较即是其例:

> 应劭《地理风俗记》曰:唐县西四十里,得中人亭。今于此城中取中人乡,则
> 四十也。唐水在西北入滱,与应符合。又言尧山者,在南则无山以拟之,为非也。
> 阚骃《十三州志》曰:中山治卢奴,唐县故城,在国北七十五里。骃所说北则非也。
> 《史记》曰:帝喾氏殁,帝尧氏作,始封于唐。望都县在南,今此城南对卢奴故城,
> 自外无城以应之。考古知今,事义全违。俗名望都故城,则八十许里,距中山城,
> 则七十里,验途推邑,宜为唐城。城北去尧山五里,与七十五里之说相符。然则俗
> 谓之都山,即是尧山,在唐东北望都界。皇甫谧曰⑰:尧山一名豆山。今山于城北
> 如东,……《地理志》曰:尧山在南。今考此城之南,又无山以应之。是故先后论
> 者,咸以《地理记》之说为失。

这里,著者就5种资料,进行细致的比较,然后判定应劭的说法是错误的。这种比
较资料,去伪存真的方法,对地理工作者,特别是历史地理工作者的启发是很大的。在
许多资料的相互比较、细致分析之中,不仅可以判定资料的真伪,并且还可以找出资料
错误的原因,揭露事物的实况。卷十六《穀水注》关于涧水和渊水的问题就是很好的
例子:

> 刘澄之云:新安有涧水,源出县北,又有渊水,未知其源。余考诸地记,并无渊
> 水,但渊涧字相似,时有字错为渊也。故阚骃《地理志》曰:《禹贡》之渊水。是以
> 知传写书误,字谬舛真,澄之不思所致耳。既无斯水,何源之可求乎?

在大量资料的比较分析中,也可以发现许多历史地理上以讹传讹的疑窦。著者虽

然不能一一解决这些疑窦,但却把这些疑窦发现而公诸后世,这实际上也是对后世的贡献。《水经注》中关于这样的例子是俯拾即是的。卷二十六《淄水注》关于阳水和洋水之疑即是其例:

> 世又谓阳水为洋水。余按群书,盛言洋水出临朐县,而阳水导源广县。两县虽邻,川土不同,于事疑焉。

这里也必须指出,由于时代的限制,郦道元所采用的分析和比较等方法,并不是完美无疵的。从今天来看,他的这种方法,颇大程度上还只是一种朴素的形式逻辑。经过他分析比较以后的资料,也仍然可以发现不少错误。不过作为一部1400多年前的地理著作,我们就不能低估著者在这方面的成就。特别是在今日能见的所有《水经注》以前的地理著作中,能像郦道元这样进行大量资料的分析比较的,实未尝见。为此,《水经注》在区域地理研究中,对于资料的处理,实开分析比较方法之先河,对后世地理学者具有很大的启发作用。

《水经注》在地理学方法上的卓越成就,除了大量资料的占有以及对这些资料进行细致的整理和分析外,同时也包括大量野外地理工作的成果在内。野外的直接考察,是著者重要的地理工作方法,也是《水经注》作为一部地理著作,获得如此成就的重要关键。著者在其原序中谈到《水经注》的著述经过时说:“脉其枝流之吐纳,诊其沿路之所躔,访渎搜渠,缉而缀之。”这就说明著者是非常重视从野外的亲身实践中来从事他的研究和撰述工作的。

在北部中国,著者的足迹是很广的。凡是足迹所到之处,他都进行野外考察,其成果在注文中有大量的反映。郦道元是范阳人,据卷二十六《淄水注》,他生长于东齐。在东齐地区,他自幼就进行了野外地理工作,因此对这个地区的山川形势了如指掌。《淄水注》关于营陵与营丘地理位置的考证即是其例:

> 余按营陵城南无水。惟城北有一水,世谓之白狼水。……由《尔雅》出左之文,不得以为营丘矣。营丘者,山名也。……今临淄城中有丘,在小城内,周回三百步,高九丈,北降丈五,淄水出其前,故有营丘之名,与《尔雅》相符。……郭景纯言齐之营丘,淄水迳其南及东北,非营陵明矣。

这里,著者在营丘这一小小冈阜上所做的野外考察工作是令人佩服的。不仅是位置、周围长度和高度测算得非常精确,连小丘南北坡的高度差异也不轻易放过,说明他在野外地理工作中的细致踏实程度。

著者曾先后出任过颍川太守(卷二十二《洧水注》),鲁阳太守(卷二十一《汝水注》)和东荆州刺史(卷二十九《比水注》)。在任所中,他都从事了野外地理工作,其成果在注文中有不少反映。即使是在旅程中,著者也随时利用机会,进行他的野外地理考察工作。卷二十五《泗水注》说："余昔因公事,沿历徐沇,路迳洙泗,因令寻其源流。"卷三十二《决水注》说："余往因公至于淮津,舟车所届,次于决水,访其民宰,与古名全违,脉水寻经,方知决口。"诸如此类的野外工作成果,在注文中是屡见不鲜的。卷三《河水注》所记,著者曾于太和中随北魏高祖北巡,也是一路访渎搜渠,进行了大量野外地理工作,大大丰富了他的研究成果。

值得惋惜的是,由于当时南北隔绝,著者的足迹没有深入中国南部,因而造成了注文中对于南部水系的不少错误。后世有些学者曾在这方面对著者提出不少非议。[18]当然,对于这样一部杰出的古代地理著作中存在的某些瑕不掩瑜的缺陷,我们大可不必多加贬损,但是野外实践对于地理工作的重要性,在这个事实中也就得到了充分的证明。

最后,著者对地理事物的描述手法,替《水经注》平添了不少声色,也是著者运用的异常出色的地理工作方法。关于这方面,后世学者是一致公认的。刘继庄认为著者"更有余力铺写景物,片言只字,妙绝古今"。[19]明代治《水经注》名家杨慎,更把著者的生动造语,摘录成编。[20]当然,地理学者褒贬一部著作,主要在其地理学内容而不在于辞藻。但是另一方面,地理学历来重视描述,尽管时至今日,定量分析已经愈来愈多地代替了定性描述。但无论如何,描述在这门学科中仍然具有重要意义。为此,《水经注》的生动描述手法,乃是著者所运用的所有地理学方法之中最成功的范例。它不仅使著作本身倍增光彩,而且更为后世地理学者树立了地理描述的卓越楷模。

《水经注》地理描述的重要特色之一是生动。河川山岳,虽然都是比较刻板的事物,但在著者笔下,这些刻板的事物往往表现得栩栩如生,给人以深刻的印象。例如他在卷九《淇水注》描述河流发源的情况时说:"淇水出沮洳山,水出山侧,颓波濑注,冲激横山。山上合下开,可减六七十步,巨石礛硞,交积隍涧,倾澜漭荡,势同雷转,激水散氛,暧若雾合。"这里,著者确把那种由急流和瀑布构成的河流上源,写得惟妙惟肖。写山岳也是一样,他在卷十五《洛水注》中描述鹈鹕山的地理景色是:"山有二峰,峻极于天,高崖云举,亢石无阶,猨徒丧其捷巧,鼯族谢其轻工,及其长霄冒岭,层霞冠峰,方乃就辨优劣耳"。短短数语,把一座山峰写得出神入化。他在卷三十四《江水注》中形容长江三峡的形势说:"自三峡七百里中,两岸连山,略无缺处;重岩叠嶂,隐天蔽日。自非停午夜分,不见曦月。"写得多么简洁真切。

著者地理描述手法的另一特色是词汇丰富,不用套语滥调。著者运用词汇的所以能如此左右逢源,丰富多彩,一方面是他能够精细地观察一切地理事物,从而得到启发,创造了不少新词新语。前述被杨慎摘录成编的如"分沙漏石"、"鱼若空悬"等等,即属于这一类。另一方面更是由于他善于吸取群众的语言以丰富自己的词汇。在全部注文中,可以看到大量被著者引用的歌谣谚语,都是群众在长期实践中所创造出来的,是经过千锤百炼的语言。用这样的语言进行地理描述,行文自然更得心应手。例如描述江道的险峻,在卷三十四《江水注》中引用了舟人的歌谣:"滩头白勃坚相持,倏忽沦没别无期。"在卷三十六《若水注》中则引用了当地的俗语:"楢溪赤水,盘蛇七曲,盘羊乌栊,气与天通。"又如形容江道迂曲,在卷三十四《江水注》引用了舟人歌谣:"朝发黄牛,暮宿黄牛,三朝三暮,黄牛如故。"在卷三十八《湘水注》则引用了当地渔歌:"帆随湘转,望衡九面。"这样,使言语变化层出不穷,而景物描述更细腻深刻。

以上论述的是郦道元在其著述工作中所运用的主要地理学方法。当然,按照现代地理学方法的要求来说,著者的工作方法仍然存在不少缺陷。但是我们如能从一部1000多年前的地理著作来衡量,则《水经注》的地理学方法确实具有卓越的创造性,对后世地理工作者有重要意义。

结　语

《水经注》的地理学资料与地理学方法已略如上述。从年代的久远,内容的丰富和方法的严谨等方面来看,它可以毫无愧色地列为世界最早的地理名著之一。《水经注》在地理学上的成就,是我国地理学史也是世界地理学史上的光辉一页。而且《水经注》至今还有它重要的现实意义。不仅是它的丰富的地理学资料在我国地理学特别是历史地理学研究中具有重要价值;而著者所运用的地理学方法,可以为今日地理工作者借鉴之处也仍然不少。美中不足的是,这部杰出的地理著作,曾经长期遭到后人的误解,形成清陈运溶所说的"近世为《水经》之学者,又皆校正字句,无所发明"[21]的现象,因而贬损了这部著作在地理学上的作用。可喜的是新中国成立以来,地理学界对这部著作已经开始重视。在1959年出版的《中国古代地理名著选读》[22]中,选释了《水经注》的《灅水注》、《鲍丘水注》和《渭水注》3篇,并且进行了若干复原工作。1962年出版的《中国古代地理学简史》[23]中,《水经注》成为专门章节加以论述。诸如此类,可以认为是用现代地理学观点和方法研究《水经注》的开端。这个良好的开端,需要继续不断地加以发扬。为此,地理学界,特别是历史地理学界,应该义不容辞地把《水经注》的研究作为自己学科的重要任务,按照地理学的观点、方法和要求,把这部杰出的古代地理名著,进行全面的整理和系统的研究,使这部千余年来的地理名著,重新在我国地理学上发出它的光芒!

注释：

① 此据影印《水经注疏》卷首贺昌群序。除此以外,关于《水经注》著作年代说法甚多,兹简介如下:一、蒋维乔《中国佛教史》卷上,第 28 页:"郦道元撰《水经注》在魏太和间。"二、伯希和(P. Pelliot)《交广印度两道考》第 48 页:"六世纪初年撰之《水经注》。"三、费瑯(G. Ferrand)《昆仑及南海古代航行考》第 3 页:"五二七年,郦道元撰《水经注》。"四、足立喜六《法显传考证》上编,序说第 314 页:"《法显传》系法显自天竺归后自记之历游记行,卷末有岁甲寅之语,故知法显之书,成于义熙九年归至建康迄翌年甲寅之间。……《法显传》撰述后,……约在百十年之后,北魏郦道元所著之《水经注》卷一、卷二辄引之。"又同书下编校释,第 188 页注:"《水经注》(西历五三〇年顷)。"骅按,义熙九年为公元 413 年,则法显成书为 414 年,百十年之后,当为公元 524 年,故足立氏先后二说自相径庭。五、Joseph. Needham. F. R. S,"Science and Civilisation in China", Vol. 1, P. 259:Shui Ching Chu, Commentary on the Waterways Classic (geographical account greatly extended). N/Wei, late 5th or early 6th century. Li Tao-Yuan. 李约瑟《中国科学技术史》第 1 卷,第 259 页:"《水经注》,《水经》的注释(地理学的广泛描述)。北魏,公元 5 世纪末或 6 世纪初,郦道元。"六、岑仲勉《水经注卷一笺校》:"综比观之,可决郦注之成,应在延昌至孝昌(512—527)时代,但确为何年,殊不可考。"

② 《唐六典》卷七《工部·水部郎中》注:"桑钦《水经》所引天下之水百三十七,江河在焉;郦善长注《水经》,引其枝流一千二百五十二。"宋王应麟《困学纪闻》卷一〇《地理》:"今本《水经》所列仅一百一十六水。"

③ 《广阳杂记》卷四。

④ 《水经注正误举例》小引,载《求恕斋丛书》。

⑤ 据《崇文总目》。

⑥ 戴震《书水经注后》(载《戴东原集》卷六):"今仍作四十卷者,盖后人所分以傅合卷数。"

⑦ 《广阳杂记》卷四。

⑧ 燃,《水经注笺》朱谋㙔云:"古然字。"骅按即燃字。

⑨ 《水经注疏》作"然之极明"。

⑩ 据王祯《农书》卷一九所述,水冶又称水排,为一种利用水力进行冶铸的机器。

⑪ (清)李慈铭《息茶庵日记》,同治八年七月十三日,载《越缦堂日记》2 函 11 册。

⑫ 《水经注集释订讹》原序。

⑬ 《广阳杂记》卷四。

⑭ (清)王谟《汉唐地理书钞》凡例。

⑮ (清)陈运溶《荆州记序》(载《麓山精舍丛书》):"郦注精博,集六朝地志之大成。"

⑯ 《汉唐地理书钞》尚未刻完。据中华书局影印 70 种本(按王谟《重订前编书目》有 249 种),

其中辑自《水经注》的，即达 435 条之多。

⑰　皇甫谧，晋代人，所著地理书有《帝王经界记》、《国都城记》、《郡国记》、《地理书》等，除《帝王经界记》辑存于《汉唐地理书钞》外，其余均已亡佚。故《水经注》所引何书，不得而知。

⑱　(明)黄宗羲《今水经序》："余越人也，以越水证之：以曹娥江为浦阳江，以姚江为大江之奇，分苕水出山阴县，具区在余姚，沔水至余姚入海，皆错误之大者。"又李慈铭《受礼庐日记》下集，同治七年四月初九日(载《越缦堂日记》2 函 10 册)："郦道元未至南方，所言多误。"

⑲　《广阳杂记》卷四。

⑳　《丹铅杂录》卷七。

㉑　陈运溶《荆州记序》，载《麓山精舍丛书》。

㉒　《中国古代地理名著选读》第 1 辑，侯仁之主编，科学出版社 1959 年版。

㉓　《中国古代地理学简史》，侯仁之主编，科学出版社 1962 年版。

原载《杭州大学学报》(自然科学版)1964 年第 2 期

三、《水经注》记载的水文地理

　　《水经注》是一部古代的地理名著，它记载和描述了我国和部分边疆邻国的整个陆地上的水体，包括河流、湖泊、沼泽等地表水和井、泉等地下水。它不仅在研究我国的历史水文地理中有重要价值，即在现代水文地理的研究中，也仍然不无意义。

　　《水经注》记载了我国及部分邻国的大小河流1000余条，湖泊和沼泽五百余处，泉水和井等地下水等近300处（包括温泉30余处），为我们提供了大量的水文地理资料。

　　《水经注》记载河流水文，范围广阔而描述详细。从河流的发源到入海，举凡干流、支流、河谷宽度、河床深度、水量和水位的季节变化、含沙量、冰期以及沿河所经的伏流、瀑布、急流、滩濑、湖泊等，也无不广泛搜罗，详细记载。

　　《水经注》首先根据河流的干支关系、长短大小、独流入海抑是汇入大河等指标，为河流的各种称谓，制定了它们的定义。卷一《河水注》云：

　　　　水有大小、有远近，水出山而流入海者，命曰经水；引佗水入于大水及海者，命曰枝水，出于地沟、流于大水及于海者，又命曰川水也。

　　这一段注文真真是开宗名义，它不仅是河流的各种称谓的定义，而且也是郦道元撰写《水经注》的规范，全部注文达30余万言，除了后世传写所造成的错讹以外，基本上是符合他在卷首所制定的撰写规范的。这就是《水经注》的体例严密之处。

　　在每一条较大河流的记载中，河源是十分重要的，注文多有仔细的描述，而且都能紧扣每一条河流发源处的自然地理特点,绝非千篇一律。例如在卷九的《清水》、《沁水》和《淇水》3篇中所记载的3条河流,虽然都是发源在太行山东麓或黄土高原的河流,但是通过郦注的描述,可以清楚看出它们具有各不相同的河源类型。《清水注》云:"黑山在县北白鹿山东,清水所出也,上承诸陂散泉,积以成川;《沁水注》云:"沁水,即涅水也,或云出縠远县羊头山世靡谷,三源奇注,逻泻一隍,又南会三水,历落出左右近溪,参差翼注之也;"《淇水注》则云:"淇水出沮洳山,水出山侧,颓波崩注,冲击横山,山上合下开,可减六、七十步,巨石磥砢,交积隍涧,倾澜漭荡,势同雷转,激水散氛,暖若雾合。"由此可知,清水是一条以山麓分布的诸陂散泉为水源的河流,沁水是一条以山涧小溪为源流的河流,而淇水则是一条以山崖断层的瀑布为水源河流。这样,在同一卷又基本上是同一地区的3条河流,注文却能生动而细致地描述了它们的不同河源特点。

岷江是一条著名的大河,《水经注》在当时是把它作为长江的源流来记载的,因此其描述就特别详细。卷三十三《江水》经"岷山在蜀郡氏道县,大江所出,东南过其县北"注云:

> 大江泉源,即今所闻,始发羊膊岭下,缘崖散漫,小水百数,殆未滥觞矣。东南下百余里,至白马岭而历天彭阙,亦谓之为天彭谷也。……江水自此已上至微弱,所谓发源滥觞者也。……自白马岭回行二十余里,至龙涸;又八十里,至蚕陵县;又南下六十里,至石镜;又六十余里而至北部,始百许步;又西百二十余里,至汶山故郡,乃广二百余步;又西南百八十里,至湿坂,江稍大矣。

上述岷江一注,对岷江的河源记载得何等详细明白,从上源滥觞的小水百数,缘崖散漫而汇流成川,直到汶山故郡以下的湿坂而形成江流,其间段落里程,历历可数。郦氏对河流发源的重视,还可以在卷二十一《汝水注》中得到证明。对于汝水的发源,他曾经对照地图和地方志,亲自进行了野外查勘,然后写入了注文。注云:

> 余以永平中,蒙除鲁阳太守,会上台下列山川图,以方志参差,遂令寻其源流,此等既非学徒,难以取悉,既在径见,不容不述。

除了河源以外,对于河流的其他水文情况,也多有详细的记载和生动的描述。例如,对河流的含沙量就是如此。黄河是我国含沙量最大的著名河流,因此,注文对此记载特详。首先,注文指出了黄河河水混浊的原因。卷一《河水》经"出其东北陬"注云:"河色黄者,众川之流,盖浊之也。"又云:"河出昆仑墟,色白;所渠并千七百一川,色黄。"这里说明,黄河在其上源,水色并不混浊,由于接纳了许多含沙量很大的支流,因而才成为一条浊河。而到了孟津以下就终年混浊,即同注所云:"盟津河津恒浊。"至于黄河含沙量大到什么程度,注文引用了汉大司马史长安人张戎所作的著名数量分析:"河水浊,清澄一石水,六斗泥。"这个数字现在看来并不夸张,根据现代的观测,黄河每立方米水中,平均含泥沙37.6公斤,每年平均输沙量为16亿吨,这些泥沙的90%来自黄土高原。[①]

对于黄河支流的含沙量,《水经注》也有所记载。泾渭二水的清浊问题,自从《诗·邶风·谷风》提出以来,[②]长期议论纷纷,究竟孰清孰浊,言人人殊。史念海教授作了大量考证,这个问题总算已经获得端倪。[③]史文提到:"北朝郦道元的《水经注》是地理学的名著,由于简编缺佚,没有看到专提这个问题。"的确,郦注中由于《泾水注》的缺佚,以致看不到他在这方面的描述,这是十分可惜的。不过卷八《济水》经"又北过临邑县南"注中提到:"黑白异流,泾渭殊别。"清《渊鉴类函》也引一条郦佚:"渭与泾合流三百里,清浊不相杂。"[④]按照我国文字的习惯和郦氏的严密写作体例,既然《济水注》以黑白比泾渭,而《渊鉴类函》所引又以清浊言渭泾,则在郦氏时代,很可能是泾清渭浊。这和史念海教授的论断仍相一致。[⑤]至于黄河的另一支流洛水,在当时却是一条含沙量很小的清澈河流,这在郦注中写得十分明白。卷五《河水》经"洛水从县西北流注之"注云:"(洛水)自县西来,而北流注河,清浊异流,皦焉殊别。"

《水经注》在其记载中还经常注意河流水量的季节变化。从黄河来说,水量充沛的季节如卷一《河水注》所云是:"至三月,桃花水至则河决";"秋水时至,百川灌河"。用现在的话来说,这就是黄河的汛期。黄河以外,其他河流也多有关于这方面的记载。例如汉水的支流夏水,据卷三十二《夏水注》云:"江别入沔,为夏水源,夫夏之为名,始于分江,冬竭夏流,故纳厥称。"由于我国在东亚季风气候的控制之下,冬季是一个干燥的季节,许多河流在冬季都是枯水季。例如卷四《河水注》记载的黄河的支流教水"是水冬干夏流"。卷九《荡水注》记载的荡水支流黄雀沟水"是水夏秋则泛,冬春则耗"。卷二十六《巨洋水注》中记载的巨洋水支流洋水"春夏水泛,川澜无辍"。卷二十八《沔水注》记载"沔水又东偏浅,冬月可涉渡"。诸如此类的例子实在不胜枚举。有些河流注文甚至还把枯水季和丰水季的具体水位也加以记载。卷五《河水》经"又东北过黎阳县南"注中记载的白鹿渊水即是其例。注云:

> 又东为白鹿渊水,南北三百步,东西千余步,深三丈余,其水冬清而夏浊,渟而不流,若夏水洪泛,水深五丈,方乃通注。

《水经注》还记载了许多河流在历史上所发生的水灾,诸如河水、滱水、伊水、穀水、瓠子河、沔水、湍水、江水等河流特别是黄河所发生的水灾,记载得堪称详细。其中某些河流还通过水灾记载了它们的洪水位。例如卷十五《伊水》经"又东北过伊阙中"注云:

> 伊阙左壁有石铭云:黄初四年六月二十四日辛巳,大出水,举高四丈五尺,齐

此已下。盖记水之涨减也。

上述伊阙石壁上的记载，真不啻是一根水位尺，所记洪水发生的时间和水位的高度如此精确，确是十分可贵的历史水文资料。卷十六《穀水》经"又东过河南县北，东南入于洛"注中也有洪水水位的记录："魏太和四年，暴水流高三丈。"所记的洪水时间和水位高度也很明确。特别是同注记载的魏时在此建造晋代又重修的水利工程千金堨东首石人上的记录，更值得珍贵。注云：

> （千金）堨之东首，立一石人，……石人东胁下文云：太始七年六月二十三日，大水迸瀑，出常流上三丈，荡坏二堨。

对于我国北方河流的冰期，《水经注》也常常有所记载。例如卷一《河水》经"出其东北陬"注中记载黄河孟津河段的冰层厚度。注云：

> 寒则冰厚数丈，冰始合，车马不敢过，要须狐行。云此物善听，冰下无水，乃过；人见狐行，方渡。

卷五《河水》经"又东过平县北，湛水从北来注之"注中，记载了上述同一地区的冰期。注云：

> 朝廷又置冰室于斯阜，室内有冰井，《春秋·左传》曰：日在北陆而藏冰，常以十二月，采冰于河津之隘，峡石之阿，北阴之中。即《豳诗》二之日，凿冰冲冲矣，而内于井室，所谓纳于凌阴者也。

除了上述有关河流水文的记载以外，《水经注》还拥有大量有关湖泊和沼泽等的水文资料。郦注记载的湖泊，在名称上包括海、泽、薮、湖、淀、陂、池、坑等，其中有的是非排水湖，如卷一《河水注》的蒲昌海、卷二《河水注》的卑禾羌海（青海）等；有的是排水湖，如卷二十九《沔水注》、卷三十九《庐江水注》等的彭蠡泽、卷三十七《叶榆河注》的叶榆泽等；有的是人工湖，如卷三十二《泚水注》、《肥水注》的芍陂和卷四十《渐江水注》的长湖等。郦注记载的湖泊，有的面积很大，如卷三十八《湘水注》记载的洞庭湖："湖水广圆五百里，日月若出没于其中。"有的则十分狭小，如卷四《河水注》记载的华池："池方三百六十步。"有时，在广大的地区中，湖泊十分缺乏，例如，在大片朔北地区，只有卷三《河水》经"又北过朔方临戎县西"注中记载的屠申泽这样一个较大的湖泊，但有些地区，湖泊却分布得非常稠密。例如卷二十一《汝水》经"又东南过平舆县南"注中，记载了陂湖18处；卷三十《淮水》经"又东过新息县南"注中，记载了陂湖9处；同卷经"又东过庐江安丰县东北，决水从北来注之"注中，记载了陂湖5处。由于这个地区陂湖众多，在地名上也有所反映："多陂塘以溉稻，故曰富陂县也。"卷三十一《淯水》经"又南过新野县西"注中，记载了陂湖8处，其中包括水利工程六门堨以下的29处"诸陂散流"。《水经注》记载的湖泊，与以后历代记载的湖泊逐一比较，则从北魏以至今日,我国的湖泊变迁就可一目了然。

在郦注记载的许多湖泊中,有一些是季节湖。卷五《河水》经"又东北过高唐县东"注中记载的马常坈即是其例。注云:

> (漯水)又东北为马常坈,坈东西八十里,南北三十里,乱河枝流而入于海。……河盛则通津委海,水耗则微涓绝流。

这里说明,马常坈是个黄河三角洲的季节湖泊,它要在黄河洪水季才有充足的蓄水,在一般时期不过是"微涓绝流"而已。另外也有些湖泊,洪水季和枯水季的差别虽然不像马常坈那样悬殊,但毕竟仍有极大的差异,沔水沿岸的大浐、马骨诸湖就是这类例子。卷二十八《沔水》经"又东过荆城东"注云:

> 沔水又东得浐口,其水承大浐、马骨诸湖水,周三、四百里,及其夏水来同,渺若沧海,洪潭巨浪,萦连江沔。

同卷中的路白湖、中湖和昬官湖三个湖泊的情况也正如此。注云:

> 又东北,路白湖水注之,湖在大港北,港南曰中湖,南堤下曰昬官湖,三湖合为一水。……春夏水盛,则南通大江;否则,南迄江堤。

除了季节湖以外,郦注记载中还有许多沿海的泻湖,这种泻湖在卷三十六《温水》经"东北入于郁"注中称为"浦"。注云:

> 康泰《扶南记》曰:从林邑至日南卢容浦口可二百余里,从口南发往扶南诸国,常从此口出也。

从这一段注文中可以窥及,卢容浦口是当时一个出海船舶的港口,则卢容浦的位置濒海,可以无疑。

下面再引同卷一段注文:

> 《林邑记》曰:屈都,夷也。朱吾浦内通无劳湖,无劳究水通寿冷浦。元嘉元年,交州刺史阮弥之征林邑,阳迈出婚不在,奋威将军阮谦之领七千人先袭区粟,已过四会,未入寿泠,三日三夜无顿止处,凝海直岸,遇风大败。……谦之遭风,余数船舰,夜于寿泠浦里相遇,暗中大战,谦之手射阳迈柂工,船败纵横。……谦之以风溺之余,制胜理难,自此还渡寿泠,至温公浦。

上述注文中记载了不少浦的名称,如朱吾浦、四会浦、寿泠浦、温公浦等,在这些浦中,两军可以用船舰作战,浦内还可以遇到大风浪,足见这一类浦的面积极大,非一般陂湖可比。

根据上述,我认为这一类面积巨大而又濒临沿海的所谓浦,其实就是滨海泻湖。法国汉学家鄂卢梭的一段考证,可以作为这种设想的旁证。鄂氏根据《水经注》卷三十六《温水》经"东北入于郁"的注文,对照现代越南地图指出:

卢容水就是承天府河,郎湖就是名曰 Câu－hai 大海湖之东湖,四会浦就是顺安(Thuân－an)海口,卢容浦就是 Câu－hai 湖在 Chu－may 西岬北边入海的海口,无劳湖就是大海湖之西湖,朱吾水就是从此湖入广治河之水道,可见此处的地势大致与《水经注》所志相符。⑥

按鄂氏上述考证,则前述这类浦的位置均在今越南顺化到广治沿海一带,故把这些浦作为滨海泻湖,大致可以无误。

湖泊并不是固定不变的地理事物,它具有发生、发展和消亡的过程,在这个过程中,沼泽化是一种常见的现象。《水经注》记载了许多沼泽,很可能就是前代的湖泊,而《水经注》记载的湖泊,在后代也可能经过沼泽化的过程甚至完全消失。这中间,卷二十二《渠》经"渠出荥阳北河,东南过中牟县之北"注中记载的圃田泽即是最典型的例子。注云:

> (圃田)泽在中牟县西,西限长城,东极官渡,北佩渠水,东西四十许里,南北二十许里,中有沙冈,上下二十四浦,津流迳通,渊潭相接,各有名焉。有大渐、小渐、大灰、小灰、义鲁、练秋、大白杨、小白杨、散吓、禺中、单圈、大鹄、小鹄、龙泽、蜜罗、大哀、小哀、大长、小长、大缩、小缩、伯丘、大盖、牛眼等,浦水盛则北注,渠溢则南播。

圃田泽原是《职方》、《尔雅》和《汉书·地理志》等古籍中都有记载的古代中原大湖。郦道元记载此湖的时候,虽然"东西四十许里,南北二十许里",整个湖盆的面积还在 200 平方公里以上,但真正蓄水的湖泊已经分散为 24 浦,水量当然大大减少。这说明全湖已经向沼泽化发展。到了明代,根据记载,小湖散陂更为增加⑦,说明蓄水进一步分散,沼泽化有了更迅速的发展。

湖泊沼泽化的过程,从植物生态来说,是深水植物逐渐向浅水植物演化,沿岸植物逐渐向湖心发展。因此,在一定时期,植物的生长是十分茂盛的,种类也可以非常繁多。因此,沼泽往往成为良好的牧场。所以卷八《济水注》云:"有长罗泽,即吴季英牧猪处也。"卷十《浊漳水注》云:"使温舒牧羊(钜鹿)泽中。"在沼泽的所有植物中,常有少数一二种占主导地位,成为当地的建群植物。由于各沼泽在自然环境上的差异,其建群植物当然也是互不相同的。《水经注》对于沼泽的记载,也常常注意有关植物方面的描述。例如对于上述圃田泽,郦注一开始就指出:"泽多麻黄草,……践县境便睹斯卉,穷则知逾界,今虽不能,谅亦非谬,《诗》所谓东有圃草也。"由此可见,在圃田泽这片沼泽地区,麻黄草曾经是占绝对优势的建群植物。当然,在沼泽化发展的过程中,建群植物也不是固定不变的,由于自然环境的改变,在郦道元的时代,圃田泽一带的这种历史上的建群物植,已经不再存在了。此外,卷三《河水》经"又南过西河园阳县东"

注记载今陕北榆林塞一带云:“自溪西去,悉榆柳之薮矣。”说明了这片沼泽以榆、柳为建群植物,而整个沼泽甚至以它的建群植物命名。卷十《浊漳水》经“又东北过曲周县东,又东北过钜鹿县东”注记载钜鹿县的沼泽地“取蒲牒用写书”。卷二十二《渠》经“又东至浚仪县”注记载中牟泽“即郑太叔攻萑蒲之盗也”。同卷又云:“北有牧泽,泽中出兰蒲。”说明像上述蒲、萑蒲、兰蒲等,都是这些沼泽地的建群植物。沼泽地带建群植物的种类及其变迁,是沼泽化发展过程的重要标志之一,它和湖泊、沼泽的水文情况有密切关系。

除了地表水的情况已略如上述外,《水经注》对于地下水的记载也相当详细。其中记载最多的是泉水,在全注中,几乎每一条河流都记及其流域范围内的泉水。只要对全注各篇进行比较,就可以明显地发现某些泉水特别丰富的地区。例如卷九《清水注》中,从河源到共县的一段不长距离中,记载的泉水就达12处。卷十三《濛水注》中,从涿鹿县到沮阳县的一片较小范围内,记载的泉水就达8处。至于历来闻名的济南泉水,在卷八《济水》经“又东北过卢县北”注中,也有相当详细的记载。郦注关于泉水的记载,对于我们今天研究古今泉水的变迁和勘查地下水资源等,都有重要的参考价值。另外,在今本郦注中,还缺佚了不少有关泉水的记载。例如《方舆纪要》引《水经注》云:

晋祠南有难老、善利二泉,大旱不涸,隆冬不冻,溉田百余顷。又有泉出祠下,曰滴沥泉,其泉导流为晋水,潴为晋泽。[8]

这里,今本注文就遗漏了今山西省境内的三处泉水。下面把今本郦注缺佚的泉水列一简表:[9]

篇名	泉水	篇名	泉水
河水(卷四)	龙泉	鲍丘水	无终山泉
晋水	难老泉、善利泉、滴沥泉	补洛水	甘泉水、苦泉
清水	五里泉	渭水(卷十八)	五泉渠
浊漳水	妬女泉	补泾水	神泉、长箱坂泉
补滏水	石鼓山南岩泉	涪水	潺石山下泉
补洺水	登泉(黄塘泉)	江水(卷三十三)	岷江泉流
补滹沱水	龙泉、圣人阜泉、太华泉	叶榆河	罢谷山泉
濛水	七泉		

泉水以外,《水经注》还记载了不少温泉和井,温泉因已有专文论述从略,此处只把井的情况简述一下。郦注记载的我国各地的井,不仅范围较广,而且特别重视井的

深度,这对我们了解古代各地的地下水位是很有价值的。全注记载的各类井共有 50 余处,其中有深度可稽的近 10 处,兹表列如下:

卷　篇	井　名	深　度
卷二、河水	疏勒城井	15 丈,不得水
卷五、河水	虎牢城井	40 丈
卷五、河水	阿井	六七丈
卷六、汾水	侯昆山石井	数尺
卷十九、渭水	长城北平原井	50 尺
卷二十五、泗水	曲阜武子台大井	10 余丈
卷二十六、淄水	磨头山井⑩	1 匹有余
卷三十、准水	义阳天井	1 丈
卷三十八、资水	益阳资水南井	四五尺或三五丈

和泉水一样,今本《水经注》也缺佚了一些井的记载,兹据我历年所辑,把这些佚井表列如下:⑪

篇　名	井　名	篇　名	井　名
河水(卷四)	大舜浚井	补溽沱水	行唐城大井(轮井)
清水	天井	沔水(卷二十八)	诸葛故宅旧井
浊漳水	石井冈大井	江水(卷三十三)	汶江井

注释:

① 《黄河万里行》第 122 页,上海教育出版社 1979 年版。

② 《诗·邶风·谷风》:"泾以渭浊,湜湜其沚"。

③ 《论泾渭清浊的变迁》,载《陕西师大学报》(哲学社会科学版),1977 年第 1 期。

④ 《渊鉴类涵》卷三九《地部·渭三·合流》引《水经注》。

⑤ 《论泾渭清浊的变迁》:"这时期(按指南北朝)泾河既已转清,渭河虽未更为混浊,但和已经转清的泾河比较起来,就显得不是那么清澈了。"

⑥ 鄂卢梭(L. Aurousseau):《占城史料补遗》,载中华书局版,冯承钧译《西域南海史地考证译丛二编》,第 135 页。

⑦ 《寰宇通志》(天一阁藏明景泰刊本)卷八三《开封府上·圃田泽》:"今为泽者八,若东泽、

西泽之类,为陂者三十有六,若大灰、小灰之类。其实一圃田泽耳。"

⑧　《方舆纪要》卷四〇《山西二·太原府·太原县·台骀泽》引《水经注》。

⑨　详见拙辑《水经注佚文》。

⑩　卷二六《淄水》经"又东过利县东"注:"阳水又东北流,石井水注之,水出南山,……俗谓是山为礤头山,其水北流注井,井际广城东侧,三面积石。高深一匹有余,长津激浪,瀑布而下。"故此井疑是河流中的水流漩涡磨蚀河床而形成的井状洞穴,自然地理学称为瓯穴(pot hole)。

⑪　详见拙辑《水经注佚文》。

四、《水经注》记载的伏流

　　《水经注》对地下河流有较多的记载,注文有时称为伏流,有时称为重源。重源的意思是,河川发源后又潜入地下,潜行以后又在另一处重新流出地面,这就是重源。所以重源和伏流是同一地理事物。全注记载的伏流共达30余处。

　　伏流是一种自然地理现象,它是由地下水所造成的。由于地下水往往溶解有多量的二氧化碳和酸类,其侵蚀力量比雨水要大得多,遇到石灰岩地层,石灰岩易被溶解,因而常常造成伏流和其他喀斯特地貌所共有的自然地理现象。

　　由于地学的发展,现在我们已经明白了伏流的道理。但是在古代,情况就不是如此,人们看到河川潜入地下,又入而复出,看到石灰岩溶洞内部光怪陆离的现象,因而常把伏流之类看作是一种神秘莫测的东西,从而发生许多以讹传讹的说法。因此,《水经注》所记载的伏流,按现代自然地理科学加以鉴核,就未必都可靠,其中有一些更是非常荒诞的。黄河重源或黄河伏流就是最典型的例子。卷一《河水》经"去嵩高五万里,地之中也"注云:

　　　高诱称:河出昆山,伏流地中万三千里,禹导而通之,出积石山。

　　又同卷经"又出海外,南至积石山下,有石门"注云:

　　　余考群书,咸言河出昆仑,重源潜发,沦于蒲昌,出于海水。

　　此外,卷二《河水》经"又南入葱岭山,又从葱岭出而东北流","其一源出于阗国南山,北流与葱岭所出河合,又东注蒲昌海","又东入塞,过敦煌、酒泉、张掖郡南",以及

"又东过金城允吾县北"等各条中,注文又几次提到黄河伏流、重源的情况。

对于黄河伏流重源的这种荒诞不经的说法,早在郦道元以前,历史上已经有人提出怀疑。司马迁云:"今自张骞使大夏之后也,穷河源,恶睹《本纪》所谓昆仑者乎？故言九州山川,《尚书》近之矣,至《禹本纪》、《山海经》所有怪物,余不敢言之也。"[①]这里,司马迁所反对的,从文字上看,主要还不是黄河重源,而是《禹本纪》所凭壁虚造的昆仑山。《禹本纪》早已缺佚,它所虚构的昆仑山,幸亏司马迁在他的《大宛列传》赞中引了一句:"《禹本纪》言河出昆仑,昆仑高二千五百余里,日月所相避隐为光明也。"既然司马迁反对《禹本纪》的昆仑山,他当然也不会赞同黄河重源的说法的。

不幸的是,治学严谨如郦道元,在这个问题上,虽然遍考群书,却没有仔细推敲司马迁的文章,以讹传讹地继承了黄河重源的谬说,并且加以夸张,从而助长了这种谬说的流传,以致直到清代,还有不少学者,动辄引郦注为据,对这种谬说言之凿凿,深信不疑。例如以《禹贡锥指》一书而成名的胡渭,竟认为:"道元之注,……至葱岭以下,发明颇多。"又云:"其言葱岭河也,曰河源潜发,分为二水;其言蒲昌海也,曰洄湍电转,为隐沦之脉。正其谬而补其阙,亦可谓精审之矣。"[②]清代郦学名家董祐诚也认为:"郦氏之注,辨正积石之河为葱岭之河重源所发,至为详尽。"[③]此外如吴省兰、[④]范本礼[⑤]诸家,也都异口同声,随意附和,造成了长时期的混乱。

郦注一书自从问世以来,尽管褒贬互见,像明周婴[⑥]和黄梨洲[⑦]等学者都曾对它提出过相当深刻的批评,甚至治郦名家如全祖望也指出其"过于嗜奇、称繁、引博,反失之庞,读者眩焉"[⑧]的求全责备,但绝大多数学者毕竟推崇备至,赞扬之词,溢于篇幅,这也是众所共见的事实。历史上对郦注责备最甚的莫过于唐杜佑,而他所指责的主要问题,恰恰就和黄河重源这个谬说有关。《通典》云:

> 《水经》所云,河出昆仑者,宜出于《禹本纪》、《山海经》;所云,南入葱岭及出于阗南山者,出于《汉书·西域传》。而郦道元都不详正。……自葱岭之北,其《本纪》灼然荒唐,撰经者取以为准的。班固云:言九州山川者,《尚书》近之矣。诚为惬当。其后《汉书·西域传》云:河水一源出葱岭,一源出于阗,合流东注蒲昌海,皆以潜流地下,南出中国为积石河云。比《禹纪》、《山经》犹较附近,终是纰缪。[⑨]

对于一部具有1000多年历史的著名古籍,我们当然不会由于这样一个缺陷而贬责过分。但是,也应该承认,在郦注的所有不足之中,黄河重源谬说的传播和夸张,给予后世的影响的确是相当严重的。此外,在我国的不少古籍中,对黄河以南的济水有所谓三伏三见的讹传,而《水经注》中也记载了其中的一伏一见,即卷七《济水》经"济水出河东垣县东王屋山,为沇水"注云:

《山海经》曰：王屋之山，联水出焉，西北流，注于泰泽。郭景纯云：联、沇声相近，即沇水也。潜行地下，至共山南，复出于东丘。

对于济水、联水、沇水等同水异名的现象，后来也被作为济水伏流的证据。[10]诸如此等，岑仲勉曾加以批判，认为这些"无非承自黄河重源那一套古旧理论。"[11]岑氏所言甚为详悉，这里不再赘述。

应该指出，《水经注》在伏流的记载中承袭了先代的一些错误，特别是黄河重源的错误，这主要是受时代的限制。对全书来说，这种瑕不掩瑜的缺陷，丝毫也不会遮掩这部历史名著的光芒。况且，即使只从伏流这一地理事物来说，全注所记，大部分还是可靠的。有些伏流，郦注在记载时还把周围的喀斯特地貌概况，一并描述在内，这样的记载当然更为全面，例如卷十一《易水》经"东过范阳县南，又东过容城县南"注云：

易水又东迳孔山北，山下有钟乳穴，穴出佳乳，采者篝火寻沙，入穴里许，渡一水，潜流通注，其深可涉，于中众穴奇分，令出入者疑迷不知所趣。每于疑路，必有历记，返者乃寻孔以自达矣。上又有大孔，豁达洞开，故以孔山为名也。

《水经注》记载的伏流，从地区范围来说，也相当广泛。我国西南地区，是喀斯特地貌非常发育的地方，虽然郦氏足迹未至其地，而当时这个地区的文献资料显然也十分缺乏，但郦注中仍然可见到卷三十七《叶榆河注》和《夷水注》中，各记载了伏流一条。而《名胜志》所引《水经注》，还记载了《叶榆河注》的另一条伏流。[12]这些都是相当可贵的资料。

此外，《水经注》记载伏流，相当重视伏流的长度，在全注记载的30多处伏流中，有长度数字的近10条，当然更有参考价值。兹表列如下：

篇　名	伏流名称	长　度
河水（卷一）	昆山伏流	13000里
河水（卷四）	教水西马头山伏流	10余里
涞水	涞水百梯山伏流	5里
清水	长泉水邓城伏流	13里
洹水	黄华水谷口伏流	10里
圣水	圣水玉石山伏流	里余
湿余水	湿余水下口伏流	10许里
淄水	女水安平城伏流	15里
淮水	淮水大复山伏流	30许里

注释：

① 《史记》卷一二三《大宛列传》赞。

② 《禹贡锥指》卷一三（上）。

③ 《水经注图说残稿》卷一。

④ 《河源图说》（载《小方壶斋舆地丛钞》4 帙 11 册）："《水经注》称其洄湍电转，为隐沦之脉，可以证伏流矣。"

⑤ 《河源异同辨》（载《小方壶斋舆地丛钞》4 帙 11 册）："证诸《尔雅》，河出昆仑虚，色白；所渠并千七百一川，色黄。——吻合，则葱岭所出为初源，阿勒坦噶达素齐老山所出为重源无疑。"

⑥ 《厄林》卷一《析郿》："蹑法显之行踪，想恒流之洄洑，水陆未辨，道里难明。"

⑦ 《今水经序》："余越人也，以越水证之，以曹娥江为浦阳江；以姚江为大江之奇；分苕水出山阴县；具区在余姚；河水至余姚入海。皆错误之大者。"

⑧ 《水经注释》全祖望序。

⑨ 《通典》卷一七四《州郡四·古雍州下·西平郡》。

⑩ （明）许成名《小清河记》（载康熙《历城县志》卷一三《艺文》）："济水伏见不常，名随地异。"

⑪ 《黄河变迁史》第 7 节，人民出版社 1957 年版，第 188—197 页。

⑫ 云南《名胜志》，卷一五《大理府·太和县》。

五、《水经注》记载的瀑布*

在自然地理学概念中,凡是从河床纵断面陡坡或崖悬处倾泻下来的水流称为瀑布(fall)。瀑布由于其巨大的水能潜藏而成为重要的自然资源,此外,瀑布的移动和变迁,是河床变迁和河蚀地貌发育的重要数据之一,而著名的瀑布,又可以发展旅游业以吸引大量的游客。因此,在地理学领域中,它常常成为地貌学、陆地水文学以及经济地理学等科学的研究对象。由于瀑布的变迁具有一个漫长的地质过程和历史过程,因而也常常为历史地理学者所注意。我国古代地理著作中记载瀑布的资料很多,但时间最早和记载最完整无疑是《水经注》。本文试把此书记载的我国古代瀑布稍作探讨。

在讨论《水经注》记载的瀑布以前,首先必须把注文中对于瀑布这种地理事物所应用的名称加以说明。瀑布一词是现代自然地理学对这种地理事物的专门名称。但古人的记载并不如此,其名称是多种多样的。当然,瀑布也是古人记载这种地理事物的常用名称之一,例如卷九《清水注》记载的白鹿山瀑布,注文说:"瀑布乘岩悬河,注壑二十余丈。"卷二十六《淄水注》记载的磑头山瀑布,注文说:"长津激浪,瀑布而下。"但是在全注记载的瀑布之中,这只占很小的一部分。此外则是其他各式各样的称谓,有的称为"泷",有的称为"洪",有的称为"洩"。因为瀑布自上而下,形同悬挂、所以"悬"字常常作为瀑布的名称,如悬水、悬流、悬泉、悬涛、悬湍等;由于瀑布飞流而下,

---

* 本文承陕西师范大学史念海教授审阅,谨致谢忱。

因此"飞"字也是常见的瀑布名称;如飞波、飞清、飞泉、飞瀑、飞流等,瀑布是从高处向下颓落的,所以"颓"字有时也用来称谓瀑布,例如《淇水注》的沮洳山瀑布、《圣水注》的玉石山瀑布和《淮水注》的鸡翅山瀑布等,原注都称为颓波。在研究郦注记载的瀑布时,弄清他记载瀑布所采用的各种辞例是很重要的。因为在注文中,对于某些瀑布,内容写得很生动详细;而对另一些瀑布,注文却仅仅提出其名称。假使不掌握郦注记载瀑布的辞例,则对于那些记载疏略的瀑布可能就会遗漏。前辈治郦学者也已经注意了这个问题。例如卷十七《渭水》经"又东过冀县北"注云:

> 川水西得白杨泉,又西得蒲谷水,又西得蒲谷西川,又西得龙尾溪水,与蒲谷水合,俱出南山,飞清北入川水。

对于这个"飞清",明谭元春在此处批云:"扬波飞清,止以二字描赞便活现,何其省捷"。[①]注疏本杨守敬也在此处疏云:"《夷水注》:激素飞清,其辞例也。"

由此可见,尽管在《渭水注》中只有"飞清北入川水"一语,此外没有对这些瀑布作更多的描写,但治郦精湛如谭元春、杨守敬等辈是领会的。其实,"飞清"作为记载瀑布的辞例,郦注中还不仅在杨氏指出的《夷水注》中出现,此外如卷二十《漾水注》中的平乐水瀑布,卷二十七《沔水注》中的南山巴岭瀑布以及卷三十四《江水注》中的孔子泉瀑布等,注文也都用了"飞清"这个辞例。《漾水》经"漾水出陇西氐道县嶓冢山,东至武都沮县为汉水"注云:

> 又东南会平乐水,水出武街东北四十五里,更驰,南溪导源东北流,山侧有甘泉,涌波飞清,下注平乐水。

这条注文记载的是平乐水沿岸以山泉为水源的一处瀑布,写得十分明白。又卷九《清水》经"清水出河内修武县之北黑山"注云:

> 其水历涧飞流,清泠洞观,谓之清水矣。

对于这一条注文,吴琯刊本、注删本、何校明抄本、王校明抄本等[②]与殿本都不一样,这些本子写的是:

> 其水历涧流,飞清洞观,谓之清水矣。

殿本之所以把"飞清"改作"飞流",其根据是注笺本,但孙潜在这方面早已指出了注笺本的不当。孙云:

> 朱本,《御览》引此作清泠洞观,按注中屡用飞清二字,不必旁引他书以证明也。[③]

由此可知,孙潜也是充分明白"飞清"二字在郦注中是记载瀑布的常用辞例。而殿本以及与殿本相同的注释本对这段注文的不得其法的更改,[④]恰恰说明了他们对这个辞例的概念是模糊不清的。

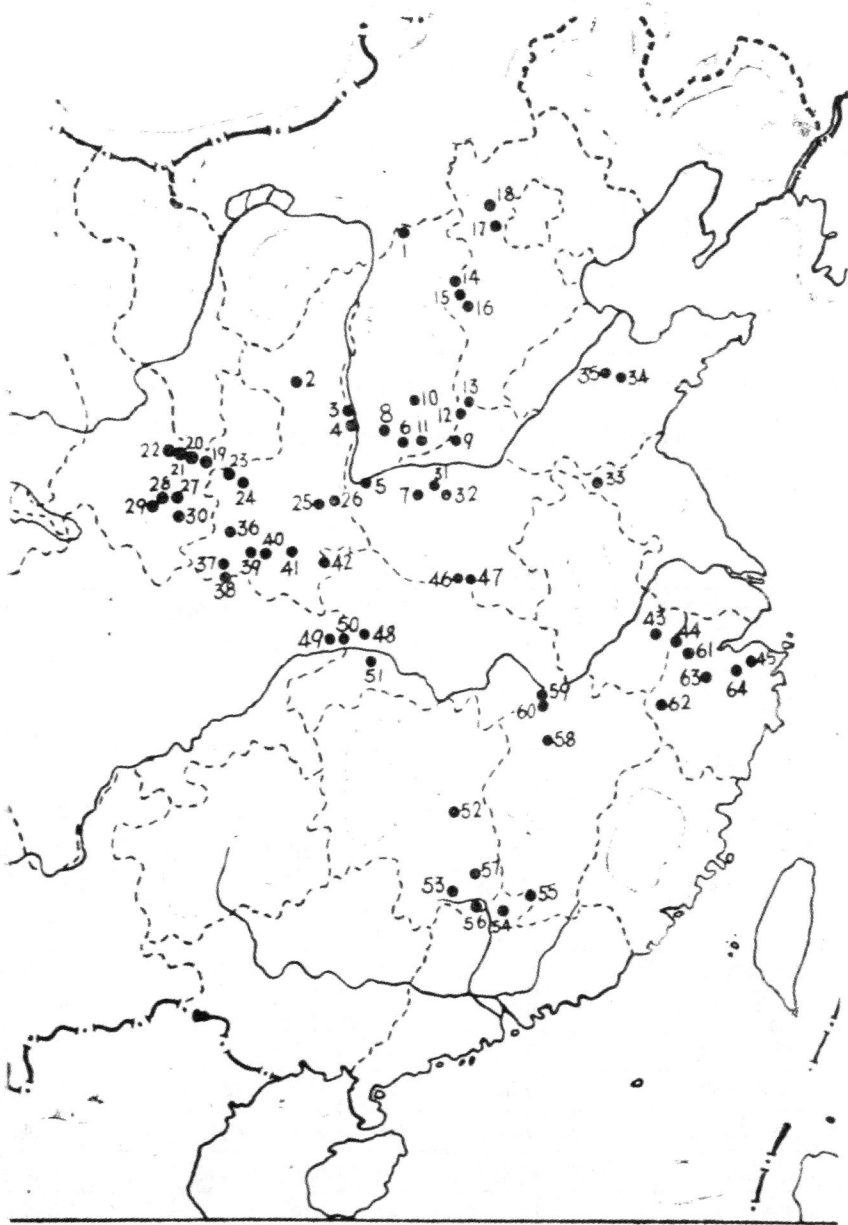

图一　水经注记载的全部瀑布示意图

所以我们今天要完整地研究郦注记载的瀑布,弄清注文中对于瀑布的常用辞例是很重要的。此外还需要注意的是,在郦注记载的瀑布之中,有一些根本就没有使用任何与瀑布相当的辞例,但记载的实际上确实是瀑布。例如卷九《沁水》经"又南过阳阿县东"注云:

> 沁水又东南,阳阿水左入焉。……又东南流迳午壁亭东而南入山,其水沿波漱石,潚涧八丈,环涛毂转,西南流入于沁水。

这里,注文全不使用郦注常见的"悬"、"飞"、"颓"等辞例,但"沿波漱石,潚涧八丈,环涛毂转",写的实际上就是瀑布。对于郦注中的这样一类记载,自然更应该仔细留意,小心鉴别,才能把郦注记载的全部瀑布,搜罗无遗。

在全部《水经注》中,根据上述以各种辞例记载的瀑布,以及像《沁水注》记载的那种事实上的瀑布,总数共达64处,[⑤]其范围遍及黄河、淮河、长江、珠江各流域。郦注记载的我国古代瀑布的丰富内容,是历史自然地理学的宝贵资料。

《水经注》记载的我国古代的全部瀑布如附图所示(图一)。瀑布的具体名称,即附图中的编号,可参阅下列简表。

《水经注》记载的瀑布简表

编　号	瀑布名称	卷　次	编　号	瀑布名称	卷　次
1	吕梁洪	3 河水	33	吕梁悬涛	25 泗水
2	定阳县西山(瀑布)[⑥]	3 河水	34	熏冶泉飞泉	26 巨洋水
3	孟门悬流	4 河水	35	磬头山瀑布	26 淄水
4	龙门下口悬流	4 河水	36	丙穴悬泉	27 沔水
5	陕城悬水	4 河水	37	南山巴岭南飞清	27 沔水
6	鼓钟上峡悬洪	4 河水	38	南山巴岭北飞清	27 沔水
7	石城山瀑布	5 河水	39	上涛	27 沔水
8	绛山悬流	6 浍水	40	下涛	27 沔水
9	白鹿山瀑布	9 清水	41	寒泉岭瀑布	27 沔水
10	巨骏山(瀑布)	9 沁水	42	鳣湍	27 沔水
11	午壁亭(瀑布)	9 沁永	43	落星山悬水	29 沔水
12	沮洳山颓波	9 淇水	44	钓头泉(瀑布)	29 沔水
13	鸡翅洪	9 洹水	45	车厢山瀑布	29 沔水
14	滱水悬水	11 滱水	46	固成山(瀑布)	30 淮水
15	广昌岭(瀑布)	11 滱水	47	鸡翅山颓波	30 淮水
16	石门飞水	11 滱水	48	孔子泉飞清	34 江水
17	玉石山颓波	12 圣水	49	三峡悬泉[⑦]	34 江水

续表

编　号	瀑布名称	卷　次	编　号	瀑布名称	卷　次
18	落马洪	13 灢水	50	三峡瀑布⑨	34 江水
19	白杨泉飞清	17 渭水	51	佷山北溪水飞清	37 夷水
20	蒲谷水飞清	17 渭水	52	衡山飞泉	38 湘水
21	蒲谷西川飞清	17 渭水	53	泷中悬湍	38 溱水
22	龙尾溪水飞清	17 渭水	54	泠君山悬涧	38 溱水
23	吴山悬波	17 渭水	55	巢头衿泷	38 溱水
24	兹谷（瀑布）	17 渭水	56	北界山瀑布	39 耒水
25	马岭山悬流⑦	19 渭水	57	郴县悬泉	39 耒水
26	华山（瀑布）⑧	19 渭水	58	散原山飞流	39 赣水
27	高望谷水飞波	20 漾水	59	石门水飞瀑⑩	39 庐江水
28	西溪水飞波	20 漾水	60	黄龙南瀑布	39 庐江水
29	黄花谷水飞波	20 漾水	61	翔凤林东瀑布	40 渐江水
30	平乐水飞清	20 漾水	62	苏姥布瀑布	40 渐江水
31	沥滴泉悬水	22 洧水	63	五泄瀑布⑪	40 渐江水
32	零鸟坞悬流	22 洧水	64	剡县瀑布	40 渐江水

　　《水经注》记载瀑布，首先是生动翔实，这在古代著作中的确是不可多得的。卷四《河水》经"又南过河东北屈县西"注中所记载的龙门瀑布，即是许多例子中的一个。注云：

　　　　孟门，即龙门之上口也，实为河之巨阸，……其中水流交冲，素气云浮，往来遥观者，常若雾露沾人，窥深悸魄，其水尚崩浪万寻，悬流千丈，浑洪赑怒，鼓若山腾，浚波颓叠，迄于下口，方知慎子下龙门，流浮竹，非驷马之追也。

　　关于这一段描写，史念海先生有几句恰如其分的评语说："这完全是壶口的一幅素描，到现在也还是这样，到过壶口的人一定会感到这话说得真切。"⑫所以说，郦注记载瀑布的一个重要特色是生动翔实。

　　《水经注》记载瀑布的另一重要特色是内容详细。这也是《水经注》作为一部古代地理著作，其价值远远超过单纯的文字欣赏的原因。全注记载的 60 多处瀑布之中，除了生动的景色描写外，从现代自然地理学的角度来说，它还记载了有关瀑布的许多重要数据。这些资料，至今仍然十分珍贵。

　　首先，在郦注记载的瀑布之中，有许多涉及瀑布高度的资料。即使按现代自然地理学的要求来说，瀑布的高度也仍然是有关瀑布的最重要的数据。兹将这项资料表列如下：

瀑布名称	高　度	瀑布名称	高　度
陕城悬水	100 余仞	落星山悬水	50 余丈
鼓锺上峡悬洪	5 丈	钓头泉（瀑布）	1 仞
绛山悬流	10 许丈	车箱山瀑布	40 余丈
白鹿山瀑布	20 余丈	固成山（瀑布）	数丈
午壁亭（瀑布）	8 丈	鸡翅山颓波	数百丈
㶟水悬水	1 匹有余	泠君山悬涧	10 余丈
石门飞水	7 丈有余	石门水飞瀑	300 许步
玉石山颓波	1 丈有余	黄龙南瀑布	三四百丈
落马洪	10 许丈	苏姥布瀑布	100 余丈
零鸟坞悬流	1 丈余	下泄瀑布	30 余丈
吕梁悬涛	30 仞	三泄瀑布	100 余丈
磐头山瀑布	1 匹有余	上泄瀑布	200 余丈
丙穴悬泉	七八尺	剡县瀑布	30 丈

　　除了高度以外,郦注所记载的瀑布往往还同时涉及有关泷壶(plunge pool hole)和瓯穴(pot hole)的资料。在瀑布之下,由于下蚀力很强,常常形成极深的渊潭,即地貌学所称的泷壶。在瀑布急流的河床中,水流的漩涡,常常磨蚀河床岩石的裂罅,使之形成一种井状的洞穴,即地貌学所称的瓯穴。《水经注》在记载许多瀑布时所同时写到的"奔壑"、"注壑"的"壑"字,实际上就是泷壶。此外,如卷十一《㶟水注》的㶟水悬水是"白波奋流,自成泽渚"。同卷的石门飞水是"触石成井"。卷二十二《洧水注》的沥滴泉悬泉是"下为深潭"。卷三十九《赣水注》的散原山飞流是"飞流悬注,其深无底。"卷三十九《庐江水注》的黄龙南瀑布是"注处悉成巨井,其深不测"。卷四十《浙江水注》的翔凤林东瀑布是"下注数亩深沼"。这些"井"、"潭"、"深沼"之类,实际上就是泷壶和瓯穴。由于泷壶和瓯穴常有很大的深度,因此在瀑布移动甚至消失的情况下,泷壶和瓯穴或其残迹仍能较长时期地存在,因此在研究瀑布和河床的变迁方面具有重要的意义。

　　当然,形成瀑布的原因是多种多样的,火山爆发引起的熔岩堰塞,地震引起的岩石崩塌以及冰川作用形成的悬谷等等,都可以造成瀑布。但是从多数巨大的瀑布的成因来看,形成瀑布的主要原因无疑是河流的溯源侵蚀。在河流溯源侵蚀的过程中,由于遇到坚硬的岩层而造成落差,因而就出现瀑布。这种坚硬的岩层,即地貌学上所称的造瀑层(fall maker)。有时,在造瀑层漫长延伸的情况下,通过造瀑层的若干河流,在同一区位上均发生瀑布,形成一条瀑布线。这种情况,在《水经注》记载的瀑布中也并不罕见。卷十七《渭水》经"又东过冀县北"注云:

（略阳）川水西得白杨泉，又西得蒲谷水，又西得蒲谷西川，又西得龙尾溪水，与渭谷水合，⑬俱出南山，飞清北入川水。

从上文可知，略阳川水的四条支流，俱作南北流向，都以瀑布急流的形式注入略阳川水，显然有一条东西向的造瀑层，因而形成了这一瀑布线（图二）。同样，卷二十《漾水》经"漾水出陇西氐道县嶓冢山，东至武都沮县为汉水"注云：

西汉水又西南流，……右得高望谷水，次西得西溪水，次西得黄花谷水，咸出北山，飞波南入。

从上文也可知，西汉水的三条北南流向的支流，也是通过一条东西向的造瀑层而注入西汉水的，因而出现了这条瀑布线上的几处瀑布（图三）。

《水经注》记载的瀑布已略如上述，这些记载在历史自然地理甚至现代自然地理研究中，都具有重要价值。因为瀑布不是固定不变的，随着河流溯源侵蚀的不断进行，瀑布也会不断地发生背进（即向河源方向退却）、落差减小甚至消失等现象。这种现象对于研究河流溯源侵蚀的速度和河蚀地貌的发育等，都是极为重要的数据。例如卷四十《浙江水注》中记载的"水悬百余丈"的信安县苏姥布瀑布，在郦注记载 1000 多年以后的明朝末叶，已经成为一个急滩，⑭则这段河床在这 1000 多年中的变迁可以根据这个瀑布的消失过程加以探索。史念海先生曾经根据郦注记载的孟门悬流，推算了这一著名瀑布在历史时期的位置变迁，指出壶口的位置唐时已较郦注北移 1475 米，每年平均北移 5.1 米；现在已较郦注北移 5000 米，则从郦注至今，壶口位置每年平均北移 3.3 米。⑮由此可知《水经注》记载的瀑布资料，在历史地理研究中的重要意义。

顺便提及，在郦注记载的瀑布中，也有一些瀑布的消失，并不是由于自然的原因。卷二十五《泗水注》记载的吕梁瀑布即是其例，注云：

悬涛漰渀，实为泗险，孔子所谓鱼鳖不能游。又云：悬水三十仞，流沫九十里。

由于泗水是古代南北航行的要津，为了交通运输的需要，这个瀑布在历史上曾经一再修凿，瀑布随着逐渐缩小，最后在明嘉靖二十三年（1544）完全凿平，瀑布就此完全消失。⑯有关这一类瀑布的记载，对研究古代航运发展等方面，至今不失为有用的资料。

最后提一下《水经注》有关瀑布记载方面的一些校勘上的问题。卷四十《浙江水注》中记载的五泄瀑布，注文中"凡有五泄"这一"五"字，在许多版本中，包括北京图书馆收藏的宋刊残本、黄省曾本、吴琯本、注笺本、注删本、谭元春评点本、何校明抄本、王校明抄本、项絪本、集释订讹本、水经注释地本等之中，均作"三"字，宋、明二代引及郦注的其他著作如嘉泰《会稽志》、《名胜志》、《通雅》、《林水录》⑰等，也均作"三"字。唯独殿本、注释本与后出的注疏本易"三"为"五"。大典本虽然也作"五"，但大典本

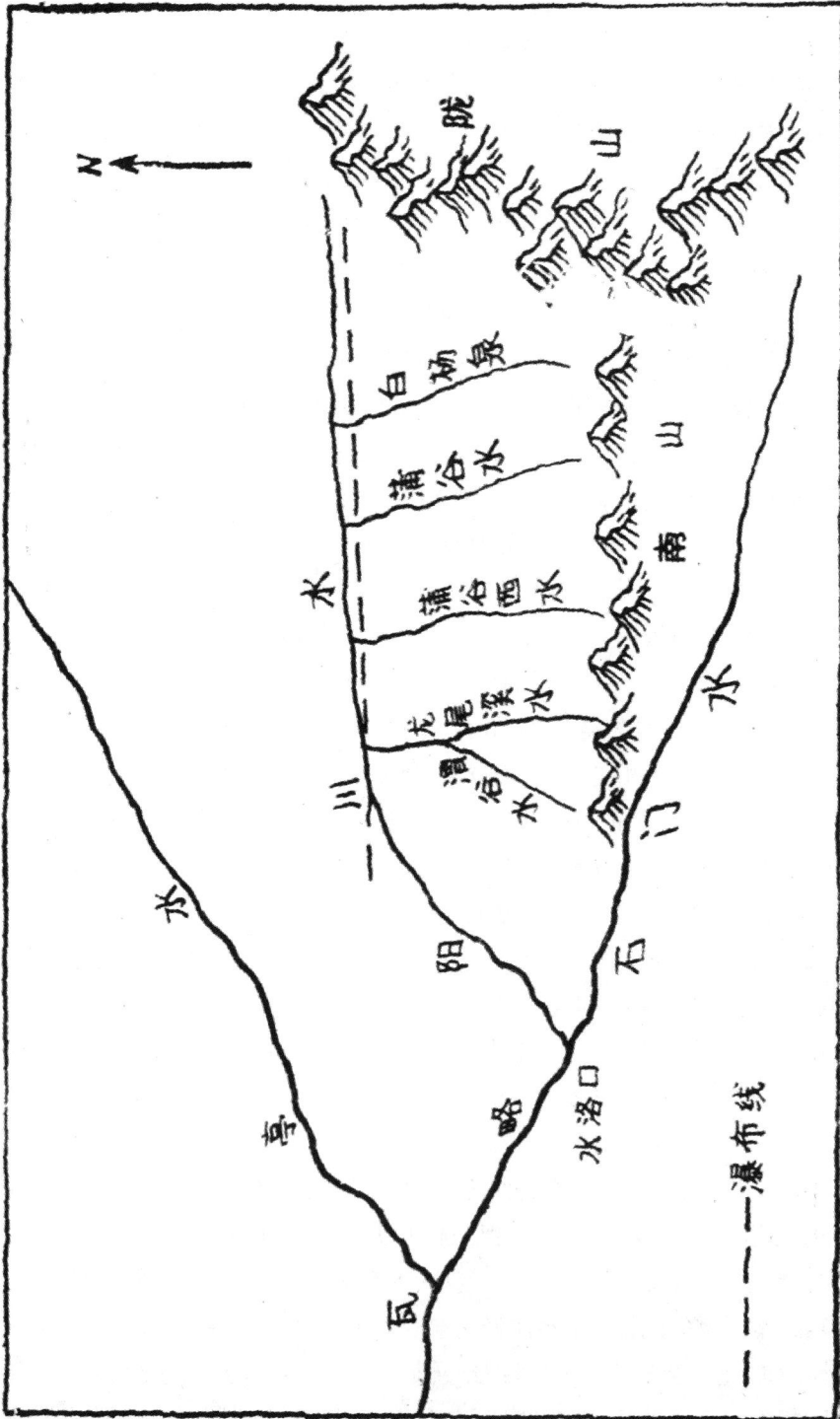

图二　略阳川水瀑布线

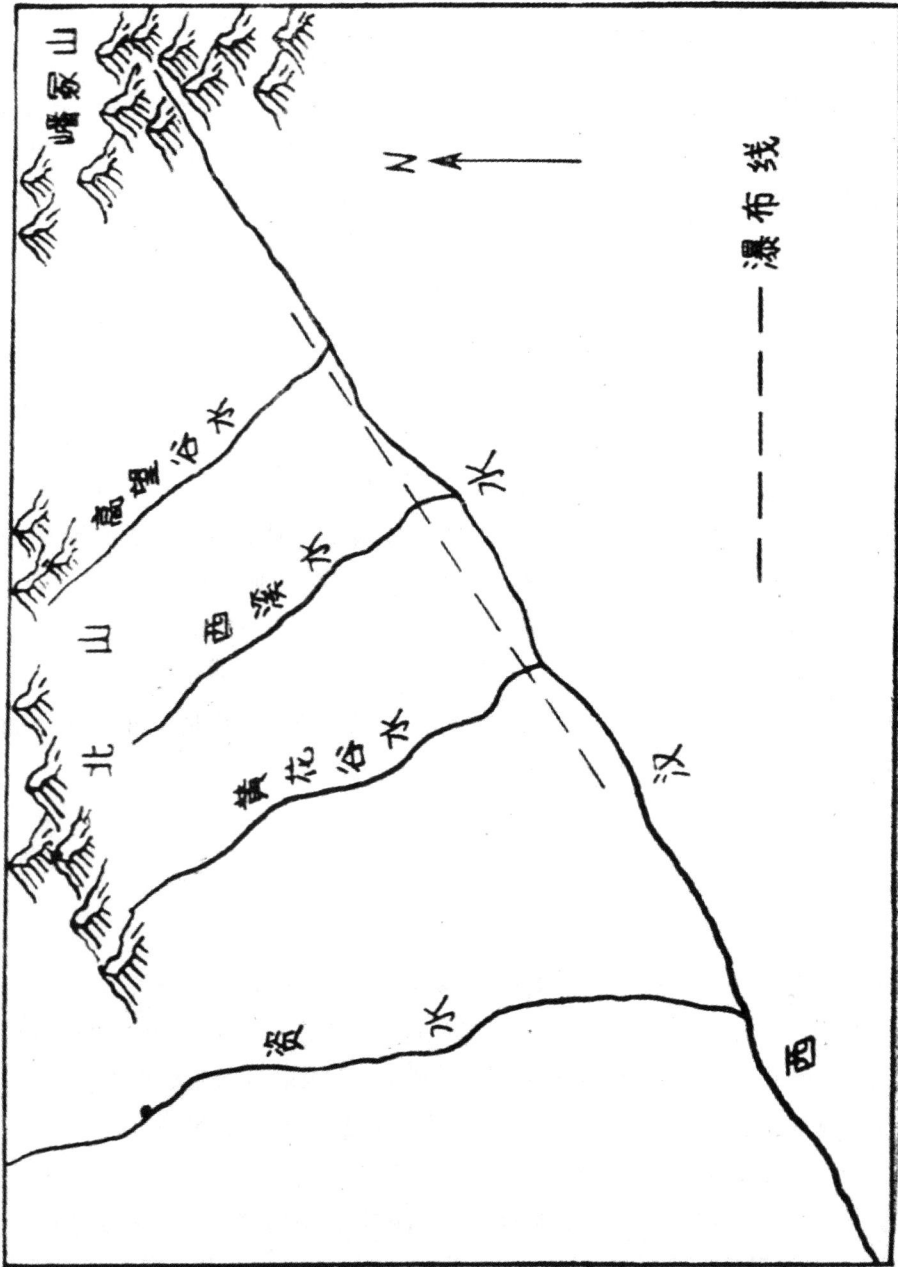

图三　西汉水瀑布线

经过戴震刮补,不宜充分信赖。[18]这个瀑布目前仍然存在,而且以五泄为名,看来殿本的易"三"为"五"是正确的。可是也必须考虑到,既然宋、明版本多作三泄,则殿本也有可能是按照这个瀑布后来的名称而易"三"为"五"的,瀑布的古名仍有可能是三泄。因为瀑布在历史时期是不断发展的,由于河流的溯源侵蚀,瀑布发生背进现象,在岩性复杂的河段中,瀑布可以退缩消失,也可以分裂而产生新的瀑布。因此,对"三"、"五"二字的校勘,必须在对这个瀑布历史时期的演变过程作出科学的论证以后,才能获得正确的结论。

《渐江水注》中还有另一处瀑布。殿本云:

> 水出吴兴郡于潜县天目山。……山上有霜木,皆是数百年树,谓之翔凤林,东面有瀑布,下注数亩深沼,名曰浣龙池。

这段注文和明代的某些版本颇有差异。王校明抄本把"东面有瀑布"一句作"南有瀑布"。《名胜志》所引本出入更大,此本云:"东西瀑布,下注成池,名蛟龙池"。[19]王校本与殿本的差异是瀑布方位的差异,《名胜志》所引本与殿本的差异则是瀑布数量的差异,因为按《名胜志》本,则瀑布应有东、西两处。根据目前对天目山的实地查勘,西天目山没有显著的瀑布,东天目山在高程约 800 米处有较大的瀑布一处,但瀑布下的泷壶范围很小,深度也不大,没有"下注数亩深沼"的迹象,看来并非郦注记载的瀑布。因此,对于"东面"和"东西"二字的校勘问题,还必须在天目山地区继续进行古代瀑布遗迹的查勘工作,才有可能最后加以考定。

附　记

此文初稿成于 60 年代初期,"十年灾难"以后,读到史念海教授《黄河在中游的下切》一文中引郦注考证了壶口瀑布,深为钦佩。适杭州大学于 1979 年举行建国 30 周年科学报告会征稿,遂重新整理旧稿,稿成后,寄请史念海教授指正。史先生于 1979 年 2 月 3 日审毕复函云:"《水经注记载的瀑布》一文寄到时,已近春节,佳节元日,对酒引杯,展读鸿文,每遇精彩处辄浮一大白,亦难得的乐趣也。尊著于《水经注》一书字剖句析,探索入微,远迈前贤,而用自然地理的论著证明《水经注》一书实富有科学性,实为治郦学者别开生面,功不可没。反复捧读,竟未能稍有增损。郦氏所列瀑布,遍布各地,势难一一考察。《渐江水注》四处瀑布,皆在杭州左近,而五泄瀑布更近仙乡。如能就现在情况一推究郦氏当年面貌,当更其生色。尤其是五泄瀑布的三、五问题,从当地地形变化作出具体推论,确定其本来为三为五,当为校勘学上辟一奇径,其功绩必将远超郦学之外。"史先生对于拙稿的奖掖之辞,当然是历史地理学前辈对后学的鼓励,而史先生提出实地考察的问题,却是他对后辈学者十分重要的指导。尽管在历年来的野外工作中,钱塘江整个流域殆已踏遍,但对于郦注记及的几处瀑布,的确未曾根究。乃在最近一年中对这些瀑布进行了实地考察,除了剡县瀑布因郦注浦阳、曹娥二水有讹,位置不够明确,经实地查勘尚无法落实外,其余苏姥布、五泄、天目山等处瀑布,其情况已初步查明,并记入《水经·浙江水注补注》篇中。用特在此附记数言,并向史念海教授致谢。

1980 年 12 月

注释:

① 《水经注》锺惺、谭元春评点本,明刊本,天一阁藏。

② (明)吴琯刊本,浙江图书馆藏;何焯校明抄本、王国维校明抄本、明朱之臣《水经注删》,以上各本均北京图书馆藏。

③ 孙潜校本(以吴琯刊本作底,校语手写),浙江图书馆藏。

④ 注笺本朱谋㙔案语引《御览》清泠洞观,但正文与吴琯本同。

⑤ 64 处仅指郦注记载的瀑布所在地名。若干地名下包括多处瀑布,见以下各注。

⑥ 凡郦注未用任何瀑布辞例者,本表概用(瀑布)字样。

⑦ 卷一九《渭水》经"又东过郑县北"注:"渭水又东,西石桥水南出马岭山,……源泉上通,悬流数十。"故此处瀑布甚多。

⑧ 卷一九《渭水》经"又东过华阴县北"注:"山上有二泉,东西分流,至若山雨滂湃,洪津泛洒,挂溜腾虚,直泻山下。"故此处有瀑布 2 处。

⑨ 卷三四《江水》经"又东过巫县南,盐水从县东南流注之"注:"三峡七百里中,两岸连山,略无阙处,……悬泉瀑布,飞漱其间。"其间究有多少悬泉瀑布,未详。

⑩ 卷三九《庐江水注》:"庐山之北,有石门水,水出岭端,……悬流飞瀑,近三百许步。"此处"飞瀑",北京图书馆藏宋刊残本作"飞澍"。

⑪ 卷四〇《浙江水》经"北过余杭东入于海"注:"东迳诸暨县与泄溪合,……凡有五泄,下泄悬三十余丈,广十余丈;中三泄不可得至,登山远望,乃得见之,悬百余丈,水势高急,声震水外;上泄悬二百余丈,望若云垂。"故瀑布实有 5 处。

⑫⑮　史念海《黄河在中游的下切》,载《陕西师大学报》1977 年第 3 期。

⑬ 此处渭谷水系按注笺本、项本、张本等。殿本与注释本作蒲谷水。

⑭ 天启《衢州府志》卷一《舆地志·山川》,浙江图书馆藏。

⑯ 据《方舆纪要》卷二九《江南十一》及《禹贡锥指》卷一五。

⑰ 嘉泰《会稽志》卷一五《五泄溪》;《名胜志》浙江卷四《绍兴府·诸暨县》,南京图书馆藏;
　　《通雅》卷一七《地舆》;明彭年《林水录》。

⑱ 孟森《商务影印永乐大典水经已经戴东原刮补涂改弊端隐没不存记》,载天津《益世报》
　　《读书周刊》1936 年 11 月 12 日。

⑲ 《名胜志》浙江卷一《杭州府·于潜县》。

六、我国古代湖泊的湮废及其经验教训

　　在地球表面,由于内力和外力的作用,例如地壳构造运动、火山活动、冰川作用、海岸伸张以及人为活动等原因,使地面上出现大小不等、深度互异的蓄水凹地,这种蓄水凹地,在自然地理学上称为湖盆。湖盆的积水部分就是湖泊。湖泊对于人类的生产和生活具有重大价值:湖泊可以调节江河水量,免致洪涝;湖泊承受江河流水中的泥沙腐物,接受空气中的尘埃污浊而在湖底沉淀,可以澄清河水,清洁空气,起着保护环境的作用;由于水、陆比热的差异,湖泊又具有调节气候的价值;湖泊可以发展水产养殖,而湖底的泥炭和淤泥,是取之不尽的有机肥料;湖泊替运输业提供了廉价的航道;有些湖泊可以利用其湖口的水位落差装机发电;还有一些湖泊具有秀丽的天然美景,是发展旅游业的理想场所。

　　我国拥有众多的湖泊,自古以来对湖泊有大量的记载。我国最古老的地理著作之一,战国时代的《禹贡》,曾记下了大陆、雷夏、大野、彭蠡、震泽、云梦、荥波、菏泽、孟猪、猪野、流沙等11个较大的湖泊。战国时代的另一种地理著作《职方》也记下了11处湖泊,其中有《禹贡》没有记载的6处,即扬州的五湖、豫州的圃田、雍州的弦蒲、幽州的貕养、冀州的扬纡和并州的昭余祁。这些也都是当时全国著名的大湖。在汉代完成的辞书《尔雅》中,出现了专门记载全国湖泊的章节,这就是《尔雅·十薮》。反映了人们对于湖泊的重要性有了更进一步的认识。十薮之中,齐的海隅和周的焦护两处,是《禹贡》和《职方》都没有记载的。《汉书·地理志》记载的湖泊已多达30余处,地区范围也比以上各书记载的要广大得多,除了我国中原地区的湖泊外,西及敦煌郡的蒲昌海,南到益州郡的滇池泽和叶榆泽,说明古时人们对于湖泊在我国的地理分布已经有了更多的了解。

在我国古代记载湖泊的所有文献中,记载最全面和资料最丰富的无疑是《水经注》,《水经注》对于我国各地湖泊的记载,具有下列一些特点:

第一是数量巨大,《水经注》记载的古代湖泊,按当时的称谓有海、泽、薮、湖、淀、陂、池、坑等,其数量如下表所列:

湖泊称谓	海	泽	薮	湖	淀	陂	池	坑	其他	合计
数　量	7	100	11	114	12	160	117	9	29	559

上列统计是稍有重复的,例如蒲昌海又称渤泽,彭泽又称官亭湖等,因而在不同称谓中作了重复的统计。但这种情况并不很多,而且在《水经注》称浦、称渊、称潭的地名,有一些实际上也是湖泊,却并未计入上表之中,因此,全注记载的湖泊超过500处,这是可以肯定的。这样大量的湖泊记载,在北魏以前是没有一种文献可以与之相匹的。

第二是范围广阔,类型众多。《水经注》记载的湖泊,其范围包括东起今辽河流域,南达今珠江流域,西至今新疆内流区,北到今内蒙古等地,甚至还兼及天竺、林邑等域外地区。这也是前所未有的。就其记载的湖泊类型来说,也很多种多样。它既记载了大量排水湖,也记载了像蒲昌海、居延海等非排水湖;它既记载了大量自然形成的湖泊,也记载了许多人工拦蓄的湖泊如《浙江水注》的长湖和《肥水注》的芍陂等。

第三,《水经注》在记载湖泊时,十分重视湖泊的经济意义。如:《伊水注》的慎望陂,"陂方十里,佳饶鱼苇";《汝水注》的葛陂,"陂方数十里,水物舍灵,多所苞育"。《赣水注》的东大湖,"水至清深,鱼甚肥美";《浙江水注》的长湖,"下溉田万顷";等等,不胜枚举。《滱水注》的阳城淀,甚至还记载了这个湖泊的综合利用。注文说:

> 又东迳阳城县,散为泽渚,渚水潴涨,方广数里,匪直蒲笋是丰,实亦偏饶菱藕,至若变婉姹童及弱年崽子,或单舟采菱,或叠舸折芰,长歌阳春,爱深绿水,掇拾者不言疲,谣咏者自流响,于时行旅过瞩,亦有慰于羁望矣。世谓之为阳城淀也。

这段注文竟把湖泊在旅游方面的价值也作了叙述。在《淮水注》中,注文记载了慎阳县的许多湖陂如燋陂、上慎陂、中慎陂、下慎陂和鸿陂等以后,又引述了一个毁陂与复陂的故事说:

> 汉成帝时,翟方进奏毁之。建武中,汝南太守邓晨欲修复之,知许伟君晓知水脉,召与议之,伟君言:成帝用方进言毁之,寻而梦上天,天帝怒曰:何敢败我濯龙

渊，是后民失其利。时有童谣曰：败我陂，翟子威，反乎覆，陂当复。明府兴复废业，童谣之言，将有征矣。遂署都水掾，起塘四百余里，百姓得其利。

在上述记载中，虽然作者所采用的资料只不过是一些天帝之言与童谣之类的东西，但对于毁湖与复湖这两件事，褒贬毁誉，却是十分明确的。

《水经注》记载的翟方进毁湖为田与邓晨废田还湖的事，在《水经注》以后，实际上仍在各地不断地发生。而且尽管郦道元对于翟方进与邓晨之间的褒贬是如何明确，但是由于各种原因，湖泊湮废的速度总比湖泊兴修快得多。就这样，《水经注》记载的大量湖泊，在以后的年代中不断消失，到了今天，我国湖泊的分布情况，与《水经注》所记载的已经有了极大变化。实际上，在《水经注》写作的时代，有些古代湖泊已经逐渐湮废，例如《渠水注》记载的圃田泽，是《职方》、《尔雅》和《汉书·地理志》等都记载的古代大湖之一，它位于今河南中牟以西，对黄河及其以南的鸿沟水系有重要的调节作用。当郦道元记载此湖时，湖泊的范围（即自然地理学上的湖盆）还相当大："西限长城，东极官渡，北佩渠水，东西四十许里，南北二十许里。"其面积估计还在 200 平方公里以上。但整个湖盆当时已经不是全部蓄水，而是分割成许多小湖、即所谓："上下二十四浦，津流迳通，渊潭相接，各布名焉，有大渐、小渐，大灰、小灰……浦水盛则北注，渠溢则南播"。这种由大到小，由整体到分散，是湖泊湮废过程中常常发生的现象。到了宋代以后，所谓24 浦也陆续湮废，至今完全淤成平陆，湖泊早已不复存在，绝大部分都成为耕地。

当然，湖泊湮废的原因是很复杂的，《水经注》记载的湖泊以后陆续湮废也并不都是毁湖为田的结果。兹在《水经注》记载的湖泊中，选择几处较大型作为例子，看一看它们的湮废经过。

《水经·沘水注》及《肥水注》都有记载的芍陂，是古代淮河流域的一处大型人工湖泊，它位于今安徽六安县以北、寿县以南的淝河流域。《肥水注》记载此湖："陂周百二十许里……陂有五门，吐纳川流。"实际上，在芍陂全盛时代，陂周约有三百里，其面积可能在一千平方公里上下。芍陂在《汉书·地理志》庐江郡和六安国下都有记载，可能在战国时已经创建，是我国最早的水利工程之一。芍陂建成后，代有疏浚，抗洪备旱，民受其利。《汉书·王景传》所谓"垦辟倍多，境内丰给"。《晋书·伏滔传》所谓"龙泉之陂，良畴万顷"。都说明了芍陂在这段时期中的巨大效益。到了隋代，芍陂的水门增设到36 所（《隋书·赵轨传》），蓄泄就更为便利。唐代在芍陂屯田，据《通典》食货二所载："厥田沃地，大获其利"。直到北宋明道中（1032—1033），据《宋史·张旨传》所载："浚淝河三十里，疏泄支流注芍陂，为水门，溉田数万顷，外筑堤以备水患。"说明这个大型人工湖泊，从战国以至北宋，在农业生产上一直发挥了重要作用。

但是尽管芍陂在农业生产上卓著成效，毁湖为田的记载却仍然史不绝书，早在唐

大中年代(847—859),据路岩《义昌军节度使浑公神道碑》(《全唐文》卷七九二)所记:
"为力势者幸其肥美,决去其流以耕。"到了宋天圣间(1023—1031),据记载:"豪右多分
占芍陂,陂皆美田,夏雨溢坏田,辄盗决。"(《宋史·李若谷传》)到了明成化年代(1465—
1487),毁湖为田的速度更趋增加,湖面迅速缩小,终至全部湮废。[①]今日地图上的安丰
塘,即是古代芍陂的最后残余部分,其面积还不到芍陂全盛时代的1/10。(见图四)

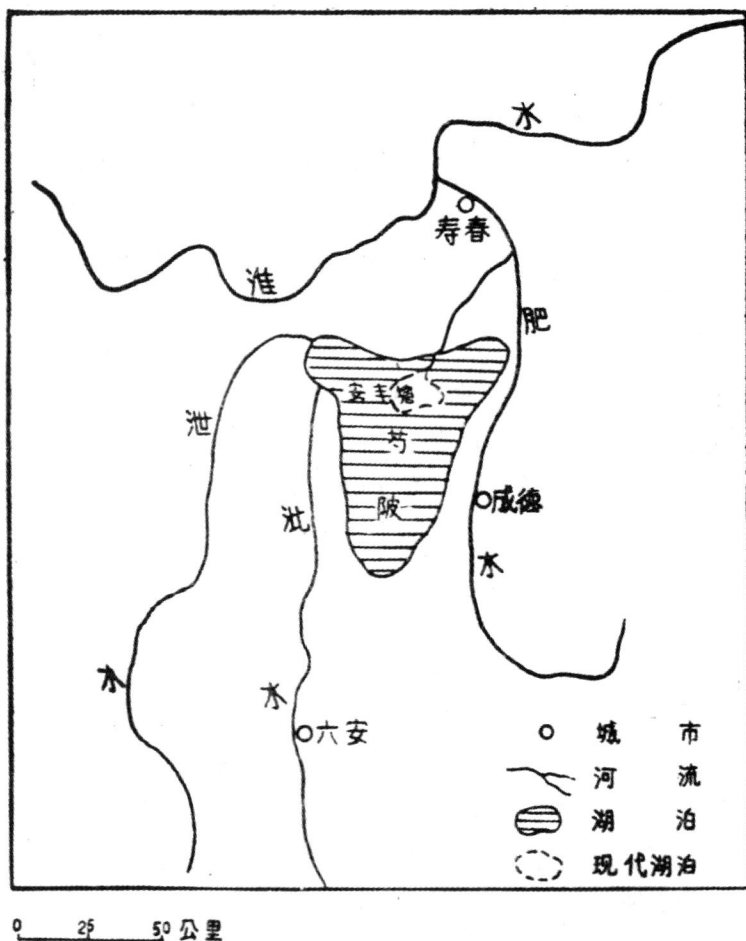

图四　汉代芍陂

　　由此可见,芍陂的湮废,是与"为力势者","豪右"的毁湖为田密切相关的,这是芍
陂湮废最主要的原因。当然,在全部湮废过程中,上游(淠水、肥水及龙穴山水等)的
水土流失以及由于黄河泛滥由淮河倒灌而入的泥沙等,也都促成了淤淀的加速,但这

些显然都是次要的原因。

　　《浙江水注》记载的古代绍兴地区的鉴湖，是一个与芍陂相似的例子。注文说："浙江又东北得长湖口，湖广五里，东西百三十里，沿湖开水门六十九所，下溉田万顷。"这个地区原来是一片潮汐出没，湖泊棋布的沼泽平原，后汉永和五年（140），会稽郡守马臻主持了围堤蓄水的工程，才形成一个大湖，其面积据推算达 206 平方公里。[②]鉴湖在抗洪排涝和灌溉方面的效益，据南北朝初期孔晔的《会稽记》（宛委山堂《说郛》第六一）所记："筑塘蓄水高丈余，田又高海丈余，若水少，则泄湖灌田，如水多，则开湖泄田中水入海。"这样，就使这个地区的大约 1 万顷土地，减少了自然灾害，扩大了土地垦殖，增加了农业收成。在一段时期中产生了"岁无水旱，而民足于衣食"（宋王十朋《鉴湖说》上，《王忠文公全集》）的小康局面（见图五）。

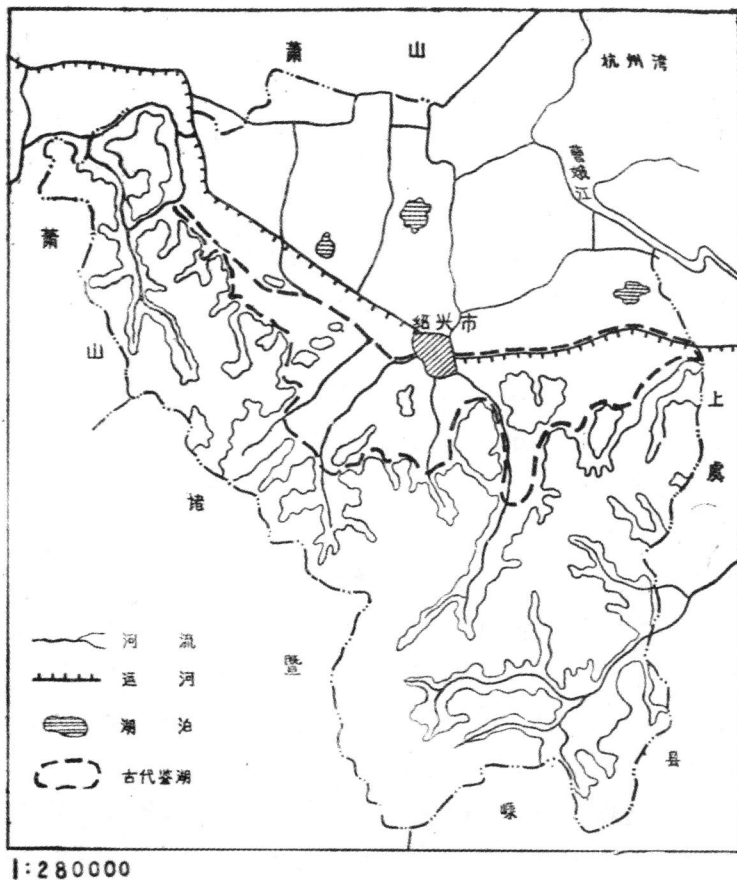

图五　绍兴平原的河湖与古代鉴湖

自从永和成湖以后，鉴湖实际上存在的时间是 800 多年。早在唐代，湖中已经出现葑田，说明零星的围垦已经开始。到了北宋大中祥符年代（1008—1016），围垦就日益加速，这就是曾巩在《鉴湖图序》（《元丰类稿》卷十三）中所说的："奸民浸起……盗湖为田。"北宋末期到南宋之初，围垦进入全盛，出现了"相与十百为群，决堤纵水"（宋徐次铎《复鉴湖议》，嘉泰《会稽志》卷十三）的情况。鉴湖终于就因南宋之初垦出了两千多顷耕地而被全部湮废。

鉴湖湮废的原因是错综复杂的。会稽山的天然植被的破坏所引起的水土流失，促使湖底的全面淤高；杭州湾沿岸的海塘建筑和北部平原的开垦，又促使湖水向北部转移。诸如此等，都为鉴湖的湮废创造了条件。但是湖泊的最后湮废总是通过围垦才能实现，围垦无疑是鉴湖湮废的最直接的原因。

当然，《水经注》所记载的湖泊在后世的大量湮废，其原因不能都归之于毁湖为田。《河水注》记载的屠申泽就是这样的例子。《河水》经"又北过朔方临戎县西"注云："河水又北迤西溢于窳浑县故城东……其水积而为屠申泽，泽东西百二十里，故《地理志》曰：屠申泽在县东，即是泽也。"屠申泽又称窳浑泽，首见于《汉书·地理志》朔方郡。按照侯仁之先生等《乌兰布和沙漠北部汉代遗迹分布图》③中复原的此湖加以求积，全湖面积约接近 700 平方公里。在西汉时代，屠申泽附近是一个农业发达的垦区。根据上述地图的比例尺加以推算，屠申泽西南沿岸是窳浑县，窳浑县以南约 20公里是三封县，窳浑县以东约 30 余公里是临戎县。3 个县治建立在这样一个范围并不很大的地区内，说明这个垦区的农业生产是很发达的。《汉书·匈奴传》所载"人民炽盛，牛马布野"，已经描述了这个垦区的繁荣景象。宣帝甘露三年（前 51）呼韩邪单于来朝后从长安北返时，即经此道而行，《匈奴传》记载当时"汉遣长乐卫尉高昌侯董忠，车骑都尉韩昌，将骑万六千，又发边郡士马以千数，送单于出朔方鸡鹿塞。……又转边谷米糒，前后三万四千斛，给赡其食"。根据上述地图，鸡鹿塞位于窳浑城西北约 10 公里，则当年护送单于北返的大队人马恰恰就经过这个垦区，垦区的负担是可想而知的。除了大队人马的沿途供应外，还要转送"边谷米糒"前后达 34000 斛（合今68000 斗，约 200 余万斤）。既称"边谷米糒"，则与鸡鹿塞最为接近的窳浑、三封、临戎3 县之中必有大量征发，可见这个垦区的农业产量必然不小。说明这个垦区农业生产的发达，实际上也就说明了屠申泽的重大作用。

在《水经注》的记载中，屠申泽还是一个大湖，但以后它就逐渐干涸了。与前述芍陂和鉴湖不同，屠申泽的湮废并不是由于围垦的结果，而是由于它失去了水源。如《水经注》所说，屠申泽是由于黄河"北迤西溢"而形成的，它与黄河沟通，由黄河供给水源。但北魏以后，黄河河道不断向东转移，使屠申泽逐渐远离水源，最后与黄河完全隔绝而干涸。在清乾隆《内府舆图》河套南图幅上,约当屠申泽故址处,尚绘有一个称为"腾格里鄂模"的小湖,据说在1950年以前,这里还有湖泊存在,但以后就完全干涸了。④这个在西汉时代为一个繁荣的边疆垦区提供灌溉的大湖,由于失去了水源,最后形成了一片荒漠(见图六)。

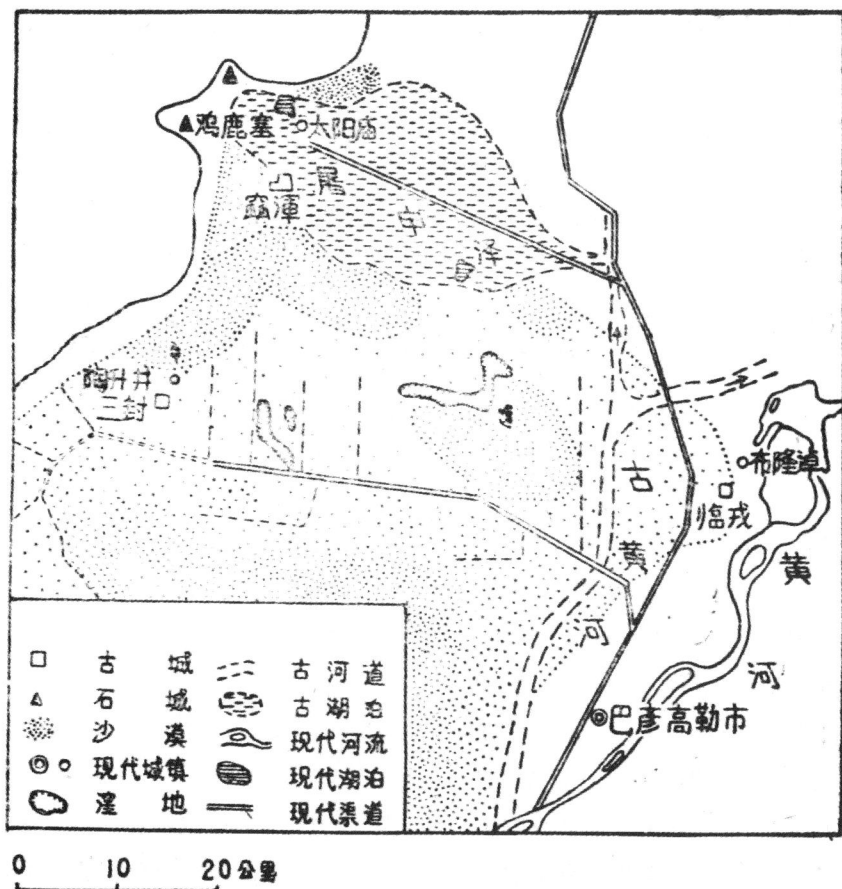

图六　汉代的屠申泽(据侯仁之《乌兰布和沙漠的考古发现和地理环境的变迁》)

上述仅仅是3个例子,《水经注》所记载的湖泊,在以后的1000多年之中,除了洞庭、彭蠡(今鄱阳湖)、震泽(今太湖)等大湖至今仍然存在(其中有的在缩小)以外,有大量湖泊已经由于各种原因而先后湮废,无法逐一列举。但是从地区来说,《水经注》记载的湖泊,特别是较大型的湖泊的湮废,最普遍的是发生在晋、冀、鲁、豫等省。诸如山西省的昭余祁、文湖、晋兴泽、王泽、董泽、洞过泽,河北省的大陆泽、鸡泽、雍奴薮、夏

泽、谦泽、督亢泽,山东省的大野泽、菏泽、雷泽、巨淀、貕养、马常坈、皮丘坈,河南省的
圃田泽、黄泽、荥泽、蒙泽、孟猪、乌巢泽等,都是《水经注》记载的较大湖泊,但现在有
的已经完全湮废,有的也只残存极小部分。此外,皖北和苏北地区,历史上湖泊的湮废
也很普遍。当然,这些地区的湖泊湮废,除了毁湖为田的广泛存在外,黄河在历史上的
多次决溢改道,也是十分重要的原因。自从《水经注》以后的 1000 多年中,湖泊湮废
是我国历史自然地理的变迁中最突出的现象之一,而上述地区又是这种现象最普遍发
生的地方。

不论是什么原因造成的湖泊湮废,总会招致一些不良的后果,而最先蒙受这种不
良后果的往往就是农业。由于湖泊湮废而造成的农业损害,有的因采取了一些补救措
施而不久就会缓和,有的则可能持续很久,使一个地区的农业长期遭受损失。以上述
鉴湖为例,鉴湖的湮废,曾经招致了这个地区在一段时期中连续发生的旱涝灾害,出现
了"每岁雨稍多则田以淹没,晴未久而湖已枯竭矣"(《鉴湖说》上)和"春时重被水潦
之害,夏秋之间雨或愆期又无潴蓄之水为灌溉之利"(《复鉴湖议》)等困难情况,鉴湖
湮废于南宋初期,我们在这个地区北宋和南宋的水旱灾统计中,就可以明显看出湖泊
湮废对农业的不良后果。在北宋的 166 年中,这个地区有历史记载的水灾 7 次,旱灾
1 次,而南宋的 143 年中,水灾多至 38 次,旱灾也多达 16 次。[⑤]情况可见一斑,南宋以
后,由于在鉴湖以北的广大平原上进行了一系列的水利工程,使洪水有所蓄积而灌溉
不虞匮乏,这个地区因鉴湖湮废而造成的损害才得以缓和。

上述屠申泽的情况其实也是一样。尽管这个西汉垦区的衰落是由于边疆不宁和
汉族内迁所造成。但这个地区后来所出现的荒漠化现象,却仍然与黄河河道东移和屠
申泽的干涸有密切关系。假使这个 700 平方公里的大湖依然存在,则即使遭受战乱,
农业生产的恢复仍然是并不困难的。

如上所述,对于我国湖泊变迁的历史地理的研究,并不是没有意义的。我们可以
从中吸取的经验教训,看来还颇不少。我国古代对湖泊水利是很重视的,前面已经介
绍了《水经注》中有关这方面的记载。实际上,早在《汉书·地理志》九江郡下,就有
"陂官、湖官"的记载。历代以来,为湖陂置官设吏、专司其职的,例子甚多。而那些有
真知远见的领导人物在各地兴修湖陂水利造福人民的,也是史不绝书。因此,在兴修
湖陂水利,开发湖陂水利资源等方面,我们是积累了丰富的历史经验的。但是另一方
面,在那个时代,由于社会制度的限制和科学技术的落后,对那些因自然灾害(如河流
决溢)所引起的湖泊破坏既无力抗拒,而由于人为活动所造成的湖泊湮废也无法防范
和制止。这样才使得各类湖泊在一个并不很长的历史时期中大量消失,这对农业生产
和其他方面所造成的损失是很难估量的。因此,有关这方面的历史教训,我们确实也

值得认真总结。

　　我们并不一般地反对毁湖为田,也并不盲目地提倡废田还湖。一切措施都要根据不同地区的具体条件作具体分析。比如,在一个沼泽地区,整修沟渠,疏导积水,平填若干湖沼以进行垦殖,这是完全可行的。又如,某些历史上已经毁湖为田的地区,在灌溉水源能够保证,河渠排水可以畅通(当然应该把该地区历史上出现过的非常旱涝考虑在内)的情况下,奢谈废田还湖,也并不符合实际。但是对于目前正在打算或已经在进行改湖泊为耕地的地区,我们认为研究一下当地湖泊消长的历史地理就很有必要,当然更应该结合现代水利科学和农业科学等进行综合的研究,千万不可急功近利,草率从事。至于那些集体进行或分散进行、盲目地与湖泊争地,使湖泊不断遭到蚕食的活动,那是应该反对的。

注释:

①　钮仲勋《芍陂水利的历史研究》,载《史学月刊》1965 年 8 月。

②　陈桥驿《古代鉴湖兴废与山会平原农田水利》,载《地理学报》1962 年第 3 期。

③　侯仁之等《乌兰布和沙漠的考古发现和地理环境的变迁》,载《考古》1973 年第 2 期。

④　侯仁之等《乌兰布和沙漠北部的汉代垦区》,载《治沙研究》1965 年 7 月号。

⑤　陈桥驿《古代绍兴地区天然森林的破坏及其对农业的影响》,载《地理学报》1965 年第 2 期。

　　　　　　　　　　　　　　　　　　　　　原载《历史地理》1982 年第 2 辑

七、《水经注》记载的温泉

　　《水经注》拥有大量有关地下水的记载,温泉即是其中之一。对于我国各历史时期温泉变迁的研究,甚至对于现代温泉的研究,《水经注》记载的资料,都具有十分重要的价值。

　　《水经注》共记载了温泉 38 处,[①]地区范围相当广泛。章鸿钊氏曾将我国温泉的地理分布划为 7 区,即闽、粤、台区,山东、辽东区,太行山区,云梦区,陕甘区,云贵区,淮扬区。[②]在《水经注》的记载中,各区都有所涉及,而特别以太行山区及陕甘区为多。除了卷一《河水注》记载的迦罗维越国温池因不在我国境内外,《水经注》记载的温泉,如图七及下表所示。

　　在温泉的记载中,泉水的水温是非常重要的内容,在温度没有定量标准的古代,有关温泉这方面的记载,不消说是相当困难的。事实上,在温度有了定量标准的今天,温泉的水温标准,也仍然不是完全统一的。英国以摄氏 21 度为温泉的最低温度,[③]日本是摄氏 25 度,[④]德国是摄氏 20 度,[⑤]美国是摄氏 21.1 度。[⑥]此外,在美国[⑦]和苏联[⑧]的著作上,对温泉的水温,另外还有一些和当地气温及一般水温比较的浮动的标准。我国学者,近来又有把温泉按水温分为低温热泉(摄氏 20 度至摄氏 40 度)、中温热泉(摄氏 40 度至摄氏 60 度),高温热泉(摄氏 60 度以上)和过热泉(摄氏 100 度以上)的区分标准。[⑨]由于各地区气温互不相同,而温泉本身在水温上也有极大的差异,要规定一个统一的标准,确有困难。由此可见,在水温没有定量标准的古代,对温泉的记载和

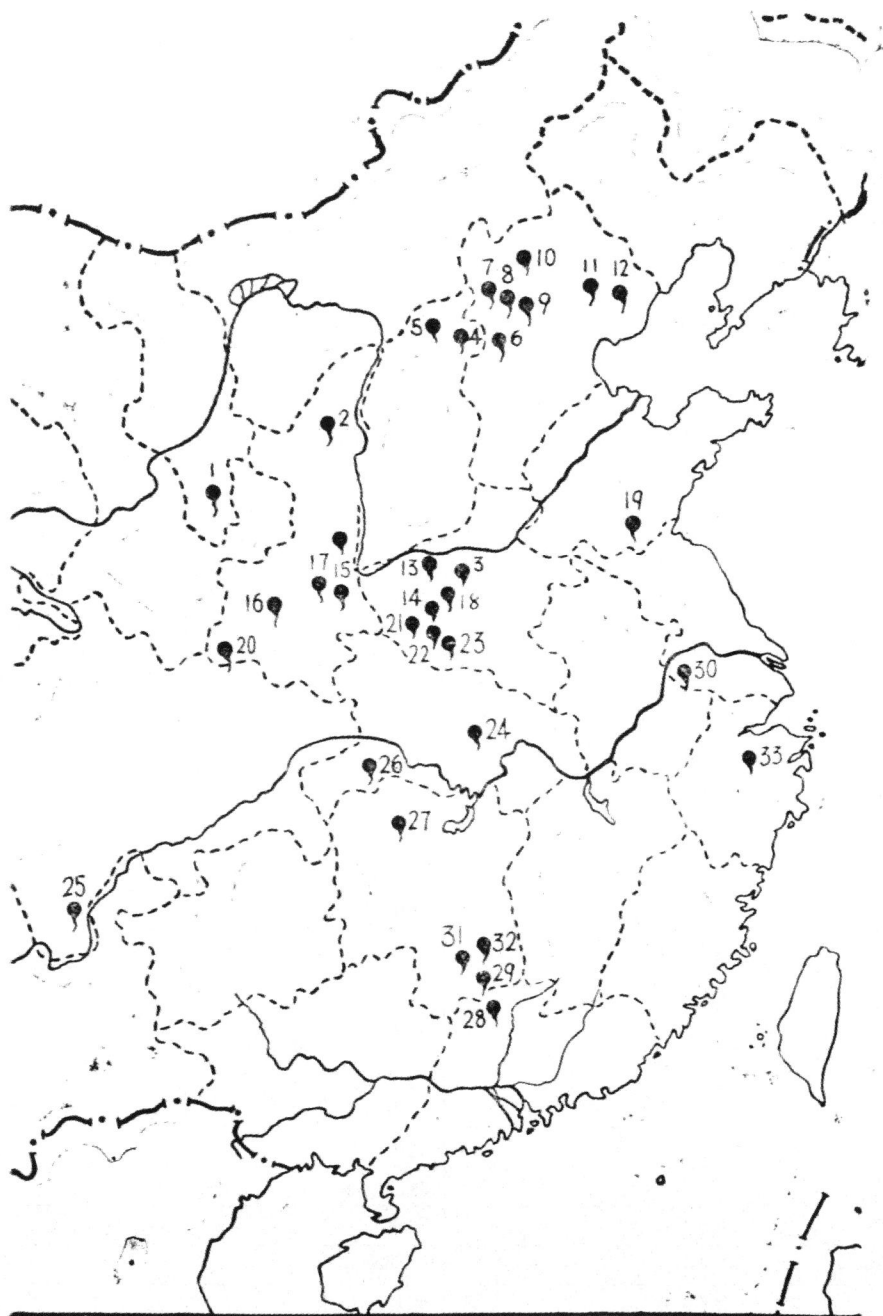

图七　《水经注》记载的温泉分布图

描述,更比今天困难得多。

编　号	卷　次	温泉名称	备　考
1	卷二《河水注》	三水县温泉	
2	卷三《河水注》	奢延水温泉	
3	卷五《河水注》	娄山温泉	
4	卷十一《滱水注》	暄谷温泉	
5	卷十三《漯水注》	武州汤井	
6	卷十三《漯水注》	绫罗泽	
7	卷十三《漯水注》	桑乾城温汤	
8	卷十三《漯水注》	桥山温泉	
9	卷十三《漯水注》	大翮山温汤	
10	卷十四《沽河注》	狼山温泉	
11	卷十四《鲍丘水注》	北山温泉	
12	卷十四《濡水注》	温溪温泉	
13	卷十五《洛水注》	北山郌溪温泉	
14	卷十五《伊水注》	新城县温泉	
15	卷十六《漆水注》、卷十九《渭水注》	丽山温池	《渭水注》作丽山温泉
16	卷十八《渭水注》	太一山温泉	
17	卷十九《渭水注》	霸县温泉	
18	卷二十一《汝水注》	广成温泉	
19	卷二十五《沂水注》	温泉陂	
20	卷二十七《沔水注》	沔阳县温泉	
21	卷三十一《滍水注》	北山阜温泉	即鲁阳县汤水
22	卷三十一《滍水注》	胡木山温泉	即皇女汤
23	卷三十一《滍水注》	紫山汤谷	
24	卷三十一《涢水注》	新阳县温水	
25	卷三十六《若水注》	邛都温水	
26	卷三十七《夷水注》	佷山县温泉	计有 2 处
27	卷三十七《澧水注》	北山温泉	
28	卷三十八《溱水注》	曲江汤泉	
29	卷三十九《耒水注》	圆水	即除泉
30	卷三十九《耒水注》	江乘半汤泉	
31	卷三十九《耒水注》	便县温泉水	
32	卷三十九《耒水注》	侯计山温泉	
33	卷四十《浙江水注》	郑公泉	
34	《水经注》佚文	澄城县温泉	计有 3 处

　　《水经注》对于全国温泉在水温差异上的记载和描述，却做得相当成功。尽管这种描述只有定性的意义，但是由于作者对各地的温泉，按它们的水温做了一定的划分，把各类温泉用等级分明的词汇加以描述，因而使人一目了然，并且还可以用今天的定量标准来估计当时的水温。在《水经注》记载的温泉中，《河水注》的娄山温泉，《耒水注》的侯计山温泉和《浙江水注》的郑公泉等，都属于温度最低的一级。

　　卷五《河水注》云："水西出娄山，至冬则暖，故世谓之温泉。"

　　卷三十九《耒水注》云："县有溪水，东出侯计山，其水清澈，冬温夏冷。"

　　卷四十《浙江水注》云："有郑公泉，泉方数丈，冬温夏凉。"

　　上列 3 处温泉，必须要在气温下降的冬季，才能感到水温的"暖"和"温"。从当地的气温来说，侯计山温泉和郑公泉所在的地区，比娄山温泉所在的地区当然要高些，但夏季气温相差不大，三地夏季日最低温度大概总在摄氏 25 度上下。冬季的日最高温度，娄山温泉所在地区当然要低些，但一般也不会低于摄氏 15 度。则上列 3 处温泉的水温，估计当在摄氏 20 度左右，确是水温较低的温泉。

　　在《水经注》记载中，比上列 3 处水温较高的温泉，可以《漹水注》的紫山汤谷和《夷水注》的很山县温泉等为例。

　　卷三十一《漹水注》云："山东有一水，东西十五里，湛然冲满，无所通会，冬夏常温。"

　　卷三十七《夷水注》云："夷水又东与温泉三水合，大溪南北夹岸有温泉对注，夏暖冬热。"

　　在上列二例中，紫山汤谷是"冬夏常温"。郦道元描述温泉的词汇，"温"字的热度，显然低于"暖"字和"热"字。但这个地区的夏季日最低温在摄氏 20 度以上，因此，温泉的水温可能接近摄氏 30 度。至于很山县温泉，据记载有两处，它们无论冬夏，水温都超过气温，作者用"暖"与"热"两个不同的词汇区别冬夏的感觉差异，比"温"字的程度显然要高。这个地区的夏季最高气温必然超过摄氏 30 度，而此时温泉尚"暖"，则此温泉的水温可能超过摄氏 35 度。当然，这些温泉的水温仍然都是较低的。

　　对于我国境内水温较高的温泉，《水经注》在描述它们的水温时，有的用"炎"字表示，例如"炎热特甚"（卷三十一《漹水注》北山阜温泉）、"炎势奇毒"（卷三十一《漹水注》胡木山温泉）等；有的用"灼"字表示，例如"是水灼焉"（卷十三《灅水注》桥山温泉）、"养疾者不能澡其炎漂，以其过灼故也"（卷十四《鲍丘水注》北山温泉）等；有的则用"汤"字表示，例如"温热若汤"（卷十一《滱水注》暄谷温泉）、"沸涌如汤"（卷十八《渭水注》太一山温泉）、"泉源沸涌，冬夏汤汤"（卷二十七《沔水注》沔阳县温泉）、

"如沸汤"(卷三十一《滍水注》皇女汤)等。虽然,今天要根据这些描述,准确地估计这些古代温泉的水温,还有一定困难,但《水经注》的记载,毕竟为我们研究这些古代温泉提供了重要的依据。郦氏以"灼"字作为温泉水温的定性标准,这对我们是一种很大的方便。因为人体对于水温的感觉,古今不会有很大的差别。今天,在水温超过摄氏 60 度时,一般人都会有"灼"的感觉。这样的温泉,就如《滍水注》所说:"无能澡其冲漂,咸去汤十许步别池,然后可入。"则《水经注》中以"灼"字描述的温泉,其水温大概都在摄氏 60 度以上。因而郦氏用以描述水温的其他级别的词汇如"炎"、"汤"等,都可以以此类比,进行探索。

对于现代所称的高温热泉和过热泉,《水经注》在描述它们的水温时,采用了水温和食物烹煮的关系进行记载,例如卷三十一《滍水注》的皇女汤,其水温"可以熟米";卷三十一《涢水注》的新阳县温泉,其水温"可以焊鸡",卷三十六《若水注》的邛都温水,其水温"可焊鸡豚"。而这种水温和食物烹煮之间的关系,古今也并无很大变化。因此,这样的记载,对今天研究这些古代温泉的水温,是非常有用的资料。

除了对水温的记载外,《水经注》还记载了温泉的其他性质和特点。对于温泉能治疗疾病的记载,《水经注》常写得十分详细。例如卷二十七《沔水注》中的沔阳县温泉,注云:

> 汉水又东,右会温泉水口,水发山北平地,方数十步,泉源沸涌,冬夏汤汤,望之则白气浩然,言能瘥百病云,洗浴者,皆有硫黄气,赴集者,常有百数。

这段记载不仅说明了沔阳县温泉的疗效很高,同时也指出这是一处含硫磺的温泉。有关这方面的记载很多,例如卷十一《滱水注》的暄谷温泉"能愈百疾",卷十三《灢水注》的桥山温泉"疗疾有验",卷十九《渭水注》的丽山温泉可以"浇洗疮",卷三十六《若水注》的邛都温水"能治宿疾"等。这些都是古代温泉利用的记载。在《水经注》记载温泉利用的资料中,还有一项特殊的例子。卷三十九《耒水》经"又北过便县之西"注云:

> 县界有温泉水,在郴县之西北,左右有田数千亩,资之以溉,常以十二月下种,明年三月谷熟,度此水冷,不能生苗,温水所溉,年可三登。

温泉用于农业生产的记载,自来并不多见,因此,这项资料是值得珍贵的。

《水经注》记载的温泉,不仅是研究古代温泉的有用资料,而通过古今温泉的对比,在研究我国各历史时期的温泉变迁,甚至对现代温泉的研究,也是有重要价值的。因为《水经注》所记载的温泉,有的至今仍然存在,而且水温和古代记载的并无很大变化。有的虽然存在,但水温已有较大的变化。有的则已经消失不见,或者是水温下降,已经成为一般泉水,例如卷十六《漆水注》和卷十九《渭水注》所共同记载的丽山温泉,这是我国自古至今的一处著名温泉。《渭水注》引汉张衡《温泉赋》云："此汤也,不使灼人形体矣。"说明此温泉在汉代就并不十分灼人,而目前此温泉的水温仍在 50 度左右,足见自汉至今,水温并无较大变化。卷十三《灅水注》所记载的绫罗泽,在古代是一处水温较高的温泉,注云:

> 祁夷水又东,热水注之,水出绫罗泽,泽际有热水亭。

前面已经指出,《水经注》以"热"字描述的温泉,是属于水温较高的一级。但此温泉据杨守敬在《水经注疏》中疏云:"今名暖泉,在蔚州西三十里绫罗里,其水夏凉冬暖。"说明已成为一处水温较低的温泉了。至于卷四十《浙江水注》中记载的郑公泉,据嘉泰《会稽志》所载,⑩在会稽县东南五云乡,说明在南宋时此温泉犹在。但近年来笔者曾几度在会稽山区查访此温泉下落,结果不知所在,说明此温泉可能已经消失,或者由于水温下降,已成为一般泉水。以《水经注》记载为基础的这种古今温泉的对比研究,在温泉研究中具有重要意义。

最后把郦注各本中对于温泉记载的一些校勘上的问题稍作探讨。

首先是有关温泉记载的佚文问题。《读史方舆纪要》澄城县引《水经注》云:"县有温泉三,皆西注于洛。"⑪这三处温泉为殿本及目前能见的所有版本所不载。由于《洛水注》已经缺佚,此一条可能就在《洛水注》之中。今天澄城县东北十余里仍有温泉存在,故《方舆纪要》所引的这段佚文,应该补入今本郦注之中。

对于温泉水温的记载,郦注各本中有时也有较大的差异。卷三十八《溱水》经"东至曲江县安聂邑东屈西南流"注中的曲江汤泉即是其例。殿本云:

> 又与云水合,水出县北汤泉,泉源沸涌,浩气云浮,以腥物投之,俄顷即热。

这里的"俄顷即热",在大典本、黄省曾本、吴琯本、何焯校明抄本、王国维校明抄本、注释本、注疏本等之中,都作"俄顷即熟"。惟注笺本、项本和殿本等易"熟"为"热"。"热"和"熟"虽然一字之差,但以之描述水温,其差距却是很大的。若按殿本等本,这是一般的热泉,若按大典诸本,这就是一处过热泉。因此不能不加以分辨。按《御览》引《幽明录》所载:

> 始兴云水,源有汤泉,每至霜雪,见其上蒸气数十丈,生物投之,须臾便熟。⑫

从《幽明录》所记的来看,郦注的"腥物"可能是"生物"的音讹。上文如作"生物",下文自然应该作"熟",可见大典诸本比殿本等可靠。殿本的"热"字宜改为"熟"字。

对于温泉的其他性质的记载,各本也有值得校勘之处。卷十八《渭水》经"又东过武功县北"注云:

> 渭水又东,温泉水注之,水出太一山,其水沸涌如汤,杜彦达曰:可治百病,世

清则疾愈,世浊则无验。

对于这一温泉的记载,目前能见的郦注各种版本大体相同。但是"世清则疾愈,世浊则无验",看起来实在牵强附会。我早年原很不以此语为然,但既然各本相同,找不到根据可以校勘,也只好不了了之了。后来偶从康熙《陇州志》所引郦注读到了这一条,使我豁然开朗。《陇州志》引郦注云:

然水清则愈,浊则无验。⑬

"水"和"世"原是一音之转,把"水"误作"世",确是很可能的。《陇州志》所引郦注是什么版本,不得而知,现在当然无法看到了。但无论如何,《陇州志》所引本的"水清"比各本的"世清"要合理得多,这是谁都看得到的。

注释:

① 《水经注》记载温泉 35 处,《水经注》佚文记载温泉 3 处,计 38 处。

② 章鸿钊《中国温泉之分布与地质构造之关系》,载《地理学报》第 2 卷 1934 年第 3 期。

③ A Dictionary of Geography,Edward Arnold,London,1970,second,edition,p. 178。

④ 《地学事典》,东京平凡社,1971 年,第 163 页,おんせん。

⑤⑥ 《日本大百科事典》,东京平凡社,1974 年第 7 版,第 4 卷,第 549 页,おんせん。

⑦ McGrow-Hill Encyclopedia of Science and Technology,N. Y. MeGrow-Hill Book Co. INC. 1960,Vol. 13,p. 551:"Thus,water of thermal springs range in temperature from as low as 60°F, in an area where normal ground water has a temperature of 40 – 50°F,to well above the boiling point."

⑧ C. B. 卡列斯尼克《普通地理学原理》中册,地质出版社 1958 年版,第 201 页:"如果泉水的温度低于当地年平均温度的称为冷泉,高于当地平均温度的称为温泉。"

⑨ 陈刚《中国的温泉》,《地理知识》1973 年第 2 期。

⑩ 嘉泰《会稽志》卷一一《泉》。

⑪ 《读史方舆纪要》卷五四《陕西三·西安府下·同州·澄城县·甘泉水下》所引。

⑫ 《御览》卷七九《地部》。

⑬ 康熙《陇州志》卷一《方舆》温泉所引。

八、《水经注》的地貌描述

《水经注》拥有大量记载地貌的资料。作者通过对注文中称为山、岳、峰、岭、坂、冈、丘、阜、固、障、峄、矶、原等的描述,记载了我国的高地;又通过对注文中称为川、野、沃野、平川、平原、平地、原隰等的描述,记载了我国的低地。

古籍对于地形高低的记载,由于当时科学技术的限制,总是采用定性描述的方法,郦注当然也不例外。但是与其他许多古籍相比,《水经注》仍然是比较重视数量记载的,注文涉及的不少山岳,都有高度或范围的数字。可惜的是,这些数字,特别是高度的数字,绝大多数并不符合实际,而是大大地偏高。例如卷四《河水注》所记垣县辅山高达30许里。卷六《汾水注》所记汾水沿岸的稷山高13里。卷九《洹水注》所记隆虑县的神囷之山高达17里。卷十三《灅水注》所记的大翮山和小翮山高达40里。卷十四《鲍丘水注》所记的无终山竟高达80里。山岳与河流不同,在历史时期的变迁并不太大,上列这些山岳,今天都还可以就地核实,郦注所记数字,显然十分夸大。

数字夸大主要由下列原因造成:

第一是资料来源的问题。尽管郦道元是个十分重视实践的人,但是他毕竟不能遍登群山,郦注记载中的绝大部分山岳还是依靠他人的著述,而其中有些著述在很大程度上是荒诞不经的。例如卷一《河水注》所记的昆仑山的高度,是来自《淮南子》等书的资料,其高为"万一千里百一十四步三尺六寸"。又如卷十九《渭水注》所记的华山高度,是来自《山海经》的资料,"其高五千仞"。这些数字当然都是《淮南子》和《山海经》所向壁虚造的。

第二是测量方法的问题。从今天来说，由于人们已经有了精确的测量仪器，所以计算山岳的高度，总是选择某一处海面作为零点，然后测出山岳的海拔高度，这个数字也就是山岳的绝对高度，但山岳除了很少数以外，并不就在海边，在基底较高的崇山峻岭地区，山岳的绝对高度，并不一定说明山岳的高峻雄伟，于是人们也可以采用另一种测量方法，即不计从海面到山脚的高程，而专计从山脚到山顶的高度，这就是山岳的相对高度。这两种测量方法，对古人来说都是不可能的。古人计算山岳高度的主要方法是步测，通过踏勘，计算出从起步点到山顶的长度数值。这实际上是把从起步点到山顶的路径距离，代替山的高度，则数字偏大是毫无疑问的。而且由于起步点的位置不同，最后得出的数值也就随着不同，所以古籍记载的山岳高度，数字常有很大的参差。此外，由于以长度代替了高度，因此，山路愈迂回曲折，记载的高度也就愈大。例如卷十一《滱水注》所记广昌县的广昌岭，因为"二十里中委折五回，方得达其上岭"，因而就"岭高四十余里"。又如卷二十《漾水注》所记的瞿堆，因为其山有"羊肠蟠道三十六回"，因而就"高二十余里"。这些数字就是从起步点到山顶并包括迂回曲折的全部山径的长度。

第三，从郦注记载的内容来看，除了步测以外，古人也还有其他一些计算山岳高度的方法，但所有这些方法，其结果都不可靠，而且在数值上也总是夸大。例如目测，这也是古人常用的测高方法，卷十四《鲍丘水注》记载的盘山，就是采用了这种方法。注云：

> 沟水又左合盘山水，水出山上，其山峻险，人迹罕交，去山三十许里，望山上水，可高二十余里。

当然，从30里路以外望山顶，只要求得仰角的函数，山高的近似值是可以获得的。从现在来说，这只是一种简单的三角运算。可是郦注所写的绝不是这种计算方法，而是一种毫无根据的估计，其结果较之实际不知夸大了多少倍。

上述关于山岳高度数字的错误，在我国古籍中原是常见的。郦注在这方面虽然不免承袭了这类错误，但另一方面毕竟也作出了一些有益的贡献。第一，《水经注》虽然传抄其他著述的资料，把不少山岳的山径距离作为山岳高度，但对于当时中原地区的一些重要山岳，凡郦氏所亲见或亲登的，郦注中已经不再承袭前人的计算方法而是采用了计算实际里程的方法。卷四《河水注》记载的华山就是如此。注云：

> 自下庙历列柏，南行十一里，东回三里，至中祠，又西南出五里，至南祠，谓之北君祠，诸欲升山者，至此皆祈请焉。从此南入谷七里，又届一祠，谓之石养父母，石龛木主存焉。又南出一里，至天井，井裁容人穴空，迂回顿曲而上，可高六丈余，

山上又有微涓细水,流入井中,亦不甚沾人,上者皆所由陜,更无别路,欲出井望空,视明如在室窥窗也。出井东南行二里,峻坂斗上斗下,降此坂二里许,又复东上百丈崖,升降皆须扳绳挽葛而行矣。南上四里,路到石壁,缘旁稍进,迳百余步,自此西南出六里,又至一祠,名曰胡越寺,神像有童子之容。从祠南历夹岭,广裁三丈余,两箱悬崖数万仞,窥不见底。……度此二里,便届山顶。

按上注,作者以下庙为起步点,从起步点到华山各处的里程都是明白可计的,例如到中祠 14 里,到南祠 19 里,到石养父母 26 里,到天井 27 里,到百丈崖约 31 里,到胡越寺 41 里,到山顶 43 里。注文毫不含糊地说明这是从下庙起的距离,绝非华山的高度。

第二,古籍记载的数字,即使是按当时习惯以山径距离作为高度计算,其距离的数字有不少也是夸大的。郦注中当然也传抄了不少这类以讹传讹的数字。但凡是作者曾登临或熟悉的山岳,注文中就常常用作者掌握的准确数字更正以往的错误数字。卷六《汾水注》记载的汾山的高度即是其例。注云;

> 山即汾山也,其山特立,周七十里,高三十里,文颖言:在皮氏县东南,则可三十里。乃非也,今准此山,可高十余里。

当然,郦注在这里纠正旧说的"可高十余里",也是山径距离而并非高度。但是既然注文特别指出"今准此山"。说明这是作者自己对此山作了踏勘,是根据确凿的。表现了作者著述的严谨态度。

第三,从郦注记载的某些内容来看,说明作者曾经比较精密地测量过一些山丘,虽然不知他所使用的测量方法,但从其提供的数字来看,这种测量是相当认真的。卷二十六《淄水》经"东北过临淄县东"注中的营丘就是经过作者测量的山丘之一。注云:

> 今临淄城中有丘,在小城内,周回三百步,高九丈,北降丈五,淄水出其前,故有营丘之名,与《尔雅》相符。

当然,对于营丘高度测量的这种成绩,在全部注文中并不多见。由于临淄是作者久居之地,而营丘又是一个小山,工作进行方便。这种成果是在特殊条件下得到的,因而在全部郦注中没有代表性。但用以说明作者对数量概念的严肃认真,这个例子却是有用的。为此,郦注记载的山岳高度数字,多数与实际不符,这种缺陷应该从时代进行考虑,不能责怪作者个人。

如上所述,在地形高度的数量记载方面,郦注资料并无较大的价值。但是在另一方面,即对于各种地貌的定性描述,郦注却很有其独到之处,它对我们今天研究历史时期的各种地貌概况,提供了许多有用的资料。

《水经注》记载的山岳、丘阜等地名,总数约近 2000 处,其地区范围除了我国还兼及域外,注文牵涉的山岳,有的是峰峦连绵,有的是孤山独阜;有的是高山大岭,有的是培塿小丘;有的是名山显岳,有的是无名山头。情况是十分复杂的。但作者却能有条不紊地把大量山岳,穿插在江湖河海之间,进行生动而细致的描述。尽管这种描述只有定性的意义,但作者却能运用他精湛的写作技巧与高度的概括能力,把复杂多变的山岳地形,刻画得惟妙惟肖。对于描述那些崇山峻岭、峰峦起伏的高山地形,首先遇到的困难是这些山岳多数没有地名。在全部郦注的各类地名中,有地无名的情况虽然普遍存在,但其中最突出的是崇山峻岭的山岳地带。在这样的情况下,作者的办法是根据这些山岳的不同特点,用大山、高山、众山、重山、连山等名称,恰如其分地对这些没有地名的却是非常重要的山岳进行了描述。

卷二《河水注》云:"焉耆近海多鱼鸟,东北隔大山与车师接。"卷四十《浙江水注》云:"(定阳)溪水又东迳长山县北,北对高山。"这里,焉耆近海与车师之间的山以及定阳溪水北岸的山,都是没有名称的,郦注按山的特点各以"大山"、"高山"名之,从而使焉耆近海和定阳溪水沿岸的地貌情况得到如实的反映。尽管这些山岳原来没有地名,但注文也常常对它们作生动细致的描述。卷三十六《若水注》记载的堂琅县西北的高山即是其例。注云:

> (朱提)郡西南二百里,得所绾堂琅县,西北行,上高山,羊肠绳屈八百余里,或攀木而升,或绳索相牵而上,缘陟者若将阶天。故袁休明《巴蜀志》云:高山嵯峨,岩石磊落,倾侧萦回,下临峭壑,行者扳缘,牵援绳索。三蜀之人及南中诸郡,以为至险。

如上注,虽然这些高山都没有名称,但郦注的描述,还是把这个地区崎岖险峻的地形写得逼真如画。

对于那些连绵不断的山岳,郦注也有它的独特描述手法。例如卷十四《大辽水注》所记"滥真水出西北岭外,东南历重山"。卷二十五《泗水注》所记高平山"与众山相连"。卷三十一《清水注》所记鲁阳关"左右连山插汉,秀木于云"。卷三十三《江水注》所记熊耳峡一带"连山竞险,接岭争高"。卷三十四《江水注》所记黄牛山南岸"重岭叠起"等,不胜枚举。这里描述的重岭、重山、众山、连山等,其实就是我们现代所说的山脉。郦注对于这些山脉虽然不知名称,但对它们的描述却仍然逼真而详细。卷三十四《江水注》记载了长江在夷陵县一带的南北两岸的山脉。注云:

> 袁山松言:江北多连山,登之望江南诸山,数十百重,莫识其名。高者千仞,多奇形异势,自非烟褰雨霁,不辨见此远山矣。余尝往返十许过,正可再见远峰耳。

这里,注文利用袁山松的目击记载,生动地描述了大江两岸群山连绵的崎岖地形,即从今天来看,与实际情况也是完全符合的。

以上是指的没有名称的山岳,至于我国各地的名山,则注文在有关卷篇中都作了细致生动的描述,诸如《河水》的昆仑山、葱岭、积石山,《沁水》的太行山,《滱水》和《瀍水》的恒山,《洛水》的嵩山,《渭水》的华山,《汶水》和《淄水》的泰山,《江水》的岷山、峨眉山,《温水》、《湘水》、《漓水》、《溱水》、《锺水》、《耒水》诸篇中的五岭,《湘水》的衡山,《庐江水》的庐山,《沔水》、《淮水》、《浙江水》等篇中的会稽山以及《水经注佚文》的五台山①等,无法一一列举。在记载的所有山名中,也有一些名称独特的山岳,例如卷二《河水注》的大头痛之山、小头痛之山、赤土身热之阪,卷三十六《若水注》的牛叩头坂、马搏颊坂等。《河水注》的这些山名,很可能是因为山势高峻、空气稀薄,行旅常易得高山病而命名;而《若水注》的这些山名,当然是由于山陉崎岖、山势陡峻而来。

在《河水》、《洛水》、《穀水》、《渭水》诸篇中,还对一种称为"原"的高地进行了描述。上述各篇中,这类高地总共约有 30 多处,如《河水注》的枹罕原,梁山原,《洛水注》的缑氏原,《穀水注》的太白原,《渭水注》的五丈原、白鹿原等。"原",现在写作"塬",是分布在黄土地区的一种沟间地,是黄土堆积物覆盖的较高平地。所以这是《水经注》有关黄土地貌的描述。卷十九《渭水注》云:"(泠水)历阴槃、新丰两原间,北流注于渭。"说明泠水即是阴槃、新丰两原之间的一条深陷的河谷。正因为这种"原"具有颇大的高度,所以郦注常常同时称它们为山阜,例如《洛水注》云:"(休水)侧缑氏原,《开山图》谓之缑氏山也。"《渭水注》云:"《关中图》曰:丽山之西,川中有阜,名曰风凉原。""原"有时具有较大的面积,卷十八《渭水注》所记"(岐水)又历周原下",周原就是一片面积颇大的"原"。它是西周的发祥地,现在分属凤翔、扶风、岐山、武功四县,北连岐山,南、西、东三侧为渭河及其支流千河和漆水河所切割,南北宽约 20 余公里,东西长约 70 余公里,海拔高度在南缘为 500 余米,在北部岐山山麓为 900余米,相对高度大部分在 200 米以上。②笔者曾经在此原上作过一次实地考察,从南缘驱车直抵岐山山麓,极目远眺,除了微地貌的变化和目力所不及的南北向沟壑外,基本上是一片自北向南缓倾的平坦原野。当然,整个原上,现在已经土地平整,阡陌纵横,和郦注记载的时代,必然大不相同了。此外,卷十七《渭水》经"又东过陈仓县西"注中所记:"渭水又东迳积石原,即北原也。"卷十九《渭水》经"又东过郑县北"注中所云:"积石据其东,丽山距其西。"所指也是这个积石原。此原在渭河以北,历来甚为著名。笔者曾在扶风县旧城隍庙南眺,此原耸立于渭河支流沣河谷地之南,距扶风县城不过2000 米,相对高度约 200 米,东西横亘于扶风、岐山两县之间,顶平如砥,气势雄伟。郦注记载的原,有不少都具有这样的外貌。

除了对黄土地貌的"原"的描述外,在我国东部平原地区,郦注也记载了孤立于平原之上的丘阜 100 多处,并且对它们进行了包括地貌在内的各种描述。这些丘阜在高度上说只不过是培塿蚁垤,无所足道,但是由于其地势挺拔,在平原地区是战略上的制高点;其上又往往有林木井泉,可以提供燃料与饮水的方便;而丘阜南坡向阳避风,小气候条件也比较有利。因此,平原地区的丘阜,在古代往往是原始聚落形成之处,而原始聚落发展演变,最后甚至成为较大的城邑。所以丘阜虽小,但在人文地理上却具有重要的意义。郦注所记,如《涞水注》和《瓠子河注》的商丘,《淇水注》的顿丘,《渠注》的陶丘,《河水注》和《睢水注》的雍丘,《淄水注》的营丘等,都是这方面的例子。许多后来以丘为名的城邑,早期大概都是从丘阜南麓的一个原始聚落发展起来的。有些丘阜原来甚小,聚落不断发展以后,由于自然力量和人为活动的影响,丘阜本身逐渐削平,而以丘阜为名的城邑却长期存在。对于这种已经在地面上消失了的丘阜,卷二十二《渠注》描述的宛丘即是其例。注云:

> 故《诗》所谓坎其击鼓,宛丘之下。宛丘在陈城南道东。王隐云:渐欲平,今不知所在矣。

以上所述,是《水经注》对于我国各种类型的高地的描述概况。对于我国各种类型的低地,诸如河漫滩、河谷平原、盆地、沼泽平原和河口三角洲等,郦注也都有所描述。卷三十三《江水注》对于白帝城附近的一小片低地的描述云:

> 白帝山城周回二百八十步,北缘马岭,接赤岬山,其间平处,南北相去八十五丈,东西七十丈,又东傍东瀼溪,即以为隍。

如上注,可见白帝城附近的低地十分狭窄,南北仅 85 丈,东西更只有 70 丈,这是一片由长江和东瀼溪沿岸的河漫滩所构成的沿江低地。同样,卷二十七《沔水注》的洋川,根据注文描述:"川流漫阔,广几里许",也是河漫滩构成的沿河狭窄低地。

上述《沔水注》的洋川是郦注中低地称"川"的例子。在全部注文中,用川或平川等名称来描述河漫滩、河谷平原或盆地之类的低地,总数约有 150 余处。另外,郦注中的河流也常常称川,但这两者是有严格区别的。卷二《河水注》云:

> 《秦川记》曰:枹罕原北名凤林川,川中则黄河东流也。

这里,注文清楚地说明,在黄土高原的一片沟间地枹罕原以北,是黄河的河谷平原凤林川,黄河则在河谷平原中间东流。所以"川"与"河"的概念是很明确的。还可以再举一例,卷二十七《沔水注》云:

> 汉水又左会文水,水,即门水也,出胡城北山石穴中,长老云:杜阳有仙人宫,石穴,宫之前门,故号其川为门川,水为门水。

"川为门川,水为门水",这是作者对川与水所下的定义,即平原称川,河流称水,概念是如此的明确,不容混淆。

川有时也用来描述山间盆地。卷二十七《沔水》经"又东过西城县南"注云：

> 汉水右对月谷口，山有坂月川③，于中黄壤沃衍而桑麻列植，佳饶水田。故孟
> 达与诸葛亮书，善其川土沃美也。

这里，注文所描述的也很清楚明白，坂月川是一片较大的山间盆地，而月谷口则是盆地水系流入汉水的通道。

《水经注》对长江下游的古代沼泽平原的描述，也写得十分逼真。卷二十九《沔水注》云：

> 故子胥曰：吴越之国，三江环之，民无所移矣。但东南地卑，万流所凑，涛湖泛
> 决，触地成川，枝津交渠，世家分牒，故川旧渎，难以取悉，虽粗依县地，缉综所缠，
> 亦未必一得其实也。

对于河口三角洲，《水经注》的描述也完全符合实际情况。例如卷十《浊漳水注》云："清漳乱流而东注于海。""乱流"二字，是对河口三角洲的最简单扼要的概括。对于黄河下游支流之一漯水的河口三角洲，卷五《河水注》写得相当详细。注云：

> （漯水）又东北为马常坑，坑东西八十里，南北三十里，乱河枝流而入于海。
> 河海之饶，兹焉为最。

这里说明，漯水河口是一个面积颇大的湖泊马常坑，而根据注文接着的解释："河盛则通津委海，水耗则微涓绝流。"说明马常坑是一个随着上游水量变化而涨缩的季节性湖泊。这个湖泊之下，则是"乱河枝流而入于海"。把漯水入海处的这片丰饶的河口三角洲刻画得何等清楚。

对于黄河三角洲，郦注的描述也是细致而明白的。黄河下游，早在《禹贡》就有九河之说，所谓九河，实际上就是河口三角洲的许多分汊河道的总称。卷五《河水注》云：

> 《尚书·禹贡》曰：北过降水。不遵其道曰降，亦曰溃，至于大陆北，播为九
> 河。《风俗通》曰：河播也，播为九河，自此始也。《禹贡》沈州九河既道，谓徒骇、
> 太史、马颊、覆釜、胡苏、简、洁、句盘、鬲津也，同为逆河。郑玄曰：下尾合曰逆河，
> 言相迎受矣，盖疏润下之势，以通河海。

这里，注文描述的"播"，是分散的意思，"九"，是多的意思，"播为九河"，即是分散成许多汊道的意思。所谓徒骇、太史等河，即使确有其河也不过是许多汊道中的几支而已。这段注文，把以"大陆"为顶点的这个典型的扇形三角洲，描述得如同绘制了一幅地图一样。

以上所述的是郦注对我国各种类型的高地和低地的描述。此外，对于我国各地的喀斯特地貌和西北部的干燥区地貌，《水经注》也都有大量的描述。在喀斯特地貌方

面,全注记载的各种洞穴达70余处,按注文内容和分布地区,可以确定为喀斯特溶洞的至少达十余处。例如卷十三《灅水注》所记:"代城东南二十五里有马头山,其侧有钟乳穴。"卷三十《淮水注》所记:"豪水出阴陵县之阳亭北,小屈有石穴,不测所穷,言穴出钟乳。"卷三十一《涢水注》所记:"(大洪山)下有石门,夹鄻层峻,岩高皆数百许仞,入石门,又得钟乳穴"。上述当然是喀斯特溶洞无疑。另外一些喀斯特地貌是通过伏流进行描述的。例如卷十二《圣水注》所记大防岭东首山下的石穴是:"穴中有水,……不测穷深。"卷十五《洛水注》所记:"休水又西南屈,潜流地下,其故渎北屈出峡,谓之大穴口。"卷二十九《潜水注》所记:"有大穴,潜水入焉,通冈山下西南潜出,谓之伏水。"上述洞穴,都为地下河流相连,当然也是喀斯特地貌。此外,郦注中还有一些喀斯特地貌的描述,按其地区正是石灰岩广泛分布的地方。例如卷三十八《漓水注》所记的弹丸山石窦:"验其山,有石窦,下深数丈,洞穴幽深,莫究其极。"又如卷三十九《涯水注》的容口大穴,卷四十《渐江水注》的灵隐山洞穴等也都是如此。

至于对我国西北干燥区地貌的描述,郦注内容主要是对沙漠地理景观的描述,写得也十分出色。举凡今塔克拉玛干沙漠、白龙堆沙漠、额济纳沙漠、鄂尔多斯沙漠等,都在有关的卷篇中作了记载。卷一《河水注》通过晋释法显从乌帝[④]到于阗的旅行,描述了今塔克拉玛干沙漠的地理景观。卷四十《禹贡山水泽地所在注》所描述的居延海一带的额济纳沙漠,写得十分生动逼真。注云:

> 居延泽在其县故城东北,《尚书》所谓流沙者也。形如月生五日也。弱水入流沙,流沙,水与沙流行也。

"形如月生五日也"。对于随风移动的沙丘,这是刻画最深的描述,也就是今天在自然地理学上所说的新月形沙丘。"水与沙流行也"。以此描述沙漠中水与沙的关系,确实也是惟妙惟肖的了。

在对河西走廊的沙漠进行描述时,《禹贡山水泽地所在注》中,甚至还记下了鸣沙山这个地名。注云:"(燉煌)南七里有鸣沙山,故亦曰沙州也。"沙粒鸣叫的原因,按照现代自然地理学的解释,是由于沙粒中的石英的压电性质所发生的带电过程,从而产生一系列能量变换而引起的现象。古人当然不理解产生这种现象的原因,但从这个地名的出现,说明人们在当时已经重视了这种现象。[⑤]

《水经注》对于干燥区地貌的描述,如同对其他类型的地貌描述一样,不仅利用他人著作中的记载,并且也引用作者本人实地考察所获得的资料,这就大大丰富了注文的描述内容。卷三《河水》经"至河目县西"注中所描述的今鄂尔多斯沙漠北部的干燥区地貌,即是作者实地考察的成果。注云:

> 河水又南迳马阴山西,《汉书音义》曰:阳山在河北,阴山在河南,谓是山也。

而即实不在河南。《史记音义》曰：五原安阳县北有马阴山。今山在县北。言阴山在河南，又传疑之非也。余按南河北河及安阳县以南，悉沙阜耳，无佗异山。

这里，作者用了"余按"这样的语气，说明这是他自己的亲身阅历。的确，作者是到过这个荒远地区的。他曾于公元494年，跟随北魏帝拓跋宏巡视北部边疆上的几个军镇，因而到达了这一带地方。此行经过，也记载在卷三《河水注》中。注云：

余以太和十八年，从高祖北巡，届于阴山之讲武台。……自台西出南上山，山无树木，惟童阜耳。

从这段注文中可见，作者不仅到达了这个地区，并且还攀登了阴山。则对于阴山的地理位置，他当然是最了解的人。他在论证阴山位置的同时，也描述了黄河和安阳县以南的、他亲自目睹的沙漠景观，即注文所说的："悉沙阜耳。"虽然是寥寥数言，却是他自己长途跋涉、实地考察之所得，是值得珍贵的资料。

注释：

① 据《御览》卷四五《地部十》及《寰宇记》卷四九《河东道十·代州·五台县》等所引。

② 史念海《周原的变迁》，载《陕西师大学报》（哲学社会科学版）1967年第3期。

③ "山有坂月川"，据孙星衍校本作："有月坂，有月川。"孙彤《关中水道记》卷四《月川水》引《水经注》与孙本同。

④ 乌帝，《法显传》作乌夷国，据足立喜六《法显传考证》下编校释（第39页），即今新疆之焉耆县。于阗，即今新疆之和田县。

⑤ 古籍对鸣沙山记载甚多，乾隆《甘肃通志》卷六《安西卫》条下，收辑历来各种记载云："鸣沙山在沙州城南七里，其山积沙为之，峰峦危峭，逾于山石，四面皆沙，陇背有如刀刃，人登之即鸣，随足堕落。……《旧唐志》又名沙角山，天气晴朗时，沙鸣闻于城内。又五代晋高居诲记云：在瓜州南十里，冬夏殷殷有声如雷。"

九、《水经注》对于峡谷的描述

在《〈水经注〉的地貌描述》一文中,对于流水地貌方面,只是讨论了河口三角洲的一些情况,没有把郦注对峡谷的描述包括在内。其实,峡谷也和河口三角洲一样,也是因为流水的作用而形成的。不过郦注记载的峡谷数量特别多,对它们的描述也特别生动细致,所以在此另立一专题加以讨论。

峡谷是河谷的一种类型,按照美国地貌学家戴维斯(W. M. Davis)的侵蚀循环理论,峡谷是幼年期的河谷。所谓幼年期,就是河流的侵蚀以下蚀为主、旁蚀为次的时期。正因为下蚀的力量十分强烈,所以峡谷具有岸壁陡峭、水道狭隘、水流湍急等特色。在《水经注》的记载中,称"峡"的地名(包括少数称"门"或"隘门"的在内)有70余处,称"谷"的地名有200多处。这中间,称"谷"的地名按郦注内容,一部分是比较开阔的河漫滩与河谷平原,另一部分是河流发源处的山麓冲积扇;称"峡"的地名几乎全是现代概念的峡谷。因此,本文只就郦注中称"峡"的地名加以探讨。

《水经注》对于峡谷的描述,主要是抓住了峡谷两岸地形的陡峭与峡谷中河道水流的湍急这两个特色。其中描述两岸地形陡峭的如卷二《河水注》的石门口峡:"高险峻绝,对岸若门。"卷十七《渭水注》的新阳峡:"崖岫壁立。"卷三十三《江水注》的熊耳峡:"连山竞险,接岭争高。"卷三十八《溱水注》的浈阳峡:"两岸杰秀,壁立亏天。"等;描述河道水流湍急的如卷四《河水注》的孟门山峡谷:"浑洪赑怒,鼓若山腾。"又同卷的三门峡:"濩波怒溢,……水流迅急。"卷三十四《江水注》的三峡:"乘奔御风。"卷三十八《湘水注》的空泠峡："惊浪雷奔。"等,不胜枚举。

《水经注》记载的峡谷,按地区主要分布在《河水》、《渭水》、《漾水》、《江水》、《湘水》等各篇之中。其中《河水注》最多,从卷二大、小榆谷的河峡起到卷四垣县的鼓锺下峡止,共有大小峡谷22处。《江水注》其次,从卷三十三南安县的熊耳峡起,到卷三十四宜昌县的禹断江①止,共有峡谷15处。卷十七《渭水注》居第三位,从武城县的黑水峡起到上邽县的泾谷峡止,包括支流在内,共有峡谷11处。此外,《漾水注》有峡谷5处,《湘水注》有峡谷4处,也都是郦注记载中峡谷较多的河流。

在黄河沿线的诸峡谷中,郦注描述得十分生动细致的首先当然是孟门山峡谷。对于这个峡谷的描述已在有关郦注瀑布的专文中论及;此处不再赘述。卷四《河水》经"又东过砥柱间"注中对三门峡的描述也十分详细生动。由于这是一处自古闻名的峡谷,所以作者一开始就把峡谷之所以命名加以介绍。注云:

> 砥柱,山名也。昔禹治洪水,山陵当水者凿之,故破山以通河,河水分流,包山而过,山见水中,若柱然,故曰砥柱也。三穿既决,水流疏分,指状表目,亦谓之三门矣。

在说明了峡谷名称的由来以后,作者并不接着就描述峡谷的自然景色,对于这样一个举世闻名的峡谷,作者认为有必要让读者尽可能地集中注意力,因此,他特别穿插了一个生动的神话。

> 《搜神记》称:齐景公渡于江沈之河,鼋衔左骖,没之,众皆惕,古冶子于是拔剑从之,邪行五里,逆行三里,至于砥柱之下,乃鼋也。左手持鼋头,右手挟左骖,燕跃鹄踊而出,仰天大呼,水为逆流三百步,观者皆以为河伯也。

这里,古冶子砥柱斩鼋的神话当然是引人入胜的。"左手持鼋头,右手挟左骖,燕跃鹄踊而出,仰天大呼,水为逆流三百步"。这样的文章,真是气魄雄伟,一座皆惊!于是,作者才紧接着把峡谷的真情实景,和盘托出。这确是一种匠心独具的描述手法。注文接着云:

> 河水翼岸夹山,巍峰峻举,群山叠秀,重岭干霄。……自砥柱以下,五户已上,其间百二十里,河中竦石杰出,势连襄陆,盖亦禹凿以通河,疑此阏流也。其山虽辟,尚梗湍流,激石云洄,澴波怒溢,合有十九滩,水流迅急,势同三峡,破害舟船,自古所患。

在描述了这种气象万千的山河形势以后,作者最后还把历代以来对于这个险峻的峡谷的施工修治过程加以说明,从而使郦注对三门峡的描述成为一项完整无缺的资料。注云:

> 汉鸿嘉四年,杨焉言:从河上下,患砥柱隘,可镌广之。上乃令焉镌之,裁没水

中，不能复去，而令水益湍怒，害甚平日。魏景初二年二月，帝遣都督沙丘部监运、谏议大夫寇慈帅工五千人，岁常修治，以平河阻。晋泰始三年正月，武帝遣监运大中大夫赵国，都匠中郎将河东乐世，帅众五千余人，修治河滩，事见《五户祠铭》。虽世代加工，水流湍浍，涛波尚屯，及其商舟是次，鲜不踟蹰难济。

如上注，从汉到晋，每次出动几千人的施工，但结果还是徒然，"水流湍浍，涛波尚屯"，由此益证明了三门峡形势的险峻。

在《水经注》记载的所有峡谷中，最壮丽险峻的当然是长江三峡，上述《河水注》所云："水流迅急，势同三峡。"《湘水注》描述空泠峡亦云："惊浪雷奔，浚同三峡。"凡是险峻的峡谷，注文都以之与三峡相比。说明作者对三峡的重视程度。《水经注》对于三峡的描述的确是非常成功的，其中特别是对巫峡和西陵峡的描述，真把峡谷的自然面貌写得出神入化，栩栩如生，让读者宛如看到了一幅现场写生的巨型水墨画一样。卷三十四《江水》经"又东过巫县南，盐水从县东南流注之"注云：

今县东有巫山，……其首尾间百六十里，谓之巫峡，盖因山为名也。自三峡七百里中，两岸连山，略无阙处，重岩叠嶂，隐天蔽日，自非停午夜分，不见曦月，至于夏水襄陵，沿溯阻绝，或王命急宣，有时朝发白帝，暮到江陵，其间千二百里，虽乘奔御风，不以疾也。春冬之时，则素湍绿潭，回清倒影。绝巘多生怪柏，悬泉瀑布，飞漱其间，清荣峻茂，良多趣味，每至晴初霜旦，林寒涧肃，常有高猿长啸，属引凄异，空谷传响，哀转久绝。故渔者歌曰：巴东三峡巫峡长，猿鸣三声泪沾裳。

又同卷经"又东过夷陵县南"注云：

江水又东迳西陵峡。《宜都记》曰：自黄牛滩东入西陵界，至峡口百许里，山水纡曲，而两岸高山重障，非日中夜半，不见日月，绝壁或千许丈，其石彩色，形容多所象类，林木高茂，略尽冬春，猿鸣至清，山谷传响，泠泠不绝，所谓三峡，此其一也。山松言：常闻峡中水疾，书记及口传，悉以临惧相戒，曾无称有山水之美也。及余来践跻此境，既至，欣然始信耳闻之不如亲见矣。其叠崿秀峰，奇构异彩，固难以辞叙，林木萧森，离离蔚蔚，乃在霞气之表，仰瞩俯映，弥习弥佳，流连信宿，不觉忘返，目所履历，未尝有也，既自欣得此奇观，山水有灵，亦当惊知己于千古矣。

上述两段注文，从对峡谷自然景色的描述来说，不论从地理学角度或文学角度，都不愧为千古杰作。（附图八　《水经注》三峡示意图）

对于三峡的名称，郦注所记与历来相传的稍有出入。卷三十三《江水》经"又东过鱼复县南，夷水出焉"注云："江水又东迳广溪峡，斯乃三峡之首也。"又卷三十四《江水注》云："江水又东迳巫峡，……自三峡七百里中，两岸连山，略无阙处。"同卷又云："江

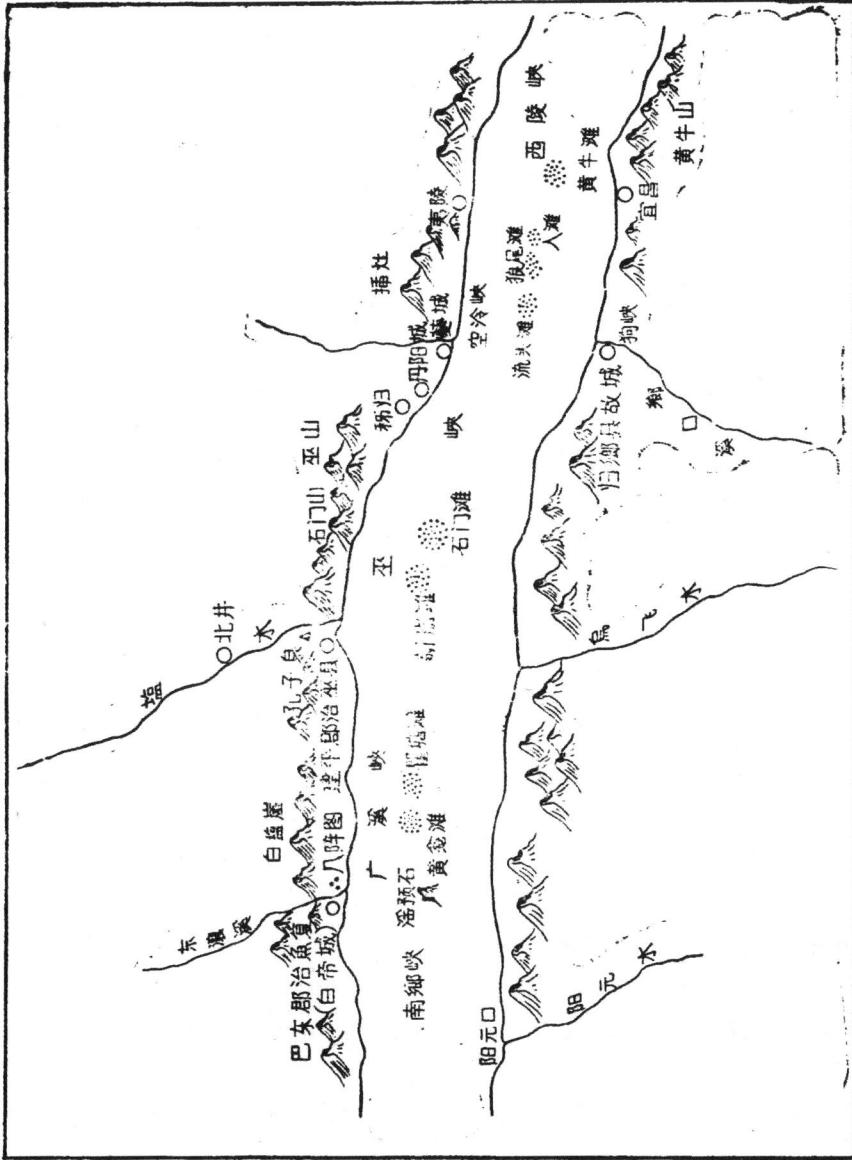

图八　《水经注》三峡示意图

水又东迳西陵峡,……所谓三峡,此其一也。"所以注疏本杨守敬疏云:"是郦氏以广溪、巫峡、西陵为三峡。"但历来的说法中并无广溪峡之名,《方舆纪要》可为代表,此书云:"西陵峡在焉,与夔州之瞿唐,巫山之巫峡,共为三峡。"②两者的差别是,郦注作广溪峡,但此外的大部分著述中都作瞿唐峡。其实,此两者并不牴牾,因为广溪峡就是瞿唐峡的别名。《方舆纪要》又云:"瞿唐关在巫州府城东八里,以瞿唐峡而名,峡在城东三里,或谓之广溪峡,三峡之一也,瞿唐之名著而广溪之称隐矣。"③

对于瞿唐峡,今本郦注没有记载这个名称,只在卷三十三《江水注》中提及:"(广溪)峡中有瞿塘、黄龛二滩,夏水回复,沿溯所忌。"这里所说的瞿塘滩,当然不能代替瞿唐峡。瞿唐峡这个名称,在某些古籍引及郦注时,原来是有的,很可能是今本的缺佚。兹举明《寰宇通志》所引的一段郦注如下:

> 白帝城西有孤石,冬出二十余丈,夏即没,秋时方出。谚云:"滟滪大如象,瞿唐不可上;滟滪大如马,瞿唐不可下。"峡人以此为水候。④

这段文字中从"秋时方出"起即为今本所无。文中不仅提出了瞿唐峡这个名称,描述亦甚生动,不失郦注风格。而且除了《寰宇通志》以外,这段郦注也为明《天下名山诸胜一览记》⑤所引。《方舆纪要》也引过这段郦注,只是文字小有差异。⑥证明此文属于郦佚,大概可以无疑。所以应该加入今本,以成完璧。

注释:

① 卷三四《江水》经"又东过夷陵县南"注云:"江水历禹断江南,峡北有七谷村,两山间有水清深,潭而不流。又耆旧传言:昔是大江,及禹治水,此江小不足泻水,禹更开此峡口。"据此,禹断江亦为一峡谷。

② 《方舆纪要》卷一二八《川渎五》大江。

③ 《方舆纪要》卷六六《四川一》瞿塘关。

④ 明陈循等《寰宇通志》卷六五《夔州府》滟滪堆。景泰顺天府刊本,天一阁藏。

⑤ 明慎蒙《天下名山诸胜一览记》卷一四《四川》滟滪堆。万历四年刊本,华东师范大学图书馆藏。

⑥ 《方舆纪要》卷六六引《水经注》与《寰宇通志》等同,但末句作:"盖舟人以此为水候也。"

十、《水经注》记载的植物地理

　　《水经注》记载了大量植物地理资料,它不仅记载了北魏及其以前的植物种类,并且也记载了植被分类,即植被型和群系纲。此外,对于古代的农业植被概况,它也记载得相当详细。《水经注》以前的地理著作如《山海经》、《禹贡》和《史记·货殖列传》等,也都有植物地理的内容,但从植物种类的丰富,分布范围的广泛,植物性状描述的细致等方面来说,《水经注》的记载都远远地超过了它以前的著作。

　　《水经注》记载的植物种类不下140种,从针叶的松(Pinus L)、柏(Cupressus funebris)、栝(Juniperus chinensis)、枞(Abies firma)到阔叶的樟(Cinnamomum camphora)、橿(Quercus glauca)、栎(Qucrcus serrata)、楮(Broussonetia kasinoki),从我国土生土长的桃(Prunus persica)、荔枝(Nephelium litchi)到分布在域外的婆罗(Shorea robusta)和菩提(Ficus religiosa),从水生的菖蒲(Acorus calamus)、麻黄草(Ephedra vulgaris)到旱生的胡桐(Populus euphratica)、柽柳(Tamarix juniperina),从野生的酸枣(Zizyphus vulgaris)、龙鬚(Juncus ballicus)到栽培的藷芋(Dioscorea japonica)、吉贝(Ceiba pentandra)。真是不一而足。仅竹(Phyllostachys)一项,全注就记载了竹、细竹、小竹、笱、篁、楸竹、邛竹、虎竹等很多种类,[①]并且记载了古代淇水流域和睢水流域的大片竹林。[②]此外,渭水流域的盩厔、槐里各县,也都记载了那里的竹林分布情况。[③]

　　由于古今植物名称的不同,因此,《水经注》记载的植物种类,从今天植物分类学的要求来说,其中有许多还必须经过仔细的研究,才能真正鉴定它们的科属。譬如桂树是普通的植物,但《水经注》各卷所记载的桂树,并不完全相同。卷六《汾水注》的桂树,可能是木樨科木樨属(Osmanthus fragrans)植物,即今日秋季开花的所谓丹桂;而卷三十六《温水注》的香桂,则是樟科肉桂属(Cinnamomum cassia)植物,即今日剥取桂皮的桂树。这两者是不能混淆的。《水经注》卷三十八《湘水》经"又东北过泉陵县西"注引《晋书地道记》云:"县有香茅,气甚芬香,言贡之以缩酒也。"这里记载的香茅是何种植物? 从今天来看,称为香茅或香草之类的植物很多,例如菊科鼠麴草属(Gnaphalium multiceps)和菊科兰草属(Eupatorium chinense)等植物中,都有这样的植物名称。但实际上《湘水注》的香茅并非此类,而是《开宝本草》中所称的零陵香,是豆科零陵香属(Coumarouna odorata)植物。诸如此类植物名称的古今差异,都必须辨别清楚。当然,《水经注》记载中的古代植物,并非每一种都能查明今名和科属,这样的植物全注也有不少,仅卷一《河水注》中就有:须诃、贝多树、佛树、春浮树、木禾珠树、玉树、璇树、不死树、绛树、碧树、瑶树等多种。

　　《水经注》记载的植物种类,有的是通过文字的直接描述,例如卷一《河水注》记载娑罗树说:"此树名娑罗树,其树花名娑罗伐也,此花色白如霜雪,香无比也。"卷三十六《温水注》记载槟榔树(Areca catechu)说:"惟槟榔树最南游之可观,但性不耐霜,不得北植。"卷三十七《叶榆河注》记载桄榔树(Arenga saccharifera)说:"山溪之中,多生邛竹、桄榔树,树出麪,而夷人资以自给。"这样的例子很多,不胜枚举。除了上述文字的直接描述以外,《水经注》中的大量植物,还通过地名得到反映,这就是卷八《济水注》中所说的:"豫章以树氏郡,酸枣以棘名邦。"这种例子也是很多的,例如卷十《浊漳水注》的扶柳县,注文说:"县有扶泽,泽中多柳,故曰扶柳也。"卷十六《沮水注》的莲芍县,注文说:"县以草受名也。"这些都是通过历史地名的记载,实际上记载了历史上的植物种类。因此,对《水经注》所记载的有关植物名称的地名的整理和研究,对古代植物品种及其分布的研究是很有裨益的。我曾经统计过全注记载的有关植物名称的地名,表列如下:

地名涉及的植物名称	地名数	卷　篇
柏	21	4 河水、10 浊漳水、13 瀑水、15 洛水、19 渭水、21 汝水、22 颍水、渠、31 淄水、潕水、涢水、33、35 江水。
枞	2	35 江水。
松	11	2、4 河水、11 滱水、15 洛水、17 渭水、26 潍水、27、29 沔水、36 温水、39 赣水。

续表

地名涉及的植物名称	地名数	卷 篇
枲	3	22 渠。
杨	32	5 河水、6 汾水、9 沁水、10 浊漳水、17、19 渭水、20 漾水、24 睢水、30 淮水、32 夏水、37 沅水、夷水、40 渐江水。
柳	12	2 河水、7、8 济水、9 淇水、14 濡水、大辽水、22 漕水、33 江水、36 温水。
柽	1	22 渠。
杞	3	24 睢水、26 汶水、淄水、30 淮水。
椒	2	30 淮水、39 赣水。
白杨	9	10 浊漳水、11 易水、13 漯水、14 鲍丘水、17 渭水。
柞	4	25 沂水、27、28 沔水。
槐	7	10 浊漳水、19 渭水。
樗	2	19 渭水。
栎	10	16 沮水、18、19 渭水、21 汝水、22 颍水、23 获水。
榆	16	1、2、3 河水、6 汾水、洞过水、9 淇水、12 巨马河。
梓	5	3 河水、15 灅水、20 漾水、32 梓潼水、33 江水。
穀	39	3 河水、6 汾水、8 济水、9 沁水。
楮	1	23 阴沟水。
檀	10	11 易水、15 洛水、16 穀水、沮水、28 沔水、32 决水、33 江水。
桐	20	3 河水、6 涞水、15 洛水、21 汝水、22 洧水、25 泗水、29 沔水、比水、30 淮水、31 涢水、33 江水、38 溱水、40 渐江水。
梧桐	4	7 济水、23 获水、24 睢水。
木兰	2	27、28 沔水。
桂	10	8 济水、9 清水、19 渭水、35 江水、36 温水、38 湘水、溱水、39 洭水、深水、钟水、耒水。
桃	19	4 河水、7、8 济水、10 浊漳水、12 圣水、巨马河、17 渭水、24 汶水、瓠子河、25 泗水、33 江水、39 洭水。
梅	4	22 渠、31 清水。
枣	8	5 河水、6 汾水、8 济水、9 淇水。
栗	5	21 汝水、22 渠。
李	4	7 济水、9 洭水、15 洛水。
櫑李	2	29 沔水。
橘	3	33 江水、38 湘水。
荔枝	1	33 江水。

续表

地名涉及的植物名称	地名数	卷 篇
桑	34	2、3 河水、6 涑水、10 浊漳水、12 巨马河、13 瀺水、14 鲍丘水、25 沂水、26 沭水、巨洋水、35 江水。
酸枣	4	5 河水、7、8 济水、22 渠。
茱萸	2	38 资水。
枳	3	5 河水、19 渭水、35 江水、36 延江水。
荆	20	4 河水、8 济水、11 易水、12 圣水、15 伊水、16 穀水、17、19 渭水、21 汝水、23 阴沟水、26 潍水、28 沔水、31 淯水、33、34 江水、37 叶榆河、38 湘水。
棘	17	5 河水、6 汾水、19 渭水、21 汝水、22 洧水、24 汶水、26 淄水、29 比水、31 淯水。
萝	1	6 洞过水。
葛	14	5 河水、10 浊漳水、11 易水、滱水、15 洛水、21 汝水、23 泜水、24 睢水、25 泗水、29 均水、40 渐江水。
蒿	1	17 渭水。
茅	13	4 河水、8 济水、16 穀水、20 漾水、22 洧水、25 沂水、洙水、30 淮水。
蓟	12	10 浊漳水、13 瀺水、14 鲍丘水、湿余水、23 阴沟水。
菅	3	8 济水。
蓁	2	15 洛水。
苇	9	9 洹水、10 浊漳水、13 瀺水、19 渭水、35 江水。
葭	7	8 济水、20 漾水、32 梓潼水、羌水、36 桓水。
芦	2	35 江水。
荻	2	32 肥水。
艾	5	3、5 河水、15 伊水、35 江水、38 湘水、39 溱水、赣水。
菊	1	29 湍水。
兰	24	9 清水、13 瀺水、17.19 渭水、20 漾水、35 江水、36 若水、40 渐江水。
襄荷	2	22 洧水。
芍	4	32 沘水、肥水、35 江水。
蒲	66	1、2、3、4 河水、6 汾水、洞过水、8 济水、10 浊漳水、11 易水、滱水、15 洛水、17 渭水、21 汝水、22 渠、29 沔水、35 江水。
蓬	5	10 浊漳水、13 瀺水、16 穀水、30 淮水。
葵	5	10 浊漳水、25 泗水、26 淄水。
芹	5	8 济水、14 湿余水、21 汝水。

续表

地名涉及的植物名称	地名数	卷　篇
苔	2	10 浊漳水、29 沔水、37 澧水。
蓼	9	4 河水、9 淇水、10 浊漳水、32 决水、39 耒水、赣水。
葱	10	1、2 河水。
莲	6	9 沁水、16 沮水、19 渭水、30 淮水。
藕	2	19 渭水。
粟	9	10 清漳水、13 瀺水、16 沮水、17 渭水、24 睢水。
稷	7	6 汾水、18 渭水、25 泗水、26 淄水。
麦	6	2 河水、32 沮水、漳水。
麻	8	21 汝水、31 潕水、32 泄水、35 江水、38 湘水、40 浙江水。
纻麻	1	16 穀水。
竹	25	15 洛水、17、18、19 渭水、24 睢水、36 温水、40 浙江水。

在上列统计表中,地名超过 600,而涉及的植物种类也近 70 种,虽然其中有些地名在各卷中有所重复,而少数地名可能和植物无关,但这些地名中的绝大部分无疑是可以作为古代植物地理研究的线索的。

《水经注》不仅记载了植物的种类,同时也记载了植被分类,即植被型(Vegetation-type)和群系纲(Formation class),此外还记载了我国和邻域古代植被分布的纬度地带性和垂直地带性现象。例如对于热带雨林性常绿阔叶林的记载,在卷三十六《温水注》和卷三十七《叶榆河注》中都有不少资料。《温水注》记载古代林邑国(今越南南部)的热带森林说:"林棘荒蔓,榛梗冥鬱,藤盘筊秀,参差际天。"《叶榆河注》记载古代交趾(今越南北部)的热带森林说:"深林巨薮,犀象所聚。"这些记载都是生动而符合实际的。卷三十《淮水注》记载郁州(今江苏连云港市以东的云台山)的植被分布说:"山上犹有南方草木。"由于海洋与大陆对气候的不同影响,古代郁州的"南方草木"实际上是一种普通的植物地理现象。今天郁州的原始植被虽然已不存在,而且由于海岸的变迁使它不再是一个四面环海的岛屿而成为大陆的一部分,但在等温线图和全年无霜期图中,仍然可以看出它比同纬度的内陆要温暖得多,则在海洋影响远比现在要大的古代,岛上的"南方草木"自然不足为奇。

对于亚热带森林和温带森林,《水经注》也都有所记载。卷四十《浙江水注》记载天目山的"翔凤林",说那里"皆是数百年树"。卷三十四《江水注》记载长江三峡一带的森林是"林高木茂","林木萧森,离离蔚蔚"。卷三十二《肥水注》记载肥水支流一带的森林是"长林插天"。卷三十一《清水注》记载鲁阳关一带山地中的森林是"秀木干云"。卷二十八《汭水注》记载龙巢山的常绿林是"秀林茂木,隆冬不凋"。这些都是历史时期我国亚热带森林的面貌。卷三《河水注》记载了榆林山以西的"榆柳之薮"。卷二《河水注》记载了金城县一带的"榆木成林"。这些都是我国古代温带森林的情况。

上面列举的是《水经注》记载的历史时期植被的纬度地带性现象。除此以外,《水经注》所记载的古代植被分布,也涉及经度地带性的现象。《水经注》有很多篇幅记载了我国东部湿润地区的沼泽植被和水生植被,也记载了我国西部干燥地区的草原和荒漠植被。卷五《河水注》记载沿海沼泽地生长的蒲(Typha),注文说:"秦始皇东游海上,于台上蟠蒲系马,至今每岁蒲生,萦委若有系,状似水杨。"卷二十二《渠注》记载了圃田泽沼泽地的麻黄草,注文说:"泽多麻黄草,故《述征记》曰:践县境便睹斯卉,穷则知逾界。"卷二十九《湍水注》记载了菊水上源沼泽地的菊草(Artemisia vulgaris),注文说:"源旁悉生菊草,潭涧滋液,极成甘美。"卷三十八《资水注》记载了都梁县淳水沼泽地的兰草(Eupatorium chinense),注文说:"山上有淳水,既清且浅,其中悉生兰草,绿叶紫茎,芳风藻川,兰馨远馥。"此外,对水生植被的记载也充篇累牍,例如卷十一《滱水注》记载阳城淀的蒲笋菱藕,卷二十八《汭水注》记载习郁鱼池的莲芡等,不胜枚举。

对于我国西部干燥地区的草原和荒漠植被,《水经注》也有很多记载。卷二《河水注》记载了古代楼兰附近的牢兰海(今罗布泊)一带的荒漠植被,注文说:"土地沙卤少田,仰谷旁国,国出玉,多葭苇、柽柳、胡桐、白草[④],国在东垂,当白龙堆,乏水草。"《水经注》记载的这个地区,即是今白龙堆沙漠,虽然时隔1000多年,但今日这片温带荒漠上的植被分布,和《水经注》记载的并无很大差别。卷二《河水注》记载的另一处温带荒漠是浇河西南的荒漠,注文说:"浇河西南百七十里有黄沙,沙南北百二十里,东西七十里,西极大杨川,望黄沙,犹若人委干糒于地,都不生草木,荡然黄沙,周回数百里,沙州于是取号焉。"同卷还记载了洮强一带的温带草原,注文说:"自洮强南北三百里中,地草遍是龙鬐而无柴樵。"清楚地描述了这一大片以龙鬐草为建群植物而缺乏乔木的温带草原的景色。上述二例记载的是今甘肃和青海东部的荒漠和草原的植被概况,与现代情况也仍然相似。

对于植被分布的垂直地带性现象,《水经注》也有很多记载。其中有的记载了不同高度地带植物品种的差异,例如卷三《河水注》记载鸟山"其上多桑,其下多楮"。同卷又记载申山"其上多谷柞,其下多杻橿"。另一些记载描述了整个山体或山顶部分的植被情况,例如卷三《河水注》记载阴山"山无树木,惟童阜耳"。卷四《河水注》记载辅山"山顶周圆五、六里,少草木"。卷五《河水注》记载和山"上无草木"。卷六《汾水注》记载燕京山"其山重阜脩岩,有草无木"。卷十三《灅水注》记载梁渠之山和卷十六《穀水注》记载涿娄之山,都是"无草木"。卷三十二《肥水注》记载八公山"山无草木,惟童阜耳"。卷四十《浙江水注》记载兰风山"山少木多石"等,不胜枚举。在另外一些记载中,甚至还把植被分布的这种垂直地带性在原因上作了分析。卷四十《浙江水注》记载的秦望山即是其例,注云:"自平地取山顶七里,悬隥孤危,径路险绝。……扳萝扪葛,然后能升,山上无甚高木,当由地迥多风所致。"对于秦望山植被分布垂直差异的这种解释,即使按今天植物地理的理论来说,也是差强人意的。

最后还值得略述《水经注》对于古代农业植被的记载。关于这方面,郦注也称得上是相当详尽的。农业植被涉及许多植物品种,这中间记载最多的当然是和人民生活最为攸关的粮食作物和衣料作物。我国古老的传统粮食作物所谓"五谷",在卷二《河水注》中就被提到。五谷中的具体名称如稻(Oryza)、麦(Triticum)、稷(Panicum)、黍(Panicum)等,全注中更有多处记及。此外还有藷芧、芋(Colocasia antiquorum)、粟(Setaria Beauv)等。这中间特别是对于稻的记载,地区范围甚为广泛,包括卷二《河水注》(秔稻)、卷四《河水注》、卷十四《沽河注》、卷十五《伊水注》、卷二十七《沔水注》(洋川米)、卷二十九《沔水注》(嘉禾)、卷三十《淮水注》、卷三十三《江水注》等,说明这种粮食作物在我国历史上的重要性。

衣料作物中记载最广泛的是桑(Morus alba),注文记及桑树的有卷三、卷四《河水注》,卷十三《灅水注》,卷十四《沽河注》,卷十五《伊水注》,卷十六《穀水注》,卷二十二《渠注》,卷二十三《阴沟水注》,卷二十七《沔水注》,卷二十九《比水注》,卷三十三《江水注》,卷三十六《温水注》,卷三十七《浪水注》,卷四十《浙江水注》等多处。通过这些记载,可以清楚地看到这种作物在古代的地理分布。当时在今日黄土高原的北部,尚有桑林存在,卷十三《灅水注》在记到桑乾河支流于延水时说:"水侧有桑林,故时人亦谓是水为蘽桑河也。斯乃北土寡桑,至此见之,因以名焉。"在我国偏西直到今宁夏境内的黄河沿岸,当时也有桑林分布,卷三《河水注》说:"河水又北薄骨律镇城,在河渚上,赫连果城也,桑果余林,仍列洲上。"至于桑树在南方的分布,记载就极为频繁。例如卷三十七《浪水注》记载今广州一带是"高则桑土,下则沃衍"。甚至对我国境外的林邑国,也记载了它的桑树种植,卷三十六《温水注》说:"桑蚕年八熟茧。《三都赋》所谓八蚕之绵矣。"

除了桑以外,在衣料作物中还记载了麻。《水经注》记载的麻,可能是大麻(Cannabis Tourn),但卷十六《穀水注》中出现"纻麻沟"的地名,因此也可能有苎麻(Boehmeria jacq)。此外并且记载了吉贝,吉贝即是木棉,郦注卷一《河水》经"屈从其东南流入渤海"注中说到:"或人复以数重吉贝重复贴著石上。"这是全注唯一提及吉贝之处,也是我国记载吉贝的最早文献之一。

在农业植被上,《水经注》还记载了许多果木,有的是分布甚广的温带品种,如桃、枣(Zizyphus Juss)、栗(Castanea Tourn)等。有的则是亚热带和热带的特有品种,例如芸香科柑橘属(Citrus sinensis)记载了3种,即柑(卷三十七《沅水注》、卷三十八《湘水注》)、桔(卷三十三《江水注》、卷三十七《沅水注》)、橙(卷四十《渐江水注》)。卷三十三《江水注》还记载了我国自古特有的荔枝。卷三十六《温水注》记载了椰子(Cocos nucifera)和槟榔树,卷三十七《叶榆河注》记载了桄榔树。所有这些记载,对我们今天研究古代农业植被及其变迁,都有重要价值。

《水经注》对于我国古代的植物种类和植被分布的记载已如上述。最后顺便提一提此书在植物地理记载中的两个显著的特色。第一,郦道元记载古代植物,常常注意到植物的实用价值和经济意义。除了大量的农业植被为人民所必需已如上述外,在天然植被的记载中,也经常联系到这方面的内容。例如,《水经注》虽然不是什么《本草》,但它仍然记载了不少药用植物。卷二十四《汶水注》和卷三十七《夷水注》中,都记载了"药草"。而各卷具体列名的药用植物为数也不少,兹表列如下:

名　称	卷　篇	学　名	备　考
穹穷	卷三《河水注》	Conioselinum univitotum	今作芎藭
固活	卷六《涑水注》		今名不详
女辣	卷六《涑水注》		今名不详
铜芸	卷六《涑水注》	Siler divaricatum	今作防风
紫菀	卷六《涑水注》	Aster tataricus	
大黄	卷十三《漯水注》	Rheum officinaje	
藁本香	卷十四《鲍丘水注》	Nothosmyrnium japonicum	
菖蒲⑤	卷十五《伊水注》	Acorus calamus	
麻黄草	卷二十二《渠注》	Ephedra vulagris	
芍药	卷二十六《巨洋水注》	Paeonia albilora	卷三十四
芝草	卷二十六《淄水注》	Gyrophors rellea	《江水注》
枳	卷四十《渐江水注》	Hovenia dulcis	作灵芝

第二,《水经注》记载植被,不仅描述了北魏当代的植被分布,同时还描述了北魏以前的植被分布,因而其内容在研究历史时期的植被变迁方面有重要价值。卷九《淇

水》经"淇水出河内隆虑县西大号山"注云：

> 《诗》云：瞻彼淇奥，菉竹猗猗，毛云：菉王刍也；竹，编竹也。汉武帝塞决河，斩淇园之竹木以为用。寇恂为河内，伐竹淇川，治矢百余万以输军资。今通望淇川，无复此物，惟王刍编草不异。

从上述记载可见，古代淇河流域竹类生长甚盛，直到后汉初期，这里的竹产量仍足以"治矢百万"。但到了北魏，这一带已经不见竹类。说明从后汉初期到北魏的这五百多年中，这个地区的植被变迁是很大的。又卷二十二《渠》经"渠出荥阳北河，东南过中牟县之北"注云：

> 泽多麻黄草，故《述征记》曰：践县境便睹斯卉，穷则知逾界，今虽不能，然谅亦非谬，《诗》所谓东有圃草也。

从上述记载可见，直到《述征记》撰写的晋代，圃田泽地区还盛长麻黄草，但以后随着圃田泽的缩小和湮废，北魏时代，这一带已经没有这种植物了。这些都是历史时期植被变迁的可贵资料。

注释：

① 《水经注》记载的竹名，与现代名称已无法一一核实，但与这些地区现代生长的竹类对比，则当时所记的竹类大体是毛竹（Phyllostachys pubescens）、滇竹（Phyllostachys nigra）、斑竹（Phyllostachys bambusoides）、篌竹（Phyllostachys nidulasia）、苦竹（Pleioblastus amarns）等。

② 卷九《淇水》经"淇水出河内隆虑县西大号山"注，卷二四《睢水》经"东过睢阳县南"注。

③ 卷一九《渭水》经"又东过槐里县南，又东，涝水从南来注之"注。

④ 旱生植物中称为白草的有不少品种，目前在我国草原或荒漠生长者，一种称为白沙蒿（Artemisia sphaerocephala），多生于阿拉善、鄂尔多斯等地，是流沙的先锋植物。另一种称为白草（Pennisetum flaccidum），多生于东北草原。《水经注》所载，可能属于前者。

⑤ 李长傅《开封地理环境的变迁——有史时期》："按麻黄草（Ephedrasinica Stpf），本草经一作龙沙，是药用植物。"河南省开封市地理学会 1962 年学术年会论文，油印本第 5 页。

十一、《水经注》记载的动物地理

　　《水经注》不仅有大量的植物地理资料和植物地理描述，并且还有大量的动物地理资料和动物地理描述。《水经注》的动物地理记载，对研究历史时期动物的种类和分布以及现代动物的种类和分布，都是很有价值的资料。

　　《水经注》记载的动物种类超过100种，其大体分类如下表所列：

种　类		数　量	举　例
脊椎动物门	哺乳纲	48	象、犀、虎、猴、野马等。
	爬行纲	6	鼍、髯蛇、鼋等。
	两栖纲	2	鲵鱼、蛤蟆。
	鸟纲	26	孔雀、白雉、雁等。
	鱼纲	13	鳣、鲔、鲋等。
节肢动物门	昆虫纲	5	蚕、蚊、白蛾等。
	甲壳纲	2	虾、蟹。
软体动物门	头足纲	1	乌贼鱼。
	瓣鳃纲	1	水虫。^①
传说动物		6	龙、蛟、凤凰等。

　　由于古今动物的名称往往不同，因此上表仅仅是一个很粗糙的分类，目以下的科、属、种的分类，现在就比较困难了。当然，郦注对不少动物的描述，至今仍然可以清楚

地判定它们的科属,例如卷十五《伊水》经"又东北至洛阳县南,北入于洛"注中记载的鲵鱼。注云:

> 鲵鱼声如小儿啼,有四足,形如鲮鲤,可以治牛,出伊水也。司马迁谓之人鱼。……徐广曰:人鱼似鲇而四是,即鲵鱼也。

显然,出于伊水的这种鲵鱼,就是现在我们所称的大鲵(Megalobatrachus davidianus),是一种两栖纲大鲵科动物。[②] 又如卷三十七《叶榆河注》所描述的髯蛇。注云:

> 山多大蛇,名曰髯蛇,长十丈,围七、八尺,常在树上伺鹿兽,鹿兽过,便低头绕之,有顷鹿死,先濡令湿讫便吞,头角骨皆钻皮出,山夷始见蛇不动时,便以大竹签,签蛇头至尾,杀而食之,以为珍异。故杨氏《南裔异物志》曰:髯惟大蛇,既洪且长,采色骍荤,其文锦章,食豕吞鹿,腴成养创,宾享嘉宴,是豆是觞。

无疑,注文记载的这种生活在今中南半岛的动物,就是我们今天所称的蟒蛇(Python molurus bivittatus),是一种爬行纲蟒蛇科动物。另外,卷三十六《若水注》记载的钩蛇,虽然注文描述稍异,但很可能也是这类动物。注云:

> 山有钩蛇,长七、八丈,尾末有歧,蛇在山涧水中,以尾钩岸上人牛食之。

当然,郦注记载的动物种类,并不都像上述鲵鱼、髯蛇那样地一目了然。有些动物由于品种较多,加上别名杂出,而且古今称谓不同,因此,要进行细分就相当困难。以灵长目为例,郦注记载的此目动物从名称看多至 5 种:即《沔水注》的猿,《沔水注》和《江水注》的猴,《沮水注》和《江水注》的猨,《江水注》的犹猢,《叶榆河注》的猩猩兽。据注文描述:犍道县"山多犹猢,似猴而短足"。又"(爰泠)县有猩猩兽,形若黄狗,又状貙犹,人面头形端正"。根据这些记载,属于灵长目当然无疑,但要再细分科属,却有相当困难。

根据动物学家对现代陆栖动物和昆虫的地理分布的研究,我国大陆的动物区系分为秦岭以南的东洋界和以北的古北界两大区域,《水经注》记载的动物兼及此二界。尽管记载的内容并不完全着眼于动物的地理分布,但是在大量资料中,仍然可以明显地看出动物分布的区域性。例如卷三十六《温水》经"东北入于郁"注中记载今中南半岛的动物分布。注云:

> 咸欢巳南,獐麂满冈,鸣咆命畴,警啸聒野,孔雀飞翔,蔽日笼山。

另外,卷三十七《叶榆河注》中也描述了今中南半岛原始森林中的动物分布情况。注云:

> 深林巨薮,犀象所聚,……时见象数十百为群。

上述对于中南半岛动物地理分布的描述,即使在今日,某些程度上仍然具有真实性。另外,卷二《河水》经"又东过金城允吾县北"注中记载了黄河上游湟水一带的动物分布。注云：

> 河湟之间多禽兽，以射猎为事。

这里，注文所说的"河湟之间"，是一个很明确的区域概念。

对于动物分布的区域界线，《水经注》记载中也很重视。卷三十三《江水》经"又东过鱼复县南，夷水出焉"注云：

> 此峡多猨，猨不生北岸，非惟一处，或有取之，放之北山中，初不闻声，将同猲兽渡汶而不生矣。

除了在分布上的区域性以外，《水经注》对于动物活动的季节性也十分留意，记载甚详。卷三十七《叶榆河注》中的吊鸟山即是其例。注云：

> （叶榆）县西北八十里有吊鸟山，众鸟千百为群，其会，呜呼啁哳，每岁七、八月至，十六、七日则止，一岁六至。

除了鸟类以外，鱼类活动也有这种现象。卷五《河水》经"又东过巩县北"注中的鲔渚就是这方面的例子。注云：

> 巩穴……北达于河，直穴有渚，谓之鲔渚，成公子安《大河赋》曰：鳣鲤王鲔，春暮来游。《周礼》：春荐鲔。然非时及佗处则无，故河自鲔穴已上，又兼鲔称。

从上注，可知由于这种淡水鱼的按时洄游，不仅形成了鲔穴这个地名，而黄河在这一段落中之因此兼称鲔水。

长江流域也同样有这种按季节洄游的淡水鱼类。卷三十三《江水》经"又东过鱼复县南，夷水出焉"注中记载的丙穴即是其例。注云：

> （阳元水）东北流，丙水注之，水发县东南柏枝山，山下有丙穴，穴方数丈，中有嘉鱼，常以春末游渚，冬初入穴，抑亦襄汉丙穴之类也。

这条注文中所说的襄汉丙穴，见于卷二十七《沔水》经"沔水出武都沮县东狼谷中"注，是沔水枝流褒水的一处穴口。注云：

> 褒水又东南，得丙水口，水上承丙穴，穴出嘉鱼，常以三月出，十月入地。

以上列举的《水经注》对于动物分布的区域性和活动的季节性的记载，当然是古代的情况，但是，这些记载在现代动物地理的研究中，无疑仍是很有价值的。

首先，《水经注》对于动物分布的记载，在研究古今动物分布的地区变迁方面，是一种十分有用的资料。在我国，由于天然森林在历史时期中的破坏，捕猎过度以及其他某些原因，古今动物在地区分布上的变迁是很大的。例如卷三十六《若水》经"又东北至犍为朱提县西，为泸江水"注中记载的禁水沿岸即今云南省泸水县一带的怒江与澜沧江之间的地区"甚饶犀象"。从现在来看，犀在这个地区早已不再存在，而野象的活动地区也已经向南移动到至少500公里的西双版纳。当然，在数量上与郦注记载的时期更无法相比。

由于人类活动所引起的生态因素的变化,在漫长的历史时期中,动物不仅在地理分布上有很大的变化,在数量上也有极大的差别。从《水经注》到今日,野生动物的数量显然锐减。上面所说的犀、象等动物是最明显的例子。目前仅在西双版纳少量存在的野象,在《水经注》时代不仅分布普遍,数量也很巨大。根据卷二十一《汝水注》所记,在西汉末年的王莽军队中,还有利用犀和象作战的部队,则数量之多可以想见。另外,虎是我国古代最常见的动物之一,在《水经注》记载中,北起鲍丘水、灅水,南到温水、叶榆河,到处都有虎的踪迹,有些地区甚至虎多成灾。卷三十《淮水注》所记后汉九江郡治阴陵县(今安徽省凤阳以南)"时多虎灾,百姓苦之"。这个地区在后汉已不是偏僻之地,附近又无深山密林,却仍然如此多虎,则在山林和偏远地区就可以想见了。这种情况与今天当然有了极大的差别。

最后,《水经注》记载的某些动物名称,与其记载的分布地区相联系,看来颇有疑问,还值得继续探索。卷三十七《浪水》经"其一又东过县东,南入于海"注云:

> 林麓鸟兽,于何不有,海怪鱼鳖,鼍鼊鲜鳄,珍怪异物,千种万类,不可胜记。

这里,注文记及"鼍",又记及"鳄"。鼍是扬子鳄(Alligator sinensis)的古名。古人常用它的皮制鼓,《诗·大雅·灵台》云:"鼍鼓逢逢。"宋陆佃《埤雅·释鱼》云:"今江淮间谓鼍鸣为鼍鼓,亦或谓之鼍更。"既然《埤雅》指出了"江淮之间"这样一个具体的地区,因此,鼍是扬子鳄的古名自然不应有误。鳄与鼍并非同一动物,张华《博物志》卷九云:"南海有鳄鱼,状如鼍。"左思《吴都赋》注云:"鳄鱼长二丈余,有四足如鼍,喙长三尺,甚利齿。"[③]《博物志》与《吴都赋》注都指出鳄鱼和鼍相像,《吴都赋》注写得更为清楚,它其实就是我们今天所称的马来鳄(Crocodilus porosus)。《浪水注》鼍鳄共见,尽管古今动物分布有很大变迁,但扬子鳄能够见之于岭南,终究是使人怀疑的。如上所述,古书都记载鳄鱼类鼍,则《浪水注》记载的鼍和鳄,很可能就是同一种动物,即马来鳄。至于扬子鳄,《水经注》其实也是有所记载的,只是注文没有明确指出"鼍"的名称而已。卷二十八《沔水》经"又东过中庐县东,维水自房陵县维山东流注之"注中所描述的"水虎",按其分布地区和性状,无疑就是扬子鳄。注云:

> (疏水)东入沔水,谓之疏口也。水中有物,如三、四岁小儿,鳞甲如鲮鲤,射之不可入,七、八月中,好在碛上自曝,缺头似虎,掌爪常没水中,出缺头,小儿不知,欲取弄戏,便杀人,……名为水虎者也。

又卷十四《大辽水》经"又东南过房县西"注云:

> 魏武于马上逢狮子,使格之,杀伤甚众,王乃自率常从健儿数百人击之,狮子吼呼奋越,左右咸惊。

这里记载的狮子,是否就是现在的狮子(Panthera leo)? 还是令人怀疑的。按郦注记载魏武遇狮子的地区,已经在卢龙塞外。狮子目前仅见于非洲和西亚,古代是否生存于今东北地区,这是可以讨论的。前面提到,《水经注》记载古代虎的活动范围甚为广泛,但按地区看,所记都是华南虎(P. t. amoyensis),《大辽水注》记载的地区已在今关外,古代正是东北虎(P. t. amurensis)活动的地区。中原人只见过体躯较小的华南虎,在北征中忽然看到了这种体躯庞大、花纹斑驳、姿态威严的东北虎,因而误作狮子,这种可能性并不是不存在的。

注释：

① 卷三六《温水》经"东北入于鬱"注云:"其川浦渚,有水虫弥微,攒木食船,数十日坏。"今船蛆(Teredo,也称凿船贝)身长约25厘米,符合郦注"弥微"的说法;又形如蠕虫,故郦注称为"水虫"。

② 大鲵俗称娃娃鱼,目前主要分布于湖南、湖北、贵州和四川等地。从此以北,素来罕见。但据《羊城晚报》1981年1月19日第2版所载,最近在宁夏青铜峡水电站水库捕获一条大鲵,体重9.4斤。这个新发现与《水经注》记载的伊水流域的古代大鲵相结合,对进一步研究这种动物在我国的地理分布,具有重要意义。

③ 《文选》卷五。

十二、《水经注》记载的自然灾害

　　《水经注》对于我国历史上发生的各种自然灾害有比较详细的记载，诸如水灾、旱灾、风灾、蝗灾、地震等，都有所涉及。虽然由于时代的限制，在某些记载中不免语涉无稽，但其中不少记载，年代清楚，灾情详悉，至今仍是很有价值的资料。

　　在一切自然灾害中，《水经注》记载最多的是水灾，全注记载的水灾共有30多次。在这些水灾中，按时代上起商周，下达北魏，其年代纪录准确可靠。在地区范围上，北逾海河流域，南到长江流域。而灾情的记录包括洪水水位、决溢河段、泛滥地区、损失情况及善后处理等。因此，其记载可称相当完备。

　　《水经注》记载的我国最早的水灾是卷六《汾水》经"又西过皮氏县南"注中发生于商代中期的水灾。注云：

　　　　汾水又西迳耿乡城北，故殷都也，帝祖乙自相徙此，为河所毁。故《书叙》曰：祖乙圮于耿。

　　这条记载当然比较简单，在时间上只知道是商第十三代帝祖乙，灾情也仅有"为河所毁"和"圮于耿"等寥寥数言。但由于这是我国最早的水灾记录之一，所以值得重视。以后，从春秋、战国以至汉魏，记载就渐趋详尽清楚了。在水灾发生的时间上，有时甚至可以指明某年某月某日。像这样年代连贯的水灾记录，不仅有助于我们分析一条河流的历史水文情况，同时也有助于了解整个流域的历史水文情况。例如，卷二十七《沔水注》记载了沔水支流塇水在南朝宋元嘉六年发生的大水，而卷二十九《湍水注》记载了沔水的另一条支流湍水,也在元嘉六年发生大水。这就说明,这次大水遍及整个沔水上游。

此外,《水经注》记载的水灾往往有洪水水位的记录,这在前面《水经注记载的水文地理》篇中已经提及,不再赘述。其决溢河段,注文也多明确指出。例如卷八《济水注》所记战国魏襄王十年:"河水溢酸枣郛。"卷五《河水注》所记汉武帝元光中:"河决濮阳"。同卷所记汉武帝元光二年:"河又徙东郡"等,不胜枚举。对于水灾所造成的破坏和损失,有时记载也很具体。例如卷十六《穀水注》记载前凉太始七年的一次大水对于穀水水利工程的破坏是"荡坏二堨"。卷二十《丹水注》记载晋代水灾使鄧县旧治鄧城整个浸没,只好另建新治。卷二十六《淄水注》记载在一次水灾中生命财产的损失是:"水出,尽漂一郡,没者万计。"郦注记载水灾,并且经常联系到水利工程的建设。例如卷五《河水注》中记载了汉平帝时代的水灾云:"河汴决坏,未及得修,汴渠东侵,日月弥广,门闾故处,皆在水中。"于是,注文紧接着就联系汉明帝永平十二年开始的著名的王景治河工程,详细地描述了这些工程的规模和效益(详见《水经注记载的水利工程》篇)。注文另外记载的不少水利工程如卷五《河水注》的金堤,卷十《浊漳水注》的天井堰,卷十六《穀水注》的千金堨等,也都和这些地区发生的水灾互相联系。

兹将《水经注》记载的水灾中,有年代可稽的表列如下:

河流	年代		水灾情况
	公历	中国纪元	
河水	B.C.602	周定王五年	卷五《河水注》:"河徙故渎,故班固曰:商竭,周移也。"
	B.C.309	战国魏襄王十年十月	卷八《济水注》:"大霖雨,疾风,河水溢酸枣郛。"
	B.C.168	汉文帝十二年	卷五《河水注》:"汉兴三十有九年孝文时,河决酸枣东,溃金堤。"
	B.C.133	汉武帝元光二年	卷五《河水注》:"河又徙东郡。"
	B.C.132	汉武帝元光三年	卷二十四《瓠子河注》:"河水南泆,漂害民居。"
	B.C.134—129	汉武帝元光中	卷五《河水注》:"河决濮阳。"
	A.D.1—5	汉平帝之世	卷五《河水注》:"河汴决坏,未及得修,汴渠东侵,日月弥广,门闾故处,皆在水中。"
汾水	约B.C.1525—1505	商帝祖乙	卷六《汾水注》:"汾水又西迳耿乡城北,故殷都也,帝祖乙自相徙此,为河所毁。故《书叙》曰:祖乙圮于耿。"
浊漳水	149	后汉建和三年	卷十《浊漳水注》:"漳津泛滥,土不稼穑。"
唐水	365—385	前秦建元中	卷十一《滱水注》:"唐水泛涨,高岸崩颓。"

续表

河　流	年　代		水灾情况
	公　历	中国纪元	
鲍丘水	295	晋元康五年夏六月	卷十四《鲍丘水注》:“洪水暴出,毁损四分之三,剩北岸七十余丈,上渠车箱,所在漫溢。”
伊水	223	三国魏黄初四年六月二十四日	卷十五《伊水注》:“辛巳,大出水,举高四丈五尺。”
穀水	361	前凉太始七年六月二十三日	卷十六《穀水注》:“大水迸瀑,出常流上三丈,荡坏二堨。”
	480	北朝魏太和四年	卷十六《穀水注》:“暴水流高三丈,此地下停流以成湖渚。”
丹水	307—313	晋永嘉中	卷二十《丹水注》:“县旧治鄚城,永嘉中丹水浸没。”
沔水	416	东晋义熙十二年	卷二十三《获水注》:“霖雨骤澍,沔水暴长,城遂崩坏。”
瓠子河	B. C. 109	汉武帝元封二年	卷二十四《瓠子河注》:“上使汲仁、郭昌发卒数万人,塞瓠子决河。”
渐水	429	南朝宋元嘉六年	卷二十七《沔水注》:“大水。”
湍水	429	南朝宋元嘉六年	卷二十九《湍水注》:“大水。”

除了水灾以外,在各种自然灾害中,《水经注》对地震也有较多的记载。不过地震与水灾不同,因为水灾是人们习见的自然灾害,尽管在记载中有时也不免语涉荒诞,但人们对于这种自然灾害所发生的原因、过程和善后处理等,都是素有经验的。地震的情况就很不相同,因为这种灾害比较稀见,对于它发生的原因更无所悉。因此,古人对于地震的记载就不可能如水灾那样的明确详悉。在《水经注》中,往往用山崩、地裂、地陷、地鸣等语言记载地震,当然,这些都是地震过程中可能发生的现象。在全注近20次地震或可能是地震的记载中,使用地震这个词汇的,只有一次。其中若干记载比较明确,根据注文描述并结合其地区所在,可以肯定为地震无疑。但另外一些记载就比较含糊,仅据注文描述还不能断定其是否地震,只能作为继续研究的线索。兹将郦注有关这方面的资料,表列如下:

卷　篇	记载内容
卷二河水注	陇水……西迳陇坻,其山岸崩落者,声闻数百里,故扬雄称响若坻颓是也。
卷四河水注	魏文侯二十六年,虢山崩,壅河。
卷六汾水注	梁武王二十五年,绛中地𡑞。
卷七济水注	山崩壅塞(济水)。
卷十三㶟水注	昔邑人班丘仲居(于延)水侧,……后地动宅坏,仲与里中数十家皆死。

续表

卷　篇	记载内容
卷十六穀水注	晋永嘉元年,洛阳东北步广里地陷。
卷十七渭水注	汉成帝鸿嘉三年,天水冀南山有大石自鸣,声隐隐如雷,有顷止,闻于平襄二百四十里,野鸡皆鸣。
卷十七渭水注	(陈仓)县有陈仓山,山口有陈宝鸡鸣祠,……自东南晖晖声若雷,野鸡皆鸣。
卷十八渭水注	太白山南连武功山,……刘曜之世,是山崩。
卷二十八沔水注	(宜城)县有太山,……此山以建安三年崩,声闻五、六十里,雉皆屋雏。
卷二十九沔水注	秦于其地置海盐县,《地理志》曰:县,故武原乡也,后县沦为柘湖。
卷二十九沔水注	汉安帝时,武原之地,又沦为湖,今之当湖也。
卷三十二梓潼水注	(五妇)山崩。
卷三十三江水注	汉元延中,岷山崩,江水三日不流。
卷三十三江水注	江水又东南迳南安县西,有熊耳峡,连山竞险,接岭争高,汉河平中,山崩地震,江水逆流。
卷三十四江水注	江水历峡,东迳新崩滩,此山,汉和帝永元十二年崩。
卷三十四江水注	(新崩滩)晋太元二年又崩,当崩之日,水逆流百余里,涌起数十丈,今滩上有石,或圆如簟,或方似屋,若此者甚众,皆崩崖所陨。
卷三十六若水注	(泸津水)两岸皆高山数百丈,泸峰最为杰秀,孤高三千余丈,是山于晋太康中崩,震动郡邑。
卷三十八湘水注	建安八年,长沙醴陵县有大山,常鸣如牛呴声。

　　此外,《水经注》还记载了不少风灾。其中有些风灾可能是台风。例如卷五《河水注》云:

　　　　汉司空掾王璜言曰:往者,天尝连雨,东北风,海水溢西南出,侵数百里。

　　如上注,由于台风暴雨,造成了海水漫溢,这类记载在历史上是常见的。另外还有一些风灾则可能是陆龙卷。例如卷十六《穀水注》所云:

　　　　咸宁元年,洛阳大风,帝社树折,青气属天。

　　《水经注》还常常通过河水干枯(如卷七《济水注》:"济水当王莽之世,川渎枯竭")和人们祈雨(如卷十五《洛水注》:"岁时亢旱,天子祈雨不得")记载了旱灾;又通过清官临邑、蝗不入境(如卷二十二《洧水注》:"卓茂字子康,南阳宛人,温仁宽雅,……蝗不入境")记载了蝗灾。尽管这类记载中有时也夹杂了一些糟粕,但是仍然不失为有用的资料。

十三、《水经注》记载的热带地理

一、《水经注》所记载的热带地区范围

《水经注》是我国古代的一部地理名著,它的记载翔实,描写生动。郦道元虽然足迹未到南方,但是由于他能广泛搜集当时能获得的南方资料,所以仍能对南方地理,包括我国境内和域外的热带地理,作了许多细致而生动的描述,为我们留下了公元 6 世纪以前热带景观的珍贵资料。

《水经注》所记载的热带地理,散见于书内各篇,比较集中的是卷三十六《若水注》、《温水注》和卷三十七《叶榆河注》、《浪水注》。热带地区范围涉及广东(包括海南岛)、广西、云南各省和中南半岛。尽管古代没有像现在气候带的科学标准,但是,作者对于这个地区的自然地理界线,却是十分重视的。《温水》经"东北入于郁"注中说:"五岭者,天地以隔内外。"说明五岭作为一条自然地理界线,是自古已然的事。

二、观测太阳和北极星以确定地理位置,
已涉及纬度和北回归线概念

当然,由于古代科学技术的幼稚浅陋,古人只注意到这个地区常年高温和温差很

小的气候特点,但是对于温度年较差等重要热带气候指标,却无法作出定量的记录。不过古人在当时已观测了太阳移动与热带地区的关系。有关这方面的资料,《水经注》中有很多记载。例如《温水注》说:

> 区粟建八尺表,日影度南八寸,自此影以南,在日之南,故以名郡。望北辰星,落在天际,日在北,故开北户以向日,此其大较也。

在这段注文中,"在日之南,故以名郡",指的是西汉所建的日南郡,位于今越南中部,约在北纬17°南北。因此,在夏至前后,约有50天太阳在北,所以以"日南"作为郡名。至于所谓"望北辰星,落在天际",也就是利用对北极星仰角大小的观测,用以确定地理位置的偏南。这样观测太阳和北极星以确定地理位置,实际上已涉及纬度和北回归线的概念。在1000多年以前有这样的科学技术水平,这已经是难能可贵的了。注文说:"区粟建八尺表,日影度南八寸。"所谓"八尺表",显然是一种类似日晷的仪器,是古人确定地理位置的依据。区粟是古代林邑国[①]的著名城市,对于其位置各方尚有不同意见,但大体说来,总在北纬16°附近,[②]一年中位于日南的时间超过50天。

日南郡之所以名为"日南",除了它在一年中确有较长时间位于日南以外,还因为它是西汉王朝所建立的最偏南一郡。在《水经注》记载的地区中,位于日南郡以北,而每年仍有若干时间可以"开北户以向日"(即位于北回归线以南)的郡县为数甚多,列表如下:

表1 《水经注》记载的北回归线以南郡名

郡　　名	纬度位置	现今地名	原名出处
交趾郡	北回归线以南	汉置。在今越南北部。	温水注、叶榆河注、浪水注、沉水注。
九真郡		汉置。故治在今越南北部(河内以南,顺化以北)。	温水注、叶榆河注、浪水注。
日南郡		汉置。其地在今越南南部。	温水注,浪水注。
合浦郡		汉置。即今广西合浦县治。	温水注、叶榆河注、浪水注。
朱崖郡		汉置朱卢,后汉作朱崖,故治在今广东琼山县东南。	温水注。
儋耳郡		汉置。即今广东儋县治。	温水注。
九德郡		三国吴置,与九真郡辖境部分相同。在今越南北部。	温水注、叶榆河注、浪水注。

续表

郡　　名	纬度位置	现今地名	原名出处
永昌郡	辖境跨北回归线南北	故治在今云南保山县治。	叶榆河注。
牂柯郡		汉置。在今贵州德江县西。	存水注、温水注、叶榆河注。
郁林郡		汉置。故城在今广西贵县南。	存水注、温水注、浪水注。
苍梧郡		汉置。即今广西苍梧县治。	温水注、叶榆河注、沅水注、浪水注、湘水注。
南海郡		秦置。今广东省除西南部外皆其地,治番禺。	温水注、叶榆河注、浪水注、溱水注。
兴古郡		晋置。故治在今贵州普安县西百里。	温水注
象郡		秦置。今广东旧雷州、廉州、高州诸府,广西旧庆远、太平及梧州府南境,以至越南北部。	温水注、叶榆河注。

上表所列的仅指曾经建郡的地区,《水经注》所记载的热带范围,实际上还不止此,例如《河水注》的多摩梨帝国(今印度加尔各答附近)、《温水注》的林邑国和扶南[③]诸国,都位于北回归线以南,而《温水注》的句町国[④]和《叶榆河注》的哀牢之国,[⑤]都跨北回归线南北。

三、有关热带自然地理的记载

在上述广阔地区的范围之中,《水经注》记载的热带自然地理是有丰富内容的。特别是热带植物地理和动物地理,都拥有十分丰富的资料。

(1)热带植物地理

首先谈谈有关热带植物的记载。例如《温水注》记载古代林邑国国都典冲城郊的自然植被说:

　　林棘荒蔓,榛梗冥郁,藤盘笙秀,参错际天。

虽然是寥寥四句,却的确写出了热带原始森林的逼真外貌。此外,《水经注》所记载的典型的热带植物,有《温水注》的椰子(Cocos nucifera)和槟榔(Areca catechu),《叶榆河注》的桄榔(Arenga pinnata)等。注文在描述槟榔时说:"惟槟榔树最南游之可观,但性不耐霜,不得北植。"清楚地说明了这种热带植物的生态特点。

对于热带植物(注文称为"南方草木")的地理分布,《水经注》的记载非常重视。卷三十《淮水》经"又东至广陵淮浦,入于海"注中所描述的郁洲,就是很好的例子。注文说：

> 东北海中有大洲，谓之郁洲，《山海经》所谓郁山在海中者也。言是山自苍梧
> 徙此云，山上犹有南方草木。

郁洲岛在今江苏连云港以东的海中，近已与大陆相连，位于北纬 34°40′，与苍梧郡相去甚远，但古人却注意到这两地在植物种属上的相似性。当时他们还不懂得等温线之类的道理，因而编造了"苍梧徙此"的神话。当然，郁洲之所以生长南方草木，完全是由于它近海，纬度虽高，气候与同纬度的内陆截然不同，因此南方草木还得以生长。

（2）热带动物地理

除了植物以外，《水经注》还记载了许多热带动物。例如《若水注》所记，兰仓水支流禁水一带"甚饶犀象"。又如《叶榆河注》中描述的，"深林巨薮，犀象所聚"，"时见象，数十百为群"等。《叶榆河注》中，对蟒蛇（Python molurus bivittatus）的记载也十分清楚。注文说：

> 山多大蛇，名曰髯蛇，长十丈，围七、八尺，常在树上伺鹿兽，鹿兽过，便低头绕
> 之，有顷，鹿死，先濡令湿讫便吞，头角骨皆钻皮出，山夷始见蛇不动时，便以大竹
> 签，签蛇头至尾，杀而食之，以为珍异。

其实，《若水注》中描述的钩蛇，很可能也是蟒蛇的一种，注文说：

> 山有钩蛇，长七、八丈，尾末有歧，蛇在山涧水中，以尾钩岸上人牛食之。

有时注文对某一地区的生物景观，进行综合描述，其内容翔实生动。例如《温水注》对九真郡咸驩（今越南荣市以北地区）一带原始生物景观的描述：

> 咸驩属九真，咸驩已南，獐麂满冈，鸣咆命畴，警啸聒野，孔雀飞翔，蔽山笼日。

在热带山地中，飞禽走兽的种类繁多，数量很大，使自然界形成一片喧腾絮聒的景象。注文对此写得惟妙惟肖，读后宛如身入其境。

在《浪水注》中，注文又描述了热带河口三角洲的生物景观，同样翔实生动。注文说：

> 负山带海，博敞渺目，高则桑土，下则沃衍，林麓鸟兽，于何不有，海怪鱼鳖，鼋
> 鼍鲜鳄，珍怪异物，千种万类，不可胜记。

这段注文中值得稍加注意是鼍、鳄二者共见，恐怕并非事实。鼍（Alligator sinensis）即扬子鳄，恐怕在古代也不可能在珠江沿海出现。古人不讲究动物分类学，仅视其外形相似，把它与鳄混为一谈。这里的鳄，直至宋朝尚见于记载。陈尧佐的《戮鳄鱼文》[⑥]及沈括的《梦溪笔谈》[⑦]均可为证。过去的学者多以为此鳄是湾鳄（Crocodilus porocus），今本刊 1981 年第 4 期中刊载王将克、朱方义两同志论文《关于珠江三角洲出土的鳄鱼及其有关问题》，认为是淡水性的马来鳄（Tomistoma）。孰是孰非，当然还

可继续讨论;但王、朱论文中引及古代文献,首先也是《浪水注》,这说明了《水经注》在热带地理研究中的重要意义。

四、有关热带人文地理的记载

以上《浪水注》所描述珠江三角洲的热带景观,已经不是单纯的自然景观,如"高则桑土,下则沃衍",显然涉及了人文景观。《水经注》记载的热带人文地理,也是有丰富内容的。

(1)人口地理

这中间首先是人口地理。例如《温水注》记载海南岛人口和居民概况说:

> 大海中南极之外,对合浦徐闻县,清朗无风之日,迳望朱崖州,如囷廪大,从徐闻对渡,北风举帆,一日一夜而至,周回二千余里,径度八百里,人民可十万余家,皆殊种异类,被发雕身,而女多姣好,白皙、长发、美鬓,犬羊相聚,不服德教。

此外,如《温水注》记载日南郡的文狼人,"野居无室宅,依树止宿,食生鱼肉,采香为业"。又记载林邑国居民,"皆裸身,男以竹筒掩体,女以树叶蔽形,外名狼膑,所谓裸国者也"。又记载儋耳郡居民,"民好徒跣,耳广垂以为饰,虽男女裸露,不以为羞"。《叶榆河注》记载交趾一带的居民,"在海岛,人民鸟语"。诸如此类的记载,注文中十分常见。不仅涉及古代热带地区部族的分布,并且对其语言和风俗习惯方面,提供了不少资料。

(2)农业地理

热带农业地理的注文,也十分常见。前而提到的《浪水注》所记"高则桑土,下则沃衍,"无疑是说农业十分发达,土地利用十分普遍的热带地区。《温水注》所记载九真郡比较落后的农业概况就不相同了:

> 九真太守任延,始教耕犁,俗化交土,风行象林,知耕以来,六百余年,火耨耕艺,法与华同。名白田,种白谷,七月火作,十月登熟,名赤田,种赤谷,十二月作,四月登熟。所谓两熟之稻也。

这里的"白田"、"赤田",可能就是旱田和水田。[⑧]这个地区开发较晚,农业比较粗放,但从汉代起,已经有了稻谷两熟的耕作制度,当然与当地的热带气候条件有密切关系。也就是《温水注》所描述的:

> 草甲萌芽,谷月代种,穜稑早晚,无月不秀,耕耘功重,收获利轻,熟速故也。

除了"无月不秀"的热带高温条件外,灌溉也是重要的。当时由于没有较好的灌溉设施,所以两季中有一季不得不播种旱作。《叶榆河注》记载了古代交趾地区的农

业灌溉,注文说:

> 交趾昔未有郡县之时,土地有雒田,其田从潮水上下,民垦食其田,因名为雒民。

这里所指的地区大概是今红河三角洲一带,当时灌溉技术当然十分落后,但是却也利用了河口三角洲的自然地理条件。

除种植业以外,《水经注》也记载了这个地区利用其优越的气候条件而发展了桑蚕业。《浪水注》的"高则桑土"已如上述,《温水注》记载九真郡的蚕桑业是"桑蚕年八熟茧"。这是热带地区蚕桑业的重要资料,值得重视。

(3)城市地理

《水经注》还记载了许多热带城市,为今天研究古代热带城市地理提供了大量资料。按地图核对,注文中涉及北回归线以南的郡县城邑多达数十,其中最详细的是《温水注》的区粟城、典冲城和《浪水注》的番禺城。

区粟城是林邑国的军事基地,三面环山,南北濒水。注文对这个城市的记载十分详细,[9]尤其着重于部族的生活习惯和热带的自然环境。注文说:"巢栖树宿,负郭接山,榛棘蒲薄,腾林拂云,幽烟冥缅,非生人所安。"它和《浪水注》所记的番禺城相比,可以看出两者在文化方面的差距。

典冲城是古代林邑国的首都,城周8里100步,是规模大于区粟城(城周6里170步)的全国第一大城,记载更为详细。[10]城内"连甍接栋,檐宇相承",外观相当宏伟。但是即使是这样的城市,"其城,隍堑之外,林棘荒蔓,榛梗冥郁"。仍然可清楚地看出一片开发落后的热带风光。

有关上述区粟和典冲两城的记载,《水经注》系根据《林邑记》一书而来。《林邑记》早已亡佚,别书所引均不及此书详尽。所以《水经注》的记载,已经成为研究这两个古代热带城市的唯一可据的资料,所以特别显得珍贵。

《水经注》又根据《姚文式问答》、《广州记》、《交广春秋》等资料,在《浪水注》中,详细地记载了番禺城的概况,举凡自然环境、水土生物资源、历史沿革与城市的其他掌故等,都有细致生动的描述。可惜所有这些原始资料都已亡佚,仅赖《水经注》的记载得以流传至今,成为研究广州历史城市地理的重要依据。

五、《水经注》记载热带地理资料的主要来源

以上所举《水经注》记载的热带地理内容,仅仅是若干较重要的例子。如把全书有关热带的记载一一罗列,涉及的范围将是更加广泛的。它对我国南方热带历史地理

的研究,以及南部边疆内外地区的研究,都具有非常重要的价值。

　　前面已经指出,《水经注》记载的热带地理内容,主要靠当时有关的专著和其他文献。南北朝时期尚无雕板印刷,获得书籍的唯一手段是传抄;加上当时国家分裂,作者远处北方,要搜集南方地区的资料,所费功力是可想而知。而且《水经注》所引用关于这个地区的专著,已经全部亡佚,正是由于《水经注》的引用,才能保留"吉光片羽"。《水经注》引用的热带地理资料很多,除了许多全国性地志不计外(其中也有不少热带记载),地区性的热带专著共有 12 种,列表如下:

表 2　《水经注》引用热带地理资料的专著

书名	著者	《水经注》引用篇名	备考
交州*记①	晋刘欣期	《温水注》《叶榆河注》	已亡佚
广州记(2 卷)⑫	晋裴渊	《浪水注》	已亡佚
交广春秋(1 卷)	晋王范	《温水注》《浪水注》	已亡佚,书名又作《交广二州记》或《交广二州春秋》
南越志(8 卷)	刘宋沈怀远	《浪水注》	已亡佚
南裔异物志(1 卷)	后汉杨孚	《温水注》《叶榆河注》	已亡佚,书名又作《异物志》或《交州异物志》
姚文式问答		《浪水注》	已亡佚
俞益期答韩伯康书	俞益期	《温水注》	已亡佚,与《俞益期笺》或是同书
俞益期笺	俞益期	《温水注》	已亡佚,与《俞益期答韩伯康书》或是同书
交州外域记		《叶榆河注》	已亡佚
林邑记		《温水注》《叶榆河注》	已亡佚
扶南记	三国吴康泰	《河水注》《温水注》	已亡佚,《河水注》作康泰《扶南传》
扶南记	刘宋竺枝	《河水注》《温水注》	已亡佚

＊交州,汉置,领南海、郁林、苍梧、交趾、合浦、九真、日南等郡,请参看表1。

注释:

① 林邑,古国名,在今越南顺化等地。

② 鄂卢梭(L. Anuouseau)《占城史料补遗》,载冯承钧译《西域南海史地考证译丛二编》第136页,商务印书馆 1962 年版。

③ 扶南:古国名,即今缅甸东部地。

④ 句町国:汉西南夷之国,在今云南蒙自一带。

⑤ 哀牢:种族名。哀牢国故地,在今云南保山、永平二县一带。

⑥　宋吕祖谦《宋文鉴》卷一二五《杂著》所引。

⑦　《梦溪笔谈》卷二一《异事》。

⑧　《晋书》卷四七《傅玄传》："白田收至十余斛，水田收至数十斛。"此处白田与水田相对，故白田可能是旱田，赤田可能是水田。

⑨⑩　见《水经注》记载的城市地理。

⑪　《温水注》所引《交州记》不列撰者姓氏，因除刘欣期外，姚文感亦撰有《交州记》，但已亡佚，故《温水注》所引是刘书抑是姚书，不能肯定。

⑫　《浪水注》所引《广州记》有列撰者裴渊的，也有不列撰者姓氏的。除裴渊外，晋顾微、宋刘澄之亦均撰有《广州记》，但均已亡佚，故《浪水注》所引，是否有顾、刘二氏书在内，不得而知。

原载《热带地理》1982 年第 3 期

十四、《水经注》记载的行政区划

在《水经注》记载的地名中,涉及各级行政区划的有州、郡、郡国、侯国、县等类。《水经注》记载行政区划,是以河川为纲,分散记入各篇之中的,因此,在记载的系统性和完整性方面,它不能与《汉书·地理志》、《后汉书·郡国志》以及晋、宋、南齐、魏诸志相比,它既不可能像正史地理志那样按各级行政区划的系统进行记载,也不可能把历代各级行政区划全部记入。这也就是孙星衍所说的:"《水经注》止记川流经过,其于郡县故迹,不能备载。"①不过在另一方面,正史地理志记载行政区划名称虽然系统而完整,但各志所记,多重本志一代;郦注所记虽不完整,但在时间上不仅兼及上述各志,而且上溯先秦。此外,正史地理志记载行政区划名称,大多排列地名,枯燥刻板;郦注记载行政区划名称,是将它们穿插在河川山岳之间,使它们与历史掌故及地理事物融为一体,并且常常广征博引,兼及地名渊源。还有,正史地理志记载行政区划名称虽然完整,但所记往往只是一个朝代中的某一年代,所以仍然难免有所遗漏;郦注在这方面的记载,常常可以补充地理志的不足。

为了了解《水经注》及其前代的各级行政区划概况,兹据《汉书·地理志》,《后汉书·郡国志》、《晋书·地理志》、《宋书·州郡志》、《南齐书·州郡志》、《魏书·地形志》等,把各代各级行政区划的数量与《水经注》记载的行政区划数量,表列如下(见表1)。②

表1   汉至北魏《水经注》记载的行政区划

朝代 行政区划数		州	郡国	侯国	县邑
前汉		13	103	241	1346
后汉		13	105	150	1030
三国	魏	13	105		712
	吴	4	44		339
	蜀	2	22		138
晋		19	173	211	1109
宋		22	306		1255
齐		24	428		1471
北魏		111	602	61	1461
《水经注》记载的 行政区划数		154	900	336	2500

在上列统计表1中,《水经注》的数字稍稍偏高,这是因为:第一,郦注数字是按各篇进行统计的,而各篇之中,行政区划的名称有一些重复现象;第二,郦注记载行政区划名称,并且记及它们的别名,这些别名,也统计在内。不过重复与别名的数量是不大的。

在各级行政区划名称中,州是渊源最古、范围最大的一级。它肇始于所谓古九州,其中最早的是《禹贡》九州,此外如《职方》与《吕氏春秋》等书中也有所记载。古九州其实并非行政区划,而《禹贡》九州更非夏代的行政区划,宋人据《禹贡》九州臆造的所谓神农九州、黄帝九州之类尤属荒诞,[③]此外还有所谓舜十二州或者可以说尧十二州,[④]虽然源出《尚书》,但12个具体州名,为汉马融所假设,都不足为信。《禹贡》是战国时代的作品,按照《禹贡》描述的九州,作为当时的自然区划,倒是比较相称的。在《禹贡》九州的名称与范围的影响之下,汉武帝元封五年(前106),将全国划分为十三刺史部,即13个州。东汉末年起,州正式成为郡以上的一级行政区划,数量也开始增加。兹将上起古9州下至晋19州的历代州名表列如下:[⑤](见表2)。

表2各州名称,因为时在郦注以前,所以在郦注中都有所记载,因此,郦注对州一级行政区划的记载是相当详尽的。当然,中间也难免有一些错误,还需要经过校勘加以订正。例如卷十七《渭水注》中的邠州。孙诒让云:

表2　古九州至晋历代州名

年　代	州　数	州　名	来　源
古九州	9	冀、兖、青、徐、扬、荆、豫、梁、雍。 冀、幽、并、兖、青、扬、荆、豫、雍。 冀、兖、青、徐、扬、荆、豫、幽、雍。 冀、幽、兖、营、徐、扬、荆、豫、雍。	《尚书·禹贡》 《周礼·职方》 《吕氏春秋·有始览》 《尔雅·释地》
汉武帝元封五年（前106）	13	豫、兖、青、徐、冀、幽、并、凉、益、荆、扬、交趾、朔方。	《汉书·地理志》
汉平帝元始五年（5）	12	雍、豫、冀、兖、青、徐、扬、荆、益、幽、并、交。	《汉书·平帝纪》、 《汉书·王莽传》等
东汉光武帝建武元年（25）	13	司隶、豫、兖、徐、青、凉、并、冀、幽、扬、荆、益、交。	《东汉会要》
晋武帝太康元年（280）	19	司、冀、兖、豫、荆、徐、扬、青、幽、平、并、雍、凉、秦、梁、益、宁、交、广。	《晋书·地理志》

《渭水注》，汧水东南历慈山东南迳郁夷县平阳故城南，城北有汉邠州刺史赵融碑，灵帝建安元年立。案李吉甫《元和郡县志》邠州云：周文帝大统元年置南豳州，废帝除南字。开元十三年，以豳字与幽字相涉，诏改为邠字。是郦氏时尚未有邠州，何况汉建安以前乎。此疑当作幽州刺史，幽误为豳，校者又改作邠。洪氏《隶释》所引已误。⑥

汉代行政区划中绝无邠州，而幽州自武帝刺史部起一直存在，郦注中凡五见（滱水、巨马水、鲍丘水、阴沟水、巨洋水各注），此处当必是幽州无疑，孙氏的考证是信而有征的。另外，卷三十二《涔水注》云："义熙九年，索邈为果州刺史。"这里，果州是唐代才出现的州名，怎能见之于晋义熙年代。孙星衍校本云：

钱竹汀曰：六朝无果州之名，必是梁州之讹。《通鉴》是年有索邈为梁州刺史，邈与邈字形相涉，其为梁州无疑。

孙星衍的考证在郦注中也可以找到一项旁证，卷二十七《沔水》经"东过南郑县南"注云："义熙十五年……出铜钟十二枚，刺史索邈奉送洛阳。"案南郑县在晋属梁州汉中郡，说明索邈自义熙九年出任梁州刺史，至十五年仍在任。因此，《涔水注》的"索邈为果州刺史"，应改为"索邈为梁州刺史"，这是毫无疑问的。

在郦注记载的行政区划中，州以下的一级是郡。郡和县是我国很古老的行政区划单位，先秦时代已见记载，但当时是县大郡小，以县统郡，直到秦统一中国后，才确立以郡统县的地方行政区划建置。对于郡县建置的发展变迁，在郦注卷二《河水》经"又东

入塞,过敦煌、酒泉、张掖郡南"注有一段说明云:

> 《说文》曰:郡制,天子地方千里,分为百县,县有四郡。故《春秋传》曰:上大
> 夫县,下大夫郡,至秦,始置三十六郡以监县矣。从邑,君声。《释名》曰:郡,群
> 也,人所群聚也。黄义仲《十三州记》曰:郡之言君也,改公侯之封而言,君者,至
> 尊也,郡守专权,君臣之礼弥崇,今郡字,君在其左,邑在其右,君为元首,邑以载
> 民,故取名于君谓之郡。《汉官》曰:秦用李斯议,分天下为三十六郡。凡郡,或以
> 列国,陈、鲁、齐、吴是也;或以旧邑,长沙、丹阳是也;或以山陵,太山、山阳是也;或
> 以川原,西河、河东是也;或以所出,金城城下得金,酒泉泉味如酒,豫章樟树生庭,
> 雁门雁之所育是也;或以号令,禹合诸侯,大计东冶之山,因名会稽是也。

上面这一段注文,把郡的意义,郡这一级建置的发展和变迁的经过以及建郡命名
的原则等,都说得清楚明白,这样的记载,是正史地理志所远远不及的。而且,《水经
注》记载的郡名,虽然不及正史地理志的完整,但有时却也弥补了正史地理志的缺漏。
例如卷二十二《渠》经"其一者,东南过陈县北"注云:

> 城内有汉相王君造四县邸碑,文字剥缺,不可悉识,其略曰:惟兹陈国,故曰淮
> 阳郡云云。

如上注,则淮阳在汉代曾经建郡,但《汉书·地理志》仅列淮阳国,无此郡名。又
如卷三十五《江水》经"又东南过邾县南"注云:

> 晋咸和中,庾翼为西阳太守。

如上注,则西阳明明是晋代郡名,但《晋书·地理志》却失载,赖郦注所记得以
补足。

除了郡以外,属于这一级行政区划的还有统治者分封与他子孙的诸侯王国。《汉
书·地理志》云:"本秦京师为内史,分天下作三十六郡,汉兴,以其郡太大,复稍开置,
又立诸侯王国。"说明国的建置是汉初开始的。因为诸侯王国在行政区划中与郡同
级,所以称为郡国。国虽然和郡是同一级的地方行政区划,但辖境一般比郡要小。以
西汉为例,除了少数边疆地区外,各郡所辖,一般不少于10县,辖县较多的如琅邪郡多
至51县。而各王国所辖绝大部分都不到十县。论户口数也是一样,除边疆地广人稀
外,各郡所有户数,多在10万以上。大郡如东、沛、汝南等,户数可以超过40万,而各
王国所有户数,多在10万以下。此外,作为地方行政区划,王国在稳定性方面也完全
不能与郡相比。根据记载,西汉有王国20,东汉有王国30、三国有王国40,晋有王国
63。[⑦]但由于王国内讧、宗系断绝以及其他原因,常常时建时废,正史地理志中无法包
罗尽致。以西汉为例,《汉书·地理志》所列王国只有20,与当时实际数字的差距看来
不小,像卷七《济水注》的济川、定陶2国,卷八《济水注》的山阳、昌邑2国,卷九《沁水

注》的殷国，卷十三《灢水注》的燕国，卷二十二《颖水注》的韩国，卷二十四《瓠子河注》的胶西国，《汶水注》的济东国，卷三十《淮水注》的淮南国及荆国，卷三十二《沘水注》的衡山国，卷四十《浙江水注》的广德国等，都是西汉所建的王国，但均为《汉书·地理志》所失记，皆因郦注得以保存。

为了巩固封建统治，历代统治者除了将土地分封给自己的子孙外，同时也分封一部分土地给统治阶级中的其他各式代表人物，这就是所谓侯国。这种制度也始于汉朝，《通典》云："汉制，列侯所食县曰国。"[8]说明侯国在行政区划中相当于县的一级。汉朝以后，各朝也多有仿行的。根据记载，西汉有侯国241；东汉的侯国，包括外戚、云台功臣和宦者三类，计有150；三国缺乏分封的具体资料；晋代的侯国，分为公、侯、伯、子、男五种爵位，共计有211。[9]则上述各代的侯国总数已达500。与郡国一样，侯国作为行政区划，其稳定性是很小的。由于统治集团内部的倾轧排挤，受封者及其子孙随时可以得咎罢黜，因而时建时废，交替频仍。以东汉所封的云台功臣侯国为例，郦注卷十七《渭水注》中的隃糜侯国、卷十九《渭水注》中的槐里侯国，都是这类侯国中历史最长的，但都不过封及六代。而像卷四《河水注》中的安阳侯国，卷二十一《汝水注》中的新蔡侯国，卷三十《淮水注》中的新息侯国，卷三十一《潩水注》中的吴房侯国等，其存在都只及受封者本人一代。为此，上列统计，不可能将曾经出现过的侯国囊括无遗，其中不少侯国，甚至连国名也无法查考。例如在东汉所封的宦者侯国中，其国名不可查考的就达11处。[10]其余各代的情况也大体如此。

如上所述，可见侯国的建置在历史上是很难查考的，但《水经注》在这方面为后世作出了重要的贡献。清钱大昕云："汉初功臣侯者百四十余人，其封邑所在，班孟坚已不能言之，郦道元注《水经》，始考得十之六七。"[11]这说明在侯国这一级行政区划上，郦注记载在完整性方面也已经远远超过了正史地理志。

当然，由于侯国建置的变迁无常，对于汉代这许多侯国的位置和名称，郦注记载中有时也难免错讹，所以钱大昕也指出："郦氏生于后魏，距汉已远，虽勤于采获，未必皆可尽信。"[12]钱氏曾在这方面举了一些例子，《潜研堂答问》卷九云：

> 如成安侯韩延年，在《汝水篇》以为颍川之成安，在《汳水篇》以为陈留之成安；安成侯刘苍，在《赣水篇》以为长沙之安成，在《汝水篇》以为汝南之安成。

又《十驾斋养新录》卷十一云：

> 如《河水篇》以临羌为孙都封国，不知孙都本封临蔡，其地在河内，不在金城也。以西平为公孙浑邪封国，不知浑邪本封平曲，其地在高城，不在金城也。

上述钱氏的这些考证，为我们校勘郦注记载的侯国提供了重要的依据。

在《水经注》记载的行政区划中，数量最大的是县。自秦立郡县以来，历代都以县作为地方行政区划的基础,因此,县名历来都是极其重要的地名,常为地理著作及其他各种著作所记载。对于县的意义和来由,郦注在卷二《河水》经"又东过陇西河关县北,洮水从东南来流注之"注中有较详的解释。注云:

> 《风俗通》曰:百里曰同,总名为县,县,玄也,首也,从系到首,举首易偏矣,言当玄静平徭役也。《释名》又曰:县,悬也,悬于郡矣。黄义仲《十三州记》曰:县,弦也,弦以贞直,言下体之居,邻民之位,不轻其誓,施绳用法,不曲如弦,弦声近县,故以取名,今系字在半也。

由于县是基层行政区划单位,所以数量极大,仅《汉书·地理志》所载,即有县邑1314处,相当于县一级的道[⑬]32处。则北魏及其以前的县名总数,必然十分可观。由于县数甚多,其名称原已非常繁琐,加上新莽一代,又将全国郡县名称普遍更改,更使县名大大超过实际县数。而其中有300多个县(见于郦注者70余县)以亭为名,以致名称混淆,情况益趋复杂。

《水经注》记载的县名为数达2500,已经相当可观,但和北魏及其前代的县名总数相比,当然还不过是其中一部分而已。尽管如此,郦注在县名记载中仍然具有正史地理志所不及的三个特色。

第一,正史地理志记载县名,有的只及一代,不能古今贯通,而郦注记载县名,往往上溯先秦,下及当代,历史沿革,一览无余。例如卷二十四《睢水》经"又东过相县南,屈从城北东流,当萧县南入于陂"注对相县的记载。注云:

> 相县,故宋地也;秦始皇二十三年,以为泗水郡;汉高帝四年,改曰沛郡,治此;汉武帝元狩六年,封南越桂林监居翁为侯国,曰湘成也;王莽更名,郡曰吾符,县曰吾符亭。

如上注,相县数百年来的历史沿革,地名变迁,写得一目了然。而《汉书·地理志》相县下只有"莽曰吾符亭"一语。

第二,郦注记载县名,正和其记载其他地名一样,非常重视地名的渊源。这一点,正史地理志偶或有之,也大多简略,而郦注则常常旁征博引,详细记载。例如卷二十五《泗水》经"又南过高平县西,洸水从西北来流注之"注云:

> 泗水又南迳高平山,山东西十里,南北五里,高四里,众山相连,其山最高,顶上方平,故谓之高平山,县亦取名焉。

如上注,高平县得名于高平山,高平山则得名于其山高而顶上方平,这样,高平县的地名渊源就十分清楚了。

第三,若以汉、后汉、晋、宋、齐、北魏诸志所载的县名总数而论,当然为郦注所不及,但上述诸志所失载的县名,其实也颇不少,郦注在这方面却常常可以补诸志的不足。不妨在此举一些例子。

卷二十九《沔水》经"又东过牛渚县南,又东至石城县",于此,殿本在经文下加注云:"案牛渚乃山名,非县名。"注释本注云:"牛渚圻名,汉未尝置县也。"注疏本疏云:"《通典》当涂县有牛渚圻,《地理通释》二十引《舆地志》,牛渚山北谓之采石。"王鸣盛也认为:"且牛渚下接县南二字尤紊谬而郦亦不辨,盖牛渚非县,县南上疑有脱文。"[14]当然,牛渚山或牛渚圻的存在是无疑的,但古书上记及牛渚,未必就是指山,《越绝书》卷八"道度牛渚"或可为例。而且,因山以名县的事所在多有,以上所举的高平县即是如此。实际上,早在三国时代,牛渚已经成为吴的一个重镇,所以《周瑜传》云:"以瑜恩信著于庐江,出备牛渚。"《全琮传》则云:"得精兵万余人,出屯牛渚。"说明牛渚是可以屯兵万人的重镇。《通鉴地理通释》卷十二云:"孙皓时,以何植为牛渚督。"到了晋代,牛渚更上升成为一个州治。胡三省云:"南渡初,祖逖以豫州刺史治谯城。永昌元年,祖约退屯寿春。成帝咸和四年,庾亮以豫州刺史治芜湖,咸康四年,毛宝以豫州刺史治邾城。六年,庾翼以豫州刺史治芜湖。永和元年,赵胤以豫州刺史治牛渚。"[15]这里,曾为豫州州治的谯、邾、芜湖,都是见之于汉志的县名,假使牛渚真的只是一座山头,难道州治就设立在一座山头之上?至于"汉未尝置县也"的说法,其依据无非是一本《汉书·地理志》,恐怕很有商榷余地。让我们暂时撇开上述各家的议论,且看看郦氏原注:

> 经所谓石城县者,即宣城郡之石城县也。牛渚在姑孰、乌江两县界中,于石城东北减五百许里,安得迳牛渚而方届石城也。盖经之谬误也。

这里必须指出,殿本等均言牛渚非县,其依据乃是因为两汉志不载,而晋、宋、齐诸志亦不载。但郦氏在注文中只是纠正了牛渚县在地理位置上的错误,却绝未言及牛渚非县。同样的情况,《水经》中记载的还有另外一些县名,如卷十四《浿水》的临浿县,卷四十《禹贡山水泽地所在》的金兰县,也都是两汉志与晋、宋、齐诸志所不载的,注文亦未指出其谬。综观全注,原经凡有错讹,郦氏辄指正无遗,这一点常为后世学者所称道。[16]若牛渚、临浿、金兰等确曾无县的建置,则注文何至不措一辞。而实际上,以上述金兰县为例,卷三十二《决水》经"又北过安丰县东"注中,注文本身也提到了这个县名。注云:

> 其水导源庐江金兰县西北东陵乡大苏山,即淮水也。

既然经、注都言及金兰县,说明这个县的建置是确曾存在的。所以尽管正史地理志不载,谨慎的学者一般不会采取轻率否定的态度。[17]更应值得注意的,对于牛渚,郦氏不仅不言其非县,而且他为了纠正牛渚县的位置而提出的姑孰县,恰恰也是两汉志所未载,同时也是晋、宋、齐诸志所未载的。由此可以说明,由于县的数量极大,而建置又变迁无常,正史地理志是难免遗漏的。这样的例子在郦注中绝非罕见,例如卷十七《渭水》经"又东过獂道县南"注中的武城县,上起《汉书·地理志》,下至《魏书·地形志》,均不见记载,但注文明明说:"渭水又东迳武城县西,武城川水入焉。"因水以名县,说明这个县名是确实有的。又如卷二十八《沔水注》和卷二十九《粉水注》中并见的上粉县,卷三十二《夏水注》中的西戎县[18]等,也都不见于两汉志及晋、宋、齐诸志。所以在正史地理志中,县名的遗漏实在是不少的。在上列诸志中,《晋书》不仅是官修的,而且是皇帝亲自执笔的集体著作,但是在县名的遗漏方面并不比其他各志好。除了上面已经指出的以外,与郦注对勘一下,还可以替它增补若干县名。

卷三十五《江水》经"又东北至江夏沙羡县西北,沔水从此来注之"注云:

　　沌水上承沌阳县之太白湖……有沌阳都尉治,晋永嘉六年,王敦以陶侃为荆州镇此。

又卷三十六《沫水》经"东南过旄牛县北,又东至越灵道县出蒙山南"注云:

　　灵道县,一名灵关道……县有铜山,有利慈渚,晋太始九年,黄龙二见于利慈池,县令董玄之率吏民观之,以白刺史王濬,濬表上之,晋朝改护龙县也。

又卷三十七《澧水》经"又东过零阳县之北"注云:

　　澧水又迳溇阳县,[19]右会溇水,水出建平郡,东迳溇阳县南,晋太康中置。

又卷三十九《赣水》经"又北过彭泽县西"注云:

　　循水出艾县西,东北迳豫宁县,[20]故西安也,晋太康元年更从今名。

以上4例中列举的沌阳、护龙、溇阳、豫宁4县,按郦注记载,明明都是晋代的县名,但《晋书·地理志》均失载。非特如此,《晋书》卷二十六《陶侃传》言及陶侃"领枞阳令",而地理志中却不记枞阳县名。说明县名纷繁,即一史之中,史、志也有牴牾之处。

由此可见,因正史地理志不载某一县名而就此断言当时没有某县的建置,可能失之轻率。因此,对于殿本所云牛渚"非县名",注释本所云"汉未尝置县也"等,似乎也不是慎重的说法。而郦注记载的包括县在内的各级行政区划在补正各史地理志方面的价值,却是完全肯定的。清毕沅撰《晋书地理志新补正》一书,其中郡县地名建置等资料,根据《水经注》而补正的,就达35条之多。对于郦注记载的行政区划的价值,这是很有力的证明。

注释:

　　①　《元和郡县图志序》,载《岱南阁集》卷二。

② 其中三国时代的资料根据《三国会要》卷八及《通典》卷一七一等考订。

③ 《玉海》卷一七有神农九州、黄帝九州、颛帝九州、人皇氏九州、殷九州等篇。

④ 《尚书》"肇十有二州"句,今文在《尧典》,古文则另入《舜典》。12 州,据宋蔡沈《集传》:
"冀、兖、青、徐、荆、扬、豫、梁、雍、幽、并、营也。"

⑤ 实际分并情况较表所列者更为复杂,张国淦《中国古方志考》第 59—60 页《九州记》案云:
"晋无九州之名,王莽始建国时,从《禹贡》改十二州为九州。东汉献帝建安时,并十四州为
九州。至晋武帝有十六州,后又分为二十州。"

⑥ 《札迻十二卷》卷三。

⑦ 《汉书·地理志》,(清)万斯同《历代史表》卷一、一一、一二。

⑧ 《通典》卷三三《职官十五·州郡下》县令。

⑨ 《汉书·地理志》、《历代史表》卷一、二、一三。

⑩ 《历代史表》卷二。

⑪⑫ 《潜研堂答问》卷九。

⑬ 《水经·河水注》:"《百官表》曰:县有蛮夷谓之道。"

⑭ 《尚书后案》,"过三澨至于大别南入于江"案,载《皇清经解》卷四〇六下。

⑮ 《通鉴》卷一百《晋纪二十二》穆帝永和十一年,"镇寿春"胡注。

⑯ (宋)程大昌《禹贡论》上:"郦道元虽本桑书以为经,而时时有所驳正。"

⑰ 《通鉴》卷一四六《梁纪二》武帝天监五年,"诸军进至东陵"胡注引《水经注》:"庐江金兰县
西北东陵乡大苏山,灌水所出也。"胡三省案:"考之诸志无金兰县,未知何世所置。"清成蓉
镜《禹贡班义述》序:"若金兰之东陵乡",成蓉镜自注:《水经·决水注》,灌水导源庐江金
兰县西北东陵乡大苏山。金兰,前、续志并阙,盖庐江郡属之故县也。"胡三省没有否定金
兰县的存在,成蓉镜则肯定了金兰县的存在。

⑱ 注云:"历范西戎墓南,……盛弘之《荆州记》、刘澄之记(驿案,指刘撰《荆州记》)并言在县
之西南,郭仲产言(驿案,指郭撰《荆州记》)在县东十里,捡其碑,题云:故西戎令范君
之墓。"

⑲ 注笺本、项本、注释本、张本等均作澧阳县。

⑳ 大典本、黄本、吴本、注笺本、项本、沈本、张本等均作豫章宁县。《水经注笺刊误》卷十二
云:"豫章宁县,章字衍文。"

十五、《水经注》记载的城市地理

在《水经注》记载的各类地名中，城邑与都会的地名约近 3000 处，为我国历史时期的城市地理累积了丰富的资料。

《水经注》记载了许多有关我国古代建城的资料，卷十五《洛水》经"又东过洛阳县南，伊水从西来注之"注云：

> 洛阳，周公所营洛邑也。故《洛诰》曰：我卜瀍水东，亦惟洛食。其城方七百二十丈，南系于洛水，北因于郏山，以为天下之凑。

这里，注文所引的《洛诰》即是《尚书·洛诰》，其全文是：

> 台公既相宅，周公往营成周，使来告卜，作《洛诰》。周公拜手稽首曰：予惟乙卯，朝至于洛师，我卜河朔黎水，我乃卜涧水东、瀍水西，惟洛食。我又卜瀍水东，亦惟洛食。伻来以图及献卜。

从上述《洛水注》及其引及的《洛诰》，说明了洛阳建城的具体过程，把都城建立在这样一个地理位置上：在地形上背山面水，在交通运输上处于天下（当时的统治范围）的枢纽，事前而且曾经绘制地图。这样的建城，占卜可能只是一种形式，其实在很大程度上是勘测的结果。因此，上述《洛诰》和《洛水注》的记载，乃是一个古代城邑从勘测设计直到施工建筑的完整的记录。西周以后，从东周、春秋、战国以至于秦，建城的记载在《水经注》中充篇累牍。如卷六《浍水注》的"城绛"，卷七《济水注》的"城阳向"，卷十《浊漳水注》的"筑五鹿、中牟、邺"，卷二十二《颍水注》的"城上棘"，卷二十六《潍水注》的"城诸及郓"等,不胜枚举。

当然,在上述时期中建城的地方,大概都在政治、经济上有重要价值或者是军事上的要地。对广大的一般县邑,当时恐怕还没有普遍建城,全国县邑的普遍建城,为时当在汉初。卷二《河水》经"又东过陇西河关县北,洮水从东南来流注之"注云:

　　汉高帝六年,令天下县邑城。张晏曰:令各自筑其城也。

自此,全国各地普遍建城,春秋、战国以来有些因陋就简、不符合规格的城郭,此时也可能进行增修。随着生产的发展,户口的增加,大型城邑也陆续出现。卷十一《滱水》经"又东过博陵县南"注中记载的曲逆城即是其例。注云:

　　汉高帝击韩王信,自代过曲逆,上其城,望室宇甚多,曰:壮哉! 吾行天下,惟洛阳与是耳。

又卷二十四《睢水》经"东过睢阳县南"注中记载的、汉初扩建的睢阳城,也是一座大城。注云:

　　余按《汉书·梁孝王传》,称王以功亲为大国,筑东苑方三百里,广睢阳城七十里,大治宫室,为复道,自宫连属于平台三十余里,复道自宫东出杨之门,左阳门即睢阳东门也。

如上2例,可见曲逆、睢阳等城,都是规模很大的。这类大城,以后不仅在州城、郡城中出现,即在县城之中也有出现。而且在一郡一县之内,往往建城以后,随着生产的发展,接着又另建一城,出现了一县之内具有故城、新城等几处城邑的情况。卷三十《淮水》经"又东过寿春县北,肥水从县东北流注之"注中记载的下蔡新城,即是许多这类新城中的一座。注云:

　　淮水又北迳下蔡县故城东,……淮之东岸,又有一城,即下蔡新城也。

郦注中像上述下蔡县一样既有故城又有新城的郡县,多得不胜枚举,故历史上全国范围内城邑之多,可以想见。

在《水经注》记载的如此大量的城邑之中,有不少是我国历史上的著名大都会,其中有的是历朝首都。卷十九《渭水》经"又东过长安县北"注中记载的秦、汉故都长安城即是其例。在注文中,举凡城门,城郭、街衢、宫殿、园苑等,无不一一记载。宋程大昌所绘制的《汉长安城图》,主要是根据《水经注》记载的资料。[①]仅仅是对于长安城的12座城门的记载,注文就用了600余言,详尽细致,可见一斑。

卷十六《穀水》经"又东过河南县北,东南入于洛"注中记载了洛阳城。对于这个东周、后汉、魏、晋的故都和郦氏当代的首都,记载当然特别详细。在这条经文下,郦氏作注7400余言,成为全书第一长注。从城市建筑历史、地理位置、交通条件、水利设施以至城门方位、街市布局、园苑结构、宫殿建筑、人物事故等,无不细致描述,详尽记载。

此外，卷十三《漯水》经"漯水出雁门阴馆县，东北过代郡桑乾县南"注中，又记载了北魏的旧都平城。虽然平城只不过是一个小小的都城，但记载仍然详尽，不仅是城内的门阙坛台、宫殿楼阁、寺观浮图、川渠道路等记载得十分完备，甚至对城郊的山水池沼、园苑陵墓等，也不轻易放过。对于所有上述这些都会在北魏及其以前的概貌，郦注的记载较之我国的其他古籍，都是有过之而无不及的。

除了上述历朝故都以外，郦注记载的古代其他著名都会，数量也很不少。卷十《浊漳水》经"又东出山，过邺县西"注中记载了三国魏的所谓"五都"。注云：

> 魏因汉祚，复都洛阳，以谯为先人本国，许昌为汉之所居，长安为西京之遗迹，邺为王业之本基，故号五都也。

这里，许昌只不过是短期定都，谯和邺②都不曾作过首都，但由于这些都会在当时具有政治上的影响，注文仍然对它们作了较详的记载。兹以对邺城的记载为例。注云：

> 其城东西七里，南北五里，饰表以砖，百步一楼，凡诸宫殿门台隅雉，皆加观榭，层甍反宇，飞檐拂云，涂以丹青，色以轻素，当其全盛之时，去邺六、七十里，远望苕亭，巍若仙居。

如上例，对于邺城全盛时期的城市规模和建设的这样全面的记载，郦注以外也不是多见的，这些都是有关我国古代城市地理的不可多得的资料。

卷三十三《江水》经"又东过江阳县南，洛水从三危山东过广魏洛县南，东南注之"注中，记载了蜀中的所谓"三都"。注云：

> 洛水又南迳新都县，蜀有三都，谓成都、广都，此其一也。

在上述三都之中，注文对成都和广都的记载特别详细，通过对这两个城市的建筑特色，即冲治桥、市桥、江桥、万里桥、夷星桥、笮桥、长升桥、升仙桥等桥梁的描述，把城池、街道、交通、物产等结合在一起进行记载，写得有声有色。

除了如上所述的我国境内的许多城市以外，郦注还记载了不少古代的域外都城。例如卷二《河水注》记载了古代西域的许多国家的都城，卷十四《浿水注》记载了高句丽国的都城，卷一《河水注》中，又记载了一些今印度恒河流域的古代国都如波罗奈城、巴连弗邑、王舍新城、瞻婆国城等，其中有些国都具有很大的城市规模。在所有郦注记载的域外城市中，以卷三十六《温水》经"东北入于郁"注中所记载的古代林邑国区粟城和林邑国都典冲城最为详细。注文记载区粟城云：

> 《林邑记》曰：城去林邑步道四百余里。……其城治二水之间，三方际山，南北瞰水，东西涧浦，流凑城下。城西折十角，周围六里一百七十步，东西度六百五十步，砖城二丈，上起砖墙一丈，开方隙孔，砖上倚板，板上五重层阁，阁上架屋，屋上架楼，楼高者七、八丈，下者五、六丈。城开十三门，凡宫殿南向，屋宇二千一百

余间,市居周绕,阻峭地险,故林邑兵器战具悉在区粟。

如上注,作为林邑国的军事要地的区粟城,其地理位置、山川形势、城垣建筑、城市规模等,写得何等清楚明白,读了这样的注文,使人宛如见到了这座负山面水、壕堑环绕的古代城楼。对于林邑国国都典冲城,注文记载得更为详细。注云:

> 浦西,即林邑国都也,治典冲,去海岸四十里。……其城西南际山,东北瞰水,重堑流浦,周绕城下。东南堑外,因傍薄城,东西横长,南北纵狭,北边西端,回折曲入,城周围八里一百步,砖城二丈,上起砖墙一丈,开方隙孔,砖上倚板,板上层阁,阁上架屋,屋上构楼,高者六、七丈,下者四、五丈,飞观鸱尾,迎风拂云,缘山瞰水,骞鬐嵬崿,但制造壮拙,稽古夷俗。城开四门:东为前门,当两淮渚滨,于曲路有古碑,夷书铭赞前王胡达之德。西门当两重堑,北回上山,山西即淮流也。南门度两重堑,对温公垒,升平二年,交州刺史温放之杀交阯太守杜宝别驾阮朗,遂征林邑,水陆累战,佛保城自守,重求请服,听之,今林邑东城南五里有温公二垒是也。北门滨淮,路断不通。城内小城,周围三百二十步。合堂瓦殿,南壁不开,两头长屋脊出南北,南拟背日西区,城内石山,顺淮面阳,开东向殿,飞檐鸱尾,青琐丹墀,椽题角椽,多诸古法。阁殿上柱高城丈余五,牛屎为塈,墙壁青光回度,曲掖绮牖,紫窗椒房,媵滕无别,宫观路寝永巷共在殿上,临踞东轩,径与下语,子弟臣侍,皆不得上。屋有五十余区,连甍接栋,檐宇相承,神祠鬼塔,小大八庙,层台重榭,状似佛刹,郭无市里,邑寡人居,海岸萧条,非生民所处,而首渠以永安养国十世,岂久存哉。

上述《水经注》所引《林邑记》记载古代林邑国区粟城和国都典冲城的这两段文字,现在已经成为我国古籍中记载这两个城市的孤本,所以不惮繁琐,全部抄录。这两段文字,现在也是我们研究中南半岛的这两处城市的唯一可据的文字记载,所以十分珍贵。法人伯希和(P. Pelliot)在仔细研究了郦氏这段注文后,认为“林邑国都似在广南”。[③]马司帛洛(H. Maspero)则云:“《水经注》卷三十六所志六世纪初年之林邑都城,得为十世纪之因陀罗补罗”。[④]鄂卢梭(L. Aunouseau)在其著作《占城史料补遗》中,对于区粟城与林邑国都典冲城,也对照《水经注》作了详细的研究,他指出:“前此所提出之区粟在承天府西南,同林邑故都在荼荞,两种假定,可以互相证明,迄今尚未见有何种反证。……不过要作此种研究,必须将《水经注》三十六卷之文,连同其注释详加鉴别,其结果时常可以阐明其细节。”[⑤]不管他们从什么角度研究这些古代城市,也不管他们的研究结果是否确实,他们所根据的文字资料,全都是卷三十六《温水注》。郦注资料对于古代城市地理研究的价值,由此可见一斑。

注释:

①　《汉长安城图》(载《雍录》卷二):"汉都长安城在唐大兴宫北十三里,此图本《水经注》为之而参以它书也。《水经》叙载方面名称颇为周悉,而时与它书不同。"

②　邺在北魏以后,曾为东魏、北齐二朝首都。

③　《交广印度两道考》,商务印书馆1933年版,第48—59页。

④⑤　《宋初越南半岛诸国考》,载冯承钧译《西域南海史地考证译丛一编》,商务印书馆1962年版,第126、136页。

原载《中国历史地理论丛》1981年第1辑

十六、"六镇"与《水经注》的记载

镇是常见的地名之一,在近代,次于城市一级的较大聚落,往往以镇为名,所以十分普遍。但在北魏及其以前,以镇为名的地名并不多,其命名意义和近代的镇也不相同。《水经注》记载的以镇为名的地名,总共只有 8 处①:即卷三《河水注》的薄骨律镇、武川镇和怀朔镇,卷五《河水注》的平原镇,②卷六《文水注》的六壁镇,③卷十三《灅水注》的柔玄镇,卷十四《沽河注》、《鲍丘水注》、《濡水注》中共见的御夷镇,卷四十《浙江水注》中的扬州之镇,本来无关紧要。但由于上述郦注所记载的镇,主要就是北魏设置以防制北方外族入侵的军镇,都是国防的要地。这些军镇,历史上常常称为"六镇",而六镇的具体名称,历来也还颇有争论,为特列举《水经注》有关这方面的记载,稍作说明。

北魏诸镇是北魏初年为了防制北方的柔然族(即蠕蠕族)入侵而设置的。诸镇的位置在北魏初期的首都平城(今山西大同市北)以北、阴山以南的地区,东西横亘达3000 里,即后来的所谓六镇。六镇的具体名称,按《北史》所载为武川、抚冥、怀朔、怀荒、柔玄、御夷,④但亦有认为六镇是怀荒、沃野、武川、怀朔、高平、柔玄,⑤还有认为是沃野、怀朔、武川,抚冥、柔玄、怀荒,⑥又有认为是怀荒、沃野、武川、怀朔、高平、薄骨律。⑦众说纷纭,莫衷一是。这些说法,原来各有各的依据,这里不必一一赘叙。⑧但是必须指出,北魏以后的许多正史、地志,言必称北魏六镇,而实际上,北魏在这一带所置的军镇并不止 6 处,六镇这一概括的地名,在北魏也不是一个流行的称谓。按《魏书》

卷四上《太武帝纪》云：

> 神䴥二年十月，列置新民于漠南，东至濡源，西暨五原阴山，竟三千里。诏司徒平阳王长孙翰，尚书令刘洁，左仆射安源、侍中古弼镇抚之。

足见设镇之初，并未明言镇数有六，郦氏身当其时，若六镇一名在当时已经非常通行，则《水经注》谅不致不记。今郦注中记及后人所谓六镇者凡五，即上述武川、怀朔、柔玄、御夷。另外，在卷三《河水》经"又北过朔方临戎县西"注中，又提及"东迳沃野县故城南"，说明魏初的沃野镇到郦氏时曾废镇建县。其余三处即抚冥、怀荒、高平、注文全未提及。六镇一名，自然更无所见。我这样说，绝不是一切要以《水经注》为准。但是，综观全注地名，凡是习惯上可以用数字概括的地名，郦注一般是不会遗漏的。不仅是由来已久，人所习知的如九州、四渎、九河、五岳、三江、五湖之类的地名，在全注中充篇累牍；即对当时来说历时未久，或并不很流行的称谓如卷十《浊漳水注》的魏之五都，卷三十三《江水注》的蜀之三都等之类，也都摭拾无遗。全注记载的这类数字地名总共达50余处，而六镇一名却绝未提及，则这个称谓在当时尚未普遍流行，这是可以无疑的。

胡三省认为："魏世祖破蠕蠕，列置降人于漠南，东至濡源，西暨五原阴山，竟三千里，分为六镇，今武川、抚冥、怀朔、怀荒、柔玄、御夷也。"[⑨]顾祖禹也认为："魏主焘破蠕蠕，列置降人于漠南，东至濡源，西暨五原阴山，竟三千里，分为六镇，曰武川、曰抚冥、曰怀朔、曰怀荒、曰柔元、曰御夷。"[⑩]胡、顾二氏的说法是值得商榷的。上面已经抄引《太武帝纪》，当时确未言及六镇。六镇这一称谓，最早见于魏太和十八年：

> 丙寅，诏六镇及御夷城人，年八十以上而无子孙兄弟，终身给以廪粟。[⑪]

看来胡、顾都是言之过早，而且既然太和十八年诏中六镇与御夷城并列，则御夷未必如胡、顾所云，列在六镇之中。同时还应指出，就在这一年，魏孝文帝曾出行巡视怀朔、武川、抚冥、柔玄诸镇，而郦道元恰恰就是这次北巡的随行者之一。卷三《河水》经"又东过云中桢陵县南，又东过沙南县北，从县东屈南过沙陵县西"注云：

> 余以太和十八年，从高祖北巡，届于阴山之讲武台。……余以太和中为尚书郎，从高祖北巡，亲所迳涉。

在这段注文中，郦氏还提到："其水南流，迳武川镇城，城以景明中筑，以御北狄矣"。又云："塞水出怀朔镇东北"。却未见六镇之称。所以尽管六镇一名在这一年中已见于诏令，但在当时无疑是个并不流行的名称。

此后，六镇一名虽然间有所见，例如正光五年李崇所云："臣以六镇幽远。"[⑫]孝昌年间，广阳王深上言："今六镇俱叛"[⑬]等之类，但总的说来，终魏一代，这个名称是并不多见的。

北魏设置这些军镇,原为防禦北方的外族,但结果事与愿违,各镇人民本身发生了反抗北魏统治者的起义。起义首先于正光五年从沃野镇开始,[14]很快就蔓延到武川、怀朔、高平、柔玄诸镇,在这东西 3000 里的漫长战线中,北魏统治者弄得顾此失彼,疲于奔命。于是,他们就不得已改用另外一种统治办法,即废镇为州,把军镇改为一般的地方行政区划。据《魏书》卷八十九《郦道元传》所载:

> 肃宗以沃野、怀朔、薄骨律、[15]武川、抚冥、柔玄、怀荒、御夷诸镇,并改为州,其郡、县、戌名,令准古城邑。诏道元持节兼黄门侍郎与都督李崇,筹议置立,裁减去留。

根据以上所述,可以说明两点:第一,郦道元本身与北魏所置各军镇有密切的关系,他不仅参与北巡诸镇,而且还主持废镇为州的工作,但注文绝不提六镇,足见六镇一名,在北魏确非习见,北魏以后,才广泛流行。第二,北魏所置军镇,从肃宗诏中证明原不止六处,后世以六镇一名以概括,不过是约略言之而已。

注释:

① 卷三《河水》经"又北过北地富平县西"注云:"河水又北迳典农城东"。但五校抄本及七校本作:"河水迳弘静镇典农城东"。注释本作:"河水又迳朔方郡宏静镇典农城东。"此处弘(宏)静镇为殿本及他本所无。

② 卷五《河水》经"又东北过高唐县东"注云:"魏太常七年,安平王镇平原所筑,世谓之王城,太和二十三年,罢镇立平原郡。"但注文并无平原镇一名。

③ 卷六《文水注》:"东迳六壁城南,魏朝旧置六壁于其下,防离石诸胡,因为大镇。"但注文并无六壁镇一名。

④ 《北史》卷九八《蠕蠕列传》。

⑤ 朱师辙《北魏六镇考辨》,载《辅仁学志》卷一二。

⑥ (清)沈吉《六镇释》,载《落帆楼文集》卷一《前集一》。

⑦ 《玉海》卷一一九《地理·州镇·元魏六镇》。

⑧ 历来考证北魏六镇的论著甚多,除以上提及者外,再举数例:谷霁光《北魏六镇的名称和地域》,载《禹贡》1 卷 8 期;俞大纲《北魏六镇考》,载《禹贡》1 卷 12 期;岑仲勉《北魏国防的六镇》,载《文史周刊》第 54 期;岑仲勉《六镇余谭》,载《中外史地考证》上册。

⑨ 《通鉴》卷一三六《齐纪二》武帝永明二年,"请依秦汉故事,于六镇之北筑长城"胡注。

⑩ 《方舆纪要》卷四四《山西六·大同府·大同县》武川城。

⑪ 《魏书》卷七下《高祖纪》。

⑫ 《魏书》卷六六《李崇传》。

⑬ 《魏书》卷一八《太武五王传》。

⑭　《魏书》卷九《肃宗纪》："三月,沃野镇人破落汗拔陵聚众反。"

⑮　卷三《河水》经"又北过北地富平县西"注云："河水又北薄骨律镇城在河渚上,赫连果城也。"《魏书》卷一〇六上："太延二年置薄骨律镇,孝昌中改。"则镇城虽置于赫连,但北魏又在此设镇。

十七、《水经注》记载的兵要地理

郦道元生在一个战争频仍的时代,当时,北魏处于北方的柔然族和南方的宋、齐、梁诸朝之间。为了防制柔然族的入侵,郦氏曾于魏太和十八年(494)随北魏帝拓跋宏北巡到阴山一带。北魏与南方的宋、齐、梁三朝,也连年战争不绝,郦氏曾经参加过魏孝昌三年(527)抗御南朝梁将陈庆之进攻涡阳的战役。[①]此外,北魏内部,也常常兵戎相见,郦氏自己最后也终于在叛将萧宝夤的战乱中被杀。正因为他是处在这样一个时代中的人物,因此,《水经注》记载中拥有大量兵要地理资料,这是不足为怪的。

由于长时期的戎马生涯,为作者积累了丰富的军事知识和战争经验,使他在描述河川山岳、城邑道路的时候,常常联系到这些地方自古以来经历的战争,因而在全注之中,记载了历史上在各地发生的大小战役,不下300次之多。在这300次左右的大小战役中,有的记载得十分简单,注文只是笼统地提出历史上在某个地区发生的某一次战争,卷六《汾水注》所记载的秦晋之战即是其例,注云:

> 《春秋》文公七年,晋败秦于令狐,至于刳首。

在这样简略的注文里,当然无法知道这次战役的战场形势、敌我双方的战争布置以及战役的具体过程等。但另外有些注文,却把某个战役记载得非常详细,卷十七《渭水》经"又东过陈仓县西"注云:

> 县有陈仓山,⋯⋯魏明帝遣将军太原郝昭筑陈仓城成,诸葛亮围之,亮使昭乡人靳祥说之,不下,亮以数万攻昭千余人,以云梯冲车,地道逼射,昭以火射连石拒

之,亮不利而还。

这一段注文记载诸葛亮与郝昭进行的陈仓城战役,确实写得十分完整。由于陈仓城建立在形势险要的陈仓山上,守御甚为有利,诸葛亮以数十倍的兵力,使用了云梯冲车等先进武器,并且挖掘了地道,但却仍然无法攻占这座城堡。蜀方进攻之所以失利,注文引用了诸葛亮致其兄诸葛瑾的信中的话:"山崖绝险,谿水纵横,难用行军。"诸葛亮分析的这种原因,看来是正确的。

一场战争的胜负,当然不是由地理因素来决定的。但是对于某一次战役来说,自然地理或人文地理的因素,却可能发生极大的有时甚至是决定性的影响。把《水经注》记载的300次左右的战役进行分析,曾经在战场上起过重要作用的自然地理与人文地理因素主要是山岳、关隘、河川、渡口、桥梁、道路、聚落、仓储等,这些也就是郦注记载的兵要地理的主要内容。

山岳是形势险要的所在,在战争中最宜于防守。前述《渭水注》的例子已经说明,由于陈仓山一带的险峻地形,诸葛亮以数十倍之众而失利。卷四《河水注》记载的秦郑石崤山之役也是如此。注云:

> 山径委深,峰阜交荫,……秦将袭郑,蹇叔致谏而公辞焉。蹇叔哭子曰:吾见其出,不见其入,晋人御师必于崤矣,余收尔骨焉。孟明果覆秦师于此。

如上注,说明郑国的部队利用了石崤山"山径委深,峰阜交荫"的有利地形,对秦军进行伏击,终至全歼了秦军。在郦注记载的战役中,守御的一方利用形势险要的山岳地形以抗拒敌方的进犯,是十分常见的。卷二十七《沔水注》的巴岭山也是这一类例子。注云:

> (洛)水南导巴岭山东北流,水左有故城,凭山即险,四面阻绝,昔先主遣黄忠据之以拒曹公。

"凭山即险,四面阻绝",对于防守者来说,确实是非常有利的地形。古人常常利用这样有利的地形设置关隘,守御就更能坚固。《水经注》记载的各种关隘,数达140余处,其中大部分都建立在险要的山地之中。例如卷四《河水注》记载的函谷关,就是利用了东崤山的险要地形而建筑的。注云:

> 历北出东崤,通谓之函谷关也。邃岸天高,空谷幽深,洞道之狭,车不方轨,号曰天险。故《西京赋》曰:岩险周固,衿带易守,所谓秦得百二,并吞诸侯也。是以王元说隗嚣曰:请以一丸泥,东封函谷关,图王不成,其弊足霸矣。

另外如卷二十《漾水注》记载的剑阁,也是建筑在崎岖险峻的山岳之中的天险。注云:

> (清水)又东南迳小剑戍北,西去大剑三十里,连山绝险,飞阁通衢,故谓之剑

阁也。张载铭曰:一人守险,万夫赵趄,信然。故李特至剑阁而叹曰:刘氏有如此地而面缚于人,岂不奴才也。

刘蜀有如此险要的关隘却不战而降,难怪为后人所叹息。的确,险要的关隘,加上正确的军事指挥,常常可以获得巨大的胜利。在郦注记载中,这种例子是十分常见的。卷三《河水》经"屈从县北东流"注云:

东迳高阙南,《史记》赵武灵王既袭胡服,自代并阴山下至高阙为塞,山下有长城,长城之际,连山刺天,其山中断,两岸双阙,善能云举,望若阙焉。即状表目,故有高阙之名也。自阙北出荒中,阙口有城,跨山结局,谓之高阙戍,自古迄今,常置重捍,以防塞道,汉元朔四年,卫青将十万人,败右贤王于高阙,即此处也。

卫青是汉代名将,他存调度军队,指挥战争方面的才能当然是非常卓越的,但是高阙这个险要的关隘在这一战役中肯定也起了重要作用,使他赢得了击败匈奴的巨大胜利。同样,晋朝的朱序,也曾经利用太行山上的天井关的险要形势,取得了击败慕容永的胜利。卷九《沁水》经"又东过野王县北"注云:

蔡邕曰:太行山上有天井,关在井北,遂因名焉。故刘歆《遂初赋》曰:驰太行之险峻,入天井之高关。太元十五年,晋征虏将军朱序破慕容永于太行。

除了山岳以外,河川在古代的某些战役中也往往发生重要作用。卷三十二《肥水注》所记载的"谢玄北御苻坚"的战役,即是"置阵于肥水之滨。"这就是我国历史上著名的肥水之战。我国古代的不少名将,往往利用背水而战的险恶形势以激励士气,结果竟能获得胜利。项羽渡河救钜鹿破釜沉舟的故事,[②]即是这方面的典型事例。但是这种做法,毕竟冒有很大的风险,郦注记载的某些战役中,就不乏这样的例子。卷三十一《淯水》经"又南过新野县西"注云:

谢沈《后汉书》:甄阜等败光武于小长安东,乘胜南渡黄淳水,前营背阻两川,谓临比水、绝后桥,示无还心。汉兵击之,三军溃,溺死黄淳水者二万人。

如上注,甄阜的部队原是战胜的一方,结果不免在背水之战中遭到惨败。至于原来处于不利地位或者已经败退的部队,由于河川阻挡而遭受重创甚至被全歼的,郦注记载中更是不胜枚举。例如卷九《荡水注》所记成都王颖败晋惠帝于荡水。卷十《浊漳水注》所记英布败秦将章邯于汙水。卷十二《巨马水注》所记:"袁本初遣别将崔巨业攻固安不下,退还,公孙瓒追击之于巨马水,死者六七千人。"卷三十六《若水注》所记晋姚岳追李骧至泸水,骧军赴水死者千余人。像姜维这样的名将,据卷二十《漾水注》所记,也不免在强水沿岸败于王颀。这中间,卷九《淇水注》所记汉末黄巾军在清河沿岸的巨大挫折和卷二十二《渠注》所记晋司马越在沙水沿岸的惨重牺牲都是最典型的例子。《淇水注》云:

（清河）右会大河故渎，……初平二年，黄巾三十万人入渤海，公孙瓒破之于东光界，追奔是水，斩首三万，流血丹水，即是水也。

《渠注》云：

沙水自百尺沟东迳宁平县之故城南，《晋阳秋》称晋太傅东海王越之东奔也，石勒追之，焚尸于此，数十万众敛手受害，勒纵骑围射，尸积如山。

在《水经注》记载的若干战役里，河川还常常具有以水代兵的作用。例如卷十《浊漳水注》所记汉初郦寄围邯郸之役，引牛首水灌城，城坏而遂破。卷二十《漾水注》所记后汉岑彭围西城伐隗嚣之役，壅西谷水，用縑幔盛土为堤而灌城。卷二十五《沂水注》所记曹操围下邳之役，引沂泗灌城而吕布终于成擒。实际上，这个利用河川以水代兵的战争方法是自古有之的。卷六《浍水注》就记载了先秦时代的这种事例。注云：

《史记》称智伯率韩魏引水灌晋阳，不没者三版，智氏曰：吾始不知水可以亡人国，今乃知之，汾水可以浸安邑，绛水可以浸平阳。

此外，在分析郦注记载的涉及河川的历次战役之中，可以看出，在战争过程中，河川还有它特别敏感的要害部分，其中之一就是渡口。郦注记载的有关河川的战役中，有许多是在渡口进行的，其中有的实际上就是争夺渡口的战争。例如卷四《河水注》所记"秦伯伐晋，自茅津济。"卷五《河水注》所记"讨难将军苏茂，将三万人从五社津渡攻温"。卷二十二《渠注》相当详细地记载了曹操与袁绍的官渡之战。此外，正规的渡口，其设置当然是考虑了水位、流速、陆路交通和聚落分布等许多条件的。但是，在军事形势十分紧急的情况下，部队要赶到正规的渡口渡越江河，往往就会贻误军机，在这样的时候，熟悉地理的指挥官常常便宜行事，选择河川浅狭之处进行涉渡，当然，这种行动是很冒风险的，它和指挥官的知识、经验、涉渡河段的河床、水文状况以及涉渡的时机等，都有密切的关系。卷三十一《潩水注》记载了春秋时代楚军的一次涉渡。注云：

《春秋》襄公十八年，楚伐郑，次于鱼陵，涉于鱼齿之下，甚雨，楚师多冻，役徒几尽。……所涉即潩水也。

如上注，这是一次不择时机、不得其法的涉渡，是一个失败的例子。卷十四《濡水注》所记载的齐桓公涉渡卑耳之溪的故事，则是一个成功的例子。注云：

《管子》齐桓公二十年，征孤竹，未至卑耳之溪十里，阘然s止，瞠目视，援弓将射，引而未发，谓左右曰：见前乎？左右对曰：不见。公曰：寡人见长尺而人物具焉，冠，右袪衣，走马前，岂有人而若此乎？管仲对曰：臣闻岂山之神有偷儿，长尺人物具，霸王之君兴，则岂山之神见，且走马前，走，导也；袪衣，示前有水；右袪衣，示从右方涉也。至卑耳之溪,有赞水者,从左方涉,其深及冠;右方涉,其深至膝。已涉大济,桓公拜曰:仲父之圣至此,寡人之抵罪也久矣。

这段故事中的"岂山之神"当然是荒诞无稽的,事实可能是,学识渊博并且熟谙卑耳之溪的地理形势的管仲,有意制造这种神明赐助的神秘气氛以提高士气,在古代,这也是指挥官所常用的带兵方法。实际上,指引这次涉渡的正是管仲自己。

除了渡口以外,河川在战争中的另一要害部分是桥梁,郦注记载的不少河川战役实际上就是桥梁的争夺战。卷二十五《泗水注》所记的泡桥之役即是其例。注云:

> (黄)水上旧有梁,谓之泡桥。王智深《宋史》云:宋太尉刘义恭于彭城,遣军主稽玄敬北至城觇候魏军,魏军于清西,望见玄敬士众,魏南康侯杜道儁引趣泡桥,沛县民逆烧泡桥,又于林中打鼓,儁谓宋军大至,争渡泡水,水深酷寒,冻溺死者殆半。

另一次郦注记载的争夺桥梁的著名战役,是卷三十二《施水注》所记的张辽与孙权之间的逍遥津之役。注云:

> 施水自成德东迳合肥县城南,城居四水之中,又东有逍遥津,水上旧有梁,孙权之攻合肥也,张辽败之于津北,桥不撤者两版,权与甘宁蹴马超津,谷利自后着鞭助势,遂得渡梁,凌统被铠落水,后到追亡,流涕津渚。

此外,如卷三十三《江水注》所记后汉刘尚战谢丰于成都市桥。卷三十四《江水注》所记岑彭纵火焚荆门浮桥大破公孙述等,例子甚多,不一一列举。

在《水经注》有关兵要地理的资料中,还记载了不少道路对于战役的影响,特别是那些崎岖险峻的道路对于战役的影响。卷二十七《沔水注》记载的栈道即是其例。注云:

> (褒水)历故栈道下谷,俗谓千梁无柱也。诸葛亮与兄瑾书云:前赵子龙退军,烧坏赤崖以北阁道,缘谷百余里,其阁梁一头入山腹,其一头立柱于水中,今水大而急,不得安柱,此其穷极不可强也。又云:顷大水暴出,赤崖以南桥阁悉坏。时赵子龙与邓伯苗,一戍赤崖屯田,一戍赤崖口,但得缘崖与伯苗相闻而已。后诸葛亮死于五丈原,魏延先退而焚之,谓是道也。自后按旧修路者,悉无复水中柱,迳涉者,浮梁振动,无不摇心眩目也。

这段注文确实写尽了栈道的险要。赵云与邓芝在同一个地区屯田驻守,部队闻其声而不见其面,其山重水复、道路艰险的情况可以想见。这条100多里长的完全由人工在悬崖峭壁上修建起来的栈道,一经烧毁,对进攻的一方来说,就造成了无法逾越的困难。当然,道路的阻塞也并非一定不能逾越,在这种情况下,熟悉地理地形,特别是对当地的蹊径别道了如指掌的指挥官,往往就能出奇制胜。这样的战役,在郦注记载

中,也不乏例子。卷二十八《沔水注》云:

> 魏遣夏侯渊与张郃下巴西,进军宕渠,刘备军泛口,即是水所出也。张飞自别
> 道袭张郃于此水,郃败,弃马升山,走还汉中。

这里说明,张飞是在两军对阵的情况下从"别道"偷袭的,蜀方由于对道路情况熟悉,因而赢得了一次战役。在这种崎岖、狭隘、险峻的道路上作战,敌我双方都要进行殊死的努力,遭受极大的伤亡。卷三十四《江水注》所记陆逊与刘备在长江三峡沿岸的夔道上的一次战役可以为例。注云:

> 江水又东迳石门滩,滩北岸有山,山上合下开,洞达东西,缘江步路所由,刘备
> 为陆逊所破,走迳此门,追者甚急,备乃烧铠断道,孙恒为逊前驱,奋不顾命,斩上
> 夔道,截其要径,备逾山越险,仅乃得免。

从这段记载中可见敌我双方的殊死情况,败者固然施尽一切阻敌自保的手段,如"烧铠断道"、"逾山越险",而胜者也尽其一切可能"奋不顾命,斩上夔道,截其要径"。战争的激烈可以想见。但在另一种情况下,在这种蹊径小道上的战争,也可能是悄悄地进行的。这就是卷三十二《涪水注》所记载的:

> 涪水又东南迳江油戍北,邓艾自阴平景谷步道,悬兵束马,入蜀迳江油广汉
> 者也。

由于邓艾熟谙地理,迳过迂回曲折的艰苦行军,发现了这条荒凉冷僻的阴平道,从而避开了为蜀方大军驻守的剑阁之险,取得了入蜀战役的胜利。

在郦注记载的历次战役中,也涉及大量的聚落地名,例如城、镇、戍、坞、堡等。聚落在战争中当然具有重要作用,它们常常是敌我双方争夺的主要目标。其中有一些聚落,其建立即是为了战争和防守的需要。例如卷二《河水注》记载的"魏凉州刺史郭淮破羌遮塞于白土"的这个白土城,其地理位置是"城在大河之北,而为缘河济渡之处。"则这个城邑之所以建立,正是因为这里是黄河的重要渡口。卷五《河水注》记载的"魏攻北司州刺史毛德祖于虎牢"的这个虎牢城,原来就是建立在邙山之上的一处关隘,其形势是:"萦带邙阜,绝岸峻周,高四十许丈,城张翕险崎而不平。"卷二十七《沔水注》记载的小剑戍,建筑在"连山绝险,飞阁通衢"的栈道之上。卷三十四《江水注》记载的灵溪戍,其形势是"背阿面江"。又如卷七《济水注》记载的白骑坞,建筑在一片"北带深隍,三面阻险"的高地之上。卷十五《洛水注》记载的一合坞,其形势是"城在川北原上,高二十丈,南、北、东三箱天险峭绝,惟版筑西面即为固,一合之名起于是矣"。

以上列举的这些聚落,都是在北魏以前,为了军事的目的而建立的,其中有不少都经历了战火的考验。在郦道元所在的北魏当代,这种性质的聚落也继续有所建立,例

如卷三《河水注》的武川镇城："城以景明中筑，以御北狄矣。"卷十四《㶟水注》的禦夷镇城："魏太和中置，以捍北狄也。"这些注文中所说的北狄，都是指的当时经常侵扰北部边疆的柔然族。在所有这类聚落中间，卷二十七《沔水注》记载的黄金戍和铁城等聚落以及它们的战争经历，很可以说明这类聚落在军事上的价值。注云：

> 汉水又东迳小大黄金南，山有黄金峭，水北对黄金谷，有黄金戍，傍山依峭，险折七里，氐掠汉中，阻此为戍，与铁城相对，一城在山上，容百余人，一城在山下，可置百许人。言其险峻，故以金铁制名矣。昔杨难当令魏兴太守薛健据黄金，姜宝据铁城，宋遣秦州刺史萧思话西讨，话令阴平太守萧垣攻拔之，贼退酉水矣。

最后值得指出的是仓储在古代战争中的意义。仓储是军需民食的要害所在，其重要性是不言而喻的，因而郦注对此也十分重视。卷十《浊漳水注》云：

> 衡漳又北迳巨桥邸阁西，……昔武王伐纣，发巨桥之粟，以赈殷之饥民。服虔曰：巨桥，仓名。许慎曰：钜鹿水之大桥也。今临侧水湄左右方一二里中，状若丘墟，盖遗囷故窖处也。

又卷二十三《汳水注》云：

> 汳水东迳仓垣城南，即浚仪县之仓垣亭也，城临汳水，陈留相毕邈治此，征东将军苟晞之西也，邈走归京，晞使司马东莱王赞代据仓垣，断留运漕。

从上列 2 注可见，在古代的战争之中，仓储对于前方和后方都具有重要意义，大型仓储所在的城邑，常常是兵家必争之地。因此，对于这类重要的仓储，郦注都有所记载。不过仓储的名称各地并不一致，卷二十二《洧水》经"又东南过长社县北"注云：

> 洧水东入汶仓城内，俗以是水为汶水，故有汶仓之名，非也，盖洧水之邸阁耳。

对于这段注文，熊会贞在注疏本疏云：

> 河水五、淇水、浊漳水、赣水等篇，并言邸阁，此以洧水邸阁释汶仓，是邸阁即仓之殊目矣。

熊疏当然是正确的，但实际上，卷三十五《江水注》对于仓储城的解释，比《洧水注》的熊疏更为明白。注云：

> 故侧江有大城，相承云仓储城，即邸阁也。

古人称仓储为邸阁，历来甚为普遍，据《通典》所记，北魏时，"有司请于水运之次，随便置仓，乃于小平、石门、白马津……凡八所，各立邸阁"。[③]而《通鉴》亦记："诸葛亮劝农讲武，……运米集斜谷口，治斜谷邸阁。"[④]"乞运河北邸阁米十五万斛以赈阳翟饥民"等[⑤]不胜枚举。所以胡三省说："魏延所谓横门邸阁、足以周食；王基所谓南顿有大邸阁，计足军人四十日粮。"[⑥]这种例子是俯拾即是的。所以《水经注》记载的仓储，几乎有一半是以邸阁为名的，例如卷二十五《泗水注》的宿预城邸阁。注云：

> 泗水又迳宿预城之西,又迳其城南,故下邳之宿留县也,王莽更名之曰康义矣。晋元皇之为安东也,督运军储而为邸阁也。

这段注文说明了这个邸阁在军事上是具有重要意义的。郦注记载的另一处巴丘邸阁,也是具有重要军事价值的大型仓储。卷三十八《湘水》经"又北至巴丘山,入于江"注云:

> 山有巴陵故城,本吴之巴丘邸阁城也。

对于这一邸阁、郦注所记比较简单,而《晋书》的记载却补充了郦注的不足。《晋书》云:

> 玄击仲堪、顿巴陵而馆其谷。……仲堪既失巴陵之积,又诸将皆败,江陵震惊,城内大饥。[7]

由此可见,这一三国时代的仓储城,到了晋代,仍然是兵家所争的要地。

《水经注》记载的大小战役多达300,以上仅仅是对其中若干战役所涉及的兵要地理的简单分析。在历史时期中,我们的民族曾经经历过各种各样的战争,付出了难以估计的代价。因此,对于历史所遗留给我们的大量兵要地理资料,我们确实弥感珍贵。要整理历史时期的兵要地理资料,并不是一件轻而易举的事,这里举《水经注》的记载为例,可能对我们在这方面的工作有所启发。

注释:

①　据《通鉴》卷一五一及《北史·郦道元传》。

②　《史记》卷七《项羽本纪》。

③　《通典》卷一〇《食货十·漕运》。

④　《通鉴》卷七二《魏纪四》明帝青龙元年。

⑤　《通鉴》卷八四《晋纪六》惠帝永宁元年。

⑥　《通鉴释文辨误》卷三,明帝青龙元年。

⑦　《晋书》卷八四《殷仲堪传》。

原载《杭州大学学报》(哲学社会科学版)1980年第2期

十八、《水经注》记载的域外地理

《水经注》除了对国内各地区地理概况的详细描述外,还在域外地理方面进行了许多记载。从今天来说,《水经注》记载的域外地理,在地区上又可分成二类,其中一类是在汉王朝或汉王朝以后的各王朝曾经为我国管辖的地区,对于这类地区,在当时实际上是边疆地理。另一类地区则是上述地区以外的地区,对于那些地区,即在当时也属域外地理。

古代的边疆和域外,路程遥远,交通不便,都是郦道元足迹所未到的。因此,对于这些地区的记载,主要依靠作者所能获致的文献。除了《汉书·地理志》、《汉书·西域传》等当时流行已经较久的文献外,作者还广泛搜罗了当时流传不久的和比较稀见的区域地理文献,例如他采用《法显传》、释氏《西域记》、^①康泰《扶南传》、竺枝《扶南记》、竺法维《佛国记》、^②支僧载《外国事》等文献中的资料,记载了今印度、巴基斯坦、克什米尔以及苏联中亚细亚各地的地理概况,采用《林邑记》、《交州记》、《交州外域记》、《俞益期与韩伯康书》等文献中的资料,记载了今中南半岛各地的地理概况。作者对当时边疆与域外地理的记载中所采用的有关文献超过 30 种。现在,除了极少数几种外,这些文献绝大部分都已经亡佚,赖《水经注》的记载,才把这些文献部分地保存下来。

尽管郦注记载的域外地理如上所述只是从其他文献中抄引所得,但其中不少资料现在看来还是值得重视的。例如卷一《河水注》引《法显传》云:"恒水又东到多摩梨靬国,即是海口也。"又引康泰《扶南传》云:"从迦那调洲西南入大湾,可七、八百里,乃到枝扈黎大江口,度江迳西行,极大秦也。"又引同书云:"发拘利口,人大湾中,正西北入,可一年余,得天竺江口,名恒水,江口有国号担袟。"以上几段文字,虽然其间存在着重复和牴牾,但经过校勘和笺注,却仍然不失为有关古代印度东南部和孟加拉湾沿岸的重要地理资料。按"多摩梨轩国",在大典本、黄本、吴本、何校明抄本、王校明抄本、注笺本、沈本等诸本之中,均作"多摩梨帝国"。注疏本熊会贞疏云:"《佛国记》从瞻婆大国东行近五十由延到多摩梨帝国,则梨帝不误"。岑仲勉认为多摩梨帝即梵语 Tâmalitti,[③]足立喜六《法显传考证》书末所附地图中,此城在恒河河口西岸,确然可考。又据岑氏考证,迦那调洲与拘利口实系一地,即今日泰国与马来西亚之间的克拉地峡,所谓大湾,即今孟加拉迤南一带海面。[④]枝扈黎大江就是恒水,这是郦注注文中已有说明的。而"江口有国号担袟",此处"担袟",在黄本、吴本、何校明抄本、注笺本、沈本、五校抄本、注释本、注疏本等诸本之中均作"担袟"。岑仲勉认为:"担袟与多摩、耽摩均一音之转,乃 Tâmalitti 之省译也。"[⑤]当然,既云"西南入大湾",又云"正西北入",显然彼此径庭,[⑥]而从克拉地峡到恒河河口需时"可一年余",文字必有错讹,[⑦]都还值得研究,但这些记载绝非子虚,则是众所共知的。

卷三十六《温水》经"东北入于鬱"注引《林邑记》记载中南半岛的动物云:"咸驩已南,麈鹿满冈,鸣呦命畴,警啸聒野,孔雀飞翔,蔽山笼日。"又同注引《林邑记》记载这个地区的植物云:"林棘荒蔓,榛梗冥鬱,藤盘笙秀,参错际天。"对于中南半岛的热带自然景观,上述记载是称得上真实而生动的。

除广泛地搜罗文献资料以外,作者还对来自域外的使节和其他人士进行访问,以增加他的城外地理知识,而把访问所得,写入注文,这样的资料,当然也是相当珍贵的。卷十四《浿水注》中对浿水(即今朝鲜清川江)流向的考证即是其例,经文云:"浿水出乐浪镂方县,东南过临浿县,东入于海。"作者根据有关的文献资料推理,认为浿水"东入于海"的说法是错误的。为了证实他的论断,他特地访问了当时高句丽来北魏的使节,终于证实了作者的见解。这段注文云:

> 汉武帝元封二年,遣楼船将军杨僕、左将军荀彘讨右渠,破渠于浿水,遂灭之。若浿水东流,无渡浿之理。其地,今高句丽之国治,余访蕃使,言城在浿水之阳,其水西流,迳故乐浪朝鲜县,即乐浪郡治,汉武帝置,而西北流。故《地理志》曰:浿水西至增地县入海。又汉兴,以朝鲜为远,循辽东故塞,至浿水为界。考之今古,于事差谬,盖经误证也。

如上注,虽然作者足迹未至高句丽,但资料的可靠性并不亚于他实地考察之所得。这是作者做学问的踏实之处,也是《水经注》资料的可贵之处。

　　由于时代的限制,当时有关域外的文献资料十分缺乏,而在能够罗致的文献之中,道听途说、荒诞不经的内容又很不少,所以郦注记载的域外地理资料中,不免也夹杂着一些以讹传讹的东西,这就是明周婴所批评的:"然皆蹑法显之行纵,想恒流之洞洑,其间水陆未辨,道里难明,计所差池,厥类亦众。"⑧的确,郦注在利用《法显传》、康泰《扶南传》、释氏《西域记》等文献记载罽宾、天竺和西域诸国时,对资料的甄别取舍,并不十分严密,现在看来,牵强附会之处也颇不少。但是应该指出,像郦氏那样搜罗了当时记载域外的几乎全部文献,并且对域外来人进行采访,然后记载域外地理而又如此详细的,在郦氏以前,恐怕绝无其例,而郦氏以后,为数也不是很多的。因此,郦注记载的域外地理资料中存在一些糟粕,自然也就可以谅解的了。连求全责备如周婴者,也不得不说:"若其括地脉川,绌奇甄异,六合之外,宛在目中,三竺之流,如漾足下,神州地志,斯为最瑓矣。"⑨

注释:

①　亦作《西域志》,系晋僧道安所撰,僧不姓而称释,所以郦注作释氏。

②　卷一《河水》经"屈从其东南流,入渤海"注下引此凡3处,但只说"竺法维云"或"竺法维曰",并无《佛国记》之名,考《通典》天竺下曾引竺法维《佛国记》,则郦注所引当是《佛国记》。

③　《水经注卷一笺校》,载《中外史地考证》上册,中华书局1962年版,第259页。

④　《水经注卷一笺校》,载《中外史地考证》上册,第216、260页。

⑤　《水经注卷一笺校》,载《中外史地考证》上册,第260页。

⑥　《水经注卷一笺校》(《中外史地考证》上册,第216页):"所异者,一言西南,一言西北,但古人方向多谬,不能视为重要异点也。"

⑦　《水经注卷一笺校》(《中外史地考证》上册,第216页):"实一月余之误。"

⑧⑨　《卮林》卷一《析郦》,《湖海楼丛书》本。

十九、《水经注》记载的桥梁

《水经注》在记载河川的同时也涉及桥梁。全注记载的各种桥梁,注文明确的共达 92 座,[①]包括石桥、木桥、索桥、浮桥、阁桥、竹桥等。在所载的全部桥梁中,根据注文可以判定其为何种桥梁的超过一半,建桥年代或主持建桥的人物可以查考的也超过1/5。《水经注》记载的桥梁资料,不仅在研究我国的桥梁建筑史上很有价值,而且对于许多河流在河道迁移、水文变化等方面,也都有可以提供参考的内容。现在先将全部记载的桥梁,可以查明种类的表列如下:

桥梁种类	桥梁名称及卷次本
石桥	济水东岸石桥(卷八济水注)、朝阳桥(卷八济水注)、清水石梁(卷九清水注)、建春门石梁(卷九洹水注)、邺城东门石桥(卷十三漯水注)、平城两石桥(卷十三漯水注)、皋门桥(卷十六穀水注)、制城石桥(卷十六穀水注)、建春门石桥(卷十六穀水注)、马市石桥(卷十六穀水注)、阊阖门石桥(卷十六穀水注)、东阳门石桥(卷十六穀水注)、旅人桥(卷十六穀水注)、郑城西石桥(卷十九渭水注)、郑城东石梁(卷十九渭水注)、郑城西石梁(卷十九渭水注)、洰水石梁(卷二十三阴沟水注)、萧县石桥(卷二十三获水注)、小沛县石梁(卷二十五泗水注)、愚山石梁(卷二十六淄水注)、蕲县石梁(卷三十淮水注)、州苞冢石桥(卷三十一滍水注)、石桥门石梁(卷三十二肥水注)、浦阳江石桥(卷四十渐江水注)
木桥	河峡桥(卷二河水注)、河厉(卷二河水注)、虎祁宫北汾水梁(卷六汾水注)、偏桥(卷十浊漳水注)、渭桥(卷十九渭水注)、霸桥(卷十九渭水注)、泡桥(卷二十五泗水注)

桥梁种类	桥梁名称及卷次本
索桥	新头河悬绠(卷一河水注)、罽宾绠绠桥(卷一河水注)、枹罕飞桥(卷二河水注)、莱芜谷悬度(卷二十四汶水注)、绵虒县笮桥(卷三十三江水注)、成都县笮桥(卷三十三江水注)、安汉桥(卷三十三江水注)
浮桥	富平津桥(卷五河水注)、延津浮桥(卷五河水注)、紫陌浮桥(卷十浊漳水注)、洛水浮桁(卷十六榖水注)、东关城浮梁(卷二十九沔水注)、成固南城桁(卷三十二涔水注)、赵军城桁(卷三十二涔水注)、剡县桥航(卷四十渐江水注)
阁桥	鲁般桥(卷六汾水注)、滇阳阁桥(卷三十八溱水注)
竹桥	武功水竹桥(卷十八渭水注)

以上计各种桥梁 50 座。② 此外,对于这些桥梁在何代由何人主持建造,按郦注记载也列一表如下,其中建造年代及建造者均能查明的只占少数,另外一些仅知其中的一项资料,也还有一些只能笼统地指出建造的部族或朝代。但是无论如何这些资料都还是有用的。

卷次	桥名	年代及建造者	卷次	桥名	年代及建造者
卷二河水注	河峡桥	后汉 永元五年护羌校尉贯友	卷十三瀍水注	平城两石桥	魏太和十年
卷二河水注	河厉	吐谷浑	卷十六榖水注	皋门桥	元康二至三年晋惠帝
卷二河水注	枹罕飞桥	义熙中乞佛	卷十六榖水注	旅人桥	晋太康三至四年
卷三河水注	北河梁	元朔二年卫青	卷十八渭水注	武功水竹桥	诸葛亮
卷五河水注	富平津桥	晋杜预	卷十九渭水注	便门桥	汉武帝建元三年
卷五河水注	延津浮桥	赵建武中	卷十九渭水注	渭桥	秦代
卷六汾水注	虒祁宫北汾水梁	晋平公	卷二十九沔水注	东关城浮梁	魏诸葛诞
卷八济水注	济水东岸石桥	吕母	卷二十九沔水注	黄桥	汉蜀郡太守黄昌
卷十浊漳水注	紫陌浮桥	赵建武十一年	卷三十六若水注	孙水桥	汉司马相如
卷十三瀍水注	邺城东门石桥	赵建武中			

除了上列各桥以外,还有不少桥梁虽无建筑年代的记载,但从注文中可以查明至迟在何时已经存在。例如卷二十五《泗水注》所记的小沛县石梁:"高祖之破黥布也,

过之。"说明此桥至迟在秦末已经存在。又如卷八《济水注》所记的朝阳桥,在后汉建武五年曾为耿弇的部队所通过,则此桥至迟在后汉初已经建成。卷十《浊漳水注》所记的巨桥,注文云:"昔武王伐纣,发巨桥之粟。"这当然只能视作传说,但是用来说明这座桥梁建筑年代的悠久,大概是没有什么疑问的。

从上列 2 表可见,郦注记载的桥梁种类很多,而其中有些桥梁如虒祁宫北汾水梁和渭桥等,都是我国最早建筑的著名桥梁。按桥梁的种类,最多的是石桥,其中有些石桥具有精湛的建筑技巧和美观的造型。例如卷九《洹水注》记载的建春门石桥即是一座十分精致的桥梁。注云:

> 又北迳建春门石梁,不高大,治石工密,旧桥首夹建两石柱,螭矩趺勒甚佳。乘舆南幸,以其作制华妙,致之平城,东侧西阙,北对射堂,绿水平潭,碧林侧浦,可游憩矣。

从这段注文中可见此桥的石工是十分精致的,桥端所建的石柱,由于雕刻精巧,造型美观,竟受到北魏皇帝的青睐而把它们从邺城搬到北方的平城去,其身价可以想见。另一著名石桥是卷十六《穀水注》记载的旅人桥,实际上是横跨七里涧的数座桥梁的总称,这是工程浩大、建筑宏伟、造型美观的石拱桥。注云:

> (七里)涧有石梁,即旅人桥也。……凡是数桥,皆累石为之,亦高壮矣,制作甚佳,虽以时往损功,而不废行旅。朱超石与兄书云:桥去洛阳宫六、七里,悉用大石,下圆以通水,可受大舫过也。[③]题其上云:太康三年十一月初就功,日用七万五千人,至四月末止。

如上注,旅人桥确实不愧为我国古代石拱桥建筑中的杰作。当然,日用 75000 人,从太康三年(282)十一月初到次年四月底,为这些桥梁花了 1300 多万工,其靡费也是骇人听闻的。此桥建成后,洛阳虽然历经战火,但据郦注所记,直到 200 多年以后的北魏时代,仍然存在,不过:"此桥经破落,复更修补,今无复文字",不能与当年相比了。

郦注记载中可以查明的木桥共有 7 座。其中《渭水注》的霸桥与《泗水注》的泡桥,注文虽不写明是木桥,但前者在王莽地皇三年火灾,"卒数千以水汎沃救不灭,晨夕尽"。后者在南北朝宋魏交战时遭到焚毁。说明二桥均系木桥无疑。在这些木桥之中,有的具有很大的建筑规模。《汾水注》记载的虒祁宫北汾水梁即是其例。注云:

> 汾水西迳虒祁宫北,横水有故梁,截汾水中,凡有三十柱,柱径五尺,裁与水平,盖晋平公之故梁也。物在水,故能持久而不败也。

规模最大的当然是长安的渭桥,《渭水》经"又东过长安县北"注云:

> 秦始皇作离宫于渭水南北,以象天宫,故《三辅黄图》曰:渭水贯都,以象天汉;横桥南度,以法牵牛。南有长乐宫,北有咸阳宫,欲通二宫之间,故造此桥,广

六丈,南北三百八十步,六十八间,七百五十柱,百二十二梁。④桥之南北有堤,激立石柱,柱南,京兆主之;柱北,冯翊主之。有令丞,各领徒千五百人。桥之北首,垒石水中,故谓之石柱桥也。

如上注,渭桥确实是一座规模宏大的桥梁。按秦制,一步为6尺,则此桥南北长达200余丈。虽然秦尺比今尺要短,但其长度已经十分可观了。这座巨大的桥梁以后虽然毁损殆尽,但水下的桥柱却长期存在,直到明代,渭河水位下降时仍有少数桥柱可见。⑤说明当年的工程是相当坚固的。

在郦注记载的桥梁中也包括不少索桥,其中有的分布在域外,即葱岭以西的古代北天竺地区,郦注根据法显《佛国记》称这个地区的索桥为桥。卷一《河水注》记载古代印度河上游的索桥云:

> 有水名新头河,昔人有凿石通路施倚梯者,凡度七百梯,度已,蹑悬过河,河两岸相去咸八十步。

80步按古制是480尺,在这样宽广的河谷上建造索桥,在古代的条件下,实在并非易事,而旅行者横过这样长的索桥,也着实令人心惊目眩了。在这个地区,索桥看来还是相当普遍的。同卷又记载了古代罽宾(今克什米尔一带)的索桥。注云:

> 余证诸史传,即所谓罽宾之境,有盘石之隥,道狭尺余,行者骑步相持,桥相引,二十许里方到悬度。

郦注记载的另一些索桥在我国西南地区,即注文所称的笮桥。卷三十三《江水注》在绵虒县和成都县各记及笮桥一处。清胡渭云:“凡言笮者,夷人于大江上置藤桥,谓之笮,其定笮、大笮,皆是近水置笮桥处,笮与莋同。”⑥《水经注》对“莋”字也有一番解释,卷三十六《若水注》云:“莋,夷也。汶山曰夷,南中曰昆弥,蜀曰邛,汉嘉越巂曰莋,皆夷种也。”胡渭的说法与郦注虽不相同,但其实并无多大径庭之处。不仅《江水注》的两处笮桥是索桥无疑,而《江水注》的邛莋县与《若水注》的大莋县,尽管如郦注所言是夷族所居,但同时却也是索桥流行之处。

在古代,我国东部的山岳地区,实际上也有索桥的存在。郦注卷二十四《汶水注》就有这样的记载:

> 《从征记》曰:汶水出县西南流,又言:自入莱芜谷,夹路连山百数里,水隍多行石涧中……或倾岑阻径,或回岩绝谷,清风鸣条,山壑俱响,凌高降深,兼惴栗之惧,危蹊断径,过悬度之艰。

这里所说“悬度之艰”的“悬度”一词,在郦注中并不陌生,它可以与卷一《河水注》的记载相对比。《河水注》云:

> 郭义恭曰:乌秅之西,有悬度之国,山溪不通,引绳而度,故国得其名也。

由此可知,《汶水注》的"悬度",正是索桥无疑。

《水经注》也记载了不少浮桥,例如卷五《河水注》所记晋杜预在富平津所建的桥梁是"造舟为梁"。卷四十《浙江水注》所记的剡县浮桥是"并二十五船为桥航"等。在古代,河面较宽而河床较深的地区,建造石桥与木桥在技术上都有困难,则浮桥就成为最理想的渡越工具。

此外,郦注也记载了少数阁桥与竹桥,《汾水注》所记的鲁般桥即是阁桥的一种。注云:

> 在界休县之西南,俗谓之雀鼠谷,数十里间道险隘,水左右悉结偏梁阁道,累石就路,萦带岩侧,或去水一丈,或高五、六尺,上戴山阜,下临绝涧,俗谓之为鲁般桥。

这种阁桥,与卷二十七《沔水注》记载的栈道大致相同,它虽然常在水面之上,但并不跨越河道。另一种阁桥与此不同,那就是卷三十八《漆水注》所记载的浈阳峡阁桥。注云:

> 漆水又西南,历皋口、太尉二山之间,是曰浈阳峡,两岸杰秀,壁立于天,昔尝凿石架阁,令两岸相接。

这种阁桥在峡谷上跨越河川,非常险峻,情况又和索桥相似。

《水经注》记载的桥梁,其大致情况已如上述,在这些资料中,有关桥梁的本身如桥梁的种类、分布、结构、造型等等,对今天当然很有价值,而桥梁与河川的关系方面的资料,也同样有助于我们今天对历史时期河道与水文等变迁的研究。卷八《济水注》所记载的梁山附近的一座济水石桥可以为例。注云:

> 济水又北迳梁山东……河东岸有石桥,桥本当河,河移,故厕岸也。

这里,桥梁既然离开了河道,说明河道的迁移自然不会有比此更好的材料。这类例子在郦注中是并不罕见的。此外,桥梁是水陆交通的冲要之处,它在平时是车马往来的通道,战时则为兵家必争的要枢。关于这方面,将在有关兵要地理的论述中探讨,此处不再赘述了。

注释:

① 如卷七《济水注》的雀梁,卷八《济水注》的溴梁,卷一一《滱水注》的勺梁、将梁等,因注文叙述不明确,均未统计在内。

② 其实不止50座,因卷一《河水注》的桥,按注文有多处,卷一六《榖水注》的旅人桥,按注文亦有数座,因具体数字不详,均作一座计入。

③　"可受大舫过也"后,除殿本外,其余各本如大典本、黄本、吴本、注笺本、沈本、五校抄本、七校本、注释本、注疏本等,均有"奇制作"三字。注疏本疏云:"朱笺曰:奇制作未详,《玉海》引此无此三字。赵云:按奇制作,所谓桥之制作甚奇,即上制作甚佳之意,岂可因《玉海》所引无之而遂疑之。戴以为衍文而删去。"

④　大典本作:"南北二百八十步……有一百一十二梁。"宋敏求:《长安志》卷一三《县三·咸阳·中渭桥》引《水经注》作:"广六丈,南北三百八十步,洞六十八间,柱七百五,梁二百二。"

⑤　乾隆《咸阳县志》卷二二《杂记》引《高陵志》。

⑥　《禹贡锥指》卷一九。

二十、《水经注》记载的津渡

　　《水经注》除了记载桥梁以外，同时也记载津渡。桥梁和津渡，都是陆上道路与河川的交错之处，陆路要越过河川，建造桥梁当然是最好的办法，但是根据古代的技术条件与经济条件，要在水陆交错之处普遍建桥显然是不可能的，因而津渡就成为横越河川的主要方法，郦注涉及的津渡地名多达90余处。卷五《河水》经"又东过茌平县西"注中，作者特地对此作了解释，注云："《述征记》曰：碻磝，[①]津名也，自黄河泛舟而渡者，皆为津也。"当然，津渡的设置比建造桥梁要方便得多，但也需要一定的条件，"泛舟而渡"并不是到处可行的，必须要考虑河床、水文等条件的是否适宜。在古代的技术条件下，泛舟渡河有时也要冒很大的风险，卷四十《浙江水》经"北过余杭，东入于海"注中就有这样的例子。注云：

　　　　秦始皇三十七年，将游会稽，至钱唐，临浙江，所不能渡，故道余杭之西津也。

　　这里，"所不能渡"的原因，根据《史记·秦始皇本纪》所述，是因为"水波恶"。[②]由此说明，在当时，由于钱唐浙江的江面很宽，可能是慑于这条潮汐河流的滚滚涌潮，横渡就有困难，因而渡江只能上溯到余杭，在江面较窄处进行。由此可见，在古代河川沿岸设置津渡之处，必须选择具备河面较狭，河床较深，地形平坦，流速较小等条件。这样，郦注记载的每一处津渡，对于我们研究古代河川在上述种种方面的情况时，就都有提供线索的意义。

　　黄河是古代河川中津渡最多的河流，这一方面是因为黄河河面宽阔，建桥非易；另一方面也是因为黄河两岸经济发达，交通频繁。从潼关以东到鄄城之间，郦注记载的沿河津渡，至今仍能在地图上大致定点的有洹津（窦津）、茅津、孟津（富平津）、五社津、板城渚口、棘津（石济津）、鹿鸣津、濮阳津、郭口津、卢关津等多处。（附图九　古代黄河津渡示意图）这个地区，在黄河南北，另外也还有一些重要的古代津渡，在黄河以北以浊漳水上的薄落津最为著名，卷十《浊漳水》经"又东北过曲周县东，又东北过巨鹿县东"注中记载了这个津渡。注云：

漳水又历经县故城西，水有故津，谓之薄落津③，昔袁本初还自易京，上已届此，率其宾从，楔饮于斯津矣。

这个津渡可以容得下一大批官员在此禊饮，说明津渡的附属设备是很不错的，所以必然是个重要的津渡。在黄河以南的津渡中，众所周知的是汴水上的官渡，汉末曾在这里发生过一场大战，卷二十二《渠注》中有这方面的记载。注云：

渠水又左迳阳武县故城南，东为官渡水，又迳曹太祖垒北，有高台，谓之官渡台，渡在中牟，故世又谓之中牟台。建安五年，太祖营官渡，袁绍保阳武，绍连营稍前，依沙堆为屯，东西数十里，公亦分营相御，合战不利，绍进临官渡，起土山地道以逼垒，公亦起高台以捍之，即中牟台也。今台北土山犹在，山之东悉绍旧营，遗基并存。

这里牵涉到津渡在军事上的价值，关于这方面，已在《水经注记载的兵要地理》中有所说明，不再赘述了。

上面所述的都是注文所谓"泛舟而渡"的津渡，除此以外，古人横越河川还有一种办法是涉水而渡。卷二十八《沔水》经"又东过山都县北"注云：

沔水又东偏浅，冬月可涉渡，谓之交湖，兵戎之交，多自此济。

从军事上说，熟悉一条河流沿河可以涉渡的地点，有时甚至比掌握津渡更为重要。因为涉渡可以在短时间内通过大队人马，而津渡必须调集大量船舶，不仅行动较慢，并且还易于暴露目标。这里，注文中的"冬月可以涉渡"一语，对我们了解这一河段在古代枯水季的河床深度，也是很有价值的资料。郦注记载的有关河川涉渡的资料不少，在《水经注记载的兵要地理》中提到的《濡水注》卑耳之溪渡和《滍水注》鱼齿山渡，都是这方面的例子。把郦注在这方面的记载，和这些河流现在的河床、水文等情况进行对比，则古今河流在自然地理上的变迁过程，可借此获得不少资料。

在《水经注》的记载中，利用船舶的津渡和利用浅水的涉渡，一般都是写得清楚明白，不致混淆的。但其中也有若干地名，津渡与涉渡不易判明。卷十四《濡水注》的五渡塘与卷三十七《沅水注》的壶头33渡等均是其例。《濡水注》云：

其水南入五渡塘，于其川也，流纡曲溯，涉者频济，故川塘取名矣。

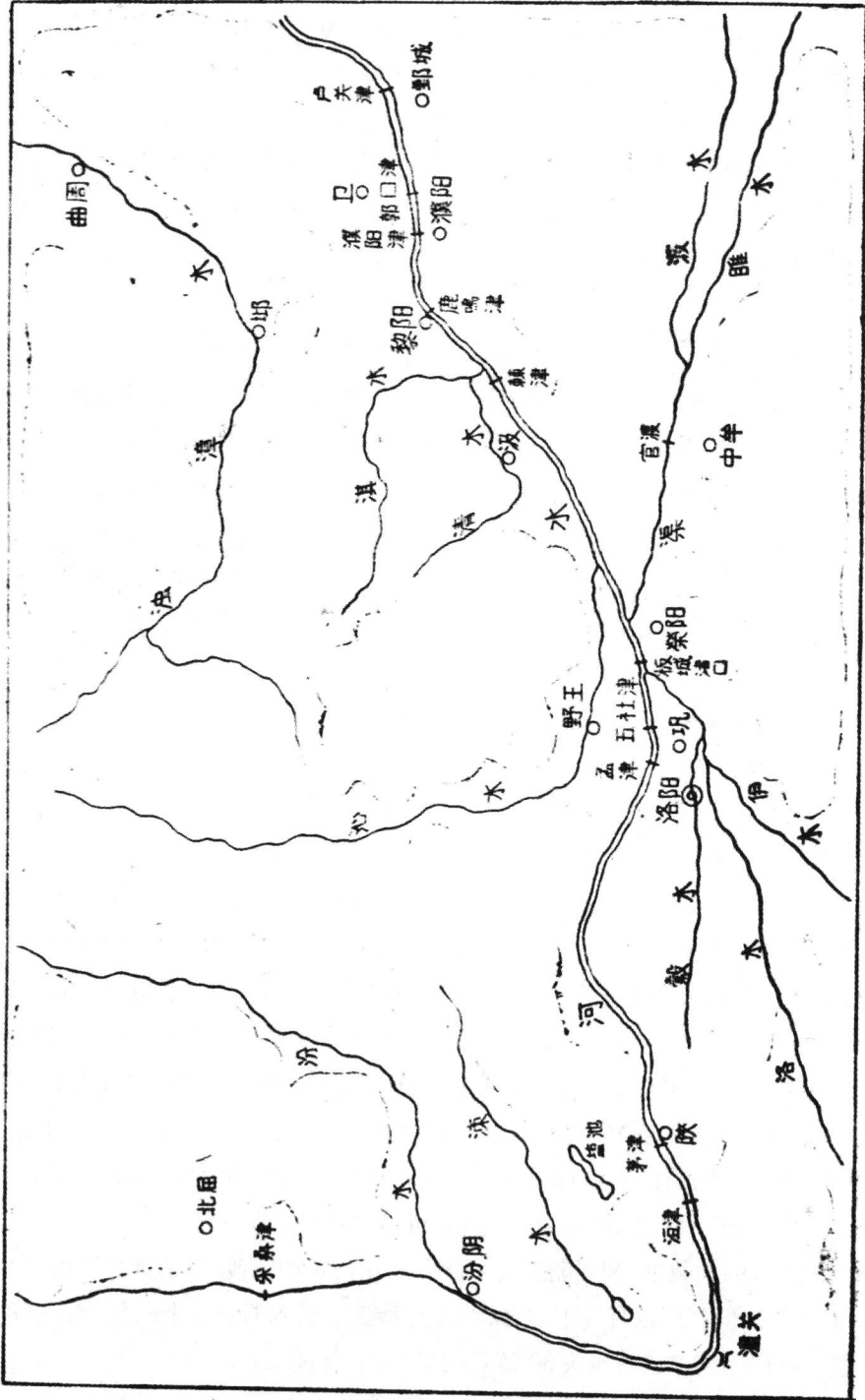

图九　古代黄河津渡示意图

又《沅水注》云：

> 壶头迳曲多险，其中纤折千滩。……刘澄之曰：沅水自壶头枝分，跨三十
> 三渡。

如上 2 注，"五渡"与"三十三渡"，究竟是津渡抑是涉渡，单靠注文是无法肯定的。同样，卷三十三《江水注》云："自蜀西渡邛莋，其道至险，有弄栋八渡之难，扬母阁路之阻。"这个"弄栋八渡"，也无法断定它们是哪一类渡口。《水经注》中这样的问题不少，要弄清这类问题，必须进行大量的野外工作，结合其他文献的对照研究，才能有所收获。

《水经注》记载的津渡，几乎全部都是河川两岸的渡口，但其中也有一处是湖泊间的津渡，另外还有一处海渡。卷三十《淮水》经"又东过淮阴县北，中渎水出白马湖，东北注之"注云：

> 旧道东北出，至博芝、射阳二湖，西北出夹邪，乃至山阳矣。至永和中，患湖道
> 多风，陈敏因穿樊梁湖北口，下注津湖迳渡，渡十二里，方达北口，直至夹邪。

殿本在"下注津湖径渡"下加注云："案津湖，在今宝应县南六十里。"总之，这是一处横越湖泊的津渡，所以渡程长达 12 里。卷三十六《温水》经"东北入于鬱"注云：

> 王氏《交广春秋》曰：朱崖、儋耳二郡，与交州俱开，皆汉武帝所置，大海中南
> 极之外，对合浦徐闻县，清朗无风之日，迳望朱崖州，如囷廪大；从徐闻对渡，北风
> 举帆，一日一夜而至。周回二千余里，径度八百里，人民可十万余家。

这里，注文记载的朱崖州，就是我国的第二大岛海南岛。而从徐闻到朱崖州，则是《水经注》记载的唯一海渡。

注释：

① 吴本、注笺本作罶礴，五校抄本、七校本，注释本作器礴。

② 《史记》卷六，《秦始皇本纪》："三十七年十月癸丑始皇出游，……至钱唐，临浙江，水波恶，乃西百二十里，从狭中渡。"《通鉴》卷七《秦纪二》始皇帝三十七年十一月，胡注："所谓水波恶处，则今之由钱唐渡西陵者是也；西狭中渡，则今富阳、分水之间。"

③ 五校抄本、七校本作薄络津。《方舆纪要》卷一五《直隶六·顺德府·广宗县·漳水》引《水经注》作薄络津。

二十一、《水经注》记载的内河航行

《水经注》记载了大量的河川水道,必然要涉及内河航行的问题。的确,注文中拥有许多有关这方面的资料,只是因为这些资料是零星地散布在大量的干、支流之中的,因此,不经过整理归纳,就不容易获得这方面的深刻印象。

《水经注》记载的大河,除了现在的黄河、长江、珠江等以外,还有淮水、沔水、济水等,对于这些河流,注文或多或少地都记及它们的内河航行。例如黄河,这是一条缺乏航行之利的河流,古今都是一样,但无论从上游到下游,郦注记载中涉及其航行问题的资料仍然不少。卷二《河水》经"又东入塞,过敦煌、酒泉、张掖郡南"注云:

> 河水又东迳允川,而历大榆、小榆谷北,羌迷唐锺存所居也,永元五年,贯友代聂尚为护羌校尉,攻迷唐,斩获八百余级,收其熟麦数万斛,于逢留河上筑城以盛麦,且作大船。

这里的"且作大船",说明内河航行在古代的黄河上游是有所发展的,当然可以通航的河段长度以及航行的规模都不得而知。至于黄河中游,即使是在形势最险恶的三门峡河段中,航行也仍然存在。卷四《河水》经"又东过砥柱间"注中提到这一河段:"水流迅急,势同三峡,破害舟船,自古所患。"既然是"破害舟船。自古所患",说明舟船往来是自古存在的。注文接着记载了历来修治这条水道的经过,最后说:"虽世代加工,水流湍济,波涛尚屯,及其商舟是次,鲜不踟蹰难济。"这里指出的"商舟",是这个河段中内河航行有所发展的更好证明。三门峡以下的陶河(即孟津),黄河甚至还

有航行大型船舶的记载。卷五《河水》经"又东过平县北,湛水从北来注之"注云:

> (孟津)又谓之为陶河,魏尚书仆射杜畿,以帝将幸许,试楼船,覆于陶河。

说明这个河段中曾经航行楼船,则直到后汉末期,航道还是较好的。从此再往东,就是黄河下游,是一片三角洲,水道纷歧,支流杂出,但在这些河道中,郦注也有通航的记载。卷五《河水》经"又东北过高唐县东"注中,记载了黄河下游的支流漯水的通航情况。注云:

> 漯水又北迳聊城县故城西,城内有金城,周币有水,南门有驰道,绝水南出,自外泛舟而行矣。

从上注,说明漯水的航行是很方便的。同卷经"又东北过漯阳县北"注云:

> 河水自平原,左迳安德城东而北为鹿角津,东北迳般县东陵枌乡,至厌次县故城南为厌次河,汉安帝永初二年,剧贼毕豪等数百乘船寇平原,县令刘雄,门下小吏所辅,浮舟追至厌次津。

如上注,敌我双方数百人都利用船舶在河上活动,说明这个河段的航行条件也是较好的。

除了干流以外,黄河的支流也有不少在郦注中有内河航行的记载。卷六《汾水注》记载了汉永平年间开凿自都虑到羊肠仓之间沟通滹沱河与汾水的运河工程,注文说:"将凭汾水以漕太原。"尽管运河最后没有开成,但汾水的宜于航行,在此却完全说明了。卷十九《渭水》经"又东过霸陵县北,霸水从县西北流注之"注云:

> (故渠)又东北迳新丰县,右合漕渠,汉大司农郑当时所开也,以渭难漕,命齐水工徐伯,发卒穿渠引渭,其渠自昆明池,南傍山原,东至于河,且田且漕,大以为便。

如上注,这条漕渠虽然并非渭水,但它是引渭开凿的。因此,渭水流域在古代也有通航的记载。

在黄河的所有支流中,内河航行最发达的当然是洛水及其支流穀水。卷十六《穀水》经"又东过河南县北,东南入于洛"注中提到:"张纯堰洛以通漕,洛中公私穰赡,是渠今引穀水,盖纯之创也。"说明从汉代以至北魏,洛阳的内河航行一直都很便利。注文又引《洛阳地记》云:"大城东有太仓,仓下运船,常有千计。"《洛阳地记》大概是西晋人的作品,晋代洛阳内河运输的盛况于此可见。卷十五《洛水》经"东北过卢氏县南"注云:

> 洛水又东迳檀山南,其山四绝孤峙,山上有坞聚,俗谓之檀山坞。义熙中,刘公西入长安,舟师所届,次于洛阳,命参军戴延之与府舍人虞道元,即舟溯流,穷览洛川,欲知水军可至之处,延之届此而返,竟不达其源也。

从上注可知,水军船队从洛阳上溯,可以到达檀山坞,则当年洛水的航道条件确是很好的。

长江的内河航行不但比黄河发达,情况也比黄河复杂得多,因此,《水经注》在这方面的记载也大大超过黄河。郦注《江水》以岷江为正源,而从岷江入长江东下的内河航行,是自古就很发达的。卷三十三《江水》经"岷山在蜀郡氏道县,大江所出,东南过其县北"注中提到的:"故苏代告楚曰:蜀地之甲,浮船于汶,乘夏水而下江,五日而至郢。"说明这条航道在先秦时代就已经为舟楫所利用。当然,这段河道在川、鄂之间必须通过三峡,这是内河航行中的莫大困难,因而注文有很大的篇幅记载这一河段中的航行之险。卷三十三《江水》经"又东过鱼复县南,夷水出焉"注中的滟滪堆和瞿唐峡即是其例。"滟滪大如象,瞿唐不可上;滟滪大如马,瞿唐不可下"。[①]这里的"滟滪"和"犹预"音近,这是因为"舟子取途不决,名曰犹预"。[②]在这样险峻的河段中行舟,甚至造成人们的极端恐怖因而产生了求助神明的心理,所以"瞿塘滩上有神庙,尤至灵验,刺史二千石经过,皆不得鸣角伐鼓,商旅上水,恐触石有声,乃以布裹篙足"。这种神秘而恐怖的气氛,反映了在这一河段中的航行困难。

出三峡以后,江宽水浅,河道条件改变,航行随着好转。卷三十五《江水》经"鄂县北"注中提到:"樊口之北有湾,昔孙权装大船,名之曰长安,亦曰大舶,载坐直之士三千人,与群臣泛舟江津。"这是郦注记载中的最大船舶,浩浩荡荡地行驶于大江之上,因而也是郦注记载中规模最大的内河航行了。

长江的支流在《水经注》中也有许多航行的记载。当然,中游以上的支流与中游以下的支流相比,由于地形的不同,航道条件的差异,航行是有很大差别的。例如卷三十六《沫水注》所记沫水(今大渡河)"水脉漂疾,破害舟船,历代为患",卷三十七《夷水注》所记夷水(今清江)"水流浅狭,裁得通船"。像这样的河道,航行都是非常困难的。但卷三十七《沅水注》所记沅水"行者莫不拥楫嬉游,徘徊爱玩",卷三十八《湘水注》所记湘水"帆随湘转,望衡九面"。在这样的河道中航行,条件自然就好得多了。

珠江是我国南方的大河,《水经注》关于珠江的资料,分别记载在卷三十七《浪水注》、卷三十八《漓水注》、《溱水注》和卷三十九《洭水注》等篇中。《浪水》经"其一又东过县东,南入于海"注中所云:"浮牂柯,下离津,同会番禺",这是指的从今盘江到广州的整条西江的航行路径。而经"又东至苍梧猛陵县,为郁溪,又东至高要县,为大水"注中引王氏《交广春秋》云:

　　　　步骘杀吴巨区景,使严舟船,合兵二万,下取南海,苍梧人衡毅钱博,宿巨部伍,兴军逆骘于苍梧高要峡口,两军相逢,于是遂交战,毅与众投水死者千有余人。

如上注,如此大规模的水军船队在江上作战,说明江道的航行条件是很好的。直到今日,西江仍然是组成珠江的三条河流中内河航行最发达的河流。此外,对于今天的北江,即郦注中的溱水和洭水,也都有关于内河航行的记载。

除了上述黄河、长江和珠江三条大河以外,对其他较大的河流,郦注记载中也都涉及内河航行,其中有些记载还相当详尽。例如卷二十五《泗水》经"又东南过吕县南"注云:

> 泗水又东南流,丁溪水注之,溪水上承泗水于吕县东,南流,北带广疁,山高而注于泗川。泗水冬春浅涩,常排沙通道,是以行者多从此溪,即陆机《行思赋》所云:乘丁水之捷岸,排泗川之积沙者也。

如上注,把泗水和丁溪水的航行情况记载得相当清楚。又如卷二十七《沔水》经"东过南郑县南"注云:

> 汉水又东,黑水注之,水出北山,南流入汉,庾仲雍曰:黑水去高桥三十里。《诸葛亮笺》云:朝发南郑,暮宿黑水,四、五十里。指谓是水也。道则百里也。

这里,注文记载了古代汉水上游的航行情况,甚至把水道和陆道的里程也写得清清楚楚。

以上是《水经注》记载古代河流内河航行的大概情况。郦注记载内河航行,还有一些值得指出的特点。第一,作者常常通过航行条件的差别,来记载河床、水文等情况的变化,以此作为划分河段的标准。例如卷三十一《涓水》经"涓水出蔡阴县"注中所说:"涓水出于其阴,初流浅狭,远乃广厚,可以浮舟栰,巨川矣。"这里,注文以通航起点作为涓水河段的划分标准。卷三十八《湘水》经"又东北过泉陵县西"注云:

> 冯水带约众流,浑成一川,谓之北渚,历县北,西至关下,关下,地名也,是商舟改装之始。

又卷三十八《溱水》经"东至曲江县安聂邑东屈西南流"注云:

> (连)水出南康县凉热山连溪,山,即大庾岭也,五岭之最东矣,故曰东峤山,斯则改装之次,其下船路,名涟溪。

以上2注,都以商舟改装之处,作为划分河段的标准。商舟改装的详细情况,注文没有说明,不得而知,可能是小舟改装大舟之处,但也可能是筏运转入舟运之处,因为郦注中确实也有记载河流的筏运和漂运的。卷三十三《江水注》所记岷江上游"因山颓水,坐致竹木",即是筏运或漂运的例子。但是不管是哪一种,在航行上的这种差别,总是河床与水文情况变化的标志,即使在今天,这种划分河段的标准仍是人们所常用的。

第二,对于船舶集中的码头和港埠,郦注在记载中常加很大的注意。例如卷三十五《江水》经"又东北至江夏沙羡县西北,沔水从北来注之"注中的船官浦。注云:

　　　　江之右岸有船官浦,历黄鹄矶西而南矣。……是曰黄军浦,昔吴将黄盖军师
　　所屯,故浦得其名,亦商舟之所会矣。

　　又卷三十八《湘水》经"又北过临湘县西,浏水从县西北流注"注中的记载的船官。
注云:

　　　　(湘水)又迳船官西,湘洲,商舟之所次也,北对长沙郡。

　　如上2注,江水的船官浦与湘水的船官,都是规模甚大的内河码头和港埠。在这
类码头和港埠之中,有的还有人工建筑的记载,例如卷三十九《赣水》经"又北过南昌
县西"注云:

　　　　赣水又历钓圻邸阁下,度支校尉治,太尉陶侃移置此也。旧夏月,邸阁前洲
　　没,去浦远,景平元年,校尉豫章因运出之,力于渚次聚石为洲,长六十余丈,洲里
　　可容数十舫。

　　如上注,钓圻邸阁所面对的码头,是一个人工建筑的、有长达60丈的防波石堤的
深水码头。邸阁,在《水经注记载的兵要地理》中有所说明,乃是粮仓的别名。在粮仓
之前,建筑这样一个运输方便的人工码头,自然是很必要的。这和前面提及《榖水注》
记载的洛阳太仓:"仓下运船,常有千计",情况大体相似。

　　第三,除了天然航道以外,《水经注》记载中十分重视人工航道,北魏以前的主要
运河,绝大部分都在有关的注文中作了介绍。关于这方面,已在《水经注记载的水利
工程》中列举,这里不再赘述了。

注释:

① (明)陈循等《寰宇通志》卷六五《夔州府·滟滪堆》引《水经注》,天一阁藏明景泰顺天府
刊本。

② (宋)祝穆《方舆胜揽》卷五七《夔州·山川·滟滪堆》引《水经注》,上海图书馆藏清抄本。

二十二、《水经注》记载的道路

　　《水经注》不仅记载内河航行，同时也记载了许多陆上道路，全注记载的各种道路地名在 120 处以上。郦注记载道路，不但把道路的起讫途径、兴衰沿革等写得清楚明白，并且还把沿路的山川地形、聚落城邑、人物掌故等进行细致的描述。对于我国各地古代的陆上交通，包括边疆甚至域外的联系等，《水经注》的记载具有重要的价值。

　　《水经注》记载的道路，有不少是我国历史上极其重要的道路。例如卷二十七《沔水》经"又东过成固县南，又东过魏兴安阳县南，涔水出自旱山北注之"注中所记的通关势，就是一条沟通关中与汉中之间的重要道路。注云：

　　　　壻水南历壻乡溪，出山东南流，迳通关势南，山高百余丈，上有匈奴城，方五里，浚堑三重，高祖北定三秦，萧何守汉中，欲修北道通关中，故名为通关势。

　　关中和汉中，在古代都是十分重要的地区，这两个地区之间的道路，不仅具有重要的经济意义，并且也具有重要的战略意义。又如卷四《河水》经"又东过砥柱间"注中记载的从崤山到巴汉的南北二路，这是我国古代从中原通向西南的大道。注云：

　　　　河水又东，千崤之水注焉，水南导于千崤之山，其水北流，缠络二道，汉建安中，曹公西讨巴汉，恶南路之险，故更开北道，自后行旅率多从之，今山侧附路有石铭云：晋太康三年，弘农太守梁柳修复旧道。

　　这段注文说明，从秦岭以南，沿汉水河谷进入四川，历史上曾有一条古老的南道，到汉末，曹操又开了一条较南道便利的北道。这是一条中原地区沟通天府之国的大道,特别是在三国纷争的时代,其意义当然是不言而喻的。在中原地区沟通南方的道路中,卷二十《丹水》经"又东南过商县南,又东南至于丹水县,入于均"注中记载的"楚通上洛陉道"即是其例。注云:

> 丹水自商县东南流注,历少习,出武关。应劭曰:秦之南关也,通南阳郡。
> 《春秋·左传》哀公四年,楚左司马使谓阴地之命,大夫士蔑曰:晋楚有盟,好恶同
> 之,不然,将通于少习以听命者也。京相璠曰:楚通上洛,陉道也。

上注记载的道路,即今日从襄樊沿唐河河谷进入南阳盆地并继续北上的道路,地理上通常称为南襄隘道。这条道路历史悠久,而至今仍然是豫鄂之间的重要通道。

郦注记载的古代中原地区的道路甚多,例如卷四《河水注》的函谷关涧道和巅軨坂道,卷九《沁水注》的野王道,卷十五《洛水注》的郏鄏陌,卷十六《穀水注》的白超垒大道等,不胜枚举。此外,郦注也记载了其他地区的许多道路,包括不少崎岖险峻的山道和蹊径,在《水经注记载的兵要地理》中论及的栈道即是其中之一。卷三十六《若水》经"又东北至犍为朱提县西,为泸江水"注中记载的堂琅县西北山道,其险峻程度并不下于栈道。注云:

> (堂琅县)西北行上高山,羊肠绳屈八百余里,或攀木而升,或绳索相牵而上,
> 缘陟者若将阶天。故袁休明《巴蜀志》云:高山嵯峨,岩石磊落,倾侧萦回,下临峭
> 壑,行者扳缘,牵援绳索,三蜀之人及南中诸郡,以为至险。

同注又记载了从朱提到僰道的道路艰险情况。注云:

> 自朱提至僰道,有水步道,水道有黑水、羊官水,至险难,三津之阻,行者苦之。
> 故俗为之语曰:楢溪赤水,[①]盘蛇七曲,盘羊乌栊,气与天通,看都濩泚,住柱呼伊,
> 庲降贾子,左担七里。又有牛叩头、马搏颊坂,其艰险如此也。

如上注,"庲降贾子,左担七里"。这样的道路古代称为左担道。汇校本杨希闵引李克《蜀记》云:"蜀山自绵谷葭萌,道径险窄,北来担负者,不容息肩,谓之左担道。"[②]其艰险可以想见。

其实,这样艰险的道路,不仅在西南的多山地区存在,即在北方和东南地区,郦注记载中也常常有之,例如卷十四《濡水注》记载的卢龙塞道。注云:

> 濡水又东南迳卢龙塞,塞道自无终县东出,渡濡水,向林兰陉,东至清陉,卢龙
> 之险,峻坂萦折,故有九绋[③]之名矣。燕景昭元玺二年,遣将军步浑治卢龙塞道,
> 焚山刊石,令通方轨,刻石岭上,以记事功,其铭尚存。

又卷四十《浙江水注》记载浦阳江沿岸山路。注云:

> 浦阳江又东北迳始宁县嶀山之成功峤,峤壁立临江,欹路峻狭,不得并行,行
> 者牵木稍进,不敢俯视。

上述 2 注所记载的道路,形势也是非常险峻的。此外,《水经注》还记载了一些从我国内地通向边疆的重要道路,卷三《河水》经"又北过朔方临戎县西"注中记载的鸡鹿塞道即是其中之一。注云:

> 汉武帝元朔二年,开朔方郡县,即西部都尉治,有道,自县西北出鸡鹿塞。

这条道路,在汉代曾经是汉与匈奴之间的往来大道。据《汉书·匈奴传》所载,汉宣帝甘露三年(前 51),"汉遣长乐卫尉高昌侯董忠,车骑都尉韩昌,将骑万六千,又发边郡士马以千数,送单于出朔方鸡鹿塞"。就是指的这条道路。

除了上述国内和边疆的道路以外,《水经注》还记载了不少域外的道路,例如卷一《河水注》记载的葱岭天竺道,罽宾道,林杨金陈步道等,其记载度葱岭至天竺的道路情况云:

> 度葱岭,已入北天竺境,于此顺岭西南行十五日,其道艰阻,崖岸险绝,其山惟石,壁立千仞,临之目眩,欲进则投足无所,下有水。名新头河。

此外,卷二《河水注》记载了大月氏、大宛、康居道,卷三十六《温水注》记载了彭龙、区粟通逵和扶南、林邑步道等,也都是域外的重要道路。

最后,在《水经注》记载的道路地名中,还有一个校勘上的问题。卷五《河水》经"又东北过黎阳县南"注云:

> 余按《竹书纪年》,梁惠成王十一年,郑厘侯使许息来致地,平丘、户牖、首垣诸邑及郑驰道,我取枳道与郑鹿,即是城也。

这里,注文所说的郑驰道是一种通衢大路。这样的驰道,在郦注中甚为常见,如卷五《河水注》的聊城南驰道,卷八《济水注》的韦城、长垣驰道,卷二十三《阴沟水注》的苦县西门和北门驰道,卷三十二《肥水注》的玄康南路驰道等,不胜枚举。但这里的郑驰道,在大典本、黄本、吴本、注笺本、沈本等本中,均作郑驰地,惟殿本、注释本、王校明钞本等本作郑驰道。孙诒让指出:

> 案戴改地为道,盖据今本《纪年》及《通鉴地理通释》④校,以驰道为地名也,赵校亦同,并非是。驰地者,易地也。《战国策·秦策》云:秦攻陉使人驰南阳之地,正与《纪年》义同,梁取韩枳道而与韩鹿(郑即韩也),即驰地之义。今本《纪年》乃明人摭拾伪托,不足据校。⑤

按照上述孙氏的考证,则大典本等本的郑驰地原来不谬,不仅不是一条道路,而且也不是一个地名了。

注释:

①　吴本、注删本、《林水录》抄《水经注》、《丹铅杂录》卷七、《滇系》卷八之一《艺文志》引《水

　　经注》均作"楢溪赤木"。

②　《通鉴》卷八八《魏记十》元帝景元四年，"凿山通道造阁作桥"胡注："右肩不得易所负,谓
　　之左担路。"

③　大典本、黄本、吴本、何校明抄本、王校明抄本、注笺本、注删本、注释本、五校抄本、汇校本
　　等均作九峥。

④　今本《通鉴地理道释》卷九,"帜"注引《水经注》实作"郑驰地",不知戴、赵、孙所据何本。

⑤　《札迻十二卷》卷三。

二十三、《水经注》记载的水利工程

　　《水经注》记载了我国古代河川的大量资料，而其中有关水利的各种设施得到特别的重视。北魏以前的许多水利工程在注文中都有比较详细的记载。《水经注》记载的古代水利工程，按其名称有陂湖、堤、塘、堰、竭、埘、磴、挖、水门、石逗等，按其工程效益主要是灌溉、防洪、航运与水产养殖等方面。

　　《水经注》记载的陂湖，为数达 270 余处之多，这中间有许多天然湖泊，并不能列入水利工程之类，但也有不少确实是人工拦蓄的水库，其中有的是大型水库，例如卷二十二《颍水注》的青陵陂，"纵广二十里"；卷二十四《睢水注》的渒陂，"南北百余里，东西四十里"；卷三十二《肥水注》的芍陂，"陂周百二十余里"；卷四十《渐江水注》的长湖，"湖广五里，东西百三十里"。这些都是我国历史上的较大陂湖，陂湖主要是为了灌溉，是我国古代最常见的水利工程之一。兹将郦注记载的陂湖，其中规模较大而又有面积可稽的表列如下：

卷次	陂湖名称	面积	卷次	陂湖名称	面积
卷六汾水注	汾陂	东西四里,南北 10 余里。	卷二十一汝水注	叶陂	东西 10 里,南北 7 里。
卷六浈水注	东陂	东西 24 里,南北 8 里。	卷二十一汝水注	葛陂	方数 10 里。
卷七济水注	郏城陂	东西 40 里,南北 20 里。	卷二十二颍水注	青陵陂	纵广 20 里。
卷九洹水注	鸬鹚陂	东西 30 里,南北①	卷二十二洧水注	鸭子陂	广 15 里。
卷十浊漳水注	从陂	南北 10 里,东西 60 步。	卷二十二渠注	白雁陂	东西 7 里,南北 10 里。
卷十一易水注	金台陂	东西六、七里,南北 5 里。	卷二十四睢水注	白羊陂	方 40 里。
卷十一易水注	范阳陂	方 15 里。	卷二十四睢水注	渌陂	南北 100 余里,东西 40 里。
卷十三灅水注	叱险城陂	其陂斜长而不方,东北可 20 余里,广 15 里。	卷二十六潍水注	高密南都塘	方 20 余里。
卷十五伊水注	禅渚陂	方 10 里。	卷二十九比水注	马仁陂	100 顷。
卷二十一汝水注	摩陂	纵广可 15 里。	巷三十一淯水注	新野县陂	东西 9 里,南北 15 里。
卷三十一淯水注	樊氏陂	东西 10 里,南北 5 里。	卷三十二肥水注	芍陂	陂周 120 余里。
卷三十一滍水注	汾陂	方 30 里许。	卷四十渐江水注	长湖	湖广 5 里,东西 130 里。

　　除了上表所列的以外,像卷二十一《汝水注》的新息墙陂,卷二十三《获水注》的砀陂,卷二十九《湍水注》的六门陂,卷三十一《淯水注》的豫章大陂等,也都有较大的范围,由于注文没有记载具体的数字,所以没有列入表内。除了灌溉效益很大的许多大型陂湖以外,不少面积很小的小型陂塘,甚至也搜罗在内。例如卷二十一《汝水注》的叶西陂,"陂塘方二里";卷二十二《渠注》的圣女陂,"陂周二百余步";卷二十四《汶水注》记载的祖徕山下的无名小陂,仅"方百许步"。郦氏对于这类散陂浅塘的记载也不遗余力,说明了他对水利工程的重视程度。

　　从陂湖水利工程的地理分布来看,我国各地很不平衡。有些地区,由于自然条件较好,历史上又有得力的领导人物加以创导,这类水利工程就获得了很大的发展。对于这样的地区,郦注记载就更为详细。例如《汝水注》记载了沿岸的陂湖工程 20 余处,《颍水注》记载了近 10 处,《淮水注》也记载了 10 余处,其中《淮水》经"又东过庐江

安丰县东北,决水从北来注之"注中,记载了这个地区以陂湖工程众多而著名的富陂县一带的陂湖。注云:

> 《地理志》:汝南郡有富陂县,建武二年,世祖改封平乡侯王霸为富陂侯。《十三州志》曰:汉和帝永元九年,分汝阴置,多陂塘以溉稻,故曰富陂县也。

又卷三十一《淯水》经"又南过新野县西"注下有陂湖达30余处,其中特别著名的是朝水沿岸的29陂。注云:

> 朝水又东南分为二水,一水枝分东北,为樊氏陂,陂东西十里,南北五里,俗谓之凡亭陂。陂东有樊氏故宅,樊氏既灭,庚氏取其陂,故谚曰:陂汪汪,下田良,樊子失业庚公昌。昔在晋世,杜预继信臣之业,②复六门陂,遏六门之水,下结二十九陂,诸陂散流,咸入朝水。

"陂汪汪,下田良"。这是陂湖水利对于农业的最简单扼要的总结。

陂湖蓄水是依靠拦坝筑堤而获得的。例如卷四十《浙江水注》的长湖,就是由于建筑了东西长达127里的堤塘③,才形成了这样一个人工大湖。陂湖对于农田的灌溉,需要通过一系列堰、堨、水门、石逗等水工建筑来进行,对于这类水工建筑,郦注也有大量的记载。例如上述芍陂的灌溉是通过"陂有五门,吐纳川流"。而六门陂的名称,据卷二十九《湍水注》的记载,即是因为它有六处水门而得。水门建筑最多的是《浙江水注》的长湖,"沿湖开水门六十九所,下溉田万顷"。

当然,《水经注》记载的灌溉工程,并不仅仅就是陂湖。开凿沟渠用以灌溉的也不乏其例。卷十六《沮水注》所记载的郑渠即是一项较大的工程。尽管在开凿过程中关于国际间谍的这个故事是否相信价值可以置之不论,但郑渠的终于开凿成功及其"溉泽卤之地四万余顷,亩皆一锺"的价值却是不必怀疑的。卷十四《鲍丘水注》所记载的车箱渠的开凿,则是一项从勘测、设计、施工直到工程完成获得灌溉效益的完整资料。注云:

> 魏使持节都督河北道诸军事征北将军建城乡侯沛国刘靖,字文恭,登梁山以观源流,相灅水以度形势,嘉武安之通渠,羡秦民之殷富,乃使帐下丁鸿,督军士千人,以嘉平二年,立遏于水,导高梁河,造戾陵遏,开车箱渠,其遏表云:高梁河水者,出自并州潞河之别源也,长岸峻固,直截中流,积石笼以为主,遏高一丈,东西长三十丈,南北广七十余步,依北岸立水门,门广四丈,立水十丈。山水暴发,则乘遏东下;平流守常,则自门北入。灌田岁二千顷。

这个工程是利用梁山附近的有利地形,用石笼建筑一座戾陵堰,拦截灅水,使不下流,然后在戾陵堰的上游开凿一条连接灅水与高梁河的车箱渠。在非常洪水时期,大水越过堰坝,仍由灅水排出;但一般水位时期,则灅水从车箱渠口的水门进入车箱渠以资灌溉。这个工程建于公元250年(魏嘉平二年),根据《浊漳水注》的记载,到了公元262年(魏景元三年),又由一个名叫樊晨的河官,扩建了这项工程,把车箱渠延长,迳昌平到达潞县,使灌溉效益达到:"凡所润含四、五百里,所灌田万有余顷。"所以郦注歌颂这个水利工程:"施加于当时,敷被于后世。"这是恰如其分的。(附图十　车箱渠示意图)

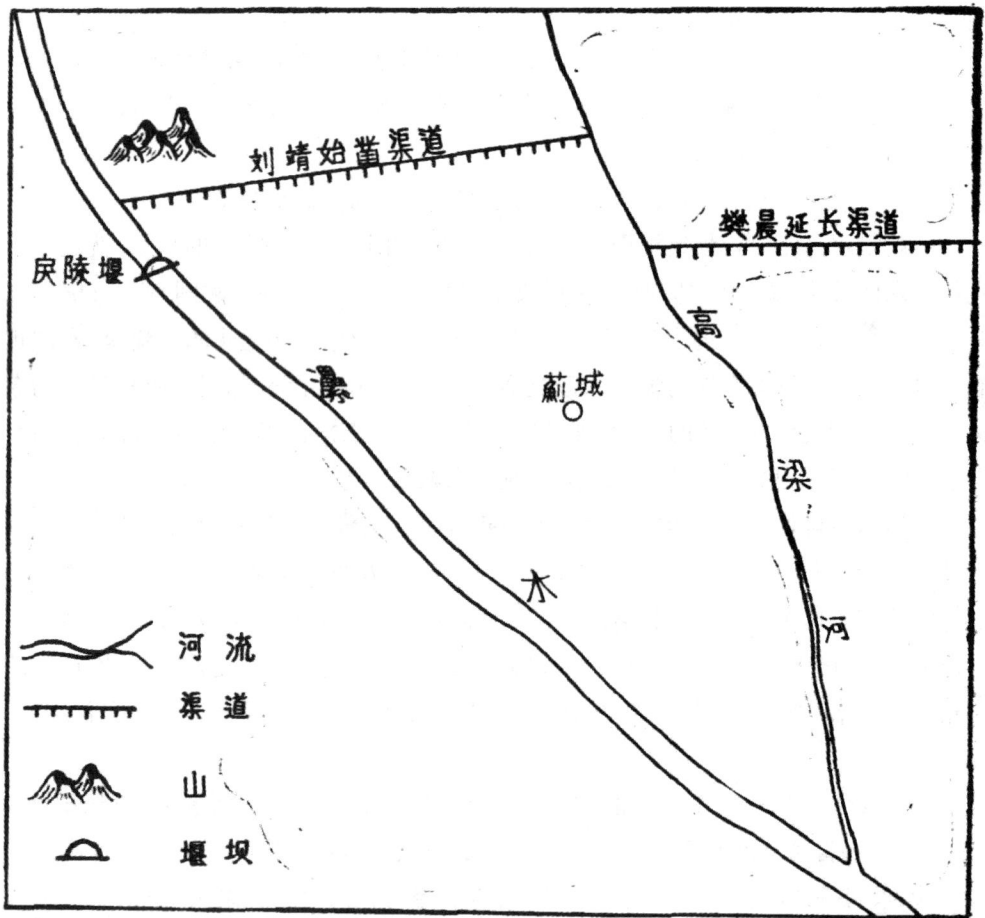

图十　车箱渠示意图(据《中国水利史稿》)

另外,不采用开凿沟渠的办法,而是就原来的河道加以整治,设置若干水工建筑,使河道渠化,以便引水灌溉,这在古代的灌溉工程中也是常见的。卷十《浊漳水注》记载的引漳灌溉工程即是其例。注云:

　　　　昔魏文侯以西门豹为邺令也，引漳以溉邺，民赖其用。其后至魏襄王，以史起
　为邺令，又堰漳水以灌邺田，咸成沃壤，百姓歌之。魏武王又堨漳水，回流东注，号天
　井堰，二十里中，作十二墱，墱相去三百步，令互相灌注，一源分为十二流，皆悬水门。

　　这里的水工建筑"墱"，是一种为了使河道渠化的梯级建筑，它和水门是建在一起
的。通过每隔300步的12个墱，把河道分成12条支渠，再通过每个墱的水门放水灌
溉。这个灌溉工程的效益据后汉王充的记载达到"亩收一锺"。④

　　在这一类灌溉工程中，效益最大的是卷三十三《江水注》所记载的都安大堰即都
江堰。注云：

　　　　江水又历都安县，……李冰作大堰于此，壅江作塴，塴有左右口，谓之湔塴，江
　入郫江，捡江以行舟，《益州记》曰：江至都安，堰其右，捡其左，其正流遂东，郫江
　之右也，因山颓水，坐致竹木，以溉诸郡。又穿羊摩江、灌江，西于玉女房下白沙邮
　作三石人立水中，刻要江神：水竭不至足，盛不没肩。是以蜀人旱则藉以为溉，雨
　则不遏其流，故记曰：水旱从人，不知饥馑，沃野千里，世号陆海，谓之天府也。邮
　在堰上，俗谓之都安大堰。

　　按上述注文可知，都江堰的工程，主要是壅江作塴，把江道一分为二，左江是江道
正流，右江则是主要的灌溉渠道，具有巨大的灌溉效益。而且除了灌溉以外，还可以通
行舟楫，并且利用山水流放竹木，是一个综合性的水利工程。工程设计了站在水中的
3个石人作为水位尺，这也是十分巧妙的。可惜今本《水经注》缺失了工程岁修的六字
诀一段⑤。假使把这一段加入，则原注就成为：

　　　　李冰作大堰于此，立碑六字曰：深淘滩，浅包隋。隋者，壅江作塴，塴有左右
　口，谓之湔塴。

　　如上述，则注文就为完璧，意思就更为明白了。

　　除了灌溉以外，《水经注》记载的水利工程有许多是为了防洪。当然，上述灌溉工
程中的大小陂湖，也都具有防洪的意义。但是，注文中记载的大量堤塘工程，在防洪的
作用上就更为突出。这中间，对于最易决溢的黄河的堤防工程，注文就记载得特别详
细。例如，著名的王景治河、修建堤防的经过，在卷五《河水注》、卷七《济水注》和卷二
十四《瓠子河注》中都作了记载。《河水注》云：

　　　　汉明帝永平十二年，议治汳渠，上乃引乐浪人王景问水形便，景陈利害，应对
　敏捷，帝甚善之，乃赐《山海经》、《河渠书》、《禹贡图》及以钱帛。后作堤，发卒数
　十万，诏景与将作谒者王吴治渠，筑堤防，修堨，起自荥阳，东至千乘海口，千有余
　里。景乃商度地势，凿山开洞，防遏冲要，疏决壅积，十里一水门，更相回注，无复
　渗漏之患。明年渠成，帝亲巡行，诏滨河郡国，置河堤员吏，如西京旧制，景由是显

名,王吴及诸从事者,皆增秩一等。

在一年时间里,修建堤防 1000 余里,水门 100 余处,这样巨大的工程,需要多少材料,又有多大的工程量,尽管是"发卒数十万",其成就也是很难想象的。另外,《河水注》和《济水注》中都提到的黄河八激堤,是汉安帝永初七年由一个名叫于岑的河官领导修建的。其工程是:"积石八所,皆如小山,以捍冲波。"规模也很巨大。

除了黄河大堤以外,长江中游的江堤,《沔水注》中也有所记载。注云:

> 又东北,路白湖水注之,湖在大港北,港南曰中湖,南堤下曰昏官湖,三湖合为一水,东通荒谷,……春夏水盛,则南通大江,否则,南迄江堤。

由于郦道元足迹未到南方,因而无法如同黄河大堤那样地对长江大堤进行详细的描述,但是注文毕竟还是提及了江堤,说明长江中游的江堤也是由来已久的。

除了沿河的堤防以外,郦注甚至还记载了沿海的堤塘,这就是《渐江水注》所记载的防海大塘。注云:

> 《钱唐记》曰:防海大塘在县东一里许,郡议曹华信家议立此塘,以防海水。始开募有能致一斛土者,即与钱一千,旬月之间,来者云集,塘未成而不复取,于是载土石者皆弃而去,塘以之成,故改名钱塘焉。

《钱唐记》记载的这个筑塘的故事是传奇式的,其情节近乎儿戏。五校抄本引施廷枢按云:[⑥]

> 钱塘之得名以钱水也,《国语》:陂唐污庳,以成其美。[⑦]盖唐实即后世之塘字,《说文》无塘字,可按也。则钱唐者,钱水之唐,非如所传华信千钱诳众之陋也。

施说当然比较合理,但无论如何,钱塘作为我国最早的海塘之一,是依靠《钱唐记》的记载才得流传后世的。《钱唐记》早已缺佚,其中有关钱塘的记载又依靠少数几种古籍的转引而保留[⑧],这中间,最早转引的就是郦注,因此,郦注转引的《钱唐记》关于钱塘的资料,在我国海塘建筑史的研究上有重要价值。

在郦注记载的古代水利工程中,另外一类是为了航运需要的运河开凿或河道整治。对于人工开凿的运河,郦注记载最早的是韩江亦即邗溟沟。这条运河沟通江淮,开凿于春秋末叶,卷三十《淮水》经"又东过淮阴县北,中渎水出白马湖,东北注之"注云:

> 昔吴将伐齐,北霸中国,自广陵城东南筑邗城,城下掘深沟,谓之韩江,亦曰邗溟沟,自江东北通射阳湖,《地理志》所谓渠水也,西北至末口入淮。

郦注接着还记载了这条运河的开凿,利用了这个地区的许多湖泊如樊梁湖、博芝湖、射阳湖等,这不仅保证了运河水源,并且还节约了许多工程量。到了后汉,由于湖泊风大,航行不安全,乃从樊梁湖向北另凿河道,迳津湖、白马湖等与淮水相通。这条运河以后成为我国南北大运河中的一段。(附图十一　邗沟示意图)

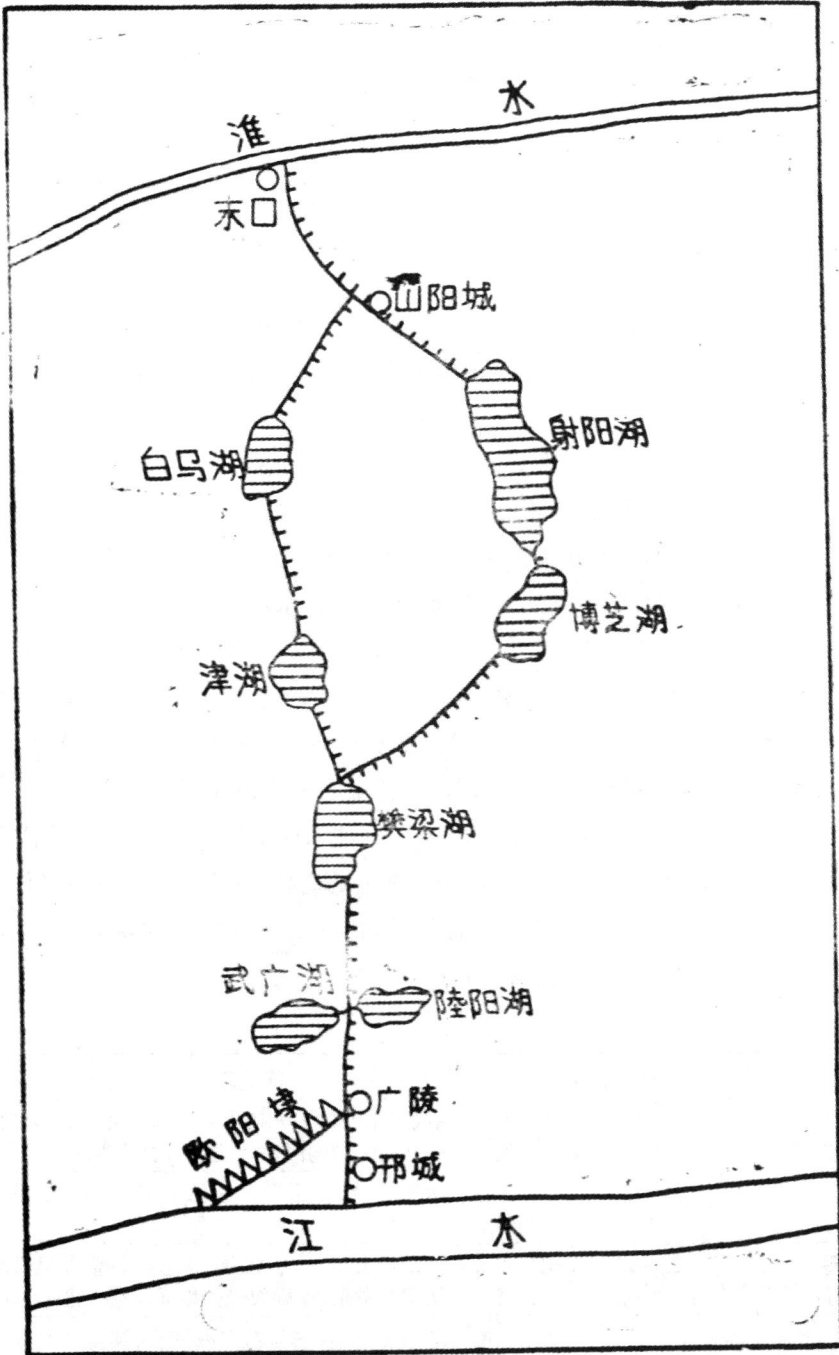

图十一　邗沟示意图(据《中国水利史稿》)

《水经注》记载的黄淮之间的人工运河有蒗荡渠（汴渠）、广漕渠（贾侯渠）、桓公渎等。蒗荡渠亦即汴渠，也是我国一条古老的运河，郦注在河水、洛水、颍水、阴沟水、汳水、睢水、淮水各注中都有涉及，但都没有记载它的开凿经过。[⑨]广漕渠亦即贾侯渠，关于这条运河的开凿渊源，卷二十二《渠注》中有所记载。注云：

> 沙水又南与广漕渠合，上承庞官陂，云邓艾所开也，虽水流废兴，沟渎尚敩。
> 昔贾逵为魏豫州刺史，通运渠二百里余，亦所谓贾侯渠也。而川渠迳复，交错畛
> 陌，无以辨之。

如上注，说明这个地区，由于蒗荡渠和涡水等河渠交错，魏晋开凿的运河，到北魏就无法分辨了。另一条是巨野泽附近的桓公渎。卷八《济水注》云：

> 济水故渎又北右合洪水，水上承巨野薛训渚，……自渚迄于北口百二十里，名
> 曰洪水，桓温以太和四年，率众北入，掘渠通济。至义熙十三年，刘武帝西入长安，
> 又广其功。自洪口已上，又谓之桓公渎。

黄河以北各河间的运河开凿较晚。《水经注》记载了公元1世纪黄河与海河两个水系之间开凿运河的尝试，但结果失败，事见卷六《汾水注》：

> 汉永平中，治呼沱石白河，……盖资承呼沱之水转山东之漕，自都虑至羊肠
> 仓，将凭汾水以漕太原，用实秦晋，苦役连年，转运所经，凡三百八十九隘，死者无算。
> 拜邓训为谒者，监护水功，训隐括知其难，立具言肃宗，肃宗从之，全活数千人。

这条运河是为了想把产粮丰富的滹沱河流域的粮食，从都虑运到汾水上游的羊肠仓去，其间必须横贯太行山区，工程量十分巨大，技术也很复杂，施工多年，结果失败。

到了公元3世纪初（后汉末年），由于军事上的需要，联系黄河以北的各河之间的运河才次第出现，这些运河多数是在曹操的擘划经营下开凿的。这些运河中为郦注所记载的共有4条，兹摘其简况，表列如下：

卷　次	运河名称	沟通河流	注　文
卷九 淇水注	白沟	淇水— 清水	建安九年，魏武王于水口下大枋木以成堰，竭淇水东入白沟，以通漕运。……魏武开白沟因宿胥故渎而加其功也。
卷十浊 漳水注	利漕渠	清水— 浊漳水	汉献帝建安十八年，魏太祖凿渠，引漳水东入清洹以通河漕，名曰利漕渠。
卷十四 鲍丘水注	泉州渠	鲍丘水— 沟水	鲍丘水又东合泉州渠口，……陈寿《魏志》曰：曹太祖以蹋顿扰边，将征之，从沟口凿渠，迳雍奴泉州以通河海者也。
卷十四 濡水注	新河	沟水— 濡水	濡水东南流迳乐安亭南，东与新河故渎合，渎自雍奴县承鲍丘水，东出谓之盐关口，魏太祖征蹋顿，与沟口俱导也，世谓之新河矣。

以上列举的都是开凿运河的例子。此外,郦注中还有不少整治河道以利航运的记载。由于这类记载甚多,所以只就工程量较大的举一个例子,这就是后汉虞诩整治沮县与下辨间河道的经过。卷二十《漾水注》云:

> 故道水南入东益州之广业郡界,与沮水枝津合,谓之两当溪,水上承武都沮县之沮水渎,西南流,注于两当溪。虞诩为郡漕谷布在沮,从沮县至下辨,山道险绝,水中多石,舟车不通,驴马负运,僦五致一,诩乃于沮受僦直约自致之,即将吏民按行,皆烧石㭬木,[⑩]开漕船道,水运通利,岁省万计,[⑪]以其僦廪与吏士,年四十余万也。

这段河道属于山溪性河流,河床中岩石嶙峋,整治工程是十分艰巨的,甚至采用了烧石㭬木的施工方法。这种方法在卷三十三《江水注》中也曾有记载:

> 崖峻阻险,不可穿凿,李冰乃积薪烧之,故其处悬岩,犹有五色焉。

这种施工方法乃是通过燃烧使岩石温度剧升,然后浇以醋或冷水,[⑫]使之骤然冷却,因而造成岩石的热胀冷缩而碎裂。由于古代没有炸药,这当然是事倍功半的不得已办法。但结果河道中阻挡行舟的大石居然因此而排除,河道终于整治成功,获得了巨大的效益。古人的这种锲而不舍的精神,确实令人佩服。

最后是郦注水利工程中关于水产养殖的记载。利用陂湖进行莲、菱、芡、筍等水生植物的养殖,在全注中充篇累牍,不胜枚举。但建造陂池养殖鱼类的记载却不多,只有卷十三《㶟水注》的代王鱼池和卷二十八《沔水注》的习郁鱼池两处。代王鱼池因注文语焉不详,不知其详细结构。但习郁鱼池却记载得相当详细,是我国古代有关淡水鱼养殖的一项完整资料。《沔水》经"又从县东屈西南,淯水从北来注之"注云:

> (沔水)又东入侍中襄阳侯习郁鱼池,郁依范蠡《养鱼法》作大陂,陂长六十步,广四十步,池中起钓台。……又作石洑径引大池水,于宅北作小鱼池,池长七十步,广二十步,西枕大道,东北二边限以高堤。……其水下入沔。

按照这段注文,习郁鱼池的结构包括一个长方形的大池和一个狭长形的小池,两池之间有涵道相连通,大池的上下两端都与沔水相通,所以池水是流动的。这大概是因为流动的水比静止的水更富于氧气和饵料的缘故。更重要的是,注文指出,这个养鱼池并非习郁自己的设计,而是根据范蠡的《养鱼法》一书建造的。《养鱼法》又作《养鱼经》或《鱼经》,是我国最早记述淡水鱼养殖的专著。撰者旧题范蠡或陶朱公,当然无从证实,撰述时代亦甚难考证。清姚振宗云:"梁有陶朱公《养鱼法》一卷。"[⑬]这话看来言之过晚。因为既然习郁已经看到此书,则此书至迟出于晋代。此书久佚,唯《齐民要术》辑存。按照现存《要术》辑本的内容,在涉及养鱼方面的不到500字的叙述中,根本没有把《沔水注》记载的习郁所采用的方法包括在内,则《要术》所收集的,可能也仅仅是原著的一小部分了。

在同卷经"又南过邔县东北"注中,又记载了另一处习郁鱼池。注云:

> （猪兰）桥北有习郁宅,宅侧有鱼池,池不假功,自然通洫,长六、七十步,广十丈,常出名鱼。

从这段注文来看,说明习郁曾在沔水沿岸建过数处鱼池,但结构与上一处相仿,也是一个长方形的水池。所谓"自然通洫",也就是鱼池与沔水沟通的意思。这说明,沔水沿岸的淡水养鱼业,到晋代已经相当发达。

顺便还可以提及,在《水经注》的记载中,也有关于古代水力利用的资料,这就是《穀水注》的水冶,关于这种机械,将在论述郦注记载的工业中讨论,这里不再赘述了。

注释:

① 原注缺佚。

② 信臣,指西汉南阳太守邵信臣,于建昭五年（前34）首建六门竭。事见卷二九《湍水注》。

③ 陈桥驿《古代鉴湖兴废与山会平原农田水利》,载《地理学报》第28卷,1962年第3期。

④ 《论衡·率性篇》。

⑤ 《大明舆地名胜志·四川六·成都府六》引《水经注》:"李冰作大堰于此,立碑六字曰:深淘滩,浅包隔。隔者,于江作塌,塌有左右口。"

⑥ 小山堂钞本五校本,天津市人民图书馆藏。

⑦ 今本《国语·周语上》作"陂塘汙庳。以锺其美"。

⑧ 除《水经注》外,引《钱唐记》华信建塘文者尚有《后汉书》卷七一《朱儁传》注,《通典》卷一八二《州郡十一》余杭郡杭州钱塘县。

⑨ 卷八《济水》经"又东南过徐县北"注引刘成国《徐州地理志》云:"徐偃王之异言,徐君宫人,娠而生卵,以为不祥,弃之于水滨,孤独母有犬,名鹄仓,猎于水侧,得弃卵,衔以来归,孤独母以为异,覆暖之,遂成儿,生时偃,故以为名……偃王治国,仁义著闻,欲舟行上国,乃通沟陈蔡之间。"此处"通沟陈蔡之间",按其位置,恰恰就是浪荡渠,但徐偃王的故事甚为荒诞,不能作为依据。

⑩ 《后汉书》卷五八《虞诩传》作"烧石翦木"。

⑪ 《后汉书·虞诩传》作"岁省四千余万"。

⑫ 卷二〇《漾水注》还有一段文字介绍这种施工方法云:"《续汉书》曰:虞诩为武都太守,下辨东三十余里有峡,峡中白水生大石,障塞水流,春夏辄溃溢,败坏城郭,诩使烧石,以醮灌之,石皆碎裂,因镌去焉,遂无泛溢之害。"注中"以醮灌之"的"醮",注笺本、项本等作"水",注释本作"醋"。

⑬ 《隋书经籍志考证》卷三一。

二十四、《水经注》记载的农田

《水经注》拥有大量关于农业的资料,其中有些资料涉及各个地区、各种类型的农田。对于研究古代农业发展的历史,以及耕作制度、农田水利等方面,郦注记载的这些资料,都是很有价值的。

郦注记载的农田,有一部分是古代为了军事需要而垦殖的驻军屯田。这类屯田,大部分在西域,但也有一些在内地。下面表列的,是这类屯田的大概情况。

当然,在全部郦注有关农田的记载中,驻军屯田毕竟是少数,郦注记载的农田,大部分分布在平川沃野、水利条件优越之处。在郦注记载中,这类农田常常联系到与农田相关的水利设施,并且涉及这些水利设施的灌溉面积,资料是相当详细的。例如卷十六《沮水注》中记载的郑渠所灌溉的农田。注云:

> 使水工郑国间秦,凿泾引水,谓之郑渠,渠首上承泾水于中山西邸瓠口,所谓瓠中也,《尔雅》以为周焦获矣,为渠并北山,东注洛三百余里,欲以溉田,……渠成而用注填阏之水,溉泽卤之地四万余顷,皆亩一锺,关中沃野,无复凶年。

上文记载的关中农田,由于郑渠的开凿,引泾水灌溉,改造了4万余顷盐碱化的土地,成为一片旱涝保收的丰产田。卷三十一《潕水注》记载了马仁陂所灌溉的另一片丰产田。注云:

> 城之东有马仁陂,郭仲产曰:陂在比阳县西五十里,盖地百顷,其所周溉田万顷,随年变种,境无俭岁。

像上述这样的丰产农田,郦注记载中是很多的,兹把其中比较重要的,表列如下。

卷　次	屯田所在地区	注文说明
卷二河水注	伊循城屯田	国有伊循城、土地肥美,愿遣将屯田积粟,令得依威重,遂置田以镇抚之。
卷二河水注	楼兰屯田	敦煌索劢,字彦义,有才略,……将酒泉敦煌兵千人,至楼兰屯田,……大田三年,积粟百万,威服外国。
卷二河水注	莎车屯田	枝河又东迳莎车国南,治莎车城,……汉武帝开西域,屯田于此。
卷二河水注	轮台屯田	昔汉武帝初通西域,置校尉屯田于此,……桑弘羊奏言:故轮台以东地,广饶水草,可溉田五千顷以上,其处温和,田美,可益通沟渠,种五谷,收获与中国同。
卷二河水注	连城屯田	桑弘羊曰:臣愚以为连城以西,可遣屯田,以威西国,即此处也。
卷二河水注	渠犁屯田	又东南流,迳渠犁国,治渠犁城,……汉武帝通西域,屯渠犁,即此处也。
卷二河水注	西海屯田	隃糜相曹凤上言:建武以来,西戎数犯法,常从烧当种起,所以然者,以其居大、小榆谷,土地肥美,……又有西海鱼盐之利,缘山滨河,以广田蓄,故能强大。……上拜凤为金城西部都尉,遂开屯田二十七部,列屯夹河,与建威相首尾。
卷二十七沔水注	赤崖屯田	时赵子龙与邓伯苗,一戍赤崖屯田。

在有关农田的记载中,有时甚至也记下了一些地区的耕作制度。卷三十六《温水》经"东北入于鬱",注中,对古代林邑国的耕作制度,就记载得相当清楚。注云:

> 知耕以来,六百余年,火耨耕艺,法与华同。名白田,种白谷,七月火作,十月登熟;名赤田,种赤谷,十二月作,四月登熟。所谓两熟之稻也。

这里,注文把林邑国一年两熟的耕作制度,包括播种和收获季节等,都记得清楚明白。只是记中所说的白田、白谷、赤田、赤谷等,今天看来颇不易理解。《晋书》卷四十七《傅玄传》云:"白田收至十余斛,水田收数十斛。"既然白田与水田对比,则白田应是旱田。但"七月火作",农历七月,林邑国正值雨季,雨季而种旱田,于理又不可通。则林邑国白田,看来又不同于《晋书》白田,这个问题,只好留待研究东南亚农业史的学者去解决了。

卷　次	经　文	农田	水利工程	灌溉效益
卷九沁水 淇水	又南出山,过沁水县北。 淇水出河内隆虑县西大号山。	沁水稻田 台阴野田	沁水石门 白祀陂①同山陂	顷亩之数 70余顷
卷十四鲍丘水	又南过潞县西。	车箱渠田	车箱渠	凡所含润,450里,所灌田万有余顷。
卷十六沮水	沮水出北地直路县东,过冯翊祋祤县北,东入于洛。	关中田	郑渠	4万余顷
卷二十一汝水	又东南过平舆县南。	襃信田	新息墙陂	500余顷
卷二十六潍水	又北过高密县西。	百尺水田	百尺水竭	数十顷
卷二十八沔水	又南过宜城县东,夷水出自房陵,东流注之。	木里沟田 白起渠田	木里沟 白起渠	700顷 3000顷②
卷二十九湍水	湍水出郦县北芬山,南流过其县东。又南过冠军县东。	穰、新野、昆阳田	六门陂	5000余顷
卷二十九比水	又西至新野县,南入于淯。	湖阳田	湖阳县陂	300顷
卷三十一淯水	又南过新野县西。	豫章大陂田	豫章大陂	3000许顷
卷三十一潕水	潕水出潕阴县西北扶予山,东过其县南。	马仁陂田	马仁陂	万顷
卷三十三江水	岷山在蜀郡氏道县,大江所出,东南过其县北。	成都两江田 繁田	成都两江 湔堋	万顷 1700顷
卷三十七澧水	又东过作唐县北。	涔坪屯田	涔坪屯	数千顷
卷三十七沅水	沅水出牂柯且兰县,为旁沟水,又东至镡成县,为沅水,东过无阳县。	序溪田	序溪	数百顷
卷三十九耒水	又北过便县之西。	郴县田	温泉	数千亩
卷四十渐江水	北过余杭,东入于海。	长湖田	长湖	万顷

在《水经注》记载的有关农田的资料中,有一个问题需要略加说明。卷四十《浙江水注》云:

> 昔大禹即位十年,东巡狩,崩于会稽,因而葬之。有鸟来为之耘,春拔草根,秋啄其秽,是以县官禁民,不得妄害此鸟,犯则刑无赦。

此外,卷十三《灢水注》中也提到:"若会稽之耘鸟也。"

上述记载,实际上就是传说中的所谓会稽鸟田。《越绝书》卷八云:"大越滨海之

民,独以鸟田。"《吴越春秋》卷六亦云:"虽有鸟田之利,租贡才给宗庙之费。"会稽鸟田
的传说,在历史上是和苍梧象耕的传说连在一起的,郦注卷一《河水》经"屈从其东南
流,入渤海。"注云:"若苍梧象耕,会稽鸟耘矣。"就是把两个传说联系在一起的例子。
苍梧象耕是什么?晋皇甫谧《帝王世纪》云:"舜葬于苍梧下,有群象,为之耕。"③会稽
鸟田和苍梧象耕实际上都非神话,汉王充对此有一番解释,王云:

> 舜葬于苍梧,象为之耕,禹葬会稽,鸟为之田,盖以圣德所致,天使鸟兽保佑之
> 也,世莫不然,考实之,殆虚言也。……实者,苍梧多象之地,会稽众鸟所居,《禹
> 贡》曰:彭蠡既潴,阳鸟攸居。天地之情,鸟兽所行也。象自蹈土,鸟自食苹,土蹶
> 草尽,若耕田状,壤靡泥易,人随种之。④

王充的解释是很科学的。会稽鸟田、苍梧象耕的现象在古代确实存在,但是这绝
不是舜和禹的圣德所致,王充以他丰富的动物地理知识精辟地解释了这种现象。对于
鸟田,他还有一段清楚的说明:

> 雁鹄集于会稽,去避碣石之寒,来遭民田之毕,蹈履民田,啄食草粮,粮尽食
> 索,春雨适作,避热北去,复之碣石。⑤

这里,王充进一步指出,扮演鸟田角色的鸟,是一种北方飞来的候鸟。这种解释就
更令人信服,因为直到今天,钱塘江河口的沼泽滩地上,每年仍有大量候鸟从北方飞来
越冬。在古代,山会平原是一片沼泽平原,自然环境与现在钱塘江河口的沼泽滩地基
本相同,北方候鸟大批来到这里,这是理所当然的。王充所在的时代,山会平原虽然已
经有所垦殖,但沼泽地的面积必然还很广大,因此,会稽鸟田的这种现象,王充必然是
亲眼目睹的。所以他的解释是有充分根据的。

王充死后约半个世纪,会稽太守马臻在这个地区创建鉴湖工程。这就是卷四十
《浙江水注》记载的:

> 浙江又东北得长湖口,湖广五里,东西百三十里,沿湖开水门六十九所,下溉
> 田万顷。

由于这个水利工程的建成,沼泽平原得到迅速的垦殖,这个地区出现了一片旱涝
保收的丰产田,鸟田从此就不再存在了。

注释:

① 白祀陂,吴本、注笺本、项本、五校抄本、七校本、张本、注疏本及《北堂书钞》卷一五八《地部
　二》所引本均作白祠陂。

② (宋)曾巩《襄州宜城县长渠记》(载《元丰类稿》卷一九)引《水经注》作 3000 余顷。

③　《初学记》卷二九《象第二》引。

④　《论衡·书虚篇》。

⑤　《论衡·偶会篇》。

原载《中国农史》1982 年第 1 期

二十五、《水经注》记载的工业

　　《水经注》记载了许多古代的工业资料,举凡工业的地理分布、燃料与原料的供应、采用的技术和生产过程以及产品的运销范围等方面,都有所记载。这些资料,对于我们了解古代的工业发展、矿藏分布等情况,都有重要的价值。

　　在各工业部门中,《水经注》对采矿工业有广泛的记载,全注共记载了矿山、盐场等120余处,其中30余处因为引用了《山海经》的资料,可靠性不大;但另外90余处,现在看来都是很有价值的。记载最多的是与人民生活有直接关系的盐矿和盐场,包括海盐、池盐、井盐、岩盐等,其范围东起沿海,西及域外,都有所记载。

　　卷一《河水注》记载域外地区,即古代印度河上源一带的岩盐。注云:

　　　　山西有大水,名新头河,[①]……有石盐,白如水精,大段则破而用之。康泰曰:安息、月氏、天竺至伽那调御,皆仰此盐。

　　这段注文把这个地区岩盐的地理位置、采掘方法和运销范围都记得十分清楚。

　　卷三十三《江水》经"又东过鱼复县南,夷水出焉"注中,记载了南浦侨县和朐忍县两地的井盐采制业。关于朐忍县,注云:

　　　　南流历县,翼带盐井一百所,巴川资以自给,粒大者方寸,中央隆起,形如张伞,故因名之曰伞子盐,有不成者,形亦必方,异于常盐矣。王隐《晋书地道记》曰:入汤口四十三里,有石煮以为盐,石大者如升,小者如拳,煮之,水竭盐成,盖蜀火井之伦,水火相得乃佳矣。

这里,注文把产区位置、盐井规模、产品性状、供销范围以及用天然气作燃料的制作过程等都做了记载。

卷六《涑水注》记载了中原地区最重要的盐池即安邑盐池的制盐情况。注云:

> 《地理志》曰,盐池在安邑西南。许慎谓之盐。长五十一里,广七里,周百一十六里。……今池水东西七十里,南北十七里,紫色澄渟,潭而不流,水出石盐,自然印成,朝取夕复,终无减损,惟山水暴至,雨澍潢潦奔泆,则盐池用耗,故公私共堨水径,防其淫滥,谓之盐水,亦谓之为堨水,《山海经》谓之盐贩之泽也。

这里,注文不仅记载了盐池的自然概况与制盐过程,并且还把《汉书》记载的盐池与北魏当代的盐池,在面积大小上作了对比。这样的资料当然是值得珍贵的。

对于沿海盐场的分布和采制情况,郦注记载也很普遍,卷九《淇水注》记载了渤海沿岸高城县和漂榆邑一带的盐场:注云:

> 《魏土地记》曰:高城县东北百里,北尽漂榆,东临巨海,民咸煮海水,藉盐为业。

郦注记载的盐矿与盐场共达 20 余处,以上仅仅是略举数例而已。

在能源矿物方面,郦注记载了天然气、石油和煤炭三种,今天,虽然能源的种类已经多得不胜枚举,但郦注记载的 3 种,却仍然是最基本和使用最普遍的。上面所举的朐忍县井盐生产中,已经涉及古代四川地区天然气资源的分布及其使用情况。卷十三《灅水注》中记载的武州县火井,其实也是天然气。注云:

> 山上有火井,南北六、七十步,广减尺许,源深不见底,炎势上升,常若微雷发响。

关于石油,郦注中称为石漆,在卷三《河水》经“又南过上郡高奴县东”注中记载了两处,一处在上郡高奴县(今陕西延安附近),一处在酒泉郡延寿县(今甘肃玉门附近),至今,这两个地区在我国仍然以石油蕴藏而著名,郦注记载的可靠性于此可见。

《水经注》记载的煤矿较多,但名称不一,其中有些记载是否煤炭,还有待进一步考证。例如卷十五《洛水注》和卷二十《丹水注》的石墨,[②]卷三十《淮水注》的黑石,由于记载不详,还不能肯定其就是煤炭。卷三十八《涟水注》记载的玄石,注文说明石内有鱼类化石,并且可以燃烧,烧时散发臭味,[③]则所记为含煤或含油页岩都有可能。卷十四《鲍丘水注》的不灰之木与卷三十九《赣水注》的燃石,所记就是煤炭,大概不致有讹。《鲍丘水注》云:

> 南流历徐无山,……《开山图》曰:山出不灰之木,生火之石。按注云:其木色黑,似炭而无叶;有石赤色如丹,以二石相磨,则火发以燃无灰之木。

这里,生火之石大概是一种燧石,不灰之木很可能就是煤炭。

《赣水注》豫章郡建成县的燃石云：

> 《异物志》曰：石色黄白而理疏，以水灌之，便热；以鼎著其上，炊足以熟。置之则冷，灌之则热，如此无穷。

单凭《异物志》的这种描述，当然还不能断定所记就是煤炭。但是，一种可以作为旁证的资料，即南北朝时期的雷次宗所撰的《豫章记》，也记载了建成县有这样一种矿物。雷记云：

> 县有葛乡，有石炭二顷，可燃以炊。④

把《豫章记》的记载与《异物志》进行对比，既然所记的地区都是建成县，则所谓燃石无疑就是煤炭。雷次宗把煤称为石炭，这已经是很科学的名称了。其实，郦注中也已经用石炭这个名称来记载古代的煤矿，这种记载在郦注中出现两处，一处是卷一《河水注》的龟兹国石炭矿，另一处是卷十三《㶟水注》的武州县石炭矿。《㶟水注》云：

> 山有石炭，火之，热同樵炭也。

除了能源矿物外，郦注中也记载了许多金属矿物，古代所称的五金，郦注中全有记载。其中金矿14处，铁矿7处，铜矿6处，锡矿2处，银矿1处。郦注记载这类矿物，往往与冶金工业相结合，而以冶铁工业的记载最多，卷二《河水注》记载西域龟兹国的冶铁工业特详。注云：

> 释氏《西域记》曰：屈茨北二百里有山，夜则火光，昼日但烟，人取此山石炭，冶此山铁，恒充三十六国用。故郭义恭《广志》云：龟兹能铸冶。

这段注文，把矿石、燃料和成品的市场都记载无遗，资料是十分完整的。"夜则火光，昼日但烟"，说明当时龟兹国冶铁工业的发达情况，而利用煤炭直接冶炼生铁，其冶炼技术也已经有了很高的水平。

对于当时冶金工业的技术发展情况，卷十六《榖水注》中还有一段重要的记载。注云：

> 榖水又迳白超垒南，……垒侧旧有坞，故冶官所在，魏晋之日，引榖水为水冶，以经国用，遗迹尚存。

在这段注文里，值得注意的就是水冶。水冶是什么？据元王祯《农书》，水冶即水排，后汉杜诗始作⑤。《后汉书》注所谓"冶铸者为排以吹炭，令激水以鼓之也"。⑥《三国志》以为水排始于韩暨，所谓："旧时冶，作马排，每一熟石用马百匹；更作人排，又费功力；暨乃因长流为水排，计其利益，三倍于前。"⑦不管创始人是杜诗或是韩暨，总之，这是一种利用水力鼓风以进行冶铸的机器。魏晋时代在榖水上使用的水冶，到北魏尚存遗迹。但据明代地方志的记载，北魏时代，在洹水流域，仍有这种水冶的使用。记云:"周围二十步,在县西四十里。《旧经》曰:后魏时引水鼓炉名水冶,仆射高隆之监造,深一尺,阔一步。"⑧可惜这种有可能为郦道元所目击的水力冶铸机器,在《洹水注》却偏偏没有记载,使我们不得其详。但这个时期水冶在冶金工业中的广泛应用,已足以说明我国古代冶金工业发展的技术水平。

在冶金工业的地理分布方面,还有一事需要提及。卷三十五《江水》经"又东北至江夏沙羡县西北,沔水从北来注之"注云:

> 南直武洲,洲南对杨桂水口,江水南出也,通金女、大文、桃班三治,吴旧屯所,在荆州界。

这里,金女、大文、桃班三治的"治"字,注疏本作"冶"字。杨守敬疏云:

> 《隋志》,江夏县有铁。《寰宇记》,冶唐山在江夏县南二十六里。《旧记》云:晋宋时依山置冶,故名。疑即注所指之冶。

又同卷经"鄂县北"注云:

> 江津南入,历樊山上下三百里,通新兴、马头二治。

这里,新兴、马头二治的"治"字,注疏本亦作"冶"字,熊会贞疏云:

> 《晋志》,武昌县有新兴、马头铁官。《唐志》,武昌有铁。《御览》八百三十三引《武昌记》,北济湖当是新兴冶塘湖,元嘉初发水冶。……《一统志》,新兴冶在大冶县南。

如上所述,杨、熊二氏认为"治"字是"冶"字之误,特别是熊氏所引,确是持之有据的。则金女、大文、桃班、新兴、马头诸地,都是古代冶金工业的基地,并且在南北朝之初就应用了水冶。说明魏晋以来,冶金工业在长江流域也已经很有发展,并且有了较高的技术水平。

除了上述采矿和冶金工业外,郦注记载的其他工业也很不少。例如刀剑等武器制造(《潕水注》、《渐江水注》)、造船(《江水注》、《湘水注》)、丝绸(《河水注》、《江水注》)、渍粉(《粉水注》、《江水注》)、酿酒(《河水注》、《耒水注》)、陶器(《渠注》)、造纸(《耒水注》)等。

注释:

① 新头河,郦注又作新陶水,此新头、新陶均为印度(梵语作 Sindhu,波斯语作 Hindu)之别译,故即为印度河。

② 卷一〇《浊漳水》经"又东出山,过邺县西"注:"石墨可书,又燃之难尽,亦谓之石炭。"由此,郦注石墨也可能是煤。

③ 《涟水》经"涟水出连道县西,资水之别"注云:"历石鱼山,下多玄石,……石色黑而理若云母,开发一重,辄有鱼形,鳞鳍首尾,宛若刻画,长数寸,鱼形备足,烧之作鱼膏腥,因以名之。"

④ 《后汉书郡国志》建城注引。

⑤ 《农书》卷一九。

⑥ 《后汉书》卷三一《杜诗传》。

⑦ 《三国志》卷二四《魏书·韩暨传》。

⑧ 嘉靖《彰德府志》卷一,安阳县水冶条,天一阁藏。

二十六、古建塔史与《水经注》的记载[*]

塔是一种古代的宗教建筑,今天它往往成为祖国各地的名胜古迹。我们在旅游中常常会在各地重复地遇见这样的景色:丛林深处,峰回路转,红墙一角,塔尖耸拔。铃铎迎风,余音回荡。在这种庄严肃穆的气氛中,塔的建筑给人以一种崇高和自豪的感觉,塔在名胜古迹中是一种锦上添花的建筑。

塔是一种外来的建筑形式,我国早期不仅没有塔的建筑,而且也没有"塔"这个字眼。玄应《一切经音义》卷六云:"塔字,诸书所无。"慧琳《一切经音义》卷二十七亦云:"古书无塔字。"塔是古代印度的佛教建筑,即梵文中的 र्तप,英语译作 Stûpa,我国通常译作窣堵波,而塔字,则是窣堵波的省译。《大唐西域记》卷一云:"窣堵波,所谓浮图也。"《玄应音义》卷六宝塔条云:"正言窣波,此译云庙,或云方坟,此义翻也,或云大聚,或云聚相,谓累石等高以为相也。"《慧琳音义》卷十三云:"窣覩波,上苏没反,古译云数斗婆,又云偷婆,或云兜婆,曰塔婆,皆梵语讹转不正也,此即如来舍利砖塔也。"除了上述两种《音义》中的译法外,在我国古籍与佛经中,还有苏婆、佛图、浮图、浮屠等译法,^①这些大概都是 र्तप 即 Stûpa 一词的音译或省译,其中有些译法即是从慧琳所说的"梵语讹转不正"而来,所以《实用佛学辞典》(第 1531 页)认为塔字的种种称谓,都是窣堵波一词的"讹略"。

---

* 本文承江苏省建筑研究所孙宗文工程师审阅指正,谨致谢忱。

　　除了तप以外,梵文还有一个词汇चैत्य,英语译作 Tchaitya 或 Chaitya,此词原义为佛像、佛僧或寺院等,我国通常译作脂帝浮图、支提、支帝、制多、庙等,[②]但也有译作塔或刹的,《慧琳音义》卷二十七云:"塔婆无舍利云支提。"《翻译名义集》卷七亦云:"有舍利名塔,无舍利名支提。"说明चैत्य也可引申作为塔的解释,而支提与窣堵波之间以是否瘞有佛骨为区别。据此,我国各地所建的塔,按其性质大部分属于支提一类。

　　我国古籍中常常把塔这种建筑称为刹,例子甚多。如《南史》卷七十《虞愿传》云:"帝以故宅起湘宫寺,费极奢侈,以孝武帝庄严刹七层,帝欲起十层,不可立,分为两刹,各五层。"这里的刹,一望而知就是塔。把塔称作刹,有两种来源,一种来源是चैत्य一词也可省译作刹,这在上面已经提到了。另外一种来源是由梵文中的另一个词汇बुद्धक्षेत्र而来,此词英语译作 Buddhakchêtra 或 Buddhaksetra,原意为佛国或佛土,也被引申作为寺院,我国古籍与佛经中常常译作差多罗、纥差怛罗、怛利那等,但也有译作刹、佛刹或金刹的。[③]《玄应音义》卷六金刹条云:"西域别无幡竿,即于塔覆钵柱头悬幡,今言刹者,应讹略也。"《洛阳伽蓝记》卷一记永宁寺浮图云:"举高九十丈,有刹,复高十丈。"即是指此。这就说明,这里的刹,乃是塔顶的幡竿,是塔的一个组成部分,塔所以称刹,即是以塔顶上的这一部分代替塔的全身。这样看来,我国古籍中称塔为刹,来源是很清楚的。洪颐煊曾从《玉篇》中去找寻"刹"的出处,以为:"刹(书无此字,即字略也)初一反,浮图名者,讹也。"[④]其实,讹者乃是洪氏和他所引的《玉篇》,洪氏不谙梵言,宜有此讹。

　　塔的建筑是随着佛教而传入我国的。随着塔的出现,我国古籍中开始有了各地建塔的记载。在所有记及各地建塔的古籍中,记载最早和最全面的莫过于《水经注》,《水经注》对于各地建塔的记载,具有下列一些特点。

　　首先,《水经注》对于我国开始建塔的时间,提供了重要的资料。塔当然是随着佛教而来的,但佛教在公元 1 世纪中叶已经传入我国,[⑤]而我国开始建塔,看来还要晚得多,《水经注》记载的公元 2 世纪后期所建的襄乡浮图,可能是我国现存的最早建塔资料。卷二十三《汳水》经"汳水出阴沟于浚仪县北"注云:

　　　　《续述征记》曰:西去夏侯坞二十里,东一里,即襄乡浮图也,汳水出其南,熹平中某君所立。[⑥]

　　熹平是汉灵帝的年号,为时在公元 172 年—178 年。就目前所知,我国建塔的记载没有早于此的。关于这方面,胡三省有一项资料提到:"佛法自汉明帝时入中国,楚王英最先好之,至桓帝始事浮屠。"[⑦]假使胡注的"浮屠"确实是塔,则这项资料比郦注所记又早了 20 年左右。但看来胡注的浮屠,实是梵语बुद्ध的转译,बुद्ध,英语译作 Budda 或 Buddha,我国通常译作浮图、浮屠、佛陀、勃塔等,[⑧]乃是释迦牟尼的尊称,与塔的建筑毫不相干。

对于我国开始建塔的时间,国外学者也有不少论述,但看来不是失之过早,就是失之过晚。欧内斯特·J·艾德尔认为中国的窣堵波始建于公元25年—220年间。[⑨]不必计较这段时期定得多宽,这段时期的下限比襄乡浮图晚了40多年,当然毋庸再论,其上限乃是东汉之始,看来也不可能,因为尽管佛教实际传入我国的时间可以远比东汉要早,[⑩]但我国的第一个寺院白马寺建于汉明帝永平十年(67)以后,这应该没有多大疑问。塔的建筑一般都和寺院相连,白马寺中既没有建塔的记载,[⑪]则白马寺以前的建塔,想来亦非可能。此外如尼泊尔学者N·B·塔帕,认为中国建塔开始于公元7世纪。[⑫]这个时期,我国境内已经到处都有塔的建筑,至今犹存的名塔如西安大雁塔等,至此也已落成,故其说更不足为凭。这样看来,郦注所记的襄乡浮图资料就弥感珍贵。

其次,《水经注》对于我国各地的建塔记载,从地区范围说也很广泛,尽管郦道元的时代,我国佛教进入全盛尚不久,全国各地的名塔为数还不多,据《法苑珠林》卷五十一敬塔篇所载的全国名塔,建于北魏前的只有4处,建于北魏后的达15处。故郦注可以记载的塔实际上还不多,但郦氏到底仍然把北起濡水上游的永宁七级浮图(卷十三《濡水注》),南到肥水流域的导公寺五层刹(卷三十二《肥水注》)等当时全国的13座名塔收入于他的注文之中。

除了当时国境范围内的名塔外,郦注并且还记载了当时的域外名塔。塔是佛教的产物,天竺诸国是塔的创始地,早在公元前3世纪的阿育王时代,那一带建塔已经非常普遍,《水经注》因而根据《法显传》等资料,对这个地区的建塔,作了相当详细的记载,郦注记及的这个地区的名塔达20余处,超过其所记的当时国境内的塔数。举凡阿育王浮图、蓝莫塔、阿育王大塔(以上卷一《河水注》)、揵陀卫国大塔、弗楼沙国大塔(以上卷二《河水注》)、爵离浮图(卷十六《穀水注》)等当地名塔,都作了较详的记载。

在《水经注》记载的域外诸塔中,还有一项值得重视的资料,卷三十六《温水》经"东北入于鬱"注中写到古代中南半岛上的林邑国国都时说:"神祠鬼塔,小大八庙,层台重榭,状似佛刹。"既然这里的"层台重榭"已经和佛刹相类,并且有了"小大八庙",则所谓"鬼塔",其形状必然也和窣堵波一类的建筑相似。这样看来,尽管这个公元3世纪以后才建立的林邑国,在经济上和文化上十分落后,但佛教对它的影响,却已经十分明显了。

《水经注》记塔的第三个特点是记载十分细致,材料非常翔实。这当然并不是在每一座塔的记载上都花费许多篇幅,但对于当时的重要名塔,郦注都没有轻易放过。卷十三《濡水》经"濡水出雁门阴馆县东北过代郡桑乾县南"注中所记载的北魏旧都平城的永宁七级浮图即是其例。注云："又南迳永宁七级浮图西，其制甚妙，工在寡双。"[13] 虽然对这座塔的记载仅仅是"其制甚妙，工在寡双"八个字，但这八个字确是符合当时实际的，并不是文人的夸张之辞。据《魏书》卷一一四《释老志》所记："天安二年……其岁高祖诞载，于时永宁寺，构七级浮图，高三百余尺，基架博敞，为天下第一。"按天安二年即刘宋泰始三年（467），比北魏以后所建的名塔即洛阳永宁寺九层浮图还早30年，此塔落成时，国内名塔屈指可数，则"工在寡双"实非过誉。而且对于这座北魏早期的名塔，郦注在卷十六《榖水》经"又东过河南县北东南入于洛"注中，又通过与洛阳永宁寺九层浮图对比，再一次记载了此塔的建筑结构。注文说洛阳永宁寺九层浮图的建筑是"取法代都七级而又高广之"。这里所说的"代都七级"，即《瀔水注》中的平城永宁七级浮图。既然这座显赫一时、名闻遐迩的永宁寺九层浮图，比之平城永宁七级浮图，只是塔身高度和塔体广度的差别，则永宁七级浮图在建筑上的宏伟富丽是可以想见了。

在《水经注》记载的中外30多处塔之中，建筑最宏伟的当然是洛阳永宁寺九层浮图。《榖水注》云：

> 水西有永宁寺，熙平中始创也，作九层浮图，浮图下基方十四丈，自金露槃下至地四十九丈，取法代都七级而又高广之，虽二京之盛，五都之富，利刹灵图，未有若斯之构，按《释法显行传》，西国有爵离浮图，其高与此相状，东都西域，俱为庄妙矣。

永宁寺九层浮图建于北魏熙平元年（516），它被近代建筑学界称为我国佛教建筑黄金时代中寺塔建筑的代表作，[14] 在我国建筑史上的地位于此可见。而郦道元本人有幸亲睹其成，因此，郦注对于此塔的记载，是后世流传的唯一目击记载，确是值得珍贵的。所以尽管以后有些著作对此塔的记载在某些方面比郦注详细，但是除了郦道元以外，毕竟没有一个作者能记下亲眼目睹的资料。因为永宁寺在北魏永熙三年（534）就付之一炬，[15] 其存在时间还不到20年。《洛阳伽蓝记》对于永宁寺及其浮图的记载，内容确实相当详细，[16] 杨衒之本人也是个当代人物，大概也见过此塔，但当他记载此塔的时候，洛阳已经破败，寺塔早已荡然无有了。[17] 因此，郦注有关永宁寺九层浮图的记载，无疑是现存有关这个寺塔的最权威的资料。关于这方面，现代考古学的发掘结果，完全可以证明郦注记载的价值。中国科学院考古研究所洛阳工作队《汉魏洛阳城初步勘查》中说道：

> 永宁寺九层浮图塔基位于寺院正中，今残存高大夯土台基，残高约八米左右，塔基平面呈方形，分三层而上，顶上两层在今地面上屹立可见。底层夯基近方形，东西约一百零一米，南北约九十八米，基高约二点一米，中层夯基面积小，呈正方

形,东西、南北各长五十米,高约三点六米;顶层台基系用土坯垒砌,呈正方形,面积约有十米见方,残高二点二米。这与《水经注》所载永宁寺"浮图下基方十四丈"面积相近。[18]

从上述考古学发掘的结果,郦注记载的永宁寺九层浮图的资料价值,已经可以充分证明,无须赘述了。

值得提及的是,郦注记载永宁寺九层浮图的方法,除了描述此浮图的本身外,还采用了与其他浮图对比的方法。郦氏与之对比的平城永宁七级浮图,上面已经说过,这里毋庸再述,而郦氏与之对比的另一座浮图,乃是号称西域第一的弗楼沙国罽腻伽王所建造的爵离浮图。郦注说:"西国有爵离浮图,其高与此相状,东都西域,俱为庄妙矣。"从这里可见,这两座浮图在建筑规模上是旗鼓相当的。这就使我们有可能从记载爵离浮图的资料,进一步推知永宁寺九层浮图的建筑规模。北魏以前,中国人目睹爵离浮图而又留下记载的资料有两种,一种是晋释法显所记载的:

高四十余丈,众宝校饰,凡所经见塔庙,壮丽威严,都无此比。[19]

另一种是北魏释宋云的记载:

塔内物事,悉是金玉,千变万化,难得而称,旭日开始,则金盘晃朗;微风渐发,则宝铎和鸣,西域浮图,最为第一。

拿上述两种爵离浮图的目击记载,和《水经注》及《洛阳伽蓝记》等记载永宁寺九层浮图的资料对比,说明这两座浮图在外观宏伟、结构精巧、装饰富丽等方面确是不相上下的。值得推究的是这两座浮图的高度之比究竟如何。既然郦注说"其高与此相状",则两塔高度应该相去不远,但是由于各种记载中计算塔高的标准不同,因此数字有很大出入。就爵离浮图说,除了上述《法显传》所说的40余丈外,还有其他多种数字资料,把这些资料进行排列对比,大体可以确定,这座浮图的高度,包括塔基和塔顶附属物在内,约为80丈,[20]而永宁寺九层浮图的高度,今本郦注所说的"自金露槃下至地四十九丈",也是没有包括塔基和塔顶附属物的。《洛阳伽蓝记》卷一说:"举高九十丈,有刹,复高十丈,合去地一千尺,去京师百里,已遥见之。"这个数字看来是可靠的,因为《方舆纪要》所引《水经注》实有"高百丈,最为壮丽"之语,[21]足见"高百丈"是郦注原有的记载,由于殿本等脱佚了这句注文,才造成差异,而其实《水经注》与《伽蓝记》的记载是完全一致的。这样看来,永宁寺九层浮图的高度,竟比当时西域第一的爵离浮图还高出20丈。我们从郦注记载的洛阳永宁寺九层浮图的宏伟建筑中,又一次看到我们古代建筑技术的精湛和伟大。

注释：

① Ernest. J. Eitel, Handbook of Chinese Buddhism being a Sanskrit – Chinese Dictionary with Vocabularies of Buddhist Terms, Tokyo, Sanshusha, 1904, p. 160。

② Handbook of Chinese Buddhism, p. 171。

③ Handbook of Chinese Buddhism, p. 37。

④ 《读书丛录》卷一一《玉篇》宝刹。

⑤ 《洛阳伽蓝记》卷四："白马寺，汉明帝所立也，佛入中国之始。"

⑥ 大典本、黄本、吴本、何校明抄本等均作："汉熹平君所立。"沈炳巽以为黄本等有讹，加注云，"按熹平是汉灵帝年号，此当云熹平某年某君所立，死因葬之，方顺，今但云熹平君所立，似有脱讹"。

⑦ 《通鉴》卷一二四《宋纪六》文帝元嘉二十三年，"诏曰：昔后汉荒君信惑邪伪以乱天常"胡注。

⑧ Handbook of Chinese Buddhism, p. 36。

⑨ Handbook of Chinese Buddhism, p. 160："All ancient Stûpas were built in a shape of towers, surmounted by a copula and one or more tchhatra (parasols). The Chinese stûpas built since 25—220A. D. , have no copula but 7—13 tchhatras."

⑩ 参见马司帛洛《汉明帝感梦、遣使、求经事考证》(《西域南海史地考证丛编》四编)及伯希和《牟子考》(《西域南海史地考证丛编》五编)。

⑪ 《洛阳伽蓝记》卷四记载白马寺云："浮屠前，奈林蒲萄，异于余处。"此处"浮屠"，当是 卒堵波 无疑，因《伽蓝记》记塔，都记明层数，如卷一永宁寺"九层浮图"，瑶光寺"五层浮图"，卷二太上君寺"五层浮图"，卷三景明寺"七层浮图"，卷四宣忠寺"三层浮图"，融光寺"五层浮图"等。又《伽蓝记》记塔通例，总是在开始点出寺院名称以后，紧接着就记载："有五层浮图一所"云云，几乎千篇一律，而白马寺并无此文，益足证并无塔的建筑。

⑫ N. B. Thapa, D. P. Thapa, Geography of Nepal. Orient Longmans Ltd. ,1969, Culcutta, p. 96："The art of making stupas or pagoda style may be traced to the third century which later to India, China and South East Asia during the seventh century."

⑬ 《名胜志》山西卷五《大同府·朔州》引《水经注》作："工致寡双。"

⑭ 孙宗文《中国历代宗教建筑艺术的鸟瞰》，《中国建筑》1934 年 4 月号，第 39—40 页。

⑮ 《通鉴》卷一五六《梁纪十二》武帝中大通元年："魏永宁浮图灾，观者皆哭，声振城阙。"

⑯ 《洛阳伽蓝记》卷一："永宁寺，熙平元年，灵太后胡氏所立也。……寺中有九层浮图一所，架木为之，举高九十丈，有刹，复高十丈，合去地一千尺，去京师百里，已遥见之。初掘基至黄泉下，得金像三千躯，太后以为信法之徵，是以营建过度也。刹上有金宝瓶容二十五石，宝瓶有承露金盘三十重，周匝皆垂铎，复有铁锁四道，引刹向浮图，四角锁上亦有金铎，铎

大小如一石瓮子。浮图有九级,角角皆悬金铎,合上下有一百二十铎。浮图有四面,面有三户大牖,户皆朱漆。扉上有五行金钉,合有五千四百枚,复有金镮铺首。殚土木之功,穷造形之巧,佛事精妙,不可思议,绣柱金铺,骇人心目。至于高风永夜,宝铎和鸣,铿锵之声,闻及十余里。"

⑰ 《洛阳伽蓝记》序:"武定五年,余因行役,重览洛阳,城郭崩毁,宫室倾覆,寺观灰烬,庙塔丘墟,精被蒿艾,巷罗荆棘,野兽穴于荒阶,山鸟巢于庭树。"案:武定五年为公元 547 年。

⑱ 《考古》1973 年第 4 期。

⑲ 足立喜六《法显传考证》第 88 页。

⑳ 有关爵离浮图的高度,尚有下列记载:《慈恩寺传》卷二:"高四百尺,基周一里半,高一百五十尺。"《法苑珠林》卷五一《敬塔篇》:"上有铁杖高三百尺,金盘十三重,合去地七百尺。"《续高僧传》卷四《玄奘传》:"元魏灵太后胡氏,奉信情深,遣沙门道生等赍大幡长七百余尺,往彼挂之,脚才着地。"《北史》卷七九《西域·小月氏国》:"其城东十里有佛塔,周三百五十步,高八十丈。"

㉑ 《方舆纪要》卷四八《河南三·河南府·洛阳县·永宁寺》引《水经注》。

二十七、《水经注》记载的园林

　　《水经注》记载了我国古代的不少园林，通过这些记载，不仅可以了解我国古代造园艺术的卓越成就，同时也为我们对古代某些栽培作物和观赏植物的分布提供资料。郦注记载的园林，不仅是当时存在的，也有当时已经湮废的；不仅是国内的，并且还兼及域外。[①]

　　卷九《洹水》经"又东北出山，过邺县南"注中记载的魏武玄武故苑，即是一处当时已经湮废的园林。注云：

　　　　其水西迳魏武玄武故苑，苑旧有玄武池以肄舟楫，有鱼梁、钓台、竹木灌丛，今池林绝灭，略无遗迹矣。

　　如上注，这处园林在北魏时已经全部湮灭，但作者仍然根据其他资料，记载了这处园林。在郦注记载的所有园林中，记载得特别细致生动的是洛阳的芳林园与华林园。

　　卷十六《穀水》经"又东过河南县北，东南入于洛"注云：

　　　　孙盛《魏春秋》曰：景初元年，明帝愈崇宫殿，雕饰观阁，取白石英及紫石英及五色大石子大行穀城之山，起景阳山于芳林园。树松竹草木，捕禽兽以充其中，于时百役繁兴，帝躬自掘土，率群臣三公已下，莫不展力，山之东，旧有九江，陆机《洛阳记》曰：九江直作圆水，水中作圆坛三破之，夹水得相迳通。《东京赋》曰：濯龙芳林，九谷八溪，芙蓉覆水，秋兰被涯。今也，山则块阜独立，江无复仿佛矣。

　　如上注，虽然芳林园到北魏时已经荒芜败落，但当年"九谷八溪"的园林胜景，注文中尚历历在目。同注记载另一处华林园云：

> 谷水又东，枝分南入华林园，历疏圃南，圃中有古玉井，井悉以珉玉为之，以缁石为口，工作精密，犹不变古，灿也如新。又迳瑶华宫南，历景阳山北，山有都亭，堂上结方湖，湖中起御坐石也。御坐前建蓬莱山，曲池接筵，飞沼拂席，南面射侯夹席，武峙背山，堂上则石路崎岖，岩嶂峻险，云台风观，缨峦带阜，游观者升降阿阁，出入虹陛，望之状凫没鸾举矣。其中引水飞皋，倾澜瀑布，或枉渚声溜，潺潺不断，竹柏荫于层石，绣薄丛于泉侧，微飙暂拂，则芳溢于六空，实为神居矣。

这一段记载华林园的布局，结构和景致，何等的生动细腻可以让我们看到这个古代劳动人民精心布置和建筑的著名园林的大致轮廓，从而了解我国古代造园艺术的发展水平。

郦注记载的另外一些园林是古代某些特殊栽培作物的种植园。当然，它们也仍然具有游览意义。例如卷十《浊漳水》经"又东出山，过邺县西"注记载的桑梓苑，是一处宫廷中的桑园。注云：

> 漳水又对赵氏临漳宫，宫在桑梓苑，多桑木，故苑有其名。三月三日及始蚕之月，虎帅皇后及夫人采桑于此，今地有遗桑，墉无尺雉矣。

卷十九《渭水》经"又东过长安县北"注记载的逍遥园，则是一个种植莲藕的池沼。注云：

> 一水东入逍遥园，注藕池，池中有台观，莲荷被浦，秀实可玩。

此外，卷三十三《江水注》记载了江川县的官橘园和官荔枝园。注云：

> 县有官桔、官荔枝园，夏至则熟，二千石常设厨膳，命士大夫共会树下食之。

这里，"夏至则熟"，指的当然是荔枝，"共会树下食之"，说明这些果园同时也是游览胜地。

在郦注记载的各种种植园中，以竹园为最多。这大概因为竹是一种速生的用材，在水利工程、军事和其他生活用具上都很有价值，而且竹又是一种常绿植物，具有观赏的意义。卷九《淇水注》所记载的竹园，是我国北方古代的最大竹园之一。注云：

> 汉武帝决塞河，斩淇园之竹木以为用，寇恂为河内，伐竹淇川，治矢百余万以输军资。今通望淇川，无复此物。

如上注，说明直到汉代，淇园还是一个巨大的竹园，尽管这个竹园在北魏已经消失，但作者仍然记下了这个巨大的竹类种植园。卷二十四《睢水注》记载了另一处梁王竹园。注云：

> 睢水又东南流，历于竹圃，水次绿竹荫渚，菁菁实望，世人言梁王竹园也。

此外如卷十八、十九《渭水注》记载的竹圃，卷三十六《温水注》记载的王祠竹林等,也都是规模较大的竹园。

　　除了上述专供游乐的园苑和栽培作物的种植园以外,对于那些天然风景优美的地方,作者也常常把它们记入注文,并且常常把它们称为"嬉游之处"。例如卷十一《滱水》经"又东过唐县南"注云:

　　　　(唐水)东流至唐城西北隅,竭而为湖,俗谓之唐池,莲荷被水,嬉游多萃其上,信为胜处也。

又卷二十六《巨洋水》经"又北过临朐县东"注云:

　　　　(熏冶泉)水出西溪,飞泉侧濑于穷坎之下,泉溪之上,源麓之侧,有一祠,目之为冶泉祠。……斯地,盖古冶官所在,故水取称焉。水色澄明而清泠特异,渊无潜石,浅镂沙文,中有古坛,参差相对,后人微加功饰,以为嬉游之处,南北邃岸凌空,疏木交合,先公以太和中作镇海岱,余总角之年,侍节东州,至若炎夏火流,闲居倦想,提琴命友,嬉娱永日,桂笋寻波,轻林委浪,琴歌既洽,欢情亦畅,是焉栖寄,实可凭衿,小东有一湖,佳饶鲜笋,匪直芳齐芳药,实亦洁并飞鳞,其水东北流入巨洋,谓之熏冶泉。

　　上述两处,都是郦注记载的所谓"嬉游之处",虽然不像园苑那样地经过施工雕琢,但由于当地天然风景的秀丽,因此只要"微加功饰",就成为引人入胜的游览佳地。在全注之中,像上述一类的记载是不少的。

　　在郦注有关园林的记载中,还有一些是神话中的园林,卷一《河水》经"昆仑墟在西北"注中的玄圃即是其例。注云:

　　　　《昆仑说》曰:昆仑之山三级,下曰樊桐,一名板桐;二曰玄圃,一名阆风;上曰层城,一名天庭,是为太帝之居。

　　按上注中的玄圃,《楚辞·天问》及《淮南子·地形训》均作县圃,其意义是悬于高处之园圃,显然是一个神话中的地名,并无多大可以讨论的价值。但曾经有人提出县圃与古代巴比伦县园之间的关系,认为两者有许多相似之处,因此怀疑昆仑山的县圃,可能就是巴比伦的县园,从而认为昆仑山一类的传说,可能是从西方来的。[2] 童书业、顾颉刚二氏并且由此推论古代东、中、西交通之盛。[3] 按巴比伦的县园,英语作 hanging garden,通常又译作空中花园,据南怀仁《七奇图》所绘,只不过是建筑在巴比伦城楼之上的花园。[4] 这样的空中花园,即在某些现代化的城市中也常有之,美国纽约即是其例,[5] 与神话中的昆仑山县圃恐怕不可同日而语。

注释:

　　① 卷一《河水注》:"(波罗奈)城之东北十里许,即鹿野苑,本辟支佛住此,常有野鹿栖宿,故

以名焉。"据艾德尔《中国佛教手册》第 101 页:"鹿野苑,波罗奈城东北的一个公园。"这就是郦注记载的域外园林的例子。

② 徐球《黄帝之囿与巴比伦之县园》,载《地学杂志》1931 年第 1 期。

③ 童书业、顾颉刚《汉代以前中国人的世界观念与域外交通的故事》,载《中国古代地理学考证论文集》,中华书局 1962 年版,第 31 页。

④ 南怀仁《坤舆图说》卷下《七奇图》亚细亚洲巴必鸾城。

⑤ W. H. Camp. The World in Your Garden, The National Geographic Magazine. July 1947. P. 9:
"New York has its hanging garden like Nebuchadnezzar's ancient capital."

二十八、《水经注》记载的陵墓

　　《水经注》记载了不少陵墓,这些陵墓大概都是历史上比较著名的。因此,郦注记载的陵墓,后来绝大部分都成为地名。全注记载的各种陵墓多达 260 余处,其称谓有陵、墓、冢、坟、窆等,也有称山或称丘的。卷十九《渭水》经"又东过霸陵县北,霸水从县西北流注之"注中,对于古代陵墓的称谓,有较详细的解释。注云:

> 又东迳长陵南,亦曰长山也。秦名天子冢曰山,汉曰陵,故通曰山陵矣。《风俗通》曰:陵者,天生自然者也,今王公坟垅称陵。《春秋·左传》曰:南陵,夏后皋之墓也。《春秋说题辞》曰:丘者,墓也,冢者,种也,种墓也。罗倚于山,分尊卑之名者也。

　　郦注记载的陵墓,其中有一些只不过是传说,并不一定是什么陵墓。例如卷三《河水注》的黄帝冢,卷九《淇水注》的帝喾冢和颛顼冢,卷二十四《瓠子河注》的尧冢,卷三十二《沘水注》皋陶冢,卷三十八《湘水注》的大舜窆,卷四十《渐江水注》的禹冢等。另外还有一些记载,例如卷八《济水注》的蚩尤冢:"有赤气出如绛",《渐江水注》的越王允常冢:"冢中生风,飞沙射人"等,当然更是荒诞不经的。但是除了这些以外,郦注记载的陵墓,大部分都还是可以查考的。而上述如黄帝冢、颛顼冢、大舜窆之类虽属无稽,但应该考虑到这些地区可能存在着一些无名的古代墓葬而被后人所传讹的,则记载仍然不无意义。所以,《水经注》记载的各种陵墓,不管其陵墓是否存在,它们毕竟总是历史地名,而且对于今天在考古学和历史地理学等方面,多少也还能提供一些有用的资料或线索,因此也仍然具有一定的价值。

对于卷四《河水注》、卷二十一《汝水注》、卷二十六《巨洋水注》等篇中一再提到的汲冢,这里顺便稍作说明。郦注记载的汲冢,实际上是指的《汲冢书》,亦即《竹书纪年》的代称。《晋书束皙传》云:"太康二年,汲郡人不准盗发魏襄王墓,得竹书数十车,其《纪年》13篇,记夏以来至周幽王为犬戎所灭,以事接之三家分,仍述魏事至安厘王之二十年,盖魏之史书,大略与《春秋》皆多相应。"郦注所记即此。不过汲冢本身,确实是战国时代的一些墓葬。《晋书武帝纪》云:"咸宁五年,汲郡人不准掘魏襄王冢,得竹简小篆古书十余万言。"杜预《左传后序》云:"太康元年,汲郡人发冢,大得古书,皆简编,科斗文字。"根据上述,可知发冢之事是在若干年内进行的,而汲冢乃是魏襄王和其他一些战国魏冢的总称。

在陵墓类地名中,还存在一个陵、县同名的问题。例如卷十九《渭水注》中记载的不少陵墓如茂陵、霸陵等,都存在着与陵墓同名的县。造成这种陵、县同名的原因,是因为汉代初期,朝廷每建筑一座帝王陵墓,必在陵墓地区设置一处与陵墓同名的县,强迫人民从别处迁徙而来,以供奉帝王园陵,以后甚至连皇妻皇孙也可以设置陵县。卷十九《渭水》经"又东过长安县北"注云:

> 其一水右入昆明故渠,东迳奉明县广成乡之廉明苑南,史皇孙及王夫人葬于郭北,宣帝迁苑南,卜以为悼园,益园民千六百家,立奉明县,以奉二园。

像上述这样的县称为陵县,或称陵邑。这种制度,直到汉元帝时才废除。①在元帝以前留下的这种陵县,见于《汉书·地理志》的有9处,其中惠帝安陵、文帝霸陵、武帝茂陵、昭帝平陵、宣帝杜陵等5处,也见于卷十九《渭水注》。

在郦注陵墓的记载中,也揭露了古代帝王将相耗资巨万,大兴土木,为自己建造陵墓的许多事实。在我国历史上,有记载可查的第一个大兴厚葬的是秦始皇。卷十九《渭水注》云:

> 渭水右迳新丰县故城北,东与鱼池水会,水出丽山东北,本导源北流,后秦始皇葬于山北,水过而曲行,东注北转,始皇造陵取土,其地污深,水积成池,谓之鱼池也。在秦皇陵东北五里,周围四里,池水西北流,迳始皇冢北。秦始皇大兴厚葬,营建冢圹于丽戎之山,一名蓝田,其阴多金,其阳多玉,始皇贪其美名,因而葬焉。斩山凿石,下锢三泉,以铜为椁,旁行周回三十余里,上画天文星宿之象,下以水银为四渎、百川、五岳、九州,具地理之势。宫观百官,奇器珍宝,充满其中。令匠作机弩,有所穿近,辄射之。以人鱼膏为灯烛,取其不灭者久之。后宫无子者,皆使殉葬甚众。坟高五丈,周回五里余,作者七十万人,积年方成。而周章百万之师,已至其下,乃使章邯领作者以御难,弗能禁。项羽入关,发之,以三十万人、三

十日,运物不能穷。关东盗贼,销椁取铜。牧人寻羊烧之,火延九十日不能灭。

在物力艰难的古代,这样的厚葬,的确令人触目惊心。不仅是"后宫无子者,皆使殉葬甚众",是一种残酷暴戾的罪行,而且把大量的物质财富浪费于无用之地,更是一种斲伤民族元气的陋俗。这种厚葬害民的陋俗,在秦始皇以后,曾经长期地盛行于封建统治者之中。同卷记载的汉成帝昌陵,也是一个突出的例子。注云:

> 汉成帝建始二年,造延陵为初陵,以为非吉,于霸曲亭南更营之。鸿嘉元年,于新丰戏乡为昌陵县以奉初陵。永始元年,诏以昌陵卑下,客土疏恶,不可为万岁居,其罢陵作,令吏民返故,徙将作大匠解万年燉煌,《关中记》曰:昌陵在霸城东二十里,取土东山,与粟同价,所费巨万,积年无成。

按昌陵之建,为时已在汉元帝明令废设陵县以后,但昌陵却仍然设置陵县,并且竟从远地搬运土石,以致陵墓的泥土与粟同价。所以郦注记载的每一处古代统治者陵墓,都是大量劳动人民的血汗所构成的。

郦道元本人是反对这种祸国殃民的厚葬制度的。除了上述各注中注文所表达的明显贬意外,他还在卷二十九《湍水注》中,无情地揶揄了这种陋俗。注云:

> 碑之西有魏征南军司张詹墓,墓有碑,碑背刊云,白楸之棺,易朽之裳,铜铁不入,丹器不藏,嗟矣后人:幸勿我伤。自后古坟旧冢,莫不夷毁,而是墓至元嘉初尚不见发。六年大水,蛮饥,始被发掘。说者言,初开,金银铜锡之器,朱漆雕刻之饰烂然,有二朱漆棺,棺前垂竹帘,隐以金钉,墓不甚高,而内极宽大。虚设白楸之言,空负黄金之实,虽意锢南山,宁同寿乎?

注释:

① 《汉书》卷九《孝元皇帝纪》:"永光四年冬十月乙丑,罢祖宗庙在郡国者,诸陵分属三辅。……今所谓初陵者,勿置县邑,使天下咸安土乐业,亡有动摇之心,布告天下,令明知之。"

二十九、《水经注》记载的古代建筑

《水经注》记载的古代建筑甚多,除了已经专文讨论的桥梁和塔等以外,还有宫殿、楼、阙、台、寺院等,不胜枚举。

在《水经注》的时代,我国已经出现过不少著名的宫殿,郦注记载的宫殿,数达120余处。尽管这些宫殿在当时大部分已经并不存在,但是由于在时间上相去尚近,记载这些宫殿建筑的文献大多尚未缺佚,社会上流传的对于这些宫殿的传说也大量存在,使郦注有可能对这些建筑进行细致的记载,赖郦注的记载,这些古代建筑的原始面貌得到不同程度的保存,让我们能借此窥及我国古代建筑技术的发展水平。

郦注记载的宫殿,有一些具有十分宏伟的规模。卷十九《渭水》经"又东,丰水从南来注之"注中记载的阿房宫,是我国历史上最早和最宏大的宫殿之一。注云:

> 《史记》曰:秦始皇三十五年,以咸阳人多,先王之宫小,乃作朝宫于渭南,亦曰阿城也。始皇先作前殿阿房,可坐万人,下可建五丈旗,周驰为阁道,自殿直抵南山。……《关中记》曰:阿房殿在长安西南二十里,殿东西千步,南北三百步,庭中受十万人。

如上注,"可坐万人",言其面积之大;"下可建五丈旗",言其建筑之高;"庭中受十万人",言其范围之广。则其规模宏伟,可以想见。

在同注中又记载了汉代的建章宫,其规模不下于秦代的阿房宫。注云:

> 建章宫,汉武帝造,周二十余里,千门万户。

这里,注文写得十分简洁,但宫殿的规模已历历可见。"周二十余里",其范围何等广大。而这中间的多多少少宫殿楼阁,亭台苑榭,注文只用"千门万户"一语以概括,写得何等生动扼要。

对于建章宫的内部结构,郦注又引用另一种材料加以描述。注云:

《汉武帝故事》曰:建章宫北有太液池,池中有渐台三十丈。……南有璧门三层,高三十余丈,中殿十二间,阶陛咸以玉为之,铸铜凤五丈,饰以黄金,楼屋上椽首,薄以玉璧,因曰璧玉门也。

上述《汉武帝故事》关于汉武帝营造宫殿一节,除《水经注》外,我国其他古籍如《史记·孝武本纪·正义》、《史记·封禅书·索隐》、《初学记》、[①]《艺文类聚》、[②]《三辅黄图》、[③]《续谈助》、[④]《北堂书钞》、[⑤]《御览》[⑥]等都有引及,但此处所引自"南有璧门三层"到"因曰璧玉门也"一段,为郦注所独存,所以尤足珍贵。

卷十九《渭水》经"又东过长安县北"注中,又记载了另一著名宫殿未央宫的宏大规模。注云:

高祖在关东,令萧何成未央宫,何斩龙首山而营之。山长六十余里,头临渭水,尾达樊川,头高二十丈,尾渐下,高五、六丈,土色赤而坚。……山即基,阙不假筑,高出长安城,北有玄武阙,即北阙也;东有苍龙阙,阙内有阊阖、止车诸门。未央殿东有宣室、玉堂、麒麟、含章、白虎、凤皇、朱雀、鹓鸾、昭阳诸殿,天禄、石渠、麒麟三阁。未央宫北,即桂宫也,周十余里,内有明光殿、走狗台、柏梁台,旧乘复道,用相逕通。

这里,注文对未央宫的记载,从宫殿建筑的地基开始,一直写到它的附属宫殿的名称和位置,以及和宫殿之间的道路联系等,记载得非常细致,使我们今天仍能大体复原未央宫的布局与结构。

郦注不仅记载古代的宫殿,同时也记载这些宫殿的附属建筑如楼、阙之类。例如《穀水注》的白楼,即是晋宫的一部分。注云:

晋宫阁名曰金镛,有崇天堂,即此。地上架木为榭,故白楼矣。皇居创徙,宫极未就,止跸于此。

又如卷十九《渭水》经"又东,丰水从南来注之"注中的井干楼,乃是建章宫的一部分。注云:

建章中作神明台、井干楼,咸高五十余丈,皆作悬阁,辇道相属焉。

如上注,井干楼高达50余丈,上面还建有悬阁作为楼台之间的通道,其建筑是十分瑰丽宏伟的。

阙也是古代宫殿的附属建筑,郦注记载的阙,有些具有很大的建筑规模,《穀水》经"又东过河南县北,东南入于洛"注中的朱雀阙即是其例。注云:

《汉官典职》曰；偃师去洛四十五里，望朱雀阙，其上鬱然与天连。

如上注，45 里以外犹可望见此阙，"鬱然与天连"，其建筑的高大雄伟是可想而知的了。

卷十九《渭水》经"又东，丰水从南来注之"注中所记载的建章宫凤阙，其高大并且还有具体的数字可稽。注云：

《汉武帝故事》云：阙高二十丈。《关中记》曰：建章宫园阙，临北道，有金凤在阙上，高丈余，故号凤阙也。故繁钦《建章凤阙赋》曰：秦汉规模，廓然毁泯，惟建章凤阙，岿然独存，虽非象魏之制，亦一代之巨观也。

从上注可见，建章宫的凤阙，竟高达 20 多丈，仅阙顶的金凤装饰，就高达 1 丈多，其壮丽雄伟可以想见。

《水经注》记载的另一类古代建筑是台。台是一种高大的建筑物，其形式有时与塔相类，不过塔是外来的建筑形式，而台却是我国古有的建筑形式。台的建筑，有时也可能是一种宫殿的附属物，是古代统治阶级一种穷奢极欲的享受，是他们的游乐场所，如卷十《浊漳水注》的铜雀台即是其例。有时候是某一历史事物的纪念，如卷八《济水注》的黄山台就是。有时候也可能是为了其他特殊的目的，如卷三《河水注》的讲武台，卷九《淇水注》的望海台等。在建筑上，有的台不过是一处土石堆砌小丘，除了历史上的意义外，建筑物本身并无较大价值。但其他一些台，有的高大宏伟，有的结构精致，有的装潢瑰丽，由此可以窥及我国古代建筑技术的高度水平。

《水经注》记载的台达 160 处左右，其中有的记载得十分详细，有的还兼及高度和面积的具体数字，兹将记载中有数字可稽的台表列如下：

卷篇	台名	高度	广度
卷五河水注	新台	数丈	
卷五河水注	蒲台	8 丈	方 200 步
卷八济水注	韩王听讼台	15 仞	
卷八济水注	武棠亭台	2 丈许	
卷九淇水注	武帝台	基高 60 丈	
卷十浊漳水注	铜雀台	27 丈	
卷十浊漳水注	金虎台	8 丈	
卷十浊漳水注	冰井台	8 丈	
卷十一易水注	金台		东西 80 许步,南北如减
卷十六穀水注	灵台	6 丈	
卷十九渭水注	神明台	50 余丈	方 20 步

续表

卷篇	台名	高度	广度
卷十九渭水注	渐台	30 丈	
卷二十二颍水注	公路台		方百步
卷二十二渠注	吹台	2 层,基高 1 丈余。	方百许步,2 层基方四五十步
卷二十三汳水注	龙门土台	3 丈余	
卷二十五泗水注	周公台	5 丈	周 50 步
卷二十六潍水注	琅邪台	台基 2 层,层高 5 丈。	方 200 余步,广 5 里
卷二十七沔水注	樊哙台	五六丈	
卷二十七沔水注	韩信台	10 余丈	
卷二十八沔水注	楚庄王钓台	3 丈 4 尺	南北 6 丈,东西 9 丈
卷二十八沔水注	大暑台⑦	6 丈余	纵广 8 尺
卷二十八沔水注	章华台	10 丈	基广 15 丈
卷三十一淯水注	荆州古台	3 丈余	
卷三十七浪水注	朝台	直峭百丈	圆基千步

　　除了在上表中可以看到不少台的高度和面积外,郦注还记载了许多关于台的宏伟外观和精致内部结构的资料。卷十《浊漳水》经"又东出山,过邺县西"注中的邺西三台,就是这方面的典型例子。三台中以铜雀台工程最大。注云:

　　　　中曰铜雀台,高十丈,有屋百一间,⋯⋯石虎更增二丈,立一屋,连栋接榱,弥覆其上,盘回隔之,名曰命子窟。又于屋上起五层楼,高十五丈,去地二十七丈。又作铜雀于楼巅,舒翼若飞。

　　对于邺西三台中的其他两台,即金虎台和冰井台,注文记载也颇详细。注云:

　　　　南则金虎台,高八丈,有屋百九间。北曰冰井台,亦高八丈,有屋百四十五间,上有冰室,室有数井,井深十五丈,藏冰及石墨焉。⋯⋯又有粟窖及盐窖,以备不虞,今窖上犹有石铭存焉。

　　从上注可知,邺西三台是三座拥有屋宇数百间的巨型楼台,其中最高的铜雀台是一座将近 10 层的高层建筑,高达 27 丈,而顶部的铜雀高度尚未计算在内。则邺西三台的宏伟瑰丽可见一斑。

　　又如卷十三《灅水注》记载的白台。注云:

　　　　台甚高广,台基四周列壁,阁道自内而升。

　　卷二十八《沔水注》记载的大暑台。注云:

　　　　高六丈余,纵广八尺,一名清暑台,秀宇层明,通望周博,游者登之,以畅远情。

　　以上 2 例,文字不多,却清楚地写出了这两座台的建筑技巧与风格。"阁道自内而升",不仅是升登方便,而且在结构上也不致影响外观的宏伟。"秀宇层明,通望周博",说明这座台的设计者非常重视台的视野,使游览者登高眺望,可以将四周风景,一览无余。

郦道元所在的时代,正是我国佛教建筑的黄金时代。除了前已论述的塔的建筑普及于全国各地外,寺院的建筑也如雨后春笋。据《通鉴》所记,北魏一朝,各地所建的寺院竟达 13000 多处。[⑧]在其首都洛阳一地,寺院也多达 1367 处。[⑨]所以郦注记载中涉及一些寺院建筑,这是势所必然。其中有些寺院具有悠久的历史与宏大的建筑规模。卷十六《穀水》经"又东过河南县北,东南入于洛"注中记载的白马寺,即是我国历史上建筑的第一所寺院。注云:

> 穀水又南迳白马寺东,昔汉明帝梦见大人金色,项佩白光,以问群臣。或对曰:西方有神名曰佛,形如陛下所梦,得无是乎? 于是发使天竺,写致经像,始以榆㮅[⑩]盛经,白马负图,表之中夏,故以白马为寺名。此榆㮅后移在城内愍怀太子浮图中,近世复迁此寺,然金光流照,法轮东转,创自此矣。

又同注记载的永宁寺,是当时全国最大的寺院。不过郦注所记的主要是寺内的那座举世无匹的九层浮图,对寺院本身,描述不多。其实,寺院的规模也是极大的。据《洛阳伽蓝记》所载:"僧房楼观一千余间,雕梁粉壁,青缫绮疏,难得而言。"[⑪]即使与当时西域、印度等地的寺院相比,永宁寺也毫不逊色。据当时年高识广的西域沙门菩提达摩所云:"历涉诸国,靡不周遍,而此寺精丽,阎浮所无也。极物境界,亦未有此。"[⑫]永宁寺建筑在当时佛教界的地位由此可见。

此外,卷十四《鲍丘水注》记载的观鸡寺,其特殊的建筑结构,也是值得重视的。注云:

> 水东有观鸡寺,寺内起大堂,甚高广,可容千僧,下悉结石为之,上加涂墍,基内疏通,枝经脉散,基侧室外,四出炊火,炎势内流,一堂尽温。盖以此土寒严,出家沙门,率皆贫薄,施主虑阙道业,故崇斯构,是以志道者多栖托焉。

这里记载的观鸡寺,其建筑不仅拥有可容千僧的大堂,而且这座大堂的建筑,又具有适应于低温地区的这种特殊的保温结构。从注文所记载的内容来看,这种保温结构是以块石为基础,墙身用土坯砖砌成,墙身中预留孔道,相互贯通,外墙留有烧火口,烧火后,通过热的辐射与对流,提高大堂的气温,是一种火墙取暖的建筑结构,确是我国古代建筑中的卓越创造。

如上所述,北魏是一个大量建筑寺院的朝代,郦注记载的寺院,不过 26 处,其实是很少的。不过寺院以外,郦注还记载了不少"僧伽蓝"和"精舍",僧伽蓝即梵文 संघाराम 的音译,读如 saṁghârâma 或 saṁghâgrâmâ,常常译成僧伽蓝摩或僧伽罗摩,僧伽蓝是其省译,我国古代意译为众园,[13]实际上也是寺院。[14]郦注卷一《河水》经"屈从其东南流,入渤海"注中记载蒲那般河沿岸的僧伽蓝,即有 20 处。精舍是梵文 विहार 的意译,读如 vihâra,音译毗诃罗,我国古代意译为精舍、精庐、僧坊等,也可译作佛寺[15]。卷一《河水注》的旷野精舍[16],卷九《清水注》的比丘释僧训精舍,卷三十九《赣水注》的沙门竺昙精舍等都是其例。

注释:

① 《初学记》卷二四。

② 《艺文类聚》卷六二、六五。

③ 《三辅黄图》卷五。

④ 《续谈助》卷三。

⑤ 《北堂书钞》卷一四○。

⑥ 《御览》卷一七三、三八○、四九三、七七四。

⑦ 注笺本、项本、张本等作大置台。

⑧ 《通鉴》卷一四七《梁纪三》武帝天监八年。时当北魏永平九年(509)。

⑨ 《洛阳伽蓝记》卷一。

⑩ 榆桄,谭元春批点本云:"榆桄未详,考之袁宏《汉纪》及《牟子》,俱不言其事,唯《吴越春秋》尝有甘密九桄、文笥七枚之文,解者以为桄与凳通。而《齐民要术》云:榆十五年后中为车毂及蒲萄凳,知以榆木为凳,远致蒲萄也。凳、凳、桄三字互通,则榆桄乃以榆木为经函耳。"又何焯校本批云:"塞外刻字于木简,谓之档子,榆桄殆其类乎?"

⑪⑫ 《洛阳伽蓝记》卷一。

⑬ 元应《一切经音义》卷一:"僧伽蓝,正言僧伽罗磨,此云众园也。"慧琳,《一切经音义》卷二十一:"僧伽蓝,具云僧伽罗摩,言僧者众也,伽罗摩者园也,或言众所乐住处也。"《翻译名义集》卷七:"僧伽蓝,译为众园。"

⑭ 《通鉴》卷二○七《唐纪二十三》则天后久视元年,"今之伽蓝"胡注:"伽蓝,佛寺也。"

⑮ Ernest. J. Eitel. Handbook of Chinese Buddhism being a Sanskrit—Chinese Dictionary with vocabularies of Buddhist Terms. Tokyo, Sanshusha. 1904. p. 199.

⑯ 经"屈从其东南流,入渤海"注云:"法显从此东南行,还巴连弗邑,顺恒水西下,得一精舍,名旷野。"足立喜六《法显传考证》"法显还向巴连弗邑,顺恒水西下十由廷,得一精舍,名旷野"文下引东寺本及宫内省图书寮本《法显传》,均作:"得一精舍,多旷野。"又引石山寺本《法显传》,作:"得一精舍,名顺野。"按前者,则旷野非此精舍之名;按后者,则此精舍应名作顺野精舍。

三十、《水经注·浙江水注》补注

　　在本书收入的几十篇论文中，初稿绝大部分都成于"十年灾难"以前，有的还是数十年前的旧作。但此篇却例外，是最近二三年中的新作，因而也是很不成熟的东西。事情的经过大概如此：

　　1979 年底到 1980 年初，中国科学院委托谭其骧教授主持《中国自然地理》一书中《历史自然地理》分册的审稿、定稿工作，我也忝与其事，在上海与谭先生邻室而居，朝夕请益达两阅月。浙江人民出版社知道我正与谭先生共事，希望我能敦请谭先生和我一起为该社编撰一部《浙江历史地理汇编》。经我多次要求，谭先生终于接受了这项工作。不幸的是，《历史自然地理》分册的定稿工作暂告一段落时，谭先生由于操劳过度，随即得了一场大病，《汇编》之事，当然告寝。这年夏季，《历史自然地理》分册的定稿工作继续进行，我接替谭先生在开封主持这项工作，而谭先生则养疴沪上，《汇编》之事仍然无从进行。到了秋季，谭先生病稍有恢复，在龙华医院针灸治疗。于是，浙江人民出版社的一位编辑与我专程到上海探望谭先生，并请教《汇编》事宜。在病房寒暄几句以后，谭先生随即取出了他已经拟就的《浙江历史地理汇编》详细提纲。当时的情景确实使人感动，因为那时谭先生病体虽然有所好转，但恢复还是较慢，不仅十分不良于行，而举箸提笔也都非常困难。但他却克服了极大的困难，在病榻上写出了如此详尽的提纲，老专家的事业心和责任心，实在令人敬佩。在那份提纲中，规定要整理、注释的浙江历史地理文献不下数十篇，都未曾指定执笔人，唯独《浙江水注》篇下，已经写上了我的名字。在那样的情况之下,我当然只好勉为其难,接受了谭先生指定的任务。

受命以后,着手这一工作,除了室内可做的校勘和考证部分外,要从地理学的角度进行补注,还有相当的野外工作有待进行。我必须从钱塘江上游到下游包括注文涉及的其他地区作一次踏勘。由于杂务纷繁,野外工作无法一气呵成,而是几次进行,所以费时多而收效少,时隔两年,才勉强完成这一任务。

关于这个补注,还要说明下列三点:

第一,凡是前人已注的,我一般不再作注,特别是那些郡县沿革、人物履历之类,因为前人(特别是注疏本)既已注得十分详细,就不必再作无谓的重复。

第二,由于我一直希望能集众人之力,编纂一部郦注新版本,假使此事有朝一日付诸实现,则在工作过程中势必要考虑到殿本与其他版本的差异。为此,虽然补注的正文以殿本为准,但殿本与别本的差异,即使是片言只字,我也都逐一注明,以资比较。我所选择的别本,主要是大典本、黄省曾本、吴琯本、注笺本、五校抄本、七校本、注释本、注疏本等,有时也涉及其他一些抄本和刊本。

第三,我虽然在这个地区做了一定的野外工作(包括过去历年的野外工作在内),并且从地理学和历史地理学的角度对注文作了若干补注,但是限于水平,补注的内容既不确当,又是挂一漏万的,还请高明见教。

水经注卷四十　渐江水

渐江水①出三天子都。②

《山海经》谓之浙江③也。《地理志》云:水出丹阳黟县南蛮④中,北迳其县南,有博山,山上有石,特起十丈,上峰若剑杪,时有灵鼓潜发,正长临县,⑤以山鼓为候,一鸣官长一年,若长雷发声,则官长不吉。⑥浙江又北历黟山,县居山之阳,故县氏之。汉成帝鸿嘉二年,以为广德国,封中山宪王孙云客王于此。⑦晋太康中以为广德县,分隶宣城郡。会稽陈业,洁身清行,遁迹此山。浙江又北迳歙县东,与一小溪合,⑧水出县东北翁山,西迳故城南,又西南入浙江,又东迳遂安县南,溪广二百步,上立杭以相通,水甚清深,潭不掩鳞,故名新定,⑨分歙县立之,晋太康中又改从今名。浙江又左合绝溪,⑩溪水出始新县西,东迳县故城南,为东西长溪。溪有四十七濑,浚流惊急,奔波聒天。孙权使贺齐讨黟歙山贼,贼固黟之林历山,山甚峻绝,又工禁五兵,齐以铁杙柁山,⑪升出不意,又以白棓击之,⑫气禁不行,遂用奇功平贼。于是立始新之府⑬于歙之华乡,令齐守之,后移出新亭。晋太康元年,⑭改曰新安郡。溪水东注浙江,浙江又东北迳建德县南，县北有乌山，⑮山下有庙，庙在县东七里，庙渚有大石，高十丈，围五尺，⑯水濑浚急而能致云雨。浙江又东迳寿昌县南，自建德至此八十里中，有十二濑，濑皆峻险，行旅所难。县南有孝子夏先墓，先少丧二亲，负土成墓，数年不胜哀，卒。⑰浙江又北迳新城⑱县，桐溪水⑲注之，水出吴兴郡於潜县北天目山。⑳山极高峻，崖岭竦叠，西临峻涧。㉑山上有霜木，皆是数百年树，谓之翔凤林。㉒东面有瀑布，㉓下注数亩深沼，名曰浣龙池。㉔池水南流迳县西，为县之西溪。溪水又东南与紫溪合，水出县西百丈山，㉕即潜山也。山水东南流，名为紫溪。中道夹㉖水，有紫色磐石，石长百余丈，望之如朝霞，又名此水为赤濑，盖以倒影在水故也。紫溪又东南流，迳白石山㉗之阴，山甚峻极，北临紫溪。㉘又东南，连山夹水，两峰交峙，㉙反项对石，往往相捍，十余里中，积石磊砢，相挟而上。涧下白沙细石，状若霜雪，水木相映，泉石争晖，名曰楼林。紫溪东南流迳桐庐县东为桐溪。孙权藉溪之名以为县目，割富春之地立桐庐县。自县至於潜凡十有六濑，㉚第二是严陵濑，㉛濑带山，㉜山下有一石室，㉝汉光武帝时，严子陵之所居也。故山及濑皆即人姓名之。山下有磐石，周围十数丈，交枕潭际，盖陵所游也。桐溪㉞又东北迳新城县入浙江。县，故富春地，㉟孙权置，后省并桐庐。㊱咸和九年，复立为县。浙江又东北入富阳县，故富春也。晋后名春，改曰富阳也。东分为湖浦，浙江又东北迳富春县南，县，故王莽之诛岁也。江南有山，孙武皇之先所葬也。汉末，墓上有光如云气属天，黄武五年，㊲孙权以富春为东安郡，分置诸郡，以讨士宗。㊳浙江又东北迳亭山西，山上有孙权父冢。

北过余杭东入于海。

浙江迳县，左合余干㊴大溪，江北即临安县界，水北对郭文宅，宅傍山面溪，宅东有郭文墓。晋建武元年，骠骑王导迎文，置之西园，文逃此而终，临安令改葬之。建武十六年，㊵县民郎稚作乱，㊶贺齐讨之。孙权分余杭立临水县，晋改曰临安县，因冈为城，南门尤高。谢安莅郡游县，迳此门，以为难为亭长。浙江又东迳余杭故县南、新县北。秦始皇南游会稽，途出是地，因立为县，王莽之淮睦㊷也。汉末陈浑移筑南城，县后溪南大塘，即浑立以防水也。县南有三碑，是顾飏、范宁等碑。县南有大壁山，㊸郭文自陆浑迁居也。浙江又东迳乌伤县北，王莽改曰乌孝，《郡国志》谓之乌伤。《异苑》曰：东阳颜乌，以淳孝著闻，后有群乌助衔土块为坟，㊹乌口皆伤。一境以为颜乌至孝，故致慈乌，欲令孝声远闻，又名其县曰乌伤矣。浙江又东北流至钱塘县，㊺縠水㊻入焉。水源西出太末县，县是越之西鄙，㊼姑蔑之地也。秦以为县，王莽之末理㊽也。吴宝鼎中，分会稽立，隶东阳郡。㊾縠水东迳独松故冢下，冢为水毁，其塼文：筮言吉，龟言凶，百年堕水中，今则同龟繇矣。縠水又东迳长山县南，与永康溪水㊿合，县，即东阳郡治也。(51)县，汉献帝分乌伤立；郡，吴宝鼎中分会稽置。城居山之阳，(52)或谓之长仙县也。言赤松采药此山，因而居之，故以为名，后传呼乖谬，字亦因改。溪水南出永康县，县，赤乌中分乌伤上浦立。刘敬叔《异苑》曰：孙权时，永康县有人入山，遇一大龟，即束之以归。龟便言曰：游不量时，为君所得。担者怪之，[53]载出欲上吴王。夜宿越里，缆船于大桑树，宵中，树忽呼龟曰：元绪，奚事尔也。龟曰：行不择日，今方见烹，虽尽南山之樵，不能溃我。树曰：诸葛元逊识性渊长，必致相困，令求如我之徒，计将安治[54]龟曰：子明无多辞。既至建业，权将煮之，烧柴万车，龟犹如故。诸葛恪曰：燃以老桑乃熟。献人仍说龟言，权使伐桑取煮之，即烂。故野人呼龟曰元绪。其水飞湍北注，至县南门入縠水。縠水又东，定阳溪水注之，水上承信安县之苏姥布。[55]县，本新安县，晋武帝太康三年，改曰信安。水悬百余丈，濑势飞注，状如瀑布。濑边有石如床，[56]床上有石牒，长三尺许，有似杂采帖[57]也。《东阳记》云：信安县有悬室坂，[58]晋中朝时，有民王质，伐木至石室中，见童子四人弹琴而歌，质因留，倚柯听之，童子以一物如枣核与质，质含之便不复饥。俄顷，童子曰：其归。承声而去，斧柯漼然烂尽。既归，质去家已数十年，亲情凋落，无复向时比矣。其水分纳众流，混波东逝，迳定阳县。夹岸缘溪，悉生支竹，及芳枳、木连，杂以霜菊、金橙。[59]白沙细石，状如凝雪，石溜湍波，浮响无辍，山水之趣，尤深人情。县，汉献帝分信安立，溪亦取名焉。溪水又东迳长山县北，[60]北对高山，[61]山下水际，是赤松羽化之处也。炎帝少女追之，亦俱仙矣，后人立庙于山下。溪水又东入于縠水。縠水又东迳乌伤县之云黄山，[62]山下临溪水，水际石壁杰立，高百许丈。[63]又与吴宁溪水合。水出吴宁县下，迳乌伤县入縠，谓之乌伤溪水。闽中有徐登者，女子化为丈夫，与东阳赵昞竝善越方。时遭兵乱，相遇于溪，各示所能。登先禁溪水为不流，昞次禁枯柳，柳为生荑。二人相示[64]而笑。登年长，昞师事之。后登身故，昞东入章安。百姓未知，昞乃升茅屋，梧鼎而爨。[65]主人惊怪，昞笑而不应，屋亦不损。又尝临水求渡，船人不许，昞乃张盖坐中，长啸呼风，乱流而济。于是百姓神服，从者如归。章安令恶而杀之，民立祠于永宁而蚊蚋不能入。昞秉道怀术，而不能全身避害，事同苌弘、宋元之龟，庀运之来，故难救矣。縠水又东入钱唐县[66]而左入浙江。故《地理志》曰：縠水自太末东北至钱唐[67]入浙江是也。浙江又东迳灵隐山，山在四山之中，有高崖洞穴，左右有石室三所，又有孤石壁立，大三十围，其上开散，状如莲花。昔有道士，长往不归，或因以稽留为山号。山下有钱唐故县，浙江迳其南，王莽更名之曰泉亭。《地理志》曰：会稽西部都尉治。《钱唐记》[70]曰：防海大塘在县东一里许，郡议曹华信家议立此塘，以防海水。始开募有能致一斛土者，即与钱一千。旬月之间，来者云集，塘未成而不复取，于是载土石者皆弃而去，塘以之成，故改名钱塘焉。[71]县南江侧有明圣湖，[72]父老传言，湖有金牛，古见之，神化不测，湖取名焉。县有武林山，武林水所出也。阚骃云：山出钱水，东入海。《吴地记》[73]言：县惟浙江，今无此水。县东有定、包诸山，[74]皆西临浙江。水流于两山之间,江川急浚,兼涛水昼夜再来,来应时刻,常以月晦及望尤大,至二月、八月最高,峨峨二丈有余。《吴越春秋》以为子胥、文种之神也。昔子胥亮于吴,[75]而浮尸于江,吴人怜之,立祠于江上,名曰胥山。《吴录》云:[76]胥山在太湖边,去江不百里,故曰江上。文种诚于越[77]而伏剑于山阴,越人哀之,葬于重山。[78]文种既葬一年,子胥从海上负种俱去,游夫江海。故潮水之前扬波者,伍子胥;后重水者,大夫种。是以枚乘曰:涛无记焉,然海水上潮,江水逆流,似神而非,于是处焉。秦始皇三十七年,将游会稽,至钱唐,临浙江,所不能渡,故道余杭之西津也。[79]浙江北合诏息湖,湖本名阼湖,[80]因秦始皇帝巡狩所憩,故有诏息之名也。浙江又东合临平湖。《异苑》曰:晋武时,吴郡临平岸崩,出一石鼓,打之无声,以问张华,华云[81]:可取蜀中桐材,刻作鱼形,扣之则鸣矣。于是如言,声闻数十里。《刘道民诗》曰:事有远而合,蜀桐鸣吴石。传言此湖草薉壅塞,[82]天下乱;是湖开,天下平。孙皓天玺元年,吴郡上言:临平湖自汉末秽塞,今更开通。又于湖边得石函,函中有小石,青白色,长四寸,广二寸余,刻作皇帝字,于是改天册为天玺元年。孙盛以为元皇中兴之符徵,五湖之石瑞也。《钱唐记》曰:桓玄之难,湖水色赤,荧荧如丹。湖水上通浦阳江,下注浙江,名曰东江,行旅所从,以出浙江也。[83]浙江又迳固陵城北,昔范蠡筑城于浙江之滨,言可以固守,谓之固陵,今之西陵也。浙江又东迳粗塘,谓之粗渎。[84]昔太守王朗拒孙策,数战不利。孙静果说策曰:朗负阻城守,[85]难可卒拔,粗渎去此数十里,是要道也。若从此出,攻其无备,破之必矣。策从之,破朗于固陵。有西陵湖,[86]亦谓之西城湖。湖西有湖城山,东有夏架山,湖水上承妖皋溪,而下注浙江。又迳会稽山阴县,有苦竹里。[87]里有旧城,言句践封范蠡子之邑也。浙江又东与兰溪合。湖南有天柱山,[88]湖口有亭,号曰兰亭,[89]亦曰兰上里。太守王羲之、谢安兄弟,数往造焉。吴郡太守谢勖封兰亭侯,盖取此亭以为封号也。太守王廙之,移亭在水中,晋司空何无忌之临郡也,起亭于山椒,极高尽眺矣。亭宇虽坏,基陛尚存。浙江又迳越王允常冢北。冢在木客村,[90]耆彦云:句践使工人伐荣楯,欲以献吴,久不得归,工人忧思,作《木客吟》。后人因以名地。句践都琅邪,欲移允常冢。冢中生分风,飞沙射人,人不得近,句践谓不欲,遂止。浙江又东北得长湖口,[91]湖广五里,东西百三十里,[92]沿湖开水门六十九所,下溉田万顷,北泻长江。湖南有覆山,周五百里,[93]北连鼓吹山,山西枕长溪,溪水下注长湖。山之西岭有贺台,越入吴,还而成之,故号曰贺台矣。[94]又有秦望山,[95]在州城正南,为众峰之杰,陟境便见。《史记》云:秦始皇登之,以望南海。自平地以取山顶七里,悬隥孤危,径路险绝。《记》云:扳萝扪葛,然后能升,山上无甚高木,[96]当由地迥多风所致。山南有嶕岘,[97]岘里有大城,越王无余之旧都也。故《吴越春秋》云:句践语范蠡曰:先君无余,国在南山之阳,社稷宗庙在湖之南。又有会稽之山,古防山也,亦谓之茅山,又曰栋山。《越绝》

云:栋犹镇也,盖《周礼》所谓扬州之镇矣。山形四方,上多金玉,下多玦石。《山海经》曰:夕水出焉,南流注于湖。[98]《吴越春秋》称,覆釜山之中[99]有金简玉字之书,黄帝之遗谶也。山下有禹庙,庙有圣姑像。《礼乐纬》云:[100]禹治水毕,[101]天赐神女圣姑,即其像也。山上有禹冢,昔大禹即位十年,东巡狩,崩于会稽,因而葬之。有鸟来为之耘,春拔草根,秋啄其秽,[102]是以县官禁民,不得妄害此鸟,犯则刑无赦。山东有湮井,[103]去庙七里,深不见底,谓之禹井,云东游者多探其穴也。秦始皇登会稽山,[104]刻石纪功,尚存山侧。孙畅之《述书》云:[105]丞相李斯所篆也。又有石匮山,[106]石形似匮,上有金简玉字之书,言夏禹发之,得百川之理也。又有射的山,远望山的,状若射侯,故谓射的。射的之西有石室,名之为射堂。年登否,常占射的,以为贵贱之准。的明则米贱,的暗则米贵。故谚云:射的白,斛米百;射的玄,斛米千。北则石帆山,[107]山东北有孤石,高二十余丈,广八丈,望之如帆,因以为名。北临太湖,水深不测,传与海通。何次道作郡,常于此水中得乌贼鱼。[108]南对精庐,上荫修木,下瞰寒泉,西连会稽山,[109]皆一山也。东带若邪溪,[110]《吴越春秋》所谓欧冶涸而出铜,以成五剑。[111]溪水上承嶕岘麻溪,溪之下,孤潭周数亩,甚清深。有孤石临潭,乘崖俯视,[112]猿狄惊心。寒木被潭,森沈骇观。上有一栋树,谢灵运与从弟惠连常游之,作连句,题刻树侧。麻潭下注若邪溪,水至清照,众山倒影,窥之如画。汉世刘宠作郡,有政绩,将解任去治,此溪父老,[113]人持百钱出送,宠各受一文。然山栖遁逸之士,谷隐不羁之民,有道则见,物以感远为贵,荷钱致意,[114]故受者以一钱为荣,岂藉费也,义重故耳。溪水下注大湖。邪溪之东,又有寒溪。溪之北有郑公泉,泉方数丈,冬温夏凉。汉太尉郑弘宿居潭侧,因以名泉。弘少以苦节自居,恒躬采伐,用贸粮膳,每出入溪津,常感神风送之,虽凭舟自运,无杖楫之劳。村人贪藉风势,常依随往还。有淹留者,徒辈相谓:汝不欲及郑风邪。其感致如此。湖水自东,亦注江通海。水侧有白鹿山,山北湖塘上旧有亭,吴黄门郎杨哀明[114]居于弘训里,太守张景数往造焉。使开渎作埭,埭之西作亭,亭、埭皆以杨为名。孙恩作贼,从海来,杨亭被烧,后复修立,厥名犹在。东有铜牛山,[115]山有铜穴三十许丈,穴中有大树神庙。山上有冶官,山北湖下有练塘里。[116]《吴越春秋》云:句践练冶铜锡之处。采炭于南山,故其间有炭渎。句践臣吴,吴王封句践于越百里之地,[117]东至炭渎是也。县南九里有侯山,[118]山孤立长湖中。晋车骑将军孔敬康,少时遁世,栖迹此山。湖北有三小山,谓之鹿野山,在县南六里。按《吴越春秋》,越之麋苑也。山有石室,言越王所游息处矣。县南湖北有陈音山。[119]楚之善射者曰陈音,越王问以射道,又善其说,乃使简士习射北郊之外。按《吴越春秋》,音死,葬于国西山上。今陈音山乃在国南五里。湖北有射堂及诸邸舍,连衍相属,又于湖中筑塘,直指南山。北即大越之国,秦改为山阴县,会稽郡治也。太史公曰:禹会诸侯,计于此,命曰会稽。会稽者,会计也。[120]始以山名,因为地

号。夏后少康封少子杼以奉禹祠为越，世历殷周，至于允常，列于春秋。允常卒，句践
称王，都于会稽。《吴越春秋》所谓越王都埤中，在诸暨北界。山阴康乐里有地名邑中
者，是越事吴处。⑫故北其门，以东为右、西为左，故双阙在北门外，阙北百步有雷门，门
楼两层，句践所造，时有越之旧木矣。州郡馆宇，屋之大瓦，亦多是越时故物。句践霸
世，徙都琅邪，后为楚伐，始还浙东。城东郭外有灵汜，下水甚深，旧传下有地道，通于
震泽。又有句践所立宗庙，在城东明里中甘滂南。又有玉笥、竹林、云门、天柱精舍，并
疏山创基，架林裁宇，割涧延流，⑫尽泉石之好，水流迳通。浙江又北迳山阴县西，西门
外百余步有怪山，⑫本琅邪郡之东武县山也，飞来徙此，压杀数百家。《吴越春秋》称：
怪山者，东武海中山也，一名自来山，百姓怪之，号曰怪山。亦云：越王无疆为楚所伐，
去琅邪，止东武，人随居山下。⑫远望此山，其形似龟，故亦有龟山之称也。越起灵台于
山上，又筑三层楼以望云物，川土明秀，亦为胜地。故王逸少云：从山阴道上，犹如镜中
行也。浙江之上，又有大吴王、小吴王村，并是阖闾、夫差伐越所舍处也。今悉民居，然
犹存故目。昔越王为吴所败，以五千余众，栖于稽山，卑身待士，施必及下。《吕氏春
秋》曰：越王之栖于会稽也，有酒投江，民饮其流，而战气自倍。所投，即浙江也。许
慎、晋灼并言：江水至山阴为浙江。江之西岸有朱室坞，⑫句践百里之封，西至朱室，谓
此也。浙江又东北迳重⑫山西，大夫文种之所葬也。山上有白楼亭，亭本在山下，⑫县
令殷朗移至今处。沛国桓俨，避地会稽，闻陈业履行高洁，往候不见。俨后浮海，南入
交州。临去，遗书与业，不因行李，系白楼亭柱而去。升陟远望，山湖满目也。永建中，
阳羡周嘉上书，以县远，赴会至难，求得分置，遂以浙江西为吴，以东为会稽。汉高帝十
二年，⑫一吴也，⑫后分为三，世号三吴：吴兴、吴郡，⑬会稽其一焉。⑬浙江又东迳御儿
乡。《万善历》曰：吴黄武六年正月，获彭绮。是岁，由拳西乡有产儿，堕地便能语⑫云：
天方明，⑬河欲清，鼎脚折，⑬金乃生。因是⑬诏为语儿乡。非也，御儿之名远矣，盖无
知之徒，因藉地名，⑬生情穿凿耳。《国语》曰：句践之地，北至御儿是也。安得引黄武
证地哉？韦昭曰：越北鄙在嘉兴。浙江又东迳柴辟南，旧吴楚之战地矣。备候于此，故
谓之辟塞。是以《越绝》称，吴故从由拳、辟塞渡会稽⑬凑山阴是也。又迳永兴县北，⑬
县在会稽东北百二十里，⑬故余暨县⑭也。应劭曰⑭阖闾弟夫槩之所邑，王莽之余衍
也。汉末童谣云：天子当兴东南三余之间。故孙权改曰永兴。⑭县滨浙江，又东合浦阳
江。江水导源乌伤县，东迳诸暨县，与泄溪合。⑭溪广数丈，中道有两高山夹溪，造云壁
立，凡有五泄。⑭下泄悬三十余丈，⑭广十丈；中三泄不可得至，⑭登山远望，⑭乃得见之，
悬百余丈，⑭水势高急，声震水外；上泄悬二百余丈，⑭望若云垂。此是瀑布，土人号为
泄也。江水又东迳诸暨县南，县临对江流。江南有射堂，县北带乌山，故越地也。⑮先
名上诸暨，亦曰句无⑮矣。故《国语》曰：句践之地，南至句无。王莽之疏虏也。夹水多

浦,浦中有大湖,春夏多水,秋冬涸浅。江水又东南迳剡县与白石山水会。山上有瀑布,悬水三十丈,下注浦阳江。浦阳江水又东流南屈,又东回北转,迳剡县东,王莽之尽忠也。县开东门向江,江广二百余步,自昔耆旧传,县不得开南门,开南门则有盗贼。江水翼县转注,故有东渡、西渡焉。东、南二渡通临海,并汎单船为浮航;西渡通东阳,并二十五船为桥航。江边有查浦,浦东行二百余里,与句章接界。浦里有六里,有五百家,并夹浦居,列门向水,甚有良田。有青溪、余洪溪、大发溪、小发溪,江上有溪六,溪列溉散入江。[152]夹溪上下,崩崖若倾,东有篁山,南有黄山,与白石三山,为县之秀峰。山下众流泉导,[153]湍石激波,浮险四注。浦阳江又东迳石桥,广八丈,高四丈。下有石井,口径七尺,桥上有方石,长七尺,广一丈二尺。桥头有磐石,可容二十人坐。溪水两旁悉高山,山有石壁二十许丈。溪中相攻,嗡响外发,未至桥数里,便闻其声。江水北迳嵊山,山下有亭,亭带山临江,松岭森蔚,沙渚平静。[154]浦阳江又东北迳始宁县嶀山[155]之成功峤,[156]峤壁立临江,欹路峻狭,不得并行,行者牵木稍进,[157]不敢俯视。峤西有山,孤峰特上,飞禽罕至。尝有采药者,沿山见通溪,寻上于山顶,树下有十二方石,地甚光洁。[158]还复更寻,遂迷前路。言诸仙之所憩[159]宴,故以坛宴名山。峤北有嶀浦,浦口有庙,庙甚灵验,行人及樵伐者皆先敬焉,若相侵窃,必为蛇虎所伤。北则嶀山,与嵊山接,二山虽曰异县,而峰岭相连。其间倾涧怀烟,泉溪引雾,吹畦风馨,触岫延赏。是以王元琳谓之神明境。事备谢康乐《山居记》。浦阳江自嶀山东北迳太康湖,车骑将军谢玄田居所在。右滨长江,左傍连山,平陵修通,澄湖远境。于江曲起楼,楼侧悉是桐梓,森耸可爱,居民号为桐亭楼。楼两面临江,尽升眺之趣,芦人渔子,泛滥满焉。湖中筑路,东出趋山,[160]路甚平直。山中有三精舍,高薨凌虚,垂簷带空,俯眺平林,烟杳在下,水陆宁晏,足为避地之乡矣。江有琵琶圻,圻有古冢堕水,甓有隐起字云:筮吉龟凶,八百年落江中。谢灵运取甓诣京,咸传观焉。乃如龟繇,故知冢已八百年矣。浦阳江又东北迳始宁县西,本上虞之南乡也。汉顺帝永建四年,阳羡周嘉上书,始分之。旧治水西,常有波潮之患,[161]晋中兴之初,治今处。县下有小江,源出姚山,谓之姚浦。迳县下西流,注于浦阳、萩山下注此浦,浦西通山阴浦而达于江。江广百丈,狭处二百步。高山带江,重荫被水,江阅渔商,川交樵隐,故桂棹兰榜,望景争途。江南有故城,太尉刘牢之讨孙恩所筑也。江水东迳上虞县南,王莽之会稽也。[162]本司盐都尉治,地名虞宾。晋《太康地记》曰:舜避丹朱于此,故以名县,百官从之,故县北有百官桥。亦云:禹与诸侯会事讫,因相虞乐,故曰上虞。二说不同,未详孰是。县南有兰风山,[163]山少木多石,驿路带山傍江,路边皆作栏杆。山有三岭,枕带长江,苕苕孤危,望之若倾。缘山之路,下临大川,皆作飞阁栏杆,乘之而渡,谓此三岭为三石头。丹阳葛洪,遁世居之,基井存焉。琅邪王方平,性好山水,又爱宅兰风,[164]垂钓于此,以永终朝。[165]行者过之不识，问曰：卖鱼师得鱼卖否？方平答曰：钓亦不得，得复不卖。亦谓是水为上虞江。县之东郭外有渔浦，湖中有大独、小独二山，又有覆舟山。覆舟山下有渔浦王庙，庙今移入里山。此三山孤立水中，[166]湖外有青山、黄山、泽兰山，重岫叠岭，参差入云。泽兰山头有深潭，山影临水，水色青绿。山中有诸坞，有石楗一所，右临白马潭，潭之深无底。传云：创湖之始，边塘屡崩，百姓以白马祭之，因以名水。湖之南即江津也。江南有上塘、阳中二里，[167]隔在湖南，常有水患。太守孔灵符遏蜂山前湖以为埭，埭下开渎，直指南津。又作水楗二所，以舍此江，得无淹溃之害。县东有龙头山，山崖之间，有石井，冬夏常冽清泉，南带长江，东连上陂。江之道南，有《曹娥碑》，娥父盱，迎涛溺死。娥时年十四，哀父尸不得，[168]乃号踊江介，因解衣投水，祝曰：若值父尸，衣当沈；若不值，衣当浮。裁落便沈，娥遂于沈处赴水而死。县令度尚，使外甥邯郸子礼为碑文，以彰孝烈。江滨有马目山，洪涛一上，波隐是山，势沦嵊亭，间历数县，行者难之。县东北上亦有孝子杨威母墓。[169]威少失父，事母至孝，常与母入山采薪，为虎所逼，自计不能御，于是抱母，且号且行，虎见其情，遂弭耳而去。[170]自非诚贯精微，[171]孰能理感于英兽矣。又有吴渎，破山导源，注于胥江。上虞江东迳周市而注永兴。《地理志》云：县有仇亭，柯水东入海。仇亭在县之东北十里江北，[172]柯水疑即江也。又东北迳永兴县东，与浙江合，[173]谓之浦阳江。《地理志》又云：县有萧山，潘水所出，东入海。又疑是浦阳江之别名也，自外无水以应之。浙江又东注于海。故《山海经》曰：浙江在闽西北入海。[174]韦昭以松江、浙江、浦阳江为三江。

补　注

① 渐江水。“渐”可能是“浙”之误。《山海经》只有浙江，没有渐江。以后《史记》、《越绝书》、《吴越春秋》、《论衡》等书中也只有浙江，没有渐江。提出渐江的代表性著作是《说文解字》：“渐水出丹阳黟南蛮中，东入海，从水，斩声。”但《说文》同时也有浙江：“江水至会稽山阴为浙江，从水，折声。”在古代，今浙皖一带离中原遥远，其地理情况不易为中原人士所了解，以讹传讹的事常常有之，《说文》中渐水与浙江并存，即是其例。“渐”字字形与“浙”字相似，读音据《说文》与“浙”字为双声字，造成错误是很可能的。成书略早于《说文》的《汉书·地理志》中也有渐江水之名，“渐”字也可能是“浙”字之误。王国维在《浙江考》（载《观堂集林》卷十二）中说：“厥后（按指《史记》以后）袁康、赵晔、王充、朱育、韦昭等，凡南人所云浙江，无不与《史记》合，许叔重之说，自不能无误。”这种说法是正确的。

② 三天子都。此名首见于《山海经》。《海内东经》说：“浙江出三天子都。”在《山海经》的时代，北方人对于南方的山川地理还相当模糊，在汉代许慎作《说文》时，还称这个地区为“蛮”，可见一斑。在《山海经》同书之中，三天子都的位置在《海内东经》与《海内南经》内就大相径庭。因此，当时提出三天子都这个地名的作者，未必了解浙江（指今新安江）上游的地理情况，而三天子都也未必

实有其地。到了东晋郭璞,由于他已经明白了浙江(指今新安江)的发源之处,乃把后者倒过来假设前者的所在,说三天子都"今在新安歙县东,今谓之三王山,浙江出其地也"。其实,郭璞并没有证明晋三王山就是古三天子都。以后,如宋叶梦得、清顾祖禹、全祖望直至杨守敬等,都对此作了大量的考证,但是所有这些考证,都是在明确了今新安江发源之处以后进行的,无非各自引经据典,把《山海经》的三天子都放到当时已经完全确定了的浙江发源处的位置上,所以实际上并无多大意义。

③　浙江。此处浙江在黄本、吴本、练湖书院抄本等之中都作"游江",显系刊误。既然浙江可以误作游江,则何尝不可以误作浙江。郦氏虽然按《水经》立浙江水为篇目,但注文内绝不言浙江,足见郦氏亦不以浙江为然。

④　水出丹阳黟县南蛮。注释本"蛮"字下有"夷"字,今本《汉书·地理志》亦有"夷"字。

⑤　正长临县。"正",黄本、吴本、注笺本、注疏本等作"官"。

⑥　则官长不吉。"吉",黄本、五校抄本、七校本、注释本、注疏本作"反",吴本、注笺本作"及"。

⑦　封中山宪王孙云客王于此。大典本、黄本、吴本、注笺本无"中山宪王"四字;"王于此",大典本、黄本、吴本作"主于此"。

⑧　东与一小溪合。明吴度《三天子都考》(载雍正《江南通志》卷十五)说:"黄山虽奇秀,其趾有水,名丰乐溪,亦与众溪相类,亦《水经》所谓小溪之一支耳。"则吴度以丰乐溪为此一小溪名。注疏本杨守敬疏:"今登水出绩溪县东北大障山,西南流至歙县,南入新安江,当即此水也。"则杨守敬以登水为此一小溪。今从歙县与绩溪南流的主要河流有丰乐溪、富资溪、布射溪、登源河四水,在歙县县城附近汇合,称为练江,练江南流,在朱家村以北注新安江。丰乐溪发源于汤口附近的黄山山麓,与吴度所说同。登源河发源于绩溪县大障山北逍遥村,西南流迳临溪镇汇临溪,进入歙县,当是杨守敬所说的登水。今此二水均未直接注入新安江,故注文"东与一小溪合",此小溪于今应为练江,丰乐溪与登源河,均为练江上流。

⑨　故名新定。"新定",大典本、黄本、吴本、注笺本等作"新安"。赵一清《水经注笺刊误》卷十二说:"《吴书·贺齐传》是新定,安字误。"赵说是。

⑩　浙江又左合绝溪。注疏本杨守敬疏:"今有云源溪,出淳安县西北,南流入新安江,疑即绝溪,但所出所迳与注异,当是注误。"按注云:"浙江又左合绝溪,溪水出始新县西。"今云源溪已在始新县以东,与注文不合,故未必注误。今街源溪发源于屯溪以南的皖浙边境,东流在街口以南注入新安江,正在始新县之西,以此当郦注绝溪,较云源溪更为近似。

⑪　齐以铁杙㭰山。"杙",大典本、吴本、注笺本作"栈";"㭰"大典本、黄本、吴本作"琢"。

⑫　又以白棓击之。"又",大典本、黄本、吴本、注笺本作"人";"击",黄本、吴本作"系"。

⑬　始新之府。"之府",大典本、孙潜校本作"都尉";黄本、吴本作"之尉"。

⑭　晋太康元年。"元",大典本作"九"。

⑮　县北有乌山。今梅城城北山峦重叠,以乌龙山为最高,达海拔908米,位于梅城东北约5公里,由建德系火山岩构成,挺拔雄伟,当为《水经注》乌山。

⑯　高10丈,围5尺。"围五尺",大典本、孙潜校本作"五十围",黄本、吴本、注疏本作"五尺围"。

⑰　数年不胜哀,卒。黄本、吴本作"不胜脱哀"。

⑱　新城县。大典本作新成县,下同。

⑲　桐溪水。黄本、吴本、注笺本作桐溪,无水字。

⑳　天目山。位于浙江省西北部今临安县境内,西起浙皖边境的昱岭和百丈山等,呈西南、东北走向,有西天目、东天目(在西天目东约 9 公里)、南天目(在东天目北约 15 公里)等主峰,西天目主峰龙王山(在西天目西北约 5 公里),高达海拔 1587 米,西天目高 1506 米,东天目高 1479 米,南天目高 1085 米。全山东西长约 130 公里,南北宽约 20 公里,由花岗岩、粗面岩、流纹岩等构成,山势雄伟挺拔。天目山东迤,最后一个著名的山峰是德清县的莫干山,主峰塔山,高 719 米,是避暑胜地。从莫干山向东,没入太湖平原的冲积层之下。杭州的西湖群山,也是它的尾闾。

㉑　西临峻涧。"峻涧",大典本、黄本、吴本、注笺本作"后涧",注释本作"浚涧"。

㉒　山上有霜木,皆是数百年树,谓之翔凤林。万历《西天目山志》卷一翔凤林条云:"在天目山之东北峰,高峻耸拔,类天柱、庐阜,上有平地一千五百尺,中有湖,湖产异鱼,人莫能捕,水分流下注:东苏湖,南迤杭郡,西派宜城,北流安吉,上有古木参天,龙须草覆地,径险林深,人迹罕到。"今经实地踏勘,天目山东北诸峰,并无如此平地。但目前天目山森林仍然茂密,西天目山在海拔近 400 米的禅源寺一带,即出现大片落叶和常绿阔叶林,其中落叶树有麻栗(Quercus acutissima)、银杏(Gingko biloba)、常绿树有苦槠(Castanopsis sclerophylla)、樟(Cinnamomn camphora)等,树身高大,树冠茂密,其中最大的麻栗树,胸径达 1.6 米,树龄长的已达两三百年。从禅源寺到老殿(高海拔 1000 米)之间,则有大片常绿乔木的柳杉林,柳杉(Cryptomeria fortunei)是天目山最富有特色的植物(除天目山外,仅在庐山存在),最大的柳杉树,胸径超过 2 米,树高 30 余米,树龄最长的已超过千年。在老殿前百余米处的一株最大的柳杉,称为大树王,胸径达 2.95 米。据钱文选《天目山游记》说:"大树王一名千秋树,又名九抱树,闻树皮可作药饵,香客每剥其皮,故近根丈余,被剥者不少,恐年久树将不保。"钱游天目山在 1934 年,则当时此树尚活。今树已枯死,但仍屹立不倒。此外,这一带松科植物也较多,如金钱松(Pseudolarix amabilis)、马尾松(Pinus massoniana)、黄山松(Pinus taiwanensis Hayata)等,金钱松最高可达 50 余米,胸径粗大的马尾松也在 1 米以上。

㉓　东面有瀑布。王校明抄本作"南有瀑布",《名胜志》浙江卷一《杭州府·於潜县》引《水经注》作"东西瀑布"。按万历《西天目山志》卷一(浙江图书馆藏抄本)龙池条云:"龙池有三:上池、中池、下池,俱在天目东北峰下,有溪曰大径口、小径口,有潭形如仰箕,曰箕潭,中有巨石,潭水注入上池,在山东垂崖下,高五十仞。"按大径口、小径口及箕潭,今在西天目以东鲍家村北约 1 里,已为建国后兴建的西关水库所淹没。从箕潭下泻的瀑布,因为水源断绝,今已消失,瀑布形成的泷壶即上池、中池、下池,也已逐渐淤塞湮废,唯下池东侧摩崖有"龙潭"二字,尚依稀可辨。此瀑布下游原注入紫溪,与《水经注》所记合,故殿本"东面有瀑布",当以此瀑布为是。又据清释松华撰《东天目山昭明禅寺志》卷一天目八景之一悬崖瀑布条云:"其一在东崖白龙池,其二在西崖白云岗。"今此东西二瀑布仍然存在。东崖瀑布在东天目昭明寺以东,瀑布自白龙池下泻,高约 60 余米,瀑布下有泷壶,土名斤线潭。西崖瀑布在昭明寺以西,约位于海拔 800 米高程处(高于东崖瀑布),瀑布出自白云岗,约高 50 余米,分 9 级下泻,瀑布下无明显泷壶。此二瀑布与《名胜志》本"东西瀑布"合。但此东

西二瀑布汇合后,注入南苕溪,即《水经注》"余干(杭)大溪",则与"又东南与紫溪合"之语相径庭。

㉔　浣龙池。宋刊残本、大典本、吴本、注笺本、练湖书院抄本、注疏本等作"蛟龙池"。万历《西天目山志》卷一龙池条云:"龙池有三:上池、中池、下池,俱在天目东北峰下。"按今下池东侧摩崖,尚有"龙潭"二字。

㉕　水出县西百丈山。今分水江有二源,东源出天目山,西源出昌化西北百丈山。百丈山是天目山最偏西的山峰,由花岗岩及流纹岩等构成,垂直节理发育,高达海拔1678米。

㉖　中道夹水。"夹",大典本、黄本、吴本、注笺本作"挟"。

㉗　白石山。大典本、黄本、吴本、注笺本、注疏本作白山。

㉘　北临紫溪。五校抄本、七校本在此句下增"亦名广阳山"五字。按紫溪即今分水江的一段,此河上流因切割作用强烈,比降甚陡,今自汤家湾至紫溪38公里间,平均比降为千分之2.2,特别是从河桥镇到紫溪一段,两岸高山紧逼,构成一峡谷地带,河道宽度仅50米左右,河床中积石累累,滩多水急,至今紫溪附近一段,与注文描述,绝无二致。

㉙　两峰交峙。"交峙",大典本、黄本、吴本作"峙交"。

㉚　自县至於潜凡十有六濑。"凡十有六濑",大典本、孙潜校本作"凡有十六濑"。按今分水江自桐庐上溯60公里之间,滩险即超过30处,其中如猪宴石滩、后浦滩、焦山滩、新口埠滩、白山头滩等,都是著名的险滩。《水经注》仅言十六濑,说明古代此河航道较今为佳。

㉛　严陵濑。当为今七里泷,系沿江一著名峡谷,峡谷从梅城以下约5公里开始,全长约24公里,两岸为建德系火山岩山地,严子陵钓台即在北岸,钓台附近,两岸高山耸峙,北岸如化坪山、天堂坪等,都在海拔300米以上,南岸的大块山,超过海拔500米,钓台上下河段长约7华里,故称七里泷。峡谷中水平而深,舟人有"有风七里,无风七十里"之谚。目前此峡谷已建坝发电,即富春江水电站。

㉜　濑带山。李慈铭校本作"濑带严陵山"。

㉝　山下有一石室。大典本无"有"字,黄本、吴本、注笺本、注释本、注疏本无"一"字。

㉞　桐溪。大典本、黄本、吴本、注笺本、注疏本作桐庐溪。

㉟　故富春地。"地",大典本、黄本、吴本、注笺本作"也"。

㊱　孙权置,后省并桐庐。大典本、黄本、吴本、注笺本无"置"、"后"2字。

㊲　黄武五年。"五",大典本、黄本、吴本、注笺本、五校抄本、七校本、注释本、注疏本作"四"。

㊳　以讨士宗。注笺本作"以讨士琮",孙潜校本作"以封全琮",五校抄本、七校本、注释本、注疏本作"以讨山越命全琮"。

㊴　余干。"干",五校抄本、七校本、注释本、注疏本作"杭"。

㊵　建武十六年。"武",大典本、黄本、吴本、注笺本、五校抄本、七校本、注疏本作"安"。

㊶　郎稚作乱。大典本、黄本、吴本、注笺本作"郎稚乱"。

㊷　淮睦。大典本、吴本作"晋睦",孙潜校本、注释本作"进睦"。

㊸　大壁山。"壁",五校抄本、孙潜校本作"涤"。

㊹　助衔土块为坟。大典本、黄本、吴本、注笺本作"衔鼓集颜乌所居之村",五校抄本、七校本、

孙潜校本、注释本与大典本等同，但"鼓"作"土"。

　　㊺　钱塘县。"塘"，注疏本作"唐"。

　　㊻　毂水。"毂"，吴本、注笺本作"穀"，下同。

　　㊼　越之西鄙。"鄙"，黄本、吴本、注笺本、五校抄本、七校本、注释本、注疏本作"部"。

　　㊽　末理。"理"，注笺本、五校抄本、七校本、孙潜校本、注疏本、李慈铭校本作"治"。李慈铭云："案治，各本作理，唐人避讳所致。"

　　㊾　分会稽立，隶东阳郡。大典本、黄本、注疏本无"立"字，吴本、注笺本无"隶"字。

　　㊿　永康溪水。大典本、黄本、吴本无"溪"字。

　　51　即东阳郡治也。"即"，大典本、黄本、吴本作"西"。

　　52　城居山之阳。"居"，吴本、注笺本作"君"。

　　53　担者怪之。黄本、吴本无"之"字。

　　54　计将安治。"治"，黄本、吴本、注笺本、五校抄本、七校本、注释本、注疏本作"泊"。

　　55　水上承信安县之苏姥布。大典本、黄本、吴本、注笺本无"水"字。按，苏姥布，据天启《衢州府志》卷一："即城北之苏姥滩。"今访衢江船工，苏姥滩在衢县城北一里衢江之中，此处江面宽约400米，两岸平坦无丘阜，滩长约50米，水流平缓，于航行已无碍。滩东约500米，有浮石渡（今建有浮石大桥，是衢县通建德要津），江面紧缩，仅百余米，两岸有红色砂岩构成的丘阜，虽经人工削凿，其南岸丘阜距水面尚有10余米。浮石渡东，江面复开朗，为浮石潭，甚渊深。据此，古苏姥布瀑布可能位于今浮石渡，而浮石潭当为此瀑布形成的泷壶。

　　56　有石如床。大典本、黄本、吴本、注笺本作"有如石床"。

　　57　有似杂采帖。"帖"，大典本作"砧"。

　　58　悬室坂。当指烂柯山，在今衢县东南约10公里的乌溪江东岸，与堰头村隔江相对，山高海拔164米，风景秀丽。

　　59　夹岸缘溪，悉生支竹，及芳枳、木连，杂以霜菊、金橙。按：支竹，不知何物，注疏本杨守敬疏："疑当作文竹"。按文竹（Asparagus Plumosus），是百合科多年生草本植物，茎细弱，枝纤细呈羽状，开白色小花，今常作观赏植物。芳枳（Hovenia dulcis），属李科落叶乔木，夏月开白色小花，结圆形小果实。木连，即薜荔（Ficus pumila），桑科无花果属常绿藤本植物，夏秋开花，果实富于果胶，可制凉粉。霜菊，即野菊（Chrysanthemum indicum），菊科，多年生草本，晚秋开黄色小花。金橙（Citurus sinensis），芸香科植物，橙、橘、柑均是其类，今此处一带盛产橘，称为衢橘。

　　60　溪水又东迳长山县北。"东"，大典本、吴本、注笺本作"连"。

　　61　北对高山。当指今金华北山，在金华市北10公里，主峰高海拔1309米，即金华山，亦称赤松山，此外，高峰如大盘山，高1310米，九顶山，高1245米。此山喀斯特地貌发育良好，溶洞甚多，著名的有双龙、冰壶、朝真三洞。山西麓即兰溪县的洞源，有白云、涌雪、紫霞三洞，称为小三洞，也是著名的风景区。

　　62　云黄山。在今义乌县佛堂镇以东5公里，山高海拔371米，山势挺拔秀丽，顶峰西海拔313米处有云黄寺。云黄山北临今南江，即注文所称的"下临溪水"。南江即东阳江上游支流之一，与

《水经注》吴宁溪水在今义乌南汇合。

(63) 高百许丈。大典本、黄本、吴本、注笺本、五校抄本、七校本、注释本、注疏本作“高一百许丈”。

(64) 相示而笑。“示”,黄本、五校抄本、七校本、注释本作“视”。

(65) 梧鼎而爨。“梧”,黄本、吴本、五校抄本、七校本作“支”。

(66) 钱唐县。“唐”,大典本、黄本、吴本、注笺本作“塘”。

(67) 钱唐。“唐”,大典本、黄本、吴本、注笺本作“塘”。

(68) 浙江又东迳灵隐山,山在四山之中,有高崖洞穴,左右有石室3所,又有孤石壁立,大30围,其上开散,状如莲花。按灵隐山的位置,历来并无定论,晋咸和元年(326),印度僧人慧理看到今灵隐一带山峰奇秀,以为是“仙灵所隐”,遂建灵隐寺,故后来一般认为灵隐山指灵隐寺附近诸山。但据历来方志及目前地形图,灵隐寺附近诸山均各有其名,其中并无灵隐山。康熙《灵隐寺志》卷一说灵隐寺“在武林山”,雍正《浙江通志》卷九说:“武林山即灵隐山。”按《汉书・地理志》:“武林山,武林水所出,东入海。”则所谓武林山或灵隐山,可能是西湖群山的总称。但注文云“山在四山之中”,以下又有“有高崖洞穴”数句,显系喀斯特地貌的描述。今西湖外围高山如北高峰、天竺山、五云山等,多由泥盆纪的千里岗砂岩构成,绝无喀斯特现象。这一带砂岩山岳的内侧,分布着若干由石炭二叠纪的飞来峰石灰岩所构成的丘阜,如吴山、将台山、玉皇山、南高峰、飞来峰等,其中吴山、将台山、玉皇山均濒江或旁湖,不“在四山之中”,南高峰周围有山,但其东麓均为培塿,北麓的三台山亦仅海拔80余米,其实濒湖,亦非“在四山之中”。唯有飞来峰,高仅稍过海拔百米,而其周围有不少砂岩群山如北高峰、天马山、天竺山等,都是海拔300米乃至400米以上的山岳,其位置确“在四山之中”,其喀斯特地貌与注文亦颇相类,故灵隐山当以今飞来峰的可能性最大。

(69) 钱唐故县。“唐”,大典本、黄本、吴本、注笺本作“塘”。

(70) 《钱唐记》。“唐”,大典本、黄本、吴本、注笺本作“塘”。

(71) 故改名钱塘焉。五校抄本引施廷枢云:“钱唐之得名以钱水也,《国语》:陂唐污庳,以成其美。盖唐实即后世之塘字,《说文》无塘字,可按也。则钱唐者,钱水之唐,非如所传华信千钱诳众之陋也。”驿按,今本《国语・周语下》:“陂塘汙庳,以钟其美”,仍作塘字。今本《说文》卷十三下有塘字,不知施廷枢所据何本。

(72) 明圣湖。明田汝成《西湖游览志》卷一:“西湖,故明圣湖也。”注疏本亦引《一统志》云:“一名钱塘湖,亦名上湖。”均指西湖而言。故自来学者多以明圣湖为西湖。但也有提出不同意见的,清赵一清曾撰《西湖非明圣湖辩》一文(载《定乡小识》卷八),认为明圣湖在定山乡(今杭州市西南郊)。按《艺文类聚》卷九引《钱塘记》云:“明圣湖在县南,去县三里,父老相传,湖有金牛。”《水经注》云:“县南江侧有明圣湖,父老传言,湖有金牛,古见之,神化不测,湖取名焉。”此文也可能从《钱塘记》引来。据此,明圣湖可以肯定在钱塘县境内的钱塘江边,也可能就是西湖。但由于秦钱唐县治究在何处?从西汉到南北朝末钱唐县治的迁移过程如何?目前都尚未确切查明,故“县南江侧”、“去县三里”等句,都还不能正确解释,所以明圣湖究竟是否西湖的问题,犹待继续研究。

(73) 《吴地记》。“地”,注疏本作“兴”。

⑦④　定、包诸山。"包"，大典本、黄本、吴本、注笺本、练湖书院抄本作"已"。

⑦⑤　昔子胥亮于吴。"亮"，大典本、黄本、吴本、注笺本作"死"。

⑦⑥　《吴录》云。"云"，大典本、黄本、吴本、五校抄本、七校本、注疏本作"曰"。

⑦⑦　文种诚于越。"诚"，大典本、吴本、注笺本作"城"，黄本作"成"。

⑦⑧　重山。注释本作"种山"。按重山即种山，又名卧龙山，在今绍兴城内西南侧，是崛起于冲积层上的侏罗纪凝灰岩孤丘，山呈西南、东北向，长约一公里，最高峰海拔76米，北坡较陡，南坡平缓，越王句践故宫及历代越州州治、绍兴府治均设于南坡山麓，越大夫范蠡曾于山巅建飞翼楼，宋代起改建为望海亭，至今存在，亭下有越大夫文种墓。

⑦⑨　故道余杭之西津也。五校抄本、七校本在此句下接"又有吴渎破山，导源注于胥江"。按别本，此句接于"孰能理感于英兽矣"之下。

⑧⑩　咋湖。大典本作"作湖"。

⑧①　华云。"云"，各本作"曰"。

⑧②　传言此湖草薉壅塞。"薉"，大典本、黄本、吴本、注笺本、注疏本作"秽"。

⑧③　行旅所从，以出浙江也。大典本、黄本、吴本、注笺本在此句下接"又迳会稽山阴县，有苦竹里"；五校抄本、七校本、注释本在此句下接"浙江又东迳御儿乡"。

⑧④　浙江又东迳粗塘，谓之粗渎。"粗塘"、"粗渎"，黄本、吴本、注笺本作"祖塘"、"祖渎"。

⑧⑤　朗负阻城守。黄本、吴本作"朗负门守"，孙潜校本作"朗负门阻守"。

⑧⑥　西陵湖。即今萧山湘湖，参阅拙作《论历史时期浦阳江下游的河道变迁》（载《历史地理》1980年创刊号）一文附图《六朝时代浦阳江下游示意图》。

⑧⑦　苦竹里。今绍兴西南阮江溪上游，与诸暨县交界处的谷地中，在栲栳山与苦竹岭之间，有上苦竹、中苦竹、下苦竹三村，三村分别位于海拔137米、110米、81米的高程上，自上苦竹至下苦竹约3公里，谷地两侧山峰均接近300米，聚落皆旁阮江溪建立，疑是于越苦竹里故址，但尚未进行考古发掘。

⑧⑧　天柱山。在会稽山香炉峰以南，秦望山以北，高海拔342米，山北侧有横枋岭，是南池镇与平水镇之间的交通要道。

⑧⑨　兰亭。在会稽山，因晋永和九年（353）王羲之等42人在此修禊而著名。相传由王羲之亲笔书写的《兰亭诗序》，即此次修禊时作。当时，兰亭位于天柱山下的鉴湖湖口，以后曾迁至鉴湖湖中及天柱山山顶。南北朝后期在会稽郡城西鉴湖中的兰渚，北宋后期，又从会稽山北迁至会稽山中的天章寺，此后就固定少变。明嘉靖二十七年（1548），绍兴知府沈启在天章寺附近择地重建，其址即今兰亭所在。今兰亭的结构布局，系清康熙三十七年（1698）重修时确定。

⑨⑩　木客村。练湖书院抄本作"未客村"。

⑨①　浙江又东北得长湖口。李慈铭校本云："案长湖，唐以后谓之镜湖，宋避敬字嫌讳，谓之鉴湖。"

⑨②　湖广五里，东西百三十里。按：此湖位于会稽山北麓至今萧甬铁路以南一带，南北狭，东西长，面积约206平方公里。湖系人工筑堤拦蓄而成，为汉顺帝永和五年（140）会稽郡守马臻所创。

至南宋初期,此湖已基本湮废,今鉴湖是其残留部分。参阅拙作《古代鉴湖兴废与山会平原农田水利》,载《地理学报》第 20 卷,1962 年第 3 期。

⑨③　湖南有覆斗山,周五百里。嘉泰《会稽志》卷一八引《水经注》作"覆斗山",李慈铭校本云:"案覆斗山,殿本作覆酙,疑即覆酾山,五百里字有讹。"按覆斗山即今覆釜岭,位于秦望山以东,云门、若耶山以北,高海拔 200 余米,当南池、施家桥到平水镇的山道附近。

⑨④　故号曰贺台矣。"矣",黄本无此字,大典本、吴本、注笺本作"吴"。

⑨⑤　秦望山。在今绍兴城南约 15 公里,山高海拔 543 米,由中生代火山岩构成,是会稽山稽北丘陵中最高的山峰。从绍兴城南望此山,顶平如砥,气势雄伟。《史记·秦始皇本纪》:"上会稽,祭大禹,望于南海,立石颂德。"相传所登即是此山,故称秦望山。山上原有李斯刻石,今已不存。

⑨⑥　山上无甚高木。大典本、黄本、吴本、注笺本无"甚"字。

⑨⑦　嶕岘。《名胜志·浙江》卷五引《水经注》作"谯岘",《读史方舆纪要》卷九二引《水经注》作"礁岘"。

⑨⑧　夕水出焉,南流注于湖。"夕",注释本作"勺";"湖",注释本作"溴"。

⑨⑨　覆釜山之中。大典本、黄本、吴本作"山覆釜之中"。

⑩⑩　禹治水毕。"毕",大典本、黄本、吴本、注笺本作"旱"。

⑩①　有鸟来为之耘,春拔草根,秋啄其秽。《论衡·书虚篇》云:"实者,苍梧多象之地,会稽众鸟所居。《禹贡》曰:彭蠡既潴,阳鸟攸居。天地之情。鸟兽所行也,象自蹈土,鸟自食苹,土厥草尽,若耕田状,壤靡泥易,人随种之。"又《偶会篇》云:"雁鹄集于会稽,去避碣石之寒,来遭民田之毕,蹈履民田,啄食草粮,粮尽食素,春雨适作,避热北去,复至碣石。"按上述王充所说的情况,在当年山会平原尚未完全垦殖,到处都是沼泽草地的时候,是必然存在的。目前钱塘江河口滩地,每年仍有大量的北方候鸟前来越冬,情况与王充所说的一样。

⑩②　山东有湮井。"湮井",大典本、黄本、吴本、注笺本作"硼",孙潜校本作"径"。

⑩③　秦始皇登会稽山。大典本、黄本、吴本、注笺本、注释本、注疏本无"会"字。

⑩④　孙畅之《述书》云。《述书》,大典本、黄本、吴本、注笺本作《述征书》。

⑩⑤　石匮山。大典本、黄本、吴本、注笺本作"石山"。

⑩⑥　石帆山。即今吼山,在绍兴城东约 15 公里的樊江镇以南,是崛起于冲积层之上的凝灰岩孤丘,最高峰坝头山,在吼山村附近,高海拔 177 米,山上有麻菇石(Demoiselle)2 处,即《水经注》所谓"孤石高二十余丈,广八丈,望之如帆"。麻菇石是由垂直节理的凝灰岩体与水平节理的凝灰岩体因风化作用而崩坍的残留部分。参阅《地理知识》1980 年第五期拙作《绍兴探胜》及封底照片。

⑩⑦　乌贼鱼。又称墨鱼,为头足钢、乌贼科动物。我国沿海常见的有金乌贼(Sepia esculenta)和无针乌贼(Sepielia maindroni)两种,舟山群岛一带,每年五六月间大群前来产卵,称为墨鱼汛。

⑩⑧　西连会稽山。大典本、黄本、吴本、注笺本、注释本、注疏本无"会"字。

⑩⑨　若邪溪。今名平水江,是古代鉴湖水系中最长的河流,发源于绍兴、诸暨两县交界的茅园岭下,北流迤云门山与陶宴岭之间的谷地,山高水急,寺前以北,谷地开朗,平水镇以北,流出冲积扇。今寺前村以南已建有平水江水库。

⑩　《吴越春秋》所谓欧冶涸而出铜,以成五剑。大典本、黄本、吴本、注笺本"涸"作"锢",无"而出铜"三字;孙潜校本"涸"作"铸",无"而出铜"三字;注释本无"而出铜"三字。按今本《吴越春秋》卷二云:"风湖子曰:臣闻越王允常使欧冶子造剑五枚。"古代于越所铸的青铜剑,近代在绍兴和其他地区出土者颇多,如"越王剑"、"越王者旨于赐剑"、"越王之子剑"、"越王丌北古剑"等,都具有高度的铸冶技术。而 1965 年在湖北省江陵县纪南城附近楚墓中出土的"越王勾践剑",无论从铸冶技术和艺术加工等方面,都已十分精湛。参见陈谦《越王勾践の剑》,载《人民中国》日文版,1973 年6 月号别册。

⑪　乘崖俯视。"乘",黄本、吴本、注笺本、五校抄本,七校本、注释本作"垂"。

⑫　此溪父老。注笺本无"此溪"二字。

⑬　荷钱致意。"钱",大典本、黄本、吴本、注笺本、五校抄本、七校本、注释本、注疏本作"泉"。

⑭　杨哀明。"杨",注笺本作"吴"。

⑮　铜牛山。嘉泰《会稽志》卷九云:"铜牛山在县东南五十八里。"《水经注》云:"山北湖下,有练塘里。"今练塘里位置明确,练塘里以南则有义峰山、银山、保驾山、担山等孤丘,四山与《嘉泰志》58 里之数均相近,则铜牛山必是这些孤丘中的一座。四山之中,除义峰山高达海拔 176 米外,其余均为百米上下的低矮丘阜。

⑯　练塘里。"练",注笺本、注释本、李慈铭校本作"铼"。即今练塘桥,亦作联塘村,在今上虞县东关镇以西 5 里,位于古代鉴湖湖堤之上,介于王家堰与彭家堰之间。《越绝书》卷八:"采锡山为炭,称炭聚,载从炭渎至炼塘。"嘉泰《会稽志》卷九称山条引《旧经》云:"越王称炭铸剑于此",并引《越绝》"从炭渎到练塘"句,按称山今作偁山,在练塘以北 10 里,高海拔 194 米。

⑰　句践臣吴,吴王封句践于越百里之地。大典本、吴本、注笺本少一"吴"字。

⑱　侯山。即小隐山,今称何山,在绍兴城西南跨湖桥南 5 里,是一座高仅 20 米左右的孤立丘阜,已荒芜,逐渐夷平。嘉泰《会稽志》卷一三云:"小隐山园在郡城西南镜湖中,四面皆水,旧名侯山。"宋钱公辅于皇祐三年(1051)作《游小隐山叙》(载《会稽掇英总集》卷二〇),当时,此山上有胜奕、忘归、翠麓三亭及撷芳径、扪萝磴、百花顶诸胜,山下又有鉴中、倒影二亭,是湖中胜地。以后因鉴湖湮废,此山随着荒芜。

⑲　县南湖北有陈音山。大典本、黄本、吴本、注笺本无"南"字。

⑳　命曰会稽。会稽者,会计也。大典本、黄本、吴本、注笺本"命曰"以下无"会稽"二字。

㉑　是越事吴处。大典本、注释本、注疏本无"处"字。

㉒　割涧延流。黄本、吴本、注笺本无"割"字,大典本"延"作"涎"。

㉓　怪山。在今绍兴城内南侧,是崛起于冲积层之上的侏罗纪凝灰岩丘阜,最高点仅海拔 32 米,据《越绝书》卷八所载,越王句践曾在此山上建造一怪游台,高 46 丈,周围 532 步,是我国历史上有文字记载的第一座综合性的天文台和气象台,即《水经注》所云"又作三层楼以望云物"。晋末在山巅建成一座七级浮图,称为应天塔,屡毁屡修,至今犹存,故称塔山。

㉔　去琅邪,止东武,人随居山下。"止",吴本、注笺本、注释本作"山",注疏本作"去琅邪,还浙东,东武人随居山下"。

⑫㊂ 朱室坞。"坞",黄本、吴本、注笺本、何校明抄本、王校明抄本、五校抄本、七校本作"堤"。

⑫㊅ 重山。"重",五校抄本、七校本、注释本作"种"。

⑫㊆ 亭本在山下。大典本、黄本、吴本、注笺本无"在"字。

⑫㊇ 汉高帝十二年。"二",大典本、黄本、吴本作"一"。

⑫㊈ 一吴也。"一",大典本、黄本、吴本、注笺本、五校抄本、七校本作"亦"。

⑬㊀ 吴兴、吴郡。注释本作"吴郡、吴兴郡"。

⑬㊁ 会稽其一焉。五校抄本、七校本在此句下接"又东合浦阳江",注释本在此句下接"又迳永兴县南"。

⑬㊂ 堕地便能语。大典本、黄本、吴本、注笺本作"随便能语"。

⑬㊃ 天方明。大典本、黄本、吴本、注笺本无"方"字。

⑬㊄ 鼎脚折。大典本、黄本、吴本、注笺本无"鼎"字。

⑬㊄ 因是诏为语儿乡。"因是",大典本、黄本、吴本、注笺本作"是因"。

⑬㊅ 因藉地名。"名",注笺本作"民"。

⑬㊆ 渡会稽。"会稽",大典本、黄本、吴本、注笺本作"会夷",注疏本作"会薉"。

⑬㊇ 又迳永兴县北。"北",大典本、黄本、吴本、注笺本、注释本作"南",大典本、黄本、吴本、注笺本、五校抄本、七校本此句在"上承妖皋溪而下注浙江"之下。

⑬㊈ 县在会稽东北百二十里。"百二十里",大典本、黄本、吴本、注笺本、五校抄本、七校本、注释本、注疏本作"一百二十里"。

⑭㊀ 故余暨县。大典本、黄本、吴本、注笺本、注释本无此4字。

⑭㊀ 应劭曰。大典本、黄本、吴本、注笺本、注疏本无此3字。

⑭㊁ 永兴。"永",大典本、黄本、吴本、注笺本作"元"。

⑭㊂ 泄溪。今称五泄溪,浦阳江支流之一,上流从雷鼓山(高海拔235米)顶巅的向铁岭绕雷鼓山山谷而下,在此约1500米的流程中构成了五泄瀑布。第一泄在向铁岭边,今瀑布已消失,成为一处较小的急流,瀑布下的泷壶亦已不存在。第二、第三、第四三泄位于海拔150米上下的高程上,二泄与三泄相距仅10余米,三泄与四泄相距亦仅20余米,此三处瀑布均宽五、六米,高10余米,瀑布下均有深达数米的泷壶。第五泄在雷鼓山麓,瀑布宽约10余米,高30余米,瀑布下的泷壶称为东龙潭,深达10米左右。今东龙潭以下约2公里处的夹岩寺已筑坝蓄水,形成一畜水量达一千万立方的五泄水库,供发电和灌溉之用。

⑭㊃ 凡有五泄。"五",宋刊残本、大典本、黄本、吴本、注笺本、注释本、何校明抄本、王校明抄本等作"三"。

⑭㊄ 下泄悬三十余丈。大典本、黄本、吴本、注笺本无"下"字。

⑭㊅ 中三泄不可得至。"中三泄"当指二、三、四三泄,按目前的情况,"不可得至"的话也是真实的。因为第五泄在雷鼓山麓的山路近旁,第一泄在雷鼓山巅的向铁岭,也有山路可循。二、三、四三泄在雷鼓山南缘谷地中,无路可循。笔者虽到达此三泄近旁,那是由当地人带领,通过丛莽和悬崖到达的。

⑭　登山远望。五校抄本、七校本、注释本作"登他山远望"。

⑭　悬百余丈。大典本、黄本、吴本、注笺本作"下泄悬百余丈"。

⑭　上泄悬二百余丈。"二",大典本作"三"。

⑮　故越地也。大典本、黄本、吴本、注笺本、注释本在此句下有"夫槩王之故邑"6字。

⑮　句无。吴本、注笺本作"句吴",下同。

⑮　江上有溪六,溪列溉散入江。"有溪六",五校抄本、七校本、注释本作"有六溪"。

⑮　山下众流泉导。"泉",大典本、黄本、吴本、注笺本、注释本、注疏本作"前"。

⑮　沙渚平静。"静",黄本、吴本、注释本作"净",大典本作"沙浓平静"。

⑮　嶕山。今称嶕大山,位于嵊县北约12公里的曹娥江西岸,主峰距江岸约1公里,高海拔749米,北接舜王山,山形秀丽而雄伟。

⑮　成功峤。"功",大典本、黄本、吴本、注笺本作"工"。

⑮　牵木稍进。"稍",李慈铭校本作"梢"。

⑮　地甚光洁。"光",大典本、黄本、吴本、注笺本作"方"。

⑮　言诸仙之所憩宴。大典本作"言诸仙之所集宴",黄本作"言诸山之所醮宴",注释本作"言都仙之所憩宴"。

⑯　东出趋山。"趋",大典本、黄本、吴本、注笺本、五校抄本、七校本、注释本、注疏本作"趣"。

⑯　波潮之患。"潮",大典本、黄本、吴本、注笺本作"湖"。

⑯　王莽之会稽也。大典本、黄本、吴本、注笺本在此句上有"至"字。

⑯　兰风山。今称兰芎山,在上虞县城(即百官镇)东南6公里,山高海拔326米,距曹娥江岸约5公里,与曹娥镇遥遥相对,山色秀丽。

⑯　爱宅兰风。"爱",吴本、注笺本做"爱",黄本作"爱泽兰风"。

⑯　以永终朝。"永",大典本、黄本、吴本、注笺本作"咏"。

⑯　此三山孤立水中。"此",黄本、吴本、注笺本、注释本作"北"。

⑯　江南有上塘、阳中二里。"二",大典本、黄本、吴本、注笺本作"三"。

⑯　哀父尸不得。"得",大典本、黄本、吴本、注笺本作"测"。

⑯　县东北上亦有孝子杨威母墓。注释本无"上"字。

⑰　遂弭耳而去。"弭",吴本、注笺本作"佴"。

⑰　自非诚贯精微。"自",注释本作"是"。

⑰　仇亭在县之东北十里。"十里",大典本、黄本、吴本、注笺本、五校抄本、七校本、注释本、注疏本作"一十里"。

⑰　又东北迳永兴县东,与浙江合。大典本、黄本、吴本、注笺本无"县"字。

⑰　浙江在闽西北入海。大典本、黄本、吴本、注笺本、注释本"浙江"之下有"在其东"3字。

附　录

一、《浙江水注》佚文:参见《水经注》佚文。

二、《浙江水注》引书目录

书名	撰者	存佚	备考
《汉书·地理志》	班固	存	注文作《地理志》
《山海经》		存	
《后汉书·郡国志》	范晔	存	注文作《郡国志》
《异苑》	刘敬叔	佚	
《东阳记》	郑缉	佚	
《钱唐记》	刘道真	佚	
《十三州志》	阚骃	佚	注文作"阚骃云"
《吴地记》	陆广微	存	
《吴越春秋》	赵晔	存	
《吴录》	张勃	佚	
《七发》	枚乘	存	注文作"枚乘曰"
《刘道民诗》	刘道民①	全诗不存	
《史记》	司马迁	存	
《会稽记》	孔晔	佚	注文作"记云"
《越绝》	吴平	存	即《越绝书》
《周礼》	传周公作	存	指《职方》篇
《礼乐纬》②		佚	
《孙畅之述书》	孙畅之	佚	
《王羲之诗》	王羲之	全诗不存	注文作"王逸少云"
《吕氏春秋》	吕不韦	存	
《说文解字》	许慎	存	注文作"许慎言"
《史记·晋灼注》	晋灼	存	注文作"晋灼言"
《周嘉上书》	周嘉	佚	
《万善历》③		佚	
《国语》	左丘明	存	
《国语·韦昭注》	韦昭	存	注文作"韦昭曰"
应劭著作④	应劭	佚	
《山居记》	谢灵运	存	即《山居赋》
《太康地记》⑤		佚	

注释:

① 何焯校本云:"宋武帝字"。

② 　《隋书·经籍志一》著录,有《礼纬》3 卷,郑玄注,亡;《乐纬》三卷,宋均注,亡。此均为纬谶之书。《隋书》又云:"宋均、郑玄并为谶律之注,然其文字浅俗,颠倒舛谬,不类圣人之旨。"

③ 　注疏本杨守敬云:"《御览》一百五十七引作《万岁历》,《隋志》子五行类有太史公《万岁历》一卷,盖即其书,此'善'当'岁'之误,据叙吴黄武事,则三国后人所作也。"按今本《隋书·经籍志三》著录,有《万岁历祠》2 卷,不著撰者,又有《万年历二十八宿人神》1 卷,亦不著撰者,此 2 书均与郦注《万善历》相近。

④ 　《水经注》引应劭《地理风俗记》达 60 余条,但《济水注》、《泗水注》、《洙水注》、《淄水注》、《夏水注》又各引应劭《十三州记》一条,此处是《地理风俗记》抑是《十三州记》,不明。又《后汉书》本传谓劭撰《风俗通》,著述凡百三十六篇,又集解《汉书》。今劭书均不传,故《渐江水》所引应劭著作,无法查明。

⑤ 　此书,《旧唐书·经籍志上》、《新唐书·艺文志二》、《通志·艺文略四》等均有著录,不著撰人,书名亦互不相同。毕沅《晋太康三年地志王隐晋书地道志总序》云:"名曰太康三年地志,若沈约止称之为地志,郦道元称为地记,司马贞、张守节称为地理记,新唐书称为土地记,其实一也。"

三、《渐江水注》图(附图十二)

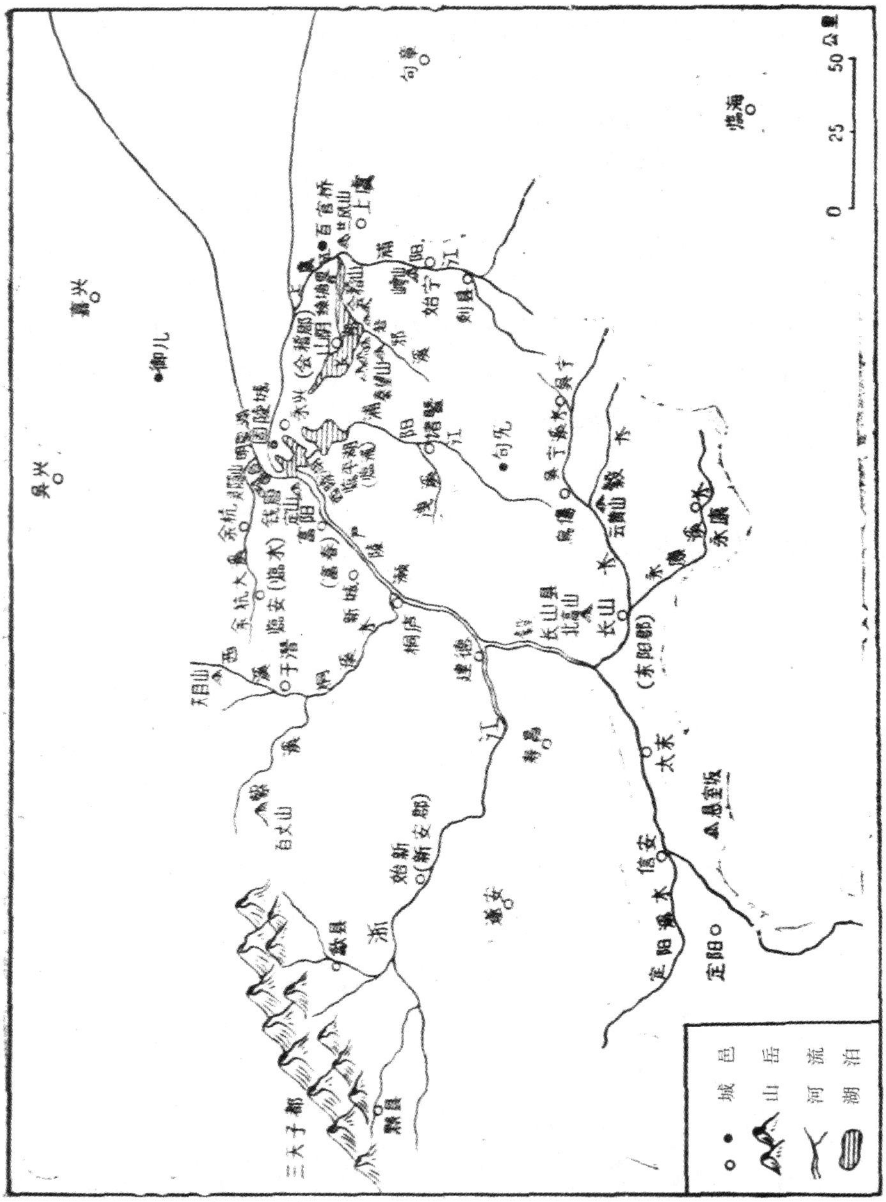
嘉兴
吴兴
御儿
余杭
钱唐
富阳
新城
临安
于潜
天目山
桐庐
建德
寿昌
遂安
歙县
黟县
三天子都
太末
信安
定阳
长山
永康
乌伤
诸暨
句无
山阴
上虞
始宁
剡县
句章
城邑
山岳
河流
湖泊
0
25
50
公里

图十二 《渐江水注》图

三十一、《水经注》与地名学

　　地名学是研究地名的学科,它在我国有悠久的传统。我国古籍如《穀梁传》僖二十八年就记载了地方命名的原则:"水北为阳,山南为阳。"①这个命名原则,曾经长期地在我国地方命名中使用。后汉时代的《越绝书》又提出"因事名之"②的地方命名原则,按照这个原则命名的地名,在我国也大量存在。长期以来,我国的地名学研究着重于地名渊源的探索,而地方命名的原则,实际上就是地名渊源的由来。它是我国地名学研究中的重要组成部分。

　　在我国古籍中,最早解释地名渊源的是《汉书·地理志》。在此书记载的约4500处地名中,有地名渊源解释的达40余处,例如京兆尹、华阳:"太华山在南",敦煌郡、敦煌县、瓜州:"地生美瓜"等,成为我国地名渊源研究的嚆矢。汉志以后,在后汉一代中,地名渊源的研究得到相当大的发展,其中贡献最大的是应劭,他在所著《集解汉书》、《十三州志》、《地理风俗记》各书中,对许多地名作了渊源的解释,至今留存的约有180条。③应劭解释的地名渊源中,如汉志广平国斥章:"漳水出治北入河,其国斥卤,故曰斥章。"已经涉及了自然地理学的概念。后汉的另一著作《越绝书》,记载了古代吴、越地区的许多地名,并对其中的30多处地名作了渊源的解释,例如卷八《地记》解释朱余云;"朱余者,越盐官也,越人谓盐曰余,去县三十五里。"古代越部族称"盐"为"余"。这是通过地名渊源解释保留了古代方言的很好例子。

　　汉代以后,地理书中解释地名渊源的风气开始盛行,像魏的如淳、孟康和吴的韦昭等人,都对汉志地名的渊源作了各种解释。到了晋代,几乎所有地理书都有地名渊源解释的内容,像京相璠的《春秋土地名》、王隐的《晋书地道记》、袁山松的《郡国志》、乐资的《九州要记》,张勃的《吴地志》、常璩的《华阳国志》,郭璞的《尔雅注》等许多地理著作中,地名渊源的解释都已经占了颇大的篇幅。可惜这些著作大多已经缺佚,只能借他书转引中窥其一斑。至今仍然完整存在的只有《华阳国志》一种,此书所解释的地名渊源达 20 余处之多。晋代以后,南北朝的许多地理著作如北魏阚骃的《十三州志》、宋盛弘之的《荆州记》、庾仲雍的《湘中记》、刘道真的《钱唐记》、陈顾野王的《舆地志》等,也都对地名渊源作了许多解释。这些著作,都在我国古代的地名学研究中作出了卓越的贡献。

在这个时代的所有地理著作中,对地名学研究贡献最大的无疑是《水经注》。首先,《水经注》总结自古以来地方命名的原则,加以系统化,这就是卷二《河水注》所记载的:

> 凡郡,或以列国,陈、鲁、齐、吴是也;或以旧邑,长沙、丹阳是也;或以山陵,太山、山阳是也;或以川原,西河、河东是也;或以所出,金城城下得金、酒泉泉味如酒,豫章樟树生庭,雁门雁之所育是也,或以号令,禹合诸侯,大计东冶之山,因名会稽是也。

仅仅是地方行政区划中的一级——郡的命名,《水经注》就如上所述地总结出六个方面。根据这样的命名原则,《水经注》以前的我国郡名渊源,已可概括无遗。对于地方命名原则的这种高度的概括,在地名学研究中确实具有重要的意义。实际上,《水经注》对于地名渊源的研究,还远远不止郡名这样一类,举凡山川湖泽、井泉陂塘、桥梁津渡、道路关塞、宫殿楼阁、寺观陵墓、城邑乡镇、亭里村墟等地名,无一不对它们进行渊源的研究。在全注约 2 万左右的地名中,有渊源解释的到达 2300 余处。如果加上《水经注佚文》[④]中出现的地名渊源解释 50 余处,则经过《水经注》解释的地名渊源到达 2400 处左右。这是《水经注》以前的一切著作所不可比拟的。

《水经注》以后,在我国的许多地理著作中,地名渊源的研究,几乎成为必备的项目,但是所有这些书籍中的地名渊源研究,不论在广度和深度上,都没有超过《水经注》的水平,这也就是说,在我国传统的地名学研究中,《水经注》已经标志了成熟的阶段。为此,对《水经注》所解释的约 2400 处地名渊源进行分析和归纳,其意义不仅在于整理 1400 多年前的地名学研究成果,而且对今天的地名学研究,在地名渊源的整理和探索方面,仍然不无裨益。为特不殚繁琐,将《水经注》解释的地名渊源,分成下列24 类,并稍作评述如下:

1. 史迹地名:这类地名由于历史上的某一事件而命名,例如卷二十二《渠注》的万人散。注云："东郡太守翟义兴兵讨莽,莽遣奋威将军孙建击之于圉北,义师大败,尸积万数,血流溢道,号其处为万人散。"这类地名在郦注中大量存在,诸如《济水注》的黄巾固,《浊漳水注》的薄落津,《灅水注》的磨笄山,《江水注》的败舶湾等不胜枚举。《水经注》史迹地名所记载的史迹,往往有正史不记或疏缺的,因而具有重要的价值。

2.人物地名:人物地名实际上也是史迹地名,由于这类地名数量很大,而且其命名又以某一历史事件的某一具体人物为依据,所以在类别中与史迹地名分开。例如卷七《济水注》中的项羽堆。注云："羽还广武,为高坛,置太公其上,曰:汉不下,吾烹之。高祖不听,将害之。项伯曰:为天下者,不顾家,但益怨耳。羽从之。今名其坛曰项羽堆。"这类地名很多,像《沁水注》的白起台,《浊漳水注》的石勒城,《泗水注》的子胥渎,《资水注》的关羽濑等均是其例。

3.故国地名:在我国的地名中,各级行政区划如州,郡、县以及某些城邑或其他聚落的命名,常常根据这个地区的故国,包括春秋列国和两汉分封的列国等,例如卷二十二《颍水注》的胡城。注云："颍水又东南流迳胡城东,故胡子国也。"此外如《淮水注》的锺离县,《泗水注》的上庸郡,《淯水注》的鄸聚,《叶榆河注》的叶榆县等,都是这类地名。

4.部族地名:为古代某一部族所聚居或到达的地区,在郦注中往往留下部族的名称,例如卷三十三《江水注》的僰道县。注云："县,本僰人居之。"又如卷三十六《温水注》的文狼究。注云："有文狼人,野居无室宅,依树止宿,食生鱼肉,采香为业,与人交市,若上皇之民矣。县南有文狼究,下流迳通。"这类地名在全注中是不少的,如《汾水注》的秀容城,《大辽水注》的倭城,《渭水注》的平襄县等均是。部族地名对古代部族的分布、迁徙、文化和生产等概况,都能提供有用的资料。

5.方言地名:法国《拉鲁斯大百科全书》地名学条下指出:"大多数地方名称一般不靠现代口语来解释,很多法国区域地名远溯于已经消失的语言。"[⑤]这在上面所举的《越绝书》中已经有了这样的例子。在《水经注》中,这样的例子就更多。其中有些方言,现在根据其地区和发音,还可依稀辨别,例如卷一《河水注》的半达钵愁。注云:"菩萨于瓶沙随楼那果园中住一日,日暮便去半达钵愁宿,半达,晋言白也,钵愁,晋言山也。"这里的"半达",据发音可能是梵语 पांड,"钵愁",据发音可能是梵语 पहाड़ 。注文所记的地区也正是古代梵语流行的地区,则半达钵愁这个地名源于梵语看来是很可能的。另外有一些这样的地名,例如《河水注》的唐述山、可石孤城、薄骨律镇城,《汾水注》的侯莫干城,《灅水注》的河头等,现在要推究属于何种方言,就有一些困难。《水经注》记载的方言地名,对语言学和民族学等学科,都有重要的参考价值。

6.动物地名:以动物命名的地名,在《水经注》中极为常见。这对于今日研究古代动物的分布与变迁很有帮助,卷二十七《沔水注》的猴泾滩即是其例。注云:"山多猴猿,好乘危缀饮,故滩受斯名也。"此外如《河水注》的雁门,《江水注》的白羊渊,《叶榆河注》的吊鸟山,《渐江水注》的鹿野山等均是其例。

7. 植物地名:以植物命名的地名在郦注中比动物地名更多,这类地名在今日历史植物地理的研究中具有很大价值。例如卷三《河水注》的榆林塞。注云:"其水东迳榆林塞,世又谓之榆林山,即《汉书》所谓榆溪旧塞者也。自溪西去,悉榆柳之薮矣。"又如卷十三《㶟水注》的蘽桑河。注云:"水侧有桑林,故时人亦谓是水为蘽桑河也。斯乃北土寡桑,至此见之,因以名焉。"此外如《鲍丘水注》的香陉山,《沮水注》的莲芍县,《湍水注》的菊水,《若水注》的牧靡南山等,都是以植物命名的地名。

8. 矿物地名:《水经注》记载矿物,往往与其分布地区的地名相关连,这类地名对于今天研究古矿床与古代采矿业的发展都有重要的意义。例如卷三十八《湘水注》的锡方。注云:"其山多锡,亦谓之锡方矣。"其他如《清水注》的仓谷,《圣水注》的玉石山,《江水注》的北井县等,都是矿物地名的例子。

9. 地形地名:《水经注》中的不少地名,是按地形的高下变化而命名的。例如卷十五《洛水注》的一合坞。注云:"城在川北原上,高二十丈,南北东三箱,天险峭绝,惟筑西面即为固,一合之名起于是矣。"从这条注文中可见,这个城邑是建在洛水北岸的河谷阶地上的。卷五《河水注》解释平原郡的地名渊源云:"原,博平也,故曰平原矣。"说明这个郡建立在黄河下游的大平原之上。此外如《济水注》的平皋城,《泗水注》的高平山等,也都是这类地名。地形地名为今日研究古今地形变迁提供许多有用的资料。

10. 土壤地名:在《水经注》以土壤命名的地名中,有的记载了我国东部与北部的盐碱土,例如卷六《汾水注》的太原。注云:"太卤,太原也。"又如卷十《浊漳水注》的斥漳,注云:"其国斥卤,故曰斥漳。"也有的记载了我国西北的漠钙土,例如卷二《河水注》的沙洲。注云:"绕河西南百七十里有黄沙,沙南北百二十里,东西七十里,西极大杨川,望黄沙,犹若人委干糒于地,都不生草木,荡然黄沙,周围数百里,沙洲于是取号焉。"土壤地名在郦注中较少,但对于我们今日研究历史土壤地理,仍然不无参考价值。

11. 天候地名:以天候命的地名,在郦注中并不罕见,卷十四《鲍丘水注》的伏凌山即是其例。注云:"山高峻,岩障寒深,阴崖积雪,凝冰夏结、事同《离骚》峨峨之咏,故世人因以名山也。"此外如《河水注》的风山,《㶟水注》的风穴,《夷水注》的风井山等,也都是这类地名。天候地名为古今气候变迁的研究提供有用的资料。

12. 色泽地名:以色泽命名的地名在郦注中十分常见,例如卷二十《漾水注》的白水。注云:"白水西北出于临洮县西南西顷山,水色白浊。"又如卷三十三《江水注》的白盐崖。注云:"高可千余丈,俯临神渊,土人见其高白,故因名之。"此外如《滱水注》

的黑水池,《丹水注》的墨山,《夷水注》的丹水,《渐江水注》的赤濑等,不胜枚举。色泽地名对历史自然地理的研究很有裨益,诸如河流的含沙量,湖泊的浮游生物,山岳的岩性,土壤的类别等,都可以借地名的色泽记载加以探索。

13. 音响地名:《水经注》还有一些地名是以音响命名的。例如卷九《沁水注》的骉骉水。注云:"又南与骉骉水合,水出东北巨骏山,乘高泻浪,触石流响,世人因声以纳称。"《水经注佚文》中的石钟山,也是这类地名的例子。注云:"石钟山西枕彭蠡,连峰叠嶂,壁立峭削,其西南北皆水,四时如一,白波撼山,响如洪钟,因名。"此外如《沔水注》的岚谷,《禹贡山水泽地所在》的鸣沙山等,也都是这类地名。

14. 方位地名:以方位命名的地名在郦注中为数甚巨,例如卷二十七《沔水注》的丙穴。注云:"穴口向丙,故曰丙穴。"又如卷三十四《江水注》的北井。注云:"井在县北"等,不胜枚举。

15. 阴阳地名:前面已经提及《穀梁传》"水北为阳,山南为阳"的地方命名原则。《说文段注》云:"日之所照曰阳,然则水之南、山之北为阴可知矣。"由此可知,阴阳地名实际上也是方位地名。但方位地名泛指各类地名的相关位置,而阴阳地名专指城邑与山、水的相关位置,其性质颇有不同之处,加上这类地名在郦注中大量存在,所以把它另分一类。通过这类地名,不仅可以了解历史时期许多城邑的位置,同时还可以探索古今河道的变迁。

16. 比喻地名:这类地名因设词比喻而来。由于地方的某些特点,或以金铁比其牢固,或以剑戟比其险要,在郦注中较为常见。例如卷二十《漾水注》的剑阁。注云:"又东南迳小剑戍北,西去大剑三十里,连山绝险,飞阁通衢,故谓之剑阁也。"又如卷二十七《沔水注》的黄金戍和铁城。注云:"有黄金戍,傍山依峭,险折七里,氐掠汉中,阻此为戍,与铁城相对,……言其险峻,故以金铁制名矣。"此外如《沁水注》的美沟,《洛水注》的云中坞,《湞水注》的腾沸水等,也都是这类地名。

17. 形象地名:形象地名实际上也是比喻地名,但比喻地名一般不从地方的外貌特点命名,形象地名则专就山岳、岩崖、瀑布、湖沼等自然地理事物的特殊形状而加以命名,在《水经注》中十分常见,例如卷二十七《沔水注》的明月池。注云:"池东有明月池,状如偃月。"又如卷四十《渐江水注》的石帆山。注云:"山东北有孤石,高二十余丈,广八丈,望之如帆,因以为名。"此外如《河水注》的灵鹫山,《洹水注》的鸡翘洪,《若水注》的石猪圻,《洭水注》的贞女峡等,不胜枚举。这类地名在历史自然地理的研究中很有价值。

18. 相关地名:在各类地名中,有些地名是互相关连的。比如,从某山导源某水,某水边又建立某城,这山、水、城三者就是互相关连的例子,三者往往冠以相同的名称,并且还可以牵连到附近的其他一系列地名,例如卷二十《漾水注》中,漾水因漾山而得名;卷十一《㴲水注》中,曲逆县又因曲逆水而得名。在卷二十七《沔水注》中,因为女郎山一个地名,就相应地出现了女郎水、女郎道、女郎冢、女郎庙等许多以女郎为名的地名。卷二《河水注》云:"河至金城县,谓之金城河,随地为名也。""随地为名",即是一地的地名随另一地的地名为名,这就是我们所说的相关地名。这类地名在郦注中拥有很大的数量。

19. 对称地名:在《水经注》记载的地名中,有些地名是由于与其他一些地名在词义上对称而得名的。例如卷三《河水注》的北舆县。注云:"又西屈迳北舆县故城南,按《地理志》,五原有南舆县,王莽之南利也,故此加北。"由此,北舆县因南舆县而得名。又如卷九《淇水注》的内黄县。注云:"又东北流迳内黄县故城南,……《地理风俗记》曰:陈留有外黄,故加内。"由此,内黄因外黄而得名。这类地名在郦注中很多,例如《河水注》的东阿(与西阿对称),《鲍丘水注》的西密云(与东密云对称),《沔水注》的小成固(与大成固对称)等,均是其例。

20. 数字地名:冠以数字的地名,在《水经注》中极为常见。大部分数字地名,其数字由概括同类地名而得,这种地名的来源一望便知,例如在《河水注》、《渭水注》和《江水注》都提及的四渎,是指的江、淮、河、济四条河流;又如在《温水注》、《湘水注》、《溱水注》和《锺水注》中都提及的五岭,是指的越城、萌渚、大庾、都庞、骑田五座山岭。此外如《河水注》和《渭水注》的三秦、《河水注》和《浊漳水注》等的九河,《江水注》的三峡,《济水注》和《渭水注》等的五岳,《洛水注》的八关,《沔水注》和《浙江水注》的五湖,《沅水注》的五溪等,不胜枚举。另外一些数字地名所冠的数字只是说明为数甚多,并不一定就是确数,例如卷三十七《澧水注》的九渡水。注云:"水自下历溪曲折,逶迤倾注,行者间关,每所襄沂,山水之号,盖亦因事生焉。"这类数字地名在郦注中也不罕见,如《淇水注》的美沟九十曲,《沅水注》的壶头三十三渡等均是其例。

21. 词义地名:地名的渊源即从地名的词义中解释,这类地名在郦注中也有不少。《水经注佚文》的敦煌即是其例。注云:"应劭《地理风俗记》曰:敦煌,敦,大也;煌,盛也。"此外如《济水注》的景山,《沔水注》的鲸滩,《浙江水注》的栋山等,也都是这类地名。

22. 复合地名:在《水经注》记载的地名中,有一类地名是由两个地名复合而成的,卷三十六《温水注》的牂柯水即是其例。注云:"东迳牂柯郡且兰县,谓之牂柯水。……牂、柯,亦江中两山名也。"卷三十九《赣水注》的赣县也是如此,注云:"县东南有章水,西有贡水,县治二水之间,二水合赣字,因以名县焉。"此外如《穀水注》的郏鄏,《巨洋水注》的胊剧,《淄水注》的海岱,《江水注》的巴渝,《庐江水注》的锺彭等,也都是复合地名。

23. 神话地名:《水经注》还记载了许多神话地名,例如卷四十《浙江水注》的怪山。注云:"本琅琊郡之东武县山也,飞来徙此,压杀数百家,《吴越春秋》称东武海中山也,一名自来山,百姓怪之,号曰怪山。"此外如《漯水注》的马邑,《渭水注》的陈宝鸡鸣祠,《江水注》的龙巢,《溱水注》的逃石等,也都是这类地名的例子。

24. 传讹地名:原来的某一地名,由于读音传讹等原因,递变成为另一地名,并且长期沿用,这样的地名,在《水经注》记载中也有不少。卷二十一《汝水注》的寡妇城和寡妇水,即是由另一地名传讹而成的。注云:"迳贾复城北复南,击郾所筑也,俗语讹谬,谓之寡妇城,水曰寡妇水。"这里,"寡妇"是"贾复"的音讹。又如卷二十八《沔水注》的千龄洲。注云:"县西北四十里汉水中有洲,名沧浪洲,庾仲雍《汉水记》谓之千龄洲,非也,是世俗语讹,音与字变矣。"这里,"千龄"是"沧浪"的音讹。此外如《圣水注》的寒号城(韩侯城之讹),《洛水注》的光禄涧(公路涧之讹),《渭水注》的树亭川(召亭川之讹),《泗水注》的狂水(黄水之讹)等,均是其例。

以上是《水经注》中有地名渊源解释的约 2400 处地名的大致分类。由于地名较多,牵涉面又很广,这样的分类、可能并不完善。但《水经注》地名渊源解释的丰富多彩,从此已可窥见一斑。《水经注》不仅是一部不朽的地理名著,而且在地名学研究方面,也为后世累积了丰富的资料,奠定了牢固的基础。它在地名学研究方面的丰硕成果,成为历史学、语言学、民族学、考古学,特别是历史地理学等学科研究中取之不尽、用之不竭的泉源。

前面已经指出,《水经注》在地名学研究上的成就,是我国古代地名学研究趋于成熟的标志。在《水经注》以后的 1000 多年中,尽管地名学研究的成果在许多地理著作中都有所反映,但无论在地方命名原则的探索以及地名渊源的解释等方面,都还没有超过《水经注》的成就。因此,从地名学学科发展的角度来说,我国的地名学研究,至今仍然基本上停留在《水经注》的水平上,这是我们值得注意的事。

应该指出,《水经注》的地名学研究,主要是地名渊源的研究,乃是一种地名的静态研究,这在《水经注》的时代,当然已属难能可贵,但从今天来看,已经远远不是地名学研究的唯一内容了。尽管这种研究仍然必需,但是随着学科的发展,地名的动态研究,必将愈来愈多为地名学界所重视。关于这方面,笔者将另外撰文探讨,这里不再赘述。愿意在这里指出的是,《水经注》已经在 1400 多年以前为我国的地名学研究奠定了基础,今天,如何继承前人研究的丰硕成果,使地名学这门古老的学科焕发青春,这是我国地名学工作者义不容辞的任务。

注释:

① 《穀梁传》相传为周穀梁赤所述,书成于西汉,但其说在战国时就已流行。

② 《越绝书》卷八《地传》练塘条:"练塘者,句践时采锡山为炭,称炭聚,载从炭渎至练塘,各因事名之,去县五十里。"

③ 据今本《汉书·地理志》、《水经注》等所引。

④ 据本书《水经注佚文》篇。

⑤ Ia Grade Encyclopédie Librairie Larousse. 1974. T. 14. P. 8781—8782. toponymie.

原载《地名知识》1979 年第 3、4 期

三十二、《水经注》记载的同国异名

　　《水经注》记载了不少边疆和域外的地理概况,其中也包括这些地区的部族和国家的概况。郦氏是根据当时流行的一些著作如释氏《西域记》、郭义恭《广志》、康泰《扶南传》、《法显传》、《林邑记》、竺枝《扶南记》、《交州外域记》、《俞益期笺》、《南越记》等内容进行著述的。由于语言的不同、翻译的差异与其他的一些原因,往往同一个国家或部族,注文中却出现了几种不同的名称,即是所谓同国异名。其中有些同国异名是众所习知的,例如卷二《河水注》所引,《法显传》作乌帝国,①而释氏《西域记》则作乌夷国,②其实是同一国家。此外如鄯善国③与禅善国,龟兹国与屈茨国等,也都是卷二《河水注》所现的同国异名。

　　另外还有一些同国异名的记载,竟引起争议,卷一《河水注》记载的多摩梨轩与担袟两个国名即是其例。对于这两个国名,论者也有同国异名的说法。多摩梨轩国之名,只在殿本、五校抄本、七校本和注释本中看到。此外,凡我所看到的一切版本,都作多摩梨帝国,注疏本中熊会贞疏云:"《佛国记》:从瞻婆大国本行近五十由延到多摩梨帝国,则梨帝不误。"岑仲勉云:"按旧本作多摩梨帝,与《法显传》同,即梵言之Tâmalitti"。④故知熊、岑都不以殿本等改"梨帝"作"梨轩"为然。至于担袟国,殿本在国名下加注云:"案袟,近刻作袟"。这里的所谓"近刻",实际上是指殿本以外的一切版本。岑仲勉以此斥戴氏妄改无据。岑云:"朱、全、赵均作'袟',戴改作袟,按担袟与多摩、耽摩均一音之转,乃Tâmalitti之省译也,其国位恒河支口Hooghly之内,戴氏妄改为'袂',殊无根据"。⑤按岑氏见解,担袂与多摩梨帝也是异名同国,岑氏的考证是言之成理的。这看来是殿本的错误。

但是,在这方面,殿本有时也有它的独是之处。卷二《河水》经"又南入葱岭山,又从葱岭出而东北流"注云:"河水重源有三,非惟二也,一源西出捐毒之国"。此处,殿本按:"捐毒,近刻讹作身毒"。这里的"近刻",指的是许多版本,因为像黄本、吴本、注笺本、项本、沈本、注释本、张本等,都作身毒,乾隆《甘肃通志》所引郦注也作身毒。⑥甚至在殿本问世以后,刘宝楠还指出殿本"以身毒为捐毒"的错误。⑦许多学者把身毒与捐毒作为同国异名,其实这种见解始于唐颜师古。案《汉书·西域传》无雷国条下:"北与捐毒、西与大月氏接。"师古曰:"捐毒,即身毒、天笃也,本皆一名,语有轻重耳。"案身毒,《后汉书·西域传》云:"天竺国,一名身毒。"天竺就是古代印度,身毒也是古代印度的别称。印度在梵语作 Sindhu,在波斯语作 Hindu,天竺、天笃、身毒,都是同词别译。这类别译,另外还有不少,例如郦注卷一《河水》经"屈从其东南流,入渤海"注云:"山西有大水,名新头河,郭义恭《广志》曰:甘水也,在西域之东,名曰新陶水。"这里的"新头"和"新陶",也就是 Sindhu 或 Hindu 的别译。所以新头河或新陶水,就是今天的印度河。但是捐毒却不然,捐毒读作 Yuándú,它和身毒并非同词异译,也不是同国异名。它是古代西域的一个游牧部族,在今新疆乌恰县境,与印度相去遥远,绝不相涉。其实,旧本郦注以捐毒为身毒的错误,胡渭在他的《禹贡锥指》中已经指出,而曾经谪戍新疆的徐松就了介得更为详悉。他说:"捐毒在葱岭东,为今布鲁特地,身毒在南山南,为五印度地。二国绝远,颜君比而同之,斯为误矣。《水经注》亦误以身毒为捐毒"。⑧这说明鲁鱼亥豕,在同国异名中常常有之。

在《水经注》记载的同国异名中,另外还有一个地名颇有探讨价值,卷一《河水》经"屈从其东南流,入渤海"注引竺枝《扶南记》云:

> 林杨国去金陈国,步道二千里,车马行,无水道。

又卷三十六《温水》经"东北入于郁"注云:

> 夜于寿泠浦里相遇,暗中大战,谦之手射阳迈柂工,船败纵横,昆仑单舸,接得阳迈。

又同注引《晋功臣表》云:

> 所谓金潾清迳,象渚澄源者也。

这里,金陈国、金潾、昆仑,论者也认为是同国异名。

金潾又作金邻或金麟,明田艺蘅云:"金邻一作金潾,夫南之外二千余里有金邻国。……张籍《蛮中诗》:铜柱南边毒草春,行人几日到金麟。"⑨

金潾与金陈的同国异名,见于《御览》所引的《异物志》:"金隣一名金陈,去扶南可二千余里,地出银,人民多,好猎大象,生得乘骑,死则去其牙齿。"⑩

金潾与昆仑的同国异名,则为岑仲勉所提出。岑云:"金邻之还原,当作 Kumran
或 Kunrun,……昆仑国与 Kamrun 之即金邻,盖无致疑之余地。"⑪

如上所述,金潾、金陈与昆仑的同国异名,可能是信而有征的。但前面的几个异名
同国如身毒、天竺、多摩梨帝、担袂,都能具体指出它们的地理位置,这里的金潾、金陈
或昆仑位于何处呢? 对于这个问题,看来还须作一番探索。

昆仑一名最早见于《禹贡》,即"织皮、昆仑、析支、渠搜。"按照汉孔安国的见解,昆
仑原来就是国名。但后汉末年,郑玄注释《尚书》,开始把它作为山名。这种说法,到
宋代就流行一时,蔡沈所谓"即河源所出,在临羌"可为代表。宋人把《禹贡》记载的昆
仑国与汉代命名的昆仑山混淆起来的错误,在清初已为学者所指出。万斯同说:"《禹
贡》有昆仑之文,孔安国以为国,郑康成以为山,马融、王肃皆言在临羌西而无所指实,
或问孰为是? 余曰:孔说是。"⑫

不过按照伯希和与费瑯的说法,《水经注》中对昆仑一名,原来就有明确的解释。

伯氏云:"五世纪末年或六世纪初年竺芝撰《扶南记》(《水经注》卷三十六)谓顿
逊(在马来半岛)昔号昆仑。"⑬

费氏云:"五二七年,郦道元撰《水经注》卷三十六云:交州刺史以兵讨林邑,败之,
追击至于昆仑。"⑭

但不幸,凡我曾过目的各种郦注版本中,上述二氏所引注文均未得见,或是二氏误
引,⑮或是他们另外还有别本。总之,昆仑一名在今本郦注中除了上述"昆仑单舸"一
语外,别未再见。这一语寥寥四字,而且含义不清,但是现在看来,作为一个历史地名
的资料,却弥感珍贵。

既然伯、费二氏所引不见于今本郦注,则昆仑究竟在何处的问题看来还必须从郦
注以外的记载中寻求解答。郑振铎说:"所谓'昆仑奴',据我们的推测,或当是非洲的
尼格罗人,以其来自极西,故以'昆仑奴'名之。"⑯郑氏的推测显然过于遥远。因为
《禹贡》已有昆仑之名,怎能设想非洲的情况在战国时代就能流传到我国呢? 对于这
个国家,唐人的见解看来还是比较符合实际的,兹引几条以资参考。

《御览》引《唐书》云:"吐蕃国有藏何(驿案,何当是河之误),去逻些三百里,东南
流,众水凑也,南入昆仑国,其中有鱼,似鳟而无鳞。"⑰

释慧琳云:"昆仑语,上音昆,下音论,时俗语更作骨论,南海洲岛中夷人也,甚黑,
裸形,能驯服猛兽犀象等。"⑱

《旧唐书》云:"自林邑以南,皆拳发黑身,通号为昆仑。"⑲

从上述三条可见,昆仑者,既是国名,也是部族名。既然郦注记载"昆仑单舸,接

得阳迈"，其战场在林邑，其地当不致去林邑太远，则《旧唐书》所谓林邑以南云云，或较可靠。胡三省也认为："昆仑国在林邑南。"[20]其根据恐怕也是上述一类资料。如此，则伯希和认为在马来半岛之说，也就差强人意了。

当然，历来也还有一些人不认为昆仑是国家或部族的名称，熊会贞即是其例。他在注疏本中疏云："《御览》七百八十六引《南州异物志》，扶南国诸属皆有官员及王之左右大臣，皆号为昆仑，林邑国皆同。"是则熊氏以昆仑为扶南诸国的官号，这种见解恐怕是以讹传讹的。至于像注删本的朱之臣那样，在"昆仑单舸"下批上"舸名新"三字，[21]竟把昆仑作为船的名称，这是知识浅薄的文人信口开河的典型，就不值得作什么评论了。

注释：

① 注释本作伅夷国。

② 注笺本、项本、注释本、张本等作伅夷国。

③ 大典本、黄本、何校明抄本、沈本等作鄯都国。

④⑤ 《水经注卷一笺校》，载《中外史地考证》上册，中华书局 1962 年版。

⑥ 乾隆《甘肃通志》卷六《山川·直隶肃州·安西卫·黄河》引《水经注》。

⑦ 《愈愚录》卷六。

⑧ 《汉书西域传补注》卷上。

⑨ 《留青日札》卷一〇，浙江图书馆藏明刊本。

⑩ 《御览》卷七九〇《四夷部十一》金隣国。

⑪ 《南海昆仑与昆仑山之最初译名及其附近诸国》，载《中外史地考证》上册。

⑫ 《禹贡昆仑辨》，载《群书疑辨》卷一〇。

⑬ 《交广与印度两道考》，商务印书馆 1933 年版，第 72 页。

⑭ 《昆仑及南海古代航行考》，商务印书馆版，第 3 页。

⑮ 《御览》卷七八八《四夷部九·顿逊国》引竺芝《扶南记》："顿逊属扶南国，国主名昆仑。"此与伯氏"顿逊昔号昆仑"之说近似，则伯氏所引之《扶南记》，是否从《御览》引来而误记为引自《水经注》者。又《扶南记》作者，郦注所引作竺枝，而《御览》所引则作竺芝，与伯氏合，此又是一证。

⑯ 《插图本中国文学史》第 2 册，作家出版社 1957 年版，第 388 页。

⑰ 《御览》卷九三七《鳞介部九·鳟鱼》。

⑱ 《一切经音义》卷八一。

⑲ 《旧唐书》卷一九七《南蛮列传》。

⑳ 《通鉴》卷一二九《宋纪》孝武帝大明七年，"又宠一昆仑奴"胡注。

㉑ 《水经注删》，北京图书馆藏明万历刊本。

三十三、《水经注》记载的一地多名

在《水经注》记载的地名中，存在着大量一地多名的现象，这种现象大大增加了郦注地名的复杂性。前面已经论述的同国异名问题，其实也是一地多名的一种。

在《水经注》记载的全部地名中，河川类地名约占20%，数量最大，而一水多名的情况也最普遍。例如黄河，在注文记载中，按照不同习惯、地区和段落，就有河水、河、大河、黄河、浊河、逢留河、金城河、上河、孟津河、鲔水等许多不同的名称。当然，黄河是全国性的大河，这样的大河有一些旁名别称是必然的。但较小的河流也常常拥有许多别名，例如卷二十六《巨洋水注》云：

> 巨洋水，即《国语》所谓具水矣，袁宏谓之巨昧，王韶之以为巨蔑，亦或曰胸涨，皆一水也。

这里，一条只具有区域意义的巨洋水，却也是一水五名。甚至更小的河流，其名称有时也并不简单。卷二十六《淄水》经"又东过利县东"注中的时水即是其例。注云：

> 淄水又北，时渑之水注之，时水出齐城西北二十五里，平地出泉，即如水也，亦谓之源水，因水色黑，俗又目之为黑水。

这里，一条小小的时水，竟也有五种不同的名称。

有时候，一条河流的名称，由于它的枝流、旁渎、故渠、旧道等牵连在一起，再加上俗名异称，因而出现许多不同的地名。例如在卷七和卷八《济水注》中，济水这条河流，曾有濼水、沇水、济水枝渠、济水故渎、济水故渠、济水南渎、北济、南济、济渎、济渠、别济、清水,清济等许多不同的名称。像这样大量的一地多名现象,的确造成了读郦的不少困难。

一地多名的现象在山岳类地名中也大量存在。例如卷四《河水》经"又南过蒲坂县西"注云:

> 河水南迳雷首山西,山临大河,北去蒲坂三十里,《尚书》所谓壶口雷首者也,俗亦谓之尧山。……阚骃《十三州志》曰:山一名独头山。

这里,雷首山就是一山三名。又如卷十八《渭水》经"又东北过武功县北"注云:

> 《地理志》曰:县有太一山,《古文》以为终南,杜预以为中南也,亦曰太白山。

这里,太一山就是一山四名。

山岳类地名中一地多名现象最突出的是昆仑山。此山名称,除了昆仑坵、昆仑墟、昆山、阿耨达太山、阿耨达山、锺山、无热丘等许多别名外,还有许多附着于它的山中之山,如樊桐、板桐、玄圃、阆风、层城、天庭等。由于昆仑山同时又具有同名异地的现象,以后当再论及。

《水经注》地名中的一地多名现象,不仅存在于有关自然地理的地名中,同时也存在于有关人文地理的地名中。县类地名即是其例。县是行政区划的基层单位,是郦注有关人文地理的地名中数量最大的一类,总数接近2500处。自从秦建郡县以至前汉,县名颇有变异,一县多名的现象已经发生,而新莽一代,竟将全国郡县名称普遍更改,[①]于是,郦注记载的前汉县名,几乎全是一县二名。新莽又将当时的300多个县名改称为亭,[②]这种以亭为名的县,郦注记载中也有70多处,这就使县名的复杂性大为增加。

上面叙述的郦注地名的一地多名现象,当然是按殿本一种版本为准。假使把郦注的不同版本考虑在内,则地名的差异情况还要复杂得多。例如在《河水》、《济水》、《颖水》、《阴沟水》、《汳水》、《淮水》等篇中都出现过的蒗菪渠,蒗菪二字,在不同版本中有蒗荡(大典本、黄本、吴本、五校钞本、七校本、徐天祜音注《吴越春秋》本[③]等)、莨荡(《通典》本、[④]程大昌《禹贡山川地理图》本、[⑤]《玉海》本[⑥]等)、浪荡(《御览》本[⑦])、狼荡(黄镇成《尚书通考》本[⑧])、浪洤(《名胜志》本[⑨])等。又如在《淇水》、《滱水》、《巨马水》、《鲍丘水》、《沽河》等篇中都出现过的滹沱水,滹沱二字,在不同版本中有滹池(大典本)、雩池(黄本、吴本)、乎池(注笺本、项本)、滹池(五校抄本、七校本、杨慎《山海经补注》本[⑩]等)、呼池(注释本)、虖池(注疏本、孙潜校本、何焯校本等)等。

像上述蒗菪渠和滹沱水在不同版本中的一地多名现象,其实是比较易于处理的,因为它们之间的差异主要是音读的分歧与书写的别体。因此,像这样一类的地名差异,在今后编纂郦注新版本时加以统一是并不困难的。但是,不同版本间的地名差异并不都像蒗菪渠和滹沱水那样简单,它们之间的差异,有时是同字异体,有时是同音异

字,有时是同形异字,有时还有其他复杂的情况。兹就河川,湖泽、山岳、城邑等类地名
在不同版本间的一地多名情况举例表列如下。

地名类别	卷次	殿本地名	别本地名	版本名称
河川类	卷六汾水注	洞过水	洞涡水	黄本、吴本、注删本、项本、沈本、摘抄本,五校抄本、七校本、注释本、疏证本、注疏本等。
			同过水	戴本、《通鉴》胡注本、[11]《天下郡国利病书》本、[12]《战国策释地》本[13]等。
	卷十四湿余水注	湿余水	灅余水	戴本、注释本、疏证本、注疏本等。
			温余水	《后汉书》注本。[14]
	卷十九渭水注	鄠水	镐水	宋本、黄本、吴本、注笺本、谭本、五校抄本、七校本、注释本,疏证本、注疏本等。
			滈水	《史记正义》本、[15]《诗地理考》本、[16]《秦蜀驿程记》本[17]等。
湖泽类	卷六汾水注	王泽	王桥	大典本、孙潜校本、何焯校本、五校抄本、七校本、注释本等。
			正桥	黄本、吴本、注笺本、项本、沈本、张本等。
	卷十六沮水注	焦获	焦护	宋刊残本、王校明抄本。
			焦误	注笺本、何校明抄本。
	卷二十九沔水注	长荡湖	长塘湖	大典本、吴本、注笺本、项本、注疏本等。
			长溏湖	《字汇》本。[18]
山岳类	卷六浍水注	绛高山	详高山	大典本、黄本、吴本、注笺本、项本、沈本、注疏本等。
			翔高山	乾隆《山西志辑要》本。[19]
	卷六晋水注	悬瓮之山	悬瓮之山	黄本、沈本。
			县瓮之山	吴本、注笺本、何校明抄本、项本。
			悬雍山县	《林水录》本。[20]
			雍山	《通雅》本。[21]
	卷三十三江水注	赤岬山	赤甲山	《初学记》本、[22]《蜀鉴》本。[23]
			七甲山	《晏公类要》本。[24]
桥梁类	卷六汾水注	鲁般桥	鲁股桥	宋刊残本、大典本。
			暮般桥	吴本、注删本、何校明抄本。
	卷三十三江水注	筹桥	莋桥	注笺本、项本、张本。
			筰桥	何焯校本、注释本。
	卷三十三江水注	夷星桥	夷桥	大典本、黄本、吴本、沈本等。
			夷里桥	何焯校本、注释本、注疏本。

续表

地名类别	卷次	殿本地名	别本地名	版本名称
津渡类	卷四河水注	湼津	邿津湼泽	《通鉴》胡注本、[25]《名胜志》本。[26]
	卷六汾水注	冠爵津	冠爵津	黄本、吴本、何校明抄本、王校明抄本、摘抄本、注删本、沈本等。
			冠雀津鹤雀律	《禹贡锥指》本、[27]《佩文韵府》本。[28]《初学记》本。[29]
	卷十浊漳水注	薄落津	薄洛津薄洺津洛津	五校抄本、七校本。《方舆纪要》本、[30]雍正《畿辅通志》本。[31]《后汉书注》本。[32]
关塞类	卷三河水注	浑怀障	浑怀郭怀浑障	黄本、注笺本、项本、沈本等。《初学记》本。[33]
	卷五河水注	逯明垒	违明垒逮明垒	大典本、吴本、何校明抄本。孙潜校本、张本。
	卷十五洛水注	鸱渠关	阳渠关鸱渠关	黄本、吴本、注笺本、项本、沈本等。毕沅注《山海经》本。[34]
县类	卷五河水注	杨墟县	杨虚县扬虚县	注释本。《方舆纪要》本。[35]
	卷三十三江水注	江原县	江源县江乡县	雍正《四川通志》本。[36]注笺本、项本、张本。
	卷三十六沫水注	开刊县	开邦县开邡县	大典本、注笺本、项本、注释本、张本等。《东晋疆域志》本。[37]
城邑类	卷七济水注	平桃城	平咷城乎咷城平眺城	大典本、吴本、注笺本、项本、注疏本等。注释本。《通鉴》胡注本。[38]
	卷十浊漳水注	脩县故城	循县故城蓨县故城	注笺本、项本、张本等。《方舆纪要》本。[39]
	卷三十二沘水注	马亨城	马享城马亭城	黄本、吴本、注笺本、项本、沈本等。注疏本。

　　在不同版本中的一地多名情况十分普遍，上表所列，无非是少数几个例子而已，从这些例子中，我们可以看到，某些地名差异，完全是字体的差异，例如殿本的筜桥与别本的莋桥、筰桥等，也有一些地名差异，实际上是音读的差异，例如殿本的洞过水与别本的洞涡水、同过水等。这类差异，在编纂郦注新版本时，当然需要统一，但处理并不十分困难。另外也有不少地名差异，问题比较复杂，处理时就不像上述那样简易。例如殿本的王泽与别本的王桥、正桥，殿本的湼津与别本的湼泽等。因为这种差异，不仅

是名称的差异,同时也是地名类别的差异。对于这样一类地名的整理,必须在历史地理和校勘等方面下一番工夫。

还应该指出,殿本虽然是较好的版本,但是在殿本与别本的地名差异上,过分地偏信殿本亦非所宜,因为在事实上,殿本错误而别本正确的事是常常有的。可以随手举些例子,卷一《河水》经"屈从其东南流,入渤海"注云:

> 恒水又东迳罽宾饶夷城,城南接恒水。

这里的罽宾饶夷城,大典本、黄本、沈本、何焯校本、注释本等都作罽宾绕夷城,与殿本只是音读上的差异。唯独注疏本作罽饶夷城,杨守敬疏云:"《佛国记》称从僧迦施国东南七由延到罽饶夷城,无宾字,各本有宾字,非也。此城在中天竺,去罽宾甚远,不得牵混。"岑仲勉亦云:"罽下诸本皆有宾字,《水经注疏要补遗》谓戴于罽下增宾字,似不自戴始,按《法显传》只作罽饶夷(彝),即今之 Kanauj,盖后人因涉罽宾而误也。"⑩

杨、岑二氏的考证是确凿的。根据日人足立喜六《法显传考证》⑪书末所附的《中印度佛迹历访地图》,对照《水经注》原文,则僧迦施国和沙祇国之间,恒河之滨,也恰恰就是 Kanauj 即罽饶夷城。此地本不属罽宾,又别无饶夷城之名,因此,这个地名各本均误,只有注疏本是正确的。又同注云:"又西迳迦那城三十里。"这个"迦那城",各种版本间也互有差异,注笺本、项本、张本、注疏本等作伽耶城,五校抄本与七校本作伽那城。岑仲勉云:"伽耶城,梵言 Gaya,今亦称 Buddha Gaya,《法显传》及《大唐西域记》均作伽耶,全改'耶'为'那',赵、戴又改'迦那',非也,且'那'字对音不符,'迦'又清浊互异。"⑫

从上面两个例子中可见,对于各种不同版本间的一地多名现象,必须审慎考证,仔细校勘,才能获得正确的结果,偏信任何一种版本,都不是明智的办法。

注释:

① 《汉书·地理志·京兆尹·长安·颜师古注》:"王莽篡位,改汉郡县名,普易之也。"
② 《汉书》卷九九《王莽传》中:"天凤元年,……县以亭为名者三百六十,以应符命也。"
③ 《吴越春秋》卷二,"出河滩"徐天祐音注引《水经注》。
④ 《通典》卷一七七《州郡七·河南府·洛州·河阳》引《水经注》。
⑤ 《禹贡山川地理图》卷上引《水经注》。
⑥ 《玉海》卷二一《地理·河渠·汉狼汤渠》引《水经注》。
⑦ 《御览》卷六三《地部二十八》引《水经注》。
⑧ 《尚书通考》卷七《荥水》引《水经注》。
⑨ 《名胜志·河南》卷四《归德府·商丘县》引《水经注》。

⑩ 《山海经·南山经》"南流注于虖勺"杨慎补注引《水经注》。

⑪ 《通鉴》卷一《周纪一》威烈王二十三年,"简子使尹铎为晋阳"胡注引《水经注》。

⑫ 《天下郡国利病书》卷四六《山西二》引《水经注》。

⑬ 《战国策释地》卷上《凿台》引《水经注》。

⑭ 《后汉书》卷二〇《王霸传》注引《水经注》。

⑮ 《史记》卷六《秦始皇本纪》,"有人持璧遮使者曰为吾遗滈池君"《正义》引《水经注》。

⑯ 《诗地理考》卷三《雅·镐京》引《水经注》。

⑰ 《秦蜀驿程记》(载《小方壶斋舆地丛钞》七帙一册)引《水经注》。

⑱ 明梅膺祚《字汇》巳集《水部·湖》引《水经注》。

⑲ 乾隆《山西志辑要》卷二《平阳府·翼城县·山川·浍高山》引《水经注》。

⑳ (明)彭年《林水录》抄《水经注》。

㉑ (明)方以智《通雅》卷一六《地舆·县雍山》引《水经注》。

㉒ 《初学记》卷八《山南道第七·白帝》引《水经注》。

㉓ 《蜀鉴》卷一,建武六年引《水经注》。

㉔ 《晏元献公类要》卷八《梓州路·夔·白帝城》引《水经注》,北京图书馆藏抄本。

㉕ 《通鉴》卷六四《汉纪五十六》献帝建安十年,"遂诡道从郖津渡"胡注引《水经注》。

㉖ 《名胜志·山西》卷四《解州·芮城县》引《水经注》。

㉗ 《禹贡锥指》卷二引《水经注》。

㉘ 《佩文韵府》卷一一下《十一真·津·冠雀津》引《水经注》。

㉙ 《初学记》卷八《河东道第四·汾关》引《水经注》。

㉚ 《方舆纪要》卷一五《直隶六·顺德府·广宗县·漳水》引《水经注》。

㉛ 雍正《畿辅通志》卷二三《山川·川·顺德府·落漠水》引《水经注》。

㉜ 《后汉书》卷七四上《袁绍传》注引《水经注》。

㉝ 《初学记》卷八《关内道第三·怀浑障》引《水经注》。

㉞ 《山海经·中山经》"浮豪之水出焉"毕沅注引《水经注》。

㉟ 《方舆纪要》卷三一《山东二·济南府·平原县·杨虚城》引《水经注》。

㊱ 雍正《四川通志》卷二三《山川志·成都府·新津县·大江》引《水经注》。

㊲ 《东晋疆域志》卷三《汉嘉》引《水经注》。

㊳ 《通鉴》卷一四〇《齐纪六》"太子出迎于平桃城"胡注引《水经注》。

㊴ 《方舆纪要》卷一五《直隶六·广平府·清河县·清河》引《水经注》。

㊵ 《水经注卷一笺校》,载《中外史地考证》上册,中华书局1962年版,第231页。

㊶ 何健民、张小柳合译《法显传考证》,国立编译馆1937年版。

㊷ 《水经注卷一笺校》。

原载《地名知识》1981年第2期

三十四、《水经注》记载的异地同名

在《水经注》记载的地名中,除了一地多名以外,还有一种情况是异地同名。和一地多名一样,异地同名也常常造成读郦的困难。

异地同名的发生,与地名渊源极有关系。按照前面《水经注》与地名学的讨论中所归纳的地名渊源分类,其中色泽地名与方位地名等类,最容易造成异地同名的现象。以色泽地名为例,江河川渎以水色为名是非常普遍的,各地江河水色相似的甚多,因而各地江河名称相同的就十分常见。在全部郦注河川类地名中,有白水13处,赤水、丹水19处,黄水17处,黑水19处。此外还有清水、清江、清溪等30处,浊水、浊河等8处,存在着大量的异水同名现象。再以方位地名为例,山岳丘阜,由于地势崇高,常是一方仰望之处,因而也往往成为一地方位的指标,所以以方位命名的山岳极为常见。仅仅在《河水注》的五卷之中,就有东山5处,南山14处,西山9处,北山8处。由此可见在全注之中,方位地名的异地同名是相当可观的。

在另外一些地名类别中,神话地名也常常是产生异地同名的原因,泉水类地名即是其例。因为泉水是地下水,它不像江河湖泽一样地让人们看到水源的来龙去脉。它往往是平地出泉,一泓清水;或者是石罅生水,滴沥不断。这就容易使古代的人们产生一种神秘感,于是乎以讹传讹,替不少泉水制造出种种神话。郦注记载的泉水类地名总共不过200余处,但其中以"龙"为名的就有12处之多,此外称为"神泉"和"灵泉"的也各有四、五处,造成了不少异泉同名的现象。

如上所述,是郦注记载的自然地理地名中的异地同名现象,这种现象,在人文地理地名中也同样存在。异地而同名,当然会增加人们的许多不便,而人文地理地名中的异地同名,较之自然地理地名中的异地同名更易招致麻烦。以县类地名为例,假使全国的县名彼此相同,就必然会造成许多混乱,单单在行政管理上的不便就可以想见。因此,人们常常有意识地防止和改变这种异地同名的现象。仍以县名为例,因为实际上,异县同名的情况仍然是存在的。人们为了区别这些彼此相同的县名,常在这些县名之上,另外附上一些标志,俾使彼此有别,不致混淆。这中间,最通常的办法,即是按照两个同名县的相对位置,在县名上加一个方位词。卷五《河水》经"又东北过高唐县东"注中的东朝阳县即是其例。注云:

> 漯水又东北迳东朝阳县故城南,……《地理风俗记》曰:南阳有朝阳县,故加东。

这里说明,东朝阳县之所以加"东"字,是为了与它的异地同名县,即南阳郡的朝阳县相区别。在郦注中,如上注所述的异县同名约有 20 处,兹表列如下:

卷　　次	县　名	卷　　次	县　名
卷五河水注	东武阳县	卷二十五沂水注	南武阳县
卷五河水注	东朝阳县	卷二十五洙水注、泗水注	南丰阳县
卷五河水注、卷九淇水注	东武城县	卷三十一涓水注	南新市县
卷八济水注、卷二十四汶水注	东平陆县	卷三河水注、卷十三瀑水注	西安阳县
卷十三瀑水注	东安阳县	卷五河水注	西平昌县
卷二十漾水注	东晋寿县	卷二十漾水注	西晋寿县
卷二十五洙水注	东平舒县	卷二十四瓠子河注	西高苑县
卷二十六淄水注	东安平县	卷三十淮水注	西曲阳县
卷十浊漳水注	南行唐县	卷十一滱水注	北新城县
卷二十二渠注	南武城县	卷二十一汝水注	北宜春县

如表所列,可见异县同名的现象在郦注中是比较普遍的。同样,在其他各级行政区划中,异州同名和异郡同名的情况也有存在,因而出现了如南青州(卷二十五《沂水注》)和东太原郡(卷八《济水注》)等以示区别的地名。在《水经注》记载中,甚至还有异国同名的例子。卷一《河水》经"屈从其东南流,入渤海"注云:

> 自河以西,天竺诸国;自是以南,皆为中国,人民殷富。中国者,服食与中国同,故名之为中国也。

这里的"中国",梵文作 मध्यदेश（读如 Medhyadêsa）,系由梵文 मध्य（意谓中间的）和 देश（意谓国家）二词合成,据艾德尔所云:"中国,中部的王国,中印度的一般称谓。"[①] 郦注这一资料,大体上是从法显《佛国记》引来的。《佛国记》云:"中天竺,所谓中国, 俗人衣服饮食,亦与中国同。"但并无"故名之为中国也"这样一类的话,这最后一句 话,可能是郦道元根据他自己的设想而加入的。但按照梵文 मध्यदेश 一词的词义,看来作 者的设想并不恰当,而艾德尔所云"中部的王国"是正确的。

在《水经注》记载的异地同名之中,崑崙山是一个十分独特的例子。以前在一地 多名的讨论中,我们也曾举此山为例,但实际上,对于这座山岳,异地同名的情况较之 一地多名更为突出。在郦注之中,崑崙这一名称,除了《河水注》的多次记载外,其他 只有《温水注》的"崑崙单舸,接得阳迈"一语。《河水注》崑崙与《温水注》崑崙当然是 异地同名,前者是习惯上所称的西域崑崙,后者则是习惯上所称的南海崑崙。南海崑 崙在以前异名同国的讨论中已经详述,这里专就西域崑崙稍作探讨。西域崑崙即《水 经注》记载的崑崙山,尽管在郦注记载中并无异地同名的现象,但实际上这个地名历 来是说法纷纭的。根据清万斯同的考证,历来对崑崙山的不同说法,约有十余家之 多。[②] 胡渭认为崑崙山有 4 处,[③]而陶葆廉之所记,更是一个典型的例子。陶记云:

> 按传记言昆仑凡七处:一在海外,一在西宁,一在肃州,一在新疆,一在青海 南,一在卫藏之北,一在北印度。[④]

我之所以举清人的例子,是为了说明直到清代,崑崙山这个地名的异山同名情况 还是如此,则在清以前,说法当然更为纷纭了。崑崙山之所以这样传说纷纭,言人人 殊,因为它原来只是一个神话中的地名,并非实有其地。此名最早出现于《山海经》及 《楚辞》。《西山经》云:

> 昆仑之丘,是实惟帝之下都,神陆吾司之。……河水出焉而南流,东注于无 达;赤水出焉而东南流,注于氾天之天;洋水出焉而西南流,注于丑涂之水;黑水出 焉而西南流,注于大杅。

又《海内西经》云:

> 海内昆仑之墟在西北,帝之下都,昆仑之墟,方八百里,高万仞。

又《楚辞·天问》云:

> 昆仑县圃,其居安在? 增城九重,其高几里? 四方之门,其谁从焉? 西北辟 启,何气通焉?

从以上可见,昆仑山乃是古代的一种传说,一个神话。《西山经》记载了它是众水 之源,《海内西经》记载了它的范围和高度,而《楚辞》记载了它的内部结构。所有这类 古籍中记载的有关崑崙山的神话,当以《淮南子》为最完整丰富。《坠形训》云:

禹乃以息土填洪水,以为名山,据昆仑墟以下地,中有增城九重,其高万一千里百一十四步二尺六寸。……旁有二百四十门,门间四里,里闻九纯,纯丈五尺。旁有九井,玉横维其西北之隅。北门开,以内不周之风。倾宫、旋室、县圃、凉风、樊桐,在昆仑阊阖之中,是其疏圃。疏圃之池,浸之黄水,黄水三周复其原,是谓丹水,饮之不死。河水……赤水……弱水……洋水……凡四水者,帝之神泉,以和百药,以润万物。昆仑之丘,或上倍之,或谓凉风之山,登之而不死。或上倍之,是谓县圃,登之乃灵,能使风雨。或上倍之,乃维上天,登之乃神,是谓太帝之居。

昆仑山从一座神话中的山岳成为一座实有其山的山岳,为时在公元前126年以后的汉武帝时代。根据《大宛列传》所记:"汉使穷河源,河源出于阗,其山多玉石,采来,天子案古图书,名河所出山曰昆仑山。"这里所说的汉使是张骞,天子当然指汉武帝。这里所谓河源,实际上就是现在塔里木河支流之一的和田河的上源。至于这个错误是由张骞所造成的,抑或当时当地确有这样的传说,那就不得而知。但总是张骞把这个错误传来的。而汉武帝对照古图书,就这样把今和田河源所出的山岳名为昆仑山。至于当时所案的是些什么图书,司马迁是了解事情始末的。他说:"今自张骞使大夏之后也,穷河源,恶睹《本纪》所谓昆仑者乎?故言九州山川,《尚书》近之矣,至《禹本纪》、《山海经》所有怪物,余不敢言之也。"[5]这就说明,所谓古图书,就是《禹本纪》和《山海经》。《禹本纪》是佚书,幸亏司马迁在《大宛列传》赞中引了它一句说:"《禹本纪》言河出昆仑,昆仑高二千五百余里,日月所相避隐为光明也。"则汉武帝所案的无非是"河出昆仑"4个字。至于《山海经》,汉武帝所案的除了《西山经》的"河水出焉而西南流"外,大概还同时根据了《海内西经》的"面有九井,以玉为槛"的说法,因为这和张骞传来的"其山多玉石"是可以牵强附会的。这实际上就是清末李慈铭所说的:"自《山海经》有河出昆仑一语,于是张骞凿空而汉武求之于阗葱岭矣。"[6]

如上所述,说明昆仑山一名从传奇式的记载到真真落实成为我国的地名,中间是有一段曲折的过程的。虽然从张骞出使返国以后,昆仑山一名,已由汉朝的统治者给了它固定的地理位置,但是,由于以前的许多古籍中的记载对于人们的影响,使他们仍然不受《大宛列传》记载的约束,还是我行我素,各按自己的见闻和兴趣来描述这座山岳。是以《汉书·地理志》、《括地志》、《十六国春秋》、康泰《扶南传》、道安《西域志》等书中,对昆仑山的位置记载,彼此仍然大相径庭,造成了大量的异山同名现象。直到唐代,《艺文类聚》不得不引了包括《水经》在内的12种书籍中对于昆仑山的五花八门的记载,[7]而宋初的《太平御览》竟引了27种对于昆仑山的光怪陆离的说法。[8]诸如此等,也就是万斯同的"其言昆仑者约有十余家"和陶葆廉的"昆仑凡七处"之说的由来。

昆仑山的异地同名是一个特殊的例子,因为除了所谓"河源"所出的昆仑山,即今日地图上的昆仑山以外,其他所有同名异地的昆仑山,实际上都是不存在的。虽然昆仑山的命名,实在是一个历史的误会,但是它在今天毕竟是一座有具体地理位置的重要山岳,因此,说明一下它的来龙去脉包括异地同名的情况是必要的。当然,上述大量的异地同名情况,并不记载在郦注之内,离题已经较远,也就不再赘述了。

注释:

① Ernest. J. Eitel, Handbook of Chinese Buddism being a Sanskrit – Chinese Dictionary with Vocabularies of Buddhist Terms · Tokyo, Sanshusha · 1904 · P. 83:"Madhyadesá · The middle Kingdom. Common term for central India."

② 《昆仑辨》(载《群书疑辨》卷一〇):"古之论河源者,皆谓出于昆仑,而传记所载不一。……吾为博考古书,其言昆仑者约有十余家。"

③ 《禹贡锥指》卷一〇:"传记言昆仑凡四处:一在西域;……一在海外,……一在酒泉;……一在吐蕃。"

④ 《辛卯侍行记》卷五。

⑤ 《史记》卷一二三《大宛列传》赞。

⑥ 《祥琴室日记》,同治七年十一月二十八日,载《越缦堂日记》2 函 11 册。

⑦ 《类聚》卷七《山部上·昆仑山》。

⑧ 《御览》卷三八《地部三·昆仑山》。

三十五、《水经注》记载中的有地无名

　　《水经注》记载的各类地名,据约略统计多达 2 万左右。这中间包括相当数量的"有地无名"在内。所谓有地无名,即是注文记载中的某一河川、山岳或城邑等,注文记载了它们的地理位置或其他一些地理特征,但是却没有记下这一河川、山岳或城邑的名称。在郦注记载的各类地名中,有地无名的现象都有存在,其中特别以河川、山岳、城邑等地名最为普遍。郦氏在《水经注》序言中说:"轻流细漾,固难辩究,……其所不知,盖阙如也。"这就说明,作者是实事求是地对待他著作中的地名空白问题的。事实上,在郦道元所处的时代,在南北分裂、交通阻塞,既没有可靠的地图,又缺乏系统的资料的情况下,描述的地域如此之大,牵涉的地名如此之多,因而出现一些有地无名的情况,这是不可避免的。问题是,时至今日,我们应该怎样整理和处理这一批地名。

　　首先让我们看一看有地无名的情况。以河川类地名为例,在河川类地名中,这种情况就称为有水无名。卷二《河水》经"又东过陇西河关县北,洮水从东南来流注之"注云:

　　　　洮水右会二水,左会大夏川水,……洮水又北,翼带三水,乱流北入河。

　　在这段注文里,洮水"右会"的"二水"和"翼带"的"三水",都是有水无名的例子。

　　又如卷十六《浐水注》云:

　　　　《地理志》曰:浐水出南陵县之蓝田谷,西北流与一水合,水出西南莽谷,东北流注浐水。

这里,从莽谷发源的这"一水",注文也没有记下地名。

有时,由于一条河流没有地名,它的几条支流也就随着都没有地名,于是就出现整个地区的有水无名现象。卷二《河水》经"又东北过安定北界麦田山"注云:

> 又东北,高平川水注之,即苦水也,水出高平大陇山苦水谷,……川水又北出秦长城,城在县北一十五里,又西北流,迳东、西二土楼故城门北,合一水,水有五源,咸出陇山西,东水发源县西南二十六里湫渊,渊在四山中,湫水北流,西北出长城北,与次水会,水出县西南四十里长城西山中,北流迳魏行宫故殿东,又北,次水注之,出县西南四十里山中,北流迳行宫故殿西,又北合次水,水出县西南四十八里,东北流又与次水合,水出县西南六十里酸阳山,东北流,左会右水,总为一川,东迳西楼北,东注苦水。

这里,注文所说的"迳东、西二土楼故城门北,合一水",这是一条高平川水的无名支水,而这条无名支水自己又有 5 条支水,即注文记载的四条"次水"和一条"右水",它们也都是无名的。但这些河流的发源地位置道里和流程,注文却记载得非常清楚。这对于后人要进一步查明这些河流是一个有利的条件。

在郦注中,凡是以枝水、次水、一水、左水、右水等名称来记载的河流,大概都是有水无名。仅仅《河水注》的五卷之中,有水无名的河流即达 60 余条,则在全注之中,这样的河流是相当可观的。

山岳类地名也是如此,有山无名的现象在注文中十分普遍。对许多有山无名的山岳进行分析以后,可以发现,郦注记载中的有山无名,大概具有下列三种情况。

第一种有山无名的情况,往往出现在群山连绵、峰峦起伏的高山大岭地区。例如卷二《河水》注云:

> 《汉书·西域传》曰:葱岭以东,南北有山,相距千余里,东西六千里,河出其中。

这里,葱岭以东,南北两侧东西达六千里的山岳,注文就没有记下它们的名称。又如卷三十四《江水》经"又东过夷陵县南"注云:

> 袁山松言:江北多连山,登之望江南诸山,数十百重,莫识其名,高者千仞,多奇形异势,自非烟塞雨霁,不辨见此远山矣。

这里,无论是江北连山或江南诸山,按注文都是高山大岭,峰峦重叠,但郦注都不曾留下地名。从今天来看,郦注对这些高山大岭没有记下地名,应该是莫大的缺陷。但是我们必须了解,古人对于山岳的知识和现代有很大的差别。我们现在懂得从地质构造的角度,把同一地质年代隆起的互相连续的褶皱山地称为山脉或山系来加以命名,但古人却不懂得这样做,他们常常重视孤峰独岭,对孤峰独岭无不命名,而在山岳连亘之中,却往往只对几个杰出的山峰命名。在山岳的高度概念上,由于没有现代化的测量技术,因此只重视山岳的相对高度,泰山之所以名震海内,这就是重要原因之一,也就是那些海拔高度很大的连绵群山所以没有名称的原因。

第二种有山无名的情况,常常发生在那些建有城邑或其他聚落的山岳。例如卷七《济水注》云:

> 《郡国志》:荥阳县有广武城,城在山上。

这里,注文就没有说出广武城所在的山名。又如卷二十七《沔水注》云:

> 沔水又东迳西乐城北,城在山上,周三十里,甚险固,城侧有谷,谓之容裘谷,道通益州,山多群獠。

这里,对于西乐城所在的这座山岳,注文记载得相当仔细,而西乐城周达 30 里,则这座建城的山岳又不能说是座小山,但注文却偏不留下山名。这样的例子在郦注中屡见不鲜。

第三种有山无名的情况,往往出现于注文记载某一件主要事物时所附带提及的山岳,不经意的读者有时也会忽略了这类山岳,但实际上这类山岳却也未必都是小山。例如卷二十七《沔水》经"又东过西城县南"注云:

> 汉水右对丹谷口,山有坂月川,于中黄壤沃衍而桑麻列植,佳饶水田。

这里,注文所记载的主要对象是坂月川这片富庶的土地,这座不记地名的山岳,是为了记载坂月川而附带提及的。按注文,山上既能有坂月川这样一片佳饶水田的山间盆地,看来这山也并非小山。又如卷三十九《耒水》经"又北过其县之西"注云:

> 县有渌水,出县东侠公山,西北流而南屈注于耒,谓之程乡溪。郡置酒官,酝于山下,名曰程酒。

这里,注文记载的主要事物是程乡溪所产的程酒。但既然是"郡置酒官,酝于山下",则酒官之旁,亦即程乡溪沿岸,肯定是有山的,但对于这座山,注文也没有留下地名。

在郦注之中,凡是以远山、近山、高山、大山、重山、群山、连山等名称记载的,大概都属于有山无名。在全部郦注中,有山无名的情况甚至比有水无名的情况更为突出。因为有水无名的情况,一般只在支流小水之中发生,而有山无名的情况,却大量地发生在高山大岭之间。仅仅在《河水注》的五卷之中,有山无名的山岳就接近 60 处。

河川、山岳两类地名,都是郦注中数量巨大的地名类别。现在再以数量很小的泉水类地名为例,在全部注文中,泉水类地名不过 200 多处,但有泉无名的情况仍然是相当普遍的。例如卷十三《灅水注》云:

> 《魏土地记》曰:(代)城内有二泉,一泉流出城西门,一泉流出城北门,二泉皆北注代水。

如上注,代城城内的二处泉水,注文都不曾记下地名。又如卷二十六《淄水》经

"东北过临淄县东"注云：

> 淄水自山东北流,迳牛山西,又东迳临淄县故城南,东得天齐水口,水出南郊山下,谓之天齐渊,五泉并出,南北三百步,广十步,山,即牛山也。

如上注,不仅河流、山岳的名称与位置都叙述得十分清楚,泉水的范围与大小也记载得毫不含糊,但五处泉水,一处也不曾在注文中留下名称。在全部200多处泉水中,像上述没有名称的竟达40余处,其比例是很高的。

上面所列举的河川、山岳、泉水三类地名,按属性都是自然地理的地名,以此可以说明在郦注各类自然地理地名中,有地无名的现象普遍存在。有地无名的现象在人文地理的地名中是否存在? 总的说来,人文地理的地名中这种现象较少,但并非完全没有,城邑类地名即是其例。城邑是人为建筑的地理事物,每一个城邑应该都有名称,这是无疑的。但是由于城邑的数量极大,郦注记载的城邑地名多达2800余处,其中有一部分为郦氏所无法查悉,这也是并不足怪的事。《水经注》记载中的有城无名,约有二类,一类只记载城邑的位置,却没有城邑的名称。例如卷二十七《沔水》经"沔水出武都沮县东狼谷中"注云：

> (西乐)城东,容裘溪水注之,俗谓之洛水也。水南导巴岭山,东北流,水左有故城。

这里,容裘溪左岸的故城,注文只记载了它的位置,却没有记下地名。又如卷三十四《江水》经"又东过秭归县之南"注云：

> 江水又东迳一城北,其城凭岭作固,二百一十步,夹溪临谷,据山枕江,北对丹阳城。

这里,丹阳城南岸的这个仅210步的小城,注文没有留下地名。这样的例子在全注中是常见的。

另一类有城无名的城邑,注文不仅记载这些城邑的地理位置,而且还记载了城邑的建筑者,但是却没有记下地名。例如卷三十五《江水》经"又东北至江夏沙羡县西北,沔水从北来注之"注云：

> 汉与江合于衡北翼际山旁者也。山上有吴江夏太守陆涣所治城。

又如卷四十《浙江水注》云：

> 江南有故城,太尉刘牢之讨孙恩所筑也。

在上述两个例子中,陆涣所治城和刘牢之所筑城,其地理位置都很清楚,但是都没有地名。有城无名的现象在郦注城邑类地名中是相当普遍的。仅仅《河水注》的五卷之中,像这样没有名称的城邑就达10处之多。

如上所述,说明了《水经注》记载中有地无名的大概情况。在郦道元撰述此书的时代,这种情况是不得已的。作者大概也希望,他在序言中所说的"其所不知,盖阙如也"的部分,包括一大批空白的地名在内,有朝一日会有后人替他补足。而事实上,后人确实也做了一些工作,获得了若干成果。例如卷十九《渭水》经"又东过槐里县南,又东,涝水从南来注之"注云:

> (田溪水)又北迳盩厔县故城西,又东北,与一水合,水上承盩厔县南源,北迳其县东,又北迳思乡城西,又北注田溪。

这里,作为田溪支流的这个"一水",注文没有记下名称,据雍正《陕西通志》的考证是八渡河,《陕西通志》云:"又八渡河东北流入之,即《水经注》所谓一水发南山西侧者也。"[1]当然,八渡河不可能是郦注时代的名称,但能够把后代的名称补上,总比空白要好得多。

又如《浙江水注》云:

> 浙江又北迳歙县东,与一小溪合,水出县东北翁山,西迳故城南,又西南入浙江。

对于郦注未曾记载地名的这条歙县以东的小溪,明吴度考证云:"黄山虽奇秀,其趾有水,名丰乐溪,亦与众溪相类,亦《水经注》所谓小溪之一支耳"。[2]由此可知,郦注缺名的这条小溪,至少在明代,其地名为丰乐溪。注疏本也考证了这条小溪,认为是今登水。[3]

上面列举的这一类填补郦注地名空白的工作,尽管其填补的地名,不可能是郦注当代的地名,但是对于完整这部著作和增加这部著作在应用上的价值方面,仍是很有意义的。不幸的是,像上述这类工作,历来也只是零星地进行。直到今日,郦注中有地无名的绝大部分,还仍然有待补足。在今后编纂和校注《水经注》的新版本中,这是一项必须重视的工作。笔者往年虽然曾经把郦注各类地名中的有地无名全部录出,但是地域如此之广,地名如此之多,依靠个人的力量要填补这许多空白,确有望洋兴叹之感。希望治郦同仁,能够群策群力,使《水经注》中有地无名的现象能够在我们这一代中得到弥补。

注释:

① 雍正《陕西通志》卷八《山川一·大川考·渭水》。

② (明)吴度《三天子都考》,载雍正《江南通志》卷一五《舆地志·山川五·徽州府》。

③ 注疏本杨守敬按:"今登水出续溪县东北大障山,西南流至歙县南入新安江,当即此水也。"

三十六、《水经注》地名错误举例

《水经注》记载的地名数量巨大,当然难免会出现错误。其中有些错误是作者本人造成的,有些是以后传抄中的错误或刊误,也有一些则是因后人读郦不当而造成的。

《水经注》的地名错误,按其性质是各式各样的,无法一一列举。本文举例探讨的是一种特殊性质的地名错误,即是把注文中的一般词汇语句误作地名的错误。在其他各种地名错误中,如地名位置的错误、地名书写的错误、地名音读的错误等,其地名毕竟还是地名。本文举例的这种地名错误则与上述不同,因为其地名根本就不存在。

卷十四《濡水》经"有东南过海阳县西,南入于海"注云:

> 又按《管子》,齐桓公二十年,征孤竹,未至卑耳之溪十里,阒然止,瞠目视,援弓将射,引而未发,谓左右曰:见前乎? 左右对曰:不见。公曰:寡人见长尺而人物具焉,冠,右祛衣,走马前,岂有人而若此乎? 管仲对曰:臣闻岂山之神有偷儿,长尺人物具,霸王之君兴,则岂山之神见,且走马前,走,导也;祛衣,示前有水;右祛衣,示从右方涉也。至卑耳之溪,有赞水者,从左方涉,其深及冠;右方涉,其深至膝。已涉大济,桓公拜曰:仲父之圣至此,寡人之抵罪也久矣。今自孤竹南出,则巨海矣,而沧海之中,山望多矣,然卑耳之川若赞溪者,亦不知所在也。昔在汉世,海水波裹,吞食地广,当同碣石,苞沦洪波也。

对于这条所谓"赞水",历来曾有不少议论,宋程大昌说:"郦道元之在元魏记叙骊城濡水,谓齐桓公征孤竹,固尝至卑耳,涉赞水。"①这里说明,程大昌对于郦注作为一

条河流的赞水是确信不疑的。清胡渭也说:"碣石旧是滦河口之东可知矣,赞水卑耳
之谿沦于海中者,当在乐亭县西南也。"②胡渭既然考证了赞水的地理位置,则赞水是
一条河流,在他当然也是未曾置疑的。此外,注释本《濡水注》"然卑耳之川若赞溪者,
亦不知所在也"下赵一清加注云:"按《齐语》云:桓公悬车束马踰太行辟耳之谿拘夏,
韦昭曰:拘夏,辟耳山之谿也。岂亦赞谿之异名乎?"既然赵氏认为赞水是拘夏谿的异
名,则他同样肯定赞水是一条河流。

赞水究竟是不是一条河流,或者说,赞水到底是不是一个地名? 孙诒让的议论恐
怕是值得注意的。孙氏在引述了《濡水注》原文后案云:

　　案上引《管子》,齐桓公至卑耳之溪,有赞水者,从左方涉,其深及冠;右方涉,
其深至膝。文见《小问》篇。房注云:赞水,谓赞引渡水者,是彼水即指卑耳溪水,
赞者,谓导赞知津之人,诏桓公从右方涉耳,非卑耳之旁,别有溪水名赞者也。郦
氏殆误会其恉。③

以孙氏议论与《濡水注》对照,这实在是郦氏"误会其恉"。《管子》原文明明说"卑
耳之溪",郦氏却说"卑耳之川"。在郦注中,"溪"与"川"的概念有时是很不相同的,
"溪"当然是河流,"川"却是指的河谷平原或其他沿河低地,这在有关郦注对于地貌描述
的专文中已经说明了。由于郦氏误认赞水是一条河流,才不得不把"卑耳之溪"改为"卑
耳之川",这样才能把"赞水"放到这片平川上去。程大昌则采用含糊其词的办法,"至卑
耳,涉赞水",这里,"卑耳"是什么呢? 赵一清把卑耳作为辟耳山,于是,赞水自然只能是
拘夏溪的别名了,现在看来,这些都是牵强附会的,赞水并非河流,当然也不是一个地名。

孙诒让在这方面的研究是予人以极大启发的,还可以再举一个例子。卷二十二
《颍水》经"又东南过阳翟县北"注云:

　　渠中又有泉流出焉,时人谓之峿水,东迳三封山东,东南历大陵西连山,亦曰
启筮亭,启享神于大陵之上,即钓台也。

孙氏在引述了这段注文以后案云:

　　案此文"连山亦曰启筮亭"七字有误,考《御览》八十二引《归藏易》云:昔夏
后启筮享神于大陵而上钧台枚占,皋陶曰不吉(《初学记》二十二亦引其略)。此
文疑当作《连山易》曰:启筮享神于大陵之上。盖《连山》、《归藏》两易皆有此文,
抑或本出《归藏》,郦氏误忆为《连山》,皆未可知,今本"连山亦","亦"即"易"之
误(易、亦音近),"启筮亭"三字又涉下"启筮享"三字而衍(亭、享形相近),文字
传讹,构虚成实,遂若此地自有山名连、亭名启筮者。不知郦意,但引《连山易》以
释大陵耳,安得陵之外,别有山与亭乎?④

这番议论也是持之有据的,当然,造成错误的原因恐怕与上述赞水不完全相同,除

了孙氏所说的"郦氏误忆"以外,传抄过程中也是可能发生这样的错误的。假使孙氏的论证属实,则"连山"这座山名与"启筮亭"这个亭名,都是无中生有的地名。

上面所举的郦注地名错误的例子,或者是作者的原讹,或者是传抄中造成的错误。至于因后人读郦不当而造成的错误,下面也可以举个例子。卷一《河水》经"屈从其东南流,入渤海"注云:

　　其城空荒,又无人径,入谷傅山,东南上十五里,到耆阇崛山。

这一段文字,其实是从法显《佛国记》中摘引而来的。《佛国记》的原文是:

　　那竭城南半由延,有石室,搏山西南向,佛留影此中[5]

这里,《佛国记》的"搏山",今本郦注作"傅山"。实际上,在黄本、吴本、注笺本、沈本、项本等旧本中,原来都作"搏山",而是注释本和殿本才改"搏"为"傅"的。不过"搏"和"傅"这两个字,在一般理解上,意义并无多大出入。日人足立喜六说:"搏山者,纡回行于山中之谓也。"[6]而傅山的意义,也无非如此。需要指出的是,曾经有人把殿本的傅山与旧本的搏山都当作地名,即山的名称。清沈曾植在其《护德瓶斋简端录》中,有专论"搏山"一则云:

　　《佛国记》作搏山,《水经注》旧本同,官本校改傅山。

《护德瓶斋简端录》原是沈氏遗稿,我未曾过目,不能妄加评论。但据《海日楼札丛》[7]卷三内辑自此稿各篇,所论多系古代域外地名。故沈氏以搏山和傅山为地名,实在极有可能。而钱仲联纂辑此书,在搏山与傅山之旁,都加上了地名号。因此,即使沈氏是否以搏山和傅山为地名的问题还不能论定,而钱氏以搏山和傅山为地名,却是无可置疑的了。

如上述,把搏山和傅山当作一座山的名称,这样的错误,无疑是读郦不当所造成的。

注释:

① 《禹贡论》卷上《十四碣石》。

② 《禹贡锥指》卷一一上。

③④ 《札迻十二卷》卷三。

⑤ "搏山",在《佛国记》(或《法显传》)的某些版本中又作"博山",《说郛》弓六六即是其例。

⑥ 何健民、张小柳合译《法显传考证》,国立编译馆1937年版,第111页。

⑦ 钱仲联辑,中华书局1962年版。

原载《地名知识》1980年第4期

三十七、论《水经注》的版本[*]

　　《水经注》是在公元 6 世纪初期完成的,而我国雕板印刷的大规模兴起,则在 10 世纪初期,相距达 4 个世纪。目前所知的郦注第一部刊本为北宋成都府学宫刊本,距郦注撰写可能已达 500 余年。在这漫长的 500 余年中,郦注的流传完全依靠传抄。一部 30 余万字的巨著,辗转传抄,经过 500 多年,残缺错漏,是可以想象的。而且时间愈久,错漏也必然愈多。

　　唐代的《水经注》抄本,由于距撰时尚近,看来比今天的版本要完整得多。像《北堂书钞》、《初学记》等类书所引的,有许多就不见于今本。《唐六典》卷七云:"桑钦《水经》所引天下之水百三十七,江河在焉。郦善长注《水经》,引其枝流一千二百五十二。"其规模确实大大超过今本。北宋初期,郦注抄本承唐代之后,其内容仍然较今本丰富,《寰宇记》、《御览》等所引,有大量为今本所无。甚至到北宋后期,仍然还有一些抄本,如晏殊和宋敏求等所见的本子,^①其内容仍可能比今本要多。

　　目前所知的第一种《水经注》刊本是宋成都府学宫刊本,仅 30 卷,比《隋书·经籍志》和两《唐书》经籍、艺文志著录的少了 10 卷。内容也只有后来通行版本的 1/3。这个刊本究竟刊于北宋何时,不得而知。但北宋之初,刻书甚少,像《史记》和前、后《汉书》等重要书籍,要到淳化五年(994)才得付刊,而朝廷十分重视的书籍如《孟子》之

---

　　* 本文承谭其骧教授抱病审阅指正,谨致谢忱。

类,直到真宗之世(998—1022)才有刊本。[②]因此,郦注的付刊,估计不会在真宗以前,而这个刊本的内容寥落,以之与《寰宇记》《御览》等所引的相比,更足以证明绝非宋初的本子。所以这个成都府学宫刊本,估计和目前所知的郦注第二种刊本,即元祐二年(1087)刊本,在时间上相去不会太远。虽然成都府学宫刊本绝非佳本,但郦注的流传从此毕竟有了两条途径,除了历来相承的传抄仍然继续外,开始有了比抄本传播大为有效的刊本。而抄本和刊本的互相校勘,更有助于错漏的修补以提高版本质量。元祐二年刊本就是这样诞生的。据清钱曾所见陆孟凫影宋刻本宋版题跋云:[③]

> 《水经》旧有三十卷,刊于成都府学宫,元祐二年春,运判孙公始得善本于何圣从家,[④]以旧编校之,才三分之一耳,乃与运使晏公委官校正,募工镂板,完缺补漏,比旧本凡益十有三,共成四十卷,其篇帙小大,次序先后,咸以何本为正。

元祐刊本是郦注版本史上的一个重要起点,因为它和目前流行的版本已经大同小异。其体例规模除了从目前尚存的明吴琯刊本中可以窥及外,[⑤]今北京图书馆所藏的宋刊残本,有人认为就是这个刊本的继承。[⑥]明代以后,由于雕版印刷事业的发展,郦注刊本的种类有了增加。至今尚存的明版有嘉靖十三年(1534)的黄省曾刊本,万历十三年(1585)的吴琯刊本,万历四十三年(1615)的朱谋㙔《水经注笺》,崇祯二年(1629)钟惺、谭元春的评点本。4本之中,除朱笺留待以下再论外,黄、吴两本均从宋本而来,虽然稍有疏证,但发明不多。钟、谭本实即朱笺,无非二人在版框上端刊上许多评语,其中谭评尚涉及考证,钟评则全是文字欣赏,没有多大意义。

除了刊本以外,传抄本在明代也仍然流行。最著名的当然是《永乐大典》本,但其他抄本必然很多。由于传抄比雕版远为容易,因此易于获致,但也易于散失,所以至今完整保存的明抄本,为数实已很少。柳大中的影宋抄本,是正德年代的旧抄;赵琦美的三校本,是万历年代的名本。可惜这些著名的抄本都已不存,至今只能从别家传抄中窥其一斑。北京图书馆藏有明抄本2部:一部是稽瑞楼旧藏,系从宋元祐刊本抄出,有清何焯、顾广圻等校跋;另一部是海盐朱希祖旧藏,也是从宋本抄出,有王国维、章炳麟等校跋。这些都是明抄本的例子。

在现存的郦注刊本中,主要是清代刊本,例如沈炳巽的《水经注集释订讹》,康熙五十四年的项纲刊本,全祖望的七校本,赵一清的《水经注释》,孔继涵刊印的微波榭本,武英殿聚珍版本,嘉庆三年张匡学的《水经注释地》,同治四年杨希闵的《水经注汇校》,光绪十八年王先谦的合校本等。这中间,沈氏的《集释订讹》(《四库珍本丛书》本)系以黄省曾本作为底本而加以注释,沈氏为此书费时6年,[⑦]工力甚巨。项纲刊本系项氏与顾蔼、赵虹、程鸣等合吴琯本及朱笺校勘而成,但内容多循朱笺,无甚建树。在清代,尽管刊本流传已经较久,但由于印数不多,交通不便,传播还是不易的。上述沈炳巽在撰述之初，竟未获见朱笺，⑧因而不能利用前人的成果，以致浪费了许多精力。张匡学在撰述《水经注释地》时，所见也仅有吴琯、黄晟二本，他的撰述就以黄晟刊本为底本，⑨而这个黄晟刊本正如以下将要论及的，是个剽窃他人的赝本。杨希闵的汇校本系由殿本和其他五种刊本汇校而成，但主要遵循殿本。当然，和项本、张本等相比，它还是差强人意的。

刊本一经出现，其本身就是一种商品，于是，沽名牟利之徒剽窃翻刻，占他人成果为己有的事就随之出现。赵一清《水经注释附录》卷下说："近年真州重又镂板，颇称工致，然窃朱笺为己有，中多删节，尤乖旨趣，俗学疑焉。"这种冒牌的真州版我未曾见过，我所接触过的国内外馆藏目录中也未见著录，说明流传不广。流传甚广的赝本是乾隆十八年（1753）新安黄晟的槐荫草堂刊本。我曾经核对过这个自称为"爱取旧本重为校刊"的版本，除了卷首的一篇275字的所谓跋以外，实际上就是康熙群玉堂项纲刊本的翻刻本。尽管这个刊本在刊印技术上和赵一清所见的真州版同样称得上"颇称工致"，甚至骗过了一些治郦学者，⑩但欺世盗名，不足为训，这是郦注版本中的糟粕。

值得重视的是，明末清初以来，不少治郦名家的校本和稿本，至今仍有流传，这些都是珍贵的善本，其价值远在刊本之上。浙江图书馆所藏的孙潜校本则是其中之一。此本以吴琯本为底本，除了孙氏自己的精心批校外，他还和柳大中、赵琦美两家的手校本对勘，⑪把柳、赵的批校也录之于上，使这两种著名校本也得以部分保存。复旦大学图书馆藏有何焯校本一部，系嘉业堂旧藏，其书以项纲本为底本，批校中有许多发人深省之处。南京图书馆藏的佚名临赵琦美、孙潜、何义门诸家校本，原是八千卷楼旧藏，卷中有全祖望门人鄞县董秉纯藏书章，足见由来已久，此书亦以项本为底本，批校中除了赵、孙、何3家外，并包括杭堇甫、孙汝澄、沈硐芳等人，熔治郦名家于一炉。武汉大学图书馆所藏的万历四十三年朱氏自刊本《水经注笺》，有宣统三年湘乡王礼培的五色朱墨圈点批校，其中绿笔依朱之臣，蓝笔依陈明卿，紫笔依钟惺、谭元春，墨笔依何义门，朱笔是王礼培自批。尽管除了何焯一家外，其余各家的批校多是词章上的工夫，而且依钟、谭的紫笔，已经褪色无法辨认，但在朱笺各本中，此本仍不失为一部善本。北京图书馆藏清沈钦韩稿本《水经注疏证》一部，其书取法殿本和赵一清《水经注释》，在佚文辑录，疑难疏证等方面都有独到之处。以上所述的校本和稿本，在今后编纂郦注新版本时，仍有可以借鉴之处。

清末以后，《水经注》在版本上的重要事件是《永乐大典》本和《水经注疏》的影印，这是郦注版本中很重要的两种，下文当再论及。

在论述了郦注版本发展的大概过程以后，下面就把几种重要的版本略加评介。

　　首先是宋本。所谓宋本,现在还能见到的就是北京图书馆所藏的 7 册残本,只存卷五至八,十六至十九,三十四,三十八至四十共十二卷,其中首尾完整的只有十卷(卷五缺前二十六叶,卷十八仅存前五叶)。这部残本刊于宋朝何时,其来历如何,现在还不易论定。袁抱存在卷末写跋中认为这是元祐刊本的南宋摹印本,似乎证据不足。张宗祥于 1919 年在卷末写跋中断定此书为绍兴刊本,并说:"大典本与此本无异同,此本出自清内阁,当即为大典本所自出。"傅增湘同意张说,他在《宋刊残本水经注书后》中说:"张君阆声谓为绍兴本,庶几近之矣。"⑫拿残本与大典本相比,相同之处确是不少的,特别是有些明显的错字,有时两本竟也相同,⑬说明两本确实存在一定关系。但是仔细核对一下,不同之处却也常常有之。例如残本《河水注》"申下邑",大典本作"甲下邑",《济水注》"王符山"和"故市县故城",大典本作"玉符山"和"固市县故城",《渭水注》"丽山西北有温地",大典本作"丽山西北有温水"。还可以举出许多例子。则张氏所说"大典本与此无异同"云云,并非事实。特别是书内北宋讳字(如匡、玄、殷、贞等)均缺笔,但桓、构二字却有缺笔(即袁抱存所谓"剔痕"),也有不缺笔,例如卷十六《毂水》经"又东过河南县北,东南入于洛"注"寻其基构",卷十九《渭水》经"又东,丰水从南来注之"注"基构沦褫"等"构"字,都不曾避讳,则张、傅二氏断言此书为绍兴刊本,又何以自圆其说。因此,在没有发现其他有力的证据以前,轻易论定此书来历,看来并非适当。

　　尽管这是一部所剩无几的残本,但在今后郦注新版本的校勘中,仍然不无作用。不妨举个例子。今本郦注有一类称"坑"的地名,全注共有八九处。⑭这个"坑"字,在较早的版本如大典本、黄省曾本等之中往往作"坈",但晚出的本子如殿本、七校本、注释本、注疏本等却均作"坑"。"坈"是个冷僻字,《河水注》"马常坈"下,朱谋㙔笺云:"《玉篇》有坈字,而勇切,云地名也,按此注里数,则坈是薮泽之名。"明版《水经注删》⑮卷一"马常坈"下,朱之臣亦注云:"而勇切,薮泽名。"张氏《水经注释地》卷二十六《胶水注》"以北悉盐坈"下,又沈氏稿本《水经注疏证》卷五《河水注》"马常坈"下,都引《玉篇》作注,说法和朱笺相似。但光绪《山东通志》在引郦注"平州坈"后加案云:"坈当作坑,《太平御览》地部四十引《述征记》曰:齐人谓湖曰坑。"⑯朱笺的说法和《山东通志》的说法,究竟哪一种正确,我们在这个残本中找到了答案。残本卷五《河水注》云:"秦坈儒士,伏生隐焉。"此处这个"坈"字,今本均作"坑"字,说明这个"坈"字在宋代无非是"坑"字的别体。何焯校明抄本卷二《河水注》"投河坠坈而死者八百余人"可以作为旁证。因此,不管《玉篇》对此字别有音训,但宋代的"坈"字即今"坑"字是无疑的。既然有宋本作为依据,证明大典本和黄本都是正确的,则今本中的这八九处称"坑"的地名,都应改作"坈"。

再说大典本。《永乐大典》修于明初，其底本出于朝廷内库。明初的朝廷藏书当然是宋、元遗物。因此，《四库提要》卷六十九所云："盖当时所据，犹属宋椠善本也。"这句话除了"椠"字或应改成"钞"字外，其余是可信的。但张宗祥在宋刊残本卷末的手写跋语中却说："聚珍出大典，大典出此本。"傅增湘也说："永乐修书，正据此本钞入。"认为大典本的底本，即是今日尚存的宋刊残本，这些话是值得商榷的，前面宋本中已经谈过了。傅氏还说："盖各本之误得大典本可以证明，大典之误或待宋刻以纠正也"。[17]但是从残存的十二卷来看，可以纠正大典本之处是并不多的。因此，断言大典本出自这部残本也和断言此残本刊于绍兴同样缺乏足够的依据。

大典本的贡献之一是郦氏477字原序的保留，这是各本多已缺佚的。[18]另外，大典本在内容上也有不少优点。也不妨随手举个例子。卷二十《漾水》经"漾水出陇西氏道县嶓冢山，东至武都沮县为汉水"注云：

> 西汉水又西南得峡石水口，水出苑亭西草黑谷，三溪西南至峡石口，合为一渎。

这里，注文记载的是西汉水的支流峡石水，此水发源于苑亭以西的草黑谷，上源包括三条溪水，到峡石口合而为一。但是使人怀疑的是，既然上源有三条溪水，在发源后单独流了一段相当长的距离，才在峡石口汇合为一。那就不禁要问，这三条溪水，难道都发源在同一个草黑谷之中吗？在这方面，大典本的记载，看来比殿本等更为可信。大典本云：

> 西汉水又西南得峡石水口，水出苑亭、白草、黑谷三溪，西南至峡石口，合为一渎。

按大典本，则峡石水由上源的苑亭溪、白草溪和黑谷溪三溪汇合而成，说得清楚明白。虽然实际上只是一字之差，但由于此一字之差，句读也就随之而异，使文义绝不相同，所以关系是很大的。大典本中这样的例子不少，所以这是一种有价值的版本。可惜其原本已经在四库馆为戴震所刮补涂改，[19]给今天影印的《永乐大典》本造成了不可弥补的损失。

除了大典本以外，明刊其他版本没有什么可取的。他们的底本大多是宋朝流行的坊刻本。杨慎本和归有光本我未曾见，也不知今日是否还有传本；而黄省曾、吴琯诸本实际上都是这一类，经注混淆，错漏歧出，不经过校勘，实在无法卒读。在这样一类版本中，《水经注笺》就显得是鸡群之鹤。应该承认这部被顾炎武誉为"三百年来一部奇书"[20]的版本，除了深藏内库为众人所不能见的《永乐大典》本以外，无论在校勘和笺注方面，在明刊各本中都是首屈一指的。虽然后来居上的注释本和殿本等都已远远超过了它的水平，但是必须知道，在注释本和殿本的校勘过程中，朱笺都是重要的依据。

《水经注释》卷首所列的参校版本多达 29 种,而赵一清最后说:"以上诸本予悉取之与明南州朱谋㙔中尉笺相参证,录其长而舍其短。"赵一清并且还为此撰写了《水经注笺刊误》一书。所以尽管可以作为朱笺优点的例子,在注释本和殿本中都同样存在,但朱笺给予清代各版本的影响确是十分深远的。

在清代著名的郦注版本中,最早完成的是赵一清的《水经注释》。它的付刊晚于殿本,但成书要比殿本早 12 年。[21]赵氏致力郦学,正如王先谦所说"数十年考订苦心",[22]这是众所公认的。此书在经注的区分,疑难的注释,错漏的订正,缺佚的辑录等方面,其成就都是前所未有的。因此,《四库提要》卷六十九在著录此书时也不得不说:"旁征博引,颇为淹贯,订疑辨讹,是正良多,自官校宋本以外,外间诸刻,固不能不以是为首矣。"

《四库提要》当然不会把私家的注释本置于官校的殿本之上,而事实上,当时官校书籍确有其优越条件。殿本之成,无疑是参校了许多版本的,但是按照殿本的校勘成果来看,在其所参校的诸本之中,关键性的有两本,这两本,都是当时四库馆以外的学者所难得见到的。其中一本是内库藏书,即是殿本所公开标榜的《永乐大典》本,的确,大典本为殿本提供了重要的依据。另一本则为当时浙江巡抚所采进的抄本,即是殿本所讳莫如深的赵氏注释本。注释本的成果,已经全部吸收在殿本之中,这也早已不是秘密了。因此,殿本的丰硕成果,别本就无法与之颉颃。正如《四库提要》卷六十九所说:"凡补其缺漏者二千一百二十八字,删其妄增者一千四百四十八字,正其臆改者三千七百一十五字,神明焕然,顿还旧观。"殿本以后的不少版本,从疏证上当然比殿本更为详尽,但在校勘的成就方面,基本上都还是殿本的水平。

殿本当然是以戴震为首的作品,但后来有人把它称为戴本,却未必妥当。这不仅因为在殿本之中也保留着四库馆其他成员的某些意见,[23]特别是因为戴震在进入四库馆以前,已经有了他自己单独校勘的本子。杨希闵《水经注汇校》序云:

> 顾东原之校上《水经注》也,稽之戴氏年谱,事在乾隆三十九年甲午十月,先生年五十有二。先于乙酉年,先生四十有三,始检校郦氏书,灼知经注互讹之故,立文定例,考定经文,订正注脱,辗转推求,竭八年之功,至壬辰已有定本,奉诏入馆,未及刊行,今所传曲阜孔氏刊本也。

杨氏所说的即今日流传的微波榭本,才是真正的戴本。这个版本和殿本相比,不仅目次大异,其所立篇名亦异:河水只分三篇,江、沔、渭、济均不分篇,汶水之一称大汶水,沮水之一作南沮水,辽水不分大小,江以南至日南郡 20 水不列入篇目,并在斤员水(殿本作斤江水)篇之中。至于内容差异,也是俯拾可得,仅卷三十九《洣水》经"洣水出茶陵县上乡,西北过其县西"注中,戴本注文多出殿本即达 32 字,两本的差异可见一斑。殿本与戴本如此分歧,而殿本与赵本却又如此近似,这是众所共见的。

　　清刊本中还必须提及的是全祖望的七校本。全氏可以称得上是治郦世家,其祖上全元立、全天叙、全吾麒等,都校勘过郦注,传有旧校本一种,即双韭山房校本,也就是全氏七校本的底本。全氏在郦注的研究中,除了校勘和疏证上的不少独到之见外,另外还有两项功绩:首先是区分经注上的成就,宋、明版本上的经注混淆现象十分普遍,在区分经注方面,全、赵、戴都有不少贡献,但杨守敬认为全氏实导先路。[24]其次是全氏提出的郦注原系双行夹写、注中有注的说法。[25]不管这种说法的来源确实如全氏所云是他的先世旧闻,抑或是全氏自己的推论,都不失为一种创见。赵一清接受了他的说法,在《水经注释》中辨验文义,离析其注中之注,以大字细字分别书之,使语不相离而文仍相属。赵氏的尝试,从某些方面来说是成功的。所以全氏治郦的造诣以及其七校本的成就,在郦学研究史中无疑有其应有的地位。王先谦竟以林颐山的几句指摘而把七校本排斥于合校本之外,[26]这样的做法实在有失公正,而且也是合校本的美中不足。

　　清代的最后一种郦注佳本是王先谦的合校本。王氏究心郦学,生平常随带《水经注》为之考订,最后终于完成了这个合校本。此书系以殿本为准,而和朱、赵各本及孙星衍校本等加以参校,存众说于一编。置此一书,等于齐备了数种版本,使读者收事半功倍之效。其中孙星衍校本是一种稀见的手写校本(以黄晟本作底本),据萧穆所知,当时仅有刘履芬、薛福成和萧穆各录出一本,[27]王氏所用之本即得自萧穆。[28]抄本恐怕早已不见,赖合校本之功,留下了这一种稀见的校本。[29]

　　最后谈谈郦注的最近版本,即杨守敬、熊会贞的《水经注疏》。此书原是稿本,直到1955年科学出版社影印出版后才公之于世,此中详情可参阅该书卷首贺昌群所写的说明。这是一个很好的版本,在校勘和注疏方面都有可喜的成就,兹举例如下:

　　卷三十五《江水》经“又东北至江夏沙羡县西北,沔水从北来注之”注云:

　　　　通金女、大文、桃班三治,吴旧屯所,在荆州界。

　　对于金女、大文、桃班这三治,历来成为疑难地名,长期不得解决。《历代地理志韵编今释》卷首序云:“金女、大文、桃班、阳口、历口之类,皆不见于诸志……亦不能无疑也。”注疏本把“治”字改成“冶”字。杨疏云:

　　　　《隋志》:江夏县有铁。《寰宇记》:冶唐山在江夏县南二十六里,《旧记》云:宋时依山置冶,故名。疑即注所指之冶。

　　又同卷经“鄂县北”注云:

　　　　江津南入,历樊口上下三百里,通新兴、马头二治。

　　这个“治”字,注疏本也改作“冶”字。熊疏云:

　　　　《晋志》:武昌县有新兴、马头铁官。《唐志》:武昌有铁。《御览》八百三十三引《武昌记》:北济湖当是新兴冶塘湖,元嘉发水冶。……《一统志》:新兴冶在大冶县南。

如上所述,杨、熊认为"治"字是"冶"之误,确是持之有据的。以上的校勘是在疏证的结论上进行的。有时候,校勘虽无所得,但疏证仍甚严密。也举一例。

卷三《河水》经"又南过赤城东,又南过定襄桐过县西"注云:

> 河水又南,太罗水注之,水源上承树颓河,南流西转,迳武州县故城南,《十三州志》曰:武州县在善无城西南百五十里。

这里的"武州县",大典本、注笺本、项本等均作"武县"。熊疏云:

> 朱武字上有脱文,赵作武州。会贞按,《地形志》无武县,全、赵、戴因改为武州县。考《灅水注》,武州川北流迳武州县故城西。武州川今为大同县西之十里河,西去树颓水数百里,东流入灅尚在武州之西,树颓水西流入河安得西迳武州之南,则此非武州县审矣。……据《十三州志》,此县在善无县西南百五十里,则在汉定襄郡地。定襄所属有武进、武要、武皋等县,皆不在树颓水滨,又有武城、都武二县,今失其地,此县必居其一,然莫能定,未敢以意增字。

如上疏,熊氏虽然最后无法考定这个县名应该是武城县抑是都武县,但应该承认其疏证是很严密的。可惜在全书近115万字的疏证之中,像上述那样的例子还不是很多,大量的文字都是一般考证和解释性的。此外,对郦注的许多缺佚,注疏本的工作也并不令人满意。所以尽管《水经注疏》的某些成就的确称得上是前所未有,但其总貌距殿本仍然并不很远。因此贺昌群在卷首说明中所提到的:"长江后浪催前浪,对这部书的增补改订,当待后之来者。"这话是很实在的。

在大致评介了《水经注》历来的重要版本以后,总的印象是,自从明代后期的《水经注笺》以来,在校勘和注释不断取得成就的过程中,郦注版本也随着有所发展。特别是到了18世纪后期,出现了全祖望、赵一清、戴震等这样的治郦名家,而1774年的殿本,就是代表这一时期的最高水平的版本。殿本问世至今又超过了200年,时至今日,此书已经不再是清刘继庄所慨叹的"无人能读"了。[30]这些年来,历史地理学和考古学等学科,已经普遍地利用了《水经注》的丰富材料。今天,人们对于这部著作的研究,已经不仅是欣赏文字,而是通过历史地理学的分析,吸取它的科学内容了。正因为如此,过去的版本就显得不能满足今天的需要,为此,出版一种能够代表今天水平的郦注新版本,已经成为当务之急,有待于历史地理学界和有关学科的同志们来共同完成。

注释:

① 　根据晏殊《晏元献公类要》(北京图书馆藏抄本)及宋敏求《长安志》所引郦注。

② 毛春翔《古书版本常谈》,中华书局 1965 年版,第 24 页。

③ 钱曾《读书敏求记》卷二。

④ 即何郯,见《宋史》卷三二二,列传八一。

⑤ 宋刊残本《水经注》(北京图书馆藏)卷末张宗祥写跋:"吴琯刻出自元祐。"

⑥ 宋刊残本《水经注》卷末袁抱存写跋:"卷中如桓、构诸字,皆有剔痕,决非刻时缺避,盖南宋时所摹印也。……钱遵王所见即此钞本,且以后人无翻雕者为惜,观此,则此残本即元祐刻本无疑,信人间之鸿宝也。"

⑦ 卷首沈氏自撰凡例云:"其书经始于雍正三年,脱稿于雍正九年。"《四库提要》卷六九则云:"然炳巽作此书,凡历九年而成。"与凡例不同,兹从凡例。

⑧ 《四库提要》卷六九。

⑨ 《水经注释地》凡例:"《水经注》刻本仅见明吴琯、国朝黄氏二家。"

⑩ 《水经注释地》凡例:"鄙见黄本,参稽较密,今依照刊刻。"则张氏即受骗者之一。

⑪ 卷一《河水》篇末孙潜校云:"丁未十一月十八日,借得叶石君所藏清常道人手校本对勘,其本于万历丙午、己酉、庚戌年校三次,可谓佳本;十二月十一日又用柳大中钞本一勘,本亦藏叶石君所,正德年旧钞也。"按丁未是康熙六年(1667)。

⑫ 傅增湘《藏园群书题记初集》卷三。

⑬ 如《汾水注》的"鲁股桥"(今本作"鲁般桥"),《济水注》的"五文沟"(今本作"五丈沟"),《渭水注》的"涯渠水"(今本作"渥渠水"或"湿渠水")和"光毕门"(今本作"光华门")等等。

⑭ 《河水注》:曹阳坑、马常坑、落里坑,《济水注》:深坑,《汳水注》:神坑坞,《淄水注》:皮丘坑,《胶水注》:盐坑,《浪水注》:水坑。以上共 8 处。又《济水》经"又东北过临济县南"注:"济水又北,迤为渊渚,谓之平州。"此处"平州",大典本作"平州沉",微波榭本及注疏本均作"平州坑"。

⑮ 北京图书馆藏万历刊本。

⑯ 光绪《山东通志》卷三二《疆域志第三·博兴县》。

⑰ 均见《藏园群书题记初集》卷三。

⑱ 《四库提要》卷六九说此序"诸本皆佚"。这是夸大之词。卢文弨:《水经序补逸》(《群书拾补》卷中)云:"武进臧生镛堂之高祖玉琳先生,尝借得绛云楼宋版书校对,与大典亦有一二字之异。"又《水经注释》亦收此序,云是孙潜夫从柳大中抄本中录得,足见此序非大典本所独有。

⑲ 孟森《商务影印永乐大典水经已经戴东原刮补涂改弊端隐没不存记》,天津《益世报·读书周刊》,1936 年 11 月 12 日。

⑳ 阎若璩《古文尚书疏证》卷六下。

㉑ 《水经注释》毕沅序。

㉒ 合校本序。

㉓ 庞鸿书《读水经注小识》叙略："闻戴氏之入四库馆,于馆中诸公为后进,戴性又傲不肯下人,诸公颇龃龉之,其所校刊,不尽从也。"

㉔ 刘禺生《述杨氏水经注疏》,《世载堂杂忆》,中华书局。

㉕ 《水经注释》卷首,参校诸本。

㉖ 合校本例略："全氏七校本《水经注》晚出,浙中慈溪林颐山晋霞斥其伪造抉摘,罅漏至数十事,顷岁刊行兹编,一字不敢阑入。"按林,光绪壬辰进士,曾任南菁书院山长,其著作目前尚存的仅有《经述》三卷,并未涉及《水经注》事。

㉗ 萧穆《记孙渊如先生水经注手校本》,《敬孚类稿》卷八。

㉘ 合校本例略："一校孙本,孙星衍伯渊所手校,桐城萧穆敬孚闻余校刊《水经》,持之相饷。"

㉙ 刘履芬本今尚存北京图书馆,系以同治二年余氏明辨斋重刊乾隆八年黄晟槐荫草堂刊本为底本,有刘履芬跋,并临孙星衍校注。

㉚ 刘继庄《广阳杂记》卷四。

原载《中华文史论丛》1979年第3辑

附　记

本文在《中华文史论丛》1979年第3辑发表前夕,笔者于是年8月下旬去秦皇岛参加中国地理学会,会后承天津人民出版社之邀在津小住数日,因蒙天津市人民图书馆黄钰生馆长慨允阅读该馆珍藏小山堂抄本、全榭山五校《水经注》,骤见之下,如获瑰宝,精神为之一爽。展读竟日,殊觉爱不释手。书系四明卢氏抱经堂旧藏,分装8册,卷首从《读书敏求记》抄入郦序,益证《四库提要》"诸本皆佚"之语为虚妄。卷首又罗列参校诸本共25种,末云:"戊午夏抄篁庵病翁五校毕漫志于首"。戊午当是乾隆三年(1738)。因书系小山堂所抄,故版框上下甚至行间题下,夹入赵一清批注甚多,字迹有草率不可辨者,但要旨大体与注释本合。全氏书虽复经七校而付刊,但此本实合全、赵二家心力,其价值远在坊刻七校本之上。驿治郦有年,既恨读此书之晚,又喜终获一睹此书也。《版本》既已发表,此书不及载入,用特附记数言如上。

1979年10月

三十八、《水经注》版本余论

我在《论水经注的版本》一文中,已经把历来《水经注》的重要版本作了一个概括的介绍。当然,一部历史上的名著,经过 1000 多年来的传抄和刊印,版本必然是很多的,我所介绍的,也只是其中最重要的一些而已。

古书多版本是一种普遍现象,版本多有版本多的好处,使读者和做研究工作的人,可以对照各种不同的版本,舍其短而取其长,使研究工作不致因某一版本的错误而误入歧途。但版本多也有版本多的坏处,因为版本一多,一定会受到一些投机取巧和沽名钓誉之徒的干扰,鱼目混珠,以假乱真,使读者受骗上当。前已指出的真州版和黄晟刊本均是其例。康熙五十四年的群玉堂项纲刊本,实际上也和这一类相近。我在《论水经注的版本》一文中,对此本以"内容多循朱笺,无甚建树"一语评介,看来是相当宽容的。后来我在五校抄本看到全祖望对此本的批评是:"近有项纲,取其本(驿案,指注笺本)略加变节,以为己有。"就比我的说法严厉得多了。对于这类版本的揭露和批评是完全必要的,因为它们欺骗读者和做研究工作的人,使人们白白浪费许多精力。此外,以粗制滥造的赝品贻害后学,或者是占别人的成果为己有,在道德上也是绝不能允许的,古今都是一样。

《水经注》历来到底有过多少刊本和抄本,在版本已经大量亡佚的今天,要解决这个问题是困难的。18 世纪后期,全、赵、戴 3 家几乎同时兴起,这是我国郦注研究的极盛时代,3 家都掌握了不少版本,因此,那个时代,也可能是郦注版本最齐备的时代。

现在要知道郦注的刊本和抄本,从这三家的撰述中去找寻线索,可能还是最好的办法。

戴震在四库馆主持殿本的纂订,他可能是 3 家中掌握版本最多的人,可惜他没有在殿本卷首加上一张他所参校的各本的目录,更不幸的是,他把他在其他各本中所得的成果,都归功于只有他一家独占的大典本之中。为了预防大典本有朝一日为外人所见时不致暴露他的这种不正之风,甚至对大典本进行了刮补涂改,造成不可弥补的损失,实在令人叹息。

赵一清和全祖望都把他们持以参校的各种版本列于卷首,注释本卷首开列的各种版本达 29 种,五校抄本卷首开列的各种版本也达 25 种,好像现在我们在著作之后开列参考资料目录一样。这当然是对读者负责的态度,不仅是让读者和研究工作者可以根据书目追索资料,继续进行研究,而且这种尊重前人研究成果的做法,也是作为一个学者所应该具备的光明磊落的态度。当然,全、赵在这方面所作的,也并非没有缺点,因为这两本卷首所列书目,与卷内的校勘成果没有紧密联系,如同以后王先谦在合校本所作的那样,片言只字的差异,都指明来自何本,毫不含糊。特别是两本所列的各种版本之中,有不少并非实有其书。全氏五校抄本在所列顾亭林炎武本、顾宛谿祖禹本、黄子鸿仪本、胡东樵渭本、阎潜丘若璩本、刘继庄献廷本各本后云:"以上六本皆未得见,但旁见于其所著之书甚多。"这些人在他们各自的著作中引用过《水经注》,怎么就能断言他们每人都有自己校勘的《水经注》版本呢?《四库提要》在著录赵氏注释本下云:

> 卷首列所据以校正者凡四十本,[①]虽其中不免影附夸多,如所称黄宗羲本,原无成书,顾炎武本、顾祖禹本、阎若璩本,皆所著书引用考辨,实无刻本,又黄仪本,称其书今归新城王氏池北书库,考王士禛殁后,池北书库所藏皆已散佚,见赵执信《因园集》,是其子孙断无收书之事,若士禛存时所收,则书归王氏在康熙辛卯以前,一清年齿亦断不及见也。

《提要》的尊戴抑赵,毋须赘言,但在这个问题上的批评,却不得不承认它是正确的。实际上,全、赵所列的版本之中,并无其书的恐怕还不止五校抄本自云的六本和《提要》指出的黄宗羲本,其他如全、赵均开列的周方叔婴本,赵列的沈氏本等等,是否确有其书,也都大有疑问。

我早年对版本的问题曾有一种想法,以为注释本开列周婴本、顾炎武本,顾祖禹本、阎若璩本等,确有《提要》所说的"影附夸多"之嫌,若能改成顾炎武所见本、阎若璩所见本等,那就差强人意了。我在《论水经注的佚文》一文中,曾断言顾祖禹和阎若璩都见过一种郦注版本,在那个版本中有有关晋祠泉水的记载。这种说法,现在看来,实在是不够慎重的。

当然,上述学者都曾在他们的著作里或多或少地引及郦注,但是他们自己都不曾说明,他们校勘过哪一种郦注版本,或者是他们所引的系根据哪一种版本。所以后人提出"阎若璩本"或"阎若璩所见本",同样都是一种推测,这种推测,实际上并不一定可靠。

我在早年整理《水经注》佚文的时候,曾经通读过《大明舆地名胜志》,此书所引的《水经注》条目甚多,于今本为佚文的就超过50条,其中唯《名胜志》独引的也超过20条。因此,我一直相信,曹学佺一定看到过一种郦注版本,这种版本必然是相当完整的本子。不久以前,才知道我的这种看法,与事实并不相符。

《名胜志》虽是明末刊本,时间不算很早,但因篇幅甚大,所以现存卷帙不缺的,实在也已不多。我特地到南京图书馆查阅了该馆所藏的一部首尾完整的版本,并且抄录了曹学佺在崇祯三年为此书所作的自序。序云:

> 予初得《太平寰宇记》抄本,为宋太平兴国间宜黄乐史所撰上者。又得建溪祝穆所编《方舆胜览》,盖麻沙书坊板也。新安汪仲嘉过而谓予曰:是可概括而成书也。予颔之,尚未得其肯綮。既入蜀,作《蜀中广记》,当弋材于二书,又得杨用修家所抄秘阁东阳王象之《舆地纪胜》,象之兄为蜀漕,故于蜀事尤详。然予在金陵时,泛观四库诸书,凡可为各省山川名胜资者,悉标识其端,积有七簏,用二十夫之力舁以相随。未几出峡还闽,简点旧篇,多所残缺。……又过一载,江西方伯李友卿寄宗侯鬱仪《水经注笺》,予亟取而读之,其所有者正不必有,其所无者正不必无,予又愤懑而不之快……

从这段序言中可以看到,除了晚得的注笺本以外,曹氏实在没有什么其他珍藏的本子,则我长期来认为的"曹学佺所见本",笺注本而已。当然,这里存在一个问题,曹氏书中的大量郦佚,又是从何处得到的呢?曹氏自序中其实已经说出了此中端倪。曹氏藏书虽然"积有七簏",但他特别指名的却只有3种,即抄本《太平寰宇记》、麻沙本《方舆胜览》和抄本《舆地纪胜》。曹氏引及的大量《水经注》佚文,大概就是从这些书上转引的。

在我所收辑的郦注佚文中,得自《方舆胜览》的只有一条,我所据的是上海图书馆所藏的一部精抄本,篇幅大概不会比曹氏的麻沙本少,所以3本之中,《胜览》估计不可能为曹氏提供多少郦佚材料。我从今本《舆地纪胜》中辑出的郦佚共有5条,其中也见于《名胜志》的有两条(文字小有出入),曹氏所得的是杨慎家藏的抄本,内容可能比今本更为完备,则《纪胜》可以为他提供一些郦佚材料。特别值得注意的是曹氏的抄本《寰宇记》,这可能就是他获得郦佚的主要来源。前面已经提及《名胜志》所引郦佚超过50条,而在这50条之中,见于今本《寰宇记》的有29条(文字小有出入)。我在《论水经注的佚文》一文中指出，目前存在的郦佚之中，《寰宇记》竟四居其一。谁都知道，今本《寰宇记》是个残本，则曹氏的抄本必然是个足本。即使不把他从《纪胜》的所获计算在内，足本《寰宇记》比今本也无非多出郦佚 20 余条，这就毫不足怪了。

正因为我多年来曾经相信的"曹学佺所见本"，如上所述，实际上并不存在。则在没有获得确凿的证据以前，不仅"顾炎武本"、"阎若璩本"等不可轻信；"顾炎武所见本"、"阎若璩所见本"等，也不能认为是一定存在的。现在可以这样说，这类版本存在的可能性实在微乎其微。

说到这里，回过头来还得再提一个问题，我们在今天研究郦注版本的目的到底是什么？我想，总不外乎弄清郦注版本的发展历史，从而掌握一些好的或较好的版本（特别是现存的）的情况，为今天需要利用郦注的各学科提供方便，也为今后编纂一部更为理想的郦注新版本奠定基础。假使确实如此，那么我认为我在《论水经注的版本》一文中提及的二十几种版本，基本上也已经能够满足这样的需要。因此，再花很大的精力去探索《版本》以外的版本，可能是多余的了。

注释：

①　今注释本卷首所列仅 29 种，《提要》所据是当年浙江巡抚采进的抄本。

三十九、编纂《水经注》新版本刍议

　　《水经注》是一部包含了各种学问的古籍,因而历来有大量的学者对它进行研究,他们把包含在此书内的各种学问,概括成为一个简单的总称,即所谓"郦学"。情况和人们研究小说《红楼梦》而把它称为"红学"一样。当然,郦学的渊源要比红学早1000多年,而且,《水经注》所包罗的学问,范围十分广阔,除了我早已指出的,它是一部地理学名著,其内容兼及地理学的各个分支学科外,①它还包括了历史学、民族学、考古学、碑版学,语言学、文学等等。所以郦学确实是一门范围广阔的学问。

　　研究古籍的学者,大概都很重视版本,尤其是在一部书可以独立成为一门"学"的情况下,版本就特别显得重要。研究红学的学者,在《红楼梦》的版本鉴别上,就花了很多的精力。相比之下,治郦学者,对于《水经注》版本的讲究就更有必要,这是由于郦学的包罗广泛和渊源悠久而决定的。

　　我在《论水经注的版本》和《水经注版本余论》两文中,已经大致评介了历来《水经注》的重要版本,并且指出200多年以前问世的殿本,在以往所有的较好郦注版本中,至今仍然具有代表性,因而提出了编纂郦注新版本的呼吁。这里,我想就新版本的问题再提一些管见,刍荛之议,还请高明见教。

　　我们究竟需要怎样的《水经注》新版本呢?我认为一部能够代表现代水平的新版《水经注》,应该具有下列五个方面的特点。

　　第一是统一的体例。郦氏治学严谨,写作认真,因此,当他为《水经》作注时,在文字的体例方面,的确是十分严密的。关于这方面,前人已经有所留意,例如《四库提要》所说:"至于经文语句,诸本悉多混淆,今考验旧文,得其端绪:凡水道所经之地,经则云过,注则云迳;经则统举都会,注则兼及繁碎地名;凡一水之名,经则首句标明,后不重举,注则文多旁涉,必重举其名以更端;凡书内郡县,经则但举当时之名,注则兼考故城之迹。"《提要》经过了对经文和注文的反复推敲比较,得到了郦注的"端绪",这个端绪,也就是《水经注》的写作体例,其严密可见一斑。但由于长期来的辗转传抄,造成了体例上的极大混乱,虽然经过朱、全、赵、戴、杨等各家的仔细厘订,至今在体例上的错误颠倒之处仍然不少。例如《提要》所云:"经则云过,注则云迳",殿本本身就没有完全遵循。卷二《河水》经"又东过金城允吾县北"注:"湟水又东迳赤城北,而东入经②戎峡口。"卷八《济水》经"又东北过临济县南"注"济水又经②薄姑城北"。卷二十九《沔水》经"又东至会稽余姚县东,入于海"注"江水又经官仓"。卷三十八《湘水》经"又北过下隽县西,微水从东来流注"注"即经所谓经下隽者也"。以上各例中的"经"字,按《提要》都应作"径",《湘水》例则既可作"迳",也可作"过"。而殿本却均作"经",这就是体例乖戾之处。

此外,在书写的体例方面,也有不少事情值得商榷。分清经注的工作,前人已经花了巨量劳动,在新版本中,为了一目了然,经注是否需要采用不同字体?③新式标点当然应该考虑,但像过去影印大典本、商务印书馆《国学基本丛书》本和世界书局排印本等那种错误百出的标点是不足取法的。还有,全祖望所提出的所谓双行夹写问题,应该怎样处理? 在以前的版本中,注释本首先响应全氏的主张,采用大细字交错的形式,凡事涉河川者用大字,不涉河川者用细字。合校本的正文虽然完全遵循殿本,但在书写体例上却全盘接受了注释本的形式。这种形式以后又为1959年出版的《中国古代地理名著选读》中的《水经注》④所继承。新版本是否也需要采用这样的书写形式? 诸如此类的问题,都有待治郦同仁认真地研究讨论。

第二是正确的文字,这也就是说,在前人校勘的成果上,我们还得再下一番工夫。我们并不主张咬文嚼字,但有些字眼,虽然一字之差,却关系内容甚巨,就不能等闲视之。这种例子不胜枚举,这里只把我在《水经注记载的温泉》文中已经举过的例子再重复一下。卷三十八《溱水》经"东北至曲江县安聂邑东屈西南流"注云:

　　　　又与三水合,水出县北汤泉,泉源沸涌,浩气云浮,以腥物投之,俄顷即热。

"俄顷即热"的"热"字,在大典本、黄本、吴本、注释本、注疏本等之中,都作"熟"字。"热"和"熟"虽然一字之差,但对于温泉水温的定性描述来说,差别却是很大的。《御览》引《幽明录》云:"始兴云水,源有汤泉,每至霜雪,见其上蒸气高数十丈,生物投之,须臾便熟"。⑤《幽明录》成书在郦注之前,因此"熟"显然比"热"可靠。而且与《幽明录》对勘后,可以发现,殿本等的所以误"熟"为"热",和它们的误"生物"为"腥物"
有关,假使前面按《幽明录》改作"生物",生与熟是一组对义词,则后面的"熟"也就不
会再误作"热"了。

又如卷十八《渭水》经"又东过武功县北"注中的太一山温泉。注云:

> 可治百病,世清则疾愈,世浊则无验。

这一段记载,各本多同,但康熙《陇州志》所引的《水经注》却也有一字之差。《陇
州志》所引云:

> 然水清则愈,浊则无验。⑥

《陇州志》所引的这种郦注本子,现在当然找不到了。因为自从殿本刊行以后,许
多别本都加速消亡。但是从字义和科学性方面来看,《陇州志》所引本的"水",较之目
前流行本的"世",显然要好得多。像这样的情形,既然有本可据,我觉得"世",应该改
为"水"。

第三是完整的内容。《水经注》是一部残籍,关于这方面,我在《论水经注的佚文》
一文中已经详细谈了。自从清初以来,学者在郦注的辑佚工作方面获得不少成就,这
些成就,在新版本中应该得到反映,使这部著作逐渐从残籍走向完璧。我将历年辑录
的郦注佚文汇编收入本书,其目的之一也是为了编纂新版本有所参考。当然,由于种
种原因,每一条佚文的可靠程度是并不相同的,我在《论水经注的佚文》中曾把所有佚
文按其可靠性分成五类。故佚文在新版本中的反映形式可以按情况分别处理。有的
可以插入正文,有的可以作为脚注,有的还可以加上编者按语。总之,辑佚成果的吸
取,是完整郦注内容的重要手段,这是必须充分考虑的。

第四是科学的注疏。郦道元是一个很重视实践的人,在他为《水经》作注的过程
中,曾经做了大量的野外考察工作。关于这方面,我在《水经注的地理学资料与地理
学方法》一文中已经有所论述。但后世替《水经注》作注的人,却往往专事引经据典,
从书本到书本,在工作方法上反而比郦道元倒退了。像清王先谦那样随带郦注在旅途
中考证山川地理的,只能说是少数。当然,书本也常常是前人实践的成果,因此在新版
本中不应排斥从书本中引来的注疏。但是时至今日,历史地理学和考古学等学科已经
获得了比以往丰富得多的成果,而这些学科所采用的手段也已经有了飞速的发展。在
这样的情况下,单靠从书本到书本的注疏方法,显然是落后于形势了。现在,许多新的
科学技术方法,都可以帮助我们在新版本《水经注》的注疏工作中大放光彩。例如,
《水经注》记载的古河道以及北魏以后的河道变迁,我们可赖航空照片和卫星照片加
以探索;《水经注》所记载的我国各地在北魏以前的自然环境,我们可以借放射性碳素
测定绝对年龄、热释光年代测定、孢粉分析和沉积物分析等方法加以复原。此外,历史

地理学和考古学等学科近年来获得的大量科研成果,也都是新版本《水经注》的注疏泉源。例如卷十六《穀水》经"又东过河南县北,东南入于洛"注中记载的洛阳永宁寺九层浮图,现在已经进行了考古学的发掘,并且和《水经注》的记载作了对照,证明其记载的正确无误。[⑦]拿这样的资料为郦注作注,较之那些泛泛的引经据典,当然要好得多了。

　　第五是详悉的地图。《水经注》新版本当然应该有一套与之配合的《水经注图》。正如杨守敬的《水经注图》配合其《水经注要删》一样。当然,有经纬网和比例尺的新式地图和杨守敬的方格地图是不可同日而语的。谭其骧教授主持编绘的《中国历史地图集》是新版本《水经注图》的样板。而且,后者比前者更有其复杂之处,因为《水经注》记载的不少河川流程(特别是江南的河川)是存在错误的,我们在图上要指出其错误,却又不能越俎代庖修正它的错误,因而在制图技术上必须作一番研究。另外,《水经注》记载的地理事物在地区上是很不平衡的,因此,每一幅地图要根据原注记载的详略而采用不同的比例尺。对于某些记载特别详尽的地区,则还须采用在图角上插图的形式。总之,不论在内容和制图技术方面,这一套地图都有巨大的工作量,必须群策群力,分片协作,才能早日完成。

　　在中国,郦学是一门古典的学问,长期以来,古典郦学在历史学、沿革地理学、目录学、碑版学、文学等学科的研究中起了重要的作用。而许多著名的《水经注》版本和抄本,特别是在古典郦学全盛时代问世的注释本和殿本等,为郦学研究提供了当时的最佳版本。由于科学技术的不断发展,近几十年来,历史地理学的研究,已经摆脱了传统的沿革地理的窠臼,而向历史人文地理学和历史自然地理学的方向迈进,并且获得了可喜的成果。考古学更是异军突起,在许多新技术的武装下,取得了一系列的突破。此外如历史学、民族学、语言学等学科的研究也都更新了方法和充实了内容。所有这些学科,都仍然在不同程度上通过《水经注》这部古代名著而获得它们的研究数据。于是,郦学就出现了它的回春时期。与古典郦学相对而言,这就是新郦学。古典郦学由于殿本等佳本而获得了很大的发展,同样,新郦学也必须有它自己的佳本,这就是我所希望的《水经注》新版本。当然,要编纂出一部能够代表现代水平的郦注新版本来,无疑是一件相当艰巨的工作。必须集中力量,团结以赴,才能争取在不长的时间内,完成这一浩繁的任务。今天,我们的优越社会制度为这项工作提供了有力的保证。可以预见,一种代表现代水平的《水经注》新版本,一定会在不久的将来诞生。

注释:

①　《水经注的地理学资料与地理学方法》。

② 五校抄本、七校本、注释本等均作"迳"。

③ 大典本采用经大注小的字体。

④ 侯仁之主编《中国古代地理名著选读》第 1 辑,科学出版社 1959 年版,第 96—121 页。

⑤ 《御览》卷七九《地部》。

⑥ 康熙《陇州志》卷一《方舆》。

⑦ 中国科学院考古研究所洛阳工作队《汉魏洛阳城初步勘查》,载《考古》1973 年第 4 期。

原载《古籍论丛》,福建人民出版社 1982 年版

四十、评森鹿三主译《水经注(抄)》

　　由日本已故治郦名家、京都大学名誉教授森鹿三氏主持翻译的日文版《水经注(抄)》，是郦注唯一的一部外文译本。此书由东京平凡社收入《中国古典文学大系》第21卷，于1974年出版。作为一个治郦同行，当我在1975年的《东洋学文献类目》中看到此书著录时，喜悦之情，是难以表诸笔墨的。更值得感谢的是，不久以前，森鹿三教授的高足，也是本书的译者之一，关西大学藤善真澄教授，将此书1977年版寄赠给我。展读之下，感慨良深，我国的千古名著，经森鹿三教授等学者精心迻译，终于在日本学术界开出了一枝奇葩，在中日两国的学术交流上，厥功之伟，确是值得赞赏的。

　　根据森鹿三氏在此书卷末所写的《水经注解释》，此书的翻译工作是十分慎重仔细的。《河水注》的五卷，由森鹿三氏与此书其他译者进行了对原文的集体钻研和反复讨论，然后由大阪大学日原利国教授译成日语古文，最后才由藤善真澄和胜村哲也二氏译成现代日语。本书的其余部分，则为京都大学名誉教授日比野丈夫所翻译。所以，这是一部在森鹿三氏指导之下，熔日本治郦名家于一炉的集体译著，是值得引起重视的。

　　总的说来，《水经注(抄)》是一部非常成功的译著。其一，日本学者对于翻译这部历史名著，在底本的选择上，充分表现了他们的鉴别能力。现存的郦注版本(包括稿本和抄本)，从最早的宋刊残本起，直到晚近的《水经注疏》，其数不下数十。它们之间，文字常见差异，质量大有高低。因此，底本的选择，是翻译工作的重要关键。根据本书卷首凡例中的说明,本书以清王先谦的《合校水经注》作为底本。这种选择无疑是日本学者深思熟虑的结果。我曾在拙著《论水经注的版本》一文中,把合校本称为"清代的最后一种郦注佳本"。由于合校本在文字句读上完全遵循殿本的文字句读。对于殿本,我曾经评论说:"殿本以后的不少版本,从疏证上当然比殿本更为详尽,但在校勘的成就方面,基本上都还是殿本的水平。"所以我认为"1774年的殿本,就是代表这一时期的最高水平的版本"。因此,日本学者选择在文字句读上完全遵循殿本的合校本作为他们翻译的底本,这就替他们的译著奠定了可靠的基础。

其二,《水经注(抄)》除了以合校本这一可靠的佳本作为底本外,并且还吸取了其他许多治郦名家的注疏精华。本书凡例中开列的其他参校版本,就包括杨守敬、熊会贞的《水经注疏》以及朱谋㙔、全祖望、赵一清、王先谦、岑仲勉等诸家。[①]此外,森鹿三在卷末《水经注解释》中,又提出了本书最后还参校了台湾省中华书局1971年出版的《水经注疏》。此书除了如同1955年科学出版社影印《水经注疏》中标注的"宜都杨守敬纂疏"和"门人枝江熊会贞参疏"外,在杨、熊之后,又有"乡后学枝江李子奎补疏"字样。森鹿三特别指出书中有很多李子奎的按语,从这些按语中,甚至可以说明,长期以来流传的戴氏袭赵的说法可能并非事实。

这里顺便指出,在我几十年治郦过程中,曾经努力设法阅读国内公私收藏的各种郦注刊本、抄本和稿本,正如拙著《论水经注的版本》所罗列的。[②]我所阅读过的郦注版本,已经包括《东方文化研究所汉籍分类目录》[③]中著录的13种版本在内。遗憾的是,却至今未曾阅读过台湾省版《水经注疏》。因此,对于《水经注(抄)》中引及李子奎按语的部分,就无法加以评论。尽管如此,我仍然看到了本书所吸取的各种郦注版本的校勘成果。虽然本书以合校本为底本,但日本学者显然并不拘泥合校本、也就是殿本的文字句读,而是通过谨慎的推敲,吸取了其他版本中确定超过殿本的成果。仅仅在卷一《河水注》中,就可以看到象"条三弥"(殿本与合校本作"条王弥")、"伽那调洲"(二本作"伽那调御")、"罽饶夷城"(二本作"罽宾饶夷城")、"加耶城"(二本作"加那城")、"多摩梨帝国"(二本作"多摩梨轩国")、"担袂"(二本作"担袟")等经过精心校勘的改易。其余各卷也莫不如此。除了卷四《河水注》的"鲤鱼洇"[④]以外,所有这些字句的改易,都是信而有征的。

其三,《水经注(抄)》译者们的巨量劳动,除了文字的翻译和如上所述对各家校勘成果的吸取外,还特别表现在他们为这个译本所作的大量注释。除了本书所提及的台湾省本《水经注疏》我尚未过目外,本书无疑是一切郦注版本中注释量最大的版本。仅仅在《河水注》的五卷中,译者们就一共作了注释1114条,注释的字数超过了正文的字数。由于注释数量的庞大,使本书在书写体例上不得不打破郦注版本历来的传统，即注释文字在正文内双行夹写的形式，而采用了编号排列于各卷卷末的形式。

　　注释当然也吸取了各种版本的精华，其中不少条目具有独创性，有些条目则纠正了历来因袭的错误，有关文字和语源方面的条目，并且直接引用了外语，这也是历来其他版本所未见的。兹略举数例如下：

　　卷一《河水注》，注释40：

　　　　新头河，Sindhu，也有音译为信度、新陶、辛头等的，指今天的印度河……

　　这条注释虽然简短，但它清楚地指出了《河水注》中多次出现的新头河、新陶水等地名，其实就是梵语 Sindhu 的不同音译，即是今天的印度河。

　　卷一《河水注》，注释93：

　　　　条三弥，戴震与杨守敬校本均以‘三’为‘王’，当系错误。条三弥是私诃条国的大富豪之名。见《北堂书钞》卷一三二和《太平御览》卷七〇一所引的支僧载《外国事》。

　　这条注释除了解释“条三弥”外，还纠正了殿本和注疏本把条三弥写作条王弥的错误。《水经注（抄）》的注释显然是正确的。殿本和注疏本的原文说：

　　　　彼日浮图尽坏，条王弥更修治一浮图，私诃条王送物助成，今有十二道人住其中。

　　但是《御览》卷七〇一《服用部三》承尘条引支僧载《外国事》说：

　　　　斯诃条国有大富长者条三弥，与佛作金薄承尘，一佛作两重承尘。

　　从《御览》所引的《外国事》可见，条三弥绝非私（《御览》作“斯”）诃条王，殿本等之所以误条三弥为条王弥，可能就是混淆了这两者的关系的缘故。

　　卷一《河水注》，注释一四二：

　　　　吉祥草，Kuśa，按读音写作姑尸，短尸，译为上茅、茆草，是生长在湿地上的一种茅草，用作坐禅的敷物。

　　这虽然仅仅是一条知识性的注释，但它不仅说明了这种草类的植物学属性及其在宗教上的用途，并且还从梵语语源，清楚地解释了这个词汇。案吉祥草在英语作 Kusa 或 Kusha，在印地语作 Kusā，汉译常作姑尸、短尸或拘舍圣草，其实都是从梵语 Kuśa 而来。尽管从植物分类学与植物地理学的角度来说，注释仍有不足之处⑤，但是应该说已经差强人意了。

　　其四，《水经注（抄）》的另一成功之处是每卷都附有地图。这和我在拙著《编纂水经注新版本刍议》一文中所建议的不谋而合。所不同的是，我建议在未来的《水经注》新版中，每一条河流都要附列一幅以谭其骧教授主持编绘《中国历史地图集》的制图方法所绘制的新式地图，而《水经注（抄）》所附列的，只是从杨守敬的《水经注图》中

选出的旧式方格地图。当然,按照《中国历史图集》的要求绘制一套水经注图,并不是
轻而易举的事,能够暂时先用杨图代替,也属聊胜于无。特别是本书在卷末《水经注
解释》中,又附有检视图一幅,用以在一幅现代的新式地图上,查阅本书每一卷描述的
空间范围,使读者可以就检视图所示的范围,对照其他的新式地图,弥补了所附杨图的
不足。另外,本书还插入了若干照片,例如,兰州附近的黄河水车、黄河的水利工程等,
尽管照片的内容与注文内容如何配合的问题还可以继续商榷,但照片具有强烈的直观
性,无疑是值得提倡的。

其五,《水经注(抄)》在其编辑的体例方面,也还有不少优异之处。例如,书内所
有中国王朝年代,译者都用括号标出了公元年代。《水经注》引书甚多,除了无法查明
的佚书外,译者都在每一种书名下用括号注明了引文所出的篇目卷次。对于许多地
名、专门名词和冷僻疑难词汇,都旁注假名,以便于日本读者的阅读。此外,因为古汉
语与现代日语在语法结构上的极大差异,为了使一般日本读者易于阅读,译者在某些
难以理解的语句中增加了若干词汇,但增加的词汇概用括号标明,以示并非原文。例
如卷三《河水注》:

　　服虔曰:新秦,地名,在北方千里;如淳曰:(新秦之地在)长安以北,朔方以
南也。

又如卷十六《穀水注》:

　　其一水自大夏门东迳宣武观,(其观)凭城结构,不更增墉。

以上《河水注》的"新秦之地在"和《穀水注》的"其观"等词汇,都是译者为了补充
译文而外加的,不难看出,为了使读者方便,译者在这些方面都曾花费了极大的精力。

在评述了《水经注(抄)》的许多成功之处以后,作为一个治郦同行,不免也想对此
书的若干美中不足之处,略抒己见,并向中日两国的治郦同行求教。

第一,自从我在《东洋学文献类目》中看到此书著录后,即对此书满怀热望。及至
藤善教授将此书寄赠给我,骤翻卷帙,顿感若有所失,因为此书不是郦注40卷的全译
本,正如森鹿三氏在卷末《解释》中所说,其篇幅不过郦注的1/4。尽管选译的10卷,
都是郦注之精华,但是中国幅员广袤,南北河川各有特色。今选译各篇,在地域上仅集
中于华北一隅,在水系上只涉及黄河及其支流。因此,本书虽然可使日本读者穿径扣
户,窥郦注之一斑;但却尚未能引读者登堂入室,观郦注之全豹。所以我衷心希望日本
治郦学者能够再接再厉,译完其余的30卷,以竟全功,使这部不朽的历史名著,能够有
一部完整的日译本。按照日本治郦学者的深厚造诣和《水经注(抄)》所已经取得卓越
成就,郦注全译本在日本的完成是可以预期的。

第二,本文前面已经指出,《水经注(抄)》在注释上取得了可喜的成绩。但是,我

却仍然愿意在这方面作进一步的求全责备。因为，正如我早已指出的："《水经注》作为一部地理著作，其实际价值主要当然在于地理学方面，尽管许多学科，都可以从《水经注》中吸取养分，但是从地理学角度，对这部名著作全面和系统的研究，毕竟应该放在首要地位。"⑥因此，作为一种对《水经注》的完整注释，当然既不应排除历史学和语言学等方面的内容，也不应削弱有关自然地理学和人文地理学的内容。而对于后者，《水经注（抄）》看来还有待加以充实。例如，《水经注》记载河川的发源流程，拥有大量的地貌学描述。以《渭水注》的 3 卷为例，注文记载的黄土高原的特殊地貌类型——"原"，如积石原、周原等就达 16 处之多，这种黄土高原的特有地貌类型，其成因、构造和外貌，不仅日本读者不易理解，即中国读者没有到过现场的，也很难加以想象。对此加以注释，显然是非常必要的。水文地理方面当然也是如此，卷一《河水注》记载的"河水浊，清澄一石水，六斗泥"。这是何等重要的古代黄河水文地理记载，若能加以注释，并和现代黄河的含沙量加以对比，必将具有重要意义。植物地理和动物地理方面也是一样，以《河水注》为例，像娑罗树（Shorea robusta）、菩提树（Ficus religiosa）、胡桐（Populus euphuratica）、柽柳（Tamarix juniperina）等植物，假使能够用二名法在注释中写出学名，并描述其性状，对于读者必将大有裨益。卷十五《伊水注》中记载的鲵鱼，虽然本书作了注释（注释 21），但内容只限于注笺本、七校本、殿本等的文字校勘，其实，《伊水注》记载的鲵鱼显然就是今日所称的大鲵（Megalobatrachus davidianus），是两栖纲大鲵科动物。

　　日本学者在为此书作注释时引用了大量中国古籍，这当然是十分必要的。古籍中的不少资料和议论，是经过千锤百炼，以之为郦注作注释，确能奏事半功倍之效。但是也应该看到，古籍中的某些资料，事实上已经事过境迁，而其中有的更是早已为现代科学所否定了的。这样的资料，当然必须审慎使用。遗憾的是，这样的例子，在本书注释中还并非十分稀见。例如卷二《河水注》"泽在楼兰国北"一句，本书的注释（注释七三）是：

　　　　此泽即以所谓"游荡湖"闻名的罗布淖尔，也有写成盐泽、蒲昌海、牢兰海、泑泽、辅日海等的。因其系内陆湖，故湖水潜入地下，直达积石山即阿尼玛卿山，即认为是黄河之源。

　　这条注释实际上就是重复了中国历史上以讹传讹的黄河重源说。黄河重源的说法，不仅从现代自然地理学来看完全荒谬，即古籍之中如杜佑《通典》、⑦欧阳忞《舆地广记》、⑧万斯同《水经积石辨》⑨等，也都早已指出了它的无稽。为此，像这样一类注释，虽然也不妨引用古籍，把古人的错误和盘托出；但是更重要的，是要用现代的科学观点，指出古人的错误。

第三,我在拙著《论水经注的佚文》一文中曾经指出:"今天流行的《水经注》,不管是哪一种版本,都还存在着不少缺佚,因此,严格说来,此书还是一种残本。"为此,在编纂郦注新版本时,对于那些信而有征的佚文,实在有必要加以补入,至少也应该在注释中作出交代。按照《水经注(抄)》所选译的 10 卷,其佚文散存于殿本以外的各本以及如《初学记》、《御览》、《寰宇记》、《名胜志》等古籍之中的,不下 40 条,其中不乏信而有征的,即拙著《论水经注的佚文》列为一、二两类的佚文。但在《水经注(抄)》之中,除了卷三《河水》经"又北过北地富平县西"注"河水又迳典农城东"句,按七校本和注释本加上了"宏静镇"三字以外,其他佚文大多未曾作适当处理,看来亦非妥当。

以上是我对《水经注(抄)》的一些刍荛之见。尽管本书如上所述,有一些不能尽如人意之处,但是这些缺陷都是瑕不掩瑜的。《水经注(抄)》不仅是郦注的第一部外文译本,同时又是目前存在的所有郦注版本中最新的版本,对于这样一种版本,我们提出一些过高的要求,这是情不自禁的。我的这种心情,想来必然能够获得日本学者的理解。希望中日治郦学者共同努力,把《水经注》研究提到更高的水平。

注释:

① 各家中唯岑仲勉并无单独的《水经注》校本,当指岑氏所撰《水经注卷一笺校》,原载 1933 年《圣心》第 2 期,又收入于 1962 年中华书局版《中外史地考证》上册。

② 除该文所列的以外,1979 年秋又蒙天津市人民图书馆黄钰生馆长慨允阅读了该馆历尽艰难珍藏的小山堂钞本全祖望《五校水经注》。

③ 昭和十八年,日本京都东方文化研究所编。

④ 卷四《河水》经"又南过河东北屈县西"注:"河水又南得鲤鱼。"大典本、黄省曾本、注笺本、谭元春本、何焯校明抄本、王国维校明抄本、沈炳巽本、张匡学本、沈钦韩稿本等均与殿本同。但殿本文后加案语云:"又有脱文,应作鲤鱼涧。"注疏本作鲤鱼涧。孙潜校本及小山堂五校钞本作鲤鱼水。赵一清《水经注笺刊误》卷一云:"鲤鱼下落水字。"今《水经注(抄)》作鲤鱼涧。但"鲤鱼"下究竟是"涧"是"水",不仅无法确定,而且均无佐证。

⑤ 吉祥草(Reineckea carnea),百合科多年生常绿草本。

⑥ 见《水经注的地理学资料与地理学方法》。

⑦ 《通典》卷一七四《州郡四·古雍州下·西平郡》:"《水经》所云,河出仑昆者,宜出于《禹本纪》、《山海经》;所云,南入葱岭及出于阗南山者,出于《汉书·西域传》。而郦道元都不详正。……《汉书·西域传》云,河水一源出葱岭,一源出于阗,合流东注蒲昌海,皆以潜流地下,南出积石为中国河云。比《禹纪》、《山经》犹较附近,终是纰缪。"

⑧ 《舆地广记》卷一六《陕西秦凤路下·积石军》:"河出仑昆,自古言者皆失其实。……(张)

骞使大夏,见葱岭。于阗二河合流注于蒲昌海,其水亭居,皆以为潜行地中,南出于积石为中国河。此乃意度之,非实见蒲昌海与积石河通流也。"

⑨　《水经积石辨》(载《群书疑辨》卷一〇);"况东方之积石,乃两山夹峙,河流其间,非冒也。……郦道元之注最善,于此亦不能辨,孰谓此书为不刊之定论哉?"

原载《杭州大学学报》(哲学社会科学版)1981年第4期

又载《史泉》第57号,日本关西大学1982年12月版

四十一、评台北中华书局影印本《杨熊合撰水经注疏》

引　言

　　自从拙作《评森鹿三主译水经注(抄)》在去年发表以后,[①]颇得国内外学术界的关注。我国科学史专家,国际科学史研究院通讯院士胡道静先生,在其《谈古籍的普查和情报》[②]一文中,特引用拙作,再次赞扬了日译本的成就。年过8旬的郦学专家段熙仲教授在今年2月来信中说道:"从大著中我感到惭愧,比起日本学者的认真严肃的治学态度,以如此多人力仅成河水五卷,而且不止于点勘而有新的注释,可以说不辜负杨熊二先生的苦心。尽管我校出了若干误字,也居然校出了杨先生疏中尚有遗憾处,[③]但是当初不匆匆接收任务,是可以注意到质量更多些。"武汉大学石泉教授由于读到拙作中关于台湾省版《水经注》中有李子魁按语之事,不仅为我查访了李子魁教授的地址,并且还慨赠了他珍藏的1949年排印本《水经注疏》1册。此书我从未知国内任何图书馆的著录,实属稀见之本。

　　由于石泉教授提供的线索,我终于在今年7月接到了李子魁教授从湖北恩施的来信。可惜他已经卧病床笫,不堪执笔,信是由他口授请别人代笔的。信中,他不仅叙述了他当年奉熊会贞嘱托整理此稿的经过,并且还寄来了不少如熊会贞《遗言》、当年的有关信件和书稿的复写品及照片。这些资料,都是我国近代郦学研究史中的重要文献。

在国外,如美国斯坦福大学的施坚雅教授(G. William Skinner)和加拿大不列颠哥伦比亚大学的赛明思教授(Marwyn S. Samuels)等,都来信表示了他们对我国《水经注》研究的兴趣和关心。特别是在日本,除了许多学者的来信以外,今年12月份出版的《史泉》,已经全文译载了拙作。尤其值得感谢的是关西大学的治郦学者藤善真澄教授,他因我在拙作中所说"遗憾的是,却至今未曾阅读过台湾省版《水经注疏》"一语,竟把台北中华书局1971年影印《杨熊合撰水经注疏》全部计18巨册,通过邮寄慨赠给我,让我能够阅读这部为森鹿三教授所称道的版本。我以前曾经倡议为《水经注》编纂一种理想的新版本④,假使这项工作有朝一日能够进行,则台湾省版《水经注疏》无疑会在这项工作中发挥不小的作用。

《水经注疏》的版本

由于台北中华书局影印本《水经注疏》(以下简称台北本)在1971年的出版,则1955年北京科学出版社影印本《水经注疏》(以下简称北京本)在我国就不是独一无二的了。对于这两部抄本,我虽知道一些其中的颠簸曲折,但是,正如我在拙作《我读水经注的经历》一文所说的:"版本的研究并非我研究《水经注》的目的,而只是为了引起治郦同仁的注意,有机会集众人之力,搞出一种比现在所有版本更完整的新版本,提供后人使用《水经注》的方便。"因此,我在拙作《论水经注的版本》一文中,对于北京本《水经注疏》,只是举了几个例子,用以说明"这是一个很好的版本,在校勘和注疏方面都有可喜的成就"。为了避免节外生枝,影响文章论述的重点,对这个版本的历史过程,我仅仅简单地指出:"此书原是稿本,直到1955年科学出版社影印出版后才公之于世,此中详情可参阅该书卷首贺昌群所写的说明。"现在,两种《水经注疏》的影印本都到了我的手边,加上李子魁教授寄给我的一些信件,使我知道此书沧桑,实在比我过去知道的更为复杂。而且也不是北京本卷首贺昌群所撰《影印水经注疏的说明》能够说明的。这中间,并且存在着一些至今还不完全清楚的问题。我把这些事写出来,目前或许还可得到知情人士的解释,时日迁延,恐怕这些问题从此都将如台北中华书局编辑部在此书卷首《杨熊合撰水经注疏稿本提要》中所说的:"有关掌故,后世懵焉而已"了。

贺昌群在北京本《说明》中说:"这部稿本是熊会贞生前写订的,同一书手同一时期抄录两部,一部为前中央研究院所得,……另一部即此稿。"这话是不错的。贺所说的这两部,现在都成了影印本,即是 1955 年和 1971 年先后在我国北京和台北影印出版的这两种版本。但是既然是"同一书手同一时期抄录两部",说明这两部均非手稿而是抄本。那么,这两部抄本的底本,也就是杨、熊当年的手稿本到哪里去了呢? 手稿本肯定是有的。今台北本卷首还影印了熊氏临死前所写的《遗言》。其中一条说:"先生初说此书二人同撰,文各一半,故初稿有几卷题 都杨守敬疏门/枝江熊会贞疏,后改作 都杨守敬纂疏门/枝江熊会贞补疏。则是先生之书。通体凡先生说,止作按字,不必提先生之名;会贞说则作会贞按三字,以示附见。如此较合。"这一段话说明,杨守敬在 1915 年去世以前,是已经有了一部稿本的。这部稿本按杨守敬的意思作为杨、熊两人同撰,稿内文字大概也是人各一半,杨并把二人如何署名的方式也定好了。据台北本卷首汪辟疆教授所撰《明清两代整理水经注之总成绩》一文的附件李子魁《述整理水经注疏之经过》文内所说:"未几杨先生归道山,遗嘱熊先生曰:此稿不刊,死不瞑目。"杨遗嘱的"此稿",就是他的原稿。熊会贞接受了这部原稿以后,就住在武昌菊湾杨氏故居从事修订。出于他对老师的尊重和自谦,他的《遗言》中又把当年杨所说的"文各一半"改成"文先生三分之二,会贞三分之一",又把署名改作 宜都杨守敬纂疏"门/枝江熊会贞参疏。据说熊氏在整理此稿的工作中,曾有过"书凡六、七校,稿经六易"[5]的过程,这更说明他是有一部完整的底稿的。

　　熊氏在菊湾的工作并不一帆风顺,据李子魁今年 7 月所寄他于 1957 年元月在北魏胡同十七号中国科学院招待所所写的《中国科学院科学出版社将印行水经注疏》一文的复写本说:"九一八日寇猖狂侵略我东北领土。熊氏深虑稿本失传,允许汉口华实里书商徐行可[6]抄录副本。"这里,徐行可抄录的副本,已于 1954 年由中国科学院所购得,即是 1955 年影印出版的北京本底本,也就是贺昌群所说的"同一书手同一时期抄录两部"中的一部。由此可知,所谓"同一时期",这个时期当在"九一八"事变以后。而以"同一书手"抄录这样两部总字数超过 300 万字的巨书,恐非一年以上的时间不可。则两部抄本的完成,其时当在 1932 到 33 年之间。熊氏抄录这两部抄本,其原因是"深虑稿本失传。"而正是这部稿本,以后竟就不知下落了。

　　熊氏承他老师杨守敬的遗命,为完成此书的刊行而尽了他的最大努力。据汪辟疆在台北本卷首所说:"暝写晨抄,二十余年如一日。"但结果是全稿尚未杀青,他却在留下《遗言》数十条以后,于 1936 年去世了。关于熊氏的死,至今很多人恐怕不甚了了,其实他是自杀的。而且其自杀又与《水经注疏》的稿本有关。1949 年,武昌亚新地学社排印本《水经注疏》卷首向宜甫序中,虽然提到"顾昊天不悯,熊氏竟自缢逝世"的话,却没有说出他自缢的原因。此事,刘禺生在《述杨氏水经注疏》一文中,写得比较详细。该文说:

　　　　守敬暮年,其书未成,而深信必传,举全稿畀之会贞。临卒曰:此书不刊,死不瞑目。会贞顿首涕泣,答曰:誓以毕生精力完成此书,以尽未竟之志。会贞居武昌菊湾杨氏故庐,又二十二年。书凡六、七校,稿经六易,略已粗定,而世变方殷,杀青无期,杨氏后人,阴售疏稿,图断会贞生计。会贞郁郁寡欢,因而自裁,与稿俱逝。时民国二十五年五月也。⑦

刘禺生与熊会贞是同时代人,又有同乡之谊,其所记当不致有误。从这段记载中可以联想到,熊之所以在晚年急于录出两部抄本,一方面固然因为"九一八"事变,即刘禺生所谓"世变方殷",但他所"深虑稿本失传"的主要原因,恐怕还是他当时已经觉察到杨氏后人有出售稿本的企图。因为20多年内,他一直居住在杨氏故居,对杨氏后人的举止言行,他必有所了解。而最后,他的顾虑终于成为事实。他一旦失去了他毕生相依为命的稿本,对他当然是一个致命的打击。在万念俱灰的情况下,终于走上了绝路。稿本一失,虽然抄本犹在,但他知道在他的余年中是无法看到此书刊行了。于是他不得已托付李子魁,"望即南旋,以续整理之业,且手写补疏水经注疏遗言若干条,嘱余助其未竟之功"。⑧在安排了这样的后事以后,他就"与稿俱逝"了。

这实际上是杨氏后人第一次出卖《水经注疏》,十几年以后,又发生了第二次的这类出卖。不过第一次出卖情况模糊,到底谁是买主,这部稿本后来又流落到何处,至今都不得而知。

除了上述稿本至今不知下落以外,《水经注疏》现在留存着两种残本。其中一种今存中国科学院图书馆,是一部朱栏粗格稿本,仅存卷八《济水二》1册。贺昌群在北京本的《说明》中已经提到此本,并且作为北京本的附件也在1955年作了影印。这是当年杨守敬预备送到山东去开雕的底本。《虞初近志》中载有此事原委,⑨这里就不再赘述了。

另一本即是石泉教授赠我的排印本,书为16开本,封面《水经注疏》书名是故友邹新垓的题字。无版权页,仅在卷末标明:"一九四九年十二月于武昌亚新地学社。"书仅1册,计《河水》3卷。卷首有1949年向宜甫序,略谓:"余于一九三九年冬,晤李子魁教授于重庆沙坪坝,尝为余道其遗事,并搜集散稿,钩稽群籍,更改体例,重加整理,汇订成书。"所以今年7月李在病榻上口授黄勇同志代笔的信上说:"李教授讲,这三卷与科学出版社影印稿不相同。"这话是实在的。其所不同甚多,而开卷即见的是底本的差异。杨、熊书原以朱笺为底本,台北本卷首影印熊会贞《遗言》说到:"顾亭林推朱笺为有明一部书,……在明人实为罕见,戴本提要称所校盛行于世,特从而纠之,赵序言:疑人之所难疑,发人之所未发,爰而重之,而为之释。是戴、赵皆因朱笺加密耳,今以朱为祖本,据戴、赵订之或自订之,俾更加密焉。"这说明杨、熊对朱笺的高度评价。但这个排印本虽以《水经注疏》为名,却以殿本为底本,实际上已经背离了熊氏的《遗言》。其书在卷一《河水》下署"宜都杨守敬撰"。卷一以下忽又插入1948年李子魁叙言并附汪辟疆题水经诗及凡例数页,接着才是卷二和卷三。卷二下署"宜都杨守敬撰,枝江李子魁编";卷三下署"宜都杨守敬、枝江熊会贞撰,李子魁编。"署名纷歧,体例错杂,实在没有什么可取之处。只是作为《水经注疏》残本的一种,聊足纪念而已。

《水经注疏》除了上述两种影印本、被杨氏后人出卖至今下落不明的稿本和两种残本以外,是否还有其他别的本子呢?贺昌群说:"同一书手同一时期抄录两部。"但台北本卷首汪辟疆的说法并不相同。汪说:"稿凡数本:其一本,为中央研究院所得;其誊清正本,则仍在李君处。今余所览者,则李君所藏之正本也。"这说明当年从原稿本抄出的有数本之多,除了前中央研究院所得的一本和中国科学院购自徐行可的一本以外,至少还有一种李子魁所藏的"誊清正本"。这个本子在台北本卷首台北中华书局编辑部的《提要》中也有提及:"原稿为红格二十四开手写本,共线装四十一册,都一百五十余万言,芒采光鲜,弥足宝爱。……别有誊本及参考书百数种存李子魁处,不知今犹无恙否耳。"台北中华书局所说的"原稿",实际上就是杨氏后人卖给前中央研究院的一部抄本,而所说的"别有誊本",恰恰就是汪辟疆称为"誊清正本"的这个本子。

这个"誊清正本"的来历当然还值得继续研究。它是什么时候誊清的,又是从什么底本誊清的,它为什么会在李子魁和熊心赤(即熊小固,熊会贞之子)手上。杨氏后人于1938年把今台北本的底本卖给前"中央研究院"时,李子魁和熊心赤都不在武汉,当李得悉遗稿被卖,即写信告诉了当时也在外地的熊心赤,熊于这年9月20日复信给李,信上说:"奉足下手书,知先父水经注疏遗稿,已由杨姓出售,得价一万余元,其丧心病狂,唯利是图,一至于此者,实出乎预料之外。……因此稿根本非杨姓所独有,杨姓无单独处理之权,而违法出售,当然无效。"⑩这与台北中华书局编辑部在台北本卷首《提要》中所说的完全符合。《提要》说:"民国二十七年,政府在武汉时,由中央研究院与中英庚款董事会商定,予杨氏后裔奖金,取此书以付梓。"今年7月李子魁教授给我信中所附1957年他在北京中国科学院招待所所写前述短文的复写本中也曾回忆当年遗稿被杨姓出卖之事。他说:"记得是一九三八年七月二十八日。"1949年武昌亚新地学社排印本《水经注疏》卷首向宜甫序中,还提到了当时的时局。他说:"原稿四十卷,由时昭瀛与杨勉之(即杨守敬之孙)先生协议,一九三八年秋七月,绍介于前中央研究院。缘是时,武汉为日寇所威胁,马当已失守。"说明当时已是一个兵荒马乱的时候,前中央研究院所得之本,靠着公家的力量,抢运到了香港,随即再从香港转运到重庆。当时的中央社并且曾为此发了电讯,"向全国及举世学术界人士专电报导,谓为学术界一大喜讯"。⑪竟不知另外还有一部"誊清正本",在李子魁、熊心赤两人的护送下,随即也到了重庆。许多人只知前者而不知后者。后者的来龙去脉的确比较神秘。既然杨姓出卖遗稿时,李、熊两人均已离开武汉,而当时武汉的局势已经紧张,则这个"誊清正本"当二人出走时是否随身带走。而杨姓的出售遗稿与这个"誊清正本"的带出武汉,中间有没有关系。

汪辟疆在台北本卷首文章的末尾,附了一篇当年他在重庆所写的《附记》。其中说道:"宜都杨守敬,枝江熊会贞水经注疏四十卷稿,今由熊先生哲嗣小固及李子魁君运渝。……日前李君来谒,亟思于此时刊布全稿,以永流传,亦杨、熊二先生素志也。余曾以此稿语之章行严先生,行严先生极愿尽力,因属子魁往谒之。"说明汪辟疆不仅看了这个本子,而且还把这个本子介绍给了章士钊先生。为了让李子魁带了这个本子去见章士钊,汪辟疆当时写了两首诗作为介绍信,诗名《李子魁携杨守敬熊会贞合撰水经注疏全稿走渝拟谒行严先生以诗介之》。这两首诗也收在台北本的卷首。稿本很有价值,又有这样得力的人士支持,为何没有刊行。既不刊行,则原稿又落在何处。兹事体大,恐怕还值得继续研究。

今年7月李子魁先生托人代笔的信中,还附来一张照片,照片上所摄的是一个书函,上写"校补 守敬会贞 水经注疏影印稿",下署"李子魁校补"。此事又颇令人扑朔迷离。这个书函看来不可能是汪辟疆所说的"誊清正本",因为影印这样一部巨著是一件大事,一定要通过某个出版机构,学术界不可能一无所知。根据李函中所附的另一张照片,即1957年3月25日董必武同志给李的信上所说,知道李子魁1957年的北京之行,是应中国科学院李四光副院长之邀,去京商讨整理《水经注疏》的。则照片中的书函,可能就是科学出版社1955年的影印版《水经注疏》,而由李在这个影印本上加以校补,其性质仍然是一部稿本。假使如此,则这部署名"李子魁校补"的稿本,其内容可能与1949年武昌亚新地学社的排印本相似。可惜这部稿本目前是否仍然存在,也是不得而知。

台北本的得失

现在再回头讨论台北本。前面已经提到贺昌群在北京本卷首《说明》所说的"同一书手同一时期抄录两部"的话。既然是"同一书手同一时期",那末台北本和北京本的内容应该相同,没有什么可以讨论的了。但是,事实并不如此。应该承认,台北本的质量,特别是在校勘上的成就,超过北京本很多。而要说明两本之间为什么存在这种差距,还得研究一下这两本的历史。

虽然是"同一书手同一时期抄录两部",但是这两部在抄录完成以后,处境却很不相同。北京本的底本子1954年从徐行可处购得,而台北本的底本则于1938年从杨守敬的后人处购得。前者在抄成以后就离开了杨氏故居,而后者却与原稿一直留在熊会贞身边。因此,熊在修订稿本的同时,必然也随时对这部抄本加以订正。另外,可能是由于熊会贞以身殉稿的行动震动了杨氏后人,在熊氏弃世后数月,杨氏后人又同意熊临死嘱托的李子魁进入杨宅继续修订当时尚余留的一部抄本。李子魁今年7月致我信中所附熊心赤致李函的复写本中提到:"廿六年秋,由杨君勉之及弟商得兄之同意,就杨府藏书处开始校雠工作,自去秋至今春,武汉时遭空袭,兄仍继续不懈,此种勇敢精神,实堪钦佩。"则李子魁也在这部抄本中下了将近一年工夫。现在拿台北本与北京本相比,可以发现,当年"同一书手同一时期"所抄录的这两部抄本,这位书手不能认为是十分细致的。抄写中,不仅是杨、熊疏文上的错字和脱漏(当然也应该考虑到原稿的错漏),有时是大段的脱漏,甚至连郦氏注文也有不少错漏。这些错漏在台北本已经大部得到改正,但北京本除了卷二十一《汝水》经过徐行可校勘外,其余基本上一仍其旧。因此,台北本的成就,无疑应该归功于熊会贞晚年的辛勤工作和李子魁从1937年秋季以后将近一年中的努力。

为了说明这两本的不同,我拟选出一篇进行对比,使目前一时还读不到台北本的治郦同仁能见一斑。我曾经将两本各篇大致核对过一下,各篇的差距实在都是差不多的。由于我曾经为卷四十《浙江水》撰过一篇《水经·浙江水注补注》[12],因此,这里我仍以《浙江水》为例,把两本的差距作一个对比。

表一　注文

北京本	台北本	北京本的错漏
石溜湍波,浮饗无辍。	石溜湍波,浮響无辍。	"響"误"饗"。
昔有道士,长徃不归。	昔有道士,长往不归。	"往"误"徃"。
昔子胥亮于吴,吴人怜之。	昔子胥亮于吴而浮尸于江,吴人怜之。	漏"而浮尸于江"5字。
子胥从海上负种既去。	子胥从海上负种俱去。	"俱"误"既"。
句践谓不欲,遂止。	句践都瑯邪,欲移允常冢,冢中生分风,飞沙射人,人不得近,句践谓不欲,遂止。	漏"句践都瑯邪,欲移允常冢,冢中生分风,飞沙射人,人不得近"23字。
当由地迴多风所致。	当由地迥多风所致。	"迥"误"迴"。
浙江又东迳柴辟南,于此故谓之辟塞。	浙江又东迳柴辟南,旧吴越之战地矣,备候于此,故谓之辟塞。	漏"旧吴越之战地矣,备候"9字。
江水导源乌伤。	江水导源乌伤县。	漏"县"字。

续表

北京本	台北本	北京本的错漏
自昔耆旧县不开南门。	自昔耆旧传，县不开南门。	漏"传"字。
右临白马潭，潭中深无底。	右临白马潭，潭之深无底。	"之"误"中"。
南带长江，东连上坡。	南带长江，东连上陂。	"陂"误"坡"。

表二　疏文

所属注文	疏文		北京本的错漏
	北京本	台北本	
浙江水。	知渐江浙水并见。	知渐江浙江并见。	"江"误"水"。
山海经谓之浙江也。	鏊持其说不变。	坚持其说不变。	"坚"误"鏊"。
地理志云：水出丹阳黟县南蛮。	新安人谋言南蛮。	新安人讳言南蛮。	"讳"误"谋"。
	而汉属丹阳郡。	两汉属丹阳郡。	"两"误"而"
若长雷发声，则官长不反。	特起十余丈，峰光剑峙。	寺起十余丈，峰若剑峙。	"若"误"光"。
封中山宪王孙云客于此。	立宪王孙云客为广德王。	立中山宪王孙云客为广德王。	漏"中山"二字。
东与一小溪合。……又西南入浙江。	今登水出渍溪县。	今登水出绩溪县。	"绩"误"渍"。
于是立始新府于歙之华乡。	齐为太守立府于始兴	齐为太守立府于始新。	"新"误"兴"。
	故言立始新之府于歙之叶乡也。	则是立始新之府于歙之叶乡也。	"则是"误"故言"。
县北有乌山。	一统志：北三里。	一统志：在县北三里。	漏"在县"二字。
行旅所难。	以竹索引般，乃可上也。	以竹索引船，乃可上也。	"船"误"般"。
名曰蛟龙池。	黄省本本同。	黄省曾本同。	"曾"误"本"。
山甚峻极，北临紫溪。	名庐林。	名楼林。	"楼"误"庐"。
	盖二水互相通称。	盖二水互受通称。	"受"误"相"。
迳新城县入浙江。	迳分水县东南经庐桐县屈从尚未至新城也。	迳分水县，又东南迳桐庐县，屈从县北东入富春江，尚未至新城也。	漏"又"、"县北东入富春江"8字。
东分为湖浦。	在今当阳县西南。	在今富阳县西南。	"富"误"当"。
黄武四年，……分置诸县。	当时东安属县也，县字不误。	当时东安属县也，则县字不误。	漏"则"字。
建安十六年，县民郎稚作乱。	朱安讹作武，依吴志贺齐传改建安。	朱安讹作武，脱作字，赵依吴志贺齐传改建安。	漏"脱作字赵"4字。

续表

所属注文	疏文		北京本的错漏
	北京本	台北本	
秦始皇南游,……因立为县。	守敬按,始记始皇本纪集解。	守敬按史记始皇本纪集解。	"史"误"始"。
王莽之进睦也。	然毛本作进睦。	然毛本汉书作进睦。	漏"汉书"二字。
集颜乌所居之村。	朱氏所引系误本,会贞按。	朱氏所引系误本,戴改衔土同,会贞按。	漏"戴改衔土同"5字。
浙江又东北流至钱唐,榖水入焉。	自舆地志云,榖江,其水波澜交错。	自舆地志云,榖江,其水波澜交错。	"榖"误"榖"。
吴宝鼎中,分会稽隶东阳郡。	与秦以为照尤非也,盖注言吴以会稽之县分属东阳耳。 今姑据订,然终疑此句是衍文。	与秦以为县不照尤非也,盖或注言吴以会稽之县分属东阳耳。 今姑从之,然终疑此句是衍文	漏"县不"、"或"3字。 "从之"误"据订"。
分乌伤上浦立。	晋宋齐梁属同,今永康县治。	晋宋齐梁属同,即今永康县治。	漏"即"字。
县本新安县,……改曰信安。	晋宋齐梁因今西安县西。	晋宋齐梁因在今西安县西。	漏"在"字。
迳乌伤县入榖。	后废东阳郡。	后属东阳郡。	"属"误"废"。
山下有钱唐故县。	汉至隋志俱作唐。	汉志隋志俱作唐。	"志"误"至"。
故改名钱塘焉。	姑称钱塘。	始称钱塘。	"始"误"姑"。
葬于重山。	名胜志引舆地志。	敬名胜志引舆地志。	漏"故"字。
声闻数十里。	与晋书张华传同。	与晋书张华传合。	"合"误"同"。
湖水上通浦阳江,下注浙江。	毛榆讨大可。	毛检讨大可。	"检"误"榆"。
今之西陵也。	范蠡教兵城。	范蠡教兵城也。	漏"也"字。
	通鉴注,在今越州萧山县西。	通鉴注,西陵在今越州萧山县西。	漏"西陵"二字。
句践封范蠡子之邑也。	守敬按,越话下。	守敬按,越语下。	"语"误"话"。
盖取此亭以为封号也……基阯尚存。	此陆盖阯之误。	此陞盖阯之误。	"陞"误"陆"。
北泻长江。	溉田九百余顷。	溉田九千余顷。	"千"误"百"。
	镜在绍兴府城南三里。	镜湖在绍兴府城南三里。	漏"湖"字。
溪水下注长湖。	此注叙长溪及若耶溪溪。	此注叙长溪及若耶溪寒溪。	漏"寒"字。
宗庙在湖之南。	令本吴越春脱此文。	今本吴越春秋脱此文。	漏"秋"字。
古防山也	盖因戮防山得名。	盖因戮防风得名。	"风"误"山"。

续表

所属注文	疏文		北京本的错漏
	北京本	台北本	
黄帝之遗谶也。	号曰委宛，……禹乃退斋登委宛山。	号曰宛委，……禹乃退斋登宛委山。	二处"宛委"误"委宛"。
天赐神女。	天赐妾乃别条。	天赐妾乃别一条。	漏"一"字。
秋啄其秽，……则刑无赦。	会贞按，三州记。	会贞按，十三州记。	漏"十"字。
秦始皇登稽山，……尚存山侧。	秦皇山。	秦望山。	"望"误"皇"。
	有申屠驷重刻刻本。	有申屠驷重刊本。	"刊"误"刻刻"。
得百川之理也。	有金简玉字之书，又从孔说。	有金简玉字之书，此又从孔说。	漏"此"字。
得乌贼鱼	西阳俎。	西阳杂俎。	漏"杂"字。
	大海与海通。	大湖与海通。	"湖"误"海"。
	唐明州即故会稽县治也。	唐明州即故会稽县地也。	"地"误"治"。
以成五剑。	王取纯钩亦之。	王取纯钩示之。	"示"误"亦"。
乘崖俯视。	朱讹作垂。	朱乘讹作垂。	漏"乘"字。
持百钱出送。	此注盖约续汉志文。	此注盖约续汉书文。	"书"误"志"。
	去治二字，当作此溪去治，	去治此溪四字，当作此溪去治。	漏"此溪"2字，"四"误"二"。
以感远为贵荷泉。	会贞按，泉钱通。	戴改作钱，会贞按，泉钱通。	漏"戴改作钱"4字。
邪溪之东有寒溪……冬温夏凉。	暑天水冷，冬月水温。	暑月水冷，冬月水温。	"月"误"天"。
其感致如此。	问何所欲，……常患若邪溪载薪难。	问何所欲，……曰：常患若邪溪载薪难。	漏"曰"字。
栖迹此山。	弃官仍居此。	弃官仍居此山。	漏"山"字。
越王都埤中。	西甄处于埤中曰无余。	西瓯处于埤中曰无余。	"瓯"误"甄"。
有雷门，……句践所造。	寰宇郡。	寰宇记。	"记"误"郡"。
川土明秀，亦为胜地。	山阴道士行。	山阴道上行。	"上"误"士"。
周嘉上书，……以东为会稽。	称阳羡人称山阴人疑元和志令为人之误。	称阳羡人称山阴人则元和志令为人之误。	"则"误"疑"。
黄武六年正月初获彭绮。	守敬按，吴志孙权传。	守敬按，见吴志孙权传。	漏"见"字。
云天方明河欲请鼎脚折。	御览引万善历曰。	御览引万善历增曰。	漏"增"字。

续表

所属注文	疏文		北京本的错漏
	北京本	台北本	
旧吴越之战地矣。		朱越作楚,戴赵同,会贞按,吴楚战地不至此,越绝书二云:柴辟亭到语儿就李,吴侵以为战地。又八云:语儿乡故越界,名曰就李,吴疆越以为战地,至于柴辟亭,志由拳下以为吴越战地是也。则此楚为越之误。今订。	漏一段,计82字。
三余之间。	所谓之余也。	所谓三余也。	"三"误"之"。
水势高急,……土人号为泄也。	下泄要三十丈。	下泄垂三十丈。	"垂"误"要"。
	末到潭一里为浦江界。	未到潭一里为浦江界。	"未"误"末"。
	山势转而南面两山夹潭流。	山势转而南面北两山夹潭流。	漏"北"字。
	奇迹旁绝。	奇迹秀绝。	"秀"误"旁"。
北带乌山。	少时于此山据得紫石。	少时于此山掘得紫石。	"掘"误"据"。
	是绵延甚广。	是山绵延甚广。	漏"山"字。
谓之神明镜。	以当有游记叙嶂嵊二山之胜。	必当有游记叙嶂嵊二山之胜。	"必"误"以"。
江有琵琶圻。	山西有谢灵运别墅。	山西为谢灵运别墅。	"为"误"有"。
江广百丈		朱笺曰:宋本作江广百丈,黄本作江广一百固误,吴改作百里亦非也。子奎按,残宋本作江广一百,吴本但有里字,上作墨□,与笺不合,赵琦美校改一里,戴、赵作百丈。	漏一段,计64字。
故山海经曰:浙江在其东在闽西北入海。	戴以在其三字为衍而删之。	戴以在其东三字为衍而删之。	漏"东"字。

　　从上面的实例中可以看到,与台北本相比,《浙江水》一篇中,北京本在郦注注文上计误6字,漏36字;在杨、熊(包括李子魁)疏文上计误16字,漏199字,另外还有两处词汇颠倒。上列二表,已经把台北本的优点作了最充分的说明,此外就不必赘述了。

　　段熙仲教授今年2月来信中所说的："我从大作中得知杨、熊两先生水经注疏的传抄本之一在台湾已出版十一年"，"当初不匆匆接收任务，是可以注意到质量更多些"。这些话，正是段老精益求精的负责精神的表现。事实也确实如此，当段老开始校勘北京本的时候，台北本已出版了四五年，假使当时他手头有一部台北本，将不知节省他多少时间和精力。当然，以段老的渊博学识，台北本中的不少校勘成果，他也是能够校勘得出来的。但是台北本中还有大段大段为北京本所无的疏文，是当年熊会贞从原稿本上校补进去的，这就不是段老所能补入的了。不免令人遗憾。

　　但是台北本显然也存在着一些缺陷，其中最重要的有两方面。前面已经指出，李子魁对台北本所取得的成就作了颇大的贡献。但是，这里我却又不得不指出，李子魁的工作，却又同时替台北本留下了一个重要的缺陷。这就是，李在整理这个抄本的过程中，没有完全遵守熊会贞的《遗言》。众所周知，在《水经注》研究的历史上，曾经有过关于赵、戴相袭的争论，杨守敬和熊会贞编撰《水经注疏》时，都曾注意到吸取这件事情的教训。尽管杨、熊是师生关系，但是杨在生前还是清楚地确定了二人在此书编撰中的关系，即"此书二人同撰，文各一半。"并且把二人如何在书上署名的形式也作了规定。熊会贞虽然出于他对老师的尊重和自谦，把"文各一半"改成"文先生三分之二，会贞三分之一"。但这仍然是一种明确的数量概念，是毫不含糊的。熊在《遗言》中还规定，凡文属于杨的，可不提名，只写"按"字；文属于熊的，则写"会贞按"三字，"以示附见"。这当然也是一种谦逊的表现，但同时又是一种负责的行为。其实就是眼前的一句流行话："文责自负。"在学术上，用自己的名字冒占别人的成果，当然是一种可耻的行为；但明明是自己的成果，却硬要拉一个别的名字盖面，实在也同样并不光彩。现在颇有些不知名的人物，写了文章后去请个知名人物看一看，或者稍稍改动几句，就用那位名人盖面而自己甘附骥尾。这样的事，我看双方都值得深思。熊会贞是杨守敬的学生，但在这方面，他的确做到了尊师以德。他在《遗言》中特别指出："先生未见残宋本、大典本、明抄本，此书各卷，凡说残宋、大典、明抄，不得属之先生。……全书各卷中，先生按残宋本作某，或大典本、明抄本作某，尽改为先梅按残宋本作某，大典本作某，明抄本作某。每卷开首题名加一行，作孙先梅补疏。"从这条《遗言》里，我们才知道在此书的编撰中，还有孙先梅（岭香）的一分贡献在内。但是，李子魁在整理此稿时，却没有按照这条《遗言》办事。以致"守敬按，残宋本、大典本、明抄本作某"的话，仍然充篇累牍。而更有甚者，明明是李新增的按语，却偏要附着于杨、熊的骥尾。例如：卷一《河水》经"屈从其东南流，入于渤海"注"恒水上父王迎佛处作浮图，作父抱佛像"疏云："朱父作佛，笺曰：疑当作父，赵、戴同。守敬、子奎按，大典本、明抄本并作父。"又如同卷同经注"送物助成"疏云："朱讹作进，赵据孙潜引柳金本改，戴作送。会贞、子奎按,大典本、明抄本并作送。"这类例子,实在不胜枚举。大家知道,当李子奎整理此书时,杨、熊都已经作了古人,怎能领衔来写这些文字呢?尽管李的动机可能出于谦逊,但这样的谦逊也不足为训。其结果可使在久而久之以后成为一篇糊涂账,使后人弄不清楚,这100多万字的注疏。到底谁是真正的作者。至于李没有遵照《遗言》,把孙先梅的名字写进去,这无疑也是一个错误。

台北本另外还有一个重要的缺陷。前面指出的缺陷当然是此稿在武昌的时候造成的,现在我要指出的另一个缺陷却发生于此稿到了台湾省以后,尤其可能是在台北中华书局影印此稿以前。那就是,对此稿有颇大贡献的李子奎教授,在此稿影印时,竟被抹去了他的名字。假使把前面那个缺陷说成是好心办了坏事。那么,对于后面这个缺陷,我们就无法作这样的理解了。这是令人不胜遗憾的。

李子奎教授是接受熊会贞的遗命而致力于《水经注疏》的整理工作的。今日在台湾省的郦学同仁,只要是老一辈的,都不会不知道此事。汪辟疆教授在台北本卷首《明清两代整理水经注之总成绩》一文中就明确指出:"杨氏既归道山,而熊氏仍馆其家,暝写晨抄,二十余年如一日。……临终又手草遗言,抵其同邑李子奎,依嘱整理。"在此文末尾的《附记》中也说:"李君追随熊固之先生最久,私淑邻苏,而又亲佐熊先生钩稽群籍,襄此鸿业。熊先生于民国二十五年逝世,临卒,又手草补疏水经注遗言凡四十条,交李君赓续办理,以竟全功,则此后整理全疏非李君莫属也。"汪辟疆并且还以诗荐贤,将李介绍给章士钊先生。这两首诗同样附在台北本的汪文之后,全诗的最后四句说:"杨熊行辈谁敢卿,李子负书世所惊。乃知一书更三手,班昭马续非沽名。"即使是不知此中掌故的人,读了这样的文章和诗篇,也就能大体了解了。

正因为如此,此书每卷卷名之下,在"宜都杨守敬纂疏,门人枝江熊会贞参疏"之旁,加上一行"乡后学枝江李子奎⑬补疏"字样,这是理所当然的事。令人遗憾的是,台北本在影印以前,竟把李子奎姓名这一行全都擦掉了,遗痕宛然可辨。仅其中卷二因行列过窄而未曾擦去。卷三十五也因此只擦去了上面数字,仍然留着"子奎补疏"4字。

在这部影印本上不让李子奎列名的做法,看来是经过统盘策划的。因为我发现在卷一《河水》经"屈其从东南流,入于渤海"注"穆天子传曰:天子升于昆仑,观黄帝之宫而封丰隆之莽"一句的版框上端,有一位署名为"纬"的先生眉批说:"大典本作封隆之莽,此条显系李子奎所补,其名既已涂去,此条删之为要。以下准此。""其名既已涂去",说明涂抹是一种统一的布置;"以下准此",则表达了涂抹务尽的意思。全书的确都按照这条眉批执行,卷内凡有"子奎按"字样的,都被涂抹殆尽。

这种涂抹是不是根据学术标准呢?看来并不如此。当然,我并不认为李子奎的补疏条条都那么完美无缺。但是其中大部分是好的，或者是对原注和原疏起补充作用的。可以随手举个例子。卷二《河水》经"屈从其东南流，入于渤海"注"河水又出于阳纡凌门之山"。此处，原来的疏文如下：

　　按《山海经》：阳纡之山，河出其中；凌门之山，河出其中。郭注云：皆河之枝源所出之处也。《类聚》八引《山海经》作阳纡，与此同；作陵门，全、戴改凌作陵。

李子魁在其补疏中，把注文的"凌"改作"陵"，补疏说：

　　朱陵作凌，赵同，戴作陵。守敬（写上此名当然是不好的，我在前面已经批评过了）、子奎按，大典本、明抄本、孙潜校本并作陵，朱从吴琯本作凌。《山海经》：阳纡之山，河出其中；凌门之山，河出其中。郭注：皆河之枝源所出之处也。《类聚》八引《山海经》作陵门。

像上面这样的补疏，当然谈不上是什么一座皆惊的大文章，但是对于原疏，却是有益的。正如熊氏所说，因为杨守敬生前没有读过大典本等几种本子，他不知道朱、赵凭什么作"凌"，而殿本又凭什么作"陵"，李子魁把此事点出，使疏文更为明白，这有什么不好。但是也就是这位署名为"纬"的先生在版框上端眉批："大典本、明钞本并作陵九字应删"。然后就把子奎按以下的字统统用手笔涂掉了。

再在同卷、同经之中举一个例子。注"覆以数重吉贝"的原疏说：

　　朱讹作古具，笺曰：抄本作贝，全、赵、戴改吉贝。守敬按，《宋书·夷传》：呵罗丹国元嘉七年遣使献天竺白叠、古贝、叶波国古贝。古贝亦吉贝之误。《南史·海南诸国传》：林邑出吉贝，吉贝者，树名也，其花盛时如鹅毳，抽其绪纺之作布。又《四分律》作劫贝。玄应《音义》云：或言劫波育，或言劫婆娑，正言迦波罗，此译云树花名也。罽宾以南，大者成树，以花彤小，状如土葵，有鼓，剖以出花如柳絮，可纫以为布，用之为衣。《翻译名义集》七：即木棉也。

李子魁把这段疏文作了一番更改，他说：

　　守敬、子奎按，大典本作吉贝，改吉贝是也。《梁书·海南诸国传》：林邑国出吉贝，吉贝者，树名也，其华盛时如鹅毳，抽其绪纺之作布，洁白如纻布。《南史》本之作古贝，误。《宋、齐书·南夷传》、《两唐书·南蛮传》作古贝，误同。《宋史·外国传》两言作吉贝。又《四分律》作劫贝，劫、吉音近。（以下仍用原疏）

这一段文字当然比原疏要好。因为《梁书》撰在前，《南史》撰在后，按理应引《梁书》，何况《梁书》称吉贝，[14]而《南史》实称古贝，[15]原疏是引错的，所以必须更正。当然，李的补疏也并不一定完善，例如"《宋史·外国传》两言作吉贝"的话就是李查书中的疏忽。[16]但是较之原疏，肯定已胜一筹。现在，这位署名为"纬"的先生不仅删去了"大典本作吉贝"的话，并且还删去了玄应《音义》的一大段。这种删改，从学术上来看,实在是很不高明的。当然,吉贝一词,究其语源确实并不来自梵文,而是马来语 kāpoq 的转译。[⑰]但是郦注言吉贝,所记是古代阿育王的故事,所以必然从梵语译来,则引用玄应《音义》有什么不好。而实际上,玄应所谓劫婆娑,就是梵语 ΦųΙЯ;玄应所谓迦波罗,就是梵语 ΦųSΙ,正好找到了吉贝一词的梵语对音。删去这样的疏文,恰恰说明了捉笔人在语言学上的无知。

所以,把一位实在对此书作过贡献的人排斥在此书之外,而且采用在原稿上揩抹涂改的办法,这绝不是学术界的光明磊落的风度。在《水经注》研究史上,戴震刮补涂改大典本的事,后人訾之,[⑱]而台北本的这种做法,较之戴震实在更为明目张胆。当然,我们相信,这种做法,绝不是出于台湾省郦学界同仁和台北中华书局编辑部之手。因为台北中华书局不仅保留了汪辟疆教授早年撰写的此书序言《明清两代整理水经注之总成绩》的长文,并且还在卷首编辑部所写的《提要》中称赞这篇长文。《提要》说:"辟疆先生之长文,泛论明清以来整理水经注之总成绩,而归结于杨熊书之精义入神,其于此籍之崎岖历尽,娓娓详尽,倘此文不作,至今无复余人能道,有关掌故,后世懵焉而已。是知辟疆先生固因杨熊书而发为雄文,杨熊书实亦因辟疆先生之文而愈显光芒,可谓相得益彰者矣。"对汪氏长文的这段评价,我觉得是恰如其分的。对于晚一辈的学者来说,的确是"倘此文不作,至今无复余人能道,有关掌故,后世懵焉而已。"而汪文在这一方面正是叙述不厌其详的。前面已经指出,他不仅记载了《水经注疏》撰写中有关杨守敬、熊会贞和李子魁接受熊氏《遗言》的许多掌故,并且还对李子魁的工作给予很高的评价。特别还值得指出的是,汪文最后还把他早年撰于重庆的引荐李子魁于章士钊的推荐诗作为《附记》,并且又把李子魁早年撰写的《述整理水经注疏之经过》也附入这篇长文。台北中华书局编辑部在《提要》中推崇汪先生的长文,当然也包括这些附件在内。因此,我们可以确信,编辑部决不会做出在卷首肯定李的贡献而在卷内又涂抹唯恐不尽的这种自相矛盾的事来。而且事实上,一个人在学术上的贡献,即使轻微如一砖一瓦,却也不是某些人可以随意抹杀的。就以台北本的李子魁补疏为例,尽管卷内已被涂抹得难以卒读,但已故的日本著名郦学专家森鹿三教授,在其主译的日文译本《水经注(抄)》中,仍然重视了台北本中的李子魁按语。[⑲]这实际上就是国际郦学界对此事所作的公评,我们一方面赞赏森鹿三教授和日本郦学界的见识,同时也为台北本的这一重大缺陷深感惋惜。

结　语

前面已经提出,作为北京本和台北本底本的这两部抄本,是在"九一八"事变以后抄录的。它们经历了长期的崎岖曲折以后，竟能安然无恙，并且终于仍在我国的北京和台北两地先后影印出版，这是我国郦学界值得庆幸的一件大事。《水经注》是一部著名的古代地理著作，其历史价值和现实意义，近年以来，已在我国历史地理学、考古学等学科的研究中得到更为令人信服的佐证。而《水经注疏》北京本和台北本的先后出版，将在我国的郦学研究中发挥重要的作用，这又是值得人们欣慰的。

令人遗憾的是，由于30多年来的人为隔阂，在海峡两岸的郦学同仁之间，音闻杳渺，交流维艰。就我来说，要在台北本出版以后10年，才通过日本郦学界的朋友知道此书的问世。如今又是通过日本郦学界朋友的鼎助，才能获睹此书。对于台湾省不少在郦学研究中造诣很深的学者，我们素所钦佩。但近年以来，大陆各省在郦学研究中所发表的许多成果，包括胡适之先生的遗稿《水经注校本的研究》[20]等，他们恐怕也茫然无闻。咫尺天涯，不胜怅然。

前面已经指出，为了目前和今后需要利用《水经注》的各学科的方便，我曾经倡议集中郦学界的力量，编纂出一部具有现代科学水平的《水经注》新版本。随着北京本和台北本的先后出版以及近年来有关郦学研究的许多论文的发表，郦注新版本的编纂，已经具备了更好的条件。《水经注》是我们祖国的一部宝贵文化遗产，同时也是人类共同的宝贵文化遗产。为此，近年以来，国际郦学界和历史地理学界的朋友，也经常和我们切磋研讨，交往频繁，则更何况于我们的骨肉同胞之间。希望台湾省郦学界同仁能够和我们加强联系，更希望我们团叙一堂，互相切磋的日子能够早日来临。

注释：

① 原载《杭州大学学报》(哲学社会科学版)第11卷，1981年第4期。

② 载《历史研究》1982年第4期。

③ 段熙仲教授接受北京中华书局的委托，校勘和标点科学出版社1955年影印《水经注疏》，已于1979年年底完成。

④ 见拙作《编纂水经注新版本刍议》。

⑤ 刘禺生《世载堂杂忆》。

⑥ 让徐行可录副本的事，熊会贞没有直接提到过。《遗言》(见台北本卷首影印)说："友人黄陂徐恕行可，博学多闻，嗜书成癖，尤好是编，每得秘籍，必持送以供考证，益我良多。永矢勿萱。"

⑦ 载《世载堂杂忆》。

⑧ 李子魁《述整理水经注疏之经过》，载台北本卷首。

⑨ 陈衍《杨守敬传》，载《虞初近志》卷七。

⑩　熊心赤 1938 年 9 月 20 日致李子魁函,李子魁 1982 年 7 月 5 日所寄复写本。

⑪　《杨熊合撰水经注疏稿本提要》,载台北本卷首。

⑫　见本书。

⑬　在台北本卷内,李子魁均作李子奎。

⑭　《梁书》卷五四《诸夷传·海南》。

⑮　《南史》卷七八《夷貊传上·海南诸国》。

⑯　《宋史》卷四八九《外国传五》言及吉贝的,绝不止两处。例如占城国:"土地所出,……吉贝花布。""互市无钱缗,……或吉贝锦定十博易之直"。"其王……散披吉贝衣"。阇婆国:"有……吉贝布"。"淳化三年十二月贡,……吉贝杂织色布"。勃泥国:"用吉贝花织成布"。"昏聘之资,……用吉贝布"。注辇国:"地产……吉贝布"。

⑰　Klein's Comprehensive Etymological Dictionary of the English Language, P. 399.

⑱　孟森《商务影印永乐大典水经已经戴东原刮补涂改弊端隐没不存记》,天津《益世报》《读书周刊》1936 年 11 月 12 日。

⑲　见《水经注(抄)》卷末《水经注解说》,东京平凡社 1977 年版。

⑳　载《中华文史论丛》1979 年第 2 辑。

原载《杭州大学学报》(哲学社会科学版)1982 年第 1 期

附　记

我承日本关西大学的聘请,到大阪为该校研究生院讲学,并且访问了京都大学、大阪大学、奈良女子大学等著名大学。在京都大学访问时,曾发现该校人文科学研究所藏有杨守敬、熊会贞合撰的《水经注疏》抄本一部,但莫知由来。以后,在访问奈良女子大学时,与日本已故的郦学权威森鹿三教授的高足船越昭生教授畅谈竟日,承他告知了此抄本的始末。森鹿三教授曾于 30 年代派他的助手去武昌与当时尚健在的熊会贞协商,获得《水经注疏》抄本一部。但彼此之间有一项口头协定,即在中国未出版此书前,日本绝不出版此书。是以此抄本一直收藏在京都大学供学者研究。我在访问船越教授时,曾以新近发表的拙著《编纂水经注新版本刍议》一文相赠。船越建议,既然北京本与台北本已经先后影印出版,而两本之间存在不少差异,则以后编纂新版本时,宜再与京都大学所藏抄本仔细核对,庶几采三本之长。其意甚善,当俟之来日。因我国学术界对杨、熊《水经注疏》抄本流传事颇多议论,而且言人人殊,故特为附记如上。

著者于日本大阪花园王宫饭店寓次
1983 年 9 月 20 日

四十二、论《水经注》的佚文

我曾于1964年论述过《水经注》的地理学资料与地理学方法，指出此书是一部地理著作，其实际价值主要在地理学方面。[①]这些年来，此书在历史地理学研究中的重要性，已经愈来愈清楚地为实践所证明，不必再在此赘述了。这样一部篇幅浩大而内容杰出的地理著作，能够经历14个世纪而比较完整地保存下来，这不能不说是我们的大幸，但是今天流行的《水经注》，不管是哪一种版本，都还存在着不少缺佚，因此，严格说来，此书还是一种残本，这又是一件美中不足的事。

《水经注》的缺佚情况，在殿本卷首纪昀等案语中有所说明：

> 《崇文总目》称其中已佚五卷，故《元和郡县志》、《太平寰宇记》所引滹沱水、泾水、洛水皆不见于今书，然今仍作四十卷，疑后人分析以足原数也。

赵一清《水经注附录》卷下说：

> 今本《水经注》目，起河水，迄斤江水，百十有六，较《唐六典》所称亡二十一篇。

全祖望《水经江水篇跋》说：

> 江水失去第四篇，而青林湖以下水竟无考。[②]

以上数端，可见郦注缺佚的大概情况。实际上，缺佚断不只5卷20余篇，20余篇以外的各篇中，缺字佚句的亦所在多有。全祖望也说过："今世《水经》非足本，浊漳、清漳二篇，脱佚尤甚。"[③]例如苏轼的《石钟山记》，是一篇很流行的名著，但此记内所引及的郦注，④在今本中就不知所在，这样的例子是不少的。

为了补足《水经注》的缺佚，使此书更接近其原貌，清代学者曾经做了大量工作。例如赵一清在他的《水经注释》中，就广辑郦佚，增补了滏、洛、滹沱、泒、滋、洛、丰、泾、芮、滁、弱、黑等10余水，谢钟英也增补了洛、泾二水，⑤这些辑佚的成果，在后来的沈（钦韩）、⑥王（先谦）诸本中，多有所继承。此外如沈垚的《漳北滱南诸水考》⑦和孙彤的《关中水道记》⑧等著作中，对这些地区的郦佚也有过不少辑录。尽管这些工作存在一些缺点，但这毕竟是使郦注从残本走向完璧的重要手段。因此，清代学者在这方面的成绩是值得称道的。当然，工作还远远没有完结，有待于我们的继续努力。

我并没有专门从事《水经注》的辑佚工作，这些年来，由于整理郦注地名，因而有机会接触了不少郦佚，曾在大约140种文献中辑录了几百条郦佚，其中很大一部分仍是前辈学者的成果。对这些佚文进行了初步整理以后，我想提出一点体会，其目的无非是抛砖引玉，促起历史地理学界和其他需要接触郦注的同志们对此书的更多关注。此外，《水经注》的版本很多，必须选定一种作为标准的版本，辑佚才有所根据。这里，我不想节外生枝地牵扯版本问题，但我愿意指出，在我接触过的所有郦注版本（或抄本）之中，殿本还是差强人意的。因此，我选择殿本作为标准，凡是他书所引而殿本所无，或是他本郦注所有而殿本所无的，都作为佚文。对所有这些佚文进行归纳和分析，发现它们有下列几种不同的情况。

第一类佚文最完整可信。这类佚文可明显地看出佚于原注何处，以之插入，原文就成完璧。例如《方舆纪要》所引"荆水迳其下，亦谓之龙台水"句，⑨显然是《潍水注》的佚文。《潍水》经"又北过平昌县东"注云：

> 潍水又北迳平昌县故城东，荆水注之。……城之东南角有台，台下有井，与荆水通，物坠于井，则取之荆水，昔常有龙出入于其中，故世亦谓之龙台城也。荆水又东北流，注于潍。

上述《方舆纪要》所引的佚文，如置于"故世亦谓之龙台城"之下，则原文显然就成完璧。又如《名胜志》所引关于都江堰的一段，其中有13字为今本所无，即："立碑六字曰：深淘滩，浅包隄，隄者"，⑩此13字当然是《江水注》的佚文。《江水》经"岷山在蜀郡氏道县，大江所出，东南过其县北"注云：

> 李冰作大堰于此，壅江作堋，堋有左右口，谓之湔堋。

上述《名胜志》所引的佚文，若以之置于"李冰作大堰于此"之下，则原文的意思就完整而明白了。这样的例子很多，不再一一列举。

第二类佚文也是信而有征的，虽然这些佚文一般只能知其佚于何篇，不能明确地指出佚于原注何处。但是在同一时代或不同时代的文献中，都从郦注引及了这样的佚文,说明其出于郦注是可以无疑的。

例如《寰宇记》引及:"朔方县有濛水合金河。"⑪而同代稍晚的《晏元献公类要》也引及:"朔方县有濛水合金河而流。"⑫又如《元丰九域志》所引:"泜水又东南迳干言山,《邶诗》云:出宿于干,饮饯于言。"⑬而同代稍晚的《诗地理考》也引:"泜水又东南迳干言山。"⑭说明这一词句的确存在于当时流行的某种本子的郦注之中。不同时代的文献中也有这样的例子,例如《初学记》所引:"滹沱水东流迳圣人阜,阜下有泉,泉侧石上有手迹,其西复有二脚迹,甚大,莫穷所自,在县西四十八里。"⑮而《寰宇记》也引此文,⑯除"手迹"作"十二手迹外",余均与《初学记》同。又如《舆地纪胜》所引:"涪江水东南合射江。"⑰而《名胜志》也引:"涪江水又东南合射江。"⑱说明从唐至明,这些词句确实存在于某种本子的郦注之中。

另外还有一种与此相似的情况,例如《方舆纪要》所引:

> 晋祠南有难老、善利二泉,大旱不涸,隆冬不冻,溉田百余顷。又有泉出祠下,曰滴沥泉,其泉导为晋水,潴为晋泽。⑲

这段佚文,在今本《晋水注》中,很难看出佚于何处。而且除了《方舆纪要》以外,亦不见他书直接引到这段文字。但是和顾祖禹同代的阎若璩,却在他的《古文尚书疏证》中明确指出,"晋祠之泉,郦注已详"。⑳说明这种本子曾为顾、阎二氏所共见,则原句属于郦佚,可以无疑。

在上述例子中,是否存在着转抄的可能呢? 是的,在不少佚文中,历来辗转传抄,而实际上并不直接引自郦注的情况确实存在。例如《沅水注》有一段关于"武陵绿萝山"的佚文,长达 82 字,㉑清王仁俊《经籍佚文》㉒抄自清杜文澜《古谣谚》,㉓而《古谣谚》又抄自明董斯张《广博物志》,㉔王、杜实际上都不曾见过这本郦注。不过我在上面所举的这些例子,是排除了这种可能性的。因为上面举例中引用的文献经过选择,所有这些文献如《初学记》、《寰宇记》、《晏元献公类要》等,书内都大量引用郦注,而且所引又往往互有出入,说明它们各有自己所本的郦注,并不是转抄而来的。

此外,在这类佚文中还包括那些整篇亡佚的佚文。这些佚文需要仔细斟酌,重新组织,使之成篇,正如赵一清、谢钟英等所已经做的。当然,他们已做的部分中,有不少问题是值得商榷的。

第三类也是郦佚,不过与上述两类不同,这类佚文,在不同文献中引及的,往往有较大的差别,需要经过仔细的校勘,才能做到与郦注近似;有的则在引文中杂以引者按语或与它书所引的文字相混淆,必须认真查核,使之删去芜杂。例如弘治《中都志》所引:

> 二山对峙,相为一脉,自神禹以桐柏之水泛滥为害,凿山为二以通之,今两崖之间,凿痕犹存。㉕

但《方舆纪要》所引此文却作：

　　荆涂二山，相为一脉，禹以桐柏之流，泛滥为害，乃凿山为二以通之，今两山间有断接谷，滨淮为胜。㉖

二书所引的这段郦佚，前者的"今两崖之间，凿痕犹存"和后者的"今两山间有断接谷，滨淮为胜"。文字差别很大。又如《通鉴·胡注》所引：

　　渭水出襄国县西山，东过沙河，沙河在县南五里。㉗

但《名胜志》所引却作：

　　渭水出赵郡襄国县西山，昔牛缺遇盗于沙涡间是矣。㉘

此两书所引郦佚，下半句完全不同。这种情况在各文献所引郦佚中是相当普遍的。例如前已提及的苏轼的《石钟山记》中所引的这段郦佚，我曾查对过 9 种引及这段郦佚的文献，㉙其文字有 6 种差别。而《尚书正义》中所引的："黑水出张掖鸡山，南流至燉煌，过三危山，南流入于海。"这一段郦佚，我曾查对过 20 种引及此文的文献，㉚其文字竟有 11 种差别。尽管这些文字确实出于郦注，但也必须经过仔细校勘，才能去伪存真。例如明《新镌海内奇观》所引郦佚云："玄岳高三千九百丈，福地着其周百三十里，为总玄之天。"㉛明乔宇《晋阳游记》也引郦佚云："《水经》著其高三千九百丈，为玄岳；《福地记》著其周围一百三十里，为总玄之天。"㉜把这两条郦佚作一对比，就可以清楚看出，《海内奇观》所引"福地"之下漏"记"字，因而把唐杜光廷《名山洞天福地岳渎名山记》㉝的内容也误入郦注，而其实真正的郦佚不过是"玄岳高三千九百丈"而已。

第四类佚文具有可疑的性质，这类文字，在经过仔细的校勘和鉴定以后，其中有一些可能是郦佚，一些可能就不是郦佚。例如《初学记》所引郦注"乌川水源出汾川县西北"，㉞又《寰宇记》所引郦注"汾川县西有杀狗岭"，㉟这两条当然都是今本郦注所没有的。但问题是汾川县见于历史记载的建置始于西魏大统十八年（552），㊱在郦氏去世 25 年以后。这样的县名见于郦注，当然是十分可疑的。又如《寰宇记》所引郦注"铜鞮水出覆斧山，经襄垣县道"，㊲今本郦注当然没有这样的词句。但《浊漳水》经"又东过壶关县北，又东北过屯留县南"注中有一段文字说："漳水历鹿台山与铜鞮水合，水出铜鞮县西北石隥山。……铜鞮水又南迳胡邑西，又东屈迳其城南，又东迳襄垣县，入于漳。"这段注文不仅已经包括了《寰宇记》所引的全部意思，而地区和方位都明确的石隥山，看来也比《寰宇记》所引的覆斧山更为落实。则《寰宇记》所引的是否出于郦注，就大有可疑。《御览》所引的郦注也有这样的情况，管涔山条云："管涔山，汾水所出，土人云箕管山，见多管草以为名。"㊳但今本《汾水注》中，有关这方面的内容已经相当完整。注文说："其首枕汾，曰管涔之山，其上无木而下多玉，汾水出焉。……其山重阜修岩，有草无木。"《御览》所引和原注实在格格不入，所以杨守敬在其注疏本中对这条佚文提出了意见，他说，"郦注完备无缺，此当他书之文而误为《水经注》"。这也就是清沈垚所说的："然史称《水经》，亦有不出《水经》者。"⑳诸如上述的这些佚文，不经过仔细鉴核，当然是不宜轻易相信的。

第五类称为似佚非佚，这类词句，乍看颇似郦佚，但其实并非郦佚。例如《寰宇记》所引："孤柏原，愚水出焉，亦合灌水。"⑳这一段文字好像是今本郦注所没有的，但只要稍加核对，在《渭水》经"又东过郑县北"注中就可以找到这样一段文字："小赤水，即《山海经》之灌水也，水出石脆之山，北迳肖加谷，于孤柏原西，东北流与禹水合，水出英山，北流与招水相得，乱流西北，注于灌。"把这两段文字一对比，立刻可以知道《寰宇记》所引的实在就是《渭水注》的概括，并非郦佚。又如《舆地纪胜》所引："更始水，即延江文津也。"⑳这一句也是今本郦注所未见的，特别是"延江文津"，更是一个今本所绝未出现过的地名，但在《延江水》经"至巴郡涪陵县，注更始水"注中，也有一句可以和此对比，注云："更始水，即延江枝分之始也。"无疑，《舆地纪胜》的"延江文津"，实在就是"延江枝津"的刊误，其意思和今本"延江枝分之始"相同，这是古书传抄过程中所造成的，是不同版本的郦注中常见的现象，其例子是不胜枚举的。

上述五类，第一、二类是肯定的郦佚，在经过一定的字句校勘后，可以分别插入亡佚的篇注中去；第三、四类中有很大一部分也是郦佚，在经过详细的校勘后，也可以去伪存真，分别加入郦注，第五类不是郦佚，在经过核对查明原委后删去。这样的工作对恢复这部古代地理名著的旧观是很有价值的。当然，这项工作的基础是广泛辑佚，首先必须把可能是郦佚的文字大量辑录出来，才能进一步做去伪存真的工作，广辑郦佚，就要在大量的历史文献中做沙里淘金的工作，而各种历史文献摘引郦注的情况是各不相同的，因此就要求对所有这些文献有所了解，我曾在140多种文献中辑录郦佚，其中《寰宇记》竟四居其一，所以就以《寰宇记》为例，看看它摘引郦文的情况。

《寰宇记》引用郦注，时而称《水经注》云，时而称《水经》云，似乎经注分明，但实则不然，例如卷三六《灵州·果州》条云：

> 《水经》云：河水北有薄骨律镇，城在渚上，旧赫果城也，桑果榆林，列植其上，故谓之果州。

这明明是一条注文，⑳却作经文引用。再举一例。《寰宇记》卷一二七《光州·光山县》云：

> 按《水经》云：淮水又东，鳌水注之。注云：水出白沙山东北，经柴亭西，俗谓之柴水。

这里，引文中有经有注，好像经注分明，但实际上所谓经注，原来都是今本《淮水》经"又东过新息县南"的注文，⑳引者无非稍加窜改而已。这样的例子是不胜枚举的。

幸亏经文和注文在文字结构上有颇为严格的规则,在内容上也有显著的区别,但毕竟也造成辑佚工作的不少困难。

《寰宇记》引用郦注,还常常随意窜改郦注原文,例如卷一九《齐州·历城县》云:

> 《水经注》云:历山县南山上有舜祠,下有泉穴。

但今本《济水》经"又东北过卢县北"注云:

> 水出历城县故城西南……城南对山,山上有舜祠,山下有大穴,谓之舜井。

这里,《寰宇记》的窜改是很明显的。"历城"误作"历山","大穴"误为"泉穴",又删去了"舜井"。郦注一被窜改,有时就会造成大错。例如《寰宇记》四三《晋州·临汾县》所引:

> 汾水出平阳壶口山,东经狐亭。

但今本《汾水》经"又南过平阳县东"注云:

> 汾水南与平水合,水出平阳县西壶口山,《尚书》所谓壶口治梁及岐也。其水东迳狐谷亭北。

这里,《寰宇记》竟把郦注汾水的支流平水误成汾水干流,造成极大的错误。

《寰宇记》引郦不仅窜改原注,而且还夹入自己的案语。例如卷四三《晋州·神山县》所引:

> 《水经注》云:濒水出桥山东谷,北经浮山西入襄陵县界入汾,虏投交水即濒水也。

但今本《汾水》经"西南过高梁邑西"注云:

> 濒水即巢山之水也,水源东南出巢山东谷,北迳浮山东,又西北流与劳水合,乱流西北迳高梁城北,西流入于汾水。

这里可见,《寰宇记》除了明显的窜改郦注外,还加了显而易见的案语,"虏投交水即濒水也"。

《寰宇记》引郦,有时也常常概括郦注原文,把优美细腻的注文,擅加删割,成为平铺直叙的寥寥数语。例如卷四《河水》经"又南至华阴潼关,渭水从西来注之"注云:

> 常有好事之士,故升华岳而观厥迹焉,自下庙历列柏,南行十一里,东回三里,至中祠。……度此二里,便届山顶,上方七里,灵泉二所,一名蒲池,西流注于涧;一名太上泉,东注涧下。

这一段对华山山顶比较细致的记载,在《寰宇记》引用时,竟被概括成短短一语:

> 《水经》云:华山顶上灵泉曰蒲池。⑭

非特如此,《寰宇记》有时更混淆经注为一体,信手窜改,任意割裂,但也仍然名为郦注。例如卷一七《宿州·符离县》云:

> 《水经注》云:睢水出梁郡鄢县经竹邑城是也。

　　这里，"睢水出梁郡鄢县"是卷二十四《睢水注》的首句经文，而所谓"经竹邑城"则是同卷经"又东过相县南，屈从城北东流，当萧县南，入于陂"注中"睢水又东南迳竹县故城南，《地理志》曰：王莽之笃亭也。李奇曰：今竹邑县也"这一段注文的概括。由此可见，《寰宇记》所引有时会和原注有极大的差异。

　　我列举《寰宇记》引郦的如上情况，主要为了说明两个问题，第一是《寰宇记》所引的郦注中，有大量似佚非佚的东西，这是上面第五类中已经说明了的；第二是，既然《寰宇记》所引郦注和今本核对可以发现不少问题，则无法和今本核对的郦佚如"《山海经》曰：高山，泾水出焉，东流注于渭，入关谓之八水"，[45]"九嵏山东，仲山西，谓之谷口，即塞门也"[46]等等，也必然与郦注原貌有颇大的差距。《寰宇记》如此，其他文献所引者也如此，特别是从如《书叙指南》、[47]《考古辞宗》[48]之类的类书所辑录下来的郦佚，每条不过是两三个字的地名，这些地名和原注的关系，也还需要仔细的根究。这些问题，在郦注辑佚工作中无疑是极其困难的，必须下很大的工夫。

　　我没有在郦注辑佚上下过多少工夫，30 年来，只是在整理郦注地名中陆续接触到这些东西，觉得弃之可惜，才稍稍有所搜集，并且得到了点滴体会。殿本问世至今已超过了 200 年，这以后虽然又先后出了注释本、合校本和注疏本等较好的版本，其中注释本出书较晚（乾隆五十一年，即 1786 年，较殿本晚 12 年），但成稿较殿本早 20 年，其优点已经吸收在殿本之中。合校本虽然熔注笺、注释等本于一炉，但其正文仍循殿本。注疏本最后出，疏证较为精详，但其正文较之殿本所增并不很多。总的说来，200 多年来，郦注一书仍然大体上停留在殿本的水平上。而这 200 多年来郦注的应用，已经从文学的欣赏和史学的考证等方面转入了为历史地理学和考古学等学科的研究提供科学的数据等方面了。因此，对本书的校勘和注疏等工作，都提出了新的要求，在我们这个时代里，如何完成一种具有内容的完整性和疏证的科学性的郦注新版本，是一项迫切的任务。要完成这项任务，当然有许多工作应做，但辑佚毕竟是这中间很基础的和很重要的。

注释：

① 《水经注的地理学资料与地理学方法》，载《杭州大学学报》（自然科学版）第 2 卷，1964 年第 2 期。

② 《鲒埼亭集外编》卷二二。

③ 《水经注斯洨水帖子東东潜》，载《鲒埼亭集外编》卷四五。

④ 《石钟山记》："彭蠡之口，有石钟山焉。郦道元以为下临深潭，微风鼓浪，水石相搏，声如洪

钟。"载《苏东坡全集》卷三七,天一阁藏明刊本。

⑤ 《水经注泾洛二水补》,《南菁书院丛书》本。

⑥ 《水经注疏证》,北京图书馆藏稿本。

⑦ 《落驸楼文稿》卷三,《连筠簃丛书》本。

⑧ 《问影楼舆地丛书》第 1 集。

⑨ 《方舆纪要》卷三五《山东六·青州府》。

⑩ 《大明舆地名胜志》四川卷六《成都府六》引《水经注》:"李冰作大堰于此,立碑六字曰:深淘滩,浅包鬲。鬲者,壅江作堋,堋有左右口。"南京图书馆藏明刊本。

⑪ 《寰宇记》卷三七《关西道十三·盐州》。

⑫ 《晏元献公类要》卷六《陕西路》,北京图书馆藏抄本(缩微胶卷)。

⑬ 今本《九域志》无此。案《四库提要》卷六〇《元丰九域志》下云:"民间又有别本刊行,内多古迹一门,故晁公武《读书后志》有新、旧《九域志》之目。"赵一清从《九域志》辑录郦佚共 5 条,其中 3 条注明辑自古迹门,则所据正是"民间别本",此本今已佚。

⑭ 《诗地理考》卷一《召南》。

⑮ 《寰宇记》卷四九《河东道十·代州》。

⑯ 《初学记》卷八《河东道四·圣阜》。

⑰ 《舆地纪胜》卷一五四《潼州府》。

⑱ 《名胜志》四川卷一四《潼川州》。

⑲ 《方舆纪要》卷四〇《山西二·太原府》。

⑳ 《古文尚书疏证》卷六下。

㉑ 武陵绿萝山,素岩若雪,松如插翠,流风叩阿,有丝桐之韵,土人歌曰:"仰兹山兮迢迢,层石构兮嵯峨,朝日丽兮阳岩,落景梁兮阴阿,鄣壑兮生音,吟籁兮相和,敷芳兮绿林,恬淡兮润波,乐兹潭兮安流,缓尔楫兮咏歌。"

㉒ 《经籍佚文·水经注佚文》,上海图书馆藏稿本(缩微胶卷)。

㉓ 《古谣谚》卷二九,《曼陀罗华阁丛书》本。

㉔ 《广博物志》卷五《地形一·山》,杭州大学图书馆藏嘉业堂旧藏明刊本。

㉕ 弘治《中都志》卷二《山川》,天一阁藏明刊本。

㉖ 《方舆纪要》卷二一《江南三·凤阳府》。

㉗ 《通鉴》卷一九〇《唐纪六·高祖武德五年》,"宿沙河"胡注。

㉘ 《名胜志》卷九《顺德府》。

㉙ 《寰宇记》卷一一一,宋苏轼《石钟山记》(《苏东坡全集》卷三七);《名胜志》江西卷五;明罗洪先《游石钟山记》(《古今游名山记》卷一一上);明李龄《游石钟山记》(《古今天下名山胜概记》卷二五);《方舆纪要》卷八五《江西三》;《嘉靖九江府志》卷二《山川》;《康熙江西通志》卷六《山川上》,《雍正江西通志》卷一二《山川》。

㉚ 《尚书正义》卷六,《禹贡蔡传》,《禹贡说断》卷三,《尚书详解》卷八,《禹贡论》下,《禹贡山

川地理图》下，《禹贡指南》卷二，《尚书通考》，《尚书地理今释》，《禹贡锥指》卷一〇，《禹贡指掌》，《禹贡会笺》，《古今舆地图》上，《滇南通考》，《滇南杂志》，《川中杂说》，《黑水考》，《乾隆甘肃通志》卷六《山川》，《蛾术编》卷三九《连鹤寿案》。

㉛　《新镌海内奇观》卷一《恒岳图说》，浙江图书馆藏明刊本。

㉜　《晋阳游记》，《古今天下名山胜概记》卷三六，华东师范大学图书馆藏明刊本。

㉝　《名山洞天福地岳渎名山记》，南京图书馆藏明刊本。

㉞　《初学记》卷八《关内道三·乌水》。

㉟　《寰宇记》卷三五《丹州·汾川县》。

㊱　《寰宇记》卷三五《丹州·汾川县》："本汉上郡地，魏太和八年置安平县，县在薛河川，属北汾州，其州在河西三堡镇东，更南有汾州，魏大统十八年，省北汾州，乃取丹阳川号立汾川县。"

㊲　《寰宇记》卷五〇《河东道》卷一一《威胜军》。

㊳　《御览》卷四五《地部十》。

㊴　《鹿水考》，《落飒楼文稿》卷三。案"史"指《寰宇记》纂者乐史。

㊵　《寰宇记》卷二九《关西道五·华州》。

㊶　《舆地纪胜》卷一七六《夔州路·黔州》。

㊷　卷三《河水》。经"又北过北地富平县西"注。

㊸　今本注云："淮水又东，右合壑水，水出白沙山，东北迳柴亭西，俗谓之柴水。"

㊹　《寰宇记》卷二九《关西道五·华阴县》。

㊺　《寰宇记》卷三三《关西道九·原州》。

㊻　《寰宇记》卷二六《关西道二·雍州》。

㊼　(宋)任广《书叙指南》卷一四《州郡地理下》，《墨海金壶》本。

㊽　(明)况叔祺《考古辞宗》卷三《州郡地理下》，天一阁藏明刊本。

原载《杭州大学学报》(自然科学版)1978 年第 3 期

四十三、《水经注》佚文

佚文	出处	备考
卷一河水注 行十二日可至其顶。	明慎蒙:《记葱岭山》,载《古今天下名山胜概记》卷三十九《陕西三》。	《记葱岭山》引《水经注》云:"葱岭高千里,行十二日可至其顶"。
《山海经》:积石山在邓林山东河水所入也。	《山海经·西山经》"是山也,万物无不有焉"注。	《山海经》以此注为郭璞注,则所引不可能为郦注,但毕沅《山海经新校正》注云:"沅曰:此疑非郭传,后人所附。"按此,则可能为郦注。
卷二河水注 陇右白石县有竿开渡。	《方舆纪要》卷六十《陕西九》临洮府河州枹罕废县葵谷。	
卷三河水注 朔方郡宏静镇。	注释本。	卷三《河水》经"又北过北地富平县西"注云:"河水又迳典农城东",注释本作"河水又北迳朔方郡宏静镇典农城东",五校抄本、七校本作"河水又迳弘静镇典农城东"。
其下往往有泉窟可饮马。	《文选》卷二十七《乐府上·饮马长城窟行》注。	
朔方县有濛水,合金河而流。	《晏元献公类要》卷六《陕西路》夏,濛水。	《初学记》卷八《关内道第三·濛水》引《水经注》云:"朔方县有濛水,紫河。"《寰宇记》卷三十七《关西道十三·盐州·朔方县》引《水经注》云:"朔方县有濛水,合金河。"

续表

佚文	出处	备考
为榆谿。	《史记》卷一一一《列传五十一·卫青传》"遂西定河南地按榆谿旧塞"《索隐》。	
紫川水源出隰川县东紫谷也。	《初学记》卷八《河东道第四》紫川。	《书叙指南》卷十四《川郡地理下》引《水经注》叙隰川曰："紫川、黄谷。"《考古辞宗》卷二《州郡地理下》引《水经注》隰州曰："紫川,黄谷。"
黄栌水出隰川县东北黄栌谷。	《初学记》卷八《河东道第四》黄谷。	见上注。
西阳水出西阳溪。	《寰宇通志》卷八十二《辽州》土京水。	
卷四河水注与剹首水相近。	《方舆纪要》卷五十四《陕西三》郃阳县剹首水。	卷四《河水》经"又南过汾阴县西"注云:"又有灅水,东流注于河。"五校抄本,七校本在此下增"与剹首水近"5字。
周围一百八十步,冬温夏冷,清澈见底。	注释本引《元丰九域志》河中府《古迹》。	今本《九域志》无。
涑水出河东县雷首山,一名雷水。	《寰宇记》卷四十六《河东道七》蒲州河东县。	
雷首山一名中条山。	《禹贡锥指》卷十一上。	
高门原南有层阜,秀出云表,俗谓马门原。	《寰宇记》卷二十八《关西道四》同州韩城县。	
河水又迳姚武壁南。	《方舆纪要》卷五十四《陕西三·西安府下》同州郃阳县姚武壁。	
古魏城内有龙泉,南流出城源阔五寸,深一寸。	《寰宇记》卷六《河南道六》陕州芮城县。	
注中涧水。	五校钞本。	卷四《河水》经"又东过大阳县南"注云:"路涧水亦出吴山,东迳大阳城西,西南流"下,五校抄本增此四字,七校本、注释本同。
害水在县南八十里,出垣曲县界。	《寰宇记》卷四十四《河东道五》泽州沁水县。	
北四十里,大舜浚井在焉。	乾隆《山西志辑要》卷十《绛州·垣曲县·山川》鼓塚山。	《辑要》引《水经注》云:"教水南历鼓钟上峡,悬洪五丈,飞流注壑,北四十里,大舜浚井在焉"。

续表

佚文	出处	备考
卷五河水注 五社津一名土社津。	《后汉书》卷一《上帝纪一上》《光武皇帝纪》"遗耿弇率疆弩将军陈俊军五社津"注。	
汜者，取水决复入之义，北迳虎牢城东北，又北由孤村觜以下入河。	雍正《河南通志》卷十二《河防一》郑州汜水。	
沙邱堰有贵乡。	《寰宇记》卷五十四《河北道三》魏州大名县。	
清河又东北迳枣强县故城西，又东北迳棘津，津上有古台，耆旧相传，吕望卖浆台。	《名胜志》卷八《冀州·枣强县》。	
刍溪。	《书叙指南》卷十四《州郡地理下》。	《书叙指南》引《水经注》澶州地名，曰："刍溪。"
武水东流从石柱北是也。	《寰宇记》卷五十四《河北道三》博州聊城县。	
卷六汾水注 管涔山，汾水所出，土人亦云箕管山，见多管草以为名。	《御览》卷四十五《地部十》管涔山。	注疏本引此文，杨疏云："郦注完备无缺，此当他书之文而误为《水经注》。"
有白石水、中隐水，俱来注之。	《名胜志》山西卷二《太原府属县》清源县。	五校抄本引此文与《名胜志》同。
枣涧。	《书叙指南》卷十四《州郡地理下》。	《书叙指南》引《水经注》绛州地名，曰："枣涧。"
汾水关名也，在雀谷，一名雀津。	《寰宇记》卷四十一《河东道二》汾州灵石县。	《名胜志》山西卷四《霍州·灵石县》引《水经注》云："汾水关名也，在雀谷，一名爵津谷。"
霍水源出赵城县东三十八里广胜寺大郎神，西流至洪洞县。	《寰宇记》卷四十三《河东道四》晋州洪洞县。	卷六《汾水》经"历唐城东"下，五校抄本及七校本收入此文与《寰宇记》同。
卷六晋水 晋祠有难老、善利二泉，大旱不涸，隆冬不冻，溉田百余顷，又有泉出祠下，曰滴沥泉，其泉导流为晋水，潴为晋泽。	《方舆纪要》卷四十《山西二》太原府太原县台骀泽。	《古文尚书疏证》卷六下《第九十》云"晋祠之泉，郦注已详"。

续表

佚文	出处	备考
卷八济水 左冈。	《方舆纪要》卷三十三《山东四》兖州府曹州曹县曹南山。	《方舆纪要》云："左山在县西北六十五里，《水经注》谓之左冈。"
卷九清水注 魏惠王元年，韩懿侯会伐魏于晶泽陂，北对鸡鸣城。	《寰宇记》卷一《河南道一·东京上》尉氏县。	嘉靖《尉氏县志》卷四《杂志类·古迹·鸡鸣城》引《水经注》与《寰宇记》同，但"伐魏"作"伐卫"。顺治《河南通志》卷十《古迹》及雍正《河南通志》卷五十一《古迹上》引《水经注》均作"晶泽陂"。道光《尉氏县志》卷三《古迹志·鸡鸣城》引《水经注》与《嘉靖志》同。
谓之百家岩，下可容百家，故以为名，山有石穴，状如门，才得通人，自平地东南入，便至天井。	《御览》卷四十五《地部十》天门山。	
五里泉在脩武乡。	《寰宇记》卷五十三《河北道二》怀州脩武县。	
百门陂出自汲郡共山下。	唐辛怡练《百门陂碑铭并序》，载道光《辉县志》卷十四《碑碣》。	
卷九沁水 其水东迳阳陵城南山，有文石冈、双蟾岭，颠上时闻仙乐声，东接夫妻岭，北连石楼山，皆约二十里许。	雍正《泽州府志》卷六《山川·沁水县·石楼山》。	
午台亭在晋城县界。	《初学记》卷八《河东道第四·午台》。	
天井关上有宣圣回车辙迹，深入尺许，长百余步。	《名胜志》山西卷八《泽州》。	
卷九淇水注 卷水出魏郡朝歌。	《寰宇记》卷五十六《河北道五》卫州卫县。	卷九《淇水》经"淇水出河内隆虑县西大号山"注云："右合泉源水，水有二源，一水出朝歌城西北。"驿案，"泉源"与"卷"声相近，《寰宇记》卷水或即泉源水之音讹，则此一句未必为佚文。又南京图书馆藏佚名临赵琦美，孙潜等诸家校本所引《寰宇记》增此文，但"卷水"作"淦水"。
卷九洹水注 林虑山北有袴山。	嘉靖《河南通志》卷六《山川》袴山。	顺治《河南通志》卷六《山川·袴山》引《水经注》与《嘉靖志》同。

续表

佚文	出处	备考
黄谷内西洪边有一洞,深数丈,去地千余仞,俗谓之圣人窟。	《北堂书钞》卷一五八《地部二·窟篇十三》。	《寰宇记》卷五十五《河北道四·相州·林虑县》引《水经注》云:"黄花谷西北有洞穴,谓之圣人窟。"《名胜志》河南卷五《彰德府·林县》引《水经注》云:"黄花谷西北有洞穴,谓之圣水窟。"
有黄衣水注之。	《名胜志》河南卷五《彰德府·临漳县》。	
卷十浊漳水注至沙河口。	乾隆《长治县志》卷五《山川》淘水。	《长治县志》引《水经注》云:"陶水南出南陶,北流至长子城东,西转迳其城北,至沙河口,东注于漳水。"
铜鞮水出覆斧山,迳襄垣县道。	《寰宇记》卷五十《河东道十一》威胜军铜鞮县。	《名胜志》山西卷八《沁水》引《水经注》云:"铜鞮水出覆釜山,迳襄垣县界入铜鞮城,谓之铜鞮水。"
铜鞮县有梯山,高一千九百尺。	《寰宇记》卷五十《河东道十一》威胜军铜鞮县。	《晏元献公类要》卷六《河东路·威胜军》引《水经注》云:"铜鞮西有梯山,高一千九百尺。"
杨纡即大陆泽,亦谓之薄落水。	《方舆纪要》卷十四《直隶五》真定府赵州宁晋县杨氏废县及胡卢河。	《方舆纪要》卷一《历代州域形势一》引《水经注》云:"大陆泽一名杨纡薮。"
北有和城县,故此县云南。	《寰宇记》卷五十九《河北道八》邢州南和县。	《名胜志》卷九《顺德府·南和县》引《水经注》云:"北有和城县,故此云南矣。"
南和西官冶东有便水,一名鸳鸯水。	《寰宇记》卷五十九《河北道八》邢州南和县。	
渚水出赵郡襄国县西山。东过沙河县,沙河在县南五里。	《通鉴》卷一九○《唐纪六》高祖武德五年,"夜宿沙河"胡注。	《寰宇记》卷五十九《河北道八·邢州·沙河县》引《水经注》云:"渚水出赵郡襄国县西山。"沈垚《渚水考》从《寰宇记》引《水经注》云:"渚水出赵郡襄国县西山东南和县,渚水经邑界洺州鸡泽县,沙河即渚水。经邑界。"《名胜志》卷九《顺德府·沙河县》引《水经注》云:"渚水出赵郡襄国县西山,昔牛缺遇盗于沙渚之间是矣。"
中丘有蓬鹊之山,扁鹊将虢太子采药,因名,长谷渚水所出,即沙沟水之源矣。	《名胜志》卷九《顺德府·内丘县》。	《寰宇记》卷五十九《河北道八·邢州·内丘县》引《水经注》云:"中邱有蓬鹊之山"。

续表

佚文	出处	备考
鹊山有穴,出云母。	《寰宇记》卷五十九《河北道八》邢州龙冈县。	
其西有龙腾溪、鹤渡岭。	《寰宇记》卷五十九《河北道八》邢州龙冈县。	沈垚《渚水考》引《水经注》云:"其南有龙腾溪、鹤渡岭。"
蓼水出襄国石井冈,冈上有大井如车轮,相传此井光武营车所凿,旁有荆棘生,皆蟠萦如人手结,云是光武系马处,石勒时大旱,沙门佛图澄于此冈掘得一死龙,长尺余,呪之,良久始苏,腾空而上,天即雨下,因名龙冈,冈上有风门山,冬夏巨飙所从出云。	《名胜志》卷九《顺德府·邢台县》。	《寰宇记》卷五十九《河北道八·邢州·龙冈县》引《水经注》云:"蓼水出襄国石井冈,冈上有井,大如车轮。"《御览》卷九三〇《鳞介部二·龙下》引《水经注》云:"石勒时天旱,沙门佛图澄于石井冈掘得死龙,长尺余,渍之以水,良久乃苏,呪而祭之,龙腾空而上,天即雨降,因名龙冈。"《寰宇通志》卷五《顺德府·石井冈》引《水经注》云:"蓼水出襄国西石井冈,冈上有井,大如车轮,《隋区宇图志》云:此井,光武营军所凿,旁有荆棘,生皆蟠萦,如人手结,云是光武系马处。"
长芦水出洺州列入县,以其旁多芦苇为名。	《寰宇记》卷六十五《河北道十四》沧州清池县。	卷十《浊漳水》经"又北过堂阳县西"注中,五校抄本及七校本收入此文。
泽发水出董卓垒东。	《元和郡县志》卷十三《河东道三》太原府广阳县董卓垒。	卷十《浊漳水》经"又东北过扶柳县北,又东北过信都县西"注中,五校抄本、七校本、注疏本均收入此文。《寰宇记》卷五十《河东道十一·平定军·平定县》引《水经注》云:"毕发水迳董卓垒东。"《名胜志》山西卷二《太原府属县·平定州》引《水经注》云:"泽发水迳董卓垒南,其水一名阜浆水,亦名妬女泉。"
泜水其源有二。	隆庆《赵州志》卷一《地理·山川·泜水》。	
泜水即井陉山水也。	《方舆纪要》卷十四《直隶五》真定府元氏县泜水。	卷十《浊漳水》经"又东北过扶柳县北,又东北过信都县西"注云:"右合井陉山水,水出井陉山。"五校抄本、七校本在此下增"即泜水"三字,全祖望注云:"三字见顾祖禹本。"

续表

佚文	出处	备考
泜水出房子城西,出白土,细滑如膏,可用濯锦,色夺霜雪,光彩异于常锦,俗以为美谈,言房子之纩也,抑亦蜀锦之得濯江矣,岁贡其锦以充御府。	《寰宇记》卷六十《河北道九》赵州临城县。	《名胜志》卷八《赵州·临城县》引《水经注》云:"泜水东出房子城西,出白土,细滑如膏,可用濯锦。色夺霜雪,光彩鲜洁,故俗言房子之纩也,《魏都赋》云:绵纩房子,抑亦犹蜀锦之濯灌江矣。"沈垚《泜水考》从《寰宇记》引《水经注》云:"泜水东出房子城西,出白土,细滑如膏,可用濯绵,色夺霜雪,光彩鲜洁,异于常绵,俗以为美谈,言房子之纩也,抑亦似蜀锦之得濯江矣,岁贡其绵,以充御府。"
泜水东迳柏畅亭	《寰宇记》卷六十《河北道九》赵州临城县。	《初学记》卷八《河北道第五·柏亭》引《水经注》云:"洺水东迳柏畅亭。"《书叙指南》卷十四《州郡地理下》引《水经注》赵州地名曰:"柏亭。"
藁之宜安南有郫阳水入之。	雍正《畿辅通志》卷二十三《山川·川·正定府·郫阳水》。	
洨水出常山郡,即石邑县也。	《寰宇记》卷六十一《河北道十》镇州石邑县。	
洨水东迳飞龙山北,即井陉口。	《寰宇记》卷六十一《河北道十》镇州获鹿县。	《御览》卷四十五《地部十·飞龙山》引《水经注》云:"汶东流迳飞龙山北。"沈垚《洨水考》从《寰宇记》引《水经注》云:"洨水东迳飞龙山北,是井陉口"。《名胜志》卷七《真定府·获鹿县》引《水经注》云:"汶水东迳飞龙山北。"
汶水又东迳平棘县南,有石桥跨水,阔四十步,长五十岁。桥东有二石碑。	《寰记记》卷六十《河北道九》赵州平棘县。	沈垚《洨水考》从《寰宇记》引《水经注》云:"洨水又东迳平棘县南,有石桥跨水,阔四十步,长五十步,桥东有两碑石柱。"
平棘城南门,夹道有两石柱。翼路若阙焉。	《寰宇记》卷六十《河北道九》赵州平棘县。	《初学记》卷八《河北道第五·石柱》引《水经注》与《寰宇记》,但"平棘城"作"平房城"。《名胜志》卷八《赵州》引《水经注》与《寰宇记》同,但"若阙焉"作"若高阙"。
沃水至沃州城,入于沃湖。	注释本引《元丰九域志》赵州沃州城。	

续表

佚文	出处	备考
泜水又东南迳干言山。	《诗地理考》卷一《召南·干言》。	卷十《浊漳水》经"又东北过扶柳县北，又东北过信都县西"注云："东注绵蔓水。"注释本于此下从《元丰九域志》邢州《古迹》引《水经注》云："泜水又东南迳干言山，《邶诗》云：出宿于干，饮饯于言。"
槐水又迳平山南。	注释本引《元丰九域志》赵州平州城。	
槐水出黄石山，山连邑界赞皇山别阜。	《寰宇记》卷六十一《河北道十》镇州元氏县。	《名胜志》卷七《真定府·元氏县》引《水经注》云："槐水出元氏县之黄石山。"
汉高帝北巡至高邑，亦光武即位于此。	《寰宇记》卷六十《河北道九》赵州高邑县。	沈垚《济水考》从《寰宇记》引《水经注》同，但"汉高帝"作"汉章帝"。
亭有石坛，坛有圭头碑，其阴云：常山相陇西狄道冯龙所造，坛庙之东，枕道有两石翁仲相对焉。	《后汉书》卷一上《帝纪一上·光武皇帝纪》"光武于是命有司设坛场于鄗南千秋亭五成陌"注。	
漳水一名大漳水，兼有液水之目也。	《史记》卷七《本纪七·项羽本纪》"项羽军漳南"《正义》。	
今县西北六十里漳河西岸又有北蒲岭故城，盖汉末黄巾之乱，有蒲岭人流寓于此，遂立此城。	《寰宇记》卷六十五《河北道十四》沧州清池县。	《寰宇记》卷六十三《河北道十二·冀州·阜城县》引《水经注》云："今沧州鲁城县北六十里漳河西岸，又有一蒲领人流寓于陂，遂立此城。"
卷十清漳水注 黄岩水出辽山县西黄冈下。	《初学记》卷八《河东道第四》黄岩。	
清谷水口源出东北长山清谷，亦云辽山县西南黄岩山珍流出。	《寰宇记》卷五十四《河东道五》辽州辽山县。	
卷十补滏水注 滏水源于神麇山。	《方舆纪要》卷四十九《河南四》怀庆府磁州神麇山。	

续表

佚文	出处	备考
滏水发源出石鼓山南岩下，泉奋涌若滏水之汤矣，其水冬温夏冷，崖上有魏世所立铭，水上有祠，能兴云雨，滏水又东流注于漳，又谓之合河。	《御览》卷六十四《地部二十九》滏水。	《通鉴地理通释》卷八《漳滏注》引《水经注》云："滏水出石鼓山南岩下，冬温夏冷，东流注于漳，又谓之合河。"《山海经笺疏》卷三《北山经》"而东流注于欧水"郝懿行案引《水经注》云："滏水出邺西北石鼓山南岩下，泉源奋涌，若釜之扬汤矣，其水冬温夏冷，滏水又东流注于漳，谓之合口。"《山海经广注》卷三《北山经》"而东流注于欧水"吴任臣注引《水经注》云："滏水发源出石鼓山南岩下，泉奋涌，滏水之阳矣，冬温夏冷，水上有祠，能兴云雨，又东流注于漳，谓之合河。"《战国策释地》卷下"滏"释曰引《水经注》云："滏水出邺县西北石鼓山，东北流注于漳，谓之合口。"沈垚《釜水考》从《御览》引《水经注》云："釜水发源出石鼓山南岩下，泉奋涌，滚滚如汤，其水冬温夏冷，崖上有魏世所立铭，水上有祠，能兴云雨，釜水东流，注于漳，谓之合河。"
漳釜合流在邺。	沈垚《釜水考》。	
邺西北滏水热，故名滏口。	《后汉书·郡国志》"有故大河，有滏水"刘昭补注。	
《浮图澄别传》曰：石虎时，正月不雨至六月，澄曰诣滏祠，稽首暴露，即日，二白龙降于祠下，于是雨遍千里。	《御览》卷九三〇《鳞介部下·龙下》。	
卷十补洺水注 洺水出易阳县山，晋惠帝败于汤阴之岁，乌桓、鲜卑掠邺城，妇女悉沈于洺水，即此河也。	《名胜志》河南卷五《磁州·武安县》。	《寰宇记》卷五十六《河北道五·磁州·武安县》引《水经注》云："洺水出易阳县西山。"
洺水之目，不知谁改。俗谓山下之地为洺，故曰洺水。	《寰宇记》卷五十八《河北道七》洺州永年县。	《名胜志》卷十《广平府·永年县》引《水经注》云："洺水之目，不知谁改，俗谓山下之地曰洺，漳水迳之，故曰洺水矣。"沈垚《寖水考》引《水经注》云："洺水之目，不知谁改，俗谓山下之地名洺，因经之，故曰洺水。"

续表

佚文	出处	备考
洺水一名漳水,俗名千步。	《初学记》卷八《河北道第五》千步。	
狗山顶上有狗迹,今在临洺县西。	《初学记》卷八《河北道第五》狗山。	
洺水东北迳广平县故城东,水积大泽之中为登泉,南北四十里,东西二十里,亦谓之黄塘泉。	《初学记》卷八《河北道第五》塘泉。	
洺水东流迳曲梁城。	注释本卷十《补洺水》引《元丰九域志》邢州《古迹》。	
卷十一易水注 固安县有黄金台。	明钟芳《黄金台记》,载《天下名山诸胜一览记》卷二。	《天下郡国利病书》卷二《北直一》引《水经注》与《黄金台记》同。康熙《保定府志》卷六《古迹·黄金台》引《水经注》云:"固安县有黄金遗址。"
武阳城有一石台,在天城门外,号曰武阳台。	《寰宇记》卷五十四《河北道三》魏州莘县。	
武阳,燕昭王所城,东西二十里,南北十七里。	《方舆纪要》卷十二《直隶三》保定府易州武阳城。	
其山有孔,表里通澈,状如星月,俗谓之星月岩,山下有穴,出钟乳,石上往往有仙人及龙迹。西谷又有一穴,大如车轮,春则风出东,夏出南,秋出西,冬出北,有沙门法猛,以夏日入其东穴,见石堂、石人,故欲穷之,内有人厉声云:法师,其余三穴皆如东者,不宜更入,猛仍行不息,须臾不觉身已在穴外矣。	《名胜志》卷五《保定府二》易州。	
五回山南七里有斗鸡台,传云:燕太子丹斗鸡于此。	七校本《易水》经"又东过博陵县南"注。	《寰宇记》卷六十七《河北道十六·易州·满城县》引《水经注》云:"五回山南七里有斗鸡台。"
汉景帝改为亚谷城,封东胡降王卢它父为亚谷侯。	《寰宇记》卷六十七《河北道十六》雄州容城县。	
易水东历安州,届高阳关,过郑县北赵堡入于海。	嘉靖《河间府志》卷一《山川》任邱县易水。	

续表

佚文	出处	备考
卷十一滱水注 广昌县南有交牙城,未详所筑,以地有交牙川为名。	《寰宇记》卷五十一《河东道十二》蔚州飞狐县。	
广昌郡南有古板殿城。	《寰宇记》卷五十一《河东道十二》蔚州飞狐县。	
徐州东北迳五回县。	《通鉴》卷一九〇《唐纪六》高祖武德五年,"战于徐河"胡注。	
卷十一补滹沱水注 雁门郡北对句注,东陉其南,九塞之一也,晋咸宁元年句注碑曰:盖北方之险,有卢龙飞狐,句注为之首,天下之阻所以分内外也,汉高祖欲伐匈奴,不从娄敬之说,械于广武,遂逾句注,困于平城,谓此处也。	《寰宇记》卷四十九《代州·雁门郡》。	《元一统志》卷一《中书省统山东河北之地·太原路·山川·句注山》引《水经注》与《寰宇记》同。沈垚《滹沱水考》从《寰宇记》引《水经注》,"北对句注"作"北对句注山","所以分内外也"作"所以分别内外也";"械于广武"作"械系于广武"。
龙泉出雁门西平地,其大三轮,泉源涌沸,腾波奋发,以巨石投之,水辄喷出,亦云潜通燕京山之地也。	《寰宇记》卷四十九《河东道十》代州雁门县。	《方舆纪要》卷四十《山西二·太原府·代州·龙跃泉》引《水经注》云:"云龙泉出雁门西北平地。"沈垚《滹沱水考》从《寰宇记》引《水经注》"雁门"下有"县"字。
五台山,其山五峦巍然,故曰五台,晋永嘉三年,雁门郡人五百余家避乱入此山,见山中人为先驱,因而不返,遂宁岩野,往返之士,稀有望见其村居者,至诣寻访,莫知所在,故俗人以为仙者之都矣,中台之山。顶方三里,西北陬有一泉水不流,谓之太华泉,盖五台之层秀,《仙经》云:此山为紫府,仙人居之。其北台之山,冬夏常冰雪不可居,即文殊师利常镇毒之所,今多佛寺,僧徒善信之士往礼焉。	《御览》卷五十《地部十》五台山。	按"雁门郡人五百余家"句,《寰宇记》卷四十九《河东道十·代州·五台县》引《水经注》作"雁门郡莜人县百余家",《名胜志》山西卷二《太原府属县·五台县》引《水经注》作"雁门郡莜县人百余家",《佩文韵府》卷十五《十五删·山·五台山》引《水经注》云:"五台山,五峦巍然,故谓之五台。"清高懋功《云中纪程》引《水经注》云:"晋永嘉中,雁门百姓避乱入五台山,见仙人为之先驱,因而不返,寻访莫之所在,俗又号是山为仙都。"沈垚《滹沱水考》从《寰宇记》引《水经注》云:"五台山,五峦巍然,故谓之五台,晋永嘉三年,雁门郡莜人县百余家避乱入此山,见山人为之先驱,因而不反,遂宁岩野,往还之士,稀有望见其村居者,至诣访,莫知所在,故俗人以此山为仙者之都矣。"
薄池水西注五台山。	《初学记》卷五《总载·山第二》九室。	

续表

佚文	出处	备考
滹沱水东流迳圣人阜，阜下有泉，泉侧石上有十二手迹，其西复有二脚迹，甚大，莫穷所自，在县西四十八里。	《寰宇记》卷四十九《河东道十》代州五台县。	《初学记》卷八《河东道第四·圣阜》引《水经注》与《寰宇记》同，但无"十二"2字。《书叙指南》卷十四《州郡地理下》引《水经注》忻州地名曰"圣阜"。《考古辞宗》卷二《州郡地理下》引《水经注》忻州曰"圣阜"。
滹沱河南历忻中口，俯会忻川水，西出管涔山东也。	《寰宇记》卷四十二《河东道三》忻州秀容县。	《名胜志》山西卷二《太原府属县·忻州》引《水经注》云："滹沱南历忻中口，俯会忻川水，又东历程侯山北。山甚层锐，其下旧有采金处，亦名金山。"沈垚《忻水考》从《寰宇记》引《水经注》云："滹沱水南历忻中口，頼会忻川水，水出西管涔东山也。"
忻州东历程侯山，北山甚层锐，其中旧有采金处，俗谓之金山。	《寰宇记》卷四十二《河东道三》忻州秀容县。	沈垚《忻水考》从《寰宇记》引《水经注》云："忻水东历程侯北山，山甚层锐，其下旧有采金处，俗谓之金山。"
滹沱迳九原城北流。	乾隆《忻州志》卷一《山川》九龙冈。	
三会水出九源县西，东流入滹沱水，迳定襄县界。	《寰宇记》卷四十二《河东道三》忻州定襄县。	《晏元献公类要》卷六《河东路·忻·三会水》引《水经注》云："三会水去九原县西东流，三会水迳定襄县东界"。《名胜志》山西卷二《太原府属县·定襄县》引《水经注》与《寰宇记》同，但"九源县"作"九原县"，"定襄县"作"定襄"，无"县"字。沈垚《木马水考》从《寰宇记》引《水经注》云："三会水出九原县西，东流入滹沱水。"
思阳川东有独山，北有嵓，嵓上有人坐迹，山腹石上有两手迹，山下石上有两脚迹，俗名之为仙人石也。	《初学记》卷五《石第九》。	
《李克书》曰：魏文侯时，克为中山相。苦陉之吏上计而入多其前，克曰：苦陉上无山源林麓之饶，下无溪谷牛马之息，而入多其前，是苦我百姓，遂执而免之。汉光武封大将军杜茂为苦陉侯，汉帝北巡，改曰汉昌，至魏文帝，改汉昌为魏昌城。	《寰宇记》卷六十《河北道九》祁州无极县。	按"山源林麓"，据沈垚《滋水考》引《水经注》作"山原林麓"。

续表

佚文	出处	备考
安城,即魏之安乡也,《魏志》云,明帝太和元年,封外祖甄逸为安乡侯,嫡孙象袭,青龙二年,追谥后兄俨为安乡侯,即此城也。	《寰宇记》卷六十《河北道九》祁州无极县。	
后魏太祖南巡行营筑,亦曰资城。	《寰宇记》卷六十《河北道九》祁州无极县。	《名胜志》卷七《真定府·无极县》引《水经注》云:"后魏太武帝南巡作营,亦曰资城,以资水所迳矣。"沈垚《滋水考》引《水经注》云:"后魏太武帝南巡营筑,亦曰资城。"
卫水出常山灵寿县西,东北入滹沱河,又迳石嶂山,山形小而峻,三面削绝,一名五岳山,又有五台之称,昔文殊行道所也,袈裟水出焉。	《名胜志》卷七《真定府·灵寿县》。	《寰宇记》卷六十一《河北道十·镇州·灵寿县》引《水经注》云:"卫水出常山灵寿县西,东北入滹沱河。"
行唐城上西南隅有大井若轮,水沸腾不测。	《初学记》卷八《河北道第五》轮井。	《寰宇记》卷六十一《河北道十·镇州·行唐县》引《水经注》云:"行唐城上西南隅有大井若轮,水深不测。"沈垚《鹿水考》从《寰宇记》引《水经注》云:"行唐城上有大井若轮,水深不测。"《名胜志》卷七《真定府·行唐县》引《水经注》云:"行唐城上西南隅有井,大若轮,水深不测,谓之轮井。"
行唐城内北门东侧,祠后有神女庙,庙前有碑,其文云:玉山将军,故燕蓟之神童,后为城神,圣女者,此土华族石神夫人之元女,赵武灵王初营斯邑,城弥载不立,圣女发叹应与人俱,遂与妃神童潜刊真石,百堵皆兴,不日而成,故祀此神后之灵应不泯焉。	《寰宇记》卷六十一《河北道十》镇州行唐县。	《名胜志》卷七《真定府·行唐县》引《水经注》与《寰宇记》有下列不同:"赵武灵王初营斯邑"作"初赵武灵王营斯邑";"遂与妃神童潜刊真石"作"遂偕神童潜刊真石";"故祀此神后之灵应不泯焉"作"故此神之灵应至今"。《广博物志》卷七《地形三》引《水经注》云:"行唐城北门侧有王女神庙,庙前碑云:赵武灵王营斯邑城,弥载不立,圣女发叹,百堵皆兴,百日而就。"沈垚《鹿水考》从《寰宇记》引《水经注》,"玉山将军"作"王山将军";"燕蓟"作"燕冀"。

续表

佚文	出处	备考
滹沱河又东迳常山城北，又东南为蒲泽，济水有梁焉，俗谓之蒲泽口。	《寰宇记》卷六十一《河北道十》镇州真定县。	《名胜志》卷七《真定府·真定县》引《水经注》与《寰宇记》同，但"蒲泽口"作"蒲县口"。
鄚县东南隅，水有狐狸淀，俗溷谓之掘鲤淀。	《名胜志》卷六《河间府·任丘县》。	沈垚《滹沱水考》引《水经注》云："莫县东南隅，水有狐狸淀，俗亦谓之掘鲤淀。"
在鄚县东南隅中，有蒲柳，多葭苇。	《寰宇记》卷六十六《河北道十五》莫州任邱县。	
滹沱河又东，白马渠出。	《寰宇记》卷六十三《河北道十二》深州饶阳县。	沈垚《滹沱水考》引《水经注》云："滹沱河又东自白马沟出。"
大浦下导，陂沟竞奔滹沱，人因决之，谓之百道陉。	《寰宇记》卷六十六《河北道十五》瀛洲河间县。	沈垚《滹沱水考》从《寰宇记》引《水经注》云："大浦下导，陂沟竞奔，咸注滹沱，是故因人决人之处，谓之百道口。"《名胜志》卷六《河间府·河间县》引《水经注》云："大浦下导，陂沟竞奔。"
房渊，漳水所决入也。	《方舆纪要》卷十三《直隶四》河间府献县房渊。	
卷十一补滋水注 滋水迳枚回岭东南，过石铭陉，有石铭，其上云：冀州北界。	《方舆纪要》卷四十四《山西六》大同府蔚州灵丘县银钗岭。	驿案，卷十一《滱水》经"滱水出代郡灵丘县高氏山"注云："其水东南流，山上有石铭，题言冀州北界，故此谓之石铭陉。"《方舆纪要》可能以滋水为滱水，则此句未必是佚文。
滋水出灵邱县西南枚回山，悬河五丈，湍急之声，响动山谷，樵伐之士，咸由此渡，巨木沦湑，久乃方出，或落崖石，无不粉碎也。	李慈铭校本引《元和志》。	驿案，今本《元和志》（据《武英殿丛书》本）卷十八《蔚州·灵邱昌》云："滋水出县西枝回山，悬河五丈，湍急之声，响动山谷，樵栈之士，咸由此度，巨木沦渚，久乃方出，或落崖石，无不粉碎也。"《土地记》云：枚回岭与高是山，连麓接势"，又案，今本《元和志》未云此文引自郦注。
滋水悬流五丈，湍急之声，震动山谷，东南流入广灵县境。	《方舆纪要》卷四十四《山西六》大同府蔚州银钗岭。	
滋水至行唐县，鹿水出焉，谓之木刀沟，入滹沱河。	《名胜志》卷七《真定府·行唐县》。	
滋水去县东，又至新市县入滹沱河。	《寰宇记》卷六十一《河北道十》镇洲真定县。	沈垚《滋水考》从《寰宇记》引《水经注》云："滋水又东至新市县，入滹沱河。"
滹沱水流入雷河沟水，过旧曲阳城。	《名胜志》卷八《晋州》。	

续表

佚文	出处	备考
唐水导源卢奴县北,至唐城西北,竭而为湖,其水南入小沟,下注于滱。	《方舆纪要》卷十二《直隶三》保定府唐县唐河。	
唐水所积,谓之唐池,莲荷被水,亦曰莲堰。	《寰宇记》卷六十二《河北道十一》定州唐县。	
卷十一补派水注 派水历天井泽南,水流所播为津,俗名天井淀。	《寰宇记》卷六十二《河北道十一》定州安喜县。	《名胜志》卷七《真定府·定州》引《水经注》与《寰宇记》同,但"所播为津"作"所播为泽"。沈垚《派水考》引《水经注》云:"派水历天井泽南,水流所播为泽,俗名为天井淀。"
派水北流迳大核山。	《初学记》卷八《河北道第五》核山。	
卷十二巨马水注 巨马水东流迳加夷山,即脁子于山中养无目父母之所也。	《寰宇记》卷六十七《河北道十六》易州易县。	
卷十三㴲水注 玄岳高三千九百丈。	《新镌海内奇观》卷一《恒岳图说》。	《新镌海内奇观》引《水经注》云:"玄岳高三千九百丈,福地著其周百三十里,为总玄之天"。驿案,明乔宇《晋阳游记》(载《古今天下名山胜概记》卷三十六)云:"《水经》著其高三千九百丈,为玄岳,《福地记》著其周围一百三十里,为总玄之天。"《海内奇观》"福地"下漏"记"字,故"福地"下非郦佚无疑。
俗谓之衣连汭,在静东县北面四十里。	《御览》卷六十四《地部二十九》桑乾河。	
伏流至朔州马邑县雷山之阳,汇为七泉。	清宫梦仁《读书纪数略》卷十一《地部·山川类》桑乾河七泉。	
街阿水西南合桑乾河水。	《寰宇记》卷四十九《河东道十》云州云中县。	五校抄本眉批加入此文。
如浑水,水迳方山,又曰纥真山,夏积雪,鸟雀死者,一日千数。	《初学记》卷八《河东道第三》如浑水。	
卷十四湿余水注 军都关在居庸山西。	《通鉴》卷一五〇《梁纪六》武帝普通六年,"谭屯居庸关"胡注。	

续表

佚文	出处	备考
卷十四鲍丘水注 翁伯周末避乱,适无终山,山前有泉水甚清,夏尝澡浴,得玉藻架一双于泉侧。	《御览》卷四十五《地部十》无终山。	
卷十四,濡水注 秦皇刻碣石门,登之以望巨海。	《通鉴地理通释》卷五,"碣石"注。	
卷十四大辽水注 辽队县在辽水东岸。	《方舆纪要》卷三十七《山东八》辽东都指挥使司海州卫辽队城。	
卷十四浿水注 《上林赋》云:秋田于青邱。	《山海经·南山经》"曰青邱之山"郭璞注。	赵一清《水经注附录》卷上云:"此句疑是《坝水注》之逸文。"
卷十五洛水注 洛水北迳文邑。	《寰宇记》卷一四一《山南西道九》商州洛南县。	
卷十六穀水注 郭缘生《述征记》:广阳门西南有刘曜垒、试弩棚,西北有斗鸡台、射雉观。	毕沅《晋书地理志新补正》卷二《河南郡》西有广阳条。	
尸乡南有亳坂,东有桐城,即太甲所放处。	《东晋疆域志》卷二《洛阳》。	
高百丈,最为壮丽。	《方舆纪要》卷四十八《河南三》河南府洛阳县永宁寺。	《方舆纪要》引《水经注》云:"水西为永宁寺,有九层浮图,高百丈,最为壮丽。"
卷十六浐水注 《史》曰:秦都咸阳,霸浐长水,沣涝泾渭,皆非大川,以近咸阳,尽得祠之。	宋敏求《长安志》卷十一《县一》万年浐水。	
卷十六补洛水注 洛水出上郡彫阴泰昌山,过华阴入渭,即漆沮水也。	《史》卷一一〇列传五十《匈奴传》"放逐戎夷泾洛之北"《索隐》。	
洛水出县北白于山。	《御览》卷四十三《地部八》白于山。	
白于山,今名女郎山,上多松柏,下多檽枥,其兽多柞牛、羬羊,鸟多白鹮,洛水出于其阳,东注于泾也。	《御览》卷四十三《地部八》白于山。	

续表

佚文	出处	备考
破罗谷水南流,迳黄原祠东合苇川。	《寰宇记》卷三十五《关西道十一》鄜州三川县。	《名胜志》陕西卷十一《延安府·青涧县》引《水经注》与《寰宇记》同,但无"合"字。
苇谷水东南流入三川。	《寰宇记》卷三十五《关西道十一》鄜州三川县。	《关中水道记》卷二《洛水》从《寰宇记》引《水经注》云:"苇谷水自苇谷东南流入三川黄原水。"
潴水西出翟道县西石堂山,本名翟道山,《穆天子传》曰:癸酉,天子命驾八骏之驷,造父为御,南征朔野,迳绝翟道,升于太行翟道,即县之石堂山也。郭璞以为陇西狄道,非也。	《寰宇记》卷三十五《关西道十一》坊州中部县。	
猪水流迳柏城。	《初学记》卷八《关内道第三》柏城。	
白水源出汾水岭西。	《初学记》卷八《关内道第三》白水。	《寰宇记》卷三十五《关西道十一·鄜州·洛交县》引《水经注》云:"白水源出分水岭。"孙星衍《邠州志序》(载《问字堂集》卷四)从《初学记》引《水经注》云:"鄜州有汾水岭。"
兔川西南流注于洛水。	《初学记》卷八《关内道第三》兔川。	
浅石川出翟道山,与泥谷水及南、北二香水合流入沮水。	《方舆纪要》卷五十七《陕西六》延安府中部县石堂山。	
香川水源出中部县北。香水在县西南三十七里,自宜君县界来,南香水在县南三十五里,源出遗谷。	《寰宇记》卷三十五万《关西道十一》坊州中部县。	《关中水道记》卷二《沮水》从《寰宇记》引《水经注》云:"香水源出中部县北香山,自宜君县界来。"又云:"中部县南香水在县南三十五里,出遗谷。"
蒲谷水源出中部县蒲谷源。	《寰宇记》卷三十五《关西道十一》坊州中部县。	
蒲川水自鄜州洛川县流入丹阳川。	《寰宇记》卷三十五《关西道十一》丹州宜春县。	
蒲川水东南流入坊州。	《寰宇记》卷三十五《关西道十一》鄜州洛交县。	《初学记》卷八《关内道第三·蒲川》引《水经注》云:"小蒲川水东南流入坊州。"

续表

佚文	出处	备考
乌川水源出汾川县西北。	《初学记》卷八《关内道第三》乌水。	此条收入注释本补洛水及谢钟英补洛水，赵、谢二氏已辨其非。案《寰宇记》卷三十五《丹州·汾川县》云："本汉上郡地，魏太和八年置安平县，县在节河川，属北汾州，其州在河西三堡镇东，更南有汾州，魏大统十八年，省北汾州，乃取丹阳川号立汾川县。"故知立县在郦氏以后。
汾川县西有杀狗岭。	《寰宇记》卷三十五《关西道十一》丹州汾川县。	同上注。
洛水又东南迳枸邑故城，北与新阳川水合。	《寰宇记》卷三十四《关西道十》宁州安定县。	
珊瑚水东南至枸邑入洛。	《寰宇记》卷三十四《关西道十》宁州安定县。	
有乌鸡水出焉，西北注于洛水。	《寰宇记》卷三十三《关西道九》庆州华池县。	《书叙指南》卷十四《州郡地理下》引《水经注》庆州地名曰："鸡水。"《考古辞宗》卷二《州郡地理下》引《水经注》庆州曰："鸡水"。
洛水南迳尉李城，东北合马岭水，号白马水，合于渭谷北川，与合川县相接。	《寰宇记》卷三十三《关西道九》庆州安化县。	
尉李城亦曰石窟城。	《寰宇记》卷三十三《关西道九》庆州安化县。	
洛水一名马岭川水。	《寰宇记》卷三十四《关西道十》宁州安定县。	沈垚《泥水考》从《寰宇记》引《水经注》作马领川水。
云门谷水源出澄城县界，有甘谷水出县西匮谷中，其水特美，堪造酒，泉流东至坊新里，《左传》僖十八年，梁伯益其国而不能实也，命曰新里，秦人取之。文四年，晋伐秦，围祁新城，即此。	《名胜志》陕西卷三《同州·澄城县》。	《寰宇记》卷二十八《关西道四·同州·冯翊县》引《水经注》云："云门谷水源出澄城县，甘泉水出匮谷中，其水尤美，堪于造酒，泉东至坊新里，《左传》僖公十八年，梁伯益其国而不能实也，命曰新里，秦取之即此也。"
洛水南迳商原西，俗谓之浒原，原下有泉水，味咸苦，羊饮之肥而肉美，谚曰：苦泉羊，洛水浆，即此。	《名胜志》陕西卷三《同州》。	《寰宇记》卷二十八《关西道四·同州·冯翊县》引《水经注》云："洛水南迳商原西，俗谓许原也。"《方舆纪要》卷五十四《陕西三·同州·冯翊县·商原》引《水经注》与《寰宇记》同，但"许原"作"浒原"。乾隆《同州府志》卷二《山川·商原》引《水经注》云："洛水南迳商原西，俗所谓许原。"

续表

佚文	出处	备考
洛水东迳沙阜北,其阜东西八十里,南北三十里,俗名之曰沙苑。	《御览》卷一六四《州郡部十》同州。	《寰宇记》卷二十八《关西道四·同州·冯翊县》引《水经注》与《御览》同。《晏元献公类要》卷六《陕西路·同·沙苑》引《水经注》云:"沙阜北,其阜东西八十里,南北三十里。俗名之曰沙苑。"《汉书地理志补注》卷二《左冯翊》"洛水东南入渭"注引《水经注》云:"洛水南迳高原西,又东北迳沙阜北。"
水有三源,奇川鸿泻,西注于洛,亦曰帝誉泉。	《寰宇记》卷二十八《关西道四》同州冯翊县。	《名胜志》陕西卷三《同州·澄城县》引《水经注》云:"澄城温泉,其源有三,奇川鸿泻,西注于洛。"《方舆纪要》卷五十四《陕西三·西安府下·同州·澄城县·甘泉水》引《水经注》云:"县有温泉三,皆西注于洛。"《关中水道记》卷二《洛水》从《寰宇记》引《水经注》云:"县有三泉,奇川鸿泻,西注于洛,亦曰帝誉温泉。"
洛水东南历强梁原,俗所谓之朝坂。	《寰宇记》卷二十八《关西道四》同州朝邑县。	《名胜志》陕西卷三《同州·朝邑县》引《水经注》云:"洛水东南历强梁原,俗谓之朝坂也。"
汉武帝时,临晋人严上愿穿洛水,于是发卒穿渠,自徵而起,合龙首渠。	《名胜志》陕西卷三《同州·澄城县》。	
卷十七渭水注 南由县有白环水,源出白环谷。	《寰宇记》卷三十三《关西道八》陇州吴山县。	注释本收此条于卷十九补泾水注内,谢钟英《水经注洛泾二水补》云:"如南由县有白环水一条,考《寰宇记》,南由县在陇州西南一百二十里,去泾水甚远,绝非泾水篇文。"驿案,《方舆纪要》卷五十五《陕西四·凤翔府·陇州·南由城》云:"在州东南百二十里,本汉汧县地",则白环水当为汧水枝流,汧水见于卷十七《渭水》经"又东过陈仓县西"注内,故此条当为《渭水注》佚文。
卷十八渭水注 雍水俗名白水,亦曰围川水,西北自扶风界流入。	《名胜志》陕西卷三《乾州·武功县》。	
武功县渭水又东,五谷水北注之,亦名干沟河。	《关中水道记》卷三《渭水》。	

续表

佚文	出处	备考
五泉渠自扶风县流入,迳三畤原。	《方舆纪要》卷五十四《陕西三》乾州武功县六门堰。	
天柱山有凤凰祠,或云其山高峻,迥出诸山,状若柱,因以为名。	《寰宇记》卷三十《关西道六》凤翔府岐山县。	五校抄本已加入此文。
卷十九渭水注 云亭在甘水之东。	《寰宇记》卷二十六《关西道二·雍州二》鄠县。	
扈水上承扈阳池。	《寰宇记》卷二十六《关西道二·雍州二》鄠县。	《关中水道记》卷三《渭水》从《长安志》引《水经注》与《寰宇记》同。
刘谷水出蓝田山之东谷,俗谓之刘谷,西北与石门水合。	宋敏求《长安志》卷十六《县六·蓝田》刘谷水。	
石门谷。	宋敏求《长安志》卷十六《县六·蓝田》铜谷水。	《长安志》引《水经注》云:"石门谷东有铜谷水。"《渭水》经"又东过霸陵县北,霸水从县西北流注之"注云:"秦穆公霸世,更名滋水为霸水,以显霸功,水出蓝田县蓝田谷,所谓多玉者也,西北有铜谷水。"又云:"其水右合东川水,水出南山之石门谷。"是故铜谷水西之石门谷。不同于东川水之石门谷,前者"石门谷"三字,于殿本为佚文。
渭与泾合流三百里,清浊不相杂。	《渊鉴类函》卷三十九《地部·渭三》合流。	
赤水即竹水,一名箭谷水。	清吴焘《游蜀日记》。	
浮肺山,盖骊山之麓而有异名,一作肺浮。	宋敏求《长安志》卷十五《县五·临潼》骊山。	《名胜志》陕西卷二《西安府属·临潼县》引《水经注》云:"浮肺山,盖骊山之别麓,有百丈水,亦泠水之异名。"雍正《陕西通志》卷八《山川一·名山考·骊山》引《水经注》云:"泠水出肺浮山,盖骊山连麓而异名也。"《山海经笺疏》卷二《西山经》"又西百二十里曰浮山"郝懿行案引《水经注》云:"肺浮山与骊山连麓而在南。"
沈水北迳沈城之西。	《寰宇记》卷二十九《关西道五》华州郑县。	

续表

佚文	出处	备考
华岳有三峰,直上数千仞,基广而峰峻。叠秀迄于岭表,有如削成。	《方舆纪要》卷五十二《陕西一》泰华。	
卷十九补丰水注 交水上承樊川、御宿诸水,出县南山石壁谷南三十里,与直谷水合,亦曰子午谷水。	宋敏求《长安志》卷十一《县一·万年》福水。	《新校正长安志》卷十一,毕沅案,"所引无之"。
桐池西北流,入三交水。	《初学记》卷八《关内道第三》桐池。	五校抄本加入此文云:"桐池水东北流入三交水。"
交水又西南流与丰水枝津合,其北有汉故渠出焉,又西至石堨分为二水,一水西注丰水,一水自石堨北迳细柳诸原,北流入昆明池。	宋敏求《长安志》卷十二《县二·长安》交水。	
交水西至石堨,汉武帝元狩三年,穿昆明池所造。	宋敏求《长安志》卷十二《县二·长安》石闼堰。	
丰水出丰溪,西流分为二水,一水东北流为枝津,一水西北流,又北,交水自东入焉,又北,昆明池水注之,又北迳灵台西。而北至石墩,注于渭。	宋敏求《长安志》卷十二《县二·长安》丰水。	
鄠水北迳灵台西,文王又引水为辟雍灵沼。	《玉海》卷一二六《宫室·台·周灵台》。	《长安志》卷三《宫室一·周·镐京·灵台》引《水经注》云:"丰水北迳灵台西,文王又引水为辟雍灵沼。"
卷十九补泾水注 《山海经》曰:高山,泾水出焉,东流注于渭,入关谓之八水。	《寰宇记》卷三十三《关西道九》原州石泉县。	
泾水导源安定朝郍县西笄头山,秦始皇巡地西出笄头山,即是山也,盖大陇之异名。	《御览》卷六十二《地部二十七·泾水》。	乾隆《醴泉县志》卷二《水属第四·泾水》引《水经注》与《御览》同,但"朝郍"作"朝那"。
陇山在女床山西。	《关中水道记》卷二《芮水》。	

续表

佚文	出处	备考
长城距朝那城十五里。	《名胜志》陕西卷七《平凉府·平凉县》。	
大陇山之异名耳,庄子谓广成子学道于崆峒山,亦黄帝问道于广成子,盖在此山。	《御览》卷四十四《地部九·笄头山》。	
泾水迳都卢山,山路之内,常有弹筝之声,行者闻之,歌舞而去。	《寰宇记》卷三十三《关西道九》原州百泉县。	《渊鉴类函》卷二十五《地部·峡一》引《水经注》云"泾水东南迳都卢山,山路之中,常闻弹筝之声,行者鼓舞,乐而后去,即弦歌之山也,故谓此山为弹筝峡。"
歌弦之山。峡口水流,风吹滴崖,响如弹筝之韵,因名之。	《寰宇记》卷三十三《关西道九》原州百泉县。	《通鉴》卷一五六《梁纪十二》武帝中大通六年,"令杜朔周帅众先据弹筝峡"胡注引《水经注》云:"弦歌之山,峡口水流,风吹摧响,有似音韵也"。
渭州东南与神泉合也。	《初学记》卷八《陇右道第六·神泉》。	
潘源县有铜城山水出,历白石城。	《寰宇记》卷一五一《陇右道一》渭州潘源县。	
芮水出小陇山,其川名汭。	《寰宇记》卷三十二《关西道八》陇州汧源县。	雍正《陕西通志》卷十《山川二·凤翔府·陇州·汭水》引《水经注》云:"芮水出小陇山。"
芮水流入泾。	《初学记》卷八《关内道第三·芮水》。	
宜禄县北有芹川。	《初学记》卷八《关内道第三·芹川》。	
芹川出罗山县千子山,一名千子岭,东流迳宜禄县北过。	《寰宇记》卷三十四《关西道十》邠川宜禄县。	《书叙指南》卷十四《州郡地理下》引《水经注》邠州地名曰:"芹川。"《考古辞宗》卷二《州郡地理下》引《水经注》邠州曰:"芹川。"雍正《陕西通志》卷十三《山川六·长武县附考》引《水经注》作"水芹川出罗山县千子山,山一名千子岭,东流迳宜禄县北"。
芹谷水出罗川县东子午山。	《初学记》卷八《关内道第三·芹谷》。	

佚文	出处	备考
汭水迳宜禄川,亦名宜禄水,过浅水原,又东合于泾水。	《方舆纪要》卷五十四《陕西三·西安府下》邠州长武县芮水。	《通典》卷一七三《州郡三·古雍川上·新平郡·邠州·宜禄县》引《水经注》云:"东迳宜禄川,一名宜禄川水。"《寰宇记》卷三十四《关西道十·邠州·宜禄县》引《水经注》云:"汭水又东迳宜禄川,俗谓之宜禄川水。"《名胜志》陕西卷三《邠州》引《水经注》云:"汭水又东迳宜禄川,俗谓之宜禄川水。"
与青山水合。	《寰宇记》卷三十三《关西道九》庆州乐蟠县。	
泥水出翟道县泥谷。	《寰宇记》卷三十五《关西道十一·坊州·中部县》。	《关中水道记》卷二《沮水》从《寰宇记》引《水经注》云:"泥水出翟道山泥谷。"
油水与追语川水并出翟道山,亦襄乐县界。	《寰宇记》卷三十四《关西道十》宁州襄乐县。	
大延、小延水出油水南溪,西南流迳襄乐县南于延城西,二水合流。	《寰宇记》卷三十四《关西道十》宁州襄乐县。	
大陵、小陵水出巡和南殊川,西南迳宁阳城,故《豳诗》曰:夹其皇涧,陵水即皇涧也。	《寰宇记》卷二十四《关西道十》宁州真宁县。	雍正《陕西通志》卷十三《山川六·邠州支唐川》引《水经注》云:"大陵、小陵水出巡和南殊川,西南迳宁阳城,陵水即皇涧也。"
赤浧水出赤浧谷,西南流注罗水。	《文选》卷九《北征赋》"登赤浧之长坂,入义渠之旧城"李善注。	
蒲谷水出南山蒲谷,东北合细川水,又东北合且氏川水。	《寰宇记》卷三十二《关西道八》泾州灵台县。	
漆水自宜禄县界来,又东过扶风漆县北。	《寰宇记》卷三十四《关西道》邠州新平县。	孙星衍《邠州志序》(载《问字堂集》卷四)从《寰宇记》引《水经注》云,"漆水自宜禄界来,又过扶风县北。"
甘泉山即高泉山也。	《寰宇记》卷三十一《关西道七》耀州永寿县。	
五龙水出云阳宫西南,今谓之五龙谷,泉流绕长箱坂下。	《名胜志》陕西卷三《邠州·淳化县》。	《寰宇记》卷三十一《关西道七·耀州·云阳县》引《水经注》云:"五龙水出云阳宫西南。"宋敏求《长安志》卷二十《县十·云阳·五龙谷水》引《水经注》云:"五龙水出云阳宫西南。"

续表

佚文	出处	备考
梁邱谷水西南注于泾。	《初学记》卷八《关内道第三》梁邱。	
泾水东流历峡,谓之泾峡。	《初学记》卷六《泾水第九》。	《寰宇记》卷三十一《关西道七·耀州·云阳县》,《渊鉴类函》卷三十九《地部·泾三·历峡》,《禹贡会笺》卷首《雍州图》引《水经注》均与《初学记》同。《关中水道记》卷二《泾水》从《寰宇记》引《水经注》云:"泾水南流历峡,谓之泾峡。"
泾水东南流迳瓠口,郑、白二渠出焉,凡灌田万顷。	宋敏求《长安志》卷十七《县七·泾阳》焦获薮。	《寰宇记》卷二十六《关西道二·雍州二·醴泉县》,《方舆纪要》卷五十三《陕西二·西安府·泾阳县·焦获泽》引《水经注》均与《长安志》同,但均无"凡灌田万顷"5字。
九嵕山东,仲山西,谓之谷口,即塞门也。	《寰宇记》卷二十六《关西道二·雍州二·醴泉县》。	宋敏求《长安志》卷十六《县六·醴泉·甘河》引《水经注》与《寰宇记》同,但"塞门"作"寒门"。驿案,《史记》卷十二《本纪十二·孝武本纪》"所谓寒门者,谷口也"《索隐》:"盛夏凛然,故曰寒门。"则以《长安志》为是。又《寰宇记》"仲山",《后汉书》卷十四《列传四·顺阳怀侯嘉传》"嘉与战于谷口"注,《通鉴》卷四十《汉纪三十二》光武帝建武二年,"嘉与战于谷口"胡注引《水经注》均作"中山"。
泾水迳长平观北,甘露三年,呼邪单于入朝,上登长平观,诏单于无谒,即是观也。	《初学记》卷六《泾水第九》。	
泾水迳望夷宫,北临泾水,以望北夷,秦二世将祠泾,沈四白马于泾,斋于此官内。	《初学记》卷六《泾水第九》。	
卷二十漾水注 大散水流入黄花川,黄花县因水得名。	《御览》卷一六七《州郡部十三·凤州》。	《方舆纪要》卷五十六《陕西五·汉中府·凤县·大散水》引《水经注》云:"大散关水流入黄华川,是为黄华水也。"
白水东南流至葭萌县北,因谓之葭萌水,水有津关,即所谓白水关。	《通鉴》卷一二二《宋纪四》文帝元嘉十一年,"置戍于葭萌水"胡注。	

续表

佚文	出处	备考
卷二十一汝水注 宏农有柏华聚。	《方舆纪要》卷五十一《河南六》南阳府汝州霍阳聚。	
秔陂港水,龙陂港水,俱来注之。	《名胜志》河南卷十一《汝宁府·汝阳县》。	
卷二十二颍水注 颍又东至㹸龙城,即古㹸龙氏之邑也,城西有拒陵冈。	《名胜志》河南卷三《许州·汝阳县》。	
汝水又有枝流,迳二利关汝阳之县,世名死汝县,又东迳南顿故县。	康熙《上蔡县志》卷一《舆地志·汝阳故县》。	
卷二十二潩水注 其山有轩辕避暑洞。	嘉靖《许州志》卷一《山川·襄城县·具茨山》。	
卷二十二㶏水注 邻水注于㶏。	嘉靖《鄢陵志》卷一《地理志·山川》。	
卷二十二渠注 渠水即莨荡渠也	《禹贡山川地理图》卷下《莨荡渠口辨》。	
莨荡渠自中牟东流,至浚仪县分为二水,南流曰沙水,东注曰汴水。	《方舆纪要》卷四十六《河南一·颍水》。	
浚仪县,《竹书纪年》梁惠成王三十一年三月为大沟于此郛,以行圃田之水。	《玉海》卷二十一《地理·河渠·汉浚仪渠》。	
卷二十三阴沟水注 或为团城。	雍正《江南通志》卷三十五《舆地志·古迹六》凤阳府向城。	《江南通志》引《水经注》云:"北淝水迳向县故城南,俗谓之圆城,或为团城。"
卷二十四睢水注 睢阳有陨石水,一名漆沟,《左传》云:陨石于宋,五陨星也,故老云;此水有时竭涸,五石存也,故名陨水,石坠处为泽。	《御览》卷六十三《地部二十八》陨石水。	
浍水即涣水。	康熙《永城县志》卷一《山川》包河。	
卷二十四汶水注 瀛汶。	康熙《山东通志》卷六《山川》兖州府汶河。	《山东通志》云:"按《水经注》有五汶:北汶、瀛汶、紫汶、浯汶、牟汶。"

续表

佚文	出处	备考
蛇水，即蘧水也。	《舆地广记》卷七《京东西路·龚邱县》。	
卷二十五泗水注 五父衢在鲁东门外二里，襄十一年，季子，将作三军，盟诸僖閟，诅诸五父之衢，八年，阳贷取宝玉大弓以出，舍于五父之衢。	《方舆纪要》卷三十二《山东三》兖州府曲阜县五父衢。	
卷二十六沭水注 梁天监二年三月，土人张高等五百余人，相率开凿此谿，引水溉田二百余顷，俗名为红花水，东流入泗州涟水界。	《寰宇记》卷二十二《河南道二十二》海州沭阳县。	《御览》卷六十三《地部二十八·沭水》引《水经注》与《寰宇记》同。
浔水出巨公山，迳马鬐山，阴缠山右出西南，鬐水入焉。	乾隆《忻州府志》卷二《山川》莒州浔水。	
卷二十六巨洋水注 或曰沫。	嘉靖《临朐县志》卷一《风土志》涂水。	《临朐县志》引《水经注》云："王韶以为巨篾，或曰胸涂，或曰沫，实一水也。"
卷二十六淄水注 女水又东北入澱，城东二十里淄河铺东南，澱，即清水泊也。	嘉靖《青州府志》卷六《地理志一》女水。	
卷二十六潍水注 荆水迳其下，亦谓之龙台水。	《方舆纪要》卷三十五《山东六》青州府安邱县平昌城。	
卷二十七沔水注 表德沟两河入洵水，即晋、洵二水之分界也。	《名胜志》陕西卷三《商州·山阳县》。	
在金牛县界。	《初学记》卷八《山南道第七》妫墟。	
洋水源出巴山，迳县东八里，北流入黄金县界，郡因此水为名。	《寰宇记》卷一三八《山西南道六》洋川西乡县。	
卷二十八沔水注 隆中诸葛故宅有旧井一，今涸无水。	《诸葛忠武侯故事》卷五《遗迹篇》。	

续表

佚文	出处	备考
夷水入汉,俗名蛮河口。	魏源《释道山南条阳列》(载《魏源集》下册)黄象离按。	
古穀国城在穀城山上。	《方舆纪要》卷七十九《湖广五》襄阳府穀城县穀山。	
望楚山,刘宋武陵王骏屡登涉,望见鄢城,故名。	《方舆纪要》卷七十九《湖广五》襄阳府县襄阳县岘山。	
沔水又东,丰乐水注之,敖水枝水又注之。	《名胜志》湖广卷四《承天府·钟祥县》。	
卷二十九沔水注 沔水又东得浐湖,水周围三、四百里。	《文选》卷十二,《江赋》"珠、浐、丹、澾"宋六臣注。	
卷二十九湍水注 微足下之相难,所失多矣。	《魏武帝集》文集卷三。	
卷三十淮水注 二山对峙,相为一脉,自神禹以桐柏之水泛滥为害,凿山为二以通之,今两崖间凿痕犹存。	弘治《中都志》卷二《山川·涂山》。	《名胜志》卷十四《凤阳府·怀远县》引《水经注》与《中都志》同,但"凿痕犹存"作"铲痕犹故"。《方舆纪要》卷二十一《江南三·凤阳府·怀远县·涂山》引《水经注》云:"荆涂二山,相为一脉,禹以桐柏之流,泛滥为害,乃凿山为二以通之,今两山间有断接谷,滨淮为胜。"
今潼水自万安湖南流。	《寰宇记》卷十七《河南道十七》宿州虹县。	
沘水西南流,射水注之,水出射城北,建武十三年,封樊重少子丹为射阳侯,即其国也。	《后汉书》卷三十二《列传二十二·樊宏传》"十三年封弟丹为射阳侯"注。	
朐县东北海中有大洲,谓之郁洲,有道者学徒十人游于苍梧鬰洲之上,数百年,皆得至道,其山自苍梧徙至东海上,今犹有南方草木生焉。故崔琰《述初赋》曰:郁州者,故苍梧之山也。古老传言:此岛人皆是麋家之隶,今存牛栏一村,旧是麋家庄牧犹枯,祭之呼曰麋郎,否则为祟。	《寰宇记》卷二十二《河南道二十二》海州东海县。	《水经注异闻录》卷四〇一《麋郎》所引同。

续表

佚文	出处	备考
卷三十一淄水注 澅水出襄乡县东北阳中山。	《文选》卷四《京都中》张平子《南都赋》"其川渎则淯、澧、滍、澅，发源岩壑"宋六臣注。	
卷三十一涢水注 涢水亦名清发水。	《方舆纪要》卷七十七《湖广三》德安府安陆县涢水。	
所谓大富水、小富水也，大富水东南迳潭滨河至瞿河口而与小富水会，二水既合，是曰富水河。	雍正《湖广通志》卷八《山川志》京山县富水。	
卷三十二肥水注洛水上承苑马塘。	《方舆纪要》卷二十一《江南三》凤阳府定远县洛河。	
卷三十二涪水注 潺石山下有泉，曰潺水。	《寰宇记》卷八十三《剑南东道二》绵州罗江县。	
涪江水东南合射江。	《舆地纪胜》卷一五四《潼川府·景物上·射江》。	《名胜志》四川卷十四《潼川州·射洪县》引《水经注》云："涪江水又东南合射江。"
平曲，即潼川州之平阳乡。	《方舆纪要》卷六十九《四川四》重庆府合州定远县平曲城。	
卷三十三江水注 岷江泉流深远，为四渎首。	《方舆纪要》卷一二八《川渎五·大江》。	
汶江井，李冰所导。	《寰宇记》卷七十五《剑南西道四》蜀州晋原县。	
立碑六字曰：深淘滩，浅包隔。	《名胜志》四川卷六《成都府六·灌县》。	《名胜志》所引全文云。"李冰作大堰于此，立碑六字曰：深淘滩，浅包隔。隔者，于江作堋，堋有左右口。"
南江桥亦曰安乐桥，在城南二十五步，宋孝武以桥为安乐寺，改名安乐桥。	《名胜志》四川卷一《川西道·成都府·成都县》。	
新都县有金台山，水通于巴汉，以水出金沙，因以名山。	《名胜志》四川卷八《成都府八·金堂县》。	

续表

佚文	出处	备考
荔枝滩东南二十里,山上有一冢,冢惟女贞树,树上恒有白猿栖息,《郡国志》,僰道有玉女冢是也。	《佩文韵府》卷十四《十四寒·滩·荔枝滩》。	
赤白玄黄。	黄本、吴本、练湖书院抄本、注笺本、注删本、何校明抄本、王校明抄本、沈本、注释本、《名胜志》本等。	卷三十三《江水》经"又东南过僰道县北,若水、淹水,合从西来注之;又东,渚水北流注之"注云:"故其处悬岩,犹有五色焉。"各本均作:"故其处悬岩,犹有赤白玄黄五色焉。"
昔有黄牛从僰溪而出,上此崖乃化为石,是名伏犀滩。	《佩文韵府》卷十四《十四寒·滩·伏犀滩》。	
舟子取途不决,名曰犹预。	《方舆胜览》卷五十七《夔州·山川·滟滪堆》。	
秋时方出,谚云:滟滪大如象,瞿唐不可上;滟滪大如马,瞿唐不可下。峡人以此为水候。	《寰宇通志》卷六十五《夔州·山川·滟滪堆》。	《寰宇通志》所引全文云:"白帝城西有孤石,冬出二十余丈,夏即没,秋时方出,谚云:滟滪大如象,瞿唐不可上;滟滪大如马,瞿唐不可下。峡人以此为水候。"《天下名山诸胜一览记》卷十四《四川·滟滪堆》引《水经注》与《寰宇通志》同。《方舆纪要》卷六十六《四川一·瞿塘关》引《水经注》与《寰宇通志》同,但末句作"盖舟人以此为水候也"。
卷三十四江水注 黄陵庙在夷陵州,面黄牛峡,相传神常佐禹治水,诸葛武侯建庙,一名黄牛庙。	《诸葛忠武侯故事》卷五《遗迹篇》。	
公孙述依二山作浮桥拒汉师,下有急滩,名虎牙滩。	《蜀鉴》卷一,建武九年。	《舆地纪胜》卷七十三《荆湖北路·峡州·景物下·虎牙山》引《水经注》云:"下有急滩,名虎牙滩,一名武牙。"《元一统志》卷三《河南江北等行中书省·峡州路·山川·虎牙山》引《水经注》云:"荆门在南山之半,虎牙在北山之间,公孙述遣二将依二山作浮桥,拒汉师,下有急滩,名虎牙滩,一名武牙。"
即纪南城也。	《乐府诗集》卷七十二,刘禹锡《纪南歌》郭茂倩引。	郭引全文云:"楚之先,僻处荆山,后迁纪郢,即纪南城也。"

续表

佚文	出处	备考
荆山以西,冈岭相接,皆谓之西山。	《春秋地名考略》卷八《楚》"国于丹阳"注。	
以左公之所安,故曰公安。	《名胜志》湖广荆州府卷八《公安县》。	五校抄本已加入此文。
卷三十五江水注 城陵山有景侯港,乃景泊舟之处,疑即其地也。	隆庆《岳州府志》卷七《职方考》三湘浦。	
江水迳三山。又湘浦出焉,水上南北结浮桥渡水故曰版桥,浦江又北迳新林浦。	《文选》卷二十七《乐府上》谢玄晖《之宣城出新林浦向版桥》李善注。	
吕蒙城有吕蒙墓在其中。	《舆地纪胜》卷六十六《荆湖北路·鄂州上·古迹·吕蒙城》。	
樊山下寒溪水所注也。	《通鉴》卷六十五《汉纪五十七》献帝建安十三年,"进住鄂县之樊口"胡注。	
樊山,孙权治袁山即此,下有寒溪,中有蟠龙石。	雍正《湖广通志》卷七《山川志·武昌县·樊山》。	
江水又东得五丈口,又东得沙浦迳五矶。	雍正《湖广通志》卷七《山川志·武昌县·五矶》。	卷三十五《江水》经"鄂县北"注云:"又东得次浦,江浦也,东迳五矶。"《湖广通志》所引"沙浦"或是"次浦"之讹,故除"江水又东得五丈口"外,其余未必为佚文。
嘉靡江者,九江之一也。	《广博物志》卷六《地形二》。	

续表

佚文	出处	备考
石钟山西枕彭蠡,连峰叠嶂,壁立峭削。其西南北皆水,四时如一,白波撼山,响如洪钟,因名。	《方舆纪要》卷八十五《江西三·湖口县·石钟山》。	《寰宇记》卷一一一《江南西道九·南康军·都昌县》引《水经注》云:"石钟山下临深潭,微风鼓浪,水石相搏,响若洪钟,因受其称。"《苏东坡全集》卷三十七《石钟山记》引《水经注》云:"下临深潭,微风鼓浪,水石相搏,声如洪钟。"《名胜志》江西卷五《九江府·湖口县》引《水经注》与《方舆纪要》同,但"石钟山"作"石钟",无山字。明罗洪先《游石钟山记》(载《古今游名记》卷十一上)引《水经注》云:"风起微波,激石有声。"明李龄《游石钟山记》(载《古今天下名山胜概记》卷二十五)引《水经注》云:"下临深潭,微风鼓浪,水石相搏,因受其称。"嘉靖《九江府志》卷二《山川·湖口县·石钟山》引《水经注》云:"下临深潭,微风鼓浪,水石相搏,声如洪钟。"康熙《江西通志》卷六《山川上·九江府·石钟山》及雍正《江西通志》卷十二《山川·九江府·石钟山》引《水经注》均与《九江府志》同。
下临深潭,微风鼓浪,水石相搏,声如洪钟。	苏轼《石钟山记》,载《苏东坡全集》卷三十七。	同上注。李慈铭校本卷末收入此文作:"石钟山,下临深潭,微风鼓浪,水石相搏,声如洪钟。"
江至浔阳,分为九道。	《事类赋》卷六《地部·江》"流九派于浔阳"注。	杨守敬:《水经注图》第1册《凡例》云:"《禹贡山水泽地》谓九江在下隽西北,郦氏无注而《水经》不出九江,据《事类赋》引郦注系九江于浔阳与《汉志》合,岂郦氏有详说在《江水》篇中耶。"
江水左列洞口。	《寰宇记》卷一二四《淮南道二》和州历阳县。	《名胜志》卷二十,和州引《水经注》与《寰宇记》同。
枞阳湖水绕团亭,与江水合而东流。	《名胜志》卷七《安庆府·桐城县》。	
此水东南流盛唐戍,俗讹谓之小益唐,即此也。	《寰宇记》卷一二五《淮南道三》舒州桐城县。	《名胜志》卷七《安庆府·桐城县》引《水经注》云:"水源东南流迳盛唐戍,俗讹谓小益塘也。"
江水北合乌江县之丰浦,上通湖也。	《初学记》卷八《淮南道第九》丰浦。	

续表

佚文	出处	备考
水又北,《左传》黄律口,《汉书》所谓乌江亭长艤船以待项羽,即此也。	《史记》卷七本纪七《项羽本纪》"于是项王乃欲东渡乌江"《正义》。	《方舆纪要》卷二十九《江南十一·和州·当利浦》引《水经注》云:"江水又北得黄德口,即乌江渡也。"
淮南郡之于湖县南,所谓姑孰,即南州矣。	《文选》卷二十二,殷仲《南州桓公九井作》李善注。	
次得阴塘水,同受皇后湖,湖水连接包湖,西翼潭湖。	《初学记》卷八《淮南道第九》包湖。	
破虏矶东有赵屯城,内有仓。	《初学记》卷八《淮南道第九》赵屯城。	
梁立霍州,治灊县之天柱山。	《通鉴》卷一四五《梁纪一》武帝天监二年,"魏人拔关要、颍川、大岘三城"胡注。	《方舆纪要》卷二十六《江南八·六安州·霍山县·霍山》引《水经注》云:"梁立霍州,治灊之天柱山。"《魏书·地形志校录》卷上"霍州,萧衍置"引《水经注》与《通鉴》胡注同。驿案,卷三十五《江水》经"鄂县北"注云:"《地理志》曰:县南有天柱山,即霍山也,有祠南岳庙,音潜,齐立霍州,治此。"《通鉴》胡注与《方舆纪要》所引与此近似,则此条未必为佚文。
太湖县,晋泰始二年置,县在龙山太湖水边,水出县西积稻山,东南流入大江。	《名胜志》安庆府卷七《太湖县》。	五校抄本已收入此文。
马头崖北对大岸,谓之江津。	《文选》卷十二,郭景纯《江赋》"跻江津而起涨"宋六臣注。	
雷水南迳大雷戍,西注大江,谓之大雷口,一派东南流入江,谓之小雷口也,宋鲍明远登大雷岸与妹书乃此地。	《御览》卷六十五《地部三十》雷水。	《困学纪闻》卷十《地理》云:"《水经注》所谓大雷口也。"
江水对雷州之北侧,有周瑜庙。	《初学记》卷八《淮南道第九》周瑜庙。	《寰宇记》卷一二五《淮南道三·舒州·望江县》引《水经注》云:"江水对雷州水之地,侧有周瑜庙,亦呼为大雷神。"

续表

佚文	出处	备考
滁水出于逡遒县。	《舆地纪胜》卷四十五《淮南西路·庐州·古迹》古滁阳城。	《名胜志》卷十三《庐州府·合肥县》引《水经注》云："滁水出逡遒县。"雍正《江南通志》卷十八《山川八·颍州府·滁河》及道光《安徽通志》卷十六《舆地志·山川六·滁水》引《水经注》均与《名胜志》同。
滁水东迳大岘山，西北流大岘亭，即此山也，齐东昏之末，裴叔业据寿春叛附元氏，东昏遣萧懿往大岘拒之，是其所也。	《寰宇记》卷一二四《淮南道二》和州含山县。	《名胜志》卷二十《和州·含山县》引《水经注》云："滁水东迳大岘山下，西北流过大岘亭。"
桐浦。	《书叙指南》卷十四《州郡地理下》。	《书叙指南》引《水经注》和州地名曰："桐浦。"
濡湖在居巢。	《文选》卷十二，《江赋》"其旁则有云梦、雷池、彭蠡、青草、具区、洮、滆、珠、浐、丹、濑"宋六臣注。	
江宁之新林浦，西对白鹭洲。	景定《建康志》卷十九《山川志三·州浦·白鹭洲》。	
旧乐游苑，宋元嘉十一年，以其地为曲水，武帝引流转酌赋诗	《玉海》卷一七一《宫室·苑囿·汉乐游苑》。	景定《建康志》卷十九《山川志三·曲水》引《水经注》与《玉海》同。
中江在丹阳芜湖县南，东至会稽阳羡县入于海。	景定《建康志》卷十六《疆域志二·堰埭·考证》。	
中江东南，左合滆湖。	《文选》卷十二，《江赋》"其旁则有云梦、雷池、彭蠡、青草、具区、洮、滆、珠、浐、丹、濑"宋六臣注。	
瓜步在扬州六合县界。	《事类赋》卷六《地部·江》"嘉靡瓜步之名"注。	
朱湖在溧阳。	《文选》卷十二，《江赋》，"其旁则有云梦、雷池、彭蠡、青草、具区、洮、滆、珠、浐、丹、濑"宋六臣注。	景定《建康志》卷十八《山川志二·江湖·朱湖》引《水经注》与《文选》注同。
丹湖在丹阳。	同上。	

续表

佚文	出处	备考
莐承湖广长各十八里。	《方舆纪要》卷二十四《江南六·苏州府·常熟县》。	
太湖中穹窿山有铜阙。	《广博物志》卷五《地形·总地·山》。	
吴西有岸岭山,右有土阜曰铃山,左曰索山,皆以狮子名山,南顶上有巨石二如楼,云是狮子两耳。	《名胜志》卷九《苏州府·长洲县》。	
吴王赐子胥死,浮尸于江,夫差悔,与群臣临江设祭,修道塘及坛,吴人因为立庙而祭焉。	《后汉书》卷四十四《列传三十四·张禹传》"皆以江有子胥之神,难以济涉"注。	五校抄本已收入此文。
胥山上有坛,长老以为胥人所治,下有九折路,南出太湖,阖闾以游姑苏台而望太湖。	《名胜志》卷九《苏州府·胥山》。	
东海中有山焉,名曰度索,上有大桃,屈盘三千里。	《文选》卷五《京都下》左太冲《吴都赋》"径路绝,风云通,洪桃屈盘"宋六臣注。	
卷三十六若水注 邛州西百里有石盘戍,俗呼为望军顶,昔诸葛武侯驻军于此。	《诸葛忠武侯故事》卷五《遗述篇》。	
卷三十六温水注 顿逊昔号昆仑。	伯希和《交广印度两道考》第72页。	
交州刺史以兵讨林邑,败之,追击至于昆仑。	费琅《昆仑及南海古代航行考》第3页。	
卷三十七叶榆河注 罢谷山,洱水出焉。	明李元阳《西洱海志》,载《古今天下名山胜概记》卷四十七。	《滇系》卷五之一《山川系·大理府·浪穹县·罢谷山》引《水经注》与《西洱海志》同。
叶榆河水罢谷山数泉涌起如珠树,世传黑水伏流,别派自西北来,汇于县东为巨泽。	《名胜志》云南卷十五《大理府·太和县》。	

佚文	出处	备考
叶榆泽以榆叶所积得名。	《禹贡》"导黑水至于三危,入于南海"《蔡传》。	《尚书通考》卷七《黑水》引《水经注》与《禹贡·蔡传》同。明吴国辅《古今舆地图》卷下及《禹贡水道考异·南条水道考异》卷五《黑水》引《水经注》与《禹贡·蔡传》同。《禹贡论》卷下《四十一》引《水经注》云:"叶榆泽以榆叶所锺而得名。"
卷三十七沅水注 武陵绿萝山,素岩若雪,松如插翠,流风叩阿,有丝桐之韵,土人歌曰:仰兹山兮迢迢,层石构兮嵯峨,朝日丽兮阳岩,落景梁兮阴阿,郭墼兮生音,吟籁兮相和,敷芳兮绿林,恬淡兮润波,乐兹潭兮安流,缓尔楫兮咏歌。	《广博物志》卷五《地形一·山》。	清杜文澜《古谣谚》卷二十九《武陵绿萝山土人歌》及王仁俊《经籍佚文·水经注佚文》(稿本)引《水经注》与《广博物志》同。
卷三十八涟水注 石鱼山本名立石山。	《广博物志》卷五《地形·总地·山》。	
卷三十八湘水注 湘水自零陵西南,谓之澪渠。	《方舆纪要》卷一〇七《广西三·桂林府·兴安县·灵渠》。	
西临铜水,山土紫色,内含云母,服之不朽。	《寰宇记》卷一一四《江南道十二·潭州·长沙县》。	
潇水出九疑三分石,自夏阳至宁远城下过大洋出青口入泷。	康熙《湖广通志》卷九《堤防·永州府》。	
卷三十八溱水注 即修仁水也,南齐建三枫亭临其下流,谓之五渡水。	《名胜志》广东卷二《南雄府·保昌县》。	
卷三十九洣水注 泉不常见,遇邑政清明,年谷丰稔,其泉淅然,如米泔瀑涌,耆旧相传,疾者饮此多愈。	《名胜志》湖广卷十二《衡州府·酃县》。	戴本及五校抄本已加入此文。乾隆《衡州府志》卷六《山川·酃县·洣泉》引《水经注》与《名胜志》同,但末句作"有疾者饮之多愈"。
卷三十九赣水注 南水过新淦县,注于豫章,名秀水。	《舆地纪胜》卷三十四《江南西路·临江军·景物上·秀水》。	

续表

佚文	出处	备考
赣水又东迳刘繇城。	雍正《江西通志》卷三十八《古迹·南昌府·刘繇城》。	
有天宝洞天。	《方舆胜览》卷十九《江西路·隆兴府·山川·西山》。	
泸溪水合小枭迳袁州。	康熙《江西通志》卷七《山川下·抚州府·小枭水》。	
东流曲六百三十八里,出建昌城一百二十八里,入彭蠡湖。	《寰宇记》卷一〇六《江南西道四·洪州·分宁县》。	《寰宇记》所引,在"东流"前,尚有"修水出艾县南"6 字,此 6 字是经"又北过彭泽县西"注"循水出艾县西"之讹,非为佚文。
卷四十浙江水注在后汉熹平二年。	雍正《浙江通志》卷五十三《水利二·余杭县·南下湖》。	卷四十《浙江水注》经"北过余杭,东入于海"注云:"县后溪南大塘,即浑立以防水也。"《浙江通志》引《水经注》云:"县后溪南大塘,陈浑立以防水,在后汉熹平二年。"
新安县南白石山,名广阳山,水曰赤岸水。	《吴越春秋》越王无余外传第六"南逾赤岸"徐天祜注。	五校抄本已加入此文。
赤松涧在东阳,赤松子游金华山,以火自烧而化,故山上有赤松子之祠,洞自山出,故曰赤松涧。	《御览》卷六十九《地部三十四·涧》。	
又名太湖。	雍正《浙江通志》卷十五《山川七·镜湖》。	《浙江通志》引《水经注》云:"浙江又东北得长湖口,湖广东西百三十里,北泻长江。又名太湖。""又名太湖"4 字于殿本为佚文。
曹娥。	《浙江山川古迹记》卷四《绍兴府·马目山》。	《浙江山川古迹记》引《水经注》云:"曹娥江滨有马目山。""曹娥"二字,于殿本为佚文。康熙《绍兴府志》(王志)(俞志)卷五《山川志二·山下·马目山》及雍正《浙江通志》卷十五《山川七·马目山》引《水经注》均与《浙江山川古迹记》同。

续表

佚文	出处	备考
山阴县北五里有新河,西北十里有运迸塘。	乾隆《绍兴府志》卷六《地理志六·川·山阴县·新河》。	
江水又东迳县南,盖今百官地也。	乾隆《绍兴府志》卷七《建置志一·上虞县城》。	
又东迳槎渎,注于海。	康熙《绍兴府志》(王志)卷七《山川志四·海》。	
卷四十补弱水注 弱水出张掖删丹县西北,至酒泉会水县,入合黎山腹。	《史记》卷二《本纪二·夏本纪》"弱水既西"《索隐》。	
张水历绀峻山南,与张掖河合,一名鲜水,亦谓之合黎水,又名羌谷水,自吐谷浑界流入。	《方舆纪要》卷六十三《陕西十二·甘肃镇·张掖废县·张掖水》。	
合黎水出吐谷浑界中。	《方舆纪要》卷一二四《川渎一·〈禹贡〉山川》。	
卷四十补黑水注 黑水出羌中。	宋夏僎《尚书详解》卷八"导黑水至于三危,入于南海"引《九域志》。	

续表

佚文	出处	备考
黑水出张掖鸡山,南流至燉煌,过三危山,南流入于海。	《尚书正义》卷六,"导黑水至于三危,入于南海"《孔疏》。	《禹贡》"导黑水至于三危,入于南海",《蔡传》,《尚书详解》卷八及明吴国辅《古今舆地图》卷上引《水经注》均作:"黑水出张掖鸡山,南至燉煌,过三危山,南流入于南海。"《禹贡论》卷下《四十·黑水》,《禹贡山川地理图》卷下《郦道元张掖黑水图》引《水经注》均作:"黑水出张掖鸡山,南流至燉煌,过三危山,南流入南海。"《禹贡指南》卷二《黑水》引《水经注》云:"黑水出张掖鸡山,南流至燉煌,过三危,入于南海。"《尚书通考》卷七《黑水》引《水经注》云:"黑水出张掖鸡山,南至燉煌,过三危山,南流入南海。"《禹贡指掌》,《尚书地理今释》,《禹贡会笺》,《蛾术编》卷三十九《地说三·黑水》引《水经注》均作:"黑水出张掖鸡山。"清曹树翘《滇南杂志》,《蛾术编》卷三十九《地说三·黑水·连鹤寿案》引《水经注》均作:"黑水出张掖鸡山,南至燉煌,过三危山,入于南海。"清吴焘《川中杂说》引《水经注》云:"黑水出张掖鸡山,至于燉煌。"乾隆《甘肃通志》卷六《山川·甘州府·张掖县·鸡山》引《水经注》云:"黑水出张掖鸡山,至敦煌,过三危山,南流入于南海。"清阚祯兆《黑水考》(载光绪《永昌府志》卷六十五《艺文志》)引《水经注》云:"黑水出张掖鸡山,南至燉煌,过三危山,流入南海。"《禹贡说断》卷三《导黑水》,明王思训《滇南通考》(载《滇系》卷七之五《典故系》),《禹贡锥指》卷十引《水经注》均与《尚书·孔疏》同。
其他 鱼龙以秋日为夜。	陆佃《埤雅》卷一《鱼部·龙》。	此一条无从考其佚于何篇。
水生于地而不留,谓之渊。	清包家吉《滇游日记》。	同上注。驿案,"留",当是"流"之讹。

附:《水经注》佚文征引书目

黄省曾刊本水经注　上海图书馆藏嘉靖刊本

吴琯刊本水经注　浙江图书馆藏万历刊本

水经注笺　明朱谋㙔　武汉大学图书馆藏万历四十三年朱氏家刊本

练湖书院明钞本水经注　天津人民图书馆藏

何焯、顾广圻校明钞本水经注　北京图书馆藏

王国维校明钞本水经注　北京图书馆藏

水经注删　明朱之臣　北京图书馆藏万历刊本

水经注集释订讹　清沈炳巽　《四库珍本丛书》本

水经注释　清赵一清　乾隆赵氏小山堂刊本

微波榭本水经注　清戴震　孔继涵微波榭刊本

赵琦美、孙潜、何义门诸家校本水经注　失名临　南京图书馆藏八千卷楼旧藏

五校本水经注　小山堂钞本　天津人民图书馆藏

七校本水经注　清全祖望　光绪十四年宁波崇实书院刊本

水经注疏证　清沈钦韩稿本　北京图书馆藏吴兴嘉业堂旧藏

李慈铭校本水经注　北京图书馆藏会稽困学楼旧藏

水经注疏　杨守敬、熊会贞　科学出版社影印本

水经注图　杨守敬　光绪乙巳观海堂刊本

元和郡县志　唐李吉甫　光绪金陵书局刊本

太平寰宇记　宋乐史　乾隆五十八年刊本

晏元献公类要　宋晏殊　北京图书馆藏抄本

元丰九域志　宋王存　武英殿聚珍版本

舆地纪胜　宋王象之　道光二十九年岑氏重刊本

方舆胜览　宋祝穆　上海图书馆藏精抄本

舆地广记　宋欧阳忞　商务《国学基本丛书》本

石锺山记　宋苏轼　天一阁藏明刊《苏东坡全集》卷三十七

元一统志　赵万里辑　中华书局出版

寰宇通志　明陈循等　天一阁藏景泰顺天府刊本

天下名山诸胜一览记　明慎蒙　华东师范大学图书馆藏万历四年刊本

古今天下名山胜概记　明何镗　华东师范大学图书馆藏明刊本

大明舆地名胜志　明曹学佺　南京图书馆藏明刊本

记葱岭山　明慎蒙　《古今天下名山胜概记》卷三十九

游石锺山记　明罗洪先　天一阁藏明刊《古今游名山记》卷十一上

游石锺山记　明李龄　《古今天下名山胜概记》卷二十五

古今舆地图　明吴国辅　华东师范大学图书馆藏崇祯刊本

新镌海内奇观　明杨尔曾　天津人民图书馆藏万历刊本

浙江山川古迹记　清杭世骏　北京图书馆藏稿本

读史方舆纪要　清顾祖禹　商务《国学基本丛书》本

天下郡国利病书　清顾炎武　光绪广雅书局刊本

关中水道记　清孙彤　《问影楼舆地丛书》第 1 集

游蜀日记　清吴焘　《小方壶斋舆地丛钞》7 帙 2 册

滇游日记　清包家吉　《小方壶斋舆地丛钞》7 帙 4 册

云中纪程　清高懋功　《小方壶斋舆地丛钞》6 帙 3 册

川中杂说　清吴焘　《小方壶斋舆地丛钞》7 帙 2 册

滇南杂志　清曹树翘　《小方壶斋舆地丛钞》7 帙 3 册

西洱海志　明李元阳　天一阁藏明刊《古今游名山记》卷十六

泾洛二水补　清谢锺英　《南菁书院丛书》本

洨水考　清沈垚　《落帆楼文集》卷三

泥水考　清沈垚　《落帆楼文集》卷四

黑水考　清阚祯兆　光绪《永昌府志》卷六十五

交广印度两道考　伯希和　商务印书馆出版

昆仑及南海古代航行考　费瑯　商务印书馆出版

文选注　唐李善注　乾隆叶氏海录轩刊本

史记索隐　唐司马贞　百衲本

史记正义　唐张守节　百衲本

诗地理考　宋王应麟　《津逮秘书》本

春秋地名考略　清高士奇　康熙刊本

战国策释地　清张琦　嘉庆宛邻书屋刊本

吴越春秋注　元徐天祜注　《万有文库》本

乐府诗集　宋郭茂倩　《四部丛刊》本

困学纪闻　宋王应麟　清桐乡汪氏精刊本

魏武帝集　汉曹操　《汉魏六朝名家集》本

诸葛忠武侯故事　清张澍　同治聚珍斋木活字本

古谣谚　清杜文澜　《曼陀罗华阁丛书》本

经籍佚文　清王仁俊　上海图书馆藏稿本

水经注异闻录　任松如　上海启智书局出版

峨术编　清王鸣盛　道光沈氏世楷堂刊本

百门陂碑铭并序　唐辛怡练　道光《辉县志》卷十四

通典　唐杜佑　十通本

汉书地理志补注　清吴卓信注　《二十五史补编》本

后汉书注　唐李贤　百衲本

后汉书郡国志注　梁刘昭　百衲本

晋书地理志新补正　清毕沅　《丛书集成》本

东晋疆域志　清洪亮吉　《史学丛书》本

魏书地形志校录　清温曰鉴　《二十五史补编》本

通鉴地理通释　宋王应麟　《学津讨原》本

通鉴胡注　元胡三省　中华书局出版

蜀鉴　宋郭允蹈　光绪吴兴贻穀堂重刊本

滇系　清师范　云南通志局刊本

尚书孔疏　唐孔颖达等　影印日本弘化丁未刊本

尚书详解　宋夏僎　武英殿聚珍版本

尚书通考　元黄镇成　康熙通志堂刊本

古文尚书疏证　清阎若璩　《四部丛刊》本
尚书地理今释　清蒋廷锡　《借月山房汇钞》本
禹贡蔡传　宋蔡沈　同治浙江抚署刊本
禹贡论　宋程大昌　《通志堂经解》卷一二九至一三〇
禹贡山川地理图　宋程大昌　《指海一集》本
禹贡说断　宋傅寅　《聚珍本丛书》本
禹贡指南　宋毛晃　《丛书集成》本
禹贡指掌　清关涵　《关氏经学五书》本
禹贡水道考异　清方堃　道光紫霞仙馆刊本
禹贡会笺　清徐文靖　同治常惺惺斋刊本
禹贡锥指　清胡渭　康熙漱六轩刊本
山海经新校正　清毕沅　乾隆《训经堂丛书》本
山海经广注　清吴任臣　乾隆金阊书业堂刊本
山海经笺疏　清郝懿行　嘉庆阮氏琅嬛仙馆刊本
北堂书钞　唐虞世南　南海孔氏三十有三万堂重刊本
初学记　唐徐坚等　中华书局出版
太平御览　宋李昉等　中华书局出版
书叙指南　宋任广　《墨海金壶》本
事类赋　宋吴淑　据明华氏剑光阁本覆刊本
埤雅　宋陆佃　《丛书集成》本
玉海　宋王应麟　杭州大学图书馆藏元复至正六年刊本
考古辞宗　明况叔祺　天一阁藏嘉靖刊本
广博物志　明董斯张　乾隆高晖堂刊本
读书纪数略　清宫梦仁　康熙四十六年刊本
渊鉴类函　清张英等　光绪丁亥上海同文书局石印本
佩文韵府　清张玉书等　商务影印本
长安志　宋宋敏求　光绪王先谦刊本
新校正长安志　清毕沅　乾隆灵岩山馆刊本
景定建康志　宋马光祖、周应合　嘉庆江宁顾崖刊本
弘治中都志　明柳瑛　天一阁藏隆庆己巳刊本
嘉靖河南通志　明邹守愚等　天一阁藏嘉靖刊本
嘉靖许州志　明张良知　天一阁藏嘉靖刊本

嘉靖鄢陵志　明刘訒　天一阁藏嘉靖刊本

嘉靖尉氏县志　明汪心　天一阁藏嘉靖刊本

嘉靖河间府志　明樊深　天一阁藏嘉靖刊本

嘉靖青州府志　明杜思、冯惟讷　天一阁藏嘉靖刊本

嘉靖临朐县志　明王家士　天一阁藏嘉靖刊本

嘉靖九江府志　明何棐、李汛　天一阁藏嘉靖刊本

隆庆岳州府志　明锺崇文　天一阁藏隆庆刊本

隆庆赵州志　明蔡懋昭　天一阁藏隆庆刊本

顺治河南通志　清贾汉复　徐家汇藏书楼藏顺治刊本

康熙畿辅通志　清郭棻等　康熙刊本

康熙山东通志　清赵祥星等　康熙刊本

康熙湖广通志　清徐国相、宫梦仁　康熙刊本

康熙江西通志　清于成龙、杜杲　康熙刊本

康熙保定府志　清纪弘谟、郭棻　康熙刊本

康熙绍兴府志　清王之宾、董钦德　康熙刊本

康熙绍兴府志　清俞卿,邹尚等　康熙刊本

康熙永城县志　清周纪正、侯良弼　康熙刊本

康熙上蔡县志　清杨廷望　康熙刊本

雍正陕西通志　清刘于义、史贻直　雍正刊本

雍正河南通志　清田文镜、孙灏　道光六年补刊本

雍正湖广通志　清迈柱、夏力恕　雍正刊本

雍正浙江通志　清李卫、傅王露　光绪浙江书局重刊本

雍正江西通志　清高其倬、陶成　雍正刊本

雍正江南通志　清尹继善,黄之隽　乾隆元年刊本

雍正泽州府志　清朱樟、田家穀　雍正刊本

乾隆山西志辑要　清雅德　乾隆刊本

乾隆甘肃通志　清查郎阿、李迪等　乾隆刊本

乾隆沂州府志　清李希贤、潘遇莘等　乾隆刊本

乾隆同州府志　清张奎祥　乾隆刊本

乾隆衡州府志　清饶佺、旷敏本　乾隆刊本

乾隆绍兴府志　清李亨特,平恕　乾隆刊本

乾隆忻州志　清窦容邃　乾隆刊本

乾隆长治县志　清吴九龄、蔡履豫　乾隆刊本

乾隆醴泉县志　清蒋骐昌、孙星衍　乾隆刊本

邠州志序　清孙星衍　《问字堂集》卷四

道光安徽通志　清蒋攸铦、李振庸　道光刊本

道光尉氏县志　清刘厚滋、王观潮　道光刊本

本书引用的各种《水经注》版本(括弧内为本书引用时的简称)

宋刊本水经注　北京图书馆藏(宋刊残本)

影印永乐大典本水经注　续古逸丛书(大典本)

明嘉靖刊黄省曾校本水经注　上海图书馆藏(黄本)

明万历刊吴琯校本水经注　浙江图书馆藏(吴本)

明万历刊朱谋㙔水经注笺　武汉大学图书馆藏(注笺本)

明万历刊朱之臣评水经注删　北京图书馆藏(注删本)

明崇祯刊谭元春、锺惺等评水经注　天一阁藏(谭本)

明练湖书院钞本水经注　天津市人民图书馆藏(练湖书院抄本)

何焯、顾广圻校明钞本水经注　北京图书馆藏(何校明抄本)

王国维、章炳麟校明钞本水经注　北京图书馆藏(王校明抄本)

佚名临赵琦美、孙潜、何焯等校本水经注　南京图书馆藏

孙潜校本水经注　浙江图书馆藏(孙潜校本)

何焯校本水经注　复旦大学图书馆藏(何焯校本)

沈炳巽订水经注集释订讹　四库珍本丛书(沈本)

马曰璐摘抄水经注　北京图书馆藏(摘抄本)

康熙群玉堂项絪刊本水经注　(项本)

乾隆槐荫草堂黄晟刊本水经注　(黄晟刊本)

孔继涵刊微波榭本水经注　(戴本)

武英殿聚珍版本水经注　(殿本)

小山堂钞本全榭山五校水经注　天津市人民图书馆藏(五校抄本)

薛福成刊全祖望七校水经注　(七校本)

乾隆小山堂赵一清刊水经注释　(注释本)

沈钦韩稿本水经注疏证　北京图书馆藏(疏证本)

上池书屋刊张匡学水经注释地　(张本)

杨希闵水经注汇校　(汇校本)

王先谦合校水经注　四部备要(合校本)

刘履芬抄孙星衍校本水经注　北京图书馆藏(孙星衍校本)

李慈铭校本水经注　北京图书馆藏(李慈铭校本)

杨守敬、熊会贞水经注疏　科学出版社影印本(注疏本、北京本)

杨熊合撰水经注疏　台北中华书局影印本(台北本)

森鹿三主译水经注(抄)　日本东京平凡社

原著天津古籍出版社 1985 年版

水经注研究二集

序

　　我的《水经注研究》（一集）出版至今，实际上才刚满 10 个月，但《水经注研究二集》就要发排了。和一集不同，一集以旧作居多，而收在二集中的，除了《地名汇编说明》、《文献录》、《金石录》等数种以外，其余都是我近年写作和发表的东西。本来，这些发表不久的论文，最好能等待一段时期，让海内外郦学界同仁提出一些意见，让我再修改一次，这样或许会慎重一些。但是不少朋友劝我，分散的东西总不如集中起来更佳，否则就很容易散失。而且分散在各刊物中的论文，不易为许多人所共见，集中起来以后，更易为人阅读和提出意见，这种劝告或许也有道理。另外一个使我下决心让二集提早出版的原因是，在一集出版以后的不长时间里，我从各方面所得到的鼓励和鞭策着实不少，让我知道，这样的书，在国内外都是有一批渴望得到的读者的。《光明日报》在今年 3 月 31 日曾经为我写过一个报道，其中提及此书时说："他的学术专著《水经注研究》去年出版后，受到中外专家的赞赏。"这里，关于"赞赏"的话，或许言之过甚。因为在一些熟悉的朋友之间，看到了此书出版，写信祝贺一番，言辞之间，总难免有不少客气的成分在内。报刊上公开发表的评论当然更客观一些，例如上海《社会科学报》（1985 年 12 月 30 日）评介此书的标题是"郦学研究进展的重要标志"。《杭州大学学报》（哲学社会科学版）1985 年第 4 期的书评认为此书"是我国第一部研究《水经注》的专集……受到国内外学术界的瞩目和赞誉"。虽然这些评论对于拙著来说显然过高，但我毕竟受到许多鼓舞。

让我对二集的出版增加信心的另外一个重要的原因,则是因为几位长一辈的学者对我的鼓励。谭其骧教授于去年9月16日写信给我说:"由于大著《水经注研究》的出版,势必将大大推进国内的郦学研究,深为郦学将进入一新时代庆幸,当然也为吾兄为我国学术界建此功勋庆幸,这当然是一部必传之作。"侯仁之教授去年10月30日的来信说:"这一著作为《水经注》的研究开拓了一个新途径,甚是可喜,且为专攻历史地理学的青年,提供了一个研习经典著作的范本,为此又不能不为后来者称庆!"史念海教授也于去年11月9日来信说:"尊著已逐篇拜读,获益良多,数百年来,论《水经注》者,率皆以补正文字,注疏郦意,前后相因,率未能离此一窠臼。虽其间亦颇多精意,迭有名家,然长此下去,殊不易再著硕果。兄台用新法研治郦注,别开生面,为郦学一大转折点,其影响当非十年、百年所限,正是一大功德。"他们信上所说的话当然有许多表扬之词,但是他们3位都是我素所尊敬的我的老师一辈的人物,一集交稿以前,他们都看过我的目录和部分原稿,并提了宝贵的意见。因此,他们对我的鼓励,显然包含敦促我在这个领域的研究工作中继续努力的意思。使我深受感动,为此,我应该在郦学研究中加快步伐,这中间也包括《水经注研究二集》的早日问世。

国际学术界的反映,也提高了我让二集早日出版的信心,日本著名的汉学家、国立大阪大学教授斯波义信于去年11月6日来信说(原信是用英文写的):"我怀着极愉快的心情和极大的兴趣,阅读了大著《水经注研究》一书。对你所达到的学术成就的真正卓越水平感到深刻的印象。确实,此书是《水经注》研究史上值得纪念的里程碑。我在此书发现有许多颇有补益的意见和评注,都是从你的长期努力和对现有资料的全面掌握得来的。我将珍藏此书,作为自己未来研究工作中最有用的参考资料。此书序言中,你全心全意献身于《水经注》的研究精神溢于言表,也给我以深刻的印象。"日本关西大学教授、已故郦学权威森鹿三教授的高足藤善真澄在今年2月12日的来信中(原信是用日文写的),除了盛赞此书的成就外,并且告诉我一个信息:"此书已被(关西大学)大学院(按即研究生院)采用作为教材,已通知研究生订购。"此外如广岛女子大学的今堀诚二(著作等身的著名汉学家、广岛女子大学校长)、京都大学的谷川道雄、关西大学的大庭脩、奈良女子大学的船越昭生和户祭由美夫(二位都是森鹿三的高足)、大阪商业大学的富冈仪八、广岛大学的森川洋、爱知县立大学的秋山元秀等教授,也都向我表示了他们的称赞和祝贺之意。广岛女子大学的年轻副教授堤正信,曾经作为留学学者,在我的研究室听我的讲授和从事研究工作,他基础扎实,学习勤奋,有意下工夫将此书译成日文。可惜他在留学期间不幸去世,令人哀悼。另外还有一些听过我讲课的年轻学者如关西大学的朝鲜籍研究生金秀雄,也致力于翻译我的郦学著作在日本发表。由于我曾经两度应日本的聘请去到那里的一些大学中从事讲学和研究工作,与日本的历史地理学界和郦学界有较多的接触,我充分理解他们希望恢复森鹿三教授在世时的那种郦学研究兴旺发达的局面和在郦学研究领域中开展国际交流的愿望。我作为日本许多同行学者的朋友和不少年轻学者的老师,也应义不容辞地向他们提供我的研究成果,让《水经注研究二集》如同一集一样地进入他们的学术界,以求互相交流,共同提高。

《水经注研究二集》的出版,只不过是郦学研究的海洋中的一点小小浪花。在郦学研究的浩瀚领域中,个人的力量实在是微不足道的。而面临着的任务却是如此的浩繁。所以,海内外的许多学者都看到这一点,即我们之间需要加强合作,加强交流。国际地理学界的知名学者陈正祥教授于今年3月11日从香港写信给我说:"兄对《水经注》之研究,功力深厚,久素钦佩。但亦正如兄言,以该书价值之巨,问题之多,实非任何一人所能完成全功。亡友森鹿三教授亦曾慨乎言之。弟长期以来,拟约集同好,组织一个国际性的研究会或学社或学会,每年开会一或二次,各人自由报告研究成果,并同时磋商种切。现在看来,实应由吾兄主其事,地点在杭州,约集全世界对郦学有兴趣及有造诣者,集中力量,作一些急需完成之工作。"今年4月22日,上海复旦大学中国历史地理研究所所长邹逸麟教授也来信说:"从现代地理学角度研究《水经注》,实由先生始,我辈后生亦有志于此,待有适当机会时,盼先生能登高一呼,我们随从麾下,成立一个水经注研究会,将郦学发扬光大。"陈、邹两位教授信上对我的奖掖之词,我当然是愧不敢当的;但是他们两位不约而同地提出成立研究会之类的郦学研究学术组织的倡议,我却是衷心拥护的。希望早日能看到这个研究会或学会的成立。借此二集出版之际,谨将陈、邹两位教授的倡议公之于众,以争取学术界的支持。

陈桥驿

1986 年 7 月于杭州大学历史地理研究室

一、论郦学研究及其学派的形成与发展

　　在我国历史上,后学为前辈著作作注的例子甚多,如颜师古注《汉书》,李善注《文选》,胡三省注《通鉴》等,都曾名重一时,具有很高的学术价值。这中间,郦道元注《水经》,无疑更为出类拔萃。《水经注》一书,篇幅超过《水经》20 倍,文字生动,内容丰富,后世推崇,无与伦比,竟以"圣经贤传"[①]和"宇宙未有之奇书"[②]等喻之。宋代以来,学者开始从各个方面对此书进行研究,出现了这门牵涉广泛的"郦学"。近千年来,在许多著名郦学家的努力下,郦学研究有了很大的发展,并且形成了若干学派。本文拟在这方面稍作探讨和评论。

　　要论述这个课题,首先应该从《水经注》一书说起。《水经注》成于何年,历来各家说法纷纭,[③]迄无定论。但卷内出现的最后一个年代是延昌四年(515),[④]而郦道元遭萧宝夤杀害,则在孝昌三年(527),[⑤]故其成书必在公元 515 年以后,527 年以前。从郦氏被害之日起直到隋统一的半个多世纪之中,北方战乱频仍,洛阳曾数遭兵燹;这部巨著当年有几部抄本也不得而知,但却能奇迹般地度过成书后最艰危的 50 多年,《隋书·经籍志》著录此书作 40 卷,显然仍是完璧。时至隋唐,国家承平,文化发达,传抄必有增加,这部巨著才开始为人们所渐知。所以隋代的《北堂书钞》、唐初的《初学记》等类书中,都曾收入了《水经注》的大量资料。《北堂书钞》虽非官方著作,但作者虞世南是大业年间的秘书郎,而且在编著此书前不久参与过官修类书《长洲玉镜》的工作。[⑥]故其撰述所据资料,无疑来自朝廷藏书。至于《初学记》,则是朝廷文化机构集贤院的集体撰述,资料出于内库。这说明在隋唐之初,《水经注》的传抄本流传尚不普遍。此后,杜佑著《通典》,李吉甫纂《元和郡县志》,都曾引及郦注,但这些也都是官编著作,他们同样可以利用内库藏书。所以根据这些著作,还无法证明《水经注》当时已在民间流传。到了唐末,陆龟蒙诗说:"水经山疏不离身。"[7]陆龟蒙虽然也当过几任小官,但终不过是个普通文人,他已可以随带郦注,说明《水经注》的传抄本,至此已经流入民间。

北宋初期的《太平御览》和《太平寰宇记》等书,都曾录入《水经注》的大量资料,情况与隋唐一样。说明朝廷仍然藏有此书抄本,而且都是卷帙完整的佳本。以后,随着传抄的流行,私人所收藏的本子显然有所增加。苏轼诗说:"嗟我乐何深,水经亦屡读。"[8]苏轼读郦注确是很认真的,在《石钟山记》一文中,他不仅引用了郦注的记载,并且还对它作了评论。其实,到了苏轼的时代,《水经注》的流传,除了传抄以外,刊本也开始出现。苏轼应该是看得到北宋的最早刊本,即成都府学宫刊本及元祐刊本的。不过根据他在《石钟山记》中所引的文字,说明他所收藏的本子,远比成都刊本和元祐刊本完善。[9]尽管北宋出现的刊本都绝非佳本,但刊本的出现,对于郦注的普及和郦学的发展,无疑具有重要意义。

从隋唐到北宋,对于《水经注》的研究,还处于较低的水平。主要是剪辑它所记载的各种资料:有的把这些资料进行分门别类,收入各种类书,如隋《北堂书钞》、唐《初学记》、宋《太平御览》、《书叙指南》等;有的则摘取其片言只语,作为其他书文的注释,如唐初司马贞作《史记索隐》,章怀太子注《后汉书》等等;也有的把郦注资料,按地区分类,录入全国总志或其他地理书,如唐《元和郡县志》、宋《太平寰宇记》、《晏公类要》、《长安志》、《元丰九域志》[10]等等。所有这些,当然属于郦注研究,不过研究的内容限于郦注的现成词句,其方法也不过各取所需,剪辑这些词句而已。这种初级的郦注研究,对扩大郦注的社会影响当然具有作用,但对郦注本身,却是无所考核发明的。

北宋以后,金礼部郎中蔡珪[11]撰写了《补正水经》3卷,这是学者深入研究《水经注》的嚆矢。尽管他的研究成果早已亡佚,但从至今尚存的元欧阳元、苏天爵所撰该书元刊本序跋,[12]可以窥及当年蔡珪的研究,并不是对郦注词句的简单剪辑,而是对该书的补充和修正。按《水经注》一书在隋、唐志著录中均作40卷,从隋唐以至宋初的本子,估计都是足本。这些深藏内库的抄本,民间当然无缘得见,但在宋初编撰《太平御览》、《太平寰宇记》等书时,都曾作为依据。而此二书中所引郦注,有大量为今本郦注所不见,这是宋初足本的明证。但是当景祐年间编纂《崇文总目》时,发现藏在当时朝廷书库崇文院中的此书抄本已经缺佚了5卷。从太平兴国到景祐不过50余年,东京安谧,绝无兵燹水火的动乱,此五卷何由而佚,不得而知。或是在太平兴国间编撰

《太平御览》、《太平寰宇记》、《太平广记》等大部著作时，人手众多，管理不严，当时已经散佚，而至景祐时因编《崇文总目》才得察觉，亦未可知。嗣后，郦注的第一种刊本即成都府学宫刊本问世，经注混淆，内容寥落，即欧阳元《补正水经序》所谓"蜀版迁就之失"，而稍晚刊行的元祐二年本，虽有较好的何郯家藏本作底本，但从这个刊本覆刻而出至今尚存的明吴琯本来看，元祐本仍然无法与宋初的足本相比，无非割裂篇幅，凑足其四十卷之数而已。蔡珪的研究，正是在这种郦注版本散佚的情况下进行的。今其书已佚，内容不得而知，但此书至顺刊本欧阳元序说："其详于赵、代间水，此固景纯之所难；若江自浔阳以北、吴淞以东，则又能使道元之无遗恨者也。"说明内容多有补充郦注之处，这也就是汪辟疆所说的："四十卷之原本，其中已佚五卷，金礼部郎中蔡珪补其亡失。"[13]此书苏天爵跋说："（至顺三年）七月归至岳阳，与郡教授于钦止览观山川，钦止言洞庭西北为华容而县尹杨舟方校《水经》，念其文多讹阙，予因以《补正》示之，今所刻者是也。"据此，则蔡书还可能对郦注有所校勘。在蔡珪以前，绝未见到有对郦注作这般研究的学者。因此，蔡珪对于郦注的研究，实开校勘疏证、补遗纠谬之先河，在郦学史中具有重要的意义。

从明代起，《水经注》的研究开始盛行，不少学者根据宋代流传的刊本和抄本对它进行了校勘和注疏工作。关于这方面的成果，目前尚存的有嘉靖十三年（1534）的黄省曾刊本和万历十三年（1585）的吴琯刊本。黄、吴二人都对宋代流传而来的本子作了一些校勘和注疏。其中吴琯刊本据张宗祥的考证，认为其底本即是上述宋元祐刊本[14]。黄、吴二人都是明代的学者，同时又是刻书家，经他们校勘复刻的书籍甚多，《水经注》无非其中之一，所以他们对此书所作的校勘和注疏，实在是很有限的。因此，今日我们所见的这两种刊本，经注混淆，错漏歧出。如与以后出现的各种佳本相比，则黄、吴对于郦注的研究，实在算不得什么。但是，从郦学发展史的角度评论，两人的功绩却也是不可抹杀的。这是因为，第一，他们除了多少也取得一点校勘和注疏的成果以外，特别重要的是他们对郦注的这种校勘和注疏的研究方法，对后世具有倡导作用。从他们起直到清代，郦学研究的主要内容和成果，仍然集中在校勘和注疏这两个方面。第二，他们都是明代著名的刻书家，主持刊印的书影响较大，流行较广，这不仅在社会上起了传播郦学的作用，同时也为后学研究郦注创造了条件。以后的不少郦学家，都以他们刊印的书作为底本，从事郦学研究，例如清初郦学家孙潜以吴琯刊本作底本进行研究工作，而清初的另一郦学家沈炳巽则以黄省曾刊本作底本进行研究工作。嘉靖、万历以后，郦学研究的风气日盛，是和黄、吴的研究以及他们刊本的流行分不开的。黄、吴以外，这个时期的另一位有刊本行世的郦学家是朱谋㙔。朱书刊印于万历四十二年（1614），卷首序言说：

则知《水经》一注,撷彼二百四十四家,菁英居多,岂不诚为六朝异书哉！顾传写既久,错简讹字,交棘口吻,至不可读,余甚病焉。尝绎割正十之六七,已与友人绥安谢耳伯、婺源孙无挠商榷校雠,十得八九,则惧古今闻见,互有异同,未敢轻致雌黄也。乃援引载籍,以为左券,名曰《水经注笺》。[15]

从上列序言中可见,朱在校勘此书的过程中,曾与谢耳伯(名兆申)和孙无挠(名汝澄)相切磋。而序言最后还提到,此书付刊以前,又有太学生李嗣宗(名克家)作了详细的校阅。所以《水经注笺》实际上是以朱谋㙔为主的集体研究成果。这是明代刊印的所有郦注版本中的翘楚。清顾炎武推崇此书为"三百年来一部书",[16]看来并不言之过甚。尽管朱所采用的底本,或许也是南宋的坊刻本,但由于他的卓越研究工作,使得从宋代以来,辗转传抄,经注混淆,错漏连篇的郦注,得到了很多修正,大大便于后人阅读和研究。以后的许多郦学家,都以《水经注笺》作为研究的基础。直至清代,许多郦注佳本,也都以朱笺为底本。汪辟疆说:"赵、戴二家,初皆依朱氏,惟赵采四明之说,戴托大典之文,始各自董理,以意改正,不复用朱氏之旧。殆赵、戴之书,先后流布,见者又谓二家臆改,反不如朱笺尚存真面目,言虽过激,要亦不为无因也。"[17]当然,若说赵、戴在郦学上的成就不及朱氏,确是言之过激,但"不为无因"。其实就是后学对朱氏研究成果的重视。自从隋唐以来,学者对《水经注》的研究由来已久;自从金蔡珪作《补正水经》,对郦注本身的纠谬补遗,也已早有先例。但是,把《水经注》的研究作为一门专门的学问,即郦学,朱谋㙔实开其端。

在朱谋㙔注笺本刊印以前,至今存在的刊本和抄本为数尚有不少。其中刊本有北京图书馆所藏的残宋本以及上述黄省曾和吴琯本三种,抄本则有大典本,而著名的柳佥(大中)、赵琦美(清常道人)两家的研究成果,大部分为孙潜所录出,[18]至今亦仍可见。此外,北京图书馆所藏的何焯校明抄本、王国维校明抄本以及天津人民图书馆所藏的明练湖书院残抄本,为时或许也在注笺本以前。其中,残宋本和大典本的价值,在拙作《论水经注的版本》一文中已有论述,这两本当然都是佳本。但残宋本并无注疏,而大典本又被戴震作了过分的夸大,都是众所周知的。和上述所有各本相比,则注笺本校勘之精注疏之广,都是别本所无法望其项背的。朱谋㙔在郦注的研究中,深校细勘,旁征博引,进行了大量的考据工作,从而促成了我国郦学研究中的第一个学派,即考据学派的诞生。

在朱谋㙔建立郦学的考据学派后不久,明代末叶的郦学家之中,又形成了另一个郦学研究中的词章学派。这是由《水经注》一书在文学上的价值决定的。明末清初诗人张岱曾说:"古人记山水,太上郦道元,其次柳子厚,近时则袁中郎。"[19]清刘献廷也说郦道元"更有余力铺写景物,片言只字,妙绝古今"。[20]因此,对于郦注作文学上的欣赏,实在由来已久。明代中叶的杨慎就曾把郦注中的出色描写,摘录成编。[21]明朱之臣在其《水经注删》一书中,也在词章上下了许多功夫。而最后由万历年代的郦学家钟惺和谭元春二人创立了这个学派。钟和谭都是当时著名的文学家和诗人,由于两人均出于竟陵(今湖北省钟祥县一带),其文字风格便被称为"竟陵体",声名不下于以袁宏道为首的"公安体"。《明史·文苑传(四)》说:"钟、谭之名满天下",可见一斑。他们认为《水经注》一书,除了山水描写以外,没有其他价值。谭元春说:"予之所得于郦注者,自空濛萧瑟之外,真无一物,而独喜善长读万卷书,行尽天下山水,囚捉幽异,掬弄光彩,归于一绪。"[22]充分表达了这个学派的治郦观点。他们以注笺本为底本,对郦注品词评句,任意发挥,在历来评论郦注词章的学者中,提出了最系统和最完整的见解。他们的研究成果,以后于崇祯二年(1629)由严忍公刊行,即今北京图书馆和宁波天一阁等收藏的所谓钟惺、谭元春评点本《水经注》。对于他们的文学观点和对郦注词章的评论,在当时就是褒贬互见的。《明史·文苑传(四)》说:"然两人学不甚富,其识解多偏,大为通人所讥。"这不足为怪,在历代词章家中,知识丰富的当然很多,但由于科举取士的束缚(钟是万历进士、谭是天启举人),其中菽麦不辨的也大有人在。上面提及的治郦词章学派朱之臣即是其例。他在《温水注》"昆仑单舸"之下评曰:"舸名新"。[23]说明他全不知"昆仑"为何物,竟把它作为一只船的名称,令人啼笑皆非。诸如此类"大为通人所讥"的评论,在钟、谭的研究成果中也间或可见。不过,作为一个治郦学派,特别是他们所研究的这部著作,在文学上确实具有很大价值,因此,评论中纵然存在一些糟粕,我们自亦不必求全责备了。

　　自明末至清初,郦学研究之风大盛,造诣很深的郦学家纷纷取得了丰硕成果。在朱谋㙔研究的基础上,考据学派在这一时期有了很大的发展。像康熙年代的孙潜、何焯和雍正年代的沈炳巽等,都在校勘上取得了出色的成绩。孙氏于康熙丁未、戊申(1667—1668)间,以吴琯本为底本,用柳佥、赵琦美等著名明抄本进行校勘。他在卷十六末自批云:"岁事卒卒,兼患痔痛,故自(丁未)腊月七日辍笔至今九日,始得续校也,以艰于久坐,止校得此卷,遂复辍。"在寒冬腊月力疾校勘,辛勤可见一斑。何焯初校此书于康熙甲戌(1694),跋此书于康熙戊戌(1718),真可谓尽其毕生精力了(按何卒于1722年)。沈炳巽初校此书于雍正三年(1725),历时6年,于雍正九年(1731)才完成其校本《水经注集释订讹》。上述各本,至今均存在,都是郦学考据学派的佳作。

　　此外,在浙东的著名郦学家族全氏,此时也正在从事郦注的校勘。这个家族从全元立、全天柱,全吾麒以来,已经拥有了研究成果,即所谓双韭山房校本。全吾麒之孙全祖望,在其祖传校本的基础上继续研究,于乾隆三年(1738)完成了对此书的五校,[24]以后又成了此书的七校,[25]成为郦学考据学派中的一枝奇葩。全祖望在郦学研究中的主要贡献有两项,首先是区分经注上的成就,宋、明版本上经注混淆的现象十分普遍,在区分经注方面,全、赵、戴都有不少贡献,但杨守敬认为全氏实导先路。其次是全氏提出的郦注原系双行夹写、注中有注的说法。不管这种说法的来源确实如全氏所云是他的先世旧闻,抑或是全氏自己的推论,都不失为一种创见。赵一清接受了他的说法,在《水经注释》中辨验文义,离析其注中之注,以大字、细字分别书之,使语不相离而文仍相属。赵氏的尝试,从某些方面来说是成功的。

　　赵一清的研究成果《水经注释》,是清代郦学考据学派的一大杰作。他首先深入钻研了朱谋㙔的《水经注笺》,评论得失,撰写《水经注笺刊误》12卷。然后在朱笺的基础上,参照全祖望五校本和其他许多版本,于乾隆十九年(1754)完成了《水经注释》。此书不仅校勘精密、注疏详尽,并且还从孙潜校本抄录了失传已久的郦氏原序,又广辑散佚,增补了滍水、洺水、滹沱水、洛水、泾水等12水。全祖望推崇赵氏的郦学研究,为此书作序说:"安定至是始有功臣,而正甫之书,虽谓其不亡可也。"毕沅为此书作序说:"道元之注,足以正经史之阙遗;而先生是书,又足以补道元之讹漏。经不可无注,注不可无释,断断然也。"赵一清在郦学研究中的贡献,于此可见。可惜《水经注释》成稿以后的30余年中,只以抄本流传,直到乾隆五十一年(1785),才由其子赵载元刊行于世。抄本流传甚稀,见者亦罕,就难免为他人窃为己有,竟因此而造成清代郦学研究中长期争论的悬案。

　　稍晚于赵一清的著名郦学家是戴震。戴震早年就潜心郦学,于乾隆三十七年(1772)完成了他的第一个研究成果,即日后由孔继涵整理付刊的微波榭本《水经注》。戴氏接着奉命于乾隆三十八年秋进入四库馆,主校《水经注》,而于次年(1774)蒇事,即武英殿聚珍版本。此书一出,以前的所有郦注版本均无法与之抗衡,在郦学研究的考据学派中,戴氏因而达到了极高的地位。

　　戴震在郦学研究上的造诣是无可置疑的,其研究成果即殿本之胜于他本,也是众所共见的事实。但是作为一个学者,在社会公认的学术道德准则方面,戴氏或许不够检点,因而使这个时期的郦学研究蒙上了一层阴影。戴氏进入四库馆以后,可以随意阅读外间学者所无法接触的许多内库藏书,成为他得天独厚的条件。这中间包括著名的《永乐大典》本,也包括浙江巡抚所采进的全祖望、赵一清所校各本。本来,在校勘中利用前人的成果,这是由来已久的事,而且在全氏五校本和赵氏注释本中,卷首都开列参校书目,已经有了成例。可是戴震却没有这样做,而把他的一切成就都归之于外人无法窥见的大典本,又恐大典本日后为他人所见,竟至刮补其书以饰其非。[26]在其校勘按语中,除注笺本因众人皆知不得不指名外,其他各本一律混称"近刻",而在《沅水注》方城、《泚水注》芍陂、《施水注》成德、《羌水注》参狼谷、《浙江水注》固陵等5处各引归有光本以纠"近刻"之谬,而此 5 处其实均与全、赵本同。故学者以为戴所谓归有光本,亦是虚构以惑众。[27]王国维云:"凡此等学问上可忌可耻之事,东原胥为之而不顾",[28]或许责人过甚,但是这等事作为后学的鉴戒,却是十分必要的。

戴震以后,在清代可以称得上郦学考据学派的学者,还有孙星衍、王先谦等人。特别是王先谦,他在 30 余年之中,凡是舟车旅途,都以郦注相随,用功之勤,可以想见。他编纂合校本《水经注》一书,熔郦学各著名考据学派成果于一炉,以便后学,厥功甚伟。但是对于这个学派来说,在全、赵、戴三家勤勉治郦时已经达于鼎盛,此后就无法再和这个全盛时代相比了。

另外,自从清初以来,郦学研究中的另一个学派,即地理学派,已经逐渐酝酿成熟,在郦学界显露头角。明末清初学者黄宗羲,在郦学研究中批判了考据学派和词章学派不务实际的流弊。他说:"朱郁仪《水经注笺》,毛举一二传写之误,无所发明。"又说:"今世读是书者,大抵钟伯敬(按即钟惺)其人,则简朴之消,有所不辞尔。"他又从地理学角度,指出了郦注的不少错误:"以曹娥江为浦阳江,以姚江为大江之奇,分苕水出山阴,具区在余姚县,沔水至余姚入海,皆错误之大者。"[29]所以他撰写了《今水经》一卷,先列表简示全国水道,然后按北水(淮水以北)、南水(江水以南)的次序,简单地描述了全国的重要河川。

黄宗羲以外,清初其他地理学家如顾炎武、顾祖禹、胡渭、阎若璩等,在他们各自的地理著作如《肇域志》、《天下郡国利病书》、《读史方舆纪要》、《禹贡锥指》、《古文尚书疏证》等书中,都密切结合了《水经注》的研究。清初的另一地理学家兼郦学家刘献廷批评历来郦学研究的不切实用时说:"《水经注》千年以来无人能读,纵有读之而叹其佳者,亦只赏其词句,为游记诗赋中用耳。"[30]刘氏的好友黄仪,曾按郦注,每水各绘一图,并考证两岸支流,一并绘入图内。赵一清称誉此图"精细绝伦"。[31]黄仪的《水经注图》曾为胡渭撰述《禹贡锥指》所参考。这是见诸记载的第一种《水经注图》,可惜此图早已亡佚,于今无从知其内容。黄仪以后,学者在郦学研究中开始重视地图的绘制。董祐诚的《水经注图说》与汪士铎的《水经注图》均是其例。不过前者编绘未竣,只有《河水》、《汾水》等残稿四卷刊印问世,而后者则粗疏缺漏,无甚可取。直到光绪三十年(1904),杨守敬与其门人熊会贞,在完成了郦学研究的重要成果《水经注疏》初稿的同时,编绘了《水经注图》一套。全图 8 册,采用古今对照,彩墨套印的形式,于光绪三十一年(1905)刊行,这是郦学研究史上第一种比较完整的《水经注图》。杨、熊二人都是对地理学有精湛研究的学者,而《水经注疏》初稿的完成和《水经注图》的编绘,标志着郦学研究中的地理学派已经成熟。尽管长达 100 多万字的《水经注疏》仍然包含着大量考据成果,杨、熊二人在校勘和注疏上也有重大贡献,但是郦学界已经开始发现,校勘和注疏并不是郦学研究的主要目的。正如陈运溶于光绪二十四年(1898)在《荆州记序》(《麓山精舍丛书》)中所说的:"近世为《水经》之学者,又皆校正字句,无所发明。"尽管他批评考据学派的话,如说朱谋㙔"语焉不详",说赵一清"尤觉妄诞"等,未免言之过激,但证实了这一时期地理学派在郦学界的兴起和发展。

作为地理学派代表人物的杨守敬和熊会贞在郦学研究中作出了卓越的贡献。杨于1915年去世,临终遗言:"《水经注疏》不刊,死不瞑目。"[32]熊会贞继承杨的研究工作,"瞑写晨钞,二十余年如一日"。[33]熊于1936年逝世,在这以前,全书已基本定稿。当时曾录有抄本两部,这两部抄本,已先后于1955年和1971年由北京科学出版社和台北中华书局影印出版。后者由于其底本在熊去世前一直留在身边,朝夕校订,熊死后又由熊遗嘱委托李子魁整理近一年,所以远胜前者,拙作《评台北中华书局影印本杨熊合撰水经注疏》[34]已述其详。《水经注疏》当然也反映了大量的校勘和注疏成果,并且还辑入了不少遗文佚句。但是由于有早年刊行的《水经注图》与之相得益彰,因此,它不宜与其他考据学派的研究成果相提并论,而应该认为是地理学派的巨构。从此以后,郦学与地理学进一步密切结合,又充满了蓬勃的生机。

下面,顺便对国外郦学家的郦学研究稍作论述。《水经注》不是一种一般的古籍,它包含着大量中国古代的自然知识和人文知识,并且还有艰深的文字结构,因此,没有扎实的汉学基础的外国学者,是不容易进入郦学之门的。所以外国的郦学家,必然同时也是汉学家。清末民初,西欧汉学家,特别是法国汉学家,就是以他们在汉学上的卓越造诣而从事郦学研究的。他们对郦学的研究,涉及面较广,例如伯希和(Paul Pelliot)和费瑯(G. Ferrend)都考证过郦注的成书年代。[35]而沙畹(Edouard Chavannes)则在他主编的东方学杂志即1905年的《通报》中,用法文选译了《水经注》的少量卷帙。在郦学研究中,他们都做过一些考据工作。另外,他们都很重视《水经注》在地理学上的应用。例如伯希和,曾利用《温水注》的记载研究古代林邑国都城的所在,认为其地应在广南。马伯乐(H. Maspero)根据郦注研究6世纪初期林邑都城的位置,认为当在因陀罗补罗。鄂卢梭(L. Anuouseau)按郦注记载研究古代的区粟城和典冲城,并且确定了它们的地理位置。[36]近代的著名科学史专家李约瑟(Joseph Needham)也认为《水经注》一书,是"极度广泛的地理描述"[37]由此可知,西方学者的郦学研究,不管其采用什么方法和根据什么需要,他们的立足点都在地理学上。

在外国郦学家的研究中,特别值得重视的是日本学者。日本的郦学研究具有优秀的传统,近年来,更为可观。例如,从1964年4月到1970年3月间,京都大学人文科学研究所曾经组织了一个《水经注疏》订补研究班,由著名郦学家森鹿三教授主持,对《河水》《汝水》《泗水》《沂水》《洙水》《沔水》《淮水》《江水》等篇进行了深入的研究,获得了不少成果。[38]日本的某些高等学校,以关西大学为例,至今仍然开设有关《水经注》的专门课程。[39]

日本郦学界拥有不少造诣很深的学者,1980 年去世的森鹿三教授即是代表人物。他毕生从事郦学研究,著述甚多。据日本郦学家船越昭生的分析,[40]森鹿三的郦学研究可分两个时期:1931 年—1950 年为前期,1957 年以后为后期。森鹿三在学术上是拥护戴震的,因此,他的前期以发表拥戴为主题兼及其他研究的论文为主;其后期由于《水经注疏》已在我国出版,此书对他甚有影响,所以是他对郦注进行润色整理、协调风格的集大成时期。森鹿三的代表作,即是 1974 年出版的《水经注(抄)》,这是在他主持下,由日本当代的几位出色郦学家日比野丈夫、日原利国、藤善真澄、胜村哲也诸氏共同翻译的日文译本。关于此书情况,我在拙作《评森鹿三主译水经注(抄)》[41]一文中已有评论,这里不再赘述。必须指出的是,这个译本具有图文结合的特色,这在历来的郦注版本中是别开生面的。译者在每一卷译文中,都把杨守敬《水经注图》的有关图幅列于篇内。在全书之末,又附有检视图一幅,用以在一幅现代的新式地图上,查阅此书每一卷描述的空间范围,使读者可以就检视图所示的范围,对照新式地图,弥补所附杨图的不足。除了地图以外,译本中还插入了若干地理照片,如兰州附近的黄河水车、黄河水利工程等,具有强烈的区域地理色彩。所有这些,都说明了日本郦学家在郦学研究中的地理学观点。

以上大体说明了郦学研究中三个学派的形成和发展过程。首先是考据学派,这是郦学研究中的基础学派,它为不同学派的郦学研究奠定了基础。《水经注》一书,经过长期的辗转传抄,到了宋代,已经成为一部经注混淆、错漏缺佚的残籍,使人无法卒读。有赖于这个学派的出色研究,他们区分经注,纠谬补缺,收辑散佚,广加注疏,不仅在很大程度上恢复了原书的本来面目,而且由于注疏的精密详尽,大大方便了后学对此书的利用。自从明朱谋㙔以来,考据学派至清乾隆间而达于全盛,学者最多,著述最丰,在郦学研究中作出了巨大的贡献。但是,尽管古人在这方面已经做了大量的工作,在今后的郦学研究中,考据仍有必要。目前,在经、注文的校勘方面,各本都还存在不少缺憾。北京影印本《水经注疏》堪称精密,但与台北影印本相比,仅《浙江水注》一篇,就有上百处的错漏。[42]在注疏方面,森鹿三主译的《水经注(抄)》,仅《河水注》5 卷,注释就达 1114 条,[43]说明精益求精,事在人为。至于辑佚,潜力或许更大。考据学派是郦学研究中最古老的学派,可是并没有完成历史任务,再接再厉,还在后学。

另一个学派词章学派,按其性质是郦学研究中的欣赏学派。《水经注》虽然毫无疑问是一部地理著作,但是由于它在文学上的精深造诣,因此,对于此书词章上的欣赏,无论在陶冶人民性情,丰富人民精神生活以及培养后学的文学技巧等方面,都有非常重要的价值。在不少卷帙中郦注的写法采用游记体裁,从现代旅游业的观点来评价,古代的游记,特别是像《水经注》这样语言生动、范围广阔的游记,乃是宝贵的旅游资源。明曹学佺编纂《名胜志》,所引郦注不下数百条,说明此书的生动描述与旅游的密切关系。今后,随着人民文化生活的提高和旅游事业的发展,郦学研究中的这个学派,必然大有可为。

最后一个学派是地理学派,这是郦学研究中的实用学派。在郦学研究发展的过程中,它形成较晚,但却具有极强的生命力和远大的前途。因为《水经注》本身是一部地理著作,拥有丰富的自然地理和人文地理内容,它为我们在地理学研究上提供了充分的资料。从近年来我国历史地理学界的研究来看,这方面的例子不胜枚举。史念海教授根据《水经注》的记载,研究壶口瀑布位置的迁移,成功地推算了黄河这一河段溯源侵蚀的速度。[44]陈吉余教授根据《河水注》、《淄水注》、《濡水注》、《鲍丘水注》等资料,研究古代渤海海岸的变迁,也获得了令人满意的成果。[45]吴壮达教授根据《浪水注》研究古代广州城市的形成与发展,由于注文内关于"水坑陵"的记载而获得了古番禺最早居民聚落的所在。[46]所有这些例子,都说明按地理学方向进行郦学研究,将有美好的前景。数百年来,郦学研究中的考据学派通过他们的辛勤劳动,已为地理学派的崛起和发展奠定了基础,如同考据学派在乾隆年代盛极一时一样,今后,郦学研究中的这个古为今用的地理学派,也必然会出现一个全盛的局面。

注释:

① 丁谦《水经注正误举例》小引,《求恕斋丛书》本。

② 刘献廷《广阳杂记》卷四。

③ 如伯希和认为撰于6世纪初叶(《交广印度两道考》第48页),费瑯认为撰于公元527年(《昆仑及南海古代航行考》第3页),足立喜六认为约在公元530年(《法显传考证》第188页),岑仲勉认为在延昌至孝昌(513—527)年间(《水经注卷一笺校》),森鹿三认为在延昌、神龟到正光五年(524)的十年之中(《郦道元略传》,《东洋史研究》6卷2期,1950年)。

④ 《水经注》卷二九《比水注》。

⑤ 《资治通鉴》卷一五一《梁纪》七。

⑥ 胡道静《中国古代的类书》,中华书局1982年版,第58页。

⑦ 据赵一清《水经注附录》卷上所引。

⑧ 苏轼《寄周安孺茶诗》,赵一清《水经注附录》卷上。

⑨ 《石钟山记》(《苏东坡全集》卷三七)所引《水经注》:"下临深渊,微风鼓浪,水石相搏,声如洪钟。"不见于今本。

⑩ 今本《元丰九域志》未引《水经注》,但赵一清《水经注释》曾从此书辑出佚文五条。《四库提要》卷六〇《元丰九域志提要》云:"民间又有别本刊行,内多古迹一门,故晁公武《读书后志》有新、旧《九域志》之目。"故知今本不同于古本。

⑪ 事迹附见于《金史·蔡松年传》。

⑫ 《国朝文类》卷三六,赵一清《水经注附录》卷下引《滋溪文集》。

⑬ 《明清两代整理水经注之总成绩》,台北中华书局影印本《杨熊合撰水经注疏》第一卷,第2页。

⑭ 宋刊残本《水经注》卷末张宗祥写跋:"吴琯刻出自元祐"。

⑮ 朱谋㙔自刊本《水经注笺》,武汉大学图书馆藏。

⑯ (清)阎若璩《古文尚书疏证》卷六下。

⑰㉝ 《明清两代整理水经注之总成绩》。

⑱ 孙潜校本《水经注》,浙江图书馆藏。

⑲ 《跋寓山注二则》,《瑯嬛文集》卷五。

⑳ 《广阳杂记》卷四。

㉑ 《丹铅杂录》卷七。

㉒ 钟惺、谭元春评点本《水经注》谭序。

㉓ 《水经注删》,北京图书馆藏。

㉔ 今有小山堂抄本,天津市人民图书馆收藏,参见拙作《小山堂抄本全谢山五校水经注》,《杭州大学学报》(哲学社会科学版)1981 年第 4 期。

㉕ 今有光绪十四年薛福成刊本全氏七校《水经注》。

㉖ 孟森《商务影印永乐大典本水经已经戴东原刮补涂改弊端隐没不存记》,天津《益世报·读书周刊》,1936 年 11 月 12 日。

㉗ 孟森《戴东原所谓归有光本水经注》,天津《益世报·读书周刊》,1936 年 11 月 12 日。

㉘ 《聚珍本戴校水经注跋》,《观堂集林》卷一二。

㉙ 《今水经序》。

㉚ 《广阳杂记》卷四。

㉛ 《水经注释》卷首参见书目。

㉜ 刘禺生《述杨氏水经注疏》,《世载堂杂忆》,中华书局版。

㉞ 《杭州大学学报》(哲学社会科学版)1983 年第 1 期。

㉟ 《交广印度两道考》、《昆仑及南海古代航行考》,商务印书馆版。

㊱ 参见拙作《水经注记载的城市地理》,《中国历史地理论丛》1981 年第 1 辑。

㊲ Science and Civilization in China, Vol. 1 ,P. 259。

㊳㊵ 船越昭生《森鹿三先生和水经注研究》,《地理》第 26 卷 3 期,1981 年东京古今书院出版。

㊴ 据关西大学藤善真澄教授 1982 年来信所述。

㊶ 《杭州大学学报》(哲学社会科学版)1981 年第 4 期。

㊷ 《评台北中华书局影印本杨熊合撰水经注疏》。

㊸ 《评森鹿三主译水经注(抄)》。

㊹ 《河山集》二集,三联书店 1982 年版,第 175 页。

㊺ 《中国自然地理·历史自然地理》第 5 章,《历史时期的海岸变迁》,科学出版社 1982 年版。

㊻ 《水经注的"水坑陵"问题》,《华南师范学院学报》(自然科学版)1980 年第 2 期。

原载《历史研究》1983 年第 6 期

二、近代郦学研究概况

引 言

《水经注》是一部成书于公元 6 世纪初期的历史名著,由于它的内容丰富,文字生动,到了唐代,已经受到学者们的重视,开始对它进行研究。当然,从唐代到北宋的一段时期中,人们对《水经注》的研究,还处于一种低级的阶段,主要是剪辑它所记载的各种资料:有的把这些资料进行分门别类,收入各种类书,如唐《初学记》、宋《太平御览》、《书叙指南》等;有的则摘取其片言只语,作为其他书文的注释,如唐初司马贞作《史记索隐》,章怀太子注《后汉书》等;也有把《水经注》资料,按地区分门别类,录入全国总志或其他地理书,如唐《元和郡县志》、宋《太平寰宇记》、《晏公类要》、《长安志》、《元丰九域志》等。诸如此类的研究,对于《水经注》本身虽然并无考窍发明,但对扩大此书的社会影响却是具有作用的。

北宋以后,金礼部郎中蔡珪①撰写了《补正水经》3 卷,这是学者深入研究《水经注》的嚆矢。虽然他的原作早已亡佚,但从至今尚存的元欧阳元、苏天爵所撰该书元刊本序跋,②可以窥及当年蔡珪的研究,已经不是对《水经注》词句的简单剪辑,而是对该书的补充和修正。从此,学者对《水经注》研究进入高级阶段,最后在我国学术界形成了这门包罗宏富、牵涉广泛,冠以著作郦道元姓氏的所谓"郦学"。

从明代起,郦学研究开始盛行,而朱谋㙔以他精雕细琢的《水经注笺》(刊印于万历四十二年,1614年)一书异军突起,创新了一个时代的郦学研究,也正是这部被顾炎武推崇为"三百年来一部书"③的巨构,使朱谋㙔成为郦学研究中的第一个学派即考据学派的开创人。

在朱谋㙔建立郦学研究中的考据学派后不久,以钟惺和谭元春为代表的"竟陵体"文人,④从对《水经注》的文学欣赏角度出发,开创了另外一个郦学研究中的词章学派,这个学派专门从事对《水经注》的生动描写和文字技巧方面的研究,使此书在文学上的价值得到了高度的发扬。

清代末叶,著名地理学家杨守敬和他的门人熊会贞,他们从地理学角度研究《水经注》完成了《水经注疏要删》和《水经注图》的编撰绘制,开创了郦学研究中的一个新的学派即地理学派,使郦学研究从此获得更大的实用意义。

在我国郦学史上,从唐代到今天,郦学研究最兴旺发达的时期是18世纪初期到中期的乾隆年代,这个时代也是郦学研究中的考据学派的黄金时代,著名郦学家全祖望、赵一清、戴震,他们各以他们的卓越天才和非凡努力,为后世贡献了各具特色的《水经注》佳本:全的七校《水经注》,赵的《水经注释》,戴的武英殿聚珍本《水经注》。这些都是我国郦学史上无比宝贵的财富。

以上是我国历史上郦学研究的一个简短的总结。它和本文所讨论的主要内容即现代的郦学研究,具有密切的关系。

新中国成立前后的郦学研究

前面已经指出,乾隆年代,是我国郦学研究非常兴旺发达的时代,从此以后,我国郦学界还一直没有出现过像那个时代那样的鼎盛局面。这中间当然有不少原因,第一,乾隆年代出了全、赵、戴3位郦学大师,他们都是考据学派的权威,他们集中精力于郦注的校勘,最后获得前面指出的各自的郦注佳本,其中特别值得称道的是戴震的殿本。殿本的问世,意味着考据学派的登峰造极。此后,考据学派很难再创造出像乾隆年代那样的盛况。第二,殿本问世以后,郦学研究的重心,无疑要向地理学派转移,地理学派有远大的发展前途,肯定也可以创造出像乾隆年代那样的全盛局面。问题是,郦学界的地理学派虽然也在不断壮大,但至今还不足以与考据学派全盛时期的全、赵、戴相比,还有待继续发展。第三,由于郦学界不幸发生了戴、赵相袭的论战,因而分散了许多学者的精力,削弱了郦学研究的力量。

在以上三个原因中,最后一个原因,可能是以后一段很长的时期内,正规的郦学研究几乎陷于停顿的主要原因。这场论战,在我国郦学史上实在是很不幸的。

自从乾隆四十五年(1780)孙沣鼎在《武英殿校本水经注跋》中提到:"吾友朱上舍文藻⑤自四库总裁王少宰⑥所归,为予言,此书参用同里赵一清校本,然戴太史无一言及之",戴袭赵书的议论实际上已经开始。以后戴震的学生段玉裁提出赵书袭戴,而魏源、张穆又先后撰文揭发戴书袭赵,于是论战大开。不仅是考据学派的郦学家投入这场论战,像杨守敬这样的地理学派郦学家也不免介入,影响了他正常的研究。另一位晚近的著名郦学家胡适,他花了他晚年的几乎全部精力,投身于这场论战,而他对于郦学本身,建树实在不足称道。正如近人汪宗衍所说:"惟近人胡适之,晚年专力治郦书版本,极力为东原洗刷剽袭,撰有论文函札七十余篇,凡数十万言,耗二十余年精力,为兹枝节问题,虽曰求是,实于郦书何干?"⑦

在论战热烈的年代里,郦学界虽然文章和函札不断,但大部分都不涉郦学本身。以杨守敬为例,他本来潜心于他的巨著《水经注疏》的撰述,但是由于加入了论战,在许多场合,都把实际上属于郦学史上的枝节问题与他的正规郦学研究相混杂。他在《水经注要删》的自序中说:"赵之袭戴在身后,臧获隐匿,何得归狱主人?戴之袭赵在当躬,千百宿赃,质证昭然,不得为攘夺者曲护。"另一位著名的历史学家兼郦学家孟森,他毕生发表了不少郦学论文,内容几乎全是有关于戴、赵一案,他花费了许多精力,调查《永乐大典》为戴震所刮补涂改的情况。⑧此外还有许多学者如余嘉锡、郑德坤甚至国外郦学家如日本的森鹿三等,也都介入论战,花精力撰写这类论文。在一个时期,论战几乎代替了正常的郦学研究,造成了郦学研究的很大损失。

当然,也有一些郦学家继续从事郦学本身的研究,发表了一些成果,例如范文澜的《水经注写景文钞》(北平朴社1929年版),丁山的《郦学考序目》(中央研究院历史语言研究所集刊3卷3期,1933年),岑仲勉的《水经注卷一笺校》(广州《圣心》第2卷8、10期,1934年;又3卷1,2、7、11期,1935年),任启珊的《水经注异闻录》(上海启智书局,1935年版),汪辟疆的《明清两代整理水经注之总成绩》(重庆《时事新报》学灯副刊第69—70期,1940年)。这中间,特别值得称道的是熊会贞,他在业师杨守敬逝世后,继续《水经注疏》的编撰工作达20余年,"无间寒暑,志在必成",⑨"书凡六、七校,稿经六易"。⑩他在研究中采取了现实主义的态度,撇开历史上纠缠不休的戴、赵相袭之事,继承杨氏地理学派的衣钵,把主要精力放在充实疏文的地理学内容方面。同时,在新的科学思潮的启发下,正视了旧郦学研究的落后一面,而力求刷新郦学研究的内容和方向。虽然他惨淡经营的最后定稿不幸被人私卖而至今不知下落,他也竟因此而自裁弃世,⑪但他所留下的几种抄本,仍然闪烁着他在郦学研究中的无比光彩,成为我国郦学研究史上的珍贵遗产。

　　中华人民共和国建立以后,郦学研究继续获得了发展,而首先值得提出的,是杨守敬、熊会贞合撰的《水经注疏》的早年抄本之一,于1957年由北京科学出版社影印出版。尽管此书出版稍嫌匆促,因为这个抄本在当年抄成后就未经熊会贞校对,以致出版后发现错误千出,钟凤年先生从此书出版之日起,即致力于此书的校勘工作,经过二十几年的努力,终于校出了错误2400余处,撰成《水经注疏勘误》专文,基本上勘正了这个北京影印本的错误,在一定程度上弥补了这个影印本的缺陷。当然,由于底本经过熊会贞一再修改的台北影印本的出版,钟凤年先生的辛勤劳动未免可惜,但这是海峡两岸的学术界消息不通所致,对于流传在国内各地的北京影印本来说,《水经注疏勘误》应该仍是具有价值的。在北京影印本出版以后,侯仁之教授主编《中国古代地理名著选读》,选入了《水经注》的《峡水》、《鲍丘水》、《渭水》等篇,广加注释,并配以地图,受到了各方的重视。我鉴于郦学研究中的地理学派已由杨守敬、熊会贞开其端,今后的郦学研究自应努力向地理学方向发展,所以也撰写了《水经注的地理学资料与地理学方法》[12]一文,作为在这方面从事研究的尝试。

　　当郦学研究正在获得发展的时候,国内发生了众所共知的"十年动乱"。在这场灾难之中,郦学界也和其他学术界一样,受到了严重的摧残和迫害,事详我的《我读水经注的经历》[13]一文中,这里不再赘述。直到粉碎"四人帮"以后,郦学研究才又开始获得较大进展。自从1978年以来,从各个方面研究《水经注》的成果,大量地涌现出来,改变了沉寂多年的情况。几年以来,郦学研究出现了可喜的现象,按照已经发表的论文来看,包罗的方面很多,已经初步形成了一种研究的热潮。对郦注作全面介绍的文章,有曹尔琴的《郦道元和水经注》(《西北大学学报》1978年第3期)和张大可的《水经注》(《文史知识》1981年第6期)等文。这类作品,即使对于郦学界以外的广大读者,也有推广介绍的作用。

　　对于郦道元的出生年份和籍贯,在前人论述的基础上,也出现了一系列各抒己见的文章,辛志贤的《郦道元籍贯考辨》(《山西大学学报》1982年第2期),赵永复的《郦道元生年考》(《复旦大学学报》历史地理增刊1982年第2期),刘荣庆的《郦道元遇难地小考》(《人文杂志》1982年第4期)等,都属于这一类。这中间,郦氏故乡和受害地址,历来虽有争论而意见基本一致,进一步进行论证,当然仍有裨于郦学研究。至于郦氏生年,历来各家论证甚多,其实都属于假设。许多学者都凭卷二十六《巨洋水注》中"余总角之年,侍节东州"一语,而"总角"一词,在古代并无确切的数量概念。因此,讨论这个问题,仍然不免假设,但由于在论证之时,总要旁涉许多其他问题,所以讨论也仍然是有益的。

　　论述郦道元思想的论文也有不少发表,《郦道元思想初探》(谭家健作,《辽宁大学学报》1983 年第 2 期)一文,对郦道元的长期不为人注意的,甚至是被误解的许多积极的思想和进步哲学观点,进行了阐述;《爱国主义者郦道元与爱国主义著作水经注》(陈桥驿作,《郑州大学学报》1984 年第 4 期)一文,则从郦氏在南北分裂的政治环境中,却以祖国统一的思想撰写此书,并且热忱地赞美祖国各地山水,论述了郦道元的爱国主义思想,并且强调《水经注》一书不仅在学术上有重要价值,作为一部宣传爱国主义思想的读物,也值得推广评介。

对于《水经注》本身的研究,这一时期也有较大的发展,复旦大学章巽教授所撰《水经注和法显传》(《中华文史论丛》1984 年第 3 辑)一文,是他长期研究的心得。全文纠正了《水经注》对今新疆境内到印度河、恒河流域这个地区描述中的许多错误之处。另外,《水经注所记水数考》(辛志贤作,《北京师范大学学报》1981 年第 3 期)及《水经注究竟记述了多少条水》(赵永复作,《历史地理》1982 年第 2 辑)等文,都仔细检核了郦注记载的河川湖陂等水体,计算了全书记载的实数。《水经·江水注研究》(陈桥驿作,《杭州大学学报》1984 年第 3 期)一文,是作者在日本讲学时的讲稿,是专门对郦注记载的一条大河所作的研究。作者的另一论文《论郦学研究及其学派的形成与发展》(《历史研究》1983 年第 6 期),也是作者应邀在日本关西大学研究生院讲学时的讲稿。

随着地理学派在郦学研究中的壮大,这一时期中,从地理学角度对《水经注》进行研究的成果有了很大的增加。其中如《我国古代的湖泊湮废及其经验教训》(陈桥驿作,《历史地理》1982 年第 2 辑)、《水经注记载的植物地理》(陈桥驿作,《中国历史地理论丛》1985 年第 2 辑)等文,主要都是从历史自然地理的角度对郦注进行研究。另外一些论文如《水经注记载的兵要地理》(陈桥驿作,《杭州大学学报》1980 年第 2 期)、《水经注记载的城市地理》(陈桥驿作,《中国历史地理论丛》1981 年第 1 辑)、《水经注记载的农田》(陈桥驿作,《中国农史》1982 年第 1 期)等文,都是从历史人文地理的角度对郦注进行研究。此外,《水经注与内蒙古古地理》[14](王龙耿作,《实践》1980年第 12 期)及《水经注记载的南亚地理》(陈桥驿作,《南亚研究》1983 年第 4 期)等,则是从历史区域地理的角度对郦注进行研究。

有关《水经注》版本的研究,在前人研究的基础上,这一时期发表的论文,在横向扩展和纵向深入方面,也获得了可喜的成绩。钟凤年先生是这一时期继续发表研究成果的老一辈郦学家,他在《社会科学战线》1979 年第 2 期发表的《评我所见的各本水经注》一文,对残宋本、大典本、合校本、注疏本等 20 种版本进行比较和剖析,广征博引,对这些版本的是非优劣评述无遗。另一位老一辈郦学家南京师范大学的段熙仲教授所撰《沈钦韩水经注疏证稿本概述》一文,详细地论述了这部从清代流传至今的唯一郦注稿本,让绝大部分无缘读到这部稿本的郦学界同仁也能窥见这部著名稿本的一斑。吴泽教授的《王国维与水经注校》(《学术月刊》1982 年第 11 期)一文,不仅详细介绍了王国维在《水经注》研究中的业绩,并且还同时讨论了明清以来的许多郦注版本。《中华文史论丛》1979 年第 2 辑发表了胡适遗稿《水经注校本的研究》,内容包括《再跋戴震自定水经的"附考"》等 8 篇文章。尽管这几篇文章的主旨仍然是为了开脱戴震袭赵的罪责,又尽管这 8 篇文章早已收入于台湾省"中央研究院"胡适纪念馆发行的《胡适手稿》1 至 6 集之中,于 1966 至 1969 年先后公开出版。⑮但是由于国内郦学界绝大部分读不到台湾省出版的《胡适手稿》,因此,虽然是重复发表,也仍然不无意义。我在郦注版本方面,近年来也发表了几篇论文:《论水经注的佚文》(《杭州大学学报》1978 年第 3 期),论述了现存的郦注佚文的不同性质,并提出了如何区别对待,把它们归入郦注的主张。《论水经注的版本》(《中华文史论丛》1979 年第 3 辑)和《小山堂抄本全谢山五校水经注》(《杭州大学学报》1981 年第 4 期)两文,都是对郦注版本的一般议论,目的都是为了在评述《水经注》各种版本的基础上,能够集中郦学界的力量,编纂出一部更为理想的郦注新版本。至于这种新版本的内容要求,则我在《编纂水经注新版本刍议》(《古籍论丛》,福建人民出版社 1982 年版)一文中,已有较详的论述。

这一时期有关郦注版本的另一项收获,是王国维校勘的《水经注校》于 1985 年在上海人民出版社出版。这是新中国成立以后在我国大陆出版的除了影印本《水经注疏》以外的第二种《水经注》版本。王国维是我国近代著名的历史学家和郦学家,他所发表的有关郦学研究的一系列论文收在《观堂集林》卷十二之中。这一本是以朱谋㙔的《水经注笺》为底本,经他与残宋本、大典本、明黄省曾本、吴琯本、明抄本、殿本等诸名本校勘的版本。王国维除了在正文内作了许多校勘和注疏外,还在版框上下作了不少批注。卷首有吴泽教授的"前言",也很有助于对此书的了解。美中不足的是,此书在出版前请人作了标点,但标点却发生了许多错误,希望在再版时,把这些错误的标点改正过来。

在郦学书评方面,这一时期主要有《评森鹿三主译水经注(抄)》及《评台北中华书局影印本杨熊合撰水经注疏》两文,分别发表于《杭州大学学报》1981 年第 4 期和 1983 年第 1 期,我评介此两书的主要目的,还是为了让国内无法读到此两书的绝大部分郦学界同仁能够了解我国大陆以外的郦学研究概况。由于学术界消息隔膜,有些郦学家在研究中重复别人早已完成的工作而浪费了许多精力。前面已经提到钟凤年先生潜心于《水经注疏》北京影印本的勘误 20 余年,但实际上此书的错误在台北影印本中早已由熊会贞自己作了修订。当然,在钟氏校勘的头十年中,台北本尚未出版,所以重复劳动是不可避免的。但段熙仲教授在接受校勘北京本任务之时,台北本实际上已经出版了数年,段氏竟在一无所知的情况下埋头苦干,虽然成绩斐然,但绝大部分都是重复了台北本的内容。我自己也在这方面有过教训,段熙仲教授校勘的北京本《水经注疏》,最后由我复校,并完成把台北本的成果归入北京本的工作。我采用了两本逐字逐句对勘的方法,花费了大量的时间和精力,但实际上,在香港执教的郦学家吴天任教授已在其著作《杨惺吾先生年谱》(台北艺文印书馆1974年版)一书中,把台北、北京两本的字句差异,逐条对勘清楚,我以半年以上的日夜辛勤,实际上是一举手之劳就可获得的东西,这说明了在海内外郦学界之间互通消息的重要性。

我国的老一辈地理学家,西北大学的王成组教授于1982年在商务印书馆出版了他的专著《中国地理学史》上册,他在此书有关《水经注》的章节(第131页)中指出:"从《水经注》的内在特征来衡量,《经》与《注》可能本是郦氏一家之言。"他对郦氏原序作了许多考证,然后,他下了结论:"因此,我们认为全书的经注同出于他一人之手。"这当然是一个十分特殊的论断。且不要说过去许多学者包括著名的《四库提要》对《水经》著作年代的大量研究,只要仔细地阅读一下郦道元的注文,在全部注文中,郦氏以"乃经之误也"一类话公开批评《水经》的错误的,至少有30处。假使经文真的是郦道元所写,他为什么不在经文上改正自己的错误,而偏要把这些错误留着,再另写注文来批评自己的错误呢?靳生禾在《华东师大学报》1985年第3期所发表的《水经注经注出自郦氏一手吗?》一文,就是针对这种经注一手说的。

除了郦学书评以外,对于郦学研究动态的评介,近年来也已引起郦学界的注意,王国忠发表于《中国历史研究动态》1984年第11期的《近年来水经注研究述略》一文,就是这方面的一篇值得重视的文章。他结合近年来我国郦学研究的成果,加以归纳和分析,勾划出这一时期中我国郦学界的概貌和动态,这样的文章,对总结和推动当前的郦学研究是很有作用的。

最近几年来,在全国范围内开展了地名普查工作,从而促进了地名学这门学科的发展。因为《水经注》一书拥有大量地名和地名来源的解释,因此,郦学界也就加强了在郦学领域中的地名研究。刘盛佳所撰的《我国古代地名学的杰作——〈水经注〉》(《华中师院学报》1983年第1期)一文就是这方面的代表。当然,按照刘文的结论,"《水经注》是一部以地名为主的地理著作",未免强调过甚。但对于郦注与地名学密切关系的论述,此文还是很有作用的。我也曾就这个问题连续发表过几篇论文如《论地名学及其发展》(《中国历史地理论丛》1981年第1期)、《水经注与地名学》(《地名知识》1979年第3、4期)、《水经注地名错误举例》(《地名知识》1980年第4期)、《水经注记载的一地多名》(《地名知识》1981年第2期)等,都是以郦注地名为基础,阐述若干地名学的原理,意在为郦学研究及地名学的发展起一点推波助澜的作用。不过像吕以春所指出的:"陈桥驿对《水经注》地名学的成果研究,就成为他毕生从事《水经注》研究的三大内容之一"的[16]话,恐怕是愧不敢当的。

以上列举的是近年来我国专文发表或专著出版的《水经注》成果的一部分。至于在其他一些著作中引进郦注,或把《水经注》作为专章讨论的也很不少,例如前已提及的王成组教授的《中国地理学史》上册,武汉水电学院和水电科学院合编的《中国水利史稿》上册[17]等。此外还有不少辞书和手册之类,也常常把《水经注》一书作为专条解释,例子很多,不一一列举。

利用《水经注》的记载作为各门科学如历史学、地理学、考古学、民族学、碑版学、文学、语言学等方面研究数据的,为数当然更多,例如史念海教授对壶口瀑布的研究[18],陈吉余教授对中国海岸变迁的研究,[19]吴壮达教授对广州古代建城的研究[20]等,都运用了郦注资料而获得卓越的研究成果,这些都是在历史地理研究中借助于郦注的例子。而盖山林同志利用《水经注》记载的资料追索古代的阴山岩画,则是郦注在考古、文物上的贡献。[21]此外如根据郦注资料研究我国温泉的利用历史(林参作,《中国温泉利用史略》,载《百科知识》1982 年第 2 期),整理郦注记载的金石碑刻,以提出一个北魏所见的金石目录(陈桥驿作,《水经注金石录序》,载《山西大学学报》1984 年第 4 期)等,也都是把《水经注》资料提供给有关学科研究的工作,诸如此类的例子,是不胜枚举的。

综上所述,说明在近年来,我国的《水经注》研究已经开始有了较大的发展,希望郦学界继续努力,再接再厉,迎来一个郦学研究的高潮。

国外学者的《水经注》研究

清代末叶,西欧汉学家已经开始了他们对《水经注》的研究。法国汉学家沙畹(Edouard Chavannes)在其所著《魏略所见之西域诸国考》一文中,将《水经注》卷二《河水注》译成法文,作为该文的附录,这是《水经注》译成外文的嚆矢。另外一些汉学家,他们从各方面考证《水经注》的成书年代,伯希和(Pual Pelliot)在其《交广印度两道考》(商务印书馆冯承钧译本第 48 页)一书中说道:"六世纪初年撰之《水经注》。"费瑯(G. Ferrand)在其《昆仑及南海古代航行考》(商务印书馆冯承钧译本第 3 页)一书中指出:"五二七年,郦道元撰《水经注》。"又有一些汉学家,则利用《水经注》记载的丰富资料,从事今越南沿海的历史地理学的研究。例如法国汉学家马伯乐(Henri Maspero),他仔细地研究了卷三十六《温水注》的内容,论证说:"《水经注》卷三十六所志六世纪初年之林邑都城,得为十世纪之因陀罗补罗。"[24]鄂卢梭(L. Anuouseau)在其著作《占城史料补遗》中,认为:"前次所提出之区栗城在承天府西南,同林邑古都在茶荞,两种假定,可以互相证明,迄今尚未见到何种反证。……不过要作此种研究,必须将《水经注》卷三十六之文,连同其注释详加鉴别,其结果时常可以阐明细节。"[25]英国著名科学史专家李约瑟(Joseph Needham),在其名著《中国科学技术史》中,也把《水经注》列为常用参考书,他认为《水经注》一书是"地理学的广泛描述"。[26]这种论断是应符合实际的。

在日本,学者对《水经注》的研究已有较长的渊源。早在 1918 年,著名汉学家小川琢治就撰写了《水经及水经注》一文,对此书作了全面的介绍,于该年的《艺文》第六、九两期发表。接着,森鹿三在《东方学报》连续发表了一系列郦学研究成果。宫崎市定则于 1934 年在《史学杂志》45 卷 7 期发表了《水经注二题》的论文。和西欧的汉学家一样,足立喜六也考证了郦注成书年代,他在《法显传考证》一书中论证说:"故知法显之书,成于义熙九年归至建康迄翌年甲寅之间……《法显传》撰述后,约在百十年之后,北魏郦道元所著之《水经注》卷一、卷二辄引之。"[27]日本学者根据《水经注》资料以从事各种学术研究的,历来非常普遍,例如著名汉学家藤田丰八在其《西域研究》(中译本,杨铄译,商务印书馆出版)一书中,对于扜泥城与伊循城的研究以及焉支与祁连的研究等,都把《水经注》的记载作为重要依据。

前面已经提到法国汉学家首先把少量郦注译成外文的事,最近,《北京图书馆文献》第 15 辑(1983 年 3 月)曾刊载了一篇吴晓铃写的《书胡适跋芝加哥大学藏的赵一清水经注释后》的文章,该文提到:"我于四十年代在印度孟加拉邦的国际大学中国学院任教时,曾和汉学家师觉月博士(Dr. Praboddha、Chandra Bagchi)合作翻译过《永乐大典》本《水经注》。"吴晓铃的文章因为过于简单,我们无从知道,当年他与师觉月博士合译的大典本郦注,是译成英语抑是印地语,全书最后有否译成出版,或者是译成了全书中的哪些部分,都还有待进一步了解。现在我们所能看到的比较完整的《水经注》外文译本,则是日本汉学家的成果,这就是已故京都大学名誉教授著名郦学家森鹿三氏所主持翻译的译本。

森鹿三毕生从事《水经注》研究,早在 1931 年,就发表了他的第一篇郦学论文《水经所引之法显传》(载京都《东方学报》第 1 册)。以后他继续发表了《关于戴校水经注》(京都《东方学报》第 3 册,1934 年)、《关于十道志所引之水经注》(京都《东方学报》第 4 册,1936 年)、《关于最近之水经注研究——特别是郑德坤的成绩》(京都《东方学报》第 7 册,1941 年)。二次大战以后,他供职日本著名的汉学中心——京都大学人文科学研究所,三次出任该所所长,继续发表了《郦道元传略》(《东方史研究》6 卷 2

期,1950年)、《水经注所引之史籍》(《羽田博士颂寿纪念东洋史论丛》,1958年)、《杨熊二氏的水经注疏》(《书报》7月号,1970年)等论文。早在二次大战以前,他就在熊会贞处获得了《水经注疏》抄本一部。正如前面已经提到的,他以这部抄本为基础,于1964年到1970年在京都大学人文科学研究所举办了一个《水经注疏》订补研究班,网罗了全国郦学家和他的学生,从事郦学研究,每周由他亲自主持一次会读,对《河水》、《汝水》、《泗水》、《沂水》、《洙水》、《沔水》、《淮水》、《江水》等篇,进行了讨论和分析。经过这样深入细致的数年集体研究,森鹿三又领导了《水经注》的翻译工作,翻译的过程是非常认真慎重的,以《河水注》五卷为例,首先由森鹿三和其他译者进行对原文的集体钻研和反复讨论,然后由大阪大学的日原利国教授译成日语古文,最后再由藤善真澄和胜村哲也二教授译成现代日语。《河水注》以外的其余部分,主要由另一位著名的郦学家,京都大学名誉教授日比野丈夫所译。森鹿三本人还在译本的卷末写了详细的《水经注解释》一文,介绍郦学的主要渊源。最后终在1974年出版了这部日译节本《水经注(抄)》。尽管并不是一部全译本,内容只有《水经注》全书的四分之一,但已经可算是此书历来第一部比较完整的外文译本了。而且译文信达,注释详尽,受到学术界的好评。我国科学史专家胡道静先生曾在他的《谈古籍普查和情报》(《历史研究》1983年第4期)一文中称道这个译本的完善。我也为这个译本撰写了《评森鹿三主译水经注(抄)》一文,充分肯定了译本的成就,同时也求全责备,提出了几点意见。

　　森鹿三于1980年去世,为了纪念他一生在郦学研究中的卓越贡献,奈良女子大学教授、森鹿三的高足船越昭生,特地撰写了《森鹿三先生和水经注研究》一文,在1981年《地理》第3期发表。[28]由于森鹿三等老一辈郦学家的创导,日本的《水经注》研究,至今仍然很有可观,而且影响已经逐渐扩大,日本文部省教科书调查官山口荣,也连续撰写了两篇题为《胡适与水经注》研究的论文,先后于1981及1984年发表。[29]而在日本大学之中,《水经注》已经作为课程进行讲授。森鹿三的高足、关西大学藤善真澄教授、即在该校历史系开设了《水经·江水注》的专题课程。我也于1983年秋季应关西大学之聘,去日本为该校大学院(即研究生院)讲授了《水经注研究概况》和《水经·江水注研究》等课程。1985年春季,我再次应聘去日本,继续在该国从事《水经注》的讲学和研究。对于我国来说,虽然唐祖培教授曾于1946年至1947年间,在湖北师范学院史地系开设过《水经注疏》研究的课程,[30]成为我国大学讲授《水经注》课程的创始。但此后即告中辍,至今还未闻有其他大学开设这类课程的。《水经注》不仅是我国古代的地理名著,同时也是一部爱国主义读物。日本大学既已开设了郦学研究的课程,则在我国大学,如历史、地理、旅游、中文等系,实在也有开设这类课程的必要。

注释：

① 事迹附见于《金史·蔡松年传》。

② 《国朝文类》卷三六,赵一清《水经注附录》卷下引《滋溪文集》。

③ (清)阎若璩《古文尚书疏征》卷六下。

④ 钟、谭二人均出于竟陵(今湖北省钟祥县一带),故名。

⑤ 朱文藻,号朗斋,杭州仁和人,是《浙江采集遗书总录》的编纂者之一,四库开馆后,浙江曾
呈进书籍4500余种,《浙江采集遗书总录》中的《水经注释叙录》,就出于朱之手。

⑥ 即四库副总裁王杰,陕西韩城人,乾隆辛已状元,官吏部侍郎,故称少宰。

⑦ 载吴天任纂辑《水经注研究史料汇编》下册,台北艺文印书馆1984年版。

⑧ 《商务印书馆永乐大典水经已经戴东原刮补涂改弊端隐没不存记》载天津《益世报·读书
周刊》,1936年11月12日。

⑨ 熊会贞《关于水经注之通信》,载《禹贡半月刊》3卷6期,1935年。

⑩ 刘禺生《述杨氏水经注疏》,载《世载堂杂忆》,中华书局1962年版。

⑪ 陈桥驿《熊会贞郦学思想的发展》,载《中华文史论丛》1985年第2辑。

⑫ 载《杭州大学学报》(自然科学版)1964年第2期。

⑬ 载《治学集》上海人民出版社1983年版,第112—118页。

⑭ 原题如此,但古地理(palaeogeography)是指第四纪及其以前的地理,与历史地理的概念截
然不同,该文论述的时间不过1500年,故古地理当是历史地理之误。

⑮ 这8篇文章在《胡适手稿》中分别列入:《再跋戴震自定水经的"附考"》,《手稿》第1集,
1966年出版;《全祖望、戴震改定水经各水次第的对照表》,《手稿》第1集,1966年出版;
《戴震自定水经一卷的现存两本》,《手稿》第1集,1966年出版;《跋杨守敬论水经注案的
手札两封》,《手稿》第5集,1969年出版;《记赵一清的水经注的第一次写定本》,《手稿》第
3集,1968年出版;《跋奉化孙锵原校的薛福成董沛刻的全氏七校水经注》,《手稿》第2集,
1968年出版;《戴震校水经注最早引起的猜疑》,《手稿》第1集,1966年出版;《关于水经注
版本的书札》,《手稿》第3集,1966年出版。

⑯ 吕以春《陈桥驿论地名学》,载《地名知识》1985年第2期。

⑰ 水利电力出版社1979年版。

⑱ 《河山集》2集,三联书店1982年版,第175页。

⑲ 《中国自然地理·历史自然地理》第5章《历史时期的海岸变迁》,科学出版社1982年版。

⑳ 《水经注的"水坑陵"问题》,《华南师院学报》(自然科学版)1980年第2期。

㉑ 《举世罕见的珍贵古代民族文物—绵延二万一千平方公里的阴山岩画》,载《内蒙古社会科
学》1980年第2期。

㉒ 据吴天任教授1985年9月16日从香港致作者函:"郑君重编水经注图,乃用新法绘制,明

朗易观,惜印店未能将原图影印,诚一憾事。"据此,则总图等确为出版者所略。

㉓ 载《水经注研究史料汇编》下册。

㉔ 《宋初越南半岛诸国考》,载冯承钧译《西域南海史地考证一编》,中华书局版。

㉕ 载冯承钧译《西域南海史地考证二编》,中华书局版。

㉖ Science and Civilisation in China Vol. I. p. 259.

㉗ 中译本(何健民、张小柳合译)上编《序说》第314页,国立编译馆1937年版。

㉘ 此文已由乐祖谋译成中文,发表于《历史地理》1983年第3辑。

㉙ 前者发表于佐藤博士还历纪念,《中国水利史论集》,东京国书刊行会版;后者发表于佐藤
博士退官纪念,《中国水利史论丛》,东京国书刊行会版。

㉚ 《唐祖培复吴天任函》,载《水经注研究史料汇编》下册。

原载《中国历史地理论丛》第 3 辑,陕西人民出版社 1988 年版

三、港、台《水经注》研究概况评述

近年以来,我国学术界在《水经注》的研究方面有了较大的发展,除了散见于各报刊的论文以外,继50年代科学出版社影印出版《水经注疏》以后,另一部由王国维校勘的《水经注校》,最近也已由上海人民出版社出版。此外还有其他一些郦学专著如《水经注研究》①及杨、熊《水经注疏》校点排印本②等,不久也将陆续出版。对于国内近年来郦学研究的概况,学术界已经有所报道,③但所有这类报道和评述,往往没有涉及香港和台湾省的情况。爰就所知,撰此一文,以供国内学界参考。

香港和台湾省这些年来在《水经注》研究方面,成绩颇有可观。已经发表和出版了一批重要的研究成果。在香港方面,郦学界以郑德坤、吴天任二氏为代表人物。两人都是我国著名的郦学家,早在30年代,郑德坤已经编成《水经注引得》一书,在当时北平的哈佛燕京学社出版,至今国内不少图书馆尚有收藏。郑氏于1951年从香港到英国剑桥大学讲学,临行曾将他历年所撰《水经注》著述的稿本多种,交与吴天任收藏参考,其中《水经注引书考》和《水经注故事钞》两种,经吴氏整理后,在台湾省台北县艺文印书馆于1974年出版。前者考证郦注所引书目,共436种,其中今存者91种,辑存者149种,引存者127种,亡佚者69种。以上各书,郑氏均经考其著述流略,作者卷帙。此书卷首有郑氏于民国二十五年在厦门执教时所作序言。《水经注故事钞》系抄录《水经注》中记载的各类故事,计分神仙鬼怪、帝王传说、名人故事、战争故事、动物故事、灵验感应、义侠孝弟、异族故事、佛教传说、祈雨故事、德政故事、名山古迹等12

类，每类各有子目，全书共 505 目。此书各文早于 1942 年在《华文学报》刊出，后于 1963 年由东南亚研究所重刊，最后才由艺文印书馆出版，卷首有吴天任所写的序言。

郑德坤的另一稿本《水经注研究史料初编》，由吴天任编入《水经注研究史料汇编》上册，于 1984 年由台北艺文印书馆出版。卷首有郑氏于民国二十四年在厦门大学所写序例，全编收入郦学史料共 78 篇，包括宋、元、明、清各代所有《水经注》版本的评述以及历来有关郦注研究的重要著作，如储皖峰的《水经注碑录附考》、范文澜的《水经注写景文钞》、森鹿三的《水经注所引文献之研究》、熊会贞的《关于水经注疏之通信》等，这些多是早期《水经注》研究中具有重要价值的文献。

郑氏关于郦学研究的另外一些论著，收入于 1980 年香港中文大学出版社出版的中国文化研究所、中国考古学术研究中心集刊之一，即郑氏所著的《中国历史地理论文集》中，包括《水经注版本考》、《禹贡川泽变迁考》、《水经注引得序》、《水经注书目录》、《水经注赵戴公案之判决》等文，所有这些论文，也都是郑氏在 30 年代的著作。

以上所列的郑氏从 70 年代到 80 年代重版的《水经注》著作，都是他的旧作。现在我们看到的新作，是他于 1984 年写于香港中文大学的短文《重编水经注图总图跋》。收入于吴天任纂辑的《水经注研究史料汇编》下册。由于此文之撰，我们得知郑氏曾在 30 年代初期，以杨守敬《水经注图》旧例，重新编绘了《水经注图》。其图分总图和分图两种，分图已在哈佛燕京学社遗失，而总图由于在当时曾复绘一幅藏在郑氏身边，所以至今尚存。郑氏在此文末尾云："今吴君增编《水经注研究史料汇编》，拟将此图影印制版于卷首，与若干《水经注》版本并列"，但现在我们所见到的《水经注研究史料汇编》之中，并无此图及若干《水经注》版本的影印插页，恐为出版者所省略，殊属可惜。

寓港郦学家中著述最多的是吴天任，他潜心郦学研究，数十年于兹，所以成绩卓著。他于 1974 年在台北艺文印书馆出版了他的郦学巨著《杨惺吾先生年谱》。这部 460 余页的大书包括 3 个部分的内容，搜罗堪称宏富，第一部分为《杨惺吾先生年谱》，从杨出生之年（道光十九年即 1839 年）起，按年记述其有关事迹，旁征博引，资料十分细致详尽。值得称许的是，吴氏所编此年谱，并不拘泥于我国历来人物年谱的传统格局，而是有他独特的创新。即在民国四年（1915）杨氏物故以后，年谱并未中辍，而是从"先生卒后一年"（1920）起，择郦学研究中有重大事件发生的年份赓续作谱，直到 1971 年《杨熊合撰水经注疏》在台北中华书局影印出版为止，其间吴氏一共赓续了 18 个年份。其中较重要的有："先生卒后三年"（1918）："日人小川琢治著《水经及水经注》一文"；"先生卒后二十年"（1935）：《永乐大典》本《水经注》，本年由商务印书馆涵芬楼影印出版"；"先生卒后二十五年"（1940）："汪辟疆《明清两代整理水经注之总

成绩》,刊于渝版《时事新报·学灯》第 69 至 70 期";"先生卒后四十二年"(1957):
"科学出版社将存贮于大陆之《水经注疏》清写本影印出版,是为全疏正式面世之始";
"先生卒后五十一年"(1966):"胡适之遗著《胡适手稿》第一集出版,由中央研究院胡
适纪念馆发行";"先生卒后五十六年"(1971):"台北中华书局商借中央图书馆藏《水
经注疏》最后修订本影印出版,定名为《杨熊合撰水经注疏》。"

　　吴氏所赓继的杨守敬死后郦学界所发生的大事中,当然并非全无错误和遗漏,例
如在"先生卒后十五年"(1930)的记载中说道:"日人森鹿三,欲得先生之《水经注疏》
稿,以熊崮芝复审将成,四月,遣松浦嘉三郎走武昌求之,不获,又两谒,许以重金,乞写
副,崮芝以大夫无域外之交,固拒之,卒不为夺。"这段文字吴氏系从汪辟疆所撰《杨守
敬、熊会贞合传》中录入,与事实并不相符。事实是,森鹿三当年曾从熊会贞处获得了
《水经注疏》抄本一部,现藏日本京都大学人文科学研究所,我在日本讲学期间曾目睹
此书,其始末则已在拙作《关于水经注疏不同版本和来历的探讨》④一文中详叙。又如
"先生卒后二十一年"(1936)的记载:"五月二十五日申时,熊崮芝卒于武昌西卷棚十
一号住宅,年七十八,子心赤。卒前以《水经注疏》稿付其弟子枝江李子魁,手写补疏
遗言,嘱续整理之业,而助未竟之功。"这中间,关于"卒前以《水经注疏》稿付其弟子枝
江李子魁,手写补疏遗言,嘱续整理之业"云云,乃是李子魁的一面之词,不仅"遗言"
字样为李所妄加,而且为了自己的目的,大肆窜改熊氏所写的内容。此中情况,现在已
经基本查清,在拙作《关于水经注疏不同版本和来历的探讨》及《熊会贞郦学思想的发
展》⑤等文中有所阐明。另外,由于吴氏对杨守敬孙子杨勉之私售《水经注疏》定稿本
和熊氏因此自裁的经过尚不甚了解,所以把台北中华书局影印《杨熊合撰水经注疏》
称为"最后修订本"。其实,熊在杨死后继续《水经注疏》撰述,20 余年中"稿经六
易"。⑥今北京和台北影印本底本,都是熊"六易"过程中的弃稿。当然,台北本底本因
为抄成后一直留在熊身边,曾得到熊的不断修改和补充,直到熊最后决定另立新稿而
放弃此稿为止。所有这些,拙作《关于水经注疏不同版本和来历的探讨》一文中已述
其详。

　　吴氏在他赓续中的最大遗漏是杨守敬死后 49 年到 55 年(1964—1970),这期间,
日本著名郦学家森鹿三主持了京都大学人文科学研究所的《水经注疏》订补研究班,
在这个研究班的基础上,出版了日译节本《水经注(抄)》。⑦这是《水经注》第一种比较
完整的外文译本,其翻译主持人又和熊会贞有过交往,因此,这是一件郦学界的大事,
是应该写入《年谱》的。

　　此书的第二部分是《水经注疏清写本与最后修订本校记》。前者指的是北京本,
后者指的是台北本。在熊氏"稿经六易"的过程中,台北本的底本,与被杨勉之私售的

最后定稿本最为接近,所以台北本当然要比早期抄录的北京本好得多。关于这方面的问题,我在拙作《评台北中华书局影印杨熊合撰水经注疏》⑧和《熊会贞郦学思想的发展》等文中已有较详说明。吴氏将此两本的字句差异,逐一对照排比,此事是花了极大精力的。对于国内难得读到台北本的多数读者,得此一篇,就等于获得了18巨册的台北影印本,所以也是很有贡献的。在段熙仲教授和我合作校点北京影印本的过程中,我也曾将台北本的成果,逐字逐句地对北京本作了增删修改。可惜当时我还未曾获吴氏的这种著述,未曾利用他的成果,否则,我的工作将收事半功倍之效。

此书的第三部分是《杨惺吾先生著述及辑刻图书表》。杨氏毕生力学,著述宏富,学者历来有所考录,吴氏此表,当是集其大成。不过吴氏在此表卷首《小引》中指出,对于前人在这方面的考证,吴氏尚未见到朱士嘉的《杨守敬著述考》、王重民的《杨惺吾先生著述考》以及日本学者冈井慎吾的《杨惺吾先生著述考补正》等文,则内容或许尚有遗漏,再版时,如能与上述各书参校一次,使此表能更臻完备。

此书卷首的影印插页也丰富多彩,值得称道。包括杨守敬遗像,杨守敬手书楹联、手札及其他墨迹多种,又叶遐庵致作者吴天任讨论《水经注》的手札3件,此外还有《水经注疏》北京本、台北本数页以及熊会贞手书整理《水经注疏》的意见。所有这些,在我国郦学研究史中都有重要价值。

吴天任在《水经注》研究中的另一重要著述是1984年台北艺文印书馆出版的《水经注研究史料汇编》。此书分上、下两册,上册已在前面有关郑德坤的著述中介绍,系郑氏所纂辑;下册则系吴氏所纂辑,其内容多于上册达二倍半以上。吴氏在此编中收录了郦学史料共178篇,包括著名郦学家杨守敬、熊会贞、森鹿三、孟森、郑德坤、汪辟疆、钟凤年、胡适等,论文和往来信札等。大陆近年来发表的郦学论述如段熙仲教授的论文和拙作等,也多被收入,可谓集其大成。而最后刊有吴氏本人的论文8篇,其中《水经注疏最后订本易水、滱水篇中列举全赵戴校字相同之例证》、《清代学者整订水经注之贡献与全赵戴案之由来》、《胡适手稿论水经注全赵戴案质疑》3篇,都是功力甚巨而过去未曾发表过的论著,所以弥感珍贵。

现在再来看看台湾省近年来的《水经注》研究概况。这中间,最重要的成果之一,当然是《杨熊合撰水经注疏》于1971年在台北中华书局的影印出版。由于熊会贞当年的最后定稿本被私售而至今不知下落,所以台北本的底本是熊氏“稿经六易”过程中最接近其最后定稿本的本子,它代表了我们当今可以看到的杨、熊郦学研究的最后成果,因此,此书的影印出版,在郦学研究史上具有重要的意义。

台湾省在郦学研究中的另一重要成果是《胡适手稿》第一集至第六集从1966—1969年的相继出版。⑨胡适是我国著名的郦学家之一,而此六集的内容,几乎全是他有关郦学的论文、书札和序跋。其中第一集是戴震部分,主要内容是戴震未见赵一清《水经注释》的十组证据,用以证明戴震绝未袭赵。第二集是全祖望部分,主要为了证明王梓材在七校本《水经注》中的作伪。第三集包括全祖望的一部分和赵一清的一部分,内容主要有两方面,一是论述天津图书馆所藏的全氏五校本《水经注》,二是论证赵一清之子赵载元委托梁氏兄弟整理《水经注释》时,梁氏兄弟参校了四库本,因此,赵书袭戴是可以肯定的。第四集是水经注版本考,考证了不少宋、明版本。第五集是关于自张穆至孟森几家对戴震的指控的评论,第六集是与洪煨莲、杨联升讨论本案往来书信以及继续讨论本案的最后杂文和信札。五六两集的主要内容,都是为了论证历史上所有关于戴书袭赵的指摘,都是没有根据的。

台湾省的另一治郦学者费海玑,于1980年在台北商务印书馆出版了他的《胡适著作研究论文集》,对《胡适手稿》各集作了内容提要,以便于读者阅读。此外,他并以《胡适与水经注》为题,在台湾大学等校讲学,阐述胡适在《水经注》研究中的巨大成就。

不过,胡适在《水经注》研究中的方法、观点和成就,在港、台郦学界之间,看法是很不一致的。以上述费海玑为例,他不仅在观点上与胡适完全一致,而且对胡是推崇备至的。另一位治郦学者水建彤,他在《水经注与胡适》[⑩]一文中,也对胡的研究大加赞扬。他说:“胡适离开祖国,抱着一本《水经注》,胡适还是胡适,五四精神不死。”但吴天任的看法就很不相同,他对费海玑《胡适著作研究论文集》的评价是:“至费氏之胡氏著作研究论文,除对胡氏于先生(案指杨守敬)之丑诋恶骂,加以推波助澜外,于胡氏更阿谀备至,至推为台湾圣人,尤为识者齿冷”。[⑪]另一位治学者汪宗衍,在其《赵戴水经注案小记》[⑫]文中说:“惟近人胡适之晚年专力治郦书版本,极力为东原洗刷剿袭,撰有论文函札七十余篇,凡数十万言,耗二十余年精力,为兹枝节问题,虽曰求是,实于郦书何干?亦费词矣,盖以乡谊故耶。”还有一位在台的老学者杨家骆,他在《水经注四本异同举例》[⑬]一文中,也力陈胡适祖戴之不当。他说:“凡戴异于赵,亦多阴本于赵氏校释之说,则戴之不忠于《大典》而复袭于赵,固至显然也。”对于胡适《水经注》研究的成败得失,当然不是几句话可以说得清楚。笔者异日当另撰专文讨论,这里无非介绍某些港台学者的看法,供郦学界参考而已。

除了以上评介的一些以外,港、台学者撰写的有关《水经注》的论述还有不少。例如梅应运的《读史余藩——论水经有图》,[⑭]以《水经注》郦序中“寻图访颐”一语,论证《水经》原来有图。于大成的《永乐大典与大典学——论水经注案》[⑮]一文,以《大典》在戴震袭赵一案中所起的证据作用,认为《大典》不特有资于校勘,且为解决辨章学术考镜源流之书。司马恭的《杨守敬的水经注疏》[⑯]一文,论述杨、熊二氏撰述此书的情况。林明波的《六十年来水经注之研究》,[17]综述近 60 年来诸家治郦学的成绩,全著分 15 个部分,材料至为详尽。此外,在前述《胡适手稿》第六集中所收入的洪业、杨联升两人从 1950 年—1955 年之间与胡适之间往返讨论郦注的通信,也都是港、台学者有关郦学研究的历史文献。

　　以上是我所了解的港、台郦学界这些年来郦学研究的大概情况。郦学界的情况其实也说明了整个学术界的情况,我们与港、台学者之间的联系还有待进一步加强。因为这在事实上是十分必要的。钟凤年老先生在北京本《水经注疏》出版以后,随即从事于此书的校勘,花了 20 多年时间,校出错误 2400 余处。[18]其实,他所校出的错误,在台北本的底本中,早已都由熊会贞自己改正,我曾在拙作《关于水经注疏不同版本和来历的探讨》一文中以《浙江水注》一篇为例,钟氏在此篇中校出了北京本的错误 47 处,而我用台北本对勘,校出了北京本的错误达 55 处。段熙仲教授在 70 年代接受出版界的委托,对北京影印本进行校点,当时,台北影印本已经出版了数年,竟因消息隔膜,以致浪费了他的许多时间和精力。而当我用台北本与北京本进行对勘之时,由于不知道有吴天任《杨惺吾先生年谱》这本书,以致没有利用他的研究成果,也造成了许多不必要的浪费。同样,港台学者由于得不到大陆学者的研究成果,也有望洋兴叹之感。吴天任在其《水经注研究史料汇编》下册的序例中说道:"编者局处岛隅,闻见寡陋,多年搜录,仅此区区,未知之资料固已不少,而已知其目,尚待搜寻者……并其未知见者,统望博雅君子,勿吝赐教。"在吴氏所举"已知其目,尚待搜寻者"的文献之中,有不少就是近年来大陆学者的研究成果。希望大陆学者与港、台学者之间能够加强联系,使郦学研究能够获得更大的发展。

注释:

① 已由天津古籍出版社出版。

② 将由江苏古籍出版社出版。

③ 玉国忠《近年来水经注研究述略》,《中国史研究动态》1984 年第 11 期。

④ 《中华文史论丛》1984 年第 3 辑。

⑤ 《中华文史论丛》1985 年第 2 辑。

⑥ 刘禹生《述杨氏水经注疏》,《世载堂杂忆》,中华书局 1962 年版。

⑦ 船越昭生《森鹿三先生和水经注研究》,《地理》第 26 卷第 3 期,东京古今书院 1981 年版。

⑧ 《杭州大学学报》(哲社版)1983 年第 1 期。

⑨ 台湾"中央研究院"胡适纪念馆发行。

⑩ 《今日世界》1952 年第 4 期。

⑪　《杨惺吾先生年谱》"先生卒后五十一年"（1966 年）吴天任案语。

⑫　《水经注研究史料汇编》下册。

⑬　《学粹》1966 年第 4 卷第 5 期。

⑭　香港新亚书院《新亚双月刊》1966 年第 12 卷第 2 期。

⑮　于大成《理选楼论学稿》，台北学生书局 1978 年版。

⑯　香港《大公报》艺林版，1960 年 11 月 20 日。

⑰　台北正中书局 1974 年版。

⑱　《古籍论丛》，福建人民出版社 1982 年版。

原载《史学月刊》1986 年第 1 期

四、《水经注》戴、赵相袭案概述

　　《水经注》戴震、赵一清相袭一案，至今已超过 200 年。200 年来，郦学界议论纷纷，无时或止。在一个时期中，对这样一个实际上属于枝节问题的争论，竟至于代替了正规的郦学研究。它不仅轰动郦学界，郦学界以外的其他名流学者也介入论战，甚至波及国外。在我国学术研究史上，像这样的事，实在找不出另外的例子。在这场论战中，论战双方，还不免小题大作，意气用事，浪费了多少学者的宝贵精力，而于郦学实乏所补。因此，200 年来的这一场论战，实在是郦学界的不幸，所以此事不但绝不应赓续，而且也不宜旧事重提。不过由于此案的声名甚大，影响深远，至今仍有不少青年乃至中年学者，以此案始末相质询，所以特撰此文，把此案经过作一概述。

　　清乾隆时，是我国郦学研究中考据学派的全盛阶段，其中最著名的全祖望（号谢山，1705—1755）、赵一清（字诚夫，号东潜，1709—1764）、戴震（字东原，1723—1777）3 家，都有他们各自校的《水经注》本子。戴震是从乾隆三十年（1765）开始校勘郦书的，到了乾隆三十七年，已经有他的定本，曾在浙东付刻，但刻不及 1/4，由于奉诏入《四库》馆而中辍。这个本子后经孔继涵整理刊行，即微波榭本《水经注》。[①] 戴在《四库》馆也校勘《水经注》，到乾隆三十九年校毕，由武英殿聚珍版刊行，即所谓殿本。当时全已去世 19 年，赵也去世 10 年。全氏《水经注》当时尚未刊行。赵氏《水经注》，在以后参加论战的双方学者之中，也一致认为尚未刊行。[②]

　　戴震在殿本刊行后 3 年就去世了。去世以后 3 年，即乾隆四十五年（1780），当时，全、赵二家的书仍未刊行，三家之中还是戴书独行的时候，即已有人开始怀疑戴书有袭赵之嫌。今上海图书馆藏有一部孙沨鼎校的武英殿本《水经注》，书里有孙氏跋语：

> 吾友朱上舍文藻自《四库》总裁王少宰③所归，为予言：此书参用同里赵□□（按当系诚夫或东潜二字）一清校本，然戴太史无一言及之。

这段话的关键并不在"此书参用同里赵一清校本"一句，因为在著作中参校他人的书是古今皆然的事，以后全、赵书的卷首，都列有一张"参校诸本"的目录，好像现在的著作后面附列一份参考书目一样，这是光明正大的事，绝对不会引起非议。孙跋中的一句关键性的话是"然戴太史无一言及之"。这就是说戴震是不告而取，就是属于剽袭的行为了。

孙跋中引用朱文藻的话，朱是杭州仁和人，是赵一清的同乡，故用"同里"字样。从朱跋上下文揣摩，因为上文有"吾友朱上舍文藻自《四库》总裁王少宰所归"一语，因此，还不能肯定首先发现此事的是朱文藻还是王杰。朱文藻发现此事是可能的。因为在《四库》开馆之前，朝廷曾谕知各省采集遗书。朱是浙江呈进遗书的分校之一，又是《浙江采集遗书总录》的主要编纂人。浙江呈进的四千五百多种遗书，他当然知道。特别是因为赵一清是他同乡，朱生于雍正十三年（1735），赵一清去世时，他已 29 岁，因此也可能是认识赵一清的。赵一清的《水经注释》被采进《四库》之事，他必然留意。王杰发现此事的可能性也很大，王是乾隆辛巳状元，当朝廷谕知各省采集遗书时，正值他任官提督浙江学政，曾经主持过呈进浙江所采的遗书之事。后来当了《四库》副总裁，所以此事的前因后果，他也是清楚的。假使此事是从王杰口中传给朱文藻的，那就说明，赵书未刊之前，在《四库》馆内部已有了戴书袭赵的议论。这也不足怪，因为对于《四库》馆内的人来说，他们用不着等赵书的刊行，在馆内是可以看到赵书的。

论战双方所公认的赵一清《水经注释》的最早刻本，是乾隆五十一年（1786）毕沅的开封刻本，比殿本晚 12 年。此书中赵一清自述作于乾隆十九年（1754），又有全祖望序，不记年月，但据王国维考证，认为作于乾隆十六年或十八年。④书中有杨希闵跋，说此书成于乾隆十五年（1750）。赵一清何时校勘郦书，不得而知。但据王先谦所说，赵氏此书是"数十年考订苦心"，⑤说明他始校此书是相当早的。

《水经注释》刊行以后，于是社会上就众目共见，此书无论是形式上的体例篇目，或是内容上的校勘成果，都与殿本十分近似，即周懋琦所说的"十同九九。"⑥尽管此书赵序写于乾隆十九年，较殿本刊行早 20 年，但赵书刊行以后，首先发难这场论战的，却是戴震的学生、著名的训诂学家段玉裁，他看到赵书与戴书如此雷同，不认为戴书袭赵，却认为赵书袭戴。因为据说赵书乾隆五十一年刊本在付刻以前，曾经由其子赵载元请同里(仁和人)梁玉绳(曜北)、履绳(处素)兄弟加以修润,段认为梁氏兄弟曾经据戴本校勘了赵书,他在《戴东原年谱》中说:"赵书经梁处素校刊,有不合者,捃戴本以正之。"于是他在嘉庆十四年(1809)致书梁玉绳(时履绳已去世)质询。梁氏当时有否复信不得而知,但梁在嘉庆二十四年(1819)去世以后,其文集《清白士集》中没有收入复书,因而被认为他确曾以戴书饰赵,所以无言可对,没有复书就是默认。[⑦]但也有人认为:"大约梁之复书,不过告以实未与闻而已,其书既不足存,自不复入集。"[⑧]所以此事实已无法核对。

但不久以后,魏源于道光间撰写《赵校水经注后》一文,驳斥了段氏的赵书袭戴之说,认为事实上是戴书袭赵。他说:

> 近世赵一清《水经注》为戴氏所剿,而其徒金坛段氏反复力辩为赵之剿戴,谓赵氏成书在前,刊书在其后,凡分经注之例,赵氏未尝一言,至戴氏始发明。……考赵氏未刊书以前,先收入《四库全书》,今《四库全书》分贮在扬州文汇阁、金山文宗阁者,与刊本无二,是戴氏在《四库》馆时先睹预窃之明证。若谓赵氏后人刊本采取于戴,则当与《四库》著录之本判然不符而后可,岂《四库》亦为赵氏后人所追改乎?[⑨]

魏源的说法中提到了《四库》著录,这种根据在当时或许是很有力的。因为官修的《四库提要》对赵书相当推崇,认为是殿本以外的最好版本。《提要》说:

> 然旁引博征,颇为淹贯,订疑辨讹,是正良多,自官校宋本以外,外间诸刻,固不能不以是为首矣。

戴震在《四库》馆校勘郦注时,可以遍睹各省呈进的遗书和朝廷藏书,条件当然比馆外学者要优越得多。在他所见各本郦注之中,外间断断不能看到的是内库所藏的《永乐大典》本《水经注》。所以戴在其书中凡有校改,多称根据《大典》。但后来张穆于道光二十一年(1841)在翰林院看到了大典本《水经注》,发现戴氏所云并不真实;道光二十四年,他又看到了全祖望的同里后学王梓材传抄的全氏七校本《水经注》。于是就撰写了《为全氏水经注辩诬》一文,指出了戴书袭赵,但同时也指出了赵书抄全。[⑩]因为全、赵两人是挚友,他们对郦注的校勘本来互通声气,书札往来不断,所以全、赵雷同不足为怪,则问题的焦点与魏源指出的一样,仍然是戴书袭赵。

从此,这场论战就扩大了,众说纷纭,而认为戴书袭赵者居多。到了王先谦于光绪十八年(1892)刊行《合校水经注》时,此事已闹到满城风雨的地步,使他不得不在合校本《例略》中指出:

> 《四库全书》以乾隆三十九年校点此本,而赵氏之书先成于乾隆十九年,至五十一年丙午始谋锓版,其流布反在官本之后,世罕觏《大典》原文,见戴校与赵悉

合,疑为弋取。然圣明在上,忠正盈廷,安有此事。……诸家聚讼,若段玉裁茂堂、魏源默深、张穆石舟,各执一词,存而不论可也。

王氏合校本问世以后,另一位地理学派的著名郦学家杨守敬,于光绪十九年四月十二、十三两日,连续写了两信给梁鼎芬,主要就是为了肯定戴书袭赵之事。其中四月十二日信中说:

　　昨日席上谈及戴、赵两《水经注》本,称戴氏盗袭赵书,已成铁案。……近日张鞠龄重刊赵本序,且辨世犹有谓赵袭戴者,因假尊藏王益吾所刊合校本携归复读之,乃恍然悟戴氏袭赵有确征也。大典本虽古,亦只原于宋刊。……又戴氏所据订正者,十之七八出于赵氏意订,未必宋本皆一一与赵意合。而赵氏于书凡言脱误不可订者,戴本亦同其误,此其为袭书无疑也。独怪当时纪文达、陆耳山并为总纂,曾不检大典本对照,遂使东原售其欺。[11]

民国以后,虽然这件公案距王杰、朱文藻首揭其疑已经过了一个多世纪,但论战绝不消弥。民国初年,王国维校《水经注》,因而遍观郦注各本,并写了跋文。其中,《聚珍本戴校水经注跋》[12]发表于1924年3月,即后来胡适所说:"这篇文字,显然是对于我们提倡'戴东原二百年纪念'的人的一个最严厉的抗议,也显然是对于戴震人格的一个最严厉的控诉。"[13]的确,在此以前,论战中似乎尚未出现过像王这样严厉的批评。王说:

　　余曩以大典本半部校戴聚珍本,始知戴校并不据大典本,足证石舟(按张穆字)之说,又以孙潜夫校本及全、赵二本校之,知戴氏得见全、赵二家书之说,盖不尽诬。

对于以前论者认为戴在《四库》馆看到浙江呈进的赵书之说,王氏又加以补充。他说:

　　赵氏书之得著录《四库》,当在东原身后;而其书之入《四库》馆,则远在其前。……而东原入馆在三十八年之秋,其校《水经注》成,在三十九年之冬,当时必见赵书无疑。然余疑东原见赵书,尚在乾隆戊子(三十三年)修直隶《河渠书》时,东原修此书实承东潜之后,当时物力丰盛,赵氏《河渠书稿》百三十卷,戴氏《河渠书稿》百十卷,并有数写本。又赵校《水经注》,全氏双韭山房录有二部,则全氏校本,赵氏亦必有之。《水经注》为纂《河渠书》时第一要书,故全、赵二校本,局中必有写本无疑,东原见之,自必在此时矣。

王氏在这篇跋文的最后指出:

　　戴氏官本校语,除朱本及所谓近刻外,从未一引他本,独于卷三十一、卷三十二、卷四十中,五引归有光本,今核此五条,均与全、赵本同。且归氏本久佚……以东原之厚诬大典观之,则所引归本,疑亦伪托也。凡此等学问上可忌可耻之事,东原胥为之而不顾,则皆由气矜之一念误之。至于掩他人之书以为己有,则实非其本意,而其迹则与之相等。平生尚论古人,雅不欲因学问之事,伤及其人之品格,然东原此书,方法之错误,实与其性格相关,故纵论及之,以为学者戒,当知学问之事,无往而不用其忠实也。

另一位学者余嘉锡,在所著《四库提要辨证》一书的《水经注》条下的按语之中,作了超越郦注以外的评论,然后肯定戴震袭赵无疑。他说:

戴氏虽经学极精,而其为人专己自信。观其作《孟子字义疏证》,以诋朱子;及其著《屈原赋注》,只是取朱子《楚辞集注》改头换面,略加窜点,以为己作。于人人习见昔贤之名著,尚不难公然攘取,况区区赵一清,以同时之人,声誉远出其下者乎?

另外一位著名的历史学家梁启超,他看到了这场论战的不应该继续,希望平息这场论战。他在《中国近三百年学术史》[14]第 15 篇《清代学者整理旧学之总成绩》中,论全、赵、戴三家《水经注》时指出:

吾今试平亭此狱,三君皆好学深思,治此书各数十年,所根据资料,又大略相同。则闭门造车,出门合辙,并非不可能之事。东原覃精既久,入馆睹赵著先得我心,即便采用,当属事实。其所校本属官书,不一一称引赵名,亦体例宜尔,此不足为戴病也。赵氏子弟承制府垂盼,欲益荣其亲,曜北兄弟以同里后学董其事,亦欲赵书尽美无复加。赵、全本世交,则采全稿润益之,时戴本既出,则亦从而撷采,凡此恐皆属事实。……要而论之,三家书皆不免互相剿,而皆不足为深病。三家门下,各尊其先辈,务使天下之美尽归于我所崇敬之人,攘臂迭争,甚无谓也。

但梁氏的这种"皆不足为深病"的调解,并没有平息这场论战。进入 30 年代以后,这种论战进一步展开,甚至扩展到国外。日本著名郦学家森鹿三,于 1931 年的京都《东方学报》第三册中,发表了一篇《关于戴校水经注》[15]的文章,竭力推崇戴震,并举出种种证据,说明他绝未抄袭赵书。在当时,站在戴震方面的显然是少数派,正如森鹿三的学生船越昭生后来在《森鹿三先生和水经注研究》[16]一文中所说的:"森的《水经注》研究以表彰戴震的功绩为主旨,这是和一般认为'戴窃赵'的多数潮流相违的。这就必然赋予他初期的论文以论战的色彩,而这又很像是一场孤军奋战。"

《永乐大典》本《水经注》于 1935 年由上海商务印书馆涵芬楼影印出版,张元济在此书跋文中也呼吁这场论战从此结束。他说:"今何幸异书特出,百数十年之症结,涣然冰释,是书之幸,亦读者之幸也。"但事实同样不像张所呼吁的那样。大典本出版后,海遗氏随即于 1936 年 5 月 7 日《大公报·图书副刊》第 129 期撰写了《介绍永乐大典水经注》一文。他说：

> 大典本出，首可解决者，厥为戴、赵校语相合问题，戴震校《水经注》，自云依大典，今以大典本校之，其云近刻误者，大率皆大典亦误，而其所改者，则多同赵氏，吾人取大典本，赵本、戴本三本共勘，孰为盗袭，不待烦言而决，戴虽百喙莫能解矣。

另一位著述甚多的郦学家郑德坤，在大典本影印出版以后，于1935年—1936年间，以殿本与大典本对勘，仅由卷一校至卷二之第35页，竟校得异文、衍文、脱漏共565条。[17]他又撰《水经注赵戴公案之判决》一文，发表于《燕京学报》第19期（1936），文中列举正反两面诸家论证，证明戴震确见赵书，并间接见到全书，其剽窃全、赵，并伪托大典本与归有光本的罪名可以判决。

还有一位作品甚多的历史学家孟森，他在拥赵反戴的伦战中发表了一系列论文。1936年10月1日，天津《益世报·读书周刊》发表了他的《董方立之怀疑戴氏水经注校本》一文，以清代郦学家董祐诚所校《河水注》及《涑水注》的两条校语，以证明戴冒大典排近刻之罪。同年11月12日，《益世报·读书周刊》同时发表了他的两篇论文，一篇是《戴东原所谓归有光本水经注》，另一篇是《商务影印永乐大典水经注已经戴东原刮补涂改弊端隐没不存记》。前者的主旨是殿本戴氏校语中5次引及的归有光本，均与全、赵本同。此事，王国维在《聚珍本戴校水经注跋》中已论及，孟氏再重复论之，分析戴袭全、赵而冒归有光的原因：“戴目空一切，何故独尊归有光？归有光以文笔为世所推，其考订之功，未必为戴所心折，其必用光之说以自庇者，压全、赵也。”后者也是上述王国维文中所已经指出的，因为王发现了大典本上有4处刮补痕迹，就认为这是戴震所为，因戴既已把别本成就归于大典，又唯恐大典日后为他人所见，为此就对大典本进行刮补以防后人。而孟森则就王国维此说作了进一步的推论，他说：

> 戴氏既从卢文弨辈早知大典中有全部《水经注》，适触其有挟欺人之素志，自然首认此书为其借手见长之地。既而细审大典，讹谬之处，与传世之本无异，欲与校正，已无能逃赵释之范围，忽得一计，正苦剿袭赵书，将来赵氏有力刊行，终有败露之日，乃转而推大典之讹谬与传本同者，谓之近刻，而己所窃赵以改正传本者，悉谓大典如是。……惟大典究为中秘之书，后人安必无能读中秘之遇，既为此欺心之事，骄人白日，未免衾影难安，思惟毁灭大典真相，以绝人指摘，乃为至计。……此岂刮补涂改之所能为功，计非尽毁本书不可，投诸水火，纂其出处，谅皆在思索之中，今日学者安然得观商务印书馆影印之大典《水经注》，不知当年自戴氏一取巧之后，此书乃冒绝大危险，而幸存至今者也。

此外，孟森还发表了《杨守敬所举赵氏水经注释转袭戴氏嫌疑辩》、[18]《水经注原公水篇诸家之订正》、[19]《禹贡山水泽地所在篇中之熊耳山》、[20]《戴本水经注所举脱文衍文》[21]、《拟梁曜北答段懋堂论赵戴二家水经注书》、[22]《畿辅安澜志与赵戴两书公案》[23]等文,其内容都是从各个方面揭露戴氏。从王国维以来,孟森对戴震的批评更为严厉。在《水经注原公水篇诸家之订正》一文中,孟氏指责戴震:"为此之故,欺尽一世,上自帝王,下至百余年承学之士。"在《禹贡山水泽地所在篇中之熊耳山》一文中,又指责:"戴之冒大典以窃全赵为无耻。"

在民国以后的双方论战中,站在戴震一方的学者是很少的,但其中有一位重要人物,就是胡适。据胡适自己在 1960 年所写的《评论王国维先生的八篇〈水经注跋尾〉——重审赵戴〈水经注〉案之一次审判》一文的说明中所称:"我是从民国三十二年(1943)十一月开始研究一百多年来的所谓'赵戴水经注案'(又称全赵戴三家水经注案)的一切有关证件,到于今已经十六七年了。"[24]根据《胡适手稿》第五集中册第 227页所记,民国三十二年十一月,王重民写信给他,并寄所撰《水经注笺赵一清校本提要》一文,胡在王函上批云:"重民此信与此文,作于民国卅二年十一月,寄到后,我写了长信答他,表示此案并不已成定谳。后来我费了五六年工夫来重审此案,都是重民此文惹出来的。"按此,则他在 1960 年所说"到于今已经十六七年了"的话是不错的。不过,据 1983 年《北京图书馆文献》第 15 辑所发表的胡氏在民国十三年(1924)四月十七日致王国维函来看,当时之所以函王,是因为《国学季刊》要出《东原专号》向王索稿。而《东原专号》则是为了纪念戴震出生 200 周年,这就说明,胡适平生是崇敬戴震的,而在这场论战中,多数人都站在赵一清一边,他显然是不满意的。他可能早有为戴震平反的打算,他不是在复王重民的信上写了"此案并不已成定谳"的意见吗?当然,这话或许是他由于对戴震的某种爱好而所作的"大胆假设",也或许是他实际上早已留心这个问题,并且积累了一部分资料。据杨家骆所说:"民国二十五年(按一九三六年)胡适之先生过沪,谓将为东原撰冤词。"[25]这话距他复王重民信还有七年,由此可知,拥戴是他的素志,为戴翻案是他早有打算的,而正式动手,或许如他自己所说到 1943 年才开始。

在历来的所有郦学家中间,胡适显然是个特殊人物,这是因为第一,按照拙作《论郦学研究及其学派的形成与发展》[26]一文的概念,他应该列入郦学考据学派中的一种特殊类型,因为历来一切考据学派的郦学家,不论他们从什么角度,用什么方法从事工作,目的只有一个,就是让《水经注》这部已经缺佚散乱的历史名著逐渐恢复它的原貌,变得更完整可读。但胡却不是这样,正如另一位十分崇敬他的学者费海玑在其《胡适著作研究论文集》[27]第 13 页所说:"胡先生研究《水经注》的动机,却不去治地理学,而是辨别戴震窃书的是非。"第二,由于他认为赵、戴相袭的问题,是个版本校勘的问题,所以他开始从事此事,即致力于版本的搜罗,因为他名声大,地位优越,正如费海玑所说:"三十五年(按1946年)胡先生回国,记者传出他研究《水经注》的话,于是上海的朋友,纷纷把所见过的《水经注》告诉他,北平的朋友亦然,于是全国的《水经注》,均集中到他寓所,达三大橱之多。"㉘他于1948年北平和平解放前夕,在北京大学举办《水经注》版本展览,展出各种郦学注版本,共有9类,达41种之多,他无疑是迄今为止的郦学史上搜罗版本最多的学者。

至于他研究《水经注》的成果,台湾"中央研究院"胡适纪念馆于1966年起开始发行《胡适手稿》,几年之中,一共发行了10集,而10集之中,从第一集到第六集,全部是他历年来有关郦注研究的论文和函札。㉙寓居香港的郦学家吴天任归纳这6集的内容为3类,即一,赵、戴《水经注》疑案之重审;二,全祖望校本《水经注》问题;㉚三,《水经注》版本之研究。这种归纳基本上是正确的。

胡适正式参加这场论战以后,他所必须完成的工作量显然是十分巨大的,因为自从道光年间魏源第一个撰文指出戴书袭赵以来,时间已经过了一个世纪,学术界已经发表了大量揭露和批判戴震的文章,胡适必须对这些文章一篇一篇地研究,并一篇一篇地反驳。而郦学界一旦知道他已全力投入论战,不少学者就写信给他,表示相同的或不同的意见,他也得一封一封地答复,这就是他在这方面的文章信札可以多到6集的原因。他的大量文章,当然无法一一介绍,我们或许可拿收在《胡适手稿》第一集中的一篇《戴震未见赵一清水经注校本的十组证据》的文章,作为他的研究方法和论证方法的代表。实际上,今天的老一辈学者,只要读过《胡适文存》的人,都可以想得到,他用的还是当年《文存》里的那种可以称为胡适模式的方法。因为要证明戴震没有袭赵,最好的办法当然是证明他没有看到过赵书,于是他就从赵、戴二书的内容中去找证据:找了几十条,把它编成十组。他说:

> 这十组证据全是赵书里的特别优点,而都是戴书里全没有的。这十组或是校改了毫无可疑的错误,或是解决了不能不解决的问题,都是研究《水经注》的学者平日"瘼寐求之"的好宝贝。专治《水经注》的人,见了这些好宝贝,若不采取,那就成了"如入宝山空手回"的笨汉了。

> 这就是说,这十组都是偷书的人决不肯不偷的,都是钞袭的人决不肯放过的。若单举一两件,也许还有偶然遗漏的可能,多到了几十件,其中并且有几百字或几千字的校语,决不会被《水经注》专门学者忽略或遗漏的。

他用这种反证的方法,来证明戴震实未看到赵书,那么,尽管戴书之中确有大量东西与赵书相同,即所谓"十同九九",那就属于梁启超所说的"闭门造车,出门合辙",也就是我们通常所说的"英雄所见略同"了。

　　胡适在郦学研究中的这种集中全力为戴震洗刷的工作方法和成果,国内学者近年来已经提出了一些看法。例如赵俪生指出:

　　　　胡适在《水经注》工作中"大胆假设"的命题——"戴东原未曾袭取全赵二人,特别是赵一清的成果"之后,其小心求证的结果是什么呢? 我们说,没有获得全局胜利,或者说,只对了一半或一大半。[31]

　　耿云志的意见和赵俪生有些相似。他说:

　　　　必须指出,胡适的研究,对《水经注》本身并无创见,所以不能夸大他的成绩。

　　必须指出,在中国内地,由于以前一段时期与内地以外的学术界交流很少,所以学术界对外地的动态了解不多,其实,从郦学界来说,从50年代初期直到现在,戴赵相袭的论战,在港、台各地仍然赓续,没有停止。当然,论战的形式和以前有了一些改变,因为在拥戴派中出现了像胡适这样一位大名鼎鼎的人物,因此,论战文章中,拥戴者常以拥胡的形式出现,而反戴者也常以反胡的形式发表他们的论点。

　　拥胡学者之中,上面提到的费海玑即是一代表。他于1970年在台北商务印书馆出版了他的著作《胡适著作研究论文集》,对《胡适手稿》各集作了内容提要,以便于读者阅读。他对赵戴相袭案的观点与胡适完全一致,并且对胡适推崇备至。曾以《胡适与水经注》为题,在台湾大学等学校讲学。[32]还有一位水建彤,他对于胡适的《水经注》研究也十分佩服,他在《水经注与胡适》一文中说:"胡适离开祖国,抱着一本《水经注》,胡适还是胡适,五四精神不死。"[33]

　　但另外一些学者仍然坚持他们的戴书袭赵的观点,并且仍然继续地在这方面发表文章。老一辈学者所熟知的辞书编纂家杨家骆,他在《水经注四本异同举例》[34]一文中公布了他的校勘结果:

　　　　统计在异文一百十处中,除杨本异文无与赵戴争端外,大典、戴校、赵释三本有异同者凡九十处,其中戴同于赵者四十三处,戴同于大典十二处,戴异于二本者三十一处,三本互异者四处,倘复就赵氏校释中谓应作某者考之,凡戴异于赵,亦多阴本于赵氏校释之说,则戴之不忠于大典而复袭于赵,固至显然也。

　　杨家骆公布这项校勘结果的这年,恰恰就是胡适去世的一年。不久,杨的校勘得到了另一位学者的附和,于大成在《永乐大典与大典学——论水经注案》[35]一文中,盛赞上述杨家骆的文章,再一次强调大典本在揭露戴案中的作用。他说:

　　　　不意二百年后,大典竟自中秘散在人间,又不意大典残缺之余,《水经注》之书独全。于是,东原掠美东潜者,其迹乃无所遁逃。

　　有些学者的论战文字是直接针对胡适的,寓居澳门的学者汪宗衍在他的《赵戴水经注案小记》[36]中说:

惟近人胡适之晚年专力治郦书版本,极力为东原洗刷剽袭,撰有论文函札七十余篇,凡数十万言,耗二十余年精力,为兹枝节问题,虽曰求是,实于郦书何干?亦费词矣,盖以乡谊故耶。其素标榜之"大胆假设,小心求证",乃自讼其失者一而再,最后亦多自相矛盾。

不过汪宗衍对戴震袭赵之事倒是采取谅解态度的。他在此文中继续说:

东原校郦,事属官书,与私书有别,且库本更为"钦定",依封建时代成习,不能明引同时人名书名。余谓东原原非有意剽说,乃格于馆例。赵书著录《四库》,与校本皆经纪晓岚诸人审定,果为钞袭,亦何待二十年后始发其覆耶?其事亦属情有可原也。

寓居香港的郦学家吴天任撰述《胡适手稿论水经注全赵戴案质疑》,[37]针对胡适的观点,发表了他的意见。他历述了大量戴震袭赵的证据,最后说:

是故胡氏虽反复百端,为戴氏申辩,恐亦无法澄清。

对于胡适在这场论战中的态度,吴氏也极为不满,他指责说:

原夫赵戴《水经注》案,自魏默深、张石舟、杨惺吾、王静安、孟心史[38]等之指戴窃赵书,伪托《永乐大典》,举证明凿,久成定谳,而胡氏分别辩驳,于王、孟诸人,采用语意尚存论学态度,顾于杨氏则用语特为刻厉,几同恶骂,屡斥为"狂妄"、"荒谬",如"轻率武断",如"无一字不妄,无一字不谬",甚至指为"考据学的堕落",时复杂以轻薄语,甚于讥嘲,是岂论学所应尔乎?

以上简述的是《水经注》戴、赵相袭案的大概情况,且论战实际上还没有结束。投入这场论战的著名郦学家和其他学者有数十人,而文字牵连,书札往返,估计已达数百万言,这中间绝大部分实际上并不涉及郦学本身,也并未推动郦学研究的发展,只要举一个例子就可以说明问题。我在拙作《论郦学研究及其学派的形成与发展》一文中提到,继乾隆年代的郦学考据学派大发展以后,以杨守敬、熊会贞为代表的郦学地理学派接着兴起,他们于光绪三十年(1904)完成了《水经注图》的编绘,次年用朱墨套印的方式出版。在当时,此图无疑是郦学研究的重要工具。由于新式的测量技术和地图绘制方法在我国尚未流行,出版界没有新式的底图可供杨、熊利用,因此,《水经注图》是采用旧式的方格形式绘制的。现在,此图刊行已达80年,测绘科学在我国早已面目一新,可以作为底图的各种新式地图真是汗牛充栋。但是直到今天,由于我们还没有一种可以代替此图的新式《水经注图》,因此,郦学界和历史地理学界仍然不得不使用这种旧式方格地图。这就说明了在这样一段漫长的时间中,郦学界特别是郦学研究中的地理学派,发展实在相当缓慢,而这场论战的影响也于此可见。

当然,在这场论战之中,也有少数知名学者,以学术研究的大局为重,希望对这种枝节问题"存而不论"。前述清末的王先谦和民初的梁启超均是其例。同时,也有少数郦学家,置身于论战以外,努力从事于郦学本身的研究工作,例如汪辟疆之潜心于总结明、清郦学家的研究成果,[39]钟凤年之努力于《水经注疏》北京影印本的勘误[40]等,都是这方面的例子。这中间,特别值得称道的是熊会贞。据杨家骆所述:

> 民国二十二年谒惺吾先生弟子熊崮芝先生于武昌,欲见《水经注疏》稿,崮芝先生靳不一视,复与论全赵戴之争端,亦嗫不一言,揖别时则呜咽而言曰:余为先师司誊录,初无真知确见可以益君,先师之稿未出,不欲以增口舌,辜君枉过,亦相谅否? 骆曰:长者之风,中心悦服,无言之教,益我已至多矣。自是骆不言赵戴争端者十余年。[41]

我在拙著《熊会贞郦学思想的发展》[42]一文中指出,熊氏采取现实主义的态度,撇开历史上纠缠不休的戴、赵相袭的事,把主要精力放在充实《水经注疏》的地理学内容方面。同时,在新的科学思潮的启发下,正视了旧郦学研究中的落后一面,而力图刷新郦学研究的内容和方向。可惜的是,在相当长的时期中,这样的郦学家只占少数,多数学者都在不同的程度上介入了这场无休无止的论战,所以这实在是我国郦学界的一件不幸之事。时至今日,在我国内地,虽然这场论战的影响在郦学界尚未完全消除,但论战已基本结束,这当然是一件好事。可是在港、台学者之中,这场论战仍在继续。为此,我们竭诚希望,在我国郦学界,不管是内地或港、台,我们应该像汪辟疆、钟凤年,特别是熊会贞等先辈那样,撇开两个世纪以前的这种其实属于枝节问题的旧账,把主要力量,用到促进《水经注》本身的研究和发展上去。时至今日,我们已不再需要像费海玑所说的那种"却不去治地理学,而是辨别戴震窃书的是非"的学者,而是要让郦学界,特别是郦学研究中的地理学派得到更快的发展,正和考据学派在乾隆年代一样,让地理学派在郦学研究中也能出现一个鼎新的局面。

注释:

① 据杨希闵《水经注汇校序》,光绪辛巳福州刊本。

② 论战双方均一致认为,赵一清《水经注释》的最早刻本是乾隆五十一年(1786)毕沅的开封刻本。但范希增编《书目答问补正》卷二史部著录:"水经注释四十卷,刊误十二卷,赵一清,原刻本。〔补〕乾隆十九年赵氏家刻。"则赵书在乾隆十九年已有家刻本,比殿本要早20年。因为补正出版于1931年,所以论战双方都没有注意。假使《补正》的资料可靠,则于戴震当更为不利。

③ 即王杰,因当时任吏部侍郎,故称少宰。

④ 《赵一清水经注跋》,载《观堂集林》别集。

⑤　《合校水经注序》。

⑥　《水经注汇校序》。

⑦　即使在拥赵的一派中，不少人也相信梁氏兄弟确实做了以戴书饰赵的事。例如杨守敬在《水经注要删自序》中说："赵之袭戴在身后，臧获隐匿，何得归狱主人？"也就是耿云志在《评胡适的历史学成就及其理论和方法》(载《历史研究》1983 年第 4 期)一文中所说："只是赵一清本人对此不负责任罢了。"

⑧　孟森《拟梁曜北答段懋堂论赵戴二家水经注书》，载《胡适手稿》第 5 集下册。

⑨　载《胡适手稿》第五集下册。

⑩　载薛福成刊本全氏七校《水经注》。

⑪　载"民国"二十五年五月七日《图书副刊》第 129 期。

⑫　《观堂集林》卷一二。

⑬　《胡适手稿》第六集下册。

⑭　上海中华书局 1936 年版。

⑮　此文有中译本，郑德坤译，载《地学杂志》1936 年第 1、2、3 合期。

⑯　东京古今书院版，《地理》1981 年第 3 期。

⑰　吴天任纂辑《水经注研究史料汇编》(下册)，第 109—111 页。

⑱㉒　《胡适手稿》第五集下册。

⑲　《禹贡半月刊》第 7 卷，1937 年，第 1、2、3 合期。

⑳　《禹贡半月刊》第 7 卷，1937 年，第 6、7 合期。

㉑　《国学季刊》第 6 卷 1937 年，第 2 期。

㉓　《图书季刊》第 3 卷 1937 年，第 4 期。

㉔　《胡适手稿》第六集下册。

㉕㊶　《水经注四本异同举例》，载台北《学粹》第 4 卷 1962 年，第 3 期。

㉖　《历史研究》1983 年第 6 期。

㉗　台北商务印书馆 1970 年版。

㉘　《胡适著作研究论文集》第 32 页。

㉙　第一集(每集分上、中、下三册)，1966 年出版，系戴震部分，包括《戴震未见赵一清水经注校本的十组证据》等近 20 篇论文和信札；第二集，1968 年出版，系全祖望部分，包括《全氏七校水经注的作伪证据十项》等近 20 篇论文；第三集，1968 年出版，系全祖望、赵一清部分，包括《记全祖望的五校水经注》、《记赵一清的水经注的第一次写定本》等 20 余篇论文和信札；第四集，1968 年出版，系《水经注》版本考，包括《我的三柜水经注目录》等 10 余篇论文；第五集，1969 年出版，系关于张穆至孟森几家对戴震指控的评论，包括约 30 篇论文，多是为戴震洗刷的文章；第六集，1969 年出版，系与本案有关的书信和杂文。

㉚　全祖望死后，《水经》稿本散失，后来由王梓材加以整理，至光绪十四年(1888)才由薛福成刊行，王在整理中以戴本校全作伪，此事胡适考之甚详。

㉛ 《胡适历史考证方法的分析》,载《学术月刊》1979 年第 11 期。

㉜ 《胡适手稿第一集研究》,载《胡适著作研究文集》。

㉝ 《今日世界》第 4 期,1952 年 5 月 1 日,香港出版。

㉞ 台北《学粹》第 4 卷 1962 年,第 5 期。

㉟ 台北《大华晚报·读书人周刊》,1967 年 7 月。

㊱㊲　载吴天任纂辑《水经注研究史料汇编》下册。

㊳ 分别为魏源、张穆、杨守敬、王国维、孟森之字。

㊴ 汪辟疆撰《明清两代整理水经注之总成绩》一文,发表于 1940 年重庆《时事周刊·学灯》第 69 至 70 期,是近代郦学研究中的一篇重要文献。

㊵ 钟凤年撰《水经注勘误》,费时 20 年,载《古籍论丛》,福建人民出版社 1982 年版。

㊷ 《中华文史论丛》1985 年第 2 辑。

原载《郑州大学学报》(哲学社会科学版),1986 年第 1 期

五、胡适与《水经注》

　　胡适(1891—1962)是我国学术界有很大影响的现代学者之一,他的后半生致力于《水经注》的研究,其成果包括论文、函札、跋识等百余篇,在其身后印行的《胡适手稿》10集之中占了6集。历代以来,除了注疏《水经注》的学者以外,在郦学研究中,以论文而言实无出其右。因此,对于胡适在《水经注》研究方面的成果及其成败得失,很有研究一番的必要。本文论述的,也正是这个课题,并不涉及他的其他方面。

　　首先需要讨论的是,胡适是在什么时候,由于什么动机而从事《水经注》研究的。根据他在1960年所写的《评论王国维先生的八篇水经注跋尾——重审赵戴水经注案之一次审判》一文中所说:"我是从民国三十二年(1943)十一月开始研究一百多年来的所谓'赵戴水经注案'(又称全赵戴三家水经注案)的一切有关证件,到于今已经十六、七年了。"[①]1952年,他在台湾大学文学院作题为《水经注考》的讲学,讲学的末尾说:"这个案子审了多年没有审出来……我考证了五年,现在九年了,还不敢发表,此次纪念傅斯年先生,才第一次发表小部分。"[②]从1952年上溯九年,恰恰是1943年,则两说是完全一致的。另外,根据《胡适手稿》第五集中册第227页所记,民国三十二年十一月,王重民写信给他,并寄所撰《水经注笺赵一清校本提要》一文,[③]胡在王函上批云:"重民此信与此文,作于民国卅二年十一月,寄到后,我写了长信给他,表示此案并不已成定谳,后来我费了五、六年工夫来重审此案,都是重民此信惹出来的。"则他1960年所说"到于今已经十六、七年了"的话也是不错的。但是根据其他一些资料来看,胡适开始研究《水经注》,在时间上或许比上面列举的几项资料要早。根据杨家骆在其《水经注四本异同举例》一文中所说:"民国二十五年(1936),胡适之先生过沪,谓将为东原撰冤词。"④按此说法,则胡适的开始研究《水经注》,特别是他自己所说的研究"赵戴《水经注》案",比他在1960年论文中所说的还要早七年。因为他既然告诉杨家骆,将要为戴震撰冤词,尽管他的研究方法素来标榜"大胆怀疑",但是他总要有过一番研究,才能知道戴震有冤。假使他当时确实毫无研究,而一旦在"小心求证"以后,证不出戴震的冤枉,则冤词又将从何撰起呢?

　　上面讨论的还只是胡适在《水经注》研究中的一个特定课题,即"赵戴《水经注》案"。至于他对整部《水经注》的研究,为时或许更要早得多。据1983年3月出版的《北京图书馆文献》第15辑所收录的民国十三年(1924)胡适《致王国维函》,当年为了纪念戴震诞辰200周年,胡曾向王国维索《论戴东原水经注》稿,刊登在他主编的北京大学《国学季刊》上,但王没有答应胡的要求,却于戴震诞生200周年纪念后两个月内,写了一篇《聚珍本戴校水经注跋》的文章,是历来斥责戴震剽袭的最严厉的文章之一。胡适后来在评论这篇文章时说:"北京大学的《国学季刊》也出了一个纪念专号,当时发表文章的人,如梁启超先生,如我自己,都很诚心地称誉戴震的治学方法的谨严,赞许他的思想的勇敢。王国维先生似乎很不赞成我们那种称颂戴震及'戴学'的态度。他在'戴东原二百年纪念'后的两个月内,写成了这两篇题著'甲子二月'的文字,特别是《聚珍本戴校水经注跋》,那是篇痛骂戴震的文字……这篇文字,显然是对于我们提倡'戴东原二百年纪念'的人的一个最严厉的抗议,也显然是对于戴震的人格的一个最严厉的控诉。"⑤这里说明,早在民国十三年,胡适就向王国维索评论戴震《水经注》稿,则当时胡适已经关心《水经注》一书。当然,胡适撰写这篇评论王国维文章的文章是以后的事了,但从文章中可见,胡在当年也必然是反对王国维的这篇文章的,因为文章谴责了戴震袭赵。胡反对这篇文章,说明他对于赵戴案,当年至少已经有了一个初步的看法,否则,他就是盲目拥戴了。

　　从上述种种迹象判断,胡适对《水经注》的研究,特别是对赵戴《水经注》案的研究,其发轫可能很早,早在20年代之初,或许已经作过一些初步的研究,并且有了他自己的看法。但是全力以赴地投入这种研究,则大概如他自己所说,是从1943年开始的。

　　胡适研究《水经注》的动机是什么呢? 好些人说,因为戴震是他的安徽同乡,他是为了乡谊才挺身而出的。关于这一点,胡适自己并不回避,他于1952年在台湾大学文学院的讲学中,开宗明义就说:"我审这个案子,实在是打抱不平,替我同乡戴震(东原)申冤。"⑥当然,问题不在于同乡不同乡,是在于戴震到底有没有钞袭赵一清的著作。关于这一点，在胡适自己想必是胸有成竹的。尽管他的最后结论是否正确，也尽管有许多学者对他的研究采取完全否定的态度，但是有一点我们可以相信，从他的主观意志来说，他并无企图颠倒是非的意思。也就是说，作为一个法官来说，他自己确信被告是无罪的，甚至有罪的恰恰是原告（后来对这一点他也作了纠正，认为两者都是清白的）。以后有些学者批评他，说他的议论前后不符，自相矛盾，其实这就是他仔细、认真之处。他是个绝顶聪明人，他知道他虽然花半生之力审理这个案子，但是非在以后还有公论，所以他总是力求自己的议论无懈可击，不惮一再修改他的论点。

我在拙著《论郦学研究及其学派的形成与发展》（《历史研究》1983 年第 6 期）一文中，把历来的一切郦学家，分成考据、词章、地理三个学派。胡适发表了上百篇《水经注》文章，应该是个大郦学家，但是按照我那篇拙文的论述，胡适算不上上述三派中的任何一派。胡适原来自称是个有"考据癖"的人，他在《水经注》研究方面所写的文章，也都是些考据文章，但是按照拙文所定的归属，他不属于郦学研究中的考据学派。因为这个由明朱谋㙔开创而鼎盛于乾隆年代的学派，不论是学派中的著名人物如全祖望、赵一清、戴震，或是其他一些次要人物；不论他们从什么角度从事他们的考据工作；不论是整卷整篇的校勘，或是一字一句的考订，其目的只有一个，就是要使这部残缺的《水经注》，尽可能地恢复它的本来面目。但胡适的考据工作，目的绝不在此，如他自己所说，是为了"打抱不平"。也正如他的一位崇拜者费海玑在所著《胡适著作研究论文集》[⑦]第 103 页所说："胡先生研究《水经注》的动机，却不是去治地理学，而是辨别戴震窃书的是非。"所以在历来的郦学家之中，胡适是个十分特殊的例子。他研究《水经注》的时间不可谓不长，撰写的论文不可谓不多，但正如汪宗衍在《赵戴水经注案小记》一文中所评论于胡氏的："为兹枝节问题，虽曰求是，实于郦书何干？亦费词矣。"[⑧]当然，要说胡适的上百篇论文完全不涉及《水经注》的本身，或许言之过甚；但是要说这样一位大名鼎鼎的人物以及他在《水经注》研究中的声势气派，与他对《水经注》研究的实际贡献相比，却实在微乎其微。下文当再论及。

在讨论胡适有关《水经注》的著作以前，由于他著作的目的是为了重审"赵戴《水经注》案"，所以首先得把此案简况作一介绍。乾隆年代是我国郦学研究的全盛时期，当时最著名的三位郦学家全祖望（1705—1755）、赵一清（1709—1764）、戴震（1723—1777），他们各有自己的《水经注》校本。戴震的校本完成于乾隆三十七年（1772），即以后由孔继涵整理付刊的微波榭本《水经注》。但次年，他奉召入四库馆，在馆内不过一年多，于乾隆三十九年（1774）又完成了另一种《四库全书》本《水经注》，由于此书由武英殿刊行，所以通常称为殿本，或称官本。这个本子与戴震原来校定的本子即微波榭本有极大的不同。另一位著名郦学家赵一清，他早于乾隆十九年（1754）完成了他自定的校本,但直到乾隆五十一年(1786)才付诸刊行,⑨其完成早于殿本20年,而其刊行则晚于殿本12年。至于全祖望的校本,直到光绪十四年(1888)才刊行问世。

早在乾隆四十五年(1780),当赵书乾隆五十一年刊本未出之前,四库馆内已有戴书袭赵的流言。⑩这是由于赵书曾由浙江巡抚采入四库馆,馆内人士是能够看到此书的。等到乾隆五十一年赵书刊本问世,学者见到此书与殿本"十同九九"。⑪于是戴震的学生著名的训诂学家段玉裁首先发难,认为赵书袭戴。但不久以后,魏源于道光间撰文,指责戴书袭赵。认为戴书是戴在四库馆看了浙江巡抚采进的赵书抄袭而成的。另外,由于戴震在四库馆可以看到外人无法看到的《永乐大典》本《水经注》,因此,他所校勘的殿本,常称依据大典本。但道光间,张穆有机会进入翰林院看了大典本,发现戴所谓根据大典本,其中有不少处其实是根据赵书,于是他也撰文斥责戴震袭赵。从此,赵戴《水经注》案进一步扩大,光绪十九年(1893),杨守敬等遂认为"戴氏盗袭赵书,已成铁案"。⑫民国以后,许多学者如王国维、孟森、郑德坤等,也都纷纷撰文,指责戴氏。许多郦学家和其他学者,都被卷入这场论战。直到今日,港、台郦学界仍在继续这场论战。在论战中,除了少数学者如梁启超,本着希望论战结束的愿望而撰文调停外,⑬绝大部分学者均站在拥赵反戴方面。坚持戴未袭赵的,在国内主要就是胡一人。⑭胡适可以说是孤军作战。

现在来看看胡适所发表的大量《水经注》文章的内容。中国台湾"中央研究院"胡适纪念馆于1966年开始发行《胡适手稿》第一集,到1969出版到第六集,以后又续出4集,共10集。但后4集与《水经注》无关,胡适的《水经注》研究成果,全部收在一至六集中,每集各分上、中、下3册,所以一共有18册。这18册的内容当然十分浩瀚,但概括起来,主要是3个部分。第一部分是赵戴《水经注》案的重审,第二部分是全祖望校本《水经注》的研究,第三部分是《水经注》版本的研究。

关于第一部分,文章当然极多,但其中重要的有《戴震未见赵一清水经注校本的十组证据》(第一集中册)、《真历史与假历史》(第一集下册)、《与钟凤年先生论水经注的四封信》(第四集下册)、《跋杨守敬论水经注案的手札两封》(第五集中册)、《论杨守敬判断水经注的谬妄——答卢慎之先生》(第五集下册)、《考据学的责任与方法》(第五集下册)、《孟森先生审判水经注案的错误》(第五集下册)、《评论王国维先生的八篇水经注跋尾——重审"赵戴水经注案"之一次审判》(第六集下册)、《评论王国维先生的聚珍本戴校水经注跋》(第六集下册)。

对于这许多论文,当然只好作点简要的评价。《戴震未见赵一清水经注校本的十组证据》一文,实际上是胡适长期来所使用的一种考据方法。因为指责戴震袭赵的学者,大多认为戴震在四库馆看到了赵书。王国维更指出,早在戴震于乾隆三十五年

（1770）修纂《直隶河渠书》时就已经看到了赵书。因为戴修《直隶河渠书》承赵氏之后，而"《水经注》为纂河渠书第一要书，故全赵二校本，局中必有写本无疑，东原见之，自必在此时矣"。戴震自己在他修纂的《直隶河渠书》卷一唐河篇下，附录赵一清的《卢奴水考》一篇，并按云："杭人赵一清，补注《水经》，于地学甚核。"在这样的情况下，要证明戴未袭赵，最好的办法就是设法证明戴震没有见过赵书。为了说明这个问题，胡适曾经作过另外一些努力，例如他调查到当年四库馆是分成东、西两院的，戴震在东院而赵一清的《水经注释》在西院。他说："东院三十个翰林，西院也是三十个翰林，两院整理各自进来的遗书，《永乐大典》是东院整理的。东西两院互相妒忌……赵一清的《水经注》由西院翰林整理，戴东原在东院，当然没有看到。"⑮像这样一类的考证，尽管要花很大精力，但说服力却极其有限。因为四库馆的屋宇虽有东院西院之分，但领导却是统一的，总纂官纪昀说一句话，没有做不到的事情。戴震既然奉命校勘《水经注》，不管两院如何"互相妒忌"，他可以名正言顺地向西院调阅赵书。关于这些，胡适自己当然心中有数。所以他最后采用了与其他学者相反的方法。其他学者都采用在赵、戴二书间一条一条地核对，查明二书相同之处，包括赵误而戴亦随误之处，用以证明戴书袭赵，胡适则是一条一条地核对赵、戴二书的不同之处，而且这些不同之处，都是赵是而戴非的。胡适说：

　　　　这十组证据全是赵氏书里的特别优点，而都是戴书里全没有的。这十组或是校改了毫无可疑的错误，或是解决了不能不解决的问题，都是研究《水经注》的学者平日"癙寐求之"的好宝贝。专治《水经注》的人，见了这些好宝贝，若不采取，那就成了"如入宝山空手回"的笨汉了。

　　　　这就是说，这十组都是偷书的人决不肯不偷的，都是钞袭的人决不肯放过的。若单举一两件，也许还有偶然遗漏的可能，多到了几十件，其中并且有几百字或几千字的校语，决不会被《水经注》专门学者忽略或遗漏的。

　　这是胡适否定戴书袭赵的一篇最重要的文章。他后来写信给钟凤年说："东原绝未见赵书，绝无可疑。"⑯都是以他的这种考证为依据的。我之所以把这篇文章作为胡适关于赵戴《水经注》案的重审部分最重要的文章，是因为他在这部分的其他文章，在不同程度上都是就事论事的，但这一篇却不同，它是从一个根本问题上为戴震开脱：既然没有看到赵书，则又从何抄袭赵书？至于赵、戴雷同，则梁启超早已调停过这件案子："闭门造车，出门合辙，并非不可能之事"。⑰胡适虽然也看到赵书乾隆五十九年的修改本，其中"显然有比勘戴本的痕迹"。⑱但他是聪明人，懂得在这个问题上不宜深究，因为杨守敬早已说破了这个事实。杨在《水经注疏要删》自序中说："赵之袭戴在身后，臧获隐匿，何得归狱主人；戴之袭赵在当躬，千百宿脏，质证昭然，不得为攘夺者曲护。"所以把这个问题深究下去,只会出现对戴更为不利的局面。因此他努力强调:"所以他们的两部校本有百分之九十八、九的相同,这是校勘学应有的结果。"[19]他并且重复梁启超的话:"大都闭门造车,出而合辙。"[20]胡适不愧是一位学识渊博和经验丰富的学者,根据此案发生、发展的历史以及收藏在长期论战档案中的大量材料来说,要重审此案,胡适的办法是唯一的办法。不管最后的成效如何,对胡适来说,的确已经尽了他最大的努力了。

　　当然,在胡适发表这些文章的时候,反戴派中的主要人物如杨守敬、王国维、孟森等人都早已物故。假使起这些学者于地下,则胡适的论点,无疑是他们所断乎不能承认的。事情很简单,因两书的"十同九九"之中,也包括不少由这些学者所核对出来的赵讹而戴亦讹的材料。这是无法用"闭门造车,出而合辙"的话来解释的。另外一个胡适既没有解释也无法解释的问题是,戴震在入四库馆以前,已经有了他自己的《水经注》校本,即今日大家都能见到的微波榭本。他进四库馆不过一年,在短时间内,他对这部345000字的大书又一次校勘,校成了另一部与他以前多年辛苦编定的微波榭本截然不同的本子。这两本的大量差异,我在拙作《论水经注的版本》[21]一文中,已用最概括的话说明:"不仅目次大异,其所立篇名亦异:河水只分三篇,江、沔、渭、济均不分篇,汶水之一称大汶水,沮水之一作南沮水,辽水不分大小,江以南至日南郡二十水不列入篇目,并在斤员水(殿本作斤江水)篇之中。至于内容差异,也是俯拾可得,仅卷三十九《洣水》经'洣水出茶陵县上乡,西北过其县西'注中,戴本注文多出殿本即达三十二字。"当然,对一位学者来说,由于资料积累的不断丰富和思想方法的继续发展,后期的著作可以大大不同于他前期的著作,这是我们每个做学问的人都可能在自己身上找得到的经验。但不幸的是,他在这短短一年中所获得的如此丰硕的成果,竟和另一位同行学者20年前的作品"十同九九"。不仅同其正,而且同其误。是不是二人都根据了哪一种底本,因而造成这种体例如一而又正误同归的结果呢?在郦注的版本史中,绝对找不出这样的版本。何况殿本中提及的版本只有三种,即大典本、归有光本(殿本只引及七处)和所谓"近刻"。其中,殿本所持以为据的,主要就是大典本。但现在大家都已经看到了大典本,我们不必再去核对大典本(因为王国维、孟心史等人都早已做过,台湾的学者现在还在继续做),只要看看一望而知的体例,则显而易见,大典本是一种样子,赵、戴二本又是另一种样子。

　　我前面已经提到这场赵戴《水经注》案的论战,在港、台一直没有停止。原因主要就是因为胡适所发表的这些文章而引起的。胡适的这些文章发表以后,寓居香港的郦学家吴天任和寓居澳门的学者汪宗衍等,都纷纷撰文,对胡适有所指责。就在胡适去世的这一年(1962),大陆上老一辈学者所熟知的辞书学家杨家骆,也在台北《学粹》4

卷5期发表了一篇题为《水经注四本异同举例》的重要文章。杨是反对赵戴案的论战赓续不止的,他撰此文,是因为他主编《中华大辞典》,其中以水名立条者达二万数千目,因此,这是他不得不做的工作。根据他以赵本、殿本、大典本、杨熊注疏本四本,选《水经注》全书篇幅最小的卷十八《渭水》作为对勘对象,其结果是:

> 统计在异文一百十处之中,除杨本异文无与赵戴争端外,大典、戴校,赵释三本有异同者凡九十处,其中戴同于赵者四十三处,戴同于大典十二处,戴异于二本者三十一处,三本互异者四处,倘复就赵氏校释中谓应作某者考之,凡戴异于赵,亦多阴本于赵氏校释之说,则戴之不忠于大典而复袭于赵,固至显然也。[22]

因此,杨氏评论胡适发表的这些论文说:

> 读其所发表诸文,假设固至肯定,求证会得其反,于静安先生肯定之论,终不能正面列证予以推翻。[23]

的确,胡适虽然花了极大的精力,写了大块文章,以反驳前人对戴震的种种指责。但在很大程度上,他都如杨家骆所说的"终不能正面列证予以推翻"。这是他重审赵戴《水经注》案的一个最大弱点。

胡适的《水经注》研究论文的第二部分是关于《水经注》全祖望校本的研究。论文也很多,其中较重要的有《全氏七校水经注四十卷的作伪证据十项》(第二集上册)、《证明全校水经注的题辞是伪造的》(第二集上册)、《所谓全氏双韭山房三世校本水经注》(第二集中册)、《全谢山水经题辞写成的年月》(第二集中册)、《记全祖望的五校水经本》(第三集上册)、《答洪业函》(第六集上册)、《答洪业、杨联陞函》(第六集上册)等。

胡适在这部分所论述的,主要是全祖望和他的七校《水经注》问题。在上列这些文章中,没有一篇可以与第一部分的《十组证据》相比的文章。《全氏七校水经注四十卷的作伪证据十项》一文,在方法上与《十组证据》相似,也是一种可以称之为胡适模式的考据方法,但是关于七校本作伪的事,早在胡适70多年以前,林颐山就已发现了这件事,王先谦也因此而没有在他的合校《水经注》中收入七校本的片言只字,因此,胡的考据绝非首创。而且,他在这个问题上出现了很大的反复。开始,他极端鄙视在全祖望身后整理七校本的王梓材。论定:"我们就可以明白光绪十四年宁波刻印的《全氏七校水经注》,是一个妄人主编的(按指王梓材),一个妄人(按指薛福成)出钱赶刻赶印的一部很不可靠的伪书了。"[24]而且一口咬定,七校本的《序目》和《题辞》,也都是王梓材所伪造的。但是当他于1947年看到了天津图书馆所藏的全谢山《五校水经注》抄本以后,才知五校本中123水的次序与七校本完全相同,说明他过去的"大胆假设"错了,于是他承认了七校本的《序目》和《题辞》都是真的,并非王梓材所伪造。

而且还反过来赞扬王梓材,说"他自己钞写的校语确很谨严"。[25]这样,他又把七校本的事归罪于后来在付刊前从事整理的董沛。他在《复洪业、杨联陞函》中说:"我对王梓材的信心提高了一点。而对董沛则甚轻视而痛恨。"当然,在确凿的证据面前承认自己过去判断的错误,这正是胡适的可贵之处,有些学者在这方面对他有所非议,这恐怕是不恰当的。

但是,由于这个五校抄本的出现,胡适又提出了他的一个新的假设,即全氏袭赵的疑案。而且假使情况真的如他所假设的那样,则情况实比戴袭赵严重得多。他说全祖望的治学不忠厚、不老实,有英雄欺人的毛病。他认为今天津图书馆收藏的小山堂抄本全谢山五校《水经注》,原是赵一清校定的本子,全祖望从赵一清手上借去,吞没为己。他在《答洪业函》中说:"这本子,谢山久占不归,绝无可疑。""经我用东潜笔迹对勘,考定东潜的早年亲笔写的详校本。"因此,全的五校、七校诸本,是在他占有赵书的基础上才撰写成功的。胡适并且还提出全祖望原来并不研治郦学的推论,"他受了东潜写定本《水经注》的引诱,而专力治《水经注》"。[26]

这样的推论在港、台郦学界受到很大的震惊。因为全、赵交谊甚深,他们在治郦过程中,信札往来不断,赵氏受全氏"双行夹写"说的影响,因而在其《水经注释》中用了大、细字区分的体例,而赵书中又多次引及全氏"注中注"的话。赵书的序言,即全氏于乾隆十九年所撰,这些都是郦学界人所共知的事实。郦学家吴天任为此提出了许多证据,驳斥这种推论的荒谬。[27]中间还引及了我的一篇短文《小山堂钞本全谢山五校水经注》。[28]我在撰写那篇短文时,还不知道胡适的这种推论,所以吴氏引此文以驳胡适,可能还不是很得要领。但是我的确是在亲自阅读了天津图书馆的这部五校抄本以后才撰写这篇短文的。五校本与七校本无甚大异,这是胡适自己也知道了的,而书旁赵一清的批语,我在那篇短文上说:"要旨悉与注释本合。"现在的事实是,即使全书从五校到七校,确实吸取了赵氏《水经注释》的成果,但今天人们众所共见的,《水经注释》与七校本之间,无论从体例到内容,差距仍然很大,但《水经注释》与殿本之间,却是"十同九九"。智者千虑,必有一失,胡适因见到了五校抄本而作出如此大胆的全袭赵的推论,而全、赵二本的差距实在不小;却忘记了另一头他力图推翻的戴袭赵的案子,而戴、赵两本却如此雷同。这或许就是这位聪明的学者的一个失着吧。

胡适《水经注》研究的第3部分是《水经注》版本的研究。尽管他在这一部分的研究上目的并不是为了在郦注版本学上下工夫,方法也并不着重于郦学史。但在客观上他毕竟做到了集郦注版本之大成的结果,其成就是值得称道的。由于胡适到底是个特殊人物,他名声大,地位优越,正如费海玑所说:"三十五年(按1946)胡先生回国,记者传出他研究《水经注》的话,于是上海的朋友,纷纷把见过的《水经注》告诉他,北平的朋友亦然,于是全国的《水经注》,均集中到他寓所,达三大柜之多。"[29]他于1948年北平和平解放前夕,在北京大学举办《水经注》版本展览,展出各种郦注版本达41种之多,他无疑是郦学史上迄今为止搜罗版本最多的学者。

版本多无疑是他在郦学研究中的一种优势。胡适当然很明白这一点,所以他常常在论战中利用他的这种优势。他在《孟森先生审判水经注案的错误》一文中说:"这一百多年争论的赵戴两家《水经注》一案里许多问题,都只有比勘本子一个笨法子可以解答。所见的本子越多,解答的问题越多。"[30]他在《与钟凤年先生论水经注书的四封信》中的第四函说:"能从搜集版本入手,则知百五十年的《水经注》纷争,都由于一班学者不懂得这是一个校勘学问题,只有比勘本子可以解答。"[31]

当然,版本在《水经注》的校勘上具有重要意义。这其实是每一位郦学家都承认,也都努力这样做的。但是也不能认为版本是重审赵戴《水经注》案的主要办法。因为正如以往的许多学者所论述的,《水经注》的版本和抄本虽然很多,但却找不出赵本和殿本这样"十同九九"的版本。"所见的本子越多,解答的问题越多",这句话一般说来当然不错,但要解释赵本和殿本的"十同九九",却是并不奏效的。另外,殿本按语中常以大典本纠"近刻"之谬,近刻虽然泛指许多版本,但是大典本却只有一种,即是现在我们大家都能看到的商务影印的《续古逸丛书》本。要核对戴震在殿本校勘中的成果,是否确实都如他们所说的来自大典本,对于这个问题(在赵戴案中是事关紧要的问题),也用不着其他许多版本,只要一种大典本就够了,正如王国维、孟森、郑德坤等人所已经做的,而杨家骆在不久以前也已经做的一样。

当然,对于胡适在《水经注》版本的搜罗方面作出的贡献,应该被认为是前无古人的。不管他的动机如何,这总是郦学版本研究上的一件杰出成就。他为了重审赵戴案以及他后来推论的全袭赵案,因此,在他的版本研究中,特别着重于赵本和全本的研究,而所获成果确实相当可观。关于他对全本的研究,上面已经提到,不再赘述。这里说一下他对赵本的研究。他在这方面写过好几篇有分量的论文,例如:《赵一清水经注释的校刻者曾用戴震校本校改赵书吗》(第三集下册)、《记赵一清的水经注的第一次写定本》(第三集下册)、《论赵一清水经注释稿本的最后状态》(第三集下册)、《跋赵一清水经注释钞刻本四种》(第四集下册)、《关于赵一清水经注释小山堂初刻重修本》(第六集下册)等。由于这个版本在赵戴案中具有关键性的作用,因此,胡适对它是作了重点研究的。他甚至连这种版本的刻印、流散、分布和损毁等情况都作了仔细的调查。他说:"赵氏《水经注释》的小山堂雕本,现存天地间者,大概不过十部,至多十二、三部而已。"[32]但是,我想在这里指出的是,胡适对《水经注释》这一版本的研究,或许还有很大的遗漏,而且我所提出的这个问题,在赵戴《水经注》案中,可能还是关键性的。

对于戴袭赵的问题,直到胡适为止,争论的双方在版本问题上的意见是一致的,大家都认为,赵书成于乾隆十九年,而刊行于乾隆五十一年,即胡适所说现存天地间不过十部的这个版本。历来凡是指责戴袭赵书的,都说戴在四库馆看到了浙江巡抚采进的赵书抄本(王国维说得更远一些);凡是维护戴震的,包括胡适在内,也都说戴没有看到这种赵书抄本。但是,据我的发现,历来至少有两种书目,著录了赵书的乾隆十九年刻本。一种是《邵亭见知传本书目》:"《水经注释》四十卷,《刊误》十二卷,《附录》一卷,赵一清,乾隆十九年赵氏刻本,赵氏板后归振绮堂汪氏。"[33]另一种是《书目答问补正》:"《水经注释》四十卷,《刊误》十二卷,赵一清,原刻本。〔补〕,乾隆十九年赵氏家刻。"[34]以上两种书目的刊行都是较晚的,前者我见到的是民国七年(1918)上海扫叶山房的石印本。后者则是民国二十年(1931)南京国学图书馆的排印本。在著名的郦学家中,有些人已经来不及看到,但胡适是能够看到的,他在有关赵书版本的许多论述中,绝不言及赵书乾隆十九年的家刻本,或许他根本不相信赵书曾经有过这样的家刻本,但是他假使看到过上面两种书目的话,至少得指出这两种书目的不可靠,我们却也同样绝未看到他在他的许多文章中提到过这两种书目。说明他虽然博学,却也未曾留心过这两种不大出名的书目。前面引及的费海玑所说的上海朋友和北平朋友,也没有人告诉过他关于这两种书目的信息,或许是他的这些朋友们和他一样,也没有留心过这两种书目。

要说这两种书目的著录必定可靠,说实话,我也不是这样的想法。但是要想否定它们的著录,或许比肯定它们更为困难。对于这样的事,总之以谨慎为好。据王国维的考证,赵书成于乾隆十六年或十八年,[35]但此书赵一清自序和全祖望序都撰于乾隆十九年,这就是十九年家刻的一种迹象。赵一清寒士,刊印当然不多,不久即告亡佚,对于古书来说,这是常事。以郦注刊本而言,刊而即佚者并不乏其例。赵书《附录》卷下李长庚《水经注集序》文末赵一清按语:"近年真州重又镂板,颇称工致,然窃朱笺为己有,中多删节,尤乖旨趣,俗学疑也,故表出之。"这里所说的真州版,当然也是乾隆年代刊印的郦注版本,赵一清必然亲见无疑。但此书以后绝未见它书著录,说明不久就告亡佚。事实已经说明,即使有像毕沅这样有力人物支持的赵书乾隆五十一年开封刻本,经过胡适的仔细调查,天地间现存的也不过10部了吗?

假使这种乾隆十九年的家刻本确实曾经存在,则有一点倒是可以肯定的了,即前述王国维怀疑戴震在《直隶河渠书》修纂时所见的赵书,也就是戴震自己在《河渠书》卷一作过按语的:"杭人赵一清,补注《水经》,于地学甚核"。这个本子,大概就是乾隆十九年的家刻本了。赵一清参与《直隶河渠书》在戴震之前,正值十九年家刻本刻印不久，赵手头必然存有此书，因而随带此书去直隶的可能性是很大的。另外，四库开馆前浙江巡抚采进的此书之中，除了抄本以外，或许也包括此书乾隆十九年家刻本在内。因为《四库提要》赞扬此书说："然旁征博引，颇为淹贯，订疑辨讹，是正良多，自官校宋本以外，外间诸刻，固不能不以是为首矣。"这段评语中应该注意的是"外间诸刻"四字，既然此书是外间诸刻之首，则此书当然也是一部刻本，即乾隆十九年赵氏家刻本。

要是再进一步推论下去，假使此书确实存在过乾隆十九年的赵氏家刻本，尽管刻印数量很少，流行时间很短，但对于胡适的重审此案，都是十分不利的。因为一部20年后出版的书，其体例内容，竟和一部20年前出版的书"十同九九"，那么，不管你引证多少其他版本来解释这种现象，不管你说上多少遍诸如"英雄所见略同"、"闭门造车，出而合辙"等等的话，社会舆论是不会谅解这种情况的。

以上说的是胡适《水经注》研究的主要内容。如上所述，他正式投入这项工作已在1943年，十几年之中，他所完成的工作量确实是十分巨大的。当他正式开始他的所谓重审工作以后，他必须把近两个世纪中的所有指责戴书袭赵的学者，从嘉、道年间的张穆、魏源直到与他同时的王国维、孟森、钟凤年等的文章逐一研究，逐一反驳。另外，由于他公开声称他研究《水经注》的动机目的，因此，许多人就写信给他，向他表示不同的或相同的意见，他就得答复这些信件。这就是他在十几年中的论文、信札可以多达他《手稿》中的六集计18册的原因。胡适正式投入这种研究的时候值他52岁之年，作为一个学者来说，还是精力旺盛的时候，最后活到71岁，他的后半生的宝贵精力，主要就放在这种研究之中。他在他61岁之年，到台湾大学文学院讲学，说道："我审这个案子，实在是打抱不平，替我同乡戴震（东原）申冤"。不管他的抱不平打出了什么成绩，对于他的同乡戴震，他应该称得上仁至义尽，尽了他的最大力量了。

胡适的《水经注》研究，贡献最大的当然是版本的搜集。前面提到的他于1948年在北大举办的《水经注》版本展览，是郦学史上的一件空前盛事。这次展览提供郦学界以郦注现存版本的最全面的信息，这对郦学研究显然是很有裨益的。但是对于他从事《水经注》研究的主题，即重审赵戴《水经注》案，却没有达到他的目的。这不是因为他不够努力，也不是因为他的考证方法不好或占有的资料不够，这是因为从事实来分析，他要完成这种任务是困难的。尽管他重审此案的要求并不高，只要能够证明戴震未见赵书也未抄赵书，他就满足了。但是这样的要求，看来也是无法达到的。有人说他在重审中，反而发现赵书的乾隆五十一年刻本抄袭了戴书。[36]这话说得实在太远了。发现此事的如前所述是戴震的学生段玉裁，段发现两书雷同，因而致书为赵书作整理工作的梁曜北（玉绳），但后来梁的文集《清白士集》中不见复书，有人认为既不复书，就是默认。首先肯定此事的是杨守敬，他在《水经注疏要删》凡例中说："缘赵氏所订，皆著所出,其不著所出者,得非戴本,岂是梁氏伯仲所为,卢抱经之言,并不诬也。"他在《水经注疏要删》自序中更明确指出:"赵之袭戴在身后,臧获隐匿,何得归狱主人?"胡适在开始时似乎也认为杨说不错,但后来马上意识到假使同意杨守敬所谓"其不著所出者,得非戴本"的话,则将置戴本之中的大量"不著所出者"于何地? 所以他后来就很快改变了他的主张,他在《赵一清水经注释的校刊者曾用戴震校本来校改赵书吗》一文中说:"故赵戴两本大段不同者少,并不是梁履绳'攘戴本以正'赵本的结果,乃是两位校勘学者独立而同归的自然现象。"所以说胡适反而发现了赵书袭戴之事,这是连胡适本人也不予承认的。

现在确实也有少数信口雌黄对历史不负一点点责任的人,费海玑即是其例。他在《胡适手稿第一集研究》中,记载了他于胡适去世后对台湾大学学生演讲中的一段话:

> 在梁履绳逝世以后,段玉裁致书梁玉绳,询以有无撼戴本以校赵书,梁玉绳诿称校书的是他已死的哥哥,是否偷了戴的作赵的,他不得而知。这明明是偷窃共犯抵赖之词,段玉裁终于判定赵书是经梁履绳校刊过的,有不合处便采了戴本去校正,因此二本大体上相同了。[37]

对于梁履绳(处素)、玉绳(曜北)弟兄是否为赵书乾隆五十一年刊本修润付刊的事,历史上是有争论的,杨守敬确认此事,但孟森则否认此事。[38]因为他的文集《清白士集》既不收复书,又不载他与赵一清往还的痕迹,所以此事难以论定,当然还可以继续讨论。但费所谓"梁玉绳诿称校书的是他已死的哥哥,是否偷了戴的作赵的,他不得而知"。这真是一派胡说。站在大学讲坛上向青年学生胡诌这种毫无依据的话,实在误人子弟。

胡适本人当然与他的这位崇拜者费海玑绝不相类,他是个治学严谨的学者,他于1952年在台湾大学文学院的讲学,就完全不同于费氏的胡诌。他说:"他们三个人的书,戴的出得最早,全祖望死得最早,而书出得最晚,三个人的书,对于《水经注》,都有很大的贡献。"对许多读书还不多,鉴别能力还不成熟的大学生来说,胡适的话就显出了他的谨慎和公正。当然,胡适所说的这类话,同时也反映了他在重审此案中只求为戴氏解脱的殷切心情。而他之所以劳而无功,主要因为他实在无法正面回答张穆、魏源、杨守敬以至王国维、孟森等的许多问题。他持以反证的所谓《十组证据》,在方法上虽然可取,但实际上回避了别人提出的许多证据。所以吴天任说:"胡氏虽反复百端,为戴氏申辩,恐亦无法澄清。"[39]而林明波在他的《六十年来水经注之研究》一文中指出:"胡氏只就此十组证据,即言此案已有定论,恐仍不足以服人心。"[40]当然,在胡适的考证中,确实也纠正了一些过去指责戴震的学者的错误,例如王国维指责殿本5引归有光本,乃是戴震的伪托。而胡适仔细查核,发现殿本引归有光本实有7处,不止5

处。[41]诸如这样的工作，胡做了不少，当然于郦学有益，但他的论证都不影响问题的实质，也就是说，于事无补。

另外，胡适在重审此案中所发表的许多论文，也引起了其他一些不好的反映。至少是在港、台的老一辈郦学家之中，有些人因胡氏的某些言论而感到十分气愤。原因之一，是因为胡的论文中有许多措辞不当、言语过激的地方。当然，正如我在前面已经指出的，由于获得了新的资料而推翻他自己的旧的论断，这类事，原来是不应受到指责的。但因他的议论常常不留余地，因此也常因此而使人不满。例如，他原来对王梓材在七校本中的作伪多次口诛笔伐，话语说得很绝："是一个妄人主编的，一个妄人赶刻赶印的，一部很不可靠的伪书。"但是当他一旦看到了天津图书馆的五校抄本以后，立刻反过来表扬王梓材"校语确很谨严"。这本来是一件勇于修正自己错误的好事，但是由于他以前的话说得太绝，不留余地，因此容易被人目为出尔反尔。胡适对杨守敬的指责，后来为不少学者所议论，确实出言粗鲁，有失学者风度。例如，他竟在杨的一位年逾古稀的学生卢慎之面前，痛斥其老师"狂妄、轻率、堕落"、"无一字不谬，无一字不妄"、"岂非考据学的堕落"。[42]又说杨对于《水经注》的知识还是"很浅薄的"，[43]只是听了一次宴席中别人议论戴袭赵的话，才"引起了杨守敬著作《水经注疏》的大野心"。[44]前面已经指出，他对全祖望也说过差不多相似的话，并且也同样鄙薄全的学问，说他"对于郦学毫无心得"等等。在学术争论中，即使抓住了对方错误的真凭实据，出言也不宜过激，何况许多事情还仅仅是他的推论。像全祖望、杨守敬等，都是众所公认的郦学史上的功臣，竟以推论而加以"毫无心得"、"浅薄"、"大野心"等蔑词，因而触犯众怒，是其宜也。

胡适的重审工作受人指责的第二个原因，是因为不少人对于这场论战已经厌烦，而胡适以他的如此声名，竟大张旗鼓，以全力投入这场论战，旧事重提，造成郦学界又一次风波。如前所述，赵戴《水经注》案自从乾隆四十五年在四库馆内部开始流传以来，迄今已逾两个世纪。这其实是个郦学界的枝节问题，无关于郦学研究的本身。但长期论战，耗费了大量学者的精力，实际上影响了郦学本身的发展。所以早在光绪十八年(1892)，王先谦就已经提出了"存而不论"的主张。[45]民国初年，梁启超也有鉴于论战的不宜赓续。尽管他事实上确信戴书袭赵："东原覃精既久，入馆睹赵著先得我心，即便采用，当属事实。"[46]但是他认为这种枝节问题，不宜论战不休，所以他提出："吾今试平亭此狱，三君皆好学深思，治此书各数十年，所根据资料，又大略相同……则闭门造车，出门合辙，并非不可能之事。"[47]张元济在《永乐大典》本《水经注》出版之时，亦撰文呼吁各方从此休战："今何幸异书特出，百数十年之症结，涣然冰释，是书之幸，亦读者之幸也。"[48]熊会贞在这方面，更以其实际行动作为郦学界的表率。根据杨家骆所记："民国二十二年谒惺吾先生弟子熊崮芝先生于武昌,欲见《水经注疏》稿,崮芝先生靳不一视。复与论全、赵、戴之争端,亦嗫不一言。揖别时则鸣咽而言曰:余为先师司誊录,初无真知确见可以益君,先师之稿未出,不欲以增口舌,辜君枉过,亦相谅否? 骆曰:长者之风,中心悦服,无言之教,益我已至多矣。自是骆绝口不言赵、戴争端者十余年。民国二十五年胡适之先生过沪,谓将为东原撰冤词,骆益惶惑无所适从。相俟十余载,读其所发表诸文,假设固至肯定,求证会得其反,于静安先生肯定之论,终不能正面列证予以推翻。"[49]杨撰此文,一方面申明这场论战的无谓,另一方面则表示他发表《水经注四本异同举例》一文出于不得已。

　　有的学者对于戴震袭赵一事倒是采取谅解态度,但对胡适重兴此案却极表反感。寓居澳门的郦学家汪宗衍即是其例,他在《赵戴水经注案小记》一文中说:"东原校郦,事属官书,与私书有别,且库本更为'钦定',依封建时代成习,不能明引同时人名书名,余谓东原非有意剿说,乃恪于馆例。赵书著录《四库》,与校本皆经纪晓岚诸人审定,果为抄袭,亦何待二十年后始发其复耶? 其事亦属情有可原也。"[50]但他对于胡适的评论就不是如此宽容了,他说:"惟近人胡适之晚年专力治郦书版本,极力为东原洗刷剿袭,撰有论文、函札七十余篇,凡数十万言,耗二十余年精力,为兹枝节问题,虽曰求是,实于郦书何干? 亦费词矣。盖以乡谊故耶。其素标榜之'大胆假设,小心求证',乃自讼其失者一而再,最后亦多自相矛盾。"[51]寓居香港的郦学家吴天任也撰文说:"胡氏于郦书版本,用功十余年,不可谓不勤,于赵戴公案,虽力为辩白,亦终难取信于人,徒增纠纷,而于郦书本身,究何补益? 视杨氏之终身不倦,详疏全书,有裨兹学,其相去又何远哉?"[52]

　　以上是胡适与《水经注》的关系的一般概况和我个人的一些看法。因为自从胡适离开大陆以后,他的著述和观点,大陆上的郦学界了解不多,我有机会阅读了他的全部有关《水经注》研究的著述以及港、台学者对他的研究成果的反应,所以写这篇文章,以供郦学界同仁参考。必须声明,我历来是反对时旷日久的赵戴《水经注》案的,因为这场论战已经明显地影响了我国正常的郦学研究。所以我虽然希望我的这些议论能够得到郦学界同仁的批评指正,但绝不希望因为我的这一番议论,再次引起赵戴案的余波。在郦学研究的领域里,有许多课题正等待着我们去完成,我们千万不能再在这个枝节问题上争论不休了。

注释:

①⑤⑥　《胡适手稿》第六集下册。

② 《水经注考》,载《胡适手稿》第六集下册。

③ 此文后来影印附入《胡适手稿》第五集中册,题为《记水经注笺赵一清硃墨校本》。

④ 《学粹》第 4 卷第 5 期,台北,1962 年。

⑦ 台北商务印书馆 1970 年版。

⑧ 《赵戴水经注案小记》,载郑德坤、吴天任纂辑:《水经注研究史料汇编》下册,台北艺文印书馆 1984 年版。

⑨ 一说此书在乾隆十九年(1754)已有赵氏家刻本印行,本文以下已论及。

⑩ 上海图书馆藏孙澧鼎校殿本《水经注》,孙澧鼎于乾隆庚子(乾隆四十五年,1780)跋云:“吾友朱上舍文藻自《四库》总裁王少宰所归,为予言:此书参用同里赵□□(按原缺二字,当是‘东潜’或‘诚夫’二字)一清校本,然戴太史无一言及之。”按王少宰指四库副总裁王杰。

⑪ 杨希闵《水经注汇校》卷首周懋琦序。

⑫ 杨守敬《致梁节盒书》,光绪十九年(1893 年)四月十二日,载吴天任《杨惺吾先生年谱》,台北艺文印书馆 1974 年版。

⑬⑰㊻㊼ 《中国近三百年学史》第十五,《清代学者整理旧学之总成绩》第二十六。上海中华书局 1936 年版。

⑭ 除胡适以外,日本郵学权威森鹿三(1906—1980),曾撰《关于戴校水经注》(日本京都《东方学报》1931 年第 3 册)等文,认为戴书未袭赵。

⑮ 《水经注考》。

⑯ 《与钟凤年先生讨论水经注疑案的一封信》,载《胡适手稿》第一集中册。

⑱ 《论赵一清的水经注释稿本的最后状态》,载《胡适手稿》第三集下册。

⑲ 《赵一清水经注释的校刊者曾用戴震校本来校改赵书吗》,载《胡适手稿》第三集下册。

⑳ 《真历史与假历史(用四百年的水经注研究史作例)》,载《胡适手稿》第一集下册。

㉑ 《中华文史论丛》1979 年第 3 辑。

㉒㉓㊹ 《水经注四本异同举例》,载《学粹》第 4 卷第 5 期,台北,1962 年。

㉔ 《跋合众图书馆藏的林颐山〈论编辑全校郵书〉的函稿》,载《胡适手稿》第二集下册。

㉕ 《复洪业、杨联陞函》,载《胡适手稿》第六集下册。

㉖ 《复洪业函》,载《胡适手稿》第六集下册。

㉗ 《胡适手稿论全赵戴案质疑》,载《水经注研究史料汇编》下册。

㉘ 《杭州大学学报》(哲学社会科学版)1981 年第 4 期。

㉙ 《胡适著作研究论文集》第 32 页。

㉚ 《孟森先生审判水经注案的错误》,载《胡适手稿》第五集下册。

㉛ 《胡适手稿》第四集下册。

㉜ 《关于赵一清水经注释小山堂初刻重修本》,载《胡适手稿》第六集下册。

㉝ 卷五《史部十一·地理类》河渠之属。

㉞ 卷二《史部》地理水道之属。

㉟ 《赵一清水经注释跋》,载《观堂集林·别集》。

㊱ 耿云志《评胡适的历史学成就及其理论和方法——重勘水经注案》,载《历史研究》1983 年第 4 期。

㊲ 《胡适手稿第一集研究》,载《胡适著作研究论文集》,台北商务印书馆 1970 年版。

㊳ 孟森《拟梁曜北答段懋堂论赵戴二家水经注书》,载《故宫文献论丛》,1936 年。

㊴ 《胡适手稿论水经注全赵戴案质疑》。

㊵ 载《六十年来之国学》第 3 册,台北正中书局 1974 年版。

㊶ 《王国维判断官本水经注校语引归有光本五条与赵本同是错误的》,载《胡适手稿》第六集中册。

㊷ 《论杨守敬判断水经注案的谬妄——答卢慎之先生》载《胡适手稿》第五集下册。

㊸㊹ 《跋杨守敬论水经注案的手札两封》,载《胡适手稿》第五集中册。

㊺ 合校《水经注》例略。

㊽ 《永乐大典本水经注跋》。

㊾ 《水经注四本异同举例》。

(50)(51) 载《水经注研究史料汇编》下册。

(52) 《胡适手稿论水经注全赵戴案之商榷》,载《水经注研究史料汇编》下册。

原载《中华文史论丛》1986 年第 2 辑

六、关于《水经注疏》
不同版本和来历的探讨

　　《水经注》是我国重要的历史名著,流传至今,历时已达 1400 多年。长期以来,学者对此书校勘笺疏,传钞刊印,为后学提供了许多佳本,我在拙作《论水经注的版本》[①]一文中已述其详。清乾隆一代中,郦学名流金祖望、赵一清、戴震等相继校勘,名本迭出,盛极一时。从此竟有后继乏人之感。及至清末民初,地理学家杨守敬异军突起,矢志治郦。在其门人熊会贞的襄助下,尽毕生精力,从事《水经注疏》的撰述。终于基本上完成了这一种郦注最新版本。《水经注》大于《水经》达 20 倍,而《水经注疏》则又大于《水经注》近 4 倍。所以,在篇幅之浩大、征引之广博、考订之精详等方面,它使以前的所有版本都为之逊色。

　　此书第一种公开发行的版本,即北京科学出版社影印《水经注疏》,于 1957 年底出版。尽管这个版本如以下将要论述的,并非熊会贞认可的最后定本,但它在国内外郦学界发生了很大的影响。我国郦学界老前辈钟凤年先生,自此书出版之日起,即着手对此书进行校勘,经过多年辛勤工作,终于完成了长达 7 万言的《水经注疏勘误》。[②]年逾 8 旬的段熙仲教授,接受出版界的委托,也已经完成了此书排印本的点勘工作。[③]在日本,著名郦学家森鹿三教授于 1964 年 4 月到 1970 年 3 月间,在京都大学人文科学研究所举办了一个《水经注疏》订补研究班,[④]费时 6 年,在订补《水经注疏》的基础上,出版了他们的研究成果之一,日译本《水经注(抄)》。[⑤]

《水经注疏》从撰述到问世,经过情况相当复杂。在我国郦学研究史中,当乾隆年代的鼎盛时期,曾经发生过戴赵相袭的悬案,至今言人人殊,莫衷一是。而《水经注疏》从其第一种影印本出版到今天,为时还不到30年,其中已经产生许多令人不解的问题。今日提出来进行商讨,或许还有不少知情人可以解释原委。时日迁延,则不仅将如汪辟疆在其《明清两代整理水经注之总成绩》一文中所说的:"有关掌故,后世憒焉而已",⑥而且以讹传讹,节外生枝,或许会出现更多乖离事实的传说。我们当然不希望这样一部巨大的著作让后世不明真相的人牵强附会。所以特撰写此文,既把我所知道的此中曲折和盘托出,同时也作为一种呼吁,请海内外治郦同仁,各抒己见,及早把此书的渊源经历,解释清楚,使后学不致再在这个问题上虚耗精力,浪费时间。

杨守敬是从清同治、光绪之间就潜心治郦,着手撰述《水经注疏》的。到了光绪五年(1879),他完成了此书的第一部初稿。但是他不以这部初稿为满足,从此开始,又在其门人熊会贞的参与下,继续修改此稿,直到光绪三十年(1904),才完成了《水经注疏》的第一次修改稿计80卷。在文稿修改的同时,他们师生又从事于按文制图,完成了《水经注图》的编绘工作,全套8册,采用古今对照的形式、用朱墨套印,于光绪三十一年(1905)刊行。

但这部修改的《水经注疏》并未付刊,当时陆续刊行的,只有篇幅较短的《水经注疏要删》(光绪三十一年,1905)、《水经注疏要删补遗》和《续补》(均在宣统元年,1909)等。这当然是因为原稿篇幅庞大,刊行不易,同时,杨氏显然还有继续修订,精益求精之意。等到杨守敬于民国四年(1915)去世时,全稿尚未修改完成。所以他临终对熊会贞嘱咐:"《水经注疏》不刊,死不瞑目。"而熊会贞回答:"鞠躬尽瘁,死而后已。"⑦杨死后,熊会贞移居武昌菊湾杨氏故居,继续修订,"又二十二年,书凡六、七校,稿经六次写定"。⑧直到30年代中期,"世变方殷,杀青无期"。⑨说明当时熊氏还没有一种认为即可付刊的定稿。而他却于民国二十五年(1936)弃世。所以今天流行的《水经注疏》并不是熊氏本人最后认可的定本,这中间还存在着不少值得商讨的问题。

由于郦学研究中曾经发生过前已述及的戴、赵相袭的悬案。为此,杨、熊二人尽管是师生之谊,而他们两人都接受这种教训并在这方面小心谨慎。这在熊会贞去世前亲笔书写的《十三页》⑩中就可以看得明白。《十三页》指出,杨守敬在生前已经注意了这个问题:"先生初说,此书二人同撰,文各一半。"杨并且还把此书在日后出版时,杨、熊二人的署名方式也作了规定。⑪熊会贞出于他对老师的尊敬,在《十三页》中又另外写了一条:"文先生三分之二,会贞三分之一。"并且还说:"通体凡先生说,止作'按'字,不必指先生之名;会贞说,则作'会贞按'三字,以示附见。"仅就这一点而言,现在我们看到的本子,不论是影印本或抄本,就都没有遵办。这也就说明,这些本子,都不是熊会贞认可的最后定本。

为了把问题弄得稍有眉目,首先让我们讨论一下,《水经注疏》至今究竟有几种不同的本子存在。关于这方面,我往年曾经过目的,共有4种本子,即两种残本和两种影印本。

第一种残本是中国科学院图书馆所藏的一部朱栏粗格稿本,仅存卷八《济水注》一册。这是杨守敬早年稿本的一种,稿本的格局完全是一种开雕的形式,因为当时山东的刻工较廉,所以这是杨预备送到山东去开雕的底本。其事在陈衍的《杨守敬传》[12]中记有原委。贺昌群在科学出版社影印《水经注疏》卷首的《说明》中也提及此事,并且把这个残本也作了影印,作为北京影印本的附件,所以大家都能看到,不必赘述。

第二种残本是1949年武昌亚新地学社的一个排印本,书系16开,仅1册,收入《河水注》3卷。卷首有向宜甫序,卷一以后又夹入李子魁叙言。向宜甫在序中提到:"余于一九三九年冬晤李子魁教授于重庆沙坪坝,尝为予道其遗事,并搜集散稿,钩稽群籍,更改体例,重加整理,汇订成书,请序于余,余因之有感焉,爰述其经过如此。"则此书乃是李子魁所"更改体例,重加整理"的。李子魁据他自述是接受熊会贞遗命助杨、熊完成他们未竟之功的。但熊氏亲笔《十三页》中有一条说:"合校本以戴为主,看甚分明。今变动,则以朱为主,而据赵、戴订之,或自订。通体朱是者作正文,非者,依赵、戴等改作正文。不能如合校本之尽以戴作正文也。此点最关紧要。会贞衰颓,不能再通体修改,全仗鼎力。必如此,全书方有主义。"另一条又说:"顾亭林推朱笺为有明一部书……今朱笺以为祖本,据赵、戴订之,或自订之,俾更加密焉。"可是李却未曾遵照熊所说"最关紧要"和"朱笺为祖本"的指示。而自作主张,更改体例,把杨、熊以朱笺"为祖本"、"作正文"的"主义",改成以合校本作正文。却在卷一署名:"宜都杨守敬撰。"卷二署名:"宜都杨守敬撰,枝江李之魁编。"卷三署名:"宜都杨守敬、枝江熊会贞、李子魁编撰。"说明李不仅更改体例,而且喧宾夺主。因此,这个本子,虽然也列杨、熊之名,而且封面上赫然《水经注疏》4字,其实只能作为李个人编辑的一种东西,若杨、熊在世,当然是绝不能容忍的。

第三本是前已述及的科学出版社于1957年12月影印出版的《水经注疏》。此书原委,在卷首贺昌群于1955年7月所写的一篇《说明》中有详细交代。它原是熊会贞在其修订过程中请人录出的一部抄本。由住在武昌的黄陂人徐恕(行可)所收藏。中国科学院于1954年向徐购买了这部抄本,然后付诸影印。贺昌群说:"这部抄本是熊会贞生前写订的,同一书手同一时期抄录两部,一部为前中央研究院所得……另一部即此稿。"李子魁曾经寄给我一篇他于1957年元月在北京北魏胡同17号中国科学院招待所写的题为《中国科学院科学出版社即将印行水经注疏》的短文复写本(原文在当时是否发表过,我不知道),文内也提及此事:"'九一八'日寇猖狂侵略我东北领土,熊氏深虑稿本失传,允许汉口华实里书商徐行可抄录副本。"则这个副本是在1931年以后抄出的,显然不是熊氏最后的定稿。徐行可与熊的关系,《十三页》中是提及的:"友人黄陂徐恕行可,博多学闻,嗜书成癖,尤好是编,每得秘籍,必持送以供考证,益我良多,永矢弗萱。"这里虽然没有谈到抄录副本的话,但根据"永矢弗萱"的关系,录副是可能的。这个副本之决非熊氏最后定本,还可以从它的错误千出中得到证明。钟凤年先生在这个本子中校勘出来的包括注文和疏文的错误超过2000处。其实,因为钟先生最后没有获得台北中华书局影印本加以对勘,否则,他必然还能节省大量的精力,并且校出更多的错误。以《浙江水注》一篇为例,钟先生校出了杨、熊疏文中的错误共47处,而我用台北本对勘,却校出了这个北京影印本的错误共55处。[13]

第四本是台北中华书局1971年影印出版的《杨熊合撰水经注疏》。这一本虽然经过了较长时期的颠簸曲折,但它的来龙去脉还是清楚的。它的底本即贺昌群所谓"同一书手同一时期抄录两部"中的一部。它于1938年7月由前中央研究院和中英庚款董事会作价从杨守敬的孙子杨勉之处购得。当时正值日军进攻武汉,战局十分紧张之际,抄本经抢运到香港,再从香港运抵重庆。国民党中央社曾为此稿运抵重庆而发过专电,[14]所以是举世皆知之事。这部抄本以后又辗转到了台湾省"中央图书馆",直到1971年付诸影印。从抄本的格局笔迹来看,则贺昌群所谓"同一书手同一时期"的话是不错的。所不同的是这部抄本一直留在熊会贞身边,得到熊的不断校阅修改,改正了许多抄写中的错误,并加入了不少新的资料,这就是台北影印本在质量上远胜北京影印本的原因。此中细节,我在拙作《评台北中华书局影印本杨熊合撰水经注疏》[15]一文中已述其详,这里不必赘述。必须指出的是,这部抄本虽然一直留在熊的身边,留下熊不断修改的痕迹,但是,它在许多地方都和熊亲笔《十三页》的规定大相径庭。如按《十三页》的规定修改这部抄本,有的当然必须大事更改。有的却是一举手之劳而可就的,但抄本都未作修改。说明这部钞本后来也被熊所放弃,熊在晚年必然另有定本无疑。

除了上述4种我往年目击的本子外,不久以前,我又看到了另外一部抄本,那是我在日本看到的。因为对于这部抄本的存在,国内郦学界可以说绝不知情,所以事情还得从头说起。

按照国内郦学界历来所知的情况,熊会贞当年并未让日本郦学界抄录过《水经注疏》的副本,所以绝不会料到此类抄本在日本的存在。1949年武昌亚新地学社排印本《水经注疏》卷首向宜甫序云:"日人森鹿三,极服熊氏以一生精力成此绝业,乃于一九三〇年夏四月,遣松浦嘉三郎走武昌求其稿,不获,又两谒,许以重金,乞写副,熊氏以大夫无域外之交,因拒之,卒不为夺。"此后,刘禺生在其1962年出版的《世载堂杂忆》的《述杨氏水经注疏》一文中也说:"会贞在日,日人森鹿三极服其学,遣松浦嘉三郎走求其稿,不获,又两谒,许以重金,乞写副本,会贞固拒之,卒不为夺。"则向宜甫和刘禺生所记载当是同一来源。另外,北京影印本卷首贺昌群的《说明》中引用了徐行可的话:"徐氏说:抗战期中,武汉沦陷时,日人多方搜求此稿,向徐氏加以压力。他百计回避,保全了此稿,未落于日人之手,言下感慨系之,不禁泫然。"不过徐氏的话与向、刘二人的话当然还应该加以区别,因为这是他的一面之词。或许是确有其事,也或许是为了借此抬高这部抄本的身价,我们都无法肯定。不过徐氏的话,对于说明他也不知道日本已经存在了此书抄本的事,倒是一种极妙的旁证。总之,日本所存的《水经注疏》抄本,在中国,从郦学界以至熟悉此中行情的书商,可以说都是茫然无知的。

去年9月,我应日本关西大学之聘,为该校大学院(研究生院)作关于《水经注》的讲学。其间,又应森鹿三教授的高足、奈良女子大学船越昭生教授之邀,访问了该校。船越教授和我谈及,说森教授生前曾亲口告诉他,熊会贞当年曾允许森录出一部《水经注疏》的副本。当时相互间订有一项君子协定,即在中国未出版此书时,森不得以任何形式在日本出版这部抄本。森遵守了这项协定,并将这部抄本送给了京都大学人文科学研究所。

听到这个消息,我不久就请森教授的另一位高足,关西大学的藤善真澄教授陪同,去到京都大学人文科学研究所。承该所狭间直树副教授的接待,随即从书库中取出这部珍藏的抄本让我阅读。抄本分装4函,共40册,有京都大学藏书章。每册卷首均有毛笔正楷"森鹿三氏寄赠"6字。全书字迹端正,虽与北京、台北二本并非同一书手,但体例、格局与二本无异,其为同一时期抄录之副本,可以无疑。总之,对于这一部抄本的渊源,除了船越教授所告及亲眼目击的实况以外,其他我无法置评,留待国内郦学界继续研究。

除了上述我所见过的5本以外,《水经注疏》的其他本子,必然还有存在,其中最信而有征而且极关重要的,就是汪辟疆教授在重庆所见的所谓"誊清正本"。汪氏在其所著《明清两代整理水经注之总成绩》一文中说:"是《水经注疏》一书,自杨氏创稿至今,已逾60余年矣。稿凡数本:其一本,为中央研究院所得;其誊清正本,则仍在李子魁处。今余所及览者,则李君所藏之正本也。"汪辟疆在这篇文章以后还另外撰了一个《附记》,对这部所谓"誊清正本",说得尤为明白:

> 宜都杨守敬,枝江熊会贞《水经注疏》四十卷稿。今由熊先生哲嗣小固及李子魁君运渝,而杨、熊二氏生前所用参考书,凡百数十种,丹黄满帙,极可宝爱,近亦由武昌设法运至安全地带。李君追随熊固之先生最久,私淑邻苏。而又亲佐熊

先生钩稽群籍,襄此鸿业。熊先生于民国二十五年逝世,临卒,又手草补疏水经注疏遗言凡四十条,交李君赓续办理,以竟全功,则此后整理全疏非李君莫属也。日前李君来谒,亟思于此时设法刊布全稿,以永流传,且亦杨、熊二先生素志也。余曾以此稿语之章行严先生,行严先生极愿尽力,因属子魁往谒之。

熊小固、李子魁所带往重庆的这个"誊清正本",以后未见出版,下落亦不可知。台北影印本卷首台北中华书局编辑部所写的《杨熊合撰水经注疏稿本提要》中也说道:"别有誊本及参考书数百种存李子魁处,不知今犹无恙否耳。"

这个"誊清正本",不仅其下落值得查访,其渊源也大可研究。当前"中央研究院"购买今台北影印本底本时,武汉的战局已频紧张,据李子魁寄给我当时他与熊心赤(即熊小固)通信的复本,知熊、李两人当时均已离开武汉。当熊心赤从李子魁信中获知书稿被杨勉之出卖时,熊于这年(1938)9月20日复信李说:"奉足下手书,知先父水经注疏遗稿,已由杨姓出售,得价一万余元,其丧心病狂,惟利是图,一至此者,实出乎预料之外……因此稿根本非杨姓所独有,杨姓无单独处理之权,而违法出售,当然无效。"这里使人不解的是,一面痛诋杨姓出售书稿的"丧心病狂",另一面却身携"誊清正本"奔走重庆。这中间的关键可能是,在杨守敬和熊会贞的时代,杨、熊当然是师生融洽,彼此无间。但一俟杨、熊物故,到了子孙手上,则杨姓和熊姓的界线就划得十分清楚。杨勉之出售的书稿,是杨、熊合撰的著作,所以"杨姓无单独处理之权"。而"誊清正本"之所以能让熊心赤带走,正是因为这是熊会贞单独整理,是熊姓的东西。按台北中华书局编辑部在台北影印本卷首的提要所说:"先生于民国四年逝世,而固之仍馆其家,暝写晨钞,历二十年如一日。二十五年,固之亦逝,全疏增删补正略已定,仅渭、沔二水尚待增订。"则这个"誊清正本"可能就是除了"渭、沔二水尚待增订"的熊氏晚年录出的定本。诚如是,则"誊清正本"必然远胜于今北京、台北两种影印本。假使这部本子能够查访得到,或许就可看到杨、熊《水经注疏》的最后定稿。

"誊清正本"这个名称是汪辟疆教授提出来的。既云"誊清",必有底本。这个底本,大概就是熊会贞晚年最后写定的稿本。而这个稿本又到哪里去了呢?

我国郦学界至今还有不少人不知道熊会贞的悲惨结局。熊氏是因为稿本被卖而自杀的。他的乡友刘禺生的一段记载非常清楚:

> 守敬暮年,其书未成,而深信必传,举全稿畀之会贞。临卒曰:此书不刊,死不瞑目。会贞顿首涕泣,答曰:誓以毕生精力完成此书,以尽未竟之志。会贞居武昌菊湾杨氏故庐,又二十二年。书凡六、七校,稿经六易,略已粗定,而世变方殷,杀青无期,杨氏后人,阴售疏稿,图断会贞生计。会贞郁郁寡欢,因而自裁,与稿俱逝。时民国二十五年五月也。[16]

　　熊氏是怎样自杀的？向宜甫在1949年武昌亚新地学社排印《水经注疏》卷首序言中明白说出："顾昊天不悯，熊氏竟自缢逝世。"

　　刘禹生所说的"略已粗定"，显然就是"誊清正本"的底本；所谓"杀青无期"，当是台北中华书局编辑部所说的："渭、沔二水尚待增订"；而"与稿俱逝"一语，说明这部底稿确实已被卖掉了。熊之所以因此走上绝路，也正是说明被卖的不是一部一般的抄本（当时，台北本的底本，尚在他手边；而北京本的底本，也在近在咫尺的徐行可处），而是至关紧要的、他最后写定的稿本。这部稿本究竟被卖到何处？至今下落不明。

　　熊氏死后，尽管北京本和台北本相继出版，但是，由于这两本如上所述，都不是熊氏最后的定本，因此，两本之中，恐怕有许多地方都不符合、甚至违背熊氏晚年的旨趣。熊氏晚年的旨趣是什么？那就是他亲笔所写的《十三页》。往年，我曾经得到一份李子魁寄给我的题为《述整理水经注疏之经过》的短文的复写本，此文并有小标题《并附熊会贞先生补疏水经注疏遗言》。后来，当我获得了台北影印本时，看到卷首汪辟疆论文之后，就是这篇短文和所谓《遗言》文字与李寄我的完全一样，才知道这个《遗言》确是1937年李进入杨府后从《十三页》中整理出来的。不过，当杨勉之出卖这部显然经过李加工的抄本时，熊会贞的亲笔《十三页》仍然附在稿内，因此，这《十三页》也由台北中华书局影印，紧接在李所整理的《遗言》之下。才知《十三页》经过李整理以后，抵牾之处着实不少。首先，《十三页》绝无《遗言》字样，《遗言》是李所起的名称。熊在第一页中写道："今全稿复视，知有大错，旋病未及修改，请继事君子依本卷末附数纸第四页所说体例改，多删名子甚易也。"李整理后，把"请继事君子依本卷末附数纸第四页所说体例改"20字，改成"请依下列所说体例补疏"10字。熊的意思是"请继事君子"赓续整理，说明他当时不曾指定哪一位。这和前面所引汪辟疆《附记》所说的："又手草补疏水经注疏遗言凡四十条，交李君赓续整理，以竟全功，则此后整理全疏非李君莫属也"的话大不相同。汪所写的这些，无疑是李告诉他的。现在由于核对无门，李的话我们既不能肯定，也无法否定。或许是李的一面之词，也或许熊确实另有委托他的信件。⑰不过，在《十三页》中删去"请继事君子"这样的话，总不是一个接受《遗言》者所应该做的。

　　在《十三页》的第一页中，另外一条重要的话是："先生未见残宋本、大典本、明抄本，此书各卷，凡说残宋、大典、明抄、不得属之先生，当概删残宋本作某句、大典本作某句、明抄本作某句。"李对这一段的更改，可以说完全背离了熊的指示。李删去了"各卷凡说残宋、大典、明抄，不得属之先生，当概删……"的一整段，而把熊写在版框上端用作说明的一句话："残宋本、大典本、明抄本皆批见朱笺各卷书眉，又见各卷后"移接到此处，最后李自己加上一句："改补疏者按。"使全文成为："杨师未见残宋本、大典本、明抄本。残宋本、大典本、明抄本皆批见朱卷各卷书眉，又见各卷后，改补疏者按。"这中间，"改补疏者按"这一句出自李的话是大有文章的。因为在台北影印本的每一卷卷首，除了"宜都杨守敬纂疏、门人枝江熊会贞参疏"这样两行，又都由李插入第三行："乡后学枝江李之奎补疏。"所以，这份经过李修改的《遗言》中的"补疏者"，其实就是李自己。李是1937年才进杨府的，而原稿中"残宋本作某"，"大典本作某"、"明抄本作某"的文句都是早已写定了的，怎能一下子都变成这位后来的"补疏者"的作品呢？

其实，上面所引的熊亲笔所写的这几句话，还只是整段文字的一半。因为《十三页》是他在许多日子里陆续写成，而并非一气呵成的。熊开始打算删掉残宋、大典、明抄的话，但后来他又改变了主意。原稿只空了一格，他又继续写道："今拟不删，以先生说，改为岭香孙世兄补疏。全书各卷中，先生按残宋本作某，或大典本、明抄本作某，尽改为先梅按，残宋本作某、大典本作某、明抄本作某，每卷开首题名加一行，作孙先梅补疏。"这几句话实在是熊会贞为我国郦学研究史留下的一项重要资料，让我们知道，在熊当年对此书惨淡经营的过程中，孙先梅（岭香）曾经是他的得力助手。至少是今日书中大量出现的残宋本、大典本、明抄本作某句，都是他的劳动成果。杨守敬生前已经规定了此书出版时的署名方式是："宜都杨守敬纂疏，门人枝江熊会贞补疏。"熊考虑再三，最后决定在这一点上改变他老师的嘱咐，把自己的"补疏"改为"参疏"，而加上一行"孙先梅补疏"。在熊的全部《十三页》之中，这一条可以说最关重要。古人视所谓"三不朽"为神圣，对著作的署名，历来是了不起的大事，更何况其老师已经有命在先。而熊最后作出这样的决定，说明孙先梅在襄助熊的工作中确实不可抹煞。也就是说，他列名此书，是可以受之无愧的。

现在，不幸的是，先梅不仅不曾列名，而在李子魁整理的所谓《熊先生补疏水经注疏遗言》中，竟把这最关重要的一段话全部删掉了。只是由于当时"武汉时遭空袭"[18]和"马当已失守"[19]的紧张局势，李在匆匆离开武汉时来不及把熊的《十三页》从抄本中抽出，也可能是《十三页》是杨、熊两姓都知道的事不便抽出，也可能是当时这部抄本已在杨勉之手中。总之是一个十分幸运的原因，使我们今天仍能发现40余年前的事实真相。否则，在此书编撰上作过较大贡献的孙先梅，将泯泯然永不为人们所知道。

至于李子魁在今台北影印本的底本上，每卷都署名"乡后学李子奎补疏"之举，现在可以断言，绝非熊会贞的本意，熊会贞临死前曾函李求助，这是根据李自己的说法，我们已无法核对。就算这是事实，但也绝不会有让李列名"补疏"之意。因为如前已指出的台北中华书局编辑部《提要》所说："全疏增删补正略定，仅渭、沔二水尚待增订。"说明整理原稿的工作量已经不大。而事实上，在熊心赤1938年9月20日致李子魁信中所说:"廿六年秋,由杨君勉之及弟商得兄之同意,就杨府藏书处开始校雠工作。"则李整理此稿的时间还不到一年。我已从台北影印本中查核了熊生前认为"尚待增订"的渭、沔二水,内有"子奎按"的,计卷十七《渭水注》31 处:其中残宋本作某(有时也包括大典、明抄)的 24 处,只及大典本(有时包括黄省曾本)作某的 3 处,只及明抄本作某的 4 处,卷十八《渭水注》1 处(残宋本作某);卷十九《渭水注》45 处;其中残宋本作某的 40 处,大典本作的 5 处;卷二十七《沔水注》6 处(明抄本作某);卷二十八《沔水注》12 处(明抄本作某);卷二十九《沔水注》6 处(明抄本作某)。以上渭、沔二水共 101 处,全部都不过是在"守敬案"三字之旁,插入"子奎按"三字而已。而其实在《十三页》中已经交代明白,所有这些按语,都是孙先梅的成果。在郦学研究中发生这样的事情,令人不胜遗憾。

前面已经述及,在清乾隆年代是郦学鼎盛时期。乾隆年代以后,郦学研究有过颇长时期的削弱,而杨、熊对郦学的研究和《水经注疏》的撰述,显然是乾隆以来郦学研究的又一次发展。虽然二氏都早已物故,但后学对于《水经注疏》这部有史以来最大的郦学巨著,仍然怀着很大的热忱,进行不断地研究。现在,当我们正在庆幸北京影印本和台北影印本次第出版的时候,却又不幸地发现了夹杂在这部巨著中间的种种模糊不清的问题和令人不怿的情况。溯昔抚今,确实使人感到不安。

但是,学术研究毕竟是实事求是的工作,我们当然不能回避这些已经出现的问题。我们希望,在经过不长时间的探索和讨论以后,这些问题都能早日廓清。

注释:

① 《中华文史论丛》1979 年第 3 辑。

② 《古籍论丛》,福建人民出版社 1982 年版。

③ 据段熙仲教授 1983 年 2 月来信。

④ 船越昭生《森鹿三先生和水经注研究》,《地理》第 26 卷第 3 期,东京古今书院 1981 年版。

⑤ 陈桥驿《评森鹿三主译水经注(抄)》,《杭州大学学报》(哲学社会科学版)1981 年第 4 期。

⑥ 《杨熊合撰水经注疏》卷首,台北中华书局 1971 年版。

⑦ 汪辟疆《明清二代整理水经注之总成绩》。

⑧ 向宜甫《水经注疏》(1949 年武昌亚新地学社排印本)"序言"。

⑨ 刘禺生《述杨氏水经注疏》,《世载堂杂亿》。

⑩ 熊会贞晚年陆续写成的修改《水经注疏》的意见,共 13 页,并无任何标题。后来有人更改其内容,并冠以《遗言》的标题。本文据影印 13 页原文,姑名为《十三页》,以示区别于后人更改过的《遗言》。

⑪ 据《十三页》,杨先定:宜都杨守敬疏,门人枝江熊会贞疏。后改作:宜都杨守敬纂疏,门人枝江熊会贞补疏。

⑫ 《虞初近志》卷七。

⑬ 《评台北中华书局影印本杨熊合撰水经注疏》,《杭州大学学报》(哲学社会科学版)1983 年第 1 期。

⑭ 台北中华书局编辑部《杨熊合撰水经注疏稿本提要》。

⑮ 《杭州大学学报》(哲学社会科学版)1983 年第 1 期。

⑯ 《述杨氏水经注疏》。

⑰ 李子魁《述整理水经注疏之经过》(台北影印本卷首):"顾天不假年,熊先生逝世,易簀之前,曾致余书。谓'水经注疏初稿已成,惟踌驳处多,急当修改。年华已暮,深恐不能勒为定本,望即南旋,以续整理之业'。"

⑱ 1938 年 9 月 20 日熊心赤致李子魁信上语。

⑲ 1949 年武昌亚新地学社排印本《水经注疏》序言向宜甫语。

原载《中华文史论丛》1984 年第 3 辑

七、熊会贞郦学思想的发展

在我国郦学研究史上,乾隆年代是一个兴旺发达的时代。那时,著名的郦学家全祖望、赵一清、戴震等驰名宇内,其研究成果,真是丰富多彩。从此以后,直到今天,郦学界还没有出现过当年那样的高潮。我在拙作《论郦学研究及其学派的形成与发展》①一文中,曾把我国的郦学研究分成考据、词章、地理三个学派。乾隆年代的鼎盛形势,说明了考据学派及其成果的登峰造极。此后,考据学派由于《殿本》的巨大成就而转趋式微,但新的学派尚未酝酿成熟,因此,郦学研究就出现了一种过渡时期的沉寂。及至晚清,杨守敬及其门人熊会贞,从事《水经注疏》的撰述。他们一方面继承明、清考据学派的治学方法,另一方面,也是更重要的,他们开创了一个新的学派,即地理学派。贺昌群在北京影印本卷首《影印水经注疏的说明》中指出:"当时人称,王念孙、段玉裁的小学,李善兰的算学,杨守敬的地理学,为清代三绝学,我以为不算太夸大的话。"所以杨氏在郦学研究中开创这个学派,并不是偶然的。《水经注疏》之所以成为这个学派的代表作,不仅因为他在撰书的同时,"据书以为图",编绘了一套《水经注图》。而特别重要的,还在于他的疏文之中,十分重视山川地理的分析。尽管疏文中也有大量的文字考证,但有关山川地理的分析,占了此书的很大比重,这是所有考据学派的著作中所未曾出现的。

熊会贞是杨守敬的学生,杨在《水经注疏要删》自序和《水经注图》自序中,都说明他的著作是和熊合作共事的。熊无疑也是一位卓越的地理学家,同样也在疏文中作了大量有关山川地理的考证和分析。为了说明他在这方面的见解和素养，我们可以随手举个例子。

1979 年出版的《辞海》，在《水经注疏》这一条的释文中写道："因未经审校，错别字及脱漏之处甚多。如《涪水》漏抄郦注本文竟达九十多字。"这里，未经审校错漏甚多的话，对于北京影印本来说，正如我以下还要提到的，是完全正确的，我在拙作《关于水经注疏不同版本和来历的探讨》②一文中已述其详。但《涪水》漏抄郦注本文 90 多字的话，却完全不是事实。《辞海》作者对照《殿本》或其他考据学派校勘的版本，发现注文"涪水出广汉属国刚氐道徼外，东南流"之下，少了"迳涪县西，王莽之统睦矣，臧宫进破涪城，斩公孙恢于涪自此水上。县有潺水，出潺山，水源有金银矿，洗取火合之，以成金银。潺水历潺亭而下注涪水。涪水又东南迳濮竹县北，臧宫溯涪至平阳，公孙述将王元降，遂拔绵竹。涪水又东南"一段，共 91 字。就不再研究一番，信手拈来，作为北京影印本脱漏的例子。其实，这条释文的作者，只要再往下阅读几段，不仅可以发现，这 91 字在注文并未少去一个，而且还可以在"遂拔绵竹"句下，读到熊会贞的一段疏文：

> 会贞按：……朱"徼外"下，按"东南流迳涪"云云，至"遂拔绵竹"，下接："涪水又东南流与建始水合"，至"迳江油广汉者也"。全、赵、戴（此据北京影印本，台北影印本删"全"字、"赵"、"戴"乙）同。准以地望，建始水在上，江油在下，涪县又在下，何能先迳涪县而后会建始水而迳江油也？明有错简。"东南流"三字下当接"与建始水合"至"迳江油广汉者也"。又移"与建始水合"上"涪水又东南"五字于其下，乃接"迳涪县西"至"遂拔绵竹"方合。今订。

这一段疏文说明，熊会贞和他的老师一样，也十分重视从地理学角度研究《水经注》。杨、熊合作撰述这一部巨大的著作，一方面固然因为他们是师生之谊。但更为重要的是他们的志同道合。他们在郦学研究的方向和方法上，有这种以地理学为基础的共同观点。这种共同的观点，成为他们长期合作共事的纽带。

杨守敬于民国四年（1915）去世。熊从此继承了杨的未竟事业。据郦学家汪辟疆所云："易篑语熊会贞曰：《水经注疏》不刊，死不瞑目。熊氏泣曰：鞠躬尽瘁，死而后已。杨氏既归道山，而熊氏仍馆其家，暝写晨抄，二十余年如一日，盖已难能矣。"③熊氏自己也说："自杨师下世，会贞继续编纂，无间寒暑，志在必成。"④这中间，"书凡六、七校，稿经六易"。⑤工作是十分艰巨的。说明熊氏在 20 多年中，一直是兢兢业业地秉承杨的遗志，为此书的完成和刊行而殚精竭力。

熊氏于民国二十四年（1935）在其《关于水经注疏之通信》一文中说："大致就绪，尚待修改。"这就是后来汪辟疆所说的："全疏增删补正，略已大定，惟《渭水》、《沔水》,尚待增订。"⑥可惜熊氏的这部呕心沥血的原稿,最后竟为杨守敬的孙子杨勉之所私售,至今不知下落。熊氏因此而万念俱灰,终至不幸自裁,成为我国郦学研究史上的一桩伤心事件和重大损失。按熊氏《关于水经注疏之通信》发表于1935年5月,当时他尚满怀信心,而翌年5月竟至不幸,则此稿被卖之事,当发生于这一年之中。

《水经注疏要删》刊于光绪三十一年(1905),熊氏修改《水经注疏》基本完成于1935年,其间相隔达30年。这30年中,特别是杨氏去世以后的20多年中,熊氏瞑写晨抄,不问寒暑,书凡六、七校,稿经六易,必然阅读了大量资料。在这段时期中,郦学界本身发生了许多新的事件,例如《续古逸丛书》(其中包括《大典本》郦注)的陆续影印,郦注珍稀版本的交流,而熊氏自己也通过努力获得了黄陂徐氏藏《残宋本》、南林蒋氏藏《大典本》前20卷以及校录《明抄本》等郦注珍本。从地理学界来说,除了国外新的地理学思想学说在这一时期大量引入外,在国内,传统的舆地之学也正在向科学的地理学过渡,许多地理书籍、新式地图以及著名的地理学期刊如《地学杂志》、《禹贡》、《地理学报》等相继出版。这些事物的出现,必然要从各方面影响熊会贞的郦学思想,使之不断发展。而这种郦学思想的发展,首先就会反映在他所编纂的《水经注疏》之中。因此,《水经注疏》的最后定稿本,与30年前的《要删》相比,必然会有较大的差距。而其中某些部分,或许还会离开杨守敬当年的旨趣。这样的现象,在任何一门学术的研究历史中,都是不可避免的。

所以,要研究熊会贞郦学思想的发展,最能说明问题的,当然是他的《水经注疏》的最后定稿本。但不幸的是,这部稿本至今不知下落。这样,我们只好退而求其次,到最后定稿本以前的一些稿本或抄本中去寻求答案。熊氏在杨氏去世后的20多年中增删此稿,"稿经六易"。在这"六易"的过程中,留下了若干抄本。其中我所过目的,就有今北京影印本、台北影印本以及收藏于日本京都大学人文科学研究所的、由森鹿三氏转赠的一部抄本。后者,由于我没有逐字逐句的细读,因此现在只能从北京、台北这两种影印本来研究这个问题。

首先,这两种影印本的底本是在什么时候抄出的? 对于这一点,我在拙作《评台北中华书局影印本杨熊合撰水经注疏》⑦一文中,曾经引用李子魁所说抄于"九一八"事变以后的说法。现在鉴于李在这个问题上散布的许多虚伪之事已经核对出来,因此,我在那篇拙作中所引的李的言论自应作废。而且事实上,我在日本京都大学人文科学研究所见到的那部抄本,在体例格局方面,与今北京、台北两影印本可以说完全一致,估计这3部抄本在时间上不会有多大差距。向宜甫说:"日人森鹿三,极服熊氏以一生精力成此绝业,乃于一九三○年夏四月,遣松浦嘉三郎走武昌求其稿。"⑧这个年代在"九一八"事变以前,中日没有正式交恶,森鹿三从熊氏处获得此抄本当属可能。

这样看来,这3部抄本可能都在20年代末期抄成。

　　拿北京影印本与台北影印本相比,立刻就可看出,它们的底本前者抄录在后,而后者抄录在前。其抄录的过程,也可大致明了:即台北影印本的底本抄出以后,经过熊会贞的初校,然后再从这个初校后的抄本,抄录今北京影印本的底本。因为,今台北影印本中的许多涂乙之处,在北京影印本中已经根据前者的乙涂抄录恭正。而台北影印本中还有许多熊会贞初校时所加的技术性注记,如"此处提行","此处再校某书"等,在北京本中已经不存。对于"提行"之类的注记,北京本多已照改。

　　两本抄成以后,经历就完全不同,北京本的底本,收藏在后来向中国科学院出售此底本的徐行可手中,而台北本的底本,则仍为熊会贞所有,并且得到熊继续不断的增删修改。这中间,徐行可曾因某种机会,借得熊修改过的今台北本底本中的一卷,即卷二十一《汝水》,和他所收藏的今北京本底本作过一次校对。使今北京影印本中也存在着这样一卷与台北影印本基本上完全相同的卷篇。就因此事,还引起了一些郦学家的误会。[9]除此以外,北京影印本的底本在抄录后未曾作过任何校对,所以错漏满帙,北京影印本出版后,钟凤年曾校出了各种错误2400余处。[10]前面提及的《辞海》关于这方面的指摘,除了所举的例子不当外,并无夸大之处。

　　假使刘禺生所说的"稿经六易"的话完全无讹,则今台北影印本的底本,估计可能就是"六易"中的第五稿。这一方面是因为经过熊氏继续增删修改的这部抄本,从其文字体例和内容所反映的熊氏郦学思想,较之今北京影印本的底本有颇大的不同。另一方面,从以下将要提到的熊氏亲笔《十三页》[11]来看,此本在某些方面已相符合。《十三页》很可能就是熊氏针对这部抄本的修改而在他生前的最后两三年中陆续写成的。则熊不断地修改今台北本的底本,直到他最后放弃这部底本而另立新稿,即他被杨勉之所私卖的最后一部稿本,其间的时间差距不会超过两三年。现在,由于他的最后定稿本不知下落,因此,台北影印本的内容,加上他在《十三页》中所提出的修改意见,是目前我们所能获得的熊会贞郦学思想的最后材料。

　　还必须把《十三页》再作一点说明。李子魁为了自己的目的,大量窜改这份材料的内容,并妄加《遗言》的名称。现在看来,《十三页》绝非杨勉之私售稿本以后所写,而在比此要早得多的时候,陆陆续续写成的。促使熊写这一份材料,其动机可能是他生了一场大病,自恐体力不济,预写这些,以防万一。所以若非李子魁招摇惑众,《遗言》的名称,或许是可以接受的。因为《十三页》的第三条就说:"此全稿复视,知有大错。旋病,未及修改,请继事君子,依本卷末附数纸第四页所说体例改。多删名子,甚易也。"这里所说"此全稿复视"的"全稿",很可能就是今台北影印本的底本。今台北本的版框上端,常有"因病,此处未及修改"之类的眉批,可以为证。不过,在陆续写了这《十三页》以后，熊的身体又得到了恢复，用不着"继事君子"，而是由他自己动手另起新稿。到了1935年，这部新稿除了渭、沔二水尚待增补外，已经"大致就绪"。所以当年他就在《禹贡》发表了信心洋溢的《关于水经注疏之通信》。却不料就在此时，他的这部最后定稿，竟被杨氏的不肖子孙杨勉之所私售，因而造成了熊的悲惨结局。今天，我们若把今台北影印本中按《十三页》已作的修改，和台北本尚未修改而《十三页》已经提出的，两者联系起来，则熊被私售的这部最后定稿本的大致轮廓，或许还可勾画出来。

在《十三页》中，熊会贞除了他在杨守敬临终时所表示的"鞠躬尽瘁，死而后已"的态度绝未少变外，随着20多年中实际情况的发展，也有很重要的两点，是和他老师生前的主张大相径庭的。

第一，杨守敬在《水经注疏要删》自序中说："其卷叶悉依长沙王氏刊本，以便校勘。"指的就是王先谦的《合校本》。但《十三页》却推翻了杨守敬的这种主张。熊说："《合校本》是非并列，不置一辞，此疏据以起草。……《合校本》以戴为主，看甚分明，今变动，则以朱为主，而据赵、戴订之，或自订。通体朱是者作正文，非者，依赵、戴等改作正文。不能如《合校本》之尽以戴作正文也。此点最关紧要。会贞衰颓，不能再通体修改，全仗鼎力。必如此，全书方有主义。"又说："顾亭林推《朱笺》为有明一部书……今以朱为祖本，据戴、赵订之，或自订之，俾更加密焉，全书依此。"熊在这一点上坚决改变他老师的旨趣，据《十三页》所提出的原因，只不过是"全书方有主义"，"顾亭林推《朱笺》为有明一部书"等几句话，好像并不能自圆其说。在这方面，熊或许还有他的难言之隐。就他和杨守敬的关系而言，杨是他的老师，在这方面，直到最后，他还是维恭维敬的。但是在学术上，经过20多年如上所述的主客观条件的变化，他的知识已经比杨丰富得多，眼界也要开阔得多，在郦学的阶梯上，他已经比杨高了好几个级次，早已青出于蓝了。在杨当年决定以《合校本》为底本时，理由简单而明确，即是"以便校勘"。虽然《合校本》尊戴，正文以《殿本》为准。但杨早已一口咬定戴书袭赵，他的尊全、赵而贬戴的立场是众所共知的，因此，杨用《合校本》，纯粹是为了工作方便，绝不会因此而招来任何褒贬。但到了熊手上，由于他在郦学研究上获得了大量杨所未曾接触的材料，他发现，戴、赵相袭的问题，实际上比杨所了解的远为复杂，除了戴生前袭赵、赵身后袭戴以及张穆所谓戴、赵袭全等材料，在熊手上更为丰富外，《七校本》的作伪在熊已予定案，再加上下文将要述及的关于《大典本》的问题等。对于前辈郦学家的评价，熊在思想上已经无法再和他的老师保持一致。因此使他意识到，以《殿本》作底，今后必多是非，不若用《朱笺》之为妥。于是，就以顾亭林的一句冠冕堂皇的话为理由，改变他老师的旨意，把底本从《合校本》改为《朱笺》。

　　第二,杨守敬在《水经注疏要删》自序中说:"日月易迈,恐一旦填沟壑。熊君寒士,力亦未能传此书,易世之后,稿为何人所得,又增一赵、戴之争,则余与熊君之志湮矣。"为此,杨对《水经注疏》日后刊行时的署名问题,生前规定得清楚明白。这就是熊氏在《十三页》上所说的:"先生初说,此书二人同撰,文各一半。"并且定下了署名的具体文字和格式。但是,杨去世后的20多年中,熊又获得了大量杨生前所未睹的资料。其中特别是《残宋本》、《大典本》和《明抄本》,对全书至关紧要。真是文献浩瀚,头绪纷繁。靠熊一人,实在无法应付。因此,他就物色了一位得力助手孙先梅(岭香)襄助编纂。而其中《残宋》、《大典》、《明抄》3本中的字句异同,全部是由孙先梅录出的。起初,他把孙从此3本录出的字句异同,统一归入"守敬按"之下。今台北影印本中所见即是如此。但查阅《十三页》,就可知道他曾因此事而发生内心上的极大矛盾。他在《十三页》上说:"先生未见《残宋本》、《大典本》、《明抄本》此书各卷,凡说《残宋》、《大典》、《明抄》,不得属之先生。当概删《残宋本》作某句,《大典本》作某句,《明抄本》,作某句。"但在经过反复思考以后,他又决定不删,所以《十三页》在空了一格以后,他又继续写道:"今拟不删,以先生说:改为岭香孙世兄补疏。全书各卷中,先生按《残宋本》作某,或《大典本》、《明抄本》作某,尽改为先梅按《残宋本》作某,《大典本》作某,《明抄本》作某。每卷开首题名加一行,作孙先梅补疏。"这是为什么?从《十三页》字面上的理由说,杨既然没有看到这3种版本,把这3本归于杨的名下,自然是不妥当的。但是,对熊来说,这个理由其实是并不重要的。因为,如今我们把北京、台北两本核对一下,北京本上作"会贞按"的,在台北本上被改成"守敬按"的,全书不下数百。而北京本上还有大量只作"按"字的疏文,在台北本中也多被加上"守敬"二字。因为尽管杨曾嘱咐此书"文各一半",但熊还是自谦,在《十三页》中最后说:"文,先生三分之二,会贞三分之一。"在台北本的底本中之所以改动许多疏文的署名,很可能是熊为了要替杨凑足2/3之数。其中必有不是杨的按语而署杨之名的。但是这三本,其核心问题是《大典本》,情况却完全不同。假使署名冠以杨,则杨生前在《大典本》上对戴震的那些武断而过激的言论将何以自解? 所以熊曾一度考虑删去这3本。但在学术上这不是一种光明磊落的做法,更绝非真正的尊师以德。这就是他在这个问题上的难言之隐。经过慎重考虑以后,他决定把这3本保留下来,冠以实际上参与编纂的孙先梅的名字,并且改变他老师生前的指示,除了他们师生两人以外,在每卷的卷首均再加上"孙先梅补疏"的署名。由于郦学的发展非前人所可逆料,熊的这种措施,可以说是顺乎郦学发展的趋势,自然不应该受到指摘。

　　以上说的是《十三页》上的事,下面再来看看,从熊会贞对今北京本底本的修改中,他的郦学思想发展的情况。

　　这里首先要提出的,仍然是上述《大典本》的问题。这是在北京影印本中绝不涉及的问题,但在台北影印本中,凡是《朱笺》字句与前述3本有异之处,他都举3本相核对。而且在绝大多数情况下,都是以3本修改《朱笺》。其中最关紧要的是《大典本》,这也就是我在上文所提到的他的一种难言之隐。因为杨氏在世之日,他对戴震及其《殿本》,显然相当鄙视。这中间,除了他确信戴氏袭赵外,另一原因就是他也确信戴所云《大典本》为子虚。杨在其致梁鼎芬札中说:"叶君浩吾谓世称戴所云《永乐大典》本,皆直无其事。"[12]杨又说:"独怪当时纪文达、陆耳山并为总纂,曾不检《大典本》对照,遂使东原售其欺。"他在《要删》中也说:"乃知《大典本》与《朱本》,实不甚有异同。"其实,这些话出于没有见过《大典本》的杨氏之口,不仅武断,并且意气用事,在学术争论中是很不可取的。杨去世后,熊获得南林蒋氏所藏《大典本》,以之与《殿本》核对,始知杨言之孟浪。以后,当《大典本》收入《续古逸丛书》影印出版后,此事就成为举世皆知,郦学界名流如汪辟疆[13]和日人森鹿三[14]等,都认为戴震在这一点上蒙受了不白之冤。所以熊在《十三页》上指出:"据《提要》,戴概从《大典本》,实不尽然,多从《大典》,或自订。"其实《提要》所说:"今以《永乐大典》所引,各按水名逐条参校",却并无"概从《大典本》"的话。而《殿本》之中,标明据《归有光本》校勘的就有7处,事实上也已经承认并非"概从《大典本》"。熊的这一个"概从《大典本》",仍然包含着为他老师的过激言论留一点余地的意义。当然,熊作为一位治学严谨的学者,《十三页》中毕竟写出:"人或以戴出《大典本》为诬,故标出,非复也。"又说:"人多以戴出《大典本》为诬录,以见戴多本《大典》,不尽本《大典》,而戴之冤可大白于天下,戴之伪亦众著于天下矣。"这里泛称的"人",其中十分重要的角色,还是他自己的老师。熊在末尾特意加上"戴之伪"云云一句,其实,在引《大典本》的问题上,由于《提要》如上所述本来就没有"概从《大典本》"的话,因此,戴作伪之处,或许是很有限的。熊加上这一句,其用意也和"概从《大典本》"一样。当然,熊在台北影印本中的这种反复标出《大典本》的做法,在郦学研究史上,确是一种值得赞赏的公正措施。而对于他的老师来说,熊对此事的处理方法,实际上正是做到了真正的尊师以德。

　　当然,熊在台北影印本底本上所作的这种措施,其目的只是为了对他老师认为戴引《大典本》"直无其事"作出更正,并不涉及同时否定戴、赵相袭的问题。杨在《要删》自序中说:"赵之袭戴在身后,一二小节,臧获隐匿,何得归狱主人? 戴之袭赵在当躬,千百宿赃,质证昭然,不得为攘夺者曲护。"在这个问题上,熊的观点看来到最后仍与杨保持一致。不过熊对戴的态度,显然与杨有了较大的变化。即使在这个问题上,熊的做法比杨也要温和得多。例如在卷十五《伊水》经"又东北过新城县南"注"故世有三交之名也"句下的疏文中,熊删去"此亦戴袭赵之一证"8字。这可能是接受其老师在这些问题上言辞过激的教训,但同时也表示了熊显然不愿在这类问题上旧事重提。当然,凡在证据确凿之处,熊仍然并不让步。例如卷五《河水》经"又东北过高唐县东"注"京相璠曰:今阳平阳平县"句下疏文:"此犹得谓戴非袭赵耶?"又如卷二十九《沔水》经"又东过会稽余姚县,东入于海"注"江水东迳绪山南"句下疏文:"此犹得谓戴不见赵书乎?"像这样的例子,全书仍然不胜枚举。但熊绝不采取他老师的那种揪住不放的办法,尽管他从不否认戴书袭赵的事实,但是对于前辈郦学家,在他20多年的独力研究中,已经形成了他自己的评价标准,在这方面也不同于他的老师,以下将再提到。

在台北影印本中所反映的熊会贞郦学思想的发展,另外一个重要的问题是关于全祖望及其《七校本》的问题。杨守敬尊全、赵而贬戴,因此,凡是所校正,必提全氏之名;凡列3家姓氏,必称全、赵、戴。全居首而戴殿后。当然,按3人的年齿而论,这种排列并无不当。但是,林颐山指责《七校本》作伪的事以及王先谦在《合校本》中只字不收全书的事,杨是完全清楚的。而且,在今北京、台北二影印本中,也存在着这样一类议论,例如卷七《济水》经"又东过封丘县北"注"北济也"句下疏文:"是王梓材据戴本之所为。"又如卷十五《洛水》经"洛水出京兆上洛县灌举山"注"是也"句下疏文:"王梓材据戴改全。"诸如此等,都是杨自己的按语。说明对于《七校本》的作伪,杨本人是有所察觉的。杨去世后,郦学界不少学者提出的证据和熊自己对《七校本》的继续校核,发现王梓材据戴改全的事,的确普遍而大量地存在。这样,《七校本》在某种程度上就是《殿本》,因此,在许多场合下,疏文中的"全、赵、戴改"或"全、戴同"之中的"全"字就失去了意义。而熊会贞终于步王先谦的后尘,在台北影印本的底本中,涂去了大部分全祖望的名字。所保留的只是全关于分清经注方面的和其他可以确认属于全的学说。可能是由于熊不希望比他的老师走得太远,因此,他的做法比王先谦要缓和得多。除了在上述特殊情况下保留若干"全"字外,北京影印本中还有一些为全辩解的话,例如卷十《浊漳水》"经又东过壶关县北"注"谓之为滥水也"句下疏文:"足见近刻全本不尽伪。"又如卷十八《渭水》经"又东过武功县北"注"而左会左阳水"句下疏文:"知全氏注中注之说非谬"等,在台北影印本中也保留了下来。

王梓材在《七校本》中大量作伪的事,当然是不必怀疑的。现在看来,要彻底查清他作伪的情节和程度,也并非没有途径可循。因为,天津市人民图书馆至今还保藏着一部全氏《五校抄本》。这或许就是今天可以核实《七校本》作伪情节的唯一物证。我往年虽然曾经专程到天津研读过这部抄本,可惜我当时研读的目的,不是为了区别《五校》和《七校》的异同,所以对此没有发言权。这部抄本在1947—1948年之间,曾被胡适借阅了一年多[15],胡本人又是早年就提出《七校本》作伪的证据的学者之一,但

在他关于《水经注》的最后一批著述,即 1979 年《中华文史论丛》第 2 辑所发表的他的
遗稿《水经注校本的研究》中,并未提出与他过去论点相不同的意见。其时适当他阅
《五校抄本》不久,《五校》、《七校》之间的差别,想必他一定注意。他既然语不及此,
说明王梓材作伪之事,已经应毋庸议。至于伪造的细节,希望以后会有学者,就《五
校》、《七校》逐字核实,以便对《七校本》作出最后的评价。

由于发生了上述《大典本》和《七校本》等情事,在熊会贞的郦学思想上,戴震的地
位显然和他老师的观点有了差别。现在我们在台北影印本中所看到的,凡是全、赵、戴
并列的疏文,全字涂抹以后,赵、戴二字在大部分场合都作了勾乙,于是,戴从末位上升
到首位。关于这一点,《十三页》中也有解释:"初,全、赵、戴并举,后多删全,以戴名过
于赵,作戴、赵改。"不仅如此,在北京影印本中有许多以赵改戴的字句,在台北影印本
中常被熊涂改,反过来以戴改赵。例如卷十八《渭水》经"又东过武功县北"北京本注
"群臣毕贺","臣"下疏文:"戴臣作官。"而台北本注文已从戴,作"群官毕贺"。"官"
字下疏文:"赵官作臣。"又同条经文下北京本注:"终如其言矣"句下疏:"戴删其字,
非。"但台北本却改从《殿本》,作"终如言矣"。"如"字下加疏文:"赵有其字",原来的
"戴删其字,非"五字则被删去。此外,杨守敬称"不得为攘夺者曲护"。但熊却在戴的
许多错误处,为戴婉言辩解。例如卷十九《滑水》经"又东过霸陵县北,霸水从县西北
流注之"注"秦襄公时有天狗来下",此处"天狗",《朱笺》和《殿本》均作"大狗"。北
京本疏文原作:"守敬按:《类聚》九十四、《御览》九百五并引《三秦记》此条,全文本作
天狗。赵改天是也。故全从之。何戴犹仍朱之讹耶?"但在台北影印本中,熊把它改
作:"守敬按:《残宋本》、《大典本》并作天,《类聚》九十四、《御览》九百五并引《三秦
记》此条,全文本作天狗。戴仍朱之讹,是其偶疏也。"又同卷经"又东过华阴县北"注
"操乃多作缣囊以湮水夜汲作城"句下,北京本疏文云:"按:《魏志注》,湮水作运水,夜
汲作夜渡兵。"台北本改作:"守敬按:《残宋本》、《大典本》,并作捵水,是也。《南史·
何运传》,为武昌太守,以钱买井水,不受钱者,捵水还之,是其证。赵本沿朱本,戴亦
舍《大典》而从之,是其偶疏也。"

如上所述的熊在这方面的所有更改,都并不是偶然的。对此,他在《十三页》中有
5 个字的概括解释:"惟戴之功大。"这也是熊会贞晚年经过他长期的分析研究而形成
的郦学思想。在郦学界,具有这种思想的学者是不少的,若要举出最权威的人物来,那
末,中国的胡适和日本的森鹿三都是这方面的最好例子。

以上论述的熊氏郦学思想的发展,主要是关于郦学研究史和郦学界重要人物的评
价方面。下面再来看看熊氏在郦学研究内容方面的发展。熊会贞和他的老师一样,是
一位地理学家。在杨去世后的 20 多年中,正如前面所指出的,由于地理学在我国的迅

速发展,因此,熊在地理学素养和方法的运用上,也有了较大的进步。以台北影印本和北京影印本作对比,他对北京本的许多改易,都是有关地理学方面的。例如卷三十《淮水》经"又东过庐江安丰县东北,决水从北来注之"句下,他改北京本的安丰为安风,并加疏文云:

> 朱安风作安丰,下同,各本皆同。会贞按:《决水篇》,安丰在决水西。安丰之东北为阳泉县,阳泉之东为安风县。郦氏准以地望,知经之决水,当为穷水。穷水出安风(见后),必是谓安风东北注淮者穷水。由此知所见经必作安风。自校此书者习见安丰,少见安风,改经、注并作安丰,而传刻者亦皆沿之,不知其地望不合也。今订。

在这条疏文中,熊从安丰与安风两县的地理位置进行细致深入的研究,最后获得正确的结论,把各本均错的安丰改成安风。这样的例子,在台北影印本中是不胜枚举的。另外,熊氏在疏文的修改中,常常用较新的地理学说代替陈旧的地理学说,例如卷一《河水》经"昆仑墟在西北"句下,杨守敬原来有一段疏文说:

> 守敬按:此本《山海经·海内西经》说。《山海经》作墟,而《说文》虚字下称昆仑虚,毕本、郝本《山海经》改作虚。然考《类聚》七、《初学记》六、《通典》、《白帖》五引《水经》并作墟。又各书亦多作昆仑墟,则墟字承用已久。郭璞《海外南经》注:墟,山下基也。按言河源者,当以《汉书·西域传》为不刊之典,以今日舆图证之,若重规迭矩。作《水经》者,不能知葱岭即昆仑山,又见《史记·大宛传赞》云:恶睹所谓昆仑?《汉书·张骞传赞》亦云尔。遂以昆仑置于葱岭之西。郦氏似知昆仑即葱岭而不敢质言,又博采传记以敷合之,遂与经文同为悠谬。

熊会贞对于这一段疏文是很不满意的。上半段从"此本《山海经·海内西经》说"到"墟,山下基也",引经据典,无非解释这个在地理学上无关紧要的"墟"字和"虚"的来历。因而他就全部予以删节。下半段虽然指出了经文的错误,但仍然没有说明这一带的山川形势和昆仑墟的地理位置。他虽然碍于他老师的作品而勉强保留了下半段,以致像"按言河源者,当以《汉书·西域传》为不刊之典"这种在熊看来已属荒谬的议论仍然见诸疏文,但为了抵消这类疏文的错误,紧接杨的这段疏文以后,熊又加上了他自己的一段疏文:

> 会贞按:《一统志》,西藏有冈底斯山,在阿里之达克喇城东北三百一里。此处为天下之脊,众山之脉皆由此起,乃释氏《西域记》所谓阿耨达山即昆仑也。又齐召南《水道提纲》,巴颜喀喇山即古昆仑山,其脉西自金沙江源犁石山,蜿蜒东来,结为此山。山石黑色。蒙古谓富贵为巴颜,黑为喀喇,即唐刘光鼎谓之紫山者,亦名枯尔坤,即昆仑之转音。戴震《水地记》,自山东北至西宁府界千四百余

里。《尔雅》,河出昆仑虚,不曰山。察其地势,山脉自紫山西连犁石山,又南迤西连,接恒水所出山。今番语冈底斯者,亦言群山水根也。置西宁府边外五千五百余里,绵亘二千里,皆古昆仑虚也。

这一段描述青藏高原的山川地理的疏文,按今日地理学发展的水平来看,当然存在不少错误和缺点,但根据20年代末期的情况,特别是出自一位没有受过现代地理科学训练的学者之手,已经可算差强人意了。若与前面一段杨守敬的疏文相比,则青出于蓝更是一望而知。

另外,杨、熊作为地理学派的郦学家,在他们的疏文中十分重视沿革地理的描述。诸凡郡县城邑,均细叙其沿革变迁,而最后必指出它们的今地所在。在这方面,熊会贞在今台北影印本底本上所作的许多修改,较之杨守敬也很有发展。我们在今北京影印本中所见的杨在这方面的叙述,今地的确定,往往借助于《方舆纪要》、《续山东考古录》、《一统志》和"钱坫曰"[⑩]等。但在台北影印本中,这些文献绝大部分都被熊删去,而是由熊直接考订今地所在。与北京本相比,不少今地的位置,都已经修改得更为精确。这当然是因为到了熊氏的时代,有经纬网格和比例尺的新式地图陆续问世,熊氏可以通过这些地图考订今地,不必再借助于古代地理文献了。

前面已经提及,熊会贞在杨去世后继续工作了20多年,而这一时期,正是西方科学著作大量迻译,而国内科学界也获得较大发展的时代。熊本人无疑会受到这些现代科学的启发,从而认识到,在旧郦学的内容中存在着迷信落后的一面。从他对今台北影印本底本的不少修改中,完全可以反映出他希望刷新郦学研究的愿望。当然,在这方面,他常常是力不从心的。因为,他虽然是个地理学家,但他所精通的,只是传统的沿革地理,却缺乏为《水经注》作出科学注疏所必备的现代自然地理学、地质学和生物学等知识。为此,在他修改的不少疏文中,可以看出科学性有了改进,但还远远不能臻于完美。例如,他在卷一《河水》经"又出海外,南至积石山,下有石门,河水冒以西南流"注"积石宜在蒲昌海下矣"句下,果断地删去了原来的全部疏文计1982字,这是他在台北影印本中所删节的最大的一段。这段疏文对于一位考据学派的学者来说,也许已经感到累赘,而对于一位20年代的地理学家来说,必然就会觉得荒唐。整段疏文,大部分从赵氏《水经注释》抄来,无非是引经据典,反来覆去地阐述黄河重源的谬说。熊氏当然已经认识到黄河重源说的违反科学,因而全部删去,而换上了一段288字的短小疏文。在这段新的疏文中说道:"董祐诚又谓,自此以上为河之东源,下从葱岭出者为河之西源,至蒲昌海伏流而重见为东源。皆非也。"说明对于黄河重源的错误,熊氏已经十分了解。但是由于他没有地质学、地貌学等科学知识,新的疏文虽然远胜旧的,但仍然没有把整个问题解释清楚。

另外再举一例,卷二十七《沔水》经"又东过城固县南,又东过魏兴安阳县南,涔水出自旱山北注之"注"有盐井,食之令人瘿疾"句下疏文,北京影印本作:

> 会贞按:《博物志》,山居多瘿,饮泉水之不流者也。郦氏言食此井之盐令人瘿疾,盖亦以其水之不流耳。

但台北影印本改作:

> 会贞按:《博物志》,山居多瘿,饮泉水之不流者也。此则井盐,食之致疾为异耳。

在北京本的熊疏中,他附和《博物志》的说法,认为瘿疾的原因是山居饮不流之泉水。井水也是不流之水,故食井盐同样能致瘿疾。但以后,他经过思考,或许是查阅了其他资料,开始怀疑《博物志》的说法,但却也无法驳倒它的说法,所以只好保留《博物志》的话,而把他自己原来附和《博物志》话作了修改。这当然还不失为一种知之谓知之,不知谓不知的科学态度。现在我们已经知道,所谓瘿疾,就是甲状腺肿大。其病源不是由于山居饮不流之泉水,而是由于山居缺乏含碘的食物。熊会贞不懂得这个道理,所以虽然发现了问题,却无法正确地加以解决。尽管如此,我们仍应看到熊在这方面所作的努力。而且应该承认,这是他在郦学思想上的一种可喜的发展。

我在拙作《论郦学研究及其学派的形成与发展》一文中指出:"考据学派是郦学研究中最古老的学派,可是并没有完成历史任务,再接再厉,还在后学。"熊会贞作为一个地理学派的代表人物,但他在《水经注》的考据方面,在杨去世后的20多年中,也仍然作出了不少贡献。拿台北影印本与北京影印本相比,在考据方面的新成果也是不少的。例如卷十九《渭水》经"又东过霸陵县北,霸水从县西北流注之"注"王莽更之曰水章"句下,熊氏在版框上端增加了一段新的疏文:

> 会贞按:今本《汉志》作水章,与此同。然莽于汉县名陵者多改陆,章字与秦名霸水之意虽合,而与莽意不合。《残宋本》郦注作水革,《大典本》、《黄本》同。霸字从革,疑莽隐寓革命之意而取以名县,则《汉志》本作革,传抄讹为章也。自《吴本》改革为章,《朱本》沿之,至今遂无有知其非者矣。兹反复推求而得之。

如上述,尽管有《残宋本》、《大典本》、《黄省曾本》作依据,熊氏并反复推求而写了这样一段疏文,但郦注正文中的章字却不作更改,熊氏因为事涉《汉书·地理志》,所以修改必须慎重,疏文只供学者参考而已。这里,我们不仅看到了熊氏在考据上所下的工夫,同时也看到了他的谨慎持重的治学态度。

在我国郦学界,历来杨、熊并提。而《水经注疏》一书,尽管熊在杨氏身后继续惨淡经营,"稿经六易",但无论如何,它仍是杨、熊二人合作的成果。不过,从上文所述,熊氏在杨氏去世后的20多年中,由于主客观条件的不断变化,与杨氏相比,他在郦学思想上显然有了较大的发展。在郦学研究史和郦学家人物的评价中,熊氏就戴震引用《大典本》的问题,将他老师生前的武断言论作了实事求是的更正,而且采取现实主义的态度,撇开历史上纠缠不休的戴、赵相袭的旧事,改变杨氏崇全、赵而贬戴的立场,事实上把戴震提到郦学家中的最高地位。在郦学研究中,他继承杨氏地理学派的衣钵,把主要精力放在充实疏文的地理学内容方面。同时,在新的科学思潮的启发下,正视了旧郦学研究中的落后一面,而力图刷新郦学研究的内容和方向,删节在内容上有明显错误的疏文,加入了不少经过他反复推敲的新资料。

　　熊会贞郦学思想的发展,对我们今天的郦学研究是一种有益的启发。它告诉我们,在郦学研究中继承与发展的关系。从郦学学派来说,地理学派是继承了考据学派而发展起来的。没有考据学派为郦学研究奠定基础,地理学派就很难在郦学领域中有所发展。但地理学派既已在郦学领域中扎根壮大,就应该摆脱考据学派遗留下来的许多无益争论,放眼于开拓地理学在郦学研究中的广阔前途。另外,尽管地理学派是郦学研究中的最新学派,但随着科学的日新月异的发展,地理学派本身也必须不断地去旧更新,使郦学研究随着时代而前进,攀登新的高峰。

　　在我国郦学研究史中,就版本上的成果来说,《水经注疏》无疑是最新的和篇幅最巨大的版本。虽然熊氏"稿经六易"的最后成果不幸遗失,但台北影印本的底本,经过他晚年的不断增修删改,基本上能够反映熊氏一生中郦学思想发展的过程。所以台北影印本是我国郦学研究史中十分重要的成果,这是毫无疑问的。但是在另一方面也应该看到,学术研究是随着时代而不断发展的。今天,即使熊氏的最后定稿本能够找到,它也不过是一种 30 年代的版本。从《水经注疏要删》到今台北影印本,其间不过 30年,而杨、熊在郦学思想上的差距已经如此,则何况从《水经注疏》到今天又已经过了半个世纪。事实上,1974 年出版的、由日本著名郦学家森鹿三主持翻译的日文节本《水经注(抄)》,仅《河水》5 卷,就作了注释 1114 条,这些注释,无论在广度、深度和科学性方面,都已经超过了《水经注疏》。[17] 为此,在今天的郦学研究中,除了整理故实以外,更重要的是必须推动这门学术的加速发展。我往年曾经提出过编纂《水经注》新版本的建议,[18]现在看来,这或许就是我国郦学界眼前最迫切的任务。

注释:

① 　载《历史研究》1983 年第 6 期。

② 　载《中华文史论丛》1984 年第 3 辑。

③ 　《明清两代整理水经注之总成绩》,载台北中华书局影印本《杨熊合撰水经注疏》卷首。

④ 《关于水经注疏之通信》,载《禹贡》第 3 卷第 6 期,1935 年 5 月。

⑤ 刘禹生《述杨氏水经注疏》,载《世载堂杂忆》,中华书局 1962 年版。

⑥⑬ 《明清两代整理水经注之总成绩》。

⑦ 载《杭州大学学报》(哲学社会科学版),1983 年第 1 期。

⑧ 《水经注疏序》,载武昌亚新地学社排印本卷首,1949 年印行。

⑨ 贺昌群在北京影印本卷首《影印水经注疏的说明》中说:"《水经注疏》稿中,应当修改和补正的地方一定是很多的,单看徐行可校勘过的卷二十一《汝水》一册,便可略知。"钟凤年校勘北京影印本,每校一卷,必有数十处乃至上百处的错误,唯独《汝水》一卷,只校出了错误六处,因此他在文后特别指出:"此卷已经售稿人徐行可修正,因而抄错处所遗无多。"贺、钟都以为徐行可在此卷校勘上下了多少工夫,其实均出误会。只要拿今台北影印本一对照,则徐的工作无非把台北本底本中熊所涂乙之处依样画葫芦画一遍而已。

⑩ 《水经注疏勘误》,载《古籍论丛》,福建人民出版社 1982 年版。

⑪ 这是熊会贞晚年亲笔陆续写出的关于修改《水经注疏》的意见,原件共 13 页,无标题,影印于台北中华书局影印本《杨熊合撰水经注疏》卷首。

⑫ 胡适遗稿《水经注校本的研究》,载《中华文史论丛》1979 年第 2 辑。

⑭ 〔日〕船越昭生《森鹿三先生和水经注研究》,载《地理》第 26 卷第 3 期,东京古今书院 1981 年版。

⑮ 据天津市人民图书馆馆长黄钰生老先生面告。

⑯ 指(清)钱坫所撰《新斠注地理志》等书。

⑰ 参见拙作《评森鹿三主译水经注(抄)》,载《杭州大学学报》(哲学社会科学版)1981 年第 4 期。

⑱ 参见拙作《编纂水经注新版本刍议》,载《古籍论丛》,福建人民出版社 1982 年版。

原载《中华文史论丛》1985 年第 2 辑

八、爱国主义者郦道元与
爱国主义著作《水经注》

引　言

　　《水经注》是一部古代地理名著,古今中外,已有许多学者从各种角度对此书进行了研究,著述宏富,形成了一门包罗广泛的郦学。其所以称为郦学,乃是因此书作者名郦道元之故。历来学者从事郦学研究,大多仅及《水经注》本身,对于作者郦道元的生平事迹,则仅有《魏书》和《北史》两篇本传。前者只有 309 字;后者虽有 612 字,但其中包括抄录前者全文在内。所以两传都是内容寥落,与这位古代的学术界巨匠实在很不相称。而历来郦学界对《水经注》作者的研究,大多援引上列两传,极少发明。对于郦道元的学问经历以及他撰述《水经注》的动机过程等,自来也很少探究和评论。《水经注》一书,长期以来皎皎然举世荐誉;而这部历史名著的作者,千余年来却泯泯然罕见学者议论。作为一门完整的郦学,这不能不说是一种很大的缺憾。本文试图稍稍弥补这种缺憾,把郦道元和《水经注》两者联系起来加以论述,通过郦道元的时代背景与出身经历,探究他写作《水经注》的动机与抱负,以及他撰述此书时的严谨方法和科学态度。抛砖引玉,求教于郦学界同仁。

郦道元的时代背景

　　西晋在八王之乱以后,国力衰弱,若干北方的游牧民族开始崛起,接近或进入中原,在各地建立了所谓十六国政权,最后使晋室不得不放弃中原,南迁为东晋。中国北半部就在各游牧民族的控制之下。偏安江南的东晋不过苟延了100年稍多,就为刘宋所篡夺。在此后的一百六七十年时间中,南北对峙,朝代更迭,出现了中国历史上的所谓南北朝时期,这是一个战争和分裂的时期,但同时也是一个各民族融和混合的时期。经过这个时期,中华民族大家庭得到了进一步的发展。

　　在南北朝对立的初期,南朝是刘宋,北朝则是拓跋魏。这个史称北魏的少数民族,是鲜卑族的一个分支,原来活动于今东北大兴安岭一带,以后逐渐向西南扩展,于东晋太元十一年(386)定都于盛乐(今内蒙古和林格尔以北)。到了东晋隆安二年(398),又从盛乐迁都到平城(今山西大同附近)。逐渐从一个游牧民族发展为农耕民族。生产不断发展,国力渐次增强。最后于北魏太和十八年(494)把国都从平城迁到洛阳,成为南北朝各代之中土地最大和国势最强的一个朝代。这个民族在其发展的过程中,先后出了几位有雄才大略的帝王如拓跋珪、拓跋焘、拓跋宏等,他们重用汉族知识分子,吸收汉族文化,因而迅速地成为一个中原大国。到了孝文帝拓跋宏时代(471—499),他迁都中原,诏禁士民胡服,[①]改变自己本民族的姓氏"拓跋"为汉姓"元"(从此称为"元魏"),[②]而且尊孔重儒,力行汉族体制,使这个民族迅速汉化。与此同时,他亲自巡视北方边疆,防御匈奴分支柔然族的侵犯,训练军队,准备并吞南齐。最后亲率大军南征,志在统一中国。可惜于太和二十三年(499),在征途中病死,而北魏接着发生了太后专政,朝廷腐败,国势衰落的种种变化,最后于梁中大通六年(534)分裂为西魏和东魏,从此一蹶不振。

　　上面提到的北魏的3个有雄才大略的君主之中,到了最后一位拓跋宏(元宏)时代,北魏已经成为一个中原大国,不仅在军事上和经济上已经超过了南朝,在文化上也不在南朝之下。拓跋宏以后,北魏国势衰落,洛阳曾一度被南梁的一个名叫陈庆之的将军攻克,陈后来败返江南,谈了他对洛阳的印象,他说:"吾始以为大江以北皆戎狄之乡,比到洛阳,乃知衣冠人物尽在中原,非江东所及也。"[③]则北魏的文物鼎盛,可以想见。本文所要论述的《水经注》及其作者郦道元,正是在北魏拓跋宏的这个鼎盛时代所出现的。

郦道元的出身和经历

郦道元是涿州(今河北涿县)人。他的家乡名叫郦亭,也称郦村。④这在《水经·巨马水注》中有明确记载:"巨马水又东,郦亭沟水注之,水上承督亢沟水于遒县东,东南流,历紫渊东。余六世祖乐浪府君自涿之先贤乡爰宅其阴,西带巨川,东翼兹水,枝流津通,缠络墟圃,匪直田渔之瞻可怀,信为游神之胜处也。"清孙承泽《春明梦余录》卷六十四云:"郦亭在涿州南二十里,为郦道元故居。"说得非常明白。

对于郦道元的籍贯,不少文献如《魏书·郦道元传》等均笼统称为范阳人。但《北史·郦道元传》却作"范阳涿鹿人。"由于《北史》的这个错误,现代某些书籍如1980年出版的《中国文学家辞典》第一分册(四川人民出版社)和1982年出版的《文学家手册》(内蒙古人民出版社)等,均从《北史》而讹。《中国文学家辞典》还在"范阳涿鹿"之下用括号注明"今河北涿鹿县"字样。其实,《魏书·地形志》幽州、范阳郡下所领7县中,本来就没涿鹿县,"鹿"字为《北史》所误加,这是很明显的。即使《魏书·地形志》范阳郡下确实漏了涿鹿一县(或许也有可能),但《巨马水注》出郦道元本人之手,他明确记载自己的故乡在巨马河流域,而涿鹿县据《汉书·地理志》、《后汉书·郡国志》、《晋书·地理志》所载,均在今桑乾—永定河流域,在《水经注》应入《㶟水注》。这两个流域之间,隔着军都山和太行山交接地带的一系列分水岭如小五台山、灵山和百花山等,古今的行政区划纵有很大变易,但山岳位置绝无变化,巨马河支流的郦亭沟水,绝不可能流入涿鹿境内,故《北史》之误,可以无疑。

上面已经提到北魏帝王重用汉族知识分子之事,郦道元的祖上,正是北魏所重用的汉族知识分子。郦道元的曾祖父郦绍,在鲜卑族另一支派慕容部所建立的后燕任汉阳太守。当拓跋珪南征时,他以郡迎降,北魏任他以兖州监军的官职。郦道元的祖父郦嵩,曾任北魏天水太守。到了郦道元的父亲郦范,在北魏太武帝拓跋焘朝中任给事东宫的官职。太武帝嫡孙拓跋浚即位后,赐他为男爵,接着又晋赐子爵,其后又因襄助进军三齐有功,任官青州刺史,更晋为侯爵,入朝为尚书右丞。最后又在拓跋宏时代出任平东将军青州刺史,晋为公爵。⑤真是平步青云,扶摇直上。在当时受到重用的汉族知识分子之中,他已可数得是个显要人物了。

拓跋宏时代正是北魏的全盛时代。郦范由于襄助进军三齐的功劳而获得青州刺史的官职。按《魏书·地形志》,青州领7郡32县,具有重要的经济地位和战略地位。他从这个职位上调任京官并晋爵为公,再以平东将军的头衔出任青州刺史。据《水经·巨洋水注》所记:"先公以太和中作镇海岱。"这正是拓跋宏改姓易服,迁都洛阳,准备南征统一全国之时,青州是北魏南征中的东部后方基地,所以郦范这一次的晋爵外调,事关重要。而正是在这个时候,作为郦范长子的郦道元在卷三《河水注》中第一次让我们知道也已经进入仕途,担任了尚书郎的官职,而且随侍拓跋宏到北部边疆巡视。当时,郦道元不过是20多岁的青年,他的能够早入仕途,当然和他父亲受到朝廷的重用有关;但他日后的事业,特别是撰写《水经注》一书的辉煌成就,却决定于他的崇高抱负、艰苦努力和卓越才能。

郦道元出生于何年? 在《魏书》和《北史》两篇本传中都没有记载,因此现在已经无法考实。《水经·巨洋水注》说:"余总角之年,侍节东州。"这当然是指的他父亲第一次出任青州刺史的时候。按北魏征南大将军慕容白曜征服三齐,郦范随军任左司马,其事在北魏皇兴三年(469),⑥则其出任青州刺史当在拓跋宏延兴年间(471—176),即郦道元自述的"总角之年"。按《礼记·内则》"拂发总角",郑玄注:"总角,收发结之"。这是指童年而言。若估计延兴的最后一年(476)郦道元是五岁,则他的出生或许在延兴二年(472)。

上面已经提到,郦道元从他的曾祖辈起,即是受到北魏重用的汉族知识分子。特别是他的父亲,更是仕途坦荡,位列公侯。根据他于太和中再次出任青州刺史的事实,则当时身为范阳公的郦范,对于拓跋宏进军江南统一中国的雄心大志,必然早已十分清楚,而从小跟随父亲于任所的郦道元,在这方面也必然早已承受父教,毫不含糊。尽管拓跋魏不是汉族,但是自从拓跋珪到拓跋焘,已经逐渐抛弃了他们游牧民的生产方式和生活习惯,基本上完成了民族的汉化过程,拓跋宏登位之初,他更进一步地完成了这个民族变夷为夏的各种改革。除了前已述及的改姓易服外,他还祀尧舜,祀大禹、周公,谥孔子为文圣尼父,兴礼乐,正风俗,俨然以汉族自居。而当时的南朝,政治腐败,篡夺频仍,早已为北朝所不齿。因此,拓跋宏征服南朝统一中国的雄心壮志,必然受到包括郦范在内的汉族士大夫的拥护。郦道元成长于这样的明君盛世,父辈的教育,加上目击当时举朝振奋,励精图治的蓬勃气象,对他的一生必然发生深刻的影响。

郦道元于何时进入仕途,《魏书》和《北史》均未提供确凿资料。《水经·峡水注》记及平城北郊的从邺城东门迁来的石虎时说:"余为尚书祠部,与宜都王穆罴同拜北郊,亲所经见。"案穆罴在拓跋宏迁都洛阳后的第三年(497)即获罪削官爵为民⑦,则郦道元与穆罴相处,当在太和十八年的前魏都尚在平城之时。卷三《河水注》中有两处提到从拓跋宏北巡的事,一处是:"余以太和十八年从高祖北巡。"另一处是:"余以太和中为尚书郎,从高祖北巡。"把这两处合起来,就可知郦道元在太和十八年已经任官尚书郎。不久,他又在其父亲死后承袭封荫为永宁侯,又按例降为永宁伯,并先后担任太尉掾、书侍御史、冀州镇东府长史、颖川太守、鲁阳太守、东荆州刺史、河南尹、黄门侍郎、侍中兼摄行台尚书、御史中尉等官职,最后在关右大使任上遇害,朝廷追赠他为吏部尚书冀州刺史。

郦道元撰写《水经注》的动机和抱负

现在且说郦道元撰写《水经注》的事。对于这件事,《魏书》和《北史》的记载不仅内容相同,而且文字也完全一致。说明后者是根据前者抄录的。两书说:"道元好学,历览奇书,撰《注水经》四十卷,《本志》十三篇,又为《七聘》及诸文,皆行于世。"郦道元所撰写的其他著作都早已亡佚,只有《水经注》获得流传,成为我国的重要历史文化遗产。《水经注》不仅为我们提供了地理、历史、文学和其他许多方面的大量资料,对于郦道元本身的生平履历和思想抱负等方面,由于《魏书》和《北史》的记载疏略,我们也要通过《水经注》来加以研究。

郦道元为什么要撰写《水经注》,他在为此书所写的原序中,稍稍有所述及:"昔《大禹记》著山海,周而不备;《地理志》其所录,简而不周;《尚书》、《本纪》与《职方》俱略;《都赋》所述,裁不宣意;《水经》虽粗缀津绪,又阙旁通。所谓各言其志,而罕能备其宣导者矣。"这一段话,其实只是对过去的一些地理书的评价。总的意思是这些地理书的内容都失之简略。《水经》虽然"粗缀津绪",但是"又阙旁通"。为此,他要以这种"粗缀津绪"的《水经》为底本,广加注疏,使之"旁通"。以上面这一段话说明他撰写《水经注》的动机,虽然并非牵强,但毕竟还嫌就事论事。

郦道元是个北方人,他一生足迹未涉南部。当他出生之日,南北分裂,已经超过一个半世纪。但他却要撰写这样一部地理书,基本上以西汉王朝的疆域作为他的叙述范围,局部甚至涉及域外。另外,他撰写此书,从其内容看,显然并不完全如他在原序中所说是为了古代的地理书过于简略,缺乏旁通。因为他除了补充古代地理书特别是《水经》在自然地理上和人文地理上的不足以外,他还花了很大的篇幅描写各地的自然风景。这也就是清刘继庄所说的:"更有余力铺写景物,片言只字,妙绝古今。"[⑧]他所描写的祖国各地的自然风景,有的是他童年时代居住过的地方,如上面已经述及的《巨马水注》和《巨洋水注》中的例子,这当然是他十分熟悉的。有的则是他毕生足迹所未到之地,如《江水注》中的三峡,《浙江水注》中的灵隐山等地。但在他的笔下,这些地方的自然风景,都能表现得如此生动细致,栩栩如生。在《水经注》以前的一切地理著作中,描写祖国各地自然风景的,实在凤毛麟角,而郦道元却在这方面殚精竭力,予以如此的重视。这说明了他是何等地热爱祖国的大好河山。一个出生以来从未见到过统一的中国的人,而却要以历史上一个伟大王朝的疆域作为他的写作范围。这也说明他是如何地向往着能够看到一个统一的祖国。在南北朝这样一个时代里，国家分裂，山河破碎，战争频仍，人民流离，但郦道元却能写出这样一部把当时支离破碎的祖国融合成为一体的巨著，而又以如此美好的描述，歌颂祖国各地的自然环境。由此可以说明，《水经注》是一部伟大的爱国主义著作，而郦道元则是一位值得崇敬的爱国主义者。

当然，郦道元之能够成为一个向往祖国统一的爱国主义者，并不是偶然的。他对于历史上曾经出现过的版图广大的王朝的概念，当然是从他的广泛阅读和父辈的教育中得到的。但他之所以向往这样一个广大而统一的祖国的再次出现，却很可能是受了那位具有雄才大略的君主拓跋宏的影响。如前所述，拓跋宏是有决心要统一中国的，郦氏一门是他所器重的家族，因此，他的这种抱负必然会为郦氏所知。前面也已经提到，当太和年代，正是拓跋宏从各方面进行准备，决心要实现他统一全国的计划之时。他一方面着手建立进略南朝的后方基地，派郦范再次出任青州刺史。另一方面当他在决心南进以前，当然要力求巩固他的北疆防务，因此于太和十八年亲自出巡六镇，直到阴山一带。而这一次北疆巡行，郦道元就是随行人员之一。郦道元年齿甚幼，官秩很低，但却能入选为他的随行人员，这一方面固然说明了他对郦氏家族的信任，另一方面也正是说明了郦道元的青年英俊和才华意气，因而得到了拓跋宏的赏识。

可惜拓跋宏在太和二十三年的大举南征之中病死谷塘源，北魏丧失了这样一位有抱负的明君，自然是一个莫大的打击。从此，朝廷内部变故迭起，国力渐趋衰落。而宣武帝（元恪）正始四年（507）与南朝梁的淮水之战，适逢淮水暴涨，梁用小船火攻，魏兵溺毙，淮水为之不流，梁军尾追痛歼，使魏军蒙受伏尸40里、被擒5万人的惨败。[9]到了孝明帝（元诩）熙平元年（516），胡太后临朝，奢靡浪费，朝政腐败至于不可收拾，而北疆六镇又频频告急。在这样的情况之下，南征统一，已经断乎不再可能，这对郦道元当然是一种痛心疾首的打击，他眼看祖国统一无日，而锦绣河山支离破碎。就是从这段时期开始，他潜心于《水经注》的撰写，通过著述以表达他热爱祖国河山和渴望祖国统一的胸怀。

《水经注》一书成于何时？历来说法不一。但它是郦道元后期的作品，却是没有疑问的。贺昌群在北京科学出版社《影印水经注疏》序言中认为此书成于延昌、正光之间，岑仲勉在《水经注卷一笺校》[10]中认为此书成于延昌、孝昌之间，日人森鹿三认为此书成于延昌、神龟到正光五年（524）的10年之中。[11]按《水经注》记载中出现的最后一个年代是延昌四年（515），而郦道元被害于孝昌三年（527），说明他潜心撰写此书，正是胡太后临朝，朝政腐败至于不可挽回之时。郦道元运用他长期以来行万里路、读万卷书所积累的丰富知识，著述这样一部巨著，将他的全部爱国主义感情倾注在这样一部著作之中,为后世留下了不朽的文化遗产。

　　当然,由于拓跋宏的早逝和北魏在内外两方面所受的挫折,这对郦道元的满腔壮志无疑是一个沉重的打击。但是郦道元绝不是一个失败主义者,他在这样的处境中写作《水经注》并不是消极地借写作以排遣他的愁怀,而是通过对祖国各地自然和人文的细致而生动的描述,以表达他对祖国的满腔希望。这可以从他为官严格、公正、一丝不苟的性格得到证明。他在永平年间(508—511)任鲁阳太守之时,正是北魏淮水之战惨败以后;而他在延昌四年任东荆州刺史之时,随即就遇到孝明帝去世而胡太后临朝的变故,国势每况愈下。但他却不顾时势艰危和个人得失,采用"威猛为治"的方法,使"蛮服其威名,不敢为寇。"⑪他同时也重视从文化上改变鲁阳这个落后地区的面貌,"表立黉序,崇劝学校"⑫到了孝昌年间,由于南朝梁遣将北侵,而北魏徐州刺史元法僧又在彭城反叛。郦遭元受朝廷的派遣,指挥了这次平叛的军事行动。他不畏权豪,为政清正,所以《北史》称他"道元素有严猛之称,权豪始颇惮之。"《魏书》和《北史》都记载了这方面的例子,就是郦道元弹劾皇叔汝南王悦的事。司州牧汝南王悦,是孝文帝拓跋宏的儿子,他嬖幸小人邱念台,作恶多端。郦道元不惮皇叔权威,把邱念台逮捕入狱。汝南王悦请他的母亲胡太后下勒赦免,于是郦道元就揭发汝南王的奸恶而加以弹劾。其不避艰危,于此可见。而最后也因此受到汝南王悦和城阳王徽等一批皇亲国戚的忌害,派他为关右大使,让他到已露反状的雍州刺史萧宝夤处,借叛臣萧宝夤以加害于他。而置个人利害于度外的郦道元,终于在阴盘驿亭(今陕西临潼县附近)为萧的叛军所包围。郦道元和他的弟弟道峻及其二子均遭杀害。按照前面他出生于延兴二年的假设,则他被害时仅年55岁。

　　像郦道元这样一个耿介正直、为政严明的爱国主义者,在魏收所撰的《魏书》中,竟受到了无端的诽谤,《魏书》把郦道元列入《酷吏传》。关于这方面,清赵一清在《水经注释》中按云:"道元正身行己自有本末,不幸生于乱世,而大节无亏,即其持法严峻,亦由拓跋朝淫污阘宄,救敝扶衰使然,何至列之《酷吏传》耶? 恐素与魏收嫌怨,才名相轧故耶。知人论世,必有取于余言也。"赵一清的评论无疑是公正的。《魏书》在最后又说:"然兄弟不能笃睦,时论薄之。"赵一清在《北史》抄录《魏书》此语下加按云:"此亦仍《魏书》之旧而未经裁削者,观其有从死之弟,则非不能笃睦可知。"既然有弟愿意跟随他作这次冒险的西行而终至同死,则"兄弟不能笃睦"的话,显然是有意的诽谤。

郦道元撰写《水经注》的严谨方法和科学态度

　　上面已经简述了郦道元撰写此书的动机与抱负,下面再简单论述一下他是如何撰写《水经注》这部巨著的。

郦道元撰写《水经注》，首先做到的是广泛地占有资料。凡是他撰写所及之地，他无不尽其可能，搜集这些地区的一切地理、历史、文学、碑碣等各种资料，这是他撰写此书的最重要的基础工作。在中国北方，他足迹到达甚广，但即使是他亲自目击之地，他在搜集文字资料方面也绝不疏忽，以便与他的目击情况相印证。在全部《水经注》中，作者引用的资料达430余种，大体上可以分成经学（如《易经》、《周礼》等）、诸子（如《庄子》、《管子》等）、历史（如《史记》、《汉书》等）、地理（如《山海经》、《禹贡》等）、地图（如《督亢地图》、《括地图》等）、方志（如《钱唐记》、《广州记》等）、人物传（如《文士传》、《逸民传》等）、诗赋（如《诗经》、《齐都赋》等）、书信（如《诸葛亮与兄瑾书》等）、辞书（如《尔雅》、《字林》等）等10类。[13]此外，作者还引用了大量的各地碑碣、民歌、谚语等。《水经注》所引用的古代资料，至今大部分已经亡佚，赖《水经注》的引用，才保留了这些资料的吉光片羽。在当时，雕板印刷尚未开始，一切资料的获得都依靠传抄。则郦道元的广泛占有资料，其功力之浩大，真是难以想象的事。

在郦道元的《水经注》撰写中，广泛占有资料还仅仅是第一步。对于这些资料的取舍引用，作者还必须下大量的工夫进行资料的分析，然后决定是否采用。所以，除了作者在全书中列名的四百多种资料以外，必然还有为数更多的资料，经过作者的分析而未被引用。因此，郦道元为撰写此书而搜集的资料，其总数必是相当惊人的。

在全部《水经注》中，"余按群书"之类的字样充篇累牍。这就是作者比较资料、分析资料的具体证明。在全书中，我们可以读到许多结论性的叙述，并没有指出其资料来源，这实际上就是作者所谓"余按群书"，即对许多资料进行分析、比较的结果。其中也有不少记载，作者把他的资料分析过程也如实地记述在他的著作之中，让我们可以看到他所运用的这种谨慎分析资料的方法的一鳞半爪。下面的卷十一《滱水注》中关于唐县附近的山川形势的资料分析比较作为例子：

> 应劭《地理风俗记》曰：唐县西四十里，得中人亭。今于此城中取中人乡，则四十也。唐水在西北入滱，与应符合。又言尧山者，在南则无山以拟之，为非也。阚骃《十三州志》曰：中山治卢奴，唐县故城，在国北七十五里。骃所说北，非也。《史记》曰：帝喾氏殁，帝尧氏作，始封于唐。望都县在南，今此城南对卢奴故城，自外无城以应之。考古知今，事义全违。俗名望都故城，则八十许里，距中山城，则七十里，验途推邑，宜为唐城。城北去尧山五里，与七十五里之说相符。然则俗谓之都山，即是尧山，在唐东北望都界。皇甫谧曰：尧山一名豆山，今山于城北如东……《地理志》曰：尧山在南。今考此城之南，又无山以应之。是故先后论者，咸以《地理记》之说为失。

这里,著者就 5 种资料,进行细致的比较,然后判定应劭的说法是错误的。这种比较资料,去伪存真的方法,在今天来说,对历史地理工作者的启发是很大的。至今还有一些人在历史地理研究中,对资料的比较分析不够重视,往往是信手拈来,随意引用,与 1400 多年前的郦道元的严谨方法相比,这些人实在应该引以为愧。

在郦道元撰写《水经注》的过程中,他还进行了勤勉的野外考察工作,把野外考察所得的大量成果写入他的著作之中。有关这方面的内容,常常成为全书最精彩的描述。在北部中国,特别是今山西、陕西、河北、河南、山东、内蒙古、皖北等地,是郦道元经常跋涉之地,因此,他对这些地区的记载,细致生动,探索入微。例如,卷二十六《淄水注》中关于营陵与营丘的分析考证,即是一个生动的范例。

> 余按营陵城南无水,惟城北有一水,世谓之白狼水。……由《尔雅》出左之文,不得以为营丘矣。营丘者,山名也。……今临淄城中有丘,在小城内,周回三百步,高九丈,北降丈五,淄水出其前,故有营丘之名,与《尔雅》相符。郭景纯言齐之营丘,淄水迳其南及东北,非营陵明矣。

由于他父亲曾任青州刺史,这一带是他从童年起就熟悉之地。从上述注文中可以看到,作者在营丘这一小小的岗阜上所作的野外考察工作是令人佩服的。不仅是位置、周围长度和高度测算得非常准确,连小丘南北坡的高度差异也不轻易放过,说明了他在野外考察工作中的细致踏实程度。

郦道元在青年时代曾经跟随拓跋宏奔走四方,从北魏旧都平城到洛阳之间,是他经常跋涉之地,因此,今山、陕二省之间的黄河,曾是他多次考察的对象,这种野外工作的成果,在卷四《河水注》的壶口瀑布的一段描述中得到充分的反映。

> 孟门,即龙门之上口也,实为河之巨阸。……其中水流交冲,素气云浮,往来遥观者,常若雾露沾人,窥深悸魄,其水尚崩浪万寻,悬流千丈,浑洪赑怒,鼓若山腾,浚波颓迭,迄于下口,方知慎子下龙门,流浮竹,非驷马之追也。

关于这一段描写,史念海教授有几句恰如其分的评语说:"这完全是壶口的一幅素描,到现在也还是这样,到过壶口的人一定会感到这话说得真切。"[⑪]我也向往郦注中的这一段描写,特于 1981 年到壶口考察了这个瀑布。除了瀑布的位置由于河流溯源侵蚀的关系,已经比郦道元记载的北移了约 5000 米以外,其余景观,与《水经注》描写的确实绝无二致。作者野外考察工作的细致深入,令人佩服。

郦道元在《水经注》原序中说:"脉其支流之吐纳,诊其沿途之所躔,访渎搜渠,缉而缀之。"这就是他重视野外工作的具体说明。他在舟车旅途之中,随时随地都进行细心地观察,把观察所得写入他的著作之中。卷二十五《泗水注》:"余昔因公事,沿历徐沇,路迳洙泗,因令寻其源流。"卷三十二《决水注》:"余往因公至于淮津,舟车所属,次于决水,访其民宰,与古名全违,脉水寻经,方知决口。"诸如此类的野外考察成果,在注文中是屡见不鲜的,《水经注》因而倍增光彩。

最后,实事求是的科学态度,也是郦道元撰写《水经注》的重要特色。此书牵涉的范围广阔,事物众多,而作者的足迹毕竟有限,加上当时南北分裂,交流隔绝。尽管作者占有了大量资料,但这些资料的本身也可能存在错误。为此,《水经注》作为一部全国范围的地理著作,是留着不少空白区域的,而即使是注文记载的地区,其中特别是南方的河流,鲁鱼亥豕也所在多有。黄宗羲在《今水经》序中,也已经一一列举。⑮郦道元自己并非不知他著作中的这类缺陷和错误。因此,他在原序中就郑重地指出了此书内容中所存在的这类问题。他说:

> 但绵古芒昧,华戎代袭,郭邑空倾,川流戕改,殊名异目,世乃不同,川渠隐显,书图自负,或乱流而摄诡号,或直绝而生通称,枉渚交奇,洄湍决溳,躔络枝烦,条贯系夥,《十二经》通,尚或难言,轻流细漾,固难辩究,正可自献迳见之心,备陈奥徒之说,其所不知,盖阙如也。

《水经注》对于江南河流的记载,当然有许多错误,黄宗羲在《今水经》序中所指出的,还仅仅是其中较重要的一些而已。郦道元虽然引用了班固、郭璞、谢灵运、阚骃诸家的著作,但他自己毕竟没有到过这个地区,因此,他知道他在这个地区的描述很可能是存在错误的。所以他在卷二十九《沔水注》中最后指出:

> 但东南地卑,万流所凑,涛湖泛决,触地成川,枝津交渠,世家分夥,故川旧渎,难以取悉,虽粗依县地,缉综所缠,亦未必一得其实也。

知之谓知之,不知谓不知。郦道元在上述两段文字中所表现的实事求是的精神是很值得学习的。对于他不知和不懂的事物,他毫不掩饰地说明,"其所不知,盖阙如也","故川旧渎,难以取悉……亦未必一得其实也。"这就告诉读者,在这些地区,不要过分相信他的记载。但是对于另外一些他熟悉的事物,他不仅记载详细,而且也是态度分明的。《水经注》的记载中当然要涉及陂湖水利,郦道元是重视兴修陂湖而反对废湖为田的。例如卷三十《淮水注》中就记载了许多陂湖如燋陂、上慎陂、中慎陂、下慎陂等,而且特意引述了一个毁陂与复陂的故事:

> 汉成帝时,翟方进奏毁之。建武中,汝南太守邓晨欲修复之,知许伟君晓知水脉,召与议之。伟君言:成帝用方进言毁之,寻而梦上天,天帝怒曰:何敢败我濯龙渊,是后民失其利。时有童谣曰:败我陂,翟子威,反乎覆,陂当复。明府兴复废业,童谣之言,将有征矣。遂署都水掾,起塘四百余里,百姓得其利。

在上述记载中,虽然作者采用的资料,只不过是一些天帝之言和童谣之类的东西,但对于毁陂与复陂这两件事,毁誉褒贬,却是十分明确的。

又如，郦道元是反对那种祸国殃民的厚葬制度的。因此，他在注文中每记载一处穷奢极欲的帝王陵墓，在详细描述以后，必然要痛加鞭挞。例如卷十九《渭水注》所记载的秦始皇陵，注文说：

> 秦始大兴厚葬，营建冢圹于丽戎之山。……斩山凿石，下锢三泉，以铜为椁，旁行周围三十余里，上画天文星宿之象，下以水银为四渎、百川、五岳、九州，具地理之势，宫观百官，奇器珍宝，充满其中。令匠作机弩，有所穿近，辄射之，以人鱼膏为灯烛，取其不灭者久之。后宫无子者，皆使殉葬甚众。坟高五丈，周回五里余，作者七十万人，积年方成。而周章百万之师已至其下，乃使章邯领作者以御难，弗能禁，项羽入关发之，以三十万人，三十日运物不能穷，关东盗贼，销椁取铜，牧人寻羊烧之，火延九十日不能灭。"

同卷又记载了汉成帝建造陵墓的经过：

> 汉成帝建始二年，造延陵为初陵，以为非吉，于霸曲亭南更营之。……永始元年，诏以昌陵卑下，不可为万岁居，其罢陵作，令吏民反，故徙将作大匠解万年燉煌。《关中记》曰：昌陵在霸城东二十里，取土东山，与粟同价，所费巨万，积年无成。

上列两段文字，实在就是作者对这种万恶的厚葬制度的无情揭发和愤怒控诉。卷二十九《湍水注》中，作者还以讽刺的笔法，挪揄了这种罪恶的制度。记载说：

> 碑之西，有魏征南军司张詹墓，墓有碑，碑背到云：白楸之棺，易朽之裳，铜铁不入，丹器不藏，嗟矣后人，幸勿我伤。自后古坟旧冢，莫不夷毁，而是墓至元嘉初尚不见发。六年大水，蛮饥，始被发掘。初开，金银铜锡之器，朱漆雕刻之饰，灿然有二朱漆棺，棺前垂竹簾，隐以金钉。墓不甚高，而内极宽大。虚设白楸之言，空负黄金之实，虽意锢南山，宁同寿乎？

结　语

如上所述，郦道元是一个对祖国河山充满了深厚感情的爱国主义者，而他的这部大体上以西汉版图为基础的地理巨著《水经注》，正是他这种爱国主义思想的见证。时至今日，我们诵读这部著作中的对于祖国河山的生动描写和热情赞美，仍然激发着我们热爱祖国的心情。因此，我们认为《水经注》是一部伟大的爱国主义著作，这是信而有征的。正因如此，所以在今天对郦道元和《水经注》进行研究，仍然具有重要的现实意义。

当然，对于一个古人，一部古书，必然存在着时代的局限性。郦道元是一个拓跋朝的耿耿忠臣,是拓跋朝统治阶级中的一个得力成员,今天我们评价他,不可能离开他当时的这种阶级地位和政治身份。而《水经注》是一部 1400 多年前的著作,当时,自然科学和人文科学都还处于相当落后的水平,我们赞赏此书的卓越成就,也并不就要爱瘿嗜痂,把此书之中不可避免的糟粕也同时肯定。不过,对于《魏书·酷吏传》以及"兄弟不能笃睦"之类的诽谤,我们却可不必过于认真。前面已经指出,对于这些问题,后世学者已经有了公论。郦道元的值得学习之处,一方面在于他的勤勉力学,即《魏书》和《北史》所说的:"道元好学,历览奇书。"一方面是从《水经注》一书中所表现的他的严谨的治学方法和科学态度。而特别重要的则是他对祖国河山的满腔热爱。他是一位值得尊敬的爱国主义者。

至于《水经注》这部不朽名著,从学术上来说,它当然早已众所公认,毋须赘述。今天,我们重温这部伟大的名著,特别应该重视它在爱国主义上所表现的杰出成就。此书之中,有大量卷帙,充满了对祖国河山的生动描写和热情赞美。诵读这样的卷帙,它无疑会紧扣读者的心弦,激发人们的爱国主义感性,真是不可多得的爱国主义教材。时至今日,此书在学术界的流行应用,当然早已十分普遍。而在广大人民之间,提倡此书的研究和阅读,实在也很有必要。为了解决一般读者阅读此书时面临的古人、古事和古代语言上的种种困难。学术界和出版界应该重视此书节选本和语译本的编撰和出版工作,为此书作出通俗注释和新式标点,配以插图插画,使这部历时 1400 多年的生动爱国主义教材,继续闪耀它的光芒。

注释:

① 《通鉴》卷一三九《齐纪五》。

② 《通鉴》卷一四○《齐纪六》。

③ 《通鉴》卷一五三《梁纪九》。

④ 《方舆纪要》卷十一《直隶二》。

⑤ 《魏书·郦范传》。

⑥ 《魏书·慕容白曜传》。

⑦ 《魏书·穆罴传》。

⑧ 《广阳杂记》卷四。

⑨ 《通鉴》卷一四六《梁纪二》。

⑩ 《中外史地考证》上册,中华书局 1962 年版。

⑪ 《水经注(抄)》卷末《水经注解释》,东京平凡社版。

⑫ 《北史·郦道元传》。

⑬　这是较粗糙的分法,我在《水经注·文献录》中分得比较详细,一共分成18类,请参阅。

⑭　《历史时期黄河在中游的下切》,《河山集》二集,三联书店1981年版,第174页。

⑮　"余越人也,以越水证之:以曹娥江为浦阳江,以姚江为大江之奇,分苕水出山阴县,具区在
　　余姚,沔水至余姚入海,皆错误之大者。"

原载《郑州大学学报》(哲学社会科学版)1984年第4期

九、郦道元与徐霞客

——为纪念徐霞客诞辰 400 周年而作

　　我国在公元 5 世纪后期和 16 世纪后期,出了两位著名的地理学家,他们都是地理学史上的杰出人物,这就是北魏的郦道元(？—527)与明代的徐霞客(1587—1641)。他们各自以非凡的天才和艰苦的努力,为我们留下了两部辉煌的地理名著,《水经注》和《徐霞客游记》。人们把《水经注》称为"宇宙未有之奇书"[①]和"圣经贤传",[②]又把《游记》称为"千古奇书"[③]和"古今一大奇著作"。[④]在 11 个世纪的时间之中,出现了如此两部"奇书",它们为我国的悠久文化倍增光彩,而这两部奇书的作者,当然都是值得我们尊敬的伟大人物。

　　尽管这两位杰出人物的诞生,在我国漫长的历史舞台中相隔 11 个世纪,但他们之间却有许多相似的特点。从家庭出身来说,两人都出于世代官宦,书香门第。郦道元是范阳涿县(今河北涿县)人,他的曾祖郦绍,曾任北魏兖州监军,祖父郦嵩,是北魏天水郡守,父亲郦范,历官北魏给事东宫、青州刺史、尚书右丞等显职,并从男爵一再晋封,直至公爵。徐霞客是南直隶江阴县(今江苏江阴县)人,他的祖上徐元献及其子徐经,曾经"父子魁南榜",[⑤]徐霞客的曾祖徐洽,即是徐经之子,曾官鸿胪簿,而徐洽之子即徐霞客的祖父,曾官光禄丞。

　　当然,他们两个家族之间,也存在着许多差异,这种差异给予郦道元与徐霞客以各不相同的生活遭遇以及处世为人的态度和性格。在郦道元的家族中,他的父亲郦绍是郦氏历代仕宦途上最飞黄腾达的人物,他生在北魏有雄才大略的名君拓跋宏之世。拓跋宏改姓易服,变夷为夏,励精图治,志在南征统一全国。他重用汉族知识分子,而郦绍正是他所信任的重臣之一。郦道元自幼随父于任所,而且早在青年时代,就服官朝廷,成为随侍拓跋宏的近臣,随拓跋宏巡狩四方。所以尽管他实际上处身于一个半壁河山的朝代之中,但是由于父辈的教育和君王的壮志,使他在地理概念上早已突破了这个领域狭窄的北国,而奠定了他对于祖国一统的殷切希望。这就成为他日后撰写《水经注》的思想基础。徐霞客的情况与郦道元很有不同,虽然他的祖上也是明朝官吏,但到了他父亲徐有勉,就已经脱离仕宦,隐迹田园。而徐霞客本人,他年轻时虽然也曾经求名利于科举,但在应试落第以后,他也就放弃了仕宦之念,而埋头于古今史籍、舆地图经之中。因而培养了他"问奇于名山大川"[⑥]的志趣,而他的母亲又鼓励他:"志在四方,男子事也","岂令儿为藩中雉,辕下驹坐困为?"[⑦]这就培养了徐霞客,使他的地理概念,建立在与祖国的名山大川的实际接触之中。

尽管他们两人在个人的处境上很不相同,在他们各自的地理概念的形成与发展过程之中,也有互不相同的基础。但是其中有很重要的一个方面,他们两人却显然是非常近似的。这就是,他们两人都十分热爱祖国河山。也就是说,他们都是伟大的爱国主义者。当然,他们热爱祖国河山的动机和方式或许有所不同,但他们热爱祖国河山的表现和成果,却同样是撰写他们各自的热烈歌颂和生动描写祖国河山的不朽名著,《水经注》和《游记》。在这两部杰出的著作之中,两位作者,不仅花费了他们的毕生精力,同时也倾注了他们的满腔爱国主义热忱。

郦道元出生和定居在我国北方,毕生足迹绝未涉及南部,在他出生之日,中国南北分裂,当时已达一个半世纪以上,但他却尽心竭力,撰写这样一部地理书,基本上以西汉王朝的疆域作为他的叙述范围,局部甚至旁涉域外,说明他是如何渴望能看到一个南北统一的、繁荣昌盛的祖国。[⑧]抱着这样的伟大愿望写作的精心巨构,因此,在《水经注》一书中,字里行间,随处都洋溢着他对祖国河山的无比热爱。

徐霞客的情况与郦道元不同,尽管当他的盛年,明朝的国势已经凌夷,外患内忧,危机四伏。但是无论如何,总还是大明的一统天下,他北登盘山、五台,南入丽江、大理,足迹所及,无不在皇舆之内。因此,他并不像郦道元那样的有国家分裂的切肤之痛。假使说,郦道元的爱国主义是以祖国统一的政治理想为基础,从而激发了他对祖国河山的热爱。那么,徐霞客的爱国主义却纯粹是出于他对祖国大自然的诚挚的热爱,从而激发了他对祖国大自然的殷切求知欲。这就是他所说的:"丈夫当朝碧海而暮苍梧,乃以一隅自限耶?"[⑨]在行万里路、读万卷书的过程中,他又发现,历来许多方志图籍对祖国河山的记载,往往是道听途说,以讹传讹,与他实地考察的结果多有不同,这就是吴国华在徐霞客的《圹志铭》中所说的:"霞客尝谓山川面目,多为图经志籍所蒙,故穷九州内外,探奇测幽,至废寝食。"这就是说,他不愿祖国河山的真实面貌受到歪曲,而决心以他自己的亲身考察,来纠正前人记载的错误。于是就不辞劳苦,"穷下上,高而为鸟,险而为猿,下而为鱼,不惮以身命殉"。[10]这就说明他对祖国大自然的热爱是何等的朴素和真诚。美国学者亨利·G·施瓦茨(Henry G. Schwarz)所撰的《徐霞客与他的早年旅行》[11]一文中,以"中国的自然之爱"一语,来描述徐霞客的为人,真是深得要领。所以美国密歇根大学教授李祈(Li Chi)在他所著的《徐霞客旅游日记》[12]一书中,第一章就采用了施瓦茨的"中国的自然之爱"作为标题。章内介绍了不少我国历史上热爱大自然的著名人物如谢灵运、柳宗元、陶潜、李白等文学家和诗人,而徐霞客无疑在这方面最具有代表性的人物。

他们二人不仅毕生热爱祖国,用他们的全部精力考察、赞美和描述祖国河山,而且,他们的爱国主义热情,又是非凡的坚定和百折不挠。不管是在什么处境之中,他们都是一本初衷,坚持到底。郦道元的前半生适当北魏盛世,以当时北魏的欣欣向荣,兵强马壮,与南朝的篡夺频仍,人心离散相比,郦道元渴望见到的一统中华并不是不可能实现的。但不幸的是元宏(拓跋宏)于太和二十三年(499)的大举南征中病死谷塘源,北魏丧失了这样一位有抱负的明君,自然是一个莫大的打击。从此,朝廷内部变故迭起,国力渐趋衰落。而元恪(北魏宣武帝)正始四年(507)与南朝梁的淮水之战,适逢淮水暴涨,梁用小船火攻,魏兵溺毙,淮水为之不流,梁军尾随痛歼,使魏军蒙受伏尸四十里,被擒五万人的惨败。[13]到了元诩(北魏孝明帝)熙平元年(516),胡太后临朝,奢靡浪费,朝政腐败至于不可收拾。而北疆六镇又频频告急。在这样的情况之下,南征统一,已经断乎不再可能,这对郦道元当然是一种痛心疾首的打击,他眼看祖国一统无日,而锦绣河山支离破碎。他撰写《水经注》,恰恰就在这一段期间,面对着这样的现实,他却毫不气馁,潜心写作,在这部呕心沥血的不朽名著中,倾注了他全部爱国主义感情。

徐霞客的精神也是如此,据陈函辉《徐霞客墓志铭》的叙述,当他游历了齐、鲁、燕、冀,上泰岱,拜孔林,并且也游历了黄山、雁荡以及嵩、华、玄三岳等以后,陈函辉问他:"先生之游倦乎?"徐霞客回答说:"未也,吾于皇舆所及,且未患其涯涘;粤西、滇南、尚有待也。即峨嵋一行,以奢酋发难,草草至秦陇而回,非我志也。自此当一问阆风、昆仑诸遐方矣。"他在云南旅行时,曾"令顾仆往投阮玉湾,索其导游缅甸书",[14]说明他的游历计划确实非常远大,不仅是峨嵋、昆仑,并且还有意域外。像这样一位雄心勃勃的旅行家和地理学者,却不幸于他的55岁之年(1640),忽然在滇南患了足疾,不能行路,丧失了作为一个旅行家的极端重要的条件。于是,他接受丽江太守的聘请,为鸡足山修志,花了 3 个月时间而修成了《鸡足山志》,但是足疾恢复无望,于是,丽江太守备了乘舆送他东归,辗转于道 150 余日,才到达今湖北境内的长江沿岸,黄冈县的地方官为他安排了船舶,总算生还故乡。身体的变化使他无法完成他的游历计划,对他当然是一个莫大的打击。由于足疾沉重,到家以后,他已病弱到了不能近送宾客,“惟置怪石于榻前,摩挲相对”,[15]借此回味他旅游考察的情趣,以寄托他对祖国大自然的无比热爱。

现在再让我们来涉猎一下他们二人的丰硕成果,《水经注》和《游记》,看看这两位学者对后世的卓越贡献。

《水经注》是一部以河川为纲的古代地理名著。如前面已经指出的,它的记述范围,不仅遍及全国,而且远涉域外。《唐六典》说:“桑钦《水经》所引天下之水百三十七,江河在焉,郦善长注《水经》,引其枝流一千二百五十二。”[16]但唐以后,由于此书缺佚,今本所列,已不到《唐六典》之数。[17]在所有此书记载的河流中,作者广征博引,把河流所经地区的自然地理和人文地理详述无遗,举凡山岳、河川、峡谷、滩濑、泽薮、瀑布、温泉、土壤、动植物以及居民、城市、物产、古迹、交通等,都广泛搜罗,详细描述。此外,如历史掌故、人物逸事等,也都旁涉记载。关于这方面,我在拙作《水经注的地理学资料与地理学方法》[18]一文中已述其详,这里不再一一列举。《水经注》以后,我国有关河川水利的书籍撰写不少。《新唐书·艺文志》著录的唐李吉甫《删水经》10 卷,《元史·艺文志》著录的金蔡硅《补正水经》3 卷,[19]明末黄宗羲的《今水经》1 卷,清齐召南的《水道提纲》28 卷等,它们有的已经亡佚,有的至今尚存,但没有一种可与《水经注》相颉颃的。在所有我国古代记载河川水制的著作中,《水经注》无疑是最优秀和最杰出的。

《游记》同样是一部不朽名著。与《水经注》不同,此书顾名思义,是徐霞客按他自己的游程,逐日记载的。如前所述,徐霞客不是一个走马看花的普通游客,他和上述李祈在《徐霞客旅游日记》中《中国的自然之爱》一章里所列举的如谢灵运、柳宗元、陶潜、李白等文人雅士也很不相同,他是一位热爱祖国河山的地理学家,尽管他的游记牵涉甚广,但地理学的考察,显然是他所记载的核心。和《水经注》一样,《游记》也记载了他游程之中的大量自然地理和人文地理现象。虽然《游记》的撰写比《水经注》要晚 11 个世纪,但是由于当时的政治原因和社会原因,全书遭到了大量的散佚。《水经注》的散佚,由于明清考据学派的精心校勘,已经在很大程度上恢复了本来面貌。但《游记》的散佚情况,目前看来,比《水经注》更为严重。只是由于作者当时撰写的数量甚大,因此,至今保存的尚有 60 余万字,几乎超过《水经注》的一倍。所以此书资料,确实是相当丰富的。前面指出《水经注》在我国古来一切有关河川水利的著作中的崇高地位。而《游记》也是一样,它在我国历史的游记之中同样无出其右。《四库提要》称道此书:"《游记》之夥,遂莫过于是篇。"潘耒为此书作序时说它"为古今游记第一",诸如此类的评价,都是恰如其分的。

虽然这两部历史名著在写作年代上相距11个世纪,而从地理学内容来说,也有明显的差异。用现代地理学的概念来说,《水经注》是一部河川水文地理,而《游记》则是一部旅游地理。但是由于二书都搜罗了大量综合性的资料,内容所涉,都远远超过它们各自的本题。因此,它们在后世评论者的笔下,有时竟得到几乎相同的好评。

清薛福成为全祖望《七校水经注》所写的序言说:

> 其征引宏富,文章家之资粮也,沿革明晰,考据家之津筏也;而其有关于水利,有裨于农政,实经济家理天下之书也。

清叶廷甲为《游记》嘉庆刊本所写的序言说:

> 其所经历之山川,靡不辨其源委脉络,而一一详记之,至土风、民俗、物产,亦随地附见焉。是岂独为山人逸士济胜之资,凡以民物为己任而有政教之责者,周览是书,于裁成辅相左右宜民之道,不无少补焉。

现在,我们再就两书的主要内容作一些比较。

对于我国最主要的几条大河,战国时代成书的《禹贡》都有所记载,当然,其中有不少内容是存在错误的,长江即是其例。《禹贡》对于长江的发源和流程的描述十分简单,它说:

> 岷山导江,东别为沱,又东至于澧,过九江,至于东陵,东迤北会于汇,东为中江,入于海。

这里,非常明显的错误是"岷山导江"。长江源远流长,绝不发源于岷山,发源于岷山的是岷江,只不过是长江的一条支流。但是《禹贡》是《尚书》中的一篇,在古代列为经书,是至高无上的,人们即使存在怀疑,也不敢公然与它相对抗。何况对于长江江源,许多古人本来就不甚了了。因此,这种说法就一直沿袭下来。成书于三国时代的《水经》,说法只比《禹贡》详细了一点,其错误和《禹贡》完全一样。它说:

> 岷山在蜀郡氏道县,大江所出,东南过其县北。

郦道元在为《水经》作注的过程中,凡经有错误的,他常常予以纠正,但对于江源这一条,它没有对经文作任何纠正,这说明他还不能突破经书所定的框子。

徐霞客于崇祯十三年(1640)从丽江"西出石门金沙"[20],写了一篇《江源考》,或者称为《溯江纪源》。文章强调指出,长江之源不是岷江而是金沙江。他说:

> 河源屡经寻讨,故始得其远;江源从无问津,故仅宗其近,其实岷之入江与渭之入河,皆中国之支流,而岷江为舟楫所通,金沙江盘折蛮僚谿峒间,水陆俱莫能

溯。……既不表其孰远孰近，第见《禹贡》"岷山导江"之文，遂以江源归之。而不
知禹之导，乃其为害于中国之始，非其滥觞发脉之始也。导河自积石，而河源不始
于积石；导江自岷山，而江源亦不出于岷山。岷流入江，而未始为江源，正如渭流
入河，而未始为河源也。

　　在这段文章里，徐霞客的重要贡献是指出了《禹贡》的错误，尽管他对于《禹贡》的
批评是十分婉转的："而不知禹之导，乃其为害于中国之始，非其滥觞发脉之始也。"但
是自古以来，他还是公开提出这种批评的第一人。显然，徐霞客在这方面的论述，比郦
道元有了很大的进步。

　　不过，对于古人的批评和表扬都应该实事求是，苛求古人，当然是不符合历史主义
的；但对古人作脱离事实的赞扬，也同样不是尊重历史的态度。对于这篇《江源考》，
丁文江在他为徐霞客所编的《年谱》中说："知金沙江为扬子江上游，自先生始，亦即先
生地理上最重要之发现也。"对此，谭其骧已于40年前撰文加以辨正。[21]谭氏说：

霞客所知前人无不知之，然而前人终无以金沙为江源者，以"岷山导江"为圣
经之文，不敢轻言改易耳，霞客以真理驳圣经，敢言前人所不敢言，其正名之功，诚
有足多，若云发现，则不知其可。

　　谭氏的说法无疑是正确的，谭氏所谓："霞客所知前人无不知之。"这话当然包括
《山海经·海内经》："有巴遂山，绳水出焉"和《汉书·地理志》："绳水出徼外，东至僰
道入江"等记载在内，因为古籍记载的绳水即是金沙江，这是众所共知的。不过，本文
论述的对象是郦道元和徐霞客，所以关于江源问题，我仍拟举《水经注》为例子。

　　虽然如上所述，郦道元没有纠正《水经》对江源的错误。但实际上，《水经注》所记
载的长江上源，已经远远超过了《汉书·地理志》。卷三十六《若水注》说：

绳水出徼外，《山海经》曰：巴遂之山，绳水出焉。东南流，分为二水，其一水
枝流东出，迳广柔县，东流注于江；其一水南流迳旄牛道，至大莋与若水合，自下亦
通谓之为绳水矣。

　　这段注文中，若水即今雅砻江，若水与绳水汇合，其下流仍称绳水，这条绳水当然
就是今金沙江。《若水注》最后说：

若水至僰道，又谓之马湖江。绳水、泸水、孙水、淹水、大渡水，随决入而纳通
称，是以诸书录纪群水，或言入若，又言注绳，亦或言至僰道入江。正是异水沿注，
通为一津，更无别川，可以当之。

　　从这段注文中，可以说明郦道元当时对长江上游的干支流情况，已经相当清楚了。
注文中的绳水，是今金沙江的通称，淹水是今金沙江的上流，泸水是今金沙江的中流，
马湖江是今金沙江的下流，孙水是今安宁河，大渡水是今康定县西的坝拉河。尽管他

没有突破《禹贡》的框子,仍把岷江作为长江正源,但实际上已把长江上流的干支流分布记载得清清楚楚了。关于这方面,我在拙作《水经·江水注研究》[22]一文中已有详细说明,这里再简述一下,主要为了证实上述谭其骧文中所说"霞客所知前人无不知之"的话。

在自然地理学领域中,徐霞客的最大贡献莫过于对岩溶地貌的研究。关于这方面,《中国古代地理学史》的评价或许是比较中肯的。该书说:

> 我国古代对岩溶地形的研究到明代徐霞客时达到了高峰。他旅行湘、桂、黔、滇3年,计976日,占全游记日数1463日的大半。字数达56万,亦占全游记69万的三分之二以上。这4省正好是世界上最大的和发育最好的岩溶地形区。故《徐霞客游记》实为我国第一部系统记载岩溶地形的巨著。[23]

《中国古代地理学史》把《游记》在岩溶地貌研究上的贡献概括为三方面,即1.厘订岩溶地形的类型及名称;2.指出岩溶地形发育的地区性差异;3.对岩溶地形成因的分析。这样的概括,也是比较全面的。

对于岩溶地貌,《水经注》的记载当然远不及《游记》。但是,郦道元毕竟也在他的著作中描述了许多与这种地貌有关的事物。例如卷十三《瀙水注》的马头山钟乳穴,卷十八《渭水注》的杜阳谷地穴,卷二十《漾水注》的梓潼、汉寿大穴,卷二十五《泗水注》的峄孔,卷二十九《潜水注》的潜水大穴,卷三十《淮水注》的阳亭石穴,卷三十一《涢水注》的大洪山钟乳穴,卷四十《浙江水注》的灵隐山洞穴等,都是信而有征的石灰岩溶洞,其他有关于这种地貌类型的事物如溶斗、溶沟、盲谷、天生桥、地下河等,《水经注》也有不少记载。下面举一个卷三十一《涢水注》中的例子。

> 涢水出县东南大洪山。……山下有石门,夹鄣层峻岩,高皆数百许仞,入石门,又得钟乳穴,穴上素崖壁立,非人迹所及,穴中多钟乳,凝膏下垂,望齐冰雪,微津细液,滴沥不断,幽穴潜远,行者不极穷深。

在地理学的其他分支中,两书也都作出了不少成绩。植物地理即是其中之一。丁文江在《徐霞客年谱》中提到:"山水石质之外,先生又尝注意于植物。"黄秉维在40年前撰写了《霞客游记中之植物地理资料》[24]一文,详细地论述了徐霞客在这方面的贡献。他不仅记载了大量的植物科属,并且也描述了不少植物的生态,特别以他旅行最久、记载最详的我国西南地区,植物地理的资料堪称丰富。因黄文论述已详,这里不再赘述。以《游记》的植物地理资料与《水经注》相比,当然各有特色,《游记》记载的植物,都是徐霞客所亲见,所以资料的可靠性不容怀疑。但由于记载仅限于他足迹所到之处,因此在地域范围的广阔和植物种类的众多方面,当然不及《水经注》远甚。我在拙作《水经注记载的植物地理》[25]一文中,曾对该书出现的植物作过一番统计,其种类约在 140 种以上,其中如沙漠植物胡桐(Populus diversifolia)、柽柳(Tamarix chinen-sis)、白草(Artemisia sphaerocephala),域外植物如娑罗(Shorea robusta)等,均不见于《游记》。当然,《水经注》记载的植物,特别是南方的植物,都非郦道元所亲见,资料不如《游记》可靠。

值得指出的是,两书都对植物生态作了描述,也同样都记载了植物的垂直分布现象,它们对于这种现象的观察和成因的分析,竟十分近似。下面以《水经注》卷四十《浙江水注》中的秦望山与《游记》戊寅十月二十九日《滇游日记》四中的棋盘山为例,把两书在这方面的记载作一个对比。

　　自平地取山顶七里,……扳萝扪葛,然后能升,山上无甚高木,当由地迥多风所致。(《浙江水注》)

　　顶间无高松巨木,即丛草亦不甚深茂,盖高寒之故也。(《滇游日记》四)

此外,两书在地理学领域内涉及的内容还有很多,诸如聚落地理、城市地理、农业地理、交通运输地理等,限于篇幅,不再一一列举了。

必须指出的是,这两位地理学家在他们的地理工作中所采用的方法,也具有非常相似的特点。总的说来,他们都十分重视实践。郦道元在他的《水经注》原序中说:"脉其枝流之吐纳,诊其沿路之所躔,访渎搜渠,缉而缀之。"这就是指的实地考察,也就是郦道元所十分重视的地理工作方法。可惜他身处一个南北分裂的时代,足迹无法到达南方。所以清代郦学家刘献廷说:"其书详于北而略于南。"[26]这是因为北方诸水是他所亲见,而南方诸水的记载,完全依靠传抄他人的资料。尽管他在资料的选择和鉴别上花了极大工夫,但仍然难免发生不少错误。黄宗羲在他所著的《今水经》序中说:

　　余越人也,以越水证之:以曹娥江为浦阳江,以姚江为大江之奇,分莒水出山阴县,具区在余姚,沔水至余姚入海。皆错误之大者。

黄宗羲所指出的《水经注》的错误都是确实的,在郦道元所撰的南方诸水中,这样的错误还有不少。造成这种错误的原因,即是清李慈铭所说的:"郦道元未至南方,所言多误。"[27]这就说明了实地考察的重要性。而郦道元在这方面的缺陷,终于在 1100多年以后的徐霞客手上得到了补正。两人都是十分重视实践的学者,后者之所以在这方面获得更大的成就,除了主观原因以外,当然与政治条件有关,正如前已指出的,虽然明朝到了那个年代,已经内忧外患,危机四伏,但毕竟总还是一个统一的国家。当然,像明末史夏隆为此书作序时所说的:"更值王途坦荡,边徼晏宁,一囊一仆,徜徉潇洒于人迹不到之境,声教难通之域。"这样的说法,未免过于粉饰太平,实际上就是低估了徐霞客野外实地考察的艰巨性。只要看看《游记》中的湘江遇盗,以及充篇累牍的"王师"对滇、黔许多少数民族的征讨和少数民族之间的仇杀械斗的记载,则所谓"王途坦荡"、"边徼晏宁"一类的话,实在无法置信,而徐霞客的实地考察,更绝不是"徜徉潇洒",而是出生入死,艰苦卓绝的了。《游记》正是付出了十分巨大的代价以后所获得的成果。

《水经注》和《游记》除了对地理学的重要贡献以外,在其他许多学科之中,这两部名著,也都具有重要的作用。这中间首先是地名学。地名学是一门研究地名的学科,它在我国发轫甚早。《水经注》一书搜罗的各种地名,为数竟达2万,特别是其中有地名渊源解释的有2400之多,这是在《水经注》以前的任何古代地理著作所未见的。我在拙作《论地名学及其发展》[28]与《水经注与地名学》[29]两文中已述其详,这里不再重复。由于《水经注》所拥有的丰富地名学内容,有人甚至认为此书是我国古代地名学的杰作。[30]这种说法虽然值得商榷,但它毕竟说明了《水经注》与地名学之间的密切关系。的确,《水经注》不仅解释地名,而且还总结了一整套地方命名的规律。卷二《河水》经"又东入塞,过敦煌、酒泉、张掖郡南"注云:

> 凡郡,或以列国,陈、鲁、齐、吴是也,或以旧邑,长沙、丹阳是也;或以山陵,太山、山阳是也;或以川原,西河、河东是也;或以所出,金城城下得金,酒泉泉味如酒,豫章樟树生庭,雁门雁之所育是也;或以号令,禹合诸侯,大计东治之山,因名会稽是也。

由此可知,到了《水经注》的时代,我国传统的地名学,即地名渊源解释的地名学,已经趋于成熟。《水经注》以后,地名渊源的研究,几乎成为我国一切地理著作中的必有项目。正如沿革地理的研究为我国历史地理学奠定了基础一样,地名渊源的研究,就为我国的地名学奠定了基础。而这中间,《水经注》无疑是最重要的著作。

和《水经注》一样,《游记》同样也是一部对地名学有重要贡献的著作。据徐兆奎在《徐霞客在地名学研究方面的重要贡献》[31]一文的统计,《游记》中记载的大小地名,多达万条以上。这中间贡献最大的当然是对石灰岩地区岩溶地貌名称的厘订。徐霞客把漏陷地形分为眢井(今称落水洞)、盘洼或环洼(今称园洼地、漏斗)。[32]此外,他并且使用了天池、伏流、天生桥等名称。

《游记》在地名学中的其他许多建树,有不少都继承了《水经注》的成果。徐霞客常常对许多史迹地名、方位地名、姓氏地名、动物地名、矿产地名等加以解释,例如,他在《滇游日记》八,己卯三月初二日记载的邓川州凤羽(今洱源县南)鸟吊山:

> 凤羽,即鸟吊山,年岁九月,鸟千万为群,来集坪间,皆此地所无者,土人举火,鸟辄投之。

这段记载,与《水经注》卷三十七《叶榆河注》中的叶榆县吊鸟山正是同一内容:

　　（叶榆）县西北八十里有吊鸟山，众鸟千百为群，其会，鸣呼啁哳，每岁七、八月至，十六、七日则止，一岁六至，雉雀来吊，夜燃火伺取之。

　　《水经注》记载的叶榆县始见于《汉书·地理志》，后汉、晋以至南朝，县名都作楪榆，与《游记》所述，原来就是同地。故《游记》鸟吊山，即是《水经注》吊鸟山。虽然事隔 11 个世纪，其地名渊源，仍然吻合无异。

　　最后还可以把两书在文学上的价值作一比较。《水经注》的文学价值当然是古人所一再称道的。明末人张岱曾在这方面作过评价，他说："古人记山水，太上郦道元，其次柳子厚，近时则袁中郎。"[33]清刘献廷称道郦道元"更有余力铺写景物，片言只字，妙绝古今。"[34]大概郦道元为文，常常注意避免陈词滥调，而着意于创造新词新语，例如曾为明杨慎所欣赏的形容水色清澈的"分沙漏石"、"鱼若空悬"[35]之类，都可归入刘献廷的"妙绝古今"之中。另外，他又善于吸取群众的语言，特别是船工、渔民的歌谣谚语。用这些经过群众千锤百炼的语言，来丰富自己的写作，所以他在语言上是左右逢源的。例如形容江道的曲折，在长江，他引用船工歌谣："朝发黄牛，暮宿黄牛，三朝三暮，黄牛如故。"在湘水，他采撷当地渔歌："帆随湘转，望衡九面。"这样，语言变化就能层出不穷，而景物描写益臻出神入化。全书之中，文字精彩的段落不胜枚举，如卷四《河水》注中记载黄河孟门瀑布一段，卷三十四《江水》注中记载长江三峡一段，都是传诵千古的文章。

　　与《水经注》相比，《游记》在文学上的价值，学者历来较少渲染。《四库提要》说徐霞客"未尝有意于为文"，清初杨名时为此书作序，也说："非有意于描摹点缀，托兴抒怀，与古人游记争文章之工也。"的确，徐霞客不是一个舞文弄墨之士，他没有在文字上下精雕细琢的工夫。《游记》在文字上的特色是真实，即潘来在他为此书所写的序言上所说的："于霞客之书，不多其博辨，而多其真实。"也就是钱谦益所写的《徐霞客传》中所说的："居平未尝觺帨为古文辞，行游约数百里，就破壁枯树，然松拾穗，走笔为记，如甲乙之簿，如丹青之画，虽才笔之士，无以加也。"

　　"虽才笔之士，无以加也"。这就是因为凡他所写的，都是他所亲见的。任美锷曾经注意了《游记》中的许多生动逼真的描写[36]。他说："先生对滇桂峰林地形[37]之描写，有'峭峰离立，分行竞颖，磅礴数千里，为西南奇胜'等语，惟妙惟肖，诚为名句。"另外，任氏还列举了若干杰出的例子，如描写雁荡山的"绝壁四合，摩天劈地"，"夹溪皆重岩怪峰，突兀无寸土，雕镂百态，峰峰奇峭，离立满前"，等等。其实，像这样一类的描写，在《游记》中是不胜枚举的。例如徐霞客在《滇游日记》三，戊寅九月初三日，描写云南的峡谷河流："不阔而深，不浑而急。"寥寥八字，把峡谷河流的面貌勾画得如同一幅照片一样。像这样的文字，当然是"虽才笔之士，无以加也"。

对于《游记》在文学上的作用，我认为奚又溥在他为此书写的序言上的一段话是深得要领的。他说：

> 霞客先生《记游》十卷，盖古今一大奇著作也。其笔意似子厚，其叙事类龙门，故其状山也，峰峦起伏，隐跃毫端；其状水也，源流曲折，轩腾纸上；其记退陬僻壤，则计里分疆，了如指掌；其记空谷穷岩，则奇踪胜迹，灿若列星；凡在编者，无不搜奇抉怪，吐韵标新，自成一家言。

"自成一家言"。的确不错！郦文以生动得名，引人入胜；徐文以真实著称，百读不厌。

我们的祖国是一个历史悠久，文化优秀的伟大国家，在漫长的历史时期，曾经出现了许多为我国的优秀文化锦上添花的文人学士，郦道元和徐霞客都是其中的佼佼者。他们不仅都是伟大的爱国主义者，而且也都是杰出的科学家和文学家，他们为我们所留下的不朽名著《水经注》和《游记》，正如前面所引薛福成和叶廷甲为此二书所写的序言中所说的一样，不仅都是著名的学术著作，而且更是重要的爱国主义读物。它们为我们祖国的历史文化遗产，增添了无限光辉。

在漫长的历史进程中，后人总是以前人为榜样，在前人成就的基础上继续发扬光大，不断前进。徐霞客也正是这样，尽管他的出身经历和时代背景，与郦道元有许多不同，但是他显然还是接受了郦道元的深远影响，从事实上继承了郦道元的事业，而且在不少方面发展了前人的成果，使《游记》显露出与众不同的风格。郦道元是在古代地理学家中首先提出"访渎搜渠"的人，但是他本人却无法在他的著作中全面地实现他的这种愿望。终于是，徐霞客在11个世纪以后，第一个完成了郦道元所没有全面完成的任务。全部《游记》没有一天的记载不是他实地考察的成果。特别是，郦道元所引为终生遗憾的，是他的足迹未能到达祖国的南方。也正是徐霞客，他的《游记》的绝大部分，充分地弥补了郦道元在实地考察上的空白。刘献廷所说的《水经注》"详于北而略于南"，也正是由于《游记》的撰写，使这种缺陷得到很大程度的补足。现在，摆在我们面前的，是怎样继承郦道元与徐霞客的精神，在《水经注》和《游记》的基础上，进一步发扬这两位爱国主义者的优秀传统，写出更多，更好的科学的，但是也是趣味盎然的游记和其他地理考察著作；写出更多，更富于感染力的描述我们祖国大好河山的爱国主义读物。

早在明代以来，学者从各个方面研究《水经注》，已经形成了一门内容广泛的"郦学"，而且先后出现了考据、词章、地理三个学派[③]，获得了丰硕的研究成果。至今，郦学研究的大量成果，已为许多学科所采用，推动了许多学科的学术研究，而且反过来也促进了郦学研究的繁荣。在这方面，《游记》的研究，看来还有待继续努力。《游记》内容丰富,包罗广泛,我们从各个角度对它进行研究,完全有条件形成一门"徐学"。值兹徐霞客诞生四百周年即将来临之时,如何发展和繁荣徐学的研究,正是我们值得重视的大事,也是我们对这位伟大学者的最好纪念。

让郦学研究继续向前,兴旺发达;让徐学研究后来居上,发扬光大!

注释:

① （清）刘献廷《广阳杂记》卷四。

② （清）丁谦《水经注正误举例》小引,《求恕斋丛书》本。

③ 《徐霞客游记》徐镇序,上海人民出版社 1982 年版。

④ 《徐霞客游记》卷一〇下,奚又溥序。

⑤⑨⑮　陈函辉《徐霞客墓志铭》,载《游记》卷一〇下。

⑥⑦　《徐霞客游记》前言。

⑧　陈桥驿《爱国主义者郦道元与爱国主义著作水经注》,载《郑州大学学报》（哲学社会科学版）1984 年第 4 期。

⑩　吴国华《圹志铭》,载《游记》卷一〇下。

⑪　Bellingham,Washington:Program in East Asian Studies,Western,Washington State College,Occasional Paper No. 3,1971.

⑫　The Chinese University of Hong Kong 1974.

⑬　《通鉴》卷一四六《梁纪二》。

⑭　《滇游日记》四,戊寅十一月初一日。

⑯　《唐六典》卷七《工部·水部郎中》注。

⑰　《困学纪闻》卷一〇,宋王应麟按:"今本《水经》所列仅一百一十六水。"

⑱　《杭州大学学报》（自然科学版）1964 年第 4 期。

⑲　《补三史艺文志》作"蔡硅补正水经五篇";《补辽金元艺文志》作"蔡珪水经补亡三卷"。

⑳　《江源考》,载《游记》卷一〇下。

㉑　谭其骧《论丁文江所谓徐霞客地理上之重要发见》,载《地理学家徐霞客》,商务印书馆 1948 年版。

㉒　《杭州大学学报》（哲学社会科学版）1984 年第 3 期。

㉓　《中国古代地理学史》科学出版社 1984 年版,第 59 页。

㉔　载《地理学家徐霞客》,商务印书馆 1948 年版。

㉕　载《中国历史地理论丛》第 2 辑,陕西人民出版社 1985 年版。

㉖　《广阳杂记》卷四。

㉗　《越漫堂日记》2 函 10 册,同治七年四月初九日。

㉘　载《中国历史地理论丛》第 1 辑,陕西人民出版社 1981 年版。

㉙　载《地名知识》1978 年第 3、4 期。

㉚　刘盛佳《我国古代地名学的杰作——水经注》,载《华中师院学报》1983 年第 1 期。

㉛　载《地名知识》1985 年第 1 期。

㉜　《中国古代地理学史》,第 59—60 页。

㉝　《跋寓山注二则》,载《琅嬛文集》卷五。

㉞　《广阳杂记》卷四。

㉟　《丹铅杂录》卷七。

㊱　任美锷《读徐霞客游记忆游浙东山水》,载《地理学家徐霞客》,商务印书馆 1948 年版。

㊲　按即岩溶地貌或喀斯特地貌。

㊳　陈桥驿《论郦学研究及其学派的形成与发展》,载《历史研究》1983 年第 6 期。

原载《徐霞客研究论文集》,江苏教育出版社 1986 年版

十、《水经·江水注》研究

去年9月,日本关西大学邀请我去该校作以《水经注》为主要内容的讲学。归国以后,国内郦学界颇多关注,对于我在日本讲学的内容、讲义以及日本郦学界的研究动态等等,各方常有所询。我在关西大学大学院(即研究生院)所讲《水经注》,内容主要有两方面,一方面是介绍历史上郦学研究的一般概况和学派,我已以《论郦学研究及其学派的形成与发展》为题,在《历史研究》1983年第6期发表;另一方面则是《水经注》中的一篇,即《江水注》的专题研究。特整理发表于此,以求国内郦学界的指正。

日本郦学界自从森鹿三教授于1964—1970年在京都大学人文科学研究所举办了"《水经注疏》订补研究班"以后,1974年就结出了他们的丰硕成果,出版了内容精湛的郦注日文节译本《水经注(抄)》。[①]森氏虽已于1980年病故,但如今桃李遍布,人才济济,郦学研究,大有可为。在我讲学期间的接触中,看到日本研究生不仅专业素养较深,其语言基础亦堪称扎实。在关西大学听我讲学的研究生中,多数均能听懂较慢的汉语,少数未熟谙汉语者,当我用英语复述一遍以后,也就立刻掌握了所讲内容,绝未因语言隔阂而影响讲学进度,至为难得。关于日本郦学研究的具体情况,我当另撰专文介绍,此处不再赘述。

在目前流行的多数郦注版本中,《江水注》分成3篇(卷三十三—三十五),篇幅仅次于《河水注》,说明这是全书很重要的部分。在《水经注》40卷之中,从作者亲身实践的角度进行评价,则显然可分两类。以《河水注》为主的许多记载北方河流的卷篇,多是经过作者实地考察的作品,而以《江水注》为主的记载南方河流的卷篇,由于当时国家分裂,作者足迹所未到,都是作者根据当时流行的文献资料加以综合的作品。从历史地理学研究的要求来说,后者的价值当然不及前者。不过,对于《水经注》这样一部特殊的古籍,还必须作特殊的分析。由于郦道元对于文献资料的选择利用十分审慎,而且他还常采用其他调查方法,搜集他足迹所未到之处的资料。因此,对于当时的南方河流,特别是北魏比较接近而声名甚著的江水,作者在撰写时是下了极大功力的。而且,由于《江水注》在全书中的重要地位,因此,历来的郦学家,对此都予以重视,考据、词章、地理三个学派的许多学者,都在这三卷之中下了很深的工夫。可以说,《江水注》是集中了郦学研究中各个学派的精华的。为此,对于《江水注》的研究,既可旁征博引,涉及广远;也可穷思细究,深入精微。本文限于篇幅,暂在下列六个方面稍作论述。

一、关于地名的阐述。在现代汉语中,"江"和"河"都作为地名中的通名,相当于英语中的 river。但在《水经》和《水经注》的时代,相当于 river 一词的汉语是"水",而"江"和"河"都是地名中的专名。"江"是今长江的专名,"河"是今黄河的专名。

"江"作为长江的专名,渊源甚早,春秋时代,吴王铜剑上的铭文,已有"处江之阳"字样。《山海经·西山经》说:"嶓冢之山,汉水出焉,而东南注于江。"《尔雅·释水》也说:"江、河、淮、济为四渎。"在上述涉及水名的引文中,汉、淮、济等,以后一直仍是专名,而江和河,可能由于它们是全国最大和最著名的河流,以致这两个词汇,逐渐演变成为一切河流的通名了。

正是因为江和河是全国最大的河流,因此在古代又常常冠以"大"字。《论衡·虚书篇》说:"广陵曲江有涛,文人赋之:大江浩洋。"《三国志·吴书·吴主传》说:"魏文帝出广陵,望大江曰:彼有人焉,未可图也。"说明"大江"这个名称从汉代到三国已经流行。《水经注》在江水、沔水、蕲水、青衣水、夷水、油水、湘水、未水各篇中,也都使用了大江这个名称。正如它在河水、济水、浊漳水、阴沟水各篇中使用"大河"这个名称一样。

至于今天习称的"长江",来源却已较晚。《三国志·吴书、周瑜传》说:"且将军大势可以拒操者,长江也。"《鲁肃传》说:"竟长江所及,据而有之。"《吕蒙传》也说:"全据长江,形势益张。"说明直到三国时代,长江之名才开始流行。《水经注》成书在三国以后,但全书未见长江之名,可见直到北魏,这个名称的流行还不普遍。

对于"江"原是长江的专名这一说法,历来曾为多数学者所公认。但近年来也有学者对此提出不同看法。有人根据《史记·殷本纪》所引《汤诰》中的话:"东为江,北为济,西为河,南为淮。"认为按此语淮在江之南,则此江不可能是长江,应是今苏北、鲁东南的沂河。又引《左传》哀元年："使疆于江、汝之间而还。"认为此事乃系楚国伐蔡,而据蔡国疆域,则"江、汝之间",此江实指淮水。又引《史记·周本纪》:"昭王南巡狩,不返,卒于江上。"认为周昭王南行在汉水之上,这是古今皆无异议的,则"卒于江上",此江当是汉水。由此,则"江"并非长江专名。②

但是另外也有学者对这种说法提出了异议,他们引证了大量古籍,说明。"江"为长江专名,不仅由来已久,而且众所公认,尽管在少数古籍中确有以其他河流作"江"的记载,但孤典罕例,不足以论全局。③

顺便也提一提长江的另一名称扬子江,扬子江又作杨子江,原来仅指长江下游的一段,大概没有疑问。明末清初,西方人来中国的渐多,才开始以扬子江(Yantze Kiang)作为长江的名称。在1936年出版的《扬子江水利考》(钟歆著,商务印书馆出版)一书中,开卷就说:"扬子江流域绵广,浩渺万里,支流纵横。"说明中国人后来也把扬子江代替长江的整个河段了。有人考证,历史上最早提出扬子江之名的是隋朝的文学家柳䛒,他在炀帝年间任秘书监之官,曾写作《奉和晚日扬子江应制》和《奉和晚日扬子江应教》二诗。④扬子江得名于今扬州南长江沿岸的渡口扬子津,这也是信而有征的。

还有人把扬子江写作洋子江的。据说这是出于西方人的误会。有人考证说:"因为长江水势浩大,江阔水深,有些外国人竟把扬子江误称为洋子江(Son of the Sea)或(Child of the Ocean),这些分明不是扬子江的真正含义⑤。"但大阪大学教授海野一隆在明嘉靖二十四年(1545)刊行的《新锲增补大明官制天下舆地水陆程限备览》卷九《南京十四府十七州九十五县形胜之图》上,找到了在池州府附近的长江所标的"洋子江"的注记⑥。说明这个名称并不一定是西方人的错误,还可以继续研究。

二、关于长江的江源。长江发源在什么地方,这是在很长的历史时期中,逐渐探索清楚的。中国在1976—1978两年中,对长江江源作了两次仔细的实地调查,江源问题才完全解决。长江发源于青藏高原唐古拉山主峰各拉丹冬,此山高海拔6621米,其冰雪融水形成了江源。江源上游有5条支流:楚玛尔河、沱沱河、尕尔曲、布曲、当曲,5条支流中以沱沱河为最长,所以它是长江的正源。

在古代,人们对江源的了解,当然不可能与现代相比。《尚书·禹贡》说:"岷山导江,东别为沱。"因为《禹贡》是经书,它在古代是受到极大尊重的。所以《说文》说:"江水出蜀湔氐徼外岷山"。《水经》说:"岷山在蜀郡氐道县,大江所出。"它们都根据《禹贡》,把从岷山发源的岷江作为长江的正源。现在大家都明白,岷江无非是长江的一条支流。

其实,古人很早就知道,长江还有比岷江更长的源流。《山海经·海内经》说:"有巴遂山,绳水出焉。"这个绳水,就是长江的正源金沙江。《海内经》一般认为是西汉初期的作品,说明人们对江源的认识,到西汉初期,已比战国末期(《禹贡》)前进了一步。到了《汉书·地理志》,情况就更为清楚:"绳水出徼外,东至僰道入江。"僰道即今宜宾,正是金沙江与岷江汇合之处。

《水经注》记载的长江上源,又大大地超过了《汉书·地理志》。卷三十六《若水注》说:"绳水出徼外,《山海经》曰:巴遂之山,绳水出焉。东南流,分为二水,其一水枝流东出,迳广柔县,东流注于江,其一水南迳旄牛道,至大莋与若水合,自下亦通谓之为绳水矣。"若水即今雅砻江,若水与绳水汇合,其下流仍称绳水,这条绳水当然就是今金沙江。《若水注》最后说:"若水至僰道,又谓之马湖江。绳水、泸水、孙水、淹水、大渡水,随决入而纳通称,是以诸书录记群水,或言入若,又言注绳,亦或言至僰道入江。正是异水沿注,通为一津,更无别川,可以当之。"从这段注文中,可见郦道元对当时长江上游的干支流情况,已经相当清楚了。注文中的绳水,是今金沙江的通称,淹水是今金沙江的上流,泸水是金沙江的中流,马湖江是金沙江的下流,孙水是今安宁河,大渡水是今康定县西的坝拉河。尽管他没有突破《禹贡》的框框,仍把岷江作为长江正源。在实际上已把长江上游的干支流分布记载清楚了。以后直到明崇祯十三年(1640),著名的旅行家徐霞客写了一篇《江源考》的论文,阐明江源当以金沙江为正,而岷江只不过是一条支流。徐霞客的功绩在于他胆敢批评经书的错误。至于对长江上游干支流的具体分布,徐霞客之所见,并没有超过《水经注》。关于这一点,谭其骧教授在四十年前就已经指出了。⑦

三、关于《江水注》与其他卷篇的关系。《江水注》共分3卷。但3卷中所记载的,其实只是长江的一段。对于郦学研究中的考据学派和词章学派来说,把这3卷孤立起来进行研究并无不可。但对于地理学派来说,长江是一条完整的大河,而3卷中记载的长江却是无首无尾的,所以必须与其他卷篇进行联系。长江是一条源远流长、支流众多的大河,假使和它的所有枝流都进行联系,这样,《水经注》中与《江水注》有关的就达14卷,共53篇。其中与干流直接有关的,也有六卷六篇。

首先是卷三十七《淹水注》:"淹水迳(姑复)县之临池泽,而东北迳云南县西,东北注若水也。"临池泽即今云南省永胜县南的程海,这是注文明确记载的长江干流所到达的最远之处。

接着是卷三十六《若水注》,若水是今雅砻江,并非长江干流。但《若水注》中所记载的绳水,却是金沙江的古名之一。注文说绳水"至大莋与若水合,自下亦通谓之为绳水矣"。又说:"绳水又迳越巂郡之马湖县,谓之马湖江。"马湖江即是金沙江与岷江汇合以前的古代名称。此外,《若水注》中记载的淹水与泸水,也都是古代金沙江的不同河段的名称。《若水注》最后记载了马湖江至僰道入江,这在前面已经提到。所以《若水注》与卷三十三《江水注》是密切衔接的。

卷三十三至卷三十五这3篇《江水注》记载长江的主要河段,但卷三十五最后只记载到今湖北与江西两省交界处一带的青林湖。以致清代的郦学家全祖望怀疑《江水注》原来还有第四篇。他在《水经江水篇跋》中说:"江水失去第四篇,而青林湖以下竟无考。"[⑧]《水经注》经过多年的辗转传抄,缺佚当然是不少的。但全祖望所说的《江水注》第四篇,其实就是卷二十九《沔水注》。这一篇,从今鄱阳湖起,一直记载到长江入海,它和卷三十五是紧紧衔接的。而且,在与《江水注》之间的关系方面,《沔水注》较之上述《淹水注》和《若水注》更为重要。特别是对于地理学派来说,《淹水注》和《若水注》的记载,虽然涉及长江上游,但是由于那个地区地形崎岖,经济落后,注文涉及的主要是自然地理的问题。但《沔水注》却不同,这一带平原沃野,经济发达,注文记载的不仅是自然地理,并且还涉及大量人文地理的问题。所以,在《江水注》的研究中,卷三十三到三十五。三篇当然是核心,但还必须同时研究其他有关的卷篇,其中特别是卷二十九《沔水注》。

四、关于《江水注》中的某些错误。《水经注》是一部1400余年前的古籍,中间经过多少人的辗转传抄,因此,内容的错误,当然是在所难免的。错误大概有两类:一类是长期传抄中所发生的错误,这类错误已有不少为考据学派的学者所订正;另一类是作者原来所存在的错误,特别是地理学上的错误。这类错误也已有地理学派所指出。清初黄宗羲在他的著作《今水经》序中指出:"以曹娥江为浦阳江,以姚江为大江之奇,分苕水出山阴县,具区在余姚,沔水至余姚入海,皆错误之大者。"在上述黄宗羲指出的错误中,"以姚江为大江之奇","沔水至余姚入海"等,都是对长江这条河流的记载错误,但这种错误并不发生在《江水注》的3篇之中,而是发生在前已指出的与《江水注》关系最密切的卷二十九《沔水注》之中。但是必须指出,虽然这种错误不是传抄的错误而是原著的错误,但错误却并非由郦道元造成。相反,郦道元对这些错误是作了一些实事求是的说明的。

造成这种错误的主要原因是后世学者对《尚书·禹贡》等古籍的误解。《禹贡》扬州有"三江既入"的话,这和《禹贡》冀州的"九河既道",《禹贡》荆州的"九江孔殷"一样。这中间的"三"和"九"等数词,应该理解为多数的意思,并不一定恰恰就是"三"和"九"的实数。但后世却有不少学者,用"三"和"九"的实数去解释《禹贡》"三江"、"九河"、"九江"等,臆造出许多江、河的名称以凑合数字。在"三江"的解释中,最有影响的是《汉书·地理志》的北江、中江和南江。其实《禹贡》本身只提到北江和中江两条江名,而且这两条江名与所谓"三江"是否存在关系,《禹贡》并无说明。但《汉书·地理志》却咬定《禹贡》的北江和中江就是"三江"中的两条，于是再臆造一条"南江"以凑足"三"之数，并且还无中生有地臆加一条称为"分江水"的河流，说"分江水首受江，东至余姚入海"。所以黄宗羲批评《水经注》"沔水至余姚入海"的错误，实际上就是《汉书·地理志》的错误。

郦道元虽然承袭了《汉书·地理志》的错误，但是他实在并不完全相信《汉书·地理志》的说法。他知道中国东南地区是一片水乡泽国，河道复杂，《汉书·地理志》的说法是并不可靠的。他在卷二十九《沔水注》最后说："但东南地卑，万流所凑，涛湖泛决，触地成川，枝津交渠，世家分伙，故川旧渎，难以取悉，虽粗依县地，辑综所缠，亦未必一得其实也。"他的这段话，倒是把长江三角洲和太湖流域的河流情况作了比较清楚的描述。他虽然没有亲身到过这个地区，但他所掌握的这个地区的资料，看来比《汉书·地理志》已经大大丰富了。

五、关于《江水注》的生动语言和细腻描写。《水经注》一书，在文学上也有很高的成就。明末清初人张岱说："古人记山水，太上郦道元，其次柳子厚，近时则袁中郎"。[⑨]清刘献廷推崇此书文字的生动，说它"片言只字，妙绝古今"。[⑩]我在拙作《〈水经注〉的地理学资料与地理学方法》[⑪]一文中，曾经指出，此书语言之所以生动，原因之一是作者善于吸取民间的语言以丰富自己的描写能力。特别是对于民间歌谣谚语的引用。这种写作技巧，在《江水注》中有充分的表现。《江水注》所记载的长江流程中，有一段自古到今的著名风景区，这就是三峡。就在这一段中，作者施展了他那高度的写作技巧，运用许多生动的歌谣谚语，使文字大为生色。卷三十三写到三峡之首广溪峡附近的淫预石（滟滪石），注文说："江中有孤石，如淫预石，冬出水二十余丈，夏则没，亦有裁出处矣。谚云：滟滪大如象，瞿塘不可上；滟滪大如马，瞿塘不可下。峡人以此为水候。"这里，"滟滪大如象，瞿唐不可上；滟滪大如马，瞿塘不可下。"把滟滪石作为一枝行舟的水位尺，这条谚语，显然来自该地船工，是十分生动的群众语言。

卷三十四经文"又东过夷陵县南"下，作者又引用了当地的歌谣。注文说："江水又东迳流头滩，其水并峻急奔暴，鱼鳖所不能游，行者常苦之。其歌曰：滩头白勃坚相持，倏忽沦没别无期。袁山松曰：自蜀至此，五千余里，下水五日，上水百日也。"这一段以民间歌谣描写流水之速，真是十分逼真。他又引袁山松的目击记载："五千余里，下水五日"。也就是日行千里。后来唐李白诗说："朝辞白帝彩云间，千里江陵一日还。"两者是符合的。在同一条经文之下，另外还有一段对黄牛山及其附近江道的描写。注文说："江水又东迳黄牛山下，有滩名曰黄牛滩。南岸重岭叠起，最外高崖间有石，色如人负刀牵牛，人黑牛黄，成就分明。既人迹所绝，莫得究焉。此岩既高，加以江水纡曲，虽途迳信宿，犹望见此物。故行者谣曰：朝发黄牛，暮宿黄牛，三朝三暮，黄牛如故。言水路纡深,回望如一矣。"黄牛一谣,虽然寥寥四句,但这是民间千锤百炼的语言,用来描写江道的迂曲,真是惟妙惟肖。

《江水注》中还有一段著名的文章,这段文章不仅是《江水注》的代表作,也是整部《水经注》的代表作。在中国,历来选辑古人游记、文选以至编纂语文课本时,常把这一段文字选入,供人们研究和欣赏。我在拙作《我读水经注的经历》(载上海人民出版社出版的《治学集》)一文中,也特地录入了这段文章。

> 自三峡七百里中,两岸连山,略无阙处,重岩叠嶂,隐天蔽日,自非亭午夜分,不见曦月。至于夏水襄陵,沿泝阻绝,或王命急宣,有时朝发白帝,暮到江陵,其间千二百里,虽乘奔御风,不以疾也。春冬之时,则素湍绿潭,回清倒影,绝巘多生怪柏,悬泉瀑布,飞漱其间,清荣峻茂,良多趣味,每至晴初霜旦,林寒涧肃,常有高猿长啸,属引凄异,空谷传响,哀转久绝。故渔者歌曰:巴东三峡巫峡长,猿鸣三声泪沾裳。——卷三十四《江水》经"又东过巫县南,盐水从县东南流注之"。

六、关于《江水注》的佚文。《水经注》在《隋书·经籍志》著录中作 40 卷,到北宋《崇文总目》中已缺佚 5 卷,这在《四库提要》中已有清楚说明。清全祖望也指出:"今世《水经》非足本,浊漳、清漳二篇,脱佚尤甚。"[⑫]其实,"脱佚尤甚"的何止浊漳、清漳 2 篇,在《江水注》3 篇和卷二十九《沔水注》一篇之中,据我历年来所辑录,佚文就有 54 条之多。前面引用的"滟滪大如象,瞿塘不可上;滟滪大如马,瞿塘不可下。峡人以此为水候"一条,在今本就是佚文,它是从明《寰宇通志》卷六十五、《天下名山诸胜一览记》卷十四及《读史方舆纪要》卷六十六等中所辑录的。

我在拙作《论水经注的佚文》[⑬]一文中,把目前我们可以收辑到的《水经注》佚文分成五类,其中第一类最完整可信,这类佚文可以明显地看出佚于原注何处,以之插入,原文就成完璧,上述滟滪石条,就是这类佚文的例子。此外,《名胜志·四川》卷六也有一条属于《江水注》的很有价值的佚文。这条佚文共 13 字:"立碑六字曰:深淘滩,浅包隔。隔者",这 13 字显然佚于后来称为都江堰的水利工程之中。卷三十三《江水》经"岷山在蜀郡氐道县,大江所出,东南过其县北"注云:"李冰作大堰于此,壅江作堋,堋有左右口,谓之湔堋"。上述 13 字,若置于"李冰作大堰于此"之下,则注文的意思就完整而明白了。

这条佚文之所以特别重要,是因为它是记载都江堰"六字诀"的最早资料。"六字诀"即"深淘滩,低作堰"(《水经注》作"深淘滩,浅包隔")相传是李冰留下的治堰准则,但《史记》和《华阳国志》等重要史籍中却都未见记载。1943 年四川省水利局编的《都江堰水利工程述要》曾经载及:"宋开宝五年(972 年)壬申,宋太祖敕重刻'深淘滩,低作堰'六字诀于灌口江干。"但这项资料由于末注明来源,而今遍索不得出处,其可靠性很可怀疑。目前史书中最早记及此事的为《元史·河渠志》："又书'深淘滩，低作堰'六字其旁，为治水之法。"《名胜志》从古本郦注抄下这条记载，使"六字诀"比《元史》提早了700多年。

北宋著名文学家苏轼在其所著《石钟山记》一文中引《水经注》："下临深潭，微风鼓浪，水石相搏，声如洪钟。"[14]这是很多人熟悉的文字，但在今本郦注中却也是佚文。按石钟山的地理位置，这段文字也可能佚于卷二十九《沔水注》，当然也是长江沿流的地理事物。这段文字也见于《太平寰宇记》，[15]说明北宋初年朝廷所藏的本子，当是隋、唐以降的足本，而苏东坡所据之本，也从宋初的足本传抄而来。

注释：

① 参阅拙作《评森鹿三主译〈水经注〉（抄）》，载《杭州大学学报》（哲学社会科学版）1981 年第 4 期。

② 石泉《古文献中的"江"不是长江的专称》，载《文史》第 6 辑，中华书局 1979 年版。

③ 赵苇航、孙仲明《关于"江"和"长江"在历史上名称与地望的变化问题的商榷》，1982 年上海历史地理学术讨论会文献，油印本。

④⑤ 孙仲明、赵苇航《长江与扬子江名称初考》，载《地名知识》1980 年第 3 期。

⑥ 《扬子江与洋子江》，1982 年上海历史地理学术讨论会文献，油印本。

⑦ 《论丁文江所谓徐霞客地理上之重要发见》，载《地理学家徐霞客》，商务印书馆版。

⑧ 《鲒埼亭集·外编》卷二二。

⑨ 《跋寓山注二则》，载《琅嬛文集》卷五。

⑩ 《广阳杂记》卷四。

⑪ 《杭州大学学报》（自然科学版）1964 年第 4 期。

⑫ 《水经注斯洨水帖子柬东潜》，载《鲒埼亭集·外编》卷二二。

⑬ 《杭州大学学报》（自然科学版）1978 年第 3 期。

⑭ 《苏东坡全集》卷三七。

⑮ 《太平寰宇记》卷一一一引《永经注》："石钟山下临深潭，微风鼓浪，水石相搏，响若洪钟，因受其称。"

原载《杭州大学学报》（哲学社会科学版）1984 年第 3 期

十一、《水经注》记载的南亚地理

　　我国古代有一部专门记述河流的著作，称为《水经》，《水经》的作者已经无法考定，其著作年代，历来也有不同意见。《四库全书提要》认为其作者"大抵三国时人"，而清代的另一位地理学家胡渭，在其著作《禹贡锥指》中认为《水经》"创自东汉而魏晋人续成之，非一时一手作"。《水经》虽然是一种记述河流的地理专著，但内容却十分简单，全篇记载了河流137条，每条河流都不过寥寥数语。到了北魏，郦道元为《水经》作注，全书40卷，超过《水经》20倍，除原来的河流137条外，又引及支流1252条。注文不仅对各河流域中的自然地理和人文地理有详尽记载，对历史沿革、人物掌故、逸闻旧说、方言俚语等，也无不广泛搜罗。加上文字生动，描写细腻，在学术上有重要价值。历来中外学者，对它进行了深入的研究，形成了一门所谓"郦学"。清乾隆年间，由于全祖望、赵一清、戴震等郦学家相继兴起，出现了一个郦学研究的全盛时代，各种校勘精密的版本次第刊行，其中乾隆三十九年(1774)刊行的武英殿聚珍版本(本文引用的都以此本为准)，成为这一时期的最佳版本。[①]在国外，郦学研究也不乏其人。早在1905年，法国汉学家沙畹(Edouard Chavannes)就在他主编的《通报》中，用法文选译了《水经注》的若干卷篇。在日本，由著名郦学专家森鹿三主持，于1974年出版了《水经注(抄)》日文译本，注释详尽，体例完善，是近代的佳本。[②]

　　《水经注》不仅记载我国国内的古代地理概况，同时也记载古代域外的地理概况。此书卷一《河水》经"屈从其东南流，入渤海"和卷二《河水》经"又南入葱岭山，又从葱岭北出而东北流”之下，注文以丰富的资料，记载了公元7世纪以前南亚地区的自然地理和人文地理概况，其中许多资料都是很有价值的。

《水经注》的记载是以水道为纲的，所以一开始，它就记载了南亚地区最大的两条河流。卷一《河水注》说：

> 阿耨达太山……即昆仑山也。……其山出六大水。山西有大河名新头河，郭义恭《广志》曰：甘水也。在西域之东，名曰新陶水。山在天竺国西，水甘，故曰甘水。

按日本森鹿三主译的《水经注(抄)》卷一《河水注》注释四〇说“新头河，Sindhu，也有音译为信度、新陶、辛头等的，指今天的印度河。”这说明郦注的新头河和新陶水，都是印度河的别译。注文以后还继续记载此河的流踪：“新头河又西南流屈而东南流，迳中天竺国。”“又迳蒲那般河”。“此水(按指蒲那般河)迳摩头罗国而下合新头河”。注文最后还说明了印度河的入海流程：“自新头河至南天竺国，迄于南海，四万里也。释氏《西域记》曰：新头河经罽宾、犍越、摩诃剌诸国而入南海是也。”

当然，郦注记载的印度河流程，并不是完全正确的。例如说蒲那般河流迳摩头罗国而下会印度河，按摩头罗国即今印度的马土腊(Mathura)，位于恒河的支流之一朱木那河上游沿岸，它和印度河之间还隔了一片广大的、在地质年代早已形成的塔尔沙漠。虽然古今水道变迁，但蒲那般河绝不可能是印度河的支流。而《佛国记》此河作遥捕那河，[③]正是朱木拿河的古译。尽管如此，郦注记载中的古代印度河，其中大部分还是正确的，是有关南亚古代河流的重要资料。

《水经注》记载的另一条南亚河流是恒河。注文说：

> 阿耨达山西南，有水名遥奴；山西南小东，有水名萨罕；小东，有水名恒伽。此三水同出一山，俱入恒水。康泰《扶南传》曰：恒水之源乃极西北出昆仑山中，有五大源，诸水分流，皆由此五大源。枝扈黎大江出山西北流，东南注大海。枝扈黎，即恒水也。

恒河是一条水量丰富、支流众多的河流，注文记载了上述遥奴、萨罕、恒伽等支流外，以下还记载了希连禅河、醯兰那水、河南摩强水等支流，最后记载了此河的入海：“恒水又东到多摩梨靬国，[④]即海口也。”“发拘利口，入大湾中，正西北入可一年余，得天竺江口，名恒水”。这里，注文所说的“拘利口”，据岑仲勉考证为今泰国南部的克拉地峡，[⑤]则所谓“大湾”显然就是孟加拉湾。

除了河流以外，注文对南亚地区的各类地貌，也有生动逼真的描述。对于印度河上游，注文写出了当地高山深谷的险峻形势。注文说：

> 度葱岭，已入北天竺境，于此顺岭西南行十五日，其道艰阻，崖岸险绝，其山惟

石,壁立千仞,临之目眩,欲进则投足无所,有水名新头河,昔人有凿石通路施倚梯者,凡度七百梯,度已,蹑悬絙过河,河两岸,相去咸八十步。

对于帕米尔高原和喀喇昆仑山地区的高山峡谷地貌,注文写得惟妙惟肖。这类记载很多,例如:"山险有大头痛、小头痛之山,赤土身热之阪,人畜同然。""罽宾之境,有盘石之隥,道狭尺余,行者骑步相持,絙桥相引","山溪不通,引绳而渡"等,都是这类地貌的生动写照。

在高山地貌以前,注文也记载了"中天竺国,两岸平地"。这就是一种比较宽广的河谷地貌。至于到了恒河下游,注文记载:"恒水又东至五河口,盖五水所会。"这就是低平的恒河平原的地貌了。

《水经注》对于古代南亚地区的生物界也有较详的记载,而特别丰富的是植物,其中有的可能就是古代南亚森林中的建群树种,具有显著的区域特性。例如注文中多次提到的贝多树,也称贝多罗树(Pattra),是一种棕榈科常绿乔木(Barassus flabellifer),古代印度人多拿来写佛经,称为贝叶经。这种树在印度的热带和亚热带地区是普遍存在的。此外如豆科的阎浮树⑥(Prosopis spicigera),豆科的须诃树(即阿输迦树,或称无忧树,Saraca indica),马鞭草科的尼拘律树(Vitex Negundo)等,至今都仍是印度各地的常见树种。至于注文中记载的旃檀木(Santalum album),是一种檀香科常绿小乔木,佛教中常用于焚烧作香,在印度也有广泛的分布。注文中记载的还有一种在南亚很典型的树种娑罗树(Shorea robusta),是龙脑香科的常绿树,在南亚地区,北起尼泊尔的特赖平原,南到恒河流域以至德干高原,分布十分广泛,至今仍是这个地区的重要经济树类。尼泊尔谚语说:"让它站一千年,躺一千年,给它弄干还有一千年。"⑦说明此树木材的坚实耐用。

在郦注记载的南亚地区的草类之中,最重要的是吉祥草(Reineckea carnea),这是一种百合科的多年生常绿草本,森鹿三主译的《水经注(抄)》卷一《河水注》注释一四二说:"吉祥草,Kuśa,按读音写作姑尸、短尸,译为上茅、茆草,是生长在湿地上的一种茅草,用作坐禅的敷物。"虽然此草不仅产于印度,但郦注记载此草,显然与那里的佛教有关。

在郦注记载的南亚地区的作物之中,最引人注目的是木棉科的吉贝(Ceiba pentandra)。吉贝一词,原是马来语Kāpoq的转译,⑧说明其原产地并不在南亚。台北中华书局影印本《杨熊合撰水经注疏》卷一《河水注》疏引《梁书·海南诸国传》说:"林邑国出吉贝,吉贝者,树名也。其华盛时如鹅毳,抽其绪纺之作布,洁白如纻布。"又引玄应《音义》说:"罽宾以南,大者成树,其花彤小,状如土葵,有鼓,剖以出花如柳絮,可纫以为布,用之为衣。"这就说明,这种原产于东南亚的作物,古代早已传入南亚。所以郦注记载的阿育王故事中说"覆以数重吉贝",吉贝当时已经是南亚的土产了。

在古代南亚地区的动物中,《水经注》记载的有小步马、驴、鹙鸟、象等,其中一处说道:"群象以鼻取水洒地。"南亚至今仍是亚洲象(Elephas maximas)最多的地方,则公元7世纪记载中称"群象",也就不足为奇了。

除了植物和动物以外,《水经注》也记载了南亚地区的矿物,其中记载得最完整的是盐。注文说:"有石盐,白如水精,大段则破而用之。康泰曰:安息、月氏、天竺至伽那调御,皆仰此盐。"

以上所述,是《水经注》记载的古代南亚地区的自然地理概况。至于此书记载的古代南亚地区的人文地理概况,内容就更为丰富。

首先,注文对当时南亚地区的政治地理,记载得相当完备。注文中曾经出现的古代南亚地区的国名,约如下表所列。

下列《水经注》记载的古代南亚国家,注文中有时也不免出现错误。例如卷一《河水注》所记载的"中国"。注文说:"自河以西,天竺诸国,自是以南,皆为中国,人民殷富。中国者,服食与中国同,故名之为中国也。"其实,这里所称的"中国",是指古代印度恒河中游一带的许多小国。梵语作 Madhyadeśa,意谓中部的(Madhya)国家(deśa)。与梵语称我们中国(Tchina)绝不相同[⑨]。注文所说:"中国者,服食与中国同,故名之为中国也"。显然是牵强附会的。当然,对全书来说,这样的错误,仍属瑕不掩瑜。

国名	今地	备考
天竺国	我国古代对印度的别译,此外还译作贤豆、身毒等。	
乌秅	今我国新疆与克什米尔交界处。	大典本作乌托。
悬度之国	约在乌秅之西,克什米尔的北部。	
北天竺		见天竺国。
中天竺国		见天竺国。
乌长国	今印度北部。	吴琯本、注笺本、五校抄本、注释本、注疏本等作乌苌国。
毗荼国	今印度河支流 Sohan 河流域以南。	
摩头罗国	今印度马土腊一带。	
天竺诸国		见天竺国。
中国	古代恒河中游一带。	
南天竺国		见天竺国。
罽宾国	今克什米尔一带。	

续表

国名	今地	备考
犍陀卫国	今印度河西北喀布尔河下游流域。	注文亦作犍越国。
摩诃刺国	在南印度,一说为恒河流域的 MahaRajgir。	大典本、黄省曾本、吴琯本、注笺本等作摩刺国。
拘夷那褐国	一说在印度北部卡西亚地方,一说在尼泊尔加德满都东。	吴琯本、注笺本、北京版注疏本等作拘夷那竭国。
毗舍离国	今印度拉耳甘季附近。	注文亦作维邪离国。
僧伽施国	今印度埃塔伐以北。	
沙祇国	今印度法扎巴德附近。	大典本、黄省曾本、沈炳巽本等作祇国。
迦维罗越国	今尼泊尔博卡拉西南。	注文亦作迦维卫国。
瓶沙国	在王舍城以南。	
蓝莫国	今尼泊尔博卡拉东南。	
摩羯提国	在今恒河南。	注文亦作摩羯国。
迦尸国	今印度瓦腊纳西一带。	
波罗奈国	今印度瓦腊纳西一带。	
瞻婆国	今印度东部巴加尔普尔一带。	
波丽国	今印度北部巴特那。	
多摩梨轩国	今印度东部塔姆卢附近。	大典本、黄省曾本、吴琯本、注笺本、何校明抄本、王校明抄本、注疏本等作多摩梨帝国。
担袂国	即多摩梨轩国。	黄省曾本、吴琯本、何校明抄本、五校抄本、注释本、注疏本等作担袂国。
难兜国	克什米尔北境。	
幺尸罗国	今巴基斯坦拉瓦尔品第西北。	
弗楼沙国	今巴基斯坦白沙瓦一带。	
私诃条国	今斯里兰卡境内。	
无雷国	今中国新疆、苏联塔吉克、阿富汗和克什米尔界上。	

注:今地根据冯承钧《西域地名》,苏继庼《岛夷志略》注释,足立喜六《法显传考证》等考定。

　　除了政治地理以外,郦注对南亚地区的城市地理也多所描述。注文中记载的古代南亚城市甚多,例如卷一《河水注》记载的拘夷那褐国南城,毗舍利城,王舍城,僧迦扇奈揭城,罽饶夷城,沙祇城,迦罗卫城,巴连弗邑,泥犁城,王舍新城,迦那城,波罗奈城,瞻婆国城等;卷二《河水注》记载的鲜循城,犍陀越王城,钵吐罗越城等。其中有些城市,注文记载得相当详细。例如卷一《河水注》的巴连弗邑:"邑即是阿育王所治之城,城中宫殿皆起墙阙,雕文刻镂,累大石作山,山下作石室。……凡诸国中,惟此城为大,民人富盛。"有的记载还清楚地描述了城市的规模,卷一《河水注》的毗舍利城即是其例,注文说:"去王舍新城五十由旬,城周三由旬。"又记载潹沙王旧城说:"东西五、六里,南北七、八里。"象这类古代南亚城市,规模都不能算小了。又如卷二《河水注》记载的罽宾国首都鲜循城:"土地平和,无所不有,金银珍宝,异畜奇物,踰于中夏,大国也。"清楚地描述了一个古代南亚大国国都的情况。

《水经注》对于南亚地区的风俗习惯、宗教、语言等人文地理概况也有不少记载。例如卷一《河水注》记载今克什米尔北部的所谓悬度之国:"其人山居,佃于石壁间,累石为室,民接手而饮,所谓猨饮也。有白草、小步马,有驴无牛。"清楚地写出了这个高山小国的风土民情。卷一《河水注》记载的另一个迦维罗越国说:"今无复王也,城池荒秽,惟有空处,有优婆塞姓释可二十余家,是昔净王之苗裔,故为四姓,住在故城中。"这里的所谓"四姓",已经涉及了印度的种姓制度。据台北中华书局影印《水经注疏》引《摩登经》说:"世有四姓,皆从梵生,婆罗门者,从梵口生;刹利,肩生;毗舍,脐生;首陀,足生。以是义,故婆罗门者最为尊贵,得畜四妻;刹利,三妻;毗舍,二妻;首陀,一妻。"郦注关于"四姓"的记载引自晋支僧载《外国事》,但《外国事》一书早已亡佚,所以郦注已成为我国记载南亚地区种姓制度的最早文献之一,这是十分可贵的资料。

南亚地区是世界宗教建筑艺术的宝库之一。《水经注》记载这个地区的宗教建筑艺术,为数甚为可观。注文描述了当地的许多宫殿和园苑如拘夷那褐国王宫、大城里宫、净王宫、巴连弗邑宫殿等以及王园、随楼那果园、鹿野苑等。同时也描述了这一带的许多寺院如蒲那般河僧伽蓝、钵吐罗越城东寺、旷野精舍等。塔是佛教建筑艺术中的特色,也是南亚地区建筑艺术中最引人入胜的杰作,因此,郦注对这个地区的塔,记载确是不嫌其详,诸如阿育王浮屠、放弓仗塔、条三弥浮图、[10]蓝莫塔、四大塔、弗楼沙国大塔等,为数近 20 处,都是当时著名的大塔。

在《水经注》对于南亚地区的记载中,常常使用当地的语言,并不一律强求汉译,这也是它的成功之处。诸如由旬(yojana)、据卢舍[11](krosa)、僧伽蓝(samgharama)等等,不胜枚举。注文常常把这些当地的语言作出解释,例如卷一《河水注》的耆阇崛山,注文解释说:"胡语,耆阇,鹫也。"又如同卷的地名半达钵愁,注文解释说:"半达,晋言白也;钵愁,晋言山也"。清楚地说明,半达钵愁,就是汉语白山。其实,半达即梵语 Punda 的音译,钵愁即梵语 vasu 的音译,这也是十分清楚的。《水经注》记载中的这种不嫌外语的做法,大大地丰富了注文的语言。

《水经注》对于南亚地区的记载,还十分重视区内外的交通联系。山川城市,道路里程,往往写得十分清楚。例如:"河南摩强水在迦维罗越北,相去十由旬"。"白山去瓶沙国十里"。"昙兰山去白山六由旬"。"贝多树在阇衹北,去昙兰山二十里"等,不胜枚举。从南亚到南亚以外地区的交通联系,注文也常有涉及,例如卷一《河水注》记及:"从迦那调洲西南入大湾,可七、八百里,乃到枝扈黎大江口,度江迳西行,极大秦也。"迦那调洲据岑仲勉考证,认为在今缅甸西部沿海。[12]枝扈黎大江即恒河,大秦是我国古代对罗马帝国的称呼。从迦那调洲到大秦,尽管路途遥远,但郦注所记,按其方向和路线,都是正确的。卷一《河水注》并且还记及今东南亚的林杨与金陈两国。注文说:"林杨国去金陈国,步道二千里,车马行,无水道。"林杨国一名,在我国三国吴时已有所见,或谓在今泰国西部。金陈国即是金潾或金遴的别译,其故地也在泰国。南亚记载中涉及东南亚,说明当时这两个相邻地区之间,已经有了比较频繁的来往。注文在这方面提供了一个实例:

> 昔范旃时,有嘾杨国人家翔梨,尝从其本国到天竺,展转流贾至扶南,为旃说天竺土俗,道法流通,金宝委积,山川饶沵所欲,左右大国,世尊重之。旃问曰:今去何时可到,几年可回? 梨言:天竺去此可三万余里,往返可三年踰,及行,四年方返。

上文所说的嘾杨国,岑仲勉认为即是林杨国。[13]而扶南,即今柬埔寨一带。范旃是三国吴时代的扶南国王。从上述记载中,足见这两个相邻地区的交通联系,很早就有了发展。而《水经注》在这方面所提供的资料,无疑是很有价值的。

前面已经指出,在《水经注》所记载的大量南亚资料之中,是难免有一些错误的。因为郦道元足迹不仅没有到过域外,甚至也不曾到过我国南方。他是依靠当时能获得的各种记载域外的文献,加以分析、综合而写成的。而在他所引用的资料之中,错误也同样在所难免,以致以讹传讹,造成了一些记载的失实。明人周婴在肯定了郦注的成就:"括地脉川,绅奇珍异,六合之外,宛在目中,三竺之流,如潆足下,神州地志,斯为最璀矣"以后,接着又指出了此书在南亚记载中的缺陷:"然皆蹑法显之行踪,想恒流之洞洑,其间水陆未辨,道里难明,所计差池,厥类亦众。"[14]这话当然也是言之有理的,不过其中"然皆蹑法显之行踪"一语,看来还值得商榷。郦注记载南亚,确实有不少地方引用了《法显传》(或称《佛国记》),但是除此以外,他引用的其他文献也不在少数。在注文中明确指出的征引文献达 10 种之多,而其中引及《法显传》8 处,引及《释氏西域记》更达 15 处,超过了《法显传》。这说明《水经注》对于南亚地区自然地理和人文地理的记载,资料来源是相当广泛的。下面表列的,是郦注引及的有关古代南亚的文献目录。

书名	作者	存佚	备考
释氏西域记	晋释道安	佚	注笺本、注疏本等作《释氏西域志》。
广志	晋郭义恭	佚	
扶南传	三国吴康泰	佚	
法显传	晋释法显	存	
外国事	晋支僧载	佚	
扶南记	南朝宋竺枝	佚	
佛国记	竺法维	佚	注文作:"竺法维曰"。按竺法维约为南朝宋、齐间人,所著有《佛国记》。
佛调传⑮	东晋,不知撰者	佚	注文作:"佛图调曰。"
汉书西域传	汉班固	存	
凉土异物志	不知撰者	佚	

　　从上表可见,郦注引用的有关南亚地区的文献,绝大部分都已经亡佚,赖郦注之功,才保留了它们的吉光片羽,则郦注记载的南亚地理资料,其价值也就可想而知了。

注释:

① 参见拙作《论水经注的版本》,载《中华文史论丛》1979 年第 3 辑。

② 参见拙作《评森鹿三主译水经注(抄)》,载《杭州大学学报》(哲学社会科学版)1981 年第 4 期。

③ 《法显传考证》,国立编译馆 1927 年版,第 115 页。

④ 本文所引《水经注》均从殿本。多摩梨轩国,在大典本、黄省曾本、吴琯本、何焯校明抄本、王国维校明抄本,注疏本等,均作多摩梨帝国。

⑤ 《水经注卷一笺校》,载《中外史地考证》上册,中华书局 1962 年版。

⑥ 注文亦作春浮树。

⑦ [尼泊尔]N.B 塔帕、D.P. 塔帕合著《尼泊尔地理》(自然、经济、文化与区域),第 40 页,1969 年。

⑧ Klein's Comprehensive Etymological Dictionary of the English Language, p. 399.

⑨ Ernest. J. Eitel, Handbook of Chinese Buddhism being a Sanskrit – Chinese Dictionary with Vocabularies of Buddhist Terms, p. 101, Tokyo, Sanshusha, 1904.

⑩ 殿本作"条王弥浮图",兹据《御览》卷七〇一改"王"为"三"。

⑪ 殿本作"据",日藤田丰八认为应作"据卢舍",见藤田丰八《东西交涉史研究》,第 693 页。

⑫⑬ 《水经注卷一笺校》。

⑭　《析郦》,载《厄林》卷一。

⑮　东汉时有严佛调,吴《法句经序》及道安《十法句义经序》中均曾引及,但此人未曾去过天竺。故此处佛图调,当指东晋时之竺佛调。

原载《南亚研究》1983 年第 4 期

十二、排印《水经注疏》的说明

　　《水经注疏》影印本在北京科学出版社出版已有 27 年，在台北中华书局的出版也已有 13 年，但是它的排印本却要迟到今天才和读者见面。为什么要把此书影印本重新排印出版？这里有两个重要的原因。第一个原因非常简单，即是为了减轻读者的经济负担，增加此书收藏和携带的便利。因为一部 150 万字的大书，北京影印本采用线装的形式，共 3 函 21 册；台北影印本采用平装的形式，也有 18 巨册。不仅售价高昂，收藏和携带也都很困难。改为排印本后，在这两方面所获得的好处是显而易见的。

　　第二个原因比较复杂，必须多说几句。《水经注疏》一书，由杨守敬始其事，由熊会贞继其业。其间数十年，曾经陆续抄出过若干抄本，今北京影印本和台北影印本的底本，都属于这一类抄本。我曾经对这些抄本作过一些研究，发现作为这两部影印本底本的抄本，都不是熊会贞最后的定稿，事详拙作《关于水经注疏不同版本和来历的探讨》一文中，此文已附在这个排印本的卷首。总之，这两部影印本的底本都相当粗糙，其中特别是北京影印本的底本，抄成以后就没有经过仔细的校阅，1955 年仓促影印，到 1957 年底即行出版。郦学界稍经浏览，即发现其错误满帙。我国郦学界的老前辈钟凤年先生，从此书出版之日就开始校勘，最后校出了错误达 2400 余处。[①]这种错误遍及经、注、疏三者，有些地方，由于错误连篇，竟至不堪卒读。所以，排印此书的另一个原因，就是为了修正此书的错误。在排印以前，不仅要加上新式标点，更重要的是要对原书作一次仔细的校勘，基本上消灭错误。

　　段熙仲教授受郦学界和出版界的委托,承担了此书的点勘任务。这个任务无疑是十分沉重的。段老学识渊博,著作等身,久已驰誉学术界,当然毋需我再作介绍。但他以过 8 旬之年(段老生于 1897 年),欣然接受这项任务,却确实令人钦敬。经过数年夙兴夜寐的辛勤劳动,不仅纠谬补缺,而且写下了详细的校记。耄期而竟此巨构,在我国郦学研究史上,实在是从胡朏明以来的一件不朽盛事。

　　承蒙段老和出版界的信任,要我在段老点勘的基础上,再做一些补充工作。为了向段老学习,也为了让这部排印本早日问世,我才不自量力,接受了这项工作,对全书作了一次补充校勘。我的工作主要是根据 4 种资料进行的。这就是:第一,台北影印本《水经注疏》;第二,钟凤年《水经注疏勘误》;第三,台北影印本《水经注疏》傅纬平校勘;第四,我个人历年来对此书的校勘。上列 4 种之中,最主要的是台北影印本。

　　关于台北影印本的一般概况,我在拙作《评台北中华书局影印本杨熊合撰水经注疏》②一文中已经有所说明。在对北京影印本的补充校勘中,为什么要以台北影印本为主要依据,对此还必须作出一点交代。首先,我应该声明,用台北影印本对北京影印本进行校勘的,我并不是第一人。几十年前,今北京影印本底本的收藏者徐行可,就已经做过这种工作。北京影印本卷首贺昌群的《影印水经注疏的说明》中说:"《水经注疏》稿中应当修改和补正的地方一定是很多的。单看徐行可校勘过的卷二十一《汝水》一册,便可略知。"钟凤年在他的《水经注疏勘误》中也发现了这件事。因为他每校一卷,总有上百处的错误,唯独这一卷中只校出了错误 6 处。因此,他在此卷之末特地写上一句说:"此卷已经售稿人徐行可修正,因而抄错处所遗无多。"其实,只要拿今北京影印本与台北影印本作一对照,徐当年的所谓校勘就立刻清楚。当年,徐在汉口,熊在武昌,只是一江之隔,徐可以便利地向熊借阅当时藏在熊身边的今台北影印本的底本。熊会贞在《汝水》一卷上的修改和补充,就是通过这种关系,从今台北影印本的底本抄入今北京影印本的底本之上的。现在拿两本的《汝水》一卷对比,凡是台北影印本有涂乙之处,北京影印本也作了同样的涂乙,这就是徐的所谓校勘。除此以外,别无丝毫其他改易。而且,徐行可当年的这种抄录,并不是很认真的。在钟凤年校出的 6 处错误之中,除一处"三十州志"("十三州志"之误),当时大概尚未被熊校出而徐也照误外,③其余有 4 处都是熊已校出而徐在抄录时漏抄的。另外还有一处即经"又东南过颍川郏县南",注:"司马彪《郡国志》曰:襄城有养阴里"句下的疏文:"会贞按:《郡国志》,'颍川郡襄县有养阴里,其下即襄城'。岂本襄城下之文,而今《郡国志》错入襄县下欤? 然终恐校此书者习见襄城,少见襄,妄加城字耳。"这里,熊把第一个《郡国志》的"郡国"二字改为"续汉",又把第二个《郡国志》的"郡国"二字删去,只留"志"字。这不过是一种书写体例的改易,由于熊在其抄本上作过涂乙,徐也照改不误。其实这条疏文语意不全,在"其下即襄城"之下,显然应加上"此引作襄城有养阴里"9字,但因熊未加,徐也相应不加。只是由于贺昌群和钟凤年都没有看到过台北影印本,所以才不约而同地认为徐在《汝水》一卷中下了不少校勘工夫。而其实徐的所谓校勘,无非是按熊的底本依样画葫芦而已。

不过《汝水》一卷经过徐按熊的底本抄改以后,我们细细揣摩一下改后的文字,就可以发现今北京影印本中,这一卷与其他各卷的许多不同之处。例如,绝大多数全祖望的"全"字已经删去,"黄省曾本"与"吴琯本"统作简称"黄本"、"吴本",又出现了别卷不见的"大典本"、"明抄本"。别卷中常见的如:"赵云:某书云:'某字当作某字。'赵依改。"被简化为"赵据某书改"。此外,对每个郡县城邑的沿革叙述,其体例也和别卷有了差异。在北京影印本中,《汝水》卷和别卷在体例上的这种差异,其实就是今台北影印本和北京影印本的差异。没有看到过台北影印本的人,只要细读北京影印本的《汝水》一卷,就可以略知台北影印本的全豹。

当年徐行可为什么要从熊藏抄本上抄改这一卷,是一种偶然的机会,抑是别有动机,我们已无从知道。但是,今天我们以台北影印本对北京影印本进行补充和校勘,却是完全说得出道理的。为了把道理讲清楚,我必须把北京影印本和台北影印本之间的渊源关系,再作一番解释。

杨守敬死于民国四年(1915),熊会贞继续在这部书稿上花了20多年时间。这期间,如汪辟疆、刘禺生所说:"暝写晨抄,二十余年如一日。"④ "书凡六、七校,稿经六易"。⑤北京、台北两影印本的底本,或许就是"稿经六易"过程中的产物。

把这两本对比一下,立刻可以看出两本抄录的先后次序。台北影印本的底本显然是先抄成的,抄成以后,经过熊的一番初校,改正了一些最明显的错误,又加上若干技术性的注记,如"此处提行"、"此条再校某书"等,然后再从这个初校过的底本,录出今北京影印本的底本,这从今台北影印本上的许多涂乙之处,在北京影印本都已抄录恭正,而技术性注记均已不存可以说明。此后,北京影印本的底本归徐氏收藏,徐除了前面已经指出的抄改《汝水》一卷的熊校以外,直到影印本出版,均一仍其旧。而台北影印本的底本一直留在熊处,得到熊的不断校改和补充,直到熊另立新稿,放弃此稿为止。

假使熊的最后定稿本至今无恙,那么,今北京、台北两影印本的底本,只不过是杨、熊郦学研究过程中的两部弃稿,就没有多大价值。但不幸的是,熊氏惨淡经营的最后定稿本被人私售,至今不知下落。因此,今台北影印本的意义就显得十分重要。因为直到熊不幸自裁,此稿一直在他身边。除非被杨勉之私售的原稿最后能够找到,今台北影印本无论在资料积累、数据完整和学术思想的发展等方面,都代表了杨、熊《水经注疏》的最后成果。尽管与北京影印本对比,台北影印本的改易或许不超过十分之一。但是作为一定时期熊氏郦学思想的发展和郦学研究成果的反映,这些增删改易,无疑具有重要意义。因此,在台北影印本已经出版的今天,我以此作为对北京影印本补充校勘的主要依据,这是势所必然的事。

这里顺便还要提出一个或许有人关心的问题。《水经注疏》是杨、熊师生二人合作的著作。杨去世以后,熊又赓续工作了 20 多年。其间"稿经六易"。则现在我们见到的成果,和此书初创人杨守敬的旨趣,是否已经存在距离? 事实是,段老和我都曾发现,熊在《水经注要删》中的某些资料,与《水经注疏》之间有些牴牾之处,而《要删》中的杨氏议论,《注疏》归入熊氏按语的,亦偶有之。但是,从另一方面设想,像这样一部150 万字的巨著,熊在 20 多年之中,又经过多次改易,资料浩瀚,头绪纷繁,上述情事,容或难免。今视台北影印本卷首所附《熊氏亲笔水经注疏修改意见》中,有一条指出:"先生初说,此书二人同撰,文各一半。故初稿有几卷题：都杨守敬疏人枝江熊会贞疏。后改作：都杨守敬疏人枝江熊会贞补疏。则是先生之书。通体凡先生说,止作'按'字,不必先提先生之名;会贞说,则作'会贞按'以示附见,如此较合。每篇首标题作：都杨守敬纂疏人枝江熊会贞参疏(改补作参)。文先生三分之二,会贞三分之一。"从这一条来看,熊氏实在无可非议。而事实上,北京影印本上作"会贞按"之处,经熊氏事后校阅而在台北影印本中改为"守敬按"的,为数甚多;有前者仅有"按"字的疏文,在后者中改为"守敬按"的,为数也属不少。说明在这类问题上,熊氏还是努力检点的。

至于疏文的体例内容,在"稿经六易"的过程中,与杨氏初创,确实有了距离。但这是由于资料陆续丰富,数据逐渐变化,方法不断进步,从而促使熊氏在学术思想上有所发展的缘故。这在学术研究中乃是正常的现象。例如杨氏在世之日,对于戴震的官本,实在颇为鄙视。其原因除了戴有袭赵之嫌外,亦由于杨确信戴自言所据大典本为子虚。杨在其致梁鼎芬札中说:"叶君浩吾谓世称戴所云《永乐大典》本,皆直无其事。"又说:"独怪当时纪文达、陆耳山并为总纂,曾不检大典本对照,遂使东原售其欺。"⑥其实,此言出于没有见过大典本的杨氏之口,在当时就失于武断。杨去世以后,熊获得南林蒋氏所藏的《校录大典本》前 20 卷,以之与官本一一核对以后,始知戴氏实"多从大典"。于是中外郦学名流如汪辟疆⑦和日人森鹿三⑧等,都认为戴震在这一点上蒙受了不白之冤。所以熊氏在台北影印本中动辄举残宋、大典、明抄各本相核对。又在他亲笔修改意见中写下一条说:"人或以戴出大典本为诬,故标出,非複也。"这里所泛指的"人",其实就包括他的老师杨守敬在内。熊在这个问题上如此处理,实为公正而必要的措施。

不过,上面我举这个例子,只是为了说明杨认为戴所引大典本"直无其事",而熊在获睹大典本后在今台北影印本的底本上作了实事求是的更正。并不涉及同时否定戴、赵相袭的问题。杨在《要删》自序中说："赵之袭戴在身后，一、二小节，臧获隐匿，何得归狱主人？戴之袭赵在当躬，千百宿赃，质证昭然，不得为攘夺者曲护。"在这个问题上，熊氏的观点，看来最后仍与杨保持一致。尽管他曾经在台北影印本的底本上删节过某些有关言语，例如《伊水篇》经"又东北过新城县南"注"故世有三交之名也"句下，台北影印本删去了疏文中的"此亦戴袭赵之一证"8字。这或许是熊氏希望在这个问题上的措辞宜于谨慎。其实，确认戴氏袭赵的疏文，在今台北影印本中仍然充篇累牍。例如《河水篇》五，经"又东北过高唐县东"注"京相璠曰：今平原阳平县"句下疏文："此犹得谓戴非袭赵耶？"《沔水篇》下，经"又东过会稽余姚县，东入于海"注"江水东迳绪山南"句下疏文："此犹得谓戴不见赵书乎？"如此等等，不胜枚举。这个问题的性质，当然和上面大典本的问题不同。在过去，争论的双方都认为赵书刊于赵、戴二人均已物故以后。争论的焦点在于戴是否看过赵书抄本。胡适在1947年致卢慎之的信中就这样说："他（按指杨守敬）全不知赵氏书有乾隆五十一年初刻未修本与初刻初修本之别，又有乾隆五十九年修改重刻本的不同。"假使事情完全如此，则问题比较简单。因为官本刊于乾隆三十九年，而戴震死于乾隆四十二年，戴氏未见赵书刊本，这是无疑的。但我后来看到清范希曾的《书目答问补正》，才知赵书在乾隆十九年已经有了家刻本，当因印数很少而不传。范希曾提供的这项至关重要的资料，在郦学界恐怕很少注意到。但范是一位脚踏实地的学者，其书当不致有讹。[⑨]诚如此，则在戴校官本问世前20年，社会上已经出版了这样一部与以后的官本内容十分雷同的《水经注释》，则情况可能就豁然明朗了。不过在我的这篇说明之中，这或许已是节外生枝的话题，此事就到此为止。

现在再回过头来说明一下北京影印本与台北影印本之间的主要差异。首先是体例上的差异，这是经过多次改写，在体例上更为成熟的标志。总之，熊氏以后在本书体例上的若干修改，使全书的文字愈加精炼，意义尤为明确，前后更具划一。这里，徐行可抄改的《汝水》一卷，已可见其一斑。关于体例划一的工作，熊在他《亲笔修改意见》中，曾作了不少规定，可惜这些规定，并不完全在台北影印本上实现。虽然在这个本子上，确实也按他后期的体例设想，作过一些修改，但是由于他以后放弃了这个本子，所以这种修改在这个本子中显得有始无终，前后抵牾。例如，他在《亲笔修改意见》中，决定把"守敬按，残宋本、大典本、明抄本"云云之中的"守敬按"，改为实际上从事这项工作的孙先梅（岭香）的名字，作"先梅按"。但这条意见在台北影印本中就完全未曾实行。傅纬平在台北影印本底本的校勘中，开始曾经想使这个本子在体例上完全符合熊自己提出的格局，但是他在校改了两卷以后，大概就发现，要在这个已经被熊放弃的本子上,继续熊自己没有做完的工作,这是十分困难的。例如关于上述"残宋本、大典本、明抄本"的问题,台北影印本上,依然是"守敬按",并不见孙先梅之名。倒是一位对此书实无建树却甘冒风险的李子魁,涂乙原稿,在"守敬按"的边上挤入他的名字。在此次排印本上,除了把这位无功受禄的第三者的名字清除以外,"守敬按"3字一律不改。因为考虑到这个本子是"稿经六易"过程中的一部弃稿,它反映《水经注疏》撰写过程中某一阶段的水平,我们不可能以熊会贞修改他的定稿本的要求强加于这个本子。好在熊的亲笔意见已附在卷首,他的最后定稿本的大致轮廓和基本格局,我们已可大概明了。

在台北影印本中,全祖望的"全"字,绝大多数都被删掉。保留下来的主要是全关于分清经注方面的和其他可以确认为属于他的学说。另外还有一些没有涂抹的"全"字,或许是熊在涂抹时的遗漏(例如《济水篇》)。当然,凡是原书未经涂抹的,排印本也照样保留,因为我们无法越俎代庖。在这个本子上涂抹全祖望的名字,这已经不属于体例的问题,而是反映了熊会贞的郦学思想的变化和发展。在乾隆年代的三位郦学大师全祖望、赵一清、戴震之中,杨守敬无疑是崇全、赵而抑戴的。尽管林颐山早已指摘了七校本的伪造,也尽管王先谦早已在合校本中排斥了全的位置。但在北京影印本中,不仅事必全、赵、戴并列,而且对于全有许多肯定的议论。这些议论有不少仍为台北本所保留。例如《㶟水篇》经"又东过勃海东平舒县北,东入于海"注"故互以明会矣"句下疏文:"全本有'此句疑'三字,而赵本不载,此非刻全本者所能伪作,当是七校真本。"《浊漳水篇》经"又东过壶关县北"注"谓之为滥水也"句下疏文:"足见近刻全本不尽伪。"《渭水篇》中,经"又东过武功县北"注"而左会左阳水"句下疏文:"知全氏'注中注'之说非谬。"如此等等,不胜枚举。但对于王梓材在七校本中作伪之事,杨守敬显然是察觉的。今北京、台北二影印本中,诸如"王梓材据戴本之所为"(《济水篇》一,经"又东过封丘县北"注"北济也"句下疏文),"王梓材据戴改全"(《洛水篇》经"洛水出京兆上洛县举山"注"是也"句下疏文)等,都是杨氏自己的按语。在熊氏20多年的工作中,他进一步仔细地核对了七校本,发现"王梓材据戴改全"的情况在七校本中是非常普遍的,因此,全本在很大程度上就是戴本,于是,在"全、赵、戴改"或"全、戴改"等疏文中,"全"字的意义就大可怀疑。台北影印本中的大量"全"字,就是在这样的情况下最后被熊所删掉的。且不问这种删改是否妥当,也不问假使杨在世,事情会不会发展到如此地步。因为熊毕竟在杨去世后又继续此事20多年,而且学术思想是随着数据的变化而不断发展的。在七校本作伪的证据已为众人所共知的情况下,如何看待和处理这个问题,那就得凭作者的思想与意旨,校勘者无权干预。作为古籍的校勘者,王梓材在七校本中所作的那种欲益反损的事,正可引为教训。因此,凡是在台北影印本中被删去的"全"字,排印本中一概不予恢复。

当然,要彻底查清王梓材作伪的情节程度,现在并非没有途径。因为天津图书馆还保藏着一部全氏《五校抄本》。我虽然曾经专程到天津研究过这部抄本,但是我当年研读此本的目的并不在于查清五校和七校的文字区别。这部抄本于1947—1948年间曾被胡适借阅过一年多,[⑩]他又是最早提出王梓材伪造七校本的学者之一,但在他关于《水经注》的最后一批著述,即1979年《中华文史论丛》第2辑所发表的他的遗稿《水经注版本的研究》中,其时正当他阅读五校抄本以后不久,但这些著述中并没有提出与他过去论点不同的意见。说明王的作伪是无疑的。[⑪]至于伪造的具体细节,希望今后会有学者,通过对五校、七校两本的逐字逐句地查对,使之全部核实。

至于台北影印本对北京影印本在内容上所作的修改和补充,我可以举下面两个例子:

《渭水篇》下,经"又东过霸陵县北,霸水从西北流注之"注:"王莽更之曰水章。"这一句注文,北京、台北两本相同,但台北影印本加了熊氏的一段按语:

> 会贞按:今本《汉志》作水章,与此同。然莽于汉县名陵者多改陆,章字与秦名霸水之意虽合,而与莽意不合。残宋本郦注作水革,大典本、黄本同。霸字从革,疑莽隐寓革命之意而取以名县。则《汉志》本作革,传抄讹为章也。自吴本改革为章,朱本沿之,至今遂无有知其非者矣。兹反复推求而得之。

对于这一条,虽然有残宋本、大典本和黄本可以作据,熊氏自己也经过反复推求,写出了如上一段按语,但他并不把注文中的"章"字改为"革"字,按语只供读者参考。因为觉得并无确实把握,改易必须慎重。这就是熊氏的治学审慎之处。

另一个例子在《沔水篇》上,经"又东过城固县南,又东过魏兴安阳县南,涔水出自旱山北注之"注:"有盐井,食之令人瘿疾"句下的疏文:

> 北京影印本云:"会贞按:《博物志》,山居多瘿,饮泉水之不流者也。郦氏言食此井之盐令人瘿疾,盖亦以其水之不流耳。"

> 台北影印本云:"会贞按:《博物志》,山居多瘿,饮泉水之不流者也。此则井盐,食之致疾为异耳。"

熊会贞在台北本的底本中改动他自己以前的按语,改动虽很小,但关系却很大。现在我们知道,所谓瘿疾,就是甲状腺肿大。山区多患此疾,这是由于食物中缺乏碘的缘故。《博物志》所说"饮泉水之不流者也",当然是错误的。在北京本的按语中,熊附和了《博物志》的说法,认为井水也是不流的,所以同样致疾。以后,他经过深思熟虑,或者查阅其他资料,改动了这条按语。虽然从他当时的知识来说,还无法否定《博物志》的话,但他自己决定不再附和《博物志》,并且提出了怀疑。这样的几个字改易,从疏文的科学性来说,当然是很大的进步。拿台北影印本与北京影印本相比,像上述这两类例子是很多的,限于篇幅,不再细叙。

　　台北影印本在疏文内容上对北京影印本的另外一种改易,是在全书内作了一些必要的删节。删去了若干芜杂冗长或是并不针对注文的疏文,虽然删节的数量并不很大,但从这种情况判断,估计在熊氏的最后定稿本中,删节还会更多一些。这项措施,对于疏文在文字上的精练性和针对性方面,都是很有好处的。根据熊氏《亲笔水经注疏修改意见》,这种做法还是杨氏生前的指示。熊说:"记师初说,疏欲详。赵、戴等说,可一概载入。后因篇幅太长者,不能全载。又说,俟书成,一齐加删节。不删节者,可就所见说几句。"现在看来,疏文详尽,固然是此书的一个重要优点。但有时确实也难免陷于庞杂冗复。所以,台北影印本的这种删节,显然是必要的。例如《汳水篇》经"汳水出阴沟于浚仪县北"注:"世宗休闻喜而显获嘉"句下,北京影印本原引用了《汉书·武帝纪》的一段文字。其实,这段文字在前面《涞水》、《清水》二篇都已分别引过。熊氏在对照了前面的文字以后,把这段疏文简化为:"守敬按:俱汉武帝元鼎六年事。郦氏于涞水及清水篇载之。"像这样一类的删节,精简了文字,但实际上并不减少全书的内容,当然是有利于提高疏文质量的。

　　杨、熊二人被称为郦学研究中的地理学派的代表人物,并不仅仅因为他们绘制过一套《水经注图》。特别还因为他们在疏文之中,十分重视山川地理的分析。他们对于地理现象观察的精细之处,有时甚至超过现代的某些地理学家。我可以随手举一个例子。1979年出版的《辞海》《水经注疏》条说:"因未经审校,错别字及脱漏之处甚多。如《涪水》漏抄郦注本文竟达九十多字。"这条《辞海》释文的上半段当然是正确的,我在本文开始时就指出了。但下半段说《涪水》漏抄郦注本文90多字的话,其实却是《辞海》自己的错误。《辞海》作者认为《水经注疏》漏抄的郦注本文,所指就是:"迳涪县西,王莽之统睦矣,臧宫进破涪城,斩公孙恢于涪,自此水上。县有潺水,出潺山,水源有金银矿,洗取火合之,以成金银。潺水历潺亭而下,注涪水。涪水又东南迳绵竹县北,臧宫溯涪至平阳,公孙述将王元降,遂拔绵竹。涪水又东南",共91字。这条释文的作者,由于没有考究这一带的山川地理,而只拿别的版本与之对照,一旦发现"涪水出广汉属国刚氏道徼外,东南流"之下,少了上列91字,就立刻断言这91字被杨、熊或他们的助手所抄漏。其实,只要他稍稍耐心一点,往下再读几段,就会发现,这91字原来未曾少去一个,只是次序前后,被杨、熊重新安排过了。熊会贞在"臧宫溯涪至平阳,公孙述将王元降,遂拔绵竹"句下按云:"'朱徼外'句下,接'东南流迳涪'云云,至'遂拔绵竹',下接'涪水又东南流与建始水合',至'迳江油广汉者也'。戴、赵同。准以地望,建始水在上,江油在下,涪县又在下,何能先迳涪县而后会建始水而迳江油也。明有错简。'东南流'三字,当接'与建始水合',至'迳江油广汉者也',又移'与建始水合'上'涪水又东南'五字于其下,乃接'迳涪县西',至'遂拔绵竹'方合。今订。"疏文的这种次序调整,无疑是正确的。在全书之中,杨、熊在山川地理的比较分析上,的确是花了极大功力的。

同样出于对地理学的研究,杨、熊对郡县城邑的沿革变迁十分注意,并且还逐城逐县地推究了今地所在。在这方面,台北影印本又和北京影印本稍有改易。在北京影印本中,今地的推究常常依靠《方舆纪要》、《续山东考古录》、《一统志》等文献。此书创稿于清季,利用上述文献推究今地,原来并无不妥。但当熊氏修改台北影印本的底本时,已经到了30年代,当时,各种新式地图的出版已经很多,因此,台北影印本上常常删去《一统志》等文献,而直接指明今地。不少今地的位置,也作了一些修改,这显然是熊对照了当时出版的地图所做的工作。

以上就是我在这次补充校勘中为什么要以台北影印本作为主要依据的原因。现在,全书经过段老数年于兹的精心校勘,基本上消灭了其中的错漏,而我的补充校勘,除了继续修补了若干注文和疏文的错漏外,又把北京、台北两影印本糅合在一起。[12]因此,在目前尚存的此书各种版本中,这个排印本或许称得上是除了熊氏的最后定稿本以外最完整的《水经注疏》版本了。这在一定程度上弥补了熊氏最后定稿本失落的损失。段老以耄耋之年,付出了如此巨量的劳动,其收获确实是值得称颂的。当然,由于全书篇幅浩大,并且实际上如前所述都是熊氏的弃稿,其中台北影印本由于李子魁的涂改和傅纬平的再校正,许多卷篇涂乙满纸,字迹模糊,辨认十分困难。因此,我们的工作必然还存在许多遗漏和错误,有待于海内外郦学家的批评指正。

另外需要顺便提及的是,假使读者们从郦学研究的角度来要求,那么,我们的工作是有很大的局限性的。我们的工作只在于把《水经注疏》这一特定的郦注版本进行点勘。按工作的性质,我们与日本郦学家森鹿三从1964年到1970年在京都大学人文科学研究所举办《水经注疏》订补研究班的情况完全不同。森鹿三主持的研究工作,尽管名为订补《水经注疏》,但其实是比较广泛的郦学研究。他们的研究成果之一,即日译节本《水经注(抄)》[13]是一部以合校本为底本加上大量注释的《水经注》新版节本。日本郦学家的工作,实际上是把《水经注疏》作为一种手段,借此进行广泛的郦学研究,获得一种新的研究成果。而我们的工作在某种意义上恰恰相反,是把历来郦学研究的成果作为一种手段,借此对《水经注疏》进行校勘,以提高此书的质量。这一点我们完全清楚,即使熊的最后定稿本有朝一日能够找到,它也不过是30年代的《水经注》版本,因此,对我个人来说,我虽承蒙段老和出版界的信任,忝与此书校勘之事,得到一次向段老学习的机会。但是绝不以《水经注疏》的质量通过此次校勘有了很大的

提高而满足。我往年即已发表过我在这方面的意见——《编纂水经注新版本刍议》，⑭
我们必须有一部反映现代科学水平的《水经注》新版本，我将一本初衷，竭尽驽钝，为
此而继续努力。

　　下面再说明一下这个排印本在编排上的若干细节。如上所述，我们点勘此书，主
要的目的是尽可能地使此书的面貌得到复原。因为书是杨、熊的作品，点勘者个人感
情和好恶，都不应该入到原书之中。何况王梓材的教训并不邈远，我们自宜引以为戒。
这就是我们在点勘中恪守的宗旨。因此，全书无论卷篇次序，体例内容，除了校勘者本
分应做的以外，我们都一仍其旧，没有作过变动。但必须说明的是，此书卷十九有赵补
《丰水》一篇，卷三十二有赵补《滁水》一篇，卷四十又有赵补《弱水》、《黑水》各一篇。
我们认为没有留在排印本内的必要。因为此书编撰过程中，曾一度以合校本为底本，
现在遗留的赵补丰、滁、弱、黑四水，就是这个过程中的残余。但此书以后改以朱笺为
底本，这在熊氏《亲笔水经注疏修改意见》中写得非常明白，他说："合校本以戴为主，
看甚分明，今变动，则以朱为主，而据赵、戴订之，或自订。通体朱是者作正文，非者依
赵、戴等改作正文。不能如合校本之尽以戴作正文也。此点最关紧要。会贞衰颓，不
能再通体修改，全仗鼎力。必如此，全书方有主义。"他又说："顾亭林推朱笺为有明一
部书……今以朱为祖本，据赵、戴订之，俾更加密焉。全书依此。"既然以朱笺为底本，
当然不应收入赵补各水。何况赵氏所补的，也就是合校本从《水经注释》抄入的，原有
滏、洺、漳沱、泒、滋、洛、丰、泾、沟、滁、弱、黑12水（合校本另又增加谢钟英所补的洛、
泾二水），现在只存丰、滁、弱、黑四水，实在体例乖戾，不伦不类，台北影印本虽然也和
北京影印本一样地列入这四水，但前面目录中已经把这四水排除。为此，我们没有把
这四水收入排印本中。

　　另外，在正文40卷以前，排印本中还增加了一个卷首，排入一些与《水经注》及
《水经注疏》有关的文献，或许可以增加读者研读此书的便利。这些文献主要是：

　　一、《水经注序》。这是郦道元本人的著作，是郦学研究中的重要文献。流行的这
篇序言，有几处来源，戴震的官本所载，系从《永乐大典》抄来。卢文弨的《群书拾补》
也收入此序，系借武进臧琳得自绛云楼宋本。来源虽不同，但全文470余字中，两篇间
的异字不过10余，当是历来传抄之讹。至于赵一清《水经注释》所录，系孙潜从柳金
抄本所得，仅221字，还不到戴、卢所录的一半。从这篇序言中，我们可以获得不少见
识，特别是郦氏撰写《水经注》的动机和他从事河川研究和著述的方法。他著作的动
机是他不满于许多古代地理书记事的疏缺。他说："昔《大禹记》著山海，周而不备；
《地理志》其所录，简而不周；《尚书》、《本纪》与《职方》俱略；都赋所述，裁不宣意；《水
经》虽粗缀津绪，又缺旁通。"与上述各书相比，《水经注》的记载的确要详细得多了。

至于他的研究和著述方法,主要就是"访渎搜渠,缉而缀之"的实地考察。对于这一点,即使是今天的地理工作者,也是应该服膺勿失的。《水经注疏》原来未曾收入这篇序言,今补入以成完璧。

二、《水经注疏凡例》。此篇系从《水经注要删》辑来。《要删》成于光绪三十一年(1905),它代表《水经注疏》创始人杨守敬的著述设想。此文与下一篇熊会贞《亲笔水经注疏修改意见》对比,后者代表此书后继人熊会贞的著述设想。这两者之间的变迁,反映出此书撰述的历史过程。

三、熊会贞《亲笔水经注疏修改意见》。原件13页,影印在台北影印本第一册卷一正文以前。原件并无标题,这个标题由我所加。因为长期以来,这13页文字被人擅加《熊会贞先生补疏水经注疏遗言》的标题,窜改内容,在郦学界混淆视听。为此,我拟了这个题目,以代替被歪曲的《遗言》。这是《水经注疏》著述过程中的重要历史文献,这个文献如何被人窜改利用的情况,我在拙作《关于水经注疏不同版本和来历的探讨》一文中已经说明。

四、《影印水经注疏的说明》。此文是贺昌群于1955年为北京影印本所写,是一篇介绍包括《水经注疏》在内的有关郦学渊源的总论性文字,全文不过五千言,却把郦学渊源及杨、熊《水经注疏》的主要方面都概括述及。文章有代替北京影印本的序言的性质,在我国郦学研究史上具有价值。当然,这篇文章是存在一些错误的,最明显的是文内所说:"全稿原装一册,计四十卷,共四十册。卷末云:'经注一万零九百八十五字,疏三万九千五百字'。"贺昌群在这里指出的"卷末云",其意显然是指全书字数。这实在是一个极大的错误。北京影印本和台北影印本的底本,在每一卷末尾,都注明字数。这当然都是一卷的字数而不是40卷的合计字数。贺竟以一卷字数代替全书,这是他的严重失检。而这种错误,已经产生了不良后果。1983年上海辞书出版社出版的《地理学词典》就是一个例子。该词典在《水经注疏》条下说:"经注一九八五字,疏三九五字,成为一代地理名著。"这无疑就是从贺的这篇说明中抄来的。不过这是一篇现代人写的文章,并不属于我们校勘的范围之内。好在错误已在此指出,读者自然明了,所以我们仍全文照收,不加改动。

五、《明清两代整理水经注之总成绩》。此文约写于40年代初期,当是此稿尚在重庆的时期。是著名郦学家汪辟疆的作品。全文8000余言,把郦学渊源,特别是明、清两代整理《水经注》的成就,写得详细周到,事事分明。台北中华书局编辑部评介此文说:"辟疆先生长文,泛论明清以来整理《水经注》之总成绩,而归结于杨熊书之精义入神。其于此籍之崎岖历尽,娓娓详尽,倘此文不作,至今无复余人能道,有关掌故,后世懵焉而已。是知辟疆先生固因杨熊书而发为雄文,杨熊书实因辟疆先生之文而愈显光芒,可谓相得益彰者矣。"在台北影印本中,汪文也具有序言的意义。

六、《关于水经注疏不同版本和来历的探讨》。此是拙作,发表于《中华文史论丛》1984年第3辑。转载于此时,我曾作过极少量的修改。我对《水经注疏》及其不同版本的研究可能非常肤浅,不免贻笑大方。但由于此书的许多问题,特别是被杨勉之私售的熊氏最后定稿本以及被汪辟疆称为誊清正本的下落,都犹待继续研究,所以转载此文。除了供读者参考外,很大程度上是一种呼吁,希望海内外郦学界人士,共同来解决此书渊源中至今尚未解决的问题。

七、《水经注六论》。这是段熙仲教授有关郦学研究的6篇论文的总称。这6篇文章,从我国地理水利古籍的通论开始,然后登入郦学堂室,探讨郦道元的生卒身世,成书年代,郦注在科学、文学上的种种写作特点,进而论述自唐以来的郦学研究史,并以郦学鼎盛的清一代为末篇,最后归结到杨、熊《水经注疏》。六论洋洋5万言,它代表了段老的郦学思想,不愧为我国郦学研究史上极有价值的文献。我真以能首先拜读为大幸。段老在全文的最后说:"自一九七八年以来,竭其驽骀,点勘是书,绠短汲深,非无自知之明,而所以兢兢业业黾勉受任者,良以祖国之前途日益光明,沐浴于春晖中,寸草之心,如此亦昔人所谓见之于行事者也。"这样的肺腑之言,出自一位学识渊博的耆宿之口,实在令人感动万分。谨在文末恭祝段老健康长寿,在郦学研究中继续攀登高峰。

注释:

① 载《古籍论丛》,福建人民出版社1982年版。

② 载《杭州大学学报》(哲学社会科学版)1983年第3期。

③ 从笔迹与墨色浓淡上判断,与其他改易不一致,故可能是熊以后发现错误而补改的。

④⑦ 《明清两代整理水经注之总成绩》,载台北影印本卷首。

⑤ 《述杨氏水经注疏》,载《世载堂杂忆》,中华书局1962年版。

⑥ 胡适遗稿《水经注校本的研究》,载《中华文史论丛》1979年第2辑。

⑧ [日]船越昭生《森鹿三先生和水经注研究》,载《历史地理》1984年第3辑。

⑨ 比《书目答问补正》更早的清莫友芝《邵亭见知传本书目》卷五《史部十一》也已著录:"《水经注释》四十卷,《刊误》十二卷,《附录》一卷,赵一清,乾隆十九年赵氏刻本,赵氏板后归振绮堂汪氏。"

⑩ 据天津人民图书馆馆长黄钰生先生面告。

⑪ 后来我在日本看到了中国台湾"中央研究院"胡适纪念馆发行的《胡适手稿》,在第六集下册《复洪业、杨联陞函》中,胡适指出他在读了天津图书馆的《五校抄本》以后,才知七校本

的《序目》和《题辞》都是真的,并非王梓材所伪造。因此,他把伪造的主要责任归于另一刊书人董沛。他在此函上说:"我对王梓材的信心提高了一点,而对董沛则甚轻视而痛恨。"

⑫ 此事花了我半年夜以继日的辛勤劳动。但在藏事后半年,寓居香港的郦学家吴天任教授,将他的大著《杨惺吾先生年谱》(台北艺文印书馆1974年版)寄给我,其中有《水经注疏清写本与最后修订本校记》一篇,共237页。已经把北京影印本(吴称为清写本)和台北影印本(吴称为最后修订本)的文字不同之处,逐条列出。而出书在我为此工作的10年以前。由于信息不通,我浪费了许多精力。当然,与钟凤年先生浪费的精力相比(钟的校勘成果,基本上全为台北影印本所已有),我的浪费算是很小了。

⑬ 参阅拙作《评森鹿三主译水经注(抄)》,载《杭州大学学报》(哲学社会科学版)1981年第4期,又《水经注研究》第395—404页。

⑭ 载《古籍论丛》,福建人民出版社1982年版;又《水经注研究》第388—394页。

原载排印本《水经注疏》卷首,江苏古籍出版社1989年版

十三、排印武英殿聚珍版本 《水经注》的说明

　　中国是个历史悠久、文化发达的古国，自从先秦以来，就出现了许多涉及各门学科的名著。以后，岁月绵延，王朝兴替，文人学士著书立说，前后相继。历代的积累，成为我们民族的一宗巨大的文化财富。可惜的是，古代学者呕心沥血积累起来的大量著作，在积累的同时，就不断地遭到亡佚。几千年来，前人为我们留下的各种著作，真是浩如瀚海，但与此同时，由于不断地亡佚，我国古籍的损失，其数也同样难以估计。

　　《水经注》是我国历史文化宝库中的一颗闪烁的明珠，这颗明珠能够在兵荒马乱、水火蠹鱼的浩劫中幸存下来，真是一种奇迹。

　　《水经注》成书的确切年代，现在无法论定。注文中出现的最后一个年代是延昌四年(515)，说明此时全书尚未脱稿。郦道元于孝昌三年(527)奉命出任关右大使，当年就被叛臣萧宝夤杀害于阴盘驿亭(今陕西省临潼县附近)。这说明，此书在这一年以前已经成稿，而且有了若干抄本。因为假使在郦道元被害之年，此书尚未完稿，则当然不可能以今日所见首尾完整的全书流传后世。而根据此书以后首见于《隋书·经籍志》著录，足见此书当时流传的抄本，显然就收藏于隋东都也就是北魏首都洛阳。从北魏覆亡到隋一统之间，历时达50余年，这段期间，洛阳曾多次遭受兵燹。杨衒之在《洛阳伽蓝记》序言中所载，东魏武定五年(547)，他道经北魏故都洛阳，全城断垣残壁，一片废墟。此书竟在如此战火弥漫、庐舍为墟的浩劫之中而安然无恙，真是我国文

化史上一次万分难得的幸遇。

可惜的是，此书从北魏直到隋唐，似乎一直为朝廷所独藏，未曾流入民间，直到北宋初年，情况依然如此。由于民间没有抄本，因此，北宋太平兴国至景祐之间所亡佚的五卷，竟至无法弥补。

景祐以后，《水经注》开始流传于民间，原书既已缺佚，加上辗转传抄，以讹传讹，谬误连篇。目前所知的此书第一种刊本刊于元祐以前，即成都府学宫刊本，书仅 30 卷，内容只有原著的 1/3。此书的第二种刊本即元祐二年（1087）刊本，虽然经过整理增补，恢复四十卷的原数，但从以此书为底本的明代诸刊本来看，不仅缺佚甚多，而且经注混淆，竟至不能卒读。黄省曾、吴琯等本，在明代曾流行一时，但其实都非佳本。万历年代，朱谋㙔在此书的校勘上下了极大工夫，撰成《水经注笺》一书，使郦注在颇大程度上恢复了它的本来面目，因而被清顾炎武称誉为"三百年来一部书"，[①]奠定了清代郦学考据学派进一步完善此书的基础。

入清以后，由于学术研究风气的发达，学者治学方法的进步，在《水经注笺》的基础上，《水经注》的研究有了更为可观的成绩。清初名家的校勘成果，如孙潜、何焯、沈炳巽等各本，都已粲然可观，而终至出现了乾隆年代的鼎盛局面。全祖望、赵一清、戴震 3 家，成为这个郦学全盛时期的代表人物。全祖望（1705—1755）的成就，不仅因为他是 3 人之中唯一获得高级功名（乾隆元年进士）的学者，特别重要的是因为他出生在一个郦学世家之中。他的祖上全元立、全天叙、全吾麒等，世代潜心于《水经注》的研究，并有他们家传的校本，即《双韭山房校本》，而在这基础上，全祖望毕生曾对此书作了 7 次校勘，今天津图书馆所藏的《五校抄本》和他身后由王梓材、董沛等整理，于光绪十四年（1888）由薛福成刊行的《七校本》，就是他的研究成果。赵一清（1709—1764）不仅是个学有根柢的考据学家，并且还是个知识渊博的地理学家。他在地理学上的深厚造诣，曾经受到性格高傲的戴震的赞赏。[②]他对朱谋㙔的《水经注笺》作了长期的研究，写成了《水经注笺刊误》12 卷。他最杰出的郦学成果，即是王先谦誉之为"数十年考订苦心"[③]的《水经注释》。按照《四库提要》的评价，此书是除了《四库》馆本以外的首屈一指的郦注佳本。

这里值得指出的是，全、赵两人的私交甚好，他们在《水经注》的研究中，相互切磋，函札不断。因此，这两人的研究成果，从某种程度上说，是彼此贯通的。所以才有清张穆所言的赵书袭全[④]和胡适所言的全书袭赵[⑤]等说法。事实上，赵书乾隆十九年抄本（很可能还有同年刊行的家刊本[⑥]），是全祖望写的序言，而赵书所采用的大细字书写形式，显然是受了全氏所说的"双行夹写"和"注中注"的影响。今天津图书馆所藏的全氏《五校抄本》，其上有大量的赵氏亲笔校语。正文以外，批注甚多，字迹虽有不可辨认者,而要旨悉与注释本合,则批注出自赵一清之手可以无疑。说明两人在郦学研究中的密切关系。此外,两人之间,还有许多对此书的专题讨论,赵氏由于没有专集,但全氏致赵氏函札,多收入于《鲒埼亭集》,至今仍可参阅。在学术研究中的这种相互切磋,相互利用研究成果的方法,显然有裨于研究水平的提高,是十分可取和值得学习的。后世偶有妄议,当然毫不足道。

戴震(1723—1777)在3人中年龄最幼,这就让他具备了在郦学研究中吸取前人成果,也包括全、赵两人成果的更为优越的条件。他在乾隆三十七年(1772),就已经有了他自己校定的本子,并且部分付刊(即是日后孔继涵所刊行的《微波榭本》)。乾隆三十八年(1773),他以一介举人之微,奉诏进入四库馆,凭着他的一身学问,昂首于翰林行中,而终于在乾隆三十九年(1774)校定了这种出类拔萃的本子。其成就在殿本校上案语中已概括数语:"凡补其阙漏者,二千一百二十八字;删其妄增者,一千四百四十八字;正其臆改者,三千七百一十五字。神明焕然,顿还旧观。"殿本以后的不少版本,从疏证上当然比殿本更为详尽,但在校勘的成就方面,基本上都还是殿本的水平。

现在看来,戴震奉诏入四库馆校勘《水经注》,对于《水经注》这部历史名著来说,这是自从1000多年以前在洛阳的连年兵火之中幸存下来以后的又一次幸遇。戴震是个满身傲骨不可一世的人物,王国维批评他的为人过错"皆由气矜之一念误之"[⑦],或许并不过分。但是他有非凡的才能和渊博的学问。他以惊人的速度在四库馆博览了当时所有的各种郦注版本,又以超人的才知立刻作出决定,断然放弃了他入馆前校定的本子(《微波榭本》)的格局,而以他在四库馆所见到的赵一清《水经注释》(或是浙江巡抚呈进的抄本,或是乾隆十九年的赵氏家刊本)作为底本。必须指出,在四库开馆的年代,《水经注》的抄本和刊本比现在见到的当然要多得多,而凭借朝廷的力量,当时存在的所有抄本和刊本,都能被收入馆中。在数量众多的各种版本之中,戴震要在并不很长的时间里,淘汰许许多多经他过目的抄本和刊本,包括他自己的校本在内,而当机立断,选定一种他认为最优秀的本子,不是一个学识超群、胸有成竹的学者,这是很难做到的。接着,他又以令人难以置信的敏捷动作,把大典本和其他版本中存在的精华(当然也包括他自己历年来的研究成果),吸取到他所选定的底本,即赵氏注释本之中。因而能在短短的一年多时间中,完成了这部划时代的郦注巨构。使郦学研究中的考据学派,在四库开馆的千载一遇的良机之中,达到了登峰造极的境地。没有像戴震这样一位实力雄厚而又胆敢猛闯的人物,是不可能在短期内完成这样一种一鸣惊人的郦注版本的。尽管这个本子在内容和体例格局上与赵氏注释本"十同九九",[⑧]但是,要是没有戴震选定它作为底本,并囊括别本精华并入此本,则赵本绝不可能实际上身登《四库》,其默默然散入郦注一般版本之列,或许也不是言之过甚的。戴震是四库馆中唯一的举人,在当时属于破格录用之例。据段玉裁所撰《年谱》,我们知道戴震是通过纪昀、裘曰修二大臣向军机大臣于敏中推荐,借于之大力而上达乾隆,才得以一登龙门,施展他的才能,这当然是千载一遇的机会。正是因为戴震获得了这样千载一遇的机会,赵氏《水经注释》才有可能幸遇戴震这样的知音而平步青云。要是戴震不入四库馆,则戴氏本人在郦学研究上的成就,当然不过以今日所见的《微波榭本》而终,而赵氏注释本,或许也达不到今天这样的声望,更何况乎实际上登上了《四库》。在后世戴、赵相袭案中站在赵氏一方的许多学者,可惜都没有看到这一点。既然戴、赵之书"十同九九",则《四库》戴书,何尝不就是《四库》赵书。能作如是想,当年的争论或许不至于时旷日久,愈演愈烈。

现在再回过头来看看戴震在四库馆校勘《水经注》的事。前面已经提到殿本校上案语中对此书成就的概括,即所谓"补其阙漏"、"删其妄增"、"正其臆改",此外,这个案语中还说:"是书自明以来,绝无善本,惟朱谋㙔所校盛行于世,而舛谬亦复相仍。"这就说明,尽管戴震在四库馆内能见到的郦注版本甚多,但他和赵一清一样,也以朱谋《水经注笺》作为基础,上述校上案语中所列举的校勘成果的数字,是和《水经注笺》对比而言的。可惜的是,对于这一本在我国郦学研究史的考据学派中得风气之先的著作,顾炎武誉为有明第一,赵一清亦"爱之重之",[⑨]但戴氏对此竟不出一句好言。这可能也是由于他性格高傲所致。此外,戴震在其校勘过程中,当然也吸取了其他许多版本的优点,例如,全祖望提出的所谓"双行夹写"和"注中注"的说法,尽管历来有人以此为无稽,[⑩]但戴震却是不声不响地接受了全氏的这种说法的。他在卷一《河水》经"出其东北陬"注"《物理论》曰,河色黄者,众川之流,盖浊之也"下案云:"此十六字,当是注内之小注,故杂在所引《尔雅》之间,书内如此类者甚多"。同卷经"屈从其东南流,入渤海"注"《括地图》曰,冯夷恒乘云车驾二龙"下案云:"此十三字,当是注内之小注,故杂在所引《山海经》之内"。此外,如卷二《河水》经"又东过金城允吾县北"注"六山名也"下案云:"此四字……亦注内之小注"。卷三《河水》经"至河目县西"注"南屈迳河目县,在北假中,地名也"下案云:"此三字,亦注内之小注"。如此等等,在全书中不胜枚举。在戴氏看来,全氏的这种说法,无疑是确凿的,所以他不厌其详地在各处加上这类案语。

可惜的是,戴震不知出于什么动机,他不仅对作为他校勘底本的赵氏《水经注释》以及他引用的郦学前辈如全氏之流的学说讳莫如深,而把他的一切来自不同版本的校勘成果,统统归功于大典本。或许他以为大典本是他一人独占的本子,外人无缘得见,因而竟在校上案语中也闪烁其词:"今以永乐大典所引,各按水名,逐条参校。"以至乾隆帝也显然受欺,他在《题郦道元水经注六韵》序中说:"近因裒集《永乐大典》散见之书,其中《水经注》虽多割裂,而按目稽核,全文具存,尚可汇辑。"这里,乾隆帝所说的"其中《水经注》虽多割裂,而按目稽核,全文具存"的话,肯定是由于校上案语中的"各按水名,逐条参校"之语而误入歧途的。其实,《水经注》在《永乐大典》中列于"八贿"韵下,从卷一万一千一百二十七至卷一万一千一百四十二,共15卷,一韵到底,收入了《水经注》的全部,绝无"各按水名,逐条参校"之烦,乾隆帝不查大典原书,轻信校上案语,臣云亦云,宜有此讹。

当然,大典本绝非后来的那些偏激的反戴派学者如叶浩吾所说而为杨守敬所附和的"直无其事",[11]而是确实存在的本子。不仅卷首郦氏原序来源于此,而戴震确实也曾以此本对赵氏注释本作了仔细的校勘。只是戴震对大典本的渲染之词,显然出于他当时独占了此书。其实,他心里必定有数,与当时流行的其他明人版本相比,大典本确实有它的不少优点,但是另一方面,宋初类书及地理书上所引的滹沱水、泾水、洛水等,也同样不见于此书,则大典本充其量也不过是景祐亡佚以后抄出的本子,而且经注夹杂,体例不同于别本,在许多方面并不可取。事情非常明白,假使大典本果真可以作为圭臬,则戴震为何不迳以此作为底本,何必另求赵本? 当然,戴震的选择无疑是正确的。现在,反正大典本早已公之于世,而赵本也尚不稀见,戴震在底本选择中取赵而舍大典,孰得孰失,这是大家都可以评论的。

殿本和大典本的关系,历来已有许多学者核对和议论,毋须我再赘述。熊会贞为了弥补他老师杨守敬曾经附和"直无其事"的武断言论,特地对两本作了核对。不过他的婉转结论"多从大典,或自订"。[12]到底还没有精确的数量分析。关于这方面,杨家骆在1962年所发表的抽样调查是值得重视的。杨氏选择了全注页数最少的卷十八《渭水》为调查样本,用大典本、殿本(杨氏称为"戴校")、赵本(杨氏称为"赵释")、注疏本(杨氏称为"杨疏")4本互校,其结果是:

> 统计在异文一百十处之中,除杨本异文无与赵戴争端外,大典、戴校、赵释三本有异同者凡九十处;其中戴同于赵者四十三处,戴同于大典十二处,戴异于二本者三十一处,三本互异者四处,倘复就赵氏校释中谓应作某者考之,凡戴异于赵,亦多阴本于赵氏校释之说,则戴之不忠于大典而复袭于赵,固至显然也。[13]

从这个抽样调查中可以看出,殿本确实是以赵本为底本,吸取了大典本、全本和其他许多版本的优点编纂而成,这当然是一种可以代表明、清郦学考据学派全部成就的优秀版本。戴震的功绩,不仅在于他选定了赵氏《水经注释》这部优秀的底本,而且在短短一年多时间里,以他非凡的才能和敏捷的动作,撷取各本的精华,汇成一编,完成了这部巨著的编辑工作,把考据学派的郦学研究推进到郦学研究史上的顶峰。戴震的过错,是他过高估计了他在四库馆的工作,从而忽视了学术界公认的道德准则。他的工作虽然是非常杰出的,但是按工作的性质,他只能是这部集体著作的主编,而他却一开始就以著者自居,随心所欲地处理别人的劳动成果,把一部由他主编的集体著作,视作他一人的专著。对于戴震过错的各种批评,前人议论得已经很多,这里不再赘述。

此书校上以后,立刻得到乾隆帝的高度赞赏。这不仅因为校上案语中的"三四百年之疑窦,一旦旷若发蒙,是皆我皇上稽古右文,经籍道盛,琅嬛宛委之秘,响然益臻,遂使前代遗编,幸逢昌运,发其光于蠹简之中,若有神物挟呵,以待圣朝而出者,亦旷世之一遇矣"一段话正中帝意,而特别因为乾隆本人对于山川地理素有兴趣,他曾经命人查勘过不少河川的源头,并自己动手撰写过《热河考》、《滦源考》、《济水考》、《淮源记》等文,对于《水经注》这部古代地理名著,他当然早已涉猎。四库馆校上此书,而且成绩斐然,正是投他所好。于是,他就特地为此书撰写了《题郦道元水经注六韵》,而四库官员又把他的著述《热河考》、《滦源考》等置于卷中,以武英殿聚珍版[14]刊行于世,在当时,这显然是一部轰动一时的巨著。于是各省书局纷纷传刻,而后来的郦学家如杨希闵、王先谦、沈钦韩等,在他们的校注疏证中,也都以殿本作为底本。民国以后,又出版了不少殿本的排印本,例如商务印书馆的《万有文库》本、《国学基本丛书》本、《四部丛刊》本和世界书局排印本等,中华书局的《四部备要》本按合校本排印,合校本的正文也依殿本。自从殿本刊行以后,许多别本都加速消亡。于是,殿本行天下,而别本次第式微。

以一部校勘精湛的殿本取代许多经注混淆、错漏连篇的旧刻,当然不是坏事。但不幸的是,这部优秀的作品,由于主编者如上所述的私心杂念和措施不当,竟至酿成一场时旷日久的论战。关于这方面,我在拙作《水经注戴、赵相袭案概述》[15]和《胡适与水经注》[16]等文中已叙其详。但论战的进行,却又不幸贬损了这部在郦学史中空前杰作的形象。有些偏激的学者,在指责戴震的同时,也不择言词,竭力贬低殿本的价值。这在实际上当然是矛盾的,假使殿本果真价值平平,则戴震又何至于受到来自各方的严厉攻击,因为剽袭之事,自古有之,即在郦学界之中,则黄晟刊本[17]和真州雕版[18]都是直接剽袭朱笺的赝品,但剽袭者都不曾落入如戴震那样四面楚歌的处境。当然,在酣战之中,许多人都不愿冷静地思考问题,如何把戴震在文德上的过错和殿本的卓越成就加以区别。成见更深的学者如杨守敬,甚至不顾现实,无视殿本所代表的明、清郦学研究的成绩,而宁愿倒退150年,用朱谋㙔的《水经注笺》作为他的郦学巨构《水经注疏》的底本,这种意气用事的措施,实在是非常不幸的。《水经注笺》作为明代郦学研究的代表作,当然是毋庸置疑的。但是到了清乾隆时期,郦学研究已经在《水经注笺》的基础上迈出了一大步。赵一清所撰的《水经注笺刊误》12卷,就是针对朱笺所进行的纵深研究。而殿本校上案语中所谓"补其阙漏"、"删其妄增"、"正其臆改"的共达6000余字,也是以朱笺作为基础而获得的成就。在这样的情况下,撇开赵、戴在朱笺基础上的重大跃进而继续墨守朱笺,这种偏执,当然无裨于郦学研究的提高。幸而在熊会贞的晚年,其郦学思想有了很大的发展,他不仅如上所述地更正了他的老师杨守敬妄加于戴震的无理言论,并且还把杨守敬所排定的"全、赵、戴"三人的位置作了彻底的更改。他删去"全"字,把"戴"置于"赵"之上。我在拙作《熊会贞郦学思想的发展》[19]一文中,对此已述其详。简单地说,所以要删去"全"字,因为七校本在付刊以前,经过王梓材和董沛的整理,已经和殿本作了对勘。因此,在七校本的校勘成果中,孰全孰戴,已经难以区分,所以"全"字就没有保留的必要。至于为什么要把"戴"字移到"赵"字之上?对此,熊会贞毕竟说出了他经过多年深思熟虑的由衷之言:"唯戴之功大。"[20]戴之功何在?毫无疑问,就是他所主编的殿本。

以上说了很多,这是我们点校和排印殿本的最重要和最基本的原因。无论从郦学发展史的观点和学术价值的角度来评价,殿本的优越性都是无可争议的。此外当然还有其他一些原因。大家想必看到,殿本刊行以后,郦学界又出版了若干不属于殿本系统的郦注版本,乾隆五十一年(1786)刊行的赵一清《水经注释》就是其中之一。这当然是一部著名郦学家所撰写的郦注佳本。但是现在看来,它的价值却完全不能与殿本相比。这不仅因为如上所述,它实际上早已成为殿本的底本,而且,现在流行的即乾隆五十一年刊行的赵本,是经过梁履绳兄弟整理过的本子,梁氏兄弟在整理此书时,曾与当时已经问世的殿本相对勘,因此,它已经不是赵氏原稿,而是一种赵本和殿本的混合物。对于这一点。即拥赵最力的杨守敬也公开承认:"赵之袭戴在身后。"[21]殿本以后刊行的另一种非殿本系统的郦注名本是光绪十四年(1888)刊行的全氏七校本。如上所述,这一本在刊行以前曾由王梓材和董沛加以整理,他们从殿本抄入的内容,可能比梁氏兄弟整理的赵本更多。因此已经在颇大程度上不是全祖望的原物。胡适把此书说成"一个妄人主编的,一个妄人出钱赶刻赶印的一部很不可靠的伪书",[22]当然言之过激,但在殿本系统的合校本中,王先谦在卷首《例略》上明确指出七校本的作伪,因此他在合校本中"一字不敢阑入"。在殿本以后出版的非殿本系统的郦注版本中,规模最大的当然是《水经注疏》。此书现有北京科学出版社1957年影印出版的《水经注疏》和台北中华书局1971年影印出版的《杨熊合撰水经注疏》两种版本。段熙仲教授和我已经把北京、台北这两种影印本合二为一,作了点校,并且排印出版。此书虽然注疏详尽,远非殿本可及,但其实具有颇大的局限性。且不必说卷帙浩大,售价高昂,不是一般读者的购买能力所及。作为历史地理学的基础读物和一般科学研究的底本,都用不着如此浩瀚的注疏内容。从高一级的郦学研究来看,在历史学、考古学、碑版学、文献学、目录学等研究方面，殿本当然不能与注疏本相比。但是，郦学研究的深度和广度，如今已经大大发展。学术界现在还需要利用《水经注》进行自然地理学领域中的地貌学、水文地理学、生物地理等学科以及人文地理学领域中的城市地理学、人口地理学、农业地理学等学科的研究和诸如生态学、环境学等边缘学科的研究，《水经注》拥有这类内容的大量资料，但杨、熊的注疏纵令详尽，却也满足不了在这些领域中从事研究的需要。对于从事这类研究工作的学者，庞大的注疏本起不了作用，显然不如采用殿本作底本省事。总之，从郦学发展史的观点来看，殿本是目前存在的最完整和标准的版本；从一般阅读和科学研究的实用观点来看，殿本是郦注问世以来的最普及和通行的版本。因此，尽管殿本的问世已有200多年，但现在对它重加点校和排印，仍然是具有现实意义的，也是广大读者和科学工作者所十分盼望的。

我曾经不止一次地指出，我们必须编纂一部新版本的《水经注》。这件工作非常艰巨，需要集中较多的人力和花费较长的时间。现在，殿本的重新点校排印出版，这就为这种新版本《水经注》的编纂迈出了第一步。因为这部重新点校排印的殿本，毫无疑问地将作为未来的新版本《水经注》的工作底本。为了这部殿本的点校，我当然花费了不少精力；但是，若和来日的新版本《水经注》的编纂工作相比，我今天所做的工作就显得非常轻微了。不过，由于现在我们看到的这个重新点校排印的殿本，在我国郦学发展的阶梯上，行将成为未来的那一部规模巨大的新版本《水经注》触媒，因此，我们就不能低估此书的出版价值。有朝一日，当我们庆贺新版本《水经注》出版的时候，回过头来看看这部80年代点校排印的殿本，或许会给予它比现在更高的评价。

最后就点校方面的问题作一点说明。

把一本书进行标点，目的当然是为了便于后学。为此，标点必须正确，否则就会贻误后学，还不如不加标点的好。道理是很浅显的。从《水经注》一书的整理历史来看，商务印书馆的《万有文库》本和《国学基本丛书》本以及世界书局排印本等，都曾经作了标点（旧式标点）。我查核过这几种标点本，不仅错误不少，而且各本雷同（说明后出的抄袭先前出版的）。更为不幸的是，30年代的这几种标点错误，竟又在以后新出的标点本中重复出现。例子实在太多，略举数则如下：

卷二《河水》"又东过陇西河关县北，洮水从东南来流注之"。注：段国曰："浇河西南一百七十里有黄沙，沙南北一百二十里，东西七十里，西极大杨川，望黄沙，犹若人委干糒于地。"

这是段国《沙州记》中的一段话，所描述的是今青海省东部的一片沙漠，大杨川是今贵德县附近的一条黄河支流，清董祐诚《水经注图说残稿》卷二对此有考证。但30年代的标点本却把大杨川这个地名拆开，原句的这几个字点作"西极大，杨川望黄沙"。真是莫名其妙。而后来的标点本，竟又以讹传讹，把30年代的错误标点照抄一遍，令人遗憾。

又卷三《河水》"又南离石县西"。注："王莽以汉马员为增山连率，归世祖，以为上郡太守。"

这里，被王莽任命为增山连率的马员，是著名汉将马援之兄，此事见《后汉书·马援传》："援兄员，时为增山连率。"章怀注云："莽改上郡为连山，连率，亦太守也。莽法典郡者：今为牧，侯称卒正，伯称连率，其无封爵者为尹也。"但30年代的标点者，不知"连率"的来由，却望文生义，把标点断在"连"字下，原句成为："王莽以汉马员为增山连，率归，世祖以为上郡太守"。以后的标点者也就不问究竟，从容因袭，以致经过数十年，这种标点错误仍然得不到纠正。

再举一例，卷十三《㶟水》："水出雁门阴馆县，东北过代郡桑乾县南。"注："太和十六年破安昌诸殿，造太极殿东、西南及朝堂，夹建象魏，乾元、中阳、端门，东、西二掖门，云龙、神虎、中华诸门，皆饰以观阁。"

这里，上述30年代的几种标点本，都没有去查考一下古代宫殿建筑中的这种称为"象魏"的事物，随心所欲，把原文的这几句点作："造太极殿东西堂及朝堂，夹建象，魏乾元中，阳端门东西二掖门……"

任何一位读者，包括标点者自己在内，都是无法理解上述语言的。其实，"象魏"一词，用不着广征博考，《水经注》本身就有十分明白的解释。卷十六《穀水》"又东过河南县北，东南入于洛"注云：

> 《周官·太宰》以正月悬治法于象魏。《广雅》曰：阙谓之象魏；《风俗通》曰：鲁昭公设两观于门，是谓之阙。从门，欮声。

解释得如此明白，但可惜当年的标点者，仍然像《㶟水注》一样，把"象魏"一词拆开，原文的这几句成为："悬治法于象，魏《广雅》曰……"

人们或许以为这种错误的标点事出有因，因为《广雅》的确是三国魏张揖所撰，正是因为《广雅》这本书名，才引诱标点者把"象魏"的"魏"字拆开来的。其实，这种设想也是没有根据的。标点者或许根本没有考虑到《广雅》的成书年代。这可以从上面《㶟水注》中，"象魏"拆开以后所出现的"魏乾元中"一语得到证明。标点者只要随便翻翻历史书，就立刻可以发现，不管是曹魏还是元魏，都不曾有过"乾元"这个年号。

上述《㶟水注》和《穀水注》中的错误标点，又被以后出版的标点本原封不动地传抄下来，谬种流传，贻误后学，于此为甚。

我在上面举例指出以前若干标点本的标点错误，主要是为了希望像这样一类显而易见的错误，不要再继续流传下去了，绝不含有标榜我自己标点的本子的意思。而且必需声明的是,我所标点的这个本子,尽管我曾经为它花了不少精力,但也仍然难免会发生差错,希望得到郦学界和读者们的指正。因为郦注牵涉广泛,决非我一人的知识水平可逮。此外,此书至今仍然存在不少明显的脱误,给标点工作带来许多困难。例如卷二十四《睢水》"东过睢阳县南"注:

> (晋梁王妃)太康五年薨,营陵于新蒙之,太康九年立碑。

这里,"营陵于新蒙之"以下,存在明显的脱漏,但我不得不把句读断在"之"字下。像这样一类的脱漏,在殿本中为戴震所指出的就达25处,而戴震没有指出的,实在还有不少。因此,要做到标点的完全无讹,事实上是存在困难的。

本书在标点的过程中,同时也作过一次校勘。必须说明的是,我们校勘的目的是有限的。具体地说,就是为了获得一部不受他本干扰的纯粹的殿本。殿本就其总体来说,代表了明、清考据学派的最高成就,但《水经注》是一部30余万字的大书,若按一字一句细勘,则他本优于殿本的例子确实不少。这样做起来,工程浩大,绝非一人短期内可以完成。按我在前面所说,那是属于新版本《水经注》的要求,当俟之来日。为了完成下一个目标,现在恰恰就需要有一部纯粹的殿本。为此,这次的校勘工作,只在不同版本的殿本以及其他殿本系统的版本之间进行。

我所采用的底本是商务印书馆的《四部丛刊》本,这个本子系上海涵芬楼从武英殿原本影印而来,因此,在所有不同版本的殿本中,无疑是最好的本子。此本问世以后,从同治到光绪之间,各省书局纷纷翻刻。我曾经过目的本子,如湖北局刊本、江西局刊本、浙江局巾箱本、苏州刊本、福州刊本、广州刊本等,在翻刻前估计都不曾作过校对。因而原本有讹者,各本均同其讹,原本未讹者,各本因校对不精而出错的亦在不少。因此,这些本子,都无对勘的价值。翻刻本中校对较精的有光绪三年的湖北崇文书局刊本,光绪二十三年的湖南新化三味书室刊本,光绪二十五年的上海广雅书局刊本。此外,殿本系统的版本,如光绪十八年的王先谦合校本,光绪二十三年的杨希闵汇校本等,在付刊前也都作过较好的校对。所有这些,我都据以对勘。殿本系统中还有一部清沈钦韩的《水经注疏证》,是北京图书馆所藏的一部稿本,我曾借旅京之便,部分地作过对勘。尽管我所采用的底本甚佳,经过与各本对勘以后,仍然难免发现若干刊误,我都作了校正。

1986 年 9 月

注释:

①　(清)阎若璩《古文尚书疏证》卷六下。

② 《直隶河渠书》卷一《唐河篇》下，附录赵一清《卢奴水考》，戴震按："杭人赵一清，补注《水经》，于地学甚核。"

③ 《合校水经注·例略》。

④ 张穆《赵戴水经注校案》，载光绪《鄞县志》卷五四《艺文三》。

⑤ 胡适《全氏七校水经注四十卷的作伪证据十项》，载《胡适手稿》第二集上册。

⑥ 据《邵亭见知传本书目》及《书目答问补正》著录。

⑦ 《聚珍本戴校水经注跋》，载《观堂集林》第十二卷《史林四》。

⑧ （清）杨希闵《水经注汇校》，卷首周懋琦序。

⑨ 《水经注释》卷首赵一清自序。

⑩ （清）陈运溶《荆州记序》（载《麓山精舍丛书》）："赵一清尤觉妄诞，其引全祖望之说，谓道元注中有注，本双行夹写，于是字分大小，强为勾乙，旧文具在，臆造甚明，斯诚鲁莽灭裂矣。"

⑪ 胡适遗稿《水经注校本的研究》，载《中华文史论丛》1979 年第 2 辑。

⑫⑳ 台北中华书局影印本《杨熊合撰水经注疏》，卷首影印熊会贞手书《十三页》。

⑬ 《水经注四本异同举例》，载《学粹》第 4 卷第 5 期，1962 年。

⑭ 清乾隆帝《题武英殿聚珍版十韵序》："董武英殿事金简以活字法为请，既不滥费枣梨，又不久淹岁月，用力省而程功速，至简至捷。……兹刻单字计二十五万余，虽数百十种之书，悉可取给，而校雠之精，今更有胜于古所云者。第活字版之名不雅驯，因以聚珍名之。"故聚珍版实即木活字版。乾隆时所辑《武英殿聚珍版书》共收书 138 种，《水经注》为其中之一。

⑮ 《郑州大学学报》（哲学社会科学版）1986 年第 1 期。

⑯ 《中华文史论丛》1986 年第 2 辑。

⑰ 《论水经注的版本》。

⑱ 《水经注释》附录。

⑲ 《中华文史论丛》1985 年第 2 辑。

㉑ 《水经注疏要删》卷首杨守敬自序。

㉒ 《跋合众图书馆藏的林颐山论编辑全校郦书的函稿》，载《胡适手稿》第 2 集下册。

原载排印本武英殿聚珍本《水经注》卷首，上海古籍出版社 1990 年版

十四、编绘出版《水经注图》刍议

——为庆祝地图出版社成立 30 周年而作

　　地图出版社成立已有 30 周年,作为一个老作者和老读者,面对不远千里登门约稿的两位编辑同志,我真感到由衷的高兴。在这 30 年中,这个出版社对我国的地图编绘出版方面,的确作出了卓越的贡献。从挂图到图集,从印数巨大的供中小学生应用的教科图册到印数很少篇幅庞大的高级专业图集,从中国地图到世界地图,从现代地图到历史地图,真是品目繁多,应有尽有。我是一个在工作中一天也离不开地图的人,因此,对于这个出版社的成长和壮大,具有特殊的关心和期望。

　　过去常常听到有人说:没有地图就没有地理学。现在看来,这句话在强调地图与地理学的密切关系这一方面当然是可取的,但是实在还嫌太褊狭。因为实际上,随着学科之间的相互渗透和许多边缘学科的出现,各学科对地图的应用已经日益广泛,而对各种专业地图的要求更是日趋殷切,则这个出版社的任重道远,也就不言而喻了。在这成立 30 周年的大庆里,我衷心祝愿它的繁荣发展,并且为它今后能编绘出版种类更多、质量更好的地图而抱有极大的希望。

　　中国是个幅员辽阔历史悠久的大国。早在西方的地图学理论和测绘方法传入以前,我们自己早已有了一整套制图的理论和实践,并且也已经积累了不少著名的作品。裴秀的"制图六体",是众所周知的,而裴秀的《禹贡地域图》,贾耽的《海内华夷图》等,都是历史上的地图名作。在所有我们的历史地图著名作品中,今天仍然流行于国内外,并且仍然具有相当实用价值的,就是《水经注图》。

　　《水经注》是我国历史上一部杰出的地理名著,它记载了我国古代(包括部分域外地区)大小 1252 条河流的情况,并且以水道为纲,详细地描述了各河流域的自然地理和人文地理,至今在历史地理学、历史学、考古学等许多学科中,仍有很大实用价值。而《水经注图》的绘制,即是把这部历史地理名著所提供的主要信息绘在图上,使读者对原著的细致描述,能够获得一个明晰的空间概念,这样就和原著相得益彰,使原著的实用价值进一步提高。

　　当然,由于《水经注》描述的范围广阔,河流众多,各流域的自然地理和人文地理现象又非常复杂,加上古代制图方法和印刷技术的局限性,因此,尽管历史上有许多学者都对此作了努力,但要绘制一种完善的《水经注图》,实在殊非易事。

　　现存最早的《水经注图》是宋程大昌所绘制的《禹贡山川地理图》,此图原有 5 卷,包括《禹贡》、《汉书·地理志》、《水经注》等古代文献记载直到宋代为止的各个时代的各种地图 31 幅,除了图上的注记外,为了说明地图的情况,另有论说 52 篇,又后论 8 篇,共 60 篇。书于南宋淳熙四年(1177),由泉州学宫刊行。但原图久佚,明归有光为其论说作跋,又清朱彝尊《经义考》中也述及此书,但都仅见其文而不见其图。直到清乾隆年代编《四库全书》之时,才知图、文均为《永乐大典》所抄存。今所见此图 28 幅,虽然较原著已亡佚 3 幅,但还是比较完整的。在现存的 28 幅中,作者完全按《水经注》绘制的有 3 幅,即《水经济汶互源图》,《郦道元张掖黑水图》,《水经叶榆入南海图》。其余各图虽不标郦注之名,但也是参考了《水经注》而绘制的。程大昌在其一篇论说《删润郦道元所释水经》标题下自注云:"叙载事实,皆在《水经》,臣但檃括今有条理。"说明程大昌所绘制的即使是南宋当代的地图,也仍然参考了《水经注》记载的水道概况,古今对照,钩稽沿革,从而提高了他的绘图质量。

　　清初以后,由于《水经注》研究中的地理学派开始抬头,因此,对《水经注图》的绘制有了进一步的发展。康熙年代的黄仪,是当时一位著名的郦学家刘献廷(继庄)的好友,他曾根据《水经注》,每水各绘一图,并考证沿岸支流,一并绘入图内。乾隆年代的著名郦学家赵一清称誉此图为"精细绝伦"。清初的另一位地理学家胡渭在撰写他的地理名著《禹贡锥指》时,也曾参考了黄氏此图。可惜此图早已亡佚,于今无法知其内容了。黄仪以后,学者在郦学研究中对地图绘制的重视进一步提高,《水经注图》的作品,也有更多问世。董祐诚的《水经注图说》和汪士铎的《水经注图》均是其例。不过前者编绘未竣,只有《河水》、《汾水》等残稿四卷刊印问世,而后者则粗疏缺漏,无甚可取。

　　在清代编绘刊行的所有《水经注图》中,最出类拔萃的无疑是杨守敬的《水经注图》。杨守敬是晚清著名的地理学家,他从清同治、光绪年间起,就潜心于郦学研究和《水经注疏》的编撰。在光绪五年(1879)完成了他的第一次初稿以后,又在其门人熊会贞的襄助下，按文制图，于光绪三十年(1904)完成了《水经注图》的绘制，全套 8 册，采用古今对照、朱墨套印的形式，于光绪三十一年(1905)刊行，成为有清一代各种《水经注图》的一枝奇葩。现在此图在国内已经比较稀见，但我在日本讲学时，曾经看到了流行于日本的此图复制本，台湾省也有此图复制本正式出版，也在日本流行。足见此图仍然有它的实用价值。

日本著名郦学家森鹿三教授，曾于 1964 年到 1970 年间在京都大学人文科学研究所举办了一个《水经注疏》订补研究班(事见拙著《评森鹿三主译〈水经注(抄)〉》，载《杭州大学学报》(哲学社会科学版)1981 年第 4 期，并译载于日本关西大学出版《史泉》第 57 号)，在这个研究班的成果之一，即日译本《水经注(抄)》的每一篇之中，都插入了与此相关的杨氏《水经注图》中的一幅。使其书能图文并茂，相得益彰。

杨守敬《水经注图》的历史价值和实用意义当然是值得赞赏的。但是在另一方面，我们也应该看到，该图毕竟是一种旧式的方格地图，其绘制的理论基础，仍然是一千多年以前的裴秀的"制图六体"，而刊行至今，为时也已经 80 年。在地图科学日新月异，制图技术突飞猛进的今天，我们却还没有一种新的《水经注图》来取代杨氏旧图，实在值得我国郦学界和地图学的深思，这当然是我们义不容辞的任务。

我在拙作《编纂水经注新版本刍议》(载《水经注研究》第 388 至 394 页)一文中，也曾经提及关于《水经注图》的编绘问题。指出此图的编绘，可以参照谭其骧教授主编的《中国历史地图集》的形式和方法进行。当然，《水经注图》的编绘，较之《中国历史地图集》，或许更要复杂得多。因为《水经注》记载的不少河川流程(特别是江南的河川)是存在错误的，我们在图上要指出其错误，却又不能越俎代庖，修正它的错误，因而在制图技术上，必须作一番仔细的研究。另外，《水经注》记载的地理事物，在地区分布上是很不平衡的，因此，每一幅地图都要根据原著记载的详略而采用不同的比例尺。对于某些记载特别详尽的地区，则还须采用在图角上插图的形式。和旧式的《水经注图》完全不同，现代地图是按照投影原理，有经纬网格和比例尺的计量地图，《水经注》一书中拥有大约 2 万个地名和其他千千万万个注记符号，要把这许多地名和注记符号，从一部 1000 多年前的古籍中移植到一本现代化的地图上，接受计量的考验，不用说，这是一件十分艰巨的工作。必须群策群力，分片协作，才能早日完成。

值此地图出版社成立 30 周年的值得庆祝的日子里，我提出这项刍议，除了希望引起我国郦学界和历史地理学界的重视外，更希望能够得到地图学界的支持。

1984 年于杭州大学

原载《地图》1986 年第 2 期

十七、《水经注·文献录》序

　　我在"十年灾难"以前就开始了对《水经注》引书的研究工作,在这个专题上,曾经录制出上千张卡片,在灾难中毁于一旦。灾难以后,又收拾余烬,重新工作,到1983年前已经完成了一个初稿。之所以犹豫不敢定稿,除了因工作较忙外,主要是对若干资料没有把握。其中最重要的问题是,《水经注》到底引用了多少文献? 明嘉靖原版黄省曾校本《水经注》卷首,列有一张引书目录,总数不过164种(不久以前上海人民出版社出版的王国维校明刊本卷首所列为169种),中华书局1960年出版的马念祖编《水经注等八种古籍引用书目汇编》所列《水经注》引书共375种。1962年科学出版社出版侯仁之教授主编《中国地理学简史》中指出:"(《水经注》)注文所引用的书籍多至430种。"侯仁之教授所列的引书数字,很可能是从1934年哈佛燕京社出版的郑德坤所编《水经注引得》一书中得来。郑氏在该书序言中说:"(《水经注》)明本载郦氏引用书目只有百余种,余考郦氏引书凡四百三十七种,[①]因作《水经注引书考》。"郑氏所说的郦注引书数字,与我整理的初稿颇为接近。但他所说的《水经注引书考》一书,却百方搜求,杳无音信,还不知是否已经出版。

　　1983年秋,我应聘到日本讲学,一次偶然的机会,在京都中文书店的图书目录中,获得了1974年台北艺文印书馆出版的郑氏《水经注引书考》的信息。但是经过1983年和1985年两度在东京、名古屋、京都、大阪等地的各大书店的搜求,结果却一无所获。盖印数不多,又是一种冷门书,距出版时间已久,存书早已告罄,所以一切努力,都属徒劳。

　　今年年初,寓居香港的郦学家吴天任教授获悉我正在搜求此书,他慨以其书斋中所仅藏的一册寄赠,使我得获睹郑著全豹,真是不胜感激。此书原是郑氏在30年代的创作,故卷首有他1936年撰于厦门大学的序言。50年代初期,郑氏应聘去英国剑桥大学讲学,临行将稿本交吴天任教授,吴氏在取得郑氏同意后,于1974年交台北艺文印书馆出版。所以卷首又有吴氏序言一篇,评述郦注引书的研究历史和郑氏治郦经过,甚有裨于郦注文献的研究。

　　在历来一切有关郦注引书的研究成果中,郑氏的著作无疑是十分杰出的。尽管我获睹郑著已在拙编基本定稿以后,但郑著仍然为我提供了重要的数据。首先是我在郑注中得到了鼓励和信心,其次,我在他的考录中,也获得了若干补充拙编的资料。郑著所列《水经注》引书共436种,其中有6种仅有撰人姓名而无书名,故实为430种,拙编所列《水经注》引书共477种,较郑著多出40余种。在郑著中,若干碑铭也包括在内,而拙编则不包括一切碑铭。郦注所引碑铭等共357种,我已另编《水经注金石录》一种收列。[2]因此,拙编《文献录》所列郦引文献的实际数字,较郑注有较大的增加。当然,我的工作是在前辈学者包括郑氏在内的研究基础上进行的,些许成就,实无足道。但对于拙编或许有裨于郦学研究这一方面,确实增加了我的信心。另外,郑著中有不少他精心考证的成果,为拙编提供了补充和提高的依据。例如卷二十二《渠》所引后汉冯敬通《显志赋》,由于隋唐诸志未曾著录冯的诗文集,而《显志赋》自来鲜见他书引及,清严可均《全后汉文》亦未辑存。我以为此赋当然亡佚无疑。但郑氏考证,明张运泰、余元熹辑评《汉魏名文乘》中有《冯敬通集》,燕京大学图书馆藏有明刊本。据此,则此赋很可能就在燕大所藏的这部明刊《冯敬通集》之中,我据此修改拙编,引郑著作了补充。又如卷四十《渐江水》所引《刘道民诗》。刘道民是刘宋武帝小字,历来治郦学者如何焯、杨守敬等,均在他们的校本之中肯定是宋武帝所作。但郑著却据《七录》和《隋书·经籍志》著录《刘遗民集》,认为"道"字是"遗"字之误,此诗应是晋刘遗民所作。尽管郑氏的考证还不能完全肯定,但是作为一种继续考证的线索,这种说法是值得录入的。为此,我在拙编中也就补入了郑氏的考证。

　　现在来看看《水经注》引用文献的情况。总的说来,可以用一句人们习常使用的成语来说明,那就是丰富多彩。郦注引用的文献,不仅数目庞大,而且内容多样。在以往列举《水经注》引书的著述中,明人的郦注版本如黄省曾本和王国维校明本,都不过是排列书名,不作分类。马念祖所编则以笔画排列,也不分类。郑德坤《水经注引书考》,采用经史子集的传统分类方法,另外再在每一种书名上加上统一的编号。这个分类方法,当然要比以往的机械排列好得多。我在50年代开始研究郦引文献之初,就初拟了一种分类方法。因为郦注是一部历史上的地理名著,因此,在其引书的分类中,必须突出其所引的地理书。为此,我一开始就打破旧《四库》分类的传统,把郦引全部文献,分成地理、历史、人物、图籍、论说、杂文、诗赋等18类,这样,在旧《四库》分类中,属于经书的《禹贡》、《职方》,属于史书的《汉书·地理志》、《山海经》、《越绝书》等,就都按地理科学的标准,列入了地理类。于是,在全部郦引文献479种之中,地理类得109种。

郦注在文献引用上如此广泛地搜罗地理书,这是《水经注·文献录》的最重要的特色。郑德坤教授的《水经注引书考》,虽然按照《四库》分类排列,但对于这个特色,他是清楚地看到的。他在序言中指出:"《水经注》征引地理书之富,隋唐以前无能出其右者,其作品在地理上之价值,可想而知。后儒或以其兼引小说故事,讲究词藻,而目为奇僻,其未详考所引用图书有以致之也。"

《水经注》引用的地理文献,首先是范围广泛,方面众多,既有全国地理如《山海经》、《禹贡》、《职方》、《汉书·地理志》、《十三州记》等,也有区域地理如《齐记》、《赵记》、《湘州记》、《广州记》等,既有《水经》、《江水记》、《汉水记》等河川地理,也有《昆仑说》、《罗浮山记》、《庐山记》等山岳地理,并且还有如《法显传》、《外国事》、《林邑记》等域外地理,真是包罗四方,应有尽有。

第二,《水经注》引用的地理文献之中,包括了大量的地方志。郦道元是我国历史上第一个把"方志"这个名称用来称谓一种特殊体裁的地方文献的人。后来我国有不少研究地方志的学者,他们在"方志"这个名称上,言必称《周礼》,认为"方志"起源于《周礼·春官》,即所谓"外史掌书外令,掌四方之志"。且不必议论《周礼》所描述的这种政治制度,只不过是汉儒的一种设想,在我国历史上实在并未出现过。即使确有其事,则在邈远的周朝,这种由外史所掌的四方之志,到底是一种怎样的东西,谁也无法想象。但《水经注》却不然,卷二十二《渠》经"又屈南至扶沟县北"注:"因其方志所叙,就记缠络焉。"这是我国古籍中第一次提出实有所指的"方志"。在《水经注》所引的地方文献中,不仅包括了后世学者议论的我国的最早方志《越绝书》和《华阳国志》,[③]而且更广泛地搜罗了被后世称为六朝方志的大量地方文献如《洛阳记》、《陈留志》、《宜都记》、《襄阳记》、《钱唐记》、《会稽记》等等,不胜枚举。清陈运溶在《荆州记序》(《麓山精舍丛书》)中说:"郦注精博,集六朝地志之大成。"实际情况正是如此。

第三,《水经注》不仅重视地理文献,并且也非常重视地图。除了有名可稽的共13种在拙编中列入图籍类以外,无名可稽而郦氏在著述过程中实际上使用的图籍,为数还有不少。例如卷二十一《汝水》经"汝水出河南梁县勉乡西天息山"注:"会上台下列山川图,以方志参差,遂令寻其源流。"这里,郦氏不仅对照了地图和各种方志,并且最后作了实地考察。又如卷二十四《瓠子河》经"又东过廪丘县为濮水"注:"郑玄曰,历山在河东,今有舜井;皇甫谧或言今济阴历山是也;与雷泽相比,余谓郑玄之言为然。故扬雄《河水赋》曰,登历观而遥望兮,聊浮游于河之岩。今雷首山西枕大河,校之图纬,于事为允。"这里,他不仅查阅了郑玄、皇甫谧和扬雄等各家著作,而他自己的结论,却是在核对了地图才得出的。这些都说明了他在地理文献的引用中对于地图的重视程度。

当然,除了地理书和地图以外,《水经注·文献录》从其他许多方面来看,也都不愧为我国的一宗珍贵的历史文化遗产。这首先是因为《水经注》所引的许多文献,原书早已亡佚,而在我国古籍中却没有其他任何文献引及,赖郦注的引用,因而保留了这些稀见文献的吉光片羽。例如在地理类中的《中州记》(卷十六《穀水》)、《嵩高记》(卷四十《禹贡山水泽地所在》)、刘成国《徐州地理志》(卷八《济水》)、《江东旧事》(卷三十六《温水》),图籍类中的《督亢地图》(卷十二《巨马水》),诗赋类中的《通津赋》(卷二十六《淄水》)、傅逮《述游赋》(卷十一《易水》)、《显志赋》(卷二十二《颍水》)、《野鹰来曲》(卷二十八《沔水》)、《上堵吟》(卷二十八《沔水》),宫室类中的《汉宫记》(卷十六《穀水》)、《傅子宫室》(卷十九《渭水》),书信类中的《俞益期与韩康伯书》(卷三十六《温水》)、《李固与弟圉书》(卷三十三《江水》)等等,不胜枚举。

另外还有不少历史文献,除了《水经注》以外,也为其他一些古籍所引及,但其他古籍所引的远不如郦注完整。以《林邑记》为例,不少地理书和类书确都引及此书,但都只有寥寥数语,而《水经注》卷三十六《温水》却引述了此书记载林邑国军事要地区粟城和国都典冲城的两段至关重要的文字,前者约140字,后者达430字,把这两个中南半岛的古代城市,描述得十分详细,成为今日学者研究这个地区历史地理的重要资料。[④]

再举一例,大约撰于汉代的《汉武帝故事》一书,其中有对我国汉代宫殿建筑的详细记载,我国古籍和若干类书引及甚多,如《史记·孝武本纪·正义》,《史记·封禅书·索隐》,《三辅黄图》,《北堂书钞》卷一四〇,《初学记》卷二十四,《艺文类聚》卷六十二、六十五,《续谈助》卷三,《御览》卷一七三、三八〇、四九三、七七四等均有引及,可以说是一种古籍中的常引书。但所有这些古籍中所引及的都不过寥寥数语,根据这些引语,还不足以窥及汉代宫殿建筑的规模。而《水经注》卷十九《渭水》经"又东,丰水从南来注之"注中,引用了一段所有上列古籍所未曾引及的内容,注文说:

> 《汉武帝故事》曰:建章宫北有太液池,池中有渐台三十丈。……南有璧门三层,高三十余丈,中殿十二间,阶陛咸以玉为之,铸铜凤五丈,饰以黄金,楼屋上椽首,薄以玉璧,因曰璧玉门也。

从这段唯《水经注》独引的文字中,可以窥及汉建章宫的建筑规模和高度技巧,这也就证明了《水经注》引书的甚得要领。这样的例子,在全部郦注中是不胜枚举的。

此外,对于《水经注·文献录》的研究,还可以从许多方面丰富我们对古籍的知识。这中间,范晔《后汉书》与司马彪《续汉书》的关系问题,就是一个很好的例子。范晔《后汉书》,原仅本纪 10 卷,列传 80 卷,而由谢瞻撰志,范晔获罪被诛后,谢瞻自毁所撰各志,所以此书原来无志。唐代以前,《后汉书》有司马彪、华峤、谢沈、袁山松等多家,并且还有官修的《东观汉纪》,各书并行于世,无分高低,但唐初章怀太子集诸儒注范书,于是范书独尊而各书式微。但范书无志,是其重大缺陷。于是,北宋时,遂将司马彪《续汉书》中的八志配入,乃成今本《后汉书》120 卷。所以《四库提要》史部正史类云:"自八志合并之后,儒者或不知为司马彪,故何焯《义门读书记》曰,八志,司马绍统(按绍统,彪字)之作,本汉末诸儒所传,而述于晋初。"所以今所传范晔《后汉书》,其中 1/4 实是司马彪的作品。此事,在《四库提要》时代就已经"儒者或不知为司马彪书",则何况乎今日。但是在研究《水经注》引书时,我们即可发现,卷三十八《湘水》经"又东北过阴山县西,洣水从东南来注之,又北过醴陵县西,漉水从东南来注之"注中,注文引司马彪《续汉志·五行志》:"建安八年,长沙醴陵县有大山,常鸣如牛响声,积数年后,豫章贼攻没县亭,杀掠吏民,因以为候。"而今本《后汉书·五行志》也说,"建安七、八年中,长沙醴陵县有大山,常大鸣如牛响声,积数年后,豫章贼攻没醴陵县,杀略吏民。"则今本《后汉书·五行志》显然就是郦引《续汉书·五行志》略加改动之文。在《续汉书》早已亡佚的今天,《水经注》所引,无疑为我们提供了范书兼并司马书的证据。

《水经注》引书,同一文献,常常在不同卷篇中使用别名异称。对于撰者,则往往时而称名,时而称号,时而称职位封爵,变化频繁,使人捉摸不定,对于不经意的读者,这可能是一种困难,常易引致讹误。所以清凌扬藻在其《蠡勺编》卷二十一中,对《水经注》一书有"但嗜奇博,读者眩焉"之叹。不过,当我们对《水经注·文献录》进行了认真的研究以后,就会发现,郦氏在文献引用上的这种称奇嗜博的性格,大大有裨于后人对古籍的研究。其实,在隋唐经籍、艺文志的著录中,由于同书异名以及撰者的名、号差别,一书作为二书甚至数书著录的,并不鲜见。我们在《水经注·文献录》的研究中,经过对不同卷篇中书名和撰者名、号等的对比分析,不仅可以弄清郦引文献的实况,同时还可以此校勘隋唐诸志的著录。例如,卷四《河水》,卷十五《洛水》,卷十九《渭水》,卷二十三《汳水》,卷二十五《泗水》等诸篇中,郦氏常引《西征记》一书,有时称为戴延之《西征记》。但在卷二十四《汶水》,卷二十五《泗水》、《洙水》,卷二十六《淄水》等诸篇中,又常引《从征记》一书,不著撰人。《隋书·经籍志》著录戴延之《西征记》2卷,又戴祚《西征记》1卷。《两唐志》均著录戴祚《西征记》2卷,无戴延之书。至于《从征记》,则隋唐诸志俱不著录。这里,对于《西征记》、《从征记》以及《隋志》著录的戴延之和戴祚两种《西征记》等之间的关系,实在纠缠不清。而解决这个问题的端倪,却还是从《水经注·文献录》获得的。卷十五《洛水》经"又东过偃师县南"注:"戴延之《西征记》曰,坞在川南,因高为坞,高十余丈,刘武王西征入长安,舟师所保也。"同注又说:"戴延之《从刘武王西征记》曰,有此尸,尸今犹在。"由此可知,郦注中引及《西征记》和《从征记》多达10余次,只有在《洛水注》中,才写出了此书全名,即戴延之《从刘武王西征记》。《西征记》和《从征记》,原来都是此书的略称。明黄省曾校本不曾详究郦引文献,把戴延之《西征记》和不著撰人的《从征记》并列作为二书,显然不得要领。另外,郦注在此书撰人上屡言戴延之而不及其他,而从"延之"一词揣摩,很可能就是戴祚之字,则《隋志》著录的戴祚和戴延之两种《西征记》,很可能就是重复著录。

《水经注》引书,书名从全从略,撰者从名从字,变化多端,拙编《文献录》,在这方面唯注文是从,只是在考录中略加说明而已,对于注文所引不著撰人的文献,只有在撰者毫无争议的情况下,我才为它加上撰者姓氏。总之,一切尊重郦注原文,拙见仅在考录中表示。在每一种文献考录的末尾,用括号注明这种文献在《水经注》中第一次出现的卷篇名称。郦注有不少常引书,在许多卷篇中反复出现,但在考录中不一一赘举。

由于《水经注》引书甚多,而且所引的文献之中,有大量已经亡佚,所以历来受到学者的注意,研究者代有其人,已经取得了不少研究成果。我在这方面的研究工作,即是在前辈学者的研究基础上进行的,因此,虽然我所考录的《水经注》引书超过明人两倍以上,但绝无可以自鸣得意之处。而且相反,我的研究工作或许还存在不少缺陷,我所考录的郦注引书,更可能发生遗漏和错误,都有求于海内外郦学界的批评和指正。

"十年灾难"以后,我们国家现在已经开始重视对古籍的整理工作。许多重要的古籍,正在次第获得重新点校和出版,不少濒于亡佚的古籍,正在得到抢救和整理。这当然是值得我们额手称庆的。在我所考录的《水经注》引书中,有些名著如《山海经》、《法显传》、《越绝书》等,近年来已经重新作了点校和出版。不少亡佚的文献有的正在辑录,有的已经有了辑本,确实使人感到高兴。但是这中间也有不少稀见的文献,目前仍然无人过问,存在亡佚的危险,说明我们的古籍整理工作,还有待进一步加强。我所编纂的《水经注·文献录》,假使在这方面能有些许贡献,那就是我几年来为此辛勤工作的最大慰藉。

注释:

① 郑氏在序言中作 437 种,但正文中各书均有统一编号,计 436 种。序言中的"七"字当是"六"字之误。

② 撰有《水经注·金石录序》一篇,载《山西大学学报》(哲学社会科学版)1984 年第 4 期。

③ (清)洪亮吉《澄城县志序》:"一方之志,始于《越绝》,后有《华阳国志》。"

④ 参阅拙著《水经注记载的城市地理》,载《水经注研究》第 164—171 页。

原载《杭州大学学报》(哲学社会科学版)1986 年第 3 期

十八、《水经注·文献录》

(一) 地理类

1. 山海经

《汉书·艺文志》(以下简称《汉志》) 著录，《山海经》13 篇。是现存我国最早的地理著作之一，约成书于战国时代，在汉代已经流行，故《史记·大宛列传》已有载及。此书卷首有刘向校上奏，略云："禹别九州，任土作贡，而益等类物善恶，著《山海经》。"由此可知《山海经》在古时是与《禹贡》并列的地理书。但说是伯益所作，显系附会。全书分三部分，首为《山经》，或作《五藏山经》，共 5 卷 26 篇；次为《海经》，共 8 卷 8 篇；末为《大荒经》，并附《海内经》一卷；共 5 卷 5 篇。合计 18 卷。后人研究和注释此书的著作甚多，清人著述以吴任臣的《山海经广注》，毕沅的《山海经新校正》，郝懿行的《山海经笺疏》等为著名。(卷一《河水》)

2. 山经

即《五藏山经》，是《山海经》中成书最早的部分。共《中山经》、《南山经》、《西山经》、《北山经》、《东山经》等 5 卷 26 篇。据顾颉刚考证，成书于战国，较《禹贡》为早，是我国现存最早的地理书。顾氏有《五藏山经试探》一文，载 1934 年北京大学潜社《史学论丛》第 1 册。(卷十《浊漳水》)

3. 西次四经

《山海经》古本中的第 7 篇。参见卷一《河水》《山海经》考录。（卷三《河水》）

4. 中山经

《山海经》古本中的第 15 篇。参见卷一《河水》《山海经》考录。（卷四《河水》）

5. 海外西经

《山海经》古本中的第 28 篇。参见卷一《河水》《山海经》考录。（卷六《涑水》）

6. 海内东经

《山海经》的一篇，不在《汉志》著录 13 篇之列，当是汉刘向所增。参见卷一《河水》《山海经》考录。（卷三十九《庐江水》）

7. 大荒西经

《山海经》的一篇，不在《汉志》著录 13 篇之列，当是汉刘向所增。参见卷一《河水》《山海经》考录。（卷六《涑水》）

8. 山海经注

卷一《河水》经"其高万一千里"注："《山海经》称方八百里，高万仞。郭景纯以为自上二千五百余里。"当指郭璞《山海经注》。《隋书·经籍志》（以下简称《隋志》）及《新唐书·艺文志》（以下简称《新唐志》）著录郭璞《山海经注》23 卷。郭璞是有历史记载的研究《山海经》的最早学者之一。除《山海经注》外，尚撰有《山海经图赞》二卷，《隋志》、《新唐志》、《旧唐书·经籍志》（以下简称《旧唐志》，又《新唐志》与《旧唐志》合提时，简称《两唐志》）均有著录。郭璞是晋代地理学家，《晋书》有传。（卷一《河水》）

9. 大禹记

当指《禹贡》。参见卷三《河水》《禹贡》考录。（原序）

10. 禹记

或即《大禹记》，即《禹贡》。参见卷三《河水》《禹贡》考录。又《汉志》著录《王禹记》24 篇，不著撰者。不知是否此书。（卷二《河水》）

11.《禹贡》

《尚书》中的一篇。《水经注原序》云："《尚书》、《本纪》与《职方》俱略。"此处《尚书》显系指《禹贡》而言。《禹贡》据学者考证约成书于战国后期，是我国最早的区域地理著作。全篇假托夏禹治水以后的政区制度，划全国为冀、兖、青、徐、扬、荆、豫、梁、雍九州。对各州的山岳、河川、泽薮、土壤、物产、赋贡、交通等作简洁描述。分区描述之后，又有以山岳为专题的"导山"和以河川为专题的"导水"两部分，以概括全国的山川大势。最后一部分为"五服"，是一种假设的行政区划制度，绝非当时的现实。历来解释和研究《禹贡》的著作甚多,如宋程大昌的《禹贡论》及《禹贡山川地理图》,傅寅的《禹贡说断》,清徐文靖的《禹贡会笺》,成蓉镜的《禹贡班义述》等,以清胡渭的《禹贡锥指》二十六卷最负盛名。(卷三《河水》)

12. 职方

《周礼》中的一篇,成书约在战国时代,体例与《禹贡》相似,分全国为扬、荆、豫、青、兖、雍、幽、冀、并九州,分州叙述,内容为各州的山岳、泽薮、河川、湖泊、物产、人民、畜牧、农业等,最后也有所谓"九服",是一种行政区划的设想。(《原序》)

13. 穆天子传

《隋志》及《两唐志》著录,不著撰人。晋郭璞作注,前有荀勖序。此书为《汲冢书》的一种,据《晋书·束皙传》,太康二年,汲县人不准盗发魏襄王墓,得竹书《穆天子传》五篇,又周穆王美人盛姬事,即今《穆天子传》卷六所载。此书《隋志》及《两唐志》均列于史部起居注类,但其内容自卷一至卷五载周穆王驾八骏西游故事,拥有丰富的东西交通史资料,对研究古代东西交通甚有价值,故历来为历史地理学界所重视。《四库提要》卷一四二云:"此书所记,虽多夸言寡实,然所谓西王母者,不过西方一国君,所谓县圃者,不过飞鸟百兽之所饮食,为大荒之圃泽,无所谓神仙怪异之事,所谓河宗氏者,亦仅国名,无所谓鱼龙变见之说。较《山海经》、《淮南子》尤为近实。"此书收入丛书者较多,如《道藏·洞真部》、《范氏奇书》、《古今逸史》、《汉魏丛书》、《广汉魏丛书》、《龙威秘书》、《子书百家》、宛委山堂《说郛》弓一百十三、《平津馆丛书》、《龙谿精舍丛书》、《芋园丛书》、《四部丛刊》、《四部备要》、《丛书集成》初编等。历来研究此书的著述不少,以丁谦《穆天子传地理考证》、顾实《穆天子西征讲疏》及日人小川琢治《穆天子传地名考》等著名。(卷一《河水》)

14. 地理志　汉桑钦撰

此书隋唐诸志不著录。按《汉书·地理志》曾引及桑钦6处,但末言何书。历来引桑钦《地理志》,唯有郦注。《四库提要》史部地理类云:"又《水经》作者,《唐书》题曰桑钦,然班固尝引钦说,与此经文异;道元注亦引钦所作《地理志》,不曰《水经》。"是则《提要》确认桑钦有《地理志》之作。注疏本将郦注此处"桑钦《地理志》曰"改作"《地理志》桑钦曰"。疏云:"朱作桑钦《地理志》曰。戴同。全云,按桑钦《地理志》不见簿录,此文今载《汉书·地理志》注引桑钦语,盖传钞者倒互耳。赵依改。会贞按,全说是也。"驿按,全说仅以"不见簿录"为由,即以为桑钦无《地理志》之作。古来不见簿录而实有其书者甚多,即郦注所引书中亦所常见。熊疏不足据也。(卷五《河水》)

15. 地理志　汉班固撰

指《汉书·地理志》。二十四史中有地理志者凡16部,《汉书·地理志》是其中的

第一部。在科学的现代地理学传入我国以前,我国的历史地理学研究,长期以沿革地理为主。《汉书·地理志》即是沿革地理学的鼻祖。全书包括三部分,第一部分全录《禹贡》《职方》两篇,并补述数语以承前启后,转入正文。第二部分是全书正文,以统一格式列叙汉平帝元始二年(公元 2 年)的西汉疆域政区,计 103 郡国,1587 县、邑、侯国。第三部分具有附录性质,系以《史记·货殖列传》为基础,辑录了汉成帝时刘向所言的《域分》和朱赣所条的《风俗》。历来为《汉书·地理志》作注者甚多,后汉末年已经出现了服虔和应劭的注释,到了唐代,则有颜师古的注本,先后不下数十家。清王先谦汇集历来诸家注释于一编,成《汉书补注》一书,对此书研究极有价值。(《原序》)

16. 水经

《隋志》著录《水经》3 卷,郭璞注,又《水经》40 卷,郦善长注。《旧唐志》著录《水经》3 卷,郭璞撰,又 40 卷,郦道元撰。此两种著录均是混淆《水经》与《水经注》为一书,语言含糊,无从深究。《新唐志》著录桑钦《水经》3 卷,一作郭璞撰,郦道元注《水经》40 卷。《水经》与《水经注》两书始明确。《新唐志》以为此《水经》为桑钦或郭璞所撰。郭璞未撰《水经》,已为清初学者所论定。桑钦曾撰《水经》,予事或有可能。班固撰《汉书·地理志》,曾在绛水、漯水、汶水、淮水、弱水、易水等六处引及“桑钦言”、“桑钦所言”、“桑钦以为”等语。论者以为班固所引,或即桑钦所撰《水经》。但《汉书·地理志》所引 6 条,今本《水经》俱不见,又郦道元《原序》亦未言及桑钦。则桑钦《水经》非今本《水经》可以无疑,而隋唐诸志著录,或亦非今本《水经》也。《通志·艺文略》著录:“《水经》三卷,汉桑钦撰,郭璞注;《水经》四十卷,郦道元注。”故历史上或许曾有《水经》及《水经注》各两种,桑钦《水经》为郭璞所注,已经亡佚;今本《水经》为郦道元所注。至于今本《水经》撰者及撰述年代,据《四库提要》考证:“观其涪水条中,称广汉已为广魏,则决非汉时;钟水条中,称晋宁仍曰魏宁,则未及晋代。寻文推句,大抵三国时人。”此说大体确当。今本《水经》仅一万余字,内容寥落,故郦氏《原序》云:“《水经》虽粗缀津绪,又阙旁通。”所以他为《水经》作注,注文大于《水经》20 余倍。(《原序》)

17. 地说

即《尚书地说》,不知撰者与撰述年代。清王谟在《水经注》、《史记索隐》、《史记正义》等古籍中辑出《地说》11 条,又《地记》11 条,收入于《汉唐地理书钞》。王谟云:“按此《地说》不知何人所撰,郑玄注《尚书》再引其说,是此书必作于郑氏以前,至郦氏注《水经》及唐初人为《史记正义、索隐》犹及见之,而《隋志》不载,岂遂已散佚乎?惟是诸书往往引作《地记》,记、说二字,最易混淆,又其所说皆《尚书·禹贡》地理水道,故可据以解经笺史,必非梁任昉所钞辑之《地记》也。”(卷四《河水》)

18. 奏土论　战国唐勒撰

此文不见历来著录。古籍中亦惟《水经·汝水注》引及,故知流传不广而亡佚已久。《汉唐地理书钞》即据《汝水注》所引辑为1篇。按《汉志》著录,唐勒赋4篇,楚人。又《史记·屈原列传》:"屈原既死之后,楚有宋玉、唐勒、景差之徒,皆好辞而以赋见称。"故知唐勒是战国楚人。(卷二十一《汝水》)

19. 地理风俗记　汉应劭撰

侯康《补后汉书艺文志》,顾櫰三《补后汉书艺文志》,姚振宗《后汉艺文志》等俱著录此书。张国淦《中国古方志考》云:"隋唐二志,此记俱不著录。《后汉书》本传,则谓劭论当时行事,著中汉辑序,撰《风俗通》,以辨物类名号,凡所著述百三十六篇,又集解《汉书》,皆传于时,此《地理风俗记》,大抵皆在百三十六篇内,未有专本行世,故六朝人书,亦少称引,而郦道元注《水经》,独时时引证,又或引作应劭《十三州记》,其与《地理风俗记》,是否当为一书,亦无可考。"此书已佚,辑本收入于《汉唐地理书钞》。(卷二《河水》)

20. 风俗通　汉应劭撰

《隋志》著录,《风俗通义》31卷,录1卷,应劭撰。《新唐志》著录应劭《风俗通义》30卷。均是此书。宋《崇文总目》著录亦作《风俗通义》,仅10卷,与今本同。今本卷首有应劭所撰序,略云:"传曰,百里不同风,千里不同俗,户异政,人殊服,由此言之,为政之要,辩风正俗,最其上也。"其撰书之意,大致为此。今本收入于丛书者甚多,如《古今逸史》、《汉魏丛书》、《子书百家》、《四部丛刊》、《四部备要》、《丛书集成》初编等。各本均作《风俗通义》,但《格致丛书》及《诸子汇函》(有明归有光评语)作《风俗通》。清王仁俊辑有《风俗通佚文》1卷,钱大昕亦辑有《风俗通逸文》1卷。(卷一《河水》)

21. 土地记　张氏撰

此书不见隋唐诸志著录。文廷式《补晋书艺文志》卷二云:"张氏《土地记》,郭璞于注《山海经·海内南经》引之。"卷十九《渭水》经"又东过霸陵县北,霸水从县西北流注之"注引及此书,未著撰人;同卷经"又东过槐里县南,又东,涝水从南来注之"注引及张晏之名,但未及此书。姚振宗《三国艺文志》著录有张晏《土地记》一种,疑即张氏《土地记》。晏字子博,三国魏人。此书亡佚已久,今无辑本。(卷十九《渭水》)

22. 三州论　三国魏蒋济撰

此文不见著录。按《三国志·魏书·蒋济传》:"黄初中,征吴车驾幸广陵,济表水道难通,又上《三州论》以讽帝。"文已亡佚。(卷三十《淮水》)

23. 晋书地道记　晋王隐纂

此书亦作《晋地道记》或《地道记》,已佚,辑本收入于《经训堂丛书》、《汉学堂丛书》、《广雅书局丛书》、《丛书集成》初编等。《汉唐地理书钞》辑本王谟云:"按此《地道记》乃王隐《晋书》中篇目,与诸家专记地理书不同,故隋唐志俱不著录。"《郑堂读书记补逸》周中孚跋云:"《晋书地道记》一卷,《经训堂丛书》本,晋王隐撰,毕沅辑。《隋志》载王隐《晋书》八十六卷,新、旧唐志则作八十九卷。此《地道记》,即其《晋书》中之一篇,记即志也。处叔(按王隐字)当东晋之初,纪西晋之事,见闻最为切近,故所作《晋书》,诸家多见称述,而《水经注》引证此记尤繁,视若准的。"(卷二《河水》)

24. 晋书地理志

卷九《洹水》经"又东北出山,过邺县南"注:"按《晋书·地理志》曰魏郡有长乐县也。"不见于今本《晋书·地理志》。注疏本杨守敬疏云:"郦氏每引《晋书地道记》,此当亦是《地道记》之文,则'理志'二字误矣。"按隋唐诸志著录,郦氏及见之《晋书》近十种之多,未必就是《地道记》。(卷九《洹水》)

25. 太康地记

此书,《隋志》不著录,《旧唐志》作《地记》5 卷,太康三年撰;《新唐志》作《太康土地记》10 卷。清毕沅《晋太康三年地志王隐晋书地道志总序》云:"《晋太康地理志》,不著撰人,《旧唐志》五卷,云太康三年撰,《新唐志》十卷。……今复其旧,名曰《太康三年地志》。若沈约止称之为《地志》,郦道元称为《地记》(驿案,《水经注》引此,有时作《太康地记》,有时作《太康记》),司马贞、张守节称为《地理记》,《新唐书》称为《土地记》,其实一也。"书已佚,辑本甚多,除毕沅自刊《经训堂丛书》外,尚有宛委山堂《说郛》弓六十,《说郛》卷四,《汉唐地理书钞》(以上均作《太康地记》)、《广雅书局丛书》、《汉学堂丛书》、《黄氏逸书考》、《丛书集成》初编(以上均作《晋太康三年地志》)等。(卷四《河水》)

26. 风土记　晋周处撰

《隋志》著录 3 卷,晋平西将军周处撰。《旧唐志》作 10 卷,《新唐志》无卷次。书已佚,辑本收入于宛委山堂《说郛》弓六十,《说郛》卷四,《五朝小说大观》等。(卷四《河水》)

27. 九州记　晋乐资撰

此书,隋唐诸志不著录。章宗源《隋书经籍志考证》卷六云:"《九州记》,卷亡,乐资撰,不著录。"书已佚,辑本收入于《汉唐地理书钞》、《玉函山房辑佚书》等。书名又作《九州要记》、《九州志》等。(卷三十五《江水》)

28. 吴录地理志　晋张勃撰

《隋志》著录,晋有张勃《吴录》30 卷,亡。此书《汉唐地理书钞》辑本王谟云:"《史记索隐》曰,张勃,晋人,吴鸿胪俨之子,作《吴录》,故裴氏《史记注》引之。按此《吴地记》乃张勃《吴录》中所记三国吴时州郡。……书本三十卷,由全书已亡,《隋志》故不著录。后人或得其《地志》一卷,遂以传世,非别有《吴地记》也。诸书引入地理,或只称《吴录》,或兼称《吴录地理志》,今故仍据以为本,并采而辑之。"此书除上述王谟所辑者外,尚有宛委山堂《说郛》弓五十九、《说郛》卷三、《击淡庐丛稿》、《玉函山房辑佚书补编》等辑本。(卷三十七《浪水》)

29. 郡国志　晋袁山松撰

此书已佚,辑本收入于《汉唐地理书钞》。王谟云:"按隋唐志及《御览书目》俱不著录袁山松《郡国志》,而《水经注》引之,则从山松所撰《后汉书》采者也。考《隋志》,《后汉书》凡十数家,皆不立地理志,惟司马彪及山松二家书有郡国志,故《水经注》得采其说,仍分举某氏郡国志。其泛举郡国志不言某氏者,则以二家书同,故通言之也。"袁山松,《晋书》有传。(卷五《河水》)

30. 十三州记　晋黄义仲撰

此书,隋唐诸志不著录,已佚,辑本1卷,收入于宛委山堂《说郛》卷六十。(卷二《河水》)

31. 十三州志　后魏阚骃撰

《隋志》著录作10卷,《旧唐志》作13卷,《新唐志》作14卷。书已佚,辑本收入于《知服斋丛书》第二集、《关中丛书》第一集、《汉唐地理书钞》、《玉函山房辑侠书补编》、《丛书集成》初编等。《二酉堂丛书》辑本张澍云:"后魏敦煌阚玄阴撰《十三州志》……颜师古《汉地理志注》多引之,其言曰,中古以来,说地理者多矣,或解释经典,或纂述方志,竞为新异,妄有穿凿,安处附会,颇失真实,今并不录,独有取于阚氏,可知其书之精审。所惜散佚不传,他书征引者亦复寥寥,余搜集传注,都为一卷,断珪碎壁,弥觉可珍云。"阚骃,字玄阴,《魏书》、《北史》均有传。(卷二《河水》)

32. 永初记　南朝齐刘澄之撰

《隋志》及《新唐志》著录作《永初山川古今记》20卷,齐都官尚书刘澄之撰。按永初(420—422)是南朝宋武帝年号。书已佚,辑本收入于《汉唐地理书钞》及《玉函山房辑佚书补编》,作《永初山川记》;又收入于《击淡庐丛稿》,作《永初山川古今记》。(卷五《河水》)

33. 地理书

《隋志》著录,《地理书》149卷,录1卷,陆澄合《山海经》已来160家,以为此书。又《隋志》著录,《地理书钞》20卷,陆澄撰;9卷,任昉撰;10卷,刘黄门撰。因各书皆佚,《水经注》所引《地理书》是否即《隋志》著录中之一种,不得而知。任、陆二家《书钞》均辑存于《汉唐地理书钞》,各1卷。(卷八《济水》)

34. 地记

《隋志》著录,"《地记》二百五十二卷,梁任昉增陆澄之书八十四家,以为此记,其所增旧书,亦多零失,见存别部行者,唯十二家。"《两唐志》著录同,书已佚。(卷十五《洛水》)

35. 魏土地记

此书即《大魏诸州记》。《隋志》著录21卷,《旧唐志》作《魏诸州记》20卷,《新唐志》作《后魏诸州记》20卷。章宗源《隋书经籍志考证》卷六云:"《水经注》多引《魏土地记》,书已佚。"辑本收入于《汉唐地理书钞》(卷三《河水》)

36. 春秋土地名　晋京相璠撰

卷五《河水》经"又东北过黎阳县南"注:"应劭曰,《左氏传》,齐襄公田于贝邱是也。余按京相璠、杜预并言在博昌,即司马彪《郡国志》所谓贝中聚者也。"此京相璠,当指其所著《春秋土地名》。《隋志》著录五卷,晋裴秀客京相璠等撰。此书为郦注常引书之一,卷六《涑水》、卷八《济水》、卷十五《伊水》、卷十六《穀水》等屡引之,作《春秋土地名》,或作《春秋地名》。书已佚,辑本收入于《汉魏遗书钞》、《汉唐地理书钞》、《问经堂丛书》、《汉学堂丛书》、《黄氏逸书考》、《玉函山房辑佚书》等,均1卷。(卷五《河水》)

37. 春秋释地　晋杜预撰

此书或是杜预注《春秋左传》中的释地部分。故隋唐诸志不著录。今有《微波榭丛书》辑本,作《春秋地名》1卷。(卷五《河水》)

38. 京杜地名

即京相璠《春秋土地名》及杜预《春秋释地》,参见各书考录。(卷二十二《洧水》)

39. 冀州风土记　汉卢植撰

卷十三《灅水》经"灅水出雁门阴馆县,东北过代郡桑乾县南"注:"水导源将城东,西北流迳将城北……卢植曰,此城方就而板榦自移。"此处引卢植,当指其所撰《冀州风土记》。卷十四《濡水》所引《卢子之书》亦是此书。章宗源《隋书经籍志考证》卷六云:"《冀州风土记》,卷亡,卢植撰,不著录。"此书亡佚已久,鲜见引用,亦无辑本。(卷十三《灅水》)

40. 卢子之书　汉卢植撰

此书即《冀州风土记》,参见以上考录。(卷十四《濡水》)

41. 中山记　张曜撰

此书不见隋唐诸志著录。章宗源《隋书经籍志考证》卷六云:"《中山记》,卷亡,张曜撰,不著录。"此书除《水经注》外,仅见《通典》、《御览》、《寰宇记》引及,亡佚已久,

亦无辑本,撰者张曜不知为何代人。(卷十一《滱水》)

42.赵记

《隋志》著录 10 卷,不著撰人。章宗源《隋书经籍志考证》卷六云:"《赵记》十卷,脱撰名,《北齐书李公绪传》,公绪字穆叔,撰《赵语》(语当作记)十三卷。"按北齐人所撰之书,郦氏何能见及,则《淇水注》所引《赵记》,必非《隋志》著录之《赵记》。张国淦《中国古方志考》又另录《赵记》一种,作邢子励撰。张案云:"邢子励未详,《史记正义》引其书,知在唐以前,《太平寰宇记》引《邢子励记》,又《邢子励志》。"张殆未见《淇水注》所引此书,故有"知在唐以前"之语。但《淇水注》所引是否邢书,不得而知。又《寰宇记》卷五十八曾引虞氏《赵地记》一条,与《隋志》著录及郦引是否同书,亦未可知。(卷九《淇水》)

43.上党记

此书,隋唐诸志不著录,不知撰者及撰述年代。章宗源《隋书经籍志考证》卷六云:"《上党记》,卷亡,不著录。"除《水经注》外,此书自来仅见《后汉书·郡国志注》、《元和郡县志》、《史记·赵世家·集解》引及。今亡佚已久,亦无辑本。(卷九《沁水》)

44.陈留风俗传　汉圈称撰

《隋志》及《两唐志》著录,3 卷。书已佚,辑本收入于宛委山堂《说郛》号六十二、《说郛》卷七、《玉函山房辑佚书补编》等,均 1 卷。(卷五《河水》)

45.陈留志　晋江敞撰

《隋志》著录,15 卷,东晋剡令江敞撰。《旧唐志》作江澂。《新唐志》作江敞《陈留人物志》15 卷。或疑此书即圈称《陈留风俗传》。书已佚,辑本收入于《说郛》卷六。(卷二十二《渠》)

46.河南十二县境簿

此书隋唐诸志不著录。章宗源《隋书经籍志考证》卷六云:"《河南十二县境簿》,卷亡,不著录。"书已佚,除《伊水注》、《穀水注》外,尚为《初学记》《寰宇记》、《文选注》等所引及,《文选注》引作《河南郡县界簿》。(卷十五《伊水》)

47.中州记

此书不见隋唐诸志著录。文廷式《补晋书艺文志》著录作《晋中州记》。书已佚,不知撰者及撰述年代,自来亦唯《穀水注》引及,无辑本。(卷十六《穀水》)

48.洛阳记　晋陆机撰

《隋志》及《两唐志》著录,1 卷。书已佚,辑本收入于宛委山堂《说郛》号六十一及《击淡庐丛稿》等,均 1 卷。陆机,字士衡,《晋书》有传。(卷十六《穀水》)

49. 洛阳地记

此书隋唐诸志不著录。按《隋志》及《两唐志》著录陆机《洛阳记》1 卷,《两唐志》著录戴延之《洛阳记》1 卷,《隋志》又著录《洛阳记》四卷,不著撰人。文廷式《补晋书艺文志》卷三著录华延儁《洛阳记》,《隋志》及《两唐志》又著录杨佺期《洛阳图》1 卷,但不见《洛阳地记》。注疏本疏云:"疑衍地字。"(卷十六《榖水》)

50. 邺中记　晋陆翙撰

《隋志》著录,2 卷,晋国子助教陆翙撰。书已残缺,辑本收入于宛委山堂《说郛》弓五十九、《续百川学海》乙集、《广汉魏丛书》、《增订汉魏丛书》、《清芬堂丛书》、《龙精谿舍丛书》、《丛书集成》初编等。《四库全书》著录《永乐大典》本,亦 1 卷。《提要》云:"六朝旧籍,世远逾稀,断璧残玑,弥足为宝,佚而复存,是亦罕睹之秘籍矣。"(卷十《浊漳水》)

51. 嵩高记

此书,隋唐诸志不著录。《初学记》卷五引卢元明《嵩山记》,不知是否即是此书。书已佚,无辑本。(卷四十《禹贡山水泽地所在》)

52. 三辅黄图

《隋志》著录,《黄图》1 卷。《两唐志》作《三辅黄图》1 卷。书撰于后汉,不著撰人。《四库提要》史部地理类云:"晁公武《读书志》据所引刘昭《续汉志注》,定为梁陈间人作,程大昌《雍录》则谓晋灼所引《黄图》多不见于今本。……其说较公武为有据。"按汉景帝时分内史为左、右内史和主爵中尉,同治长安城内京畿之地,故称三辅。此书记载秦汉三辅的各种城市建设,内容详尽而清楚,故甚有价值。今收入于《古今逸史》、《广汉魏丛书》、《宝颜堂秘笈》、《关中丛书》、宛委山堂《说郛》弓六十、《说郛》卷九十一、《龙谿精舍丛书》、《丛书集成》初编等,又有单行本,如 1979 年陕西人民出版社出版陈直《三辅黄图校正》。(卷十九《渭水》)

53. 三辅决录注　晋挚仲治注

《隋志》及《旧唐志》著录,《三辅决录》7 卷,汉太仆赵岐撰,挚虞注。《新唐志》作10 卷。仲治,挚虞字。书已佚,辑本收入于《玉函山房辑佚书续编》。(卷十六《榖水》)

54. 关中记　晋潘岳撰

《两唐志》著录,1 卷。书已佚,辑本收入于宛委山堂《说郛》弓六十一及《击淡庐丛稿》等,均 1 卷。又收入于《说郛》卷四,(卷十六《漆水》)

55. 秦州记　南朝宋郭仲产撰

此书,隋唐诸志不著录。章宗源《隋书经籍志考证》卷六云:"《秦州记》,卷亡,郭仲产撰,不著录。"注笺本作《秦川记》,黄省曾本作《秦州记》,赵、戴据黄本改。书已佚,辑本收入于《说郛》卷四及《击淡庐丛稿》等,均一卷。(卷二《河水》)

56. 三秦记　汉辛氏撰

此书,隋唐诸志不著录。章宗源《隋书经籍志考证》卷六云:"《三秦记》,卷亡,辛氏撰,不著录。"秦荣光《补晋书艺文志》卷二云:"辛氏《三秦记》,按《史通》内篇杂述,若盛弘之《荆州记》、常璩《华阳国志》,辛氏《三秦》、罗含《湘中》,此之谓地理书者也。"书已佚,辑本收入于宛委山堂《说郛》弓六十一,《说郛》卷四,《二酉堂丛书》、《龙谿精舍丛书》等,清王仁俊《经籍佚文》辑有《三秦记佚文》一卷。(卷四《河水》)

57. 沙州记　南朝宋段国撰

此书不见于隋唐诸志,章宗源《隋书经籍志考证》卷六、秦荣光《补晋书艺文志》卷二著录。书已佚,辑本收入于宛委山堂《说郛》弓六十一及《丛书集成》初编等。《二酉堂丛书》辑本张澍云:"按《魏书》阿豺立,自号沙州刺史,部内有黄沙,周回数百里,不生草木,因号沙州,宋新亭侯段国所纂《沙州记》,即《隋志》之《吐谷浑记》也。原二卷,今亡佚甚多,特就所见钞之,又录《太平寰宇记》吐谷浑始末,以补其阙。"(卷二《河水》)

58. 西河旧事

此书隋唐诸志不著录,久佚,不知撰者及撰述年代,所记为今甘肃黄河以西地区事,辑本收入于《二酉堂丛书》。(卷二《河水》)

59. 凉土异物志

《隋志》著录作《凉州异物志》1 卷,《新唐志》著录作《凉州异物志》2 卷,均不著撰人。书已佚,辑本收入于《二酉堂丛书》及《丛书集成》初编等。(卷二《河水》)

60. 昆仑说

此书不知何代何人所撰,除《水经注》外,亦不见他书引及,亡佚已久。注疏本作《昆仑记》,杨守敬按:"《昆仑说》未闻,《尔雅疏》引《昆仑山记》,昆仑一名昆丘,三重,与此文称昆仑之山三级合,则《昆仑说》为《昆仑记》之误。"驿案,杨以《昆仑说》"三级"与《昆仑山记》"三重"近似,因此《昆仑说》为《昆仑记》之误,不足为据。古书互相引袭,雷同者多,《昆仑说》有樊桐、玄圃、层城、太帝之居等名,《淮南子·坠形训》所引亦有樊桐、县圃、太帝之居等名,《楚辞·天问》亦有县圃、增城等名,即是互相引袭的结果。何况《尔雅疏》所引为《昆仑山记》,杨擅去一山字,又以一词之同而断言《昆仑说》为《昆仑记》之误,殊属不妥。(卷一《河水》)

61. 齐记　晋晏谟撰

《新唐志》著录,《齐地记》2 卷,晏模撰。秦荣光《补晋书艺文志》卷二、吴士鉴《补

晋书经籍志》卷二均作《齐地记》，与《新唐志》同，但晏模作晏谟。书已佚，辑本收入于《说郛》卷四。（卷八《济水》）

62. 齐记　晋伏琛撰

此书隋唐诸志不著录。章宗源《隋书经籍志考证》卷六云："《齐记》，卷亡，伏琛撰，不著录。"今辑本多作《三齐略记》，收入于宛委山堂《说郛》号六十一，《五朝小说大观》，《说郛》卷四，《玉函山房辑佚书》，《击淡庐丛稿》等。清王仁俊《经籍佚文》辑有《三齐略记佚文》1卷。（卷八《济水》）

63. 邹山记

此书历来不见于公私著录，不知撰者与撰述年代。除《水经注》外，仅见《史记·夏本纪·正义》引及一条。亡佚已久。亦无辑本。（卷二十四《汶水》）

64. 徐州地理志　刘成国撰

此书隋唐诸志俱不著录。除《水经注》外，别无他书引及。注疏本杨守敬按："《魏书·刘芳传》为徐州大中正行徐州事，撰《徐州人地录》二十卷，《新唐志》有刘芳《徐地录》一卷，但芳字文伯，非成国，成国，汉刘熙字，不闻有《徐州地理志》，而此条皆《博物志》文，不过字句小有异同，则又以刘成国为是，刘芳非张华所及也。"（卷八《济水》）

65. 吴地记　南朝齐陆道瞻撰

此书隋唐诸志不著录。《崇文总目》及《通志·艺文略》著录，《吴地记》1卷，齐陆道瞻撰。《太平御览经史图书纲目》作陆道瞻《吴郡记》，岂是同书。已佚，无辑本。（卷四十《渐江水》）

66. 吴记　晋环济撰

《隋志》著录作9卷，晋太学博士环济撰。《两唐志》作10卷。《世说新语》的《政事篇注》、《雅量篇注》、《品藻篇注》、《规箴篇注》、《排调篇注》及《初学记》、《御览》等均引及，书已佚，无辑本。（卷二十九《沔水》）

67. 越绝

《隋志》著录，《越绝记》16卷。《两唐志》作《越绝书》。此外尚有《越绝》、《越记》、《富中越绝书》等名称，并有认为别名《越纽录》者。隋唐诸志称其撰者为子贡，但《书录解题》卷五云："无撰人名氏，相传为子贡者，非也。"明正德、嘉靖年间，学者始据此书第十九篇《越绝篇叙外传记》所云："记陈厥说，略有其人，以去为姓，得衣乃成，厥名有米，覆之以庚，禹来东征，死葬其疆，不直自斥，托类自明，写精露愚，略以事类，俟告后人，文属辞定，自于邦贤，邦贤以口为姓，承之以天，楚相屈原，与之同名，明于古今，德配颜渊。"提出此书为会稽袁康所撰，同郡吴平所定的说法。《四库提要》史部载记类云:"然则此书为会稽袁康所作,同郡吴平所定也。"肯定了明代以来流行的说法。但此说并不为学者所一致赞同,参见上海古籍出版社 1985 年出版乐祖谋点校本《越绝书》卷首拙序。此书除单行本较多外,尚收入《汉魏丛书》、《古今逸史》、《小万卷楼丛书》、《龙谿精舍丛书》、《四部丛刊》、《四部备要》、《丛书集成》初编等丛书,概作 15卷,共 19 篇。(卷四十《浙江水》)

68.钱唐记　南朝宋刘道真撰

此书,隋唐诸志俱不著录。章宗源《隋书经籍志考证》卷六云:"《钱塘记》,卷亡,不著录。"案刘宋时钱唐不作钱塘,章宗源似误。书已佚,辑本收入于《玉函山房辑佚书续编》。(卷四十《浙江水》)

69.会稽记　南朝宋孔灵符撰

卷四十《浙江水》经"北过余杭,东入于海"注:"《记》云,扳萝扪葛,然后能升,山上无甚高木,当由地迥多风所致,山南有嶕岘,蚬里有大城,越王无余之旧都也。"此《记》,当指刘宋孔灵符《会稽记》。隋唐诸志不著录,章宗源《隋书经籍志考证》卷六云:"《会稽记》,卷亡,孔灵符撰,不著录。"书已佚,辑本收入于宛委山堂《说郛》弓六十一,《说郛》卷四,鲁迅《会稽郡故书杂集》等。(卷四十《浙江水》)

70.山居记　南朝宋谢灵运撰

《隋志》著录,《游名山志》1 卷,谢灵运撰,又《居名山志》1 卷,谢灵运撰。后者或即是此书。按《宋书·谢灵运传》云:"灵运父祖并葬始宁县,并有故宅及墅,遂移籍会稽,修营别业,傍山带江,尽幽居之美,与隐士王弘之、孔凉之等纵放为娱,有终焉之志,每一诗至都邑,贵贱莫不竞写,宿昔之间,士庶皆徧,远近钦慕,名动京师,作《山居赋》并自注。"全文收入于本传,并收入于明张溥编《汉魏六朝一百三家集》及清严可均编《全上古三代秦汉三国六朝文》,文题作《山居志》、《山居记》、《山居赋》等。按始宁县始置于后汉末,南北朝后即不存在,位于今上虞、嵊县、绍兴三县间的曹娥江东岸。据嘉泰《会稽志》卷九:"东山在县西南四十五里,晋太傅谢安所居也。……山西一里始宁园,乃谢灵运别墅。"此文近四千言,是我国最早的韵文地方志之一,也是六朝方志的少数仅存者之一。(卷四十《浙江水》)

71.东阳记　南北朝宋郑缉之撰

《两唐志》著录,郑缉之《东阳记》1 卷。书已佚,无辑本。(卷四十《浙江水》)

72.南康记　南北朝宋邓德明撰

此书隋唐诸志俱不著录。章宗源《隋书经籍志考证》卷六云:"《南唐记》,卷亡,邓德明撰,不著录。"书已佚,辑本收入于宛委山堂《说郛》弓六十一及《说郛》卷四等。(卷三十七《浪水》)

73. 豫章旧志

《隋志》著录,3 卷,晋熊默撰;《两唐志》著录,8 卷,吴徐整撰。除《水经注》外,历来仅《世说新语·规箴篇注》引及此书,不著撰人,故所引是熊书抑是徐书,不得而知。(卷三十九《庐江水》)

74. 豫章记　南北朝宋雷次宗撰

《隋志》及《新唐志》著录,《豫章记》1 卷,雷次宗撰。书已辑,辑本收入于宛委山堂《说郛》弓六十七,《五朝小说大观》、《说郛》卷四、《击淡庐丛稿》、《玉函山房辑佚书补编》等。又《宋史·艺文志》著录雷次宗《豫章古今记》3 卷,不知是否即是此书。(卷三十九《庐江水》)

75. 庐山记　晋远法师撰

此书,隋唐诸志俱不著录。撰者远法师即晋释慧远。书已佚,辑本收入于《守山阁丛书》及《丛书集成》初编等,书名作《庐山记略》。(卷三十九《庐江水》)

76. 寻阳记

《寻阳记》有三种,《隋志》俱不著录。其一《新唐志》著录,张僧监《寻阳记》二卷,已佚,有宛委山堂《说郛》弓六十一及《说郛》卷四等辑本,撰者作晋张僧鉴。其二见《御览》卷七一七引宋山谦之《寻阳记》。其三见《永乐大典》卷六八三〇《十八阳》引王镇之《寻阳记》。俱佚。(卷三十九《庐江水》)

77. 江东旧事

此书不见任何著录,不知撰者与撰述年代,亡佚已久,无辑本。(卷三十六《温水》)

78. 武昌记

此书,隋唐诸志俱不著录。章宗源《隋书经籍志考证》卷六云:"《武昌记》,卷亡,史筌撰,不著录。"此书撰者,《北堂书钞》卷一五一引作史筌,《御览》卷一一二引作史苓,恐是刘宋时人。又《太平御览经史图书纲目》有皮零《武昌记》一种,嘉庆《湖广图经》志书卷二又引雷氏《武昌记》一条,故《武昌记》实有数种,因俱已亡佚,《水经注》所引为何书,不得而知。(卷三十五《江水》)

79. 宜都记　晋袁山松撰

此书隋唐诸志俱不著录。章宗源《隋书经籍志考证》卷六云:"《宜都记》,卷亡,袁山松撰,不著录。"历来引及此书者,有作《宜都山川记》,亦有作《宜都山水记》,撰者有作袁崧者。书已佚,辑本收入于宛委山堂《说郛》弓六十一,《五朝小说大观》、《说郛》卷四、《汉唐地理书钞》等。(卷三十四《江水》)

80. 江水记　晋庾仲雍撰

《隋志》著录,《江记》5 卷,庾仲雍撰。《两唐志》同。此《江水记》,当是隋唐诸志

《江记》无疑。书已佚,无辑本。(卷三十五《江水》)

81. 襄阳记　晋习凿齿撰

《隋志》著录,《襄阳耆旧记》五卷,习凿齿撰。《两唐志》俱作《襄阳耆旧传》。《舆地纪胜》卷八十二又引《襄阳记》1 条,是否此《襄阳记》,均不可知。此书仅有《汉唐地理书钞》辑本 1 种,名《襄阳记》,系从《初学记》、《艺文类聚》、《世说新语注》、《水经注》、《御览》、《寰宇记》等书中辑出。(卷三十一《清水》)

82. 襄阳记　南朝宋郭仲产撰

此书历来未见著录,已佚,亦无辑本。注疏本杨守敬按:"郭仲产有《南雍州记》,其《襄阳记》少见,恐有误。"(卷三十一《淯水》)

83. 荆州记　南朝宋盛弘之撰

《隋志》著录,3 卷,宋临川王侍郎盛弘之撰。书已佚,辑本收入于《汉唐地理书钞》及《麓山精舍丛书》等。(卷三十一《淯水》)

84. 汉水记　晋庾仲雍撰

《隋志》及《两唐志》著录,五卷。书已佚,无辑本。(卷二十八《沔水》)

85. 汉中记

此书未见任何著录,不知撰者与撰述年代,除《水经注》外,尚有《舆地纪胜》卷一八三、一九〇各卷引及,说明宋时尚在,今亡佚已久,亦无辑本。(卷二十《漾水》)

86. 本蜀论　三国蜀来敏撰

此书不见于隋唐诸志,侯康《补三国艺文志》卷三及姚振宗《三国艺文志》卷二著录。书已佚,无辑本。来敏,字敬达,《三国志·蜀书》有传。(卷二十七《沔水》)

87. 巴蜀志　晋袁休明撰

《隋志》著录,《巴蜀记》一卷,不著撰人。章宗源《隋书经籍志考证》卷六云:"《巴蜀志》,卷亡,袁休明撰,不著录。"则章以《隋志》《巴蜀记》与《巴蜀志》为二书。书已亡佚,无可证实。(卷三十六《若水》)

88. 华阳国志　晋常璩撰

《隋志》著录作 12 卷,《旧唐志》作 3 卷,《新唐志》作 13 卷,《旧唐志》当缺一"十"字。此书,今本 12 卷,前 4 卷为地志,计巴志,汉中志、蜀志、南中志各 1 卷;后 7 卷为人物志,计公孙述刘二牧志、刘先主志、刘后主志、大同志、李特雄期寿势志、先贤士女总赞、后贤志各 1 卷;末卷为序志并益、梁、宁三州先后以来士女名目录。其体例格式已和日后地方志近似,故清洪亮吉《澄城县志序》云:"一方之志,始于《越绝》,后有《华阳国志》。"近人李泰棻在《方志学》一书中称:"最古以志名书者,首推常璩《华阳国志》"(1935 年商务印书馆出版《方志学》第 718 页)。此书除各种单行本外,尚收入

《古今逸史》、《函海》、《广汉魏丛书》、《增订汉魏丛书》、《说郛》卷六、《四部丛刊》、《丛书集成》初编等丛书,清王仁俊《经籍佚文》辑有《华阳国志佚文》一卷。(卷二十《漾水》)

89. 益州记

《隋志》著录,《益州记》3 卷,李氏撰,章宗源《隋书经籍志考证》卷六云:"《益州记》,卷亡,任预撰,不著录。"又嘉庆《四川通志》卷百八十八史部附录,《益州记》,无卷数,刘欣期撰。今 3 书俱佚,但书有辑本收入于宛委山堂《说郛》号六十一及《说郛》卷四。今《江水注》所引《益州记》不著撰人名氏,不能知其究为何本。(卷三十三《江水》)

90. 华阳记

此书不见隋唐诸志著录。《蜀中广记》收有《华阳记》一种,伪蜀广政中,菏泽院僧仁显撰,《古今集记》取之。按伪蜀广政是十国后蜀主孟昶年号,郦元所不能见。故《水经注》所引《华阳记》,或即《华阳国志》。(卷三十三《江水》)

91. 湘州记

《隋志》著录,《湘州记》2 卷,庾仲雍撰,又 1 卷,郭仲产撰;《新唐志》作 4 卷,不著撰人;又章宗源《隋书经籍志考证》卷六云:"《湘州记》,卷亡,甄烈撰,不著录。"今三本俱佚,庾有《麓山精舍丛书》第一集、《玉函山房辑佚书补编》等辑本,刘书、甄书亦有辑本,与庾书同。(卷三十八《溱水》)

92. 湘中记　晋罗君章撰

此书隋唐诸志不著录。《宋史·艺文志》著录罗含《湘中山水记》3 卷,即是此书。书已佚,辑本收入于宛委山堂《说郛》号六十一,《五朝小说大观》,《说郛》卷四,《麓山精舍丛书》第一集,《玉函山房辑佚书补编》等。君章,罗含字,《晋书》有传。(卷三十八《湘水》)

93. 王氏交广春秋　晋王范撰

《新唐志》著录,王范《交广二州记》1 卷。按《三国志·吴书·孙策传注》,太康八年,广州大中正王范,上《交广二州春秋》等。则《水经注》所引必是此书。(卷三十六《温水》)

94. 广州记　晋裴渊撰

此书隋唐诸志不著录。章宗源《隋书经籍志考证》卷六云:"《广州记》,卷亡,裴渊撰,不著录。"书已佚,辑本收入于《岑南遗书》及《汉唐地理书钞》等。(卷三十七《浪水》)

95. 广州记

卷三十七《浪水》经"其一又东过县东,南入于海"注:"《广州记》称吴平晋,滕脩为刺史,脩乡人语脩,鳁鳞长一赤,脩责以为虚,其人乃至东海,取鳁鳞长四赤,速送示脩,脩始服谢,厚为遣。"按《浪水注》二引裴渊《广州记》,而此《广州记》则不著撰人。章宗源《隋书经籍志考证》卷六有晋顾微《广州记》及宋刘澄之《广州记》,俱已亡佚,此《广州记》何人所撰,不得而知。(卷三十七《浪水》)

96. 始兴记　南朝宋王歆之撰

此书隋唐诸志不著录。章宗源《隋书经籍考证》卷六云:"《始兴记》,卷亡,王歆之撰,不著录。"书已佚,辑本收入于《岑南遗书》第五集,宛委山堂《说郛》号六十一,《说郛》卷四,《丛书集成》初编等。此书撰者姓名各本不同,《溱水注》作王歆之,并案云,近刻脱之字,但《洭水注》却作王歆,注释本及注疏本作王韶之。(卷三十八《溱水》)

97. 罗浮山记

此书不见各家著录。注疏本杨守敬按:"《元和志》博罗县下引袁彦伯《罗浮山记》,彦伯,袁宏字,《晋书·文苑》有传;《寰宇记》博罗县下引徐道覆《罗浮山记》,道覆见《晋书·卢植传》,而皆无此文,是记未识何人所撰。"按此书《御览》居处部所引作袁彦伯《罗山疏》,又地部、香部、兽部、豸部、竹部所引均作袁彦伯《罗浮山疏》。(卷二十九《泏水》)

98. 南裔异物志　汉杨孚撰

《隋志》著录《异物志》1卷,后汉议郎杨孚撰,又《交州异物志》1卷,杨孚撰。《两唐志》著录《交州异物志》1卷,杨孚撰。姚振宗《后汉艺文志》卷二云:"杨孚《南裔异物志》一卷。"章宗源《隋书经籍志考证》卷六云:"《南裔异物志》,卷亡,杨氏撰,不著录。"书已佚,辑本收入于《岑南遗书》第五集。(卷三十六《温水》)

99. 法显传　晋法显撰

此书各家著录名称、卷数甚有差异。《众经目录》卷六作《法显传》1卷,《隋志》载史传部作《法显传》2卷,又《法显行传》1卷,又地理部作《佛国记》1卷。《开元释教录》卷三作《历游天竺记传》1卷,同卷又有《法显传》1卷,《贞元新定释教目录》卷五作《历游天竺记传》1卷,同卷亦有《法显传》1卷,又卷二十八、卷三十各有《法显传》1卷,《出三藏记集录》卷二作《佛游天竺记》1卷,《大唐内典录》卷三作《历游天竺记传》,《通典》卷一九一作《法明游天竺记》,《水经注》卷一、卷二指名引此书凡六见,作《法显传》、《释法显》、《法显》。此书外国译本甚多,多作《佛国记》,例如:Fa-hsien Foe Koue Ki(Per-Abel-Re'mnsat, Pau's 1836), Fa-hsien, Record of Buddhistic Kingdoms(Games Legge, Oxford 1886), Fa-hsien, Record of the Buddhistic Kingdoms(Herbert A. Giles, London and shanghai 1877), Fe-hsien, The Travels of Fa-hsien(399—414 A.D) or Record of the Buddhistic Kingdoms(H. A. Giles Cambridge 1923)。今此书通行本1卷,记作者法显于晋安帝隆安三年(399)从长安西行往天竺,历时14年,于义熙八年

(412)回国的旅途情况,行踪凡及今新疆维吾尔自治区、印度、巴基斯坦、尼泊尔、斯里兰卡等地。历来注释和研究此书的著述不少,其中专著有丁谦的《佛国记地理考证》及日人足立喜六的《法显传考证》等。(卷一《河水》)

100. 佛国记　竺法维撰

卷一《河水》经"屈从其东南流,入渤海"注:"竺法维曰,迦维卫国,佛所生天竺国也,三千日月、万二千天地之中央也。"同注以下又数引竺法维。此竺法维,当指其所撰《佛国记》。此书,《通典》卷一九三天竺条曾两次引及,《寰宇记》卷一八三亦引及。竺法维行迹附于《高僧传·道普传》之末,或是南北朝宋、齐间人。(卷一《河水》)

101. 释氏西域记

注疏本作释氏《西域志》。杨守敬按:"《类聚》七十六引释道安《西域志》三条,《御览》一百九十七引释道安《西域志》六条,《通典》一百九十一云,诸家纂西域事多引道安《西域志》等书,又一百九十三云,诸家记天竺事,多录诸僧法明、道安之流,此注屡引释氏《西域志》,即道安之书无疑。然则本当作志,注下文或作记,又作传,乃变文耳。戴不惟改传作记,并尽改志作记,失考甚矣。"(卷一《河水》)

102. 汉书西域传

《汉书》中的一篇,记西域诸国甚详。内容分三部分,第一部分为绪论性质,述西域历史、地理与山川形势。第二部分为全书主体,记西域各国概况,内容包括各国国名、国都、户口、军备、交通及与汉都长安里程以及物产、人民生活和与汉王朝的关系等等。第三部分是赞,是二十四史列传的规范形式,具有评论与结束语的意义。《汉书·西域传》是研究汉代西域各国概况的重要资料,清徐松曾谪戍伊犁,目击当地山川形势与民情风俗,撰有《汉书西域传补注》二卷,甚有裨于此书。(卷一《河水》)

103. 后汉西羌传

《后汉书》的一篇,中华书局标点本卷八十七。(卷二《河水》)

104. 外国事　晋支僧载撰

此书不见隋唐诸志著录,支僧载亦不知何代人。《艺文类聚》卷七十六引支僧载《外国事》云:"由旬者,晋言四十里。"故知其为晋人无疑。书已佚,辑本收入于《麓山精舍丛书》第二集。(卷一《河水》)

105. 交州外域记　晋刘欣期撰

《隋志》著录,《交州以南外国传》1卷。《两唐志》作《交州以来外国传》1卷,均不著撰人。书已佚,今有辑本,作《交州记》,晋刘欣期撰,收入于宛委山堂《说郛》弓六十一、《岑南遗书》第五集、《丛书集成》初编等。又有《交州以南外国传》,辑存于《麓山精舍丛书》第二集。又章宗源《隋书经籍志考证》卷六有姚文感《交州记》,文廷式《补晋书艺文志》卷二有邓中缶《交州记》,以各书俱失,《温水注》所引何书,不得而知。交州系汉末改交趾刺史部而建,辖境在今两广大部及越南承天省以北地区。(卷三十六《温水》)

106. 南越志　南朝宋沈怀远撰

《隋志》著录,《南越志》8 卷,沈氏撰。《两唐志》作 5 卷,沈怀远撰。书已佚,辑本收入于宛委山堂《说郛》弓六十一,《五朝小说大观》,《击淡庐丛稿》,《玉函山房辑佚书补编》等。(卷三十七《浪水》)

107. 扶南记　竺枝撰

此书不见隋唐诸志著录。撰者竺枝,《御览》卷八十八引作竺芝,亦不知何许人,岑仲勉《晋宋间外国地理佚书辑略》(载 1933 年《圣心》第 2 期)以为是刘宋时人。书已佚,辑本收入于《麓山精舍丛书》第二辑。(卷一《河水》)

108. 扶南传　三国吴康泰撰

此书不见隋唐诸志著录。《梁书·海南诸国传》:"海南诸国……及吴孙权时,遣宣化从事朱应,中郎康泰通焉,其所经及传闻,则有数百十国,因立纪传。"《御览》卷三百五十九曾引《吴时外国传》,恐即是此书。《吴时外国传》今有辑本,收入于《麓山精舍丛书》第 2 辑,作吴康泰撰。(卷一《河水》)

109. 林邑记

《隋志》及《两唐志》著录,《林邑国记》1 卷,不著撰人。书已佚,辑本收入于宛委山堂《说郛》弓六十一。林邑,即占婆,公元 2 世纪末,在今越南中南部一带建国。(卷三十六《温水》)

(二)历史类

110. 竹书

指《竹书纪年》,或作《纪年》,或作《汲冢纪年》,或作《汲冢书》。按《晋书·束皙传》,晋太康二年(281 年,或作太康元年,又作成宁五年),汲郡人不准盗发魏襄王冢,得古书75 篇,中有《竹书纪年》13 篇。《隋志》著录作 13 卷(其中包括《竹书同异》1 卷)。此书编年叙夏、商、周历史,至犬戎灭幽王止,接以晋事,而三家分晋后则专叙魏事,至魏襄王二十年(前 299)而终。此书之出,使史家可借此订历来史传之失,因而得到重视。但因其若干记载与传统正史抵牾,因而也受到非议。原书到宋代已逐渐亡佚,到南宋时仅残存 3 卷。明嘉靖年间,有人杂采各书遗文,并以《宋书·符瑞志》文字作为附注,托名梁沈约注,编成《竹书纪年》2 卷,即今本《竹书纪年》,已被清代学者断为伪书。清朱右曾曾钩稽群籍,追复古本,辑成《汲冢纪年存真》2 卷,王国维又加以补充,编成《古本竹书纪年辑校》一书,甚有价值。此外,清人研究此书的成果甚多,如徐文靖的《竹书纪年统笺》12 卷,郝懿行的《竹书纪年校正》14 卷,陈逢衡的《竹书纪年集证》50 卷等,都是这类著作。(卷一《河水》)

111. 周书

《汉志》著录,《周书》71 篇。后儒因其内容系《尚书·周书》之逸篇,故称《逸周书》。但《隋志》及《新唐志》著录均作《汲冢周书》,以为得自汲冢。《四库提要》史部别史类云:"考《隋经籍志》、《唐艺文志》俱称此书以晋太康二年得于魏安釐王冢中,则汲冢之说其由来已久,然《晋书·武帝纪》及《荀勖、束晳传》载汲郡人不准所得《竹书》七十五篇,俱有篇名,无所谓《周书》,杜预《春秋集解后序》载汲冢诸书,亦不列《周书》之目。是《周书》不出汲冢也。"今此书《汉魏丛书》、《抱经堂丛书》诸本,均已称《逸周书》。(卷十五《洛水》)

112. 帝王世纪　晋皇甫谧撰

《隋志》著录 10 卷,皇甫谧撰,起三皇,尽汉魏。书已佚,辑本收入于宛委山堂《说郛》弓五十九,《指海》第六集,《玉函山房辑佚书续编》,《丛书集成》初编等,均 1 卷。又有《经训堂丛书》本,作 10 卷,又补遗 1 卷,附录 1 卷。(卷五《河水》)

113. 春秋

《汉志》著录,《春秋古经》12 篇,《经》11 卷。此书是鲁国的编年史,相传由孔子依据鲁国史官所编《春秋》整理删定而成,从鲁隐公元年(前 722)到鲁哀公十四年(前 481),共 242 年,分年纪事,不相联属,叙述简单,每年都仅寥寥数字。记事最长之年是鲁定公四年,仅亦 47 字,最短之年是鲁隐公八年,全年所记,仅一"螟"字。全书约仅 18000 字,故在汉代又出现了《左传》、《公羊传》和《穀梁传》以解释《春秋》,称为《春秋三传》。除此以外,后世注释和研究《春秋》的著作甚多,如晋杜预的《春秋释例》和《春秋经传集解》,唐孔颖达的《春秋左传正义》,清洪亮吉的《春秋左传诂》等。清刘文淇、刘毓崧、刘寿曾合撰《春秋左传旧注疏证》,全书虽未完成,但功力甚巨,极有价值。(卷四《河水》)

114. 春秋传

卷二《河水》经"又东入塞,过敦煌、酒泉、张掖郡南"注:"《春秋传》曰,上大夫县,下大夫郡。"案《左传》哀二:"上大夫受县,下大夫受郡。"郦引《春秋传》实出于此,故郦注《春秋传》,实指《左传》而言,参见卷六《汾水》《左传》考录。(卷二《河水》)

115. 左传

《汉志》著录,《左氏传》30 卷,左丘明,鲁太史。故此书相传为左丘明所撰,又称

《左氏春秋》或《春秋左氏传》。书从鲁隐公元年（前722）起至鲁哀公二十七年（前468）按年记载，属于编年体史书。《汉书·儒林传》云："汉兴，北平侯张苍及梁太傅贾谊，京兆尹张敞，大中大夫刘公子皆修《春秋左氏传》。"说明在汉代已经过多人整理，故后世学者对此书作者议论甚多，清人认为《左传》系汉刘歆改编《左氏春秋》而成。也有人认为《左氏春秋》为战国初期名将吴起所作，吴为卫国左氏人，故其书称《左氏春秋》，众说纷纭，尚无定论。参见卷二《河水》《春秋传》考录。（卷六《汾水》）

116. 穀梁传

《汉志》著录，《穀梁传》11卷，穀梁子，鲁人。此书即《春秋穀梁传》，与《左传》、《公羊传》同为解释《春秋》的《春秋三传》之一。《四库提要》史部春秋类云："穀梁子名俶，字元始，一名赤，受经于子夏，为经作传，则当为穀梁子所自作。"按穀梁赤是战国鲁人，其所作书，学者考定认为初时仅有口传，汉代始成书。今所传有晋范宁集解，唐杨士勋疏《春秋穀梁传注疏》20卷，又有清钟文烝《穀梁补注》24卷，均为历来流传佳本。（卷四《河水》）

117. 公羊传

《汉志》著录，《公羊传》11卷，公羊子，齐人，故此书旧本多据《汉志》题齐公羊高撰。据后世学者考证，此书实为汉景帝时，公羊高玄孙公羊寿及其弟子胡母生根据先秦流传资料撰成。（卷五《河水》）

118. 春秋后传　晋乐资撰

此书不见隋唐诸志著录，系记战国至秦末史事，31卷。书已佚，辑本收入于《汉学堂丛书》等。（卷十九《渭水》）

119. 战国策

《汉志》著录，《战国策》33篇，记春秋后。此书撰者不详，经汉刘向整理而成。乃是战国时列国谋士游说之书，今存西周、东周各1篇，秦5篇，齐6篇，楚、赵、魏各4篇，韩、燕各3篇，宋、卫合1篇，共33篇。汉末高诱曾为此书作注，但以后残佚，今通行33卷高诱注本，系南宋姚宏重加校定之本。近年长沙马王堆出土西汉帛书，名为《战国纵横家书》，内容与今通行本《战国策》近似，对研究此书有重要价值。（卷八《济水》）

120. 国语　春秋左丘明撰

《汉志》著录，《国语》21篇，左丘明著。此书记载了从周穆王征犬戎（约前967）起到智伯覆亡（前453）之间，周、鲁、齐、晋、郑、楚、吴、越8国史事，共21卷。《史记·太史公自序》云："左丘失明，厥有《国语》。"故知此书为左丘明所撰，与《左传》同。此书内容多有可与《左传》印证之处，故自《汉书·律历志》始，称此书为《春秋外传》。历史上注释和研究此书的学者甚多，三国吴韦昭所注闻名于世，为《水经注》所常引。此

外有清洪亮吉的《国语韦昭注疏》、近人吴曾祺的《国语韦解补正》等,都是在常注的基础上加以阐发,颇切实用。(卷四《河水》)

121. 吴越春秋　汉赵晔撰

此书,《隋志》及《两唐志》著录 12 卷,赵晔撰。宋《崇文总目》作 10 卷,知宋时已佚 2 卷,今通行本多作 6 卷 10 篇。此外,根据《晋书·杨方传》,方亦撰《吴越春秋》,而《浙江水注》所引此书,今本皆不见。明杨慎在其《太史升菴文集》卷四十七《吴越春秋》条下云:"《汉书》,赵晔撰《吴越春秋》;《晋书》,杨方亦撰《吴越春秋》。今世所传,晔耶? 方耶?"清朱彝尊《经义考》卷八认为此书"不类汉文。"黄云眉《古今伪书考补正》云:"自宋以后,赵书既失,遂以杨书归之赵晔耳。"但清李慈铭在其《越漫堂日记补》咸丰十一年正月初九云:"吾越人之著作,以长君此书为最古。"确信此书出晔。历来考证议论甚多,事在邈远,无可证实。(卷四十《浙江水》)

122. 史记　汉司马迁撰

《汉志》著录,《太史公》130 篇,10 篇有录无书。故此书原名《太史公书》、《太史公记》或《太史记》。至魏晋间指称《史记》,至《隋志》著录时,《史记》一名已经习用,共 130 卷。为司马迁所撰,褚少孙所补。司马迁于汉武帝元封三年(前 108)继父职为太史令,太初元年(前 104)始撰《史记》,后因罢李陵事入狱,太始元年(前 96)出狱任中书令,继续撰写此书,于征和二年(前 91)撰成。全书包括 12 本纪,10 表,8 书,30 世家,70 列传(包括《太史公自叙》1 篇),共 130 篇。其中《武帝本纪》、《三王世家》、《龟策列传》、《日者列传》等篇,由褚少孙于元帝、成帝间所补。《史记》是我国正史即所谓二十四史的鼻祖,立论公正,文笔雄健,资料丰富,历来享有盛誉。后世注释和研究《史记》的著作甚多,如南北朝宋徐广的《史记音义》,裴骃的《史记集解》,唐司马贞的《史记索隐》,张守节的《史记正义》等,都是其中著名的。从北宋起,《集解》、《索隐》3 家,均已列入于正文之下。此外如清汪越的《读史记十表》,梁玉绳的《史记志疑》,日人泷川资言的《史记汇注考证》等,都有裨于《史记》的研究。(卷二《河水》)

123. 史记补　汉褚少孙撰

卷十《浊漳水》经"又东北过阜城县北,又东北至昌亭,与滹沱河会"注:"褚先生曰,汉宣帝地节三年,封大将军霍光兄子山为侯国也。"此处"褚先生"即指其所补《史记》。《水经注》各卷引此甚多。参见卷二《河水》《史记》考录。(卷十《浊漳水》)

124. 太史公禹本纪

即《史记·夏本纪》,见中华书局标点本卷二。(卷十六《漆水》)

125. 史记赵世家

《史记》的一篇,见中华书局标点本卷四十三。(卷十一《易水》)

126. 史记乐书

《史记》的一篇,见中华书局标点本卷二十四。(卷九《淇水》)

127. 史记年表

《史记》共有 10 表,其中属于年表者有《十二诸侯年表》、《六国年表》、《汉兴以来诸侯王年表》、《高祖功臣侯者年表》、《惠景间侯者年表》、《建元以来侯者年表》、《建元以来王子侯者年表》、《汉兴以来将相名臣年表》8 种。10 表中另两种即《三代世表》系按世系排列,《楚汉之际月表》系按月排列,均不能列入年表。按卷六《浍水》经:"浍水出河东绛县东浍交东高山"注:"司马迁《史记年表》称献公九年始城绛。"则此年表应为《十二诸侯年表》。(卷六《浍水》)

128. 史记高祖功臣使者年表

《史记》的一篇,见中华书局标点本卷十八,并参见卷六《浍水》《史记年表》考录。(卷五《河水》)

129. 河渠书

指《史记·河渠书》,《史记》的 1 篇,见中华书局标点本卷二十九。(卷五《河水》)

130. 封禅书

指《史记·封禅书》,《史记》的 1 篇,见中华书局标点本卷二十八。(卷四《河水》)

131. 封禅书　汉司马相如撰

卷十八《渭水》经"又东过武功县北"注:"相如《封禅书》曰,收龟于岐。"故知此非《史记·封禅书》,是汉司马相如所撰。此书,《汉志》以来俱不著录。《汉书·司马相如传》云:"长卿未死时为一卷,书曰有司来求书奏之,其遗札书言封禅事,所忠奏也,天子异之。"此遗书全文亦载本传。(卷十八《渭水》)

132. 史记音义　南朝宋徐广撰

《隋志》著录,《史记音义》12 卷,宋中散大夫徐野民撰。野民即徐广字。此书是历来注释《史记》之名作,为郦注所常引。参见卷二《河水》、《史记》考录。(卷二《河水》)

133. 史记音义注

《隋志》著录有《史记音义》12 卷(《新唐志》作 13 卷),宋徐野民撰,又《史记音》三卷,齐邹诞生撰。后者,《旧唐志》著录亦作《史记音义》,不知此书是否即邹注徐之书,抑或别有他注,因各书俱佚,无可查核。(卷十九《渭水》)

134. 汉书　汉班固撰

此书是我国第一部传记体断代史。班固父班彪,曾作《史记》续篇《后传》65 篇,固继父业,历时25年,完成了除八表和天文志以外的几乎全部工作,因窦宪事株连入狱死,八表与天文志由其妹班昭以马续为助手,补作完成。此书记载从汉高祖元年(前206)起到王莽地皇四年(公元23),计230年的史事。原书计12纪、8表、10志、70列传,共100篇,合为100卷。后人又分为120卷。历来注释《汉书》的学者极多,如《水经注》所引用的有服虔(字子慎)、应劭(字仲瑗或仲远)、文颖(字叔良)、苏林(字孝友)、张晏(字子博)、如淳、孟康(字公休)、韦昭(字弘嗣)、晋灼、薛瓒、郭璞(字景纯)等。(卷四《河水》)

135. 汉书·沟洫志

《汉书》的1篇,见中华书局标点本卷二十九。(卷五《河水》)

136. 汉书郊祀志

《汉书》的1篇,见中华书局标点本卷二十五上下,计两卷。(卷十五《伊水》)

137. 汉书集注　晋灼撰

《隋志》著录,《汉书集注》13卷,晋灼撰。《两唐志》作14卷。晋灼,晋尚书郎。(卷十九《渭水》)

138. 汉书音义

《隋志》著录,《汉书集解音义》24卷,应劭撰,又《汉书音义》7卷,韦昭撰,又12卷,国子博士萧该撰。应、韦两家为《水经注》所常引,参见卷四《河水》《汉书》考录。(卷二《河水》)

139. 后汉书　南朝宋范晔撰

范撰此书,仅本纪10卷,列传80卷,而以志嘱谢瞻。范罹罪被诛,谢自毁所撰各志,故书原无志。至北宋时,以晋司马彪所撰《续汉书》中之八志配入,遂成今本120卷。案历来各家所撰《后汉书》甚多,除范晔、司马彪外,尚有华峤、谢沈、袁山松等家,此外还有后汉当代官修的《东观汉纪》,由班固、刘珍、李尤、优无忌、边韶、崔寔、延笃、马日䃅、蔡邕等,先后在洛阳宫内的东观修撰,共143卷。以上各家《后汉书》,《水经注》均有引及。(卷二《河水》)

140. 汉纪　晋张璠撰

《隋志》著录,《后汉记》30卷,张璠撰。书已佚,辑本收入于《七家后汉书》及《知不足斋丛书》等。(卷十六《榖水》)

141. 汉书　晋谢沈撰

《隋志》著录,《后汉书》85卷,本122卷,晋祠部郎谢沈撰。《两唐志》著录,谢沈《后汉书》102卷。故《淯水注》所引应作《后汉书》。此书记后汉史事,唐时已渐散佚。今有辑本,收入于《后汉书补逸》、《七家后汉书》、《黄氏逸书考》等。(卷三十一《淯

水》)

142. 东观记

《隋志》著录,《东观汉记》143 卷,长水校尉刘珍等撰。案此书实为班固、刘珍、李尤、优无忌、边韶、崔寔、延笃、马日磾、蔡邕等先后参与修成的官修史书,因在洛阳宫中的东观编修,故以东观为名。《四库提要》史部别史类云:"《隋志》称书凡一百四十三卷,而《新旧唐志》则云一百二十六卷,又录一卷,盖唐时已有缺佚。《隋志》又称是书起光武,讫灵帝。今考列传之文,间记及献帝时事,盖杨彪所补也。晋时以此书与《史记》、《汉书》为三史,人多习之,故六朝及初唐人隶事释书,类多征引,自唐章怀太子集诸儒注范书(案指范晔《后汉书》),盛行于代,此书遂微。"此书,北宋后渐散佚,今有清人辑本,作 24 卷,收入于《湖北先正遗书》、《四部丛刊》、《四部备要》、《丛书集成》初编等。又收入于《玉函山房辑佚书续编》,作一卷,另有陶栋《辑佚丛刊》所辑《东观汉纪》2 卷,拾遗 2 卷。(卷三《河水》)

143. 后汉书　三国吴谢承撰

《隋志》及《新唐志》著录,130 卷,无帝纪,吴武陵太守谢承撰。《旧唐志》著录一百三十三卷。此书系以纪传体记后汉一代史事,是私家所撰最早的汉史。书已佚,辑本收入于《七家后汉书》、《黄氏逸书考》、《玉函山房辑佚书》等。除《七家后汉书》作 8 卷外,余均作 1 卷。(卷十三《瀑水》)

144. 后汉书　晋华峤撰

《隋志》著录,《后汉书》17 卷,本 97 卷,今残缺,晋少府华峤撰。《两唐志》著录均作 31 卷,当是残籍。书已佚,辑本收入于《七家后汉书》、《知不足斋丛书》、《汉学堂丛书》、《黄氏逸书考》、《玉函山房辑佚书补编》等,均作 1 卷。(卷十六《穀水》)

145. 续汉书　晋司马彪撰

卷二《河水》经"其一源出于阗国南山,北流与葱岭所出河合,又东注蒲昌海"注:"司马彪曰,西羌者,自析支以西滨于河首左右居也。"案《御览》卷一六五所引《续汉书》与此条同,故知此司马彪实指其所撰《续汉书》。《隋志》著录,司马彪《续汉书》83 卷,《两唐志》著录同。其中 8 志,北宋时已并入范晔《后汉书》,故《四部备要》史部正史类云:"自八志合并之后,诸书征引,但题《后汉书》某志,儒者或不知为司马彪书,故何焯《义门读书记》曰,八志,司马绍统之作(案绍统,彪字),本汉末诸儒所传,而述于晋初。"书已佚,辑本 5 卷,收入于《七家后汉书》。参见卷二《河水》范晔《后汉书》考录。(卷二《河水》)

146. 续汉书五行志　晋司马彪撰

卷三十八《湘水》经"又东北过阴山县西,洣水从东南来注之,又北过醴陵县西,漉水从东南来注之"注:"《续汉书·五行志》曰,建安八年,长沙醴陵县有大山,常鸣如牛响声,积数年后,豫章贼攻没县亭,杀掠吏民,因以为候。"今本《后汉书·五行志三》:"建安七、八年中,长沙醴陵县有大山,常大鸣如牛响声,积数年,后豫章贼攻没醴陵县,杀略吏民"。故知《后汉书·五行志》之文,确并自《续汉书·五行志》。郦氏引此时,尚从《续汉书》来,至北宋而并入范晔《后汉书》。如《四库提要》所云:"儒者或不知为司马彪书。"参见卷二《河水》范晔《后汉书》及司马彪《续汉书》考录。(卷三十八《湘水》)

147. 魏志

即陈寿《三国志·魏书》。(卷九《清水》)

148. 魏春秋　晋孙盛撰

《隋志》著录作《魏氏春秋》20 卷,《两唐志》著录作《魏武春秋》20 卷,均孙盛撰。书已佚,辑本收入于宛委山堂《说郛》弓五十九,《古今说部丛书》、《增定汉魏六朝别解》等。(卷十五《洛水》)

149. 魏略　晋鱼豢撰

《旧唐志》著录,38 卷。书已佚,辑本收入于《玉函山房辑佚书补编》(卷十五《洛水》)

150. 晋纪　南朝宋徐广撰

《隋志》著录,45 卷,宋中散大夫徐广撰。书已佚,辑本 1 卷,收入于《汉学堂丛书》及《黄氏逸书考》等。(卷三《河水》)

151. 晋书　晋傅畅撰

《隋志》著录《晋书》凡 8 种,独无傅畅《晋书》。《隋志》著录《晋诸公赞》21 卷,晋秘书监傅畅撰。《榖水注》所引傅畅《晋书》,不知是否即是此书。因书已佚,无可查核。(卷十六《榖水》)

152. 晋书　南朝齐臧荣绪撰

《隋志》及《两唐志》著录,110 卷,齐徐州主簿臧荣绪撰。书已佚,辑本收入于《广雅书局丛书》及《丛书集成》初编,均作 17 卷,补遗 1 卷。又收入于《汉学堂丛书》、《黄氏逸书考》、《玉函山房辑佚书补编》,均作 1 卷。又收入于《辑佚丛刊》,作 2 卷。臧荣绪,《南齐书》有传。(卷十五《洛水》)

153. 汉晋春秋　晋习凿齿撰

此书原有 54 卷,起后汉光武帝,讫西晋愍帝,计 281 年,编年记述。书已佚。清汤球有辑本 3 卷,收入于《史学丛书》及《丛书集成》初编,又有清黄奭辑本 1 卷,收入于《汉学堂丛书》及《黄氏逸书考》。(卷四《河水》)

154. 晋纪 晋干宝撰

《隋志》著录,《晋纪》23 卷,干宝撰,讫愍帝。《旧唐志》作 22 卷,《新唐志》作干宝《晋书》22 卷。案此书为编年体史书,记司马懿擅权于魏至西晋愍帝史事。书已佚,辑本收入于《汉学堂丛书》、《黄氏逸书考》、《广雅书局丛书》、《丛书集成》初编等,均作 1 卷,又收入于《辑佚丛刊》,作 2 卷。(卷二十二《渠》)

155. 晋阳秋

《隋志》著录,《晋阳秋》47 卷,讫愍帝,习凿齿撰;又《晋阳秋》32 卷,讫哀帝,孙盛撰。今卷五《河水》经"又东过平县北,湛水从北来注之"注:"《晋阳秋》曰,杜预造河桥于富平津。"按杜预晋初人,则习、孙二本均可记及,故此《晋阳秋》是习撰抑孙撰,不得而知。习书亡佚无辑本,孙书有《汉学堂丛书》、《广雅书局丛书》、《玉函山房辑佚书补编》等辑本。(卷五《河水》)

156. 晋后略 晋荀绰撰

《隋志》及《两唐志》著录,《晋后略记》5 卷,晋下邳太守荀绰撰。但《晋书·荀绰传》云绰撰《晋后书》15 卷,故知《晋后略》即《晋后书》。此书记西晋史事,隋唐时已缺佚。今有辑本,收入于《汉学堂丛书》及《黄氏逸书考》等。(卷十六《榖水》)

157. 宋书 南朝梁沈约撰

《隋志》著录,100 卷,梁尚书仆射沈约撰,今存。(卷二十五《泗水》)

158. 宋纪 南朝齐王智深撰

卷二十一《汝水》经"又东南过汝南上蔡县西"注:"王智深云,汝南太守周矜起义予悬瓠者是矣。"此处王智深,当指其所撰《宋纪》,即卷二十五《泗水注》所引王智深《宋史》,该处《宋史》,亦应作《宋纪》。此书,《新唐志》著录 30 卷,《南齐书·文学传》云:"王智深,字云才……又敕智深撰《宋纪》,召见芙蓉堂,赐衣服,给宅,智深告贫于豫章王,王曰,须卿书成,当相论以禄,书成三十卷。"书已佚。(卷二十一《汝水》)

159. 宋史 南朝齐王智深撰

此《宋史》应作《宋纪》,参见卷二十一《汝水》《宋纪》考录。(卷二十五《泗水》)

160. 燕书 燕范亨撰

《隋志》著录,《燕书》20 卷,记慕容隽事,伪燕尚书范亨撰。书已佚,辑本一卷,收入于《广雅书局丛书》及《丛书集成》初编。(卷三《河水》)

161. 东燕录

此书不见于隋唐诸志著录,亦不知撰者与撰述年代。注疏本熊会贞按:"《十六国春秋》作《南燕录》。"按《南燕录》,隋唐诸志均著录,《隋志》著录 3 种:15 卷,记慕容德事,伪燕尚书郎张诠撰;另 16 卷,记慕容德事,伪燕中书郎王景晖撰;又 17 卷,游览先

生撰。各书均已亡佚。（卷二十五《沂水》）

162.汉武帝故事

《隋志》及《新唐志》著录,2 卷。《旧唐志》作《汉武故事》2 卷。均不著撰人。亦有题汉班固撰者。书已佚,辑本甚多,收入于《古今说海》,《古今逸史》,《说库》、《十万卷楼丛书》3 编,《玉函山房辑佚书补编》,鲁迅《古小说钩沈》(《会稽郡故书杂集》)等。（卷十九《渭水》）

163.晋八王故事　晋卢琳撰

《隋志》著录,《晋八王故事》12 卷,不著撰人。《两唐志》作 10 卷,卢琳撰。按《晋书·卢志传》,志有兄子琳,则晋人。书已佚,辑本收入于《汉学堂丛书》、《黄氏逸书考》等。（卷五《河水》）

164.四王起事　晋卢綝撰

《隋志》著录,《晋四王起事》4 卷,晋廷尉卢綝撰。此卢綝,当是《晋书·卢志传》之卢琳。书已佚,辑本 1 卷,作《晋四王遗事》,收入于《汉学堂丛书》、《黄氏逸书考》、《子史钩沈》等。（卷九《荡水》）

165.北征记　晋伏韬撰

此书不见著录,已佚,无辑本,仅见《文选注》、《艺文类聚》、《御览》等引及。韬应作滔,事迹见《晋书·文苑传》。（卷八《济水》）

166.述征记　南朝宋郭缘生撰

《隋志》著录,2 卷,郭缘生撰。《旧唐志》著录作郭象《述征记》二卷,象当是缘生之名。书已佚,仅见《北堂书钞》艺文部、衣冠部,《初学记》卷二十七,《御览》居处部、文部、礼仪部等引及。（卷一《河水》）

167.续述征记　南朝宋郭缘生撰

隋唐三志俱著录《述征记》2 卷,但未及《续述征记》。卷二十六《巨洋水注》引郭缘生《续述征记》,故知此书亦为郭所撰。书已佚,无辑本。（卷二十二《渠》）

168.西征记　晋戴延之撰

《隋志》著录,《西征记》2 卷,戴延之撰,又《西征记》1 卷,晋戴祚撰。疑祚即延之之名,撰《隋志》者不察,因而重复著录。书已佚,辑本收入于宛委山堂《说郛》弓六十,《五朝小说大观》、《击淡庐丛稿》等,均作 1 卷。又收入于《说郛》卷四,无卷次。卷十五《洛水》经"又东过偃师县南"注引戴延之《从刘武王西征记》,或是此书全名,《西征记》是其略称也。（卷四《河水》）

169.从征记

此书,隋唐诸志俱不著录。卷十五《洛水》经"又东过偃师县南"注引戴延之《从刘武王西征记》,《从征记》当是此书略称。但《初学记》地部、文部又引伍缉之《从征记》,似又另有其书,以书俱亡佚,无可核实。(卷二十四《汶水》)

171.孟氏记

此书不见各家著录,不详何书,亦不知撰者与撰述年代。注疏本云:"《初学记》、《御览》并引孟奥《北征记》,当是其书"。(卷五《河水》)

171.秦书　南朝宋车频撰

卷八《济水》经"又东北过卢县北"注:"车频《秦书》云,苻坚时,沙门竺僧朗尝从隐士张巨和游。"此《秦书》为车频所撰。但《隋志》著录,《秦书》8卷,何仲熙撰,记苻健事。则非车频《秦书》。车书辑本收入于《广雅书局丛书》、《丛书集成》初编及《玉函山房辑佚书补编》,均作1卷。(卷八《济水》)

172.秦纪

《隋志》著录,《秦纪》11卷,宋殿中将军裴景仁撰;又10卷,记姚苌事,魏左民尚书姚和都撰;丁国钧《补晋书艺文志》卷二云:"《秦纪》,阮籍。"此书除《江水注》外,仅见《御览》卷四百七十四引及。因各书俱佚,《江水注》所引为何人所撰,不得而知。(卷三十三《江水》)

(三)人物类

173.列士传　汉刘向撰

《隋志》及《新唐志》著录,2卷。书已佚,辑本收入于《玉函山房辑佚书补编》。(卷十九《渭水》)

174.列女传

《隋志》著录有《列女传》多种,其15卷,刘向撰,曹大家注;其27卷,赵母注;其38卷,高氏撰;其46卷,皇甫谧撰;其57卷,綦母邃撰。又有《列女传颂》两种,其一刘歆撰,其二曹植撰。又有《列女传赞》一种,缪袭撰。《两唐志》亦各著录此书多种。今刘向所撰书有辑本收入于《旧小说》、《述记》、《四部丛刊》、《丛书集成》初编等。清王仁俊并辑有《列女传佚文》1卷。皇甫谧所撰书有辑本收入于《绿窗女史》、宛委山堂《说郛》弓五十八、《五朝小说大观》等。卷二十六《沭水》经"又东南过莒县东"注:"《列女传》曰,齐人杞梁殖袭莒战死,其妻将赴之,道逢齐庄公,公将吊之。"案齐梁妻事,史所广传,各本《列女传》均不致失载,故据此不足以知《沭水注》所引何本。(卷二十六《沭水》)

175.文士传　晋张骘撰

《隋志》及《两唐志》著录,50卷,书已佚,辑本收入于宛委山堂《说郛》弓五十八,

《五朝小说大观》,《古今说部丛书》二集等,均 1 卷。清王仁俊的《经籍佚文》辑有《文士传佚文》1 卷。(卷十六《毂水》)

176. 逸民传　晋张显撰

《隋志》著录,《逸民传》7 卷,不著撰人。《两唐志》著录,张显《逸人传》3 卷,书已佚。(卷二十《二颖水》)

177. 高士传　晋孙绰撰

《隋志》著录,《至人高士传》2 卷,晋廷尉卿孙绰撰,当是此书,书已佚。(卷十五《洛水》)

178. 高士传　晋嵇叔夜撰

《隋志》著录,《圣贤高士传赞》3 卷,嵇康撰,周续之注。《旧唐志》作《高士传》3 卷,嵇康撰;《上古以来圣贤高士传赞》3 卷,周续之撰。《新唐志》作嵇康《圣贤高士传》8 卷;周续之《上古以来圣贤高士传赞》3 卷。书已佚,辑本收入于《怡兰堂丛书》,《玉函山房辑佚书》,《玉函山房辑佚书补编》等,均作 1 卷,除《补编》外,书名均作《圣贤高士传》。(卷二十二《颖水》)

179. 汝南先贤传

《隋志》及《新唐志》著录作 5 卷,《旧唐志》作 3 卷。书已佚。辑本收入于宛委山堂《说郛》弓五十八,《五朝小说大观》,《玉函山房辑佚书补编》,均作 1 卷,又收入于《说郛》卷七。(卷二十一《汝水》)

180. 桂阳先贤画赞　三国吴张胜撰

《隋志》著录 1 卷,吴左中郎张胜撰。《两唐志》均作 5 卷。今《麓山精舍丛书》第一集辑有吴张胜撰《桂阳先贤传》一种,当以画佚传留,故书名改称传也。(卷二十一《汝水》)

181. 武陵先贤传

此书隋唐诸志不著录。章宗源《隋书经籍志考证》卷十三云:“《武陵先贤传》,卷亡,不著录。”书已佚,无辑本。(卷三十六《延江水》)

182. 零陵先贤传

《隋志》及《两唐志》著录,1 卷,不著撰人。书已佚,辑本收入于宛委山堂《说郛》弓五十八,《五朝小说大观》,《麓山精舍丛书》第一集等。辑本多题晋司马彪撰。(卷三十八《湘水》)

183. 耆旧传

《水经注》引《耆旧传》甚多,但除卷十《浊漳水》、卷十五《洛水》各引《长沙耆旧传》及卷三十三《江水》引《益部耆旧传》外,均泛称《耆旧传》而不著地名。案《太平广记引书目》有王子年《耆旧传》,这是历来唯一一种不著地名的《耆旧传》(子年名嘉,《晋书》有传),但《水经注》所引《耆旧传》甚多,未必都是王书,其中必有省略地名者,故特检录有地名可稽的《耆旧传》表列如下。

书　名	撰者及年代	何书著录	存佚及有无辑本
京兆耆旧传	东汉	姚振宗《后汉艺文志》卷二	佚,无
东莱耆旧传	魏玉基	隋志	佚,无
沛国耆旧传	汉	姚振宗《后汉艺文志》卷二	佚,无
广陵耆老传	晋	文廷式《补晋书艺文志》卷二	佚,无
陈留耆旧传	东汉袁汤	姚振宗《后汉艺文志》卷二	佚,无
陈留耆旧传	东汉圈称	姚振宗《后汉艺文志》卷二	佚,无
陈留耆旧传	魏苏林	两唐志	佚,无
陈留耆旧传	陈长文	姚振宗《后汉艺文志》卷二	佚,无
襄阳耆旧记	晋习凿齿	隋志	佚,《心斋十种》
长沙耆旧传赞	晋刘彧	隋志	佚,无,《水经注》作《长沙耆旧传》
豫章耆旧传		章宗源《隋书经籍志考证》卷十三	佚,无
巴蜀耆旧传	汉郑廑	姚振宗《后汉艺文志》卷二	佚,无
巴蜀耆旧传	汉赵谦	姚振宗《后汉艺文志》卷二	佚,无
益州耆旧杂传记	汉陈术	新唐志	佚,无
巴蜀耆旧传	汉王商	姚振宗《后汉艺文志》卷二	佚,无
巴蜀耆旧传	汉祝元灵	华阳国志卷十一陈寿传	佚,无
益部耆旧传	晋陈寿	隋志	佚,无
续益部耆旧传	晋常宽	隋志	佚,无
锦里耆旧传	宋句延庆	宋史艺文志	残,《读画斋丛书》
续锦里耆旧传	宋张绪	宋史艺文志	佚,无

　　184. 长沙耆旧传　晋刘彧撰

　　《隋志》著录,《长沙耆旧传赞》3 卷,晋临川王郎中刘彧撰。《旧唐志》作《长沙旧邦传赞》3 卷,《新唐志》同,但作 4 卷。书已佚,辑本收入于宛委山堂《说郛》弓五十八,《麓山精舍丛书》第一集,均作 1 卷,又收入于《说郛》卷七。(卷十《浊漳水》)

　　185. 益部耆旧传　晋陈寿撰

　　《隋志》著录 14 卷,陈长寿撰,《两唐志》均作陈寿撰。书已佚,辑本收入于宛委山堂《说郛》弓五十八,《五朝小说大观》,《说郛》卷七,《玉函山房辑佚书补编》等。(卷

三十三《江水》)

186. 秦宁公本纪

即《史记·秦本纪》,见中华书局标点本卷六。(卷二十三《汳水》)

187. 史记孔子世家

卷二十五《泗水》经"西南过鲁县北"注:"《史记》、《冢记》、王隐《晋书地道记》,咸言葬孔子于鲁城北泗水上"。案《史记·孔子世家》:"孔子葬鲁城北泗上。"故此处注所引《史记》,当是《史记·孔子世家》。(卷二十五《泗水》)

188. 始皇本纪

即《史记·秦始皇本纪》,见中华书局标点本卷六。(卷三《河水》)

189. 太史公自叙

《史记》中的一篇,见中华书局标点本卷一百三十。(卷四《河水》)

190. 汉书宣元六王传

《汉书》的一篇,见中华书局标点本卷八十。宣元六王指淮阳宪王刘钦,楚孝王刘嚣,东平思王刘宇,中山哀王刘竟,定陶共王刘康,中山孝王刘兴。(卷二十四《汶水》)

191. 汉书项羽传

《汉书》的一篇,见中华书局标点本卷三十一。(卷二十五《泗水》)

192. 汉书曹参传

《汉书》的一篇,见中华书局标点本卷三十九。(卷二十二《渠》)

193. 汉献帝传

《隋志》及《两唐志》著录有袁晔《献帝春秋》10卷,又有《汉献帝起居注》5卷,但不及《汉献帝传》,恐另有他书,已佚。(卷十七《渭水》)

194. 献帝春秋　晋袁晔撰

《隋志》著录10卷,晋袁晔撰,《两唐志》作《汉献帝春秋》10卷,不著撰人。书系编年记汉献帝史事,已佚,辑本收入于宛委山堂《说郛》号五十九,《古今说部丛书》一集等。(卷十《浊漳水》)

195. 东方朔传

《隋志》及《两唐志》著录,《东方朔传》8卷,不著撰人。《史记》、《汉书》均有《东方朔传》。卷十九《渭水》经"又东过槐里县南,又东,涝水从南来注之"注:"《东方朔传》曰,五帝微行,西至黄山宫。"与今本《汉书·东方朔传》合(今本《汉书》作"黄山"无"宫"字),《渭水注》所引,当是《汉书·东方朔传》。(卷十九《渭水》)

196. 孔安国传

即《史记·孔安国传》,附载于《孔子世家》,见中华书局标点本卷四十七。(卷四

《河水》)

197. 管辂别传

《隋志》著录,《管辂传》3 卷,管辰撰。《两唐志》作 2 卷。此书是否即是《穀水注》所引,或另有《别传》。因书已亡佚,无可核实。按管辂,字公明,《三国志·魏书》有传。(卷十六《穀水》)

198. 英雄记　汉王粲撰

《隋志》著录,《汉末英雄记》,残缺,梁有 10 卷。说明隋唐时此书已残佚。书系王粲所撰东汉末年人物传记,已佚,辑本收入于《广汉魏丛书》,宛委山堂《说郛》弓五十七,《五朝小说大观》,《汉学堂丛书》,《黄氏逸书考》等,均作 1 卷。(卷九《淇水》)

199. 曹瞒传

《两唐志》著录,《曹瞒传》1 卷。《旧唐志》并云吴人作。按曹操,字孟德,小名阿瞒。(卷十九《渭水》)

200. 晋嵇叔夜赞

《隋志》著录,《圣贤高士传赞》3 卷,嵇康撰,周续之注。《汝水注》所引《晋嵇叔夜赞》,当是嵇叔夜在此书中所撰之赞。(卷二十一《汝水》)

201. 孙登别传

卷十五《洛水》经"又东过阳市邑南,又东过于父邑之南"注:"余按孙绰之叙《高士传》,言在苏门山,又别作登传。"故知有《孙登别传》。按《孙登别传》,《艺文类聚》及《御览》均有引及。(卷十五《洛水》)

202. 佛图调传

此书,隋唐诸志不著录,亦不知撰者与撰述年代。佛图调其人,岑仲勉《水经注卷一笺校》(中华书局 1962 年出版《中外史地考证》上册)云:"东汉之末,有严佛调,僧康会《法镜经序》称曰临淮严佛调。吴人阙名《法句经序》称曰佛调。道安《十法句义经序》称曰严调。但其人未尝西行。此之佛图调,乃东晋竺佛调,或谓天竺人,事佛图澄为师。《高僧传》九云:佛调、须菩提等数十名僧,皆出自天竺、康居,不远数万里之路,足涉流沙,诣澄受训。此曰,来时更生枝叶。有此两证,可知来自印度也。"(卷一《河水》)

203. 竹林七贤论　晋戴逵撰

《隋志》及《两唐志》著录,2 卷,晋太子中庶子戴逵撰。书已佚。按竹林七贤指魏晋间著名七文人:嵇康、阮籍、阮咸、山涛、向秀、王戎、刘伶。(卷十六《穀水》)

204. 竹林七贤传　晋袁彦伯撰

此书,隋唐诸志不著录,书已佚。(卷九《清水》)

（四）图籍类

205.禹贡图　晋裴秀撰

丁国钧《补晋书艺文志》卷二著录，《禹贡地域图》18 篇。此图又称《禹贡九州地域图》。图已佚，《晋书·裴秀传》载有此序一篇，我国传统的制图理论，即所谓"制图六体"（分率、准望、道里、高下、方邪、迂直），即由此序而来。（卷五《河水》）

206.晋舆地图　晋京相璠、裴秀撰

卷十六《榖水》经"又东过河南县北，东南入于洛"注："京相璠与裴司空季彦修《晋舆地图》。"此图已佚。季彦裴秀字。（卷十六《榖水》）

207.括地图

此图见文廷式《补晋书艺文志》著录。不知撰者与撰述年代，图已久佚。按《晋书·裴秀传》："今秘府既无古之地图，又无萧何所得，惟有汉氏舆地及括地诸图。"此处所谓"括地诸图"，是否即《水经注》所引《括地图》，不得而知。《汉唐地理书钞》从《史记注》、《文选注》、《御览》等辑出 37 条，卷末王谟案云："《括地图》于古无考，据裴秀《九州制地图论》云，周秦地图秘书殆绝，仅有汉氏及括地诸杂图，粗具形似不为精审。则此图在东晋以前有之，但与此图体例不合，隋唐志亦不载，未知即此图否。"按王谟所辑各条，想系当时图说，以后图亡说存，《括地图》仅存其名。（卷一《河水》）

208.督亢地图

此图已佚，不知撰者与撰述年代。按督亢是古地区之名。卷十二《巨马水》经"又东南过容城县北"注："督亢地在涿郡。"据《水经注》所记，此处有督亢泽、督亢亭、督亢陌。故《巨马水注》引孙畅之《述画》："有《督亢地图》，言燕太子丹使荆轲赍入秦，秦王政杀轲，图亦绝灭。"《史记·刺客列传》："诚得樊将军首与燕《督亢之地图》"。《燕丹子》卷下："今愿得将军之首与燕《督亢地图》进之。"（卷十二《巨马水》）

209.关中图

此图不见隋唐诸志著录，亦不知撰者与撰述年代，图已佚。《玉海》卷十四《汉长安图》云："《后汉郡国志注》，案《关中图》，县南有新丰原。"但注疏本认为此《关中图》是《开山图》之误。疏云："朱《开山图》讹作《关中图》，金、赵、戴同。守敬按，《初学记》八，《文选》王元长《曲水诗序注》，《寰宇记》并引此条，语有详略，皆作《遁甲开山图》，则关中当作开山无疑。"（卷十九《渭水》）

210.外国图

此图不见隋唐诸志著录，亦不知撰者与撰述年代，图已佚。《后汉书·蛮夷传注》,《文选》郭璞《游仙诗注》,《艺文类聚》卷八十九等均引及。案卷一《河水》经"去嵩高五万里,地之中也"注:"《外国图》又云,从大晋国正西七万里,得崑崙之墟,诸仙居之。"则撰者是晋人无疑。《史记·始皇本纪·正义》曾引《吴人外国图》,吴人怎知大晋？当是别图。《麓山精舍丛书》第二集辑有《外国图》1卷,吴□□撰。吴字恐误。(卷一《河水》)

211. 荆州图副记

此图,隋唐诸志不著录,亦不知撰者与撰述年代。章宗源《隋书经籍志考证》卷六云:"《荆州图副记》,卷亡,不著录。"图已久佚,辑本收入于《汉唐地理书钞》及《麓山精舍丛书》第二集,均作《荆州图副》。(卷二十八《沔水》)

212. 捍虎图

卷十三《漯水》经"漯水出雁门阴馆县,东北过代郡桑乾县南"注:"故魏有《捍虎图》也。"注疏本引《尼林》曰:"《后魏书》曰,王叡字洛诚,晋阳人,姿貌伟丽,文明太后临朝,叡见幸为侍中吏部尚书,受宠日隆,太和二年,高祖及太后率百僚临虎圈,有逸虎登门阁道,几至御坐,侍御惊靡,叡执戟御之,虎乃退,亲任转重,晋爵中山王,叡薨,太后亲临哀恸,葬城东,高祖登城楼望之,立祠都南,又诏褒叡,图其捍虎状于诸殿,高允为赞,京师士女,造新声而弦歌之,名曰中山乐。善长托喻奔戎,盖晦其事微露,捍虎亦遇事也。全云,按善长明言太平真君五年,恐其不指叡,或别有一图也。守敬按,注云太平真君五年始作虎圈耳,非谓捍虎即在此年,全说失之。"(卷十三《漯水》)

213. 瑞应图　南朝梁孙柔之撰

《旧唐志》著录,《瑞应图叙》2卷,梁孙柔之撰。图已佚,辑本1卷,收入于《玉函山房辑佚书续编》。又收入于《观古堂所著书》,作《瑞应图记》1卷。(卷十三《漯水》)

214. 龙马图

此图实际不存,仅是一种传说口《易·系辞上》:"河出图。"《礼运》:"河出马图。"《疏》:"龙而形象马,故云马图,是龙马负图而出。"故《龙马图》实即传说中的《河图》。(卷一《河水》)

215. 龙华图

此图不见隋唐诸志著录。按卷二十五《泗水》经"泗水西有龙华寺,是沙门释法显远出西域,浮海东还,持《龙华图》,首创此制,法流中夏,自法显始也"。则此图当是西域龙华寺之图。(卷二十五《泗水》)

216. 营丘九头图

此图实际不存,仅是一种传说,与卷二《河水》、《龙马图》之类相似。(卷三十八

《湘水》)

217. 神芝图

此图实际不存,仅是一种传说,与卷二《河水》《龙马图》之类相似。(卷二十二《溴水》)

(五)论说类

218. 吕氏春秋

《汉志》著录,《吕氏春秋》26 篇,秦相吕不韦辑智略士作。《史记·吕不韦列传》云:"吕不韦乃使其客人,人著作闻,集论以为八览、六论、十二纪,二十余万言,以为备天地万物古今之事,号曰《吕氏春秋》。"故此书实为吕不韦门客所撰,因书中有《八览》,故又称《吕览》。原书 160 篇,加《序意》1 篇,合为 161 篇。其中《八览》已亡佚一篇,故合为 160 篇,分成 26 卷。此书收入于《子书百家》,《经训堂丛书》,《诸子集成》,《四部备要》,《丛书集成》初编等,清王仁俊《经籍佚文》辑有《吕氏春秋佚文》1 卷,清茆泮林撰有《吕氏春秋校补》1 卷,俞樾撰有《吕氏春秋平议》3 卷。(卷五《河水》)

219. 说苑

《隋志》及《两唐志》著录,均作 20 篇。宋《崇文总目》仅有 5 篇,已缺 15 篇,后曾巩搜集补足,又成完璧。内容包括君道、臣术、建本、立节、贵德、复恩、政理、尊贤等,议论广泛,所引均是先秦至汉代史料,甚足珍贵。今收入于《汉魏丛书》,《广汉魏丛书》,《增订汉魏丛书》,《子书百家》,《龙谿精舍丛书》,《四部备要》,《丛书集成》初编等,均作 20 卷。清王仁俊《经籍佚文》辑有《说苑佚文》1 卷,清卢文弨撰有《说苑校补》1 卷,俞樾撰有《说苑平议补录》,均为后世研究此书的著作。(巻二十一《汝水》)

220. 盐铁论　汉桓宽撰

《汉志》著录,桓宽《盐铁论》60 篇,今本作 10 卷或 12 卷,系记录西汉昭帝时,各地贤良、文学 60 余人在京城会议的各种意见,内容广泛,其中涉及对盐铁官营的批评,故书名为《盐铁论》。《四库提要》子部儒家类云:"昭帝元始六年,诏郡国举贤良文学之士,问以民所疾苦,皆请罢盐铁、榷酤,与御史大夫桑弘羊等建议相诘难。宽集其所论,为书凡六十篇,篇各标目,实则反复答问,诸篇皆首尾相属。后罢榷酤,而盐铁则如旧。故桓宽作是书,惟以盐铁为名,盖惜其议不尽所行也。"(卷十六《穀水》)

221. 新论

《隋志》著录,《桓子新论》17 卷,后汉六安丞桓谭撰,《后汉书·桓谭传》作 29 篇。《两唐志》作华谭《新论》10 卷,华当是桓之误。又《隋志》及《两唐志》著录《新论》10

卷,晋散骑常侍夏侯湛撰。则《河水注》所引《新论》,是桓谭《新论》,抑是夏侯湛《新论》,不得而知。(卷一《河水》)

222.论衡　汉王充撰

《隋志》著录,《论衡》29 卷,后汉征士王充撰,《两唐志》作 30 卷。案此书原有 100 篇,今本仅 85 篇,而其中《招致》一篇,有目而无文,故实存 30 卷,计 84 篇。王充具有唯物主义思想,对于儒家传统和历史上流传的各种错误说法常有纠正,对某些自然现象,也颇能作出科学的解释,因此其书辄受保守派的非议。《四库提要》子部杂家类云:"其言多激,《刺孟》、《问孔》二篇,至于奋其笔端以与圣贤相轧,可谓浡矣。又露才扬己,好为物先。"衡会稽上虞人,故其作当时仅流传于东南,汉末蔡邕入吴始得其书,才得传播中原。因其内容丰富,论述广泛,获得许多人的爱好。故《四库提要》也不得不承认:"此所以攻之者众,而好之者终不绝欤。"(卷五《河水》)

223.物理论　晋杨泉撰

《隋志》及《两唐志》著录,16 卷。书已佚,辑本收入于《平津馆丛书》,《龙谿精舍丛书》,《丛书集成》初编,《清风室丛书》,《汉学堂丛书》,《玉函山房辑佚书续编》等。(卷一《河水》)

224.典论　魏文帝撰

《三国志·魏书·文帝纪》:"帝以素书所著《典论》及诗赋饷孙权,又以纸写一遍与张昭。"《穀水注》云:"魏明帝刊《典论》六碑。"则是明帝刊先帝之所著,非明帝所撰也。《典论》原有五卷,已佚,仅其中《论文》一篇,因为《文选》所收,今存。(卷十六《穀水》)

225.范奕论

此书不见隋唐诸志著录,亦不知撰者与撰述年代。案《汝水》经"又东过平舆县南"注:"颍川荀淑遇县人黄叔度于逆旅,与语。移日曰,子,吾师表也。《范奕论》曰……"注疏本作《范晔论》,杨守敬疏云:"按黄宪,字叔度,师表也,以上见《后汉书》本传,此一段亦宪传后文,范蔚宗称余曾祖穆侯尝著论,盖并隤然其处顺云云,皆其论中语。考蔚宗之曾祖为范汪,谥穆,见《晋书》本传,是此论为范汪作,郦氏引作范晔,《通鉴》亦作范晔,与他传之论例视,虽误犹可言也。戴氏无端改为范奕,且谓近刻晔为误,孔刻本亦作奕,必是《大典》误文,戴氏既不覆查《后汉书》,又不详考晋宋并无范奕其人,不谓之卤莽不得也。"(卷二十一《汝水》)

226.大人先生论　三国魏阮籍撰

《隋志》著录,魏步兵校尉《阮籍集》10 卷。此文当在其中。今集亡论佚,仅见清严可均《全上古三代秦汉三国六朝文》辑存,题作《大人先生传》。阮籍,字嗣宗,建安

七子之一,《三国志·魏书》有传。(卷十五《洛水》)

227.世语　晋郭颁撰

《隋志》著录,《魏晋世语》10卷,晋襄阳令郭颁撰。书已佚,《世说新语》《方正》、《贤媛》诸篇注引及。(卷五《河水》)

(六)杂文类

228.解嘲　汉扬雄撰

卷二《河水》经"又东过陇西河关县北,洮水从东南来流注之"注:"水出鸟鼠山西北高城岭,西迳陇坻,其山岸崩落者,声闻数百里,故扬雄称响若坻颓是也"。按此处扬雄"响若坻颓"出自所撰《解嘲》,收入于《文选》卷四十五。(卷二《河水》)

229.汉元后诔　汉扬雄撰

卷五《河水》经"又东北过黎阳县南"注:"王禁生政君,其母梦见月入怀,年十八,诏入太子宫,生成帝,为元后,汉祚道汙,四世称制,故曰火土相乘为雄也。及崩,大夫扬雄作诔曰,太阴之精,沙鹿之灵,作合于汉,配元生成者也。"案此诔收入于《艺文类聚》卷十五及《古文苑》卷二十。(卷五《河水》)

230.诸葛亮表

卷三十六《若水》经"又东北至犍为朱提县西,为泸江水"注:"故《诸葛亮表》言,五月渡泸,并日而食,臣非不自惜也,顾王业不偏安于蜀故也。"故此《诸葛亮表》当指《前出师表》,收入于《诸葛忠武侯集》文集卷一。(卷三十六《若水》)

231.诸葛亮表

卷二十《漾水》经"漾水出陇西氐道县嶓冢山,东至武都沮县为汉水"注:"《诸葛亮表》言,祁山去沮县五百里,有民万户,瞩其丘墟,信为殷矣。"此表收入于《诸葛忠武侯集》文集卷一,题作《祁山表》。(卷二十《漾水》)

232.诸葛亮表

卷十八《渭水》经"又东过武功县北"注:"是以《诸葛亮表》云,臣先遣虎步监孟琰据武功水东,司马懿因水长攻琰营,臣作竹桥,越水射之,桥成驰去。"此表,《诸葛忠武侯集》文集卷一据《御览》卷七十三收入,题作《上事表》,文字与《渭水注》小异。(卷十八《渭水》)

233.劝进文　三国魏阮嗣宗撰

此文收入于《文选》卷四十,题作《为郑冲劝晋王牋》。《文选》云:"臧荣绪《晋书》曰,郑冲,字文和,荥阳人也,位至太傅。又曰,魏帝封晋太祖为晋公,太原等十郡为邑,进位相国,备礼九锡。太祖让不受,公卿将校皆诣府劝进,阮籍为其辞。魏帝,高贵乡公也,太祖,晋文帝也。"此文亦收入于《晋书·文帝纪》。(卷二《河水》)。

234.齐随郡王山居序

此文不见历来著录,不知撰者与撰述年代,已佚。(卷二十四《睢水》)

235.问书赞　张逸撰

此文不见历来著录,不详撰者为何许人,已佚。(卷二十六《淄水》)

(七)诗赋类

236.诗·大雅文王之什·大明

卷四《河水》经"又南过汾阳县西"注:"《诗》云:在郃之阳,在渭之涘。又曰:缵女维莘,长子维行。谓此也。"出于《诗·大雅文王之什·大明》,"郃",今本作"洽"。(卷四《河水》)

237.诗·魏风·十亩之间

卷四《河水》经"又东过河北县南"注:"今城南、西二面竝去大河可二十余里,北去首山十许里,处河山之间,土地迫隘,故《魏风》著十亩之诗也。"(卷四《河水》)

238.诗·豳风·七月

卷五《河水》经"又东过平县北,湛水从北来注之"注:"常以十二月采冰于河津之隘,峡石之阿,北阴之中,即邠诗二之日,凿冰冲冲之矣。"出于《诗·豳风·七月》。(卷五《河水》)

239.诗·邶风·式微

卷五《河水》经"又东北过黎阳县南"注:"黎,侯国也,《诗·式微》,黎侯寓于卫是也。"(卷五《河水》)

240.诗·邶风·新台

卷五《河水》经"又东北过卫县南,又东北过濮阳县北,瓠子河出焉"注:"北岸有新台鸿基,层广高数丈,卫宣公所筑新台矣,《诗》齐姜所赋也。"(卷五《河水》)

241.诗·曹风·下泉

卷六《涑水》经"又南过解县东,又西注于张阳池"注:"《诗》云,郇伯劳之。"出于《诗·曹风·下泉》。(卷六《涑水》)

242.诗·邶风·泉水

卷十五《洛水》经"其一水东南流,其一水从县东北流,入钜野泽"注:"《卫诗》云,思须与曹也。"出于《诗·邶风·泉水》。(卷十五《洛水》)

243. 诗·鄘风·定之方中

卷八《济水》经"其一水东南流者,过乘氏县南"注:"《卫诗》所谓景山与京者也。"出于《诗·鄘风·定之方中》。(卷八《济水》)

244. 诗·鄘风·寻中

卷九《淇水》经"淇水出河内隆虑县西大号山"注:"《诗》云:爰采唐矣,沬之乡矣。"出于《诗·鄘风·寻中》。(卷九《淇水》)

245. 诗·卫风·淇澳

卷九《淇水》经"淇水出河内隆虑县西大号山"注:《诗》云:"瞻彼淇澳,菉竹猗猗。"出于《诗·卫风·淇澳》。(卷九《淇水》》

246. 诗·大雅荡之什·韩奕

卷十二《圣水》经"又东过阳乡县北"注:"《诗韩奕章》曰,溥彼韩城,燕帅所完,王锡韩侯,其追其貊,奄受北国。"出于《诗·大雅荡之什·韩奕》。(卷十二《圣水》)

247. 诗·郑风·太叔于田

卷十三《㶟水》经"㶟水出雁门阴馆县,东北过代郡桑乾县南"注:"《诗》所谓袒裼暴虎,献于公所也。"出于《诗·郑风·太叔于田》。(卷十三《㶟水》)

248. 诗·大雅文王之什·绵

卷十六《漆水》经"漆水出扶风杜阳县俞山,东北入于渭"注:"故《诗》云,民之初生,自土沮漆。又曰,率西水浒,至于岐下。"出于《诗·大雅文王之什·绵》。(卷十六《漆水》)

249. 诗·秦风·小戎

卷十七《渭水》经"又东过上邽县"注:"《诗》所谓西戎板屋也"。出于《诗·秦风·小戎》。(卷十七《渭水》)

250. 诗·郑风·溱洧

卷二十二《潧水》经"潧水出郑县西北平地"注:"《诗》所谓溱与洧者也。"出于《诗·郑风·溱洧》。(卷二十二《潧水》)

251. 诗·小雅南有嘉鱼之什·车攻

卷二十二《渠》经"渠出荥阳北河,东南过中牟县之北"注:"《诗》所谓东有圃草也。"出于《诗·小雅南有嘉鱼之什·车攻》。(卷二十二《渠》)

252. 诗·邶风·凯风

卷二十四《瓠子河》经"东至济阴句阳县为新沟"注:"《诗》所谓爰有寒泉,在浚之下。"出于《诗·邶风·凯风》。(卷二十四《瓠子河》)

253. 诗·齐风·南山

卷二十四《汶水》经"过博县西北"注:"《诗》所谓鲁道有荡,齐子由归者也。"出于《诗·齐风·南山》。(卷二十四《汶水》)

254. 诗·鲁颂駉之什·泮水

卷二十五《泗水》经"西南过鲁县北"注:"《诗》所谓思乐泮水也"。出于《诗·鲁颂駉之什·泮水》。(卷二十五《泗水》)

255. 诗·鲁颂駉之什·闷宫

卷二十五《泗水》经"又西过瑕丘县东,屈从县东南流,漷水从东来注之"注:"《诗》所谓保有凫峄者也。"出于《诗·鲁颂駉之什·闷宫》。(卷二十五《泗水》)

256. 诗·大雅荡之什·嵩高

卷二十六《沭水》经"又南过阳都县,东入于沂"注:"《诗》所谓有力如虎者也。"出于《诗·大雅荡之什·嵩高》。(卷二十六《沭水》)

257. 诗·邶风·简兮

卷二十九《比水》经"比水出比阳县东北太胡山,东南流过其县南,泄水从南来注之"注:"《诗》所谓申伯番番,既入于谢者也。"出于《诗·邶风·简兮》(卷二十九《比水》)

258. 诗·大雅文王之什·下武

卷三十一《滍水》经"滍水出南阳鲁县西之尧山"注:"《诗》所谓应侯顺德者也。"出于《诗·大雅文王之什·下武》。(卷三十一《滍水》)

259. 子夏叙诗

卷六《晋水》经"晋水出晋阳县西悬瓮山"注:"故《子夏叙诗》,称此晋也,而谓之唐俭而用礼,有尧之遗风也。"案《诗·唐风·蟋蟀》叙文云:"蟋蟀,刺晋僖公也,俭不中礼,故作是诗以闵之,欲其及时以礼自虞乐也,此晋也,而谓之唐,本其风俗,忧深思远,俭而用礼,乃有尧之遗风焉。"故《晋水注》所引《子夏叙诗》,实即《诗·唐风·蟋蟀》叙文。(卷六《晋水》)

260. 韩诗外传　汉韩婴撰

《汉志》著录《韩内传》4 卷,《韩外传》6 卷,《隋志》及《两唐志》著录,作 10 卷。《四库提要》经部诗类云:"自《隋志》以后,即较《汉志》多四卷,盖后人所乱也。其书杂引古事古语,证以诗词,与理义不相比附,故曰外传。"此书,今收入于《汉魏丛书》、《广汉魏丛书》、《格致丛书》、《快阁丛书》、《学津讨原》、《津逮秘书》、《四部丛刊》等丛书,清王仁俊辑有《韩诗外传佚文》1 卷,清陈士珂撰有《韩诗外传疏证》10 卷,周廷寀撰有《韩诗外传校注》10 卷,《补逸》1 卷,附《校注拾遗》1 卷,都是后世研究此书的

著作。（卷九《清水》）

261. 诗谱

《隋志》著录,3 卷,吴太常卿徐整撰,又 2 卷,太叔求及刘炫注。《旧唐志》著录,2 卷,汉郑玄撰。均已亡佚。郑玄本辑存于《汉魏遗书钞》,《榕园丛书》甲集,《汉学堂丛书》,《汉唐地理书钞》等。清丁晏有《郑氏诗谱考证》1 卷,马征慶有《毛诗郑谱疏证》1 卷,均后为世研究《诗谱》的著作。（卷六《浍水》）

262. 离骚　楚屈原撰

《楚辞》的一篇。（卷三十四《江水》）

263. 天问　楚屈原撰

《楚辞》的一篇。（卷三十六《若水》）

264. 渔父歌　楚屈原撰（渔父歌亦《楚辞》中一篇,疑为陈先生漏标序号。——编者）

卷二十八《沔水》经"又东北流,又屈东南过武当县东北"注:"《地说》曰,水出荆山东南流,为沧浪之水,是近楚都,故《渔父歌》曰,沧浪之水清兮,可以濯我缨,沧浪之水浊兮,可以濯我足。"故此《渔父歌》当指屈原《楚辞·渔父》。（卷二十八《沔水》）

265. 鸱鸮赋

《渠》经"渠出荥阳北河,东南过中牟县之北"注:"成王幼弱,周公摄政,管叔流舍曰,公将不利于孺子,公赋鸱鸮以伐之,即东山之师是也。"此赋不见传录,周公摄政事,见《史记·鲁周公世家》。（卷二十二《渠》）

266. 河东赋　汉扬雄撰

《汉志》著录,《扬雄赋》12 篇。《隋志》著录,汉太中大夫《扬雄集》5 卷,今集已不存,赋亦多佚,但此赋载《汉书·扬雄传》,并收入于《七十家赋钞》卷三及清严可均《全汉文》。扬雄字子云,《汉书》有传。（卷四《河水》）

267. 河水赋　汉扬雄撰

此赋不见。注释本及注疏本均作《河东赋》。《河东赋》参见卷四《河水》、《河东赋》考录。（卷二十四《瓠子河》）

268. 蜀都赋　汉扬子云撰

此赋收入于《古文苑》卷四,《七十家赋钞》卷三及清严可均《全汉文》。（卷三十三《江水》）

269. 游居赋　汉班叔皮撰

《隋志》著录,后汉徐令《班彪集》2 卷,《新唐志》作 3 卷,今集与赋俱佚,仅见《艺文类聚》卷二十八引及。清严可均《全后汉文》辑存。叔皮,班彪字,《后汉书》有传。

（卷九《荡水》）

270. 东征赋　汉曹大家撰

清钱大昭《補后汉书艺文志》著录，《曹大家集》2 卷，有赋、铭、诔、向注、哀词、书论、上疏、遗令凡 16 篇。今集已不存，撰述多亡佚。唯此赋收入于《文选》卷九。曹大家即班昭，继承其兄班固续成《汉书》。适曹世叔，故称曹大家，行历见《后汉书·列女·曹世叔妻传》。（卷五《河水》）

271. 遂初赋　汉刘歆撰

《隋志》及《两唐志》著录，汉太中大夫《刘歆集》5 卷，其所撰诗赋当在集中，今集亡赋亦多佚，唯此赋收入于《古文苑》卷五，《七十家赋钞》卷三。（卷六《汾水》）

272. 西京赋　汉张衡撰

《隋志》著录，后汉河间相《张衡集》11 卷，梁有 12 卷，又一本，14 卷。《两唐志》著录 10 卷，《宋史·艺文志》著录 6 卷，则隋唐时已渐散佚，至宋时已亡佚过半。今集早已不存，所撰诗赋多已亡佚。唯此赋尚存，收入于《文选》卷二及清严可均《全后汉文》。张衡字平子，《后汉书》有传。（卷四《河水》）

273. 东京赋　汉张衡撰

此赋收入于《文选》卷三及清严可均《全后汉文》。（卷十六《榖水》）

274. 温泉赋序　汉张衡撰

此赋及序，收入于《古文苑》卷五及清严可均《全后汉文》。（卷十九《渭水》）

275. 南都赋　汉张衡撰

此赋收入于《文选》卷四及清严可均《全后汉文》。又各本均作《南都赋》，郑德坤《水经注引书考》作《南部赋》，当系误字。（卷二十八《沔水》）

276. 王延寿赋

卷二十五《泗水》经"西南过鲁县北"注："《王延寿赋》曰，周行数里，仰不见日者也。"案此是王撰《鲁灵光殿赋》中语，收入于清严可均《全后汉文》。王延寿，字文考，一字子山，东汉人。（卷二十五《泗水》）

277. 梦赋　王子屮撰

此赋收入于《艺文类聚》卷七十九。又清严可均《全后汉文》卷三十八亦收入此赋，作王延寿撰。故《水经注》王子屮或疑是王子山之误。子山，王延寿别字，参见卷二十五《泗水》《王延寿赋》考录。（卷三十八《湘水》）

278. 反都赋　汉傅毅撰

《隋志》及《两唐志》著录，后汉车骑司马《傅毅集》2 卷，梁 5 卷。故知隋唐时亡佚已过半。其所撰赋当在集中，以集早佚，赋亦散佚，辑本收入于清严可均《全后汉文》。

傅毅,《后汉书·文苑》有传。(卷十五《伊水》)

279. 显志赋　汉冯敬通撰

此赋载《后汉书·冯衍传》。敬通,冯衍字。据郑德坤《水经注引书考》:"明张运泰、余元熹辑评《汉魏名文乘》有《冯敬通集》,燕大图书馆有明刊本。"(卷二十二《颍水》)

280. 平乐观赋　汉李尤撰

《华阳国志》卷十中:"明帝召作东观、辟雍、德阳诸观赋、铭、怀戎颂、百二十铭。著《政事论》七篇,帝善之。"《隋志》著录,乐安相《李尤集》5 卷,此赋当在集中,今赋与集俱亡,仅见《艺文类聚》卷六十三引及。尤字伯仁,《后汉书》有传。(卷十六《穀水》)

281. 避地赋　三国魏繁钦撰

《隋志》及《两唐志》著录,后汉丞相主簿《繁钦集》10 卷。此赋当在集中,今赋随集亡,仅见清严可均《全后汉文》辑存。钦字体伯,《三国志·魏书》有传。(卷八《济水》)

282. 建章凤阙赋　三国魏繁钦撰

《隋志》及《两唐志》著录,后汉丞相主簿《繁钦集》10 卷,此赋当在集中,今赋随集亡,仅见《三辅黄图》及宋敏求《长安志》等引及,参见卷八《济水》《避地赋》考录。(卷十九《渭水》)

283. 魏武登台赋

《隋志》著录,《魏武帝集》26 卷。此赋当在集中,今赋与集俱佚,仅存《浊漳水注》所引"引长明,灌街里"六字,收入于丁福保《汉魏六朝名家集》中之《魏武帝集》。(卷十《浊漳水》)

284. 铜雀台赋　三国魏陈思王曹植撰

《隋志》著录,魏陈思王《曹植集》30 卷,今集已亡佚,此赋仅见于《三国志·陈思王植传注》引阴澹《魏纪》。(卷十《浊漳水》)

285. 述游赋　魏文帝撰

《隋志》著录,《魏文帝集》10 卷,梁 23 卷。说明隋唐时已亡佚过半。此赋随集俱亡,仅见《艺文类聚》卷五十九引及。(卷十《浊漳水》)

286. 述初赋　三国魏崔季珪撰

此赋已佚,仅见《艺文类聚》卷二十七引及。季珪名琰,《三国志·魏书》有传。(卷二十三《获水》)

287. 赵都赋　三国魏刘劭撰

此赋已佚,仅见《艺文类聚》卷六十一引及。(卷十《浊漳水》)

288. 齐都赋　三国魏徐幹撰

《隋志》著录,魏太子文学《徐幹集》5 卷。此赋当在集中,今赋随集亡,仅见《玉海》等引及,又辑存于清严可均《全后汉文》。幹字伟长,《三国志·魏书》有传。(卷一《河水》)

289. 鲁都赋　三国魏刘公幹撰

《隋志》著录,魏太子文学《刘桢集》4 卷,录 1 卷,《两唐志》著录已仅 2 卷,当已逐渐亡佚。今赋与集俱亡,仅见宋王应麟《诗地理考》引及,又辑存于清严可均《全后汉文》。公幹字桢,《三国志·魏书》有传。(卷二十五《泗水》)

290. 黎阳山赋　三国魏刘桢撰

《隋志》著录,魏太子文学《刘桢集》四卷,录一卷,《两唐志》著录已仅二卷,当已逐渐亡佚。今赋与集俱亡,仅见《艺文类聚》卷七引及,又辑存于清严可均《全后汉文》。(卷五《河水》)

291. 灵河赋　三国魏应玚撰

《隋志》著录,魏太子文学《应玚集》1 卷,梁有 5 卷,录 1 卷,说明隋时已亡佚过半。今集已不存,赋收入于《古文苑》卷二十一。玚字德琏,《三国志·魏书》有传。(卷五《河水》)

292. 西征赋　三国魏应德琏撰

《隋志》著录,魏太子文学《应玚集》1 卷,梁有 5 卷,此赋当在集中,今赋随集亡,历来仅见《渠注》引及,清严可均即据此辑入《全后汉文》。(卷二十二《渠》)

293. 登楼赋　汉王仲宣撰

此赋收入于《文选》卷十一。仲宣,王粲字。(卷三十二《沮水》)

294. 雪赋　南朝宋谢惠连撰

卷二十四《睢水》经“东过睢阳县南”注:“谢氏赋雪”,所指即谢惠连《雪赋》,收入于《文选》卷十三。(卷二十四《睢水》)

295. 通津赋　南朝宋刘晃撰

卷三十六《淄水》经“又东过利县东”注:“昔在宋世,是水绝而复流,刘晃赋《通津》焉。”此赋已佚,撰者事迹附见于《宋书·刘道怜传》。(卷二十六《淄水》)

296. 扬都赋注　南朝齐庾杲之撰

此赋已佚,仅见清严可均《全上古三代秦汉三国六朝文》辑存。注释本赵一清云:“何氏(按指何焯)曰,庾阐,字仲初,注误以为杲之。一清按,下文云而仲初言在南,非也。则又不误,岂以杲之为仲初之名乎?”台北注疏本杨守敬按:“《晋书·文苑传》,庾阐,字仲初,作《扬都赋》,为世所重,不言有注。据《沔水篇》称庾仲初《扬都赋注》云云,知赋有注。据此篇称仲初注《扬都赋》云云,又申之仲初言在南,知赋是仲初自注,与南齐之庾杲之无涉也。"(卷十四《濡水》)

297.扬都赋注　晋庾仲初撰

此赋已佚,仅见《艺文类聚》卷六十一引及,又辑存于清严可均《全晋文》。卷三十八《灉水》经"灉水亦出海阳山"注引晋庾仲初《扬都赋》,故知赋、注为庾仲初一人所撰。仲初名阐,《晋书·文苑》有传。参见卷十四《濡水》《扬都赋注》考录。(卷二十九《沔水》)

298.西征赋　后魏崔浩注

《隋志》著录,后魏秘书丞崔浩撰《赋集》86卷,此赋当在其中,今赋随集俱佚。案晋潘岳亦撰有《西征赋》,《洛水注》所引,是崔注潘赋,抑自撰《西征赋》而注之,不得而知。崔浩,《魏书》有传。(卷十五《洛水》)

299.江赋　晋郭景纯撰

《隋志》著录,晋弘农太守《郭璞集》17卷,《两唐志》著录已仅10卷,亡佚近半,《宋史·艺文志》著录6卷,残存益少。今集已亡佚,但此赋尚存,收入于《文选》卷十二及清严可均《全晋文》。景纯,郭璞字,为晋代著名地理学家。(卷二十九《沔水》)

300.南郊赋　晋郭景纯撰

此赋已佚,仅有清严可均《全晋文》辑本,参见卷二十九《沔水》、《江赋》考录。(卷三十九《赣水》)

301.五湖赋　晋杨泉撰

《隋志》著录,晋处士《杨泉集》2卷,录1卷,此赋当在其中。今赋与集俱佚,仅见《初学纪》卷七,《艺文类聚》卷九等引及,又辑存于清严可均《全晋文》。(卷二十九《沔水》)

302.征艰赋　晋卢谌撰

《隋志》著录,晋司空从事中郎《卢谌集》10卷,此赋当在集中,今赋随集佚,仅见清严可均《全晋文》辑存。(卷五《河水》)

303.魏都赋　晋左思撰

《隋志》著录,晋齐王府记室《左思集》2卷,梁有5卷,录1卷。所著各赋,当在其中。又《隋志》著录,《五都赋》6卷,张衡及左思撰,此赋当是其一。今集已不存,但此赋收入于《文选》卷六及清严可均《全晋文》。思字太冲,《晋书》有传。(卷十《浊漳水》)

304.齐都赋　晋左思撰

此赋已佚,历来亦惟《巨洋水注》引及,清严可均《全晋文》即据《巨洋水注》辑入。

参见卷十《浊漳水》《魏都赋》考录。（卷二十六《巨洋水》）

305.蜀都赋　晋左思撰

卷二十七《沔水》经"沔水出武都沮县东狼谷中"注："《蜀都赋》曰，阻以石门。"则此赋是左思《蜀都赋》。因扬雄亦有《蜀都赋》，故须加区别。此赋收入于《文选》卷四，《七十家赋钞》卷五及清严可均《全晋文》。参见卷十《浊漳水》、《魏都赋》考录。（卷二十七《沔水》）

306.三都赋　晋左思撰

《隋志》著录，《五都赋》6卷，并录，张衡及左思撰。《旧唐志》著录，《三都赋》3卷。三都，齐都、吴都、蜀都，收入于《文选》卷四、卷五及清严可均《全晋文》。参见卷十《浊漳水》《魏都赋》考录。（卷三十六《温水》）

307.吴都赋　晋左思撰

此赋收入于《文选》卷五及清严可均《全晋文》。参见卷十《浊漳水》《魏都赋》考录。（卷三十六《温水》）

308.玄武观赋　晋张景阳撰

《隋志》著录，晋黄门郎《张协集》3卷，梁4卷，录1卷，此赋当在集中，今集亡赋佚，仅见《艺文类聚》卷六十三等引及，又有清严可均《全晋文》辑本。除《河水注》外，多作《玄武馆赋》。景阳协字，《晋书》有传。（卷五《河水》）

309.北征赋　晋袁宏撰

《隋志》著录，晋东阳太守《袁宏集》15卷，梁20卷，录1卷。《两唐志》著录均作20卷。此赋当在集中，今集亡赋佚，仅见《初学纪》卷六引及清严可均《全晋文》辑存。宏字彦伯，《晋书·文苑》有传。（卷八《济水》）

310.故台赋　晋孙子荆撰

《隋志》著录，晋冯翊太守《孙楚集》6卷，梁12卷，录1卷。则隋时亡佚殆已过半。今集亡赋佚，仅见《寰宇记》等引及。又《艺文类聚》卷六十二引《韩王故台赋》，清严可均《全晋文》辑本无作《韩王故台赋并序》。子荆名楚，《晋书》有传。（卷八《济水》）

311.庐山赋叙　晋王彪之撰

《隋志》著录，晋左光禄《王彪之集》20卷，此赋当在集中。今集已亡佚，赋引存于《北堂书钞》卷一五八，作《庐山赋》，无叙。清严可均《全晋文》所辑叙，即从《庐江水注》钞入。彪之字叔武，行历附见于《晋书·王廙传》。（卷三十九《庐江水》）

312.庐山赋　晋孙放撰

《隋志》著录，晋国子博士《孙放集》1卷，残阙，梁10卷。此赋当在其中，今赋集俱佚，仅见清严可均《全晋文》辑本。放字齐庄，行历附见于《晋书·孙盛传》。（卷三

十九《庐江水》)

313. 述游赋　傅逮撰

此赋已佚,撰者傅逮,不详为何代人。(卷十一《易水》)

314. 大河赋　晋成公子安撰

《隋志》著录,晋著作郎《成公绥集》9 卷,残阙,梁有 10 卷。《晋书·文苑传》载《天地赋》、《啸赋》2 篇,並云:"所著诗赋杂草十余卷行于世。"各赋当在集中,今集亡赋佚,仅见《艺文类聚》卷八引及清严可均《全晋文》辑存。子安名绥。(卷一《河水》)

315. 西征赋　晋潘岳撰

《隋志》著录,晋黄门郎《潘岳集》10 卷。今集已不存,但此赋收入于《文选》卷十及清严可均《全晋文》。岳字安仁,《晋书》有传。(卷四《河水》)

316. 行思赋　晋陆机撰

《隋志》著录,晋平原内史《陆机集》14 卷,梁 47 卷,录 1 卷。宋庆元间,奉议郎知华亭县事信安徐民瞻曾合刻《二陆文集》,今《陆士衡集》10 卷,《陆士龙集》10 卷,即由此而来。此赋收入于《陆士衡集》卷二。机字士衡,《晋书》有传。(卷二十五《泗水》)

317. 天马之歌　汉武帝撰

《汉志》著录,《上所自造赋》2 篇,《隋志》著录,《汉武帝集》1 卷,梁 2 卷。据《汉书·武帝纪》:"(太初)四年春,贰师将军广利斩大宛王首,获汗血马来,作《西极天马之歌》。"此歌见《汉书·礼乐志》,与《河水注》所引稍异。又收入于丁福保《全汉诗》,题作《西极天马之歌》。(卷二《河水》)

318. 秋风辞　汉武帝撰

此文收入于《文选》卷四十五及《乐府诗集》卷八十四。(卷六《汾水》)

319. 瓠子歌　汉武帝撰

此歌,《济水注》仅引及一句,卷二十四《瓠子河》经"瓠子河出东郡濮阳县北河"注引其全文。又收入于《汉书·沟洫志》。(卷八《济水》)

320. 四愁诗　汉张衡撰

卷十七《渭水》经"又东过陈仓县西"注:"一水出县西山,世谓之小陇山,岩嶂高险,不通轨辙,故张衡《四愁诗》曰,我所思兮在汉阳,欲往从之陇坂长。"按此诗收入于《文选》卷二十九及《古诗钞》卷十四及丁福保《全汉诗》卷二,卷首有序云:"张衡不乐久处机密,阳嘉中,出为河间相,时国王骄奢,不遵法度……天下渐弊,鬱鬱不得志,为《四愁诗》。"诗共四首,其一云:"我所思兮在太山,"其二云:"我所思兮在桂林,"其三云:"我所思兮在汉阳,"其四云:"我所思兮在雁门。"则《四愁诗》或是《四思诗》之讹。

但郦道元所见已为《四愁诗》。(卷十七《渭水》)

321. 七哀诗　汉王仲宣撰

《隋志》著录,后汉侍中《王粲集》11 卷,《两唐志》作 10 卷,《宋史·艺文志》作 8 卷,已逐渐散佚。但此诗仍存,收入于《文选》卷二十三及丁福保《全汉诗》。案卷十九《渭水》经"又东过霸陵县北,霸水从县西北流注之"注:汉文帝葬其上,谓之霸陵,上有四出道以泻水,在长安东南三十里,故王仲宣赋诗云:"南登霸陵岸,回首望长安。"此即是所引《七哀诗》句。(卷十九《渭水》)

322. 王仲宣赠士孙文始诗

此诗收入于《文选》卷二十三。《文选》云:"《三辅决录》赵岐注曰,士孙孺子,名萌,字文始,少有才学,年十五能属文。初,董卓之诛也,父瑞知王久必败,京师不可居,乃命萌将家属至荆州依刘表。去无几,果为李傕等所杀。及天子都许昌,追论诛董卓功,封萌为澹津高侯。与山阳王粲善,萌当就国,粲等各作诗以赠萌。"(卷三十七《澧水》)

323. 咏怀诗　三国魏阮嗣宗撰

卷十六《穀水》经"又东过河南县北,东入于洛"注:"穀水又东屈南迳建春门石桥下,即上东门也。阮嗣宗《咏怀诗》曰,步出上东门者也。"按阮籍《咏怀诗》17 首,收入于《文选》卷二十三。"步出上东门",为 17 首中之第 10 首。但清吴汝沧《古诗钞》卷二收入阮籍《咏怀诗》39 首,此诗为第 9 首,篇末云:"颜延年云,阮公身事乱朝,常恐遇祸,因兹咏怀,虽在刺讥,而文多隐避,百代之下,难以情测。"嗣宗,阮籍字。参见卷十五《济水》《大人先生论》考录。(卷十六《穀水》)

324. 刘道民诗

卷四十《浙江水》经"北过余杭,东入于海"注:"《刘道民诗》曰,事有远而合,蜀桐鸣吴石"。何焯校本云:"道民,宋武帝小字也"。注疏本杨守敬疏云:"《御览》五百八十二引《刘道民诗》,事作亦。"案《隋志》著录有晋柴桑令《刘遗民集》5 卷,录 1 卷。郑德坤《水经注引书考》亦作《刘遗民集》10 卷,郑考云:"此注引《刘遗民诗》,遗误为道,形近之讹。《七录》柴桑令《刘遗民集》10 卷。今存严氏辑本(按即清严可均《全晋文》),题云刘程之,遗民本程之之别号也。"(卷四十《浙江水注》)

325. 谢庄诗

卷三十九《赣水》经"又北过南昌县西"注:"又按《谢庄诗》,庄常游豫章,观井赋诗。"案《隋志》著录,宋金紫光禄大夫《谢庄集》19 卷。今集已不存,此诗收入于《艺文类聚》卷二十八,题为谢庄《游豫章西山观洪崖井诗》,又收入于丁福保《全宋诗》。谢庄,《宋书》有传。(卷三十九《赣水》)

326. 成公子安五言诗

此诗收入于丁福保《全晋诗》卷二。子安名绥,参见卷一《河水》、《大河赋》考录。（卷十九《渭水》）

327. 张景阳诗

卷三十一《淯水》经"淯水出弘农县支离山,东南过南阳西鄂县西北,又东过宛县南"注:"其水南流迳鲁阳关,左右连山插汉,秀木干云,是以《张景阳诗》云,朝登鲁阳关,峡路峭且深。"按此诗收入于《文选》卷二十九《杂诗十首》,但"峡路"作"狭路"。张景阳名协,晋人,参见卷五《河水》《玄武观赋》考录。（卷三十一《淯水》）

328. 剑骑诗　南朝梁吴均撰

此诗收入于丁福保《全梁诗》卷八。但《古诗钞》卷五收入此诗作《胡无人行》。诗云:"剑光利如芒,恒持照眼光,铁骑追骁虏,金羁讨黠羌,高秋八九月,胡地早风霜,男儿不惜死,破胆与君尝。"注释本赵一清云:"何氏曰,道元与吴均同时,安得引用其诗? 疑此书后人附益者多矣。一清按,《南史·吴均传》,天监初,柳浑为吴兴名补主簿,当道元之时,均名位尚轻,文字未遂行江外,义门之言,可谓精审矣。"吴均,《梁书》有传。（卷二十八《沔水》）

329. 诗

卷九《沁水》经"又东过野王县北"注:"《诗》所谓徒殆野王道,倾盖上党关,即此山矣。"案《诗经》无此,故此"诗"上必有脱字。（卷九《沁水》）

330. 诗

卷三十六《延江水》经"又东南至武陵酉阳县,入于酉水"注:"《诗》云,高平曰陵。"按《诗》无此语,而《尔雅·释地》有"高平曰陆"语,或是郦氏误《尔雅》为《诗》。（卷三十六《延江水》）

331. 王陆诗

此诗历来不见著录,撰者生平亦不详,诗已佚。（卷十六《榖水》）

332. 金谷诗集叙　晋石季伦撰

《隋志》著录,晋卫尉卿《石崇集》6 卷,今集已佚,此文收入于《世说新语·品藻篇》及清严可均《全三国六朝文》。季伦,石崇字,《晋书》有传。（卷十六《榖水》）

333. 夷齐之歌

此歌载于《史记·伯夷列传》。夷、齐,指伯夷、叔齐。（卷五《河水》）

334. 麦秀歌

《史记·宋微子世家》:"其后箕子朝周,过故殷墟,感宫室毁坏,生禾黍,箕子伤之。欲哭则不可,欲泣其为近妇人,乃作《麦秀之歌》以歌咏之。其诗曰,麦秀渐渐兮,禾黍油油,彼狡童兮,不与我好兮。所谓狡童者,纣也。殷民闻之,皆为流涕。"此歌又收入于《乐府诗集》卷五十七。(卷九《淇水》)

335. 易水歌

卷十一《易水》经"又东过范阳县南,又东过容城县南"注:"《燕丹子》称荆轲入秦,太子与知谋者,皆素衣冠送之于易水之上,荆轲起为寿,歌曰,风萧萧兮易水寒,壮士一去不复还。"此当是《易水歌》。此歌载于《燕丹子》卷下,《史记·刺客列传》及《战国策·燕策》等,又收入于《乐府诗集》卷五十八。(卷十一《易水》)

336. 扶风歌 晋刘越石撰

《隋志》著录,晋太尉《刘琨集》9 卷,梁有 10 卷。后明人编成《刘越石集》。集不见,但此歌收入于《文选》卷二十八,《古诗钞》卷二及丁福保《全晋诗》。越石名琨。(卷九《沁水》)

337. 野鹰来曲 汉刘表撰

此文已佚,篇名自来亦仅见《沔水注》引及。(卷二十八《沔水》)

338. 梁甫吟 三国蜀诸葛亮撰

卷二十八《沔水》经"又东过山都县东北"注"昔诸葛亮好为《梁甫吟》。"此诗收入于清张澍辑《诸葛忠武侯集》文集卷二。按梁甫,泰山下小山之名。(卷二十八《沔水》)

339. 上堵吟 三国孟达撰

此文已佚,篇名自来亦仅《沔水注》引及。(卷二十八《沔水》)

340. 木客吟

此篇当是歌谣之类,已亡佚。按《吴越春秋》卷五:"吴王好起宫室,用工不辍,王选名山神材,奉而献之。越王乃使木工千余人,入山伐木一年,师无所幸,作士思归,皆有怨望之心,而歌《木客之吟》。"《越绝书》卷八:"木客大冢者,句践父允常冢也。初徙琅琊,使楼船卒二千八百人,伐松柏以为椁,故云木客,去县十五里。一曰句践伐善材刻选于吴,故曰木客。"(卷四十《浙江水》)

341. 琴操

《隋志》著录《琴操》三种,其一《琴操》3 卷,晋广陵相孔衍撰,其二《琴操钞》2 卷,其三《琴操钞》1 卷,均不著撰者。《旧唐志》著录《琴操》2 种,其一 2 卷,桓谭撰,其二 3 卷,孔衍撰,《新唐志》同,但孔撰无作 2 卷。各书均佚。今《琴操》辑本多作汉蔡邕撰,收入于《宛委别藏》,《平津馆丛书》,《琴学丛书》,《汉魏遗书钞》,《汉学丛书》,《黄氏逸书考》,《玉函山房辑佚书续编》,《丛书集成》初编等。清王仁俊《经籍佚文》辑有《琴操佚文》1 卷,又刘师培撰有《琴操补释》1 卷。(卷三《河水》)

342. 琴操龟山操　孔子作

此文已佚。案《乐府诗集》卷五十八收有唐韩愈《龟山操》，故此《龟山操》以后成为一种韵文体裁，与日后词牌、曲牌相类。（卷二十四《汶水》）

343. 琴操箕子操

此文已佚。不知撰者与撰述年代。（卷九《淇水》）

344. 子安操　汉尹吉甫撰

此文已佚，不知撰者行历，篇名自来亦仅见《江水注》引及。（卷三十三《江水》）

345. 雅歌录

卷三《河水》经"又东过云中桢陵县南，又东过沙南县北，从县东屈南过沙陵县西"注："自城北出有高阪，谓之白道岭，沿路惟土穴，出泉，挹之不穷，余每读《琴操》，见琴慎相和，《雅歌录》云，饮马长城窟。"案《文选》卷二十七有《饮马长城窟行》一诗云："青青河边草，绵绵思远道，远道不可思，宿昔梦见之。……"是否即是此《雅歌录》中之诗，不得而知。按"相和"，原是汉曲，有丝竹相和之意。又《汉志》著录《雅歌诗》4篇，当亦是此类。（卷三《河水》）

346. 反离骚　汉扬雄撰

此文载《汉书·扬雄传》，又收入于《古书丛刊》第2辑丁集及《择是居丛书》初集等。参见卷四《河水》《河东赋》考录。（卷三十三《江水》）

347. 碧鸡颂　汉王褒撰

《隋志》著录，汉谏议大夫《王褒集》5卷。此颂当在集中，今集已佚，但颂收入于《后汉书·西南夷传注》，注笺本亦录其全文。王褒，《汉书》有传。（卷三十七《淹水》）

348. 广成颂　汉马融撰

《隋志》及《两唐志》著录，后汉南郡太守《马融集》9卷，此颂当在集中，今集已亡佚，唯此颂仍存，收入于《后汉书·马融传》。（卷二十一《汝水》）

349. 陈留王子香庙颂

此文已佚，亦不知撰者与撰述年代。（卷三十四《江水》）

350. 七发观涛　汉枚乘撰

卷四十《浙江水》经"北过余杭，东入于海"注："是以枚乘曰，涛无记焉。"此是枚乘《七发·观涛》中语。案《汉志》著录，《枚乘赋》9篇，《隋志》著录，汉弘农都尉《枚乘集》2卷，录各1卷，亡。故枚乘所撰多随集亡佚，惟此文尚存，收入于《文选》卷三十四。枚乘，《汉书》有传。（卷四十《浙江水》）

351. 岳赞

此文不见历来著录，不知撰者与撰述年代，已佚。（卷十一《易水》）

(八) 经书类

352. 易

《汉志》著录，《易经》12 篇，施、孟、梁丘 3 家。此书即《周易》，《易》是其简称。古代卜筮之书，相传为孔子所作，但实系出于战国及秦汉儒家之手，并非一人一时之作。后世注释与解析此书的著作甚多，主要如《周易王韩注》10 卷(三国魏王弼、晋韩伯齐注《周易》，后人合而为一)，唐李鼎祚《周易集解》18 卷，唐孔颖达《周易正义》10 卷，明王夫子《周易外传》7 卷等。又《周礼·春官宗伯·大卜》："掌三易之法，一曰《连山》，二曰《归藏》，三曰《周易》。"故又有所谓三易，《连山》、《归藏》相传都是《周易》以前的古易。清马国翰的《玉函山房辑佚书》辑有《连山》、《归藏》各 1 卷。(《原序》)

353. 连山易

古易的一种。《隋志》卷一云："及乎三代，实为三易，夏曰《连山》，殷曰《归藏》，周文王作卦辞，谓之《周易》。"参见《原序》、《易》考录。(卷三十《淮水》)

354. 尚书

《汉志》著录，《尚书古文经》46 卷，为 57 篇。案"尚"、"上"古通，故《尚书》即上古之书，是我国最早的一部历史文件汇编，亦称《书经》，简称《书》。相传由孔子整理，选编成 100 篇，但其中《尧典》、《皋陶谟》、《禹贡》、《洪范》等篇，显系后儒所补撰。原书因秦始皇焚书而亡，西汉初。原秦博士伏生尚未物故，由他传出 28 篇，用当时的隶书写成，称为《今文尚书》，汉武帝时，鲁恭王刘余拆毁孔子旧宅，从夹墙中得竹简甚多，皆蝌蚪文，经孔安国整理，称为《古文尚书》，但此书不传，东晋时，才由豫章内史梅颐献于朝廷。后代学者经过研究，已肯定其为魏晋人伪造，故常被称为《伪古文尚书》。历来注释和研究《尚书》的著作甚多，如唐孔颖达《尚书正义》20 卷，明王夫之《尚书引义》6 卷，清王鸣盛《尚书后案》30 卷，清孙星衍《尚书今古文注疏》30 卷等。(《原序》)

355. 书叙

即《书序》，亦作《尚书序录》、《孔壁书序》等，不知撰者与撰述年代，书已佚，辑本收入于《述记》、《闰竹居丛书》、《滂喜斋丛书》、《丛书集成》初编等。(卷六《汾水》)

356. 大传

《隋志》著录，《尚书大传》3 卷，郑玄注。此系解释《尚书》的著作，旧题西汉伏生撰，其实是伏生的弟子张生、欧阳生等的作品。此书除《洪范五行传》一篇尚存外，余均已亡佚，今仅有清陈寿祺的辑本 4 卷，补遗 1 卷，又有皮锡瑞所撰《尚书大传疏证》7 卷。(《原序》)

357. 洛诰

《尚书》的一篇,记周公卜建洛阳城之事,(卷十五《洛水》)

358. 周礼

《汉志》著录,《周官经》6 篇,王莽时刘歆置博士。又称《周官》。全书共 6 篇,计为《天官冢宰》、《地官司徒》。《春官宗伯》、《夏官司马》、《秋官司寇》、《冬官司空》。其中《冬官司空》早佚,汉时以《考工记》补入。此书系儒家搜集整理周王朝各种制度,并加以美化后而编成,此书的确切撰述年代和撰者不可考,宋儒以为是汉刘歆所伪造。《四库提要》经部礼类云:"《周礼》一书,不尽原文,而非出依托。"至于汉代补入《考工记》以代所佚《冬官》事,《四库提要》认为:"其为秦以前书,灼然可知,虽不足以当《冬官》,然百工为九经之一,其工为九官之一,先王原以制器为大事,存之尚稍见古制。"东汉郑玄有《周礼注疏》42 卷,清孙诒让有《周礼正义》,对研究此书均有所裨。(卷五《河水》)

359. 礼三朝记

《大戴礼记》中的一篇,《大戴礼记》亦作《大戴礼》或《大戴记》,传为西汉戴德编著。《隋志》著录 13 卷,汉信都王太傅戴德撰。此书原有 85 篇,今尚存 39 篇。(卷三《河水》)

360. 王制

《礼记》的一篇,在今本《礼记》中分为 3 卷,叙述古代帝王及公侯将相的各种制度。(卷十六《穀水》)

361. 学记

《礼记》的一篇,叙述古代的教育思想和教学制度等。清刘光蕡的《学记臆解》1 卷,近人王树柟的《学记笺证》4 卷等,均是后人研究《学记》的著作。(卷十六《穀水》)

362. 月令章句　汉蔡邕撰

《隋志》著录 12 卷,汉左中郎将蔡邕撰。已佚,辑本作 1 卷或 2 卷,收入于《汉魏遗书钞》、《拜经堂丛书》、《汉学堂丛书》、《黄氏逸书考》、《龙谿精舍丛书》、《南菁书院丛书》、《玉函山房辑佚书续编》等。(卷十六《穀水》)

(九)子书类

363. 孟子

《汉志》著录,《孟子》11 篇,名轲,邹人,子思弟子,《史记》有《列传》。案此书,战国时孟子及其弟子著,原有 11 篇,今本仅存 7 篇。南宋朱熹曾把此书与《论语》、《大学》、《中庸》合编,称为《四书》,是儒家的重要经典,有崇高地位。卷八《济水》经"又

东北过梁邹县北"注:"《孟子》曰,仲子齐国之世家。"此语出于《孟子·滕文公下》。(卷八《济水》)

364. 孔丛

《隋志》著录,《孔丛》7卷,陈胜博士孔鲋撰。《新唐志》同,但不著撰人。《旧唐志》作《孔丛子》七卷,孔鲋撰。《四库提要》子部儒家类引《朱子语类》谓:"《孔丛子》文气软弱,不类西汉文字,盖其后人集先世遗文而成之者。陈振孙《书录解题》亦谓,案孔子八世孙孔鲋,魏相顺之子,为陈涉博士,死陈下,则固不得为汉人,而其书记鲋之没,则又安得以为鲋撰,其说当矣。"此书今收入《汉魏丛书》,《龙谿精舍丛书》,《广汉魏丛书》,《增订汉魏丛书》,《宛委别藏》,《说郛》卷四十六,《子书百家》,《四部丛刊》,《四部备要》,《丛书集成》初编等,多作上、下二卷。(卷六《涑水》)

365. 孔子家语

卷八《济水》经"其一水东南流,其一水从县东北流,入钜野泽"注:"余按《家语》言,仲由为后宰修之沟渎,与之箪食瓢饮,夫子令赐止之。"所言即《孔子家语》。《隋志》著录,21卷,魏王甫解。今收入于《子书百家》等,作10卷。(卷八《济水》)

366. 庄子

《汉志》著录,《庄子》52篇。名周,宋人。今存已仅33篇,计内篇7,外篇15,杂篇11。一般认为内篇是庄子本人的作品,外篇与杂篇,则杂有其门生和后世道家的著述。卷一《河水》经"河水"注:"秋水至时,百川灌河,经流之大。"出于外篇《秋水》。《庄子》一书,内容广泛,想象丰富,文笔飘逸,在哲学和文学上都有很高价值。道家则把此书作为重要的经典,称为《南华经》。历来研究和注释此书的著作甚多,晋郭象撰有《庄子注》10卷,宋褚伯秀撰有《南华真经义海纂疏》106卷,明王夫之撰有《庄子解》及《庄子通》,清王先谦撰有《庄子集解》,郭庆藩撰有《庄子集释》等,都是这类著作,有裨于《庄子》的研究。(卷一《河水》)

367. 庄周著书

卷十九《渭水》经"又东过槐里县南,又东,涝水从南来注之"注:"《庄周著书》云,老聃死,秦失吊之,三号而出。"此文是《庄子·养生主》中语。参见卷一《河水》《庄子》考录。(卷十九《渭水》)

368. 道德二经

《隋志》著录,《老子道德经》2卷,周柱下史李耳撰,汉文帝时,河上公注。梁有战国时河上丈人注《老子经》2卷,汉长陵三老毋丘望之注《老子》2卷,汉征士注《老子》2卷,虞翻注《老子》2卷,亡。《隋志》又著录《老子道德经》2卷多种,今通行本多为晋王弼注本,作2卷。(卷十七《渭水》)

369. 墨子

《汉志》著录,71 篇。《四库提要》子部杂家类云:"旧本题宋墨翟撰。考《汉书·艺文志》,《墨子》七十一篇,注曰名翟,宋大夫。《隋书·经籍志》亦曰宋大夫墨翟撰,然其书中多称子墨子,则门人之言,非所自著,因树屋书影,则曰墨子姓翟,母梦鸟而生,因名曰鸟,以墨为道,今以姓为名,以墨为姓,是老子当姓老耶? 其说不著作出,未足为据也。"案此书,今存 53 篇,其中《兼爱》、《非攻》、《天志》、《明鬼》、《尚贤》、《尚同》、《非乐》、《非命》、《节葬》、《节用》等篇,是墨家思想的核心。(卷九《沁水》)

370. 管子

《隋志》著录,19 卷,齐相管夷吾撰。此书原有 86 篇,今存 76 篇。其书内容复杂,并有言及管仲身后之事,当非管仲原作。《四库提要》子部法家类云:《管子》"非一人之笔,亦非一时之书,以其言毛嫱、西施、吴王好剑推之,当是春秋末笔。今考其文,大抵后人附会多于仲之本书"。此书各篇中,《水地篇》提出了万物根源于水的理论,卷一《河水注》所引者,即出于此篇。《度地篇》论述水利原理,而《地员篇》尤为今地理学家所赞赏。侯仁之在《中国古代地理学简史》(科学出版社 1962 年出版)一书中说:"《地员篇》主要是根据实地观察的结果,来探讨土地与植物相互关系的规律性,既具有地理学的价值,也具有植物学的价值。夏纬英(根据其著作《管子地员篇校释》,中华书局 1958 年出版)称之为我国最古的有关生态地植物学的论著,是不为过誉的。"(卷一《河水》)

371. 晏子春秋

《汉志》著录,《晏子》8 篇,名婴,谥平仲,相齐景公,孔子称善与人交,有列传。《隋志》著录,《晏子春秋》7 卷,齐大夫晏婴撰。但《崇文总目》认为后人采婴之事为之,非婴所撰。今本内篇 6 卷,外篇 2 卷,共 8 卷,215 章,收入于《子书百家》,《四部丛刊》等。《经训堂丛书》及《丛书集成》初编作 7 卷。清孙星衍撰有《晏子春秋音义》2卷。(卷四《河水》)

晏子

即《晏子春秋》,参见卷四《河水》《晏子春秋》考录。(卷二十六《淄水》)

372. 尸子

《汉志》著录,《尸子》20 篇,名佼,鲁人,秦相商君师之,鞅死,佼逃入蜀。《隋志》著录 20 卷,目 1 卷,梁 19 卷,秦相卫鞅上客尸佼撰,其 9 篇亡,魏黄初中续。《两唐志》同。书已佚,辑本收入于《问津堂丛书》,《子书百家》,《平律馆丛书》,《求实斋丛书》,《湖海楼丛书》,《四部备要》等,均作 2 卷,又收入于《说郛》卷六。(卷二十五《洙水》)

373. 鲁连子

《汉志》著录，《鲁仲连子》14 篇，有列传。《隋志》著录，《鲁连子》5 卷，鲁连，齐人，不仕，称为先生。书已佚，辑本收入于《问津堂丛书》，《经典集林》，《玉函山房辑佚书》等。（卷二十四《汶水》）

374. 韩子

《汉志》著录，《韩子》55 篇，名非，韩诸公子，相韩昭侯，终其身诸侯不敢侵韩。《隋志》著录，《韩子》20 卷，目 1 卷，韩非撰。今本 20 卷，收入于《子书百家》等，均题韩非撰。《四库提要》子部法家类云："疑非所著书本各自为篇，非殁之后，其徒收拾编次，以成一帙，故在韩在秦之作均为收录，并其私记未完之稿，亦收入书中，名为非撰，实非非所手定也。"（卷十九《渭水》）

375. 邹子

《汉志》著录，《邹子》49 篇，名衍，齐人，为燕昭王师，后稷下，号谈天衍。又《邹子始终》56 篇。按邹衍，即《史记》驺衍。《孟子荀卿列传》云："齐有三驺子，其前驺意……其次驺衍，后孟子。"又云："自驺衍与齐子稷下先生如淳于髡、慎到、环渊、接子、田骈、驺奭之徒，各著书言治乱之事，以干世主，岂可胜道哉？"此处所云驺衍所著书，当是《汉志》著录之《邹子》及《邹子始终》。书已佚，今有辑本，收入于《玉函山房辑佚书》及《玉函山房辑佚书续编》，均作 1 卷。（卷八《济水》）

376. 师旷

《汉志》著录，《师旷》6 篇，见《春秋》，其言浅薄，本与此同，似因托之。《隋志》著录，《师旷书》3 卷。《两唐志》著录，《师旷占书》1 卷。书已佚，辑本多作《师旷占》，收入于《问津堂丛书》，《经典集林》。又有《师旷记》，收入于《玉函山房辑佚书续编》。（卷三十一《洭水》）

377. 阙子

《汉志》著录，《阙子》1 篇。《后汉书·献帝纪注》引应劭《风俗通》云："阙，姓也，纵横家有阙子著书。"书已佚，有辑本收入于《玉函山房辑佚书》。（卷二十四《睢水》）

378. 燕丹子

《隋志》著录，《燕丹子》1 卷，丹，燕王喜太子。此书述燕太子质于秦及荆轲刺秦王故事。不知撰者与撰述年代，书已散佚，辑本收入于《问津堂丛书》，《岱南阁丛书》，《平津馆丛书》，《子书百家》，《四部备要》，《丛书集成》初编等。（卷十一《易水》）

379. 淮南子

《汉志》著录《淮南内》21 篇，王安撰，《淮南外》33 篇。《隋志》著录，《淮南子》21 卷，汉淮南王刘安撰，许慎注，又《淮南子》21 卷，高诱注，《新唐志》与《隋志》同，《旧唐志》始有《淮南鸿烈》之名,高诱所注即称《淮南鸿烈解》,后人遂有以《淮南鸿烈解》即《淮南子》者。《四库提要》子部杂家类云:"高诱序言,此书大较归之于道,号曰鸿烈,故《旧唐志》有何诱《淮南鸿烈言》一卷(驿案,今本《隋志》作高诱,作二卷),言鸿烈之言也,《宋志》有《淮南鸿烈解》二十一卷,亦鸿烈之解也。而注其下曰淮南王安撰,似乎解亦安撰者,诸书引用,遂并《淮南子》之本文亦题曰《淮南鸿烈解》,误之甚矣。"此书21篇,内容庞杂,牵涉甚广,论者认为它从唯物主义观点,提出了关于"道"、"气"的学说,也包含不少自然科学史料。(卷一《河水》)

(十) 博物类

380. 博物志　晋张华撰

《隋志》著录,10卷,晋张华撰。《四库提要》子部小说类云:"考王嘉《拾遗记》,称华好观秘异图纬之部,掇采天下遗逸,自书契之始,考验神经及世间闾里所说,选《博物志》四百卷,奏于武帝。帝诏诘问,卿才综万代,博识无伦,然记事采言,亦多浮妄,更可芟截浮疑,分为十卷云云。"则10卷是按晋武帝之意所删定。今本卷首云:"余视《山海经》及《禹贡》、《尔雅》、《说文》、地志,虽曰悉备,各有所不载者,作略说,出所不见,粗言远方,陈山川位象,吉凶有征,诸国境界,犬牙相入,春秋之后,并相侵伐,其土地不可具详,其山川地泽,略而言之,正国十二,博物之士,一览而鉴焉。"书名寓意于此,各丛书收入者甚多,如《古今逸史》、《广汉魏丛书》、《格致丛书》、《稗海》、《子书百家》、《龙谿精舍丛书》、《四部备要》等。(卷二《河水》)

381. 异物志　汉杨孚撰

《隋志》著录1卷,后汉议郎杨孚撰。此书,与杨撰《交州异物志》及《南裔异物志》不知是否同书。参见卷三十六《温水》《南裔异物志》考录。书已佚,辑本收入于《岭南遗书》第五集及《丛书集成》初编。(卷三十九《赣水》)

382. 本草

《隋志》著录,《神农本草经》3卷,不著撰人,《两唐志》同。《隋志》著录又有《神农本草》4卷,雷公集注;《神农本草》8卷,又有《蔡邕本草》7卷,《华佗弟子吴普本草》6卷等,不胜枚举。今《本草》辑本多作魏吴普等述,收入于《问经堂丛书》,《中国医学大成》第二集,《汉学堂丛书》,《黄氏逸书考》,《守中正斋丛书》,《丛书集成》初编等,均作3卷。又收入于《武陵山人遗书》,作4卷。另有《周氏医学丛书》,《四部备要》等辑本,作《本草经》3卷。明缪希雍撰有《神农本草经疏》30卷。(卷五《河水》)

383. 养鱼法　范蠡撰

《两唐志》著录,《养鱼经》1 卷,范蠡撰。此书亡佚已久,惟《齐民要术》卷六《养鱼第六十一》辑存。今通行其他辑本如宛委山堂《说郛》、《说郛》、《辍耕录》、《玉函山房辑佚书》等,均从《齐民要术》转钞而来。(卷二十八《河水》)

(十一) 宫室类

384. 汉宫记

此书不见隋唐诸志著录,不知撰者与撰述年代。卷十六《穀水》经"又东过河南县北,东南入于洛"注:"《汉宫记》曰,上西门所以不纯白者,汉家厄于戌,故以丹镂之。"注疏本作《汉官仪》,杨守敬疏曰:"朱作《汉官记》,笺曰,官误作宫。盖本《玉海》,赵、戴皆依改。守敬按,《续汉书·百官志》引应劭《汉官》曰,上西门所以不纯白者,汉家初成,故丹镂之。与此各有误。此《汉官记》是《汉官仪》之误。彼亦脱仪字,彼初成是厄戌之误。《寰宇记》,《河南志》并作《汉官仪》,作厄戌,可证,今订。"(卷十六《穀水》)

385. 晋宫阁名

此书不见隋唐诸志著录,不知撰者与撰述年代。书已佚,《北堂书钞》舟部,《初学记》居处部,《御览》居处部等均有引及。书名或作《晋宫阁记》、《晋宫阙簿》等。(卷十六《穀水》)

386. 洛阳故宫名

章宗源《隋书经籍志考证》卷六云:"《洛阳故宫名》,卷亡,不著录。"《后汉书·安帝纪注》引作《洛阳宫阁名》,《初学记》、《艺文类聚》、《御览》等所引均作《洛阳故宫名》,与《穀水注》同。又《隋志》著录另有《洛阳宫殿簿》1 卷,《旧唐志》作 3 卷,不知是否亦是此书。(卷十六《穀水》)

387. 傅子宫室

此书不见历来著录,不详撰者与撰述年代,书已佚。(卷十九《渭水》)

(十二) 谱牒类

388. 世本

《汉志》著录,15 篇,不著撰者,或为战国时史官所撰。记黄帝以来讫春秋时诸侯大夫姓氏、世系、居作等事。《隋志》著录,《世本》2 卷,刘向撰,又《世本》4 卷,宋衷撰。刘、宋当是整理此书而已。原书在宋代就已不存,清人辑本甚多,1957 年商务印书馆出版的《世本八种》,多是清人的辑佚成果。(卷二《河水》)

389. 虞氏记

此书自来不见公私著录,不知撰者与撰述年代,书已亡佚。《隋志》著录有《虞氏家记》5 卷,虞览撰;《两唐志》著录《虞氏家传》。不知是否即是此书。(卷三《河水》)

390. 嵇氏谱

此谱不见著录,亦不知嵇氏是何地氏族,已佚。(卷三十《淮水》)

391. 阳氏谱叙

此谱不知撰者与撰述年代,亦不知阳氏是何地氏族。《隋志》著录有《杨氏谱》1 卷,《杨氏枝分谱》1 卷,《杨氏家谱状并墓记》1 卷,《杨氏血脉谱》1 卷。此杨氏当是大族。《隋志》之杨是否阳之误,不得而知。(卷十四《鲍丘水》)

(十三)书信类

392. 赵至与嵇茂齐书

赵至字景真,晋代郡人,寓居洛阳,与嵇康兄子嵇蕃(字茂齐)友善,至将远适辽西,临行,致茂齐书叙离,并陈其志。此书载《晋书·赵至传》。(卷四《河水》)

398. 公孙瓒与子书

此书已佚,公孙瓒后汉人,《后汉书》有传。(卷十一《易水》)

394. 陆机与弟书

此书收入于《陆士衡集》卷九。其弟名云,字士龙。机,云,《晋书》均有传。(卷十六《穀水》)

395. 朱超石与兄书

此书已佚,朱超石事迹附见于《宋书》及《南史》《朱石龄传》,石龄即其兄。(卷十六《穀水》)

396. 马第伯书

此书不见著录,已佚。(卷二十四《汶水》)

397. 诸葛亮与兄瑾书

卷十七《渭水》经"又东过陈仓县南"注:"故《诸葛亮与兄瑾书》曰,有绥阳小谷,雖山崖绝险,溪水纵横,难用行军,昔逻候往来,要道通入。今使前军斫治此道,以向陈仓,足以扳连贼势,使不得分兵东行者也。"案此书收入于清张澍辑《诸葛忠武侯集》文集卷一。(卷十七《渭水》)

398. 诸葛亮与步骘书

卷十八《渭水》经"又东过武功县北"注:"《诸葛亮与步骘书》曰,仆前军在五丈原,原在武功西十里,马冢在武功东十余里,有高势,攻之不便,是以留耳。"案此书收入于《诸葛忠武侯集》文集卷一。(卷十八《渭水》)

399. 诸葛亮与兄瑾书

卷二十七《沔水》经"沔水出武都沮县东狼谷中"注:"《诸葛亮与兄瑾书》云,前赵子龙退军,烧坏赤崖以北阁道,缘谷百余里,其阁梁一头入山腹,其一头立柱于水中,今水大而急,不得安柱,此其穷极,不可强也。又云,顷大水暴出,赤崖以南桥阁悉坏,时赵子龙与邓伯苗,一戍赤崖屯田,一戍赤崖口,但得缘崖与伯苗相闻而已。"据此,则所述并非一书内之言,当有二书,故清张澍所辑《诸葛忠武侯集》文集卷一中,《沔水注》所记作为二书收入,其一题为《与兄瑾言赵云烧赤崖阁道书》,其二题为《与兄瑾言大水赤崖桥阁悉坏书》。张澍案云:"《蜀志·赵云传》云,亮驻汉中,出军,扬声由斜谷道,令赵云与邓芝往拒曹真,身攻祁山。云、芝兵弱敌强,失利于箕谷。又案《赵云别传》云,云败退,有军资余绢,亮欲分赐将士,云曰,军事无利,何为有赏赐? 其物请悉入赤崖府库,须十月为冬赐。与瑾二书,即其事也。"(卷二十七《沔水》)

400. 诸葛亮牒

卷二十七《沔水》经"东过南郑县南"注:"《诸葛亮牒》云,朝发南郑,暮宿黑水,四五十里。指谓是水也。"案此书,《诸葛忠武侯集》不收。(卷二十七《沔水》)

401. 孟达与诸葛亮书

卷二十七《沔水》经"又东过西城县南"注:"故《孟达与诸葛亮书》,善其川土沃美也。"案《诸葛忠武侯集》附录卷一收入《孟达与诸葛丞相书》及《又与诸葛丞相书》各一,但均与《沔水注》所引无关。(卷二十七《沔水》)

402. 茂陵书

此书已佚,《汉书·高帝纪注》臣瓒曰曾引此书,不知撰者与撰述年代。(卷二十八《沔水》)

403. 习凿齿与谢安书

此书收入于《晋书·习凿齿传》。注疏本杨守敬按。"此《习凿齿与桓秘书》中语,全文见《晋书本传》,谢安二字必桓秘之误,谁谓戴、赵无眉睫之失也。"(卷二十七《沔水》)

404. 屈完答齐桓公

见《左传》僖四。(卷三十一《沅水》)

405. 李固与弟圃书

此书不详所出,已佚,李固或是汉献帝时人。(卷三十三《江水》)

406. 俞益期与韩康伯书

此书不见著录,已佚。俞益期,按注仅知其为豫章人,行历不详。韩康伯见于《世说新语》言语、方正、雅量、品藻、捷悟、贤媛各篇,《隋志》著录有晋太常卿《韩康伯集》16 卷,则韩为知名人士,其中或有致俞益期覆书,因集已亡佚,无可核实。(卷三十六《温水》)

407. 俞益期牋

此牋或即《俞益期与韩康伯书》,或别有牋,因牋已亡佚,无可对证。参见卷三十六《温水》《俞益期与韩康伯书》考录。(卷三十六《温水》)

408. 合浦姚文式问答

此书不见著录。注疏本熊会贞按:"《寰宇记》南海县引姚文感《交州记》,式、感形近,盖一人也。然则注引此及下条,皆姚氏《交州记》中语,其书之体乃设为问答耳。自建安中交趾刺史改称交州,至吴永安七年以此为广州,而交州徙治龙编,是《交州记》为汉末吴初之作也。"案章宗源《隋书经籍志考证》卷六:"《交州记》,卷亡,姚文感撰,不著录。"(卷三十七《浪水》)

409. 阳羡周嘉上书

此书不见著录,已佚。案《元和郡县志·江南道一·苏州》云:"后汉顺帝永建四年,阳羡令周喜、山阴令殷重上书,求分为二郡,遂割浙江以东为会稽,浙江以西为吴郡。"则《元和志》作周喜,《舆地纪胜》平江府引此亦作周喜。(卷四十《浙江水》)

410. 桓伊与陈业书

此书不见著录,已佚,仅见《艺文类聚》卷三十一引及。(卷四十《浙江水》)

(十四)职官制度类

411. 汉官　汉应劭注

《隋志》著录,《汉宫》5 卷,应劭注,不著撰人。书已佚,辑本 1 卷,收入于《平津馆丛书》,《知不足斋丛书》第七函,《汉学堂丛书》,《四部备要》,《丛书集成》初编等。(卷二《河水》)

412. 丧服要记

《隋志》著录 1 卷,魏王肃注,又 10 卷,晋贺循撰。书已佚,辑本收入于《汉魏遗书钞》,《汉学堂丛书》,《黄氏逸书考》,《玉函山房辑佚书》等,均作 1 卷。(卷六《汾水》)

413. 晋起居注

《隋志》著录 317 卷,南北朝宋北徐州主簿刘道会撰,《两唐志》均作 320 卷,《新唐志》作刘道荟撰。《通志·艺文略》著录,《晋起居注》24 卷,故知此书刘宋时已残佚殆尽。今有《汉学堂丛书》、《黄氏逸书考》等辑本。(卷二十六《淄水》)

414. 春秋条例　汉颖容撰

《隋志》著录,《春秋条例》11 卷,晋太尉刘寔撰。《新唐志》著录,刘寔《条例》10 卷,《旧唐录》则作《春秋左氏条例》10 卷,刘寔撰,故知刘寔《条例》当是《春秋左氏条例》。《隋志》著录又有《春秋释例》10 卷,汉公车征士颖容撰。则《穀水注》《春秋条例》或应作《春秋释例》,撰者颖容或应作颖容。(卷十六《穀水》)

415. 汉官典职　汉蔡质撰

《隋志》著录,《汉官典职仪式选用》2 卷,汉卫尉蔡质撰,《新唐志》作蔡质《汉官典仪》1 卷。书已佚,辑本收入于《平津馆丛书》,《知不足斋丛书》第七函,《知服斋丛书》第一集,《四部备要》,《丛书集成》初编等。(卷十六《穀水》)

416. 典略　魏鱼豢撰

《隋志》著录,《典略》89 卷,魏郎中鱼豢撰,《旧唐志》作 50 卷,则唐时缺佚已多。此书上起周秦,下讫三国,抄录各代史籍所载之典章故事而成书。书已佚,辑本多作《三国典略》1 卷,收入于宛委山堂《说郛》弓五十九,《五朝小说大观》,《古今说部丛书》1 集。(卷九《清水》)

417. 光武玺书

此书不见著录,不知撰者与撰述年代,书已佚。(卷十六《穀水》)

418. 汉冲帝诏

此诏收入于《汉书·翟义传》。(卷十八《渭水》)

419. 帝王录

此书不见著录,不知撰者与撰述年代,仅见《艺文类聚》引及。(卷十五《洛水》)

420. 百官表

此书不见著录,不知撰者与撰述年代。据郑德坤《水经注引书考》第二八八种《晋百官表》云:"注只作《百官表》,或即《梁七录》所谓《百官表注》十六卷也,今存黄奭《汉学堂》辑本,然《魏志注》、《书钞》并引作《晋百官表》,均不称注,亦不著撰名。"(卷二《河水》)

421. 晋功臣表

今本《晋书》无此表,当出于别家《晋书》,因书多亡佚,不可核实。(卷三十六《温水》)

422. 百官志

此书不见著录,不知撰者与撰述年代,注只云《百官志》,郑德坤《水经注引书考》第二八九种作《晋百官志》,并按《旧唐志》著录《晋百官志》40 卷(《新唐志》作 14

卷）。但谢沈《后汉书》，袁山松《后汉书》，司马彪《续汉书》均可能有《百官志》，故此《百官志》未必是《晋百官志》，因诸书俱佚，无可论定也。（卷十六《穀水》）

（十五）传奇类

423. 神异经　汉东方朔撰

《隋志》著录，《神异经》1卷，东方朔撰，张华注。《四库提要》子部小说家类云："旧本题汉东方朔撰，所载皆荒外之言，怪诞不经，共四十七条，陈振孙《书录解题》已极斥此书称东方朔撰、张茂先传之讹……然《隋志》载此书，已称东方朔撰、张华注，则其讹在隋以前矣。"书已佚，辑本收入于《格致丛书》，《汉魏丛书》，宛委山堂《说郛》弓六十六，《五朝小说大观》，《龙威秘书》一集，《子书百家》等。（卷一《河水》）

424. 列仙传　汉刘向撰

《隋志》著录，《列仙传赞》2卷，刘向撰，晋郭元祖赞，又《列仙传赞》3卷，刘向撰，鬷续，孙绰赞。此书记古来仙人，自赤松子至元俗，凡71人，人各有赞，篇末并有总赞。《四库提要》子部道家类引陈振孙《书录解题》："不类西汉文字，必非向撰，或魏晋间方士为之，托名于向耶？"（卷十五《洛水》）

425. 遁甲开山图　荣氏撰

《隋志》著录3卷，荣氏撰，《两唐志》均作2卷。书已佚，辑本收入于宛委山堂《说郛》弓五，《汉学堂丛书》，《黄氏逸书考》，《汉唐地理书钞》等。《汉唐地理书钞》王谟云："按隋唐二志五行类载诸遁甲书凡数十种，大要与风角占候六壬九宫相比次，为术数家言，独荣氏《遁甲开山图》，所记天下名山，古先神圣皇帝发迹之处，故以开山名书，即可为地理书，开宗第一章，书必有图，已久无传。"（卷一《河水》）

426. 搜神记　晋干宝撰

《隋志》及《两唐志》著录，30卷。今存20卷，收入于《学津讨原》，《子书百家》，《丛书集成》初编等。又《广汉魏丛书》，《稗海》，《龙威秘书》等辑本作8卷。宛委山堂《说郛》弓一百十七，《五朝小说大观》，《盐邑志林》等均仅1卷。20卷本卷首有干宝自序，略云："虽考先志于载籍，收遗逸于当时，盖非一耳一目之所亲闻睹也，又安敢谓无失实者哉。"故知此书实为撰者收辑道听途说、旧籍传闻之作。但《四库提要》子部小说家类认为此书内容"亦与《博物志》、《述异记》等，但辑二书者，耳目隘陋，故罅漏百出；辑此书者则多见古籍，颇明体例，故其文斐然可观"。（卷四《河水》）

427. 玄中记

此书，隋唐诸志不著录，书已佚，唯见《文选注》、《北堂书钞》、《初学记》、《艺文类聚》、《通典》、《御览》等引及。又有辑本,收入于宛委山堂《说郛》弓六十,《说郛》卷四,《观古堂所著书》第二集,鲁迅《古小说钩沉》(《会稽郡故书杂集》),《十种古逸书》等。辑本多题郭□撰。(《原序》)

428. 列异传

《隋志》著录 3 卷,魏文帝撰,《旧唐志》作张华《列异传》3 卷,《新唐志》作张华《列异传》1 卷。书已佚,辑本收入于《旧小说》甲集,鲁迅《古小说钩沉》等。(卷十七《渭水》)

429. 八公记　左吴撰

此书,隋唐诸志不著录,撰者行历不详,书已佚,无辑本。(卷三十二《肥水》)

430. 桂阳列仙传

此书,隋唐诸志不著录,仅见《御览》等引及。不知撰者与撰述年代,书已佚,无辑本。(卷三十九《耒水》)

431. 神仙传　晋葛洪撰

《隋志》著录,《神仙传》10 卷,葛洪撰,《旧唐志》同。《四库提要》子部道家类云:"据葛洪自序,盖于《抱朴子》内篇既成之后,因其弟子滕升问仙人有无而作。所录凡八十四人,序称秦大夫阮仓所记凡数百人,刘向所撰又七十一人,今复钞集古之仙者,见于仙经服食方百家之书,先师所说,耆儒所论,以为十卷。"此书收入于《广汉魏丛书》,《龙威秘书》,《说库》等丛书。(卷二《河水》)

432. 抱朴子　晋葛洪撰

《隋志》著录,《抱朴子》内篇 21 卷,外篇 30 卷,晋葛洪撰。《旧唐志》作内篇 20 卷,外篇 50 卷;《新唐志》作内篇 10 卷,外篇 20 卷。卷二十四《汶水》经"屈从县西南流"注:"《抱朴子》称《玉策记》曰,千岁之松中有物,或如青牛或如青犬或如人,皆寿百岁。"按《抱朴子》内篇卷三《对俗》云:"《玉策记》曰……千岁松树,四边枝起,上杪不长,望而视之,有如偃盖,其中有物,或如青牛,或如青羊,或如青犬,或如青人,皆寿千岁。"故《汶水注》所引为《对俗篇》。此书今本内外篇共 20 卷,收入于《道藏太清部》、《平津馆丛书》、《诸子集成》、《子书百家》、《说郛》卷八,《四部丛刊》等,清王仁俊《经籍佚文》辑有《抱朴子佚文》1 卷。(卷二十四《汶水》)

433. 十洲记

《隋志》著录,《十洲记》1 卷,汉东方朔撰。今此书通行本收入于《道藏洞玄部》,《粤雅堂丛书》三编第二十三集,《十万卷楼丛书》三编,《丛书集成》初编等。又作《海内十洲记》1 卷,收入于《古今逸史》、《广汉魏丛书》、《宝颜堂秘笈》,宛委山堂《说郛》弓六十六,《龙威秘书》、《子书百家》、《古今说部丛书》等。《四库》亦作《海内十洲记》,《提要》(子部小说家类)云:"十洲者,祖洲、瀛洲、悬洲、炎洲、长洲、元洲、流洲、生洲、凤麟洲、聚窟洲也。又后附以沧海岛、方丈洲、扶桑、蓬邱、昆崙五条。其言或称臣朔,似又对君之词;或称武帝,又似追记之文。又盛称武帝不能尽朔之术,故不得长生,则似道家夸大语。大抵恍惚支离,不可究诘。"(卷一《河水》)

434. 玉策记

此书见《抱朴子》所引,隋唐诸志俱不著录,不知撰者与撰述年代,书已佚。(卷二十四《汶水》)

435. 异苑　南朝宋刘敬叔撰

《隋志》著录 10 卷,宋给事刘敬叔撰。《四库提要》子部小说家类云:"其书皆言神怪之事。"今此书仍 10 卷,收入于《津逮秘书》、《学津讨原》、《说库》,宛委山堂《说郛》引一一七、《五朝小说大观》等,清王仁俊《经籍佚文》辑有《异苑佚文》1 卷。(卷四十《浙江水》)

(十六) 谶纬类

436. 京房易妖占

《隋志》著录,《周易占》12 卷,京房撰,梁《周易妖占》13 卷,京房撰。此书是谶纬占卜之书。京房本姓李,字君明,受《易》于焦延寿,元帝时,以言灾异得幸,事迹详《汉书本传》。《四库提要》子部术数类云:"房所著有《易传》三卷,《周易章句》十卷,《周易错卦》七卷,《周易妖占》十二卷,《周易占事》十二卷……今惟《易传》存。"故知其早佚,今有辑本,收入于《玉函山房辑佚书》,作《京氏易占》1 卷。(卷四《河水》)

437. 京房易传

《汉志》著录,《孟氏京房》11 篇。当是此书,书已佚,辑本多作 3 卷,收入于《汉魏丛书》、《津逮秘书》、《学津讨原》、《四部丛刊》等,书名均作《京氏易传》。《玉函山房辑佚书》作《京房易传》1 卷。参见卷四《河水》、《京房易妖占》考录。(卷五《河水》)

438. 易候　汉京房撰

《隋志》著录,《周易飞候》9 卷,京房撰,梁有《周易飞候六日七分》8 卷,亡。又《周易飞侯》6 卷,京房撰。又《周易四时候》4 卷,京房撰。书已佚,辑本收入于宛委山堂《说郛》引五、《说郛》卷二、《汉魏遗书钞》、《青照堂丛书摘次编》第二函等。(卷二十四《睢水》)

439. 易凿度

此书,隋唐诸志不著录,北宋时始为人所知。书名亦作《乾凿度》、《易乾凿度》、

《周易乾凿度》、《易乾坤凿度》、《周易乾坤凿度》等。但《四库提要》经部易类云："《周易乾凿度》，郑康成注，与《乾坤凿度》本二书，晁公武并指为仓颉修古籀文，误并为一。"此是五行谶纬之书，今本多作2卷，收入于宛委山堂《说郛》弓二，《山右丛书》初编，《雅雨堂丛书》、《汉学堂丛书》、《黄氏逸书考》、《艺海珠尘》、《丛书集成》初编等。（卷五《河水》）

440. 春秋说题辞

此书隋唐诸志不著录。是《春秋》纬书的一种，书已佚，辑本多题魏宋均注，书名又作《春秋纬说题辞》。收入于宛委山堂《说郛》弓五，《墨海金壶》，《古微书·春秋纬》、《守山阁丛书》经部，《汉学堂丛书》、《玉函山房辑佚书》等。（卷一《河水》）

441. 考异邮

即《春秋考异邮》，《春秋》纬书的一种。书已佚，辑本收入于《古微书》、《墨海金壶》、《守山阁丛书》、《汉学堂丛书》、《黄氏逸书考》、《玉函山房辑佚书》、《丛书集成》初编等。《古微书》辑本卷首云："此篇则专谈物应耳，邮与尤通。"（卷一《河水》）

442. 元命苞

即《春秋元命苞》、《春秋》纬书的一种，书已佚，辑本收入于《古微书》、《墨海金壶》、《守山阁丛书》、《汉学堂丛书》、《黄氏逸书考》、《玉函山房辑佚书》、《玉函山房辑佚书续编》、《丛书集成》初编等，《古微书》辑本卷首云："元者大也，命者隐深也，言乎其罗络也，万象千名，靡不括也，然主以春秋立元之意，为之履端，故其名则然。"（卷一《河水》）

443. 命历序

即《春秋命历序》、《春秋》纬书的一种，书已佚，辑本收入于《古微书》、《守山阁丛书》、《汉学堂丛书》，《黄氏逸书考》等。《古微书》辑本卷首云："春秋纬十有三篇，无所谓《命历序》者，诸书征引，冥茎历代帝王篆运，顾多主子命历，则欲推邃古之闻，不得历是书矣。"（卷一《河水》）

444. 春秋佐助期

《春秋》纬书的一种，书已佚，不见辑本。（卷二十二《洧水》）

445. 春秋孔演图

《春秋》纬书的一种，书已佚，辑本或作《春秋演孔图》，收入于宛委山堂《说郛》弓五，《古微书》，《墨海金壶》，《守山阁丛书》，《山右丛书》初编，《玉函山房辑佚书》，《丛书集成》初编等。（卷二十五《泗水》）

446. 五经谶纬候历天文经　汉郑玄注

案《后汉书·郑玄传》，玄注《周易》、《尚书》、《毛诗》、《仪礼》、《礼记》、《论语》、

《孝经》、《尚书大传》、《中候乾蒙历》，又著《天文七政论》、《鲁礼禘祫义》、《六艺论》、《毛诗谱》、《驳许慎》、《五经异义》、《答临孝存周礼难》等。故此书《五经谶纬候历天文经》，当是郦氏约略言之。（卷五《河水》）

447. 洪范五行传　汉刘向撰

《洪范》是《尚书》的一篇，五行指金、木、水、火、土，故亦是占卜谶纬之书。书已佚，辑本收入于《左海全集》、《黄氏逸书考》、《汉魏遗书钞》等。（卷十九《渭水》）

448. 孝经援神契

此书不见著录，不知撰者与撰述年代，书已佚，惟《博物志》、《初学记》、《艺文类聚》、《御览》等引及，辑本收入于宛委山堂《说郛》弓五，《说郛》卷二，《古微书》，《墨海金壶》，《守山阁丛书》，《汉学堂丛书》，《玉函山房辑佚书》，《丛书集成》初编等。（卷一《河水》）

449. 论语比考谶

此书，隋唐诸俱不著录，不知撰者与撰述年代，当是古代纬书的一种，辑本多题魏宋均注。收入于《古微书》，《墨海金壶》，《守山阁丛书》，《汉学堂丛书》，《黄氏逸书考》，《玉函山房辑佚书》，《丛书集成》初编等。（卷九《淇水》）

450. 河图视萌篇

《汉志》云："《易》曰，河出图，洛出书，圣人则之。"《隋志》著录，《河图》20卷，梁《河图洛书》24卷，目录1卷，亡。《洛水注》所引《视萌篇》，当是《河图》中的一篇。书已佚，辑本收入于《乔勤恪公全集》，《山右丛书》初编，《纬书》等。参见卷一《河水》、《河图》考录。（卷十五《洛水》）

451. 河图玉版

《河图》中的一篇。书已佚，辑本收入于《古微书》，《墨海金壶》，《守山阁丛书》，《乔勤恪公全集》，《山右丛书》初编，《黄氏逸书考》，《丛书集成》初编等。参见卷一《河水》、《河图》考录。（卷十五《洛水》）

452. 洛书

《隋志》著录，《河图》20卷，梁有《河图洛书》24卷，目录1卷，亡。《隋志》又云："其书出于前汉，有《河图》九篇，《洛书》六篇，云自黄帝至周文王所受本文，又别有三十篇，云自初起至于孔子，九圣之所增演，以广其意。"则此书渊源虽古，但所出不明，故《汉唐地理书钞》辑本王谟云："盖出谶纬家言，不可为典要。"参见卷一《河水》《河图》考录。（卷一《河水》）

453. 握河记

此书，隋唐诸志俱不著录，不知撰者与撰述年代。书已佚，唯见《诗》、《周礼》、《礼记》三疏及《文选》王元长《曲水诗序注》等引及。《礼记》疏"河出马图"引此书作《中候握河记》。又有《河图握矩记》一种,辑存于《古微书》、《墨海金壶》、《守山阁丛书》、《黄氏逸书考》、《纬书》、《丛书集成》初编等,不知是否即是此书。(卷一《河水》)

454.金简玉字书

此书仅据传说,其实并不存在。《吴越春秋》卷四云:"赤帝在阙,其岩之巅,承以文玉,覆以盘石,其书金简,青玉为字,编以白银,皆琢其文。……东顾谓禹曰,欲得我山神书者,斋于黄帝岩嶽之下,三月庚子登山发石,金简之书存矣。禹退文齐,三月庚子,登宛委山,发金简之书,案金简玉字,得通水之理。"今《湘水注》所记,即是此类传说。(卷三十八《湘水》)

455.黑玉书

此书仅据传说,其实并不存在,参见卷一《河水》、《河图》、《龙马图》,卷三十八《湘水》、《金简玉字书》等考录。(卷三十八《湘水》)

456.古文琐语

《隋志》著录4卷,不著撰人和撰述年代。据《晋书·束皙传》,汲郡人得竹书,其"《琐语》十一篇,诸国卜梦妖怪相书也"。书已佚,辑本收入于《玉函山房辑佚书》及《玉函山房辑佚书续编》。(卷六《浍水》)

457.白虎通

《隋志》著录,《白虎通》6卷,不著撰人。《新唐志》作《白虎通义》6卷,题汉班固撰。《崇文总目》作《白虎通德论》10卷,凡14篇。《书录解题》亦作10卷,凡44门。今通行本如《汉魏丛书》、《古今逸史》、《格致丛书》、《子书百家》等,均作《白虎通德论》4卷,计44篇。此外如《秘书廿一种》作《白虎通》2卷,又有明归有光辑本(《诸子汇函》),亦作《白虎通》。《四库提要》子部杂家类云:"书中征引六经传记而外,涉及纬谶,乃东汉习尚使然,又有《王度记》、《三正记》、《别名记》、《亲属记》,则《礼》之逸篇。方汉时崇尚经学,咸兢兢守其师承,古义旧闻,多存乎是,洵沾经者所宜从事也。"清陈立撰有《白虎通疏证》12卷,近人刘师培撰有《白虎通义源考》1卷,均为研究此书的著作。(卷一《河水》)

458.礼乐纬

《隋志》著录,《礼纬》3卷,郑玄注,亡;《乐纬》3卷,宋均注,亡。故《浙江水注》所引,当是《礼纬》与《乐纬》2书,郦氏约略言之也。书已佚,《礼纬》辑存于《汉学堂丛书》及《黄氏逸书考》等,均作1卷。《乐纬》见卷三十四《江水》、《乐纬》考录。(卷四十《浙江水》)

459.乐纬

参见卷四十《浙江水》《礼乐纬》考录。(卷三十四《江水》)

（十七）工具书类

460. 说文　汉许慎撰

《隋志》著录，《说文》15卷，许慎撰。案今通行大徐本，共14篇，收字9353，有重文1163，许慎作解133441字，故又称《说文解字》。全书分为540部，是我国历史上出现的第一部字典。案我国分析文字结构的所谓"六书"，虽然从战国以来即已流行，但对"六书"，即指事、象形、形声、会意、转注、假借作出解释者，实以许慎此书为嚆矢。许氏原著到唐代已逐渐散乱，南唐时，徐铉奉诏校订此书，即今日通行本《说文解字》，亦即大徐本。徐铉之弟徐锴另撰《说文系传》一书，称为小徐本。清人研究《说文》的撰述甚多，著名的有段玉裁的《说文解字注》，桂馥的《说文义证》，朱骏声的《说文通训定声》。近人丁福保编有《说文解字诂林》一书，收各家注释于一编，可谓集其大成。（卷二《河水》）

461. 尔雅

《隋志》著录，《尔雅》3卷，汉中散大夫樊光注，梁有汉刘歆，犍为文学、中黄门李巡《尔雅》各3卷，亡。《隋志》著录尚有《尔雅》7卷，孙炎注，《尔雅》5卷，郭璞注，《集注尔雅》8卷，梁黄门郎沈琁注。说明注此书者甚多。但此书撰者及撰述年代，历来说法纷纭，有的认为是周公旦所撰，有的认为是孔子所增。《四库提要》经部小学类云："大抵小学家缀缉旧文，递相增益，周公、孔子，皆依托之词。"此说法为许多学者所同意。此书最早见于《汉志》著录，计3卷、20篇，不著撰人。今本《尔雅》共3卷，分为19类，其中如释天、释地、释丘、释山、释水、释虫、释鱼、释鸟、释兽、释畜、释草、释木等，内容均为自然科学知识，具有百科辞典性质。历来研究《尔雅》的著作甚多，晋郭璞的《尔雅注》和宋邢昺的《尔雅疏》至今通行，宋陆佃的《尔雅新义》，清邵晋涵的《尔雅正义》和郝懿行的《尔雅义疏》等，均是这类著述。（卷一《河水》）

462. 小尔雅

《汉志》著录1卷，不著撰人。唐以后，始以此书为《孔丛子》第十一篇，题孔鲋撰。故学者颇以为不尽可靠。但晋杜预注《左传》已引及，故成书必在晋前，是我国古代的词典之一。今收入于《续百川学海》甲集，《广汉魏丛书》，《增订汉魏丛书》，《古今逸史》，《格致丛书》，《五雅丛书》，《丛书集成》初编等，均作1卷。历来研究《小尔雅》的著述亦不少，如清王煦的《小尔雅疏》8卷，胡承珙的《小尔雅义证》13卷，葛其仁的《小尔雅疏证》5卷等均是。（卷十三《灢水》）

463. 难字

《隋志》著录,梁有《难字》1卷,魏张揖撰,而释玄应《一切经音义》常引魏周成《难字》。又《两唐志》著录,《难要字》3卷,不著撰人。因各书俱已亡佚,不知《比水注》所引《难字》及《两唐志》著录之书,是张撰抑是周撰。(卷二十九《比水》)

464. 字林　晋吕忱撰

卷四《河水》经"又南过汾阴县西"注:"故吕忱曰,《尔雅》,异出同流为灛水。"此指吕忱所撰《字林》。《隋志》及《新唐志》著录,7卷,晋弦令吕忱撰,《旧唐志》作10卷。此书部目依《说文》,收字12824,是补充《说文》疏漏的著作。书已散佚,今有《西城楼丛书》本,作7卷,卷首1卷,宛委山堂《说郛》弓八十五作1卷,清任大椿及钱保塘各辑有《字林考逸》8卷,陶方琦撰有《字林补逸》1卷。(卷九《洹水》)

465. 语林

《隋志》著录10卷,东晋裴启撰,已亡佚。(卷十六《穀水》)

466. 叙篆　晋卫恒撰

此书不见著录,《隋志》及《两唐志》有《四体书势》1卷,晋长水校尉卫恒撰。此卫恒当是《河水注》、《叙篆》撰者卫恒无疑。但《叙篆》是否即是《四体书势》中之一篇,因书俱亡佚,无可核实。(卷四《河水》)

466. 广雅　三国魏张揖撰

《隋志》著录3卷。据张揖《上广雅表》所云,此书分上、中、下三卷,"文万八千一百五十"。则《隋志》著录无误。《两唐志》作4卷,今通行本作10卷,均是后人所析裂。即《四库提要》经部小学类所云:"由后来传写,析其篇目……后以文句稍繁,析为十卷。"张揖撰《广雅》,旨在补《尔雅》之缺。清王念孙以十年功力,撰成《广雅疏证》10卷,并在序中云:"其自《易》、《书》、《诗》、《三礼》、《三传》经师之训,《论语》、《孟子》、《鸿烈》、《法言》之注,《楚辞》、汉赋之解,谶纬之记,《仓颉》、《训纂》、《滂喜》、《方言》、《说文》之说,靡不兼载。盖周、秦、两汉古义之存者,可据以证其得失,其散佚不传者,可借以窥其端绪,则其书之为功于训诂也大矣。"此书今收入于《五雅全书》、《古今逸史》、《文选楼丛书》、《广汉魏丛书》、《丛书集成》初编等。(卷六《汾水》)

467. 广志　晋郭义恭撰

《隋志》及《两唐志》著录,2卷,晋郭义恭撰。书已佚,辑本收入于宛委山堂《说郛》弓六十一,《说郛》弓六,《玉函山房辑佚书》。(卷一《河水》)

468. 释名

《隋志》及《旧唐志》著录,8卷,刘熙撰。但《后汉书·刘珍传》则云刘珍(字秋孙)撰《释名》30篇,故清毕沅在其所撰《释名疏证序》中,认为此书初创于刘珍,续成于刘熙（字成国）。今《释名》共 27 篇，已有残缺。包括释天，释地、释山、释水、释丘、释道、释州国、释形体、释姿容以至释用器、释兵、释事、释船、释疾病等等，是一种早期的百科辞典。刘熙在《释名序》中说："夫名之与实，各有义类，百姓日称而不知其所以之意，故释天地、阴阳、四时、邦国、都郡、车服、丧纪，下至民庶应用之器，论叙指归，谓之释名。"这就是他编写此书的目的。《四库提要》经部小学类云："中间颇有伤于穿凿，然可以考见古音，又去古未远，所释器物，亦可推求古人制度之遗。"（卷一《河水》）

469. 皇览

《隋志》著录，《皇览》120 卷，缪袭等撰；梁 680 卷，梁又有《皇览》123 卷，何承天合；《皇览》50 卷，徐爱合；《皇览目》4 卷；又有《皇览抄》20 卷，梁特进萧琛抄。亡。《两唐志》作《皇览》122 卷，何承天撰；又 84 卷，徐爱并合。说明古来撰述及整理《皇览》之类者甚多。各书多已亡佚，今有辑本，题魏刘劭、王象撰，收入于《问经堂丛书》、《汉学堂丛书》、《黄氏逸书考》、《丛书集成》初编等。（卷七《济水》）

470. 古今善言　南朝宋范泰撰

《隋志》及《两唐志》著录，《古今善言》30 卷，宋车骑将军范泰撰。书已佚，辑本收入于《玉函山房辑佚书》。（卷三十六《温水》）

471. 别录　汉刘向撰

《隋志》著录，《七略别录》20 卷，刘向撰。此为我国历史上最早的图书目录。《汉志》云："至成帝时，以书颇散亡，使谒者陈农求遗书于天下，诏光禄大夫刘向校经传诸子诗赋……每一书已，向辄条其篇目，撮其旨意，录而奏之。会向卒，哀帝复使向子侍中奉车都尉歆卒父业，歆于是总群书而奏其《七略》，故有《辑略》，有《六艺略》，有《诸子略》，有《诗赋略》，有《兵书略》，有《术数略》，有《方技略》。今删其要，以备篇籍。"说明《汉志》即是根据刘向、刘歆父子的目录而编撰的。今书已亡佚，辑本收入于《经典集林》、《问经堂丛书》、《稷山馆所补书》，均作《别录》1 卷，又辑存于《玉函山房辑佚书续编》，《续编》并另有《别录补遗》一卷。（卷二十六《淄水》）

472. 述书　孙畅之撰

此书，隋唐诸志不著录。除《浙江水注》外，自来只见《御览》卷四十七引及。书已佚，无辑本。参见卷十二《巨马水》、《述画》考录。（卷四十《浙江水》）

473. 述画　孙畅之撰

此书，隋唐诸志不著录。但《隋志》著录宋奉朝请孙畅之《毛诗引辨》1 卷，《毛诗序义》7 卷，《述艺叙略》5 卷。故知撰者为刘宋时人。书已佚。（卷十二《巨马水》）

(十八) 其他

474. 上古圣贤冢地记

此书不见隋唐诸志著录,不知撰者与撰述年代。注疏本杨守敬按:"此《上古圣贤冢地记》,即《皇览》也。"但《隋志》及《两唐志》著录既有《皇览》多种(参见卷七《济水》、《皇览》考录)。又有李彤《圣贤塚墓记》1 卷。后者书名与《巨马水注》所引亦近似。以书俱佚,无可证实。(卷十二《巨马水》)

475. 冢记

注释本作《冢墓记》,《水经注笺刊误》云:"全氏云,当作《冢墓记》。"《隋志》著录有《圣贤塚墓记》1 卷,李彤撰,已佚。《泗水注》所引《冢记》或是此书。(卷二十五《泗水》)

476. 琴清音　汉扬雄撰

《汉志》著录扬雄所撰书,计所序 38 篇,太玄 19,法言 13,乐 4,箴 2。《琴清音》或在乐 4 之中。书已佚,辑本收入于《汉魏遗书钞》及《玉函山房辑佚书》等。(卷三十三《江水》)

477. 万善历

此书已佚,不知撰者与撰述年代。《隋志》著录有太史公《万岁历》1 卷(《旧唐志》作司马谈撰),又《隋志》及《旧唐志》均有《万岁祠历》2 卷。《渐江水注》所引《万善历》或即是《隋志》、《万岁历》,以书俱佚,无可证实。(卷四十《渐江水》)

478. 首楞严

即《首楞严经》,佛经的一种,后汉支谶译。(卷一《河水》)

479. 东方朔

《汉志》著录,《东方朔》20 篇。据《史记》及《汉书》、《东方朔传》,东方朔撰述甚多,今《说郛》卷四辑有《东方朔记》,《五朝小说大观》及宛委山堂《说郛》弓一百十一等辑有《东方朔传》。此外,其撰述亡佚者甚众,《河水注》所引《东方朔》,无法定为何书。(卷一《河水》)

十九、《水经注·金石录》序

在郦道元撰写《水经注》的过程中,他所占有的资料是十分可观的。除了书内有名可稽的各种文献资料470余种外,他还引用了357种金石资料,为后世在金石学的研究上提供了丰富的源泉。郦道元在他的著述中,非常重视各类碑刻所提供的资料。在不少场合中,他常把他在著述中所无法论断的问题归之于当地没有碑刻可以依据。卷十二《巨马水》经"巨马河出代郡广昌县涞山"注云:

> 涞水又北迳小黉东,又东迳大黉南,盖霍原隐居教授处也。徐广云:原隐居广阳山,教授数千人,为王浚所害,虽千古世悬,犹表二黉之称。既无碑颂,竟不知谁定居也。

又卷二十六《巨洋水》经"又东北过寿光县西"注云:

> (寿光)城之西南,小东有孔子石室,故庙堂也,中有孔子像,弟子问经。既无碑志,未详所立。

郦道元当然并不是一位金石学家。他之所以如此重视金石资料,可以用以后的金石学家的话来作出解释。宋赵明诚在《金石录叙》中指出:

> 若夫岁月、地理、官爵、世次,以金石刻考之,其牴牾十常三、四,盖史牒出于后人之手不能无失,而刻词当时所立可信不疑。

其实,赵明诚在这段议论中所说的还只是碑刻的一个方面,从《水经注》所列载的有关人物方面的许多碑刻来看,这些人物大部分是正史无传的。因此,它们不仅可以正史牒之谬,而且还可以补史牒之缺。

不过金石资料,特别是碑刻,它们与一般文献资料还有颇大的区别。尽管它们坚硬而不易破损,但在保藏和流传的条件上,却无法和其他文献资料相比。岁月迁延,镌刻在石块上的文字就难免磨灭,甚至整块碑碣也可能被毁。例如,赵明诚《金石录》著录的,建立于后汉光和四年(181)的《汉殽阮君神祠碑》,即《水经注》卷十九《渭水》经"又东过郑县北"注中的《五部神庙石碑》。郦道元毫不含糊地记下了此碑是"郑县令河东裴毕字君先立"。但在郦道元撰《水经注》500年以后,当欧阳修编《集古录》时,他就把"裴毕"误认作为"裴暈"。赵明诚经过仔细地辨认笔画,才断定欧阳修的讹误。[①]又如卷三十一《溱水注》引及的《汉中常侍长乐太仆吉成侯州苞冢碑》以及碑前的石兽等。该墓建于后汉永寿二年(156),离郦氏著述已近400年,所以已经"坟倾墓毁,碑兽沦移"。但"人有掘出一兽,犹全不破,甚高壮,头去地减一丈许,作制甚工,左膊上刻作'辟邪'字"。这显然是郦道元当时所亲见。但在以后500年的赵明诚撰述《金石录》时,他曾托他的友人,当时服官于该处的董之明查访此冢碑兽,董查访的结果是:"其一'辟邪',道元所见也,其一乃'天禄',字差大。……'天禄'近岁为村民所毁,'辟邪'虽存,然字画已残缺难辨。"[②]说明碑刻的磨灭损毁,乃是不可避免的事。综观历代金石著录,《水经注》所引及的碑碣石刻,到我国第一部著录碑碣石刻的专著即欧阳修的《集古录》时,已经大部不存。从《集古录》到赵明诚的《金石录》,为时不过七八十年,碑刻沦失,竟又过半。及至六七百年以后的清代金石巨编如王昶《金石萃编》,孙星衍《寰宇访碑录》等之中,古代碑刻能原物幸存的,实属凤毛麟角。若不是历来学者著录,传抄和拓本的流传,则大量的碑刻记载,都将泯泯然为后世所不传。

《水经注》虽然并非记载金石的专著,但它所引及的碑碣石刻等资料,不仅数量多达350余处,而且在时间上上起秦汉,下至北魏,在地区范围上包罗全国,甚至涉及域外;特别是在内容上的丰富广泛,使这些碑刻的实用价值大大提高。历来学者著录金石资料,在内容上往往着眼于人物、墓志、祠庙等,而尤以名人名事为重。在形式上则又常常追求书法字体和雕琢工夫。但郦道元在这方面却绝无成见,只要在地区上属于他的著述范围,在内容上符合于他著述的需要,则不论是"石作粗拙不匹"[③]或"文辞鄙拙,殆不可观",[④]他都能兼容并蓄,搜罗无遗。因此就大大地丰富了《水经注》的金石资料,为后人利用这些资料带来了许多方便。正因为此,我花了不少时间,为《水经注》编纂一个《金石录》,可能并不是浪费精力。我在编纂中发现,其中的不少碑碣石刻,不仅具有历史意义,并且也具有现实意义。时至今日,其中的不少资料,仍可为我们在许多方面的研究中提供需要。

在这个《金石录》的300多种著录中,以形式而言,除了3种铜器的铭文以外,绝大部分是碑碣、石刻和摩崖题刻。以内容言，大概可以分成河川水利、山岳、水陆交通、经界、城邑、地名、古迹、经籍、历史、人物、祠庙、陵墓等12类。说明牵涉是很广泛的。不过我所编纂的这个《金石录》没有按照这样的分类，这是因为其中还有一些碑刻不能编入上列类别，而且这样一编，势必打乱碑刻在全书中出现的次序，造成查阅的困难。赵明诚的《金石录》是按照碑刻的年代排列的，这种方法也不适宜于《水经注·金石录》的编纂，这不仅因为《水经注》有它自己的卷次篇目，不宜颠倒错乱，而且由郦道元所收入的金石资料中，包括许多残碑断碣和不见经传的人物，根本无法查明碑刻建立的时间。为此，这个《金石录》的编纂，当以采用录从其书的方法为宜。按照卷篇次序和同一卷篇内碑刻出现的先后进行排列，这样，在查阅时就可以得到许多方便。

不过，这个《金石录》是供给不同学科和不同的研究目的所使用的，按照卷篇次序排列的编纂方法，虽然具有检阅方便的优点，但是也存在明显的缺点。这就是，不同学科的不同研究者，在这种内容混杂的著录中，不容易了解，到底这个《金石录》对于他所从事的学科和研究的课题，有可能提供哪一方面的资料。为此，在这篇序言里，按内容所分的上列12类作一点介绍，或许还是很有必要的。

第一类是河川水利类。在《水经注》所收录的金石资料中，这是一个重要的特色。在其他金石著录中，这类碑刻往往是得不到重视的。以赵明诚《金石录》为例，从先秦到北魏永熙二年(533)的全部374种碑碣石刻中，就没有一种是有关河川水利的。在他著录的全部2000种碑刻中，有关这方面的也是寥寥可数。但是作为《水经注》的《金石录》，由于河川水利是作者著述的主旨，所以是广泛搜罗、不遗余力的。这类碑刻中的一部分记录了历史上的洪水水位，这是至今仍然具有价值的水文记录。卷十五《伊水》经"又东北过伊阙中"注中的《伊阙左壁石铭》即是其例。注云：

> 伊水又北入伊阙，昔大禹疏以通水，两山相对，望之若阙，伊水历其间北流，故谓之伊阙矣。……阙左壁有石铭云："黄初四年六月二十四日辛巳，大出水，举高四丈五尺，齐此已下。"盖记水之涨减也。

卷十六《穀水》经"又东过河南县北，东南入于洛"注中的《千金堨石人东胁下刻勒》，也是这方面的同类例子。注云：

> 魏时更修此堰，谓之千金堨，积石为堨而开沟渠五所，谓之五龙渠。渠上立堨，堨之东首立一石人。……石人东胁下文云：太始七年六月二十三日，大水迸瀑，出常流上三丈，荡坏二堨。

从上列刻石中可见，洪水发生的时间和水位高度，都记载得清清楚楚，都是十分可贵的历史水文资料。河川水利类碑刻中的另一部分，记载了主持水利工程的主要人物。在上述《伊水注》中涉及伊阙的记载时，《阙右壁石铭》就是这一类的例子。注云：

（伊阙）右壁又有石铭云："元康五年，河南府君循大禹之轨，部督邮辛曜新，县令王琨，部监作掾董猗、李褒，斩岸开石，平通伊阙。"石文尚存也。

在河川水利类碑刻中，上述这种记录是很多的。例如卷二十四《睢水注》的《沛郡太守郑浑刻石》："昔郑浑为沛郡太守，于萧、相二县兴陂堰，民赖其利，刻石颂之：'号曰郑陂'。"卷二十七《沔水注》的《褒水小石门刻石》："褒水又东南历小石门，门穿山通道，六丈有余，刻石言：'汉明帝永平中，司隶校尉犍为杨厥之所开。'"如此等等，不胜枚举。这类碑刻在记录工程主持人以外，有时也兼及工程的规模和效益，是重要的水利史资料。

《水经注》所引河川水利类碑刻中最值得珍贵的是全面记录某一水利工程的碑刻，这类碑刻对于水利史和现代水利都能提供重要的研究数据。这中间，卷十四《鲍丘水》经"又南过潞县西"注中的《车箱渠刘靖碑》就是很好的例子。注云：

（高梁）水自堰枝分，东迳梁山南，又东北迳刘靖碑北，其词云：魏使持节都督河北道诸军事征北将军建城乡侯沛国刘靖，字文恭，登梁山以观源流，相㶟水以度形势，嘉武安之通渠，羡秦民之殷富，乃使帐下丁鸿，督军士千人，以嘉平二年，立遏于水，导高梁河，造戾陵遏，开车箱渠。其遏表示：高梁河水者，出自并州潞河之别源也，长岸峻固，直截中流，积石笼以为主，遏高一丈，东西长三十丈，南北广七十余步，依北岸立水门，门广四丈，立水十丈。山水暴发，则乘遏东下；平流守常，则自门北入。灌田岁二千顷，凡所封地百余万亩。至景元三年辛酉，诏书以民食转广，陆废不赡，遣谒者樊晨更制水门，限田千顷，刻地四千三百一十六顷，出给郡县，改定田五千九百三十顷，水流乘车箱渠，自蓟西北迳昌平东，尽渔阳潞县，凡所含润，四五百里，所灌田万有余顷。高下孔齐，原隰底平，疏之斯溉，决之斯散。导渠口以为涛门，洒㶟池以为甘泽，施加于当时，敷被于后世。晋元康四年，君少子骁骑将军平乡侯弘受命，持节监幽州诸军事，领护乌丸校尉宁朔将军，遏立，积三十六载，至五年夏六月，洪水暴出，毁损四分之三，剩北岸七十余丈，上渠车箱所在漫溢，追惟前立遏之勋，亲临山川，指授规略，命司马关内侯逄恽，内外将士二千人，起长岸，立石渠，修主遏，治水门，门广四丈，立水五尺，兴复载利通塞之宜，准遵旧制，凡用功四万有余焉。诸部王侯，不召而自至，缲负而事者，盖数千人，《诗》载经始勿亟，《易》称民忘其劳，斯之谓乎。于是二府文武之士，感秦国思郑渠之绩，魏人置豹祀之义，乃遏慕仁政，追述成功，元康五年十月十一日刊石立表，以纪勋烈，并记遏制度，永为后式焉。事见其碑辞。

这个水利工程其实就在今北京的西郊。《刘靖碑》不仅把这个地区的地理形势描述得十分清晰，而且把整个工程的主要结构、灌溉效益和反复施工的过程都记载得明明白白,确实是十分完整和难得的水利史资料。在郦注所引的河川水利类碑刻中,诸如卷七《济水注》的《荥口石门碑》,卷九《沁水注》的《沁水石门铭》等,也都像《刘靖碑》一样,全面而详细地记载了这些水利工程。

另外还有一些郦注所引的河川水利类碑刻,它们对于当地的水利工程,在使用、养护和岁修等方面具有指导意义。卷十六《榖水注》的《千金堨石人西胁下刻勒》即是其例。注云:

> 按千金堨石人西胁下文云:"若沟渠久疏深,引水者当于河南城北石碛西更开渠北出,使首狐丘故沟东下,因故易就碛坚,便时事业已讫,然后见之,加边方多事,人力若少,又渠堨新成,未患于水,是以不敢预修通之,若于后当复兴功者,宜就西碛,故书之于石,以遗后贤矣。"虽石碛沦败,故迹可凭,准之于文。

《江水注》的佚文⑤《李冰大堰六字碑》是这方面的一个更为重要的例子。注云:

> 江水又历都安县,县有桃关、汉武帝祠。李冰作大堰于此,立碑六字曰:"深淘滩,浅包隄"。隄者,于江作堋,堋有左右口,谓之湔堋。

区区一块6字碑,它却为这个水利工程的岁修立下了千年不移的准则,使这个著名的水利工程能够历久不衰,至今一直发挥着它的功能。

《水经注·金石录》的第二类是山岳类。郦注中收入的有关我国名山大岳的碑碣或摩崖题刻也很不少。像卷十五《伊水注》的《大石岭碑》,卷十九《渭水注》的《华岳铭》和张昶《华岳碑》,卷二十七《沔水注》的《悬书崖刻石》,卷四十《渐江水注》的《秦始皇会稽山刻石》等,都是其中比较著名的。除了上述专记山岳的碑刻以外,在祠庙类碑刻中,也有许多涉及山岳的,例如卷五《河水注》的《首阳山夷齐之庙碑》、卷八《济水注》的《金乡山鲁峻祠庙石刻》,卷九《沁水注》的《华岳庙碑》、卷十一《滱水注》的《恒山下庙碑阙》、卷十三《瀍水注》的《诸岳庙碑》等,不胜枚举,这些碑刻虽然大多以祠庙为主题,但其间仍然不无有关山岳的记载。

第三类是有关水陆交通的碑碣和石刻等,《水经注》的记载中十分重视渠道航路、津渡桥梁等交通设施,因而采录了不少有关水陆交通的金石资料。卷十六《榖水》经"又东过河南县北,东南入于洛"注中的《建春门石桥铭》是这方面的一个很好例子。注云:

> 榖水又东屈南,迳建春门石桥下。……桥首建两石柱,桥之右柱铭云:阳嘉四年乙酉壬申,诏书以城下漕渠,东通河济,南引江淮,方贡委输,所由而至,使中谒者魏郡清渊马宪,监作石桥梁柱,敦敕工匠,尽要妙之巧,攒立重石,累高周距,桥工路博,流通万里云云。河南尹邳崇陨,丞渤海重合双福,水曹掾中牟任防,史王荫,史赵兴,将作吏睢阳申翔,道桥掾成皋卑国,洛阳令江双,丞平阳降监掾王腾

之,主石作右北平山仲。三月起作,八月毕成,其水依柱。

这个《石桥铭》中所记载的主要当然是以洛阳为中心的四通八达的水路交通。既然在后汉阳嘉四年(135),洛阳城下的漕渠已经"东通河济,南引江淮"。说明洛阳与鸿沟水系之间以及河淮、江淮之间的水运网,在那个历史时期实际上已经完成。隋炀帝的通济渠无非是把原有的水道加以拓宽而已。除了水路交通以外,有关陆上交通的碑刻,《水经注》也同样有所收录。卷四《河水》经"又东过砥柱间"注中的《千崤之山北道石铭》即是其例。注云:

> (千崤之)水南导于千崤之山,其水北流,缠络二道。汉建安中,曹公西讨巴汉,恶南路之险,故更开北道,自后行旅率多从之,今山侧附路有石铭云:"晋太康三年,弘农太守梁柳修复旧道。"

《水经注》是一部地理书,因此,作者在其著述中对于地理经界的划分是十分重视的。为了使山川州郡经界分明,作者常常利用各地的界碑,这就是《水经注·金石录》的第四类。对于划分各地经界,这种金石资料比其他任何资料都足以说明问题。例如卷五《河水》经"又东过平县北,湛水从北来注之"注中的《洛阳县河南碑》就是这样。注云:

> 河水又东迳洛阳县北,河之南岸有一碑,北面题云:"洛阳北界。"津水二渚,分属之也。

以上是沿河经界的例子。在山区之中,作者也常常利用这类碑刻,卷十一《滱水》经"滱水出代郡灵丘县高氏山"注中的《高氏山石铭》即是其例。注云:

> (高氏)山上有石铭,题言:"冀州北界。"故世谓之石铭陉也。

这类碑刻除了说明地区经界以外,有时甚至还涉及郡县分合和沿革变迁,其实就是一般地理志所包罗的内容。但是由于地理志仅有文字记载,而碑刻则建立在地理现场,它不仅是一种文献,同时也是一种实物,所以比任何书面记载更为可贵。卷六《原公水注》中的《西河缪王司马子政庙碑》就是这类碑刻中的一种。注云:

> 晋徙封陈王斌于西河,故县有西河缪王司马子政庙。碑文云:"西河旧处山林,汉末扰攘,百姓失所,魏兴,更开疆宇,分割太原四县以为邦邑,其郡带山侧塞矣。"王以咸宁三年改命爵土,明年十二月丧国,臣太农阎崇,离石令宗群等二百三十四人,刊石立碑,以述勋德,碑北庙基尚存也。

《水经注·金石录》中的第五类是有关城邑的碑刻。这类碑刻往往建立在城邑内部或其边缘,它们不仅有助于确定古代城邑的位置,有时并且还可以借此考查有关城邑的规模和其他问题。卷二十八《沔水》经"又南过宜城县东,夷水出自房陵,东流注之"注中的《金城前县南门古碑》即是其例。注云:

其水又迳金城前县南门,有古碑犹存。

这块古碑无疑就确定了金城前县的地理位置。在这类碑刻中,即使是文字磨灭,不可辨认,但只要碑石犹存,仍然可以借此以确定城邑的地理位置。卷三十一《涢水》经"又南过江夏安陆县西"注中的《三王城碑》就是这样的例子。注云:

　　(小富)水出山之东,而南迳三王城东,前汉末,王匡、王凤、王常所屯,故谓之三王城。城中其故碑,文字阙落,不可复识。

尽管"文字阙落,不可复识",但它对于确定三王城的所在,还是十分重要的物证。

在这类碑刻中,作者还收录了一处域外的资料,而且至关重要,这就是卷三十六《温水》经"东北入于鬱"注中的《典冲城曲路古碑》。注云:

　　小源淮水出松根界上山螌,流隐山绕,南曲街回,东合淮流,以注典冲。……于曲路有古碑,夷书铭赞前王胡达之德。

这块用外文镌刻的域外古碑,是作者从《林邑记》一书中引来的。《林邑记》早已亡佚,在我国的一切古籍中,唯独《水经注》引用了这段文字,因此已经成为孤本。典冲城的具体位置,学者尚无定论,法人伯希和(P. Pelliot)认为"林邑国都似在广南"。[⑥]而马伯乐(H. Maspero)则云:"《水经注》卷三十六所志六世纪初年之林邑都城,得为十世纪之因陀罗补罗。"[⑦]在所有这些研究中,那块用夷书所写的古碑,显然都是确定城市位置的重要依据。

第六类碑刻与地名的渊源有关。前面五类按其性质都属于地理学的内容,而这一类碑刻则为地名学的研究提供依据。卷五《河水》经"又东北过黎阳县南"注中的《黎山碑》,其内容即是为了解释黎阳这个地名的渊源。注云:

　　黎,侯国也,《诗·式微》,黎侯寓于卫是也。晋灼曰:黎山在其南,河水迳其东,其山上碑云:县取山之名,取水之阳,以为名也。

卷十一《滱水》经"又东过博陵县南"注中《郎山君碑》是同类的另一例子。注云:

　　徐水东北屈迳郎山……戾太子以巫蛊出奔,其子远遁斯山,故世有郎山之名,山南有郎山君碑,事具其文。

《水经注·金石录》的第七类是古迹类碑刻。郦注记载的古迹很多,凡是有碑刻可按的,作者必引碑刻,几无例外。这是因为,藉碑刻以说明古迹,是事半功倍的方法。一般说来,碑刻大多建立于古迹落成之时,是最翔实可靠的第一手资料。卷十《浊漳水》经"又东出山,过邺县西"注中,作者按《冰井台石铭》,记载了著名的邺西三台之一的冰井台的概况。注云:

　　北曰冰井台,亦高八丈,有屋百四十五间,上有冰室,室有数井,井深十五丈,藏冰及石墨焉。石墨可书,又燃之难尽,亦谓之石炭。又有粟窖及盐窖,以备不虞。今窖上犹有石铭存焉。

卷二十三《汳水》经"汳水出阴沟于浚仪县北"注中,注文引用了《襄乡浮图碑》,此碑在我国建塔历史中具有重要价值。注云:

> 东一里,即襄乡浮图也。汳水迳其南,汉熹平中某君所立,死因葬之,其弟刻石树碑,以旌厥德。隧前有狮子天鹿,累砖作百达柱八所,荒芜颓毁,凋落略尽矣。

这一碑刻之所以重要,因为它所记载的襄乡浮图,是目前所知我国建塔的最早资料。塔的建筑是随着佛教而传入我国的,佛教在西汉就已传入我国,但我国境内建塔的记载,在西汉似乎尚无任何资料。襄乡浮图或许就是这种佛教建筑在我国的开端。可惜作者没有把这块碑刻的全文抄入注内,使我们无从知道这座浮图的大小、高度和其他情况。

有关这一类碑刻在郦注中引及甚多,诸如卷三《河水注》的《广德殿碑》,卷十三《灢水注》的《永固堂石刻》和《皇信堂图刻》,卷二十八《沔水注》的《孔明宅铭》等,都是其中比较著名的。

碑刻中的第八类是经籍类。今天,我们在西安碑林所看到的多达 114 块的《石经》,是唐文宗开成二年(837)所镌刻的所谓《开成石经》。其实,我国历史上把四书五经等典籍刻入碑碣的事,在后汉就已相当盛行。所以《水经注》得以采录了不少这类碑刻。卷十六《穀水》经"又东过河南县北,东南入于洛"注中著录的《五经石碑》、《蔡邕六经碑》、《魏古篆隶三字石经》等,都是这一类的例子。注云:

> 东汉灵帝光和六年,刻石镂碑,载五经,立于太学讲堂前,悉在东侧。蔡邕以熹平四年,与五官中郎将堂谿典、光禄大夫杨赐、谏议大夫马日碑、议郎张驯、韩说、太史令单飏等,奏求正定六经文字,灵帝许之,邕乃自书丹于碑,使工镌刻,立于太学门外,于是后儒晚学,咸取正焉。

后汉所立的《五经石碑》和《六经碑》等,到了宋赵明诚撰述《金石录》的时候就已经散失殆尽。赵明诚把这些石经的残余部分题为《汉石经遗字》,解释说:"右汉石经遗字者,藏洛阳及长安人家,盖灵帝熹平四年所立,其字则蔡邕小字八分书也,其后屡经迁徙,故散落不存,今所有者才数千字,皆土壤埋没之余,摩灭而仅存者尔。"[⑧]

《水经注·金石录》的第九类是历史类。这类碑刻的内容,是记载历史上的某一政治、经济、军事、社会等方面的事件。例如卷二十二《颖水》经"又东南过颍阳县西,又东南过颖阴县西南"注中的《繁昌台碑》。注云:

> (繁昌县)城内有三台,时人谓之繁昌台。坛前有二碑,昔魏文帝受禅于此,自坛而降曰:舜禹之事,吾知之矣。故其石铭曰:"遂于繁昌筑灵坛也。"

这一碑铭所记载的就是曹魏篡汉的故事,是一桩政治事件。又如卷二十八《沔水》经"又东过襄阳县北"注中的《曹仁记水碑》。注云：

> （樊）城周四里，南半沦水，建安中，关羽围于禁于此城，会沔水泛溢，三丈有
> 余，城陷，禁降，庞德奋剑乘舟，投命于东冈。魏武曰：吾知于禁三十余载，至临危
> 授命，更不如庞德矣。城西南有《曹仁记水碑》，杜元凯重刊其后，书伐吴之事也。

由此可知，这一碑刻所记载的，在曹仁原碑上，固然是蜀、魏水战的兵要故事；而在
杜预的重刊部分，也是晋伐吴的军事行动，所以碑刻所记载的属于历史上的军事事件。
《水经注》所采录的这一类碑刻甚多，而且内容参差，无法一一列举。

人物类碑刻是《水经注·金石录》的第十类，这类碑刻不仅数量很多，而且内容也
非常复杂。碑刻所记载的人物，大至秦始皇、汉高祖之流的著名皇帝，小到一个县令甚
至布衣，九流三教，无所不有。而其中大部分都是正史无传的。仅仅从这一点说，这类
碑刻的价值就应该重视。卷二十八《沔水》经"又南过筑阳县东，筑水出自房陵县东，
过其县南流注之"注中的《郭先生碑》即是其例。注云：

> （阙林）山东有二碑……其一郭先生碑，先生名辅，字甫成，有孝友悦学之美，
> 其女为立碑于此，并无年号，皆不知何代人也。

欧阳修《集古录》著录此碑时把它作为汉碑，但赵明诚在《金石录》中提出了不同
看法，他说："右郭先生碑，《集古录》以为汉碑，按后魏郦道元《水经注》具载此碑，云碑
无年号，不知何代人。然则欧阳公何所据，遂以为汉人乎？余以字画验之，疑魏晋时人
所为，既无岁月可考，姑附于汉碑之次云。"像这样一类碑刻的鉴别和利用，今后恐怕
还有许多工作要做。

《水经注·金石录》的第十一类碑刻是祠庙类。祠庙寺院在我国古代是十分普遍
的事物，它们由于各种各样的原因而建立，又具有各不相同的祀祠对象，所以这一类碑
刻的内容也是十分复杂的。有的祠庙以某一历史人物为祀祠对象，这类祠庙中的碑刻
往往和人物类碑刻相似。像卷五《河水注》的《邓艾庙碑》，卷九《沁水注》的《孔子庙
碑》，卷十六《榖水注》的《郦食其庙碑》，卷二十四《瓠子河注》的《伍员祠碑》，卷三十
八《湘水注》的《屈原庙碑》等，都是这类碑刻的例子。

另外一些祠庙是由于古人崇敬名山大川而建立的，因此，这些祠庙中的碑刻就相
应地与名山大川有密切关系。卷四《河水》经"又南出龙门口，汾水从东来注之"注中
的《龙门庙祠石碑》即是其例。注云：

> 昔者，大禹导河积石，疏决梁山，谓斯处也，即经所谓龙门矣。《魏土地记》
> 曰：梁山北有龙门山，大禹所凿，通孟津河口，广八十步，岩际镌迹，遗功尚存，岸上
> 并有庙祠，祠前有石碑三所，二碑文字紊灭，不可复识。

可惜这处碑刻在郦道元的时代就已经磨灭，否则，我们可以借此了解古代龙门峡

谷的位置、滩礁、地形和水文等情况,正像目前有些学者利用《水经注》记载的资料,把古代的孟门和近代进行对比研究一样。⑨

也有一些祠庙的建立,是由于古代在当地发生的某一为古人所不能理解的特殊事件或传说。相应建立在这些祠庙中的碑刻,就是这类特殊事件或传说的文字记载。为此,这类碑刻至今仍有继续研究探索的价值。卷五《河水》经"又东过平县北,湛水从北来注之"注中的《河平侯祠碑》就是这类碑刻中的一处。注云:

> (渚)上旧有河平侯祠,祠前有碑,今不知所在,郭颁《世语》曰:晋文王之世,大鱼见孟津,长数百步,高五丈,头在南岸,尾在中渚。河平侯祠,即斯祠也。

如上文所说,由于专门记载河平侯祠的碑刻已经"不知所在",因此,关于此祠的营建始末,不得不以郭颁《世语》来说明。《世语》与碑刻相比,碑刻是当时当地所建立的实物,目击记录,当然比经过文人加工的传说确凿。黄河在这一河段历史上曾经出现过这样的大鱼,《世语》所说的巨大程度可能夸大,但此为一巨大水生动物想必无疑。可惜碑刻沦失,否则它对黄河在古代的水生动物、水文、河床等情况的研究,必将很有作用。

《水经注·金石录》的最后一类碑刻是陵墓类。古人营建冢墓,往往附以碑碣石刻。这类碑刻不仅为墓内人的生平履历提供详细资料,而且还可以从中获知当时的不少社会情况和其他资料。对于古代冢墓,由于历时长久,情况不明,文字记载往往以讹传讹。假使能实地查获墓碑,就可把历来讹传,顿时澄清。这中间,卷三十二《夏水》经"又东过华容县南"注中的《范西戎墓》就是最现成的例子。注云:

> (夏水)历范西戎墓南,王隐《晋书地道记》曰:陶朱冢在华容县,树碑云是越之范蠡。晋《太康地记》、盛弘之《荆州记》、《刘澄之记》⑩并言在县之西南,郭仲产⑪言在县东十里。捡其碑,题云:"故西戎令范君之墓"。碑文缺落,不详其人,称蠡是其先也。碑是永嘉二年立,观其所述,最为究悉,以亲迳其地,故违众说,从而正之。

从这段文字可见,由于对古代冢墓的不加详究而以讹传讹,历来竟有5种著作把永嘉二年(308)的一个范姓县令的冢墓,误作公元前5世纪的越大夫范蠡的冢墓。而郦道元之所以能纠正这种长期的讹传,正是因为他亲自查获了当地的墓碑。通过这样一块小小的碑刻从而纠正一个流传很久的错误,表面上看来似乎是一件偶然的事情,但对于郦道元来说,此事却绝非偶然,因为他是长期一直潜心于各种碑刻的搜集工作的。卷三十一《淯水》经"淯水出弘农卢氏县支离山,东南过南阳西鄂县西北,又东过宛县南"注中的《张平子墓碑》可以为证。注云:

> (洱)水北有张平子墓,墓之东侧,坟有平子碑,文字悉是古文,篆额是崔瑗之

辞。盛弘之、郭仲产并云：夏侯孝若为郡，薄其文，复刊碑阴为铭。然碑阴二铭乃是崔子玉及陈翕耳，而非孝若，悉是隶字，二首并存，尝无毁坏。又言：墓次有二碑，今惟见一碑，或是余夏景驿途，疲而莫究矣。

从上述文字中，可见作者在疲劳的旅途之中，仍然孜孜不倦地考察沿途的碑碣石刻。他一方面以目击的事实纠正前人的讹传，而对于不能断定的问题，则归之于他自己的"夏景驿途，疲而莫究"。知之谓知之，不知谓不知，这就是郦道元的治学态度。

郦道元如此辛勤地搜集陵墓碑刻，并在他的著述中加以引用。这中间，他绝不是没有分析的。在《水经注》的记载中，他利用各地的碑刻撰写文章，绝不仅仅是沿途的风景点缀，而是议论褒贬，是非分明的。卷三十一《滍水》经"滍水出南阳鲁阳县西之尧山"注中的《汉中常侍长乐太仆吉成侯州苞[12]冢碑》可以为例。注云：

（滍）水南有汉中常侍长乐太仆吉成侯州苞冢，冢前有碑……其碑云：六帝四后，是谘是诹。盖仕自安帝，殁于桓后，于时阉阉擅权，五侯暴世，割剥公私，以事生死。夫封者表有德，碑者颂有功，自非此徒，何用许为？石至千春，不若速朽，苞墓万古，祗彰诮辱，呜呼！愚亦甚矣。

在那个"阉阉擅权"的黑暗时代，一个对朝政腐败负有重大责任的中常侍，居然大言不惭地在墓碑上吹嘘"六帝四后，是谘是诹"。郦道元以"石至千春，不若速朽"的话加以讽刺和斥责，对于历史上许多又要做恶事，又想立旌表的坏人，真是一针见血，入骨三分。

在历史上，中国的统治阶级是崇尚厚葬制度的，而郦道元则是无情地揭露和痛斥这种制度的罪恶。作者的这种态度在卷十九《渭水注》中对于秦始皇陵[13]和汉成帝陵的鞭挞，已经表现得十分明白。在卷二十九《湍水》经"湍水出郦县北芬山，南流过其县东，又南过冠军县东"注中，郦道元又采录了《魏征南军司张詹墓碑》，揶揄了这种厚葬制度的无耻。注云：

（张敏）碑之西，有魏征南军司张詹墓，墓有碑，碑背刊云："白楸之棺，易朽之裳，铜铁不入，丹器不藏，嗟矣后人，幸勿我伤。"自后古坟旧冢，莫不夷毁，而是墓至元嘉初尚不见发，六年大水，蛮饥，始被发掘，说者言：初开，金银铜锡之器，朱漆雕刻之饰烂然。有二朱漆棺，棺前垂竹廉，隐以金钉，墓不甚高，而内极宽大。虚设白楸之言，空负黄金之实，虽意铟南山，宁同寿乎？

从上述陵墓类碑刻中，我们看到了郦道元在金石资料上所下的非凡功夫和他的实事求是的治学态度。这同时也有助于我们对《水经注·金石录》作出适当的评价。

注释:

① 《金石录》卷一七。

② 《金石录》卷一五。

③ 《水经·阴沟水注》所引《汉故中常侍长乐太仆特进费亭侯曹君之碑》。

④ 《水经·淮水注》所引《淮源庙碑》。

⑤ 《大明舆地名胜志》(南京图书馆藏明刊本)四川卷六《成都府六》引《水经注》云:"李冰作大堰于此,立碑六字曰:深淘滩,浅包隔。隔者,于江作塴,塴有左右口。"其中"立碑6字曰:深淘滩,浅包隔。隔者"十三字于殿本为佚文。又《名胜志》作"塴",殿本作"堋"。参见拙作《论水经注的佚文》,载《杭州大学学报》(自然科学版)1978年第3期。

⑥ 《交广印度两道考》,商务印书馆1933年版,第48—59页。

⑦ 《宋初越南半岛诸国考》,载冯承钧《西域南海史地考证译丛一编》,商务印书馆1962年版,第126页。

⑧ 《金石录》卷一六。

⑨ 史念海《河山集二集》,三联书店1981年版,第175页。

⑩ 指刘澄之所撰的《荆州记》,刘,南朝齐人。

⑪ 指郭仲产所撰的《荆州记》,郭,南朝宋人。

⑪ 州苞,赵明诚《金石录》卷一五认为是州辅之误。

⑫ 《水经·渭水注》:"秦始皇大兴厚葬,营建冢圹于丽戎之山……斩山凿石,下锢三泉,以铜为漕,旁行周围三十余里,上画天文星宿之象,下以水银为四渎、百川、五岳、九州,具地理之势,宫观百官,奇器珍宝,充满其中,令匠作机弩,有所穿近,辄射之,以人鱼膏为灯烛,取以不灭者久之,后宫无子者,皆使殉葬甚众,坟高五丈,周回五里余,作者七十万人,积年方成,而周章百万之师,已至其下,乃使章邯领作者以御难,弗能禁,项羽入关发之,以三十万人,三十日运物不能穷,关东盗贼,销deduct取铜,牧人寻羊烧之,火延九十日不能灭。"

⑬ 《水经·渭水注》:"汉成帝建始二年,造延陵为初陵,以为非吉,于霸曲亭更营之,鸿嘉元年,于新丰戏乡为昌陵县,以奉初陵……《关中记》曰:昌陵在霸城东二十里,取土东山,与粟同价,所费巨万,积年无成。"

原载《山西大学学报》(哲学社会科学版)1984年第4期

二十、《水经注·金石录》

编号	名称	备考
一	李尤盟津铭	卷一《河水》经"屈从其东南流,入渤海"注:"李尤《盟津铭》,洋洋河水,朝宗于海,径自中川,龙图所在。"按《华阳国志》卷十中:"李尤,字伯仁……明帝召作东观辟雍、德阳诸观赋、铭、怀戎颂百二十铭,著政事论七篇,帝善之。"此《盟津铭》除《水经注》外,鲜见引及,清严可均《全上古三代秦汉三国六朝文》亦不载,亡佚已久,是否即《华阳国志》所载镌于东观诸处者,不得而知。
二	阿育王大塔石柱铭	卷一《河水》经"屈从其东南流,入渤海"注:"阿育王坏七塔,作八万四千塔,最初作大塔,在(巴连弗邑)城南二里余,此塔前有佛迹,起精舍,北户向塔,塔南有石柱,大四、五围,高三丈余,上有铭题云'阿育王以阎深提布施四方'"。按此石柱铭,当是梵字。
三	泥犁城石柱铭	卷一《河水》经"屈从其东南流,入渤海"注:"阿育王于此作泥犁城,城中有石柱,亦高三丈余,上有师子,柱有铭记,作泥犁城因缘及年数日月。"按此柱铭,当是梵字。
四	高祖讲武碑	卷三《河水》经"又东过云中桢陵县南,又东过沙南县北,从县东屈南过沙陵县西"注:"余以太和十八年,从高祖北巡,届于阴山之讲武台,台之东,有高祖讲武碑,碑文是中书郎高聪之辞也。"按赵明诚《金石录》卷二《目录二》第三百三十著录《后魏北巡碑》,太和二十年四月。《水经注》不录。按《魏书·高祖纪》,太和十八年。八月,"甲辰,行幸阴山,观云川;丁未,幸阅武台,临观讲武;癸丑,幸怀朔镇;己未,幸武川镇;辛酉,幸抚冥镇;甲子,幸柔玄镇;乙丑,南还。"太和二十年则无北巡事。故此碑,当是纪十八年北巡而立于二十年者。因《金石录》仅存碑目,不知其详。又《金石录》同卷第三百三十一著录《后魏北巡碑阴》,亦不知其详。

编号	名称	备考
五	广德殿碑	卷三《河水》经"又东过云中桢陵县南,又东过沙南县北,从县东屈南过沙陵县西"注:"自(讲武台)西出南上山,山无树木,惟童阜耳,即广德殿所在也。其殿四柱两厦,堂宇绮井,图画奇禽异献之象,殿之西北,便得焜煌堂,雕楹镂角,取状古之温室也。其时,帝幸龙荒,游鸾朔北,南秦王仇池杨难当捨蓄委诚,重译拜阙,陛见之所也。故殿以广德为名。太平真君三年,刻石树碑,勒宣时事。碑颂云:'肃清帝道,振德四荒,有蛮有戎,自彼氐羌,无思不服,重译稽颖,恂恂南拳,敛敛推亡,峨峨广德,奕奕焜煌。'侍中司徒东郡公崔浩之辞也。"
六	广德殿碑阴	续上注:"碑阴题宣减公李孝伯,尚书卢遐等从臣姓名,若新镂焉。"
七	大夏龙雀铭	卷三《河水》经"又南离石县西"注:"赫连龙昇七年,于是水之北、黑水之南,遣将作大匠梁公叱干阿利,改筑大城,名曰统万城,蒸土加功,雉堞虽久,崇塘若新,并造五兵,器锐精利,乃咸百炼为龙雀大镮,号曰大夏龙雀。铭其背曰:'古之利器,吴楚湛卢,大夏龙雀,名冠神都,可以怀远,可以柔逋,如风靡草,威服九区。'"
八	龙门庙祠石碑一	卷四《河水》经"又南出龙门口,汾水从东来注之"注:"《魏土地记》曰,梁山北有龙门山,大禹所凿,通孟津河口,广八十步,岩际镌迹,遗功尚存,岸上并有祠庙,祠前有石碑三所,二碑文字紊灭,不可复识,一碑是太和中立。"
九	龙门庙祠石碑二	见上注:"祠前有石碑三所。"
一〇	龙门庙祠石碑三	见上注。
一一	司马迁碑	卷四《河水》经"又南出龙门口,汾水从东来注之"注:"陶水又南迳高门南,盖层阜堕缺,故流高门之称矣。又东南迳华池南,池方三百六十步,在夏阳城西北四里许,故司马迁碑文云:'高门华池,在兹夏阳。'"
一二	司马子长庙碑	卷四《河水》经"又南出龙门口,汾水从东来注之"注:"(溪水)又东南迳司马子长墓北,墓前有庙,庙前有碑。永嘉四年,汉阳太守殷济瞻仰遗文,大其功德,遂建石室,立碑树垣。"
一三	文母庙碑	卷四《河水》经"又南过汾阴县西"注:"(瀵)水南犹有文母庙,庙前有碑,去(郃阳)城十五里。"
一四	石堤祠铭	卷四《河水》经"又东过河北县南"注:"河水又东合柏谷水,水出弘农县南石隥山,山下有石堤祠,铭云:'魏甘露四年,散骑常侍征南将军豫州刺史领弘农太守南平公之所经建也。'"

续表

编号	名称	备考
一五	金狄铭	卷四《河水》经"又东过陕县北"注:"按秦始皇二十六年,长狄十二,见于临洮,长五丈余,以为善祥,铸金人十二以象之,各重二十四万斤,坐之门宫之前谓之金狄。皆铭其胸云:'皇帝二十六,初兼天下,以为郡县,正法律,同度量,大人来见临洮,身长五丈,足六尺。'李斯书也。故卫恒《叙篆》云:秦之李斯,号为工篆,诸山碑及铜人铭,皆斯书也。"
一六	千崤之山北道石铭	卷四《河水》经"又东过砥柱间"注:"河水又来,千崤之流注焉,水南导于千崤之山,其水北流,缠络二道,汉建安中,曹公西讨巴汉,恶南路之险,故更开北道,自后行旅,率多从之。今山侧附路有石铭云:'晋太康三年,弘农太守梁柳修复旧道。'"
一七	恬漠先生翼神碑	续上注:"临溪有恬漠先生翼神碑,盖隐斯山也。"
一八	五户祠铭	卷四《河水》经"又东过砥柱间"注:"自砥柱以下,五户已上,其间百二十里,河中竦石杰出,势连襄陆,盖亦禹凿以通河,疑此阏流也。其山虽阔,尚梗湍流,激石云洞,澴波怒溢,合有十九滩,水流迅急,势同三峡,破害舟船,自古所患。汉鸿嘉四年,杨焉言,从河上下,患砥柱隘,可镌广之,乃令焉镌之,裁没水中,不能复出,而令水益湍怒,害甚平日。魏景初二年二月,帝遣都督沙丘部,监运谏议大夫寇慈,帅工五千人,岁常修治,以平河阻。晋泰始三年正月,武帝遣监运大中大夫赵国,都近中郎将河东乐世,帅众五千余人,修治河滩。事见五户祠铭。"
一九	洛阳县河南碑	卷五《河水》经"又东过平县北,湛水从北来注之"注:"河水又东迳洛阳县北,河之南岸有一碑,北面题云:'洛阳北界。'津水二渚,分属之也。"
二〇	河平侯祠碑	卷五《河水》经"又东过平县北,湛水从北来注之"注:"旧有河平侯祠,祠前有碑,今不知所在。"
二一	夷齐之庙碑一	卷五《河水》经"又东过平县北,湛水从北来注之"注:"河水南对首阳山,《春秋》所谓首戴也。《夷齐之歌》所以曰登彼西山矣。上有夷齐之庙,前有二碑,并是后汉河南尹广陵陈导,洛阳令徐循与处士平原苏腾、南阳何进等立,事见其碑。"
二二	夷齐之庙碑二	见上注。
二三	黎山碑	卷五《河水》经"又东北过黎阳县南"注:"黎,侯国也。《诗·式微》,黎侯寓于卫是也。晋灼曰:黎山在其南。河水迳其东。其山上碑云:'县取山之名,取水之阳,以为名也。'"
二四	伍子胥庙碑	卷五《河水》经"又东北过黎阳县南"注:"河水又东北迳伍子胥庙南,祠在北岸顿丘郡界,临侧长河,庙前有碑,魏青龙三年立"。

续表

编号	名称	备考
二五	邓艾庙碑	卷五《河水》经"又东北过卫县南,又东北过濮阳县北,瓠子河出焉"注:"河水又东迳鄄城县北……城南有魏使持节征西将军太尉方城侯邓艾庙,庙南有艾碑,秦建元十二年,广武将军沇州刺史关内侯安定彭超立。"按赵明诚《金石录》卷二《目录二》第三百六著录《方城侯邓艾碑》。又卷二十《跋尾十·邓艾碑》云:"右邓艾碑,其额题魏使持节征西将军方城侯邓公之碑。碑无建立年月,以词考之,盖晋初立。"按《金石录》记碑刻,常不书所在。此碑与《河水注》著录碑,碑目甚相似,但《河水注》碑立于前秦建元十二年,即东晋太元元年。此碑若确如赵录立于晋初,则相去已逾百载,当非同物。
二六	魏沇州刺史刘岱碑	卷五《河水》经"又东北过高唐县东"注:"漯水又东北迳漯阴县故城北,县,故犁邑也。汉武帝元光三年,封匈奴降王,王莽更名翼城,历北漯阴城南,伏琛谓之漯阳城,南有魏沇州刺史刘岱碑。"
二七	介子推祠碑	卷六《汾水》经"东南过晋阳县东,晋水从县南东南流注之"注:"汾水西迳晋阳城南,旧有介子推祠,祠前有碑,庙宇倾颓,惟单碑独存矣,今文字剥落,无可寻也。"
二八	郭林宗碑	卷六《汾水》经"又南过平陶县东,文水从西来流注之"注:"(界休县故)城东有征士郭林宗、宋子浚二碑,宋冲以有道司徒征。林宗,县人也,辟司徒,举太尉,以疾辞。其碑文云:'将蹈郑崖之遐迹,绍巢由之逸轨,翔区外以舒翼,超天衢以高峙,禀命不融,享年四十有二,建宁三年正月丁亥卒,凡我四方同好之人,永怀哀痛。'乃树表墓,昭铭景行云。陈留蔡伯喈、范阳卢子幹、扶风马日碑等,远来奔丧,持朋友服,心丧蓍年者,如韩子助、宗子浚等二十四人,其余门人著锡衰者千数。蔡伯喈谓卢子幹、马日碑曰:吾为天下碑文多矣,皆有惭容,惟郭有道无愧于色矣。"杨守敬《郭有道碑跋》(《晦明轩稿》):"《郭有道》原在介休县,宋南渡后已不存,《水经汾水注》载是碑云,享年四十有三,建宁四年正月丁亥卒。而《后汉书》本传及《文选》作建宁二年,年四十二,戴东原即据以改《水经注》,案建宁二年正月甲辰朔无丁亥,娄氏汉隶字原载此碑,作乙亥,《文选》同,赵诚甫又谓建宁四月甲子朔有乙亥无丁亥而不知是月亦无丁亥,唯四年正月甲子朔,则二十四为丁亥。按袁宏《后汉记》于建宁二年九月以后书党人之祸,郭太和为之恸曰,人之云亡,邦国殄瘁,汉室灭矣。《通鉴》系于是年十月。是则建宁二年,林宗尚存,卿氏目验石刻,考之袁纪合之,干支皆无参差,何得以误。"
二九	宋子浚碑	见上注。
三〇	石棺铭	卷六《汾水》经"历唐城东"注"(霍太山)上有飞廉墓,飞廉以善走事纣,恶来多力见知,周武王伐纣,兼杀恶来,飞廉先为纣使北方,还无所报,乃坛于霍太山而致命焉。得石棺,铭曰:'帝令处父,不与殷乱,赐汝石棺以葬。'死,遂以葬焉。"
三一	尧庙碑	卷六《汾水》经"又南过平阳县东"注:"汾水又南迳平阳县故城东……水侧有尧庙,庙前有碑。"
三二	尧神屋石碑	卷六《汾水》经"又南过平阳县东"注:"《魏土地记》曰:平阳城东十里,汾水东原上有小台,台上有尧神屋石碑。"

续表

编号	名称	备考
三三	司马子政庙碑	卷六《原公水》经"原公水出兹氏县西羊头山,东过其县北"注:"(兹氏)故县有西河缪王司马子政庙,碑文云:'西河旧处山林,汉末扰攘,百姓失所,魏兴,更开疆宇,分割太原四县,以为邦邑,其郡夷山侧塞矣,王以咸宁三年,改命爵土,明年十二月丧国,臣太农阎崇,离石令宗群等二百三十四人,刊石立碑,以述勋德。'碑北庙基尚存也。"
三四	荥口石门碑	卷七《济水》经"与河合流,又东过成皋县北,又东过荥阳县北,又东至砾溪南,东出过荥泽北"注"济水又东合荥渎,渎首受河水,有石门,谓之荥口石门也。而地形殊卑,盖故荥播所导,自此始也。门南际河,有故碑云:'惟阳嘉三年二月丁丑,使河堤谒者王诲,疏达河川,遹荒庶土,往大河冲塞,侵齧金堤,以竹笼石,葺土而为竭,坏隤无已,功消亿万。请以滨河郡徒,疏山采石,垒以为阵,功业既就,徭役用息。未详(按未详,注笺本、七校本均与殿本同。注释本及注疏本作辛未),诏书许诲立功府卿,规基经始,诏策加命,迁在沇州,乃简朱干授使司马登令缵茂前绪,称遂休功,登以伊洛合注大河,南则缘山,东过大伾,回流北岸,其势鬱懘,涛怒湍急激疾,一有决溢,弥原淹野,蚁孔之变,害起不测,盖自姬氏之所常蹙,昔崇鲧所不能治,我二宗之所勤劳,于是乃跋涉躬亲,经之营之,比率百姓,议之于臣,伐石三谷,水近致治,立激岸侧,以捍鸿波,随时庆赐说以劝之,川无滞越,水土通演,役未逾年,而功程有毕,斯乃元勋之嘉谋,上德之弘表也。昔禹脩九道,《书》录其功:后稷躬稼,《诗》列于雅。夫不惮劳谦之勤,夙兴厥职,充国惠民,安得湮没而不章焉。故遂刊石记功,垂示于后,其辞云云。使河堤谒者山阳东缗司马登,字伯志;代东莱曲成王诲,字孟坚;河内太守宋城向豹,字伯尹;丞汝南邓方,字德山;怀令刘丞,字季意;河堤掾近等造。陈留浚仪边韶,宇孝先颂。'石铭岁远,字多沦缺,其所灭,盖阙如也。"
三五	李君祠石的铭	卷七《济水》经"与河合流,又东过成皋县北,又东过荥阳县北,又东至砾溪南,东出过荥泽北"注:"魏正始三年,岁在甲子,被癸丑诏书,割河南郡县。自鞏阙以东,创建荥阳郡,并户二万五千,以南阳筑阳亭侯李胜,字公昭,为郡守,故原武典农校尉,政有遗惠,民为立祠于城北五里,号曰李君祠,庙前有石蹟,蹟上有石的,石的铭具存。其略曰:'百族欣戴,咸推厥诚。'今犹祀祷焉。"
三六	秦相魏冉墓碑	卷七《济水》经"又东过冤朐县南,又东过定陶县南"注:"济水又东经秦相魏冉冢南……世谓之安平陵,墓南崩碑尚存。"
三七	丁昭仪墓碑一	卷七《济水》经"又东过冤朐县南,又东过定陶县南"注:"(汉哀)帝即位,母丁太后建平二年崩。上曰:宜起陵于恭皇之园。……南门内夹道有崩碑工所,世尚谓之丁昭仪墓。"
三八	丁昭仪墓碑二	见上注。

编号	名称	备考
三九	后汉酸枣令刘孟阳碑	卷八《济水》经"其一水东南流,其一水从县东北流,入钜野泽"注:"濮渠又东北经酸枣县故城南……有后汉酸枣令刘孟阳碑。"按赵明诚《金石录》卷二《目录二》第二百十八著录《汉酸枣令刘熊碑》,又卷十九《跋尾》九《汉酸枣令刘熊碑》云:"右汉刘熊题,在今酸枣县云。君讳熊,字孟,孟下缺一字,按郦道元《注水经》,酸枣城内有汉令刘孟阳碑。今据碑,熊实为此县令,然则所缺一字,当从《水经》为阳也。"又按《寰宇访碑录》访碑一,《汉酸枣令刘熊残碑》:"八分书,无年月,原石久佚,歙巴俊堂有双钩本。"
四〇	冀州刺史王纷碑	卷八《济水》经"又东北过寿张县西界安民亭南,汶水从东北来注之"注:"济水西有安民亭,亭北对安民山,东临济水,水东,即无盐县界也,山西有冀州刺史王纷碑,汉中平四年立。"按赵明诚《金石录》卷一《目录一》第八十七著录《汉冀州刺史王纯碑》,延熹四年八月立。又卷十九《跋尾》九《冀州刺史王纯碑》云:"合冀州刺王纯碑,延熹四年立。桑钦《水经》云:济水北经须句城西。郦道元注:济水西有安民山,山西有汉冀州刺史王纷碑,汉中平四年立。按地里书,须朐即今中都县,此碑在中都,又其官与姓皆合,疑其是也,然以纯为纷,以延熹为中平,则疑《水经》之误。"
四一	项王羽冢石碣	卷八《济水》经"又北过穀城县西"注:"(穀)城西北三里有项王羽之冢,半许毁坏,石碣尚存,题云:'项王之墓。'"
四二	乐安任照先碑	卷八《济水》经"又东北过台县北"注:"(巨合水)又北迳东平陵县故城西……城东门外有乐安任照先碑。"
四三	沇州刺史河东薛季像碑	卷八《济水》经"又东过昌邑县北"注:"菏水又东迳昌邑县故城北……大城东北有金城,城内有沇州刺史河东薛季像碑,以郎中拜剡令,甘露降园。熹平四年,迁州,明年,甘露复降殿前树,从事冯巡,主簿华操等,相与褒树,表勒棠政。"
四四	沇州刺史茂陵杨叔恭碑	卷八《济水》经"又东过昌邑县北"注:"(薛季像碑)次西有沇州刺史茂陵杨叔恭碑,从事孙光等,以建宁四年立。"
四五	班孟坚碑	卷八《济水》经"又东过昌邑县北"注:"(薛季像碑)西北有东太山成人班孟坚碑,建和十年,尚书右丞拜沇州刺史从事秦闰等,刊石颂德政,碑咸列焉。"
四六	汉荆州刺史李刚墓碑	卷八《济水》经"又东过方与县北为菏水"注:"黄水东南流,水南有汉荆州刺史李刚墓,刚字叔毅,山阳高平人,熹平元年卒,见其碑。有石阙祠堂,石室三间,椽架高丈余,镂石作椽,瓦屋施平天造,方井侧荷,梁柱四壁隐起,雕刻为君臣、官属、龟龙、麟凤之文,飞禽走兽之像,作制工丽,不甚毁伤。"

编号	名称	备考
四七	金乡山鲁峻祠庙石刻	卷八《济水》经"又东过方与县北,为荷水"注:"戴延之《西征记》曰:焦氏山北数里,汉司隶校尉鲁峻,穿山得白蛇、白兔,不葬,更葬山南,凿而得金,故曰金乡山,山形峻峭,冢前有石祠石庙,四壁皆青石隐起,自书契以来,忠臣、孝子、贞妇、孔子及弟子七十二人形像,像边皆刻石记之,文字分明。"按赵明诚《金石录》卷一《目录一》第一百三十一著录《汉司隶校尉鲁峻碑》,熹平二年四月立。又卷十六《跋尾》六《汉司隶校尉鲁峻碑》云:"后汉司隶校尉鲁峻碑,云君讳峻,字仲严。郦道元《水经》引戴延之《西征记》曰:焦氏山北金乡山有汉司隶校尉鲁恭冢,冢前有石祠,四壁皆青石隐起,自书契以来忠臣、孝子、贞妇、孔子及七十二弟子形像,像边皆刻石记之。今墓与石室尚存,惟此碑为人辇至任城县学矣。余尝得石室所刻画像,与延之所记合,又其他地里书,如《方舆志》《寰宇记》之类皆作'峻',惟《水经》误转写为'恭'尔。"按鲁峻,注笺本作鲁恭,殿本已改作鲁峻。又按《寰宇访碑录》访碑一著录《汉司隶校尉鲁峻碑》,八分书,熹平二年四月,山东济宁。又著录《鲁峻碑阴》,八分书,山东济宁。
四八	汉桂阳太守赵越墓碑一	卷九《清水》经"东北过获嘉县北"注:"(获嘉)县故城西,有汉桂阳太守赵越墓,冢北有碑。越字彦善,县人也,累迁桂阳郡、五官将尚书仆射,遭忧服阕,守河南尹,建宁中卒。"
四九	汉桂阳太守赵越墓碑二	续上注:"碑东又有一碑,碑北有石柱、石牛、羊、虎,俱碎,沦毁莫记。"
五〇	太公庙碑	卷九《清水》经"又东过汲县北"注:"(汲县)城东门北侧有太公庙,庙前有碑,碑云:太公望者,河内汲人也。县民故会稽太守杜宣,白令崔瑗曰:太公本生于汲,旧居犹存,君与高国,同宗太公,载在经传,今临比国,宜正其位,以明尊祖之义。于是国老王喜,廷掾郑笃,功曹曹邠勤等,咸曰宜之,遂立坛祀,为之位主。"

续表

编号	名称	备考
五一	太公碑	卷九《清水》经"又东过汲县北"注:"(汲县)城北三十里有太公泉,泉上又有太公庙,庙侧高林秀木,翘楚竞茂,相传云,太公之故居也。晋太康中,范阳卢无忌为汲令,立碑于其上。"按赵明诚《金石录》卷二《目录二》第二百九十二著录《晋太公碑》,又卷二十《跋尾》十《晋太公碑》云:"右晋太公碑。其略云:'太公望者,此县人,大晋受命,四海一统,太康二年,县之西偏有盗发冢而得竹策之书,书藏之年,当秦坑儒之前八十六岁,今以《晋书·武帝纪》考之,云咸宁五年汲郡人不准掘魏襄王冢,得竹简小篆古书十余万言,藏于秘府,与此碑年月不同,碑当时所立,又荀勖校《穆天子传》,其叙亦云太康二年,与碑合,可以正《晋史》之误。其曰小篆书,亦谬也,且其书既在秦坑儒八十六岁之前,是时安得有小篆乎? 碑又云,其《周志》曰,文王梦天帝服古襀,以立于令狐之津,帝曰:昌,赐汝望。文王再拜稽首,太公于后亦再拜稽首,文王梦之之夜,太公梦之亦然。其后文王见太公而计之曰而名为望乎? 答曰唯为望。文王曰,吾如有所于见汝,太公言其年月与其日,且尽道其言臣以此得见也。文王曰,有之。遂与之归,以为卿士。而《史记·太公世家》曰,西伯将出猎卜之云云,于是西伯猎,果遇太公于渭之阳,与语大说曰,自吾太公望子久矣,故号之曰太公望,载与俱归。二说殊不合,而王逸注《楚辞》亦载文王梦太公事,与碑所书略同,方逸为注时,此书未出,逸必别有所据。碑又云其纪年曰康王六年齐太公望卒,参考年数,盖寿一百一十余岁,而《史记》不载。按前世所传汲冢诸书,独有《纪年》、《穆天子传》、《师春》等不载,所谓《周志》者,不知为何书,而杜预《左氏传后叙》云,汲冢书凡七十五卷,皆藏秘府,预亲见之。以此知不特十余万言史之所记,盖不能尽其亡佚,见于今者绝少也。"太公碑汲县令卢无忌立,后题太康十年三月云。又按《寰宇访碑录》访碑一著录此碑凡三:《晋太公吕望表》,八分书,太康十年三月,河南汲县;《吕望表碑阴》,八分书,河南汲县;《吕望表碑侧》,八分书,河南汲县。
五二	殷大夫比干冢石铭	卷九《清水》经"又东过汲县北"注:"其水东南流,潜行地下,又东南复出,俗谓之雹水,东南历坶野,自朝歌以南,南登清水,土地平衍,据皋跨泽,悉坶野矣"。……有殷大夫比干冢,前有石铭,题隶云:"殷大夫比干之墓。"所记唯此,今已中折,不知谁所志也。按赵明诚《金石录》卷二《目录二》第三百二十八著录《比干墓刻》,不记年月,是否即此,不详。
五三	后魏高祖吊比干碑	续上注。"太和中,高祖孝文皇帝南巡,亲幸其坟而加吊焉。刊石树碑,列于墓随矣。"按赵明诚《金石录》卷二《目录二》第三百二十六著录《后魏孝文吊比干文》又卷二十一《跋尾》十一《后魏孝文吊比干文》云:"右后孝文吊比干文,其首已残缺,惟元载字可识。其下云:岁御次乎阉茂,望舒会于星纪,十有四日,日惟甲申,按《舒雅》云岁女戌曰阉茂,又郑康成注,月令仲冬者日月会于星纪。《后魏书》孝文以太和十八年十一月甲申经比干墓,亲为吊文,树碑即刊之。是岁甲戌,其说皆合,其未尝改元而称元载者,孝文以是岁迁都洛阳,盖以迁都之岁言之也。"又同卷《后魏比干碑阴》云:"右比干碑阴,尽记侍从群臣官爵姓名,按《后魏书·官氏志》,丘穆陵氏后改为穆氏,今此碑自侍中丘目亮以下,同姓者凡三人,字皆作目而《元和姓纂》所书与此碑正同。又碑自穆崇至亮皆姓丘目陵氏,《姓纂》亦云后改为穆而史但云姓穆者,皆其阙误。"又按《寰宇访碑录》访碑二著录《后魏比干墓碑阴》,正书,河南汲县。

续表

编号	名称	备考
五四	沁水石门石铭	卷九《沁水》经"又南出山,过沁水县北"注:"沁水南迳石门……石门是昔安平献王司马孚之为魏野王典农中郎将之所造也。按其表示:臣孚言,臣被明诏,兴河内水利,臣既到检行,沁水源出铜鞮山,屈曲周回,次道九百里,自太行以西,王屋以东,层岩高峻,天时霖雨,众谷走水,小石漂进,木门朽败,稻田泛滥,岁功不成。臣辄按去堰五里以外,方石可得四万余枚,臣以为累方石为门,若天旸旱,增堰进水;若天霖雨,陂泽充溢,则闭防断水。空渠衍潦,足以成河,云雨由人,经国之谋,暂劳永逸,圣王所许,愿陛下殊出臣表,勅大司农府给人工,勿使稽延,以赞时要。臣孚言。诏书听许,于是夹岸累石,结以为门,用代木门枋,故石门旧有枋口之称矣。溉田顷亩之数,间二岁之功。事见石门侧铭矣。"
五五	孔子庙碑	卷九《沁水》经"又东过野王县北"注:"邘水又东有迳孔子庙东,庙庭有碑,魏太和元年,孔灵度等以旧宇毁落,上求修复。野王令范众爱,河内太守元真,刺史咸阳公高允表闻,立于庙。"按赵明诚《金石录》卷二《目录二》第三百二十四著录《后魏孔子庙碑》,孝文太和元年立,当是此碑。
五六	宣尼庙记	续上注:"治中刘明,别驾吕次文,主簿向班虎、荀灵龟,以宣及大圣,非碑颂所称,宜主记焉。云仲尼伤道不行。欲北从赵鞅,闻杀鸣犊,遂旋车而反,及其后也,晋人思之,于太行岭南,为之立庙,盖往时回辕处也。余按子书及史籍之文,并言仲尼临河而叹曰:丘之不济,命也夫。是北太行回辕之言也。碑云:'鲁国孔氏,宦于洛阳,因居庙下,以奉烝尝。'斯言是矣。盖孔氏迁山下,追思圣祖,故立庙存飨耳,其犹刘累迁鲁,立尧祠于山矣,非谓回辕于此也。"按赵明诚《金石录》卷二十一《跋尾》十一《后魏孔宣尼庙记》云:"右魏后孔宣尼庙记,在今怀州界中,词颇古质可喜,云孔子欲从赵鞅,闻杀鸣犊,遂袒车而返,及其没也,晋人思南为之立庙为记,太和元年立,其额又有延兴四年太上皇帝余祭孔子文者,孝文之父献文帝也。"按《金石录》作"鸣犊",《水经注》朱、赵各本亦作"鸣犊",殿本改"鸣铎"杨守敬云:"戴必改犊作铎,失于不考。"
五七	华嶽庙碑	卷九《沁水》经"又东过野王县北"注:"(沁)水北有华岳庙,庙侧有攒柏数百根,对郭临川,负冈荫渚,青青弥望,奇可翫也,怀州刺史顿丘李洪之,所经构也。庙有碑焉,是河内郡功曹山阳荀灵龟以和平四年造,天安元年立。"
五八	李云墓刻石	卷九《淇水》经"又东北过广宗县东,为清河"注:"清河之右有李云墓,云字行祖,甘陵人,好学善阴阳,举孝廉,迁白马令。中常侍单超等,立掖庭民女亳氏为后,后家封者四人,赏赐巨万,云上书移副三府曰:孔子云,帝者谛也,今尺一拜用,不经御省,是帝欲不谛乎?帝怒,下狱杀之。后冀州刺史贾琮,使行部过祠云墓,刻石表之,今石柱尚存,俗犹谓之李氏石柱。"
五九	鲁国孔明碑	卷九《淇水》经"又东过脩县南,又东北过东光县西"注:"(脩县)城内有县长鲁国孔明碑。"

续表

编号	名称	备考
六〇	李憙墓碑	卷十《浊漳水》经"又东过壶关县北,又东北过屯留县南"注:"铜鞮水又东迳李憙墓,墓前有碑,碑石破碎,故李氏以太和元年立之。"
六一	西门豹祠碑铭	卷十《浊漳水》经"又东出山,过邺县西"注:"漳水又东北迳西门豹祠前,祠东北有碑,隐起为字,祠堂东头石柱勒铭曰:赵建武中所修也。"按赵明诚《金石录》卷二《目录二》第三百十三著录《伪赵西门豹祠殿基记》,建武六年八月立。卷二十《跋尾》十《赵西门豹祠殿基记》云:"右赵西门豹祠殿基记,云赵建武六年,岁在庚子,秋八月庚寅,造西门豹祠殿基。又云:巧工司马臣张由,监作吏臣杜波、马孙,殿中司马臣王基,殿中都尉臣潘倪,侍御史骑都尉臣刘谊,左校令臣赵升,殿中校尉臣颜零等监。其下刻物象甚多,如土长强良硕章舒悽雀之类,其名颇异。近岁临淄县人耕地,得巧工司马印,遍寻史传,皆无此官名,不知为何代物,今乃见于此碑云。"
六二	冰井台石铭	卷十《浊漳水》经:"又东出山,过邺县西"注:"(邺县)城之西北有三台,皆因城为之基的巍然崇举,其高若山,建安十五年,魏武所起。……北曰冰井台,亦高八丈,有屋百四十五间,上有冰室,室内有数井,井深十五丈,藏冰及石墨焉。石墨可书,又燃之难尽,亦谓之石炭。又有粟窖及盐窖,以备不虞,今窖上犹有石铭存焉。"
六三	漳河神坛碑	卷十《浊漳水》经"又东北过曲周县东,又东北过钜鹿县东"注:"(漳水)又迳铜马祠东,汉光武庙也。……庙侧有碑,述河内修武县张导,字景明,以建和三年为钜鹿太守,漳津泛滥,土不稼穑,导披按地图,与丞彭参、掾马道嵩等,原其逆顺,揆其表里,修防排通,以正水路,功绩有成,民用嘉赖,题云:漳河神坛碑。而俗老耆儒,犹揭斯庙为铜马刘神寺。是碑顷因震裂,余半不可复识矣。"
六四	汉冀州从事安平赵征碑	卷十《浊漳水》经:"又北过堂阳县西"注:"(安平)城内有汉冀州从事安平赵征碑。"
六五	魏冀州刺史陈留丁绍碑	续上注:"又有魏冀州刺史陈留丁绍碑,青龙三年立。"
六六	献文帝南巡碑	续上注:"城南有献文帝南巡碑。"
六七	燕刻石	卷十一《易水》经:"东过范阳县南,又东过容城县南"注:"访诸耆旧,咸言昭王礼宾,广延方士,至如郭隗、乐毅之徒,邹衍、剧幸之俦,宦游历说之民,自远而届者多矣,不欲令诸侯之客,伺隙燕邦,故偏连下都馆之南垂,言燕创之于前,子丹踵之于后,故雕墙败馆,尚传镌刻之石,虽无经记可凭,察其古迹,似符宿传矣。"

续表

编号	名称	备考
六八	中山简王焉空碑兽	卷十一《易水》经"东过范阳县南，又东过容城县南"注："其东谓之石虎冈，范晔《汉书》云：中山简王焉之空也。厚其葬，采涿郡山石以树坟茔，陵隧碑兽，并出此山。有所遗二石虎，后人因以名冈。"
六九	高氏山石铭	卷十一《滱水》经"滱水出代郡灵丘高氏山"注："（高氏）山上有石铭，题言：'冀州北界'，故此谓之石铭陉也。"
七〇	御射石碑	卷十一《滱水》经"滱水出代郡灵丘县高氏山"注："滱水自县南流入峡，谓之隘门。……其水沿涧西转，迳御射台南，台在北阜上，台南有御射石碑。"此碑不记年月，按赵明诚《金石录》卷二《目录二》第三百三十三著录《复魏御射碑》，沈馥正书，宣武景明二年十月立。但卷二十一《跋尾》十一《后魏御射碑》云："右后魏御射碑，今在怀州。"怀州在宋为河北西道州名，离滱水已远，二碑恐非同物。
七一	北海王详之石碣	卷十一《滱水》经"滱水出代郡灵丘县高氏山"注："滱水西流，又南转东屈，迳北海王详之石碣南，御射碑石柱北。"
七二	恒山下庙东庙碑阙	卷十一《滱水》经"又东过唐县南"注："（长星水）乱流东迳恒山下庙北，汉末丧乱，山道不通，此旧有下阶神殿，中世以来，岁书法族焉。魏晋改有东、西二庙，庙前有碑阙，坛场列柏焉。"
七三	恒山下庙西庙碑阙	同上注。
七四	汉上谷太守议郎张平仲碑	卷十一《滱水》经"又东过唐县南"注："川渠之左，有张氏墓冢，有汉上谷太守议郎张平仲碑，光和中立。"
七五	孝子王立碑	卷十一《滱水》经"又东过安熹县南"注："（安熹城）郭南有汉明帝时孝子王立碑。"
七六	御射碑	卷十一《滱水》经"又东过博陵县南"注"徐水三源奇发，齐泻一间，东流北转，迳东山下，水西有御射碑"。
七七	徐水阴碑	续上注："徐水又北流西屈，迳南崖下，水阴又有一碑"。
七八	徐水御射碑	卷十一《滱水》经"又东过博陵县南"注："徐水又随山南转，迳东崖下，水际又有一碑。凡此三铭，皆翼对层峦，岩障深高，壁立霞峙，石文云：'皇帝以太延元年九月十二日，车驾东巡，迳五迴之险邃，览崇岸之峻峣，乃停驾路侧，援弓而射之，飞矢踰于岩山，刊石用赞元用。'夹碑并有层台二所，即御射处也。"
七九	徐水御射碑阴	续上注："碑阴皆列树碑官名。"

续表

编号	名称	备考
八〇	郎山君碑	卷十一《滱水》经"又东过博陵县南"注:"徐水又东北屈迳郎山……山南有郎山君碑。事见其文。"
八一	触锋将军庙碑	卷十一《滱水》经"又东过博陵县南"注:"徐水又迳郎山君中子触锋将军庙南,庙前有碑,晋惠帝永康元年八月十四日壬寅,发诏锡君父子,法祠其碑。刘曜光初二年,前顿丘太守郎宣,北平太守阳平邑振等,共修旧碑,刻石树颂焉。"
八二	太白君碑	卷十一《滱水》经"又东过博陵县南"注:"徐水又迳北平县……东南出山,迳其城中,有故碑,是太白君碑,郎山君之元子也。"
八三	晋康王碑	卷十二《圣水》经"又东过阳乡县北"注:"桃水又东迳涿县故城北,……城内东北角,有晋康王碑。"
八四	范阳王司马虓碑	续上注:"城东有范阳王司马虓碑。"
八五	永固堂石刻	卷十三《㶟水》经"㶟水出雁门阴馆县,东北过代郡桑乾县南"注:"羊水又东注如浑水,乱流迳方山南,岭上有文明太皇太后陵,陵之东北有高祖陵,二陵之南有永固堂,堂之四周隅雉,列榭阶栏槛,及扉户梁壁椽瓦,悉文石也。檐前四柱,采洛阳之八风谷黑石为之,雕镂隐起,以金银间云矩,有若锦焉。堂之内外四侧,结雨石跌,张青石屏风,以文石为缘,并隐赵忠孝之容,题刻贞顺之名,庙前镌石为碑兽,碑石至佳。"
八六	郊天碑	卷十三《㶟水》经"㶟水出雁门阴馆县,东北过代郡桑乾县南"注:"(平)城周西郭外有郊天坛,坛之东侧,有郊天碑,建兴四年立。"
八七	太和殿碑	卷十三《㶟水》经,"㶟水"出雁门阴馆县,东北过代郡桑乾县南"注:"其水又南屈迳平城县故城南……魏天兴三年,迁都于此,太和十六年,破安昌诸殿,造太极殿东、西堂及朝堂,夹建象魏,乾元、中阳、端门东、西二掖门,云龙、神虎、中华诸门,皆饰以观阁,东堂东接太和殿,殿之东阶下有一碑,太和中立,是洛阳八风谷缁石也。"
八八	皇信堂图刻	卷十三《㶟水》经"㶟水出雁门阴馆县,东北过代郡桑乾县南"注:"太和殿之东北接紫宫寺,南对承贤门,门南即皇信堂,堂之四周,图古圣、忠臣、烈士之容,刊题其侧,是辩章郎彭城张僧达、东安蒋少游笔。"
八九	石虎邺城东门石桥柱	卷十三《㶟水》经"㶟水出雁门阴馆县,东北过代郡桑乾县南"注:"其水又经宁先宫东,献文帝之为太上皇所居故宫矣,宫之东次下有两石柱,是石虎邺城东门石桥柱也,按柱勒赵建武中造,以其石作工妙,徙之于此,余为尚书祠郎,与宜都王穆罴,同拜北郊,亲所经见,柱侧悉镂云矩,上作蟠螭,甚有形势,信为工巧。"
九〇	子丹碑	续上注:"去子丹碑则远矣。"按据此文,郦氏仅以子丹碑与石虎邺城东门石桥柱作比,并未记子丹碑。按台北中华书局影印《杨熊合撰水经注疏》卷十三《㶟水注》于此句下云:"守敬按:郦书不载子丹碑所在,《书钞》二百二引《述征记》云,曹真祠堂在北邙山,刊石既精,书亦甚工。"

编号	名称	备考
九一	诸嶽庙碑	卷十三《灢水》经"灢水又出雁门阴馆县,东北过代郡桑乾县南"注:"水左有大道坛庙,始光二年,少室道士寇谦之所议建也。兼诸嶽庙碑,亦多所署立。"
九二	祇洹碑	卷十三《灢水》经"灢水出雁门阴馆县,东北过代郡桑县南"注:"东郭外,太和中阉人宕昌公钳耳庆时,立祇洹舍于东皋,椽瓦梁栋,台壁棂陛,尊容圣像,及床坐轩帐,悉青石也,图制可观,所恨惟列壁合石,疏而不密,庭中有祇洹碑,碑题大篆,非佳耳。"
九三	慕容儁铜马像铭赞	卷十三《灢水》经"过广阳蓟县北"注:"(广阳)城有万载光明殿,东掖门下,旧慕容儁立铜马像处,昔慕容儁有骏马,赭者有奇相,逸力至儁,光寿元年,齿四十九矣,而骏逸不亏,儁奇之,比鲍氏骢,命铸铜以图其像,亲为铭谱,镌颂其旁,像成而马死矣。"
九四	魏征北将军建成乡景侯刘靖碑	卷十三《灢水》经"过广阳苏县北"注:"(广阳)大城东门内,道左有魏征北将军建成乡景侯刘靖碑。晋司隶校尉王密表勋功加于民,宜在祀典,以元康四年九月二十日,刊石建碑,扬于后叶矣。"按刘靖事迹见卷十四《鲍丘水注》所载《车箱渠刘靖碑》。
九五	车箱渠刘靖碑	卷十四《鲍丘水》经"又南过潞县西"注:"鲍丘水入潞,通得潞河之称矣。高梁水注之,水首受灢水于戾陵堰,水北有梁山,山有燕王旦之陵,故以戾陵名堰。水自堰枝分,东迳梁山南,又东北迳刘靖碑北。其词云:'魏使持节都督河北道诸军事征北将军建城都侯沛国刘靖,字文恭。登梁山以观源流,相灢水以度形势,嘉武安之通渠,羡秦民之殷富,乃使帐下丁鸿,督军士千人,以嘉平二年,立遏于水,导高梁河,造戾陵遏,开车箱渠。其遏表云:高梁河水者,出自并州潞河之别源也。长岸峻固,直截中流,积石笼以为主遏,高一丈,东西长三十丈,南北广七十余步,依北岸立水门,门广四丈,立水十丈,山水暴发,则乘遏东下,平流守常,则自门北入,灌田岁二千顷。凡所封地百余万亩,至景元三年辛酉,诏书以民食转广,陆废不赡,遣谒者樊晨更制水门,限田千顷,刻地四千三百一十六顷,出给郡县,改定田五千九百三十顷,水流乘车箱渠,自蓟西北迳昌平东,尽渔阳潞县,凡所润含,四、五百里,所灌田万有余顷。高下孔齐,原隰底平,疏之斯溉,决之斯散,导渠口以为涛门,洒滮池以为甘泽,施加于当时,敷被于后世。晋元康四年,君少子骁骑将军平乡侯弘受命,使持节监幽州诸军事,领护乌丸校尉宁朔将军,遏立积三十六载,至五年夏六月,洪水暴出,毁损四分之三,剩北岸七十余丈,上渠车箱,所在漫溢,追惟前立遏之勋,亲临山川,指授规略,命司马关内侯逄恽,内外将士二千人,起长岸,立石渠,脩主遏,治水门,门广四丈,立水五尺,兴复载利,通塞之宜,准遵旧制,凡用功四万有余焉。诸部王侯,不召而至,缒负而赴者,盖数千人。《诗》载经始勿亟,《易》称民忘其劳,斯之谓乎。于是二府文武之士,感秦国思郑渠之绩,魏人置豹祀之义,乃遏慕仁政,追述成功。元康五年十月十一日,刊石立表,以纪勋烈,并记遏制度,永为后式焉。'事见其碑辞。"

续表

编号	名称	备考
九六	玉田碑	卷十四《鲍丘水》经"又南王雍奴县北,屈东入于海"注:"(无终)山有阳翁伯玉田,在县西北,有阳公坛社,即阳公之故居也。《搜神记》曰:雍伯,洛阳人,至性笃孝,父母终殁,葬之于无终山,山高八十里,而上无水,雍伯置饮焉,有人就饮,与石一斗,令种之,玉生其田。北平徐氏有女,雍伯求之,要以白璧一双,媒者致命,伯至玉田,求得五双,徐氏妻之,遂即家焉。《阳氏谱叙》言:翁伯是周景王之孙,食采阳樊,春秋之末,爱宅无终,因阳樊而易氏焉。爱人博施,天祚玉田。其碑文云:居于县北六十里翁同之山,后潞徙于西山之下,阳公又迁居焉,而受玉田之赐,情不好宝,玉田自去,今犹谓之为玉田阳。干宝曰:于种石处,四角作大石柱,各一丈,中央一顷之地,名曰玉田,至今相传云。玉田之揭,起于是矣。而今不知所在,同于《谱叙》自去文矣。"
九七	卢龙塞道刻石	卷十四《濡水》经"濡水从塞外来,东南过辽西令支县北"注:"濡水又东南迳卢龙塞,塞道自无终县东出,渡濡水,向林兰陉东至清陉。卢龙之险,峻坂萦折,故有九绅之名矣。燕景昭元玺二年,遣将军步浑治卢龙塞道,焚山刊石,令通方轨,刻石岭上,以记事功,其铭尚存。"
九八	汉武帝勒石	卷十四《濡水》经"又东南过海阳县西,南入于海"注:"濡水又东南至絫县碣石山。文颖曰:碣石在辽西絫县,王莽之选武也。絫县并属临渝,王莽更临渝为冯德。《地理志》曰:大碣石山在右北平骊成县西南,王莽改曰揭石也,汉武帝亦尝登之以望巨海,而勒其石于此。"
九九	三王陵碑	卷十五《洛水》经"又东北出散关南"注:"(洛水)又东北三王陵东北出。三王,或言周景王、悼王、定王也。……今陵东有石碑,录赧王以上世王名号,考之碑记,周墓明矣。"
一〇〇	司空密陵元侯郑袤庙碑	卷十五《洛水》经:"又东过偃师县南"注:"休水西转北屈,迳其城西,水之西南,有司空密陵元侯郑袤庙碑,文缺,不可复识。"
一〇一	晋城门校尉昌原恭侯郑仲林碑	续上注:"又有晋城门校尉昌原恭侯郑仲林碑,泰始六年立。"
一〇二	九山庙碑	卷十五《洛水》经"又东过偃师县南"注,"(白桐涧水)北流,迳九山东,九山溪水入焉。水出百称山东谷,其山孤峰秀出,嶕峣分立。仲长统曰:昔密有卜成者,身游九山之上,放心不拘之境,谓是山也。山际有九山庙,庙前有碑云:'九显灵府君者,太华之元子阳九,列名号曰九山府君也,南据嵩岳,北带洛澨,晋元康二年九月,太岁在戌,帝遣殿中中郎将关内侯樊广,缑氏令王与,主簿傅演,奉诏宣命,兴立庙殿焉。'"
一〇三	百虫将军显灵碑	续上注:"又有百虫将军显灵碑,碑云:'将军姓伊氏,讳益,字隤敳,帝高阳之第二子伯益者也。晋元康五年七月七日,顺人吴义等建立庙堂,永平元年二月二十日,刻石立颂赞,亦后贤矣。'"

续表

编号	名称	备考
一〇四	潘岳父潘茈墓碑	卷十五《洛水》经"又东过偃师县南"注："（罗水）又西北迳潘岳父子墓，前有碑。岳父茈，琅邪太守，碑石破落，文字缺败。"
一〇五	潘岳墓碑	续上注："岳碑题云：'给事黄门侍郎君之碑，'碑云：'君遇孙秀之难，阖门受祸，故门生感覆醢以增恸，乃树碑以记事。'太常潘尼之辞也。"
一〇六	晋使持节征南将军宗均碑	卷十五《伊水》经："又东北过新城县南"注："马桥长水出新城西山，东迳晋使持节征南将军宗均碑南，均字文平，县人也，其碑太始三年十二月立。"
一〇七	大石岭碑	卷十五《伊水》经"又东北过新城县南"注："其水又西南迳大石岭南，《开山图》所谓大石山也。山下有大石岭碑，河南隐士通明，以汉灵帝中平六年八月戊辰于堂立碑，文字浅鄙，殆不可寻。"
一〇八	伊阙左壁石铭	卷十五《伊水》经"又东过伊阙中"注："伊水又北入伊阙，昔大禹疏以通水。两山相对，望之若阙，伊水历其间北流，故谓之伊阙矣。……东岩西岭，并镌石开轩，高甍架峰，西侧灵岩下，泉流东注，入于伊水。傅毅《反都赋》曰：因龙门以畅化，开伊阙以达聪也。阙左壁有石铭云：'黄初四年六月二十四辛巳，大出水，举高四丈五尺，齐此已下。'盖记水之涨减也。"
一〇九	伊阙右壁石铭	续上注："右壁又有石铭云：'元康五年，河南府君循大禹之轨，部督邮辛曜新，县令王琨，部监作掾董猗、李褒，斩岸开石，平通伊阙。'石文尚存也。"
一一〇	裴氏墓碑	卷十五《瀍水》经"瀍水出河南穀城县北山"注："梓泽，地名也，泽北对原阜，即裴氏墓茔所在，碑阙存焉。"
一一一	帛仲理墓碑	卷十五《瀍水》经"东与千金渠合"注："《周书》曰：我卜瀍水西，谓斯水也。东南流，水西有帛仲理墓，墓前有碑，题云：'真人帛君之表。'仲理名护，益州巴郡人，晋永宁二年十一月立。"
一一二	魏将作大匠毌丘兴墓碑一	卷十六《穀水》经"穀水出弘农黾池县南墦塚林穀阳谷"注："穀水又东迳魏将作大匠毌丘兴墓南。二碑存也。俭父也。《管辂别传》曰：辂尝随军西征，过其墓而叹，谓士友曰：玄武藏头，青龙无足，白虎衔尸，朱雀悲哭，四危已备，法应灭族。果如其言。"
一一三	魏将作大匠毌丘兴墓碑二	见上注。按上注云"二碑存也"，又云："俭父也。"但因末录碑文，无法证明二碑之中有涉及毌丘俭者。故二碑均作毌丘兴墓碑收录。
一一四	千金堨石人腹上刻勒	卷十六《穀水》经"又东过河南县北，东南入于洛"注："河南县城东十里有千金堨，《洛阳记》曰：千金堰旧堰穀水，魏时更修此堰，谓之千金堨，积石为堨，开沟渠五所，谓之五龙渠，渠上立堨，堨之东首立一石人，石人腹上刻勒云：'太和五年二月八日庚戌，造筑此堨，更开沟渠，此水衡渠上，其水助其坚也，必经年历世，是故部立石人以记之云尔。'盖魏明帝修王张故绩也。堨是都水使者陈协所造。"

编号	名称	备考
一一五	千金堨石人东胁下刻勒	续上注:"《语林》曰:陈协数进阮步兵酒,后文王欲修九龙堰,阮举协,文王用之。掘地得古承水晋铜龙六枚,堰遂成。水历竭东注,谓之千金渠。逮于晋世,大水暴注,沟渎泄坏,又广功焉。石人东胁下文云:'太始七年六月二十三日,大水进瀑,出常流三丈,荡坏二堨,五龙泄水南注泻下,加岁久漱齧,每涝即坏,历载消弃大功,今故无令堨,更于西开泄,名曰代龙渠,地形正平,诚得为泄至理,千金石与水势激增,无缘当坏,由其卑下,水得跄上漱齧故也。今增高千金于旧一丈四尺,五龙自然必历世无患。若五龙岁久复坏,可转于西更开二堨二渠,合用二十三万五千六百九十八功,以其年十月二十三日起作,功重人少,到八年四月二十日毕。'代龙渠即九龙渠也。后张方入洛,破千金堨,永嘉初,汝阳太守李矩,汝南太守袁孚修之,以利漕运,公私赖之。"
一一六	千金堨石西胁下刻勒	续上注:"水积年(按此处《注释本》云:一清按,此处有脱文),渠堨颓毁,石砌殆尽,遗基见存,朝廷太和中修复故堨。按千金堨石人西胁下文云:'若沟渠久疏深,引水者当于河南城北石碛西,更开渠北出,使首狐丘故沟东下。因故易就碛坚,便时事业已讫,然后见之,加边方多事,人力苦少,又渠堨新成,未患于水,是以不敢预修通之。若于后当复兴功者,宜就西碛。故安之于石,以遗后贤矣。'石碛沦败。故迹可凭。准之于文。"
一一七	皋门桥颓文	续上注:"北引渠,东合旧渎,旧渎又东,晋惠帝造石梁于水上,按桥西门之南颓文称:晋元康二年十一月二十日,改治石巷水门,除竖枋。更为函枋。立作覆枋。屋前后辟级作石障。使南北入岸。筑治漱处,破石以为杀矣,即三年三月十五日毕讫,并纪列门广长深浅于左右巷,东西长七尺,南北龙尾长十二丈,巷渎口高三丈,谓之皋门桥"。
一一八	洛中故碑	卷十六《穀水》经"又东过河南县北,东南入于洛"注:"其水东注天渊池,池中有魏文帝九华台,殿基悉是洛中故碑累之,今造钓台于其上。"按注,洛中故碑被移作九华台基石,至于碑石数量及碑碣名称,均不得而知。后代毁伤前代文物,所由来久矣。
一一九	茅茨碑	卷十六《穀水》经"又东过河南县北,东南入于洛"注:"其水东注天渊池……池南直魏文帝茅茨堂,前有茅茨碑,是黄初中所立也。"
一二〇	建春门石桥铭	卷十六《穀水》经"又东过河南县北,东南入于洛"注"穀水东屈南,迳建春门石桥下……桥首建两石柱,桥之右柱铭云:'阳嘉四年乙酉壬申,诏书以城下漕渠,东通河济,南引江淮,方贡委输,所由而至,使中谒者魏郡清渊马宪监作石梁柱,敦敕工匠,尽要妙之巧,攒立重石,累高周距,桥工路博,流通万里云云。河南尹邳崇隗,丞渤海重合双福,水曹掾中牟任防,史王荫,史赵兴,将作吏睢阳申翔,道桥掾成皋卑国,洛阳令江双,丞平阳降监掾王腾之,主石作右北平山仲,三月起作,八月毕成,其水依柱。"
一二一	望先寺碑	卷十六《穀水》经"又东过河南县北,东南入于洛"注:"其水北乘高渠,枝分上下,历故石桥东入城,迳望先寺,中有碑,碑侧法子丹碑,作龙矩势,于今作则佳,方古犹劣。"按子丹碑见本录八八。

续表

编号	名称	备考
一二二	五经石碑	卷十六《穀水》经"又东过河南县北,东南入于洛"注:"东汉灵帝光和六年,刻石镂碑,载《五经》,立于太学讲堂前,悉在东侧。"按赵明诚《金石录》卷一《目录一》第一百三十七著录《汉石经遗字上》,汉史云熹平年立。又第一百三十八著录《汉石经遗字中》,第一百三十九著录《汉石经遗字下》。又卷十六《跋尾》六《汉石经遗字》云:"右汉石经遗字者,藏洛阳及长安人家,盖灵帝熹平四年所立,其字,则蔡邕小字八分书也。其后屡经迁徙,故散落不存。今所有者才数千字,皆土壤埋没之余,摩灭而仅存者尔。按《后汉书·儒林传》叙云为古文、篆、隶三体者,非也。盖邕所书乃八分。而三体石经乃魏时所建也。又按《灵帝纪》言,诏诸儒正《五经》文字,刻石立于太门外,《蔡邕传》乃云求正定《六经》文字,既已不同,而章怀太子注引《洛阳记》所载,有《尚书》、《周易》、《公羊传》、《论语》、《礼记》,今余所藏遗字有《尚书》、《公羊传》、《论语》,又有《诗》、《仪礼》,然则当时所立,又不止《六经》矣。《洛阳记》又云:《礼记碑》上有谏议大夫马日碑,议郎蔡邕等名,今《论语》、《公羊》后,亦有堂豀典、马日碑等姓名尚在,据《邕传》称邕以经籍去圣久远,文字多谬,俗儒穿凿,疑误后学,乃奏求正定,自书于碑,于是后儒晚学咸取正焉。正石本既已摩灭,且岁久能写,日就讹舛,以世所传《经书》本校,此遗字其不同者已数百言,又篇第亦时有小异,使完本具存,则其异同可胜数邪,然则岂不可惜也哉。而后世学者,于去古数千百岁之后,尽绌前世诸儒之论,欲以己之私意悉通其说,难矣。余既录为三卷,又取其文字不同者,具列于卷末云。"
一二三	蔡邕六经碑	续上注:"蔡邕以熹平四年,与王官中郎将堂豀典,光禄大夫杨赐,谏议大夫马日碑、议郎张驯、韩说,太史令单飏等,奏求正定《六经》文字,灵帝许之。邕乃自书丹于碑,使工镌刻,立于太学门外。于是后儒晚学,咸取正焉。及碑始立,其观视及笔写者,车乘日千余辆,填塞街陌矣。今碑上悉铭刻蔡邕等名。"按《蔡邕六经石碑》,事详赵明诚《金石录》卷十六《跋尾》六《汉石经遗字》,参见本录一二一《五经石碑》。
一二四	魏古、篆、隶三字石经	续上注:"魏正始中,又立古、篆、隶三字石经。古文出于黄帝之世,仓颉本鸟迹为字,取其孳乳相生,故文字有六义焉。自秦用篆书,焚烧先典,古文绝矣。鲁恭王得孔子宅书,不知有古文,谓之科斗书,盖因科斗之名,遂效其形耳。大篆出于周宣之时,史籀创著。平王东迁,文字乖错。秦之李斯及胡母敬,又改籀书,谓之小篆。故有大篆小篆焉。然许氏《字说》,专释于篆而不本古文,言古隶之书,起于秦代,而篆字文繁,无会剧务。故用隶人之省,谓之隶书。或云即程邈于云阳增损者。是言隶省,篆捷也。孙畅之尝见青州刺史傅弘仁说,临淄人发古冢得桐棺,前和外隐为隶字,言齐太公六世孙胡公之棺也。惟三字是古,余同今书。证知隶自出古,非始于秦。"按《魏古、篆、隶三字石经》,参见本录一二一《五经石碑》。

续表

编号	名称	备考
一二五	邯郸淳石经	续上注："魏初传古文,出《邯郸淳石经》。古文转失,淳法樹之于堂西,石长八尺,广四尺,列石于讲堂西。"按《邯郸淳石经》据《水经注疏》云:"守敬按:本卫恒四体书势文。邯郸淳,《魏志》附《王粲传》书此碑者。《魏书江式传》直云:邯郸淳书。《晋书卫恒传》则以为转失淳法。胡身之《通鉴注》言魏碑以正始年中立。《后汉书》言元嘉元年度尚命邯郸淳作《曹娥碑》时,淳已弱冠,自元嘉至正始九十余年,决非淳书,然究未得实指书人姓名。余谓《卫恒传》魏初传古文者,出于邯郸淳,祖敬侯写淳尚书,后以示淳,而淳不别。至正始中立《三字石经》,转失淳法,以因科斗之后,遂效其形。是明明谓卫敬侯初学古文于邯郸淳,及书《石经》,乃转失淳法,怪其不遵师法也。此《石经》即卫敬侯书无疑。不然《石经》失淳法,与敬侯何涉,而载之于《恒传》耶? 此亦从未经人道破者。"
一二六	魏明帝典论六碑	续上注："魏明帝又刊《典论六碑》,附于其次。"
一二七	太学赞碑	续上注："陆机言:太学赞别一碑,在讲堂西。"
一二八	石龟碑	续上注："下列《石龟碑》,载蔡邕、韩说、堂谿典等名。"
一二九	太学弟子赞碑	续上注："《太学弟子赞》复一碑,在外门中。今二碑并无石经。"
一三〇	修太学碑	续上注："东有一碑,是汉顺帝阳嘉元年立。碑文云:建武二十七年造太学,年积毁坏,永建元年九月,诏书修太学,刻石记年,用作工徒十一万二千人,阳嘉元年八月作毕。"
一三一	修太学碑南	续上注："碑南面刻颂,表里镂字犹存不破。"
一三二	晋辟雝行礼碑	续上注："《汉石经》此,有《晋辟雝行礼碑》,是太始二年立,其碑中折。"
一三三	李尤鸿池陂铭	续上注："縠水又东注鸿池陂……故李尤《鸿池陂铭》曰,鸿泽之陂,圣王所规,开源东注,出自城池也。"参见卷一《河水》《盟津铭》。
一三四	郦食其庙北石人胸前铭	续上注："阳渠水又东流迳广野君郦食其庙南,庙在北山上。成公绥所谓偃师西山也。山上旧基尚存,庙宇东向,门有两石人对倚,北石人胸前铭云:'门亭长。'石人西有二石阙,虽经颓毁,犹高丈余。"
一三五	郦食其庙碑	续上注："阙西即庙故基也,基前有碑,文字剥缺,不可复识,子安仰澄芬于万古,赞清徽于庙像,文字厥集矣。"
一三六	汉邠州刺史赵融碑	卷十七《渭水》经"又东过陈仓县"注:"汧水东南历慈山东南,迳郁夷县平阳故城甫……城北有汉邠州刺史赵融碑,灵帝建安元年立。"
一三七	太公碑	卷十九《渭水》经"又东,丰水从南来注之"注:"渭水又迳太公庙北,庙前有太公碑,文字襁缺,今无可寻。"

续表

编号	名称	备考
一三八	魏雍州刺史郭淮碑	卷十九《渭水》经"又东过长安县北"注："此渎东北流,迳魏雍州刺史郭淮碑南。"
一三九	两石人刻石	卷十九《渭水》经"又东过长安县北"注："又东南合一水,迳两石人北,秦始皇造桥,铁镦重不胜,故刻石作力士孟贲等像以祭之,镦乃可移动也。"
一四〇	汉京北尹司马文预碑	卷十九《渭水》经"又东过长安县北"注："故渠北有楼,竖汉京北尹司马文预碑。"
一四一	夏侯婴冢石椁铭	卷十九《渭水》经"又东过长安县北"注："故渠东北迳汉太尉夏侯婴冢西,葬日,枢马悲鸣,轻车罔进,下得石椁,铭云:'于嗟滕公居此室。'故遂葬也。冢在城东八里,饮马桥南四里,故时人谓之马冢。"
一四二	安定梁严冢碑碣	卷十九《渭水》经"又东过霸陵县北,霸水从县西北流注之"注："其渎上成沜水于陈仓东,东迳郿及武功槐里县北,渠左有安定梁严冢,碑碣尚存。"
一四三	平阿侯王谭墓碑	卷十九《渭水》经"又东过霸陵县北,霸水从县西北流注之"注："渭水又迳平阿侯王谭墓北,冢次有碑。"
一四四	五部神庙碑	卷十九《渭水》经"又东过郑县北"注："渭水又东迳郑县故城北……城南山北有五部神庙,东南向华岳庙,前有碑,后汉光和四年,郑县令河东裴毕字君先立。"按赵明诚《金石录》卷一《目录一》第一百六十四著录《汉殽阮君神祠碑》,光和四年六月立,即是此碑。卷十七《跋尾》七云:"右汉殽阮君神祠碑,欧阳公《集古录》云殽阮君祠今谓之五部神庙。其像有石隁西戎树谷、五楼先生、东台御史王剪将军,莫晓其义。今此碑有云:石隁树谷,南通高雒。又云:前世通利,吏民兴贵,有御史大夫将军牧伯,故为之立祠以报其功。乃知石隁树谷御史之号,自汉以来有之。流俗相传其所从来远矣。而《水经》:郑县城南山北有五部神庙,庙前有碑,光和四年,郑县令河东裴毕字君先立。又知五部神自齐魏间已有此号矣。裴君《水经》以为名毕,而《集古录》云名异。今详其点画,颇近毕字,疑《集古录》误。"
一四五	张昶华嶽碑	卷十九《渭水》经"又东过郑县北"注："敷水又北迳集灵宫西,《地理志》曰:华阴县有集灵宫,武帝起,故张昶华岳碑称,汉武慕其灵,领宫在其后。"按此碑不记年月,而张昶是后汉建安时人,曾官给事黄门侍郎。同卷经"又东过华阴县北"注云:"汉文帝庙有石阙数碑,一碑是建安中立,汉镇远将军段煨更修祠堂碑文,黄门侍郎张昶造,昶自书之。"不知是否即是此碑,存疑。
一四六	汉文帝庙碑一	卷十九《渭水》经"又东过华阴县北"注："华阴县有华山。有汉文帝庙,庙有石阙数碑,一碑是建安中立,汉镇远将军段煨更修祠堂碑文,汉给事中黄门侍郎张昶造,昶自书之。"此碑是否即本条一四三《张昶华岳碑》,存疑。
一四七	汉文帝庙碑二	续上注:"文帝又刊其二十余字,二书存,垂名海内。"
一四八	汉文帝庙	续上注:"又刊侍中司隶校尉钟繇,弘农太守丗丘俭姓名,广六行,鬱然脩平。"按此碑与本录一四五《汉又帝庙碑二》是否即是一碑,因注文含糊,无法确定,姑分两碑著录。

续表

编号	名称	备考
一四九	汉文帝庙碑四	续上注:"是太康八年,弘农太守河东卫叔始为华阴令,河东裴仲恂役其逸力,修立坛庙,夹道树柏,迄于山阴,事见永兴元年华百石所造碑。"
一五〇	华岳铭	续上注:"《华岳铭》曰:秦晋争其祠,立成建其左者也。"
一五一	张载铭	卷二十《漾水》经"又东南至广魏白水县西,又东南至葭萌县东北,与羌水合"注:"又东南迳小剑戍北,西去大剑三十里,连山绝险,飞阁通衢,故谓之剑阁也。《张载铭》曰一人守险,万夫趑趄。"
一五二	晋顺阳太守丁穆碑	卷二十《丹水》经"又东南过商县南,又东南至于丹水县,入于均"注:"(南乡)城前有晋顺阳太守丁穆碑,郡民范宁立之。"
一五三	汝水石碣	卷二十一《汝水》经"又东南过其县北"注:"汝水又东与三屯谷水合,水出南山,北流迳石碣东,柱侧刊云:河南界。"
一五四	汝水石碣	续上注:"又有一碣,题言:'洛阳南界'。碑柱相对,既无年月,竟不知何代所表也。"
一五五	沈子高诸梁碑	卷二十一《汝水》经"又东南过郾县北"注,"醴水又东叶公庙北,庙前有沈子高诸梁碑,旧秦汉之世,店有双阙几筵,黄巾之乱,残毁穨阙,魏太和、景初中,令长修饰旧宇,后长汝南陈晞,以正始元年立碑,碑字破落,遗文殆存,事见其碑。"
一五六	张明府祠圭碑	卷二十一《汝水》经"又东南过平舆县南"注:"(平舆)县故城南里余有神庙,世谓之张明府祠,水旱之不节,则祷之。庙前有圭碑。文字紊碎,不可复寻,碑侧有小石函。按《桂阳先贤画赞》,临武张熹,字季智,为平舆令,时天大旱,熹躬祷云,未获嘉应,乃积薪自焚。主簿侯崇,小吏张化,从熹焚焉。火既燎,天灵感应,即澍雨,此熹自焚处也。"
一五七	青陂碑	卷二十一《汝水》经"又东南过平舆县南"注:"汝水又东南与青陂合。……侧陂南有青陂庙,庙前有陂,汉灵帝建宁三年,新蔡长河南缑氏李,言上请修复青陂,司徒臣训,尚书臣袭,奏可洛阳宫,于青陂东塘南树碑,碑称:'青陂在县陂坤地,源起桐柏淮川别流,入于潺湲,迳新息墙陂,衍入褒信界,灌溉五百余顷。'"
一五八	许由庙碑	卷二十二《颍水》经"东南过其县南"注:"阳城县南对箕山,山上有许由冢……又有许由庙,碑阙尚存,是颍川太守朱宠所立。"
一五九	郭奉孝碑	卷二十二《颍水》经"又东南过阳翟县北"注:"(阳翟)城西有郭奉孝碑。"
一六〇	九山祠碑	续上注:"侧水有九山祠碑,丛柏犹茂,北枕川流也。"
一六一	繁昌台碑一	卷二十二《颍水》经"又东南过颍阳县西,又东南过颍阴县西南"注:"《魏书国志》曰:文帝以汉献帝延康元年,行至曲蠡,登坛受禅于是地。改元黄初,其年以颍阴之繁阳亭为繁昌县。城内有三台,时人谓之繁昌台,坛前有二碑,昔魏文帝受禅于此。自坛而降曰:舜禹之事,吾知之矣。"按《寰宇访碑录》访碑一著录魏《受禅碑》,八分书,黄初元年十月立,河南临颍。又《受禅碑阴》,八分书,河南临颍。

续表

编号	名称	备考
一六二	繁昌台碑二	见上注："坛前有二碑"。故作二碑分别著录。
一六三	繁昌台石铭	续上注："故其石铭曰:遂于繁昌筑灵坛也。于后其碑六字生金,论者以为司马金行,故曹氏六州,迁魏而事晋也。"
一六四	王凌碑	卷二十二《颍水》经"又东南至新阳县北,滍葴渠水从西北来注之"注:"颍水又东迳魏豫州刺史贾逵祠北,王隐言城在祠此,非也。庙在小城东,昔王凌为宣王司马懿所执,居庙而叹曰,贾梁道、王凌魏之忠臣,唯汝有灵知之,遂仰鸩而死。庙前有碑,碑石金生。干宝曰:黄金可采,为晋中兴之瑞。"
一六五	孙叔敖碑	卷二十二《颍水》经"又东南至新阳县北,滍葴渠水从西北来注之"注:"汝水别沟又东迳固始县故城北……孙叔敖以土浸薄,取而为封,故能绵嗣,城北犹有叔敖碑。"按赵明诚《金石录》卷一《目录一》第八十三著录《汉孙叔敖碑》,延熹三年五月立。又第八十四著录《汉姚叔敖碑阴》,并于跋尾述之甚详。但以《水经注》著录此碑不记年月碑文,无可核对。
一六六	平阳侯相蔡昭冢碑	卷二十二《颍水》经"又东南至新阳县北,滍葴渠水从西北来注之"注:"别汝又东迳蔡冈北,冈上有平阳侯相蔡昭冢,昭字叔明,周后稷之胄。冢有石阙,阙前有二碑,碑字沦碎,不可复识,羊虎倾低,殆存而已。"
一六七	平阳侯相蔡昭冢碑	见上注："阙前有二碑",故作二碑著录。
一六八	张伯雅墓碑一	卷二十二《洧水》经"洧水出河南密县西南马领山"注:"(洧水)东南流,迳汉弘农太守张伯雅墓,茔域四周,垒石为垣,隅阿相降,列于绥水之阴。庚门表二石阙,夹对石兽于阙下,冢前有石庙,列植三碑,碑云:'德字伯雅,河南密人也。'碑侧树两石人,有数石柱及诸石兽矣。旧引绥水南入茔域而为池沼,沼在丑地,皆蟾蜍吐水,石隍承溜池之南,又建石楼。石庙前,又翼列诸兽。但物谢时沦,凋毁殆尽,夫富易非义,比之浮云,况复此乎? 王孙士安,斯为达矣。"
一六九	张伯雅墓碑二	见上注："列植三碑",故作三碑著录。
一七〇	张伯雅墓碑三	见上注。
一七一	潘岳都乡碑。	卷二十二《渠》经"渠出荥阳北河,东南过中牟县之北"注:"屈而南流,东注于清水,即潘岳《都乡碑》所谓自中牟故县以西,西至于清沟,指是水也。"
一七二	袁良碑	卷二十二《渠》经"又屈南县至扶沟县北"注:"扶乐故城北二里,有袁良碑,云:良,陈国扶乐人。"按赵明诚《金石录》卷一《目录一》第五十一著录《汉国三老袁君碑》,永建六年三月立,卷十四《跋尾》四云"又郦道元《水经注》:扶沟城北有袁梁碑,云梁陈国扶乐人,事与碑合,唯《水经》误良以为梁尔。"按《水经注》旧本作袁梁,今殿本、注释本、注疏本等均作袁良。

续表

编号	名称	备考
一七三	汉相王君造四县邸碑	卷二十二《渠》经"其一者,东南过陈县北"注:"(陈)城内有汉相王君造四县邸碑,文字剥缺,不可悉识,其略曰:惟兹陈国,故曰淮阳郡云云。清惠著闻,为百姓畏爱,求贤养士,千有余人,赐与田宅吏舍,自损俸钱助之,成邸王官掾西华陈骐等二百五人,以延熹二年云云。故其颂曰:修德立功,四县回附,今碑之左右,遗墉尚存,基础犹在,时人不复寻其碑证,云孔子庙学,非也。"
一七四	诸袁旧墓碑	卷二十三《阴沟水》经"东南至沛,为涡水"注:"涡水迳大扶城西城之东北,悉诸袁旧墓,碑宇倾低,羊虎碎折。"
一七五	司徒袁滂墓碑	续上注:"惟司徒滂,蜀郡太守腾,博平令光,碑字所存惟此,自余殆不可寻。"
一七六	蜀郡太守袁腾墓碑	见上注。
一七七	博平令袁光墓碑	见上注。
一七八	晋中散大夫胡均碑	卷二十三《阴沟水》经"东南至沛,为涡水"注:"涡水又东迳鹿邑城北……城南十里有晋中散大夫胡均碑,元康八年立。"
一七九	汉温令许续碑	续上注:"涡水之北,有汉温令许续碑,续字嗣公,陈国人也,举贤良,拜议郎,迁温令,延熹中立。"
一八〇	汉尚书令虞诩碑	续上注:"涡水又东迳武平县故城北,城之西南七里许,有汉尚书令虞诩碑,碑题云:'虞君之碑'。虞诩,字安定,虞仲之后,为朝歌令、武都太守。文字多缺,不复可寻。"
一八一	柘令许君清德颂	卷二十三《阴沟水》经"东南至沛,为涡水"注:"谷水又东迳柘县故城东,《地理志》,淮阳之属县也。城内有柘令许君清德颂,石碎字紊,惟此文见碑。"
一八二	汉阳台令许叔种碑	续上注:"城西南里许,有汉阳台令许叔种碑,光和中立。"
一八三	汉故乐城陵令太尉掾许婴碑	续上注:"又有汉故乐成陵令太尉掾许婴碑,婴字虞卿,司隶校尉之子,建宁元年立。"
一八四	柘县故城内余碑	续上注:"余碑文字碎灭,不复可观,当似司隶诸碑也。"
一八五	司隶诸碑	见上注。
一八六	老子庙碑一	卷二十三《阴沟水》经"东南至沛,为涡水"注:"涡水又北迳老子庙东,庙前有二碑,在南门外,汉桓帝遣中官管霸祠老子,命陈相边韶撰文。"
一八七	老子庙碑二	见上注:"庙前有二碑",故作二碑著录。

编号	名称	备考
一八八	孔子庙碑	卷二十三《阴沟水》经"东南至沛,为涡水"注:"老子庙碑北有双石阙,其整顿,石阙南侧,魏文帝黄初三年,经谯所勒,阙北东侧有孔子庙,庙前有一碑,西面是陈相鲁国孔畴建和三年立。"
一八九	李母冢碑	续上注:"北则老君庙,湘东院中有九井焉。又北,涡水之侧,又有李母庙,庙在老子庙北,庙前有李母冢,冢东有碑,是永兴元年谯令长沙王阜所立。碑云:老子生于曲涡间。"
一九〇	边韶老子碑	卷二十三《阴沟水》经"东南至沛,为涡水"注:"涡水又屈东迳相县故城南,其城卑小实中,边韶老子碑文云:老子,楚相县人也。"按本录一八六《老子庙碑》:"汉桓帝遣中官管霸祠老子,命陈相边韶撰文。"该碑在赖乡城,而此碑在相县故城,碑文虽均出自边韶,但非一碑甚明。
一九一	曹嵩冢碑	卷二十三《阴沟水》经"东南至沛,为涡水"注:"沙水自南枝分北,迳谯城西面北注涡,涡水四周城侧,城南有曹嵩冢,冢北有冢,冢北有庙堂,余基尚存,柱础仍在。"
一九二	汉故中常侍长乐太仆特进费亭侯曹君碑	续上注:"庙北有二石阙双峙,高一丈六尺,榱栌及柱,皆雕云矩,上罦罳已碑。"阙北有圭碑,题云:汉故中常侍长乐太仆特进费亭君之碑。延熹三年立。"
一九三	汉故中常侍长乐太仆特进费亭侯曹君碑阴	续上注:"碑阴又刊诏策,二碑文同,夹碑东西列对。两石马高八尺五寸,石作麤拙不匹,光武隧道所表象马也。"
一九四	汉故颍川太守曹君墓碑	续上注:"有腾兄冢,冢东有碑,题云:汉故颍川太守曹君墓。延熹九年卒,而不刊树碑岁月。"
一九五	汉故长水校尉曹君碑	续上注:"坟北有其元子炽冢,冢东有碑,题云:汉故长水校尉曹君之碑。历大中大夫司马、长史侍中,迁长水,年三十九卒,熹平六年造。"
一九六	汉谒者曹君之碑	续上注。"炽弟胤冢,冢东有碑,题云:汉谒者曹君之碑。熹平六年立。"

续表

编号	名称	备考
一九七	大飨之碑	卷二十三《阴沟水》经"东南至沛,为浍水"注:"后帝以延康元年幸谯,大飨父老,立坛于故宅,坛前树碑,碑题云:大飨之碑。"按赵明诚《金石录》卷二《目录二》第二百六十著录《魏大飨碑》,延康元年立。又卷二十《跋尾》十云:"右魏大飨碑,按《魏志》,文帝以建安二十五年嗣丞相,魏王改元延康,夏六月南征,秋七月甲午军次于谯,大飨六军及谯父老。今以碑考之,乃八月辛未,盖《魏志》误也。是时丕为丞相,汉献帝犹在位,虽政去王室已久,然操之死才数月耳。丕军次旧里,初无念亲之心,乃与群臣百姓置酒高会,大设伎乐,而臣下又相继伐石勒词,夸耀功德,更以夏启、周成、汉高祖、光武为比,岂不可笑也哉。"
一九八	谯定王司马士会冢	续上注:"碑之东北,浍水南,有谯定王司马士会冢,冢前有碑,晋永嘉三年立。"
一九九	谯定王司马士会冢石榜	续上注:"碑南二百许步,有两石柱,高丈余,半下为束竹交文。作制极工,石榜云:'晋故使持节散骑常侍都督扬州江州诸军事安东大将军谯定王河内温司马公墓之神道。'"
二〇〇	汉故幽州刺史朱君之碑	续上注:"浍水又东迳朱龟墓北,东南流,冢南枕道有碑,题云:'汉故幽州刺史朱君之碑。'龟字伯灵,光和六年卒官,故吏别驾从事史右北平无终年化,中平二年造。"按赵明诚《金石录》卷一《目录一》第一百七十七著录《汉幽州刺史朱龟碑》即是此碑,又卷十八《跋尾》八云:"右《汉幽州刺史朱龟碑》,在今亳州。郦道元《注水经》云:涡水东迳朱龟墓北,东南流,冢南枕道有碑,题云:故幽州刺史朱君之碑,龟字伯灵,光和六年卒官。今以碑考之,与道元所载合,欧阳公《集古录》云:龟之事迹,不见史传,独见于此碑尔。"
二〇一	朱龟碑阴	续上注:"碑阴刊故吏姓名,悉蓟、涿及上谷、北平等人。"按赵明诚《金石录》卷一《目录一》第一百七十八著录《朱龟碑阴》,又卷十八《跋尾》八云:"右《汉朱龟碑阴》,文字残缺,初,余读郦道元《水经注》,云朱龟碑阴故吏名姓多上谷代郡人。知此碑有阴,因托人就亳社模得之,附于碑后。"
二〇二	北平城碑	卷二十三《阴沟水》经"又东南至下邳淮陵县,入于淮"注:"(浍水)东南流迳山桑邑南,俗谓之北平城……城东有一碑,碑文表破无验,唯碑背故吏姓名尚存,熹平元年义士门生沛国萧刘定兴立。"
二〇三	北平城碑背	见上注。按,碑背即碑阴。
二〇四	文穆冢碑	卷二十三《阴沟水》经"又东南至下邳淮陵县,入于淮"注:"(山桑县)郭城东有文穆冢碑,三世二千石,穆,郡户曹史,征试博士太常丞,以明气候,擢拜侍中右中郎将,迁九江、彭城、陈留三郡,光和中卒,故吏涿郡太守彭城吕虔等立。"

续表

编号	名称	备考
二〇五	襄乡浮图某君碑	卷二十三《汳水》经"出阴沟于浚仪县北"注："汳水又东迳梁国睢阳县故城北,而东历襄乡坞南,《续述征记》曰:西去夏侯坞二十里,东一里,即襄乡浮图也。汳水迳其南,汉熹平中,某君所立,死因葬之,其弟刻石树碑,以旌厥德,隧前有狮子天鹿,累砖作百达柱八所,荒芜颓毁,凋落略尽矣。"
二〇六	汉太傅掾桥载墓碑	卷二十三《汳水》经"又东至梁郡蒙县,为获水"注："汲水自县南出,今无复有水,惟睢阳城南侧有小水南流,入于睢城,南二里有汉太傅桥载墓碑,载字元宾,梁国睢阳人,睢阳公子熹平五年立。"
二〇七	睢城石室	续上注："城东石步,有石室,刻云:汉鸿胪桥仁祠。"
二〇八	仙人王子乔碑	卷二十三《汳水》经"又东至梁郡蒙县、为获水"注："(薄伐)城内有故冢方坟疑即杜元凯之所谓汤冢,而世谓王子乔冢,冢侧有碑,题云:仙人王子乔碑。曰:王子乔者,盖上世之真人,问其仙,不知兴何代也,博问道家,或言颍川,或言产蒙。初建此城,则有斯丘,传先民曰:王氏墓暨于永和之元年冬十二月,当腊之时,夜上有哭声,其言甚哀,附居者王伯怪之,明则祭而察焉,时天鸿雪,下无人径,有大鸟迹在祭祀处,左右咸以为神,其后有人著大冠绛单衣,杖竹立冢前,呼采薪孺子伊永昌曰:我王子乔也,勿得取吾坟上树也,忽然不见。时令泰山万熹,稽故老之言,感精瑞之应,乃造灵庙以休厥神,于是好道之俦自远方集,或絃琴以歌太一,或覃思以历丹丘,知至德之宅兆,实真人之祖先。延熹八年秋八月,皇帝遣使者,奉牺牲,致礼祠,濯之,敬肃如也。国相东莱王璋,字伯仪,以为神圣所兴,必有铭表,乃与长史边乾遂树之玄石,纪颂遗烈,观其碑文,意似非远,既在迳见,不能不书存耳。"
二〇九	汉故绛幕令匡碑	卷二十三《获水》经"获水出汳水于梁郡蒙县北"注："获水自蒙东出,水南有汉故绛幕令匡碑,匡字公辅,鲁府君之少子也。碑字碎落,不可寻识,竟不知所立岁月也。"
二一〇	汉司徒盛允墓碑	卷二十三《获水》经"获水出汳水于梁郡蒙县北"注："获水又东,迳虞县故城北……王莽之陈定亭也。城东有汉司徒盛允墓碑,允字伯世,梁国虞人也,其先爽氏,至汉中叶,避孝元皇帝讳,改姓曰盛,世济其美,以迄于公,察孝廉,除郎,累迁司空、司徒,延熹中立墓,中有石庙,庙宇倾颓,基构可寻。"
二一一	汉司徒袁安碑	卷二十三《获水》经"又东至彭城县北,东入于泗"注："(彭)城内有汉司徒袁安,魏中郎将徐庶等数碑,并列植于街右,咸曾为楚相也。"
二一二	魏中郎将徐庶碑	见上注。
二一三	汉广野君庙碑	卷二十四《睢水》经"睢水出梁郡鄢县"注："(睢水)又东迳高阳故亭北……有汉广野君庙碑,延熹六年十二月,雍丘令董生,仰余徽于千载,遵茂美于绝代,命县人长照为文,用彰不朽之德。其略云:辍洗分餐,咨谋帝猷陈郑有涿鹿之功,海岱无牧野之战,大康华夏,绥静黎物,生民以来,功盛莫崇。今故宇无闻,而单碑介立矣。"

续表

编号	名称	备考
二一四	单父令杨彦碑	卷二十四《睢水》经"睢水出梁郡鄢县"注:"睢水又东迳宁陵县故城南,王莽改曰康善矣。历睢县北,二城南北相去五十里,故经有出鄢之文,城东七里,水次有单父令杨彦,尚书郎杨禅,字文节,兄弟二碑,汉光和中立也。"
二一五	尚书郎杨禅碑	见上注。
二一六	晋梁王妃王氏陵碑	卷二十四《睢水》经"东过睢阳县南"注:"睢水又东迳睢阳县故城南……城内东西道北,有晋梁王妃王氏陵表,并列二碑,碑云:妃讳粲,字文仪,东莱曲城人也,齐北海府君之孙,司空东武景侯之季女,咸熙元年,嫔于司马氏,泰始二年,妃于国,太康五年薨,营陵于新蒙之周五、六百步。"
二一七	晋梁王妃王氏陵碑	见上注:"并列二碑",故作二碑著录
二一八	汉太尉桥玄墓碑一	卷二十四《睢水》经"东过睢阳县南"注:"(睢阳)城北五、六里便得汉太尉桥玄墓。……冢列数碑,一是汉朝群儒英才哲士,感桥氏德行之美,乃共刊石立碑,以示后世。"
二一九	汉太尉桥玄墓碑二	续上注:"一碑是故吏司徒博陵崔列,廷尉河南吴整等,以为至德在己,扬之由人,苟不皦述,夫何考焉。乃共勒嘉石,昭明芳烈。"
二二〇	汉太尉桥玄墓碑三	续上注:"一碑是陇西枹罕北次陌碭守长骘,为左尉汉阳豲道赵冯孝高,以桥公尝牧凉州,感三纲之义,慕将顺之节,以为公之勋美,宜宣旧邦,乃树碑颂,以昭令德。光和七年,主记掾李友,字仲僚作碑文。"
二二一	汉太尉桥玄墓碑阴	续上注:"碑阴有右鼎文,建宁三年拜司空;又有中鼎文,建宁四年拜司徒;又有左鼎文,光和元年拜太尉。鼎铭文曰:故臣门人,相另述公之行咨度体,则文德铭于三鼎,武功勒于征钺。书于碑阴,以昭光懿。又有钺文,称是用镂石假象,作兹征钺军鼓,陈之于东阶,亦以昭公之文武之勋焉。"
二二二	豫州从事皇毓碑	卷二十四《睢水》经"东过睢阳县南"注:"睢水又东过芒县故城南……城西二里,水南有豫州从事皇毓碑,殒身州牧,阴君之罪,时年二十五,临睢长平舆李君,二千石丞纶氏夏文则,高其行而悼其殒,州国咨嗟,旌闾表墓,昭叙令德,式示后人。"
二二三	临睢长左冯翊王君碑	续上注:"城内有临睢长左冯翊王君碑,善有治功,累迁广汉属国都尉,吏民恩德,县人公府掾陈盛孙,郎中儿定兴刘伯鄜等,共立石表政,以刊远绩。"
二二四	沛郡太守郑浑刻石	卷二十四《睢水》经"又东过相县南,屈从城北东流,当萧县南,入于陂"注:"昔郑浑为沛郡太守,于萧、相二县间兴陂堰,民赖其利,刻石颂之,号曰郑陂。"

续表

编号	名称	备考
二二五	尧陵庙碑	卷二十四《瓠子河》经"又东北过廪丘县为濮水"注:"《地理志》曰:成阳有尧冢,灵台,今成阳城西二里有尧陵,陵南一里有尧母庆都陵,于城为为西南,称曰灵台,乡曰崇仁,邑号修义,皆立庙,四周列水,潭而不流,水泽通泉,泉不耗竭,至丰鱼笱,不敢采捕,前并列数碑松柏数株,檀马成林。"按此云"前并列数碑",但不记碑名及年月,无可查考。又按赵明诚《金石录》著录《汉尧庙碑》颇多,计有卷一《目录一》第一百四十一《汉尧庙碑》,熹平四年十二月立;卷一《目录一》第一百一《汉尧庙碑》,永康元年题,延熹十年二月立等,是否与《水经注》著录之"数碑"相合,不得而知。
二二六	成阳令管遵所立碑	卷二十四《瓠子河》经"又东北过廪丘县为濮水"注:"尧陵东城西五十余步中山夫人祠,尧妃也,石壁阶墀仍旧,南西北三面,长栎联荫,扶疏里余,中山夫人祠南,有仲山甫冢,冢西有石庙,羊虎倾低,破碎略尽,于城为西南,在灵台之东北。按郭缘生《述征记》,自汉迄晋,二千石及丞尉多刊石,述叙尧即位至永嘉三年,二千七百二十有一载,记于尧妃祠,见汉建宁五年五月成阳令管遵所立碑文云。"按赵明诚《金石录》卷一《目录一》第一百二七著录《汉城阳灵台碑》,建宁五年五月立。当即此碑无疑。《金石录》卷十六《跋尾》六云:"右《汉成阳灵台碑》,成阳属今雷泽。碑略云:尧母庆都仙殁,盖葬于兹,欲人不知,名曰灵台。欧阳公《集古录》以谓自《史记》、《地志》及《水经》诸书,皆无晓母葬处。"按《瓠子河注》云:"今成阳城西二里有尧陵,陵南一里有尧母庆都陵。于城为西南,称曰灵台。"则郦注记尧母庆都陵为灵台,文字甚明,当是欧阳修之误。
二二七	伍员祠碑	卷二十四《瓠子河》经"又东北过廪丘县为濮水"注:"尧陵北,仲山甫墓南,二冢间有伍员祠,晋大安中立,一碑是永兴中建,今碑祠并无处所。"
二二八	季札儿冢石铭	卷二十四《汶水》经"又西南过奉高县北"注:"(奉高)县北有吴季札墓,在汶水南曲中,季札之聘上国也,丧子于嬴博之间,即此处也,《从征记》曰:嬴县西六十里,有季札儿冢,冢圆,其高可隐也。前有石铭一所,汉末奉高令所立,无所述叙,标志而已。自昔恒益民户洒扫之,今不能,然碑石糜碎,靡有遗矣,惟故趺存焉。"
二二九	东平宪王仓冢碑	卷二十四《汶水》经"又西南过无盐县南,又西南过寿张县北,又西南至安民亭,入于济"注:"(漆沟)水侧有东平宪王仓冢,碑阙存焉,元和二年,章帝书在平,祀以太牢,亲拜祠坐,赐御剑于陵前。"
二三〇	孔子墓茔坐碑一	卷二十五《泗水》经"西南过鲁县北"注:"《史记》、《冢记》、王隐《地道记》,咸言葬孔于城北泗水上,今泗水南有夫子冢。……《孔丛》曰:夫子茔茔方一里。在鲁城北六里泗水上,诸孔氏封五十余所,人各昭穆,不可复识,有碑铭三所,兽碣具存。"
二三一	孔子墓茔碑铭二	见上注:"有碑铭三所。"
二三一	孔子墓茔碑铭三	见上注。按赵明诚《金石录》卷一《目录一》第七十一著录《汉孔君墓碣》,卷十五《跋尾》五云:"右汉孔君碣,在孔子墓林中,其额孔君之墓,文已残缺。"《水经注》著录孔子墓茔各碑,因均不记年月,故此碑是否已在其中,不得而知。

编号	名称	备考
二三三	道儿君碑	卷二十五《泗水》经"西南过鲁县北"注:"沂水北对稷门……杜预曰:本名稷门,僖公更高大之,今犹不与诸门同,改名高门也。其遗基犹在地,八丈余矣。……高门一里余,道西有道儿君碑,是鲁相陈君立。"按"道儿君"殊不可解。注疏本杨守敬按云:"然细审道字,乃涉上而衍,观《隶释》引此作《道宪君碑》,则沿误久矣。《地形志》(按指《魏书·地形志》),鲁县有儿宽碑,即此,而《汉书》宽传不言官鲁,略也。"
二三四	孔子旧庙汉魏碑一	卷二十五《泗水》经"西南过鲁县北"注:"黄初元年,文帝令郡国修起孔子旧庙,置百石吏卒,庙有夫子像,列二弟子执卷立侍,穆穆有询仰之容,汉魏以来,庙列七碑,二碑无字,松柏犹茂。"
二三五	孔子旧庙汉魏碑二	见上注:"庙列七碑,二碑无字。"
二三六	孔子旧庙汉魏碑三	见上注。
二三七	孔子旧庙汉魏碑四	见上注。
二三八	孔子旧庙汉魏碑五	见上注。
二三九	孔子旧庙汉魏碑六	见上注。
二四〇	孔子旧庙汉魏碑七	见上注。按赵明诚《金石录》著录汉魏孔子庙碑甚多,如卷一《目录一》第六十八《汉孔子庙置卒吏碑》,元嘉三年三月乃永兴元年立;第七十七《汉韩明府孔子庙碑》永寿二年九月立;第七十七《汉韩府君孔子庙碑》,永寿三年七月立;又卷二《目录二》第二百六十四《魏孔子庙碑》,黄初元年立。卷三十《跋尾》十云:"右《魏孔子庙碑》,按《魏志》文帝以黄初二年正月下诏,以议郎孔羡为宗圣侯,奉孔子之祀,及令鲁郡修起旧庙。今以碑考之,乃黄初元年,又治语时时小异,亦当以碑为正"按此写本录二二九所述合,当为此碑无疑。
二四一	峄山铭	卷二十五《泗水》经"又西过瑕丘县东,屈从县东南流,漷水从东来注之"注:"漷水又迳鲁国邹山东南而西南流,《春秋》《左传》所谓峄山也。……秦始皇观礼于鲁,登于峄山之上,命丞相李斯以大篆勒铭山岭,名曰昼门。"按赵明诚《金石录》卷一《目录一》第三十六著录《秦峄山刻石》即是。卷十三《跋尾》三云:"以右《秦峄山刻石》者,郑文宝得其摹本于徐铉刻石,置之长安,此本是也。唐封演闻见记载此铉云:后魏太武帝登山,使人排倒之,然而历代模拓之以为楷则。邑人疲于供命,聚薪其下因野火焚之,由是残缺,不堪摹写,然犹求者不已。县宰取旧文勒于石碑之上,置之县廨,今人间有《峄山铭》者皆新刻之本,而杜甫直以为枣木传刻者,岂又有别本欤。按《史记》本纪二十八年,始皇东行郡县上邹峄山立石与鲁诸儒生议,刻石颂奉德,而其颂诗不载。其他始皇登名山凡六刻石,《史记》皆具载其词,而独遗此文,何哉?然其文字简古,非秦人不能为也。秦时文字见于今者少,此虽传模之余然亦自可贵云。"

编号	名称	备考
二四一	峄山铭	又按孙星衍《寰宇访碑录》访碑一著录《秦峄山刻石》,李斯篆书,二世元年立,唐徐铉摹本,江南江宁,山东邹县,浙江会稽皆有摹本。
二四二	度尚碑	卷二十五《泗水》经"又屈东南过湖陆县南,涓涓水从东北来注之"注:"(泗水)又东迳湖陵城东南……城东有度尚碑。"
二四三	汉高祖庙碑一	卷二十五《泗水》经"又东过沛县东"注:"(沛县)城内有汉高祖庙,庙前有三碑,后汉立庙基,以青石为之,阶陛犹存。"
二四四	汉高祖庙碑二	见上注:"庙前有三碑。"
二四五	汉高祖庙碑三	见上注。
二四六	高祖庙碑	卷二十五《泗水》经"又东过小沛县东"注:"泗水南迳小沛县东,县治城南垞上。东岸有泗水亭,汉祖为泗水亭长,即此亭也。故亭今有高祖庙,庙前有碑,延熹十年立。庙阙崩褫,略无全者。"
二四七	龚胜墓碣	卷二十五《泗水》经"又东南过彭城县东北"注:"泗水迳龚胜墓南,墓碣尚存。"
二四八	大司马石苞碑	卷二十五《泗水》经"又东南过下邳县西"注:"泗水又东南迳下邳县故城西,东南流,沂水流注焉。……城有三重,其大城中有大司马石苞、镇东将军胡质、司徒王浑、监军石崇四碑。"
二四九	镇东将军胡质碑	见上注。
二五〇	司徒王浑碑	见上注。
二五一	监军石崇碑	见上注。
二五二	汉太尉陈球墓碑一	卷二十五《泗水》经"又东南过下邳县西"注:"泗水东南迳下相县故城东,王莽之从德也,城之西北,有汉太尉陈球墓,墓前有三碑,是弟子管宁、华歆等所造。"按赵明诚《金石录》卷一《目录一》第一百四十九著录《汉太尉陈球碑》,光和元年立,又第一百五十著录《汉陈球后碑》。卷十七《跋尾》七云:"右《汉太尉陈球碑》,有两碑,皆在下邳,其一已残缺矣,此碑差完可考。前代碑碣与史传多抵牾,而球碑所载官阀事迹与传合。东汉之末,政在阉寺,威福下移,其势盖可威也,而一时众君子犹奋不顾身,力挑其奸,虽遭屠戮而不悔,志虽不就,然亦可谓壮哉,如球是已。使当时士大夫能屈己以事之,则富贵可长保矣。然君子固未肯以彼而易此也。"
二五三	汉太尉陈球墓碑二	见上注:"墓前有三碑。"
二五四	汉太尉陈球墓碑三	见上注。

续表

编号	名称	备考
二五五	石社碑	卷二十六《淄水》经"又东过利县东"注:"系水又北迳临淄城西门北,而西流遥梧宫南,昔楚使聘齐,齐王乡之梧宫,即是宫矣,其地犹名梧台里,台甚层秀,东西百余步,南北如减,即古梧宫之台,台东,即阙子所谓宋愚人得燕石处,台西有石社碑犹存,汉灵帝熹平五年立,其题云:梧台里。"
二五六	管宁墓碑	卷二十六《汶水》经"北过其县东"注:"(汶水)又东北迳管宁冢东,故晏谟言,柴阜西南有魏独行君子管宁墓,墓前有碑。"
二五七	征士邴原冢碑誌	续上注:"又东北迳柴阜山北,山之东,有征士邴原冢,碑志存焉。"
二五八	汉青州刺史孙嵩墓碑	续前注:"汶水又东北迳汉青刺史孙嵩墓西,有碑碣。"
二五九	孙宾硕兄弟墓碑	续上注:"汶水又东迳安丘县故城北……城对牟山,山之西南,有孙宾硕兄弟墓,碑誌并在也。"
二六〇	琅邪台碑	卷二十六《潍水》经"潍水出琅邪箕县潍山"注:"琅邪,山名也,越王句践之故国也。句践并吴,欲霸中国,徙都琅邪。秦始皇三十六年,灭齐以为郡。城,即秦皇之所筑也。遂登琅邪大乐之山,作层台于其上,谓之琅邪台。……所作台基三层,层高三丈,上级平敞,方二百余步,广五里,刊石立碑,纪秦功德。"按赵明诚《金石录》卷一《目录一》第三十四著录《秦琅邪台刻石》,卷十三《跋尾》三云:"右《秦琅邪台刻石》在今密州,其颂诗亡矣,独从臣姓名及二世诏书尚存,然亦残缺。"孙星衍《寰宇访碑录》访碑一著录《秦琅邪台刻石》,李斯篆书,二世元年立,山东诸城。
二六一	汉司农卿郑康成冢	卷二十六《潍水》经"又北过高密县西"注:"潍水自堰北,迳高密县故城西……水西有厉阜,阜上有汉司农卿郑康成冢,石碑犹存。"
二六二	褒水小石门刻石	卷二十七《沔水》经"沔水出武都沮水县狼谷中"注:"褒水又东南历小石门,门穿山通道,六丈有余,刻石言:汉明帝永平中,司隶校尉犍为杨厥之所开。"
二六三	石牛道刻石	续上注:"逮桓帝建和二年,汉中太守同郡王升,嘉厥开凿之功,琢石颂德,以为石中道。"
二六四	汉太尉李固墓碑	卷二十七《沔水》经"又东过郑县南"注:"汉水又东得长柳渡,长柳,村名也。汉太尉李固墓,碑铭尚存,文字剥落,不可复识。"
二六五	唐公祠碑	卷二十七《沔水》经"又东过成固县南,又东过魏兴安阳县南,涔水出自旱山北注之"注:"穴水东南流,历平川中,谓之堉乡,水曰堉水,川有唐公祠,唐君字公房,成固人也,学道升仙,入云台山,合丹服之,白日升天,鸡鸣天上,狗吠云中,惟以鼠恶留之,鼠乃感激,以月晦日吐肠胃更生,故时人谓之唐鼠也。公房升仙之日,堉行未还,不获同阶云路,约以此川为居,言无繁霜蛟虎之患,以俗以为信然,因号为堉乡,故水亦即名焉。百姓为之立庙于其处也,刊石立碑,表述灵异。"

续表

编号	名称	备考
二六六	七女冢砖刻	卷二十七《沔水》经"又东过成固县南,又过魏兴安阳县南,涔水出自旱山北注之"注:"壻水又东迳七女冢,冢夹水罗布如七星,高十余丈,周迴数亩,元嘉六年,大水破坟崩,出铜不可称计,得一砖刻云:'项氏伯无子,七女造墩',世人疑是项伯冢。"
二六七	悬书崖刻石	卷二十七《沔水》经"又东过西城县南"注:"旬水又东南迳旬阳县南,县北山有悬书崖,高五十丈,刻石作字,人不能上,不知所道。"
二六八	华君铭	卷二十八《沔水》经"又东北流,又屈东南,过武当县东北"注:"汉水又东南迳武当县故城北,世祖封邓晨子棠为侯国,内有一碑,文字磨灭,不可复识,俗相传言是华君铭,亦不详华君何代之士。"
二六九	县令济南刘熹碑	卷二十八《沔水》经"又南过穀城东,又南过阴县之西"注,"(阴)县东有冢,县令济南刘熹,字德怡,魏时宰县,雅好博古,教学立碑,载生徒百余人,不终业而夭者,因葬其地,号曰生坟。"
二七〇	阙林山碑	卷二十八《沔水》经"又南过筑阳县东,筑水出自房陵县东,过其县南流注之"注:"沔水又南迳阙林山东,本郡陆道之所由,山东有二碑,其一即记阙林山,文曰:'君国者,不跻高埋下,先时或断山冈以通平道,民多病,守长冠军张仲瑜,乃与邦人筑断故山道作此铭。'"
二七一	郭先生碑	续上注:"其一郭先生碑,先生名辅,字甫成,有孝友悦学之美,其女为立于此,并无年号,皆不知何代人也。"按赵明诚《金石录》卷二《目录二》第二百五十九著录《郭先生碑》,卷十九《跋尾》九云:"右《郭先生碑》,《集古录》以为汉碑,郦道元《注水经》具载此碑云:碑无年号,不知何代人,然则欧阳公何所据,遂以为汉人乎? 余以字画验之,疑魏晋时所为,既无岁月可考始附于汉碑之次云。"
二七二	襄阳太守胡烈碑	卷二十八《沔水》经"又东过襄阳县北"注:"襄阳太守胡烈,有惠化,补塞堤决,民赖其利,景元四年九月,百姓刊石铭之,树碑于此。"
二七三	邹恢碑	卷二十八《沔水》经"又东过襄阳县北"注:"沔水又东迳万山北,山上有邹恢碑,鲁宗之所立也。"
二七四	杜元凯碑一	续上注:"山下潭中有杜元凯碑,元凯好尚后名,作两碑,并述之功。一碑沈之山岘山水中,一碑下之于此潭,曰:百年之后,何知不深谷为陵也。"
二七五	杜元凯碑二	见上注。
二七六	晋太傅羊祜碑	卷二十八《沔水》经"又东过襄阳县北"注:"(襄阳)城南门道东有三碑,一碑是晋太傅羊祜碑,一碑是镇南将军杜预碑,一碑是安南将军刘俨碑,并是学生所立。"
二七七	晋镇南将军杜预碑	见上注。
二七八	晋安南将军刘俨碑	见上注。

编号	名称	备考
二七九	曹仁记水碑	卷二十八《沔水》经又"东过襄阳县北"注:"樊城周四里,南半沦水,建安中,关羽围于禁于此城。会沔水泛溢三丈有余,城陷,庞德奋剑乘舟,投命于东冈。魏武曰:吾知于禁三十余载,至临危授命,更不如庞德矣。城西南有曹仁记水碑,杜元凯重刊其后,书伐吴之事也。"
二八〇	桓宣碑	卷二十八《沔水》经"又从县东屈西南,淯水从北来注之"注:"淯水又迳桃林东,又迳岘山东,山上有桓宣所筑城,孙坚死于此,又有桓宣碑。"
二八一	羊祜碑	续上注:"羊祜之镇襄阳也,与邹润甫尝登之,及祜薨后,人立碑于故处,望者悲感,杜元凯谓之堕泪碑。"
二八二	征南将军胡罴碑	续上注:"山上又有征南将军胡罴碑。"
二八三	征西将军周访碑	续上注:"又有征西将军周访碑。"
二八四	杜元凯沉碑	续上注:"山下水中,杜元凯沉碑处。"接杜元凯沉碑,参见本录二六九杜元凯碑一
二八五	汉南城太守秦颉墓碑一	卷二十八《沔水》经"又南过宜城县东,夷水出自房陵,东流注之"注:"其水历大城中,迳汉南城太守秦颉墓北,墓前有二碑。颉,郡人也,以江夏都尉,出为南阳太守,迳宜城中,见一家东向,颉住车视之,曰:此居处可作冢。后卒于南阳,丧还至昔住车处,车不肯进,故吏为市此宅葬之,孤坟尚整。"
二八六	汉南城太守秦颉墓碑二	见上注。按赵明诚《金石录》卷二《目录二》第二百三十三著录《汉南阳太守秦君碑颂》,即此。卷十九《跋尾》九云:"右《汉南阳太守秦君碑颂》,即文字已摩灭,唯其额十大字尚完好,故名字岁月皆莫可考。按《后汉书·灵帝纪》,中平三年二月,江夏兵赵慈反,教南阳太守秦颉。或云此即颉碑也。然郦道元《水经注》载颉墓与碑皆在宜城,此碑乃在南阳,或是郡入所立德政颂尔。"
二八七	金城前县南门古碑	卷二十八《沔水》经"又南过宜城县东,夷水出自房陵,东流注之"注:"其水又迳金城前县南门,有古碑犹存"。
二八八	太山庙石碑	卷二十八《沔水》,经"又南过宜城县东,夷水出自房陵,东流注之"注:"宜城县有太山,山下有庙,汉末,名士居其中,刺史二千石卿长数十人,朱轩华盖。同会于庙下,荆州刺史行部见之,雅叹其盛,号为冠盖里而刻石铭之。此碑于永嘉中,始为人所毁,其余文尚有可传者,其辞曰:'峨峨南岳,烈烈离明,实敷傀义,君子以生,惟此君子,作汉之英,德为龙光,声化鹤鸣。'"
二八九	汉太尉长史张敏碑	卷二十九《湍水》经"湍水出郦县北芬山,南流过其县东,又南过冠军县东"注:"湍水又迳冠军县故城东……水西有汉太尉长史邑人张敏碑。"

续表

编号	名称	备考
二九○	魏征南军司张詹墓碑	续上注："碑之西,有魏征南军司张詹墓,墓有碑,碑背刊云:白楸之棺,易朽之裳,铜铁不入,丹器不藏,嗟矣后人,幸勿我伤。自后古墟旧冢,莫不夷毁,而是墓至元嘉初尚不见发。六年大水蛮饥,始被发掘,说者言,初开,金银铜锡之器,朱漆雕刻之饰烂然,有二朱漆棺,棺前垂竹簾,隐以金钉,墓不甚高而内极宽大。虚设白楸之言,空负黄金之实,虽意锢南山,宁同寿乎?"
二九一	六门碑	卷二十九《湍水》经"湍水出郦县北芬山,南流过其县东,又南过冠军县东"注:"湍水又迳穰县,为六门陂。汉孝元之世,南阳太守邵信臣以建昭五年,断湍水,立穰西石堨。至元始五年,更开三门为六石门,故号六门堨也,溉穰、新野、昆阳三县五千余顷。汉末毁废,遂不修理。晋太康三年,镇南将军杜预,复更开广,利加于民。今废不修矣。六门侧又有六门碑,是部曲主安阳亭侯邓达等以太康五年立。"
二九二	涅阳县南碑一	卷二十九《湍水》经"又东过白牛邑南"注:"(涅阳)县南有二碑,碑字紊灭,不可复识,云是左伯豪碑。"
二九三	涅阳县南碑二	见上注:"(涅阳)县南有二碑。"
二九四	南阳都乡正卫弹劝碑	卷二十九《比水》经"比水出比阳东北太胡山,东南流过其县南,泄水从南来注之"注:"澧水西北流,迳平氏县故城东北,王莽更名其县曰平善。城内有南阳都乡正卫弹劝碑。"
二九五	汉日南太守胡著碑	卷二十九《比水》经"又西至新野县,南入于淯"注:"(东隆)山之西侧,有汉日南太守胡著碑。"
二九六	桂阳太守胡瑒母墓铭	续上注:"(胡著)子珍,骑都尉,尚湖阳长公主,即光武之伯姊也。庙堂皆以青石为阶陛,庙北有石堂。珍之孙桂阳太守瑒,以延熹四年遭母忧,于墓次立石祠,勒铭于梁。石字倾颓,而梁字无毁。"
二九七	湖阳县东城碑一	卷二十九《比水》经"又西至新野县,南入于淯"注:"(湖阳县)东城中有二碑,似是樊重碑,悉载故吏人名。"
二九八	湖阳县东城碑二	见上注:"(湖阳县)东城中有二碑。"
二九九	若令樊萌碑	卷二十九《比水》经"又西至新野县,南入于淯"注:"(湖阳县)城之东南有若令樊萌、中常侍樊安碑。"
三○○	中常侍樊安碑	见上注。
三○一	湖阳县城南碑	续上注:"城南有数碑无字。"

编号	名称	备考
三〇二	淮源庙碑一	卷三十《淮水》经"淮水出南阳平氏县胎簪山,东北过桐柏山"注:"(大复)山南有淮源庙,庙前有碑,是南阳郭苞立。又有二碑,并是汉延熹中守令所造,文辞鄙拙,殆不可观。"按赵明诚《金石录》卷一《目录一》第九十三著录《汉桐柏庙碑》,延熹六年正月立。又孙星衍《寰宇访碑录》访碑一著录《汉淮源桐柏庙碑》,八分书,延熹六年正月,元至正四年二月吴炳重书。按赵、孙所录,均是延熹六年所立,即是郦所谓"文辞鄙拙,殆不可观"者。
三〇三	淮源庙碑	见上注。
三〇四	淮源庙碑	见上注。
三〇五	贾彪庙碑	卷三十《淮水》经"又东过新息县南"注:"(新息县故城)外城北门内,有新息长贾彪庙,庙前有碑面南。"
三〇六	魏汝南太守程晓碑	续上注:"又有魏汝南太守程晓碑。魏太和中,蛮田益宗效诚立,东豫州以益宗为刺史。"
三〇七	孙叔敖庙碑	卷三十《淮水》经"又东过期思县北"注:"(期思县)城之西北隅,有楚相孙叔敖庙,庙前有碑。"
三〇八	秦始皇碑	卷三十《淮水》经"又东至广陵淮清县,入于海"注:"游水又东北迳赣榆县北,东侧巨海,有秦始皇碑在山上,去海百五十步,潮水至,加其上三丈,去则三尺,所见东北倾石,长一丈八尺,广五尺,厚三尺八寸,一行十二字。"按赵明诚《金石录》卷一《目录一》第三十四著录《秦琅邪台刻石》,琅邪台在今山东省诸城以东,日照东北。本录二五五《琅邪台碑》即此。但《淮水注》赣榆县北亦在琅邪郡境,距琅邪台不远,则《秦始皇碑》或即《琅邪台碑》。
三〇九	皇女汤石铭	卷三十一《滍水》经"滍水出南阳鲁阳县西之尧山"注:"滍水又东迳胡木山,东流,又会温泉口,水出北山阜,炎势奇毒,痾疾之徒,无能澡其冲漂,救痒者咸去汤十许步别池,然后可入。汤侧有石铭,云皇女汤,可以疗万疾者也。"
三一〇	南阳都乡正卫为碑	卷三十一《滍水》经"滍水出南阳鲁阳县西之尧山"注:"(鲁阳县故城)内有南阳都乡正卫为碑。"
三一一	汉阳侯焦立碑	卷三十一《滍水》经"滍水出南阳鲁阳县西之尧山"注:"滍水又东北合牛兰水,水发县北牛兰山,东南迳鲁阳城东,水侧有汉阳侯焦立碑。"
三一二	彭山碑	卷三十一《滍水》经"滍水出南阳鲁阳县西之尧山"注:"(彭水)北流迳彭山西,下有彭山庙,庙前有彭山碑,汉桓帝元嘉三年,杜仲长立。"
三一三	汉安邑长尹俭墓碑	卷三十一《滍水》经"滍水出南阳鲁阳县西之尧山"注:"彭水迳其西北,汉安邑长尹俭墓东,冢西有石庙,庙前有两石阙,阙东有碑,阙南有二狮子相对,南北有石碣二枚,石柱西南有两石羊,中平四年立。"

续表

编号	名称	备考
三一四	汉中常侍长乐太僕吉成侯州苞冢碑	卷三十一《淯水》经“淯水出南阳鲁阳县西之尧山”注：“（淯）水南有汉中常侍长乐太僕吉成侯州苞冢，冢前有碑，基西枕冈，城开四门，门有两石兽，墳倾墓毁，碑兽沦移，有人掘出一兽，犹全不破，甚高壮头去地减一丈许，作制甚工，左膊上刻作辟邪字，门表堑上起石桥，历时不毁。其碑云：‘六帝四后，是谘是诹。’盖仕自安帝，殁于桓后，于时阍阉擅权，五侯暴世，割剥公私，以死事生。夫封者表有德，碑者颂有功，自非此徒，何用许为？石至千春，不若速朽，苞墓万古，祇彰诮辱，呜呼，愚亦甚矣。”按赵明诚《金石录》卷一《目录一》第七十四著录《汉吉成侯州辅碑》，永寿二年十二月立。卷十五《跋尾》五云：“郦道元《水经注》云，淯水南有汉中常侍长乐太僕吉成侯州苞冢，冢前有碑，其词云，六帝四后，是谘是诹。今验其铭文，实有此语，独以辅为苞，盖《水经》之误，当取汉史及此碑为正。”据此，则州苞应作州辅。又据《金石录》卷一《目录一》第七十六著录《汉州辅墓石兽膊字》，亦有可补郦注者。卷十五《跋尾》五云：“右《汉州辅墓石兽膊字》，郦道元《水经注》云：州君墓有两石兽已沦没，人有掘出一兽不全破，甚高壮，头去地丈许，制作甚工，左膊上刻作‘辟邪’字。余初得州君墓碑，又览《水经》所载，意此字犹存，会故人董之明守官汝颍间，因托访，求之逾年，持以见寄，其一‘辟邪’，道元所见也；其一乃‘天禄’，字差大，皆完好可喜。之明又云，‘天禄’近岁为村民所毁，‘辟邪’虽存，然字书又残缺难辨，此盖十年前邑人所藏，今不可复得矣。又按，孙星衍《寰宇访碑录》访碑一著录《汉天禄辟邪四字》，篆书，无年月，江苏嘉定民拓本。此四字为篆书，则郦赵均不载。”
三一五	汉川苞冢石兽左膊辟邪二字	见上注。
三一六	张平子墓碑一	卷三十一《淯水》经：“淯水出弘农卢氏县支离山，东南过南阳西鄂县西北，又东过宛县南”注：“（洱水）又迳县南。水北有张平子墓，墓之东侧，坟有平子碑，文字悉是古文，篆额是崔瑗之辞。”按赵明诚《金石录》卷一《目录一》第五十三著录《汉张平子碑》，卷十四《跋尾》四云：“右《汉张平之碑》，按《后汉书》本传云：平子永元中举孝廉，连辟公府，不就，安帝闻衡善术学，公车特征，拜郎中。而碑乃云举孝廉为尚书侍郎。传云再迁为太史令，而碑乃一迁。碑云迁公车司马令，遂相河间，而传不载其为公车司马令。传曰在河间三年，上书乞骸骨，征拜尚书乃卒，而碑不载其为尚书。此数字皆以碑为据。唯传曰顺帝初再征为太史令，其事见平子所为，应属可信不疑而碑无之，岂平子初尝罢免后复拜此官而碑不书欤。”
三一七	张平子墓碑阴	续上注：“盛弘之、郭仲产并云：夏侯孝若为郡，薄其文，复刊背阴为铭。然碑阴二铭，乃是崔子玉及陈翕耳，而非孝若，悉是隶字，二首并存，尝无毁坏。”按赵明诚《金石录》卷一《目录一》第五十四著录《汉张平子后碑》即此。

续表

编号	名称	备考
三一八	张平子墓碑二	续上注:"又言墓次有二碣,今惟见一碑。或是余夏景驿途,疲而莫究矣。"按赵明诚《金石录》卷一《目录一》第五十五著录《汉张平子残碑》或即此。卷十四《跋尾》四云:"右《汉张平子残碑》,政和中,亡友刘斯立以此本见寄,云其所得于南阳,凡七十有二字,今世所传平子碑有两本,其一亡其首,其一亡其尾,以二本相补,其文乃足。此碑盖后段之亡失者也,字画尤完好云。"
三一九	蜀郡太守王子雅墓楼铭	续上注:"水道南侧,有二石楼,相去六、七丈、双峙齐竦,高可丈七八,柱圆围二丈有余,石质青绿,光可以鉴。其上栾栌承棋,雕簨四注、穷巧奇刻,妙绝人工。题言:蜀郡太守姓王,字子雅,南阳西鄂人,有三女无男,而家累千金,父没当葬,女自相谓曰,先君生我姊妹,无男兄弟,今当安神玄宅,翳灵后土,冥冥绝后,何以彰吾君之德。各出钱五百万,一女筑墓,二女建楼,以表孝思。铭云墓楼东平林下近坟墓,而不能测其处所矣。"按赵明诚《金石录》卷二《目录二》第二百二十五著录《汉蜀国都尉王君神道》即此。卷十九《跋尾》九云:"右《汉王君神道》在南阳,云:汉故蜀郡属国都尉王君神道封陌。按郦道元《注水经》,淯水南道侧有二石楼,制作精妙,题言蜀郡太守姓王,字子雅,南阳西鄂人,有三女无男,而家累千金,父没当葬。三女各出钱五百万,一女筑墓,二女建楼。今此碑后有唐向城令张濬之撰《孝女双楼记》,所书与《水经注》合,惟《水经》误以都尉为太守耳。"
三二〇	魏车骑将军黄权夫妻冢碑一	卷三十一《淯水》经"淯水出弘农卢氏县支离山,东南过南阳西鄂县西北,又东过宛县南"注"淯水又南迳预山东……山南有魏车骑将军黄权夫妻二冢,地道潜通,其冢前有四碑,其二,魏明帝立,二是其子及臣吏所树者也。"
三二一	魏车骑将军黄权夫妻冢碑二	见上注:"其冢前有四碑"。
三二二	魏车骑将军黄权夫妻冢碑三	见上注。
三二三	魏车骑将军黄权夫妻冢碑四	见上注。
三二四	史定伯碑	续上注:"淯水又西南迳史定伯碑南。"
三二五	范蠡碑	卷三十一《淯水》经"淯水出弘农卢氏县支离山东南过南阳西鄂县西北,又东过宛县南"注:"(三公)城侧有范蠡祠,蠡,宛人;即故宅也。后汉末,有范曾,字子闵,为太将军司马,讨黄巾贼至此祠,为范蠡立碑,文勒可寻。"
三二六	六门碑	卷三十一《淯水》经"又南过新野县西"注:"昔在晋世,杜预继信臣之业,复六门陂,遏六门之水,下结二十九陂,诸陂散流,咸入朝水,事见六门碑。"按此碑系郦注重录,见本录二八六《六门碑》。

续表

编号	名称	备考
三二七	三王城碑	卷三十一《涢水》经"又南过江夏安陆县西"注："（小富）水出山之东,而南迳三王城东,前汉末,王匡、王凤、王常所屯,故谓之三王城,城中其故碑,文字阙落,不可复识。"
三二八	刘安庙碑	卷三十二《肥水》经"北入于淮"注："（八公）山上有淮南王刘安庙,刘安,是汉高帝之孙厉王长子也……庙前有碑,齐永明十年所建也。"
三二九	刘勔庙碑	卷三十二《肥水》经"北入于淮"注："芍陂渎东有东都街,街之左,道北有宋司空刘勔庙,宋元徽二年,建于东乡孝义里,庙前有碑,时年碑功方创,齐永明元年方立。沈约《宋书》言,泰始元年,豫州刺史殷琰反,明年,加勔辅国将军讨之,琰降,不犯秋毫,百姓来苏,生为立碑,文过其实。"
三三〇	刘勔庙铭	续上注："建元四年,故吏颜幼明为其庙铭,故佐庞铤为庙谶,夏侯敬友为庙颂,并附刊于碑侧。"
三三一	刘勔庙谶	见上注。
三三二	刘勔庙颂	见上注。
三三三	汉太傅广身陪陵碑	卷三十二《夏水》经"又东过华容县南"注："夏水又迳交趾太守胡宠墓北,汉太守广身陪陵,而此墓侧有广碑,故世谓广冢,非也。其文言是蔡伯喈之辞。"
三三四	范蠡碑	卷三十二《夏水》经"又东过华容县南"注："王隐《晋书地道记》,陶朱冢在华容县,树碑云是越之范蠡。"
三三五	范西戎墓碑	卷三十二《夏水》经"又东过华容县南"注："（夏水）历范西戎墓南……盛弘之《荆州记》《刘澄之记》并言在县之西南,郭仲产言在县东十里,捡其碑,题云：'故西戎令范君之墓。'碑文缺落,不详其人。"
三三六	李冰大堰六字碑	卷三十三《江水》经"岷山在蜀郡县氐道县,大江所出,东南过其县北"注："江水又历都安县,县有桃关,汉武帝祠,李冰作大堰于此,立碑六字曰：'深淘滩,浅包隄。'隄者,壅江作塴,塴有左右口,谓之湔塴。"按此处"立碑六字曰：深淘滩,浅包隄。隄者"13 字为今本《水经注》所无,参见拙著《水经注佚文》（《水经注研究》第 495 页,天津古籍出版社 1984 年版）。
三三七	三石人刻要	卷三十三《江水》经"岷山在蜀郡氐道县,大江所出,东南过其县北,"注："《益州记》曰：江至都安,堰其右,捡其左,其正流遂东,郫江之右也,因山颓水,坐致竹木,以溉诸郡。又穿羊摩江、灌江,西于玉女房下白沙邮,作三石人立水中,刻要江神,水竭不至足,盛不没肩。是以蜀人旱则借为溉,雨则不遏其流。故记曰：水旱从人,不知饥馑,沃野千里,世号陆海,谓之天府也。"

编号	名称	备考
三三八	先络碑	卷三十三《江水》经"又东过符县北邪东南,鳛部水从符关东北注之"注:"县长赵祉遣吏先尼和,以永建元年十二月诣巴郡,没死成湍滩,子贤求丧不得,女络,年二十五岁,有二子,五岁以还。至二年二月十五日,尚不得丧,络乃乘小船至父没处,哀哭自沈,见梦告贤曰:至二十一日与父俱出。至日,父子果浮出江。郡县上言,为之立碑,以旌孝诚也。"
三三九	夏禹庙铭	卷三十三《江水》经"又东北至巴郡江川县东,强水、涪水、汉水、白水、宕渠水五水,合南流注之"注:"江之北岸有塗山,南有夏禹庙、塗君祠,庙铭存焉。"
三四〇	陈留王子香庙颂	卷三十四《江水》经"又东过枝江县南,沮水从北来注之"注:"(枝江)县有陈留王子香庙颂,称子香于汉和帝之时,出为荆州刺史,有惠政,天子征之,道卒枝江亭中,常有三白虎出入人间,送丧踰境,百姓追美甘棠,以永元十八年立庙设祠,刻石铭德,号曰枝江白虎王君,其子孙至今犹谓之为白虎王。"
三四一	晋征南将军荆州刺史胡奋碑	卷三十五《江水》经"又东北至江夏沙羡县西北,沔水从北来之"注:"(江夏)城中有晋征南将军荆州刺史胡奋碑,又有平南将军王世将刻石,记征杜曾事。"
三四二	晋平南将军王世将刻石	见上注。
三四三	典冲城林邑国前王胡达碑	卷三十六《温水》经"东北入于鬱"注:"(小源淮水)合淮流以注典冲,以城西南际山,东北瞰水,重堑流浦,周绕城下。……城开四门,东为前门,当两淮渚滨,于曲路有古碑,夷书铭赞前王胡达之德。"按典冲城为林邑国都,此碑为《水经注》所录三处非汉文碑碣之一。余二处参见本录编号一、二。
三四四	晋征士汉寿人袭玄之墓铭	卷三十七《沅水》经"又东北过临沅县南"注:"(临沅)县南有晋征士汉寿人袭玄之墓铭。太元中,车武子立。"
三四五	舜庙碑	卷三十八《湘水》经"又东北过泉陵县西"注:"(九疑)山南有舜庙,前有石碑,文字缺落,不可复识。"
三四六	舜庙碑	卷三十八《湘水》经"又东北过泉陵县西"注:"(九疑)山之东北道县界又有舜庙,县南有舜碑,碑是零陵太守徐俭立。"
三四七	节侯故邑碑	卷三十八《湘水》经"又东北过泉陵县西"注:"(舂陵)县故城东,又有一城,东西相对,各方百步,古老相传,言汉家旧城,汉称犹存,知是节侯故邑也。城东角有一碑,文字缺落,不可复识。"
三四八	二妃庙碑	卷三十八《湘水》经"又北过罗县西,涢水从东来流注"注:"湘水又北迳黄陵亭西,右合黄陵水口,其水上承大湖,湖水西流,迳二妃庙南,世谓之黄陵庙也。言大舜之陟方也,二妃从征,溺于湘江……故民为立祠于水侧焉。荆州牧刘表,刊石立碑,树之于庙,以旌不朽之传矣。"

续表

编号	名称	备考
三四九	屈原庙碑	卷三十八《湘水》经"又北过罗县西,涢水从东来流注"注:"汨水又西为屈潭,即汨罗渊也。屈原怀沙,自沈于此,故渊潭以屈为名。……渊北有屈原庙,庙前有碑。"
三五〇	汉日南太守程坚碑	续上注:"又有汉日南太守程坚碑,寄在原庙。"
三五一	泷中碑	卷三十八《溱水》经"东至曲江安聂邑东,屈西南流"注:"泷水又南迳曲江县东,县昔号曲红,曲红,山名也,东连冈是矣。泷中有碑,文曰:按《地理志》,曲江旧县也,王莽以为除虏,始兴郡治。魏文帝成熙二年,孙皓分桂阳南部立。"
三五二	徐孺子墓碑	卷三十九《赣水》经"又北过南昌县西"注"赣水又历白社西,有徐孺子墓,吴嘉禾中,太守长沙徐熙于墓隧种松,太守南阳谢景于墓侧立碑,永安中,太守梁郡夏侯嵩于碑旁立思贤亭。"
三五三	余杭县南碑一	卷四十《浙江水》经"北过余杭,东入于海,"注:"浙江又东迳余杭故县南、新县北……县南有三碑,是顾飏,范宁等碑。"
三五四	余杭县南碑二	见上注:"县南有三碑。"
三五五	余杭县南碑三	见上注。
三五六	秦始皇会稽山刻石	卷四十《浙江水》经"北过余杭,东入于海"注:"秦始皇登会稽山,刻石纪功,尚存山侧,孙畅之《述书》云,相李斯所篆也。"按孙星衍《寰宇访碑录》访碑一著录《秦会稽刻石》,李斯篆书,二世元年立,申屠马问摹本,近时刻,浙江会稽。
三五七	曹娥碑	卷四十《浙江水》经"北过余杭,东入于海"注:"(上虞)江之道南有曹娥碑。娥父盱,迎涛溺死,娥时年十四,父尸不得,乃号踊江介,因解衣投水,祝曰:若值父尸,衣当沈;若不值,衣当浮。裁落便沈,娥遂于处赴水而死。县令度尚使外甥邯郸子礼为碑文,以彰昭烈。"

原著山西人民出版社 1987 年版

《水经注》
记载的名胜古迹

自　序

　　回顾过去的90年,快乐的童年有我,参加青年远征军同仇敌忾有我,1949年后历次政治运动的老运动员中更是有我。抗战胜利后即从事教育工作乃至毕生研究"郦学"至今,粗有成果。花甲之年改任终身教授后,所获荣誉更是远过于成绩。从家乡绍兴为我造"陈桥驿先生史料陈列馆"到荣获浙江大学竺可桢奖和中国人民大学的吴玉章奖;从被冠"郦学泰斗"到年初陈列馆被列为绍兴市爱国主义教育基地。诸多褒奖,无不令人愧疚。根究缘由均因自己一生治学孜孜不倦而起。

　　而今我已年逾9旬,无以为报,只能借迄今依然缜密的思维和笔力,坚持耕耘,努力多做点贡献。

　　因《水经注》中曾记叙了许多名胜古迹,不少学友敦促我对此加以整饬解读,认为它必将对欣欣向荣的旅游业有多方面的裨益,也是我郦学一生所义不容辞的。于是就有了写作此书的原始想法,但问题是:

　　《水经注》按其书名就是为《水经》所作的《注》。[①]《水经》不知撰者,但按考证出于三国曹魏。[②]《水经注》则是北魏时代郦道元的作品。都是距今1000余年甚或近2000年的文献。虽然其中确实记叙了许多名胜古迹,但两者都常常引及战国时代的《山海经》及《禹贡》等书。这类战国古籍,当然很有价值,只是书中论及的名胜古迹,夹杂了许多上古的神话传说。特别是《禹贡》,因为作为一部儒家崇奉的经书,《经》、《注》作者,都必须遵循。以我国的第一大河长江为例,《禹贡》说:"岷山导江,东别为沱。"《水经》的作者未必知道这是《禹贡》的错误，因撰《经》何人，我们尚不清楚，所以还无从根究。但郦道元实在明知长江的江源并非岷江，这从他以后的几篇中都可以证明，而他在《注》文中也随着《水经》说："岷山，即渎山也，水曰渎水矣，又谓之汶阜山，在徼外，江水所导也。"这实在是由于他不敢违背作为《尚书》一篇的《禹贡》。因为儒家尊重经书，这是长期来沿袭的大道理。所以在本书记叙的名胜古迹中，往往也有这类情况。

《水经》开篇的第一句是"昆仑墟在西北"。《注》文也就按《经》文提出昆仑丘、昆仑之山和其他不少别名，最后指出，此山是"太帝之居"。并且引用了专述此山（今已亡佚）的著作《昆仑说》。又说："昆仑之墟，方八百里，高万仞，上有木禾，面有九井，以玉为槛，而有九门……"等等之类。这些都是他从《山海经》、《外国事》、《西域记》、《扶南传》、《淮南子》等今或存或佚的文献上引来的，当然都属于名胜古迹。既然已经上了郦书，我也应该照录不误，但仍须加上说明，此是"神话名胜古迹"或"传说名胜古迹"。其实都是并不存在的。

《水经注》的卷一、卷二，虽然卷名都是"河水"，但其所记叙内容，有大量是今印度半岛境内事物。如"新头河"、"新陶水"等，此"新头"和"新陶"，即是今印度（India）的别译。卷十四所记的"浿水"，大部分都在今朝鲜半岛境内。这类卷篇中，也记录有不少名胜古迹，而且其中有不少在当时是实际存在的，但是由于它们都不在我国国境之内，当今是否仍然存在，了解也颇不易。所以这类名胜古迹，虽然也都录入，但也加说明，这是"域外名胜"或"域外古迹"。

还须说明的是，神话传说中的昆仑山，其实并无具体地理位置，但我们今天的地图上，把它绘在新疆南缘和西藏之间，这个地理位置，实在是汉武帝所定的。按《史记·大宛列传》所记："汉使（指汉武帝派遣的张骞）穷河源，河源出于阗，其山多玉石，采来，天子案古图书，命河所出之山曰昆仑山。"于是，昆仑山就这样落实了。

此外，本书《经》、《注》记及的内容中，特别是今我国国境的西部和北部，民族众多，语言复杂。在《注》文的西北卷篇中，因为记叙的地区多通行梵语，从《注》文估计，郦道元是粗通梵语的，所以对不少梵语事物地名，都能作出解释。例如"日暮使去半达钵愁宿，半达，晋言白也；钵愁，晋言山也"。这个梵语地名，至今可以便利地用梵语复原，即梵语 Punela Vasu。[③]所以"半达钵愁"汉译就是"白山"。但对于我国的北方，不仅民族众多，而且这些民族的流动性很大。尽管许多少数民族到后来都自动地或被动地汉化。但记叙事物地名谨慎的郦道元，对这个地区，包括他自入仕的部族拓跋鲜卑曾建都（平城，今大同附近）过的今山西省，不少地名，他在《注》文中都无法根究，只好常用"北俗谓之"一语加以交代。所谓"北俗"，就是少数民族。郦氏用这样文字记叙，就是他"知之为知之，不知为不知"的求实作风。郦注卷三《河水》曾论及"统万城"："赫连龙廿七年,于是水之北,黑水之南,遣将作大匠梁公叱干阿利改筑大城,名曰统万城。"郦氏常在《注》文中解释地名的名称由来,全书记载的约两万地名之中,有他作出由来解释的达2400余处之多。但对这个"统万城",他却不置一词。说明赫连族存在时代,虽然距他不远,但由于部族流散,语言泯灭,他已经不谙其义。而到了唐朝初年,以唐太宗为主编的《晋书》之中,在《赫连勃勃载记》下,却把此城按汉字字义解释作"统一天下,君临万邦"。从此以后,从《元和郡县志》直到现代的《辞海》,都按唐修《晋书》沿袭了这种解释。其实,赫连这个为时不久就流散的小小部族,懂不懂汉字尚可怀疑,怎能以汉义命名这个大城呢?所以缪钺先生在其所著《读史存稿》④就提出了不同意见。他认为"统万"即是该族流行的"吐万","统"、"吐"是一音之转,怎能与汉语混淆?我在为《中国历史地名大辞典》⑤所作的序言中,也按缪氏之意说明了这个问题,该辞典也不再用"统一"、"君临"这种解释,而是说:"此乃胡语地名",从而肯定了《晋书》的错误和缪氏的纠正意见。

《水经注》记叙的名胜古迹,有许多在当时是确实存在的。例如卷一《河水注》中引法显语所写的一段从中国西境入印度的山道:"昔人有凿石通路施倚梯者,凡度七百梯,度已,蹑悬 过河,河两岸,相去咸八十步,九译所绝,汉之张骞、甘英皆不至也。"这类名胜古迹,郦注中论及的不少,但现在已经不再存在,因为交通建设的进步,如我在拙著《郦学札记》⑥中论及的"左担道"一样,早已废弃,由康庄大道所代替了。所以必须说明,这些是"今已不存的名胜古迹"。这类说明相当重要,因为现在热爱"驴友"的一族中,有个别乐于冒险攀悬者,如果不加说明,他们会认为张骞、甘英不能到,我们却能到,从而冒险远行的。因为我几次在电视上看到,像杭州、临安这些天目山尾间的丛山古道中,有"驴友"们因迷失道路用手机求救。于是,在半夜三更,消防队员和其他好心人登山搜索,几经周折,最后找到,但其中有的已经受伤,个别甚至滑下悬崖殒命。随着社会发展和人民物质文化水平的提高,我国旅游业的持续发展是毋庸置疑的。所以《水经注》时代确实存在的不少名胜古迹,后来早已经湮废的,说明"今已不存",于事很关重要。

当然,郦氏记叙的名胜古迹中,至今仍然存在,而且较《水经注》记叙的有了发展和增新,但名称与郦书已不相同。对于这一类,显然有裨于今天的旅游业,是具有现实意义的事物。例如卷三十七《澧水注》中论及的不少风景佳处:"澧水又东历层步山,高秀特出,山下有峭涧,泉流所发,南流注于澧水。"此一篇中,这类胜境很多,加上郦氏的文字生动,让人百读不厌。这些地方,或许就是当今的名胜地张家界,也可能是张家界的一部分。至于如龙门瀑布、长江三峡等类,则地名也都未曾多变,名胜古迹不仅依然存在,而且有了比郦氏记叙的多所增新发展。但郦氏的记叙文字,栩栩如生,游人以郦书古今对比,益感《水经注》的描述,的确引人入胜。

郦道元身居北域,所以对北部中国的名胜古迹,多数都为他所目击,故而被记叙得惟妙惟肖。但当时南北两朝分立,他的足迹,毕生虽未到达南方,但对南方的名胜古迹,却也能记叙得生动逼真,这显然是他仔细阅读了南方文献而写成的。在郦氏时代,雕板印刷尚不出现,他所披阅的南方文献都是那个时代的手抄本,寻觅也甚不易,增加了记叙南方人地事物的困难。却也因为他按其辛苦觅得的南方文献,把南方的人地事物记入其书。此后,这些南方文献相继亡佚,幸有郦书的记叙,让不少南方的名胜古迹留在人间。例如今诸暨的五洩瀑布,至今仍是诸暨的重要名胜,但却不见于南人撰写的古籍,郦注竟是最早记叙这处名胜的古代文献。说明他当年阅览的诸如孔灵符《会稽记》之类的南人著作,后来都告亡佚,而赖郦氏的记叙,才让这些南方名胜,留在北人的文献之中。长江三峡这处南方绝胜也是这样,从郦氏书中自叙,他当年是依靠诸如袁山松的《宜都山水记》和盛弘之的《荆州记》等当时目击者的记载而写入其书的,确实因他的写作技巧而使这处胜境显得有声有色。但他当年依据的这些文献如《宜都山水记》和《荆州记》等,以后都遭亡佚,也是依靠郦氏当年搜索到这些南方文献加以引用,才得在古代文献中留下了这一处重要的南方胜迹。

今天,旅游业已经成为一个重要的产业部门,从电视和报刊中,大家都能看到各地介绍当地名胜古迹的广告,用以吸引游客们的光临。专门记叙一城一区的这类著作,也是汗牛充栋。为此,这部1000多年前的著名文献《水经注》,确实应该受到当前旅游业经营者的重视和利用。这对本书记叙中涉及的有关地区旅游业的发展,必有重要的价值。同时,旅游界也还得钻研此书的记叙。这是因为,《水经注》记及的各地名胜古迹,有的不仅至今仍存而且有所扩充,但有的却已经湮没不存。例如,郦书中记叙了各地的许多寺庙碑碣,在北方,多是他当时亲见,如因"白马驮经"而建成的我国第一座寺院白马寺,就在北魏的首都洛阳。虽然"白马"驮来的全部佛经,由于"最高指示"的降临而全部化为灰烬,⑦但美轮美奂的寺院建筑仍然存在,是去洛阳的旅游者必到之处。我因平时并不留意这方面的讯息,郦注记及的北方寺庙,是否都仍存在,或是有所废弃。例如卷十四《鲍丘水注》的"观鸡寺",是一座结构特殊的建筑,价值不小,不知是否尚存,至于此书记及的南方寺庙及其他园林和亭台楼阁,则废弃的或许为数不少。这些见之于《水经注》的古代名胜古迹,都是弥足珍贵的旅游资源,应为现代旅游业经营者所逾格重视,尽可能将已被弃置的加以恢复,并且抄录郦注原文,制成碑碣,树立于新修的旧物之间。郦文优美生动,必能获得游客的欣赏和重视。至于郦氏所记的各地碑碣,废弃不存的或许更多,对此类事物的恢复,比前者更为简易。当然,所有这些,都是当今旅游业领导的职责所在。而我整编此集,除了郦学研究是我长期的爱好以外,为当前蓬勃兴起的旅游业及其更为美好的远景添上这一砖一瓦,也是我所希冀和乐意的。

陈桥驿

2012 年于浙江大学

注释:

① 《水经》全文仅 8000 余字,《水经注》全书有 345000 余字,为《水经》的 20 余倍。

② 《水经》以往的通行考证是"三国时作"。杨守敬在《水经注疏》中,对此《经》地名作了认真考证,才断言是"三国魏人"所作。参见拙著《水经注校证》卷首《校上案语》注 7。

③ 参见拙文《水经注研究中的非汉语地名》,载《中国方域》1993 年第 5 期,收入于拙著《水经注研究四集》,杭州出版社 2003 年版。

④ 三联书店 1963 年版。

⑤ 史为乐主编,中国社会科学出版社 2005 年版。

⑥ 上海书店出版社 2000 年版。

⑦ 《洛阳市志》(中州古籍出版社 1998 年版)第 13 卷《文化艺术志》记载此事经过甚详。

卷一　河水

昆仑墟

全书的第一句,亦即《经》文第一句:"昆仑墟在西北。"《注》文在各篇中引及"昆仑"之名者达 14 处。但所引各书如《昆仑说》、《禹本纪》、《穆天子传》、《外国图》等多种都已亡佚,唯《山海经》尚存。《山海经·海内西经》:"海内昆仑之墟,在西北,帝之下都。昆仑之墟方八百里,高万仞……"

说明

《注》文引《昆仑说》:"是为太帝之居",与《海内西经》所谓"帝之下都"近似。"方八百里,高万仞"。此外《注》文还有许多描述,当然属于名胜古迹。但是神话名胜古迹。

此为神话名胜古迹。

嵩高

《经》文第二句:"去嵩高五万里。"

说明

"嵩高",即今河南省登封县西的嵩山,自古为"五岳"之一的"中岳",是现在仍存的名胜。

积石山

位于今青海省东南部,亦称阿尼玛卿山,黄河在此山以西发源,但中国古籍都把它作为黄河的发源地,如《禹贡》:"导河积石,至于龙门。"

说明

长期以来都以此山为黄河河源所发,可以作为现存古迹。

河水

此是《经》文第四句。河水即今黄河。按地名学原理,每个地名由专名及通名两部分组成。中国古代以"河"为黄河的专名,"水"即是今河流之意。故"河水"一词,包括了专名和通名。是一个完整的地名。

说明

黄河是我国第二大河,其中游是汉族发祥之地,华夏文化就导源于此。当然是超乎一切的古迹。其下游虽然在历史上多次改道,但上中游河道迄未有变。所以它是我国最重要的古迹。

黄河

全书第一次点出"黄河"之名在《经》文"出其东北陬"下:"是黄河兼浊河之名矣。"《注》文引汉大司马张仲仪的话:"河水浊,清澄一石水,六斗泥。"这是此书提出的河水含沙量的数值概念。

说明

河水的所以色黄,称为黄河,又称浊河。《注》文按古人说法,有两种原因,第一是引的《尔雅》:"河出昆仑墟,色白;所渠并千七百一川,色黄。"又引《物理论》:"河色黄者,众川之流,盖浊之也。"这是说的因为此河支流众多的原因。另一种原因是《物理论》所谓:"民竞以河溉田,令河不通利,至三月,桃花水至则河决,以其噎不洩也。"其实,黄河之所以易淤、易决、易徙,因为此河上中流均在黄土高原,它的泥沙来源均来自黄土高原,黄河是世界上输沙量最大的河流之一,每年平均输沙量达16亿吨,当然,上中游的支流也同样带入黄土,但并非主要原因。至于民引水灌田,这与黄河的淤、决、徙并无什么关系。

新头河

《注》文接着又写了"新陶水"。"新头"、"新陶"都是"印度"(India)的别译,新头河及新陶水都是印度河的别译。

说明

印度河是世界文明的最早发祥地之一。当然重要,而且充满名胜古迹,但都属于城外名胜古迹。

释法显曰

"度葱岭,已入北天竺境,于此顺岭行十五日,其道艰阻,崖岸险绝,其山惟石,壁立千仞,临之目眩,欲进则投足无所……昔人有凿石通路施倚梯者,凡度七百梯,度已,蹑悬绠过河,河两岸,相去咸八十步,九译所绝,汉之张骞、甘英皆不至也。"以上《注》文引法显语,所记是葱岭与帕米尔高原古代中、印两国间的交通险道,在当时确实存在,属于古迹。

说明

今中国西部与印度之间的交通已由康庄大道。法显所说的山道,现在早不存,所以这是已经不存的古迹。

悬度之国

《注》文引郭义恭语:"乌秅之西,有悬度之国,山溪不通,引绳而度,故国得其名也。其人山居,佃于石壁间,累石为室,民接手而饮,所谓猿饮也。有白草、小步马,有驴无牛,是其悬度乎。"

说明

按《后汉书·西域传》:"自皮山西南经乌秅,涉悬度,历罽宾。"所以"悬度"只是今印度境内的一个小小部落。"悬度之国"是域外古迹,今当然又不存在。

中国

《注》文说:"自河以西,天竺诸国,自是以南,皆为中国,人民殷富。中国者,服食与中国同,或名之为中国也。"

说明

此处"中国",梵文作 Madhyadêa,是梵文的 Madhya(意谓"中间的")和 Dêa(意为"国家")二词合成,当指古代今印度中部的一些邦国。《注》文虽明白于此。但"服食与中国同",显示郦氏的臆则之语。古代印度中部的这些邦国,服食岂能同于中国。在古代,凡是位居中央而文化较四周为优的地区,常常自称"中国",例子甚多。

佛浴床

《注》文引释氏《西域记》："国有佛浴床,赤真檀木作,方四尺,于王宫中供养。"
说明

这当然是古迹,当时确有,或存或废,不得而知,但如此之类,卷一、卷二在《注》文中多有记及,都是域外古迹,以后不再多举。

恒水

《注》文引康泰《扶南传》："恒水之源,乃极西北,出昆仑山中,有五大源,诸水分流,皆此五大源"。
说明

"恒水"即今恒河,与印度河同为世界文明的最早发祥地。现所为印度境内的主要大河。属于域外古迹。

卷二 河水

葱岭

《经》文第一句："又南入葱岭山,又从葱岭出而东北流。"

《注》文叙及:"高千里。"又引《西河旧事》:"葱岭在敦煌西八千里,其山高大,上生葱,故曰葱岭也。"

说明

近代出版的某些新式地图上,尚有在帕米尔高原上作有葱岭的注记。或许是帕米尔群山中的一座较高山峰。自古充满神话故事,当然也有不少古迹。位于今新疆西南的国境上。因生"葱"而名山,并不可靠。也有说《穆天子传》中有"春山","葱"、"春"一音之转,故即是"春山",《穆传》又亡佚,无可对证。"葱"很可能是当地少数民族的称谓。但相传已久,故属于神话传说名胜古迹。

雷翥海

《注》文所记:"河水与蜺罗跂禘水同注雷翥海。"并在此下记及"四大塔"、"佛钵"等古迹及佛(释迦牟尼的通称)"以头施人"、"以眼施人"神话故事,多属无稽之谈。但其间不少古迹,当时想必存在。雷翥海应为今塔吉克斯坦境内的咸海。是实存的地理事物。《注》文所叙,属于神话传说名胜古迹,其中有许多是域外神话名胜古迹。

蒲昌海

《经》文卷二第二条所记:"其一源(指河水)出于阗国南山(即以后为汉武帝所落实的昆仑山),北流与葱岭所出河合,又东注蒲昌海。"《注》文则说:"河水又东注泑泽,即《经》所谓蒲昌海也。"所以蒲昌海又称泑泽。即今新疆的罗布泊。

说明

蒲昌海即近代新疆的罗布泊。在塔里木河(即《经》、《注》所误称的"河水"黄河)及其支流孔雀河注入之时,此湖面积曾达 2500 余平方公里。又因上述河流的经常改道,湖泊也几次南北移动,故曾有"交替湖"之称。最近 2000 年来曾三度移动于北纬 39°—40°和 40°—41°之间。湖两岸的楼兰国,古代文化发达。是汉代通西域的必经之地。后来被沙漠所湮废。考古工作者曾于 1979 年和 1980 年间作过多次发掘考察。古城城垣尚见残存。获得古物不少,如汉五铢线及其他残损的玉器、漆器、金银戒指和纺织品等。即所谓"楼兰古城遗址"。罗布泊原来依靠塔里木河及孔雀河水注入而成。1952 年由于在尉犁县筑坝,塔里木河水不再注入孔雀河。罗布泊因失去水源,逐渐干涸而成为一片沼泽,甚至成为沙地。所以此湖及其附近的许多曾经实存的名胜古迹,今已不再存在。

敦煌

《经》文第三条为"又东入塞,过敦煌、酒泉、张掖郡南。"但《注》文仅有一句涉及敦煌:"应劭《地理风俗记》曰:敦煌、酒泉,其水甘若酒味故也。"其实此句所叙在酒泉,故《注》文对敦煌实无所叙。但武英殿本在"敦煌"下案:"案下酒泉、张掖,皆释其义,此当有脱文。"

说明

殿本案语说"此当有脱文"之语是可信的,但所案又引《汉书注》中应劭的话:"敦,大也;煌,盛也。"这就错了。敦煌与昆仑一样,显系少数民族语言,绝非"大盛"之意。《注》文确有脱文,但决非如应劭所言。郦氏为文严谨,从其别卷中可证,绝不会信口解释胡人语言。不过敦煌的名胜古迹确实不少。尤以"莫高窟"为最,当因郦氏撰书时,此处名胜古迹,尚未为北魏人所知之故。莫高窟又称千佛洞,位于今敦煌县城东南 25 公里,据前人考证,建于前秦时代,约在公元 4 世纪中叶,早于郦氏不久。由于在敦煌县境,故今通常也称"敦煌石窟"。窟建于鸣沙山东麓断崖上,上下共分 5 层,南北共长约 1600 余米,保存了自北魏至元代的各种壁画及塑像的洞窟有 492 个,并有大量藏经和其他文献。可惜清光绪年间,由于此洞窟为欧洲游历者和冒险者所发现,盗去了大量文物。以后有的文献(如唐韦庄的《秦妇吟》)还得从偷盗者收藏的欧洲国家传抄回来。不过现也有人认这些文献被偷盗还是好事。否则在"文革"时期,"最高指示"必令其付之一炬,落得与洛阳白马寺的经卷同样下场,永远消失于人间,倒是欧洲的制度保护了它们。其说不无道理。这个地区,除莫高窟外,其他名胜古迹还有不少,如"西千佛洞"、"月牙泉"等等,历年虽久,但都是现存的名胜古迹。

河厉

《注》文引段国《沙州记》:"吐谷浑于河上作桥,谓之'河厉',长百五十步,两岸累石作基陛,节节相次,大木从横镇压,两边俱平,相去三丈,并大材以板横次之,施钩栏甚严饰。桥在清水川东也。"

说明

按清水川当指今陕西省府谷县北,是黄河的一条支流。以此桥的建造规格而言,则当年吐谷浑的建筑技术已经相当成熟。但以后破毁不存,是今已不存的古迹。

积书岩

《注》文记叙白土城的东山川:"河水又东北会两川,右合二水,参差夹岸连壤,负险相望,河北有层山,山甚灵秀,山峰之上,立石数百丈,亭亭桀竖。竞热争高,远望参参若攒图之托霄上。其下层岩峭举,壁岸无阶。悬岩之中,多石室焉。室中若有积卷矣,而世士罕有津达者,因谓之积书岩。"

说明

《注》文在此下写了一段传记,不必录入。但"积书岩"想必确有其处。当是秦火以后,家人藏卷者为之。秦火虽然只焚经书,但当时人不知,因而藏卷于山崖之中。此事可与"文革"相比,"文革"焚书,与秦火迥别,除了韦君宜在其晚年恍悟时所撰《思痛录》(北京十月文艺出版社 1998 年版)所云"只念一本"(第 104 页)外,其余都属在焚之列。我家曾于此时掩护过卷帙(当然不在山岩之中)。所以积书岩不假。与"文革"时许多文化人家庭一样,都是为了保护华夏文化。但此"岩"今已不存,属于已经不存的古迹。

皋兰山

《注》文记及:"漓水又东北迳石门口。山高险峻绝,对岸若门,故峡得阙名矣。疑即皋兰山门也。"此段《注》文,又几次叙及此山。此山今位于兰州市区南部,有坦道可以登山。北麓辟有五泉山公园。去兰州者多登山眺览,可见兰州市全境及黄河。是至今尚存并历经加工的名胜。

卑禾羌海

《注文》记叙:"湟水又东南迳卑禾羌海北,有盐池,阚骃曰:县西有卑禾羌海者也。世谓之青海,东去西平二百五十里。"

说明

即今青海,也称青海湖,位于今青海省东北部,系断层陷落湖,面积约 4400 余平方公里,最深近 40 米,是我国最大的咸水湖,湖中有四小岛。一湖碧水,景色甚美,为现存的名胜。

龙泉

《注》文记叙:"湟水又东迳允街县故城南,汉宣帝神爵二年置,……县有龙泉,出允街谷,泉眼之中,水文成交龙。或试挠破之,寻平成龙。畜生将饮者,皆畏避而走,谓之龙泉,下入湟水。"

说明

这是一种泉水因源流注入的冲击现象。各处泉眼所常见。但此这种现象形成龙形,居然成为一处以"龙"命名的泉水。"畜生畏避"或以诲大之语,但由于这种现象的长期存在,于是就成为一种当地的名胜。今已不存。

魏行宫故殿

《注》文所记:"湫水北流,西北出长城北,与次水会,……北流迳魏行宫故殿东,又北,次水注之,出县西南四十里山中,北流迳行宫故殿西。"

说明

中国长期来由封建制度所统治,封建制度,也就是"一个人说了算"的制度。这位能"说了算"的"一个人",不管是明君、昏君、暴君,毕竟总在一个时期,统治过一个地区或整个国家。所以多在各地建造"行宫"。不管是出于己意,或是下面佞幸所做,"行宫"必是建在风景幽雅之处。《注》文"魏行宫",此魏当是曹魏,但按《注》文,"行宫"已不存,而是在其原宫遗存中改建了一座殿宇。当然仍是古迹。此"行宫故殿"当已不存,宜在原址或附近建立碑碣,也算一种旅游资源。

三水县温泉

《注》文记叙高平川:"水东有山,山东有三水县故城。……县东有温泉,温泉东有盐池"。

说明

温泉在当前是重要的旅游资源。但不知此温泉现在尚存否。

卷三　河水

画石山

《注》文所记,"河水又东北历石崖山西,去北地五百里,山石之上,自然有文,尽若虎马之状,粲然成著,类似图也,故亦谓之画石山也。"

说明

按郦氏所记这个"画石山"当在今内蒙古阴山一带。不久以前,盖山林已在《内蒙古社会科学》1980年第2期发表过一篇《举世罕见的珍贵古代民族文物——绵延二万一千平方公里的阴山岩画》文章。则郦氏所谓"自然有文"当是壁画因年代久远而模糊,并非"自然有文"。所以如画石山之类,不仅是重要的古迹,而且也是有价值的旅游资源。值得继续寻索,并加以复原和保护。

高阙

《注》文所记:"东迳高阙南,《史记》,赵武灵王既袭胡服,自代并阴山下,至高阙为塞。山下有长城,长城之际,连山刺天,其山中断,两岸双阙,善能云举。望若阙焉,即状表目,故有高阙之名也。自阙北出荒中,阙口有城,跨山结局,谓之高阙戍。自古迄今,常置重捍,以防塞道。汉元朔四年,卫青将十万人,败右贤王于高阙,即此处也。"

说明

由《注》文可知,高阙不仅是沿长城的一处要塞,而且还是一个古战场所在。其地当已不存,但甚有溯古价值,是一处重要的旅游资源,应在其处树立碑碣,可录入郦注文章,为旅游者所观赏。

石迹阜

《注》文所记:"东流迳石迹阜西,是阜破石之文,悉有鹿马之迹,故纳斯称焉。"

说明

此石迹阜与上面画石山同,也是阴山岩画之一,应加修饰,妥为保护。

平城宫

《注》文记及朔方县大盐池时,曾及于"池去平城宫千二百里"。在北魏迁都洛阳前,曾建都平城,在今山西大同市附近。

说明

平城曾是北魏首都,当时郦氏初入仕,当在平城,魏孝文帝时才迁洛阳。北魏为拓跋鲜卑所建,原来是个游牧部落,平城建都,宫殿想必简陋。但此为郦氏所亲见。郦书中却未曾对平城宫作较详记叙。此宫当然废弃不存,如能觅得原址,还宜建之碑碣。

长城

《注》所记:"始皇三十三年,起自临洮,东暨辽海,西并阴山,筑长城及开南越地。昼警夜作,民劳怨苦。故杨泉《物理论》曰:秦始皇使蒙恬筑长城,死者相属。民歌曰:'生男慎勿举,生女哺用铺,不见长城下,尸骸相支柱。'其冤痛如此矣。蒙恬临死曰:夫起临洮,属辽东,城堑万余里,不能不绝地脉,此固当死也。"

说明

此处蒙恬所说"城堑万余里","万里长城"之称或以此为嚆矢。事实上,在战国时期,列国凡与北方匈奴及其他少数民族接壤的,都建筑了"长城"。这些长城当夯土筑成,方法当与以后的泥墙类似。无非比后来居民的泥墙宽,但一般也不及 1 米。在陕西北部,这类长城现在还存在不少。专家们可以藉棍棒夯土时的"夯窝"形状,确定此"长城"是战国时的何国的。但破坏得很不少,应加以保护。至于眼下从山海关(山海关以东直到海边,称为"老龙头")迤西,诸如作为名胜点的居庸关等处的"万里长城",用石料建造,墙垣坚实,外观壮丽,这些都是明代建筑的,绝非秦始皇时代的"万里长城"。

广德殿

《注》文所记:"芒干水又西,塞水出怀朔镇东北芒中,南流迳广德殿西山下。余以太和十八年,从高祖北巡,届于阴山之讲武台,台之东,有《高祖讲武碑》,碑文是中书郎高聪之辞也。自台西出南上山,山无树木,惟童阜耳,即广德殿所在也。其殿四注两厦,堂宇绮井,图画奇禽异兽之象,殿之西北,便得焜煌堂,雕楹镂桷,取状古之温室也。其时,帝幸龙荒,游鸾朔北,南秦王仇池杨难当舍蕃委诚,重译拜阙,陛见之所也。故殿以广德为名。魏太平真君三年,刻石树碑,勒宣时事,碑颂云:肃清帝道,振摄四荒,有蛮有戎,自彼氐羌,无思不服,重译稽颡,恂恂南秦,敛敛推亡,峨峨广德,奕奕煜煌。侍中司徒东郡公崔浩之辞也。碑阴题宣城公李孝伯、尚书卢遐等从臣姓名,若新镂焉。"

说明

郦氏所谓"高祖",即魏孝文帝。此人是北魏全盘汉化的完成者。他改原"拓跋"之姓为"元",禁仕民胡服胡语,并且尊孔崇儒。他把首都从平城迁至洛阳,俨然以中原之主自居。其时确实也是北魏国势最强盛之时。四边的其他少数民族,也都尊敬服从。"故殿以广德为名",也就是元宏的抱负。崔浩是北魏权臣,也是国势动乱时留在北方的汉人。是促成北魏汉化的功臣,他写碑于太平真君年代,早于元宏在位之时,说明北魏的汉化是早已进行的,至元宏而全部完成。广德殿也就名符其实。所以此殿此碑,是南北朝时代北朝的重要古迹。殿与碑当已不存。但由于此碑在北朝汉化过程中具有重要意义,当今的旅游业经营者,宜在原址上重树此碑,必受旅游者的观瞻和称赞。

君子济

这是一个传扬当时人民品质高尚的故事。《注》记及:"皇魏桓帝十一年,西行榆中,东行代地,洛阳大贾,赍金货随帝后行,夜迷失道,往投津长曰:子封送之。渡河,贾人猝死,津长埋之。其子寻求父丧,发冢举尸,资囊一无所损。其子悉以金与之,津长不受,事闻于帝,帝曰:君子也,即名其津曰君子济。"这个故事是很有教育价值的地名故事。旅游业从事者,有必要寻觅此济,树碑书郦注所叙,不仅有助于旅游,在当今潮流中,更富以古鉴今,提高人民的道德品质。

说明

现在的交通情况和当时已完全不同,黄河及其他河流上,桥梁甚多,毋需济渡。但如仔细采访,原君子济地段当可找到。碑碣就可树于附近比较显眼之处,成为一个旅游景点。

美稷

这是汉代西河郡的一个小小县城,但其中也有一个为官者对一群儿童信守诺言的生动故事。《注》记及:"《东观记》曰:郭伋,字细侯,为并州牧。前在州,素有恩德,老小相携道路,行部到西河美稷,数百小儿各骑竹马迎拜。伋问,儿曹何自远来?曰:闻使君到,喜,故迎。伋谢而发去,诸儿复送郭外,问:使君何日还?伋计日告之。及还,先期一日。念小儿,即止野亭,须期至乃往。"

说明

美稷城在今山西省汾阳县西北,东汉时曾为县治,但以后就废置。这个故事说明了郭伋为官,对这批尚骑竹马的小儿也如此重视信守。"及还,先期一日,念小儿,即止野亭,须期至乃往"。当今的为官者,读此一段,或许是一笑了之,但也或许会有感到惭愧的。美稷县当然已不存在,但这其实是个很有意义的古迹。山西的旅游经营者,应在旧地树立碑碣,写上郦注原文,可以成为一个意义深长的景点。

吕梁洪

《注》文记及:"河水左合一水,出善无县故城西南八十里,其水西流,历于吕梁之山,而为吕梁洪。其山岩层岫衍,涧曲崖深,巨石崇竦,壁立千仞,河流激荡,涛涌波襄,雷奔电泄,震天动地。"

说明

吕梁洪即吕梁山瀑布,当为郦氏所亲见。"雷奔电泄,震天动地",当年无疑是一处极大瀑布。由于山势的变化,特别是水源的转移。至今已经完全改观。吕梁山当然仍是晋中名胜,但瀑布已经全无郦氏所见的壮观。今吕梁山尚有几处分散的小瀑布,有的只是流水滴沥。所以这是一处已不存在的古代名胜。

火井庙

《注》文引《地理风俗记》,在鸿门县(汉置,属上郡,在今榆林附近),有"火井庙,火从地中出"。这在当时当然是一种奇迹,建庙自属必然。但今已不存,是历史上的名胜古迹。此处附近,以后有小规模石油田发现,"火从地中出",当是石油之故。

统万城

《注》文所记:"赫连龙廿七年,于是水之北,黑水之南,遣将作大匠梁公比干阿利改作大城,名曰统万城。蒸土加功。雉堞虽久,崇墉若新。"郦氏素有解释地名渊源的习惯。赫连龙廿七年当公元413年,距郦氏不远。统万城在当时是个大城,而且"蒸土加功",在寒冷地区,建造也甚不易,但郦氏对此城的地名渊源不置一辞。对此,我在本书序言中已有说明,此处不再赘述。

说明

请参阅本书序言。

温泉

《注》文记及:"奢延水又东北与温泉合。"

奢延水即今陕西省北部黄河支流无定河。此处温泉,或与前列"火井庙"属于同一原因。当时这个地区,地广人稀,故郦氏在《注》中一笔带过,不作任何解释。

说明

温泉在今天是一种重要的旅游资源。这一带由于地热普遍,温泉的分布或许较多。不知郦氏所记奢延水温泉现在尚存否?但旅游业从事者,可以在这个地区查勘,因温泉在旅游业中已经具有重要价值。

黄帝冢

《注》文记及:"奢延水又东,走马水注之,水出西南长城北阳周县故城南桥山,……山上有黄帝冢故也"。

说明

黄陵即轩辕黄帝陵,今在陕西省黄陵县城北桥山上,所以又称桥陵。今此处有碑有亭,庄严肃穆,而且每年都有祀陵盛典。虽属传说古迹,但作为华夏始祖的象征,地位重要,所以不同于一般的传说古迹。

卷四　河水

孟门

孟门是黄河沿流中的一个重要地名。《注》文曾引《山海经》、《淮南子》、《穆天子传》等文献记叙孟门。孟门之所以著名，就是这个河段中的巨大瀑布。《注》文记及："孟门，即龙门之上口也，实为河之巨阨，兼孟门津之名矣。此石经始禹凿，河中漱广，夹岸崇深，顷崖返捍，巨石临危，若坠复倚。……其中水流交冲，素气悬浮，往来遥观者，常若雾露沾人，窥深悸魄。其水尚崩浪万寻，悬流千丈，浑洪赑怒，鼓若山腾，浚波颓叠，迄于下口。"

说明

此处郦氏所叙从龙门上口到龙门下口这一河段中的奇异现象，即今日的壶口瀑布。由于位居晋中，为郦氏所亲见，所以写得特别生动真切。现在虽与郦书所记已有变化，但仍是我国的著名瀑布。按河流或山崖中的瀑布形成，各有不同原因。如火山爆发引起的熔岩堰塞，地震引起的岩石崩塌以及冰川作用形成的悬谷等，都足以造成瀑布。但多数巨大的瀑布，特别是河流中的瀑布，主要都由河流的溯源侵蚀造成。在河流溯源侵蚀的过程中，遇到坚硬的岩层而造成落差，因而就出现瀑布。这种坚硬的岩层，在地貌学上称为"造瀑层"。由于河流的溯源侵蚀是一种继续不断的自然现象。壶口瀑布是因黄河的溯源侵蚀而形成。随着这种侵蚀的广续进行，瀑布在这个河段上就会发生退缩的现象。除了退缩以外,有的瀑布也会出现减小甚至消失,在我国历史上的瀑布中这种例子不少,而且也见之于郦书。至于壶口瀑布,据史念海先生《黄河在中游的下切》(《陕西师范大学之报》1979 年第 3 期)一文中发表的研究结果:壶口的位置,在唐朝已比郦氏时代向北退缩了 1745 米,每年平均北移 5.1 米。现在则较郦氏时代退缩了 5000 米。则从郦注至今,壶口位置每年平均北移 3.3 米。今壶口瀑布仍是我国的重要名胜。其地位于山西省吉县城西南 25 公里的黄河中,两岸夹山,河底岩石中已冲刷成一条宽 30 米、深 50 米的巨沟。但此瀑布的落差不过约 20 米,在当前的瀑布中是小瀑布。我国当前的最大瀑布,即贵州省的黄果树瀑布,落差就 50 余米。不过由于此瀑布写入郦注,以郦氏的生动写作技巧,把它写得栩栩如生。全部《水经注》中,此一段与长江三峡一段,都是最精彩的片段。

三累山石室

《注》文记及:"横溪水注之,水出三累山,其山层密三成,故俗以三累名山。……山下水际,有二石室,盖隐者之故居矣。……侧溪山南有石室,西面有二石室,北面有二石室,皆因阿结牖,连扃接闶,所谓石室相拒也。东厢石上,犹传杵臼之迹,庭中亦有旧宇处,尚仿佛前基。北坎室上,有微涓石溜,丰周瓢饮,似是栖游隐学之所,昔子夏教授西河,疑即此也,而无以辨之。"

说明

三累山其处有石室甚多,郦氏必然察遍,其目的当在寻觅子夏教授之处,但因石室甚多,所以"无以辨之"。郦氏崇儒,所以推重子夏。子夏在《论语·子张第十九》有一句名言:"仕而优则学,学而优则仕。"郦氏对这句名言是全面做到了。但说明宦场在当时就有只做后半句的:"学而优则仕。"而这种情况于今为甚。当前的为仕一群众,许多人根本不知道子夏何许人,也根本不知道子夏的原话。只知道自己已入仕,当然是"学而优"的。反正有秘书为这些人写好稿子,照稿念一遍,就算"重要讲话"和"指示"了。根本不知道子夏的第一句"仕而优则学"。既然"学而优"了,还要学什么? 所以三累山石室中子夏教授之处,是一处重要的古迹。可惜郦氏也不能辨明,子夏当年到底在哪一处石室施教。

司马子长墓

《注》文所记:"又东南迳华池南,池方三百六十步,在夏阳城西北四里许。"故司马迁《碑文》云:"高门华池,在兹夏阳。……又历高阳宫北,又东南迳司马子长墓北,墓前有庙,庙前有碑。永嘉四年,汉阳太守殷济瞻仰遗文,大其功德,遂建石室,立碑树桓。《太史公自叙》曰:迁生于龙门,是其坟墟所在矣。"

说明

司马迁(前145—约前86),字子长。是我国古代的大史家,《二十四史》即以他的《史记》为首。但现在所传之墓,真假莫辨。只有"司马迁祠",在陕西省韩城市芝川镇南原上,北距龙门约40公里。指建于晋永嘉三年(与郦说相差一年),为四层高台。前殿三台为五代初所建,后一台为宋元时代所建的司马迁衣冠冢。虽非真冢,但不失为一个有价值的旅游景点,供游客凭吊。

子夏陵

《注》文所记:"其水东南迳子夏陵北,东入河。河水又南迳子夏石室东,南北有二石室,侧临河崖,即子夏庙室也。"

说明

此子夏石室当然不是上述三累山石室,因三累山在今陕西合阳县东南,而此石室在今陕西韩城。但后人为其建立庙室,说明子夏庙室,也说明他确实受人尊敬。至于"子夏陵"是否他的冢墓,也不得而知。这些古迹现在都已不存,当地的旅游业领导,应加以恢复。

蒲坂

《注》文在《经》文"又南过汾阳县西"下说:"河水又南迳陶城西,舜陶河滨,皇甫士安以为定陶,不在此也。然陶城在蒲坂城北,城,即舜所都也。"《注》文在下一条《经》文"又南过蒲坂县西"说:"薛瓒《注汉书》曰:《秦世家》以垣为蒲反,然则本非蒲也。皇甫谧曰:舜所都也,或言蒲反,或言平阳及潘者也。今城中有舜庙。"

说明

舜是中国古代的传说人物。我国不少地方都有舜迹。郦注以后还要记及舜都在上虞(今浙江省)。此处所记的蒲坂在今山西省永济县附近。作为一个传说人物,舜庙当然是传说古迹。今南方和北方的舜庙,都应加以保护,作为一个景点,对旅游业都算一种点缀,既是自古流传的传说,旅游业不是历史学,不必多作考究。在这条《注》文中,又记及:"河水南迳雷首山西,山临大河,北去蒲坂三十里,《尚书》所谓壶口、雷首者也,俗亦谓之尧山,山上有故城,世又曰尧城。阚骃曰:蒲坂,尧都。按《地理志》曰:县有尧山、首山祠,雷首山在南。事有似而非,非而似,千载眇邈,非所详耳。"郦氏说了"事有似而非"几句,说明了这些传说古迹的事,不必过于深究。郦注以下也要述及尧在余姚(今浙江省)。按今日旅游业的发展趋势,这类传说古迹,都应加以保留。

华岳

黄河在今山西、陕西两省之间,由北而南而下,至风陵渡,因华山之阻,折而东流。《注》文引左丘明《国语》:"华岳本一山挡河,河水过而曲行,河神巨灵,手荡脚踏,开而为两,今掌足之迹,仍存华岩。"

说明

《经》文在此黄河南流东折处,引此一段,虽然语涉"河神巨灵"等于现代科学绝不符合之语,但这一段文字对这一段河流的描述,确是令读者为之拍案叫绝的千古文章。郦道元的写景技巧,在录入《国语》这一段中,也确实发挥尽致了。

华山

《注》文仍称"华岳"。郦氏当年必升登此山,故记叙非常详尽。全文从"常有好事之士,故升华岳而观厥迹也"起至"事难详载"共300余言,即自此山下庙记至山顶,其中如中祠、南祠、北君祠、百丈崖、胡越寺等直到山顶。其间一切名胜古迹,都备载无遗。而且记及其间里程,如"从此南入谷七里,又居一祠,谓之石养父母"、"度此二里,便届山顶",等等。北魏时代华山的一切名胜古迹,都已记叙无遗了。

说明

华山是中国名山中的五岳之一,以其地理位置在五岳中偏西,故称"西岳"。至今仍是旅游者的重要攀登名山,而且在五岳之中,此山以险峻著名。今此山已为旅游经营者做了各种修饰。郦氏《注》文中所叙内容已经甚有不同。这当然是一种进步。不过郦注名篇,所叙也不宜弃置。如能在山下总的介绍中,加入郦氏这一段文字,或许更能锦上添花。

函谷关

《注》文所记:"河水自潼关东北流,水侧有长坂,谓之黄巷坂,坂傍绝涧,陟此坂以升潼关,所谓溯黄巷以济潼矣。历北出东崤,通谓之函谷关也。邃岸天高,空谷幽深,涧道之峡,车不方轨,号曰天险。故《西京赋》曰:岩嶮周固,衿带易守,所谓秦得百二,并吞诸侯也。是以王元说隗嚣曰:请以一丸泥,东封函谷关,图王不成,其弊足霸矣。"

说明

函谷关是战国时所置,在今河南省灵宝市东北。当时是十分险要的关隘。但今已道路四通,属于已经不存的古迹。宜在此树碑,录入郦注原文,使成一处景点。

风陵

《注》文记及："宋武帝入长安,檀道济、王镇恶,或据山为营,或平地结垒,为大小七营,滨带河险,姚氏亦保据山原陵阜之上,尚传故迹矣。关之直北,隔河有层阜,巍然独秀,孤峙河阳,世谓之风陵,戴延之谓之风堆者也。"

说明

即今风陵渡。在山西省芮城县西南三十余公里的风陵渡镇以南。黄河古来的许多津渡包括地名都已消失。但此渡不仅地名仍存,而且尚有津渡功能,所以应作为一处现在的古迹。经此一渡,即入河南省境。

铜翁仲

《注》文记叙此铜翁仲故事甚详:"西北带河,水涌起方数十丈,有物居水中。父老云,铜翁仲所没处,又云,石虎载经于此沉没,二物并存,水所以涌,所未详也。或云,翁仲头髻常出,水之涨减,恒与水齐。晋军当至,髻不复出,今唯见水异耳。嗟嗟有声,声闻数里。按秦始皇二十六年,长狄十二见于临洮,长五丈余,以为善祥,铸金人十二以象之,各重二十四万斤,坐之宫门之前,谓之'金狄'。……汉自阿房徙之未央宫前,俗谓之'翁仲'矣。地皇二年,王莽梦铜人泣,恶之,念铜人铭有皇帝初兼天下文,使尚方工镌灭所梦铜人膺文。后董卓毁其九为钱。其在者三,魏明帝欲徙之洛阳,重不可胜,至霸水西停之。《汉晋春秋》曰:或言'金狄'泣,故留之。石虎取置邺宫,苻坚又徙之长安,毁二为钱,其一未至而苻坚乱,百姓推置陕北河中,于是金狄灭。"

说明

"石翁仲"、"金狄",按上面"注"文所记,故事逼真,在郦氏以前这是一处传闻甚广和说法甚多的古迹。但郦氏在记叙了此古迹的由来以后,《注》文最后说出了郦氏的意见:"宋以为鸿河巨渎,故应不为细梗颠湍;长津硕浪,无宜以微物屯流。斯水之所以涛波者,盖《史记》所云:魏文侯二十六年,虢山崩,壅河所致耳。"所以这其实是一处传说古迹,其实并无所谓"铜翁仲"和"金狄"之类。郦氏读书认真,分辨明确,才能让这种传说而并不存在的古迹真相大白。《水经注》全书中,像这样一类名为古迹,其实在当时就并不存在的尚有不少,读郦者宜加留意。

傅岩

《注》文记及:"河水又东,沙涧水注之,水北出虞山,东南迳傅岩,历傅说隐室前,俗名之为圣人窟。孔安国《传》:傅说隐于虞、虢之间,即此处也。"

说明

按傅说,商代人,商王武丁辅佐,其名与伊尹相伯仲。但出身微贱,隐于今山西省平陆的山间,即《注》文引孔《传》的"虞、虢之间"。后为武丁发现,举以为相。当年其隐居之处,因以傅岩为名。此虽为确实的古迹。但年代邈远,也有传说的可能。

砥柱

《注》文记及:"砥柱,山名也。昔禹治洪水,山陵当水者凿之,故破山以通河。河水分流,包山而过,山见水中若柱然,故曰砥柱也。三穿既决,水流疏分,指状表目,亦谓之三门矣。"郦注在此下,还记叙了一些神话故事,此处不录。

说明

砥柱又名底柱,此山最早见于《禹贡》,导河积石,"东至于底柱"。实为黄河中的礁石,古人称中间的为神门,南北二端的各为鬼门和人门,所以这个河段又称三门。而砥柱山亦称三门山。位于今河南省陕西东北。以往曾是河中之险,但今早已凿平,木船可安然驶过。是一处确曾存在的名胜古迹。"底柱"这个词汇则常为后人撰文时使用,所谓"中流砥柱",是刚正坚强之意。

五户

《注》文记及:"自砥柱以下,五户以上,其间百二十里,河中竦石杰出,势连襄陆,盖亦禹凿以通河,疑此阏流也。其山虽辟,尚梗湍流,激石云洄,澴波怒溢,合有十九滩,水流迅急,势同三峡,破害舟船,自古所患。汉鸿嘉四年,杨焉言从河上下,患砥柱隘,可镌广之。上乃令焉镌之。裁没水中,不能复去,而令水益湍怒,害甚平日。魏景初二年二月,帝遣都督沙丘部,监运谏议大夫寇慈,帅工五千人,岁常修治,以平河阻。晋泰始三年正月,武帝遣监运大中大夫赵国、都匠中郎将河东乐世,帅众五千余人,修治河滩,事见《五户祠铭》。虽世代加功,水流濒济,涛波尚屯,及其商舟是此,鲜不踟蹰难济,故有众峡诸滩之言。五户,滩名也。有神祠,通谓之五户将军,亦不知所以也。"

说明

这是黄河中游在古代木船航行的险峻河段,如郦氏所记,历代曾用了很大力量,让这一段减免航行之险,但奏效都不甚显著。这当然是因为古代工程技术不高之故。现在此段已经不是如郦所言:"势同三峡",木船已可顺利通航了。但由于黄河不如长江,加上下游经常改道,航行之事,素来不是此河之要。

鼓钟上峡悬洪

《注》文记及："其水南流,历鼓钟上峡,悬洪五丈,飞流注壑,夹岸深高,壁立直上,轻崖秀举,百有余丈。峰次青松,岩悬赪石,于中历落,有翠柏生焉。丹青绮分,望若图绣矣。"

说明

《注》文所记"轻崖秀举,百有余丈",所指为鼓钟山,一座并不很高的山,郦氏写得生动而引人入胜。此山在今山西垣曲县东。但所记的瀑布,"悬洪五丈",现在因山形与水源的变化,已经分散,鼓钟山尚有几处小瀑布,有的仅是滴水崖间,与郦氏所见已经有异,但仍然不失为一处名胜。

卷五 河水

夷齐之庙

《注》文记及:"河水南对首阳山,《春秋》所谓首戴也。《夷齐之歌》所以曰登彼西山矣。上有夷齐之庙,前有二碑。并是后汉河南尹广陵陈导、雒阳令徐循与处士平苏腾、南阳何进等立,事见其碑。"

说明

首阳山在今河南省偃师市西北。按夷齐指伯夷、叔齐两人,是商代末叶孤竹君之子;传说两人均以贤达著称,故为后人称颂树碑。今已不存,碑文也已不见。时虽邈远,但因都被传颂为贤达之人,所以最好能在原处或附近重树一碑,以古喻今,对当今世道具有提倡贤达为人的教育意义。

大伾山

《注》文记及:"河水又东迳成皋大伾山下,《尔雅》曰:山一成谓之伾。……《尚书·禹贡》曰:过洛汭,至大伾者也。郑康成曰:地喉也,沇出伾际矣。在河内修武、武德之界,济沇之水与荥播泽出于此。然则大伾即是山矣。伾北,即《经》所谓济水从北来注之者也。"

说明

大伾山在今河南省浚县城东南。是现在尚存的名胜古迹。山上今仍有道观佛寺甚多,并有碑刻数百处,山势崇高,上多苍松翠柏。是黄河中游的一处游览胜地。

虎牢

《注》文引《穆天子传》:"天子射鸟猎兽于郑圃,命虞人掠林,有虎在于葭中,天子将至,七萃之士高奔戎生捕虎而献之天子,命之为柙,畜之东虢,是曰虎牢矣。……魏攻北司州刺史毛祖德于虎牢,战经二百日,不克。城唯一井,井深四十丈,山势峻峭,不容防捍,潜作地道取井。余顷因公至彼,故往寻之,其穴处犹存。"

说明

虎牢在今河南省荥阳市西北 18 公里的汜水镇西。是一处有名的古战场,当然属于古迹。清末以前还存清初镌立的"虎牢关"石碑,不知现尚存否,如已不存,应予恢复。从《注》文可知,郦道元不仅文字技巧高明,而且也是一位勤奋于学术的人。他自述:"余顷因公至彼,故往寻之,其穴处犹存。"足见他是利用一切机会,寻觅各处古迹。《水经注》中包容了这许多内容,就是他勤奋为学的成果。

王景河堤

《注》文所记:"汉明帝永平十二年,议治汴渠,上乃引乐浪人王景问水形便,景陈利害,应对敏捷,帝甚善之,乃赐《山海经》、《河渠书》、《禹贡图》及以钱币。后作堤,发卒数十万,诏景与将作谒者王吴治渠,筑堤防修堨,起自荥阳,东至千乘海口,千有余里。景乃商度地势,凿山开涧,防遏冲要,疏决壅积,十里一水门,更相回注,无复渗漏之患。明年渠成,帝亲巡行,诏滨河郡国置河堤员吏,如西京旧制。景由是显名,王吴及诸从事者,皆增秩一等。顺帝阳嘉中,又自汴口以东,缘河积石,为堰通渠,咸曰金堤。灵帝建宁中,又增修石门,以遏渠口,水盛则通注,津耗则辍流。"

说明

王景当然是一位水利专家。当年主持这项黄河水利工程的除了王景,重要的参与者还有王吴及其他若干人物。但历史上往往以王景河堤相称,其实并不公平,但反正《注》文已叙清了整个过程,王吴等人也是"增秩一等"。问题是对于黄河的这个巨大工程,至今连黄委会的工程人员也颇难理解。筑堤要东达"千乘海口",千乘在山东高青县东南高城镇北十余公里。如此千余里的长堤,即使是"发卒数十万",居然只花一年时间就完成,哪里来的这许多建筑材料? 而且《注》文所谓"凿山开涧,防遏冲要,疏决壅积,十里一水门,无复渗漏之患",这样的工程,现在的工程人员,也很难理解。不过事实说明,汉明帝确实要以王景为主的一批工程人员修治了黄河,而且的确筑过一条堤防。后来汉顺帝又从事修治,而且把重修的河堤称为"金堤"。所以从汉明帝开始,由于黄中下游的河患加剧,后来人们所说:黄河是汉族的摇篮,也是汉族的忧患。此话确实不无道理。

八激堤

《注》文记及:"河水又东迳八激堤北。汉安帝永初七年,令谒者太山于岑,于石门东积石八所,皆如小山,以捍冲波,谓之八激堤。"

说明

此处《注》文记及的"石门",因黄河中下游地名称为"石门"的很多。但《注》文在此前记及"河及于崮",此"崮"在今河南省原阳县西。所以此石门当在今山西省运城县解州东南。也可能在今河南省荥阳市东北的济水之上。因在下游今山东境内黄河沿岸地名称石门者有四五处之多,此石门必在黄河中游。于岑筑河堤,与上述记叙王景筑堤和汉安帝时的"金堤"不同,《注》文记及了建筑材料,即所谓"积石八所"。但所谓"皆如小山"的石块,估计都是堆叠在黄河易于决口之处,以大量堆石,阻遏黄河的决口。按当时的情况,以这大量石块沿河筑堤还不可能,所以只好用这现在看来是笨办法的措施。积石而"皆如小山",工程量当然是很大的。但黄河以后曾数次改道,八激堤当然早已不存,是历史古迹了。

九河

《注》文所记:"《尚书·禹贡》曰:北过降水。不遵其道曰降,亦曰溃。至于大陆,北播为九河。《风俗通》曰:河播也,播为九河自此始也。《禹贡》沇州:九河既道,谓徒骇、太史、马颊、覆釜、胡苏、简、洁、句盘、鬲津也,同为逆河。郑玄曰:下尾合曰逆河,言相迎受矣。盖疏润下之势,以通河海。"

说明

《注》文说:"至于大陆,北播为九河。"大陆是什么地方?按《禹贡锥指》卷十八"九泽既陂"引《吕氏春秋》"九薮":"晋之大陆。"大陆是指的一处泽薮。所以在战国时代,黄河从今晋、豫二省间,就"北播为九河"。"九河",按自然地理学是河流在河口三角洲的现象。河流在入海以前,枝道错杂,古人不明白这种现象,把此称为"九河",既称"九河",就又为这"九河"定出河名。其实河口三角洲的支流,错杂多变,其数也不一定是"九"。但这里可以说明,当时的海岸,较后代要偏西甚多,今冀鲁两省的海岸东伸,是黄河的巨大输沙量堆积的成果。

阿胶

《注》文所记:"大城北门内西侧,皋上有大井,其巨若轮,深六七丈,岁常煮胶,以贡天府,《本草》所谓阿胶也,故世俗有阿井之名。"

说明

在古东阿县城,即今山东省阳谷县东北阿城镇。说明这个古迹由来已久,而至今尚存。"阿胶"至今仍由此井水煮作,也仍为市上的一种补品。

伏生墓

《注》文记及:"漯水又东迳汉征君伏生墓南,碑碣尚存,以明《经》为秦博士,秦坑儒士,伏生隐焉。汉兴,教于齐鲁之间,撰《五经》、《尚书大传》,文帝安车征之,年老不行,乃使掌故欧阳生等受《尚书》于征君,号曰伏生者也。"

说明

当年秦始皇的焚坑,他是有对象的,只是针对儒学的《五经》,并不是后来不论一切的所谓"破四旧"。伏生确实在秦始皇焚坑之列,但他居然隐存下来,使《五经》不绝,比以后的"破四旧"时代侥幸得多了。而又遇汉文帝这样的崇尚儒学的明君,能够敬视他,而且差人到他处口授笔录,使《古文尚书》得以流传。也说明了华夏文化是根绝不了的,只是后来人竟数典忘祖,没有接受历史的教训。《古文尚书》为伏生所传,也算得是一种难得的古迹。

碣石

《注》文引《山海经》:"碣石之山,绳水出焉,东流注于河。"河之入海,旧在碣石,今川流所导,非禹渎也。《禹贡》也说:"夹右碣石入于河。"碣石是山名,在今河北省昌黎县西北仙台山。说明黄河下流南北摆动,也曾于此山入海。所以在黄河史上,今碣石山也是一处古迹。

卷六　汾水　浍水　涑水　文水　原公水　洞过水　晋水　湛水

汾水　介子推祠

《注》文所记："汾水西迳晋阳城南,旧有介子推祠,祠前有碑,庙宇倾颓,惟单碑独存矣,今文字剥落,无可寻也。"

说明

由《注》文可知,当郦氏年代,此介子推祠已经庙宇倾颓,碑虽能存,但已经"文字剥落,无可寻也"。按晋阳在今山西省太原市西南古城营。像介子推这样的人,应该值得历代中国人的推崇。建祠不易,树碑不难,今日仍有价值在此树碑。碑文既在北魏时就"文字剥落"。但今日仍在此树碑,说明介子推其人其事,这是一处仍存古迹,对游客具有教育意义。以下《注》文在介休县记及石桐寺,也就是介子推祠,介子推是晋人,晋地几处为他设祠,足见他的影响深厚。

晋祠

今卷六《晋水》有佚文,《古文尚书疏证》曾记及:"晋祠之泉,郦注已详。"而《方舆纪要》卷四〇,山西二,太原府,太原县,台骀泽仍留原文:"晋祠南有难老、善利二泉,大旱不涸,隆冬不冻,溉田百余顷。又有泉出祠下,曰滴沥泉,潴为晋泽。"但今本《晋水注》已佚此文。以致晋祠之名也不见于郦注。晋祠至今仍是著名的名胜古迹。位于太原市西南 25 公里悬瓮山下晋水发源之处。就在郦氏所在的北魏始建。其实郦氏在《晋水注》中所引《山海经》："悬瓮之山，晋水出焉……其川上溯，后人踵其遗迹，蓄以为沼，沼西际山枕水，有唐叔虞。水侧有凉堂，结飞梁于水上，左右杂树交荫，希见曦景，至有谣朋密友，羁游宦子，莫不寻梁契集，用相娱慰，于晋川之中，最为胜处。"此处所叙，即是晋的一部分，不过郦注佚文中的难老、善利两泉，现在已经干涸，不过环境幽雅，布局更新，是晋省的重要胜境。

卷七 济水

陶

《注》文记及："战国之世，范蠡既雪会稽之耻，乃变姓名寓于陶，为朱公。以陶天下之中，诸侯四通，货物之所交易也。治产至千金，富好行德，子孙修业，遂致巨万，故言富者，皆曰陶朱公也。"

说明

范蠡在陶致富，其实并不是"以陶天下之中"的缘故，还是因为他善于经营。而且几次积财散财，深得人心。所以他既能治国，又能济人，受人称颂。今陶朱公墓在山东省西北肥城之郊，墓位于一座小山之上，墓不甚可观，但肥城市政协每年都在墓前举行祭祀典礼。所以这是一处古老的战国古迹，而至今尚存，受到后人的崇敬。我曾应肥城市政协之邀，于上世纪90年代之初参与主祭。不料经办者要我即席题诗。我一时手足无措，遂仿采石矶之旧："陶山两麓一堆土，朱公之名高千古，假冒伪劣皆辟易，留得真金不怕火。"无非是一首临急应付，仿前人之作，却受到当时周围参祭者的称赞，殊不敢当。肥城以桃著名，当时正是桃花盛开季节，我家至仍留有一帧我们夫妇在桃花林中的放大照片。是年秋，该市政协主席竟以罐装肥城桃汁亲自送到杭州，殊不敢当。但范蠡因积财散财，周济贫民。故自战国至今，仍每年都有祭典，近代为官者，足为鉴戒也。

卷八　济水

蘧伯玉冈

《注》文记及："又有长罗冈、蘧伯玉冈。《陈留风俗传》云：长垣县有蘧伯乡，一名新乡，有蘧亭、伯玉祠、伯玉冢。曹大家《东征赋》曰：到长垣之境界兮，察农野之居民；睹蒲城之丘墟兮，生荆棘之榛榛；蘧氏在城之东南兮，民亦向其丘坟；惟令德之不朽兮，身既没而名存。"按蘧伯玉，名瑗，春秋末卫国大夫，其为人善于自律自检。行年五十时，而自检前四十九年之过。所以众人拥戴，名存千古。这类古迹，今已均不在。但如今提倡所谓批评与自我批评，结果常常是一句空话。而蘧伯玉对此，确实是做到家了。所以从春秋直到北魏，他的丘墓尚存，而以他姓名命名的古迹又比比皆是，按长垣在今河南省长垣县东北。蘧氏古迹，实应予以修复，或在近处树碑之传，以作今日为官者之鉴戒。

按《水经注》济水，实在是因《禹贡》的"导沇水，东流为济，入于河。溢为荥"，而不得不把黄河以北的枝流沇水，和以南的荥水，合成济水。其实是两条不同的河流。而此二水中，可名胜既不多，留传的古迹也少，仅如所记而已。

卷九　清水　沁水　淇水　荡水　洹水

清水　黑山

此是清水发源之处，《注》文所记："黑山在县北白鹿山东，清水所出也。上承诸陂散泉，积以成川，南流西南屈，瀑布乘岩，悬河注壑二十余丈。雷赴之声，震动山谷，左右石壁层深，兽迹不交，隍中山水雾合，视不见底，南峰北岭，多结禅栖之士；东岩西谷，又是刹灵之图，竹柏之怀，与神心妙远，仁智之性，共山水效深，更为胜处也。"

说明

黑山在今河南省辉县市北，黑水所出，南流入黄河。《注》文记叙此水发源处山川风景，写得细致生动，令人百读不厌，是当时的一处山间胜境。但恐怕眼下已经不再存在，只能在郦注中欣赏这一名胜了。

七贤祠

《注》文所记："长泉水（重泉水）……又迳七贤祠东，左右筠篁列植，冬夏不变贞萋，魏步兵校尉陈留阮籍、中散大夫谯国嵇康、晋司徒河内山涛、司徒琅琊王戎、黄门郎河内向秀、建威参军沛国刘伶、始平太守阮咸等，同居山阳，结自得之游，时人号之'竹林七贤'。向子期所谓山阳旧居也，后人立庙于其处，庙南又有一泉，东南流注于长泉水。"

说明

此处《注》文所叙的所谓"竹林七贤",此七人,都曾为官,但能恪守"仕而优则学,学而优则仕"的品德,退官以后,由于志趣相似而聚居在一处,其操行可为后代文化人的表率。所以"竹林七贤",既是我国文化上的一种佳话,也可作为我国的一种文化遗产。后人为他们建立祠庙,也是因为对他们的品行赞同之举。此庙不知今尚残存否,宜加以修建,至少也应在原处树碑立碣。作为对后代文人无行者的一种警示,而且由于"竹林七贤"之名传颂甚久,此处显然可以成为一个旅游景点。

沁水　沁口石门

《注》文所记:"沁水南迳石门,谓之沁口。……石门是晋安平献王司马孚之为魏野王典农中郎将之所造也。按其表云:臣孚言,臣被明诏,兴河内水利。臣既到,检行沁水,源出铜鞮山,屈曲周回,水道九百里。自太行以西,王屋以东,层岩高峻,天时霖雨,众谷走水,小石漂进,木门朽败,稻田泛滥,岁功不成,臣辄按行,去堰五里以外,方石可得数万余枚。臣以为累方石为门,若天旸旱,增堰进水,若天霖雨,陂泽充溢,则闭防断水,空渠衍涝,足以成河。云雨由人,经国之谋,暂劳永逸。圣王所许,愿陛下特出臣表,敕大司农府给人工,勿使稽延,以赞时要。臣孚言,诏书听许。于是夹岸累石,结以为门,用代木门枋,故石门旧有枋口之称矣。溉田顷亩之数,间二岁月之功,事见门侧石铭矣。"

说明

沁水即今沁河,发源于山西,在今河南省武陟县附近注入黄河。沁口石门在当年确实为晋、豫两省的农业提供了抗旱御涝的功效。是历史上的一种值得称道的水利工程。也是一项值得纪念的水利古迹。现在当然已经不再存在,但实在仍应在原处树立碑传,录入《水经注》所记文字,为旅游者们增长历史上的水利知识,并纪念对此有功的循吏。

白起台

《注》文引《史记》:"秦使左庶长王龁攻韩,取上党,上党民走赵,赵军长平,使廉颇为将,后遣马服君之子赵括代之。秦密使武安君白起攻之,括四十万众降起,起坑之于此。《上党记》曰:长平城在郡之南,秦垒在城西,二军共食流水,涧相去五里,秦坑赵众,收头颅筑台于垒中,因为台,崔嵬桀起,今仍号之曰白起台。"

说明

"白起台"说明了古代战争的残酷。"括四十万众降起,起坑之于此"。这是何等残酷的举措。中国人民在内外战争中,被残酷屠杀时,真是不堪回首。"扬州十日","嘉定三屠",更为举国震惊的"南京大屠杀",实在都应为世代所诅咒,永志不忘。上述屠杀,当然都是在战争中发生的。时至近代,在没有战争的和平年代,竟也有嗜杀成性的而又手握生杀大权者,以杀人为乐。"阶级斗争,一抓就灵"。痛定思痛,实在不堪回首。古往今来,在战争时期或和平年代的嗜杀之人,都应永入史册,受到历史的无情谴责,让后人对这等杀人魔王的痛恨。按长平今在山西省高平市西北 10 公里王报村。"白起台"这个古代的残酷古迹当然不再存在。但现实也有必要在其处树碑,说明实况,谴责战争的残酷性。

淇水　沮洳山

《注》文引《山海经》:"淇水出沮洳山。水出山侧,颓波漰注,冲激横山。山上合下开,可减六七十步,巨石磥砢,交织隍涧,倾澜济荡,势同雷转,激水散氛,暧若雾合。"

说明

淇水原为黄河支流之一。后因在此作了水利工程,使此水成为海河水系卫河的支流,其实在后汉建安九年,《注》有所说明。上列一段,《注》文专述其发源处沮洳山的风景,文字生动,其地确实是古代的名胜。

骆驼谷

《注》文所记:"又东流与美沟合,水出朝歌西北大岭下,东流迳骆驼谷,于中逶迤九十曲,故俗有美沟之名矣。历十二崿,崿流相承泉响不断,返水捍注,卷复深隍,隍间积石千通,水穴万变,观者若思不周赏,情乏图状矣。"

说明

《注》文从朝歌城附近的美沟写到骆驼谷,水道曲折,有 90 曲之多,又有 12 崿。这美沟奔流于骆驼谷之间,千万景致,都在郦氏笔下。诵读此文,虽已历 1000 多年,但曾为流连于骆驼谷中。诵读这样的文章,真是一种高尚的享受。按朝歌属河内郡,治所在今河南省淇水。此水原是黄河以北南注黄河的支流,但以后由于人工立枋改道,成为海河流域的卫河支流。卫河本身也经过疏导成为南运河。所以骆驼谷的 90 曲和 12 崿美景,以后当不存在,郦注神笔所叙,已属不存的古代名胜。

卷十　浊漳水　清漳水

浊漳水　邺西三台

邺是春秋齐邑，在今河北省临漳县西南邺镇。建安十八年(213)，曹操为魏王，定都于此，从而大事修建。《注》文所记："城之西北有三台，皆因城为之基，巍然崇举，其高若山，建安十五年魏武所起"，但到了郦氏时代，已经"平坦略尽"了。"三台"，据《注》文，是铜雀台、金虎台、冰井台。其中以铜雀台最高而伟。《注》文并记及石虎的加工："又筑铜雀于楼巅，舒翼若飞。"今三台当然早已不存，属于历史上的古迹了。

邺城

曹操是个野心家，他当年曾有兼并江南，立朝称帝的抱负。所以他对邺城的修建，确实不遗余力。《注》文记及："左思《魏都赋》曰：三台列峙而峥嵘者也。城有七门，南曰凤阳门，中曰中阳门，次曰广阳门，东曰建春门，北曰广德门，次曰厩门，西曰金明门，一曰白门。"魏武如此建城，俨然有帝都之意。后又经石虎增建，《注》文记叙甚详。现在虽均已不存，但古籍中记叙一个其实并不重要的城市，藉郦氏而留下了当年全貌，成为现代研究古代城市地理的完备资料。虽然这些都已成历史上的古迹，但在现代的城市地理研究中，仍不失为一种有价值的文献。

祭陌

此为战国邺城郊外浊漳河边的一个小地名,但在此却出了举世流传的大故事。即西门豹揭实所谓"河伯娶妇"的荒唐淫祀,这种淫祀,谋财害命,而皆出于地方恶势力之所为。《注》文所记:"漳水又北迳祭陌西,战国之世,俗巫为河伯取妇,祭于此陌。魏文侯时,西门豹为邺令,约诸三老曰:为河伯娶妇,幸来告知,吾欲送女。皆曰:诺。至时,三老、廷掾,赋敛百姓,取钱百万,巫觋行里中,有好女者,祝当为河伯妇,以钱三万聘女,沐浴脂粉如嫁状。豹往会之,三老、巫、掾与民咸集赴观。巫妪年七十,从十女弟子。豹呼妇视之,以为非妙,令巫妪入报河伯。投巫於河中。有顷曰:何久也? 又令三弟子及三老入白,并投于河。豹磬折曰:三老不来,奈何? 复曰使廷掾、豪长趣之。皆叩头流血,乞不为河伯取妇。淫祀虽断,地留祭陌之称也。"按西门豹是战国初魏国人,魏文侯时任邺令。《注》文也曾记及他在邺兴修水利之事:"昔魏文侯以西门豹为邺令也,引漳以溉邺,民赖其用。"所以西门豹治邺,不仅除恶,而且兴利,是一位真正为人民服务的循吏。当然,"祭陌"之类都早已不存,属于历史上的古迹了。

临漳宫

《注》文所记:"漳水又对赵氏临漳宫。宫在桑梓苑,多桑木,故苑有其名。三月三日始蚕之月,虎帅皇后及夫人采桑于此。今地有遗桑,墉无尺雉矣。"

说明

由于气候的变化,中国在古代北方多桑林,发展了蚕桑业。所以《注》文述北方以"桑"为名的地名甚多,而著名的"丝绸之路",其路径也从洛阳西迤,经新疆、中亚而到达地中海边。以后由于气候变化,北方趋于寒冷,而南方开拓,气候更宜于植桑饲蚕。所以自宋代以后,蚕桑业逐渐南移,太阳流域、珠江三角洲、成都平原成为全国的三大蚕桑中心。从《注》文来看,当时北方的蚕桑业不仅发达,而朝廷也很为重视,所以在三月始蚕之时,石虎要亲自率皇后及嫔妃前往采桑,作为民间的表率。

铜马祠

《注》文记叙:"又迳铜马祠东,汉光武庙也。更始三年秋,光武追铜马于馆陶,大破之,遂降之。贼不自安,世祖令其归营,乃轻骑行其垒,贼乃相谓曰:萧王推赤心置人腹中,安得不投死乎? 遂将降人分至诸将,众数十万人,故关西号世祖为铜马帝也,祠取名焉。"

说明

此处"铜马",指当时今河北一带的农民起义军。按王莽篡位,国人不服,形势甚乱,各地起义军甚多,以"铜马军"人数最多,势力最大,后皆为汉光武帝刘秀所敉平。足见当年刘秀能在此全国大乱之中,东征西伐,平定全国,继续汉统,可谓得来不易。铜马军投降,"众数十万人",足见在当时的起义军中势力强大。但刘秀采用对降人推心置腹的态度,故事态遂即安定,汉光武帝为东汉始祖。凡其征战之处,为他建祠立庙的甚多。后均多废置,故此处被称为"铜马帝"的光武庙,当已不存,属于历史上的古迹了。

卷十一　易水　滱水

易水　　燕王仙台

名为"仙台"。实际上是风景特致的山峰，即《注》文所记的广昌县的郎山。《注》文所记："易水出代郡广昌县东南郎山东北燕王仙台东。台有三峰，甚为崇峻，腾云冠峰，高霞翼岭，岫壑冲深，含烟罩雾。耆旧言，燕昭王求仙处。"

说明

此郎山在今河北省易县西南40余公里。由于郎山有秀丽挺拔的3座山峰，在郦氏笔下，又写得愈益动人。而燕昭王据传曾到过此处，所以此后民间传此为"燕王仙台"，其实是由于此山峰的峻拔可观。这是一处当地的名胜。而山不同于水，多能长存不改其伟观。至今想必存在。当地旅游业经营者，可以藉《水经注》所记，仍以"燕王仙台"为名，加以开发利用，以这名胜又是古迹作为一个旅游景点。

易

易为战国赵地，后又属燕，今在河北省雄县西北不远的古贤村。燕太子丹遣荆轲刺秦王的故事就发生于此。《注》文记叙："阚骃称太子丹遣荆轲刺秦王，与宾客知谋者，祖道皆于易水之上。《燕丹子》称，荆轲入秦，太子与知谋者，皆素衣冠送之于易水之上。荆轲起为寿，歌曰：风萧萧兮易水寒，壮士一去兮不复还！高渐离击筑，宋如意和之。为壮声,士发皆冲冠,为哀声,士皆流涕,疑于此也。"但郦道元对此地尚存怀疑,《注》文又说:"余按旧传遗迹,多在武阳,似不钱此也。"按武阳亦为燕地,是燕的下都,在今河北省易县东南武阳台村。荆轲刺秦王,结果是在秦王殿上所谓"图穷首见"而败露,行刺不成,自身受戮。是我国历史上流传的一个故事。易水临行之歌,历史上甚为有名,也算得是一个长期流传的古迹。当然,这是一种文化上的古迹。

滱水　阳城淀

《注》文所记:"博水又东南迳穀梁亭南,又东迳阳城县,散为泽渚,渚水潴涨,方广数里,匪直蒲笋是丰,实亦偏饶菱藕,至若娈婉卯童,及弱年崽子,或单舟采菱,或叠舸折芰,长歌阳春,爰深绿水,掇拾者不言疲,谣咏者自流响,于时行旅过瞩,亦有慰于羁望矣,世谓之为阳城淀也。"

说明

按阳城县在今河南省登封市东南 10 余公里的谷城镇。不过是一个"方广数里"的小小池沼,在郦氏笔下,却能写得如此生动活泼,成为一处儿童玩乐采集的胜境。在当时显然成为一处名胜。小小一处池沼,当然早已湮废,但因郦注而留下了"阳城淀"之名,属于历史上的名胜。

石门

《注》文所记:"徐水又东南流历石门中,世俗谓之龙门也。其山上合下开,开处高六丈,水历其间,南出乘崖,倾涧泄注,七丈有余,济荡之音,奇为壮猛,触石成井,水深不测,素波自激,涛襄四陆,瞰之者惊神,临之者骇魄矣。"

说明

《注》文记叙的是一处瀑布,因其流迳石门,所以可称石门瀑布。一处"七丈有余"的瀑布,也算得是大瀑布了,"世俗谓之龙门也"。正是因为瀑布大而壮观,所以世俗以龙门瀑布相比。按现代自然地理学,急湍的瀑布,瀑布下由于受到长期的冲激,可以形成深渊。现代自然地理学上称为"泷壶",《注》文所谓"触石成井,水深不测",即是此石门瀑布下所形成的泷壶。由于这个地区历来水文的变化很大,这处石门瀑布现在当已不存,属于历史上的名胜了。

卷十二　圣水　巨马水

圣水　大防岭石穴

《注》文记叙："水出郡之西南圣水谷，东南迳大防岭之东首山下，有石穴，东北洞开，高广四五丈，入穴更为崇深。穴中有水，耆旧传言，昔有沙门释惠弥者，好精物隐，尝篝火寻之，傍水入穴三里，有余穴分为二：一穴殊小，西北出，不知趣诣；一穴西南出，入穴经五六日方还，又不测穷深，其水夏冷冬温，春秋有白鱼出穴，数日而返。人有采捕食者，美珍常味，盖亦丙穴嘉鱼之类也。"

说明

《注》文所记的当然是一处石灰岩洞穴。《注》文中的所谓"盖亦丙穴嘉鱼之类也"，其文见此书卷二十七《沔水注》："襄水又东南得丙水口，水上承丙穴，穴出嘉鱼，常以三月出，十月入。地穴口广五六尺，去平地七八尺，有泉悬注，鱼自穴下透入水。穴口向丙，故曰丙穴，下注襄水"。从《注》文中，可见此溶洞中有地下河，所以与情况相似的襄水丙穴相比。所说"夏冷冬温"，这是石灰岩溶洞中地下河的普遍现象。至于从这类地下河中所得的鱼"美珍常味"。这是由于人们得鱼于地下河的特殊感受，其实是一种好奇心所致。石灰岩溶洞一般不会崩坍湮废，所以这处名胜，可能仍留在当地，应加以保护以供旅游。

巨马水　藏刀山

《注》所记："涞水又南迳藏刀山下，层岩壁立，直上干霄，远望崖侧，有若积刀，镮镮相比，咸悉西首。"

说明

《注》文曾说明此藏刀山在榆城附近，榆城在今河北省境内。与卷十四《濡水注》相比，岩崖一般不会碎裂，《濡水注》的"石挺"至今尚存。故此藏刀山如仍存在，也与"石挺"一样，是一处有价值的名胜，当地旅游当局，应该保护开发。

郦道元故居

《注》文所记："巨马水又东，郦亭沟水注之。水上承督亢沟水于遒县东，东南流，历紫渊东。余六世祖乐浪府君，自涿之先贤乡爰宅其阴，西带巨川，东翼兹水，枝流津通，缠络墟圃，匪直田渔之赡可怀，信为游神之胜处也。其水东南流，又名之为郦亭沟。其水又西南转，历大利亭南入巨马水。"

说明

此一段文字是《水经注》全书中郦道元唯一记叙他家乡的文字。他以后随父到今山东等地，成年后又随即入仕，毕生恐怕只在幼年时在家乡住过。但《注》文表述："匪直田渔之赡可怀，信为游神之胜处也"，说明他对于家乡的怀念是很殷切的。

他的家乡与巨马河相近，巨马河即今拒马河，海河的五大支流之一。1995年年初，涿州市政府在查清了我执教于杭州大学后，发信给我，告诉我此年农历元宵，该市要举行一次"郦道元与《水经注》"的讨论会，并在郦氏原居地奠基兴建"郦道元馆"，届时派专人接我们夫妇与会，并请我介绍几位对《水经注》有关的学者参与。我复信介绍了杨向奎先生夫妇，又介绍了当时已在北大的辛德勇君，因他在陕西师范大学的博士论文答辩由我主持，所以相熟。是年元宵前2日，涿州市派专人到杭州接我们夫妇到涿州。杨先生夫妇与辛德勇君(现已任北大教授)亦到。元宵节是涿州市的灯火大节，市府陪同我们在市内观看灯火，确实比别处繁盛。元宵后次日，上午在市府举行讨论会。由市长亲临主持，我即把我的《水经注》研究论文集3种及其他校勘本子送交市长。该日下午，即驱车仅几公里即达郦氏《注》文中所述之处。情况当然已经大变，郦亭沟水等都已不存。但市府把其原居之地命名为"郦道元村"，一切已准备就绪，我们随即在市府所空地址，大家挖了几铲土作为奠基。事后，与会者返涿州参加宴会后于次日散会。而我们夫妇却由市府多留了3天，陪同我们参观廊山"北京人"发现处，又去北京看奥运村，并登天安门城楼。然后从北京以民航返回杭州。这年因加拿大及美国诸高校之邀,返杭不久,我们夫妇即赴美洲,因邀请讲学之校甚多,在美洲逾半年,年底返杭,已得市府信,谓"郦道元馆"已经建成,开馆之日,因我们在国外而未及参与为憾。我当然复信致谢并表歉意。但至今未见此馆。也是生平一件引以为憾之事。

卷十三　灢水

平城

《注》文引："《史记》曰:高帝先至平城。《史记音义》曰,在雁门,即此县矣。……魏天兴二年,迁都于此。太和十六年,破安昌诸殿,造太极殿东、西堂及朝堂,夹建象魏、乾元、中阳、端门、东西二掖门、云龙、神虎、中华诸门,皆饰以观阁。东堂东接太和殿,殿之东阶下,有一石碑,太和中立。石是洛阳八风谷之缁石也。太和殿之东北,接紫宫寺,南对承贤门,门南即皇信堂,堂之四周,图古圣忠臣、烈士之容,刊题其侧,是辩章郎彭城张僧达、乐安蒋少游笔。"

说明

平城属雁门郡,在今山西省大同市东北不远的古城村。北魏道武帝建都于此。此处《注》文叙此北魏早期都城甚详。《注》文在此后还有许多记叙,因文过长不录。这类都城建筑今都已不存。宜加以适当的规复或作一定标帜。此文是古籍中记载平城魏都最详之文,甚可贵。

桑乾温泉

《注》文引《魏土地记》："代城北九十里有桑乾城,城西渡桑乾水,去城十里,有温汤,疗疾有效。"

说明

桑乾在今陕西靖边。此地一带有油田,温泉或因此所致。不知今尚存否? 如尚在,当是一处名胜旅游点。

桥山温泉

《注》文所叙:"灅水又东,温泉水注之,水上承温泉于桥山下。《魏土地记》曰:下洛城东南四十里有桥山,山下有温泉,泉上有祭堂,雕檐华宇,被于浦上,石池吐泉,汤汤其下,炎凉代序,是水灼焉无改,能治百疾,是使赴者若流。"

说明

下洛在今河北省涿鹿县。按《注》文,此温泉属于过热泉一类,水温甚高,而且当时已有应用,"赴者若流"。故今日当必存在,是一项有价值的旅游资源。

藂桑河

《注》文所叙:"《地理志》有延水而无雁门、修水之名,《山海经》有雁门之目,而无说于延河,自下亦通谓之于延水矣,水侧有桑林,故时人亦谓是水为藂桑河也。斯乃北土寡桑,至此见之,因以名也。"

说明

由于气候的变迁,在郦氏时代,北土已经寡桑。这显然是由于气候变冷的原因,也说明在郦氏时代,离丝绸之路鼎盛时期已经较远。不过当时南方自有南方的丝绸之路。即从成都平原为始,南下经滇、缅而从仰光出口之路。我曾受日本文部省委托于1993年入蜀月余查勘,证明这条丝绸之路的存在,成果除交日方外,并在《杭州大学之报》发表。南方植桑的条件由于气候的原因,在郦氏时期早已后来居上。《水经注》记叙的"斯乃北土寡桑",可以证明这种现象。

涿鹿之野

《注》文所记:"涿水出涿鹿山,⋯⋯黄帝与蚩尤战于涿鹿之野,留其民于涿鹿之阿。"

说明

"黄帝与蚩尤战于涿鹿之野",这当然是一个传说故事。但在历史上却久传不衰,涿鹿之野这个地名也一直存在。这个传说所以久传,其实是反映了汉族与北方少数民族如匈奴之类在以后长期争战的事实。而涿鹿之野作为一个古战场的历史地名,也只是一种传说古迹,实际上并不存在。

沮阳温泉

《注》文引《魏土地记》:"沮阳城东北六十里有大翮、小翮山,山上神名大翮神,山屋东有温汤水口,其山在县西北二十里,峰举四十里,上庙则次仲庙也。右出温汤,疗治万病。泉所发之麓,俗谓之土亭山,此水炎热倍甚诸汤,下足便烂人体。疗疾者要须别引消息用之耳,不得言。"

说明

沮阳在今河北省怀来县东南大古城,但既然温泉出处之山"俗谓之土亭山",则此温泉也可称为土亭山温泉。此温泉"炎热倍甚诸汤,下足便烂人体"。使用时必须引到别处,即是以冷水降温。所以这是一处过热泉,而且是水温特高的过热泉。郦注所述这个地区多温泉,现在当必仍有分布,今北京附近就有,在当代旅游业中,温泉是很有价值的旅游资源,想必旅游界一定加以利用。

落马洪

《注》文所记:"灅水又南出山,瀑布飞梁,县河注壑,漰湍十余丈,俗谓之落马洪,抑亦孟门之流也。"

说明

《注》文记及此瀑布在上谷县附近,上谷即今北京市延庆县。《注》文所说"抑亦孟门之流也",亦因孟门著名而作的比喻,其实当年的落马洪,亦绝非孟门可比。灅水在历史上变化甚多。1950年以后不久,又建造官厅水库,水文变化甚大。故落马洪当今想必已不存在,属于历史上的名胜。

蓟县

《注》文记叙:"灅水又东北迳蓟县故城南,《魏土地记》曰:蓟城南七里有清泉河而不迳其北,盖《经》误证矣。昔周武王封尧后于蓟,今城内西北隅有蓟丘,因丘以名邑也,犹鲁之曲阜,齐之营丘矣。……城有万载宫,光明殿,东掖门下,旧慕容儁立铜马像处。……大城东门内道左,有《魏征北将军建城乡景侯刘靖碑》。晋司隶校尉王密表靖,功加于民,宜在祀典,以元康四年九月二十日刊儁建碑,扬于后叶矣。"

说明

蓟城是大邑,故址在今北京城西南隅。蓟丘在今北京城西南。"周武王封尧后"之类,属于传说。1957年在今北京城西南广安门附近,发现战国遗址,其中有燕国宫殿瓦屋构件等古迹,故此是燕国国都可以无疑。《注》文所记的宫殿之类,当已不存,但此处其他古迹甚多,不克备载。故蓟城是从战国以来的大邑,历史上遗留的名胜古迹甚多。而今又在首都之中,是我国从历史到现代的一个重要城市。

卷十四　湿余水　沽河　鲍丘水　濡水　大辽水　小辽水　浿水

湿余水　居庸关

《经》文此水第一条云："湿余水出上谷居庸关东。"《注》文则记叙："关在沮阳城东南六十里居庸界,故关名矣。……其水导源关山,南流历故关下。溪之东岸有石室二层,其户牖扇扉,悉石也,盖故关之候台矣。南则绝谷,累石为关垣,崇墉峻壁,非轻功可举。山岫层深,侧道褊狭,林鄣邃险,路才容轨,晓禽暮兽,寒鸣相和,羁官游子,聆之者莫不伤思矣。"

说明

现在游览所谓万里长城的游客,多从北京北出上居庸关。但《注》文记叙的居庸关,与当前大不一样:"侧道褊狭,林鄣邃险,路才容轨。"在当时是一处战守的要塞,而且当时的所谓长城,一般都是夸土而成的泥垣,但此处则已"累石为关垣"。说明这是一处御敌要地。当然,与现时游人们流连的明长城,已经不可同日而语。可惜这处历史古迹的居庸关,已经不存在了。

沽河　张堪

《注》文记叙:"沽水西南流迳狐奴山西,又南迳狐奴县故城西,渔阳太守张堪,于县开稻田,教民种植,百姓得以殷富。童谣歌曰:桑无附枝,麦秀两岐,张君为政,乐不可支。视事八年,匈奴不敢犯塞。"

说明

狐奴县属渔阳郡,治所在今北京市顺义县东北 15 公里的呼奴山麓。张堪在此为政 8 年,人民得以殷富,主要是由于他要人民从事农垦,获得人民的拥护。《水经注》以童谣歌赞所这位良官循吏。而《后汉书》又为他立传,称他"于奴县开稻田八千余顷"。这期间,张堪本人当然历经千辛万苦,但是从《水经注》到《后汉书》,都对他称赞有加。说明作为一位好官,必须作出优良的业绩,才能流芳百世。张堪开垦的稻田,属于历史上的古迹,现在当然不存。但张堪为后人称颂,则是百代长存。

鲍丘水　车箱渠　戾陵遏

《水经注》在前已几次叙及刘靖其人及其在水利上的作为,但以此《鲍丘水注》最为详明。《注》文记叙:"又东北迳《刘靖碑》北,其词云:魏使持节都督河北道诸军事征北将军建城乡侯沛国刘靖,字文恭,登梁山以观源流,相㶟水以度形势,嘉武安之通渠,羡秦民之殷富,乃使帐下丁鸿,督军士千人,以嘉平二年立遏于水,导高梁河,造戾陵遏,开车箱渠。其遏表云:高梁河水者,出自并州,潞河之别源也,长岸峻固,直截中流,积石笼以为主遏,高一丈,东西长三十丈,南北广七十余步。依北岸立水门,门广四丈,立水十丈。山水暴发则乘遏东下,平流守常,则自门北入,灌田岁二千顷,凡所封地,百余万亩。至景元三年辛酉,诏书以民食转广,陆废不赡,遣谒者樊晨更制水门,限田千顷,刻地四千三百一十六顷,出给郡县,改定田五千九百三十顷,水流乘车箱渠,自冀西北迳昌平,东尽渔阳潞县,凡所润含,四五百里,所灌田万有余顷。高下孔齐,原隰底平,疏之斯溉,决之斯散,导渠口以为涛门,洒㶚池以为甘泽,施加于当时,敷被于后世。"《注》文在此下又叙述了晋代发生的洪水,车箱渠受到毁损而后又重修等事,因文字过长不录。

说明

此处《注》文记叙的潞河,即今山西省南部的浊漳河。戾陵遏及车箱渠是历史上的一处规模极大的水利工程。郦氏所在年代,这项工程尚有作用,故《注》文记叙特详。现在当然早已不存,属于历史上的水利古迹。但细阅《注》文,确应佩服古代兴修这项水利工程的丰功伟绩。

北山温溪

《注》文所记:"庚水又西南流,灅水注之。……东南流,谓之车耷水。又东南流与温泉水合,水出北山温溪,即温源也。养疾者不能澡其炎漂,以其过灼故也。《魏土地记》曰:徐无城东有温汤,即此也。"

说明

《注》文说"徐无城东有温汤",此徐无县属右北平郡,在今河北省遵化市以东,当是此北山温泉所在。"养疾者不能澡其炎漂",则也是一处过热泉。此一带历史上记叙多温泉,而且常为过热泉。今日必然仍可发掘利用,并且必有利用者。这类名胜,在当今这种商业社会中,可以获得很多利益,而且也有裨于旅游业的发展。

观鸡寺

《注》文所记:"鲍丘水又东,巨梁水注之,水出土垠县北陈宫山,西南流迳观鸡山,谓之观鸡水。水东有观鸡寺,寺内起大堂,甚高广,可容千僧,下悉结石为之,上加涂墍,基内疏通,枝经脉散,基侧室外,四出炊火,炎势内流,一堂尽温。盖以此土寒严,霜气肃猛,出家沙门,率皆贫薄,施主虑阙道业,故崇斯构,是以志道者多栖托焉。"

说明

土垠县属在北平郡,在今河北省唐山市北 20 公里银城铺。则当年观鸡寺在此处附近。可容千僧的大堂,面积必然不小,在当时建筑技术不高的时代,兴建这样的大堂已属不易。而却特意在建筑中重视了保温措施。从《注》文所叙,还不能洞悉这种保温设施的详实情况,可惜这是历史上的古迹,如今已不存在。但仔细研究《注》文,今日的建筑学界,或许还可以获得这种保温结构的端倪。

濡水　石挺

《注》文所记:"又东南迳武列溪,谓之武列水。东南历石挺下,挺在层峦之上,孤石云举,临崖危峻,可高百余仞,牧守所经,命选练之士,弯张弧矢,无能届其崇标者。"

说明

此古代名胜,至今仍然存在。令支县在今河北省迁安县西。我曾几次经过此石挺下,稍作考查,并在拙著《水经注撷英解读》(台北三民书局 2010 年版)作了一些解释:"石挺是郦氏记叙而至今仍为世人所见的一处奇特景致。今名'磬锤锋',一般人则称之为'棒锤'。按当今实测,从台基到顶峰,高五九点四二公尺,'棒锤'本身高三八点二九公尺,体积为六五〇八点六八立方公尺,估计重量为一六二〇〇〇吨。《注》文说:'弯张弧矢,无能届其崇标者',以如此高度,绝非古人可矢可及,郦言是实。"(《撷英解读》,第 89 页)

九绛

《注》文所记:"濡水又东南迳卢龙塞,塞道自无终县东出渡濡水,向林兰陉,东至清陉。卢龙之险,峻坂萦折,故有九绛之名矣,燕景昭元玺二年,遣将军步浑治卢龙塞道,焚山刊石,令通方轨,刻石岭上,以记事功,其铭尚存。"

说明

卢龙塞在今河北省迁西县北沿长城的喜峰口附近。塞道曲折险峻,故得九绛之名,但此险曲胜景,在郦氏时代已不存在。而步浑修治塞道后"刻石岭上,以记事功"的铭文郦氏尚得见及,可惜郦书未把此铭文记下,以致失传。所以有九绛这样名称的古代卢龙塞,自从燕景昭以后,已是一种不再存在的历史古迹了。

卷十五　洛水　伊水　瀍水　涧水

洛水　鹈鹕山

《注》文记叙："洛水又东迳黄亭南,又东合黄亭溪水,水出鹈鹕山。山有二峰,峻极于天,高崖云举,亢石无阶,猿徒丧其捷巧,鼯族谢其轻。及其长霄冒岭,层霞冠峰,方乃就辨优劣耳。故有大、小鹈鹕之名耳。"

说明

此鹈鹕山不知今当何山。但今河南省境内,并无特别高山,名山亦唯嵩山而已。而《注》文用"猿徒"、"鼯族"加以形容,虽然"峻极于天"或许言之过甚,但描叙相连的两座较高山峰,郦氏之笔,确实出神入化了。今因不知此山现名,但以郦笔评价,当然是一处名胜。

一合坞

《注》文记及："洛水又东迳一合坞南,城在川北原上,高二十丈,南、北、东三箱,天险峭绝,惟筑西面即为固,一合之名,起于是矣。"

说明

"一合坞"在今河南省宜阳县西20余公里福昌村,拙编《水经注校证》在"一合坞"下作注:"注疏本作'一全金'。《通鉴地理通释》卷十四宜阳郡注引《水经注》作'一全坞'。注疏本疏:'朱全讹作合,赵戴同。'守敬按,《魏志·杜恕传》引《杜氏新书》:恕去官,营宜阳一泉坞,因其堑垒之固小大家焉。《晋书·魏该传》亦作一泉坞,泉、全音同,足见此《注》四'合'字皆当作'全'。《通典》、《元和志》作'一金坞',则'全'、'金'形近致讹也,今订。"我意合、全、泉、金,均是传抄致讹,如今已无法深究。所应知者,此"坞"不论何名,必是历史上一处相当特殊的聚落。在当年战争频仍的时代,这处聚落有其可以固守的特点。为此《注》文特作了专门记叙。

八关

《注》文记叙:"灵帝中平元年,以河南尹何进为大将军,率五营士屯都亭,置函谷、广城、伊阙、大谷、辘辕、旋门、小平津、孟津等八关,都尉官治此,函谷为之首,在八关之限,故世人总其统目有八关之名矣。"

说明

在中国古代,河南省地处中原,特别是北方少数民族,纷纷进入这个地区以后,即历史上的所谓"五胡乱华"以后,在少数民族汉化的过程中,由于一时尚不和谐,所以大小战争频频发生,这种现象,实际上在所谓"五胡乱华"以前早已发生。所以才有建筑关隘的需要。但所谓五胡乱华,这是出于汉族历史的语言,其实是一个民族大一统的过程。这些从北方南下的各种少数民族,最后都完全汉化,统一的中华民族形成,这些关隘,都成了历史上的古迹。

洛邑

《注》文叙此甚多:"《周书》称周公将致政,乃作大邑成周于中土,南系于洛水,北因于邦山,以为天下之大凑。"又说:"洛阳,周公所营洛邑也。故《洛诰》曰:我卜瀍水东,亦惟洛食。其城方七百二十丈,南系于洛水,北因于邦山,以为天下之大凑。"这些都是洛阳城建立的大致经过,其间也包括若干传说。因当时长安的地位和重要性。还大大超过洛阳,所以西汉仍以长安为都城,但以后洛阳不断发展,才为历代政权所重视。

说明

洛阳是我国的主要古都之一,《注》文已记叙了此城建立经过。本名成周,战国时才称洛阳,以在洛水之北而得名。以后洛阳发展,而各王朝的势力需要扩大,所以从东汉到郦氏所在的北魏,都以洛阳为首都。"洛阳处天下之中"的话也应时而生。此城位置,在历史上偏东迤西,稍有变化,但大体均在今洛阳市附近。由于历代多作王朝首都,所以历史上的古迹,保留还相当多。拙编《中国六大古都》(中国青年出版社 1983

年版)多有记叙。

伊水　伊阙

《注》文记叙:"伊水又北入伊阙,昔大禹疏以通水,两山相对,望之若阙,伊水历其间北流,故谓之伊阙也。……陆机云:洛有四阙,斯其一焉。东岩西岭,并镌石开轩,高蔑架峰,西侧灵岩下,泉流东注,入于伊水。傅毅《反都赋》曰:因龙门以畅化,开伊阙以达聪也。阙左壁有石铭云:黄初四年六月二十四日辛巳大出水,举高四丈五尺,齐此已下,盖记水之涨减也。"

说明

伊阙在今河南省洛阳市南十余公里龙门山,两岸连山,水流冲激而过,形势壮观,至今仍是一处名胜。伊阙当然是自然形成的河山名胜。在中国,由于神话传说中禹的影响深入古代人心,所以凡是这类第四纪甚至第三纪年代形成的河山奇特之处,都归于大禹的疏凿。《注》文当然继承这类神话传说,不是为病,但伊阙至今犹在,是一处著名的山河名胜,《注》文记及阙左壁石铭,镌有三国魏黄初四年的洪水记录,郦氏时代此壁铭尚在,这是一种历史水文变化的极好记录。现在水文部门所称的"百年一遇"、"千年一遇",往往是经过推算,不一定完全准确,伊阙石壁的铭记,实在是一个对河流水文记录的优良例子,可惜这类事例,没有在其他河流中推广。有镌凿的,也或已磨灭湮废,郦注记及于此,实在至关重要。

卷十六 榖水 甘水 漆水 滙水 沮水

榖水 白超垒水冶

《注》文记叙："榖水又迳白超垒南，……是垒在缺门东十五里，垒侧旧有坞，故冶官所在。魏晋之日，引榖水为水冶，以经国用，遗迹尚存。"

说明

《注》文在这段记叙提及的建于白超垒附近榖水上的"水冶"，是我国在水力制用上的一种特殊的古迹。郦氏时代尚见到"遗迹尚存"，现在当然完全属于历史上曾存而早已不见的历史古迹了。水冶是什么？我在拙著《郦学札记》"水冶"篇中曾作过考证。现将此篇考证简录如下：

"《注》文记载的这个白超垒侧的水冶是值得重视的，因为它说明了水力在魏晋之日已经使用到冶金工业之中。……水冶的出现是古代水力利用和金属冶金工业在技术上飞跃进步的标志。水冶是什么？元王祯《农书》卷十九的解释是，水冶又称水排，后汉杜诗始作。案《后汉书·杜诗传注》：'冶铸者为排以吹炭，令激水以鼓之者也。'说明这是一种利用水力的鼓风装置。因为对于冶金工业来说，鼓风（送氧）是十分重要的关键。《三国志·魏书·韩暨传》云：'旧时冶，作马排，每一熟石用马百匹；更作人排，又费功力。暨乃因长流作水排，计其利益，三倍于前。《杜诗传》和《韩暨传》都提到作水冶之事，但王祯只言杜诗，这当然因为杜诗早于韩暨之故。不过这种机器，在初到以后,总有不断改进的过程。不妨认为,后汉杜诗初创,而三国韩暨作了改进。经过改进的水冶,其效率已经比马力高出三倍,其时尚在距今十七个世纪以前,所以不能不说这是我国古代在水力利用和冶金工业上的卓越成就。《水经注》记载的水冶,位于今河南省西部的穀水之上,而且只是魏晋的遗迹。说明当时已经废弃不用。但其实在郦道元所在的北魏时代,水冶在这一带仍然使用冶金工业。于天一阁所藏的明嘉靖《彰德府志》卷一《安阳县·水冶》所载及的这种水冶:'在县西四十里,《旧经》曰:后魏时,引水鼓炉,名水冶,仆射高隆之监造,深一尺,阔一步。'案《彰德府志》高隆之监造的这个水冶,位于洹水之上,但由于高隆之是东魏末叶人,以后入官于齐,郦道元已不及见,所以《洹水注》中没有这方面的记载。"总而言之,水冶是我国历史上利用水力冶炼金属的重要古迹。郦氏尚见遗迹,得以记入《注》中,以后虽有高隆之的继承,但都早废弃。只能说是一种历史古迹了。

洛阳

《注》文"又东迳河南县北,东南入于洛"之下,《注》文长达约 7000 言,是《水经注》全书中的第一长《注》。之所以郦氏要写这样长的注文,是因为这条《注》文之中,除了不少额外文字外,主要是为了记载这个自东汉以来又是郦氏当代的首都洛阳城。由于《注》文甚长,所以不录原文。值得指出的是,对于历史城市地理的研究,在洛阳这座著名古都中,这一篇《注》文是极为重要的资料。杨守敬的《水经注图》也是依据此篇《注》而专门绘制洛阳古都。现在研究历史城市地理,这篇《注》文有必要详细研读。

说明

此篇郦注中的第一长《注》,是研究历史上洛阳全盛时期的权威著作。今日的历史城市地理研究者,务须万分重视,重要段落,甚至应作背诵。

旅人桥

《注》文记叙:"(七里)涧有石梁,即旅人桥也。……凡是数桥,皆累石为之,亦高壮矣。制作甚佳,虽以时往损功,而不废行旅。朱超石与兄书云:桥去洛阳宫六、七里,悉用大石,下圆以通水,可受大舫过也。题其上云:太康三年十一月初就工,日用七万五千人,至四月末止。"

说明

洛阳旅人桥,确实不愧为我国古代石拱桥建筑中的杰作。当然,"日用七万五千人",从太康三年起花了1300多万工,其工程花费也是惊人的,但此桥在建成后的二百多年北魏时代仍然存在。只是"此桥经破落,复更修补,今无复文字"。说明在郦氏所见时,此旅人桥尚存,是一处著名的历史古迹。但不知以后的情况如何。既然《水经注》对此记载称详,所以此桥虽或完全不存,洛阳的旅游业当局,也应在原址或近处,为此著名的古桥树碑立传。

祝鸡翁

《注》文记及:"《搜神记》曰:祝鸡翁者,洛阳人也。居尸乡北山下,养鸡百年余,鸡至千余头,皆有名字,欲取,呼之名,则种别而至,后之吴山,莫知所去矣。"

说明

《搜神记》是本神话书,祝鸡翁当然是个神话人物。尸山北乡他养鸡之处,当然是个神话古迹,不足为信。但从这个神话故事中,受到启发的是,发展畜牧业是与种植业有同样重要性的事业。昔范蠡在陶从商,就曾鼓励人们发展这种产业,使人致富。郦氏《注》文中记及这个故事,或者也具有这种意向。

沮水　郑渠

《注》文所记:"沮水东注郑渠,昔韩欲令秦无东伐,使水工郑国间秦凿泾引水,谓之郑渠。渠首上承泾水于中山邸瓠口,所谓瓠中也。《尔雅》以为周焦获矣。为渠并北山,东注洛三百余里,欲以溉田。中作而觉,秦欲杀郑国,郑国曰:始臣为间,然渠亦秦之利。卒使就渠,渠成而用注填阏之水,溉泽卤之地四万余顷,皆亩一钟,关中沃野,无复凶年,秦以富强,卒并诸侯,命曰郑渠。"

说明

郑渠的故事在我国长期流传,当然不能完全证实,作为信史,但郑国为秦开渠的事实是不容否定的。近代这个地区也是以渠灌溉的著名地区。陕西不同于江南,没有沟渠就没有灌溉用水,农业也就无法发展。李仪祉先生倡导泾渭渠,功在不小,郑渠的故事,必然对他有重要的启发。所以郑渠虽是一种历史水利古迹,但其价值确实是很大的。

卷十七　渭水

鸟鼠山

鸟鼠山一名鸟鼠同穴山,在甘肃省渭源县西南数公里。渭水共分3篇,首篇《经》文第一句说:"渭水出陇西首阳县渭谷亭南鸟鼠山"。《注》文在此句《经》文,只提了三次鸟鼠山之名,没有拉扯诸如一只鸟和一只老鼠共居一穴之类的话。因为《禹贡》说过"导渭自鸟鼠同穴"的话,郦氏不得不按《经》文,提及鸟鼠山之名。没有引及那些古籍中的牵强附会的不经之谈。

说明

此山之名虽宗《禹贡》,但《禹贡》所谓"鸟鼠同穴",可以理解为鸟与鼠同居一山,其事并不奇异。《注》文没有在此语上做节外生枝的文章。《尚书孔传》已经说过"共为雌雄"的话,但《注》文不引。而此后有不少古籍在此语上添枝加叶,令以后正派的文化人啼笑皆非。由此益足见郦氏著书立说的谨慎。此山现在当然存在,由于渭水是我国古代的著名河流,鸟鼠山实藉渭水而得名,也称得上是一种古迹。今日旅游界如要以此山为旅游景点,希望能对它作出正确解释,不宜动用有些古人对此山所作的无稽之谈。

石鼓

《注》文记叙"（朱圉山）在梧中聚，有石鼓，不击自鸣，鸣则兵起。汉成帝鸿嘉三年，天水冀南山有大石自鸣，声隐隐如雷，有顷止，闻于平襄二百四十里，野鸡皆鸣。石长丈三尺，广厚略等。著崖胁，去地百余丈，民俗名曰石鼓，石鼓鸣则有兵。"

说明

朱圉山在今甘肃省甘谷县西南 15 公里。《注》文中除了"石鼓鸣则有兵"属于当地的道听途说以外，石鼓自鸣的记载可以考虑为确有其事。这一带是地震带。山石作声，可能是地震时的现象，不能认为完全是无稽之谈。在人民科学知识尚未达到一定水平之时，可以把此作为一种古迹。

老子庙

《注》文记叙："渭水东入散关，抱朴子《神仙传》曰：老子西出关，关令尹喜候气，知真人将有西游者，遇老子，强令之著书，耳不得已，为著《道德二经》，谓之《老子书》也。有老子庙。干宝《搜神记》云：老子将西入关，关令尹喜好道之士，睹真人当西，乃要之途也。"

说明

散关在今陕西省宝鸡市西南 20 余公里的大散岭上。老子是否由关尹之需而写书，其事无足查究。或许是讹传，也或许是受关尹之索将其书录出一部以过关。但老子庙如今不知尚存否？眼下人传承老子为道教之祖，其实，道教绝非一种宗教，而是一种有价值的学问。《道德经》是这种学问的专著。为此，不论散关是否实有此事，但老子庙则是一种值得重视的古迹。宜加以规复。当地旅游业经营者，应该重视这种古迹。

陈仓城

《注》文记叙："魏明帝遣将军太原郝昭筑陈仓城，成，诸葛亮围之。亮使昭乡人靳祥说之，不下，亮以数万人攻昭千余人，以云梯、冲车、地道逼射昭，昭以火连石拒之，亮不利而还。今汧水对亮城，是与昭相御处也。"

说明

拙著《郦学札记》"诸葛亮与司马懿"篇中提及这场战争："这里，诸葛亮以数十倍兵力进攻陈仓城，而且心理战与阵地战并举，花了极大的代价。但郝昭拒绝游说，凭险固守，挫败了诸葛亮的一切进攻。司马懿虽然并不在这条《注》文中露面，但司马懿的治军严明,守备有方,仍然于此可见。"我在此文中最后说:"以《水经注》的记载评判此两人,棋逢敌手而已。"案陈仓县是春秋秦所置,在今陕西省宝鸡市以东 10 公里的渭水北岸。尽管诸葛亮在这里吃了一个败仗,但也因此而成为一处有名的古战场。郦氏距三国为时不远,其所记载,当然不能与后来的《三国演义》之类的一派虚构作比。所以旅游界对此古代的剧战古迹,应树碑之碣,作出适当介绍。

卷十八　渭水

太一山温泉

《注》文所记:"渭水又东,温泉水注之。水出太一山,其水沸涌如汤。杜彦达曰:可治百病,世清则疾愈,世浊则无验。"

说明

太一山即指今秦岭。案《注》文"沸涌如汤",则此温泉属于过热泉。但所言"世清则疾愈,世浊则无验",温泉疗疾,都与世道的清浊相牵连,甚不可解。我在拙著《水经注研究》(一集)中曾作过考证:"后来偶从康熙《陇州志》所引郦注读到了这一条,使我豁然开朗。《陇州志》引郦注云:然水清则愈,浊则无验。'水'和'世'原是一音之转,把'水'误作'世',确是很可能的。《陇州志》所引郦注是什么版本,不得而知,但无论如何,《陇州志》所引的'水清'比各本的'世清'要合理得多,这是谁都看得到的。"此太一山温泉,现在想必仍然存在。旅游业从事者当然已作安排了。

卷十九　渭水

阿房宫

《注》文所记：“《史记》曰：秦始皇三十五年，以咸阳人多，先王之宫小，乃作朝宫于渭南，亦曰阿城也。始皇先作前殿阿房，可坐万人，下可建五丈旗，周驰为阁道，自殿直抵南山。……《关中记》曰：阿房殿在长安西南二十里，殿东西千步，南北三百步，庭中受十万人。”

说明

阿房宫是我国独裁统治传统下的第一所可以认作信史的宏大建筑。《水经注》的记载是信而有征的。以后还有不少学人为这座宫殿撰文。例如唐杜牧的《阿房宫赋》：覆压三百余里，隔离天日。骊山北构而西折，直走咸阳，二川溶溶，流入宫墙。这并不是宫殿的本身，是作者有目的的夸大。当然，杜牧也说到了宫殿的实体：“五步一楼，十步一阁，廊腰漫回，檐牙高啄。”这一段，虽在“五步”、“十步”的文字上尚不免有夸张之处。杜牧与郦道元的不同之处是郦氏的《注》文重在写清历史，中国长期来是“一个人说了算”的社会，善恶是非，不必由他赘言，但杜牧的作品，其实主要是为了“楚人一炬，可怜焦土”。郦氏为了写清历史，所以阿房宫的要害他绝不疏忽：“可坐万人，下可建五丈旗”。《水经注》好处就在于此，郦氏的《注》文当然也常常嫉恶褒善，但对于这类“一个人说了算”而大造宫殿之事，他就不必浪费笔墨了。

建章宫

《注》文记叙:"沈水又北迳凤阙东,《三辅黄图》曰:建章宫,汉武帝造,周二十余里,千门万户。其东凤阙,高七丈五尺。……《汉武帝故事》云:阙高二十丈。《关中记》曰:建章宫圆阙,临北道,有金凤在阙上,高丈余,故号凤阙也。故繁钦《建章凤阙赋》曰:秦、汉规模,廓然毁泯,惟建章、凤阙,岿然独存,虽非象魏之制,亦一代之巨观也。"此以下,《注》文还有不少记叙建章宫的文字,以其稍长,故不录。

说明

与前面的阿房宫一样,郦氏深知在"一个人说了算"的传统中,最上一人的这类建造宫殿楼台之事,属于正常行为,既用不着夸张,也不必斥责。但是写清历史事实,是他作《注》文的责职,他必须用他天赋的写作技巧,阐明其中至关重要的事实。而建章宫这个宏建筑的关键之处,其实就是《注》文中的"千门万户"一语,因为这四个字,其实是点出了这座宫殿的本身。一座拥有"千门万户"的宫殿,与"可坐万人,下可建五丈旗",实在毋庸再分彼此。《水经注》的值得让百世明知的文化人重视喜爱,就在于此,因为郦氏不仅有生动的语言,巧妙的文笔,而且更有他的正派观点。

长安

此一篇《注》文,在《经》文"又东过长安县北"下,也是全书中的一条长《注》,因为记叙了当时仅次于洛阳的全国第二大城市长安,即西汉的首都。例如《注》文记叙了当年长安的十二门:"东出北头第一门,本名宣平门,王莽更名春王门正月亭,一曰东都门,其郭门亦曰东都门,即逢萌挂冠处也。第二门,本名清明门,一曰凯门,王莽更名宣德门布恩亭,内有藉田仓,亦曰藉田门。"如此把这12门逐一叙毕。此外还记叙了这座旧京城中的许多名胜古迹。与前面洛阳一样,对于历史城市地理的研究,具有很大价值。

说明

长安是我国重要的古都。东汉迁都于洛阳,此都城才有式微之势。但南北朝以后,中国历史上历年最长,国势最兴旺的唐朝,又将首都迁回长安。这当然不涉郦注之事。拙著《中国六大古都》有较详记载。

渭桥

《注》文所叙:"此水又东注渭水,水上有梁,谓之渭桥,秦制也,亦曰便门桥,秦始皇作离宫于渭水南北,以象天宫,故《三辅黄图》曰:渭水贯都,以象天汉,渭桥南度,以法牵牛。南有长乐宫,北有咸阳宫,欲通二宫之间,故造此桥。广六丈,南北三百八十步,六十八间,七百五十柱,百二十二梁。"

说明

此段《注》文在前述"长安"之内,由于桥梁的特殊性,故特意录入。秦时古迹,郦道元是否亲见,不得而知。但所叙规模,或不致误。上世纪80年代中期,我去西安为史念海先生研究生主持论文答辩(当时我每年都须去西安一次,故具体年份失记),得知秦建渭桥的石料,已有少许在泥层下发现,当局将其妥为保藏,但以后情况如何,我没有继续查究。

未央宫

此条《注》文亦在"长安"同条之中。《注》文记及:"又东迳未央宫北,高祖在关东,令萧何成未央宫,何斩龙首山而营之,山长六十余里,头临渭水,尾达樊川。头高二十丈,尾渐下,高五、六丈,土色赤而坚。云昔有黑龙从南山出饮渭水,其行道因山成迹,山即基,阙不假作,高出长安城。"此下《注》文尚有述及此宫文字甚多,此处不录。今未央宫遗址仍然存在,位于汉长安城西南部的西安门里。所遗基址在地面上的有未央宫前殿以及相传为石渠阁、天禄阁等高台遗址。在这一带常有"长乐未央"、"长生无极"等瓦当以及空心砖出土。属于汉未央宫遗址可以无疑。

说明

我由于在上世纪80年代到90年代常去西安,所以对此城现存的和出土的遗址、文物均曾目击,西安当局也十分重视。西安古都在旅游业的发展中已经盛名远播,以后更有巨大的发展前景。

秦皇陵

今称"秦始皇陵",在陕西省临潼县东的下河村附近。《注》文记叙:"秦始皇大兴厚葬,营建冢圹于丽戎之山,一名蓝田,其阴多金,其阳多玉,始皇贪其美名,因而葬焉。斩山凿石,下锢三泉,以铜为椁,旁行周回三十余里,上画天文星宿之象,下以水银为四渎、百川、五岳、九州,具地理之势。宫观百官,奇器珍宝,充满其中。令匠作机弩,有所穿近,辄射之。以人鱼膏为灯烛,取其不灭者久之。后宫无子者,皆使殉葬甚众。坟高五十丈,周回五里余,作者七十万人,积年方成。而周章百万之师,已至其下,乃使章邯领作者以御难,弗能禁。项羽入关,发之,以三十万人三十日运物不能穷。关东盗贼,销椁取铜。牧人寻羊烧之,火延九十日不能灭。"

说明

郦氏叙秦始皇建陵，"大兴厚葬"4字，即是郦氏对此的怒斥。郦注褒贬世态人物，往往寓褒贬于一般的文字之中，后人读郦书，必须细阅深思，才能有所察觉。其实，在"一个人说了算"的制度下，对此一人的厚葬，古今都是如此，只是形式不同而已。

丽山温泉

《注》文所记："池水又西北流，水之西南有温泉，世以疗疾。"

说明

此处丽山，后均作骊山，在陕西省临潼县城南。《注》文所谓丽山温泉，即今华清池。唐代即已著名，所谓"春寒赐浴华清池"。今仍存在，而且修饰甚佳，是今西安以东的重要名胜。

昌陵

《注》文记叙："汉成帝建始二年，造延陵为初陵，以为非吉，于霸亭南更营之，鸿嘉元年，于新丰戏乡为昌陵县，以奉初陵，永始元年，诏以昌陵卑下，客土疏恶不可为万岁居，其罢陵作，令吏民反，故徙将作大匠解万年敦煌。《关中记》曰：昌陵在霸城东二十里，取土东山，与粟同价，所费巨万，积年无成。即此处也。"

说明

昌陵在今陕西省西安市东北。汉代王陵在这一带不少。由于初建时择地不合最上一人之意于是换地。"取土东山，与粟同价，所费巨万，积年无成"。这就是郦道元的痛斥。其实，在这种"一个人说了算"的制度下。对最上一人埋尸之处，古今都是一样。而且不管是明君、贤君，昏君、暴君，都是一样。今之从事旅游业者，宜在《注》文记叙之处或其附近，树之碑碣，录下《水经注》原文，作为对游客的一种教育，意义实属不浅。

白渠

《注》文所记："渭水又东得白渠口，太始二年，赵国中大夫白公奏穿渠引泾水，首起谷口，出于郑渠南，名曰白渠。民歌之曰：田于何所，池阳谷口，郑国在前，白渠起后。即水所指也。"

说明

白渠是古代关中平原的著名沟渠，西汉武帝太始二年（前95）在前述郑国渠以南开凿，灌溉效益很大，达4500余顷。所以创始人白公能受到人民的尊敬歌颂。

长城北平原

《注》文所记："长城北有平原,广数百里,民井汲巢居,井深五十尺。渭水又东迳定城北,《西征记》曰:城因原立。"

说明

这个地区按今地貌学属黄土高原。所以"巢居"当是穴居之意。地下水位很低,所以"井深五十尺"。《注》文所记定城,在今华阳以东,城因原立,此"原"即是黄土高原。这类古迹,现在多已不存。

卷二十　漾水　丹水

漾水　南岈、北岈

《注》文所记："汉水又西迳南岈、北岈之中,上下有二城相对,左右坟垅低昂,亘山被阜,古谚云:'南岈、北岈,万有余家。'《诸葛亮表》言:祁山去沮县五百里,有民万户,瞩其丘墟,信为殷矣。"

说明

《注》文中的汉水,即今嘉陵江。而《注》文所记的南岈、北岈、诸葛亮言"祁山去沮县五百里,有民万户",则所指即此南岈、北岈。祁山在今甘肃省礼县以东。在这一带黄土高原中多山间盆地,此两"岈"当是这些山间盆地之中的大聚落。因诸葛亮言"有民万户"正合于此。但现这两处"信为殷矣"的大聚落古迹已经无法断定,或许已经湮废,也或许已经发展为城镇了。

瞿堆

《注》文记叙:"汉水又东南迳瞿堆西,又屈迳瞿堆南,绝壁峭峙,孤险云高,望之形若覆唾壶,高二十余里,羊肠蟠道三十六回,《开山图》谓之仇夷。所谓积石嵯峨,嶔岑隐阿者也。上有平田百顷,煮土成盐,因以百顷为号。山上丰水泉,所谓清泉涌沸,润气上流者也。"按瞿堆,一名仇池山,位于今甘肃省西和县西南。

说明

瞿堆是黄土高原上的一座广大的山丘。"高二十余里"是从山上上到山巅的路程，《水经注》记山的高度都是如此。这一带最高的月明山，也不过2060米。但此山丘，地面宽广，《元和郡县志》卷二十二说其地"上有数万人家，一人守道，万夫莫向"。因为山形曲折，所以可以固守，而且有土可以煮盐，无虑匮乏。此古迹今仍在，当然有了许多新建筑，旅游者如有兴趣，不妨前观赏一番。

下辨东峡

《注》文记叙："浊水又东迳白石县南，《续汉书》曰：虞诩为武都太守，下辨东三十余里有峡，峡中白水生大石，障塞水流，春夏辄溃溢，败坏城郭。诩使烧石，以醯灌之，石皆碎裂，因镌去焉，遂无泛溢之害。"

说明

按此处浊水即今甘肃省徽县的洛河，是嘉陵江上游的枝流之一。下辨县是秦置陇西郡下的县名，在今甘肃省成县西约15公里。这段《注》文主要在虞诩烧浊水峡中大石的功夫，在当时的技术条件下，他采用了灌醯的方法。"醯"就是醋。以醋的腐蚀性质使大石崩裂，畅通河道。这当然是历史上的古迹，现在早已不再存在了。但太守虞诩使用这种方法疏通航道。《水经注》接着继续说他为民辨此事的贡献："虞诩为郡，漕谷布在沮，从沮县至下辨，山道险绝，水中多石，舟车不通，驴马负运，僦五致一。诩乃于沮受僦，直约自致之，即将吏民按行，皆烧石　木，开漕船道，水运通利，岁省万计，以其僦廪与吏士，年四十余万也。"虞诩确实是为人民做了一件大好事，值得称道。

剑阁

《注》文记叙："（清水）又东南至小剑戍北，西去大剑三十里，连山绝险，飞阁通衢，故谓之剑阁也。张载《铭》曰：一人守险，万夫趑趄。信然。故李特至剑阁而叹曰：刘氏有如此地而面缚于人，岂不奴才也。"

说明

剑阁在今四川省剑阁县东北剑门镇剑门关。大剑山口两岸相对。剑门关即设于此，故在古代确实是"一人守险，万夫趑趄"的要塞。现在此处已成康庄大道。但古迹仍存，旅游者可以前往一观。

卷二十一　汝水

蒙柏谷

《注》文记叙："《地理志》曰：（汝水）出高陵山，即猛山也。亦言出南阳鲁阳县之大盂山，又言出弘农卢氏县还归山。《博物志》曰：汝出燕泉山。并异名也。余以永平中蒙除鲁阳太守，会上台下列《山川图》，以方誌参差，遂令寻其源流，此等既非学徒，难以取悉，既在迳见，不容不述。今汝水西出鲁阳县之大盂山蒙柏谷，岩郭深高，山岫邃密，石径崎岖，人迹裁交，西即卢氏界也。其水东北流迳太和城西，又东流迳其城北，左右深松列植，筠柏交荫，尹公度之所栖神处也。"

说明

大盂山在今河南省鲁山县西南，这些山岳都是属于桐柏山脉中的名称。这条《注》文包括了好些具有意义的内容。首先，郦道元是很重视实地考察的。这次，他正任职鲁阳太守，汝水河源正是他管辖的范围之内。而以往对比水河源众说纷纭，所以他经过亲自考察，才断定了汝水发源于大盂山蒙（很不少别本"蒙"作"黄"）柏谷。这属于他的求实作风。其次，他居然在《注》文中说出了"此等既非学徒"的话。这实在是因为他看透了当时官场和文化界流行的劣习而在此破口而出的话。其次是"会上台下列《山川图》"，说明当时朝廷也有意要考查北魏国境内的山川地理，所以有《山川图》编制，发到下面去考证核实。《山川图》当然是一种历史文物，现在不知是否还能看到北魏的这种《山川图》，估计已经全部亡佚，至为可惜。第三，他提出了"方誌"这个名称(郦注曾两提出，一次作"方誌"，另一次作"方志")，说明当时方志已经流行(书名多称"记")，而郦氏必然广泛查考，发现"方誌"记叙也有许多参差之处。但当年各地方志，毕竟也是一种有价值的文物，六朝方志，至今几乎已损失殆尽，仅有极少数孑遗。我以往曾有文叙述过。所以在这一段《注》文中，既可研究郦氏本人的为人为学，又见到了古代的珍贵文物，所以我作了较多的抄录。

官渡

《注》文记叙："建安五年，太祖营官渡，袁绍保阳武。绍连营稍前，依沙堆为屯，东西数十里，公亦分营相御，合战不利，绍进临官渡，起土山地道以逼垒，公亦起高台以捍之，即中牟台也。今台北土山犹在，山之东悉绍旧营，遗基并存。渠水又东迳田丰祠北，袁本初惭不纳其言，害之，时人嘉其诚谋，无辜见戮，故立祠于是，用表袁氏覆灭之宜矣。"

说明

官渡与中牟台，均在今河南省中牟县东北。官渡之战，是曹操与袁绍的一场大战，是一处著名的古战场。郦氏时代，尚得见到这处古战的"遗基并存"，现在当然只能凭文献记载，是一处历史上的古迹了。

昆阳

《注》文记叙："汝水又东南，昆水注之，水出鲁阳县唐山，东南流迳昆阳县故城西。更始元年，王莽征天下能为兵法者，选练武卫，招募猛士，旌旗辎重，千里不绝，又驱诸犷兽虎、豹、犀、象之属以助威武。自秦、汉出师之盛，未尝有也。世祖以数千兵徼之阳关，诸将见寻、邑兵盛，反走入昆阳，世祖乃使成国上公王凤、廷尉大将军王常留守，夜与十三骑出城南门，收兵于郾。寻、邑围城数十重，云车十余丈，瞰临城中，积弩乱发，矢下如雨。城中人负户而汲，王凤请降，不许。世祖帅营部俱进，频破之，乘胜以敢死三千人，径冲寻、邑兵，败其中坚于是水之上，遂杀王寻。城中亦鼓噪而出，中外合势，震呼动天地。会大雷风，屋瓦皆飞，莽兵大溃。"

说明

昆阳即今河南省叶县，昆水是汝水的枝流之一，以其城在昆水之北，故名昆阳。《注》文记叙的是一次发生于城市的战争。刘秀以少敌众，终于获得胜利，结果是"莽兵大溃"。郦氏褒贬人物，前已述及，并不明文显意，但其实他笔下实际上是善恶分明，必须细读深思，才能领会其意。郦书在县邑建置上，记及沿革，最后必书"莽曰"。

这是因为王莽篡位成功,也算是一个朝代,他作为记叙历史,不得加此两字,其实,"莽曰"两字,虽然从历史角度保留了县邑名称的完整沿革,但实在寓有轻蔑王莽之意。王莽当然是个居心险恶而却无能无术之人。他篡位告成,唯一的"政绩"就是改变全国地名,不仅改变专名,并且改变通名,我前已有文论及他把全国许多历来沿用的"县"改为"亭"。例如我身边的钱唐县,就改为"泉亭"。所以后世直到今天都有人议论,一个朝代,或一个国家,地名的包括行政区划的稳定,也就可以说明这个朝代或这个国家的稳定。因为为政者,不论大官小官,无能无术,却又不能什么不干,于是就以改变他势力所及范围的行政区划和地名的"行政",甚至一改再改,朝令夕改。其部属和老百姓当然只好听从。王莽就是一个例子。《注》文也记及刘秀以13骑出城,招敢死3000人,众寡如此悬殊,但结果是"莽兵大溃"。既赞扬了刘秀的勇敢与正气,也揭露了王莽的险恶与腐败。这就是郦氏撰文的风格,也是《水经注》成为一部历史名著的重要原因。

陂

《注》文中沿汝水干枝流,记及了许多称"陂"的水体,全篇共达23处之多。陂是古代重要水利设施。《注》文记及时往往说明它们的灌溉效益。例如:"迳新息墙陂,衍入褒信界,灌溉五百余顷。"也常常记及陂的大小,例为摩陂,"纵广可十五里"。有些河段,竟成为陂接连的地方,如《注》文记叙:"一水自陂东北流积为铜陂,陂水又东北又结而为陂,世谓之窨陂,陂水又东南流注壁陂,陂水又东北为太陂,陂水又东入汝。"

说明

《汝水注》内,除了23处陂以外,还记及不少湖、池、渊、潭等,其实都是沿河的水体,与陂相似。说明淮河流域与东南地区的水环境也不相同。郦氏对东南地区曾说"东南地卑,万流所凑,涛湖泛决,触地成川"。但在淮河流域,这些湖陂池沼,不仅用于灌溉,同时也保持了淮河的一定水位,它们都是淮河干枝流的水源。同时,现在尚存的这些属于陂一类的水体,还可以加以点缀,成为风景点。

卷二十二　颍水　洧水　渠水　潩水　渠沙水

颍水　二十八浦

《注》文记叙："颍水又东,五渡水注之,其水导源窑高县东北太室东溪。……及春夏雨泛,水自山顶而叠相灌溉,崿流相承,为二十八浦也。旸旱辍津,而石潭不耗,道路游憩者,惟得餐饮而已,无取澡盥其中,苟不如法,必数日不豫,是以行者惮之。山下大潭,周数里,而清深肃洁,水中有立石,高十余丈,广二十许步,上甚平整,缁素之士,多泛舟升陟,取畅幽情。其水东南迳阳城西,石溜萦委,溯者五涉,故亦谓之五渡水,东南流入颍水。"

说明

由于古今水道的变化,颍水当今成为淮河的最大枝流,在郦氏时代,上述汝水直接入淮,是淮河的最大枝流,所以郦注单独立卷。而颍水则五水合为一卷。此"二十八浦"是写的颍水源头。妙写此水上源的景致,竟有"二十八浦"之多,风景何其好,文笔何其佳。《注》文所谓"不敢澡盥其中"和"数日不豫",其实是当时的一种公德,因为公众赖以餐饮之水,若有人澡盥,必致混浊而不堪饮用。《注》文除"二十八浦"外,又叙及山下大潭中的奇特立石,"泛舟升陟,取畅幽情",这确是人们在这种独特的大自然中的一种高尚享受。还不知这种古迹现时无恙否,这实在是一处很有价值的旅游资源。

洧水　张伯雅墓

《注》文记叙:"(绥水)东南流,迳汉弘农太守张伯雅墓,茔域四周,垒石为垣,隅阿相降,列于绥水之阴,庚门表二石阙,夹对石兽于阙下。冢前有石庙,列植三碑,碑云:德字伯雅,河南密人也。碑侧树两石人,有数石柱及诸石兽矣。旧引绥水南入茔域,而为池沼,沼在丑地,皆蟾蜍吐水,石隍承溜,池之南,又建石涵、石庙,前又翼列诸兽,但物谢时沦,凋毁殆尽。夫富而非义,比之浮云,况复此乎?王孙、士安,斯为达矣。"

说明

这是《注》文中郦氏痛斥厚葬的一段,也表达了郦氏反对厚葬、主张薄葬的思想。"富而非义,比之浮云",因张伯雅是个不见于经传的太守,现在当然查不出他的"非义"行为,但从他的这种厚葬规模,也就可说明他的"富而非义"了。《注》文中的王孙(《后汉书·杨王孙传》)、士安(《晋书·皇甫谧传》),都是倡导薄葬的著名人物,所以被郦氏称赞:"斯为达矣。"按厚葬制度是封建时代和其他"一个人说了算"的制度的产物,前述秦始皇墓等都是其例。从近代来说,苏联所实行的这种自吹自擂而其实背离民主自由的制度中,又发明了水晶棺材和新式木乃伊的厚葬方式。在这种制度之下,也就必然要出现死后即被揭发的这个残酷嗜杀的斯大林这样的暴君。而这种背离人性的反动制度,也就不过七十年而解体。否则的话,像斯大林这样的千夫所指的人物,也会得到水晶棺材和新式木乃伊的厚葬。张伯雅墓虽然早已不存,但当地的旅游界实在应该在其墓址或附近立一块碑碣,录入《水经注》的这段原文。作为一个教育后人的古迹。

卓茂祠

《注》文记叙:"洧水又东迳密县故城南,……今县城东门南侧,有汉密令卓茂祠。茂字子康,南阳宛人,温仁宽雅,恭而有礼。人有识其马者,茂与之曰:若非公马,幸至丞相府归我,遂挽车而去,后马主得马,谢而还之。任汉黄门郎,迁密令,举善而教,口无恶言,教化大行,道不拾遗,蝗不入境,百姓为之立祠,享祀不辍矣。"

说明

郦氏在痛斥了张伯雅的"富而非义"以后,随即在下一条《经》文下,赞扬了"温仁宽雅,恭而有礼"的卓茂。并且举了实际例子。郦道元的处世为人,在其《注》文中的确善恶分明,这也是《水经注》得以长久流传的原因之一。按密,即新密,在今河南省新密市东50公里。"卓茂祠"已经不存,当地的旅游界实在应予恢复,表彰卓茂的为官为人,作为一个景点。如不可能,亦要在原址或近处为其建立一块碑碣,用以教育当地人民和外来的旅游群众。

龙渊水

《注》文所记："洧水又东南与龙渊水合,水出长社县西北,有故沟上承洧水,水盛则通注龙渊水,减则津渠辍流,其渎中滮泉南注,东转为渊,绿水平潭,清洁澄深,俯视游鱼,类若乘空矣,所谓渊无潜鳞也。"

说明

龙渊水在今河南省舞钢市东,西平县西,古时是洧水的支流之一。从《注》文中可以窥及当时此水清澈而绝无污染。这当然与当时的社会环境有关。《注》文中所描述："绿水平潭,清洁澄深,俯视游鱼,类若乘空矣。"郦氏的文笔之妙,确是妙绝古今。以后唐柳宗元写《永州八记》,其类此文笔,显然也是学习郦氏的文章。此处在当年无疑是风景幽雅的名胜地,今日当然不存。但读这样的文章,不仅是一种文学享受,同时也是一种有关环境保护方面的教育。

溑水　祭仲冢、子产墓

《注》文所记："(溑水)东迳陉山北,……山上有郑祭仲冢,冢西有子产墓,累石为方坟,坟东有庙,并东北向郑城。杜元凯言,不忘本际。庙旧有一枯柏树,其尘根故株之上,多生稚柏成林,列秀青青,望之其奇可嘉矣。"

说明

这条《注》文中,郑祭仲及子产二人,虽然没有像《洧水注》中卓茂那样的作为一位好官的具体事迹,但都是中国古代的正面人物,即如历史学家杜元凯所说的:"不忘本际。"郦氏虽然只看到从古柏衍生出来的"稚柏成林,列秀青青,望之奇可嘉矣",都属于褒词。所以此二人的冢墓与庙,都属于历史上的古迹,至今当然不存。但当地的旅游业从事者,仍可在故址或附近树立碑碣,录下《水经注》原文,作为一个旅游景点。

潩水　潩水瀑布

《注》文所记："潩水又南,悬流奔壑,崩注丈余,其下积水成潭,广四十许步,渊深难测。"

说明

此瀑布所在之处,《注》文称为柳泉水,当在今河南省镇平县东近 10 公里的柳泉铺一带。《注》文除了记叙"崩注丈余"的瀑布外,还把由瀑布形成的、现代自然地理学上的泷壶也记述在内,即所谓"其下积水成潭,广四十许步,渊深莫测"。由于河流不同于山岳,水文的变迁甚为频繁,所以这处历史时期的名胜,当今未必存在。否则可以成为一处很有价值的旅游景点。

渠   圃田泽

《注》文记叙:"(渠水)历中牟县之圃田泽。……泽在中牟县西,西限长城,东极官渡,北佩渠水,东西四十许里,南北二十许里。中有沙冈,上下二十四浦,津流径通,渊潭相接,各有名焉:有大渐、小渐、大灰、小灰、义鲁、练秋、大白杨、小白杨、散嘛、禹中、羊圈、大鹄、小鹄、龙泽、密罗、大哀、小哀、大长、小长、大缩、小缩、伯丘、大盖、牛眠等。浦水盛则北注,渠溢则南播。"

说明

圃田泽是我国古代的大湖之一。成书于战国时代的《职方》,曾记下了当时全国的大湖十一处,豫州的圃田,即是其中之一。如郦氏所记:"东西四十许里,南北二十许里",面积相当可观。但按照自然地理学原理,湖泊在自然原因和人为干扰下,是要化大为小,化整为零,最后从沼泽而成为平陆的。战国时代的大湖,在郦氏时代,已经是"中有沙冈",说明开始到化整为零的时期了。不过当时"上下二十四浦,津流径通,渊潭相接"。说明其化整为零的过程还不很久。郦氏所说的"各有名焉"之中,这24浦的名称,有不少是"大"、"小"相并而同名的,这"大"和"小"的同名者,原来当然是一个湖泊,以后才又一分为二的。中国历史悠久,战国时期的许多大湖,都在这二三千年时期中,从沼泽化继续发展到完全消失,成为平陆。至今,中国已经成为一个贫湖国了。像圃田泽这样,当年必有许多名胜和古迹,但如今全湖消失,都成为历史上的名胜古迹了。现在所存的大型湖泊如湖南省的洞庭、江西省的鄱阳,江浙两省之间的太湖,仍在不断地缩小。这中间自然原因的淤填和人为原因的围垦,都是重要的原因。湖泊是淡水资源积聚之处,而且又是风景优美的名胜。对于这些湖泊的保护,让其不再缩小甚至湮废,旅游业当局负有很大的责任。

鲁恭祠

《注》文记叙:"(清水)乱流东迳中牟宰鲁恭祠南,汉和帝时,右扶风鲁恭,字仲康,以太尉掾迁中牟令,政专德化,不任刑罚,吏民敬信,蝗不入境。河南尹袁安疑不实,使部掾肥亲按行之,恭随亲行阡陌,坐桑树下,雉止其旁,有小儿,亲曰:儿何不击雉?曰:将雏。亲起曰:虫不入境,一异;化及鸟兽,二异;竖子怀仁,三异。久留非优贤,请还。是年嘉禾生县庭,安美其治,以状上之,征博士侍中,车驾每出,恭常陪乘,上顾问民政,无所隐晦,故能遗爱,自古祠享来今矣。"

说明

如上述《洧水注》中郦氏褒赞卓茂相似,此处,《注》文又褒赞另一位汉代的贤德良守鲁恭。同时也褒赞河南尹派遣去调查的亲。因为他的调查是很务实的。但《洧水注》的卓茂与此处鲁恭的褒赞中,都有"蝗不入境"的话,这属于古代的一种赞扬吏治的套语。和上述卓茂祠一样,鲁恭祠当然也是一种现在不存的历史古迹。能修复则修复,不能修复则当地的旅游部门也宜为鲁恭并包括调查人亲两人的事迹,录《水经注》原文树立碑碣。

吹台

《注》记叙:"《陈留风俗传》曰:县有仓颉师旷城,上有列仙之吹台,北有牧泽,泽中出兰蒲,上多俊髦,衿带牧泽,方十五里,俗谓之蒲关泽,即谓此矣。梁王增筑,以为吹台城隍夷灭,略存故迹,今层台孤立于牧泽之右矣。其台方百许步,即阮嗣宗《咏怀诗》所谓驾言发魏都,南向望吹台,箫管有遗音,梁王安在哉? 晋世丧乱,乞活凭居,削堕故基,遂成二层,上基犹方四五十步,高一丈余,世谓之乞活台,又谓之繁台城。"

说明

"吹台"遗迹今仍存在,在河南省开封市东南近郊。相传为春秋时晋国乐师师旷奏乐之处。后因另一传说大禹治水时曾居于此,故把古吹台建成禹王庙,而吹台则以此又称禹王台。今此处已建有禹王台公园,园内风景秀丽,成为开封市的著名园林之一。旅游界能把古吹台作这样的改造利用,既存吹台的传说,又为旅游业增设了一个景点,是一个保古惠今的好例子。

万人散

《注》文记叙:"(沙水)历万人散。王莽之篡也,东郡太守翟义兴兵讨莽,莽遣奋威将军孙建击之于圉北,义师大败,尸积万数,血流溢道,号其处为万人散,百姓哀而祠之。"

说明

王莽是阴险、卑鄙、残酷、毒辣的罪人,已经达到了无恶不作的地步。他以存心叵测的诡诈伪善,曾一度得势而篡位。但天下有正义者都不服他的罪行。他如此残杀翟义的义师,"积尸万数,血流溢道",这个古战场所以被称为万人散。他虽然侥幸获成,显其暴行,但人民显然不服,所以"哀而祠之"。万人散在圉境,即今河南省杞县西南一带。当地的旅游界实宜在原址树碑立碣,以警戒古今如王莽一类的奸诈残酷之人,也让这个坏人获逞的古战场让后人凭吊。王莽是个十恶不赦的罪人。但郦书中叙各地的行政地名改变,都在最后写出"莽曰"两字以示王莽篡位后由其所改的地名,这是郦氏是为了对历史事实负责。其实从他的其他叙及王莽的文字中,他对这个卑鄙无耻的小人是深痛恶疾的。

贾侯渠

《注》文所记:"沙水又与广漕渠合,上承庞官陂,云邓艾所开也。虽水流废兴,沟渎尚夥。昔贾逵为魏豫州刺史,通运渠二百余里,亦所谓贾侯渠也。而川渠迳复,交错畛陌,无以辨之。"

说明

《注》文虽云邓艾亦在此开渠,但按其文义,尚为一种传说。而贾逵开渠,"通运渠二百余里",其记载是可信的。此处也是淮河流域的一个小小的水网地带,古今水文变迁甚大,在郦氏时代,已经"川渠迳复,交错畛陌,无以辨之"了。所以贾侯渠虽然曾确实存在,但属于历史上的古迹。

宁平县古战场

《注》文所记:"沙水自百尺沟东迳宁平县之故城南,《晋阳秋》称晋太傅东海王越之东奔也,石勒追之,焚尸于此,数十万众,敛手受害。勒纵骑围射,尸积如山,王夷甫死也。余谓俊者所以智胜群情,辨者所以文身祛惑,夷甫虽体荷俊令,口擅雌黄,污辱君亲,获罪羯勒,史官方之华、王,谅为褒矣。"

说明

这段《注》文所叙的是西晋"八王之乱"时的故事。"东海王越"即司马越,是司马懿的族孙,受封为东海王,其人品质恶劣,曾劫持并毒死晋惠帝。西晋之亡,此人当是首恶。也正因他的缘故,使"数 10 万众,敛手受害"。所以此处虽是一处古战场,但司马越实在毫无抵抗能力,数十万人实受他之惑而受害。郦氏《注》文所说:"污辱君亲,获罪羯勒",按其语气,也有对少数民族应讲信义、保和睦之意。按这处古战场在宁平县,即今河南省郸城县东北十余公里之处。

卷二十三　阴沟水　汳水　获水

阴沟水　苦城

《注》文所记:"涡水又东迳苦县西南,分为二水,枝流东北注,于赖城入谷。谓死涡也。涡水又东南屈,迳苦县故城南,《郡国志》曰:《春秋》之相也,王莽更名之曰赖陵矣。城之四门列筑驰道,东起赖乡,南自南门,越水直指故台西面。南门列道,径趣广乡道,西门驰道,西届武平,北门驰道,暨于北台。"

说明

按《续汉书·郡国志》:"陈国苦县,有赖乡。"即今河南省鹿邑县东 5 公里处。《注》文所叙,于今当然已是一种历史时期的古迹,苦城这个当年的中心城市,以及城市四周的驰道当然都已不复存在。但是对于研究历史城市地理,包括中心城市四向的交通布局的研究等方面,都是很有价值的材料。

老子庙

《注》文记叙:"涡水又北迳老子庙东,庙前有二碑,在南门外。汉桓帝遣中宫管霸祠老子。命陈相边韶撰文;碑北有双石阙甚整顿,石阙南侧,魏文帝黄初三年经谯所勒。阙北东侧,有孔子庙。……北则老君庙,庙东院中有九井也。又东,涡水之侧又有李母庙,庙在老子庙北。庙前有李母冢。冢东有碑,是永兴元年谯令长沙王阜所立。

碑云：老子生于曲、涡间。"

说明

为了老子故里的事，安徽涡阳县曾于 1998 年派专人到杭州，邀请我由夫人陪同去该地考察。在该县及附近大片地区作了实地踏勘，为时达 10 天之多。王振川，牛家栋二先生，于 2012 年在作家出版社出版了《皖北老庄故里行》一书，书内有《见证谷水，敬重陈桥驿》专篇，即为记叙当年我们夫妇在涡阳县所作的考察和论证。其文甚长，但录入了当年我即席所写的两首七绝。我写诗从不留底，赖他们两位记在文上。其一云："天静九井皆得之，道统源头豁然知；涡水长流道长在，老子故里就在此。"其二云："川渎播迁古今多，郦书从来费揣摩；幸得九井历历在，谷水就是武家河。"两位在他们的这篇大作中提及："陈桥驿教授为这一重要课题获得突破性成果，不无自豪地说：'正是由于郦注谷水的定位，让老子故里得到了实证，当然也是引为不胜荣幸的。'"我当年说过后这些话，也早已忘记了，但王、牛两位却都记录下来，真要谢谢他们。当年我考察这个问题，在最后总结讲话时，全县领导都到场，结果曾由该县以我的名义发表在《水经注记载的淮河》（《学术界》2000 年第 1 期）一文中，我因藏书逾万册，几年前搬家以后，也已找不到了。但必须指出的是，现在国人有不少把老子的学说作为一种宗教，即所谓道教。这显然是错误的。拙诗所说的"道统"，说的是老子学问的传统，绝不是民间俗传的道教。老子的主要著作《道德经》，绝非宗教书，而是一种研究学问的著作。我虽对这种学问钻研并不深透，但对《道德经》，却是在青年时代就熟读的。记得 1947 年，我还在一个学校的校刊中写过一篇《利的哲学》的论文，就是依据《道德经》的，但现在都早已遗忘了。

获水　陈胜墓

《注》文所记："陂水东流，谓之谷水，东迳安山北，即砀北山也。山有陈胜墓，秦乱，首兵伐秦，弗终厥谋死，葬于砀，谥曰隐王也。"

说明

陈胜在历史上应该是位有功之人，暴秦苛政，人民痛苦，是他首先与吴广揭竿起义，开始获得多次胜利，后来被章邯以强大兵力所败而牺牲。但暴秦终于由他的带头起义，至于灭亡。郦注称"谥于隐王"，这是事实，也说明了他在当时就受到人民的尊敬。砀山在今河南省永城县北 30 公里的芒砀山。今此墓在山巅，仍然存在，而且作过一些布置，墓周围松柏成林，气势颇盛。周围山峦起伏，向南则是一片平原，更显出了其墓的形势。当地旅游当局的这种措施是值得称道的。

卷二十四　睢水　瓠子河　汶水

睢水　睢阳城

《注》文记叙:"文帝十二年,封少子武为梁王,太后之爱子景帝宠弟也,是以警卫貂侍,饰同天子,藏珍积宝,多拟京师,招延豪杰,士咸归之,长卿之徒,免宦来游。广睢阳城七十里,大治宫观、台苑、屏榭,势并皇居,其所经构也。役夫流唱,必曰《睢阳曲》,创传由此始也。"

说明

此处睢阳,即今河南商丘。由于"太后之爱子景帝宠弟",竟可以在其封邑如此大兴土木,"警卫貂侍饰同天子",郦氏笔下其实是谴责了这种作威作福的行为。"广睢阳城七十里","势并皇居"。虽然这些古迹今已多不存在,但睢阳城的扩大,成为当年的一大城市,宋代曾以为东都,这些资料,虽属历史古迹,但对今日历史城市地理的研究仍然具有价值。因为在同条《经》文下还有一段记叙睢阳的当时建筑,也可以一并利用。

竹圃

《注》文所记:"睢水又东南流,历于竹圃,水次绿竹荫渚,菁菁实望,世人言梁王竹园也。"

说明

竹类品种繁多,属禾本科,但适宜于在气温较高的江南生长,郦注中记及的极少,所以睢园绿竹已经成为一件后来言北方植物的特异词语。今睢水流域的竹类生长不知如何,旅游界可以适当培植,以增游客的情趣。

伏波将军马援墓

《注》文所记甚简,仅说:"睢水东迳石马亭,亭西有汉伏波将军马援墓。"

说明

按马援(前14—46),右扶风茂陵,即今陕西省兴平县人。新莽之乱后,曾归依光武帝刘秀。屡立战功,自言愿"马革裹尸还葬"的勇气和决心,后病死军中。作为一位名将,而且他的豪言壮语,长期流传,所以值得保护。今此墓在陕西扶风县城西约3公里余的伏波村,高约10米,墓前有清时所立"汉伏波将军墓"碑。

瓠子河   瓠子河

《注》文记叙:"元光三年,河水南泆,漂害民居。元封二年,上使汲仁、郭昌发卒数万人,塞瓠子决河。于是上自万里沙还,临决河,沈白马玉璧,令群臣将军以下皆负薪填决河。上悼功之不成,乃作歌曰:瓠子决兮将奈何?浩浩洋洋虑殚为河,殚为河兮地不宁,功无已时兮吾山平,吾山平兮巨野溢,鱼沸郁兮柏冬日,正道弛兮离常流,蛟龙骋兮放远游,归旧川兮神者沛,不封禅兮安知外,皇谓河公兮何不仁,泛滥不止兮愁吾人,啮桑浮兮淮、泗满,久不返兮水维缓。……于是卒塞瓠子口,筑宫于其上名曰宣房宫,故亦谓瓠子堰为宣房堰,而水亦以瓠子受名焉。"

说明

瓠子河是古代濮阳(今河南省濮县南)从黄河分出的一条小河。循黄河往东南流,经今山东省梁山北折注入济水。汉元光三年(前132),黄河决口于濮阳瓠子口,从决口处东南漫流注于钜野泽(今山东省钜野县附近),造成黄淮一带的严重水患。元封二年(前109),汉武帝亲临瓠子河督促施工决口。据《史记·河渠书》所载:"令群臣从官自将军以下皆负薪并填决河",司马迁显然也是当时参加负薪堵决口的从官之一,亲身经历,感受甚深。所以在其《一百三十篇》(即以后所称的《史记》)专写《河渠书》一篇,建立了我国正史中的《河渠书》的传统。司马迁在此篇中写下了:"甚哉,水之为利害也"的水利史上的名言。郦注记载了最上一人亲临决上现场指挥堵塞决口的事,并且记下了他的《瓠子河》(《注》文另外还有一首不录)。这也是古今历史上最上一人对人民负责的罕见好事。这次堵决成功以后,黄河纳入故道,瓠子河就逐渐枯竭,《水经注》时郦氏所见的已是一条小河,以后就不复存在。但虽是历史上的古迹,在我国水利史上却很有意义。旅游部门有必要在原处树碑立传,并写上汉武帝的《瓠子河》全文,使游客获得欣赏和受教育。

雷泽

《注》文记叙:"瓠河又左迳雷泽北,其泽薮在大成阳县故城西北十余里,昔华胥履大迹处也。其陂东西二十余里,南北一十五里,即舜所渔也,泽之东南即成阳县。……《地理志》曰:成阳有尧冢、灵台,今成阳城西二里有尧陵,陵南一里有尧母庆都陵,于城为西南,称曰灵台,乡曰崇仁,邑号修义,皆立庙,四周列水,潭而不流,水泽通泉,泉不耗绝,至丰鱼筍,不敢采捕。前并列数碑,枯柏数株,檀马成林,上陵南北,列驰道迳通,皆以砖砌之,尚修整。尧陵东城西五十余步中山夫人祠,尧妃也。石壁阶墀仍旧,南、西、北三面,长栎联荫,扶疏数里(以下还有对尧陵叙文,因文长而牵涉多,不录)。"

说明

按成阳即城阳,在今山东菏泽市东北二十余公里的胡集乡近处。《水经注》的这一段记叙,在郦氏时代,因建筑物遗迹尚在,"石壁阶墀仍旧"。加上许多后人碑碣,郦氏当然确信尧舜之类之事。近代历史学家,过激者可以把此说成一派胡言。但世界各国,多有历史上的神话传说作为其国历史的开端。尧舜当然绝无其人,但在中国,由于从上古以来流传已久,所以作为一种传说上的古迹,也未尝不可将这些后人布置的古迹加以保留。已经夷毁的,也还值得依据传说加以适当恢复,不仅适应国情,对旅游业也有裨益。至于《注》文所说的"雷泽",当时规模不小,但因历史上河流水文变化甚大当然也是历史古迹了。

汶水 汶水

《注》文所记:"《从征记》曰:汶水出(莱芜)县西南流,又言自入莱芜谷,夹路连山百数里,水隍多行石涧中,出药草,饶松柏,林藿绵濛,崖壁相望,或倾岑阻径,或回严绝谷,清风鸣条,山壑俱响,凌高降深,兼惴栗之惧,危蹊断径,过悬渡之艰。"

说明

汶水在《水经》与《水经注》中各有二条,此处所记的一条是古代济水的支流。另一条收入于卷二十六,在今山东半岛,是潍水的支流。此条《注》文叙其发源处的莱芜谷,文笔生动,令人百读不厌,今因水文变化,当已不存,是一处历史上的古迹。

泰山

《注》文记叙:"《马第伯书》云:光武封泰山,第伯从登山,去平地二十里,南向极望,无不睹其为高也,如视浮云;其峻也,石壁官案,如无道径,遥望其人,或为白石,或雪,久之,白者移过,乃知是人。仰视岩石松树,郁郁苍苍,如在云中;俯视溪谷,碌碌不见丈尺。直上七里天门,仰视天门,如从穴中视天矣。应劭《汉官仪》云:泰山东南山顶,名曰日观。日观者,鸡一鸣时见日,始欲出,长三丈许,故以名焉。"

说明

这一段郦氏写泰山,文字不多,但却栩栩如生。他用的材料是汉马第伯所写的《封禅仪记》,是马第伯侍奉汉光武帝登泰山的第一手资料。由于郦氏在选用资料上的审慎,所以写得非常逼真,郦氏的治学方法加上他的写作技巧,这是《水经注》成功的重要原因。泰山不仅在汉代就得到帝王的封禅,是全国名山。以后直至当今,称名山必皆"五岳",泰山是东岳,为五岳之首,仍是一处重要的旅游胜地。

龟阴之田

《注》文记叙:"(汶水)东南流,迳龟阴之田。龟山在博县北,昔夫子伤政道之陵迟,望山而怀操,故《琴操》有《龟山操》焉。山北即龟阴之田是也。《春秋》定公十年,齐人来归龟阴之田是也。"

说明

博县是春秋时齐邑,在今山东省泰安市东南15公里。《注》文录"龟阴之田"仅数语,此古迹实因《琴操》中的《龟山操》而得,也因泰山而得名。今此古迹已不存,属于历史上的古迹,但由于其依附泰山,所以还是值得为后人所重视的。此以下,《注》文仍记叙泰山三庙等古迹不少,因文过长不录。

卷二十五　泗水　沂水　洙水

泗水　孔里

《注》文记叙:"夫子教于洙、泗之间,今于城北二水之中,即夫子领徒之所也。……《史记》、《冢记》、王隐《地道记》,咸言葬孔子于鲁城北泗水上。今泗水南有夫子冢。《春秋孔演图》曰:鸟化为书,孔子奉以告天,赤爵衔书,上化为黄玉,刻曰:孔提命,作应法,为赤制。《说题辞》曰:孔子卒,以所受黄玉葬鲁城北,即子贡庐墓处也。谯周云:孔子死后,鲁人就冢次而居者,百有余家,命曰孔里。《孔丛》曰:夫子墓茔方一里,在鲁城北六里泗水上,诸孔氏封五十余所,人名昭穆,不可复识,有铭碑三所,兽碣具存。《皇览》曰:弟子各以四方奇木来植,故多诸异树,不生棘木,刺草,今则无复遗条矣。"

说明

由于孔子是儒家之祖,北魏虽是鲜卑异族,但从孝文帝起,汉化已经完成,也高度尊孔崇儒。故郦氏当然就他设教的"洙、泗之间"大做文章。"孔里"无非是郦氏时代所叙的一端。现在曲阜县的孔庙,包括大成门、大成殿以及孔子故宅、孔府,并曲阜县北1公里余的孔林,已经经过历朝历代的修葺得美奂美轮,是我国的一大名胜古迹,每年吸引中外游客甚多。曾有一个时期,有人企图推翻孔子和他的儒学,近代如"批林批孔"之类。但孔子已经是个国际著名的人物,孔子学院不仅在国内,国外也有创办,学习和宣扬孔子之道。此处《注》文因孔子设教于"洙、泗之间"而略述其事而已。

吕梁瀑布

《注》文所记:"泗水之上有石梁焉,故曰吕梁也。……悬涛崩渀,实为泗险。孔子所谓鱼鳖不能游。又云:悬水三十仞,流沫九十里,今则不能也。"

说明

吕梁瀑布是我国古代的著名瀑布之一,《注》文也是凭古代记载:"悬水三十仞,流沫九十里。"但是水文的变化甚大,到郦氏时代,已经是"今则不能也"。说明瀑布已经消失,是一处历史上的名胜。

高祖庙

《注》文记叙:"泗水南迳小沛县东,县治故城南垞上,东岸有泗水亭,汉祖为泗水亭长,即此亭也。故亭今有高祖庙,庙前有碑,延熹十年立。庙阙崩褫,略无全者。水中有故石梁处,遗石尚存。"

说明

高祖庙在郦氏时已经"庙阙崩褫,略无全者",但当年的石梁在北魏时还"遗石尚存"。由于在中国历史上,汉、唐两朝,不仅国势强盛,诸多少数民族先后汉化;也是我国疆域基本扩展奠立的时期。所以在历代开国之君中,汉高祖与唐太宗是属于作出贡献的。高祖庙或许不必恢复,但在其故处,宜树立碑碣,说明这是有汉一代开国之君起家之处。也可以作为一个旅游景点。按小沛即今江苏省沛县,泗水亭在今沛县以东。

曹操暴行处

《注》文所记:"初平四年,曹操攻徐州,破之,拔取虑、睢陵、夏丘等县,以其父避难被害于此,屠其男女十万,泗水为之不流,自是数县人无行迹,亦为暴矣。"

说明

曹操是一个杀戮甚多的奸雄。中国历史上一直将他当作负面人物。旧戏之中,曹操所饰的面型即可为证。但自1950年以来,有嗜杀者为其平反,说了他许多好话。从这条《注》文可见,为了其父被杀,竟至在徐州属下的数县"屠其男女十万人,泗水为之不流"。这些无辜的老百姓,与"杀父"何干? 所以褒贬人物谨慎的郦氏,也就实际上作了怒斥:"亦为暴矣。"近代为此平反者是何许人,从这段《注》文中,也就可以知其所以然了。"自是数县人无行迹"。这当然也是一处古迹,是后世嗜杀者的古迹。而人民在这类古迹中,可以溯昔抚今,受到教育。

卷二十六　沭水　巨洋水　淄水
汶水　潍水　胶水

沭水　*孟姜女*

《注》文记叙："《列女传》曰:齐人杞梁殖袭莒战死,其妻将赴之,道逢齐庄公,公将吊之。杞梁妻曰:如殖死有罪,君何辱命焉;如殖无罪,有先人之弊庐在,下妾不敢与郊吊。公旋车吊诸室,妻乃哭于城下,七日而城崩。故《琴操》云:殖死,妻援琴作歌曰:乐莫乐兮新相知,悲莫悲兮生别离。哀感皇天,城为之堕,即是城也。"

说明

按此事发生于莒县,即今山东省莒县。后来民间传说的并且长期传播的关于孟姜女的故事,就是从郦注的这段记载而来。传说中的孟姜女之夫名叫万喜良,"喜良"与"杞梁"谐音。这种说法,或许可信。因为人民痛害暴君秦始皇征民造长城,昼警夜作,死者无算。所以移植了杞梁殖的故事,把他作为万喜良,而杞梁殖之妻就作为孟姜女,因为故事中她哭城而城崩,这是后世人民痛恨秦始皇的模式。所以孟姜女的故事由此事传讹,而且散播全国,不少地区,如山海关近处即有孟姜女庙。也是这种原因。暴君秦始皇的崇拜者,应对这段《注》文作些研究,作点反省。

巨洋水　熏冶泉

《注》文记叙:"巨洋水自朱虚北入临朐县,熏冶泉水注之。水出西溪,飞泉侧濑于穷坎之下,泉溪之上,源麓之侧,有一祠,目之为冶泉祠。按《广雅》,金神谓之清明,斯地盖古冶官所在,故水取称焉。水色澄明而清泠特异,渊无潜石,浅镂沙文,中有古坛,参差相对,后人微加功饰,以为嬉游之处,南北邃岸凌空,疏木交合。先公以太和中作镇海岱,余总角之年,侍节东州,至若炎夏火流,闲居倦想,提琴命友,嬉娱永日,桂笋寻波,轻林委浪,琴歌既洽,欢情亦畅,是焉栖寄,实可凭衿。小东有一湖,佳饶鲜笋。匪直芳齐芍药,实亦洁并飞鳞。其水东北流入巨洋,谓之熏冶泉。"

说明

郦氏在前《巨马水注》中曾记及其家乡郦亭沟水等,但所记其实不多,说明当时实为幼年,仅仅是一种不能多叙的回忆而已。而到了总角("总角"、"垂髫"等词汇,都无定量标准)之年,随侍其父来到齐地(今山东省),所以对熏冶泉这一处其实并无大风景的地方,由于当时已年长懂事,是他与朋友游憩之地,所以能写出如此一篇生动记载,远胜于《巨马水注》中他对家乡的回忆。由于他随即入仕北魏,恐怕毕生都不曾再回到家乡,所以在其《注》文中齐远超于涿。熏冶泉如他所记,当然也可以算作一处历史上的名胜。

淄水　石井水瀑布

《注》文记叙:"阳水又东北流,石井水注之。水出南山,山顶洞开,望若门焉。俗谓是山为劈头山,其水北流注井,井际广城东侧,三面积石,高深一匹有余,长津激浪,瀑布而下,澎赑之音,惊川聒谷,濊濊之势,状同洪河,北流注入阳水。余生长东齐,极游其下,后因王事,复出海岱。郭金、紫惠,同石井赋诗,言意弥日,嬉娱尤慰羁心,但恨此水时有通塞耳。"

说明

石井水瀑布,其高无非"一匹有余",在郦注记载的瀑布中,并不是一处大瀑布。但由于他当幼年时随父到此,即所谓"余生长东齐"。后来在入仕时又再次到此,所以对这一处名胜,特别值得他回忆,因而不仅描述了这处胜境,又记下了他与友人在此游憩时的愉快,"嬉娱尤慰羁心"。但因水文的随时变化,"时有通塞"。或许在他的时代,这处名胜已经或存或失了。此以下,他又多次记及此水时通时塞的情况,文字过长不录。

齐桓公墓

《注》文记叙:"《从征记》曰:(女)水西有桓公冢,甚高大,墓方七十余丈,高四丈,圆坟周二十余丈,高七丈。二坟,晏谟曰:依《陵记》非葬礼,如承世故,与其母同墓而异坟。……冢东山下原有桓公祠,侍其衡奏魏武王所立。曰:近日路次齐郊,瞻望桓公坟垄,在南山之阿,请为立祀,为块然之主。"

说明

齐桓公为春秋五霸之一,按其身份,在厚葬时代,其墓并不过分庞大。但此墓后已不存,今山东古迹有关齐桓公者,只存淄博市齐故城内的齐宫室群中的一座高台遗址,此是唐长庆年间所建的桓公庙和管仲庙,又称桓公台。台的四周有大片宫殿楼阁遗址。为了发展旅游业,也为了尊重齐地历史,这些古迹,或许可以适当恢复。

稷下

《注》文记叙:"系水傍城北流,迳阳门西,水次有故封处,所谓齐之稷下也。当战国之时,以齐宣王喜文学,游说之士邹衍、淳于髡、田骈、接子、慎到之徒七十六人,皆使列第,为上大夫,不治而论议,是以齐稷下学士复盛,且数百十人。刘向《别录》以稷为齐城门名也。谈说之士,期会于稷门下,故曰稷下也。《郑志》曰:张逸问《书赞》云:我先师棘下生,何时人?郑玄答云:齐田氏时,善学者所会处也。"

说明

"稷下"是一处文化古迹,当时也是我国历史上的文化名地。之所以盛名久传,就在于最上领导人物的提倡。七十六人"皆使列第,为上大夫"。说明当时对文化人的待遇之高。郦注所称"游说之士",或许是根据当时的记载,因为像邹衍等人一步登天,必也有人妒忌。但《注》文仍用郑云的话,说稷下是"善学者所会处也"。地方文化的发展,与为人上的提倡显然关系重大,从齐地出来的著名文化人,如书圣王羲之,女词家李清照等,历史上代有其人,直到当代,山东省仍是文化发达之地。1950 年以后受当时最上人批判的武训,也是一位穷苦而提倡办学的人物。

潍水　琅邪台

《注》文记叙:"(琅邪)城即秦皇之所筑也。遂登琅邪大乐之山,作层台于其上,谓之琅邪台。台在城东南十里,孤立特显,出于众山,上下周二十余里,傍滨巨海,秦皇乐之,乃徙黔首三万户于琅邪山下,复十二年。所作台基三层,层高三丈,上级平敞,方二百余步,广五里,刊石立碑,纪秦功德。"

说明

琅邪原是越王句践在灭吴以后，欲称霸诸侯而北上建都之地。后为秦所灭。秦在此建琅邪台，在今山东省胶南县夏河城东南 5 公里。秦二世亦曾来此。秦始皇刻石已不存，而秦二世刻石尚存，传为秦李斯所书，为现存秦刻石小篆字数最多的碑碣，但今已移往北京中国历史博物馆。此碑是至今尚存的古迹，而琅邪台今已不存，属于历史上的古迹。旅游界如能在原址稍事恢复，以标明此处有秦所作琅邪台，则也能成一个旅游者值得一观的景点。

胶水　盐坑

《注》文所记："（平度）县有土山，胶水北历土山注于海。海南，土山以北，悉盐坑，相承修煮不辍。"

说明

按平度在今山东省平度市西北 30 余公里。"盐坑"，"坑"是"坑"的别体字，郦注记载制盐之地不少，但涉及海盐者不多。此处所记则是海盐。但说"修煮不辍"，说明当时海水成盐，还须煎煮，尚无后来的板晒方法。所以平度一带的"盐坑"，当已不存，属于历史古迹。

卷二十七　沔水

沔水

沔水在《水经注》占了3卷，是当年的一条大水。其实，此水即今汉江，是长江的支流之一。《禹贡》说："浮于潜，逾于沔"，所以汉江很早就被称为沔水。但《汉书·地理志》说，"汉水受氐道水，一名沔，"所以古代也已有称此水为汉水的。故"沔水"属于历史上的河川地名，今水道虽变，但其水仍存。

武侯垒

《注》文所记："沔水又东迳武侯垒南，诸葛武侯所居也。南枕沔水，水南有亮垒，中有小城，回隔难解。"

说明

三国与郦氏作《注》的时代相去未远。在郦氏文中，所记诸葛与司马之战，诸葛败者居多。与后人撰《三国演义》对诸葛大事夸张的情况迥异。而事实上所谓"六出祁山"，却每次败绩。所以郦氏在"武侯垒"中所用文字不多，也是当时的实际情况使然。但诸葛亮在蜀，声名甚著，直至唐人诗中，对他仍有许多称颂。而他的前、后两篇《出师表》，也都是忠心耿耿、可读可颂的大好文章。时至当代，诸葛亮仍是一般人心目中的有才、有能的贤者(与《三国演义》有关)。为此，旅游界如能把此"武侯垒"加以规复,必能成为一个受人瞻仰的景点。

诸葛亮庙

《注》文记叙:"诸葛亮之死也,遗令葬于其山,因即地势,不起坟垄,惟深松茂柏,攒蔚川阜,莫知墓茔所在。山东名高平,亮宿营处,有亮庙。亮薨,百姓野祭,步兵校尉习隆、中书郎向充共表云:臣闻周人思召伯之德,甘棠为之不伐;越王怀范蠡之功,铸金以存其像。亮德轨遐迩,勋盖来世,王室之不坏,实赖斯人。……臣谓宜近其墓,立之沔阳,断其私祀,以崇正礼。始听立祀斯庙,盖所启置也。"

说明

今诸葛武侯墓在陕西省勉县南之定军山下,确为《注》文所说"深松茂柏,攒蔚川阜",但估计当是后人的修饰。又有诸葛武侯祠,在陕西省勉县城东近处。此或即《注》文所谓"诸葛亮庙",祠内建设甚多,多也是后人的尊敬功夫。案唐人诗:"丞相祠堂何处寻,锦官城外柏森森。"此建于四川省成都市的祠堂,当是后人所建,与《注》文无关。诸葛亮是后世众所公认的人物,现在,勉县的墓(当是衣冠墓)和祠,都是当地重要旅游景点,成都祠堂也是如此。虽然多是后人所置,但以武侯声名,并不过分。而对当今的旅游业也都是游客景仰的景点。

汉水温泉

《注》文所记:"汉水又东,右会温泉水口,水发山北平地,方数十步,泉源沸涌,冬夏汤汤,望之则白气浩然,言能瘥百病云,洗浴者皆有硫黄气,赴集者常有百数。"

说明

这是一处含有硫黄元素的温泉,温泉含硫黄,较为常见,对皮肤病的疗效确实不错。温泉是当今旅游行业中相当吃香的资源,但还不知今是否存在。如存在,必有当地从事旅游业经营加以开发。

千梁无柱

《注》文记叙:"汉水又东合褒水,水出西北衙岭山,东南迳大石门,历故栈道下谷,俗谓千梁无柱也。诸葛亮《与兄瑾书》云:前赵子龙退军,烧坏赤崖以北阁道,缘谷百余里,其阁梁一头入山腹,其一头立柱于水中,今水大而急,不得安柱,此其穷极,不可强也。又云:时赵子龙与邓伯苗,一戍赤崖屯田,一戍赤崖口,但得缘崖与伯苗相闻而已。后魏延先退而焚之,谓是道也。自后按旧修路者,悉无复水中柱,迳陟者浮梁振动,无不摇心眩目也。"

说明

《注》文所叙的"栈道",是古代沟通川、陕、甘各省间群山之中的沿山险路。又称阁道。是在沿山的岩壁上凿石穿梁而修成的道路。其建筑原是在旁山的悬崖峭壁中凿孔,插入木梁,木梁的一端入岩石,另一端立柱。木梁甚密,铺以木板,敷以土石,才能通行。《注》文记叙的褒水所经大石门到下谷一段,栈道的俗名是"千梁无柱"。因为岩崖与山下溪涧河流的距离甚远,所以无法立柱。因而出现了这种栈道中的"千梁无柱"情况。在这种情况下,插入岩石中的木梁,其另一端没有柱的支撑,当然很不牢固。而要使"千梁"牢固,唯一的办法是加长木梁,让木梁尽量深插于岩崖之中,这样就必须在岩崖中凿入甚深,工程的艰巨,可以想见。在古代的技术条件下,进行这种悬崖峭壁上的工程,真是难以想象。如《注》文所说:"迳陟者浮梁振动,无不摇心眩目也。"这当然是历史上的古迹。现在已经都有正规的道路修建通行,不再是"蜀道难"了。

丙穴

《注》文记叙:"褒水又东南得丙水口,水上承丙穴,穴出嘉鱼,常以三月出,十月入,地穴口广五六尺,去平地七八尺,有泉悬注,鱼自穴下透入水,穴口向丙,故曰丙穴,下注褒水。"

说明

郦注中常有此类渊泉出鱼的记载,郦氏每以比之于丙穴,而丙穴则在此《沔水注》中,溪涧河流中的不少鱼类,多有逆流而游的习性,俗语所谓"鲤鱼跳龙门",也就是说明这个道理。所以在《水经注》中,不少渊潭泉流中都有这种现象,由于"丙穴"最为典型,所以郦氏在遇及这种现象时,常以丙穴作比。此处是丙穴所在,所以郦氏特意解释其地名来源:"穴口向丙,故曰丙穴。"

石牛道

《注》文记叙:"褒水又东南历小石门,门穿山通道,六丈有余。刻石言:汉明帝永平中,司隶校尉犍为杨厥之所开。逮桓帝建和二年,汉中太守同郡王升嘉厥开凿之功,琢石颂德,以为石牛道"。

说明

石牛道是开凿于栈道中的坠道。栈道的建筑本来不易,而要在栈道中再开凿一条坠道,虽然《注》文说"六丈有余",从今天看来,绝不稀罕,但考虑到古代的技术能力,实在确非轻而易举,所以要得到"嘉厥开凿之功,琢石颂德"。此是古代栈道,今已不存,属于历史上的古迹。《注》文在此后还记叙了来敏《本蜀论》中对此石牛道的一种传说,当然是个无稽故事,不足为信,不录。

南郑

《注》文记叙:"《耆旧传》曰:南郑之号,始于郑桓公。桓公死于犬戎,其民南奔,故以南郑为称。即汉中郡治也。汉高祖入秦,项羽封为汉王。萧何曰:天汉,美名也,遂都南郑。大城周四十二里,城内有小城,南凭津流,北结环雉,金墉漆井,皆汉所修筑。地沃川险,魏武方之'鸡肋',曰:释骐骥而不乘焉,皇皇而更求,遂留杜子绪镇南郑而还。"

说明

南郑是战国时秦邑,在今陕西省汉中市东郊近处。汉刘邦在其势力未盛时,曾一度以为基地。秦始皇由于心怀更大的异志,当然视此要地为"鸡肋"。故此城实为汉所扩建,建城达42里,大城内尚有小城。今汉中市仍为陕西省南部最重要的城市,汉扩建此城并一时建都的过程,对历史城市地理学的研究,尚可深入寻究,不失为一种有价值的资料。

韩信台

《注》文所记:"(壻水)又东迳大城固北,城乘高势,水北有韩信台,高十余丈,上容百许人。相传高祖斋七日,置坛设九宾礼,以礼拜信也。"

说明

张良、萧何、韩信,素称汉初三杰,刘邦之成,此三人都作出重要贡献。韩信淮阴(今江苏淮阴以西)人,善于用兵,击灭项羽于垓下,是其大功。但后来为吕后所杀,焉知不是高祖的遗命。中国历史上为首者在功成专权以后大诛元勋之事屡见不鲜。实因恐助其成功之人篡夺皇位,也恐其故后,后继的子孙受这类开国功臣的谋害。在近代号称有了国家宪法的时代,掌实权的最上一人,竟可以诛杀"宪法"中明文所定的国家元首。此类咄咄怪事,或许出于封建传统,或许出于个人崇拜。要真正实现林肯总统1863年11月19日在葛底斯堡(Gettysburg)国家公墓落成礼中的演说,恐怕为时还远也。今韩信台当然早已不存。但作为一代名将,而且有郦注的记载,这个历史古迹,是否需要在原处适当恢复,作为一个旅游景点,供游客参观凭吊。当地旅游当局,或应作适当措施。

汉水急滩

《注》文所说:"(汉水)东历上涛,而迳于龙下,盖伏石惊湍,流屯激怒,故有上、下二涛之名。龙下,地名也。……汉水又东迳石门滩,山峡也,东会酉水,水北出秦岭西谷,南历重山与寒泉合,水东出寒泉岭,泉涌山顶,望之交横,似若瀑布,颓波激石,散若雨洒,势同厌原风雨之池,其水西南流入于酉水。"

说明

此段记叙,说明郦氏撰文的细致精到,凡其所知河川异处,均尽量记入。如"上、下二涛"只是"伏石惊湍",是两处急滩。而寒泉岭的流水,"似若瀑布"而实非瀑布。但这些都是当时水文上的异象,亦可称作是一种名胜,他都如实记入《注》文之中。说明《水经注》其书对当时自然界的所有异象,都尽记不遗。

西城诸岭

《注》文记叙:"汉水又东迳蘧蒢溪口,水北出就谷,在长安西南,其水南流迳巴溪成西,又南迳阳都坂东,坂自上及下,盘折十九曲,西连寒泉岭。《汉中记》曰:自西城涉黄金峭、寒泉岭、阳都坂,峻崿百重,绝壁万寻,既造其峰,谓已逾嵩、岱,复瞻前岭,又倍过之。言陟羊肠,超烟云之际,顾看向涂,杳然有不测之险。山丰野牛、野羊,腾岩越岭,驰走若飞,触突树木,十围皆倒,山殚艮阻,地穷坎势矣。"

说明

此处郦氏记叙的诸山,其实都是今秦岭山脉及其向南、向西延伸的余脉。其中《注》文记及的如阳都坂、寒泉岭等,都是这条山脉中的高峰,在郦氏笔下,写得如此奇特险峻,甚至是"已逾嵩、岱"。此外,《注》文还记及了群山之中的野生动物,当时由于人为干扰的极少,这些山中的野生动物当然很多。所以郦氏的这段《注》文,其实已经全面描述秦岭及其余脉中的自然景观。这些当然都是当时的名胜古迹,古籍中如他这样全面记叙的,实在很难另见。至今,研究古代秦岭及其余脉诸山的自然地理,这段《注》文,可以作为重要的参考资料。《水经注》一书,确可为当今不少学科的研究者所阅读和研究。

卷二十八 沔水

龙巢山

《注》文所记:"沔水又东迳龙巢山下,山在沔水中,高十五丈,广圆一百二十三步,山形峻峭,山上秀林茂木,隆冬不凋。"

说明

龙巢山并非名山,山高也不过十五丈,故亦非高山,对于此山山形,《注》文不过以"山形峻峭"4字匆匆道过。但十分重要的是,《注》文所记:"其上秀林茂木,隆冬不凋"。说明郦氏所记地区,已涉今湖北省境内的武当县,即今丹江口一带,按全国地理位置,其地已在秦岭、淮河以南,在气候带上已进入北亚热带地区,所以龙巢山虽然不是名山,但山上树木,已经"隆冬不凋"。读《水经注》,必须具有现代的各种科学知识。此处《注》文虽然寥寥数言,但气候学者一定会引起重视。揣摩《注》文,在气候带上已经发生变化了。龙巢山虽然写入《注》文之中,也可算是一种名胜,而且至今想必存在,不过其重要性都在气候学的意义。

生坟

《注》文所记:"(下阴)县东有冢,县令济南刘熹,字德怡,魏时宰县,雅好博古,教学立碑,载生徒百有余人,不终业而夭者,因葬其地,号曰'生坟'。"

说明

"生坟"虽然是件小事,但这是县令办学的例子。一位县令能够提倡办学,而且自己亲身带领学生从学,当时作一位县令,当然不如今日的要经常开会,迎候上级、应酬等杂事。但由于其时法、政不分,县令还得坐堂审判案件,亦非空闲。而能如此重视教育,确实不易。而学未终而夭者,亦让其有坟墓葬身。所以此县的人民素质一定不错。按下阴县在今湖北省老河口市西北集街。难得遇上这样一位有才有德的县令。"生坟"当然不再存在,是历史上的古迹,也是可以流传后世的佳话。

杜元凯碑

《注》文所记:"(万)山下潭中有《杜元凯碑》,元凯好尚后名,作两碑并述己功。一碑沈之岘山水中,一碑下之于此潭,曰:百年之后,何知不深谷为陵也?"

说明

杜元凯名预,其好名的行为,受到不少后人的讥刺。例如唐鲍溶的《襄阳怀古》(《全唐诗》八函一册):"襄阳太守沈碑意,身后身前几年事。汉江千岁未为陵,水底鱼龙应识字。"此诗的最后一句,确是入木三分的讥刺。好名大概是不少人特别是当官的所追求的。眼下也颇有一些官位不小的官员,借考察之名而旅游,在不少名胜地(例如安徽黄山)的岩崖上,到处题词作诗,文句既非雅驯,书法更为拙劣。与同样镌在岩崖上的前代名人的高雅文字和苍劲书法,实在令人叹息。当代的这些官员们的题词,当然也是好名所驱。甚至还有在死后的讣告上,写出"享受部级或厅级待遇"之类。杜元凯是西晋开国元勋,当过大官,但其实他的留名后世,绝非为了他的官做得大,而是依靠同时也是一位著名的历史学家。他崇奉"仕而优则学"的教训,写下了《春秋左氏经传集解》、《春秋释例》及《春秋长例》几部书,尤其是第一部《集解》,是历来解释《左传》的权威著作,直到1700多年后的今天,他的《集解》,仍由出版社重印出版。由此可以证明,"刊碑沈碑"是他的一种好名行为,但真让他留名后世的,却是他的著作。所以要奉劝这些在讣告中写上"厅级"、"部级"的人,你们好名,但是其实是死了就完事了,不到几年,人们就会把你们忘得一干二净。但假使有确实用了功夫的著作传世,那就必然能留名后世的。《水经注》也多次引用过杜预的《春秋经传集解》,"刊碑沈碑"是《注》文提及的他的一件逸事,郦氏对杜预的学问,显然也是佩服的。

习郁鱼池

《注》文记叙:"(沔水)又东入侍中襄阳侯习郁鱼池,郁依范蠡《养鱼法》作大陂,陂长六十步,广四十步,池中起钓台,池北亭,郁墓所在也。列植松篁于池侧沔水上,郁所居也。又作石洑,逗引大池水于宅北作小鱼池,池长七十步,广二十步,西枕大道,东北二边限以高堤,楸竹夹植,莲芰覆水,是游宴之名处也。"

说明

案范蠡养鱼之事,始见于《越绝书》卷八:"会稽山上城者,句践与吴战,大败,栖其中。因以下为目鱼池,其利不租。"故世传其有《养鱼经》(即《沔水注》的《养鱼法》)之作。《旧唐书·经籍志》卷下、《新唐书·艺文志》卷三等均著录此书。清姚振宗《隋书·经籍志考证》卷三十一下云:"梁有陶朱公《养鱼经》一卷,亡。"但郦氏却仍阅及清人已称亡佚之书,写入此卷之中,案北魏贾思勰曾撰《齐民要求》一书,是我国现存的最早古农书之一,其中辑有范蠡《养鱼经》,贾书约成于公元 533 年—544 年之间,郦道元(472—527)已不及见此书,当另有他书,故《注》文能记及习郁之事。习郁鱼池现在当已不存,是历史上的古迹。但郦氏实为现存古籍中最早引及此书的学者,足见其阅读之广,故此《注》的习郁鱼池记叙,是历代最早记及此项古迹之书,所以甚为可贵。至于郦氏当时所见之本,当然也已亡佚。

扬子鳄

《注》文记叙:"沔水又南与疎水合,水出中庐县西南,东流迳邔县北界,东入沔水,谓之疎口也。水中有物如三四岁小儿,鳞甲如鲮鲤,射之不可入。七八月中,好在碛上自曝。膝头似虎,掌爪常没水中,出膝头,小儿不知,欲取弄戏,便杀人。或曰:人有生得者,摘其皋厌,可小小使,名为水虎者也。"

说明

《注》文中所记载的"水虎",是按其形状在当时的命名。揣摩所记地区及内容,按地区,在今汉水襄阳与宜城之间的河段中,疎口当在今小河镇附近。案内容,从"如三四岁小儿"到"膝头常没水中,出膝头"一段,所以其实就是当今动物学中称为"扬子鳄"(Alligator sinensis)的动物。也是我国古籍中称为"鼍",俗语称为猪婆龙的动物。虽然当今也属鳄一类,但并不凶猛,也不能吞食大动物或人。《注》文记及"小儿不知,欲取弄戏,便杀人"。从"欲取弄戏"一语中,可见小儿对它并不害怕。"便杀人"一语,或是"弄戏"它的小孩失足落水。此物不会吞食小孩。扬子鳄是我国特有的珍稀动物,但现在生存的区域范围和数量已经大大缩小减小,只存在于长江中下游及太湖一带的较小范围内。所以在今浙江省长兴一带已特设了扬子鳄保护区,以保护这种现在可称珍稀的动物,俾使其不再减少甚至于完全绝灭。以后在卷三十七《浪水注》还要述另一种马来鳄(Grocodilus porosus),那就是与扬子鳄不同的凶猛动物了。

卷二十九　沔水　潜水　湍水　均水　粉水　白水　比水

沔水　牛渚县

《注》文案《经》文记叙,此条《经》文说:"又东过牛渚县南,又东至石城县。"《注》文则云:"《经》所谓石城县者,即宣城郡之石城县也。牛渚在姑熟、乌江两县界中,于石城东北减五百许里,安得迳牛渚而方届石城县也。盖《经》之谬误也。"

说明

按此《经》、《注》记叙,殿本在此下案云:"牛渚乃山名,非县名。大江过其北,非过其南,'县南'二字之上有脱文。"赵一清《水经注释》亦云:"牛渚圻名,汉未尝置县也。"杨、熊《水经注疏》则云:"《通典》,当涂县有牛渚圻。"此外,殿本案语中的"大江过其北,非过其南"的话当然是不错的。《经》、《注》作者都是北人,对南方河流弄错方位的,所在多有,不足为怪。但所云把山(或圻)名误作县名的事,却是值得研究的。在古代,郡县建置是最重要的事,《汉书·地理志》带头重视此事,历代各志,也无不以此为重。当然,失载的事不能说没有,但原无郡县建置而凭空制造郡县的事实未尝有。今《水经》记述一个牛渚县,而郦氏竟不为纠正(《注》为《经》纠谬的事,郦书常见),而且还加了解释:"牛渚在始熟、乌江两县界中。"今案殿本及赵一清《水经注释》等本的解释,他们认为牛渚非县是肯定的。当然,牛渚山或牛渚圻的存在也是无疑的,《说文》卷九下："矶(即圻),大石激水。"所以苏、皖长江沿岸的石阜濒江者如采石矶、燕子矶等均是此类,而牛渚矶(圻)也是其中之一。但牛渚之名,由来甚古,《越绝书》卷八:"道渡牛渚",此牛渚是一个津渡之名。《三国志·吴书·周瑜传》:"以瑜恩信著于庐江,出备牛渚。"同书《全琮传》:"以精兵万人,出屯牛渚。"周、全两人的牛渚,既非县名,亦非山名,也非津渡,而是一个可屯精兵万人的军事重镇。《通鉴地理通释》卷十上:"孙皓时,以何植为牛渚督。"则作为一个聚落地名,东吴末,牛渚的规模已经不小。难道要何植去"督"一个小山,小圻吗?《通鉴》一百、晋纪二十二、穆帝永和十一年,"镇寿春"胡注:"赵胤以豫刺史,治牛渚"。豫州在当时虽然是个侨州,但侨州之下也有几个县治,而县治总不能建在一座小山或小圻之上。由此可以说明,赵一清所说,牛渚"汉未尝置县也",这实在是《汉书·地理志》的失记。牛渚县确实是存在的。郦氏为文细致认真,《经》文有误,他无不纠谬。而此处却加《注》说明,郦书当然是可以相信的。唐人诗:"牛渚西江夜,青天无片云",此处还算得上是一个历史时期的名胜呢。

余姚

《注》文记叙:"江水又东迳余姚县故城南,……县西去会稽百四十里,因句余山以名县,山在余姚之南,句章之北也。"

说明

《沔水注》到了卷二十九,所《注》已在故越地,郦氏足迹所未及,而此处地名多是越语汉译,故《注》文错误甚多。郦氏自己也承认:"但东南地卑,万流所凑,涛湖泛决,触地成川,枝津交渠,世家分嶓,故川旧渎,难以取悉,虽粗依县地,缉综所缠,亦未必一得其实也。"上述对余姚县得名的解释,即是郦氏之误。案清李慈铭《越缦堂日记》同治八年七月十三日云:"盖余姚如余暨、余杭之比,皆越之方言,犹称于越,句吴也。姚、暨、虞、剡,亦不过以方言名县,其义无得而详。"而李氏越人,对此当然早有揣摩。不过他所仅云"方言"的"余"字,《越绝书》卷八"朱余"条下说:"朱余者,越盐官也。越人谓盐曰余。去县三十五里。"所以"余"实是"盐"的越语汉译,与《注》文所谓句余山无陟。秦一统江南后,置会稽郡,下隶26县。这26县之中,除了"大越"改为山阴,武原改为海盐以外,都一仍越语汉译更名,并未改动。至于"越"字的汉译,《史记》系统诸书,译"越",而《汉书》系统诸书译"粤"。"越"、"粤"同音,这是当时越语汉译留下的佐证。地区不同,语言迥异,郦氏足迹又未所经涉,所以在江南诸篇中所出现的《注》文错误,是不能由郦道元承担责任的。但后人读这些卷篇,应该加以区域和语言差异的研究。

湍水　张詹墓

《注》文记叙："（湍）水西有《汉太尉长史邑人张敏碑》，碑之西有魏征南军司张詹墓，墓有碑，碑背刊云：白楸之棺，易朽之裳，铜铁不入，丹器不藏，嗟矣后人，幸勿我伤。自后古坟旧冢，莫不夷毁，是墓至元嘉初尚不见发。六年大水，蛮饥，始被发掘。说者言：初开，金银铜锡之器，朱漆雕刻之饰烂然，有二朱漆棺，棺前垂竹帘，隐以金钉。墓不甚高，而内极宽大，虚设白楸之言，空负黄金之实，虽意锢南山，宁同寿乎？"

说明

中国俗言称"三十六行"，而其实，在"三十六行"之外，"盗墓"这一行自古有之，不过因声名不好，没有列入这"三十六行"之中而已。此张詹，生前必是个贪官污吏。陪葬丰厚，但又恐被人盗掘，所以才"虚设白楸之言，空负黄金之实"。郦氏特花了不少笔墨记及此事，当然也算是一种历史上的古迹，但在郦氏笔下，这是一种为后代耻笑的古迹。是一种卑鄙污浊的历史古迹。这个贪官污吏，而虚设墓碑的丑恶古迹当然早已不存。但郦氏专记这一段，其用心当然在于警戒后人，如何为人，特别是如何为官，直到今天，这段《注》文仍然具有现实意义，值得不少为官者深思反省。

仲山甫宅

《注》文记叙："司马彪曰：仲山甫封于樊，因氏国也。爰自宅阳徙居湖阳，能治田殖，至三百顷。广起庐舍，高楼连阁，波陂灌注，竹木成林，六畜放牧，鱼赢梨果，檀棘桑麻，闭门成市，兵弩器械，赀至百万，其兴工造作，为无穷之功，巧不可言，富拟封君。世祖之少，数归外氏，及至长安受业，赍送甚至。世祖即位，追爵敬侯，诏湖阳为之立庙，置吏奉祠，巡视章陵，常幸重墓。"

说明

案仲山甫是周宣王时大夫，又作仲山父。史书记叙此人不多，唯鲁对周宣王的某些政事，抗言切谏。但《注》文所记他封于樊（今陕西省长安东南）以后，大治田产，大起豪宅府第，而广置兵器，行同独立称王，难置评论。但以后来世祖即位后，对他仍甚尊重，并为之立庙，说明其当时并无不忠于周室行为，因事在邈远，郦氏之所记叙，亦是根据当时传说，并无褒贬之言。所以对仲山甫的行为，后世也难以置评。此处豪宅府第，今日早已不存，郦书既已记及，当作其为一处历史时期的古迹吧。

卷三十　淮水

淮水

古人称江、河、淮、济为"四渎",都是中国大河。但《河水》有5卷,《江水》有3卷,《济水》有2卷。而其他某些支流,如《渭水》有3卷,《沔水》也有3卷,唯《淮河》只设1卷。这是郦氏著书的个人安排,我们无法知道他这种编排的原故。不过从内容观察,《淮水》虽仅1卷,但淮水的支流《颍水》、《洧水》、《溧水》、《潧水》、《渠》都合为1卷,而当年淮水的最大支流《汝水》则单独成卷。此外,卷二十三《阴沟水》、《汳水》、《获水》,卷二十四《睢水》,卷二十五《泗水》、《沂水》、《洙水》,卷二十五《沭水》,在古代也都是淮水的支流。所以郦氏的安排,只是把淮水的干支流分别立卷,其实并未减少淮水的内容。《水经》记载的淮水:"又东至广陵淮浦县,入于海。"《水经注》认可了《水经》的说法,无非再加上入海处的一条北支游水。这些都是《经》、《注》当时的情况,现在的淮河特别是其若干支流和下游,与当时已经很不相同。所以读郦书《淮河》卷(别卷也存在这种情况),只能了解当年的河流水文以及流向和支流分合。是一种古代的河流,也是河流的古迹。但仍是当今的一条大河。至于郦氏的安排卷篇的意图,如今也不必深究。

九渡水瀑布

《注》文记叙:"汉武帝元狩四年,封北地都尉卫山为侯国也。有九渡水注之,水出鸡翅山,溪涧潆委,沿溯九渡矣。其犹零阳之九渡,故亦谓之为九渡焉。于溪之东山有一水发自山椒下,数丈素湍,直注颓波,委壑可数百丈,望之若霏幅练矣,下注九渡水,九渡水又北流注于淮。"

说明

案此九渡水是淮河支流之一。九渡,言其河道曲折也。而特别是此处有一处发自附近鸡翅山的瀑布。《注》文记其"数丈素湍,直注颓波,委壑可数百丈"。从这条《注》文观察,由于瀑布不可能有数百丈的落差。一定是山势陡峭,急流与瀑连续不断,所以达数百丈之长。此处记及的义阳,在今河南省新野、桐柏等一带。古今水文变化甚大,估计这九渡水瀑布今已不再存在,但在当时确是一处著名的名胜。

慎阳刘陶

《注》文记叙:"淮水又东合慎水,水出慎阳县西,而东迳慎阳县故城南,县取名也。汉高帝十一年,封栾说为侯国。颍阴刘陶为县长,政化大行,道不拾遗,以病去官。童谣歌曰:恺然不乐,思我刘君,何时复来,安此下民。见思如此。"

说明

此处郦氏又在《注》文中表彰了一位为民敬服的好官刘陶。郦注常以"童谣歌"叙说这类赞扬。其实童谣说不出这话,这都是该县老百姓的赞扬。案慎阳今河南省正阳县北江口集,慎水则在正阳县北。刘陶为县长就在此处。令人遗憾的是,地方上出了这样一位好官,郦氏也借用《童谣歌》称赞他,但却无人为他留下一处纪念设施,甚至连一块碑碣也不曾树立。但刘陶作为一位好官,既见之于郦注,其事当然不假。当今的旅游业从事者,实应按郦氏所记,在其处树立碑碣,既是表彰古代好官,而作为一种历史古迹,也足以教育近代游客。

慎水诸陂

《注》文记叙:"慎水又东流,积为燋陂,陂水又东南流为上慎陂,又东为中慎陂,又东南为下慎陂,皆与鸿郤陂水散流,其陂首受淮川,左结鸿陂。汉成帝时,翟方进奏毁之。建武中,汝南太守邓晨欲修复之,知许伟君晓知水脉,召与议之。伟君言:成帝用方进言毁之,寻而梦上天,天帝怒曰:何敢败我濯龙渊,是后民失其利。时有童谣曰:败我陂,翟子威,反乎覆,陂当复。明府兴复废业,童谣之言,将有征矣。遂署都水掾,起塘四百余里,百姓得其利。"

说明

慎水一带的陂湖,既可资灌溉,又可调节慎水等河流的水位,减少洪灾之害。当然,陂湖甚多,对交通有所不利。翟方进奏毁这些陂湖,显然是为了交通运输上的原因,但却忘记了广大农民的需要。所以汝南太守邓晨作过全面考虑,召通晓水利的许伟君商量。许伟君当然是全面考虑这个问题的。不过他所说的关于"天帝"的这段话,显然是为借上苍之言,否定翟方进的作为,在那个时代,这类话当然是大家相信的,于是兴陂的工程得以进行,"起塘四百余里",修复了沿河的许多陂湖,民获其利。在这段《注》文中,郦氏又利用了民间传说的"童谣"和"天帝"。表达了他也同样站在谴责翟方进和赞扬邓晨的立场。这些当然都是历史上的古迹,由于水文变化,现在都已不存了。

大骨

《注》文所记:"余按《国语》曰:吴伐楚,堕会稽,获骨也,节专车。吴子使来聘且问之,客执骨而问曰:敢问骨何为大? 仲尼曰:丘闻之,昔禹致群神于会稽之山,防风氏后止,禹杀之,其骨专车,此为大也。"

说明

这个故事在会稽(今绍兴)流传甚广。获大骨或许是真事。今绍兴几种志书记载的是其骨长达七尺,故当时确曾造了一所"七尺庙"以为祭祀之所。禹和防风氏的故事,当然都是神话。现在已经没有人再相信这些无稽之谈。对于"禹",历史学家顾颉刚在《古史辨》中已经作许多学者都认可的论证:"禹是南方民族神话中的人物,这个神话的中心点在越(会稽)。"顾氏提出的这个学说,当时虽有许多保守派反对,但著名学者冀朝鼎在英国伦敦出版的一本英文著作《中国历史上的基本经济区与水利事业发展》(1934年出版于伦敦乔治·艾伦和昂温有限公司)(London George Allen And Unwin LTD),他就赞同顾颉刚的论证(顾书出于1926年)。由于当时一般人还不懂得古地理学(Palaeogeography),不懂得第四纪晚更新世的海进、海退之事。所以迷信中国古籍中的一些说法,认为禹是实有其人的。至于大骨的掘得,这却可能是真实的,当然是侏罗纪时代恐龙一类动物的遗骨,怎能与神话中的防风氏挂上关系。由于地质科学的发展,许多过去以讹传讹的事,现在都被现代科学作出解释了。绍兴的"七尺庙"早已不再存在,成为一种历史上的古迹。禹会诸侯于会稽的故事,也由顾颉刚的议论解释清楚。"会稽"一名,也是越语汉译,《越绝书》曾亦译"会贵"。"古骨"也已得了正确的解释。郦道元的时代,虽然还没有这种科学知识,但郦注能把这类事记叙下来,于今也是很有价值的。

巉石山堰

《注》文所记:"淮水又东迳浮山,北对巉石山,梁氏天监中,立堰于二山之间,逆天地之心,乖民神之望,自然水溃坏矣。"

说明

《注》文所记的巉石山堰,所谓"梁天监中,立堰于二山之间"。按天监是南朝梁武帝萧衍的年号(502—519)。现在对《注》文所谓"逆天地之心,乖民神之望"的说法,我们无法理解,但这条注文从郦注来说,却很重要。因为这是《水经注》全书中记载的最后年代。也就是郦书基本上完成于这些年代。所以这一段对郦书很有价值。

漂母冢

《注》文所记:"(淮阴)城东有二冢,西者即漂母冢也。周回数百步,高十余丈,昔漂母食信于淮阴,信王下邳,盖投金增陵以报母矣。东一陵即信母冢也。"

说明

当年韩信在淮阴穷困,饭食无着。漂母亦非富有,依漂洗蚕丝为生。但却供韩信饭食,助其度生。韩信后来发达,故扩建建漂母冢以为报答。其中的故事颇有意义。现此冢已不存,是个历史古迹。旅游业经营者,可以适当恢复,并把当年漂母食韩的故事写上,也是一件很能感动游客的故事。

卷三十一　滍水　淯水　滶水　瀙水　潕水　沅水　涢水

滍水　滍水温泉

《注》文所记:"(滍水)又东,温泉水注之。水出北山阜,七源奇发,炎热特甚。阚骃曰:县有汤水,可以疗疾。"

说明

按《注》文"炎热特甚"的话,这又是一处过热泉。不知当前这一带尚有温泉否,因温泉在现代旅游业中已是重要资源。因《注》文此后又记及滍水的另一处称为"皇女汤"的温泉:"滍水又东迳胡木山,东流又会温泉口,水出北山阜,炎热奇毒,痾疾之徒,无能澡其冲漂,救痒者咸去汤十许步别池,然后可入。汤侧有石铭云:'皇女汤',可以疗万疾者也。故杜彦达云:然如沸汤,可以熟米,饮之愈百病。"所以此"北山阜"几处有这类过热泉流出,则当今仍可在这一带探索,是否仍有温泉存在,可以开发利用,有裨于旅游业的发展。

州苞冢

《注》文记叙:"(滍)水南有汉中常侍长乐太仆吉成侯州苞冢,冢前有碑,基西枕冈城,开四门,门有两石兽,坟倾墓毁,碑兽沦移。人有掘出一兽,犹全不破,甚高壮,头去地减一丈许,作制甚工,左膊上刻作辟邪字,门表塑上起石桥,历时不毁。其碑云:六帝四后,是谘是谋,盖仕自安帝,没于桓后。于时阉阉擅权,石侯暴世,割剥公私,以事生死。夫封者表有德,碑者颂有功,自非此徒,何用许为? 石至千春,不若速朽,苞墓万古,祇彰消辱,呜呼,愚亦甚矣。"

说明

郦氏查清,州苞做大官的时代,正值朝廷昏庸腐败的时代,州苞在那个时代,能为官如此之久,"六帝四后,是谘是谋",州苞出的主意必然附合这个朝政败坏的时代,却居然在身后修建如此排场的冢墓。郦氏在《注》文最后的几句,实在是对这个贪官污吏的痛斥怒骂。这样的文句,在郦书中是很少见的。说明对于州苞其为人和其修墓,罪恶昭彰,郦氏实在已到忍无可忍的地步了。

淯水　平子碑

《注》文记叙:"(淯)水又迳西鄂县南,水北有张平子墓,墓之东,侧坟有《平子碑》,文字悉是古文,篆额是崔瑗之辞。然碑阴二铭乃是崔子玉及陈翕耳,而非孝若,悉是隶字,二首并存,尝无毁坏。又言墓次有二碑,今唯见一碑,或是余夏景驿途,疲而莫究矣。"

说明

此处诸墓及碑,现均已不存,属于历史上的古迹,而且亦非重要。但必须注意的是郦氏所言:"或是余夏景驿途,疲而莫究矣。"这说明了郦氏确实是个认真做学问的人物。在当时那种炎夏之时,又是旅途劳顿,他仍能因当时未见另一碑而自责:"疲而莫究矣。"实可为当代从事田野考察工作者的教训。郦氏的为人为学,确实是值得学习的。

六门陂

《注》文记叙:"朝水又东分为二水,一水枝分东北,为樊氏陂,陂东西四十里,南北五里,俗谓之凡亭陂。陂东有樊氏故宅,樊氏既灭,庾氏取其陂。故谚曰:陂汪汪,下田良。樊子失业庾公昌。昔在晋世,杜预继信臣之业,复六门陂,遏六门之水,下结二十九陂,诸陂散流,咸入朝水,事见《六门碑》。"

说明

六门陂是我国历史上中原地区的一处颇大的水利工程,其地在今河南省西部。曾灌溉穰、新野、昆阳三县田五千余顷,人民得益不浅,故其名久传。今此陂已不存,是历史上的水利古迹。

豫章大陂

《注》文所记:“淯水又东南迳士林东,戍名也,戍有邸阁。水左有豫章大陂,下灌良田三千许顷也。”

说明

此处“邸阁”在郦注中屡见,意为仓储,因士林是戍名,此邸阁当为军粮之需。豫章大陂灌田所产,当可储存此邸阁。此陂今已不存,是历史上的水利古迹。

㶏水 马仁陂

《注》文记叙:“(阴山县)城之东有马仁陂,郭仲产曰:陂在比阳县西五十里,盖地百顷,其所周溉田万顷,随年变种,境无俭岁,陂水三周其隍,故渎自隍西南而会于此,㶏水不得复迳其南也”。

说明

马仁陂在今河南省泌阳县北30余公里,郦氏在以下《比水注》也是记及。《清一统志·南阳府一》谓马仁陂“上有九十二岔水,悉注陂中,周五十余里,四面山围如壁,惟西南隅稍下,可泄水,汉太守召信臣筑坝蓄水,复作水门,以时启闭,分流碌礎等二十四堰,灌溉民田千余顷”。清时,此陂尚存遗迹,但今已不存,属于历史上的水利古迹。

涢水 涢水钟乳穴

《注》文记叙:“涢水出(蔡阳)县东南大洪山,山在随县之西南,竟陵之东北,槃基所跨,广圆百余里,峰曰悬钩,处平原众阜之中,为诸岭之秀。山下有石门,夹鄣层峻,岩高皆数百许仞。入石门,又得钟乳穴,穴上素崖壁立,非人迹所及,穴中多钟乳,凝膏下垂,望齐冰雪,微津细液,滴沥不断。幽穴潜远,行者不极穷深,而穴内常有风热,无能久经故也”。

说明

涢水今仍称涢水,是汉水的支流之一。《注》文所叙的石灰岩溶洞今仍存在,但旅游业从事者还应加以修饰发掘,使其更具形势,成为一处有名的景点。

卷三十二　渑水　蕲水　决水　沘水　泄水　肥水　施水　沮水　漳水　夏水　羌水　涪水　梓潼水　涔水

决水　决口

《注》文所记："俗谓之浍口,非也,斯决、灌之口矣。余往因公,至于淮津,舟车所届,次于决水,访其民宰,与古名全违,脉水寻《经》,方知决口,盖灌、浍声相伦,习俗害真耳。"

说明

决水今称史河,发源于安徽、湖北两省边境的大别山,北流进入河南省,在固始县以北与灌河汇合,称为史灌河,北流注入淮河。这条《注》文,又一次说明了郦氏治学的认真,他在因公出差时期,与当地人交谈质询,纠正了《经》文的错误。

肥水　芍陂

《注》文记叙："(肥)水分为二,洛涧出焉,阎浆水注之,水受芍陂,陂水上承洧水于五门亭南,……又东迳白芍亭东,积而为湖,谓之芍陂。陂周百二十余里,在寿春县南八十里,谓楚相孙叔敖所造,魏太尉王凌,与吴将张休战于芍陂,即此处也。陂有五门,吐纳川流,西北为香门陂,陂水北迳孙叔敖祠下,谓之芍陂渎。"

说明

芍陂是我国南方(指黄河以南)古代规模最大的水利工程,在今安徽省寿县南。在南方,它与越州镜湖(鉴湖)是最大的两处古代水利工程,但芍陂之建早于镜湖。而以后因人为干扰,围湖为田,逐渐缩小,最后只剩下一个小小的湖沼,以其在安丰县境内,称为安平塘,至今尚残留此塘。芍陂是一个大型的水利古迹,今却已不存,实属可惜。但安平塘北(寿县南约 30 公里处)的孙叔敖祠今尚存在,此祠建于北宋或北宋以前,明、清两代多有增修。现存大殿 3 间,碑库 3 间多,碑碣 13 方,并有明万历年代塑造的孙叔敖像。清代书法家梁巘书《重修安丰塘记》对芍陂以及后来的安丰塘多有记叙,所以是当代研究这处大型水利古迹很有价值的资料。

北溪

《注》文记叙:"肥水西迳寿春县故城北,右合北溪,水导北山,泉源下注,漱石颓隍,水上长林插天,高柯负日,出于山林。精舍右、山渊寺左,道俗嬉游,多萃其下,内外引汲,泉同七净,溪水沿注。西南迳陆道士解南精庐,临侧川溪,小足闲居,亦胜境也。溪水西南注于肥水。"

说明

一条并不宽亦不长的小溪,加上沿溪的一些人工修饰,在郦氏笔下,写得如此栩栩如生,所谓"亦胜境也"。在当年,这条小溪确实是一处"小足闲居"的名胜。可惜今已不存,是一处历史上的名胜了。

八公山

《注》文所记:"昔在晋世,谢玄北御苻坚,祈八公山,及置阵于淝水之战,坚望山上草木,咸为人状,此即坚战败处。非八公之灵有助,盖苻氏将亡之感也。肥水又西北注于淮,是曰肥口也。"

说明

淝水之战是我国历史上的一次著名战争。也是东晋之能继续存在,江南能不受苻坚蹂躏的重要关键。而当时苻坚的如此强盛的兵力,谢玄所率军兵,实无法与之相匹。悬殊特甚,而竟能获得胜利。"风声鹤唳,草木皆兵"的典故就出于此八公山上。谢玄能以寡取胜,确是一个用兵的奇巧之术。今八公山在安徽省淮南市西,淮水之南。山上仅存刘安庙的遗址。其实,这是一处有名的古战场,应加以修饰布置,必可成为当代的一处旅游胜地。

沮水　青溪

《注》文记叙:"(青溪)水出县西青山,山之东有滥泉,即青溪之源也。口径数丈,其深不测,其泉甚灵洁,至于炎阳有亢,阴雨无时,以秽物投之,辄能暴雨。其水导源东流,以源出青山,故以青溪为名。寻源浮溪,奇为深峭。盛弘之云:稠木旁生,凌空交合,危楼倾崖,恒有落势,风泉传响于青林之下,岩猿流声于白云之上,游者常若目不周玩,情不给赏,是以林徒栖托,云客宅心,泉侧多结道士精庐焉。青溪又东流入于沮水。"

说明

小小一条青溪,在郦氏笔下出神入化。特别是他引用了盛弘之的文章,盛也是一代撰文高手,以下郦在《江水注》中,几段精彩文章,都是引的盛氏作品。为此可知,《水经注》其书,首先当然是因为郦道元是历史上的一个描写风景,记叙人物故事的罕有能人。另一方面,他更披览当时群书,得其所引者,都是与郦氏相似的撰文名家。此一段《注》文,由于引用了盛氏之作,确是锦上添花。案沮水今称沮河,是长江支流。发源于湖北省徐康县西南,南流在当阳县与漳河汇合,称为沮漳河,在江陵市附近注入长江。

涔水　涔水

《注》文对此水记叙甚少。仅"涔水,即黄水也"。又另一句:"黄水右岸有悦归馆,涔水历其北,北至安阳,左入沔,为涔水口也。"

说明

涔水在卷二十七《沔水》篇中已见于《经》文:"(沔水)又东过成固县南,又东过魏兴安阳县南,涔水出自旱山北注之。"这条《经》文之下,《注》文长达1500余字,但对于涔水,郦氏除"涔水出西南而东北入汉"一句外,没有其他任何涉及涔水的文字。现在,涔水在此卷专立一篇,《经》文仍说:"涔水出汉中南郑县东南旱山,北至安阳县,南入于沔。"郦氏在此篇中比《沔水注》多说了几句,如"涔水即黄水也"、"(城固)城北水旧有桁,北渡涔水"、"黄水右岸有悦归馆,涔水迳其北"、"涔水北至安阳,左入沔,为涔水口也"。按魏晋安阳县在今陕西省石泉县南,在这一带却找不到可以和涔水或称黄水相当的河流,郦氏在《沔水》和《涔水》篇中,只字不提《水经》两度指出的涔水发源地旱山,隐有不从《经》文之意,正是他的矜慎处,他对《水经》涔水是存在怀疑的。现在的地图上,在西乡、石泉两县间,汉水的较大支流有牧马河和泾洋河,但是否《水经》涔水,无法论定。郑德坤氏《重编水经注图·总图部分》绘有涔水,按其位置,或许就是今牧马河或泾洋河。由于其图并无经纬网格,也仍无法断定。所以这条《经》、《注》都记叙的涔水,是无法解决的问题。

卷三十三　江水

江水导源

《注》文记叙："岷山,……江水所导也",全篇把今岷江从发源到与长江汇合,作了详细的记述,兼及地理和人文。

说明

因为《禹贡》指出:"岷山导江,东流为沱。"《经》、《注》当然都不敢违背《禹贡》的论断。《经》文作者是否已经知道了《禹贡》的错误,不得而知。但对郦氏来说,这属于不得已而屈从。《汉书·地理志》实已纠正了《禹贡》:"绳水出徼外,东至僰道入江",僰道即今四川省宜宾,正是长江上流金沙江与岷江汇合之处。郦氏的见识,已经远远地超过了《汉书地理志》,他在以后的《若水注》中,已把长江上流的金沙江,写得相当清楚。正是由于他也不敢摆脱《禹贡》定下的框框,所以不得不屈从《水经》,其实也就是尊重《禹贡》所定的调子。到了明代,徐霞客的胆量就大了,他写了一篇《江源考》(又称《溯江纪源》),指出岷江不是长江的江源,因此获得了很大声誉。这当然也是时代的发展。其实,徐霞客所知的江源,郦道元也基本知道了。近代著名地质学家丁文江氏,为徐霞客撰写《年谱》(载《地理学家徐霞客》,商务印书馆1948年发行),称道徐霞客在地理学上有5项重要发现,其中之一就是"江源"。其实,徐霞客在《江源考》所说的话,除了纠正了江源以外,仍然认为《禹贡》作为经书,并没有错,只是后人的理解错了。对于历史上确有"禹"这个人跑到积石去导河,又跑到岷山去导江等现在看来属于荒唐无稽的事,他仍是深信不疑的。当然,对于古人,我们不好这样的去求全责备,何况他毕竟是历史上第一个说江源以金沙江为首的人。

都江堰

《注》文记叙:"江水又东历都安江,县有桃关,汉武帝祠,李冰作大堰于此,壅江作堋,堋有左右口,谓之湔堋。江入郫江,捡江以行舟。《益州记》曰:江至都安,堰其右,捡其左,其正流遂东,郫江之右也,因山颓水,坐致竹木,以溉诸郡。又穿羊摩江、灌江,西于玉女房下白沙邮,作三石人立水中,刻要江神,水竭不至足,盛不没肩。是以蜀人旱则藉以为溉,雨则不遏其流。故《记》曰:水旱从人,不知饥馑,沃野千里,世号陆海,所谓天府也。邮在堰上,俗谓之都安大堰,亦曰湔堰,又谓之金堤。"

说明

都安大堰、后称都江堰,在四川省灌县城西的岷江上,是战国秦代所建的巨大水利工程。至今仍然存在并发挥其作用。与此相结的名胜古迹有二王庙,是纪念都江堰的建筑者郡守李冰及其子二郎的庙宇,在都江堰东岸的玉垒山麓。二王庙前又有安澜桥,是长达 500 米的索桥。又有伏龙观,在都江堰主要工程之一的离堆北端。此外,近代还有许多新的修饰与建筑。《注》文所记的这个工程的效益,世代存在,并有所扩大。所以都江堰之名,实已逾我国而及于国外,每年吸引大量游客及水利史研究者,是我国的重要名胜古迹。此外必须提及,今各本《水经注》在此处亡佚了几句关于岁修的重要字句。今引《名胜志》(据拙著《水经注佚文》载《水经注研究》,天津古籍出版社 1985 年版)此处全文:"李冰作大堰于此,立碑 6 字曰:深淘滩,浅包隄。隄者,于江作堋,堋有左右口。"此碑文中 6 字对都江堰的岁修至关重要。因为"淘滩"工程量大,"包隄"(即增堤)工程量小。往往在岁修中为了减小工程量而忽视"淘滩",专事于大家看得到的"包隄",长此以往,"隄"愈筑愈高,"滩"也愈淤愈高,终至失于都江堰的功能。故今本亡佚的这 6 字碑文至关重要。

锦官

《注》文所记:"道西城,故锦官也。言锦工织锦,则濯之江流,而锦至鲜明,濯以他江,则锦色弱矣,遂命之为锦里也。"

说明

由此之故,成都历来都被称为锦官。唐人诗:"丞相祠堂何处寻,锦官城外柏森森。"而流经成都的岷江,也被称为锦江。成都所出的丝织品,又加以美称为"蜀锦"。

此事或许是后人渲染过分。由于成都平原是我国后期的三大蚕桑基地之一（余两处为杭嘉湖平原及珠江三角洲，但杭嘉湖平原因地处长三角，农民较殷富，蚕桑业已经衰落。珠江三角洲则已基本消失）。故成都平原现为我国蚕桑业最大地区。从此至缅甸仰光，有南方丝绸之路之称。我往年曾应日本文部省之邀去作过调查，其事属实。所以"锦官"、"锦江"等名称，都有其所出原因。但由来已久，都是现时尚存的古迹。

盐井

《注》文已几次记及巴蜀盐井之事，此处所记较多："（汤溪）水源出县北六百余里上庸界，南流历县，翼带盐井一百所，巴、川资以自给。粒大者方寸，中央隆起，形于张缴，故因名之曰缴子盐，有不成者，形亦必方，异于常盐矣。王隐《晋书地道记》曰：入汤口四十三里，有石煮以为盐，石大者如升，小者如拳，煮之水竭盐成。盖蜀火井之伦，水火相得乃佳矣"。

说明

盐是人民生活的日常必需品之一，所谓"开门七件事"之一。郦注曾多处说到盐，但大多数都是池盐，如今山西的解池之类。也说到海盐，但全书中不过二三处。当时制盐必须煎熬，要花费大量能源，所以盐价昂贵，加上政府所征收的损税（是当时政府岁入的重要来源之一）。为此，家用食盐，也是每家的较大负担。唯独四川不独有盐井，而且有火井（天然瓦斯）。所以制盐的成本较低。蜀中号称"天府之国"，盐井也是其中重要的一项。今四川自贡市内有"盐业历史博物馆"，展出井盐生产的生产工具和技术发展过程。在自贡市大安盐厂的长堰塘，还有一口燊海古盐井，是清道光年间开凿的深达千余米的蜀中最深盐井，尚保存着天车（井架）、大在（绫车）、碓架等古代制盐设备，是很有价值的历史生产古迹。

广溪峡

《注》文记叙："江水又东迳广溪峡，斯乃三峡之首也。其间三十里，颓岩倚木，厥势殆交，北岸山上有神渊，渊北有白盐崖，高可千余丈，俯临神渊，土人见其高白，故因名之。……峡中有瞿塘、黄龛二滩，夏水回复，沿溯所忌，瞿塘滩上有神庙，尤至灵验，刺史二千石径过，皆不得鸣角伐鼓，商旅上水，恐触石有声，乃以布裹篙足，今则不能尔，犹飨荐不辍。"

说明

《注》文在此以上，已经记下了不少滩峡，如黄葛峡、鸡鸣峡、文阳滩、羊肠虎臂滩、瞿巫滩、南乡峡、滟预石等等。但还未及著名的三峡。直到此处广溪峡，才指出"斯乃三峡之首也"。不过对于长江三峡,历来尚有不同说法。"广溪峡"作为三峡之首,不少古籍并未提及,例如《方舆纪要》卷一二八、川渎五、大江条下、以"西陵"、"瞿唐"、"巫峡"为三峡,现在比较流行的所谓长江三峡,多从《方舆纪要》,而无广溪峡之名。不过长江在川、鄂之间的这一段中,滩峡相连,自古至今,都是人间的重要名胜。唐李白诗:"朝辞白帝彩云间,千里江陵一日还。两岸猿声啼不住,轻舟已过万重山。"江道奔流于"万重山"之间,世上恐怕没有别的河流有如此胜境。杨守敬认为广溪峡是瞿塘峡的别名。

卷三十四　江水

巫峡

《注》文记叙："江水又东迳巫峡，杜宇所凿，以通江水也。……江水历峡东迳新崩滩。此山，汉和帝永元十二年崩，晋太元二年又崩，当崩之日，水逆流百余里，涌起数十丈。今滩上有石，或圆如箪，或方似屋，若此者甚众，皆崩崖所陨，致怒湍流，故谓之新崩滩。其颓岩所余，比之诸岭，尚为竦桀。其下十余里有大巫山，非惟三峡所无，乃当抗峰岷、峨，借岭衡、疑，其翼附群山，并概青云，更就霄汉，辨其优劣耳。"

说明

此是郦氏所记的长江三峡中的第二峡，文中"杜宇所凿"之类，当是郦注抄录的前人传说，但在当时，人们尚都信以为真。新崩滩的记叙，当是真事，而且两次都有时间记载，岩崖崩塌，各处都有例子，也有地质年代发生的，但此处的崩塌及江中所积塌石，都是历史年代中所发生的事。所记大巫山一段，其实也应包罗在巫峡胜景之中，但由于此处景色特别，所以郦氏有"非唯三峡所无"之言。郦氏足迹未曾到此，都是引的南人文献，如袁山松的《宜都山水记》、庾仲雍《江水记》、盛弘之《荆州记》等，正是由于郦氏伯乐识马，所引诸书，都出于撰文能手，以此等描述，汇入郦书，《水经注》的高人一等，郦功非浅也。

三峡七百里

《注》文记叙:"自三峡七百里中,两岸连山,略无阙处,重岩叠嶂,隐天蔽日,自非停午夜分,不见曦月。至于夏水襄陵,沿溯阻绝,或王命急宣,有时朝发白帝,暮到江陵,其间千二百里,虽乘奔御风,不以疾也。春冬之时,则素湍绿潭,回清倒影,绝𪩘多生怪柏,悬泉瀑布,飞漱其间,清荣峻茂,良多趣味,每至晴初霜旦,林寒涧肃,常有高猿长啸,属引凄异,空谷传响,哀转久绝。故渔者歌曰:巴东三峡巫峡长,猿鸣三声泪沾裳。"

说明

《注》文记叙的仍是巫峡,"巴东三峡巫峡长",此言不错。而"两岸连山,略无阙处",山形多变,故奇景迭出,妙趣横生。郦注描写长江三峡,这一段是江水奔流于"两岸连山"夹峙的江段。"自非停午夜分,不见曦月",真是千古绝句。在《水经注》全书中,以写景而论,此一段与龙门瀑布一段,以写景的生动真实评价,都是全书的最佳文章。但龙门瀑布为郦氏所亲睹,而长江三峡则全凭他所见前人文献写成。为此也应该称道袁山松、盛弘之等高手。郦书不朽,而袁、盛诸家亦与有荣焉。

黄牛山

《注》文记叙:"江水又东迳黄牛山,下有滩,名曰黄牛滩。两岸重岭叠起,最外高崖间有石,色如人负刀牵牛,人黑牛黄,成就分明,既人迹所绝,莫能究焉。此石既高,加以江湍纡回,虽途径信宿,犹望见此物。故行者谣曰:朝发黄牛,暮宿黄牛,三朝三暮,黄牛如故。言水路纡深,回望如一矣。"

说明

黄牛山及山下江滩,仍是巫峡中的江段,但黄牛山有其特殊的景色。郦氏在《注》文中善于引用各地的歌谣谚语,一首不长的歌谣谚语,往往得到超过长篇大论的效果。往年我曾撰有《水经注的歌谣谚语》(《郦学新论——水经注研究之三》,山西人民出版社 1992 年版)一文,对此稍作详论。在此篇中,《黄牛》一谣,确实胜过长篇描述。所以善于搜集和运用歌谣谚语,既是郦氏特长,也为郦书锦上添花,为后世许多读者所赞赏。

西陵峡

《注》文记叙:"江水又东迳西陵峡,《宜都记》曰:自黄牛滩东入西陵界,至峡口百许里,山水纡曲,而两岸高山重嶂,非日中夜半,不见日月,绝壁或千许丈,其石彩色,形容多所像类,林木高茂,略尽冬春,猿鸣至清,山谷传响,泠泠不绝。所谓三峡,此其一也。(袁)山松言:常闻峡中水疾,书记及口传,悉以临惧相戒,曾无称有山水之美也。

及余来践跻此境,既至欣然,始信耳闻之不如亲见矣。其叠崿秀峰,奇构异形,固难以辞叙,林木萧森,离离蔚蔚,乃在霞气之表,仰瞩俯映,弥习弥佳,流连信宿,不觉忘返,目所履历,未尝有也,既自欣得此奇观,山水有灵,亦当惊知己于千古矣。"

说明

这一段《注》文写西陵峡,郦氏直接引用了在宜都任郡守的袁山松的话。则上面巫峡中"自非停午夜分,不见曦月"的话,或许就是此处袁山松所说"非日中夜半,不见日月"一语由郦氏作了改写。袁山松是亲自目击的记叙,作为一位郡守,政务繁杂,而他却在此绝妙风景之间"流连忘返"。说明三峡山水,确是世间所无。此一段,虽多是袁山松之言,却也是《水经注》中的绝妙文章。郦氏在后又引"袁山松言:江北多连山,登之望江南诸山,数十百重,莫识其名,高者千仞,多奇形异势,自非烟褰雨霁,不辨见此远山矣。余尝往返十许过,正可再见远峰耳"。袁氏在此为郡,或为历史上对此胜境印象最深的人物。所著《宜都山水记》已经亡佚,幸赖郦氏书,留下吉光片羽,也算幸遇了。

荆门虎牙

《注》文记叙:"江水东历荆门、虎牙之间,荆门在南,上合下开,暗彻山南。有门像。虎牙在北,石壁色红,间有白文,类牙形,并以物像受名。此二山,楚之西塞也。水势急峻,故郭景纯《江赋》曰:虎牙桀竖以屹崒,荆门阙竦而盘礴,圆渊九回以悬腾,溢流雷响而电激者也。"

说明

荆门、虎牙、当也是三峡屋间江南、江北的特异风景,"并以物像受名"。此处,郦氏又引用了郭景纯的《江赋》。虽然他人作品,但"文章本天成,妙手自得之"。郦氏精于此道,其"妙手"实抄绝古今也。

湖里渊

《注》文所记:"(宜都)北有湖里渊,渊上橘柚蔽野,桑麻暗日,西望佷山诸岭,重峰叠秀,青翠相临,时有丹霞白云,游弋其上。城东北有望堂,地特峻,下临清江,游瞩之名处也。"

说明

按宜都是东汉建安时所置,属荆州,治所在夷陵县,位于今湖北省宜昌市东南长江北岸。南朝宋移治夷道县,即今湖北省枝城市。《注》文所记的江北湖里渊,在三峡江段中,还算不上是一处特殊名胜,但在郦氏笔下,也写得如此优美,"游瞩之名处也"。当然是郦注中的一处名胜。

卷三十五　江水

赤壁山

《注》文所记："江水左迳百人山南,右迳赤壁山北,昔周瑜与黄盖诈魏武大军处所也"。

说明

赤壁之战是中国历史上的一次著名战争。当时,曹操大军南下,东吴与刘备的兵力和曹操大军力量悬殊,由于此战曹操败北,中国历史上才有近50年的所谓"三国"时代。但从《注》文来看,郦氏对此并不重视,仅以十数字作了记叙。以后的《三国演义》当然是添枝加叶的章回小说,但如此一场刻画历史时代的大战,郦氏却一笔带过,他对这场战争的观点如何,不得而知。但赤壁山是我国历史上的一处战场古迹,这是以后众所周知的。

金女、大文、桃班

《注》文所记："通金女、大文、桃班三治,吴旧屯所,在荆州界尽此"。以下《注》文又引庚仲雍《江水记》："通新兴、马夫二治。"

说明

既然此金女、大文、桃班以及下文的新兴、马头五处,《注》文均称"治",当是大型聚落,但遍查史籍,并无这类大型聚落。所以后人颇感费解。清李兆洛《历代地理志韵编今释》卷首李鸿章《序》云:"金女、大文、桃班、阳口、历口之类,皆不见于诸志……亦不能无疑也。"杨、熊《水经注疏》改"治"为"冶",杨守敬按:"《隋志》,江夏县有铁。《寰宇记》,冶唐山在江夏东南二十六里,《旧记》云:晋宋时依山置冶,即《注》所指之冶。"此处诸"治",《注疏本》改"冶"是正确的,直至近代,湖北省尚有"汉冶萍公司"冶铁。所以此处《注》所记均应作"冶",是我国历史上冶炼工业的古迹。

卷三十六　青衣水　桓水　若水　沫水　延江水　存水　温水

青衣水　峨眉山

按青衣水即今青衣江,是岷江的支流,发源邛崃山,东南流在乐山市与大渡河汇合,注入岷江。郦氏因足迹未南,又不易寻觅这个区的前人资料,所以所记甚疏。对于峨眉山,《注》文所记:"《益州记》曰:平乡江东迳峨眉山,在南安县界,去成都南千里。然秋日清澄,望见两山,相崎如峨眉焉。"

说明

案峨眉山在四川省峨眉县城西南不远。与浙江普陀山、安徽九华山、山西五台山,并称佛教四大名山。主峰万佛顶是一座高度逾3000米的山峰,也称金顶。从山麓报国寺起,金山有寺院多所,其他亭台楼阁等古迹甚多,并有索道代步。至今仍是四川省的一处著名的名胜和古迹荟萃之地。

若水　朱提高山

按若水即今雅砻江,但《经》、《注》作者均是北人,所以颇有差错。《注》文所叙:"朱提,山名也。……建安二十年立朱提郡,郡治县故城,郡西南二百里得所绾堂琅县,西北行,上高山,羊肠绳屈八十余里,或攀木而升,或绳索相牵而上,缘陟者若将阶

天。故袁休明《巴蜀志》云：高山嵯峨，岩石磊落，倾侧萦回，下临峭壑，行者扳缘，牵援
绳索。三蜀之人，及南中诸郡，以为至险。"

说明

按堂琅县又作堂狼县，在两晋时均是朱提郡属县。此处记及的朱提郡，治所朱提
县，在今云南省昭通市，是横断山脉盘结之处，山道险峻，是所当然。《注》文所引晋袁
休明《巴蜀志》，写得甚为生动。此书已亡佚，赖郦氏之书而留下吉光片羽。

左担道

《注》文记叙："自朱提至僰道，有水步道，水道有黑水，羊官水，至险难。三津之
阻，行者苦之。故俗为之语曰：楢溪、赤水，盘蛇七曲，盘羊乌栊，气与天通，看都濩泚，
住柱呼伊，庲降贾子，左担七里。又有牛叩头、马搏颊坂，其艰险如此焉。"

说明

《注》文所说的"庲降贾子，左担七里"。庲降是当时的建宁郡治，约在今云南省曲
靖县附近。从庲降到僰道，就是由滇入蜀，这一条道路，古代称为"左担道"，是一种非
常陡峻、崎岖、狭窄的山道。《水经注汇校》引李克《蜀记》说："蜀山自绵谷葭萌，道径
险窄，北来负担者，不容易肩，谓之左担道。"可以设想，用扁担挑了一副重担，在山道
上行走，肩挑者的一种休息方式，是把扁担左右肩轮换，使左右肩获得间息的机会。但
由于山道狭窄，负重者要作换肩的动作也不可能，不得不用一个肩膀走完这段险路为
止，这个险峻狭窄的山道，就称为"左担道"。这当然是古代的交通古迹，现在已经不
存在了。

存水　存水

《经》文说："东南至郁林定周县，为周水。"《注》文说："存水又东迳郁林定周县为
周水，盖水变名也。"其实，存水是今贵州省境内的北盘江的一段。

说明

《水经注》卷三十六所记七水，都是我国西南地区的河流。郦氏不仅未履其地，而
前人对这个地区的文献也极少，所以《经》、《注》都常有错误。存水与周水绝非一水，
周水是今贵州省境内独山附近的龙江，今称打狗河，是柳江的支流。此水到柳州注入
柳江，到来宾后才与红水河（北盘江下流）汇合同入西江。清陈澧撰有《水经注西南水
考》一书，此书《序》说："郦道元身处北朝，其注《水经》，北方诸水，大致精确；至西南
诸水，几乎无一不误。"我往年曾撰有《水经注记载的广西河流》（原载《广西民族学院
学报》1998 年第 1 期，收入于拙著《水经注研究四集》，杭州出版社 2003 年版）一文，对

包括存水在内的西南不少河流作了考订,可以参阅。

温水　日南郡

《注》文所记:"应劭《地理风俗记》曰:日南,故秦象郡,汉武帝元鼎六年开日南郡,治西捲县。"《注》文又记叙:"区粟建八尺表,日影度南八寸。自此影以南在日之南,故以名郡,望北辰星,落在天际,日在北,故开北户以向日,此其大较也。"

说明

《注》文所谓"日在北,故开北户以向日",这话并不完全正确,按日南郡的位置,大约在北纬17°南北,故在一年之中,"开北户以向日"的时间还不到两个月。每年在夏至前后,只有约50天的时期太阳在北。《注》文所说的"区粟建八尺表,日影度南八寸",这里的所说"八尺表",显然是一种类似日晷的仪器,是古人根据日照以确定地理位置的依据。区粟是古代林邑国(在今越南顺化一带)的著名城市,对其确定位置,各家尚有不同意见,但大致总在北纬16°附近。所以一年之中位于日南的时间,大约接近两个月。日南郡是两汉王朝中我国陆域的最南境界,也是历史上我国最南的陆域。《水经注》还记及这个地区,"穜稑早晚,无月不秀","所谓两熟之地也","蚕桑年八熟茧","所谓八蚕之绵者矣"。这是郦氏所记十多个世纪以前,我国陆域的最南地区的农业概况。虽然时过境迁,都是历史上的古迹,但这些资料都很可贵。

朱崖州

《注》文记叙:"王氏《交广春秋》曰:朱崖、儋耳二郡,与交州俱开,皆汉武帝所置。大海中,南极之外,对合浦徐闻县,清朗无风之日,迳望朱崖州,如囷廪大,从徐闻对渡,北风举帆,一日一夜而至,周围二千余里,经度八百里,人民可十万余家,皆殊种异类,被发雕身,而女多姣好,白皙,长发,美鬓。犬羊相聚,不服德教。"

说明

郦氏所记的朱崖州,即是今日的海南岛,是我国海域中的两个大岛(另一为台湾岛)之一。这是西汉武帝指行建郡之地,所以汉武帝对我国南疆的开拓,实在很有功绩。郦氏书明其资料来自《交广春秋》,此书为晋王范所撰。按《三国志·吴书·孙策传注》太康八年,广州大中正王范,上《交广二州春秋》等,当即是此书。王范既宦于广州,距此岛不远,其言想必多有所据。郦氏广搜博览,竟能得见此书,录而钞入其书。今《交广春秋》早已亡佚,能录出此甚关重要的一段,郦氏功在不小。《注》文所叙,都是历史上的古迹,现在海南岛的情况与汉代的朱崖州已经大不相同了。

卷三十七　淹水　叶榆河　夷水　油水　澧水　沅水　浪水

淹水　淹水

《经》文所记："淹水出越巂遂久县徼外"。《注》文所记："吕忱曰：淹水，一曰复水也。"

说明

此卷所列篇名有七水，其中也有陈澧《水经注西南诸水考》所说的"几乎无一不误"的西南河流。淹水是长江水系河流，而《经》文淹水与《注》文淹水，就并非同一条河流。所以郑德坤氏《重编水经注图·总图部分》（案郑氏受业于顾颉刚先生，曾制有全套《水经注图》，由于以后旅居新加坡和香港等处，全图遗佚，仅余《总图部分》一幅。此图现附于吴天任《郦学研究史》卷末，台北艺文印书馆 1992 年版）绘有两条淹水，即"经淹水"、"注淹水"。"经淹水"为今金沙江，是长江的上源。"注淹水"为今普渡河，此河源出云南省洱海，北流在禄劝县以北注入金沙江。

金马、碧鸡

《注》文记叙："（青蛉）县有禹同山，其山神有金马、碧鸡，光景悠忽，民多见之。汉宣帝遣谏大夫王褒祭之，欲致其鸡、马，褒道病而卒，是不果焉。王褒《碧鸡颂》曰：敬移金精神马,缥缥碧鸡。故左太冲《蜀都赋》曰:金马骋光而绝影,碧鸡悠忽而耀仪。"

说明

金马、碧鸡当然是个神话,但在南边,流传甚久,知者极众。今昆明市城内,建有"金马"及"碧鸡"两座牌坊,建得非常绚丽考究,凡去该地游客,多需在此二牌坊下摄影留念。虽是神话古迹,但在旅游业中作用甚大。

叶榆河　吊鸟山

《注》文记叙:"(叶榆)县西北八十里,有吊鸟山,众鸟千百为群,其会,鸣呼啁哳,每岁七八月至,十六七日则止,一岁六至。雉雀来吊,夜燃火伺取之。其无嗉不食,似特悲者,以为义,则不取也。俗言凤凰死于此山,故众鸟来吊,因名吊鸟。"郦氏身未涉南,他是引自《续汉书·郡国志》所引的《广志》,因《广志》早已亡佚,故这类异事,也无从核实了。但郦注以后约1000年,著名的旅行家明徐霞客曾亲自去到今云南省,他在《滇游日记》八,己卯(崇祯十二年1639)三月初二日的日记中记载了邓川州凤羽(今云南省洱源县南),也听到了这种奇怪的鸟类现象。只是郦氏作"吊鸟山",而徐氏作"鸟吊山"。徐氏说:"晨餐后,尹具数骑,邀余游西山。盖西山即凤羽之东垂也。条冈数十支,俱向东蜿蜒而下,北为土主坪。……此土主庙更西上十五里,即关坪,为凤羽绝顶。其南白王庙后,其山更高,望之雪光皑皑而不及登。凤羽一名鸟吊山,每岁九月,鸟千万为群,来集坪间,皆此地所无者,土人举火,鸟辄投之。"由此说明郦氏在千年以前所记的这种鸟类现象,千年以后为徐霞客所证实,郦注引《广志》所记之事属实。

说明

在郦氏时代,"夜燃火伺取之",而在徐氏时代,仍然"土人举火,鸟辄投之"。按现代观点,这种行为,对鸟类生存和生态环境不是一种很大的破坏吗?不过以后我读到了云南民族出版社出版的《民族文化》1986年第6期中,有曾经目击这种"鸟会"的杨圭桌先生所写的题为《鸟吊山》的文章,文中指出,在过去,"只要拿一根长竹竿随意刷打就可以打下许多鸟雀"。"但近年已再没有人打鸟了"。杨文并且指出:"一位特地从昆明动物研究所赶来参加'鸟会'科学工作者告诉我,这些鸟中,大部分是从青海湖的鸟岛飞来的。像领鹬这种鸟,就只有青海湖才有。"这位科学工作者又说:"这些都是候鸟,每年冬天都要飞到孟加拉湾一带过冬,第二年春天返回,岛吊山刚好是候鸟南迁的中途站,于是便有这么多鸟雀了。"云南人民出版社1985年出版的《徐霞客游记》,在这一天的日记之后,有云南大学朱惠荣教授的注释,说明这个"鸟会"奇景,"至今仍然存在",又说:"鸟吊山的奇景,在云南不止一处,墨江哈尼族自治县坝溜公社瑶家寨附近的大风丫口,至今每年秋天总有二三晚'鸟会',有时也出现在春季。"因为云

南这一带是青海湖到孟加拉湾候鸟往返的中途站,因而才有这种鸟会的出现。而杨圭
枭氏所说,现在人民不再在"鸟会"中打鸟了,这是最重要的,除了参观者的素质提高,
想必地方政府也予以重视。这对于保护野生动物和鸟类,保护整个生态环境,都是令
人慰藉的重大进步。

澧水　澧水温泉

《注》文所记:"澧水东与温泉水合,水发北山石穴中,长三十丈,冬夏沸涌,常若汤
也"。

说明

按澧水今仍称澧水,是注入洞庭湖的四大水(湘、资、沅、澧)之一,从发源处到零
阳县,此县在今湖南省慈利县东,故这处温泉当在这一带。"冬夏沸涌",在温泉类别
中属过热泉,甚为可贵。是重要的旅游资源,不知当前是否存在,如存在,旅游业界必
已加以利用。

嵩梁山

《注》文记叙:"吴永安六年,武陵郡嵩梁山高峰孤竦,素壁千寻,望之苕亭,有似香
炉。其山洞开,玄朗如门,高三百丈,广二百丈,门角上各生一竹,倒垂下拂,谓之'天
帚'。孙休以为嘉祥,分武陵置天门郡。澧水又东历层步山,高秀特出,山下有峭涧,
泉流所发,南注于澧水。"

说明

按嵩梁山又称石门山,在今湖南张家界以南30里。如本书《序》中指,这段《注》
文中描述的嵩梁山、层步山等特致风景,现在都归入张家界景区,名称已变,但其山水
的秀丽景色,在1000多年前的郦书中已经记叙,这是一处古今依然的名胜,已为当今
旅游界所加意开发,也为众多的游客所同声赞赏。

沅水　绿萝山

《注》文所记:"(沅水)又东带绿萝山,绿萝蒙幂,颓岩临水,实钓渚渔咏之胜地,其
迭响若钟音,信为神仙之所居。"

说明

郦氏在绿萝山文以上,描述了明月池、白壁湾,在此下又刻画了平山,都是沅水在
这一带的美景所在。但在绿萝山文中,今本遗佚了很重要的一段文章。今据《广博物
志》地形一,山,清杜文澜《古谣谚》卷二十九"武陵绿萝山土人歌"及王仁俊《经籍佚

文·水经注佚文》(此三本均同)补上:"武陵绿萝山,素岩若雪,松如插翠,流风叩阿,有丝桐之韵。土人歌曰:仰兹山兮迢迢,层石构兮嵯峨,朝日丽兮阳岩,落景梁兮阴阿,鄣壑兮生音,吟籁兮相和,敷芳兮绿林,恬淡兮润波,乐兹潭兮安流,缓尔楫兮咏歌。"这一段佚文相当长,而且内容重要。郦书在辗转传抄中竟被遗佚这样一段,令人遗憾。幸有上述三书,不约而同地加以补入。

浪水　番禺

《注》文记叙:"浪水又东别迳番禺,《山海经》谓之贲禺者也。交州治中合浦姚文式问云:何以名为番禺?答曰:南海郡昔治在今州城中,与番禺县连接,今入城东南偏有水坑陵,城倚其上,闻此县人名之为番山,县名番禺,傥谓番山之禺也。……建安中,吴遣步骘为交州,骘到南海,见土地形势,观尉佗旧治处,负山带海,博敞渺目,高则桑土,下则沃衍,林麓鸟兽,于何不有,海怪鱼鳖,鼋鼍鲜鳄,珍怪异物,千种万类,不可胜记。佗因冈作台,北面朝汉,圆基千步,直峭百丈,顶上三亩,复道回环,逶迤曲折,朔望升拜,名曰朝台。前后刺史郡守,迁除新至,未尝不乘车升履,于焉逍遥。骘登高远望,睹巨海之浩茫,观原薮之殷阜,乃曰:斯诚海岛膏腴之地,宜为都邑,建安二十二年,迁州番禺,筑立城郭,绥和百越,遂用宁集。"

说明

《浪水》一篇,《经》文和《注》文都有许多错误。从郦氏文章来看,可以发现整篇是由许多不同的资料拼凑起来的。按《注》文,此水上流指今广西东北部的洛清江,中下流则接柳江、黔江和西江。郦氏足迹未南,这种错误不足为怪。但其番禺一段,除了记叙南越王赵佗(?—前137)当年的一些事迹外,整篇写的是古代珠江三角洲的自然地理和人文地理景观。现在当然情况迥异,但作为历史上的珠江三角洲,此种地理古迹,甚有价值。

卷三十八　资水　涟水　湘水　漓水　溱水

涟水　石鱼山

《注》文所记:"(涟水)历石鱼山下,多玄石,山高八十余丈,广十里,石色黑而理若云母。开发一重,辄有鱼形,鳞鬐首尾,宛若刻画,长数寸,鱼形备足,烧之作鱼膏腥,因以名之。"

说明

按《注》文,这显然是沉积岩层中的鱼类化石,除了"烧之作鱼膏腥"属于无稽或当时人们的臆想外,岩石中的鱼形"宛若刻画",都符合鱼类化石的情况。由于郦氏没有说明他所引出处,所以石鱼山的事,当是北魏以前的资料。此山现在当然不存,是一处历史上的古迹。当地的地质部门如能配合研究,即这个地区在第四纪晚更新世以后的海进、海退过程,则鱼类化石的论断可以判明。

湘水　洞庭湖

《注》文据罗君章《湘中记》(罗君章,名含,晋人,《晋书》有传。但此书,隋唐诸志均不著录,《宋史艺文志》著录罗含《湘中山水记》三卷,即是此书,已亡佚):"湘水之出于阳朔,则舸为之舟;至洞庭,日月若出入于其中也。"

说明

洞庭湖在古代是云梦泽的一部分,说明直到晋代,还是极大,"日月若出入于其中也"。此篇中,郦氏再次记叙:"湖水广圆五百余里,日月若出没于其中。"近百年前,此湖还是全国第一大淡水湖,但除了人为干扰(围垦)外,自然地理环境的变迁,是其萎缩的重要原因。由于云梦泽的湮废,此湖与长江直接相连,有松滋、太平、藕池、调弦四口,从长江输入泥沙,平均每年达 2.62 亿吨,但仅有城陵矶一口向长江输出泥沙,平均每年仅 0.73 亿吨,所以每年有近 2 亿吨泥沙淤积湖底,这就是当前大片圩田的物质来源。圩田连绵,湖身迅速缩小,现在已经小于江西省鄱阳湖 1000 平方公里以上(鄱阳湖本身也在不断缩小)。在世界各大国之中,我国已经是个显著的贫湖国,所以湖泊的不断湮废,是个值得重视的问题。

衡山

《注》文记叙:"湘水又北迳衡山县东,山在西南,有三峰:一名紫盖,一名石囷,一名芙蓉。芙蓉峰最为竦杰,自远望之,苍苍隐天。故罗含云:望若阵云,非清霁素朝,不见其峰,丹水涌其左,澧泉流其右。《山经》谓之岣嵝,为南岳也。山下有舜庙,南有祝融冢。……芙蓉峰之东有仙人石室,学者经过,往往闻讽诵之音矣。衡山东南两面临映湘川,自长沙至此,江湘七百里中,有九向九背,故渔者歌曰:帆随湘转,望衡九面。山上有飞泉下注,下映青林,直注山下,望之若辐练在山矣。"

说明

在中国名山的"五岳"之中,郦氏唯一不能亲履其境的就是南岳。但他广阅博引,按罗含等的撰述,写出这座他未曾登临目击的名山。并直以渔歌增色:"帆随湘转,望衡九面",既记下了衡山的全貌,又使文字生动可诵。虽然身未履此,而文章仍不离郦注风采。衡山今仍为湖南省重要名胜古迹荟萃之处。有祝圣寺、藏经殿,方广寺、祝融殿、南台寺等寺庙多处,保存历史古迹较多。并新建了植物园、环山公路以及作为旅游业所必需的宾馆与其他设施。每年接待游客甚多。

贾谊故宅

《注》文记叙:"(湘州)城之内,郡廨西有陶侃庙,云旧是贾谊宅地。中有一井,是谊所凿,极小而深,上敛下大,其状似壶,旁有一脚石床,才容一人坐形,流俗相承云,谊宿所坐床,又有大柑树,亦云谊所植也。"

说明

郦氏因身未涉南,故《注》文之中,对此处名胜麓山(即岳麓山)、橘子洲等,均仅提其名,无所描述。但对贾谊故宅有所记叙。贾谊(前200—前168),西汉大臣,曾被贬为长沙王太傅,因而居此,故《注》文有此一段记叙。贾谊故宅原名贾太傅祠,在长沙市西区太平街太傅里,现尚存祠屋一间,祠前巷侧有井,即《注》文所云"是谊所凿"之井。贾谊是洛阳人,因正言受诲而被贬至长沙。毕生著述甚丰,故长沙旅游业当局应对其故宅要加修饰,可以成为一处有价值的景点。

漓水　湘漓同源

《注》文所记:"漓水与湘水出一山而分源也。湘、漓之间,陆地广百余步,谓之始安峤。峤,即越城峤也。峤水自峤之阳南流注漓,名曰始安水。故庾仲初之赋《扬都》云:判五岭而分流者也。"

说明

"湘漓同源"之说,可能以《水经》为最早,因《汉书·地理志》与《说文》都尚未有这种说法。《水经》在《湘水》篇的第一句话:"湘水出零陵始安县阳海山",在《漓水》篇的第一句又说:"漓水亦出阳海山"。所以《注》文所说:"漓水与湘水同出一山而分源也。湘、漓之间,陆地广百余步。"这才把同源而分流的实况记载清楚,这几句文字,对于正确地解释"湘漓同源"是最有价值的。

溱水　蓝豪山

《注》文记叙:"武溪水又南入重山,山名蓝豪,广圆五百里,悉曲江县界,崖峻险阻,岩岭干天,交柯云蔚,霾天晦景,谓之泷中。悬湍回注,崩浪震山,名之泷水。"

说明

溱水是《注》记叙中比较正确的南方河川。其上源《注》文所提及的武溪,现仍称武水,溱水的中下流就是今北江。蓝豪山在今广东省乐昌市西北,是五岭(南岭)山脉中的一座山峰,五岭中的其他各峰,《注》文称"峤",已经都有提及,此处记叙的蓝豪山,其实也和南岭中称"峤"的相似,大概是由于郦氏见到南人有此山的记叙,所以就着重多写几句,以郦氏之笔,当然让此山显得更为引人入胜。而读了此段《注》文,南岭山脉中的其他《注》文记叙不多的"峤"也就可以类比了。《温水注》中记及:"古人云:五岭者,天地以隔内外。"《注》文记叙"五岭",西起今广西省,东达今江西省,绵延三省边境,其中不乏名胜古迹,蓝豪山不列入《注》文称峤的五岭名山,却写得如此有声有色。所以在今南岭山脉中,可以开发的旅游景点必然数在不少,值得旅游业当局的重视。

云水温泉

《注》文记叙："（泷水）又与云水合，水出县北汤泉，泉源沸涌，浩气云浮，以腥物投之，俄顷即热。"

说明

此处《注》文的"俄顷即热"，在大典本、黄省曾本、吴琯本、何焯校明抄本，王国维校明抄本、注释本、注疏本等之中，均作"俄顷即熟"。唯注笺本，项缅本、殿本等易"熟"为"热"。"熟"与"热"虽仅一写之差，但以之描述水温，差异却是很大的：按殿本等记载，此是一般的热泉，但以大典诸本，则此是一处过热泉。所以应该从详校核。据《御览》卷七十九、地部引《幽明泉》所载："始兴云水，源有汤泉，每至霜雪，见其上蒸气数十丈，生物投之，须臾便熟"。从《幽明录》所记的来推敲，郦氏的来源可能就是这资料，所以殿本的"腥物"应作"生物"，"腥"是"生"的音讹。殿本的"热"应作"熟"。这样就可以论定"云水温泉"不是一般的热泉，而是一处过热泉。现在还不知北江上游的这处温泉存在否，因为这是一处有价值的旅游资源。

观岐

《注》文记叙："溱水又西南迳中宿县会一里水，其处隘，名之为观岐。连山交枕，绝崖壁竦，下有神庙，背阿面流，坛宇虚肃，庙渚攒石巉岩，乱峙中川，时水洊至，鼓怒沸腾，流木沦没，必无出者，世人以为河怕下材。"

说明

按中宿县在今广东省清新县西北河洞堡，以沿流有中宿峡而得名，即《注》文所谓"其处狭"或即就是中宿峡，又得名观岐。当然写得非常生动可诵。但水湍急的特殊情况，要到"时水洊至"之时，"时水"，即每年的洪水季节。由于当时水流甚急，以至把木材卷入河底，因而出现了"河伯下材"的讹言。但观岐按《注》文称得上是北江水系中的一处名胜，如当今的山水形势变化不大，则旅游业经营者可以适当开发，使之成为一处可供游赏的景点。

卷三十九　洭水　深水　钟水　耒水　洣水　漉水　浏水　渌水　赣水　庐江水

洭水　贞女峡

《注》文记叙:"洭水又东南流,峤水注之,水出都峤之溪,溪水下流历峡,南出是峡,谓之贞女峡,峡西岸高岩名贞女山,山下际有石如人,形高七尺,状如女子,故名贞女峡。古来相传,有数女取螺于此,遇风雨昼晦,忽化为石。斯诚巨异,难以闻信。"

说明

此卷共记叙10条河流,仅洭水是珠江水系河流,即是发源于粤北南岭的连江。此处《注》文所叙贞女峡,其状甚异,正因为此,招致被郦氏所谓"难以闻信"的传说。不过正是因为有这类传说,说明贞女峡确实形态特异,岩崖巨石的变迁不如水文,不知此"形高七尺,状如女子"的巨石是否仍然存在,因为这是一处值得开发的旅游景点。

洣水　洋湖口

《注》文记叙:"洣水又西北与洋湖水会,水出县西北乐薮冈下洋湖,湖去冈七里,湖水下注洣,谓之洋湖口。洣水东北有峨山,县东北又有武阳龙尾山,并仙者羽化之处。上有仙人及龙马迹,于其处得遗咏。……其略曰:登武阳,观乐薮,峨岭千蕤洋湖口,命蜚螭,驾白驹,临天水,心踟蹰,千载后,不知如。盖胜赏神乡,秀情超拔矣。"

说明

按《注》文,洋湖口虽尚具山水风景,但除了被传说成为"并仙者羽化之处"外,并无其他特殊的景色。"上有仙人及龙马迹",或许是前人壁画,也或许是后人传讹。但此处都有一首"遗咏",为郦氏所阅及而录下,这首"遗咏"文字优美,当非童谣或民谚,必是何时一位文学之士的作品,洋湖口也因这首"遗咏"而增加了它的身价。

赣水　燃石

《注》文记叙:"(建成)县出燃石,《异物志》曰:石色黄白而理疏,以水灌之便热,以鼎著其上,炊足以熟,置之则冷,灌之即热。如此无穷。元康中,雷孔章入洛,赍石以示张公,张公曰:此谓燃石,于是乃知其名。"

说明

此处的"燃石",当然就是煤炭,在中国,很长时期中,人们都认为煤炭是一种可以燃的石头,"燃石"之名当因此而来。但也有一个更流行的名称是"石炭"。我在拙著《世界煤炭地理》(商务印书馆1960年版)的第一章"煤炭的生成和分类"中,曾经为此作过一条注释:"中国古籍中最早提出石炭一名的,当为《后汉书》(公元502年前后的著作)中所引的《豫章记》。《后汉书》中《郡国志》的'建城'注说:'《豫章记》曰:县有葛乡,有石炭二顷,可燃以炊'。《豫章记》是公元429年(南北朝宋文帝元嘉六年)雷次宗的作品。"按建城(即郦注的建成)在今江西省高安县,它西部的萍乡,即是我国南方的重要煤矿之一。郦氏当年曾见到过此书,曾在同卷《庐江水注》中引及,但此处都不用《豫章记》资料,因而让煤炭又多出一种"燃石"的名称。《注》文所记的这种叙述,当然有许多附会之处。但古籍中常有这类似是而非的记载,不足为怪。至于定名"燃石"的这位洛阳张公,因《注》文未曾写明所引之书,所以也不知是何许人也。

庐江水　庐江水

《经》文说:"庐江水出三天子都,北过彭泽县西,北入于江。"

说明

《经》文以后,郦氏大约写了1300字的《注》文,但这篇《注》文与其他各篇绝不相同,郦氏只字不谈此水的发源、流程和如何入江的情况,连《经》文所说的"北过彭泽县西"的话也不作任何解释。1300言的《注》文,主要是引用了王彪之的《庐江赋序》、孙放的《庐山赋》、远法师的《庐山记》以及《豫章记》、《豫章旧志》、《寻阳记》等文献,记叙了匡庐风景。郦道元的所以把这篇《注》文写得与其他各篇完全不同。现在推究他这样异乎寻常的原因,大概可以从两方面考虑。第一,他对南方诸水所写的《注》文,都是根据他当时能找到而又经过他选择的南人作品,但对庐江水,他找不到任何有关此水的南人作品,所以写不出此水的发源、流程以及其他人地事物的内容。第二是,郦氏或许当时就已经查到,在南方根本就并不存在这条庐江水,但既然《水经》有此一篇,他就扣住这个"庐"字,一千几百言全都写了庐山风景。其实,这个地区确实并不存在庐江水这条河流。《水经》是北人所作,北人对南方常常造成错误。如陈澧所说的"几乎无一不误"。而对于庐江水,却不能以错误这个词汇批评,其事属于无中生有。但也有为这种无中生有辩护的学者,杨守敬曾撰《山海经·汉志·水经注庐江异同答问》(《晦明轩稿》上册),认为庐江水即今天安徽省的清弋江,实在牵强附会。不过杨氏的这种曲解,后来他的学生熊会贞在《水经注疏》就作了纠正。我曾撰有《庐江水》(载《中国历史地理论丛》1993 年第 3 期),收入于拙著《郦学札记》(上海书店出版社 2000 年版)一文阐明这个问题,可供参阅。

卷四十　渐江水　斤江水
江以南至日南郡二十水
《禹贡》山水泽地所在

渐江水　浙江

《注》文所记:"《山海经》谓之渐江也。"

说明

《经》文篇名作"渐江",而《注》文又引《山海经》作"浙江",《庄子·外物篇》则称渐河。《经》、《注》的名称不同,另外还有称渐河的。这是因这个地区是越语地区,许多地名都是越语汉译,一直流传至今。"渐"(古音读"斩")、浙、渐,都是一音之转,所以古籍所记互不相同,《山海经》称此水为浙江,大部分古籍都从《山海经》,但《汉书·地理志》、《说文解字》、《水经》则均称渐江。郦道元在《注》文中绝不称渐江而只称浙江,大概他不赞成渐江这个名称。此水就是今钱唐(唐朝起作"塘")江。

发源

《经》文说此水"出三天子都",《注》文说"水出丹阳黟县南蛮中",《经》、《注》的这两种说法,其实并不矛盾,"三天子都"经各家考证,即是今安徽省黄山及其附近诸山,而"丹阳黟县南蛮中",也正是这个地区。

说明

既然《经》、《注》对此水的发源说法一致。则今新安江应是此水的正源所出,是此水的干流。但最近数十年来,不知是什么原因,从教科书到辞书,都说钱塘江发源于马金溪上流的莲花尖(莲花尖在浙江省境内,后来从马金溪上溯,又把江源定在安徽境内的青芝埭尖),这就是《注》文中所说的定阳溪水,是《注》文叙及的浙江支流。于是干流新安江倒反成了钱塘江的支流了。从1963年起,浙江省地理学会、水利学会、林学会、测绘学会等几个学会,联合组成了钱塘江河源河口考察队,进行了两年的实地考察。考察的结果,以大量的数据证明了《水经注》把新安江作为此水干流是正确的。并且查实了此水发源于安徽省休宁县的六股尖。已于1985年举行了全国水利学、地理学界的考察成果论证会,得到了一致的公认,并通过新华社发了电讯,其事详见浙江科学技术协会编印的《钱塘江河源河口考察报告》。钱塘江全长605公里,流域面积约48800的平方公里。我曾撰有《水经·渐江水注补注》一篇,收入于拙著《水经注研究》(一集),天津古籍出版社1985年版,可供参考。

天目山

《注》文记叙:"(桐溪水)出吴兴郡于潜县北天目山,即潜山也,山极高峻,崖岭竦叠,西临峻涧。山上有霜木,皆是数百年树,谓之翔林。东面有瀑布,下注数亩深沼,名曰浣龙池。"

说明

天目山是浙江省钱塘江以北的最重要山系,从安徽怀玉山延伸而来,杭州的西湖群山,都是它的尾闾,主要部分位于今临安县境及附近,分西天目、东天目、南天目三支,西天目主峰龙王山,高海拔1587米。主要的瀑布已经消失,但瀑布下的泷壶,土名斥线潭,今仍存在。山上树木和树种确实很多,但大片常绿乔木林,称为柳杉(Cryftomeria tortunei),是此山最富有特色植物,也是我国的稀有树种(除此山外,只有庐山存在),最大的柳山树,胸径超过2米,树高30余米,树龄最长已超过千年。这或许就是《注》文所说的"翔凤林"。现此山有专人管林修饰,山顶设有常驻人员管理的气象台,中部的禅源寺,是全山著名寺院,也是旅游者中途休息之处。但管理增修的力量主要在于西天目,东天目和南天目就置于次要地位。

严陵濑

《注》文记叙:"自(桐庐)县至于潜,凡十有六濑。第二濑严陵濑,濑带山,山下有一石室,汉光武帝时,严子陵之所居也。故山及濑皆即人姓名之。山下有磐石,周回数十丈,交枕潭际,盖陵所游也。"

说明

严陵濑今统称七里泷,系沿江一带著名峡谷,峡谷从梅城(前严州城)以下约 5 公里开始,全长 24 公里,两岸为建德系火山岩山地,严子陵钓台即在此北岸。钓台附近,两岸高山耸峙。钓台上下河段约长 7 华里,故称七里泷。峡谷中水平而深,舟人有"有风七里,无风七十里"之谚。目前北峡谷已建坝发电,即富春江水电站。

苏姥布

《注》文记叙:"縠水又东,定阳溪水注之,水上承信安县之苏姥布。县本新安县,晋武帝太康三年,改曰信安。水悬百余丈,濑势飞注,状如瀑布。"

说明

"水悬百余丈",当然是一处瀑布。但由于自然地理学上的所谓溯渠侵蚀,瀑布不仅不断退缩,并渐成急流以至消失。苏姥布瀑布的过程就是这样。北魏时郦氏从南人文献中所录,还是一处"水悬百余丈"的瀑布,但据天启《衢州府志》卷一:"即城北之苏姥滩。"今访衢江船工,苏姥滩即在县城北一里衢江之中,此处江面宽约 400 米,两岸平坦无丘阜,滩长约 50 米,水流平稳,于航行已无碍。滩东 500 米,有浮石渡,(今已建有浮石大桥,为衢州市通建德要津)江面紧缩,仅百余米,两岸有丘阜,虽经人工削凿,其南岸丘阜距水岸尚有十余米。浮石渡东,江面复开朗,为浮石潭,甚渊深。据此,古代苏姥布瀑布可能位于今浮石渡,而浮石潭即是当年苏姥布瀑布形成的泷壶。

定阳溪水

《注》文记叙:"其水分纳众流,混波东逝迳定阳县。夹岸缘溪,悉生支竹,及芳枳、木连,杂以霜菊、金橙,白沙细石,状如凝雪,石溜湍波,浮响无辍,山水之趣,尤深人情。"

说明

按定阳县,即今常山县,定阳溪水即今常山港上流,下流到金华市与婺江汇合,到兰溪与兰江汇合,最后与干流新安江汇合。由于常山是多山之地,所以《注》文记叙此处风景特别优美。文中有"金橙",这里至今仍是浙江省著名的柑橘产地。所产柑橘,称为"胡柚",每年有大量外销。

紫溪

《注》文记叙:"紫溪又东南流,迳白石山之阴,山甚峻极,北临紫溪,又东南,连山夹水,两峰交峙,反项对石,往往相捍,十余里中,积石磊砢,相挟而上,涧下白沙细石,状若霜雪。水木相映,泉石争晖,名曰楼林,紫溪东南流迳桐庐县为桐溪。"

说明

按紫溪,即今称分水江的一段,此河上流因分割作用强烈,比降甚陡,今自汤家湾到紫溪约近40公里间,平均比降为2.2/1000,特别是从河桥镇到紫溪一段,两岸高山紧逼,构成一峡谷地带,河道宽度仅50米左右,河床中积石累累,滩多水急,至紫溪附近一段,《注》文确实写得惟妙惟肖。

乌伤

《注》文记叙:"浙江又东迳乌伤县北,王莽改曰乌孝。《郡国志》谓之乌伤。《异苑》曰:东阳颜乌以淳孝著闻,后有群乌助衔土块为坟,乌口皆伤,一境以为颜乌至孝,故致慈乌,欲令孝声远闻,又名其县曰乌伤矣。"

说明

前面已经指出,这个地区的许多地名都是越语汉译,如浙江、浙江、溮河都是其例。但是后来越人流散,进入这个地区的汉人,又把过去汉译的越语地名,用汉义曲解。乌伤不过是其中的一个例子。《注》文以后又说道,乌伤曾由这个阴谋满腹而又不学无术的王莽改为乌孝。东汉初又恢复原名,唐武德七年(624)改为义乌,沿袭至今,其实都是对越语地名曲解。刘敬叔的《异苑》,是一本神话传说,其间的许多神话故事,并非刘个人的编造,而是他所搜集的民间传说,王莽既已把乌伤改为乌孝,说明刘敬叔以前4个世纪,这个"乌口皆伤"的故事已经流传了。谭其骧先生曾经说过:"今浙江地方多以句、于、姑余、无、乌等为地名,与古代吴越语的发语音有关"(邹逸麟《谭其骧论地名学》,载《地名知识》1982年第2期)。所以乌伤是个典型的越语地名。古代遗留的地名,其实也是一种古迹。当汉人大批进入这个地区时以汉语之义曲解,这不足为怪。但只怕古今都有一类如王莽的人,手上有权,但其实不学无术,这类人的所谓施政,就是乱改地名。不仅乱改专名,而且常常变化通名。实在让人无可奈何。

灵隐山

《注》文记叙:"浙江又东迳灵隐山,山在四山之中,有高崖洞穴,左右有石室三所。又有孤石壁立,大三十围,其上开散,状如莲花,昔有道士,长往不归,或因以稽留为山号。山下有钱唐故县,浙江迳其南,王莽更名泉亭。《地理志》曰:会稽西部都尉治。"

说明

这条《注》文以后颇受人重视,因为在考证秦钱唐县址,是重要的线索。郦氏写作此一掌故。或许是据刘宋县令刘道真的《钱唐记》。今据《御览》卷十七、州郡、杭州引《钱唐记》："昔县境逼近江流，县在灵隐山下，至今基址犹存。"郦氏说"山下有钱唐故县"。《钱唐记》说："县在灵隐下。"两者所说是一致的。所以至今不少人多认为，刘宋时代尚存的这个秦钱唐县基址，或许就在今灵隐寺附近。这显然就是一种想当然的说法。因为郦氏说"山下有钱唐故县"，刘道真说"县在灵隐山下"。后世人们就把灵隐寺所在的山作为灵隐山。其实灵隐寺是寺名，并非山名。东晋咸和年间，印度高僧慧理云游到此，看到今灵隐前的飞来峰，即兴而说："此乃中天竺园灵鹫山之小岭，不知何时飞来，仙灵隐窟，今复尔否？"因此就在此结庵，名曰灵隐。慧理的这一番话，原是以这一带的自然风景与其家乡中天竺相比而已，更未把这一带的山岳命名为灵隐山。直到今天，即在1/50000的大比例尺地形图上，也找不到灵隐山这个地名。《汉书·地理志》："武林山，武林水所出，东入海。"这个武林山，当然是泛指西湖群山，而且是个越语地名（汉译亦作"虎林"）。但自从东晋以后，不少方志上把武林山和灵隐山合二为一。康熙《灵隐寺志》卷一称"灵隐寺在武林山"，雍正《浙江通志》卷九说："武林山即灵隐山。"则灵隐山也不过是西湖群山的总称，并非灵隐寺旁之山。现在，灵隐寺成为杭州的一个重要旅游景点。当年慧理所说的飞来峰，是个低矮丘阜，在灵隐寺外对面，寺边一座被称为灵隐山的较高山峰，已有索道可以攀登，今既称北高峰，高亦不过略逾300米，可以既观西湖，又眺钱塘江，除了原来的名胜古迹多予修饰恢复外，杭州的电视发射台也设于此峰。整个景区范围颇大，这就是郦书所记叙的灵隐。

涛水

《注》文记叙："（钱唐）县东有定、包诸山，皆西临浙江，水流于两山之间，江川急峻，兼涛水昼夜再来，来应时刻，常以月晦及望尤大，至二月、八月最高。峨峨二丈有余。《吴越春秋》以为子胥、文种之神也。昔子胥亮于吴，而浮尸于江，吴人怜之，立祠于江上，名曰胥山。《吴录》云：胥山在太湖边，去江不百里，故曰江上。文种诚于越，而伏剑于山阴，越人哀之，葬于重山。文种既葬一年，子胥于海上负种俱去，游夫江海。故潮水之前扬波者，伍子胥；后重水者，大夫种。是以枚乘曰：涛无记也，然海水上潮，江水逆流，似神而非，于是处焉。"

说明

《注》文记叙的涛水，现在一般称为钱江大潮。在自然地理学上，潮汐和涌潮是两个不同的词汇，也是两种不同现象。一般人所称的钱江大潮是涌潮，除钱塘江外，世界大河中还有另一条南美的亚马逊河，也有这种涌潮现象，我也去观察过。潮汐现象是日月引力所致，涌潮则还有河口的地形原因，但这里只说名胜古迹，对其中原因不作细叙。郦氏所记,当然是根据他所见的南人文献,所以夹入了伍子胥和文种的神话,不过郦氏虽将这类神话录入,却也以"似神而非"一语,表达了他并不相信的意见。钱江大潮是全国著名的名胜。除西汉枚乘所撰的《七发·观涛》外,郦注也算得上是古籍中的很早记叙了。

西陵湖

《注》文记叙:"有西陵湖,亦谓之西城湖,湖西有湖城山,东有夏架山,湖水上承妖皋溪,而下注浙江。"

说明

郦氏在此一篇中,其中多是以前人书拼凑,很难与当时实况对应。例如钱唐县,郦书记及沼息湖,又名阶湖,但很难与以后举世闻名的西湖相对应。此间的西陵湖,或称西城湖,或可与今萧山湘湖对应。或许就是湘湖。但地名参差,也还仅能姑妄言之而已。湘湖当今是浙江省萧山的重要名胜,与隔岸的今西湖近似。由于第四纪海进而又海退,此区形成的泻湖甚多,湮废不少而又分合无常。所以或许就是今湘湖或湘湖的前身,尚难论定。

兰亭

《注》文记叙:"浙江又东与兰溪合,湖南有天柱山,湖口有亭,号曰兰亭,亦曰兰上里,太守王羲之、谢安兄弟,数往造焉。吴郡太守谢勖封兰亭侯,盖取此亭以为封号也。太守王廙之移亭在水中。晋司空何无忌之临郡也,起亭于山椒,极高尽眺矣,亭宇虽坏,基陛犹存。"

说明

兰亭今为绍兴市城南十余公里的重要名胜地,修饰甚佳。郦氏所记兰亭,即书圣王羲之手书《兰亭诗序》之处。当时位于天柱山下之湖口。按《注》文所叙,兰亭在王羲之以后又数经播迁。今兰亭已非古兰亭。往年我曾撰有《兰亭及其历史文献》一文,原载《绍兴师专学报》1985 年第 4 辑,收入于拙著《吴越文化论丛》,可供参阅。

长湖

《注》文记叙:"浙江又东北得长湖口,湖广五里,东西百三十里,沿湖开水门六十九所,下溉田万顷,北泻长江。湖南有覆斗山,周五百里,北连鼓吹山,山西枕长溪,溪水下注长湖。"

说明

长湖，即以后所称的镜湖或鉴湖，是后汉顺帝永和五年(140)围堤所成。南、西两端均在会稽山下。面积逾 200 平方公里，以会稽山所谓"三十六源"溪流为水源。从唐以后，水体逐渐北移，此湖原址及湖北大片地区，均成为当今的所谓"水杜堺"(即水乡)。我往年曾撰有《古代鉴湖兴废与山会平原农田水利》一文，原载《地理学报》1962年第 3 期，又收入于拙著《吴越文化论丛》，可供参阅。镜湖围堤以后，风景秀丽，王羲之谓"山阴道上行，如在镜中游"，此"镜"字，或寓镜湖之意。鉴湖水体分散以后，因整个山阴、会稽两县(今绍兴)，均仍承会稽山外流河溪之水，故山会平原，即今曹娥江以西、浦阳江以东地区，仍属鉴湖水系。故太守马臻围堤咸湖，是一项著名的水利古迹。鉴湖水体虽早已分散，但仍存于现代山会平原之中。

一钱为荣

《注》文记叙："汉世刘宠作郡，有政绩，将解任去治，此溪父老，人持百钱出送，宠各受一文。然山栖遁逸之士，谷隐不羁之民，有道则见，物以感远为贵，荷钱致意，故受者以一钱为荣，岂藉费也，义重故耳。"

说明

刘宠在《后汉书》有传，传记所叙与郦氏稍有不同，但总的意义均是"一钱为荣"。众乡亲送钱与刘宠在船上受钱处，在今绍兴县北与萧山县接址的一处水畔，即称"钱清镇"。地名"钱清"即是为了推崇刘宠这位循吏离任时在此处的作为："一钱为荣"。所以此处是自从后汉迄今尚存的历史古迹。对后世为官者，具有深远的教育意义。

五泄

《注》文记叙："(永兴)县滨浙江，又东合浦阳江，江水导源乌伤县，东迳诸暨县，与泄溪合。溪广数丈，中道有两高山夹溪，造云壁立，凡有五泄。下泄悬三十余丈，广十丈；中三泄不可得至，登山远望，乃得见之，悬百余丈，水势高急，声震水外，上泄悬二百余丈，望若云垂。此是瀑布，土人号为泄也。"

说明

五泄在今浙江省诸暨市城南的一处著名名胜。至今仍是该市吸引游客最多的景点。泄溪从一条数公里的山岸下流，因山崖陡倾，分成五级，五级之中以最下一级落差最大，但也不过数十米。全部景区以"东龙、西龙两部构成，西龙就是一条幽径，其间有几处小瀑布，东龙则是五泄本身。"此处瀑布与别处河流不同，泄溪的溯源侵蚀，虽古今年久，但不会达到为《注》文所描述的程度。所以《注》文所述，显然夸大。但五泄是南方自古迄今的名胜,而古籍中记叙这个景点的,《水经注》却是最早的现存文献,说明当时郦氏所据的南方文献均已亡佚,而郦注竟是最早能见的记叙南方胜景之书。"此是瀑布,土人号为涁也"。这是除《越绝书》以外,又录出瀑布的越语汉译为"涁",很有语言学上的价值。30余年以前,在诸暨友人邀请我们夫妇游赏,晚宿附近的五涁禅寺,邀游友人求书于我,我即席写了一绝:"五级飞清千嶂翠,西龙幽壑东龙水,老来到此绝胜处,脚力尽时山更美。""飞清"一词,仅郦氏常以之作为描述瀑布的词汇。所以我也用上了。

曹娥碑

《注》文记叙:"江之道南,有《曹娥碑》,娥父盱,迎涛溺死,娥时年十四,哀父尸不得,乃号踊江介,因解衣投水,祝曰:若值父尸,衣当沈;若不值,衣当浮。裁落更沈,娥遂于沈处赴水而死。县令度尚,使外甥邯郸子礼为碑文,以彰孝烈。"

说明

在前"涛水"条中,《注》文已记有"迎涛"之事,而钱江大潮,在其下流的各支流中,也都滚滚涌入,至今仍有赴曹娥江及绍兴三江口等地观潮者。《曹娥碑》已不存,而后世对此碑仍虚拟不少牵强附会的故事,可置勿论。但今在曹娥镇上建造的曹娥庙,却是高大宽敞,凡途经此镇者,多在游瞻之列。《曹娥碑》是一处已经不存的古迹,而曹娥庙却成了一处当今的景点,每年吸引的游客也不在少数。

参考文献

陈桥驿《水经注研究》，天津人民出版社 1985 年版。

陈桥驿《水经注研究二集》，山西人民出版社 1987 年版。

陈桥驿《郦学新论——水经注研究之三》山西人民出版社 1992 年版。

陈桥驿《水经注研究四集》，杭州出版社 2003 年版。

陈桥驿《郦学札记》，上海书店出版社 2000 年版。

陈桥驿《水经注撷英解读》，台北三民书局 2010 年版。

陈桥驿《水经注论丛》（求是百年学术精品丛书），浙江大学出版社 2008 年版。

陈桥驿《科学巨著作水经注评介》（中国典籍经典丛书）第九卷，中国青年出版社
2000 年版。

全祖望《全祖望水经注稿本合编》6 册，（中国公共图书馆古籍文献珍本汇编），全
国图书馆文献缩微复制中心 1996 年版。

段熙仲点校，陈桥驿复校《水经注疏》3 册，江苏古籍出版社 1989 年版。

陈桥驿校注《水经注校证》，中华书局 2007 年版。

陈桥驿校注《水经注》（简化字本），浙江古籍出版社 2001 年版。

陈桥驿、叶光庭译注《水经注全译》，贵州人民出版社 1996 年版。

吴天任《郦学研究史》，台北艺文印书馆 1992 年版，此书卷首由陈桥驿撰序。

史为乐主编《中国历史地名大辞典》上下册，中国社会科学出版社 2005 年版。此

书卷首有杨向奎先生及陈桥驿的序。

朱道清编纂《中国水系大词典》,又《中国水系大辞典·水系分布图》,青岛出版社1993年版,此书卷首由陈桥驿撰序。

文化部文物局主编《中国名胜词典》,上海辞书出版社1986年(第2版)。

以上由陈桥驿先生生前编定,未正式出版——编者注